反垄断经济学与政策前沿丛书

# 反垄断研究新进展：

## 理论与证据

# Recent Developments in Antitrust

## Theory and Evidence

[美] 杰伊·皮尔·乔伊 主编 Jay Pil Choi

张 嫚 崔文杰等 译

于 立 校

东北财经大学出版社
Dongbei University of Finance & Economics Press
大 连

图书在版编目（CIP）数据

反垄断研究新进展：理论与证据／（美）乔伊（Choi，J. P.）主编；张嫚等译．—大连：东北财经大学出版社，2008.12
（反垄断经济学与政策前沿丛书）
书名原文：Recent developments in antitrust policy：theory and evidence
ISBN 978-7-81122-567-9

Ⅰ．反… Ⅱ．①乔… ②张… Ⅲ．反托拉斯法-研究
Ⅳ．D912.290.4

中国版本图书馆 CIP 数据核字（2008）第 211605 号

辽宁省版权局著作权合同登记号：图字 06-2008-34 号



东北财经大学出版社出版
（大连市黑石礁尖山街 217 号 邮政编码 116025）
总 编 室：（0411）84710523
营 销 部：（0411）84710711
网 址：http：//www.dufep.cn
读者信箱：dufep@dufe.edu.cn
大连图腾彩色印刷有限公司印刷 东北财经大学出版社发行

幅面尺寸：170mm×240mm 字数：292 千字 印张：20 1/4 插页：1
2008 年 12 月第 1 版 2008 年 12 月第 1 次印刷

责任编辑：王 莹 于 梅 责任校对：金 海
封面设计：张智波 版式设计：钟福建

ISBN 978-7-81122-567-9

定价：39.00 元

本书的翻译出版是东北财经大学产业组织与企业组织研究中心承担的教育部人文社科重点研究基地重大项目“竞争政策的国际协调：机理、机构与法律”（批准号：05JJD790030），辽宁省教育厅人文社会科学研究创新团队项目“从产业政策到竞争政策、重点转移与应对谋略”（批准号：2006T048）和“中国反垄断法纵向实施机制与地方政府的策略选择”（批准号：2007T045）的组成部分，特此说明。

# 《反垄断经济学与政策前沿丛书》
# 编　委　会

# 《反垄断经济学与政策前沿丛书》
# 总序

于　立

东北财经大学产业组织与企业组织研究中心承担了教育部人文社科重点研究基地重大项目“中国反垄断法与反不正当竞争法的共同经济原理及其衔接”（04JJD790007）和“竞争政策的国际协调：机理、机构与法律”（05JJD790030）。作为研究成果的组成部分，同时也是国家重点学科——产业经济学学科建设的规划要求，我们陆续出版了《反垄断经济学与政策前沿丛书》（共六本译著）和《产业组织理论与应用研究新进展丛书》（共四本专著）。

这里主要针对我国反垄断立法中的若干问题进行讨论，并作为《反垄断经济学与政策前沿丛书》的总序。

## 一、《反垄断法》的作用是“一窄二虚”

社会各界对《反垄断法》的作用有期望过高的倾向。这不仅不利于反垄断法律体系建设，还可能陷入僵局。《反垄断法》在市场经济国家中虽然素有“经济宪法”之称，在整个国家的法律体系中具有重要地位，但其实际约束范围远没有通常想象的那么宽泛。对于垄断现象和行为，千万不能“一刀切”，必须区别对待。

垄断现象和行为分为人为垄断和自然垄断。人为垄断又分为经济垄断或市场垄断（如合谋、过度集中、滥用市场支配地位等）、行政垄断（如行政许可、地区封锁或部门利益保护等）和法定垄断（如专利、商标、版权等）。

对于法定垄断不应反对，而应维护；行政垄断的情况非常复杂，不能一概而论；即使是属于《反垄断法》主要限制对象的经济垄断，也要根据具体情况而分别遵循“本身违法原则（Per Se Rule）”和

“合理推定原则（Rule of Reason）”，确定利弊大小，再据以裁决。至于自然垄断，为了获取规模经济或其他目的，往往实行反垄断豁免。近年来，自然垄断理论有了新的进展，反垄断豁免的范围大为缩小，但真正意义上的自然垄断终归还是要实行豁免的。可见，在所有垄断行为或垄断现象中，真正应由《反垄断法》约束的范围是比较“窄”的。

另一方面，由于《反垄断法》实施过程中还会遇到“时间长”和“取证难”问题，经常连一些基本的“成本”、“市场”概念都难以达成共识，动辄几年都无结果。在欧美国家，每年提起的反垄断诉讼实际上非常有限，且大多以“庭外和解”为结局。因此，总体来说，《反垄断法》是一把高悬的剑，主要起威慑作用。

## 二、对行政垄断应“以柔克刚”

如何对待行政垄断是中国《反垄断法》立法中的一大难题。行政垄断是市场经济的“大敌”，既损害效率，又导致腐败。但《反垄断法》既不是治理行政垄断的首选武器，也不是正确的药方。随着经济体制、政治体制的改革，行政垄断引发的很多问题会逐渐消失。反之，如若在《反垄断法》立法过程中过多纠缠于行政垄断，就会使反垄断立法裹足不前，以致寸步难行。

对行政垄断也不能“一刀切”。假设《反垄断法》中详举行政垄断的罪责，并公布实施，那么就会有相当多的政府行为（无论条条，还是块块）一下子变成“违法行为”，结果必然不仅会树敌过多，欲速不达，而且还会使整个社会无所适从，秩序混乱。何况有的行政垄断（如某些行政许可），即使到将来也不能一反了之。现实中的行政垄断有很多也是利弊共存，是非难定。

所以，对于行政垄断，既不能熟视无睹，也不能操之过急。务实可取的办法是采取“以柔克刚”的思路，依然将行政垄断纳入《反垄断法》的框架，但仅作原则性的规定。然后，通过其他方面具体的改革（比如规制改革）措施，逐步减少行政垄断的不利影响。正确的思路是，通过体制改革，逐步将行政垄断的资源（机构、权力等）转到政府规制的轨道上来，主要靠规制改革，而不是靠反行政垄断，才可能收到“既疏又导”的一举两得之效。

## 三、《反垄断法》与行业法应“统筹兼顾”

《反垄断法》立法中的另一个难题是如何对待“自然垄断豁免”与国有企业的特殊性，因为传统自然垄断行业主要由国有企业构成。这一问题可以通过《反垄断法》与行业法的“统筹兼顾”来有效解决。

人们常说的自然垄断行业或自然垄断企业，其实本来并不存在。从经济学和法学角度来说，需要区分自然垄断行业、自然垄断企业和自然垄断业务这三个极其容易混淆的概念。人们目前仍然常说的铁路、电力、电信、航空、供水、供气等行业，早已不是真正的自然垄断行业，大部分环节或业务都存在比较充分的竞争。根据我们的研究成果，只有规模经济、范围经济和网络经济“三位一体”的某些环节或业务，才可能存在一定程度的自然垄断。对于这种自然垄断环节或业务，《反垄断法》是要豁免的，或者说，“允许垄断存在，但要加强规制”。反垄断主要针对大多数竞争性行业和“自然垄断行业”中的竞争性业务。现实中容易出现的问题是，许多相关行业的企业故意夸大自然垄断业务，或者滥用垄断优势，牟取垄断利益，而有关部门不明就里，听之任之，甚至推波助澜。

再说国有企业的特殊性问题。在中国，能够从事自然垄断业务的国有企业，以及一些虽然不属自然垄断，但国家实行专营专卖的国有企业，均属“特殊企业”。我们的研究成果表明，典型的国有企业本来就不是“一般企业”，基本不适用属于私法、商法范畴的《公司法》，也不可能建立规范的法人治理结构或所谓的“现代企业制度”，而应主要采取“特殊法人”的企业形式。可取的思路是针对自然垄断和国有企业的实际情况，取消《公司法》中有关国有独资公司的条款，分行业制定“特殊法人法”，然后按照“特殊法高于普遍法”的原则，协调《反垄断法》与行业法之间的矛盾。实际上，现实中有关国有企业的法律和政策已经实质上逐步地接近于“特殊法人”的思路，只不过还差“临门一脚”。

## 四、《反垄断法》体系的建立应“先粗后细”

反垄断法应该是一个法律体系，包括居于核心地位的“母法”

《反垄断法》和相应的“子法”（如并购指南等）。

母法应简洁、原则性强、相对少变，不要牵扯过多的具体条款（如具体的集中度问题），而将其留给相关的子法或实施条例。考虑到我国经济转型与经济发展过程的特殊性和复杂性，需要重视母子法律体系的刚柔相济，走“渐进式”立法之路，即出台母法宜早不宜迟，出台子法可灵活务实，而且可以经常调整。

其实，中国有一些子法已经走在了前面。如针对外资并购问题、零售商滥用垄断势力问题，有关部门出台了一些子法。但由于母法出台滞后，势必难以充分考虑母法与子法的衔接问题。再有，《反垄断法》与1994年出台的《反不正当竞争法》也存在较多的重复或交叉。

## 五、《反垄断法》立法应“内外协调”

按理说，中国致力于建设市场经济体制，也急于让国际社会承认我们的市场经济国家地位。在此方面，一个非常值得重视的问题是，既不要“内外有别”，公开歧视，又要注意包括发达国家都广泛存在的“双重标准”现象，在反垄断法律体系建设与实施中预留“接口”。

近几年，国际竞争规则的重点正呈现出从“反低价倾销”向“反垄断高价”转移的新动态。一国反垄断法的终极目标总是首先服务于本国的利益。这一点在美国“波音—麦道合并案”以及波音、空客对我国“大飞机”项目的关注中都可以清楚看出。我们对此要有清醒的认识，并充分借鉴版权保护立法中的经验，在反垄断法律体系建设过程中及早采取防范策略，尤其需要注意反垄断法与产业政策、贸易政策等其他经济发展政策的协调，注意反倾销与反垄断二者之间的逻辑关系及转化规律。

我们要认清，反垄断法国际冲突的根源是发达国家与发展中国家间的利益冲突。在历届世贸组织部长级会议上，许多发展中国家的代表都提出了对于建立国际反垄断法的种种看法。比如印度代表就曾提出，对于发展中国家来说，企业联合抵制进口是一个非常重要的战略，国际反垄断法应予以豁免；印度尼西亚代表希望国际反垄断法中的“核心卡特尔”不包括中小企业合作的卡特尔，因为这种在印度尼西亚很盛行的卡特尔有助于印度尼西亚经济的发展。此外，一些拉美国家还颁布了很有特色的专门用来对付跨国公司垄断行为的竞争法。我国反垄断法律体系建设应该充分借鉴这些发展中国家的做法，协调相互之间的立场和利益。

另一个重要问题是，我国政府应把握反垄断法国际协调的动向，及早关注与世界贸易组织（WTO）类似的“国际竞争组织（ICO）”的构建，以积极态度参与并推动国际竞争规则的起草与谈判，争取成为发起国，并在其中最大限度地保护我国的利益。

呈现在读者面前的这套《反垄断经济学与政策前沿丛书》，既有反垄断经济学与政策研究的前沿性整体介绍，也有对反垄断政策各个方面的深入探讨；既有关于国内反垄断政策的剖析，也有针对国际反垄断政策的阐述，研究方法前沿，主题和体裁丰富。我们真切期盼本套丛书的出版有助于中国反垄断经济学与政策研究水平的整体提升！

# 译校者的话

反垄断经济学是法律经济学的重要分支，以微观经济学，特别是产业组织理论为基础，研究反垄断立法和反垄断执法中的问题。反垄断经济学的历史并不悠久，却表现出旺盛的生命力。正如本书主编美国密歇根州立大学 Jay Pil Choi 教授所言，经济分析在许多国家的反垄断政策制定和执行中发挥了关键作用，法庭在判决时也越来越多地以经济理论与实证分析为依据。具体的表现有以下几个方面：第一，近几十年来在经济学和法学的学术期刊上出现了大量以经济学为分析工具，以反垄断案例、反垄断立法与执法实践为研究对象的学术文献，相关的专著与案例分析报告也层出不穷；第二，一些著名的反垄断案的辩论过程更像是经济学家的辩论会或经济学理论的实验场；第三，经济理论与概念越来越多地出现在各国反垄断机构的法律文件之中。

本书是《反垄断经济学与政策前沿丛书》之一。它与我们新近翻译出版的由美国西北大学迈克尔·温斯顿所著的《反垄断经济学前沿》一书恰好构成姊妹篇。本书《反垄断研究新进展：理论与证据》，以十个专题为章，探讨反垄断经济学的最新进展，而《反垄断经济学前沿》则是就反垄断的四个主要方面系统综述反垄断经济学的前沿。

中国已经颁布实施《反垄断法》，有关的配套法规也会相继出台。相对于其他法律，《反垄断法》涉及经济体制和经济运行的许多方面，政府、企业和百姓都与其密切相关。对于《反垄断法》，我们还会面临许多有待解决的问题。因此，我们相信，本书和《反垄断经济学与政策前沿丛书》的其他著作，会使众多的政府官员、企业界人士、法律界人士，以及整个经济学界深感兴趣，而且这种兴趣会持续较长时期。

作为教育部人文社科重点研究基地，东北财经大学产业组织与企业组织研究中心理所当然地关注反垄断经济学学科的内容、体系和进展。我们在承担一些重要课题的基础上，发表了一些学术论文和著作。其中的《反垄断经济学与政策前沿丛书》包括六部译著，现在已经出版了《反垄断经济学前沿》和《反垄断政策国际化研究》，本书《反垄断研究新进展：理论与证据》是第三部，均由东北财经大学出版社出版。

本书的翻译主要由张嫚和崔文杰负责，产业经济学专业的博士和硕士研究生李姝、杨药、张萌、付艳华、梁海军、潘登、赵蕾芳、韩丹参与了部分初稿的翻译工作。张兴、宋倩倩、张召春、高晓磊、韩琳等对书中公式、图表做了初步校对。本书的部分初稿先后在“产业经济学经典文献选读”、“产业组织理论”、“反垄断经济学”等研究生课程中进行过讨论。对于译稿中可能存在的不足，欢迎各界批评指正。

译校者

2008 年 11 月

# 作者简介

Mark Armstrong　伦敦大学学院
Francesca Barigozzi　博洛尼亚大学
Randy Brenkers　天主教鲁汶大学
Duarte Brito　新里斯本大学
Jay Pil Choi　密歇根州立大学
David Evans　法律经济咨询集团（LECG）和伦敦大学学院
Vivek Ghosal　佐治亚理工学院
Jos Jansen　柏林社会科学研究中心（WZB）
Franco Mariuzzo　爱尔兰都柏林大学圣三一学院
Martin Peitz　德国国际大学
Pedro Rereira　葡萄牙竞争局
Michael Salinger　联邦贸易委员会经济局主任，从波斯顿大学离职
Frank Verboven　天主教鲁汶大学
Michael Waldman　康奈尔大学
Patrick Paul Walsh　爱尔兰都柏林大学圣三一学院
Ciara Whelan　爱尔兰国立都柏林大学

# 原丛书前言

本书是德国 CESifo 集团①（CESifo Group）研讨会系列丛书②的组成部分。该系列丛书主要从欧洲视角出发，旨在探讨经济学领域中的热点政策问题。系列丛书中的各本书都是在学术论文基础上，经过 CESifo 集团所主办的研讨会激烈争论的产物，CESifo 是由世界各国著名经济学家所构成的一个国际研究网络。这一研究网络是由慕尼黑大学的经济研究中心（Center for Economic Studies）与伊福经济研究所（Ifo Institute for Economic Research）联合组织的。该系列中的所有出版物均经过 CESifo 研究网络成员的精挑细选与认真审阅。

---

① CESifo 集团（CESifo Group）是德国权威研究机构与智囊机构，成立于 1999 年。该集团成立的初衷是使慕尼黑成为欧洲经济研究与政策探讨的中心。该集团由 1991 年成立的慕尼黑大学经济研究中心（Center for Economic Studies，CES）、1949 年成立的伊福经济研究所（Ifo Institute for Economic Research，其中 Ifo 由 Information 和 Forschung（research）两个词的词头合成而来）和慕尼黑经济研究促进会（CESifo GmbH，Munich Society for the Promotion of Economic Research）三方组成。CESifo 是上述三个机构的统一标识。伊福经济研究所成立时是正式注册的非营利性协会，是德国著名的研究机构之一，与慕尼黑大学之间签署的合作协议使两者之间的关系非常密切，2002 年，它正式成为慕尼黑大学的一个机构。——译者注

② 此系列丛书涵盖了公共财政、国际经济及产业组织等领域的政策热点问题，除本书外，目前该系列还包括《外商直接投资与跨国公司》、《公债的可持续性》、《欧洲与美国的养老金制度》等书。该系列丛书均由 MIT 出版公司出版。——译者注

# 前　　言

经济分析在大西洋沿岸国家与地区的反垄断政策（在欧洲被称为竞争政策）形成中起到了关键作用，法庭在审理判决时也认可了经济理论与实证分析的核心作用。例如，经济学术语在美国的《兼并指南》中被广泛采用，最近对欧洲兼并改革的讨论也反映了这种趋势，讨论充分强调了以经济学为基础的兼并政策实施问题。此外，在法庭的反垄断案辩论中，相关各方越来越多地使用复杂的经济分析。在“科达公司诉影像技术服务公司等案”及“美国诉微软案”中，控辩双方在举证时广泛采用了博弈论、信息经济学和交易成本经济学的理论①。

经济学家在反垄断机构和著名咨询公司中的频繁出现也表明了对复杂经济推理的需求。美国的两个反垄断机构——司法部和联邦贸易委员会，各自雇用了50~60个拥有博士学位的经济学家组成团队，并且通常由备受尊敬的学者担任首席经济学家来领导相关工作。最近在欧盟委员会改革过程中也设立了首席经济学家这一职位。

在此背景下，本书集合了众位专家来讨论竞争政策形成和实施中涉及的概念性与实证性问题。书中各章反映了反垄断分析的广泛视角，通过讨论现状及指出未来的研究方向，描绘了反垄断研究最新进展的广阔画面。

前面3章着重讨论几个理论问题，这些理论问题在最近审理的几起反垄断案中起了重要作用，如“科达公司诉影像技术服务公司等案”，起初由沃尔玛、西尔斯和其他几个大的连锁店起诉的维萨与万事达卡案，以及欧盟委员会针对微软的案例。

---

① Kovacic 和 Shapiro（2000）。

## 耐用品市场中的反垄断分析（第1章）

在第1章中，Michael Waldman 指出，有一些问题只会在耐用品市场中出现，或在这类市场中出现得更频繁，这些问题对于反垄断政策而言具有重要含义。例如，有关二手商品或旧货市场的问题对耐用品而言很重要，而实际上这些问题对于非耐用品而言是不存在的。耐用品通常需要维修服务，这就促成了零配件市场的形成。零配件市场与耐用品生产者的主产品市场形成了互补关系。实际上，耐用品生产者是否应被允许垄断其产品的配件市场，已成为涉及科达、Data General、Unisys 和 Xerox 的几个反垄断案例中广受争议的焦点问题。鉴于耐用品市场在经济中具有重要作用，应认识到耐用品市场对于制定和执行合理的反垄断政策的特殊性至关重要。在2000年，美国个人耐用品消费支出已超过8 000亿美元。Waldman 回顾和讨论了耐用品理论文献研究中的一些最新进展，这些理论在几个有关耐用品市场的重要反垄断问题中起到了关键作用。

作者特别指出，耐用品建模方法中经典的 Swan 方法含有不现实的假定，即假设消费者可以将几个旧产品组合起来形成新产品的完全替代品。Waldman 和其他几位作者，如 Igal Hendel 和 Alessandro Lizzeri，最近用新的方法对不符合上述特征的耐用品市场进行了研究。在这种新方法中，假设每个人每期消费0或1单位的物理产品。随着产品的老化，产品的质量会下降。每个消费者每期消费一个产品的假设可以避免 Swan 方法受到的批评。另一个关键假设是，消费者对产品质量的评价是不同的，这一点类似于标准 Mussa 和 Rosen 分析。Waldman 通过说明在耐用品市场最优反垄断兼并政策设计中，新方法与更为传统但不够现实的 Swan 方法所得出的结论具有显著差异，令人信服地证明了这种方法的重要性。

## 双边市场与平台竞争（第2章）

在许多市场中，两组或多组参与人通过中介或平台进行交易，这类市场被称为双边市场（或者更一般地被称为多边市场），对此类市场的研究现在已成为最热门的领域之一。多边市场的一个明显特征是：至少有两组不同的用户，并存在组间网络外部性（intergroup network externalities)，即每一组用户通过与市场另一边的一组用户进行交易而获益。双边市场的典型例子是婚姻介绍所（dating services）或夜总会（nightclubs），其中存在男性和女性两组参与人，每组成员都通过与另一组成员互动而获益，光顾同一家婚姻介绍所或夜总会的一组成员越多，另一组成员获得的效用就越高。这种组间网络外部性不只局限在婚姻介绍所这类市场中，还有其他经济意义更为显著的例子，包括：拍卖网站，例如 eBay 和雅虎，买方和卖方共同完成一项交易；信用卡支付系统，例如维萨和万事达卡，企业和消费者必须参与同一个系统；视频游戏平台，例如 PlayStation、X-box 和 GameCube，游戏制造商和消费者分别是两个组。[①] 在这类市场中，需要把市场双方都拉到同一平台上，这就产生了所谓的“鸡生蛋、蛋生鸡”问题，因为每组成员只有预期另一组成员很多时，才会愿意加入这一市场。有关双边市场的文献主要关注的是，通过制定最优定价结构来协调相互作用的两组间的需求。

最近，有几位学者开始研究双边市场的反垄断问题（Evans 2003；Wright 2003），特别是目前已有文献呼吁在反垄断领域运用传统的单边逻辑来分析双边市场时要谨慎。在第 2 章中，Mark Armstrong 将探讨这一重要问题，并研究在这类市场上组间网络外部性是否需要有新的理论视角，且因此使先前的单边逻辑的适用性削弱。

## 搭售安排的反垄断分析（第 3 章）

在美国和欧洲最近的许多重大反垄断案例中，搭售安排已经成为一个主要的且备受争议的问题。略举几例，如微软案、维萨和万事达卡案，以及已申报的通用电气和霍尼韦尔的兼并案。第 3 章由 Jay Pil Choi 撰写，他对搭售安排的进展作了选择性回顾，并且讨论了与搭售相关的反垄断案例的理论研究现况。最近的反垄断案例越来越多地涉及那些创新依赖型产业中的企业，然而问题是反垄断分析是否能应对这种挑战。尤其是随着“新经济”的出现，传统的反垄断分析在技术进步较快的产业（如计算机与互联网）中是否适用还不清楚。

① 关于双边市场的更多例子可参见 Evans（2003）；Rochet 和 Tirole（2003）。

传统的反垄断分析主要处理铁路和重工业方面的价格行为问题，并且通常都忽略了创新问题。为此，第 3 章也描述了包含创新动机的搭售模型。特别是这一章论证了即使没有竞争对手企业的退出（所以，所搭售产品的市场结构不发生变化），由于创新对竞争的长期影响，搭售仍是有利可图的策略。

总体上讲，搭售安排的福利含义是模糊的，因为即使在具有有害的排他效应时，也会具有效率改进效应。微软的 IE 浏览器和媒体播放器与操作系统的捆绑就是这样的案例。文献研究表明，在特定条件下，这样的技术搭售可能是排他的。然而，与此同时，搭售也存在补偿效应。例如，由于产品的无缝整合而提高了性能，或者如果搭售产品与被搭售产品经常被同时使用，会降低分销成本。由此，经济学家之间好像达成了一致意见，搭售不应该用反垄断法中的本身违法原则来对待，而应采用合理推定原则。① 任何合理的反垄断政策都应该权衡可能的效率效应和潜在的反竞争效应，然而，除了这一一般原则外，似乎很难提出一个适用于这些反垄断案例的简单的法律标准，因为在这方面，适当的反垄断政策总是依案例的具体情况而定。

以下各章（第 4 至第 7 章）主要关注实证分析。

## 捆绑与搭售的经验分析（第 4 章）

正如第 3 章所归纳的，捆绑同时具有反竞争效应和效率改进效应，采用捆绑实践的动机可能有多种。尽管用于理解捆绑实践的理论分析已取得了一定进展，但这一领域的经验分析却是滞后的。这一领域的核心政策问题是要利用经验方法区分两类捆绑和搭售案例：一类是反竞争的案例；一类是可能出于效率改进考虑而通常在竞争性市场中出现的案例。David S. Evans 和 Michael Salinger 在第 4 章中所作的研究具有首创性，是在对捆绑效应进行经验分析领域中所迈出的第一步。尤其是他们运用并扩展了竞争条件下以成本为基础的捆绑与搭售的分析方法，该方法是在他们有关非处方类的缓解疼痛与感冒药的姊妹篇论文中提出的。② 他们证明了消费者对含有多种成分的药品所支付的货币数额要低于分别购买含有其中各种成分的药品所支付的货币

---

① 参见 Motta（2004）；Tirole（2005）。
② Evans 和 Salinger（2004）。

数额。他们接下来又将成本的节约分为两部分：一部分是边际成本的节约；一部分是生产产品的固定成本的节约。该分析证明了捆绑的实质性节约，并说明了对理解搭售很必要的成本分析。

## 兼并控制的政治经济（第5章）

Vivek Ghosal 在第 5 章中研究了兼并实施的政治经济学方面的问题。作者构建了政党权力转换的短期经验模型，同时构建了长期的基于根深蒂固的意识形态的制度转变模型，并且定量研究了 1958 年到 2002 年美国司法部反垄断局兼并实施的影响。

关于政治上和意识形态方面的影响，Ghosal 的关键经验结论如下。第一，他发现证据表明，在 1974 年之后兼并实施强度出现了明显削弱的制度转变。他提出了导致这种趋势发生的一些因素，例如，对公司行为促进竞争和改进效率方面的强调，美国最高法院的保守派越来越多，一些影响兼并评估的行政变化，如 1968 年的《兼并指南》和 1976 年的《HSR 法案》的通过。第二，与普遍接受的观点相反，Ghosal 指出与民主党相比，共和党所质疑的兼并案件数量并不少。从两方面而言，这一结论都是有依据的：一方面，兼并实施是基于 20 世纪 50 年代和 60 年代盛行的传统反垄断政策；另一方面，与越来越强调市场势力和促进竞争效果的新政权的出现有关。第三，为使研究视野更广阔一些，Ghosal 研究了反垄断局的全部民事案例的实施情况。与针对兼并实施的研究所得出的结论一致，全部民事案例的数据表明，制度转变发生在 20 世纪 70 年代早期。与针对兼并质疑的研究所得出的结论相对，全部民事案例的实施数据表明，在制度转变以后，共和党质疑的案件数量要少于民主党。

## 差异化产品市场的市场界定（第6章）

反垄断机构和法院已经从主要依靠市场份额证据转向依靠更加复杂的模拟分析来预测各种商业行为对竞争的影响。尽管包括模拟方法在内的其他工具的重要性日益增强，但由于种种原因，市场界定方法在竞争政策分析中仍然是一种重要的工具。例如，在汽车市场上，欧盟委员会关于纵向限制的新的集体豁免条例（block exemption）在很大程度上依赖于市场份额的计算。以此为背景，在第 6 章中，Randy

Brenkers 和 Frank Verboven 提出了一种经济计量学方法来界定差异化产品的相关市场。他们证明了这种方法实际上与 SSNIP 测试是一致的，而且与以前的弹性分析或简单的标准产业分类方法相比更令人满意。另外，他们的方法与模拟方法有许多共同点（相似的数据要求和关于当前垄断势力的相似假设）。

为了从市场界定方法的严格应用中得到一些经验，Brenkers 和 Verboven 运用他们的方法分析了欧洲汽车市场，发现小货车相关市场被界定在最高层次——整个国家层次。此外，意大利国内汽车相关市场被界定在中间层次——细分层次。在其他情况下，汽车相关市场被界定在最低层次——子细分层次。根据这些结果，Brenkers 和 Verboven 识别出了可能违背市场份额门槛但受到集体豁免条例保护的企业。他们发现，如果采用标准产业分类方法而不是他们的经济计量学方法，结论可能是不同的，事实上，是不确定的。他们也注意到了在市场界定中对业界可能有用的其他问题。

## 差异化产品市场的兼并控制（第 7 章）

兼并控制是反垄断政策的一个重要组成部分。欧洲和美国在申报的兼并案中选择需要调查的兼并时，可能会考虑的主要工具指标是建立在赫芬达尔—赫希曼指数（HHI）所反映的市场份额水平及其变化基础上的门槛值。在本书第 7 章中，Franco Mariuzzo、Patrick Paul Walsh 和 Ciara Whelan 对这一筛选原则在差异化产品市场中的应用提出了质疑。他们建议使用一种结构化的方法，使 HHI 门槛值基于利润份额而不是市场份额。为此，他们选用碳酸软饮料零售市场中的产品数据（价格、市场份额和产品特征）加以说明。他们用结构均衡模型中的初始需求估计公司涨价幅度，这一初始需求是从嵌套对数模型和随机系数模型中得到的。他们举例说明了其所用方法的重要性，在这个例子中，基于利润份额的 HHI 门槛值可以识别出潜在的恶意并购企业，而采用产出份额门槛值却无法识别出来，或者反过来说，基于利润份额的 HHI 门槛值可以识别出那些在产出份额门槛值下会被调查而实际上并不需要引起关注的兼并。

接下来的部分（第 8 章和第 9 章）讨论不完全信息市场中的反垄断和规制问题。

## 比较广告（第8章）

在与每年花费数十亿美元来推广其产品的大企业展开竞争时，广告是一种重要的策略性手段。关于广告的作用，存在着两种截然相反的观点：劝导性作用和信息性作用。认为广告具有劝导性作用的人认为，广告改变了消费者偏好，创造了能够导致品牌忠诚的消费者理念的差别化。劝导性广告会使广告产品价格变得缺乏弹性，这使得做广告的企业可索要一个更高的价格。相反，认为广告具有传递信息作用的人认为，广告有助于解决因消费者非对称信息而产生的问题，并降低消费者的搜寻成本。信息性广告会使做广告的企业的产品需求曲线更富有弹性，从而有助于促进竞争。①

Francesca Barigozzi 和 Martin Peitz 在第 8 章中采用了信息性广告的观点，特别是他们调查了比较广告对竞争可能产生的影响和在管制中竞争政策的作用。在许多欧洲国家，支持竞争的反垄断机构通常倾向于对比较广告持怀疑观点。但是，他们现在的态度发生了变化，认为比较广告在促进竞争方面也是有所作为的，甚至鼓励企业使用。他们推断，如果比较广告是公平的和非误导性的，就能增进消费者对替代品牌的了解。要产生这种效果，广告中所作的比较就必须是可信的。竞争政策和法律实践在使比较广告（直接或非直接地）提供大量信息方面至关重要。在第 8 章中，Barigozzi 和 Peitz 结合这一重要实践提出了问题，但是至今仍在研究中。他们提供了欧洲和美国有关比较广告的重要法律背景。同时，他们还讨论了这些地区一些新的司法案例。他们也在比较广告是怎样影响市场产出方面提供了经济学分析。在这些分析中，他们强调了信息通过比较广告所传递的范围和反垄断法产生影响的途径。他们发现比较广告的效应依赖于所涉及产品本身的特性。更确切地说，就搜寻性产品而言，比较广告能够通过制造产品差异而削弱价格竞争；就经验商品和信任商品而言，比较广告通过描述品牌的质量来加强竞争。

---

① 对广告问题的归纳可参见 Bagwell（2003）。

## 信息披露规制（第9章）

在具有不对称信息特征的市场中，拥有信息的主体有向缺乏信息的主体策略性地传递其私人信息的动机。在第9章中，Jos Jansen 在生产流程创新的背景下分析了这种情况。更为特别的是，他运用了古诺双寡头模型，在该模型中创新企业拥有有关生产流程创新规模的私人信息。有效率的企业披露该信息的策略性优势在于限制竞争对手的产出水平，弊端在于伴随着信息披露而产生的知识溢出。Jansen 通过比较事先承诺（即在企业知道其创新规模之前，披露规则就已确定）情况下的古诺双寡头垄断的预期利润与策略性披露情况下的预期利润，分析了披露激励问题。Jansen 的研究表明，在知识溢出的数值为中等大小的情况下，反垄断机构需要禁止创新型企业预先制定信息分享规则。

## 本地接入竞争（第10章）

从传统上来说，本地电话市场允许保持垄断，然而最近竞争态势发生了戏剧性的变化。例如，美国1996年《电信法》允许企业进入任一电信业务领域，从而展开竞争。为了便于新进入者进入本地接入市场，1996年《电信法》还要求本地电话公司出租部分网络设施给新进入者。在本地接入市场中，一个潜在的竞争来源是有线网络，它可以通过已连接用户的高容量同轴电缆网提供服务。例如，AT&T 公司为了通过宽频有线电视连接进入地方电话市场，花费数十亿美元收购了有线电视公司 TCI 和 MediaOne，还购买了时代华纳公司的一部分股份。

在最后一章，Duarte Brito 和 Pedro Pereira 讨论了有线电视网及其所有权结构在促进本地接入市场竞争中的作用。他们指出，与分离所有权相比，本地有线网和电话网的双重所有权可能增加也可能减少投资升级有线网的动力。他们还认为两个网络的所有权分离对促进本地接入市场竞争是很重要的。

本书的大部分稿件都曾在2004年的威尼斯夏季研讨会上提交并讨论过。作为补充，其余的章节也都由在各自领域处于前沿的学者所撰写。本书的所有文章都经过了正规的评审过程，严格遵守 MIT 公司的要求。非常感谢所有评阅人富有见地的评论，也感谢作者们对这些评论的积极反馈。最后，感谢德国伊福经济研究所工作人员在本次会议组织过程中给予的后勤支持。

Jay Pil Choi

# 目　　录

# 第 1 章

# 耐用品市场的反垄断视角*

Michael Waldman

## 1.1 引言

耐用品市场是经济体系的一个重要组成部分，举例来说，2000 年，美国的个人耐用品消费支出总额超过了 8 000 亿美元。而且，2000 年，美国的耐用品产量大约占整个制造业产量的 60%。基于耐用品市场在整个经济体系中的重要地位，大量与耐用品市场有关的微观经济理论文献随之产生。这些理论见证了过去 10 年中耐用品市场的巨大进步。在本章中，我首先简要回顾有关耐用品市场的微观经济理论，尤其是最近 10 年的文献。然后讨论一些我最近关于耐用品市场最优反垄断政策的分析，它们多数基于更多的文献中

* 作者感谢 Dennis Carlton、Ari Gerstle、Justin Johnson 和 Hodaka Morita 对本章主题的讨论。

的思想。

有人可能会问：为什么会有一系列单独研究耐用品市场的文献？答案是因为有许多问题仅出现在耐用品市场或更多地出现在与其类似的市场中。例如，关于二手或旧货市场的问题对耐用品来说是至关重要的，但是在非耐用品市场上却并不重要。另一个经常出现在耐用品市场却很少出现在非耐用品市场的问题是时间非一致性（time inconsistency）问题。Coase（1972）首先提出，在没有承诺的情况下，垄断者在第一次出售耐用品后就不会有最佳的激励促使其出售更好的产品，进而导致其利润的下降。最后，耐用品市场还涉及产品的升级换代问题，基于此，我认为新产品的开发改进了原有产品，或者消费者可以加装新部件以改进原有产品。

根据本章的观点，需要特别指出的是，耐用品市场上经常出现的各种问题不仅仅导致了耐用品市场的反垄断问题。例如，Carlton 和 Gertner（1989）认为，在耐用品市场上，旧货存量限制了市场份额较大的新产品出售者（以垄断者为例）的垄断势力，这自然而然引发了耐用品市场反垄断政策的最佳兼并问题。也就是说，既然耐用品市场旧货存量限制了垄断势力的作用，那么有人可能会同意 Carlton 和 Gertner 的看法，认为反垄断机构应该较少关注耐用品市场上可以加强垄断势力的兼并活动。另一个主要问题与售后服务市场的垄断有关，根据定义，耐用品有很长的经济寿命，所以，与其相关的售后服务市场如维修配件市场和其他类型的互补品市场将有更大的市场空间。在售后服务市场中，耐用品企业通常有能力阻止其他企业出售修理耐用品所用的零件，以此垄断售后服务市场，从某种程度上来看，反垄断机构应该禁止这种行为。

本章论述的要点是耐用品理论文献方面的最新进展，这些理论对几个重要的耐用品市场反垄断问题有着非同寻常的意义。再次考虑一下耐用品市场的最佳反垄断兼并政策，Carlton 和 Gertner（1989）正式分析了这个问题，他们首先证明了旧货存量明显地降低了社会福利损失，同时企业兼并使耐用品产业由竞争转向垄断。通过讨论，他们得出结论认为，反垄断机构应该更多地关注非耐用品产业而不是耐用品产业那些以加强垄断势力为目的的兼并行为。20 世纪 70 年代早期，Swan 普及了 Carlton 和 Gertner 建立耐用品模型的方法，但是这并没有重要的现实意义。在 Carlton 和 Gertner 的耐用品模型里，消费者可以用大量的旧产品去替代新产品。但在现实中，这种做法在大部分耐用品市场如汽车和冰箱市场是行不通的。

Waldman（1996a）、Hendel 和 Lizzeri（1999b）提出了一个更为现实的建立耐用品市场模型的方法。在他们的方法中，每个消费者每期消费 0 或 1 个单位的产品，随着时间推移，产品的质量会下降。在这种情况下，将不会有旧产品可以充当新产品的完全替代品。Gerstle 和 Waldman（2004）运用这个新的建模方法，重新研究了 Carlton 和 Gertner 的分析。在这个更现实的模型中，他们证明了旧货存量仍然会缓解因兼并引发的市场集中度提高而带来的社会福利的损失，但其分析结果表明这种社会福利损失远比 Carlton 和 Gertner 分析所得的结果要小。Gerstle 和 Waldman 的结论是，与非耐用品市场相比，反垄断机构对耐用品产业兼并情况的监察在一定程度上应有所减少，但减少的程度显著地小于 Carlton 和 Gertner 所分析的结果。这一研究将会在 1.4 节中进一步讨论。

在本章中，我考虑的另一个问题是耐用品市场互补品的捆绑销售（bundling）问题。由于微软的搭售行为，最近互补品市场的搭售行为在理论文献中受到了很多关注。Choi 和 Stefanadis（2001）、Carlton 和 Waldman（2002）的论文有助于我们理解这一行为，微软的一些搭售行为很可能出于维持其 Windows 的垄断地位的目的。Carlton 和 Waldman 在论文中最明显的观点就是，当其竞争者的互补品（例如网景的浏览器）有潜力发展成为 Windows 的替代品时，搭售动机就将产生。但是我发现用此来解释微软的所有搭售行为并不合理，例如，微软的 Windows 和数字媒体技术的搭售行为就不能用其来解释。另外，Whinston（1990）证明，一个必需的主要产品（essential primary products）垄断者（即其所有互补品均须使用的产品）并没有搭售动机。考虑到 Windows 在 PC 市场上已经拥有了很高的市场份额，微软最近的很多搭售行为仍然是个谜。

Whinston 在其分析中考虑了单期模型。1.6 节中将讨论 Carlton 和 Waldman（2005b），这篇论文考虑了 Whinston 多时期模型所得结果的稳健性。特别是 Carlton 和我研究了两期的耐用品模型，在该模型中，垄断者的主要产品是必需品，并且另一替代生产者能提供更好的互补品。而且，以最新的分析如 Fudenberg 和 Tirole（1998）为基础，我们的模型的一个重要特征是，在第二期我们考虑了互补品的升级。为了与微软的案例保持内在的一致，我们考虑了消费者在互补品上的转换成本，即消费者在第二期如果消费了与第一期相同企业的互补品，会得到更高的总效用。① 我们的基本结论是，Whinston 关于必需的主要产品的结论不再成立。也就是说，即使垄断者的主要产品是必需品，企业有时也会捆绑销售，阻止互补品市场的竞争，垄断互补品市场。由此可见，对互补品市场上搭售行为的反垄断干预应比已有文献中认为的更频繁。

最后一个问题是，下文中的耐用品企业是垄断的，而且是直接向消费者销售的，但这并不意味着这些分析仅仅适用于这种情况。首先，尽管大多数耐用品的生产者不是垄断者，但仍有许多耐用品企业拥有垄断势力，垄断分析可以提供有益的见解。其次，即使耐用品企业不是直接把产品卖给消费者，而是卖给别的企业，耐用品企业面临的问题也是相似的。因此，下面的分析将有助于我们更好地理解耐用中间产品企业面临的一些重要问题。②

本章的框架如下：1.2 和 1.3 节从 20 世纪 70 年代早期的三大经典文献的贡献开始对耐用品微观经济理论文献作了简要的回顾，主要侧重最近 10 年的文献。1.4 到 1.7 节阐述了我基于最近 10 年文献中的思想所进行的反垄断研究的进展。1.4 节主要是关于耐用品市场最优反垄断兼并政策的进展。1.5 节涉及耐用品企业"消灭二手市场"的激励问题，以及这种行为是否应该受到反垄断机构禁止的问题。1.6 节论述了存在互补品升级和转换成本的情况下，互补品捆绑问题的一些新思想。1.7 节讨论了耐用品产业配件市场的反垄断政策。1.8 节总结本章。

## 1.2 耐用品理论的简要回顾——第一部分

这部分阐述了从 20 世纪 70 年代早期到 20 世纪 90 年代早期的耐

① 有一些文献研究了消费者有转换成本的模型，包括 Klemperer（1987，1989）；Farrell 和 Shapiro（1988，1989）。也可参考更早一些的 Williamson（1975，1985）。Klemperer（1995）对此做了文献回顾。

② 例如，我最近和 Ken Sokoloff 合写的一篇论文研究了如何将耐用品的时间非一致性问题用于从耐用中间产品角度思考企业边界问题。我认为这只是耐用品理论在其中间产品生产方面的诸多可能的应用之一。

用品理论，首先从这些文献的三大经典贡献开始，它们都肇端于20世纪70年代早期，然后扩展至20世纪90年代早期的理论。下一节将论述最近10年有关文献的进展。①

### 1.2.1 三大经典贡献

耐用品理论的三大经典贡献出现在20世纪70年代早期，以现在的文献为基点来看，三大经典贡献中最著名的是Coase（1972）关于时间非一致性的分析。Coase最初的分析是非正式的，所以我从将Coase思想形式化的Bulow（1982）开始论述。这个模型分为两期，耐用品企业是垄断的，产品永久耐用（perfectly durable），垄断者必须选择每个时期的产量水平。时间非一致性的基本问题是：承诺和不承诺所产生的结果是不同的。也就是说，如果垄断者在第一期不能承诺第二期的产量水平，那么垄断者将在第二期卖出“太多”的产品，从而降低了总的垄断利润。利润降低是因为消费者在第一期就预料到了垄断者的这种行为，因此消费者对第一期新产品的支付意愿低于垄断者做出承诺后的支付意愿，而在有承诺的情况下，垄断者第二期新产品的销售量相对较少。

正如上文所指出的，我所描述的实际上不是Coase那篇论文中的论证，而是1982年Bulow论文中对Coase思想的正式分析。Coase自己的论证常被称为“Coase猜想（Coase conjecture）”，其内容是一个耐用品垄断企业在无限期模型中如果出售永久耐用品将不会拥有任何垄断势力。也就是说，根据时间非一致性的基本思想，消费者会预期价格将很快跌至边际成本，所以甚至在第一期消费者也不愿意支付高于边际成本的价格。因此，在每一期中，均衡价格等于边际成本。Coase论证的另一个重要方面是租赁避免了时间非一致性问题，因为垄断者没有去考虑本阶段产量决策还会影响先前出售的商品的价值，所以当他们卖出产品时，便出现了时间非一致性问题。由于租赁意味着垄断者在后面的时期仍然拥有前一时期的产品，因此不存在外部性，从而避免了时间非一致性。

20世纪70年代早期的第二个经典贡献是关于最优耐用度决策的

① 参见Waldman（2003）对这些文献更深入的讨论。

分析，这些研究主要出现在Swan的一系列论文中（参见Swan 1970，1971；Sieper和Swan 1973）。20世纪60年代末期和20世纪70年代早期，许多研究者认为耐用品垄断企业愿意选择一个低于最优水平的耐用度水平，或者选择一个竞争性产业可能选择的耐用度水平（参见Kleiman和Ophir 1966；Levhari和Srinivasan 1969；Schmalensee 1970）。Swan证明这些学者的研究是错误的，换言之，他们在模型中认为耐用品垄断企业会选择社会最优的耐用度水平。

为了理解Swan的论证，我们来考虑一个耐用品垄断企业模型。在该模型中，消费者重视的是"服务单元（service units）"的价值，并且从当期消费的角度来看，无论是旧产品还是新产品，一单位产品都可以视为一些服务单元（这种耐用品模型建模方法可追溯到1934年）。而且，假定折旧仅意味着被包括在一单位物理产品内的服务单元数量随时间变化而减少，耐用度控制着这个减少速度。现在我们来考虑稳定状态的垄断行为，因为消费者只关心任一期可供消费的服务单元数量，垄断者对产量和耐用度的决策意味着以最小成本生产一定数量的稳定状态的服务单元。换言之，虽然标准的垄断理论认为垄断企业生产的服务单元数量低于社会最优的稳定状态服务单元数量，但是，既然垄断者将以最低成本生产，那么对耐用品生产来说就不存在扭曲，这就好比说，给定每期可获得的稳定状态的服务单元，垄断企业选择社会最优的耐用度水平，而且，在许多情况下，垄断者的耐用度选择与竞争性产业的耐用度选择完全相同。

20世纪70年代早期耐用品理论的最后一个经典贡献是Akerlof（1970）关于逆向选择或旧货市场的影响广泛的研究。这篇论文被认为是引发经济学上不对称信息革命的关键论文之一，但它通常很少被认为对耐用品理论也做出了重要贡献。然而如果考虑到本文关于耐用品二手市场的大量分析，事实上该论文对耐用品市场研究具有重要意义。

虽然我确信所有的读者都知道Akerlof的论证，但是我还是要简要重复一下。在他的模型中，每一个潜在卖者都拥有一辆旧车，车的质量各异，每个卖者都清楚地知道自己车的质量。每个潜在买者起初都没有自己的旧车，并且都不清楚任何一辆旧车的质量，仅是清楚待售旧车的平均质量。另一个关键假设是买者比卖者更重视拥有一辆车。所以，在充分信息或最高效率下所有汽车都将被买卖。分析的关键在于在信息不对称的情况下，均衡时并不是所有的汽车都会被交易。原因在于，信息不对称意味着二手市场上任一辆旧车的定价反映的都是待售汽车的平均质量，所以高质量旧车的潜在卖者就会选择保留而不是出售。①

## 1.2.2 20世纪70年代到20世纪90年代早期的理论概述

按照年代顺序，从20世纪70年代以来的工作开始讲述。20世纪70年代的耐用品理论文献主要集中研究Swan结论的稳健性（参见Schmalensee 1979对这些文献的综述）。这些文献放松了Swan基本框架中的各种假设。例如，Barro（1972）允许企业和消费者有不同的贴现率，Schmalensee（1974）和Su（1975）引入了消费者的维修决策，而Auernheimer和Saving（1977）考虑了短期非规模报酬不变的情况。底线并不令人惊讶。某些假设条件的放松使耐用度的选择仍然有效，而另一些假设条件的放松则导致无效的耐用度选择。值得注意的是，这些文献的某些部分令人感到困惑，因为对垄断和竞争市场的耐用度水平不同的证明与无效率的证明是不同的。也就是说，与竞争性的产业相比，垄断者选择了不同的耐用度水平，这并不意味着其耐用性水平是无效率的（或者至少不是次优的）。其原因在于不同市场情况下企业产量有所不同，垄断者和竞争者的次优耐用度选择也不同。

这些文献令人感到奇怪的是，虽然在我看来问题非常明显但却很少被关注：Swan的建模方法中对耐用度的假设最值得质疑。如前所述，在Swan方法中，一单位耐用品可被定义为许多单位的“服务单元”。这表明可以用大量的旧产品拼合出一个新产品的完全替代品。虽然这一假设从便于处理的角度看有一定优势，但是显然不具有现实性。对大多数现实中的耐用品市场来说，如汽车市场、冰箱市场和烤箱市场，消费者并不能用大量的旧产品去拼合出一件新产品的完全替代品。在这些市场中，新旧产品质量各异，并且拥有一件新产品所能得到的效用是拥有任何数量的旧产品都难以相比的，正如下文将要探讨的内容，放松这一假设显然改变了Swan关于垄断企业的耐用度选择是社会最优水平的结论。

---

① 在Akerlof的分析中，在信息不对称的情况下没有交易。但这是由于其对买者和卖者对产品的相对评价的假设导致的，因此其结果并不代表此类模型的一般性结论。

20 世纪70 年代人们主要关注了Swan 的贡献，到20 世纪80 年代和20 世纪 90 年代早期人们更多关注的是 Coase 的贡献。Bulow（1982，1986）将耐用品垄断产量选择中的时间非一致性的基本思想进行形式化处理，他给出了一个简单的模型，使 Coase 思想的内在逻辑更加明确。除了证明租赁可以避免时间非一致性外，Bulow 在他的第二篇论文中也证明了，时间非一致性问题会导致耐用品垄断者的产量低于耐用品社会最优水平的产量。其原因是由于存在时间非一致性问题，垄断者的利益因产品的耐用性而受到损害。因此，降低产品耐用性是减少时间非一致性所导致的利润损失的方法。

这个文献的其他部分主要集中论述了三个问题。第一个问题是，前面提到的Coase 猜想是否正确，即在无限期模型中，耐用品垄断者降低价格使其等于边际成本是否总是即时的。这一思想在许多论文中被研究过，包括 Stokey（1981），Gul、Sonnenschein 和 Wilson（1986），Ausubel 和 Deneckere（1989）。这里主要有两个相关的结论：第一个结论是，如果购买者决策不受过去行为的影响，那么企业就不可能建立自己的声誉，只要消费者的估价分布没有间隙（gaps），Coase 就是正确的，即估价最低的消费者的估价低于或等于企业的边际成本。第二个结论出现在 Ausubel 和 Deneckere 的分析中，其内容是，若购买者决策受过去行为的影响，那么企业可能会建立信誉，这样，即使保留无间隙假设（the no-gap assumption），在均衡中垄断者也能重新获得一些或全部的垄断势力。

需要我们考虑的还有另外两个问题。一个是 Coase 的结论在假设条件变化时是否稳健。另一个问题是除了租赁，企业可能采取的其他避免时间非一致性问题的策略有哪些。针对第一个问题，Bond 和 Samuelson（1984）证明折旧重置销售（depreciation and replacement sales）有助于减轻时间非一致性问题。Kahn（1986）也以同样的方式证明如果垄断者的边际成本曲线向上斜而非保持不变，时间非一致性问题就会减弱，而 Bagnoli、Salant 和 Swierzbinski（1989）以及 Levine 和 Pesendorfer（1995）研究了当垄断企业产出是离散的时，分析结果有何改变。关于第二个问题，如前所述，Bulow（1986）证明了通过降低其产品的耐用度，垄断者可以减轻时间非一致性问题；Butz（1990）证明了可缔约的供给如最高价格供给（best-price provisions）可以用来避免这一问题；Karp 和 Perloff（1996）则探讨了垄断企业在多大程度上可以通过最初使用劣质高成本技术避免时间非一致性问题。①

最后，虽然我认为 Coase 的见解，即耐用品垄断企业面临的后期行为的时间非一致性问题，是耐用品市场理论的基本观点之一，但是我也感觉他和其他人讨论的产量选择的时间非一致性问题在某种程度上被误用了。如 Butz 的分析所见，关于未来产量和价格的可缔约的承诺通常是可行的（而且建立在价格方面的声誉通常也是可能的）。因此，我认为，Coase 所指出的时间非一致性问题在现实市场上很难出现，尽管这一问题可以帮助我们更好地理解现实中用可缔约的供给避免此问题的方式。但是，我认为还有其他可以选择的变量，比如研发支出和引入新产品等，以这些方式缔约更为困难，因而有关这些变量的时间非一致性问题更容易在现实市场中发现，这些可能性将在后面的部分加以讨论。

## 1.3 耐用品市场理论简史——第二部分

在 1.2 节中，我描述了大致从 20 世纪 70 年代到 20 世纪 90 年代早期的耐用品理论。在本节中，我将简要描述近 10 年中重要的耐用品理论。集中讨论三个研究方向：（1）更具有现实性的耐用度选择模型；（2）新产品开发模型；（3）耐用品市场逆向选择的作用。重点在于，直至 20 世纪 90 年代早期，理论文献提出了一些耐用品市场的重要观点，近 10 年的研究就是基于这些早期的观点构建了更为现实的耐用品市场模型，但是对主要模型现实性的讨论仍然有些欠缺。

如前文所述，Swan 构建的耐用度选择模型有一个明显的缺陷，那就是对现实世界中的大多数耐用品来说，消费者并不能用大量旧产品去创造一件新产品的完全替代品。最近的一些论文集中关注了这一缺陷，并且基于 Mussa 和 Rosen（1978）经典的垄断生产线定价（monopoly product-line-pricing）分析，提出了一个替代性的方法。首先，我将论述 Mussa 和 Rosen 的论文，然后分析近期这些论文如何运

① 最近，Morita 和 Waldman（2004）证明了如果企业垄断其产品的维修市场，则时间非一致性问题可以避免，其逻辑类似于已经证明的租赁情形。

用该方法对耐用品市场建模。

Mussa 和 Rosen 考虑了单时期垄断模型，在这个模型中，垄断者出售给消费者质量水平不同的新产品。消费者对质量的估价也各不相同。另外，他们假定垄断者不知道每个消费者的质量估价，但知道估价的分布（相当于他们可以假设垄断者了解每个消费者的估价，但不能阻止倒卖）。他们研究的主要结论涉及企业卖给不同消费群体的产品的质量水平。具体而言，垄断者卖给质量估价高的群体质量水平最优的产品，而卖给质量估价较低群体的产品质量劣于最优水平。这是因为质量估价高的群体有机会选择企业卖给低估价群体的产品。这进而可以通过如下方式与价格联系起来：企业有动机将卖给低估价群体的产品质量降低到有效率的水平以下，这样做可以提高高质量产品的价格。

Waldman（1996a）、Hendel 和 Lizzeri（1999b）提出了一个类似 Mussa 和 Rosen 框架的耐用品建模方法，这一方法与所构建的框架密切相关（参见 Kim 1989；Anderson 和 Ginsburgh 1994）。在他们的方法中，每个消费者每期消费 0 或 1 单位物质产品，随着时间推移，产品质量下降。事实上，每个消费者每期消费 0 或 1 单位物质产品的假设，使该方法不会遭到类似 Swan 方法假设多个旧产品可以拼合出新产品的完全替代品的批评。另外一个关键假设，消费者对产品质量评价会发生变化，这一点类似 Mussa 和 Rosen 的假设，即耐用度选择是对旧产品折旧速度的选择，因此存在一个无摩擦的旧产品交易二手市场。

这两篇论文表明，耐用品研究这一分支的模型在许多方面与 Mussa 和 Rosen 的分析相类似。① 例如，此类模型的一个重要结论是，与 Swan 的耐用品模型相比不同的是，耐用品垄断者所选择的耐用度水平低于社会最优水平，这一分析的逻辑与 Mussa 和 Rosen 对卖给低估价消费者的产品质量水平低于最优水平的分析相似。在 Mussa 和 Rosen 的分析中，每一期高质量和低质量产品之间存在某种关系（或者可以说新产品和旧产品之间存在某种关系），这种关系使得垄断者有积极性降低低估价群体购买的产品的质量，以提高高质量产品或新产品的价格，垄断者通过把耐用度降低到最优水平之下来实现这一目

① Waldman（1996a）详细地讨论了构造耐用品模型的方法与 Mussa 和 Rosen 的生产线定价（product-line-pricing）分析之间的相似性。

的。请注意在1.4和1.5节，我将讨论这种建模方式的其他应用。

最近的第二个研究进展的重点是引入了新产品开发模型，如Waldman（1993，1996b）；Choi（1994）；Fudenberg 和 Tirole（1998）；Lee 和 Lee（1998）；Ellison 和 Fudenberg（2000）；Fishman 和 Rob（2000）；Nahm（2004）。显然，新产品开发即使不是大多数，也是许多现实世界耐用品市场的重要部分。通过关注新产品的开发，这些新近的论文已经能够处理先前文献忽略或者没有给予足够重视的现实世界中耐用品市场的很多问题。

备受关注的一个话题是引入新产品开发后耐用品市场的定价问题，在探讨该问题的论文中，最有影响力的是 Fudenberg 和 Tirole 的论文，在他们的两期模型中，产品是永久耐用的，但在第二期新产品比旧产品质量高，他们也假定消费者对产品质量有不同的估价。尽管没有涉及耐用度选择，并且产品质量不会因时间变化而下降，但就像刚才描述的耐用度分析的情况一样，这也与 Mussa 和 Rosen 的生产线定价分析有密切关系。因此，Fudenberg 和 Tirole 指出新旧产品价格的关系与那些耐用度分析中所发现的相同。除了证明这一关系外，Fudenberg 和 Tirole 也证明了这一关系的诸多应用，如以旧换新（trade-ins）、市场回购（buybacks）等营销策略（参见1.5节有关回购结果的讨论）。

另外一个主要问题是有计划的报废（planned obsolescence）或与其等价的新产品开发的时间非一致性问题（例如，Waldman 1993，1996b；Choi 1994；Ellison 和 Fudenberg 2000；Nahm 2004）。更早期的论文，如 Swan（1972）和 Bulow（1986）的论文，从耐用度选择的角度出发讨论有计划的报废问题。但是正如 Bulow（1986，747）所言："有计划的报废绝不仅仅是耐用性问题，它可能也是或许主要是企业多长时间引进一个新产品的问题，以及新产品如何和旧产品兼容的问题。"以上所谈到的最近的论文都采用了 Bulow 将有计划的报废定义为新产品引进的建议，并且论述了 Coase 起初关于产量选择的理解是如何被用来解释有计划的报废理论的。

Coase 观点的本意普遍被表述为，耐用品垄断者在后期有积极性采取行动降低先前出售产品的价值，但这些行动会降低企业的整体盈利能力。最近的这些论文把这一思想应用于新产品的引进，证明了从兼容性选择和质量改进方面看，耐用品垄断企业有时会在后期引进新产品以降低先前出售的产品的价值，这降低了企业的整体盈利能力。这与 Coase 起初有关产量选择的时间非一致性分析所存在的问题相类似，新产品引进的时间非一致性问题通常可通过租赁而不是出售产品避免。①

耐用品文献中近期进展的最后一个方面是对耐用品市场中逆向选择的进一步研究。正如 1.2 节讨论的，Akerlof（1970）对逆向选择和非对称信息的分析也是有关耐用品理论的经典文献。然而，尽管我认为由于那篇论文主要分析的是二手市场，其对耐用品理论具有显而易见的重要意义，但是，这一点却在近 30 年来被人们所忽视。直到最近，Hendel 和 Lizzeri（1999a，2002）以及 Johnson 和 Waldman（2003）开始研究 Akerlof 的耐用品市场中的逆向选择观点。

Akerlof 分析的一个缺陷就是不够全面，他集中研究了二手市场却完全忽略了新产品市场。Hendel 和 Lizzeri（1999a）将新旧产品统一纳入信息不对称的耐用品模型，解决了这一问题。他们的另外一个主要成果是，解释了为什么在二手市场交易的效率比 Akerlof 的模型高。Akerlof 的模型是直接假设旧产品的购买者比卖者对旧产品有更高的估价，所以交易是有效率的。Hendel 和 Lizzeri 的研究包含了新产品市场从而丰富了这一观点，在他们的分析中，每个消费者对每单位产品的估价取决于产品质量，均衡结果是高估价消费者购买新产品并把旧产品卖给低估价消费者。为了解释这一现象，我们仍要考虑 Akerlof 分析中的情况，即购买者比卖者对旧产品有更高的估价，但现在所提及的是“净”价值更高，也就是说，在谈到旧产品的价值时，考虑到了从新产品出售者那里购买一单位新产品的可能性。

最近，Hendel 和 Lizzeri（2002）、Johnson 和 Waldman（2003）已经证明了此方法可被用来解释新车市场的租赁现象。虽然 Hendel 和 Lizzeri 主要研究垄断模型，而 Johnson 和 Waldman 研究竞争模型，但两篇论文都是以二手市场存在信息不对称导致逆向选择无效率为基础。新车租赁之所以可以避免无效率的问题，原因在于旧车被返回给制造商而制造商没有私人信息。垄断情况下的租赁由于避免了无效率

① 我们也可以使用本节前面讨论过的、与耐用度紧密相关的分析来构建有计划的报废和新产品引进理论。也可参考 1.5 节的讨论。

而增加了消费者的支付意愿，反过来又增加了垄断者的垄断利润。在竞争的情况下，竞争促使企业以租赁这种方式出售它们的产品，从而提高效率，或者换言之，使消费者福利最大化。除了证明这一基本论点，Hendel 和 Lizzeri 的分析以及 Johnson 和 Waldman 的分析都表明此方法可以解释现实中新旧汽车市场的各种特征。①

## 1.4 耐用品市场的最优兼并政策

耐用品市场反垄断问题的重点是最优兼并政策，原因在于耐用品产业的最优兼并政策与非耐用品产业不同，这是由于耐用品产业在任何时点都存在旧产品的存量。正如上文所讨论过的，现有存量潜在地限制了兼并后垄断势力的行使，这也意味着与兼并的最优反垄断政策有密切关系。在这节中，我首先简要论述 Carlton 和 Gertner（1989）的经典分析，然后详细地论述 Gerstle 和 Waldman（2004）最近的分析。

Carlton 和 Gertner 的论文对该主题作了经典分析。② 他们的模型设定如下：在某一时点，耐用品产业发生兼并，由竞争转为垄断，经过若干数量未知的时期后，新进入的企业又会使该产业演变为竞争产业。他们研究的焦点在于以上述设定为背景，对耐用品和非耐用品产业的社会福利损失进行比较。对模型进行合理的参数化处理后，他们证明耐用品产业中的社会福利损失只是非耐用品产业中的社会福利损失的一小部分。例如，假定一个低的折旧率 0.95，5 个时期后新进入者出现，结果是耐用品产业中的净损失是非耐用品产业的 2%。Carlton 和 Gertner 的结论是，在耐用品产业中，旧货存量严重地限制了兼并后垄断势力的作用，以至于反垄断机构很少需要担心耐用品产业的兼并问题。

Gerstle 和 Waldman（2004）重新考虑了这一问题。Carlton 和 Gertner 运用 20 世纪 70 年代早期由 Swan 推广使用的方法构造耐用品模型。正如 1.2 和 1.3 节中所详细讨论过的，Swan 的方法有缺陷，

① Johnson 和 Waldman（2004）引入道德风险拓展了他们早期的分析，并且证明这种分析方法可以使理论与现实中的新车和二手车市场更加相符。

② 有关这一主题的其他论文包括 Froeb（1989）和 Reitman（2001）。

简单地说，在 Swan 构造耐用品模型的方法中，一单位商品不论是新的还是旧的都等价于若干“服务单元”，因此在那种假设下，可以用大量旧产品拼合出一单位新产品的完全替代品。尽管这种方法具有易处理的好处，但在汽车、冰箱和烤箱等大多数耐用品市场上并不现实。在我和 Gerstle 的论文中，我们没有用 Swan 的方法，而是利用 Waldman（1996a）、Hendel 和 Lizzeri（1999b）的方法，这种方法在 1.3 节中详细讨论过。在该方法中，新旧产品质量各异，每个消费者每一时期消费 0 或 1 单位物质产品，这种方法的显著特点是不能够用旧产品来创造新产品的完全替代品。

在我们的论文中，我们用这种方法重新对 Carlton 和 Gertner 的问题作了分析，也就是说我们研究了当兼并使竞争转向垄断，然后经过若干无法预料的时期新进入者又使产业回到竞争状态，在这个过程中会发生什么。并且，我们研究的焦点也是对耐用品和非耐用品情况下的社会福利损失进行比较。我们的结论是，用这种方法构造的耐用品模型所得结论在某些方面与 Carlton 和 Gertner 分析中所得出的结果类似，但是在另一些方面结果却有很大的不同。

确切地说，我们得出了两个主要结论。第一个结论：如果进入发生在兼并后很短的时期，那么，结果与 Carlton 和 Gertner 的分析一致，我们发现兼并形成垄断后社会福利损失明显小于非耐用品的类似情况。尽管分析的结果比非耐用品在类似情况下的社会福利损失小，但却明显大于 Carlton 和 Gertner 分析的结果。例如，参数相同时，在 Carlton 和 Gertner 分析中，耐用品的社会福利损失是类似情况下非耐用品的 2%，而我们的数据大约是 15%。同样的，对于相同的参数，如折旧率降低到 0.9，在 Carlton 和 Gertner 方法中社会福利损失增加到 8%，而在我们的方法中增加到 30%。

第二个主要结论是，不可预期的新进入者出现的时间越晚，耐用品情况下的社会福利损失就越接近于对应的非耐用品情况下的社会福利损失。仍以上文提到的参数为例，在我们的模型中，如果 5 个时期后出现新进入者，则耐用品情况下的社会福利损失大约是非耐用品的 15%；若 10 个时期后出现新进入者，这个数据上升到大约 33%；15 个时期后出现新进入者，数据上升到大约 50%；100 个时期后出现进入者，数据上升到大约 80%。我们也发现对一些参数而言，如果新进入者出现的时间足够晚的话，耐用品情况下的社会福利损失甚至会超过类似情况下非耐用品的社会福利损失。值得注意的是，从定性的角度看，在这个参数下，我们的比较静态结果与Carlton和Gertner的分析完全相同。换言之，在他们的方法中，随着新进入者进入时间的推迟，耐用品情况下的社会福利损失接近于非耐用品情况下的社会福利损失。但在Carlton和Gertner分析中，由于他们采用了更为宽泛的参数设定，因此这两个福利损失的数据相差甚远。

很容易有这样的疑问：到底是什么导致了我们的分析结果与Carlton和Gertner的分析结果不同？答案是上文已经提及的耐用品建模方法上的差异。如上所述，Carlton和Gertner用Swan方法来构建耐用品模型，其模型的特点在于消费者可以用旧商品去创造新产品的完全替代品。假定在他们的世界中折旧率很低，并且在兼并导致垄断后的较少的几个时期后新进入者出现。对耐用品估价较高的消费者要么购买一单位新产品，要么消费若干旧产品来获得与消费一单位新产品等价的效用。结果是，社会福利损失仅来自于在竞争情况下消费较少而在垄断情况下不消费的消费者身上。因为这些消费者在竞争情况下得到很少的剩余，所以这些消费者在垄断情况下不消费商品导致的总社会福利损失也是很小的。

现在考虑当折旧率很低，并且在兼并导致垄断后的较少的几个时期后新进入者出现时，我们的模型会有什么结果。与Carlton和Gertner的模型相比，不仅仅是竞争条件下获得剩余较少的那部分消费者会受影响。更恰当地说，由于每个消费者被限制为每期只消费一单位的物质产品，所以当垄断者运用垄断势力把产量降低到竞争水平以下时，整个产品估价分布曲线上的消费者会缩减消费（wind up），消费比竞争情况下更旧、质量更差的产品。这就是我们认为社会福利损失要比Carlton和Gertner分析中的社会福利损失更大的理由。除了那些本来在竞争条件下获得剩余很少的消费者不再消费导致总社会福利损失外，在我们的模型中，许多对产品估价很高的消费者也被波及，与竞争情况下相比，他们要么不消费，要么消费一单位劣质产品，产生社会福利损失。

我们认为我们的分析之所以更有说服力，不仅是因为我们的建模方法比Carlton和Gertner所使用的Swan方法更具现实性，而且因为我们更全面地考虑了兼并后加强的垄断势力所波及的更多消费者。如上所述，在 Carlton 和 Gertner 的分析中，社会福利损失仅发生在估价低的消费者身上，这些消费者在竞争条件下消费产品，在垄断条件下则不消费。但是，假定世界上所有的汽车制造商都兼并为一家，并且兼并后的企业通过降低产量来运用垄断势力，与 Carlton 和 Gertner 的分析结果相比，社会福利损失不仅来源于估价低的消费者缩减消费，不购买汽车，而且，与不兼并时相比，高估价消费者购买更旧、质量更差的汽车也会造成社会福利损失。换言之，与 Carlton 和 Gertner 分析的损失相比，我们在分析中提到的损失更接近于真实情况。

最后，简要地讨论该分析中的反垄断含义，它主要包括三点：第一，该分析支持 Carlton 和 Gertner 的观点，因为旧货存量限制了兼并后垄断势力的作用，所以与耐用品产业相比，反垄断机构应该更多地关注非耐用品产业中增强垄断势力的兼并现象。第二，与 Carlton 和 Gertner 的分析结果相比，我们的结果中耐用品产业的兼并导致的社会福利损失更为接近非耐用品产业的社会福利损失，因而我们的结果中反垄断机构对耐用品产业兼并情况的调查减少的程度也要小得多。第三，我们发现当新进入者出现得很晚时，耐用品产业兼并的社会福利损失接近于非耐用品产业，所以在判断是否应该允许耐用品产业兼并时，与 Carlton 和 Gertner 相比，我们更强调预期进入速度的重要性。

## 1.5 “消除”二手市场

新产品出售者是否有积极性消除其产品的二手市场是一个经典的耐用品反垄断问题。该问题的复杂性在于“eliminate”这个单词在不同的上下文中意思各异。例如，它可能是企业禁止旧货交易的意思，也可能意味着通过某种方式使旧货不可用于消费。尽管这两个问题具有现实的重要性，并且理论上密切相关，但我认为后一个问题在现实中更常出现，因此我将集中讨论此问题。

直到最近，Swan（1980）提出了关于该问题的标准见解（也可参见 Rust 1986）。Swan 的论证如下：既然新产品价格反映了未来二手市场上旧货的预期价格，那么新产品的出售者将没有动机去采取行动阻止旧货被消费。例如，Swan 在 1980 年的文章中提到：

显然二手市场的存在本身并不暗含着对垄断者获利能力或价格决策的限制……完全垄断者销售汽车等耐用品，其价格反映了为未来所有潜在的买主提供的服务流的净现值。竞争性的二手车经销商（或制铝业中的废品收购商和回收旧货的企业）不能以任何方式限制垄断的原新车销售商的垄断势力。(第 77 页)

在 1997 年的一篇论文中，我曾证明过这个逻辑是不正确的（参见 Waldman 1996a；Hendel 和 Lizzeri 1999b）。① 我的论证以 1.3 节中讨论过的耐用品建模方法为基础，在此模型中消费者不能用大量旧产品去创造新产品的完全替代品。就像 1.3 节讨论的那样，假定每个时期每个消费者不消费或仅消费一单位物质产品，产品质量随时间变化而下降，并且消费者对商品质量的估价各异。进一步假定新产品出售者拥有垄断势力，如企业是垄断者，我在 1997 年的论文中证明，在这种情况下，企业有时会有动机使消费者无法获得使用旧产品的机会。例如，新产品出售者可能只使用租赁政策，然后扔掉归还的旧产品。

这一基本逻辑与 1.3 节中讨论的耐用度选择分析紧密相关。在这类模型中，有垄断势力的新产品企业有动机把耐用度水平降低到社会最优水平之下，因为在之后的时期，旧产品质量下降使企业对新产品收取高价成为可能。这一结果可以通过两种方式表明新产品的卖方想要以某种方式使人们无法消费旧产品。首先，如果假设新产品的出售者有足够的动机降低旧产品的质量，即最优旧产品质量为 0，则我们可以直接得到企业将会阻止旧产品被消费的结论。其次，新产品出售者可能只有有限的能力改变生产过程，从而不降低新产品的质量但降低旧产品的质量。在这种情况下，企业可能有不直接降低新产品耐用度的动机，但是会选择某种营销方式来阻止部分功能可用的旧产品被消费者使用。

---

① 在一些早期的论文中也出现过类似的分析，如 Benjamin 和 Kormendi（1974）、Miller（1974）、Liebowitz（1982）以及 Levinthal 和 Purohit（1989）。这些论文首先给出需求函数，然后证明在给定新产品需求与旧产品可得性之间关系的假设条件下，耐用品销售商有采取某种行动以阻止旧产品被消费的动机。但这留给我们一个需要讨论的问题，即这样的需求描述是否合理。与此相对照，我的论文以效用函数和生产函数开始，证明这样的需求描述确实是合理的。

企业有许多方式来阻止尚可使用的旧产品被使用。一种方法是前面提到的仅供租赁（lease-only）政策，这一方法在1953年美国“联合制鞋机械案（United Shoe Machinery Case）”[①] 和1997年我的论文中都被讨论过，其基本思想是企业只提供租赁而拒绝出售新产品，由于旧商品在归还后有损坏，租赁就使得旧产品得不到消费。值得注意的是，“仅供租赁”方法会产生一个问题，为什么会需要“仅供租赁”方法——为什么企业不能通过出售产品然后再购买旧产品来获得同样的结果呢？我曾在1997年的论文中证明，这个问题涉及时间非一致性问题。换言之，在租赁策略中，企业不需要承诺对返回的旧产品进行报废处理，因为在那个时间点报废就是最优的。回购（repurchase）政策也存在时间不一致性，在回购时期，企业有动机不去回购，如果给定企业的承诺行为受到某些因素的限制，如正的破产概率，则企业更倾向于仅供租赁的政策，而非销售并回购。

企业阻止旧产品被消费的另一个例子发生在教科书市场。在教科书市场中，企业通过频繁推出新版本杜绝二手市场。这种做法使旧版本价值所剩无几。可能有人会对上述分析中认为的新产品出售者有相当的垄断势力提出反对意见，认为教科书市场是典型的拥有大量卖者因而垄断势力受到限制的市场。这种反对意见忽略了教科书市场的一个重要特征，那就是教授有权为自己的课程选择教科书，所以教科书市场可能会存在相当大的竞争性。但是，一旦教授做出了选择，出版商在向学生出售教科书时就处于垄断地位。因此，上述的论证是恰当的。[②]

这里的问题是，反垄断机构是否应该干预那些试图使旧产品无法得到消费的行为，答案通常是肯定的。根据这里的论证，这种做法消

① 对联合制鞋机械的“仅供租赁”政策有许多不同的解释。例如，Posner（1976）认为该行为是对Coase提出的时间非一致性问题的反应（参见1.2节的讨论）。但是，正如DeGraba（1994）所指出的，要想避免Coase所说的时间非一致性问题就必须短期租赁，所以如果联合制鞋机械采用长达17年的租赁期政策，Coase的观点就不适用了。Wiley、Rasmusen和Ramseyer（1990），Masten和Snyder（1993）提出了另一个观点，他们忽略了这种情况下的垄断特征而提出了与竞争市场更一致的效率解释。但是，因为这类行为只是在少数有显著垄断势力的企业中可以观察到（联合制鞋机械、IBM和Xerox）而未被广泛观察到，所以我认为这个观点不能令人信服。

② 正如Waldman（1993）的论文所述（参见1.3节的相关讨论），教科书市场经常引进新版本的另一种解释是由于新产品的销售商面临新产品引进的时间非一致性问题引起的。与上述论证不同的是，在该论证中，这种做法减少了而不是增加了企业利润。如果教科书出版商在市场上存在的时间较长，而且已经建立起引进新版本频率的声誉，我认为用时间非一致性的观点来解释教科书市场经常引进新版本是不正确的。

除了低估价的消费者对劣质旧产品的消费，从而企业可以提高新产品的价格。其结果会导致社会福利的下降，因为在最优情况下选择使用旧产品的消费者现在不能消费旧产品了。因此，该分析支持美国反垄断机构在联合制鞋机械、IBM 和 Xerox 案例中阻止企业实行“仅供租赁”政策的行动。①

最后一点，该结论的使用是有限制的，在某些情况下，这种禁止的效果可能不是最优的，因为可能存在其他方面的扭曲。例如，我认为，政府在教科书市场上进行干预，要求出版商不要频繁推出新版本是不可行的。有许多因素影响推出新版教科书的决策，政府干预所导致的问题可能比其所解决的问题还要多。另外的例子涉及“仅供租赁”政策。尽管如上所述，我认为，在联合制鞋机械、IBM 和 Xerox 的案例中，政府的干预是正确的，但这些干预有潜在的下降趋势。也就是说，从某种程度上讲，企业不能以“仅供租赁”政策作为降低其新产品耐用度的方式（因为在此论述中，“仅供租赁”和降低耐用性是降低旧产品可获得性的替代方法），所以禁止企业采用“仅供租赁”政策可能会导致社会福利下降而不是上升。

## 1.6 耐用性给定的搭售、产品升级与转换成本

对微软特别是其各种产品包括 IE 和 Windows 的搭售行为的关注，引发了学术界对有显著垄断势力的企业在互补品搭售行为方面研究的强烈兴趣。但大多数研究没有关注微软产品的耐用性以及微软不断升级产品的事实。在这一节中，我将论述 Carlton 和 Waldman（2005b）的分析，它主要集中研究了考虑产品升级和转换成本情况下的耐用品模型中的互补品搭售行为。在这里，我们对产品升级的研究是建立在对新产品引进的分析之上的，类似于 1.3 节讨论过的 Fudenberg 和 Tirole（1998）的分析。我们的基本结论是，与已有文献相比，存在更为广泛的条件，使得在具有产品耐用性、产品升级和转换成本的情

① 1953 年法庭裁定联合制鞋机械的多种策略包括仅供租赁政策都是非法的（参见 Kaysen 1956 的论述）。1956 年，IBM 接受了司法部要求其中止“仅供租赁”政策的判决（参见 Soma 1976 以及 Fisher、McGowan 和 Greenwood 1983）。1975 年，Xerox 和联邦贸易委员会达成一致意见，认为 Xerox 的“仅供租赁”政策违反了反垄断法。

况下，为了排除被捆绑品市场的竞争而实施的搭售是有利可图的。

关于通过搭售限制市场竞争行为的经典研究是 Whinston (1990)。与以前被归属于“芝加哥学派”的许多学者观点不同，Whinston 证明在某些情况下，主要产品的垄断者会搭售附属产品来限制被搭售产品市场的竞争，并以此增加在该市场的获利能力。① 但是，在对互补品集中分析后，Whinston 证明当垄断者的主要产品是必需品时，即主要产品对其互补品的使用来说必不可少时，这个结论并不成立。从理解微软行为的角度来看，这一结果是有问题的。因为从某种意义上说，微软一直在操作系统市场拥有垄断势力，而 Whinston 的分析表明微软将 Windows 和应用软件捆绑销售的做法从限制竞争角度看几乎没有多大作用。

解决这一问题的方法是，将注意力从主要产品垄断者在互补品市场获取利润，转向垄断者维持其在主要产品市场的垄断地位并向新兴市场扩展垄断势力。② 早在 2002 年，Carlton 和 Waldman 就分析了这一可能性（也可参见 Choi 和 Stefanadis 2001）。Carlton 和 Waldman 的论文考虑了一系列模型，这些模型证明了主要产品垄断者如何运用搭售行为维持并扩展其在主要产品市场上的垄断势力。例如，我们考虑一个两期模型，其中存在一个替代性企业可以生产更优质的互补品，它可在任一时期进入互补品市场，但只能在第二时期进入主要产品市场。我们证明，如果替代性生产者进入主要产品和互补品市场有进入成本，则存在一些参数使得垄断企业为了维持其在第二期时主要产品市场的垄断地位而实施捆绑。其逻辑是搭售使替代性生产者第一期的销售额为 0，从而减弱了其进入互补品市场的动机，最后导致这些生产者不能在任何时期进入任何市场。

我们认为，我们前面刚刚描述过的分析很好地解释了微软为什么将 IE 和 Windows 集成在一起，即许多专家认为，一个成功的浏览器

---

① 特别的，Director 和 Levi（1956）、Bowman（1957）、Posner（1976）和 Bork (1978) 都认为主要产品垄断者没有为了垄断互补品市场而搭售互补品的动机。他们的观点是，主要产品垄断者通过出售主要产品就能够获得互补品市场上所有的垄断利润。Whinston 的论文论证了这一观点，但也证明这一结论并非在所有情况下都有效，也就是说，当被搭售的产品不是规模报酬不变和竞争的，而且主要产品不是必需品时，这一结论就不再成立。（也可参见早期的著作 Ordover、Sykes 和 Willig 1985）。

② 追求效率是微软搭售行为的另一个可能原因，参见 Carlton 和 Perloff（1999）对搭售的效率的解释。

有潜力发展成为Windows的替代品，因此微软很自然地用搭售的方法维持其在操作系统领域的垄断地位。但是，我们也发现，用这一理由解释微软的其他搭售行为不尽合理。例如，最近微软选择把数字媒体技术与Windows捆绑在一起，但是看起来数字媒体技术对微软似乎并不具有类似Netscape Navigator那样的长期威胁。基于此，我们重新考虑了Whinston最初提出的问题：在什么情况下，主要产品垄断者会为了限制被捆绑产品市场的竞争并在此市场上赚取垄断利润，而选择以捆绑的方式销售互补品？与Whinston的不同之处在于，我们是在产品可以升级的耐用品模型中考虑这个问题，同时我们也考虑了消费者有转换成本的情况，即在产品升级中，消费者可以不用更换产品的品牌就能得到更高的总收益。

在给出我们的分析结果之前，有必要回顾一下Whinston分析结论背后的逻辑，Whinston认为当垄断者的主要产品是必需品时，垄断者不会通过搭售的方式从互补品市场抽取租金。考虑一个单时期模型，垄断者的主要产品是必需品，并且竞争性企业能生产更优质的互补品。假设垄断者实施捆绑销售，$P^*$表示垄断者的最优捆绑价格，$\pi^*$表示垄断利润。现在假定垄断者不实施捆绑销售，主要产品价格为$P^*-c_c$，互补品价格是$c_c$，$c_c$是互补品的边际成本。由此，垄断利润一定等于$\pi^*$。因此，当垄断者不实施捆绑销售时，最优定价可以使利润至少达到$\pi^*$的水平，那么产品分别单独出售产生的利润将大于或等于以搭售方式出售产品所获得的利润，所以垄断者没有采取搭售行为的动机。

下面来看我和Carlton的分析。考虑一个两期模型，第二期互补品可以升级，这意味着消费者有潜在的转换成本。与前面的分析相同，我们假定替代性生产者有更优质的互补品。我们证明了在这种情况下，Whinston的结论——当垄断者的主要产品是必需品时搭售不是最优的——由于多种原因不再成立。我们首先考虑不存在消费者转换成本并且企业必须出售商品而不是租赁的情况。在这种情况下，Whinston的论证不再成立，原因在于垄断者在第二期不出售主要产品，因而垄断者没有办法通过对主要产品的定价获得第二期由互补品升级带来的利润。结论是，如果升级使互补品质量得到足够高的提升，则垄断者将采取搭售行为，因为企业可以获得产品升级带来的第二期利润。

我们的第二个分析考虑当企业既能够租也能够卖它们的产品时的情形。首先，我们证明租赁消除了刚才提到的结果，即如果垄断者可以租赁，在消费者没有转换成本时，垄断者实施搭售行为没有收益。原因是租赁使垄断者从第二期主要产品的租赁价格中获得第二期的升级的利润。然后，我们引入了消费者转换成本，并且证明了即使存在租赁，垄断者也可以搭售其产品，这里的逻辑是第二期的租赁价格使垄断者可以获得第二期产品升级产生的利润，但并不一定能获得与转换成本有关的利润。因此所得到的结论是，如果转换成本足够大，那么为了获得由转换成本产生的利润，垄断者可能会采取搭售方法。

上述两种分析都是以“搭售是不可逆的”为前提，即如果垄断者出售或租赁的是由主要产品和互补品组成的搭售产品，那么消费者就不能使用替代性生产者所生产的互补品。微软的搭售至少是部分可逆的，如果放松完全不可逆的假设会出现什么情况？沿着这条线索，可以研究放松完全不可逆假设时，我们的结论会有什么变化。在部分可逆情况下，我们的定性结果仍然成立，但在完全可逆的假设下，我们的结果不再稳健。我们认为该结果有助于解释为什么微软不仅仅将应用程序与 Windows 搭售，而且还试图要么增加替代性企业生产的互补品的成本，要么降低它们的产品的功能。

在这一节的最后，简要讨论一下这些理论的反垄断含义。与先前的文献相比，这里的分析表明反垄断机构应该更多地关注互补品的搭售行为。[①] 尤其是 Whinston 的经典论文指出，如果主要产品是必需品，那么，主要产品的垄断者不会有为了获得互补品市场的利润搭售互补品的动机。从一定程度上讲，Windows 是必需品，这个结论表明微软的许多搭售决策并非出于限制竞争的目的，因此这些行为从社会福利的角度来看应该被允许。但是，Carlton 和我证明，如果引入耐用度、产品升级和消费者转换成本这些微软案例中所有重要的特征，Whinston 的论证并不可靠。特别是在这种情况下，即使垄断者的主要产品是必需品，垄断者也可能为了获得互补品市场的利润而实施捆绑

① Carlton 和 Waldman（2005ab）从其他观点讨论了为什么反垄断机构不应对搭售行为进行积极干预。

以阻止更好的互补品的生产。因此，如果这些特征存在，那么即使主要产品是必需品，搭售机制也有可能被用来限制搭售品市场的竞争，这就值得反垄断机构加以调查。

## 1.7 竞争产业中配件市场（aftermarket）的垄断

美国的一系列法庭案例中，许多公司，如科达、Data General、Unisys 和 Xerox 都与配件市场的垄断问题有关。这里配件市场指的是作为耐用品企业主要产品的互补品的市场，例如维修特定品牌汽车的市场。其中的基本问题是，是否应该允许耐用品生产者为其耐用品建立垄断的售后服务市场。例如，在“科达公司诉影像技术服务公司等案”（1992）中，科达被认为通过拒绝将额外的备用部件出售给其他维修商而垄断了其复印机和缩微设备的维修市场。对配件市场深入的讨论出现在 Shapiro（1995），Chen、Ross 和 Stanbury（1998）和 Carlton（2001）的论文中，这里将讨论的是我对这一主题的最新研究。

在过去 15 年里，由于对上面提到的科达案件的兴趣，学术界对配件市场垄断问题给予了相当多的理论关注。在科达案件中，联邦最高法庭裁定，尽管科达在复印机和缩微设备市场没有垄断势力，但由于其垄断了这些产品的维修市场，所以科达依旧是有罪的。这是一个令人感到奇怪的裁决，因为先前的裁决表明竞争市场的效率属性会导致科达在维修市场上的行为被判定为合法而不是非法。这个案件和裁决促使许多产业经济学家去思考为什么一个竞争的耐用品销售商可以垄断自己产品的配件市场，以及反垄断机构该不该允许这种行为。

以前关于这一主题的文献把企业的这种行为视为套牢（holdup）问题（如 Borenstein、Mackie-Mason 和 Netz 1995）。[①] 在这些论证中，消费者一旦购买了某种新的耐用品，他们就被锁定而不得不为维修此耐用品支付费用，耐用品生产者正是利用这种锁定关系从垄断的售后

① 另一种观点认为该行为的目的在于价格歧视（参见 Chen 和 Ross 1993；Klein 1993）。在这种论点中，对耐用品高估价的消费者会更多地享用维修服务，因此，卖者通过垄断维修市场、提高维修价格以更有效地实施价格歧视。尽管 Klein 的论证方式不同，这一观点为有明显垄断势力的公司垄断配件市场的做法提供了一个合理的解释，但是其不能解释垄断势力较小或甚至没有垄断势力的公司采用这一方法的原因。

服务市场榨取事后租金。在这类分析中，由于维修市场中存在垄断定价，故而造成了社会福利损失，这有助于证明最高法院的判决是正确的。

这种观点的问题是，它要求消费者起初决定购买新产品时不考虑可能令其感到吃惊的维修价格，或者认为消费者不能通过订立合约避免被敲竹杠。这些原因都不太可能出现，一方面，前两种可能性很小，大多数情况下消费者很精明，并且维修成本占总使用成本的很大比例。另一方面，后一种情况也不太可能，长期维修合同在许多产业中都普遍存在，人们早已注意到维修市场中的垄断。

在 Carlton 和 Waldman（2003）以及 Morita 和 Waldman（2003）的论文中，我们对科达案件提出了新的解释，这一解释基于其中的一个重要特征：涉及消费者转换成本。这一特征在许多其他重要案件中也被提到。与前面的小节类似，这里说的消费者转换成本意味着，当耐用品消费者想用新产品代替旧产品时，消费者从一个企业的产品转向另一个企业会带来转换成本。引起转换成本的原因是多方面的，比如，需要“干中学”，以及消费者更换品牌时，原先购买的互补品就没有用了。①

该论证的第一步建立在 Schmalensee（1974）、Su（1975）和 Rust（1986）等早期论文给出的结果之上。这些论文认为耐用品垄断模型中的维修市场是竞争性的。他们的主要发现是，由于垄断者把产品价格定在其边际成本之上，而维修价格是竞争价格，所以消费者没有有效率的行为方式。然而，给定这些价格，消费者会发现有时维修旧产品比购买新产品更有效率，而这将导致垄断利润的下降，因为“维修还是更换”的无效率降低了消费者的支付意愿。

第一步我们要证明的是，当新产品市场完全竞争，并且消费者有转换成本时，上文所述耐用品垄断模型得出的结论仍然成立。这里的

① 1992 年科达案件的申诉材料中包括大量详细的消费者转换成本账目。一个例子如下：CSC 系统包括为 CSC 的需要特别定做的缩微机器、计算机软件和硬件。将这套设备卖给科达在“Interbrand”（美国《商业周刊》每年的全球最有价值品牌 TOP 100 由该机构评出。——译者注）排行榜上的竞争对手从财务角度考虑是不可行的，因为购买时的价格非常高。软件改装需要几十万美元；数据格式需要重新修改、操作员需要重新培训，这又得花费数百万美元（科达公司诉影像技术服务公司等的原告备忘录，1992，19～20 页）。类似的情况也出现在许多别的地方，如“Blue Cross /Blue Shield、保险公司、银行和许多州的大型金融机构”（科达公司诉影像技术服务公司等的原告备忘录，1992，19～20 页）。

逻辑是，由于存在转换成本，当企业将耐用品的替代品（new replacement durable units）出售给先前购买过该产品的消费者时具有垄断势力。因此，如果维修市场是完全竞争的，这种垄断势力的存在会促使消费者更多地选择去维修旧产品，而不是以新产品取代旧产品，而这不是社会最优的。注意，这个结果和上述讨论的垄断结果的不同之处在于，社会福利损失损害了不同人的利益。如前所示，在典型的垄断情况下，大部分或全部的社会福利损失表现为垄断利润的减少。相比之下，由于竞争时企业的均衡利润为零，所有的社会福利损失表现为消费者福利的下降。

第二步要证明的是，如果企业垄断了自身产品的维修市场，那么“维修还是更换（maintenance-versus-replacement）”的决策引发的社会福利扭曲是可以避免的。如果企业垄断维修市场，将对产品的更换和维修收取高于边际成本的价格，更重要的是，在消费者需要做出“维修还是更换”决策的时候，企业制定利润最大化的价格，此时消费者的决策也是有效率的。即使企业为了在消费者“维修还是更换”决策时最大化利润而垄断了维修市场，事实上企业垄断其产品维修市场也使消费者福利得到改善。也就是说，因为竞争意味着在整个过程中企业预期利润为零，所以当企业垄断其产品的维修市场并且消除“维修还是更换”引发的扭曲时，消费者的福利可以得到改善。

从社会福利的角度来看，我们的分析得出了与套牢分析正好相反的结论，而后者却是这一现象的标准解释。① 如前所述，套牢分析中，维修市场的垄断定价造成了标准的垄断净损失，降低了社会福利。与此相比，在我们的分析中，维修市场的垄断既增加了消费者福利，又增加了社会福利。显然，我们的分析表明，法院是否允许此类

---

① Schwartz 和 Werden（1996）、Chen 和 Ross（1999）、Elzinga 和 Mills（2001）对这种行为提供了效率角度的解释。第一，Schwartz 和 Werden 从信号理论（signaling）角度解释了售后服务市场的垄断，因为高质量耐用品需要更多的售后服务。第二，Chen 和 Ross 给出了一个解释，与新产品出售绑定在一起的免费维修服务，阻止了频繁使用者（heavy users）对较少使用者（light users）提供的补贴，这样就可以使维修服务达到有效率的水平。第三，Elzinga 和 Mills 论证了垄断售后服务市场对提高效率的作用，在他们的理论中，新耐用品生产具有规模收益递增的特点，因而竞争也不再可行。我认为，至少在科达的案件中，上面提出的解释与事实更为相符，特别的，第一个和第三个论点看起来似乎不太适合。按照 Schwartz 和 Werden 的论点，这是因为高质量的耐用品一般需要较少的维修，但是 Elzinga 和 Mills 的论点与法院所认为的科达是竞争性生产者的看法不同。更一般的是，上述论点是唯一以消费者转换成本为基础的理论，这显然是科达案件的重要方面，同时也是很多其他案件的重要因素。

行为，取决于它认为哪种观点更正确。

经过以上的简要论述，我认为有多种原因可以解释为什么套牢论点不适合解释已有的许多案件。具体来说，在类似科达的案件中，如果有明确的证据表明消费者有转换成本，这类行为就应当被允许。在这些案件中，竞争性的维修市场不是有效率的，所以保持维修市场的竞争性这一要求看起来并不具有充足理由。我将进一步给出更一般的观点：只要耐用品新产品市场存在竞争，反垄断机构就不应对其进行干预。理论分析表明，竞争性的耐用品生产者拥有强烈的动机以最大化消费者福利和社会福利的方式出售产品。因此在这种市场中，只有在反垄断机构明确而强烈地感觉到企业的行为会损害社会福利时，才应该进行干预。

## 1.8 结论

耐用品市场具有许多非耐用品市场没有或很少有的问题，这些差异进而导致耐用品市场有其特殊的反垄断问题。举例来说，耐用品市场的一个明显特点是存在旧产品的二手市场，这将导致下列反垄断问题：反垄断机构应在何种程度上允许新产品的生产者通过不提供可供消费的旧产品来消除二手市场？另一个例子涉及售后服务市场的垄断问题，耐用品的售后服务市场如维修市场相对于非耐用品而言更为常见，也更为重要。这里重要的反垄断问题是，耐用品销售商应该在多大程度上被允许垄断其产品的售后服务市场。

在这一章，我首先简要回顾了耐用品市场理论的文献，然后论述了自己近期对耐用品市场最优反垄断政策的分析，这些分析大部分也体现在近几年的一些文献里。例如，Swan 经典的耐用品建模方法中关于消费者可以用一些旧产品去拼合出新产品的完全替代品的假设是不切实际的。Waldman（1996a）以及 Hendel 和 Lizzeri（1999b）提出了另一种更切合实际的耐用品市场建模方法。在该方法中，每个消费者每期消费 0 或 1 单位物质产品，并且耐用品质量随时间下降。在 1.4 节我提到了 Gerstle 和 Waldman（2004）近期的论文，我们证明，与采用传统但不切实际的 Swan 方法相比，采用新的建模方法得到的耐用品市场最优反垄断兼并政策有显著不同。

另一个分析关注的是互补品市场的搭售问题。在 Whinston（1990）的经典论文中，他证明如果垄断企业的主要产品是必需品，那么它将没有积极性为了将其垄断势力扩展到互补品市场而搭售。但是 Whinston 分析的是单期模型。在 1.6 节，我论述了 Carlton 和 Waldman（2005b）的观点，我们的分析考虑了耐用品市场上新产品引进的一些新进展，如 Fudenberg 和 Tirole（1998）。特别是我们建立了两期模型，垄断者的主要产品在两期都是必需品，但在第二期垄断者和替代性生产者都有能力出售互补品的升级换代产品。我们证明在这个模型中，由于多种原因 Whinston 关于主要产品是必需品条件下的结论并不成立，也就是说，即使当垄断者的主要产品是必需品时，垄断企业也可能会采取搭售政策来限制被捆绑产品市场的竞争。我由此得出的结论是，在更多的情况下，阻止互补品搭售的反垄断干预，可能比先前文献所认为的更为合理。

总之，近年来耐用品理论研究已经取得了显著的进步，这些进步使该理论更加符合现实。本章主要集中论述我新近的一些研究，这些分析表明应如何运用这些成果增进我们对耐用品市场最优反垄断政策涉及的问题的理解。但是本文所提到的分析并没有揭示近来所有理论进展对反垄断政策的意义，因此，我希望除了与大家交流一些最近关于耐用品市场反垄断政策的思想外，本文还能够鼓励其他研究者更多地关注耐用品理论的新进展对最优反垄断政策的意义。

# 参考文献

Akerlof, G. 1970. "The Market for 'Lemons': Quality Uncertainty and the Market Mechanism." *Quarterly Journal of Economics* 84:488 – 500.

Anderson, S., and V. Ginsburgh. 1994. "Price Discrimination via Second-Hand Markets." *European Economic Review* 38:23 – 44.

Auernheimer, L., and T. Saving. 1977. "Market Organization and the Durability of Durable Goods." *Econometrica* 45:219 – 228.

Ausubel, L., and R. Deneckere. 1989. "Reputation in Bargaining and Durable Goods Monopoly." *Econometrica* 57:511 – 531.

Bagnoli, M., S. Salant, and J. Swierzbinski. 1989. "Durable-Goods

Monopoly with Discrete Demand." *Journal of Political Economy* 97:1459 –1478.

Barro, R. 1972. "Monopoly and Contrived Depreciation." *Journal of Political Economy* 80:589 –607.

Benjamin, D., and R. Kormendi. 1974. "The Interrelationship between the Markets for New and Used Durable Goods." *Journal of Law and Economics* 17:381 –401.

Bond, E., and L. Samuelson. 1984. "Durable Good Monopolies with Rational Expectations and Replacement Sales." *Rand Journal of Economics* 15:336 –345.

Borenstein, S., J. Mackie-Mason, and J. Netz. 1995. "Antitrust Policy in Aftermarkets." *Antitrust Law Journal* 63:455 –482.

Bork, R. 1978. *The Antitrust Paradox: A Policy at War with Itself.* New York: Basic Books.

Bowman, W. 1957. "Tying Arrangements and the Leverage Problem." *Yale Law Review* 67:19 –36.

Bulow, J. 1982. "Durable Goods Monopolists." *Journal of Political Economy* 90:314 –332.

Bulow, J. 1986. "An Economic Theory of Planned Obsolescence." *Quarterly Journal of Economics* 101:729 –749.

Butz, D. 1990. "Durable-Good Monopoly and Best-Price Provision." *American Economic Review* 80:1062 –1076.

Carlton, D. 2001. "A General Analysis of Exclusionary Conduct and Refusal to Deal—Why Aspen and Kodak Are Misguided." *Antitrust Law Journal* 68:659 –683.

Carlton, D., and R. Gertner. 1989. "Market Power and Mergers in Durable Goods Industries." *Journal of Law and Economics* 32:203 –226.

Carlton, D., and J. Perloff. 1999. *Modern Industrial Organization.* 3rd ed. New York: Addison-Wesley.

Carlton, D. and M. Waldman. 2002. "The Strategic Use of Tying to Preserve and Create Market Power in Evolving Industries." *Rand Journal of Economics* 33:194 –220.

Carlton, D., and M. Waldman. 2003. "Competition, Monopoly, and Aftermarkets." Photocopy, Cornell University.

Carlton, D., and M. Waldman. 2005a. "How Economics Can Improve Antitrust Doctrine towards Tie-In Sales." *Competition Policy International* 1:27 – 40.

Carlton, D., and M. Waldman. 2005b. "Tying, Upgrades, and Switching Costs in Durable-Goods Markets." Photocopy, Cornell University.

Chen, Z., and T. Ross. 1993. "Refusals to Deal, Price Discrimination and Independent Service Organizations." *Journal of Economics and Management Strategy* 2:593 – 614.

Chen, Z., and T. Ross. 1999. "Refusals to Deal and Orders to Supply in Competitive Markets." *International Journal of Industrial Organization* 17:399 – 417.

Chen, Z., T. Ross, and W. Stanbury. 1998. "Refusals to Deal and Aftermarkets." *Review of Industrial Organization* 13:131 – 151.

Choi, J. 1994. "Network Externality, Compatibility Choice, and Planned Obsolescence." *Journal of Industrial Economics* 42:167 – 182.

Choi, J., and C. Stefanadis. 2001. "Tying, Investment, and the Dynamic Leverage Theory." *Rand Journal of Economics* 32:52 – 71.

Coase, R. 1972. "Durability and Monopoly." *Journal of Law and Economics* 15:143 – 149.

DeGraba, P. 1994. "No Lease Is Short Enough to Solve the Time Inconsistency Problem." *Journal of Industrial Economics* 42:361 – 374.

Director, A., and E. Levi. 1956. "Law and the Future: Trade Regulation." *Northwestern University Law Review* 51:281 – 296.

Ellison, G., and D. Fudenberg. 2000. "The Neo-Luddite's Lament: Excessive Upgrades in the Software Industry." *Rand Journal of Economics* 31:253 – 277.

Elzinga, K., and D. Mills. 2001. "Independent Service Organizations and Economic Efficiency." *Economic Inquiry* 39:549 – 560.

Farrell. J., and C. Shapiro. 1988. "Dynamic Competition with Switching Costs." *Rand Journal of Economics* 19:123 – 137.

Farrell. J. , and C. Shapiro. 1989. "Optimal Contracts with Lock-In." *American Economic Review* 79:51 – 68.

Fisher, F. , J. McGowan, and J. Greenwood. 1983. *Folded, Spindled, and Mutilated: Economic Analysis and U. S. v. IBM.* Cambridge, MA: MIT Press.

Fishman, A. , and R. Rob. 2000. "Product Innovation by a Durable-Good Monopoly." *Rand Journal of Economics* 31:237 – 252.

Froeb, L. 1989. "Evaluating Mergers in Durable Good Industries." *Antitrust Bulletin* 34:99 – 119.

Fudenberg, D. , and J. Tirole. 1998. "Upgrades, Tradeins, and Buybacks." *Rand Journal of Economics* 29:235 – 258.

Gerstle, A. , and M. Waldman. 2004. "Mergers in Durable-Good Industries: A Re-Examination of Market Power and Welfare Effects." Photocopy, Cornell University.

Gul, F. , H. Sonnenschein, and R. Wilson. 1986. "Foundations of Dynamic Monopoly and the Coase Conjecture." *Journal of Economic Theory* 39: 155 – 190.

Hendel, I. , and A. Lizzeri. 1999a. "Adverse Selection in Durable Goods Markets." *American Economic Review* 89:1097 – 1115.

Hendel, I. , and A. Lizzeri. 1999b. "Interfering with Secondary Markets." *Rand Journal of Economics* 30:1 – 21.

Hendel, I. , and A. Lizzeri. 2002. "The Role of Leasing under Adverse Selection." *Journal of Political Economy* 110:113 – 143.

Johnson, J. , and M. Waldman. 2003. "Leasing, Lemons, and Buybacks." *Rand Journal of Economics* 34:247 – 265.

Johnson, J. , and M. Waldman. 2004. "Leasing, Lemons, and Moral Hazard." Photocopy, Cornell University.

Kahn, C. 1986. "The Durable Goods Monopolist and Consistency with Increasing Costs." *Econometrica* 42:289 – 301.

Karp, L. , and J. Perloff. 1996. "The Optimal Suppression of a Low-Cost Technology by a Durable-Good Monopoly." *Rand Journal of Economics* 27:346 – 364.

Kaysen, C. 1956. *United States v. United Shoe Machinery Corporation: An Economic Analysis of an Antitrust Case.* Cambridge, MA: Harvard University Press.

Kim, J. 1989. "Trade in Used Goods and Durability Choice." *International Economic Journal* 3:53 – 63.

Kleiman, E., and T. Ophir. 1966. "The Durability of Durable Goods." *Review of Economic Studies* 33:165 – 178.

Klein, B. 1993. "Market Power in Antitrust: Economic Analysis after Kodak." *Supreme Court Economic Review* 3:43 – 92.

Klemperer, P. 1987. "Markets with Consumer Switching Costs." *Quarterly Journal of Economics* 102:375 – 394.

Klemperer, P. 1989. "Price Wars Caused by Switching Costs." *Review of Economic Studies* 56:405 – 420.

Klemperer, P. 1995. "Competition When Consumers Have Switching Costs: An Overview with Applications to Industrial Organization, Macroeconomics, and International Trade." *Review of Economic Studies* 62:515 – 539.

Lee, I., and J. Lee. 1998. "A Theory of Economic Obsolescence." *Journal of Industrial Economics* 46:383 – 401.

Levhari, D., and T. Srinivasan. 1969. "Durability of Consumption Goods: Competition versus Monopoly." *American Economic Review* 59: 102 – 107.

Levine, D., and W. Pesendorfer. 1995. "When Are Agents Negligible?" *American Economic Review* 85:1160 – 1170.

Levinthal, D., and D. Purohit. 1989. "Durable Goods and Product Obsolescence." *Marketing Science* 8:35 – 56.

Liebowitz, S. 1982. "Durability, Market Structure, and New-Used Goods Models." *American Economic Review* 72:816 – 824.

Masten, S., and E. Snyder. 1993. "United States versus United Shoe Machinery Corporation: On the Merits." *Journal of Law and Economics* 36:33 – 70.

Miller, H. 1974. "On Killing Off the Market for Used Textbooks and the

Relationship between Markets for New and Used Secondhand Goods." *Journal of Political Economy* 82:612 – 619.

Morita, H., and M. Waldman. 2003. "Competition, Monopoly Maintenance, and Consumer Switching Costs." Photocopy, Cornell University.

Morita, H., and M. Waldman. 2004. "Durable Goods, Monopoly Maintenance, and Time Inconsistency." *Journal of Economics and Management Strategy* 13:273 – 302.

Mussa, M., and S. Rosen. 1978. "Monopoly and Product Quality." *Journal of Economic Theory* 18:301 – 317.

Nahm, J. 2004. "Durable Goods Monopoly with Endogenous Innovation." *Journal of Economics and Management Strategy* 13:303 – 319.

Ordover, J., A. Sykes, and R. Willig. 1985. "Nonprice Anticompetitive Behavior by Dominant Firms toward the Producers of Complementary Products." In F. Fisher, ed., *Antitrust and Regulation: Essays in Memory of Jouhn J. McGowan.* Cambridge, MA: MIT Press.

Plaintiff's Memorandum in *Eastman Kodak Co. v. Image Technical Services, Inc.*, et al. 1992.

Posner, R. 1976. *Antitrust Law: An Economic Perspective.* Chicago: University of Chicago Press.

Reitman, D. 2001. "Mergers in Durable Goods Markets with Rational Consumers." U. S. Department of Justice, Antitrust Division, Economic Analysis Group Discussion Paper, EAG 01-8. Washington, DC: U. S. Department of Justice.

Rust, J. 1986. "When Is It Optimal to Kill Off the Market for Used Durable Goods?" *Econometrica* 54:65 – 86.

Schmalensee, R. 1970. "Regulation and the Durability of Goods." *Bell Journal of Economics* 1:54 – 64.

Schmalensee, R. 1974. "Market Structure, Durability, and Maintenance Effort." *Review of Economic Studies* 41:277 – 287.

Schmalensee, R. 1979. "Market Structure, Durability, and Quality: A Selective Survey." *Economic Inquiry* 17:177 – 196.

Schwartz, M., and G. Werden. 1996. "A Quality Signalling Rationale for

Aftermarket Tying. "*Antitrust Law Journal* 64:387 – 404.

Shapiro, C. 1995. "Aftermarkets and Consumer Welfare: Making Sense of Kodak. "*Antitrust Law Journal* 63:483 – 511.

Sieper, E. , and P. Swan. 1973. "Monopoly and Competition in the Market for Durable Goods. "*Review of Economic Studies* 40:333 – 351.

Soma, J. 1976. *The Computer Industry*. Lexington, MA: Lexington Books.

Stokey, N. 1981. "Rational Expectations and Durable Goods Pricing. "*Bell Journal of Economics* 12:112 – 128.

Su, T. 1975. "Durability of Consumption Goods Reconsidered. "*American Economic Review* 65:148 – 157.

Swan, P. 1970. "Durability of Consumption Goods. "*American Economic Review* 60:884 – 894.

Swan, P. 1971. "The Durability of Goods and Regulation on Monopoly. "*Bell Journal of Economics* 2:347 – 357.

Swan, P. 1972. "Optimum Durability, Second Hand Markets, and Planned Obsolescence. "*Journal of Political Economy* 80:575 – 585.

Swan, P. 1980. "Alcoa: The Influence of Recycling on Monopoly Power. "*Journal of Political Economy* 88:76 – 99.

Waldman, M. 1993. "A New Perspective on Planned Obsolescence. "*Quarterly Journal of Economics* 108:273 – 283.

Waldman, M. 1996a. "Durable Goods Pricing When Quality Matters. "*Journal of Business* 69:489 – 510.

Waldman, M. 1996b. "Planned Obsolescence and the R&D Decision. "*Rand Journal of Economics* 27:583 – 595.

Waldman, M. 1997. "Eliminating the Market for Secondhand Goods. "*Journal of Law and Economics* 40:61 – 92.

Waldman, M. 2003. "Durable Goods Theory for Real World Markets. "*Journal of Economic Perspectives* 17:131 – 154.

Whinston, M. 1990. "Tying, Foreclosure, and Exclusion. "*American Economic Review* 80:837 – 859.

Wicksell, K. 1934. *Lectures on Political Economy*. Vol. 1. London: Routledge & Kegan Paul.

Wiley, J., E. Rasmusen, and M. Ramseyer. 1990. "The Leasing Monopoly." *UCLA Law Review* 37:693 –731.

Williamson, O. 1975. *Markets and Hierarchies: Analysis and Antitrust Implications*. New York: Free Press.

Williamson, O. 1985. *The Economic Institutions of Capitalism: Firms, Markets, Relational Contracting*. New York: Free Press.

# 第 2 章

# 双边市场：经济理论与政策含义

Mark Armstrong

## 2.1 引言和实例

在许多市场中，存在两组或多组参与人，他们之间的相互作用要通过中介或“平台”进行。不同组的参与人之间的相互作用会产生剩余（surplus），但当存在负外部性时，这种剩余可能会遭到破坏。当然，在众多例子中，企业都必须和两组或更多组参与人进行交易，并互相竞争。比如，企业之间对劳动力的竞争，在产品销售上对消费者的争夺。再比如，健身房如果既能吸引男性又能吸引女性，经营状况可能会更好。但值得注意的是，在许多有趣的情形中，存在组间网络效应（cross-group network effect）。其中一组成员可获得的效用依赖于平台吸引另一组成员的状况。例如，一个（异性）婚姻介绍所或夜总会只有同时成功地吸引到男性和女性才能成功（这一点与健身房的情形并不相同）。本章研究的对象就是这类市场。

这类市场包括：

学术期刊：期刊之间的竞争不仅要争夺作者，而且要争夺读者。给定发表文章和订阅杂志需要缴纳的费用不变，作者更愿意把自己最好的作品发表在读者众多的期刊上，同时读者（以及图书馆）更倾向于订阅文章质量较高的期刊。协调这种相互作用的常见（但不是唯一）方法是，读者和图书馆订阅杂志需要支付费用，而作者发表文章则是免费的。

传媒市场的内容：一般来说，人们愿意购买内容丰富的报纸，观看节目多样的电视频道。对于报纸而言，其内容来自专栏作家或类似的内容。通常报纸会要求专栏作家与其签订排他性的合约。很明显，报纸登载的内容越丰富，就越吸引读者。另一方面，专栏作家除了获得报酬外，也希望自己的观点广泛传播。

传媒市场的广告：广告客户希望通过某种渠道吸引潜在消费者购买其产品。广告通常和报纸、杂志、广播或者电视等服务捆绑在一起，这些媒体充当了广告客户和消费者联系的渠道。广告收入常常被媒体用来购买读者和观众喜欢看的传媒产品。在某些情况下，观众或者读者可能不会从广告中直接获益，甚至还可能非常厌恶插在节目中的广告（此时表现为负的组间外部性）。与此不同的是，读者或观众会从信息性广告中获益，这与下面将要讨论的黄页类似。

黄页：黄页簿是一种不附带其他内容的广告形式。一般而言，消费者可以免费获得一个或者多个黄页簿，但广告客户需要付费才能在黄页簿上登载信息。当存在多个竞争性的黄页簿时，如果消费者查询多个黄页簿需要承担一定的努力成本（effort cost），那么，消费者会倾向于使用信息量较大的黄页簿，同时，广告客户也将愿意支付较高的费用把自己的信息登在读者众多的黄页簿上。另一方面，如果读者数量一定，那么，广告客户也可能愿意把自身的信息登在其他广告信息较少的黄页簿中，可能的原因有二：其一，在有各种杂乱信息的黄页簿中，自己的广告可能不容易被找到；其二，读者可能会在黄页簿中得知竞争对手的产品，转而给竞争对手打电话。[①] 这是一个关于负的组内外部性的例子。

大型购物中心（shopping mall）：接着讨论有关消费者和零售商之间的匹配问题，常见的一种物理上的解决方式是大型购物中心。通常，在相邻的地理区域内会存在几个大型购物中心，彼此争夺消费者和零售商。通常，零售商需要向大型购物中心交租金，而消费者可以免费进入（并且可能还有其他特征，如为了吸引消费者提供免费的停车场）。典型的情况是，当消费者选择去哪家大型购物中心时，他关心的是购物中心内零售商的数量，而对于零售商而言，显然更关心进入购物中心的消费者的数量。与上面所举的黄页的例子相似，“挖墙脚”效应（business-stealing effect）可能意味着，当其他条件相同时，一个零售商更喜欢选择没有类似商品零售商的购物中心。

超级市场：一个密切相关的例子是超级市场。超级市场一方面与供应商打交道，另一方面竞相吸引消费者。大型购物中心和超级市场的主要区别在于，前者“平台所有者”不能直接控制零售价格（是由各个商铺决定的），而超级市场则确定所有商品的零售价格。一般认为，超级市场往往为消费者制定相当低的商品价格，但对供应商却很苛刻（对其产品只支付较低的价格）。

银行卡系统：继续讨论有关协调消费者和零售商之间相互作用的问题，这里主要考虑购买商品时的各种支付方式，包括现金和各种银行卡。消费者和商户都能从使用某一种方式中获得直接利益（指方便性或安全性）——这里指的是从支付方式中得到的剩余，而不是消费者从购买的产品中获得的剩余，来自产品的剩余不受支付方式的影响。在某种程度上，消费者仅仅会选择有限的几种支付工具，而且他们非常关心接受某种支付方式的零售商的数量；同样，如果使用某种支付方式需要支付一定的成本，零售商会考虑使用此种支付方式的消费者的数量。常见的契约安排是，消费者使用信用卡（贷记卡）和借记卡需要支付的费用极低或者免费（有时甚至会给予补贴），而商户则需要支付由此发生的成本。

---

① Rysman（2004）对黄页市场组间网络效应的显著性进行了估计，结果表明消费者倾向于使用广告信息较多的黄页簿，而广告客户也愿意承担较高的费用将广告刊登在拥有较多读者的黄页簿上。

航空公司预订系统：通常机票是通过计算机预订系统来预订和支付的。通常一个旅行社喜欢使用单一的系统，但是，航空公司为了使所有的旅行社都能够买到它们的机票，希望各大预订系统均能把各个航空公司列入其中。其均衡往往是，旅行社为此服务很少支付费用甚至免费，而航空公司则常常抱怨为列入这些系统而要支付高额费用。①

具有通话外部性的电信：通常，通话的主叫方和被叫方都会从通过电信网传输的电话服务中获益。电信网络间常常为了争夺电话用户而进行激烈的竞争。电话用户通常既是主叫方又是被叫方，因此，不易发现存在双边市场。但是，如果我们将“使用某一网络”作为双边市场的一方，而将“接入网络的通话数量”作为另一方，那么这个产业就符合双边市场的结构了。一个电信网络能接入的电话越多（例如因为通话费用较低），对于电话用户来说就会越具有吸引力。不难理解，如果一个电信网络拥有的电话用户越多，接入该网络的通话数量也就越多。有时候，我们会看到一些无效率的定价形式，如某一电信网络借助垄断地位，向其用户提供通话服务，然后用所得收益补贴用户，鼓励接入其网络（可能在购买手机时提供补贴）。

婚姻介绍所和夜总会：类似的特点在（异性）婚姻介绍所中也存在。这一市场的每一方都对另一方数量的增加持积极态度（也许他们会对本方数量的增加持消极态度）。有时，其中一方会得到补贴（如女性可以免费加入），用来吸引另一方，并从另一方抽取剩余（尽管这种歧视性的政策可能在某些地区是不合法的）。

吸烟者和非吸烟者：在饭店和飞机上，非吸烟者（甚至吸烟者）通常会关心同一场合吸烟者的数量。但与前面的例子不同，这个例子具有负的组间外部性。和前面例子的另一个不同点在于，“平台”对外部性的影响程度，如制定禁止吸烟的政策。一般来说，这种政策会引起吸烟者的效用损失，在竞争性的环境下，平台必须权衡禁止吸烟引起的吸烟者的效用损失和额外吸引到的非吸烟者之间的利弊。在飞机上（至少在亚洲之外），这一均衡的结果显然是禁止吸烟的政策，但在饭店会存在多种模式。

① 对于这种市场更多的信息，可参见 Doane、McAfee 和 Hendricks（2003）。

以上所列举的例子主要来源于“传统”产业，与某些观点不相一致，即双边市场主要是与高科技产品相关的，如软件和互联网。有关双边市场更多的例子，可参见 Evans（2003a，2003b）以及 Rochet 和 Tirole（2006）。

本章所提出的主要问题包括：（1）什么因素决定了双边参与人的相对价格结构？（2）什么情况下，资源配置结果从社会角度看是有效率的？一旦我们搞清楚了这些问题，我们就能够更好地思考这些产业的政策问题，例如，我们还会考虑两个平台的合并对双边参与人的影响。

下一节将概述影响市场绩效的主要因素。

## 2.2 基本问题

### 2.2.1 组间的网络外部性（cross-group externalities）效应

假设有两组参与人通过一个或者多个平台相互作用。如果第一组用户对于第二组每一个用户都表现出正的外部效应，那么显然第一组将成为平台积极争夺的目标（例如，相对于供给成本来说，平台对这一组提供较低的价格）。从广义上说，特别是在竞争性的市场，第一组的价格取决于第一组给其他组带来的收益，而不是取决于第一组因为第二组而获益多少。①

考虑成像软件（imaging software）Adobe Acrobat 的例子。存在两个版本的 Acrobat 软件可供使用：Acrobat 的“浏览器”可以免费使用，然而 Acrobat 的“文档编辑器”（用来创建文件）却要求付费。这一策略的基本原理可能是：作者通常非常希望自己的文章被更多人阅读，但读者却未必热衷。在这种情况下，从双方获得最大利润的方法是：浏览器软件免费提供给读者以最大化文档的读者数量，全部的收益则来自于文档的作者。当然，也存在相反的情况，比方说流行小说，喜欢阅读这些文章的读者是愿意为此而承担费用的。

这种分析也同样适用于黄页簿。黄页簿是免费提供给读者的，其

① 例如在 Armstrong（2006）第4部分，一组参与人支付的价格仅仅依赖于其带给另一组参与人的收益，而非其从与另一组的交易中获得的收益。

利润仅来自于广告客户支付的费用。相对于向读者收费的安排，广告客户能够从新增的读者中获得更多的利润，这样的安排更合理。本章后面章节将进一步探讨有关竞争的政策。与此相类似，一般而言，在夜总会中，男性平均来说会从相互作用中获得比女性更多的好处，因此，夜总会对女性给予入场费补贴是有利可图的。

一般来说，如果一个产业不能形成垄断，那么组间的网络外部性会加剧竞争并且降低平台的利润。为了在平台一边的竞争中获得优势，平台需要在另一边经营有方（反之亦然）。相对于没有组间效应的情况，组间网络外部性的存在对市场双边的价格产生了一个向下的压力。这也意味着平台希望找到缓解网络效应的途径，下一节将讨论这个问题。

最后，在所有存在网络外部性的市场，如果外部性很强，可能会出现一个平台垄断市场双边。当外部性很强时，从社会福利的角度分析，这一结果并不坏。另一方面，对于一个新进入者来说，在这样的市场上起步则比较困难。例如，创办一本新的杂志，设立一家新的房地产中介，或者一家新的婚姻介绍所。以交易成功次数为基础收取费用可以克服这种进入障碍，接下来的章节会讨论这个问题。

### 2.2.2 固定收费还是按交易次数收费

平台可能对其服务按“一次性总付”方式收取费用，也就是说，平台一方用户支付的费用不直接依赖于平台在市场另一边的绩效。另一种替代选择是，如果技术上可行，一方支付的费用是平台在另一方绩效的函数。后一种情况的实例如电视频道或者报纸收取的广告费是其观众或读者数量的增函数（如果是这种情况，就必须有一个能够准确估计观众数量的可靠的第三方）。与此相关的收费方式是由“交易次数（per-transaction）”决定费用，采取这种方式的重要例子有银行卡（商户支付的费用是由交易收益的百分比决定的）或者电话（其相关的通话费用按分钟收取）。房地产经纪人收取的费用也主要是由销售额决定的。[①]

① 粗略地说，在 Rochet 和 Tirole（2006）那篇开创性的论文中，研究的焦点是“单次交易费”，但 Armstrong（2006）的研究的重点是固定收费。Rochet 和 Tirole（2006）在垄断框架下综合了这些方法。

这两种收费方式的重要差异是：按交易次数收费时，组间外部性显得不那么重要了，与另一方新增用户交易得到的部分收益会被额外支付的费用所抵消。例如，如果在报纸上刊登广告的费用根据读者数量来确定，但是当广告客户决定是否投放广告时，并不知道报纸到底能够吸引多少读者。当广告客户认为打广告的收益大于其为每位读者支付的费用时，将选择投放广告，而这种收益很自然会从读者数量的角度去考虑，但广告费的计算并不依赖于读者的总数量。因为当广告客户按读者数量支付广告费时，网络效应就会减弱，不过对使用这种收费方式的平台来说，得到的利润会更高。① 类似的，如果消费者无须为持卡预付固定费用，只是承担每笔交易的费用，那么消费者在决定是否使用某种银行卡时，就不会考虑接受此种卡的商户的数量。

这一点也意味着，对双边市场的新进入者来说，采用按成功交易的次数收费的策略是明智的。如果用户只在交易成功时才向新平台支付费用，那么，该用户就不必担心平台在另一方的绩效好坏。也就是说，为了吸引市场一方的用户，新平台不必首先使另一方加入平台（on board）②。

### 2.2.3 单归属（single-homing）还是多归属（multihoming）

现在有这么一个术语，当用户仅仅使用一个平台时，称之为“单归属”；当他们使用多个平台时，称之为“多归属”（显然在垄断平台上不会存在这种区别）。参与人是单归属还是多归属对结果的影响大不相同。

如果双边市场中双方都是单归属，非常便于建立模型和分析。③但在现实生活中很难找到这种情况的例子。也许，这种模型适用于晚上男性和女性只去一家夜总会，或者吸烟者和非吸烟者只去一家餐馆的情况。但是很难再找到其他例子。

同样，我们也可以考虑一种相反的情况，即双方都会加入所有的平台。但是这种情况的市场也很难列举出来。一个可能的例子就是信

---

① 参见 Armstrong（2006）第5部分对这些问题的讨论。对于观众来说，当存在正的网络外部性（即观众喜欢广告）时，这种论述才适用。如果观众不喜欢广告，那么，每位观众为广告支付的费用会使市场竞争更加激烈。

② 对于这一点的分析，参见 Caillaud 和 Jullien（2001，2003）。

③ 例如，参见 Caillaud 和 Jullien（2001，2003）以及 Armstrong（2006）的相关部分。

用卡，许多商户可以接受几种信用卡，同时消费者也持有多种信用卡。但是，尽管许多消费者持有几种信用卡，但是大多数持卡人通常真正使用的只有一张卡，虽然身上携带着第二张卡却不去使用。所以，区分携带第二张卡和使用第二张卡是很重要的。事实上，双方都加入所有平台的情况也不可能出现，原因是如果市场的一方是多归属的，那么另一方就没有必要也是多归属的。举一个相关的例子，如果每个人都可以把英语作为自己的第二种语言，那么，以英语为母语的人就没有必要去学习另外一种语言。同样，如果所有的商户都接受所有主要的信用卡，那么，消费者携带一张以上的信用卡就没有什么意义了（反之亦然）。

还有一种重要情况值得考虑①，即市场的一方为单归属用户而另一方为多归属用户，有时我称这种情形为“竞争性瓶颈”。2.3节会涉及几个这类市场的例子。在这种情况下，市场失灵是由于多归属方用户要想与单归属方用户交易，就必须加入单归属方用户所在的平台，除此别无他途。因此，对于多归属方用户来说，这个提供与单归属方交易的平台就成为垄断平台，垄断势力的存在导致多归属方用户不得不支付较高的价格。通常情况下，如果从社会角度来看，多归属方用户数量太少，当单归属用户受益于能与数量众多的多归属用户交易时，收取高价的趋势会得到缓解。因为收取高价会减少多归属一方的用户数量，这将不利于平台吸引单归属方用户。但是，这一点并不足以改变向多归属用户收取高价这一基本结论。

相对来说，平台不得不为了获得单归属用户而进行竞争，并且在很多例子中，平台从多归属用户获得的垄断利润，会以收取低价（甚至免费）的形式转移给单归属用户。总之，当面临选择平台时，单归属用户有“或者可以选这种或者选另一种”的选择决策。相比之下，多归属用户不能独立决定交易的某一平台或者其他平台，并且平台也不会对这一方的用户进行竞争。如果单归属方是竞争性的市场，那么，平台就不会获得超额利润，但是市场失灵仍然存在，并且

① 这里做了高度简化。当然，有许多例子是市场另一方的用户仅仅有一部分是多归属的，在这种情况下，单归属方的用户对于多归属是非常敏感的。例如，如果一个商店仅仅接受一种信用卡，那么为了防止被拒绝，消费者不得不采取预防措施携带所有主要的信用卡。

均衡时多归属方的价格会非常高（单归属用户的价格非常低）。[①] 两平台的兼并对两个参与组的效应是不同的。因为虽然他们面对的是垄断价格，但多归属用户不会受到兼并的影响（因为他们早已被最大限度地剥削）。由于单归属用户的价格与平台具有的市场势力相关，所以兼并之后，单归属用户不会像兼并前那样受优待。当然，兼并后平台的利润也会增加。

## 2.2.4 排他性合约

至少有两种排他性合约与双边市场相关。

2.2.4.1 只允许用户加入一个平台

在一些情况下，平台试图劝说市场某一边的用户排他性地只加入一个平台（即单归属）。例如，播出机构会为了独家播放富有吸引力的内容（体育、电影等）而支付额外费用。在“竞争性瓶颈”模型中，很容易理解进行这种交易的动机。在这个模型中，市场一方是单归属用户而另一方是多归属用户，平台具有单方面的激励，试图排他性地争取到市场上的多归属用户。原因在于这样的政策会导致竞争对手的平台服务对单归属用户的吸引力下降，从而使该平台从单归属用户那获得更多的利润。这充分表明，平台为了争取到更多的通常为多归属的用户而甘愿向其支付较多的补贴（或者收取较少的费用）。

仅仅如此并不足以保证多归属用户同意这种排他性的合约，毕竟，与只和某一平台进行排他性的交易相比，他们和所有的平台进行非排他性的交易可能获得更大的效用。但是，我们发现，构建一个原本是多归属的用户为了自身利益而和某一平台进行排他性的交易的模型并不困难。在这种情况下，平台之间互相竞争以吸引多归属用户与其进行排他性交易，多归属用户的情况会变得更好。但单归属用户的境况会因此变得更差，因为平台竞争的目标由双边市场中单归属的一方转向了另一方。最后，因为组间网络外部性变得更加重要，所以在均衡时，平台为了确保和多归属方进行排他性交易将使自己的境况

① 一种相关情况是拍卖垄断特许权。假设政府决定拍卖提供某些服务的垄断特许权，并且没有对垄断服务的价格进行规制。假设这一特许权授予了出价最高的竞标者。那么，这个过程可能的结果有两种：（1）垄断的服务价格（存在一般福利损失）；（2）所有的垄断利润在拍卖过程中由于竞争而被抵消并且转移给了纳税人。

变差。

这些预测可以参见 Armstrong（1999）第 3 部分关于付费电视（pay-TV）产业的双寡头模型中对电视内容独家播出权的分析。[①] 在那个模型中，有两个付费电视平台，起初是对称分布的，观众仅选择其中一个平台。拥有精彩节目（如体育比赛转播权或者经典大片）的节目提供商进入市场，并且决定是否接受平台对这些节目内容的出价。观众更喜欢播放新节目的平台，为简单起见，假设提供商只关心他的收益（并不关心到底有多少观众看他的节目）。如果只有一个平台获得这一精彩节目，那么这个平台相对于其他的竞争对手来说在观众市场上就有了竞争优势。一个具体的例子如下，其中包括各参与人在排他性合约和非排他性合约的情况下的收益：[②]

| | 观众的剩余 | A 的利润 | B 的利润 |
|---|---|---|---|
| A 和 B 共同获得精彩节目 | 50 | 25 | 25 |
| 只有 A 获得精彩节目 | 36. 5 | 36 | 16 |
| 只有 B 获得精彩节目 | 36. 5 | 16 | 36 |

如果该节目的所有人和平台进行非排他性的交易，那么他将愿意免费出售节目（假设出售过程没有其他成本）。这也是竞争性瓶颈模型的一个例子：多归属方用户的全部剩余被剥削。在上表中，如果节目所有人同意将节目独家提供给某个平台，该平台将愿意支付正的价格。如果竞争对手没有进行还价，那么平台将愿意为独家播出权支付 9（36 – 25）单位费用。但是，如果这两个平台为了得到该节目而竞争，每一个平台将愿意为独家播出权支付 20（36 – 16）单位费用，因为它们都知道如果自己买不到该节目，竞争对手就会拥有独家播出

① 参见 Armstrong 和 Wright（2006）更进一步的分析。

② 与 Armstrong（1999）第 3 部分相同，这个例子使用了两个频道的豪特林竞争模型。在这个模型中，如果频道 i 能够以 $p_i$ 的价格提供 $v_i$ 质量的节目，而它的竞争对手能够以 $p_j$ 的价格提供 $v_j$ 质量的节目，那么 i 会吸引的用户占用户总数的比例为 $\frac{1}{2} \pm \frac{(v_i - p_i) - (v_j - p_j)}{2t}$。上式中 t 是表示产品差异的参数，代表两频道间的可替代程度。在本节中所列的数据是假设 t = 50 时得出的，如果每个频道不含有优质的节目，其节目质量 v = 20，如果含有优质的节目，那么节目质量再加 30。也就是说，当 A 频道专有优质的节目时，其节目质量 $v_A = 50$，而其竞争对手的质量 $v_B = 20$。根据计算出的均衡观察价格 $p_A$ 和 $p_B$，表格中列举出了三种情况下的利润以及消费者剩余。

权。所以，当平台为了与多归属用户签约而竞争时，这些原本是多归属用户的境况会变得更好，而单归属用户（在这个例子中为观众）的情况将会变得更差，并且平台的境况也会变差。因此，尽管平台之间存在与多归属用户签订排他性合约的单方面动机，但当两个平台都试图为获得这一节目而竞争时，它们的境况就会像经典的“囚徒困境”一样变差。另外，当对该节目进行排他性交易时，总的福利也将下降。总的福利，被定义为观众的剩余和这个产业的利润之和，当平台双方都能够获得这一节目时，总福利等于100（50+25+25）；如果只有一个频道播放该节目时，总福利等于88.5（36.5+16+36）。福利降低的原因是，当这一节目被排他性占有时，观众为了观看这一节目就必须转换到自己不太喜欢的电视频道上。

#### 2.2.4.2 同一个平台上包括竞争对手的合约

双边市场中有几个重要的例子涉及市场一方是零售商，另一方是消费者。在这些例子中，一个有趣的问题是平台内零售商之间的竞争程度。例如，如果某电视频道承诺播放某一汽车的广告时，不会在同一时段播放该汽车企业的竞争对手的广告，那么广告客户就必须支付更高的费用。或者，如果一个购物中心向某一书店承诺不再出租铺面给其他的书店时，这个书店不得不缴纳更高的租金。由此，我们可以发现，零售商之间的竞争越激烈，它们从每位消费者身上得到的利润越少，但是对于消费者来说，由于激烈的竞争而使商品的价格较低，这样将会从每个零售商处（或者每类零售商）得到较高的剩余。进而，我们还可以得出，如果平台允许零售商之间进行竞争，那么平台将会从零售商一方得到较低的收益而从消费者一方得到较高的收益（如果平台向消费者收取入场费）。有一个假设需要说明一下：平台在向消费者收取入场费时，会允许零售商在平台内进行竞争，但是，如果消费者是免费进入的，那么为了提高从零售商处获得的利润，平台将会限制零售商之间的竞争。在本节的最后部分，将以大型购物中心的平台为背景，对这一问题进行深入讨论。①

① 也可参见Baye和Morgan（2001）的垄断平台模型。该模型中，平台将价格信息从竞争的销售商传递给潜在的购买者。这个平台对使用平台的销售商和购买者制定价格，并且必须决定允许多少个销售商（也就是多大的竞争程度）进入平台。另外，可参见Dukes（2003）以及Dukes和Galor（2003）关于广告客户为争夺消费者互相竞争的模型。

## 2.3 竞争性瓶颈模型的应用

### 2.3.1 电信产业中的电话终端

Armstrong（2006，3.1节）和Wright（2002）提出了一个移动电信网之间的竞争性模型。电话用户最多只想接入一个移动网络（即他们都是单归属的）。固定电话用户希望可以拨打电话给移动用户。在特定的收费水平下，固定电话用户可以给任何移动用户打电话，这也就是说给移动用户拨打电话的用户是多归属的。电话用户可以根据能够给自己带来最多剩余的价格来选择自己所需的网络。一个网络的收费包括两部分：一部分是直接影响用户福利的月租费（charges for subscription）和拨出费（charges for outbound calls），另一部分是向拨入网络的用户收取的转接费用，即所谓的终端费用（termination charges）。除非用户非常关心给自己拨打电话的人的福利，否则后一种收费只是由于影响用户接到的电话数量进而影响其福利。较高的终端费用通常会减少移动网络中拨入的电话数量，如果移动电话用户接听电话可以获得收益的话，这种高终端费就会减少移动电话用户的福利。

从这一模型中我们可以发现，移动网络会向移动电话用户提供相对较低的月租费和拨出费，而收取较高的接入费。特别的，由这一模型可以发现因平台对电话终端的垄断获得的利润会转移给电话用户，例如以手机购买优惠之类的形式。更准确地说，均衡时的电话终端的接入费可通过最大化移动用户和移动网络的联合福利而得来，但忽略了向移动用户拨打电话的用户的利益。均衡时，单归属用户受到优待，而多归属用户的利益被忽略，这就是所谓的“竞争性瓶颈”模型的典型特点：尽管电话用户市场是高度竞争的，以至于移动网络只获得较低的均衡利润，但是给这些用户提供拨入服务的市场却不存在竞争。

明确这一产业的这种政策含义是很容易的。首先，从社会福利的角度分析，未受规制的终端费用太高，市场失灵是否就意味着应当承担详尽的规制带来的成本需要另作判断。即使在移动用户市场上存在激烈竞争，但是每个平台在为用户提供接入终端服务时都具有相同的垄断地位。如果已经根据社会福利做出了合适的判断，对电话接入服务规制就不是一时之策，为了在一定程度上保证竞争的效率，规制就有长期的必要性。更何况，没有理由表明，控制“大运营商”的接入费标准，而给小平台以自由，具有合理性。这样的政策会给小平台人为地创造吸引用户的优势。如果引入对接入费的规制，其结果将是给移动用户拨打电话的一方福利改善，而移动电话用户会因为获得的补贴减少甚至取消而变得更差。尽管在一些模型（包括对用户完全竞争的模型）中，利润的净效应为0，但是在移动网络中，净效应仍然很难预测。

有一种情况下的移动电话市场完全没有必要讨论，即电话用户的市场存在一定程度的竞争，而电话接入终端的市场是垄断性的。这些市场是相互关联的，在后一种市场得到的垄断利润由于在前一个市场中的竞争而被抵消了。平台整体上没有获得超额利润的事实并不能降低对电话接入终端收取垄断性定价的社会成本。①

## 2.3.2 传媒市场中的广告

这些理论的最理想应用是传媒市场中的广告。这些市场长期以来就被视为是“双边的”，这些媒体平台（报纸、杂志、电台、电视频道等）提供一些内容以吸引读者（观众或听众），同时这些读者被“出售”给广告客户。在这些市场中，某些市场基本符合竞争性瓶颈框架。例如，由于时间限制，许多读者一天只能读一份报纸。如果广告客户希望广告被某一读者看到（至少是读报纸的读者），就必须在该读者所选择的报纸上刊登广告，并且向报社支付其索取的任意价格。与此相类似，许多人大多数时间都收听同一个广播台。并且从某种程度上说，即使市场上有多种黄页簿，许多人在查看某信息时，也仅愿意查看一个黄页簿。在这种情况下，广告客户要与该消费者交易，就不得不把信息刊登到消费者查阅的那个黄页簿上。

从另一方面说，电视观众经常转换电视频道，特别是有了遥控器（remote control）以后。如果广告客户想要与观众交易，它不需要将

① 参见竞争委员会（2003）对英国市场的调查，其中运用了本节的某些分析。

广告在每个电视频道上播出，仅在一个频道上播放就可以了（例如，在广告费用最低的频道上）。广告客户希望观众能够在恰当的时间切换到该频道上。[①] 专业杂志可能介于两者之间，即部分读者只是购买一本这类杂志，而一些发烧友则会购买两本或者更多。一些广告客户将不得不在每一本杂志上刊登广告（以获得单归属的读者），也有一些广告客户只在某一本杂志上刊登广告（即单归属的广告客户）。[②]

Anderson 和 Coate（2005）以及 Armstrong（2006，第 5 节）给出了媒体平台对读者/观众/听众（从现在开始，姑且只说读者）进行竞争和广告客户希望获得的读者的模型。读者可能讨厌广告（在这种情况下，如果所有其他条件相同，他们更青睐广告少的媒体平台），或者读者也可能从广告中获取到有用的信息。假设读者只使用一个媒体平台，这时竞争性瓶颈模型就很适用。在这种情况下，要想获得某一特定的潜在消费者，广告客户就必须把广告发布在这个消费者所选择的媒体平台上。假设广告客户愿意向平台支付的广告费用与使用这个平台的消费者数量成比例（至少在广告客户的产品单位生产成本为常数时）。在多数情况下，平台上所展示的广告越多，从每位读者那所获得的广告收益就越多。平台在选择广告数量时，要权衡增加一则广告后带来的广告收入和对读者新增的效用（或者效用损失）。

具体而言，假设平台发布 n 个广告，从每位读者那获得的广告收益为 R（n），每位读者获得的效用是 U（n），如果读者不喜欢广告，那么读者的效用将是 n 的减函数。平台将选择广告的数量 $n^*$ 使 U（n）+R（n）最大化。这里假设广告数量的变化不会引起平台运营成本的变化。但是，广告客户的总剩余是广告数量 n 的增函数，记作 V（n）。当广告的数量使 U（n）+R（n）+V（n）最大化，而不仅仅是 U（n）+R（n）最大化时，就实现了社会福利的最大化。因此，在这个模型当中，广告客户的利益被忽视了，并且结果会是仅

① 但是，如果广告被认为是“劝说”性质的，并且观众重复观看广告对广告客户来说是有价值的，那么即使观众转换频道也不能避免垄断问题：当观众观看某电视频道时，电视频道仍然具有在这段时间内播放广告给观众的垄断能力。

② 参见 Kaiser 和 Wright（2006）关于这个产业的更多论述。“DIY”杂志的例子中提供了很多证据。例如，10% 的读者买两本杂志，17% 的广告客户在两本杂志上刊登广告。可能使人惊讶的是，在给定读者绝大多数是单归属的情况下，几乎没有多少多归属的广告客户。

仅刊登很少的广告。这和前面出现的仅有很少的电话拨打给移动电话用户的结果非常类似。

需要注意的另一个更有趣的可能是，当平台的广告收益 R（n）很大时，读者有可能被允许免费进入平台。由于平台的收益 R（n）来自于新增的一位读者，广告收益效应相当于平台对新增的一位读者提供服务的边际成本降低。如果 R（n）足够大，在可行的情况下，平台甚至愿意向使用平台的读者支付费用，然后平台再通过大量的广告收入弥补。由于平台很难有效地补贴阅读报纸或看电视的受众，因此结果是向读者免费提供这些服务。这也为下列情况提供了一个解释：为什么黄页簿是免费提供的？为什么地方性报纸是免费的？为什么技术上已经允许向观众收费，但是仍然会存在可以免费观看由广告作为收入来源的电视频道？

我们对这一市场的政策含义有进一步的认识。广告的价格非常高，然而这是否是干涉这一高价行为的一个正当理由需要认真考虑。即使读者或者观众市场存在激烈的竞争，对广告客户的这种不利状况也不可能得到缓解。同样的，如果两家报纸合并，广告客户的不利状况也不会进一步的加重。

## 2.3.3 购物中心和超级市场

最后一个应用是购物中心和超级市场，平台使消费者和产品结合到一起。这种平台和前面所涉及的平台关系密切，前面所涉及的平台是媒体通过广告使消费者和产品联系在一起。

### 2.3.3.1 购物中心

首先考虑购物中心。购物中心是一个商业企业，它向商铺收取租金，并且潜在地给消费者制定入场费。假设在购物中心的商铺自己制定对消费者的价格，并且向购物中心一次交付（lump-sum）租金（例如，不是按照收益分成）。如果每个商铺销售的产品都具有垄断势力，购物中心内没有竞争者。自然的，假设所有的消费者在一定的时间只能逛一个购物中心——这个购物中心使消费者获得最大的剩余——例如，消费者不会在一个购物中心买一本书转而跑向另一个购物中心去买酒。如果情况是这样，这种结构的市场就会非常适合前面所讨论的竞争性瓶颈模型。

首先假设购物中心向消费者收取进场费。消费者很可能去商铺较多的那家购物中心，或者进场费较低的购物中心。同样的，商铺很可能去客流量大的购物中心或租金较低的购物中心。给定消费者是单归属的，如果某商铺想与特定的消费者交易，那么它必须选择去该消费者喜欢去的购物中心。这样，平台就通过为商铺提供接触消费者的途径而形成对零售商的垄断，并收取相应的租金。但是，购物中心不会收取高得离谱的租金，因为吸引消费者的一种方式是在购物中心为消费者提供种类繁多的商铺。但是，平台会在最大化消费者和购物中心的福利的基础上确定租金水平，而商铺的利益受到了忽视。结果是购物中心向商铺收取的租金太高，从社会的角度考虑，购物中心内的商铺太少。商铺受到剥削，但这并不是由于购物中心在消费者市场中有很强的垄断势力（例如，由于地理位置偏僻）。

与媒体平台的例子类似，购物中心很可能由于为商铺吸引了更多的消费者而获得额外的租金，进而购物中心选择让消费者免费进入，甚至为了吸引消费者而提供资助，事实上这种可能性很小，最好的选择就是让消费者免费进入。提供补贴的方式有免费停车，或者提供到购物中心的免费班车，或者提供额外的电影或其他的娱乐项目吸引更多的消费者进入。经过分析，我们发现购物中心让消费者免费进入，并不是由于技术上存在困难，而是因为购物中心不想向消费者收取进场费。

#### 2.3.3.2　购物中心内的竞争程度

除了需要决定向商铺收取的租金和向消费者收取的进场费外，购物中心还需要决定购物中心内所允许的商铺之间的竞争程度。大多数商铺之间都存在一定程度的竞争，购物中心必须决定这一竞争的程度，例如，只允许开一家书店还是更多的书店。如果购物中心限制商铺之间的竞争，商铺就需要比允许竞争时支付更高的租金，向消费者收取的费用则会减少（但这些消费者进入该购物中心就会面临较高的商品价格）。但是在许多情况下，由于价格高于边际成本引起的净损失减少了，竞争给消费者带来的收益会超过商铺承担的损失。所以，当购物中心可以向消费者收取进场费时，购物中心就会允许竞争存在：虽然商铺缴纳的租金减少了，但是从消费者身上获得的额外收益超过了租金上的损失。如果因为某种原因不能向消费者收取进场费，那么得出的结论是，购物中心将会减少竞争，因为它们的收入完全依赖于在购物中心内拥有垄断势力的商铺的利润。①

2.3.3.3　超级市场

超级市场和购物中心主要的区别是前者的平台可以直接制定零售商品的价格。② 不过，购物中心框架下的一些结论可以运用到超级市场中去。再次假设消费者喜欢一次性购买所需的商品，譬如说仅去一个超市就可以买到一周所需的所有商品。这也意味着，一个供应商要想与某一消费者交易，必须选择该消费者喜欢去的超市，并且愿意接受超市为这些商品所提出的任何价格。超市出价越高，供应商越愿意供货。消费者则喜欢去商品门类齐全、价格低廉的超级市场。在这个分析框架下，超市将选择能够最大化消费者和超市总福利的供应价格（由此也确定了产品的种类），但是却忽视了供应商的利益。从社会福利的角度来看，超市出价越低，供应商向超市提供的产品种类就越少。在某种程度上，超市之间为了争夺消费者而激烈竞争，这对消费者来说是有利的。超市利用其对供应商的较强的讨价还价能力（由于超市具有能够提供与消费者交易的途径的垄断势力），压低供货价格，转而向消费者提供廉价的商品。

## 2.4　结论

本章的目的是阐明目前双边市场文献中的政策含义。我讨论的焦点是“竞争性瓶颈模型”的应用，在这种模型中，市场的一方用户仅选择一个平台，但市场的另一方用户则选择所有的平台，这种情形在现实中尤其重要。

市场一方用户选择单归属的原因依赖于具体的情况：很多移动电话用户只愿意入一个网；许多人每天只来得及读一份报纸；许多人喜欢在一家商店买全自己的生活用品，而不愿意东奔西走。希望与单归

① 在 Baye 和 Morgan（2001）中，消费者想要从平台处得到互相竞争的商铺给出的价格，平台向消费者收取正的价格，作为回报，平台收取较低的广告费以刺激商铺的竞争。如果由于某种原因，平台不能向消费者收费，这就意味着平台会选择提供较少的竞争（较少的商铺）。

② 参见 Smith 和 Hay（2005）对超级市场和购物中心以及第三种购物“街”之间差异的分析。

属用户交易的另一方不会选择单归属，起码在我们提到的应用中是这样的。如果要与单归属用户一方的某一个体交易（如打入电话或出售商品），市场另一方的用户必须加入该单归属用户所在的平台。这样，平台通过提供和单归属用户交易的渠道而获得了垄断地位，平台不会在多归属一方展开竞争。

结论如下：平台利用其垄断地位，向多归属一方的用户制定高价。其制定的价格到底有多高，取决于单归属用户关注多归属一方业务数量的程度。从多归属用户得到的利润被平台用于资助争夺单归属一方用户的营销活动，如移动电话用户享受购机优惠（甚至免费），报纸价格低于成本，或者进入购物中心免费。如果单归属一方的市场竞争非常激烈（这取决于平台向单归属用户所提供服务的替代性），那么平台会因为努力吸引另一方用户而将从多归属一方获得的利润完全抵消。即使平台没有获得超额利润，其中仍然存在市场失灵问题，从社会福利的角度来看，多归属一方所面临的费用太高。在那些例子中，这意味着给移动电话用户打电话的费用太高，在报纸上刊登广告的费用太高，以及商铺在购物中心的租金太高。并不存在超额利润但却是次优均衡时的价格，这种结果使人回想起转换成本的模型，企业之间为了和新用户签约而激烈竞争，价格很低，而一旦锁定了这些消费者，就可以从他们身上获得垄断利润。① 但是，在转换成本的模型中，先获得补贴而后被剥削的是同一批用户，而在竞争性瓶颈模型中，价格政策常常具有再分配效应：剥削市场的一方，补贴市场的另一方。②

# 参考文献

Anderson, S. , and S. Coate. 2005. " Market Provision of Broadcasting: A Welfare Analysis. "*Review of Economic Studies* 72(4):947 -972.

Armstrong, M. 1999. "Competition in the Pay-TV Market. "*Journal of the*

① 例如，参见 Klemperer (1995)。

② 在移动电话的例子中，再分配效应并不重要。因为许多人既会打电话给移动电话用户，同时，自己也是移动电话网络用户。在这种情况下，一般在技术处理上认为人们之间大致是对等的，但如果降低拨打费用而增加他们的月租费，会改善他们的福利。

*Japanese and International Economies* 13(4):257－280.

Armstrong, M. 2002. "The Theory of Access Pricing and Interconnection." In M. Cave, S. Majumdar, and I. Vogelsang, eds., *Handbook of Telecommunications Economics*. Vol. 1. Amsterdam: North-Holland.

Armstrong, M. 2006. "Competition in Two-Sided Markets." *Rand Journal of Economics* 72.

Armstrong, M., and J. Wright. 2006. "Two-Sided Markets, Competitive Bottlenecks and Exclusive Contracts." *Economic Theory*, forthcoming.

Baye, M., and J. Morgan. 2001. "Information Gatekeepers on the Internet and the Competitiveness of Homogeneous Product Markets." *American Economic Review* 91(3):454－474.

Caillaud, B., and B. Jullien. 2001. "Competing Cybermediaries." *European Economic Review* 45(4－6):797－808.

Caillaud, B., and B. Jullien. 2003. "Chicken and Egg: Competition among Intermediation Service Providers." *Rand Journal of Economics* 34(2):309－328.

Competition Commission. 2003. *Reports on References under Section 13 of Telecommunications Act 1984 on Charges Made by Vodafone, Orange, O2 and T-Mobile for Terminating Calls made by Fixed and Mobile Networks*. London: HMSO.

Doane, M., P. McAfee, and K. Hendricks. 2003. "Evolution of the Market for Airline Information." In M. Baye, ed, *Advances in Applied Microeconomics, Vol. 12: Organizing the New Industrial Economy*. Greenwich, CT: JAI Press.

Dukes, A. 2003. "The Advertising Market in a Product Oligopoly." *Journal of Industrial Economics* 52(3):327－340.

Dukes, A., and E. Gal-Or. 2003. "Negotiations and Exclusivity Contracts for Advertising." *Marketing Science* 22(2):222－245.

Evans, D. 2003a. "The Antitrust Economics of Multi-Sided Platform Markets." *Yale Journal on Regulation* 20:325－382.

Evans, D. 2003b. "Some Empirical Aspects of Multi-Sided Platform Competition." *Review of Network Economics* 2(3):191－209.

Kaiser, U. , and J. Wright. 2006. "Price Structure in Two-Sided Markets: Evidence from the Magazine Industry." *International Journal of Industrial Organization* 24(1):1 – 28.

Klemperer, P. 1995. "Competition When Consumers Have Switching Costs." *Review of Economic Studies* 62(4):515 – 539.

Rochet, J. -C. , and J. Tirole. 2003. "Platform Competition in Two-Sided Markets." *Journal of the European Economic Association* 1(4):990 – 1029.

Rochet, J. -C. , and J. Tirole. 2006. "Two-Sided Markets: A Progress Report." *Rand Journal of Economics*, 72.

Rysman, M. 2004. "Competition between Networks: A Study of the Market for Yellow Pages." *Review of Economic Studies* 71(2):483 – 512.

Smith, H. , and D. Hay. 2005. "Streets, Malls and Supermarkets." *Journal of Economics and Management Strategy* 14(1):29 – 59.

Wright, J. 2002. "Access Pricing under Competition: An Application to Cellular Networks." *Journal of Industrial Economics* 50(3):289 – 316.

# 第3章

# 搭售安排的反垄断分析

Jay Pil Choi

## 3.1 引言

近来，在美国和欧洲的许多重大的反垄断案件中，搭售安排已经成为一个备受争议的主要问题。例子包括微软案、维萨和万事达卡案以及已经申报的通用电气和霍尼韦尔的兼并案，这次兼并遭到欧盟委员会的阻止。更特别的是，微软案在美国涉及占市场主导地位的操作系统与IE浏览器的捆绑，而在欧洲的案件中，关心的重点则是操作系统与媒体播放器的捆绑。① 维萨与万事达卡案涉及借记卡（debit

① 2001年11月，美国反垄断局与微软达成协议，协议不包含被迫的分类定价条款。在欧洲的案件中，欧盟委员会判决微软在滥用其个人电脑Windows操作系统的“近似垄断”势力上是有罪的，并破纪录地处以罚金4.97亿欧元（合6.13亿美元）。微软已经提出了上诉。

card）与信用卡（credit card）的搭售。此案判决两个信用卡协会分别支付 20 亿美元和 10 亿美元给商家以降低它们的交换费（interchange fees）。在通用和霍尼韦尔案中，提议的兼并主要涉及“捆绑”的可能性及其对喷气式飞机发动机以及航空电子设备市场的竞争可能产生的影响。[①] 本章将回顾搭售安排的反垄断研究新进展，并根据这些进展讨论一些搭售案例。

搭售可以用于很多目的，这一点有据可查，而且已经有很多理论用于解释其动因，以及由此产生的反垄断和福利含义。最常见的观点认为搭售是价格歧视的工具。持这种观点的文献始于 Stigler（1963），包括 Adams 和 Yellen（1976）、Schmalensee（1984）。他们证明，捆绑可以增加利润，甚至当提供组合商品没有成本优势，或者其中的商品之间需求并不相互依赖时，也仍然成立。[②] 这种观点的一个变种是度量理论（metering argument），在这种观点中，购买一个不可分的机器的同时附有这样的条件：所有作为互补品的可变投入也必须向同一家企业购买。可变投入的价格高于边际成本，销售者可以把可变投入的销量视为机器使用强度的测量或监督工具，从而对机器使用强度大者实行价格歧视。这些文献给出的其他解释包括监督卡特尔中的价格欺骗、逃避价格控制、保护良好声誉、联合销售的经济性等。[③]

在所谓的杠杆理论（leverage theory）中，对搭售或捆绑对竞争影响的解释存在很多争议。根据杠杆理论，一个多产品企业可以通过利用其在第一个市场上的垄断势力产生的杠杆效应，在另一个本来是竞争性的市场上形成垄断。通过限制在第二个市场上的销售，搭售提供了垄断第二个市场的机制。然而，这个理论的逻辑已经受到芝加哥学派的一些学者的批评，之后又被推翻，如 Bowman、Posner，还有 Bork，他们认为利用杠杆效应去影响所搭售产品的市场结构是不可能

① 另一个主要的问题是通用电气商业航空服务公司（GECAS）（通用的租赁与融资分部）的作用和竞争含义，这被证实是兼并方与欧盟委员会就补偿问题进行协商的绊脚石。在 2001 年，这个已申报的兼并被欧盟委员会阻止。这个案子被上诉到欧洲第一法院（CFI）。2005 年 12 月 4 日，欧洲第一法院支持了欧盟委员会有关通用电气和霍尼韦尔兼并案的决定，尽管它发现欧盟委员会对这次兼并的混合与纵向影响的评估有错误。

② McAfee、McMillan 和 Whinston（1989）提出了最优化捆绑的一般条件。他们证明当保留价值在消费者总体中独立分布时，捆绑往往是最优的。最近，Adams-Yellen 结构已经一般化，允许商品是相互替代的和互补的。例如，Lewbel（1985）证明，互补性既不是使捆绑最优的充分条件，也不是必要条件。

③ 对于搭售原因的全面回顾参见 Nalebuff（2003）。

的。直到 Whinston（1990）对杠杆理论首次有了严格的处理，该理论才得以复兴。之后，这个理论已被修正并向几个方向扩展。上面提到的最近的重大案件也重新激起了人们对搭售的反垄断分析的兴趣，并激发了一系列新的研究。本章关注的正是这个领域的最新进展。

本章的其余部分结构如下。3.2 节描述了搭售的杠杆理论以及芝加哥学派对它的可靠性的批评。在杠杆理论被 Whinston（1990）复兴以前，这些批判可以说是杠杆理论被搭售理论中的价格歧视理论所取代的主要原因。芝加哥学派的贡献在于它揭示了早期杠杆理论分析的严重逻辑缺陷，并描述了杠杆理论不适用的条件。3.3 节介绍了 Whinston（1990）的贡献，他证明芝加哥学派的观点具有局限性，在一些特定的例子中是不成立的。特别的，他坚称芝加哥学派的观点强烈依赖于以下假设：所搭售的产品的市场是竞争性的，具有规模收益不变的结构。[①] 如果规模经济存在并且所搭售产品的市场是寡头竞争的，对于一个垄断者通过促使竞争对手退出，进而把它的垄断势力延伸到所搭售产品的市场来说，搭售是一个有效的策略。我也叙述了随后的研究，这些研究确认了芝加哥学派的观点可能不成立的更深层次的条件。3.4 节叙述了包含创新动机的搭售模型。这个文献表明，即使竞争对手不退出（因此所搭售产品的市场结构不会发生变化），搭售也是一种有利可图的策略，这是其通过创新对竞争的长期影响来实现的。3.5 节讨论了对互补品市场进行兼并的搭售分析。3.6 节讨论了在以组间网络外部性为特征的所谓双边市场的搭售情况。3.7 节通过讨论反垄断政策含义对全章进行总结。

## 3.2 搭售的杠杆理论及芝加哥学派的批评

美国法院素有苛刻对待搭售协议的传统，其主要的理论依据是杠杆理论。[②] 搭售的杠杆理论认为，在某一市场上有垄断势力的多产品企业可以通过利用其在第一个市场的垄断势力的杠杆效应去垄断第二

① Whinston（1990，838）。

② 一个主要的案例是“动画图片专利有限公司诉大众电影制作公司案”，243 U. S. 502（1917）。其他案例还包括“国际盐业诉美国政府案”和“北太平洋铁路公司诉美国政府案”，356 U. S. 1（1958）。

个市场。然而，这个理论不断遭到抨击，并且主要由于芝加哥学派的批评而大受质疑（参见 Bowman 1957；Posner 1976；Bork 1978）。

下面这个简单的模型可以解释芝加哥学派的批评。考察两种独立的产品，A 和 B。它们是不相关的，也就是说，它们可以被单独消费，并且无论它们是被单独消费还是一起消费，它们的保留价值对于消费者来说都是独立的。[①] 这里假设消费者是同质的，对每种产品的需求为 1 单位，每种产品的价值分别为 $v_A$ 和 $v_B$，消费者总数被标准化为 1。为了关注捆绑的策略动机，假设捆绑没有成本优势，也没有成本劣势。A 产品的市场被企业 1 所垄断，其单位成本为 $c_A$（$<v_A$）。假设进入 A 市场是不可能的。企业 1 可能有专利或有已建厂的基础使得存在网络外部性的情况下进入 A 市场是无利可图的（Farrell 和 Saloner 1986）。然而，B 市场由两个企业提供服务，企业 1 与企业 2，它们进行伯川德竞争。为简化起见，假设产品 B 是同质的。企业 1 与企业 2 生产产品 B 的单位成本别为 $c_{B1}$ 和 $c_{B2}$。两个企业已经存在于市场中，如果存在进入成本的话，两个企业已经支付了进入的沉没成本。[②] 在不存在排斥竞争对手的情况下，如果每个企业的生产成本给定并且不可更改的话，搭售通常是一个弱占优策略。为说明这些，我考虑以下两阶段模型。

第一阶段，企业 1（A 产品的垄断供给者）决定是否对两种产品进行捆绑。如果第一阶段选择捆绑，第二阶段将发生价格博弈。博弈时序的假设反映了这样一个事实，即在第一阶段通过产品设计进行捆绑是长期决策，与价格决策相比，更不易更改。[③] 下面描述了价格博弈的结果，这个结果依赖于第一阶段的每个企业的捆绑决策。

### 3.2.1 无捆绑（no bundling）

如果两种产品不被捆绑，就可以对它们进行独立分析。根据消费者同质以及单位需求（rectangular demand）的假设下，企业 1 可以在 A 市场榨取所有消费者剩余并获利润（$v_A - c_A$）。在 B 市场，低成本

---

① 芝加哥学派的批评同样适用于互补品的情况，更多模型参见 Whinston（2001）。

② 因此，进入与退出在这个模型中就不是问题了，就像在 3.3 节所解释的那样，这将被证明是一个很重要的假设。

③ 这个结果在互补品市场也成立，参见 Choi（1996）以及 Farrell、Monroe 和 Saloner（1998）。

企业以等于 max（$c_{B1}$，$c_{B2}$）的价格服务于整个市场。因此，企业 1 在 B 市场将会获得利润 max［$c_{B2}-c_{B1}$，0］。所以垄断者的全部利润就是

$$\prod_1 = (v_A - c_A) + \max[c_{B2} - c_{B1}, 0] \qquad (1)$$

## 3.2.2 捆绑

假设垄断者捆绑产品 A 和 B，并对捆绑产品要价 P。在这种情况下，消费者有两种选择。第一种选择是以价格 P 从垄断者那里购买捆绑产品，第二种选择是只从企业 2 那里购买产品 B。让消费者选择第一种，则价格必须满足以下条件：

$$v_A + v_B - p \geqslant v_B - c_{B2} \qquad (2)$$

这意味着搭售企业对搭售产品所能要的最高价格为 $P = v_A + c_{B2}$。在这个价格上，企业 1 的利润为：（$v_A + c_{B2}$）－（$c_A + c_{B1}$）＝（$v_A - c_A$）＋（$c_{B2} - c_{B1}$）。因此，企业 1 在捆绑情况下的利润为：

$$\tilde{\prod}_1 = \max[(v_A - c_A) + (c_{B2} - c_{B1}), 0] \qquad (3)$$

因此，$\tilde{\prod}_1 < \prod_1$。但是，如果企业 1 在 B 市场没有成本优势，捆绑就没有什么作用：($\tilde{\prod}_1 = \prod_1$)。[①]这意味着企业 1 根本没有动机为达到垄断所搭售产品的市场而进行捆绑。由于这个原因，与杠杆理论不同，价格歧视逐渐被看作是搭售的主要动机（Stigler 1963；Adams 和 Yellen 1976；McAfee、McMillan 和 Whinston 1989）。

应当注意，给定每个企业的成本水平，因为它导致了产品 B 由最有效率的供给者生产，所以捆绑没有促进静态效率。然而，在捆绑情况下，只要搭售企业的成本劣势（$c_{B1} - c_{B2}$）小于在 A 市场可得的剩余（$s_A = v_A - c_A$），尽管搭售企业的 B 产品生产成本更高，但依然占有市场。在这个简单的模型中，社会与私人对于捆绑的动机是一样的。

① 捆绑情况下的对应变量用上方加波浪号的符号表示。

## 3.3 杠杆理论的复兴

Whinston（1990）使搭售的杠杆理论得以复兴。他指出，如果所搭售产品的市场结构是寡头竞争并且存在规模经济，那么通过使所搭售产品的竞争对手持续无利润经营，搭售在改变市场结构方面是一个有效的并且有利可图的策略。为了说明 Whinston 的观点，我现在对以上论述的两阶段模型进行修正：在企业 1 做出捆绑决策后，企业 2 再做出进入决策，进入须承担沉没成本。具体来说，考虑以下的三阶段博弈。

在第一个阶段，企业 1（A 产品的垄断供给者）决定是否对两个产品进行捆绑。在第二个阶段，在企业 1 的捆绑决策既定的情况下，企业 2 做出是否进入的决策。如果它决定进入，将支付沉没成本 K。[①] 如果企业 2 进入，最后一阶段将发生价格博弈。假设捆绑决策不可更改。因此，这个模型适用于实体搭售或技术搭售[②]，而不适用于合约搭售。

我采用逆向归纳法来求解这个博弈。如果存在进入，则最后阶段的结果与上边的相同。如果没有进入，两种产品在捆绑的情况下，企业 1 的要价为（$v_A+v_B$）；在不捆绑的情况下，对产品 A 和 B 分别要价 $v_A$ 和 $v_B$。不管是否发生捆绑，企业 2 不进入时，企业 1 获得的垄断利润是（$v_A+v_B$）-（$c_A+c_{B1}$）。

现在假设 $K<c_{B2}-c_{B1}<v_A-c_A$。如果不存在捆绑，不等式前半部分意味着企业 2 可以顺利进入 B 市场，因为它的成本优势大于进入的沉没成本。然而，不等式后半部分意味着企业 2 的成本优势还不足以高到与所捆绑的产品进行竞争，因为，即使企业 2 在其边际成本 $c_{B2}$ 上定价，企业 1 仍可以正的利润对捆绑的产品进行销售，也就是说，$\tilde{\prod}_1=(v_A-c_A)+(c_{B2}-c_{B1})>0$。因此，当企业 1 进行捆绑时，企业 2 由于不能补偿其进入的沉没成本而被排斥出 B 市场。

---

① 如果企业 2 已经存在于该市场，它退出这个行业可以避免运营的固定成本 K。

② 技术性搭售的一个例子是微软将 IE 浏览器和媒体播放器与它的操作系统捆绑。这些应用程序在设计时共享相同的动态链接库，在不损害操作系统稳定性的情况下，很难删除这些应用程序。

令 $s_A = v_A - c_A$ （>0）表示 A 市场的垄断剩余。解释上述结果的一个方法是，在捆绑以后，企业 1 采取行动，其 B 产品的成本相当于 $c_{B1} - s_A$。原因是在捆绑以后，企业 1 意识到只有在联合销售 B 产品时才能获得垄断剩余 $s_A$。因此，企业 1 愿意承受最高限度为 $s_A$ 的损失去销售 B 产品。这意味着，在捆绑以后，企业 1 可以更加大胆地定价，并获得更大的 B 市场份额。① 芝加哥学派对搭售的杠杆理论的批评忽略了这种"策略效应"，因为杠杆理论坚持所搭售产品的市场是竞争的，并具有固定规模收益的假设。然而，记住这一点很重要：在 Whinston 的基础模型中，搭售安排若要盈利，就必须促使竞争对手退出市场。② 因此，如果竞争者已经支付了进入的沉没成本，并且固定成本不可避免，那么搭售就不是一种有利可图的策略。③

此后，许多学者将 Whinston 的分析向几个方向进行了扩展，例如 Carlton 和 Waldman（2002）、Choi 和 Stefanadis（2001），还有 Nalebuff（2004）。Whinston 的模型假设进入垄断市场是不可能的，并论证了搭售是如何将一个市场中的垄断势力延伸到另一个竞争市场的问题。对比之下，这些后续论文考察的是寡头竞争环境，认为捆绑可以用于阻止其他企业进入一个互补品市场以保护已经垄断的市场或者用于加强跨越几个市场的垄断势力。

对于 Carlton 和 Waldman（2002）与 Choi 和 Stefanadis（2001）的结论，有一个基本直觉：进入一个市场依赖于成功进入一个互补品市场。Carlton 和 Waldman（2002）设计了一个动态模型，在这个模型中，当前拥有优质互补品的企业在将来可以进入主产品市场。他们指出，当一个进入企业仅有某种互补品时，搭售可以用于阻止这个企业的销售，在存在规模经济的情况下，减少当前的销售可以防止其将来

---

① Fudenberg 和 Tirole（1984）认为，捆绑是"优势"策略，不捆绑削弱价格竞争，是"劣势"策略（参见 Tirole 1988 对企业策略分类的论述）。

② Whinston（1990）指出，对于搭售产品，如果消费者偏好是相同的，搭售可以作为价格歧视的工具，排斥竞争对手对于搭售的可盈利性来说也不是必需的。也可参见 Carbajo、De Meza 和 Seidman（1990）。

③ Carbajo、De Meza 和 Seidman（1990）在一篇相关论文中也提出了搭售的策略动机。然而，他们不涉及竞争对手的进入与退出。相应的，他们表明捆绑有可能是有利可图的，因为它使得竞争对手不能更强有力地定价。这是由于他们模型中的以下假设：消费者是同质的并且具有不同的保留价值。然而，对于一个给定个体来说，他对两个商品的保留价值是相同的。在他们的模型中，搭售提供了一种划分机制，将消费者划分为具有不同保留价值特征的小组。实行捆绑的企业向高保留价值的消费者进行销售，其竞争者向低保留价值的消费者进行销售。结果，竞争对手企业可以提高其均衡价格。市场中的总效应是竞争减缓。还可参见 Chen（1997）。

进入主产品市场。在 Choi 和 Stefanadis（2001）的研究中，企业通过创新可以进入。他们指出，捆绑减弱了企业的研发动机，从而也降低了进入的可能性，因为想要进入市场，必须在两种产品上都成功。

Nalebuff（2004）考虑了这样一种情形，有两种独立产品的在位企业面临着一个单产品的企业。他分析了在在位企业不知道哪个产品市场要被进入的情况下，捆绑策略作为阻止进入的工具的情况。Nalebuff 指出，捆绑使在位企业在不需要降低每个市场的价格的情况下，对两种产品市场进行有效防御。

## 3.4 搭售与创新

Whinston 的论文主要关注的是搭售对定价动机的效应。在 Choi（1996，2004）的论文中，我通过引入研发动机对 Whinston 的模型进行了拓展，并揭示了搭售可以影响竞争的另一个渠道。正如最近的微软公司案所证实的那样，这种拓展对于理解创新产业中的搭售动机格外重要。①

为了强调研发的重要性，我对竞争对手的进入与退出问题进行了抽象化处理。在我考察的模型中，如果在研发方面缺乏竞争，捆绑将无从盈利。不过，我证明了搭售通过影响研发动机，是可以盈利的。如 3.2 节所示，在只有价格竞争的情况下，利用捆绑去提高所搭售产品的市场份额就其本身而言是无利可图的。然而，捆绑也影响到研发竞争。由于搭售可以将研发成本分摊到大批产品上，所以实行搭售的企业在所搭售产品市场的研发动机就会增强，而竞争对手的研发动机会减弱。如果研发竞争的正效应大于价格竞争的负效应，那么即使竞争对手不退出市场，捆绑对于实行搭售的企业仍是有利的。

具体来说，我分析的模型与 3.2 节的三阶段博弈的差异仅在于考虑了价格博弈前两企业进行研发竞争的因素，但这使得每个企业的最终生产成本内生化。在第一个阶段，A 产品的垄断供给者决定是否将

① 也可参见 Gilbert 和 Riordan（2003）。他们指出，当企业投资改善它们的产品时，一个必要的系统成分的垄断供给者有动机从事技术捆绑。与 Choi（2004）的研究相反，他们考虑了两种互补产品的捆绑，并且假设捆绑企业所控制的必要成分的零售价格是固定不变的，且不能被用于从这个互补产品的更有效的竞争对手那里榨取租金。

A 产品与竞争性供给的 B 产品进行捆绑。与 Whinston（1990）以及 Carbajo、De Meza 和 Seidman（1990）的研究一样，我假定，通过对产品设计与生产工艺进行大量投资，这种提前行动是可能的。第二阶段，两个企业开展降低成本的研发活动。第三阶段，两个企业进行价格博弈，和以前一样，我采用逆向归纳法来求解这个博弈。

为了集中研究搭售安排对所搭售产品市场的研发竞争的影响，我不考虑 A 市场进行研发的可能性，而只关注 B 市场的研发动机。① 令 $m_1$ 和 $m_2$ 分别表示企业 1 与企业 2 为降低成本的研发投资水平。研发结果是随机的，在企业间也是独立的，令 $x_1$ 和 $x_2$ 分别表示企业 1 与企业 2 研发后的实际成本。$x_1$ 是 $[0, c_1]$ 区间的随机变量，对于 $m_1>0$，其分布函数是 $F(.\mid m_1)$，并有正的分布密度函数 $f(.\mid m_1)$。同样，$x_2$ 是 $[0, c_2]$ 区间的随机变量，对于 $m_2>0$，其分布函数是 $G(.\mid m_2)$，并有正的分布密度函数 $g(.\mid m_2)$。$F_{m1}(.\mid m_1)$ 和 $F_{m1m1}(.\mid m_1)$ 分别是关于 $m_1$ 的一阶偏导数和二阶偏导数，$G_{m2}(.\mid m_2)$ 和 $G_{m2m2}(.\mid m_2)$ 分别是关于 $m_2$ 的一阶偏导数和二阶偏导数。我做出以下假设：

假设1　对于所有的 $m_1$ 和 $m_2$，$F_{m1}(.\mid m_1)>0$ 和 $G_{m2}(.\mid m_2)>0$，$F_{m1m1}(.\mid m_1)<0$，$G_{m2m2}(.\mid m_2)<0$，$x_1\in(0, c_1)$，$x_2\in(0, c_2)$。

假设2　对于所有 $x_1\in(0, c_1)$，$x_2\in(0, c_2)$，$F_{m1}(x_1\mid 0)=\infty$，$G_{m2}(x_2\mid 0)=\infty$，$F_{m1}(x_1\mid \infty)=0$，$G_{m2}(x_2\mid \infty)=0$。

假设1意味着，增加研发投资，会降低（反向）一阶随机占优意义上的成本，并且成本以递减速率降低。假设2是保证研发投资的一个内部纳什均衡解的边界条件。

### 3.4.1　无捆绑

在这种情况下，消费者之间对每种产品的购买决策是相互独立的，这就意味着可以对每个市场进行单独分析。

给定企业2的投资水平 $m_2$，企业1选择 $m_1$ 来实现下列表达式的

① 相反，在 Choi（1996）的研究中，由于两种产品市场间研发竞争的相互依赖性，垄断势力的杠杆效应发挥了作用。因此，通过假定在一个市场上的研发的可能性，本章的模型是对上述机制进行提炼的结果。

最大化：

$$E[x_2 - x_1 \mid x_1 \leqslant x_2] - m_1 = \int_0^{c2}\int_0^{x2}(x_2 - x_1)dF(x_1 \mid m_1)dG(x_2 \mid m_2) - m_1$$
$$= \int_0^{c2}\int_0^{x2}F(x_1 \mid m_1)dx_1 dG(x_2 \mid m_2) - m_1 \qquad (4)$$

其中，最后一行是分部积分所得。企业1最优投资水平的一阶条件由下式决定：

$$\int_0^{c2}\int_0^{x2}F_{m_1}(x_1 \mid m_1)dx_1 dG(x_2 \mid m_2) = 1 \qquad (5)$$

同样的，给定 $m_1$，企业2的最优投资水平可以由下式得到：

$$\int_0^{c1}\int_0^{x1}G_{m2}(x_2 \mid m_2)dx_2 dF(x_1 \mid m_1) = 1 \qquad (6)$$

式（5）与式（6）分别隐含地定义了企业1与企业2的反应函数，$m_i = R_i$（$m_j$），其中，i=1，2且 $i \neq j$。对一阶条件的全微分产生这样的结果：$R_i' < 0$。令 $m_1^*$ 和 $m_2^*$ 分别表示在没有捆绑情况下的纳什均衡的研发投资水平，则（$m_1^*$，$m_2^*$）可以由两个反应函数的交点得出。进一步假设 $|R_i'| < 1$，这确保纳什均衡解是唯一的并且是稳定解。

### 3.4.2 捆绑

在没有捆绑的情况下，企业1只在事件域 $S = \{(x_1, x_2) \in [0, c_1] \times [0, c_2] \mid x_1 \leqslant x_2\}$ 内销售B产品。换言之，只有在事件域 $S$ 内的时候，源于研发投资的任何成本削减才是有意义的。在捆绑情况下，企业1会以它的B产品的成本好像是（$x_1 - s_A$）来行动，这里 $s_A = v_A - c_A$（$>0$）。因此，企业1在事件域 $\tilde{S} = \{(x_1, x_2) \in [0, c_1] \times [0, c_2] \mid x_1 \leqslant x_2 + s_A\}$ 销售被捆绑产品，它比 $S$ 要大。在事件域 $\tilde{S}$ 内，捆绑企业的利润（研发投资的总成本）是 $x_2 + s_A - x_1$。因此，给定企业2的投资水平 $m_2$，捆绑企业的最优化问题是最大化以下表达式：

$$E[x_2 + s_A - x_1 \mid x_1 \leqslant x_2 + s_A] - m_1 = \int_0^{c2}\int_0^{x2+s_A}(x_2 + s_A - x_1)dF(x_1 \mid m_1)dG(x_2 \mid m_2) - m_1$$
$$= \int_0^{c2}\int_0^{x2+s_A}F(x_1 \mid m_1)dx_1 dG(x_2 \mid m_2) - m_1 \qquad (7)$$

这里最后一步也是用分部积分得到的。企业1的最优投资水平的一阶条件由下式决定：

$$\int_0^{c2}\int_0^{x2+sA}F_{m_1}(x_1 \mid m_1)dx_1dG(x_2 \mid m_2)$$
$$=\int_0^{c2}\int_0^{x2}F_{m_1}(x_1 \mid m_1)dx_1dG(x_2 \mid m_2)+\int_0^{c2}\int_{x2}^{x2+sA}F_{m_1}(x_1 \mid m_1)dx_1dG(x_2 \mid m_2)$$
$$=1 \tag{8}$$

式（8）隐含地定义了在捆绑情况下企业1的反应函数，$\tilde{m}_1=\tilde{R}_1(m_2)$。对比式（5）与式（8），我们可以立即得到以下结果：对于任何给定的$m_2$，$\tilde{m}_1=\tilde{R}_1(m_2)>m_1=R_1(m_2)$，企业1在捆绑后有更强的研发动机。出现这种结果的原因是，研发所带来的边际成本削减转化为利润的条件是该企业能够销售B产品。有了搭售安排，企业1进行捆绑销售的结果域更大了（$\tilde{S}$相对于$S$），其结果是企业1的研发动机得以增强。

与之相反，在企业1的捆绑安排下，企业2销售B产品的机会减少了。因此，企业2的研发动机由于捆绑的存在而减弱。为说明这个情况，注意到企业2的最优投资水平的一阶条件是

$$\int_0^{c1}\int_0^{x1-s1}G_{m2}(x_2 \mid m_2)dx_2dF(x_1 \mid m_1)=1 \tag{9}$$

式（9）定义了在捆绑情况下企业2的反应函数，$\tilde{m}_2=\tilde{R}_2(m_1)$。对比式（6）与式（9），就得到了期望的结果，即对于任何给定的$m_1$，$\tilde{m}_2=\tilde{R}_2(m_1)<m_2=R_2(m_1)$。令$\tilde{m}_1^*$与$\tilde{m}_2^*$分别表示捆绑情况下企业1（捆绑企业）与企业2（竞争对手企业）的纳什均衡的研发投资水平。（$\tilde{m}_1^*$，$\tilde{m}_2^*$）可由两个反应函数$\tilde{R}_1$和$\tilde{R}_2$的交点推出。

企业1进行捆绑，两个企业的反应函数发生移动。为分析捆绑对研发动机的影响，考察两个反应函数的移动所导致的均衡结果的变化（如图3—1所示）更为方便。令（$\hat{m}_1^*$，$\hat{m}_2^*$）是$\tilde{R}_1(m_2)$和$R_2(m_1)$的交点，$\tilde{R}_1(m_2)$是由$R_1(m_2)$外移得到的，我们有稳定

的纳什均衡解，且 $\hat{m}_1^* > m_1^*$ 和 $\hat{m}_2^* < m_2^*$。① $\tilde{R}_2$（$m_1$）是由 $R_2$（$m_1$）内移得到的，这意味着 $\tilde{m}_1^* > \hat{m}_1^*$ 且 $\tilde{m}_2^* < \hat{m}_2^*$。因此，我们有 $\tilde{m}_1^* > m_1^*$ 且 $\tilde{m}_2^* < m_2^*$。所以，我们可以总结如下：在捆绑情况下，捆绑企业的研发投资水平增加了（$\tilde{m}_1^* > m_1^*$），竞争对手企业的研发投资水平下降了（$\tilde{m}_2^* < m_2^*$）。这个结果为以下的观点提供了一定的可信性，即优势企业以所捆绑产品的市场的竞争者身份来阻碍创新动机。

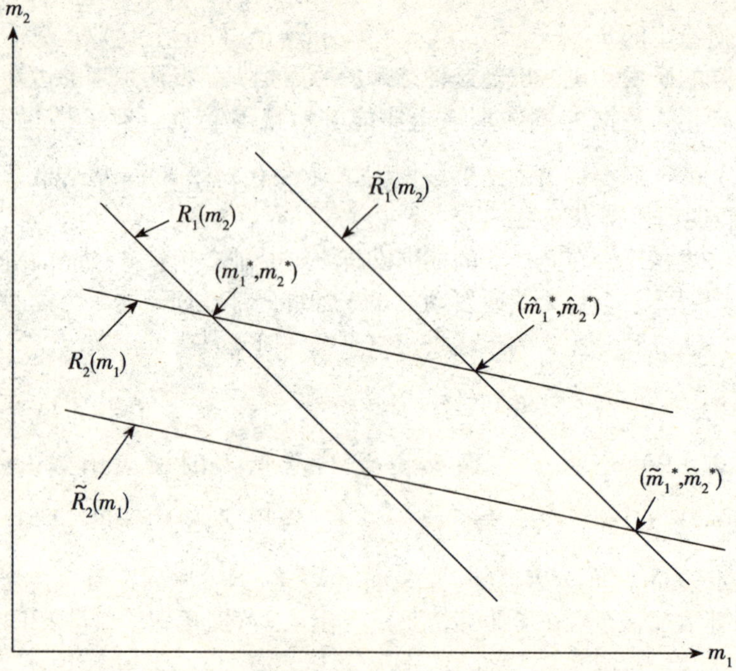


**图 3—1　有捆绑和无捆绑情况下的研发投资均衡**

在我的模型中，市场圈占并不一定会导致竞争对手企业的退出，而是说，对产品市场的圈占可以转化为对研发市场的圈占。在产业租金固定的产业里，价格竞争的静态模型表明，由于捆绑企业加剧了所捆绑产品市场的价格竞争，捆绑削减了捆绑企业的总利润。然而，在动态租金的情况下，即在租金可以由研发创造出来的情况下，捆绑可

① 详细证明过程参见 Bulow、Geanakoplos 和 Klemperer（1985）。

能是一种有利可图的策略。捆绑对研发动机的影响使得搭售企业能榨取大部分的动态租金。如果这种效应大于更剧烈的价格竞争的负效应，那么即使竞争对手企业不退出市场，捆绑也会是个体最优化的策略。

存在研发竞争的情况下，对于反垄断政策来说，重要的问题就在于捆绑是否对社会有益。在这个模型中，其答案取决于研发竞争的性质，并且要从研发的两个方面来评估研发效率。研发竞争可以促进研究方法的多样化，因此，如果研究项目的结果具有不确定性，它能提高成功（成本降低的水平）的总概率。另一方面，研发竞争也能导致研发成果在一定程度上的雷同，也就是说研发的结果是相关的（Dasgupta 和 Maskin 1987）。不受限制的研发竞争是否更好，取决于在多样化和雷同之间的权衡。

为进一步研究福利的含义，考虑以下对研发过程的简要说明。每个企业可以选择以固定密度进行研发活动，其成本设定为 $I$。研发结果模型化为基于生产成本的随机变量。进一步假设两个企业是对称的①：它们具有相同的初始成本 $c$（$c_{B1}=c_{B2}=c$），也可以获得相同的技术。特别的，如果企业 $i$ 在成本 $I$ 时进行研发投资，它的生产成本将由取自［0，$c$］的随机变量 $x_i$ 决定，它的分布函数是 $F$（.），并有正的密度函数 $f$（.）。有了研发的这个说明，我来分析根据企业1是否捆绑情况下每一个企业的研发动机。注意这里是假设初始成本对称来归纳捆绑的静态效率。

定义 $\mu_{11}=E\left[x_j-x_i \mid x_j>x_i\right]$，$\mu_{10}=E\left[c-x_i\right]$，这里 $x_i$ 与 $x_j$ 分别表示企业 $i$ 与企业 $j$ 研发后的成本水平，$j\neq i$。换句话说，假设竞争对手企业也进行研发，$\mu_{11}$ 代表当企业相对于它的竞争对手来说有较低的研发后的成本时，它的预期成本优势。与此对照，当这个企业是唯一进行研发的企业时，$\mu_{10}$ 表示来自研发的成本节约并且代表预期的成本优势。因此，$\mu_{10}>\mu_{11}>0$。

为了简化分析，我进一步假设 $s_A=v_A-c_A$ 足够大，使得 $x_1-s_A$ 始终小于 $x_2$。② 这意味着一旦这两种产品被捆绑，不管研发结果如何，

① 非对称情况的分析参见本章的附录部分。

② 这个条件成立的一个充分条件是 $s_A=v_A-c_A>c_{B1}$。如果这个条件成立，即使在竞争对手企业把成本降低为0并且捆绑企业维持初始生产成本时，捆绑企业也将销售捆绑产品。

捆绑企业都会发现销售被捆绑产品并圈占竞争对手企业的市场是最优的。需要强调的是，对假设进行简化仅仅是出于解释上的方便，对于分析问题并不起决定性作用。即使我考虑到捆绑企业不能从销售被捆绑产品中盈利的可能性（例如，$x_1 - s_A > x_2$），主要的定性结果也不会发生变化。由捆绑所导致的部分市场圈占会减弱竞争对手企业的研发动机。然而，有了上述假设，企业 2 显然没有动机进行研发投资，因为它知道它将完全被排斥在产品 B 的市场外。给定这个事实，当且仅当 $I$ 小于 $\mu_{10} = E[c - x_i]$ 时，捆绑企业才会进行研发投资，$\mu_{10} = E[c - x_i]$ 是预期的源于研发的成本节约。

相比较而言，无捆绑情况下的研发均衡具有以下特征：

（1）若 $I \in L = [0, \mu_{11}]$，两个企业都进行研发投资。

（2）若 $I \in M = [\mu_{11}, \mu_{10}]$，将会有两个（非对称）纯策略均衡，其中，企业 1 或者企业 2 进行研发投资；还有一个（对称）混合策略均衡，其中，两个企业以概率 $(\mu_{10} - I)/(\mu_{10} - \mu_{11})$ 进行投资。

（3）若 $I \in H = [\mu_{10}, \infty]$，两个企业都不进行研发投资。

最终，研发投资的社会最优结构如下：

（1）若 $I \in L = [0, \mu_{11}]$，两个企业都应该进行研发投资。

（2）若 $I \in M = [\mu_{11}, \mu_{10}]$，只有一个企业应该进行研发投资。

（3）若 $I \in H = [\mu_{10}, \infty]$，两个企业都不应该进行研发投资。

综合以上的所有结果，捆绑的效应可以总结如下（如图 3—2 所示）。如果 $I \in L$，研发的多样化的收益大于复制的成本。因此，让两个企业都进行研发投资的效果更好。在这种情况下，无捆绑导致两个企业都进行研发投资，并且私人与社会的动机相一致。然而，在捆绑情况下，通过关闭企业 2 的市场，消除了企业 2 的投资研发的动机。其结果是，存在与捆绑相关的动态无效率。

相反，如果 $I \in M$，研发多样化的获益小于复制的成本，那么，只有一个企业投资研发会更好。捆绑确保了私人动机和社会动机相一致。无捆绑情况下，私人动机是否导致社会最优产出取决于对多种均衡的选择。如果选择两个非对称的纯策略均衡中的一个，私人动机再次与社会最优动机相一致。但是，如果选择的是对称的混合策略均衡，捆绑将提高动态效率。其原因在于，在对称的混合策略情况下，与研发相关的租金伴随着竞争被完全分散。因此，在这种情况下，捆

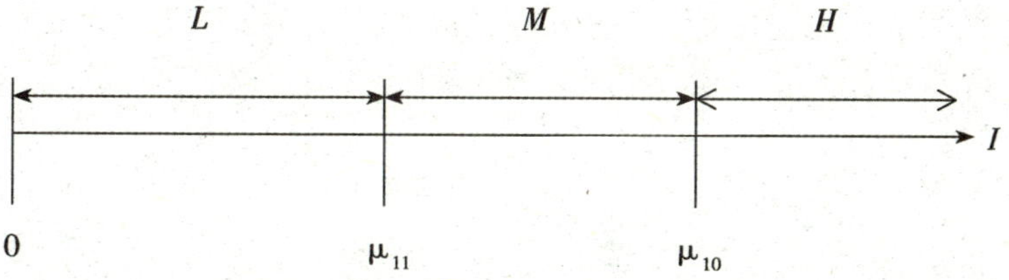


| | | | |
|---|---|---|---|
| **无捆绑的研发均衡** | 两个企业都投资研发 | 对称的混合策略均衡 | 没有企业投资 |
| **捆绑销售情况下的研发均衡** | 只有一个（捆绑企业）投资 | 只有一个（捆绑企业）投资 | 没有企业投资 |
| **社会最优产出** | 两个企业都投资研发 | 只有一个企业投资 | 没有企业投资 |

**图 3—2　市场均衡与社会最优产出**

绑就成为一种改善福利的协调机制。

## 3.5　互补品市场兼并中的捆绑

由于生产两种互补品的企业之间的兼并能使兼并企业将兼并前单独销售的产品进行捆绑销售，所以在互补品市场的兼并分析中，发生捆绑的可能性同样很重要。这种可能性成为航空业中通用电气与霍尼韦尔申报兼并的一个绊脚石。Choi（2003）提供了一个用以分析当被兼并企业能进行捆绑时的互补品市场兼并效应的框架。①

考虑两个互补性的配件 A 和 B，消费者在一对一基础上以固定比例把它们组成一个最终产品。例如，可以分别把 A 和 B 视为操作系统和应用软件，用它们来组成一个计算机系统。在通用电气与霍尼韦尔申报兼并的案例中，它们对应于组成飞机的发动机与航空电子设备。

假设对两个配件产品 A 和 B，每个配件均有两个不同品牌（$A_1$，$A_2$）和（$B_1$，$B_2$），合成品有四种合成方法：$A_1B_1$，$A_1B_2$，$A_2B_1$，

① Choi（2003）的研究中的框架是对 Economides 和 Salop（1992）研究的一个扩展。后者分析了互补品的竞争均衡模型，在模型中，他们推导出了不同的组织和市场结构的均衡价格，这些组织与市场结构的竞争程度与综合程度不同。然而，他们限制了兼并实体的策略空间并且不考虑捆绑的可能性。对通用电气与霍尼韦尔兼并案的讨论也可参见 Choi（2001）。

$A_2B_2$。再以 $p_i$ 来表示品牌 $A_i$ 的价格，$q_j$ 来表示品牌 $B_j$ 的价格，$i=1$，2，$j=1$，2。合成品 $A_iB_j$ 的价格即为整个体系的价格 $s_{ij}=p_i+q_j$（如图 3—3 所示）。

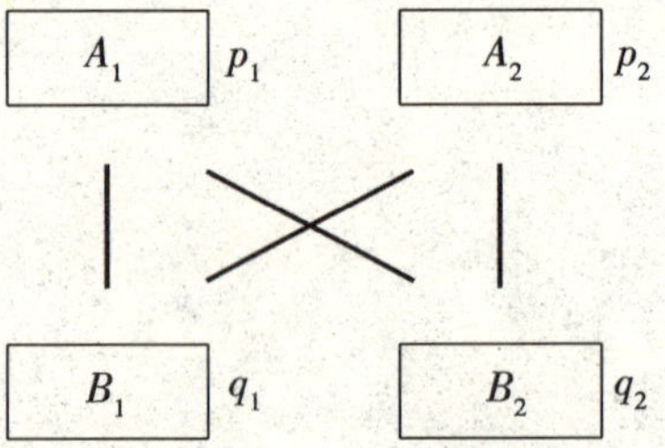


图 3—3　兼并前的情况

令 $D^{ij}$ 表示合成品 $A_iB_j$ 的需求。配件产品的需求函数可由合成品的需求函数推出。例如，配件产品 $A_i$ 是作为合成品 $A_iB_1$、$A_iB_2$ 的一部分来销售。因此，$A_i$ 的需求函数就是：$D^{Ai}=D^{i1}+D^{i2}$，与此类似，$D^{Bj}=D^{1j}+D^{2j}$。为简化起见，假设存在下列线性对称的需求方程组：

$$D^{11}(s_{11},\ s_{12},\ s_{21},\ s_{22})=a-bs_{11}+cs_{12}+ds_{21}+es_{22}$$

$$D^{12}(s_{12},\ s_{11},\ s_{22},\ s_{21})=a-bs_{12}+cs_{11}+ds_{22}+es_{21}$$

$$D^{21}(s_{21},\ s_{22},\ s_{11},\ s_{12})=a-bs_{21}+cs_{22}+ds_{11}+es_{12}$$

$$D^{22}(s_{22},\ s_{21},\ s_{12},\ s_{11})=a-bs_{22}+cs_{21}+ds_{12}+es_{11}$$

其中，$a$，$b$，$c$，$d$，$e>0$。

为确保合成品之间的总体替代性，假设 $b>c+d+e$，参数 $a$ 代表市场规模，参数 $b$ 代表该体系自身的需求价格弹性，$c$，$d$，$e$ 代表体系之间的交叉价格弹性。不失一般性，我假设单位生产成本为 0，且保持不变。①

在这个框架下，Choi（2003）分析了在 $A_1$ 和 $B_1$ 之间发生兼并后，当兼并后的企业进行混合捆绑时，市场均衡的变化情况。主要结果总结如下：第一，相对于兼并前的情形，兼并后的企业将降低其被捆绑的体系产品的价格，并且会扩大市场份额。兼并前，兼并企业中的一个企业的任何降价，都将使另一个企业获益。如果不发生兼并，两个企业都不会考虑降价给对方带来的收益。然而，兼并发生后，兼并后的实体通过将捆绑产品的价格降到它们独立运作时所选择的价格

① 如果有正的不变单位生产成本，这个模型中的价格可以解释为单位边际成本。

水平之下来“内部化”这些来自于互补性配件的“定价外部性”。① 这将扩大兼并后企业的销售量和市场份额。

第二，相对于兼并前，兼并后的企业将会提高它独有的配件的价格。兼并企业提高独有产品的价格损失不会很大，因为由于提价而从独有产品转移走的一部分消费者将会转而购买兼并后企业所提供的捆绑产品，而不是转向由独立企业所组成的竞争体系。这种情况下，兼并后的企业有更强的动机来对其配件产品定高价。这提高了“混合并匹配（mix-and-match）”体系的价格（例如，包含兼并后的企业的配件和竞争对手企业的配件的体系），并减少了对买者的吸引力。

第三，兼并后的企业会降低它们的捆绑体系价格，同时提高“混合并匹配”体系的价格，作为回应，竞争对手企业也将进行降价以保持市场份额。然而，它们的降价幅度不能像兼并后的企业那么大（例如，它们的体系仍将会比兼并后的企业的捆绑体系昂贵），因为在缺乏反向兼并的情况下，它们不能内部化来处理它们配件的互补性的外部性。结果，它们不能重新获得以前的全部市场份额。因此，兼并降低了兼并后的企业的竞争对手的利润。这种利润下降是由市场份额减少和存在降价必要这两种因素联合导致的，所以，明显存在着竞争对手企业退出市场的可能性。

举个例子来说明。考察 $a=b=1$，$c=d=e=1/4$ 的情况（如图3—4所示），可以看出，在独立的所有权（兼并前）结构下，$p_1{}^I=p_2{}^I=q_1{}^I=q_2{}^I=4/5$。每个合成品的总价格是8/5，每个企业获得的利润是24/25。在 $A_1$ 和 $B_1$ 之间发生兼并后，兼并后的实体（$A_1-B_1$）对捆绑产品要价为 $\tilde{s}=11/8$，而把配件单独定价为 $\tilde{p}_1=\tilde{q}_1=1$。因此，它对捆绑产品提供了价格折扣（$11/8<1+1=2$）。独立生产商对其配件产品 $A_2$ 与 $B_2$ 要价为 $\tilde{p}_2=\tilde{q}_2=3/4$。因此，合成品 $A_1B_1$、$A_1B_2$、$A_2B_1$ 和 $A_2B_2$ 的价格分别为11/8、7/4、7/4和3/2，其中 $7/4<3/2<11/8$②。兼并后，$A_1-B_1$ 实体获得的利润为129/64（$>24/25+24/25$），而独立生产商的利润为27/32（$<24/25$），这就意味着，$A_1$ 和 $B_1$ 在兼并后共同

① 第一个注意到互补品的兼并会降低价格的是Cournot（[1838] 1927）。他考虑了两个生产可以用作最终产品（黄铜）的投入品的互补品（锌和铜）的垄断者的兼并。我的模型扩展了他的分析，分析两个投入品生产商面临寡头竞争的情况。

② 此处应为7/4>3/2>11/8。——编者注

提高了它们的联合利润，而独立生产商的利润有所下降。

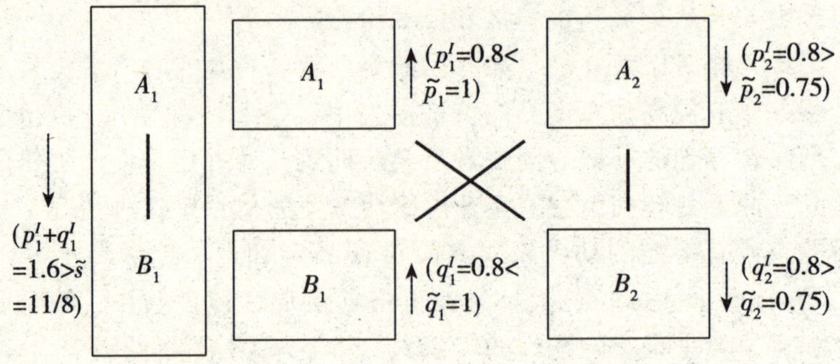


**图3—4　兼并后的单位利润（$a=b=1$，$c=d=e=1/4$）**

分析表明，在互补性市场上，伴随着捆绑情况的兼并可能会产生反竞争效应和效率收益。例如，效率收益是以内部化兼并后的企业的定价外部性的形式来实现的，而潜在的反竞争效应则表现为短期或中期的市场圈占的形式。如果兼并后的企业进行捆绑的财务影响导致竞争对手无法弥补它们的生产固定成本，后者在短期内就会退出市场。另一方面，即使它们在兼并后的利润率足以使它们短期留在市场内，但可能找不到继续进行研发投资和资本支出的理由，这会对它们的中期生存产生严重的后果。

即使不存在这种市场圈占效应，兼并双方的混合捆绑也会对消费者和社会福利产生负面影响。在消费者偏好同质的假设下，一些买者获益，其他则受损。例如，那些先前购买两个兼并企业的两种产品的人因捆绑价格的下降而获益。但是那些购买"混合并匹配"体系并想继续这种购买的买主将因兼并后的企业提高了独有产品的价格而受损。Choi（2003）假设$c=d=e<1/3$，通过数值模拟对福利进行了分析。研究发现，当$c$（交叉替代参数）足够大时，存在重大福利损失。当$c$接近于0时，每个体系实质上成了一个单独的产品，两个体系间很少有直接竞争。在这种情况下，每个体系的市场结构与Cournot所研究的相同，兼并提高了福利。然而，在体系间替代程度很高并且竞争激烈（例如，$c$很大）的情况下，该模型表明，兼并会对社会福利产生负面效应。

Choi（2003）还分析了出现纯捆绑情况时的兼并效应，在这种情况下，企业只销售捆绑产品，而不单独提供单个的配件。虽然对混合捆绑进行短期分析更为合适，但对纯捆绑的可能性进行长期分析也很重要，因为兼并后的企业在通过使它的产品只能作为一个综合体系（与外部供应商所提供的单独配件不兼容）来出售而研发出新一代产品的时候，它可以通过技术捆绑来实行纯捆绑。通过模拟分析，我发现，就大多数参数值而言，兼并后的企业实行纯捆绑的利润要小于混合捆绑，而且，纯捆绑对外部供应商的利润会产生更为不利的影响。于是，可得出结论：既然作为一种适应性策略的混合捆绑能带来更高的利润，那么兼并后的企业不会实行纯捆绑策略。然而，正如 Whinston（1990）的研究所指出的那样，如果在纯捆绑而不是混合捆绑策略下，通过掠夺行为有可能将竞争对手排挤出市场的话，那么纯捆绑仍是有利可图的。

## 3.6 双边市场中的搭售

最近出现了一些搭售案例，其中包括信用卡支付系统和微软案例等。受此激发，一些研究分析了搭售安排对于所谓的双边市场这个平台上的竞争的影响。为说明双边市场的界定性特征，婚姻介绍所或夜总会是比较好的例子，其中两个不同人群（男人与女人）中的每一个成员都能从与其他组成员的互动中获得效用。在这个例子中，很显然，各组成员随着另一组有更多的人来光顾相同的婚姻介绍所或夜总会而获得更高的效用。这种组间的网络外部性不仅仅限于婚姻介绍所，还有一些具有重要经济含义的例子。在 eBay 和雅虎这样的拍卖网站上，买卖双方达成交易；在维萨卡和万事达卡这样的信用卡支付系统里，商家与消费者需要参与到同一系统中；在 PlayStation、X-box 和 GameCube 这样的视频游戏平台上，游戏开发商和消费者分别是两个组等。① 在这样的市场中，要让市场各方参与到平台交易中就会产生“鸡生蛋、蛋生鸡”的问题（Caillaud 和 Jullien 2003），因为每一组成员只有当他们预期另一组有很多成员参加时才愿意加入这个市场。关于双边市场的最初文献主要涉及最优的定价结构和不同消费者

① 多边市场的更多例子参见 Evans（2003）以及 Rochet 和 Tirole（2003a）。

群体的需求协调等问题。不过，在对搭售的正规分析中，除了 Rochet 和 Tirole（2003b）以及 Choi（2004）以外，鲜有能阐明双边市场特性的分析。[①]

具体来讲，Rochet 和 Tirole（2003b）对由维萨和万事达卡支付卡协会发起的搭售行为——凡接受其信用卡的商家还必须接受其借记卡——进行了经济分析。近来，这种也被称作“众卡通用规则（honor-all-card rule）”的搭配行为已经受到了挑战，包括沃尔玛在内的主要商家已经对其提出了集体诉讼。在代表成千上万个零售商的这起集体诉讼中，商家们称维萨卡和万事达卡要求商家接受它们的需要消费者签名来核实交易的借记卡，以此来排斥以身份证号码为基础的借记卡，这种做法是不公平的。它们认为，在没有搭售时，商家与持卡行之间在借记卡方面的交换费用过低，而信用卡的交换费用相对于社会最优水平来说过高。搭售被证明是重新平衡交换费用结构和提高社会福利的一种机制。

Choi 在其初稿中，创建了一个反映“欧盟诉微软案”的初级模型。该案已经宣判，微软公司要求 Windows 操作系统用户接受 Windows 媒体播放器应用软件的搭售行为具有掠夺性并损害了数字媒体竞争对手（诸如 RealNetworks）的利益。在流媒体应用软件案例中，内容提供者与消费者构成了市场的两方。

在我的模型中，有两个中介在每一组中竞争市场份额。[②] 对于内容提供者来说，可以自由进入市场。内容提供者在创造内容方面的固定成本是异质的：如果它们是多归属的，即在两个平台上都以数字形式提供其内容，成本会翻倍。消费者的平台选择可以采用 Hotelling 的产品差异化模型来分析，在这个模型中，两个平台分布在一条直线的两端，消费者沿线平均分布，每个消费者参与某个平台的效用取决于该平台上的内容提供者的数量。

在这个模型中，我对比了有搭售与没有搭售两种情况下的市场结果，并进行了福利分析。由于垄断了双边市场，搭售可以通过三种渠道来影响社会福利。第一，所有消费者光顾搭售企业的平台。这意味

---

① Armstrong（2002）、Rochet 和 Tirole（2003a）、Caillaud 和 Jullien（2003）对多边市场的一般经济性进行了分析。

② 这个模型是对 Armstrong（2002）、Rochet 和 Tirole（2003a）的框架的一个修改。

着市场中的多样性不强。结果，消费者与平台之间合意的匹配比较少，导致了较高的“运输成本”。第二，内容只由搭售企业的平台提供，然而在没有搭售的情况下，同样的内容会由两个平台提供。因此，搭售情况下节约了复制成本。第三，市场上决定内容可获性的内容方企业的数量会因体制不同而有所不同。第一个效应是负的，而第二个效应是正的。第三个效应的符号不清楚。在搭售企业平台上的消费者的协调增加了内容方企业进入市场的动机。然而，市场同一方的搭售企业的定价决策可以抵消这种正效应。初步结果表明，搭售的福利含义取决于组间网络外部性的相对大小和产品差异化的程度。如果相对于产品差异化的程度来说，组间网络外部性的程度很高，搭售可能增加福利，因为从内部化组间网络外部性所获得的收益超过了产品差异化的损失，否则，搭售就会减少福利。

搭售可以是一种非常有效的机制。通过搭售，相关市场上的主导企业可以进入双边市场的一方，在争夺另一方的市场中获得优势。因此，我们将会在双边市场观察到更多的搭售案例，我们有必要去弄清搭售在双边市场中对竞争的影响及其福利结果。Rochet 和 Tirole（2003b）与 Choi（初稿）分别对支付卡和媒体软件产业的具体案例进行了研究。比较理想的结果是形成一个更一般的统一框架，它能囊括不同的双边市场的情况，包括多归属的可能性。①

## 3.7　政策含义的总结性评述

我已就搭售理论的最近进展作了一个选择性的回顾。传统上，搭售安排因一直受到美国法庭的苛刻对待，长期以来处于一种接近于本身违法的情况，这背后的关键理论基础就是杠杆理论。然而，源自芝加哥学派的批评揭示了这个理论的逻辑缺陷，强调了搭售的效率理论基础，这使得人们对搭售安排的态度温和了一些。后续文献通过确定搭售可以作为保护垄断势力或把垄断势力从一个市场扩展到另一个市场的条件，对经典杠杆理论进行了改进，证明了芝加哥学派的观点在很多情况下是不成立的。

① 例如，很多用户有不止一个媒体播放器或信箱，很多消费者持有多种信用卡。多重注册问题以及它对市场竞争的暗示在文献中没有给予足够重视。

搭售安排的福利含义总的来说是模棱两可的，因为搭售即使存在不利的排他效应，却也具有效率效应。微软将IE浏览器和媒体播放器与它的操作系统捆绑就是一个恰当的例证。文献表明，这样的技术搭售在一些特定条件下具有排他性，但同时，将产品紧密结合起来，可能提高产品性能。如果搭售与被搭售产品的试用频率很高，可以降低分销成本，在这些情况下，搭售也能产生一些补偿效应。

据此，经济学家之间似乎正在形成一致意见，即搭售不应该视为本身违反反垄断法，并且在评价搭售安排时，应采取合理推定原则。① 任何合理的反垄断政策都应该在可能的效率效应与潜在的反竞争效应之间做出权衡，但是，除了这个一般性的原则以外，要提出一个简便的、适用于反垄断案例的法律标准似乎是个难以企及的目标，因为反垄断政策是否合理取决于案例的具体情况。

最后，有关搭售的文献在这一点上存在一个严重缺陷，即总是假设多归属是不允许的。例如，Carlton 和 Waldman（2002，199）假设“如果消费者购买包含一个单位的垄断者的主要产品和一个单位的互补品的被搭售产品的话，他就不能在该体系中添加一个单位其他生产商的互补品。”然而，多重注册在很多产业是一个普遍现象，如软件业与支付卡产业。例如，很多用户有不止一个媒体播放器或信箱，很多消费者持有多种信用卡。这种行为对于搭售结果的暗示似乎是一个重要的研究问题。

## 附录：3.4 节非对称成本结构的分析

在附录中，我会分析两个企业的初始成本不对称的情况。另一方面，我也保留3.4节的所有假设。我进一步假设研发结果的实现是平均分布的；如果一个目前的单位成本是 $c$ 的企业投资研发，结果将会是一个均匀分布于［0，$c$］区间的随机变量 $\tilde{c}$。当两个企业的初始成本不同时，这种情况的研发过程有下列特点：

递减的研发收益。当一个目前的单位成本为 $c$ 的企业投资研发，期望的成本节约给定为 $c/2$。随着初始成本水平 $c$ 接近于极限0，期

① 参见 Motta（2004）和 Tirole（2005）。

望的成本节约或者来自研发的改进减少。

经验效应。然而，最终期望成本（研发后成本）对于一个初始成本（研发前成本）较低的企业来说将是较低的。

附录的分析与3.4节的分析是并列的，后者可以看作是附录的一个特例。

1. 无捆绑

为分析研发动机是如何依赖于初始成本的结构的，假设两企业的初始成本分别为$c_L$和$c_H$，且$c_L<c_H$。初始成本是$c_L$（$c_H$）的企业被称为低（高）成本企业。我用$I_i\in\{0, I\}$来表示企业$i$的研发决策，$i=L, H$。令$\pi_i(I_j, I_j)$表示企业$i$的期望利润，给定它的投资水平$I_i$和另一个企业的投资水平$I_j$，$i$，$j=L, H$，且$j\neq i$，则

$$\pi_H(I, I)=E[x-y\mid x>y]-I$$

其中，$x$和$y$分别表示低成本企业与高成本企业的研发后成本。$x$平均分布于$[0, c_L]$，$y$平均分布于$[0, c_H]$，有

$$\begin{aligned}\pi_H&=(I,I)=E(x\mid x>y)-E[y\mid x>y]-I\\&=\int_0^{c_L}\frac{x}{c_H}\frac{x}{c_L}dx-\int_0^{c_L}(1-\frac{y}{c_L})\frac{y}{c_H}dy-I\\&=\frac{{c_L}^2}{6c_H}-I=\frac{c_L}{6\gamma}-I\end{aligned}$$

其中，$\gamma=\frac{c_H}{c_L}\geqslant1$。用相同的处理方式，可以得到：

$$\pi_H(I, 0)=\frac{{c_L}^2}{2c_H}-I=\frac{c_L}{2\gamma}-I$$

$$\pi_H(0, 0)=\pi_H(0, I)=0$$

$$\pi_L(I, I)=\frac{3{c_H}^2-3c_Hc_L+{c_L}^2}{6c_H}-I=\frac{c_L}{6\gamma}+\frac{(\gamma-1)c_L}{2}-I$$

$$\pi_L(I, 0)=c_H-\frac{c_L}{2}-I=(\gamma-\frac{1}{2})c_L-I$$

$$\pi_L(0, 0)=c_H-c_L=(\gamma-1)c_L$$

$$\pi_L(0, I)=\frac{(c_H-c_L)^2}{2c_H}=\frac{(\gamma-1)^2c_L}{2\gamma}$$

因此，我可以引用如图3—5所示的报酬矩阵直接产生以下结果。

命题1　在无捆绑情况下，研发均衡的特性可以用下列方式描述。

| 低成本企业（L） \ 高成本企业（H） | 投资研发 | 不投资研发 |
|---|---|---|
| 投资研发 | $\frac{c_L}{6\gamma}+\frac{(\gamma-1)c_L}{2}-I,\ \frac{c_L}{6\gamma}-I$ | $(\gamma-\frac{1}{2})c_L-I,0$ |
| 不投资研发 | $\frac{(\gamma-1)^2c_L}{2\gamma},\frac{c_L}{2\gamma}-I$ | $(\gamma-1)c_L,0$ |

**图 3—5　在无捆绑情况下研发博弈的报酬矩阵**

大效率差距情况（$\gamma=c_H/c_L>5/3$）。在这种情况中，均衡是唯一的且其特性可以描述如下：

（i）如果 $I\in L=[0,\frac{c_L}{6\gamma}]$，两个企业都投资研发。

（ii）如果 $I\in M=[\frac{c_L}{6\gamma},\frac{c_L}{2}]$，只有低成本企业投资研发。

（iii）如果 $I\in H=[\frac{c_L}{2},\infty]$，没有企业投资研发。

小效率差距情况（$\gamma=c_H/c_L<5/3$）。在这种情况中，像大差距情况中一样的行为组成了一个均衡行为。但是对于 $I$ 的中间值来说，均衡不是唯一的。更具体地说，在这种情况下，存在一个集合 $m=[(3\gamma-2)c_L/6\gamma,c_L/2\gamma]$，包含在 $M$ 内（$m\subset M$）。如果 $I\in m$，有另两个均衡：一个是只有高成本企业投资的纯策略均衡；另一个是混合策略均衡，其中低成本企业以概率 $3(c_L-2\gamma I)/2c_L$ 投资，高成本企业以概率 $3\gamma(c_L-2I)/2c_L$ 投资。

2. 捆绑

我再一次假设 $s_A=v_A-c_A$ 足够大，使得 $x_1-s_A$ 始终小于 $x_2$，则企业 2 没有动机去投资研发，因为它知道 B 市场对它完全关闭。考虑到这个事实，当且仅当 $I$ 小于 $c_{B1}/2$ 时，搭售企业将投资研发，那是预期的源自研发的成本节约。

*命题2* 在无捆绑情况下，竞争对手没有动机投资研发，然而，如果搭售企业期望的成本节约大于研发投资的成本（$I < c_{B1}/2$），它就会进行研发。

为分析投资决策的社会最优结构，我首先表明如果只有一个企业投资研发，出于效率原因，它会是低成本企业。这遵循研发过程的经验效应假设。因此，我们可以考虑研发投资的三种可能结构。如果两个企业投资研发，产品B的期望总成本是$E[\min(x, y)] + 2I$，$x$在$[0, c_L]$内均匀分布，$y$在$[0, c_H]$内均匀分布。如果只有低成本企业投资研发，期望总成本是$E[x] + I$。最后，如果没有企业投资研发，总成本是$c_L$。这使我推出了以下的命题。

*命题3* 研发的社会最优结构给定如下：

(i) 如果$I \in L = [0, \frac{c_L}{6\gamma}]$，两个企业都进行研发投资。

(ii) 如果$I \in M = [\frac{c_L}{6\gamma}, \frac{c_L}{2}]$，只有低成本企业进行研发投资。

(iii) 如果$I \in H = [\frac{c_L}{2}, \infty]$，没有企业进行研发投资。

命题1—3的对比可以揭示，当考虑成本是非对称时，捆绑情况下的私人研发动机与社会最优动机几乎是并行的。在大效率差距情况中，无捆绑的情况下，社会动机与私人动机是一致的；在小效率差距情况中，低成本企业投资均衡的程度取决于多种均衡参数的范围。因此，捆绑在研发投资决策中如果能改变动机的话，它将扭曲效率。

掌握了在有捆绑与无捆绑情况下研发竞争与价格竞争是如何起作用的，现在我可以分析企业1的捆绑动机。我根据产品A的垄断供给者是否在开始时也是产品B的有效供给者来考虑两种情况。

(1) *在B市场，企业1最初比企业2更有效率*（$c_{B1} < c_{B2}$）。这种情况下，已经证明不考虑研发时，捆绑对于搭售企业的利润没有（不利）影响。因为捆绑消除了竞争对手投资研发的动机，捆绑将保证搭售企业在B市场维持成本优势。因此，捆绑在价格竞争中不会有有利影响。捆绑的唯一影响是减弱了竞争对手的研发动机。我可以做出推论，如果企业1在产品B上有初始的成本优势，企业1通常有动机进行捆绑。

(2) 在B市场，企业1最初比企业2效率低($c_{B1}>c_{B2}$)。这种情况下，即使当搭售企业投资研发，而竞争对手没有投资时，它也可能拥有较高的生产成本。因此，产品A的垄断供给者必须考虑它的捆绑决策中的价格竞争的负面影响。只有当捆绑榨取动态租金的收益效应大于价格竞争的负面效应时，它才会进行捆绑。除此之外，研发收益部分（$\gamma-1$）虽然降低了成本，缩小了与竞争对手企业的成本差距，但对净利润并没有贡献。因此，只有当它的初始成本劣势不是很大时，企业1才会选择捆绑。在捆绑和非捆绑情况下，对企业1的利润的直接计算产生了这样的结果，当且仅当 $\gamma=(c_{B1}/c_{B2})<1+\sqrt{2/3}$ 时，企业1才会选择捆绑。

命题4　如果 $I\in L\cup M$ 且 $(c_{B1}/c_{B2})<1+\sqrt{2/3}$，企业1（弱）偏好于捆绑。如果 $I\in L$，捆绑通过消除竞争对手企业的研发动机，明显减少了福利。如果 $I\in M$，有两种情况要考虑。

情况1（$c_{B1}<c_{B2}$）　如果 $\gamma=(c_{B1}/c_{B2})<5/3$，捆绑通过作为研发博弈的协调机制而增加了福利。

情况2（$c_{B1}>c_{B2}$）　如果 $5/3<\gamma(c_{B1}/c_{B2})<1+\sqrt{2/3}$，捆绑使效率低的企业投资研发，而不是使更有效率的企业投资研发，从而减少了福利。

如果 $\gamma=(c_{B1}/c_{B2})<5/3$，捆绑的福利结果依赖于无捆绑情况下的均衡选择。如果均衡是只有更有效率的竞争对手企业投资研发，那么捆绑减少了福利。然而，如果选择了混合策略，那么捆绑部分上解决了协调失败的问题且增加了福利。

# 参考文献

Adams, William J., and Janet L. Yellen. 1976. "Commodity Bundling and the Burden of Monopoly." *Quarterly Journal of Economics* 90: 475–498.

Armstrong, Mark. 2002. "Competition in Two-Sided Markets." Unpublished manuscript.

Bork, Robert H. 1978. *The Antitrust Paradox: A Policy at War with Itself.*

New York: Basic Books.

Bowman, Ward. 1957. "Tying Arrangements and the Leverage Problem." *Yale Law Journal* 67: 19 – 36.

Bulow, Jeremy I., John D. Geanakoplos, and Paul D. Klemperer. 1985. "Multimarket Oligopoly: Strategic Substitutes and Complements." *Journal of Political Economy* 93: 488 – 511.

Caillaud, Bernard, and Bruno Jullien. 2003. "Chicken and Egg: Competition among Intermediation Service Providers." *Rand Journal of Economics* 34: 309 – 328.

Carbajo, Jose, David De Meza, and Daniel J. Seidman. 1990. "A Strategic Motivation for Commodity Bundling." *Journal of Industrial Economics* 38: 283 – 298.

Carlton, Dennis W., and Michael Waldman. 2002. "The Strategic Use of Tying to Preserve and Create Market Power in Evolving Industries." *Rand Journal of Economics* 33: 194 – 220.

Chen, Yongmin. 1997. "Equilibrium Product Bundling." *Journal of Business* 70: 85 – 103.

Choi, Jay Pil. 1996. "Preemptive R&D, Rent Dissipation, and the Leverage Theory." *Quarterly Journal of Economics* 111: 1153 – 1181.

Choi, Jay Pil. 2001. "A Theory of Mixed Bundling Applied to the GE-Honeywell Merger." *Antitrust* 16: 32 – 33.

Choi, Jay Pil. 2003. "Merger with Bundling in Complementary Markets." Unpublished manuscript.

Choi, Jay Pil. 2004. "Tying and Innovation: A Dynamic Analysis of Tying Arrangements." *Economic Journal* 114: 83 – 101.

Choi, Jay Pil. 2006. "Tying in Multi-Sided Markets." Unpublished manuscript.

Choi, Jay Pil, and Chris Stefanadis. 2001. "Tying, Investment, and the Dynamic Leverage Theory." *Rand Journal of Economics* 32: 52 – 71.

Cournot, Augustine. [1838] 1927. *Researches into the Mathematical Principles of the Theory of Wealth.* Translated from the French by Nathaniel Bacon. New York: Macmillan.

Dasgupta, Partha, and Eric Maskin. 1987. "The Simple Economics of Research Portflios." *Economic Journal* 97:587–595.

Economides, Nicholas, and Steven C. Salop. 1992. "Competition and Integration among Complements, and Network Market Structure." *Journal of Industrial Economics* 50:105–123.

Evans, David S. 2003. "The Antitrust Economics of Multi-Sided Platform Markets." *Yale Journal on Regulation* 20:325–381.

Farrell, Joseph, Hunter Monroe, and Garth Saloner. 1998. "The Vertical Organization of Industry: Systems Competition versus Component Competition." *Journal of Economics and Management Strategy* 7:143–182.

Farrell, Joseph, and Garth Saloner. 1986. "Installed Base and Compatibility: Innovation, Product Preannouncements, and Predation." *American Economic Review* 76:940–955.

Fudenberg, Drew, and Jean Tirole. 1984. "The Fat Cat Effect, the Puppy Dog Ploy and the Lean and Hungry Look." *American Economic Review, Papers and Proceedings* 74:361–368.

Gilbert, Robert J., and Michael H. Riordan. 2003. "Product Improvement and Technological Tying in a Winner-Take-All Market." Unpublished manuscript.

Lewbel, Arthur. 1985. "Bundling of Substitutes or Complements." *International Journal of Industrial Organization* 3:101–107.

Matutes, Carmen, and Pierre Regibeau. 1988. "Mix and Match: Product Compatibility without Network Externalities." *Rand Journal of Economics* 19:221–234.

McAfee, Preston R., John McMillan, and Michael D. Whinston. 1989. "Multiproduct Monopoly, Commodity Bundling, and Correlation of Values." *Quarterly Journal of Economics* 104:371–384.

Motta, Massimo. 2004. *Competition Policy: Theory and Practice*. Cambridge: Cambridge University Press.

Nalebuff, Barry. 2003. "Bundling, Tying and Portfolio Effects, Parts 1 and 2." Department of Trade and Industry Economics Paper No. 1. London.

Nalebuff, Barry. 2004. "Bundling as an Entry Barrier." *Quarterly Journal of Economics* 119:159 – 188.

Posner, Richard A. 1976. *Antitrust Law: An Economic Perspective.* Chicago: University of Chicago Press.

Rochet, Jean-Charles, and Jean Tirole. 2003a. "Platform Competition in Two-Sided Markets." *Journal of the European Economic Association* 1: 990 – 1029.

Rochet, Jean-Charles, and Jean Tirole. 2003b. "Tying in Two-Sided Markets and the Impact of the Honor All Cards Rule." Unpublished manuscript.

Schmalensee, Richard. 1984. "Gaussian Demand and Commodity Bundling." *Journal of Business* 57: S211 – S230.

Stigler, George J. 1963. "*United States v. Loew's Inc.*: A Note on Block Booking." *Supreme Court Review* 152:152 – 157.

Tirole, Jean. 1988. *The Theory of Industrial Organization.* Cambridge, MA: MIT Press.

Tirole, Jean. 2005. "The Analysis of Tying Cases: A Primer." *Competition Policy International* 1:1 – 25.

Whinston, Michael D. 1990. "Tying, Foreclosure, and Exclusion." *American Economic Review* 80(4):837 – 859.

Whinston, Michael D. 2001. "Exclusivity and Tying in U. S. v. Microsoft: What We Know, and Don't Know." *Journal of Economic Perspectives* 15: 63 – 80.

# 第 4 章

# 治疗窦性头痛与搭售法律：对感冒药和镇痛药捆绑销售的经验分析

David S. Evans Michael Salinger *

## 4.1 引言

几乎在任何一家药店、杂货店或便利店，人们都可以买到含有一种以上有效成分的“感冒药”。这些药物的主要组成成分有：镇痛剂、解充血剂、抗组胺剂以及止咳剂。只含有其中一种成分的药片（或其他药剂形式）也可以买到。含有一种以上成分的药片就是捆绑

---

* Evans 是法律和经济咨询集团（Law & Economic Consulting Group，LECG）有限责任公司全球竞争政策领域的执行理事，伦敦大学学院法学系客座教授；Salinger 是联邦贸易委员会经济局理事，在其辞去波士顿大学管理学院经济学教授职位期间担任该职务。作者感谢 Irina Danilkina、Chris Nosko、Sannu Shrestha 和 Ori Stitelman 为本文研究所提供的支持，以及 Tim Bresnahan、Howard Chang、Georg Getz、Anne Layne-Farrar、Nick Nichols、Bernard Reddy、Richard Schmalensee 所提出的宝贵建议。微软公司提供了研究资金，作者对此十分感谢。本文投稿是在 Salinger 任职于联邦贸易委员会之前。本文仅代表作者自身观点，并且文责自负。本文并不代表联邦贸易委员会、任何单个委员或任何其他机构的观点。

产品的例子。[1] 本章即对这种捆绑销售的效果进行经验分析。

21 世纪初，捆绑和相关的搭售行为在美国和欧洲已成为几件备受瞩目的反垄断案件的核心问题。[2] 这些案件所引发的广泛的政策问题是，如何将具有限制竞争效果的捆绑和搭售行为与市场竞争中因效率因素而普遍存在的捆绑与搭售行为进行区分。要想对这两种情况进行区分，需要超越现有文献，对竞争环境下的捆绑与搭售行为有更好的理解。本章是为达到上述目标所开展的项目研究的一部分，旨在从理论和经验两方面增进对竞争环境下捆绑与搭售行为的理解。

本章余下部分的结构安排如下。接下来的两部分为分析提供了背景知识。4.2 节讨论了针对捆绑和搭售的反垄断处理措施，这是促使我们进行研究的政策因素。4.3 节简要说明了现有的关于捆绑及搭售的经济学文献的主要不足，并提供了我们所提出的新的分析框架来弥补上述不足。

4.4 节至 4.6 节展示了我们对感冒药和镇痛药捆绑现象的分析。4.4 节对资料进行了描述并提出了三个主要的经验性规律。其一，购买捆绑产品的折扣额是比较大的。其二，购买大包装产品的折扣同样也很明显。其三，一些产品会存在多种销售剂量。例如，对乙酰氨基酚在销售时会有常规剂量（325 毫克）、加强剂量（500 毫克）和止痛剂量（650 毫克）。保持包装规模不变，大剂量下每单位有效成分的成本会比较低。从定性角度看，这些结论中没有一个会让人感到吃惊，我们的贡献在于对这些规律进行量化分析。

---

① 捆绑是指对一种以上可独立销售产品的组合。

② 美国诉微软以及纽约等诉微软，民事诉讼 Nos. 98-1232 和 98-1233（TPJ），1998 年 7 月 17 日；关于维萨卡/万事达卡的反垄断诉讼，No. 96-CV-5238，2003 U. S. Dist. LEXIS 4965，第 6 页（E. D. N. Y.，2003 年 4 月 1 日）；欧盟委员会决定 24. 03. 2004（案件 COMP/C-3/37. 792—Microsoft），资料来源于 http：//europa. eu. int/comm/competition/antitrust/cases/decisions/37792/en. pdf。苹果公司在欧洲和美国面临一系列反垄断起诉，这与其将 iPod 数码音乐播放器和 iTunes 音乐商店捆绑在一起的销售行为有关。2004 年 11 月，法国竞争主管当局驳回了维珍（Virgin）公司对苹果公司的一项起诉，维珍公司要求法国政府迫使苹果公司授权 Fairplay 媒体播放器，即其数字版权管理技术（DRM）。参见法国竞争主管当局苹果公司案，No. 04-D-54，2004 年 11 月 9 日决议。在 2005 年，一个法国消费者团体发起了针对苹果和索尼公司音乐所有权的诉讼，起诉两家公司各自经营的数码产品的所有权妨碍了消费者将从网上购买的音乐在其他制造商的多媒体播放器上进行播放的权利，这限制了消费者的选择。参见 Jo Best，"Apple，Sony Sued over DRM in France，" *Silicon. com*，2005 年 2 月 14 日，http：//news. zdnet. com/2100-9588_22-5575417. html。苹果公司在美国也面临同样的反垄断诉讼。参见 Peter Cohen，"iTunes User Sues Apple over FairPlay DRM，" *MacCentral*，2005 年 1 月 26 日，http：//www. macworld. com/news/2005/01/06/slattery/index. php。也可参见 Kinetic Concepts 公司诉 Hillenbrand Indus. 公司，262 F. Supp. 2d 722（W. D. Tex. 2003）。

4.5 节展示了如何将 4.3 节中所描述的分析框架应用到捆绑折扣中。在该理论下，捆绑折扣是两类不同成本效应作用下的综合结果：一类是边际成本节约（这部分可能来自于包装及药片数量的节约）；另一类是提供每个产品所产生的固定成本方面的节约（例如货架占位成本或储存额外一单位产品所需付出的成本）。正如我们将要解释的[①]，是否消费者从捆绑产品中获得的私人节约也意味着社会节约，这要取决于上述两类因素各自贡献的大小。因此，若要估计捆绑销售的成本节约情况，我们需要对这两类效应进行经验性的识别。

本章经验性分析的主要贡献反映在 4.6 节中，在此，我们比较详细地加以概括以便于后续分析的进行。我们对不同包装规模的定价规律进行了研究，旨在识别出边际成本节约和固定成本增加两种效应。某些经济学家也许认为，这种定价策略应当被视为一种基于数量的最优定价策略。我们提出了另外一种假设，认为这种定价策略反映了与形成捆绑折扣相同的成本因素。例如，假设一种特定的药品——对乙酰氨基酚（扑热息痛）——分别有 50 片、100 片和 200 片三种包装规模，每片的价格是各类包装中药片数量的减函数。不排除一些消费者只想购买 150 片的可能性。这类消费者可以同时购买一包 100 片装的和一包 50 片装的，这样就牺牲了包装规模可能带来的潜在收益，或者是购买一包 200 片装的，这时就会有多出的 50 片是其所不需要的。我们估计了固定成本应该达到多大时才会使提供那些我们没有见到的包装规模变得无利可图。作为这些估计的基础，我们扩展了 4.3 节所讨论的模型，对包装规模效应进行了探讨。

在这种情况下，我们估计得出，捆绑产品所带来的边际成本节约超过了所提供产品的固定成本，因此，捆绑降低了成本。例如，据我们估算，包含两种成分的 48 片包装的产品价格比两种成分分别独立包装的 48 片药量的价格低 3.6 美元[②]。我们将这 3.6 美元分解为 2.4 美元的边际成本增量和 1.2 美元的平均固定成本。净成本效应是两者的差额，为 1.2 美元。对于含有三种有效成分的药品来说，获得的节约会更多，并且，这些成本效应并未包括消费者从捆绑产品中所获得的便利。

---

① 参见本文 4.3 节。
② 价格降低幅度会随有效成分的不同而有所变化，一般在 30% ~50% 之间。

也可将此分析框架应用到测算产品分别提供时的成本节约，而不是让消费者购买只需其中一种成分的捆绑产品。这类计算对于解决与搭售有关的反垄断法律的相关问题十分重要。当捆绑的产品被提供，同时其中至少有一种产品没有被单独提供，这时就构成了搭售。由于搭售可能会违反反垄断法，因此法律鼓励企业，至少是那些具有市场势力的企业，在提供捆绑产品的同时也要分别提供被捆绑的每一种产品。对于那些只想购买其中一种产品的消费者来说，购买独立的产品而不是捆绑产品，会将那部分不需要的成分的边际成本节约下来。然而，分别提供时，每种独立成分自身作为一种产品也会产生相应的固定成本。只有当该固定成本小于捆绑产品中因不含消费者所不需要的那部分成分而避免的边际成本时，销售独立的成分才会节约成本。

在所考察的大多数案例中，我们的估计结果显示，分开销售产品会节约成本，但也发现有一个案例不是这种情况。当然，这一结果并不意味着不应提供独立的产品。在我们所考虑的例子中，如果消费者只需要镇痛片，那么他们一定不喜欢同时得到感冒药。正如对捆绑及搭售的全面福利分析必须要考虑捆绑商品给两种成分都需要的消费者所带来的便利一样，也必须要考虑如下可能性，即某些消费者会为避免得到捆绑商品中的某种成分而付费。

结论部分认为，本章所提出的方法能够并且应该进行广泛应用，以考察特定的捆绑经济学理论及为其他可能涉嫌违反反垄断法的各种商业行为提供可能的效率解释。

## 4.2 政策背景

促使我们进行研究的政策因素是反垄断法对于捆绑和搭售行为的处理方式。捆绑（bundling）销售是指以两种或更多种产品组合的形式销售那些可以单独销售的产品。构成搭售（tying）的情形是，企业销售捆绑产品，但却不单独出售其中的某种独立产品。“混合捆绑（mixed bundling）”是指企业会分别销售所有的独立产品，但是会为捆绑产品提供折扣。原则上说，相对于捆绑行为而言，搭售行为在反垄断历史中受到了更多关注。[①] 然而，一个较大幅度的捆绑折扣有时即被认为构成了实质上的搭售，混合捆绑本身在欧洲已遭到了质疑。[②]

欧盟和美国法院发现，对待搭售应毫无疑问地采取与对待价格操纵一样的态度。在欧盟和美国的案例中，法院都认为搭售行为本身是违法的。这意味着，法院无须对该行为的竞争效果进行考察，或者对促进竞争的辩护理由加以考虑。在美国，搭售是唯一一类法院没有遵循芝加哥大学一些经济学家和法学家所建立的传统，吸纳微观经济学理论进行推理的单边行为。[③]

## 4.2.1　欧盟的搭售法律

在欧盟，喜利得（Hilti）公司案是两个比较具有代表性的搭售案件中的一个（另一个是 Tetra Pak Ⅱ案）。[④] 喜利得公司生产建筑用的钉枪。当时，钉枪是由独立的钉枪筒和枪钉组成的。喜利得公司在其钉枪的枪筒方面拥有专利。该公司要求消费者在购买枪筒的同时也要购买枪钉。显然，枪筒和枪钉需要以一定比例搭配使用，只有特定数量的枪钉才能装入枪筒中，并且枪钉和枪筒都是一次性的。欧盟法院肯定了初审法院的判决，认为这是一种违法的搭售行为，因为喜利得公司在枪筒产品市场上占据支配地位，并且枪筒和枪钉是独立的产品。

经济学家认为该案直接应用了芝加哥学派所提出的单一垄断利润定理。[⑤] 在固定的搭配比例下，只能获取一部分垄断利润。喜利得公司能够获取枪筒产品市场的全部垄断利润，因此至少基于此而不会在乎其自身或其他人是否以竞争性的价格销售枪钉。基于钉枪使用密度的价格歧视分析也无法解释该行为，因为枪筒是一次性的，因此其完全代表了使用密度情况——枪钉在此前提下对说明问题也是无能为力的，因为其和枪筒是按一定比例搭配使用的。喜利得公司认为涉及安

---

① 参见 Areeda 和 Hovenkamp（2000）。
② 参见 Kallaugher 和 Sher（2004）；Kamann 和 Bergmann（2005）。
③ 参见 Evans 和 Padilla（2005）。
④ 案件 C-53/92P，喜利得集团总公司诉欧盟委员会［1994］ECRI-667；案件 T-5/02，瑞典包装企业利乐拉伐（Tetra Laval）诉欧盟委员会，2002 E. C. R. Ⅱ-4382。
⑤ Director 和 Levi（1956）。也可参见 Tirole（1988）。

全问题在其中，这种解释似乎要比基于垄断化的解释更具有说服力。

### 4.2.2 美国的搭售法律

在美国，搭售的法律是基于最高法院对杰斐逊教区医院(Jefferson Parish)一案的裁决。① 一家医院与一些麻醉师签订排他性的麻醉医疗协议，并要求外科手术病人选择其所提供的麻醉师。与这些麻醉师相竞争的其他麻醉师指控这种行为属于非法的搭售行为。最高法院提出了一种新的检验搭售行为的方法，该方法较之以前的办法要宽松一些。若有两种独立的产品，对其中一种产品拥有垄断地位的企业要求消费者同时也要购买另外一种产品，企业提出的这种要求会对州际商务造成一定的非细微的影响，这时搭售就是违法的。如果消费者对于被搭售的产品有足够的需求，使该商品可以被独立提供，那么这两个产品就是相互独立的。

最高法院同意上诉法院认为外科手术和麻醉师服务是相互独立的产品的看法。有记录显示，许多麻醉师并没有被医院雇用；患者，例如要生孩子的妇女，有时会自己雇用麻醉师。上诉法院拒绝接受医院所提出的证明与麻醉医师所签订的排他性协议是有效率的辩护。但是，最高法院却发现该搭售并未违法，因为杰斐逊教区医院不具有市场势力。但这继而引发对该检验方法效果的质疑：如果搭售不具有效率，并且如果杰斐逊教区医院不具有市场势力来获得额外垄断利润的话，那它为什么还要在初始时就签订该项搭售协议呢？

现实中的情况并不像论文中所论述的那么极端。与价格操纵行为不同，搭售在现实中是比较常见的，且被许多企业公开采用。就像本书的出版商MIT出版公司，如果你不同时接受Michael Waldman的文章，它也不会卖给你本篇文章。竞争主管当局忽略了许多可能被起诉的案件。美国法院也经常找理由来排除搭售行为。② 但卷入搭售案件的企业认为这类案件会给其经营带来显著变化。

2004年3月，欧盟委员会发现微软涉嫌一项非法搭售行为，其在销售Windows操作系统时捆绑了多媒体播放器技术，但却没有提供

---

① 杰斐逊教区第二地区医院诉海德（Hyde），104 S. Ct. 1551（1984）。

② 美国软件公司（Compuware Corp.）诉IBM公司，259 F. Supp. 2d 597（E. D. Mich.，2003）。

不附带多媒体播放器技术的 Windows 操作系统。[①] 为纠正该违法行为，欧盟委员会要求微软删除所销售的 Windows 操作系统中附带的 182 个媒体播放器相关文件（尽管其允许微软仍旧可以按照与之前完整版本相同的价格销售，因为媒体播放器软件通常是免费提供的）。[②]

微软也面临美国司法部的一项指控，指控其将操作系统和浏览器进行搭售。[③] 地区法院认为在杰斐逊教区医院案的检验方法下，该行为是非法的。上诉法院提出了标准的本身违法检验方法的一个适用例外情况，即"软件平台"例外，并因此将该案驳回，要求按照"合理推定原则"给予考虑。[④] 司法部决定不再提出指控。[⑤]

微软并不是唯一一个面临搭售指控的企业。在 2003 年 4 月，万事达卡组织和维萨卡组织以 30 亿美元现金了结了一起集体诉讼案件，并且做出了很多让步，因为地区法院的法官在最终判决及陪审团审判时发现，该银行卡协会近乎符合所有适用于非法搭售检验的条件。[⑥] 该银行卡协会要求商户在受理其信用卡的同时也要接受其借记卡（作为人们所知晓的"众卡通用规则"的一部分）。作为裁决的一部分，银行卡组织同意，允许商户受理其信用卡而无须同时接受其借记卡。美国运通公司也同样面临一起类似的集体诉讼案件，其对商户进行捆绑销售，要求它们在接受公司卡的同时也要接受非公司卡。[⑦]

### 4.2.3　捆绑

尽管不是后续分析的关注焦点，但在这里也需要提一下，欧盟和美国反垄断法的另外一个研究分支发现，我们称作混合捆绑的行为也可能是限制竞争的。这个问题的关键之处在于定价。最简单的情况

---

① 欧盟委员会于 2004 年 3 月 24 日做出的决议（案例 COMP/C-3/37. 792-Microsoft），参见 792 ~993 页。

② 参见以上注释，1011 ~1023 页。

③ 美国诉微软以及纽约等诉微软，民事诉讼 Nos. 98-1232 和 98-1233（TPJ），1998 年 7 月 17 日。

④ 美国诉微软，253 F. 3d 34（地区巡回法院，2001 年），参见第 158 页。

⑤ 上诉法院在判决的另外一个部分发现，政府未能证明存在浏览器市场，因此对该案进行再审时将这部分内容排除在外。这使得司法部继续按照合理推定原则进行分析变得尤为困难，因为其需要证明对浏览器市场造成了损害。

⑥ 关于维萨卡/万事达卡的反垄断诉讼，No. 96-CV-5238，2003 U. S. Dist. LEXIS 4965，第 6 页（E. D. N. Y.，2003 年 4 月 1 日）；Jennifer Bayot，"Final Pact Approved in Long-Running Debit Card Litigation，" *New York Times*，December 20，2003，section C，page 4。

⑦ 商户对美国运通公司、花旗集团以及 MBNA 的集体诉讼案（纽约，2003）；"Stop Me if You've Heard This One：Merchants Sue Card Company，" *The Green Sheet*，*Inc.*，February 1，2005，http：//www. greensheet. com/PriorIssues-/050201-/7. htm。

是，企业可以提供独立的产品，但会通过定价达到与搭售情形下同样的效果。更有意思的案件涉及对各种形式的捆绑制定价格，以达到将竞争者排除出某一产品市场的目的。欧洲初审法院在几个案件中发现，忠诚折扣——这种折扣实际上是在鼓励企业从单个企业购买多种产品——违反了《欧盟条约》第82条的规定。①

在美国，有一起比较有争议的判决，第三巡回上诉法院确认了陪审团的判决，即认为3M公司为购买多种3M产品的消费者提供折扣的行为违反了《谢尔曼法》。此判决显然是在缺乏证据证明单个产品的价格是低于边际成本的情况下做出的。②

## 4.3 有关捆绑和搭售的经济学文献

在这部分，我们先简单评述关于捆绑和搭售的现有经济学文献，然后描述我们所提出的分析框架，以理解竞争情况下的捆绑和搭售行为。

### 4.3.1 现有文献

捆绑和搭售行为的现有文献主要是规范分析，这是受反垄断问题所影响的。早期对搭售行为的法律上的敌视态度是基于一种非正式的观念，即认为搭售行为会使一个市场上的垄断势力通过杠杆作用延伸到另一个市场上。George Stigler（1983）提出了另外一种解释，从而引发了本领域价格歧视分支的文献研究。随后，从Whinston（1990）开始，文献以博弈论作为分析工具重新考察了排斥竞争理论。现在我们认识到，可以构建一个正式的经济模型，其中搭售被用于排斥竞争者。

具有讽刺意味的是，尽管文献研究的目的在于为反垄断政策提供深入分析，但其恰恰没能解决政策制定者所面临的最重要的问题。在

---

① 这包括购买不同种类的轮胎（案例T-203/01，米其林公司诉欧盟委员会，2003年9月30日）以及向使用某一特定航线的旅行社提供折扣（案例T-219/99，英国航空公司诉欧盟委员会，2003年12月7日）。可口可乐公司与欧盟委员会达成了一项和解协议，同意取消各种捆绑折扣（欧盟委员会于2004年10月19日的决议，案例COMP/39.116/B-2—COCA-COLA）。

② 参见Rubinfeld（2005）。

竞争中，搭售和混合捆绑都是比较常见的行为。反垄断政策所面临的挑战是，如何区分限制竞争的搭售和捆绑行为与竞争中正常发生的并因此被认为是有效率的搭售和捆绑行为。文献研究存在三个主要缺陷，使其无法完成这一任务。首先，其前提假设是企业拥有市场势力。其次，其假设搭售和捆绑不会产生任何形式的效率，而这正是市场竞争中出现搭售和捆绑行为的原因。即使在理论层面上，我们也无法单纯通过理解限制竞争的搭售行为本身，来区分竞争性的搭售和限制竞争的搭售，我们还需要搞清楚竞争性的搭售才能明晰二者的区别。最后，文献的第三个缺陷是，几乎所有的文献研究都是纯理论的。

经验研究之所以缺乏主要是由于两个比较明显的原因。首先，不能期待法院对竞争性的和限制竞争的捆绑和搭售案例做出完美的区分。出错的风险、竞争性的和限制竞争的搭售及捆绑行为发生的相对频率，以及“误判其有罪”或“误判其无罪”的成本，都是在形成法律标准时需要考虑的相关问题。① 在可预见的将来，对于二者发生频率的认识将会是比较主观的②，而对现实中的捆绑和搭售行为进行仔细的考察，将有助于分析并在判定发生的可能性时起到关键作用。其次，经济学文献中未能形成一个对实际的案例进行成本—收益分析的框架，在这些实际案例中，捆绑和搭售可能会惠及部分消费者而损害其他消费者。

### 4.3.2 新分析框架

在 Evans 和 Salinger（2004，2005）的研究中，我们提出了一个新的分析捆绑和搭售行为的模型，旨在弥补现有文献的缺陷。首先，我们在竞争环境下考察了这些行为，从而为比较有关这些行为的竞争性和限制竞争的相关理论提供了分析基础。其次，尽管还需要进一步研究，但我们相信我们所提供的分析框架较之现有的模型，在经验分析方面具有较易驾驭的潜在优势。实际上，本文所呈现的经验分析是运用此模型进行经验分析的首次尝试。

如果想搞清楚市场竞争中的搭售行为，首先需要认识到，消费者

① 参见 Hylton 和 Salinger（2001）。
② 参见 Grimes（2002）；Hylton 和 Salinger（2001）。

的需求偏好是有差异的。企业无法为每位消费者准确提供其所需要的产品。一个体现这种观点的简单分析框架如下。现有两种产品 A 和 B，可被分开单独销售或者捆绑在一起进行销售。一些消费者只需要产品 A，还有一些消费者只需要产品 B，除此之外是两种产品都需要的消费者。二者都需要的消费者可能会严格偏好于购买以捆绑形式销售的产品，这也许是因为捆绑提供了方便。在这种情况下，这部分消费者愿意为购买捆绑产品支付额外的费用，而不是采取分别购买的方式。此外，捆绑会节约边际成本，这种成本节约在市场竞争中会通过较低的价格转移给消费者。

在上述一般背景下，混合捆绑能为每组消费群提供其“成员”恰好所需要的产品。假设在这三类消费群中，至少都包括一些消费者，对于他们来说，任何非混合捆绑产品都存在一定的局限性。如果没有提供捆绑产品，那么就不存在搭售问题。但如果提供了捆绑产品，而其中一种或两种成分产品却没有被单独提供，那么则构成搭售。

正如有关产品选择的经济学文献所普遍接受的，由于伴随提供每种产品所要求的规模经济，企业无法根据每个消费者的偏好来为其提供产品。如果提供了，可能就会存在对某种产品需求不足的情况，必须要有相当数量的消费者才行。解释规模经济问题最简单的办法是，当分别提供各成分产品和捆绑产品时，假设提供每种产品都会存在一定的固定成本。

提供产品会产生一定的固定成本的假设为构建竞争条件下的搭售模型带来困境。在完全竞争情况下，价格等于边际成本。由于提供每种产品都会产生一部分固定成本，那么边际成本就会低于平均成本，按照边际成本定价就使企业无法弥补其全部成本。因此，与其假设市场是完全竞争的，倒不如假设市场是进退完全无障碍的，该概念是由 Baumol、Panzer 和 Willig 于 1982 年提出的。接下来，我们通过寻求一个“可维持的价格”来构建产品组合提供模型。

首先考虑纯捆绑（pure bundling）的情况，纯捆绑是指产品仅以捆绑的形式提供，而不单独提供各个成分产品。在这种情况下，只想购买产品 A 的消费者或是只想购买产品 B 的消费者就只好购买捆绑产品，然后将其不需要的那种产品丢弃。在进退无障碍市场假设中，捆绑产品的价格等于其平均成本，后者等于边际成本和经所有购买者平均的固定成本之和。如果纯捆绑形式是可维持的，那么单独提供某种产品，如产品A，其价格就一定不能低于纯捆绑形式下捆绑产品的价格。如果单独提供产品A的边际成本低于捆绑形式下的边际成本（这是通常比较典型的情况），那么在这种情况下，如果对产品A存在足够的需求，那么纯捆绑就是无法维持的。但如果对A的需求很有限，那么单独提供产品A的边际成本节约也许会小于单独提供产品所产生的固定成本。如果是这样，并且对于产品B来说也是如此，那么纯捆绑就是可以维持的。

该分析框架看似简单，却有很强的解释能力。纯捆绑尤其会在以下两种情况中出现。一种情况是，大多数消费者对于两种产品都有需求，若捆绑在一起提供，会节约边际成本，而且对于单个产品的需求即便有也是很少的，以至于不值得单独提供。对于这种情况，通常会引用的一个小例子就是鞋。很少有人买鞋不需要鞋带，也很少有人只需要一只鞋，但少不一定意味着没有，肯定会有一些人有自己喜欢的鞋带式样，还有少数的截肢者，或者是只需要一只鞋的演员。男士和女士套装也是一个有趣的例子。在美国，裁缝通常会搭售给男士，这对于拥有自己喜欢的裁缝的男士们可能是不利的；裁缝通常不会搭售给女士，女士们有时会抱怨这是一种歧视。

在这个模型中，能够导致纯捆绑的另外一种情况是：固定成本很高。在这种情况下，即使没有人两种产品都需要，纯捆绑也会发生。每个人实际上都购买了其所不需要的产品。尽管如此，高固定成本会使提供标准化的产品是有效率的，以满足不同群体的多样化需求。例如，一些计算机软件会以包含苹果电脑和个人电脑两种版本的软件包形式销售。许多大学教科书包含的材料往往超出了一门课程所需要的内容，以便于具有不同偏好的教授指定学生阅读相关材料。

现在我们开始进入这一分析框架经验应用部分的研究。

## 4.4 镇痛药、感冒药、窦性头痛药和过敏药的定价

本文所搜集的原始数据是2003年4月3日芝加哥密歇根大道第

757号沃尔格林连锁药店①所出售的所有感冒药②和镇痛药的价格。对于每种包装，我们考察了品牌、价格、药物剂型③、每片药的有效成分含量以及药片数量情况，同时也参考了CVS网站④上所提供的部分药品价格，并且全面考察了网上的价格以及其他一些销售点的情况，以确保本文所阐释的规律并不是只适用于这一特定时间和地点的特例。

### 4.4.1 经验规律

我们最终会利用价格回归形式来描述捆绑折扣问题。为便于设定回归方程的形式，有必要先初步分析数据所呈现的一些显著规律。我们也将根据这些程式化的事实为捆绑折扣提供一个基于成本的解释。

#### 4.4.1.1 捆绑折扣和品牌溢价

强生制药公司生产的泰诺是镇痛药对乙酰氨基酚的一个主导品牌，辉瑞制药公司生产的速达非是感冒药盐酸伪麻黄碱⑤的一个主导品牌。每片加强剂量的泰诺含有500毫克的对乙酰氨基酚，每片最大剂量的速达非含有30毫克的盐酸伪麻黄碱。强生公司不提供泰诺牌的盐酸伪麻黄碱，辉瑞制药公司也不提供速达非牌的对乙酰氨基酚。但每粒泰诺镇痛胶囊和每粒速达非头痛胶囊都含有30毫克的盐酸伪麻黄碱成分及500毫克的对乙酰氨基酚。⑥ 表4—1列出了我们所观察到的这两个品牌每包24片装产品的价格以及与这些品牌相当剂量的药店装产品的价格。⑦ 表4—1反映出了这类产品定价方面的两种普遍现象。第一，品牌产品比CVS产品具有更大幅度的溢价——大约在30%～50%之间。第二，对品牌和非品牌产品都适用的规律是，组合产品⑧的价格要

① 沃尔格林是美国最大的连锁药店，占有20%的零售药品份额。CVS是第二大连锁药店，占有16%的份额。来自《道琼斯新闻服务》2004年2月25日的文章："CVS Is Good Medicine for Investors。"

② 我们使用感冒药一词来概括所有标注了窦性头痛、过敏和咳嗽之类的药物。

③ 药物剂型包括药片、胶囊、口服液、"凝胶片"等。

④ http://www.cvs.com网站提供了一种通过邮寄来订购药品（以及其他产品）的方式。网站由CVS运营，它同时也拥有一个庞大的零售连锁药店体系。

⑤ 用于治疗感冒的药品。——译者注

⑥ Novartis也提供一种含500毫克对乙酰氨基酚和30毫克盐酸伪麻黄碱的产品，Tavist Allery/Sinus/Headache。

⑦ 这些数据来自http://www.cvs.com，而不是来自我们的沃尔格林数据。为了将捆绑折扣区分出来，我们需要保持包装规模不变。为达到这一目的，需要得到表4—1中的六类产品（只含对乙酰氨基酚成分、只含盐酸伪麻黄碱成分、品牌产品及普通产品的组合成分药）的一种常见的包装规模。沃尔格林数据不能提供这种对比，但从CVS网上获得的数据可以做到这一点。

⑧ 或称捆绑产品。——译者注

大大低于只包含一种成分的各独立产品的价格之和。相对于只购买加强剂量的泰诺，消费者购买含有盐酸伪麻黄碱成分的泰诺头痛药需额外支付2美元，这只是每包24片装速达非价格的44%。若购买含有对乙酰氨基酚成分的速达非头痛药每包需额外支付1.4美元，该价格是每包24片装加强剂量泰诺价格的35%。在CVS网站所列的产品中，这种对比更加明显。购买组合成分产品中的对乙酰氨基酚成分的增量价格只需0.5美元，是单独购买对乙酰氨基酚药片的17%。[①]

表4—1 **每包24片/粒的价格** 单位：美元

| 品牌 | 组合产品 | 仅有盐酸伪麻黄碱 | 仅有对乙酰氨基酚 |
|---|---|---|---|
| 泰诺 | 5.99 | NA | 3.99 |
| 速达非 | 5.99 | 4.59 | NA |
| CVS | 3.99 | 3.49 | 2.99 |

注：泰诺："泰诺鼻窦胶囊"（组合产品）和"泰诺强效胶囊"。速达非："速达非鼻窦和头痛胶囊"（组合产品）和"速达非鼻窦和感冒胶囊"。CVS："高效无阿司匹林鼻窦胶囊"（组合产品）、"高效止鼻充血胶囊"、"强效无阿司匹林胶囊"。NA表示不存在两者的混合。剂量大小为30毫克盐酸伪麻黄碱，500毫克对乙酰氨基酚。

资料来源：下载自CVS官方网站（http：//www.cvs.com)，2004年2月11日。

也有一些产品由盐酸伪麻黄碱和布洛芬成分组成。这个对比并不是很清晰，因为我们考察的是20片包装而非24片包装的组合产品。而且，正如在接下来的4.4.2节中将说明的（这也是众所周知的)，每片药的价格通常是包装规模的减函数。因此，将捆绑产品中每片药的价格与单独销售的稍大包装中每片各组成成分药片价格之和进行对比，就会低估捆绑的收益。我们观察到每包20片雅维头痛感冒药的价格是6.29美元，每片药的价格不到0.32美元。若分别购买一包24片的雅维和一包24片最大剂量的速达非，每片的价格之和将超过0.49美元。[②] 若考察每片药的价格，那么捆绑产品的价格是成分产品

① 在我们所观察到的沃尔格林数据中，可作对比的24片泰诺头痛药的价格是6.99美元，24片加强剂量泰诺的价格是4.99美元，24片速达非的价格是6.79美元。因此，品牌组合成分药的价格只比单独的速达非产品高出0.20美元。在沃尔格林连锁药店，24片加强剂量对乙酰氨基酚的价格是2.99美元，24片最大剂量盐酸伪麻黄碱的价格是3.49美元。我们尽管未能在沃尔格林连锁药店中发现含有两种成分的产品，但却发现了一种含有这两种成分以及25毫克盐酸苯海拉明（抗组胺剂）的每包24片的产品，价格是3.99美元。

② 我们所观察到的24片雅维的价格是4.99美元。如上条注释所述，在沃尔格林连锁药店，我们所观察到的一包24片速达非的价格是6.79美元。

药片价格之和的64%。对于药店品牌，每片捆绑产品的价格低于0.21美元，两种分开销售的产品每片价格之和为0.27美元，前者比后者低21%。[①]

从以上这些对比中发现的一个显著特征是，消费者为捆绑药品所支付的价格——既包括品牌类产品也包括非品牌类产品——要明显低于他们购买同样成分但却是分开单独销售的药品的价格。当然，对于那些所有成分都需要的消费者来说，便既获得了低价格，同时也享受到了便利。

4.4.1.2 对不同剂量的定价

把同样的有效成分组合到更少的药片中，或者是我们所观察到的特定包装规模下的组合成分药，在这两种情况下价格会比较低的现象，同样也适用于不同剂量时的情形。

1. 镇痛药

泰诺为成人提供了三种剂量形式[②]：常规剂量（325毫克/片）、加强剂量（500毫克/片），以及止痛剂量（650毫克/片）。在某种程度上，每片止痛剂量药片可以看作是对两片常规剂量药片的捆绑。因此，购买两包100片常规剂量的泰诺而未购买一包100片止痛剂量泰诺的情形，便类似于分别购买泰诺和速达非产品而不是采取购买（捆绑的）窦性头痛药片的形式。

表4—2呈现了我们所观察到的价格，其揭示了组合产品的经济性以及泰诺产品的一个一般定价模式。首先，注意一下药片量是50和100时的这两种情况，更大包装加强剂量的增量价格很小。对于50片的包装规模，止痛剂量所含有效成分会多出30%，该部分的追加价格只有0.20美元，价格只提高了2.8%。对于100片的包装规模，止痛剂量的价格高出加强剂量的10%。加强剂量所包含的有效成分比常规剂量大约多出50%，追加价格是0.60美元，提高了6.4%。和我们上一节所对比的捆绑情形最类似的情况是，购买一包100片的止痛剂量药和购买两包100片常规剂量药之间的比较。二者有效成分的含量是

① 沃尔格林连锁药店出售的产品有WalProfem药片（布洛芬）、WalPhed（盐酸伪麻黄碱）和WalProfem头痛感冒药。我们所观察到的价格是，20片WalProfem头痛感冒药的价格是4.29美元，24片WalProfem药片的价格是2.99美元，24片WalPhed的价格是3.49美元。

② 同时也提供青少年的剂量形式。

相同的，但购买两包常规剂量药所需支付的价格几乎是一包同等剂量的止痛剂量药片的两倍。如表4—2所示，一包止痛剂量药片的价格是10.99美元，而两包常规剂量药片的价格之和是18.78美元。①

表4—2　　**不同剂量泰诺的价格**　　单位：美元

| 药片数量 | 常规剂量（325毫克） | 加强剂量（500毫克） | 止痛剂量（650毫克） |
|---|---|---|---|
| 50 | | 7.19 | 7.39 |
| 60 | | 7.89 | |
| 100 | 9.39 | 8.99 | 10.99 |
| 150 | | 14.29 | |

资料来源：2003年4月3号芝加哥密歇根大道第757号沃尔格林连锁药店。

表4—3列出了沃尔格林连锁药店所售对乙酰氨基酚（一种替代阿司匹林的解热镇痛药）的类似数据，其中的规律要更复杂一些。和感冒药可进行清晰对比的是100片药量规模的情况。两包常规剂量对乙酰氨基酚的合计价格是9.98美元，比单包止痛剂量药7.99美元的价格高出了25%。但这并不是个普遍规律，并不意味着每毫克止痛剂量的价格都比其他剂量的价格低。②

表4—3　　**沃尔格林连锁药店不同剂量和不同包装规模对乙酰氨基酚的价格**　　单位：美元

| 药片数量 | 常规剂量（325毫克） | 加强剂量（500毫克） | 止痛剂量（650毫克） |
|---|---|---|---|
| 24 | | 2.99 | 3.99 |
| 50 | | | 5.49 |
| 60 | | 3.99 | |
| 100 | 4.99 | 5.99 | 7.99 |
| 175 | | 7.99 | |
| 250 | | 8.99 | 13.99 |
| 500 | | 11.99 | |

资料来源：2003年4月3号芝加哥密歇根大道第757号沃尔格林连锁药店。

① 进一步注意，一包60片加强剂量的泰诺与100片常规剂量的药品有效成分的含量相同，但价格要低1.50美元。

② 在表4—3中，除了一个特殊价格之外，其他所有价格都要比整数价格低0.01美元，这一特殊价格要比0.50美元的整数倍低0.01美元。这种定价特征可对关节炎止痛剂量没有体现捆绑效率这一现象做出部分解释。例如，24片包装以3.49美元的价格出售可能不足以弥补追加支出。我们接下来会探讨，如果对于关节炎止痛剂量药品的需求很少的话，那么可能就需要一个较高的边际加价来弥补占用货架的固定成本支出。

2. 感冒药

盐酸伪麻黄碱有三种剂量形式。“最大剂量”每片含有30毫克。“12小时剂量”每片含120毫克，“24小时剂量”每片含240毫克。表4—4列出了我们所观察到的不同包装规模以及不同剂量的速达非、康泰克（另外一种盐酸伪麻黄碱的品牌），以及沃尔格林连锁药店所售盐酸伪麻黄碱的价格。表4—4提供了一个清晰的对比，类似于前面所分析的捆绑情形。一包10片装24小时速达非的价格是9.99美元，而两包10片装12小时速达非的价格是12.98美元。并且，进一步能够注意到，5片24小时速达非药片的价格比10片12小时的价格要低一些，10片装24小时速达非药片的价格比20片装12小时的价格要低。这种差异并不是很大。24小时剂量成本节约的一个比较明显的来源是，其将独立包装的药品改换成了药片。由于药片数量上的差异很小，所以不能期待更大的成本差异。①

表4—4　不同品牌、剂量、包装规模的含有盐酸伪麻黄碱的药品价格　单位：美元

| | 30毫克/片 | | 120毫克/片 | | 240毫克/片 | |
|---|---|---|---|---|---|---|
| 药片数量 | 速达非 | 沃尔格林 | 康泰克 | 速达非 | 沃尔格林 | 速达非 |
| 5 | | | | | | 5.99 |
| 10 | | | 6.79 | 6.49 | 3.99 | 9.99 |
| 20 | | | 9.49 | 10.49 | 6.49 | |
| 24 | 6.79 | 3.49 | | | | |
| 48 | 9.49 | 5.99 | | | | |
| 96 | | 14.99 | | | | |

资料来源：2003年4月3号芝加哥密歇根大道第757号沃尔格林连锁药店。

4.4.1.3　包装规模效应

我们要描述的第三个经验规律是关于包装规模的，这可被视为另外一种形式的捆绑。一包200片药量的包装可看作是对两包100片包装的捆绑。除了可以为捆绑收益提供另外一份依据之外，来自不同包装规模下的价格数据还提供了产品固定成本的分析视角。

相比于感冒药及抗组胺剂，镇痛药为包装规模效应分析提供了更好的依据，原因在于其包装规模所涉及的范围比较广。图4—1显示

① 注意表4—4中的一个特殊现象，96片最大剂量沃尔格林药品的价格要比其一半数量的药片价格的两倍还高。这一价格是个例外。一般来说，大包装下每片价格会低一些。

的是加强剂量对乙酰氨基酚的数据，图 4—2 呈现了布洛芬的数据。每张图中含有两份数据：一份是品牌产品的；另一份是沃尔格林药店的产品。所有这四组数据都是凹的，并且具有正截距。

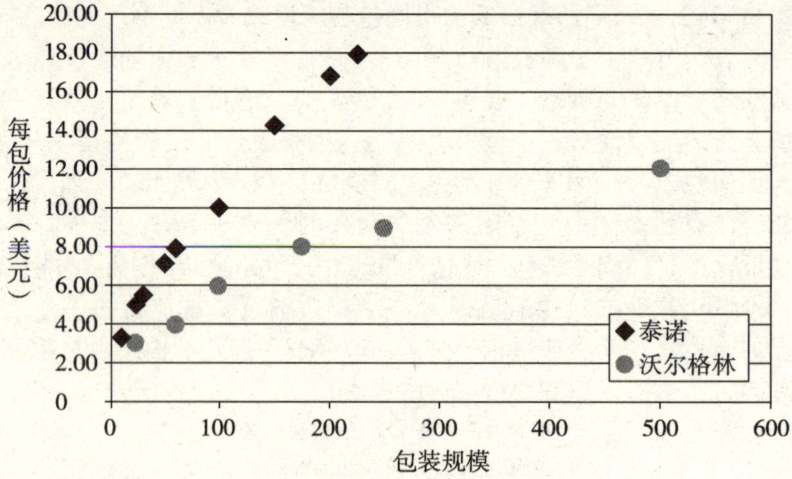


**图 4—1　加强剂量对乙酰氨基酚的价格**

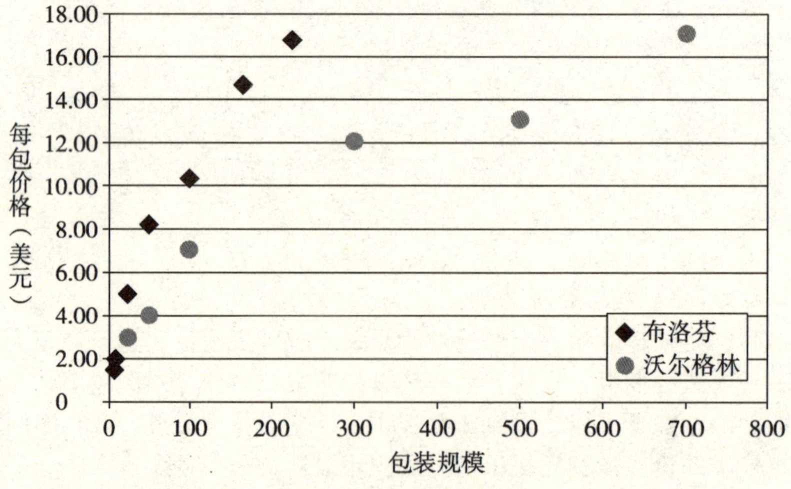


**图 4—2　布洛芬的价格**

## 4.4.2　回归结果

在上述分析结果的基础之上，现在我们试图通过评估一个回归方程，来描述消费者从购买捆绑药品中所获得的收益。我们收集的数据有305组。这其中包含各种药剂形式，如药片、口服液及胶囊。为避免因对药剂形式处理不同而出现偏差，我们将关注的范围限制在药片或与药片定价几乎相同的包装形式上①，这样就排除了很大一部分含有止咳成分的药品。并且，治疗咳嗽的有效成分的种类要比感冒药、抗组胺剂以及镇痛药的种类多很多，我们担心可能无法对每种止咳成分的定价情况进行有效评估。因此，我们排除止咳药。更准确地说，我们将所关注的药片成分限制在镇痛药对乙酰氨基酚和布洛芬、解充血盐酸伪麻黄碱、抗组胺剂扑尔敏以及盐酸苯海拉明上。② 这样就只剩下112组数据了。

为获得品牌效应和前面所谈到的包装规模方面的非线性特征，我们采取如下形式进行说明：

$$P_i = b_0 + b_1 B_i + b_2 T_i + b_3 T_i^2 + b_4 T_i B_i + b_5 T_i^2 B_i + \sum_{j=1}^{N} c_j Z_{ij} \quad (1)$$

其中：$P_i$ 是第 $i$ 类包装的价格；$T_i$ 是第 $i$ 类包装中所含药片的数量；$B_i$ 是对第 $i$ 类包装的品牌虚拟变量；$Z_{ij}$是第 $i$ 类包装里 $j$ 成分的含量。

这个例子中所呈现出来的品牌溢价引发了对捆绑效果的探讨。③如果想有一个大概的认识，可以看一下表4—1。对于品牌产品来说，捆绑折扣的计算方法为泰诺加强剂量和速达非最大剂量的价格之和减去泰诺头痛药（或速达非头痛药）的价格。两部分产品的价格都包含一个品牌溢价。④ 除非捆绑产品的价格包括双份品牌溢价，不然的话，就会有一部分捆绑折扣反映的是品牌溢价效应。⑤

在我们的描述中，品牌溢价是药片数量的二次函数。这种函数形式对估计企业如何形成品牌溢价具有一定的灵活性，但这并不说明品

---

① 这种筛选排除了口服液及“胶囊”等其他包装形式，以这些形式进行销售的主要目的是为了获取溢价。

② 因此，我们排除了含有止咳成分的药。相比于其他种类的药，我们所观察的药含有的止咳成分要多一些，无法获得足够的数据对每种止咳成分的价格效应进行准确的估计。

③ 对数模型在处理品牌溢价问题上具有优势，但有两个原因导致对数模型对本文分析不太合适。首先，将截距项解释为对成本的反映（在下一节中会对此进行详细论述）需要用线性形式来描述。其次，各种组成成分对成本的影响被假设为是叠加的，但对数模型会假设它们的影响是相乘的。

④ 泰诺是强生公司的品牌，而速达非是辉瑞公司的品牌，这一事实是比较有趣的，但如果由一家公司拥有这两种品牌，也会产生同样的问题。

⑤ 我们将会看到，在这个例子中，品牌效应解释了很大一部分的捆绑折扣。要想准确解释这一部分效应，需要超越现有经济学文献，对品牌溢价的来源有更好的认识。品牌效应问题可以单独构成一章来研究。在本章中，我们只是对其进行描述，对该效应的解释将是未来研究的一个潜在方向。

牌溢价是有效成分含量的函数，也不能说明品牌溢价取决于每片药中有效成分的含量。[①] 我们做了一个回归分析，其中品牌溢价依赖于有效成分的含量。但结果并不能说明捆绑的品牌产品比非捆绑产品具有更高（绝对）的溢价。[②]

我们的估计方程是：

$$R_i = 2.31 + 0.029T_i - 3.3\times10^{-5}T_i^{2} + 0.63B_i + 0.054T_iB_i - 1.23\times10^{-4}T_i^{2}B_i$$

$$(7.25)^{*}\ (1.89)\quad (4.12)^{*}\ (1.47)\quad (5.15)^{*}\quad (2.85)^{*}\quad (2)$$

$$+0.014IB_i + 0.012AC_i + 0.065PH_i + 0.035CM_i + 0.042DI_i$$

$$(0.95)\quad (0.85)\quad (5.13)^{*}\quad (1.90)\quad (2.90)^{*}$$

$s = 1.24$，$R^2 = 0.91$，$F = 132.31^{*}$，$N = 112$

注：括号中的数值是基于异方差一致性标准偏误的渐近 $t$ 统计量的绝对值。星号（$^{*}$）表示在1%（双尾）的显著性水平下是显著的。

其中：$IB_i$ 为第 $i$ 包药品中所含 200 毫克的布洛芬；$AC_i$ 为第 $i$ 包药品中所含 500 毫克的对乙酰氨基酚；$PH_i$ 为第 $i$ 包药品中所含 30 毫克的盐酸伪麻黄碱；$CM_i$ 为第 $i$ 包药品中所含 2 毫克的扑尔敏；$DI_i$ 为第 $i$ 包药品中所含 25 毫克的苯海拉明。

有效成分前面变量的系数都是正的，尽管只有盐酸伪麻黄碱和苯海拉明变量前面的系数是显著的。对乙酰氨基酚和布洛芬之前的系数比较小，并且估计得不是很准确。这两个系数小是能讲得通的。散装的对乙酰氨基酚和布洛芬大约是 8 美元/千克[③]，这样算来，每 500 毫克对乙酰氨基酚药片的价格是 0.004 美元，每 200 毫克布洛芬的价格是 0.0016 美元。

上述回归揭示出消费者购买捆绑产品可获得的三项主要收益来源。第一项来自截距项 2.31 美元，该项在统计上是高度显著的。购买捆绑产品的消费者在价格上支付了一个固定的额度。购买两个独立产品的消费者需支付两份这样的额度。第二项收益来源与药片数量有关，是 $0.029T_i - 3.3\times10^{-5}T_i^{2}$ 这一项。同样的，购买捆绑产品的消费者只需为此支付一次，但购买两种独立产品的消费者需要支付两

① 如果有人愿意比较上述三种不同剂量的泰诺，从中估计品牌溢价到底是取决于药片数量还是对乙酰氨基酚成分的含量，这将会是件比较有趣的事情。

② 我们认为，捆绑的品牌效应对于理解品牌问题是比较有意思的，但在这里我们不对该问题继续深究下去，因为我们感觉这并不是一个具有普遍性的捆绑效应。

③ 参见 http：//www. the-innovation-group. com/ChemProfiles/Acetaminophen. htm 和 http：//www. tulika. com/exportprices. htm 网站。

次。这项节省下来的费用在 24 片/包的情况下是 0.67 美元，在48片/包的情况下为1.29美元。因此，除去品牌效应，基于成本因素的节约在24片包装中是2.98美元，在48片包装中是3.60美元。第三项收益只适用于购买品牌产品。该项收益由 $0.63+0.054T_i-0.00012T_i^2$ 式给出。计算可得，24片/包和48片/包分别可节省1.84美元和2.92美元。①

## 4.5 对捆绑折扣进行模型分析

选取这个案例是因为其具备我们模型所希望获取的一些特征。不同种类的药品既可以分开销售也可以组合在一起进行销售。对消费者具有不同偏好的假设似乎也成立。使用表4—1的例子进行说明，一些人有头疼的问题，只需要镇痛药对乙酰氨基酚。一些人身患感冒，就只需要盐酸伪麻黄碱。还有一些人有窦性头痛的毛病，便二者都需要。② 由于在包装成本、药片生产以及交易费用方面的节约，捆绑产品的边际成本比没被捆绑的产品的边际成本之和要低。由于混合捆绑的存在还是比较普遍的③，所以固定成本似乎并没有大到能够阻止人们获得一种产品的地步，但仍然存在一定的固定成本。每单位额外储存的产品都给零售商造成了一定的成本，因为其需要订购产品、保持存货等。此外，其所销售的每种产品都需要占用一定的货架空间。这类货架成本即是在会计上被称作“半固定成本”或“阶梯”成本的例子。对于所有的产出水平，未必一定会产生这些固定成本，但对于零散的单位（或“某些阶梯”）却会产生这些成本。这些成本应当被看作是固定的还是边际的，取决于各阶梯的规模相对于总需求的比重。对于货架空间需要被视为固定支出还是边际支出，我们还没有足

① 这些估计数字是对购买含两种有效成分的捆绑药品与分别购买各成分药品相比较之后的节省。购买含有三种有效成分的捆绑药品与分别购买各成分药品的节约将是这个数字的两倍。

② 模型假设只需要一种成分的消费者愿意购买含有该成分的捆绑产品。用经济学术语来说，我们假设可自由处置。这当然不适用于这个例子。对于许多只是头痛的人来说，他们无疑愿意只选择镇痛药而不会选择镇痛加解充血药的组合产品。

③ 这一观点需要一些限定条件。举例而言，强生制药公司的品牌有只含对乙酰氨基酚成分的药，同时也有对乙酰氨基酚与盐酸伪麻黄碱成分组合捆绑的药。但没有只含盐酸伪麻黄碱成分的药。这种捆绑模式是公司从自身利益出发考虑的，但市场结果却未必是捆绑在一起的。人们能够买到独立的含盐酸伪麻黄碱成分的药。由于强生制药公司也出售不含其他附加成分的泰诺产品，因此其搭售行为并未引起相关的反垄断问题。

够的信息对这个问题进行判断，但至少能够大致推断出它更像是固定成本。①

模型中巨大的品牌溢价可能会引起对进退无障碍假设适用性的质疑。对此，我们有两种解释。第一，我们所进行的经济计量分析使得我们能够对品牌溢价的大小进行评估，因此可以将其从所估计的成本中剔除。第二，即便泰诺是对乙酰氨基酚的一个主导品牌，垄断模型也未必是理解其定价行为的最佳形式。正如任何模型中的假设一样，进退无障碍假设只是一种近似状态，而非一种严格的事实。该假设所暗含的意思是，价格主要由成本决定，而需求弹性只起次要作用。该假设的基本原理是，企业面临充分的竞争约束，既面临实际存在的竞争约束（其他镇痛药，如布洛芬和一般的对乙酰氨基酚），同时也面临潜在的竞争约束（其他能够直接生产该产品的药品公司），这两方面的竞争约束严格地限制了价格超出成本的范围。

由于我们所感兴趣的结论是对捆绑折扣做出解释，因此在竞争模型和垄断模型之间做出选择就是比较关键的。我们将捆绑折扣看作是对成本的反映。将捆绑视为一种价格歧视的模型似乎提出了另一种替代的基于需求的解释。在对这两种相互竞争的解释方法进行比较时，需要清楚模型所要说明的问题是什么。我们所要说明的一个关键事实是，不仅存在捆绑折扣，并且其数额非常巨大。基于成本的模型提供了一个简单的解释，既然有效成分只占产品成本的一小部分，那么生产及销售一包含有对乙酰氨基酚和盐酸伪麻黄碱成分药品的成本，只比生产和销售一包仅含对乙酰氨基酚成分药品的成本高出一点儿。由于捆绑产品更可能会提供便利，因此我们怀疑垄断价格歧视模型是否能够解释捆绑折扣（而非溢价），更不用说像我们所观察到的这样大幅度的折扣了。

不管怎样，我们的主要目的并不是要声称该模型提供了完备的解释，而是要发展用来评估产品组合是否为最优的技术。即便假设捆绑

---

① 与这个问题相关的一个信息是：某一商品所占用的货架数目。在美国的食品杂货店，经常会见到各类摆放两升可乐的货架，并且当可乐打折销售的时候，货架的数目也会随之增加。在这个例子中，货架被视作边际成本。当只有一个货架用于摆放某种商品时，就应当将货架空间看作固定成本。

折扣是基于成本的，其福利含义也要比最初所预期的更为复杂。为说明这个问题，我们将正式提出模型。

在最简单的情况下①，设 $X_1$ 是只需要产品 1 的消费者人数，$X_2$ 是只需要产品 2 的消费者人数，$X_B$ 是二者都需要的消费者人数。设 $F$ 是某种产品的固定成本，$c_1$ 和 $c_2$ 分别是产品 1 和产品 2 的边际成本，$c_B$ 是捆绑产品的边际成本，有 $c_B \leqslant c_1 + c_2$。设 $p_1$、$p_2$ 和 $p_B$ 分别是产品 1、产品 2 以及捆绑产品的价格，那么进退无障碍情况下的价格是：

$$p_i = c_i + \frac{F}{X_i} \quad i \in \{1, 2, B\} \tag{3}$$

捆绑折扣（$DB$）可由下式表示：

$$DB = p_1 + p_2 - p_B = c_1 + c_2 - c_B + \frac{F}{X_1} + \frac{F}{X_2} - \frac{F}{X_B} \tag{4}$$

就像式（4）所清楚表明的那样，捆绑折扣有两个可能的来源：一个是边际成本节约，$c_1 + c_2 - c_B$；另一个和固定成本有关。分开购买两类产品的消费者支付了两份固定成本，而购买捆绑产品的消费者只支付一份。

在 $X_1$、$X_2$ 和 $X_B$ 为未知的情况下，我们无法确定捆绑折扣是否可归因于固定成本。但在实际中，它似乎是这样，为了弥补其成本，零售商必须在其所销售的产品上进行“加价”。只有当零售商在捆绑产品上的加价至少是组成成分的加价之和时——但没有理由假设它就是这样，消费者支出的部分节约才能反映零售加价。

Evans 和 Salinger 于 2004 年所得出的一个重要结论是，即使不是总成本最小化的组合，混合捆绑也会发生。在混合捆绑条件下，一定存在捆绑折扣②，但个人从捆绑折扣中的节约并不一定代表社会节约。若我们用 $SB$ 表示从捆绑中得到的成本节约③（基于单个消费者基础之上的考察，以便和捆绑折扣相比较），于是有：

$$SB = c_1 + c_2 - c_B - \frac{F}{X_B} = DB - \frac{F}{X_1} - \frac{F}{X_2} \tag{5}$$

① 在这种情况下，每组需求对于价格的波动是完全没有弹性的。参见 David S. Evans 和 Michael A. Salinger “The Role of Cost in Determining When Firms Offer Bundles and Ties”（2004 working paper, http://ssrn.com/abstract=555818）一文的附录，它可作为了解需求对价格敏感程度的延伸阅读。

② 否则，两种成分都需要的消费者就不会购买捆绑产品了。

③ $SB$ 表示在产品 1 和产品 2 都单独提供的情况下捆绑产品所产生的节约。

式（5）中的前三项反映了边际成本，和式（4）相同。对于边际成本，个人节约就意味着社会节约。式（5）的最后一项也是式（4）的最后一项。有一项提供捆绑所需的社会固定成本需要从边际成本节约中扣除。在进退无障碍市场上，购买者也承受了该项成本。式（4）和式（5）的差异来自于式（4）中反映两类产品平均固定成本的两个式子。对于那些二者都需要的人群，如果分开购买，其所支付的价格就反映了该部分成本。但如果他们取而代之购买捆绑产品，他们会获得一部分个人收益，该收益来自于无须支付的固定成本，但这里却不存在相应的社会收益，因为组合产品的固定成本并没有减少。

式（5）中的最后一项提供了一个从捆绑折扣中推断捆绑成本节约（混合捆绑情况下）的简易办法。该式表明，成本节约（对购买捆绑产品的每个消费者而言）等于捆绑折扣减去两种单独产品的平均固定成本。

下面的一组例子阐明了上述观点：

例1：$c_1=c_2=2$，$c_B=2.9$，$F=0$，$X_1=X_2=X_B=100$

例2：$c_1=c_2=1$，$c_B=1.9$，$F=100$，$X_1=X_2=X_B=100$

在这两个例子中，唯一可维持的结果是，价格 $p_1=p_2=2$ 并且 $p_B=2.9$ 的混合捆绑，[①] 其中的捆绑折扣十分明显。在例1中，捆绑折扣完全反映了社会节约。满足需求的混合捆绑的总成本是690，分别提供产品的总成本是800，要多出110。在例2中，满足需求的混合捆绑的总成本是690，和例1一样。与例1相反的是，满足需求的单独销售两种成分产品的总成本只有600。[②] 除非捆绑产品为两种产品都需要的消费者提供了便利，否则混合捆绑将是无效率的，尽管存在显著的捆绑折扣。

---

① 这一点对于例1比较明显。在例2中，在完全单独销售的情况下，每种成分产品的售价将是1.5美元（计算为 $1+100\div200$）。两种产品都购买的消费者需支付3美元。这个结果不可维持，因为其会受到以2.90美元捆绑价格进入的威胁。类似的，纯捆绑也是不可维持的。纯捆绑的价格是 $2.9+100\div300\approx3.23$。由于进入者可通过将任何一种成分产品定价在3美元来实现盈亏平衡，因此，纯捆绑的价格也是不可维持的。

② 在例2中，捆绑会导致边际成本的节约。即便捆绑不存在边际成本节约，混合捆绑仍可以继续维持下去（并且是没有效率的），但这不是唯一可维持的结果。组合销售也将是可维持的。当 $X_B$ 大于 $X_1$ 和 $X_2$ 的等比中项时，混合捆绑将是唯一可维持的结果，这时不存在捆绑的边际成本节约。关于更全面的解释，可以参见 David S. Evans 和 Michael A. Salinger "The Role of Cost in Determining When Firms Offer Bundles and Ties"（2004 working paper，http：//ssrn. com/abstract =555818）一文。

同样的结论也适用于某个组成部分。在混合捆绑情况下，每种成分的价格要低于捆绑的价格①，但这并不意味着分开提供产品会降低成本。设 $DC_i$ 和 $SC_i$ 分别表示提供产品 $i$（假设捆绑存在的情况下）的折扣和成本节约（对消费产品 $i$ 的每个顾客而言），则有：

$$DC_i = p_B - p_i = c_B - c_i + \frac{F}{X_B} - \frac{F}{X_i} \tag{6}$$

$$SC_i = c_B - c_i - \frac{F}{X_i} = DC_i - \frac{F}{X_B} \tag{7}$$

式（7）说明，为从分别提供情况下推出成本节约，需要从捆绑折扣中减去捆绑产品价格中的平均固定成本。

再回到我们的定价回归分析中，捆绑折扣由三部分组成：截距项、药片变量的系数和品牌变量的系数。如前所述，我们只关注前两部分。方程将价格中与包装规模有关的固定和可变成本部分进行了区分。在我们的模型中，关键在于对顾客而言，成本是固定的还是边际的。从某种程度上来说，将有效成分加进药片中以及包装本身的成本，无论是在每包规模上还是对于顾客来说，都是边际成本的例子。在某种程度上，包装成本上升的比例要低于药片数量所引发的成本，一部分包装成本还反映在截距项上。即便这部分相对于包装规模而言是固定的，但对于消费者来说却是可变的。② 另外一种这类成本的例子是，店员在完成交易的过程中所耗费的时间成本。最后，不管是对消费者来说还是对于包装规模而言，一些成本都是固定的。提供额外一个库存单位的成本、货架空间成本在很大程度上就是其例证。③

---

① 模型另外一个简化的假设是，只需要一种产品的消费者从另外一种产品中既没得到好处，也没受到什么负面影响。因此，他们会把捆绑看作是对其所需要的产品的完全替代品。这一假设并不适用于现实情况，例如，许多只需要镇痛药的消费者并不愿意同时也得到感冒药。正如将便利的价值纳入到捆绑模型中加以考虑是件比较容易的事情一样，我们同样假设，只需要一种成分的消费者愿意为该产品支付一定的溢价而不去购买捆绑产品。

② 包装成本至少部分体现在截距项上的观点，并不要求包装规模成本方程表面上一定存在正的截距项。如果我们直接考察包装成本，我们对于捆绑边际成本节约的估计是基于某一特定包装规模，例如24片或者48片装的成本来进行计算的。表面上，如果截距项反映的是0片包装的成本，这和计算捆绑收益就毫不相关了。由于我们选择二次方程的形式，特定包装规模的成本将部分反映在截距项上。

③ 也有可能有些成本对于包装规模而言是可变的，但对于消费者来说是固定的。例如，大包装会需要更多的货架空间。我们对于价格中固定成本部分的估计过程忽略了这种可能性。

# 4.6 对包装规模定价规律中固定成本和边际成本效应的分解

现在我们将展示如何运用 4.4 节中所描述的包装规模规律来将捆绑和组合产品折扣分解成边际成本和固定成本部分。这样的分解有助于我们衡量从每个产品中可获得的（也许会是负的）成本节约（对单个消费者而言）。

我们基于成本之上对价格折扣所做出的解释同样会引发下述问题：捆绑折扣是对成本的反映还是说是一种价格歧视。取决于数量的垄断定价理论似乎可以提供另外一种解释。关于捆绑折扣，存在几种解释。第一，成本提供了一个有力的解释。在成本中，药片本身只说明了一小部分，包装成本比较显著，并且伴有规模经济。各类交易费用似乎与包装规模的大小无关。第二，所有产品的包装规模都比较小，这是我们所发现的一个现象。即使在垄断模型中，如果不考虑产品的固定成本，要做出相应的解释也是比较困难的。第三，考察一下盐酸伪麻黄碱药品，一般有 24 片/包和 48 片/包的情况，并不能排除一些人想购买 72 片/包的可能性。非线性定价理论预测到，与购买 48 片的人相比，这些人会得到一个每片更低的价格。他们会购买一包 48 片的和一包 24 片的或者是两包 48 片的，其所支付的每片价格都会比购买 72 片的人高。

## 4.6.1 理论

要理解由产品而产生的固定成本的大小，关键在于考察那些实际并不存在但可以构想的产品。在我们所考察的实例中，并不存在搭售产品的情况。① 在我们所考察的以捆绑形式销售的产品中，药品的所有组成成分都可以被分别购买到。我们不考察不存在的产品，而是去看一下那些没有被提供的包装规模。图 4—1 和图 4—2 中所呈现的价格和包装规模之间的关系提供了一些包装规模经济方面的经验事实。

① 其他使用或提出类似分析方法来估计固定成本的论文有：Bresnahan 和 Reiss（1987）；Pakes 和 McGuire（1994）；Ericson 和 Pakes（1995）；Fershtman 和 Pakes（2000）；Miravete（2004）；Pakes、Ostrovsky 和 Berry（2004）。

从中得出的结果是，那些需要较多数量的消费者购买一大包产品要比购买几小包更划算。但并不是所有可能的包装规模都会被提供。例如，沃尔格林所销售的加强剂量的泰诺，包装规模有每包24片、100片、150片、200片和225片的。其不销售175片/包的。没有理由认为并不存在想要购买175片包装的消费者。这些消费者只好选择购买一包200片的然后浪费掉其中的25片，或者是购买一包150片的，然后再购买一包24片的作为补充[①]。由于存在包装规模经济，这两个解决方案都不能为消费者提供若市面上存在175片包装的所能带来的实惠价位。

为估计未能使175片包装面市的成本因素，我们需要引进某种理论对我们先前论文的进退无障碍竞争环境下的分析进行扩展。一般的方法是将所提供的产品系列及其价格视为一个可以维持的市场结果，这意味着另外一种产品的进入（在本例中是指不同的包装规模）是无法获利的。设 $Q_i$、$Y_i$ 和 $P_i$ 分别表示包装规模、购买者数量以及第 $i$ 包的价格，$i=1$ 或 2 并有 $Q_1<Q_2$。设 $C$（.）表示向额外一个消费者出售一包特定规模药品的边际成本。那么，进退无障碍竞争的结果中价格等于平均成本意味着：

$$P(Q_i)=\frac{F}{Y_i}+C(Q_i) \tag{8}$$

设 $\overline{Q}$ 是 $Q_1$ 和 $Q_2$ 的平均数，并假设 $\overline{Q}$ 会以一个更低的价格被提供，那么购买 $Q_2$ 的人群中有一半的人会取而代之购买 $\overline{Q}$。提供的价格为：

$$P(\overline{Q})=\frac{2F}{Y_2}+C(\overline{Q}) \tag{9}$$

现在我们需要简化假设，认为 $Q_1$ 和 $Q_2$ 之间是比较接近的，因此，边际成本函数的线性趋近是合理的，并有 $Y_1=Y_2$。在这些附加的假设条件下，很明显地表明了，如果满足以下条件，提供介于 $Q_1$ 和 $Q_2$ 之间的包装规模是不太可能的：[②]

$$\frac{F}{Y_2}>\frac{p_2-p_1}{2} \tag{10}$$

① 这样做当然会使消费者得到的药片数量比其想要的数量少一片。

② 这一条件保证了现有的供给是可维持的，即便存在处于两种包装规模之间的包装规模。更一般的情况下，可以认为该供给对于任何可能的中间规模来说，都是可维持的。如果是这样的话，就不需要我们所作的关于边际成本和需求的简化假设了。

## 4.6.2 结果

式（10）左侧是价格中能够弥补固定成本的部分。任何一系列连续的包装规模都会产生一组估计数据。图4—3展示了我们对于固定成本下限进行估计的柱状图，该测算来自图4—1和图4—2中的数据。平均值是1.33美元，中值为1.20美元，分布范围为1.00美元到1.50美元。采用中值作为我们的估测值，我们估计每包价格中有1.20美元代表了固定成本部分。

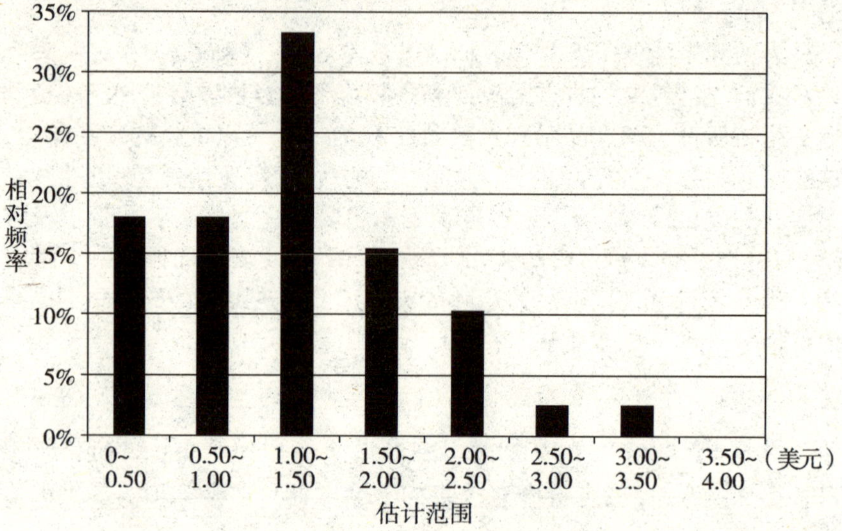


**图4—3 平均固定成本下限的估计值**

在4.4节中，我们估测了含有两种有效成分的24片/包和48片/包情况下，基于成本的节约[①]分别为2.98美元和3.60美元。假设按照我们所估计的1.20美元反映了固定成本部分，这就意味着边际成本节约分别是1.78美元和2.40美元。运用式（5），我们估算出每个消费者从捆绑产品中得到的成本节约分别为0.58美元和1.20美元。

对于含有三种有效成分的药片而言，私人节约和净节约都会更大。私人节约是之前的两倍，为5.96美元，其中3.56美元反映了边际成本节约，2.40美元是平均固定成本部分。在边际成本节约的

① 我们所说的基于成本的节约意思是说和品牌效应无关。

3.56美元当中，包含了社会收益，我们需要减去额外1.20美元的平均固定成本，净成本节约为2.36美元。

对于大包装规模来说，从捆绑中获得的收益会更大。以48片装为例，我们的回归方程显示，含有两种或三种成分药片的私人收益分别是3.60美元和7.20美元。捆绑产品中，成本方面的节约分别为1.20美元和3.60美元。[①]

我们也可以运用式（8）来测算单独提供一种产品是否存在成本节约。再次考察表4—1中的例子。回归结果显示，对于只想购买对乙酰氨基酚的人来说，购买捆绑了盐酸伪麻黄碱的对乙酰氨基酚药品的边际成本为0.065美元×24=1.56美元。由于此项超出了我们所估算的1.20美元的平均固定成本，我们测算出单独提供对乙酰氨基酚药品的成本节约是0.36美元。对于那些只需要盐酸伪麻黄碱的消费者来说，回归结果显示其与对乙酰氨基酚捆绑时的边际成本为0.012美元×24=0.29美元。由于该追加成本低于平均固定成本，所以不单独提供24片装的盐酸伪麻黄碱产品会降低成本。也就是说，捆绑会降低成本。[②]

## 4.7 结论

任何关注搭售手段反竞争性使用争论的经济学家都会认为，这种争论是没有定论的。一方面，有一部分经济学文献假设掉了所有的效率因素，并基于现代博弈论理论推出搭售是限制竞争的。我们并不否认企业有时实施的搭售行为减少了消费者福利，但经济学文献对于如何识别这类情形并没有多大帮助。另一方面，存在一种判例方法，在对搭售进行分析时，会关注产品是一种独立产品还是对两种产品的捆绑。杰斐逊教区医院检验提出的建议认为，要主要考察对于搭售的产品是否存在真正的需求。华盛顿特区巡回上诉法院为该检验提供了一

---

① 计算过程为：3.60美元－2×1.20美元＝1.20美元和7.20美元－3×1.20美元＝3.60美元。

② 即便只需要盐酸伪麻黄碱成分的人数和捆绑产品的消费者的规模相当，搭售仍然是可维持的。通过对捆绑产品设定一定的价格，来吸引只需要盐酸伪麻黄碱成分的消费者，此时平均固定成本将从1.20美元降至0.60美元。0.60美元的降价会抵消另外一种成分所带来的0.29美元的边际成本。

个比较完美的（尽管说服力很弱）基本原理予以支持：对于“搭售”是否有效率，存在一种替代的检验办法，如果没有需求，那么市场情况就表明搭售是有效率的。无须费脑筋就可以举出无数例子来证明这并不是一个有力的检验办法（其导致了许多错误）。竞争性的市场中会提供配有鞋带的鞋、备有轮胎的汽车、男士套装提供裁缝服务、报纸里夹带电视节目单等。

经济学家也许会指责法院的分析过于草率，然而人们在查看经济学文献时也是徒劳无获，不能为反垄断机构或法院提供有用的专业指导。在芝加哥学派所认为的“存在单一垄断利润所以就一定有效率”和博弈论所认为的“不存在效率就会是限制竞争的”这两种观点之间存在一个巨大的鸿沟。在这二者之间，并不存在能够解释什么样的产品结构会出现在市场中的经验证据。能够在法院判例中看到这种划分，被告所提供的关于搭售的解释很少是基于经验分析的，或者是理论推理，以至于法院和反垄断机构很快就以理由不充分而予以否决（参见前面对“杰斐逊教区医院案”的讨论）。

本篇以及我们所写的同类文章有两方面的贡献。首先，我们提供了一个可以用来进行经验分析的理论框架，当然在这里也承认，我们的假设前提是人们可以进行质疑的，并且将来还要做一些修改完善的工作。其次，也是本文特别的写作目的，我们展示了如何对模型中一些关键的初始特征进行评估，至少是对我们所选的例子，也就是说，对产品的固定和可变成本的大小进行估算。理论框架和经验结果都突出了在竞争相对充分的市场上，提供某一特定产品时固定成本的重要性。与现有文献相比，成本在本文分析中起到了更主要的作用。

当然，这只提供了三部曲调查的第一步。在理论方面，对进退无障碍假设的替代理论还需探索，并且在模型中加入市场势力程度能够变化的分析也将是有用的。在实证方面，我们发现了两个需要优先考虑的问题。一个是改进对产品的固定成本的分析。① 另一个是对捆绑和非捆绑产品的便利值（convenience value）进行赋值估算。② 这两

① 我们承认本文所使用的分析方法是比较粗略的。

② 在这种情况下，做这件事的困难在于，当消费者能够以折扣价购买到捆绑产品时，就很难估计出他们愿意为其所不得不购买的捆绑产品支付多少额外的价钱。理论上，可以间接地通过将增加的需求数量与需求弹性结合起来，进而对便利性的溢价进行估计，但以上这些方法用起来并不容易。

个问题都非易事。由于从理论上对这些因素进行识别对于分析企业的捆绑和搭售决策以及福利状况非常关键，所以付出努力来克服挑战是理所应当的。

我们分析搭售行为的一般方法也可用于分析其他可能涉嫌限制竞争的企业行为。该方法需要发展出一套实证理论来分析为什么这些行为会在“竞争相对充分”的环境中出现，并确定效率因素在多大程度上可以解释这些行为。该理论设计的用意即是要鼓励实证研究。

本文所提出的方法发展到这一阶段，也会面临类似于搭售的博弈论分析所遭到的批评。就像博弈论分析把效率因素假设掉了一样，我们的方法把限制竞争的因素给排除了。研究产业组织的经济学家在一段时间内，需要发展出既能解释促进竞争也能解释限制竞争的理论，并且该理论可被实证检验。

## 参考文献

Areeda, Philip, and Herbert J. Hovenkamp. 2000. *Antitrust Law: An Analysis of Antitrust Principles and Their Application.* 2nd ed. New York: Aspen Law & Business.

Baumol, William J. 1982. "Contestable Markets: An Uprising in the Theory of Industry Structure." *American Economic Review* 72: 1 – 15.

Baumol, William J., John C. Panzar, and Robert D. Willig. 1982. *Contestable Markets and the Theory of Industry Structure.* New York: Harcourt Brace Jovanovich.

Bresnahan, Timothy F., and Peter C. Reiss. 1987. "Do Entry Conditions Vary Across Markets?" Brookings Papers on Economic Activity: Special Issue on Microeconomics (3): 833 – 871.

Crawford, Gregory. 2004. "The Discriminatory Incentives to Bundle: The Case of Cable Television." Working paper, University of Arizona.

Director, Aaron, and Edward H. Levi. 1956. "Law and the Future: Trade Regulation." *Northwestern University Law Review* 51 (May-June): 281 – 296.

Ericson, Richard, and Ariel Pakes. 1995. "Markov-Perfect Industry

Dynamics: A Framework for Empirical Work." *ReStud* 62(1):53 – 82.

Evans, David S., and A. Jorge Padilla. 2005. "Designing Antitrust Rules for Assessing Unilateral Practices: A Neo-Chicago Approach." *University of Chicago Law Review* 72 (winter).

Evans, David S., and Michael A. Salinger. 2004. "The Role of Cost in Determining When Firms Offer Bundles and Ties." Working paper. http://ssrn.com/abstract=555818.

Evans, David S., and Michael A. Salinger. 2005. "Why Do Firms Bundle and Tie? Evidence from Competitive Markets and Implications for Tying Law." *Yale Journal on Regulation* 22 (1):37 – 89.

Fershtman, Chaim, and Ariel Pakes. 2000. "A Dynamic Oligopoly with Collusion and Price Wars." *RAND Journal of Economics* 31 (2): 207 – 236.

Grimes, Warren S. 2002. "The Antitrust Tying Law Schism: A Critique of Microsoft III and A Response to Hylton and Salinger." *Antitrust Law Journal* 70: 199 – 230.

Hylton, Keith N., and Michael A. Salinger. 2001. "Tying Law and Policy: A Decision Theoretic Approach." *Antitrust Law Journal* 69:469.

Kallaugher, John, and Brian Sher. 2004. "Rebates Revisited: Anti-Competitive Effects and Exclusionary Abuse under Article 82." *European Competition Law Review* 25(5):263 – 285.

Kamann, Hans-Georg, and Ellen Bergmann. 2005. "The Granting of Rebates by Market Dominant Undertakings under Article 82 of the EC Treaty." *European Competition Law Review* 26 (2):83 – 89.

Miravete, Eugenio. 2004. "Are All Those Calling Plans Really Necessary? The Limited Gains from Complex Tariffs." CEPR Discussion Paper No. 4237. http://ssrn.com/abstract=509009.

Morrison, Steven A., and Clifford Winston. 1987. "Empirical Implications and Tests of the Contestability Hypothesis." *Journal of Law and Economics* 30(1):53 – 66.

Pakes, Ariel, and Paul McGuire. 1994. "Computing Markov-Perfect Nash Equilibria: Numerical Implications of a Dynamic Differentiated Product

Model." *RAND Journal of Economics* 25(4):555 -589.

Pakes, Ariel, Michael Ostrovsky, and Steven T. Berry. 2004, "Simple Estimators for the Parameters of Discrete Dynamic Games (with Entry/Exit Samples)." NBER Working Paper No. W10506. http://ssrn.com/abstract=552302.

Rubinfeld, Daniel L. 2005. "3M's Bundling Rebates: An Economic Perspective." *Chicago Law Review* 72:243 -264.

Stigler, George J. 1983. "A Note on Block Booking." In George J. Stigler, *The Organization of Industry*, chap. 15. Chicago: University of Chicago Press.

Tirole, Jean. 1988. *The Theory of Industrial Organization.* Cambridge, MA: MIT Press.

Whinston, Michael. 1990. "Tying, Foreclosure, and Exclusion." *American Economic Review* 80:837 -859.

# 第5章

# 经济学、政治与兼并控制

Vivek Ghosal *

## 5.1 引言

本章将研究美国司法部反垄断局的兼并控制模式。本章特别考察了1958—2002年这一较长时期内反垄断局在法庭上提出质疑的兼并案件数量。但是，先前的一些研究（将在5.3节中对这些研究作回顾）主要关注反垄断局提起的各类反垄断案件的总量，而很少研究兼并控制案件。兼并控制是该局的中心任务之一，在20世纪60年代末和70年代初，兼并控制倾向有了一些改变，这些改变值得进行仔细的审察，

* 作者感谢德国CESifo集团2004年威尼斯夏季研讨会的参与者，感谢Wissenschaftszentrum Berlin（WZB）、Deutsches Institut für Wirtschaftsforschung（DIW，Berlin）和国际产业组织会议（Atlanta，2005）提供的有益讨论和建议。这篇文章的部分章节是作者2003年夏季在WZB做访问学者时完成的，非常感谢其资助和热情款待。

同时为进行经验检验提供了有趣的机会。首先，自那一阶段开始，Stigler（1964）、Demsetz（1973，1974）和 Williamson（1968）所作的贡献对反垄断实施和管制产生了重大影响（同时参见 Bork 1978；Landes 和 Posner 1981）。他们的研究导致关注重点有所转移，不再关注20 世纪50 年代至60 年代曾流行的以市场集中度为基础的简单（naive）做法[①]，而是转向重点强调兼并和其他企业行为有利于竞争和提高效率的方面。[②] Baker（2002，2003）、Grandall 和 Winston（2003）、Kovacic 和 Shapiro（2000）、Mueller（1996）、Peltzman（2001）阐述了该领域的主要观点和争论。[③] 看待此问题的一种视角是，在某一既定的市场势力影响下，通过强调兼并的竞争促进效应及细致评估进入条件，新制度允许更多兼并。其次，美国最高法院在反垄断法的演进过程中起到了特殊作用，实际上成为被调查的兼并案件和一般反垄断案件的最终仲裁者。反垄断局的助理检察长 Hewitt Pate（2004）阐述了美国最高法院在构建反垄断法体系中所起的关键作用。最高法院的法官由总统提名，由参议院批准。人们通常预期共和党总统会任命更多的保守主义法官，他们可能更加关注自由竞争，站在反垄断局一边主张对兼并行为进行限制的倾向性不强，他们更多地强调企业行为在促进竞争和提高效率方面的作用。通过研究最高法院中共和党总统提名的法官数量比例，可以发现在 1958 年到 1962 年期间，他们占简单多数，但在 1963 年到 1969 年间占少数，在 1970 年到 1971 年间又重新获得简单多数票，1972 年获得 2/3 的多数票，从那时起就一直获得大多数票。

上述结果理所当然地促使人们相信，总体认识和思想发生了转变，转而强调企业行为的促进竞争和提高效率的效应，这使得兼并实施制度也发生了转变，导致受到审查的兼并案件数量有所减少。尽管对这些效应的形成时期有一个粗略判断，但因为没有一个明确的变量可以反映这种制度转变，因此并不能判定制度转变（regime shift）的确切日期。在 5.5 节中，我们将利用计量经济学中的时间序列方法来

---

① 众所周知，诸如 Von's Grocery（1966）、Brown Shoc（1962）和 Pabst Brewing（1966）等案件对集中度给予了特别关注；参见 Fisher（1987）、Schmalensee（1987）和 White（1987）。

② 对兼并案而言，1974 年最高法院关于“通用动力（General Dynamics）案”的判决是这一转变的重要例证。对于更一般的反垄断来案件而言，“Continental TV 诉 GTE Sylvania 案”（1977）是一个重要的转折点。本文将在 5.7 节中讨论这些案件。

③ 也可参见 Gugler 和 Siebert（2004）结合半导体产业对效率和市场势力的讨论。

检测潜在的制度转变。

现在可以观察更短期的政治效应。纵观几十年间众多法律、经济学和商务方面的文献资料，所形成的一种印象是，共和党人由于强调要支持企业，因此通常不太倾向于阻止兼并及对其他的垄断行为采取行动。① 为检验政治效应，我考察了两种立场（stance）：一种是相对保守的支持企业的共和党立场；另一种是更强调自由与保护消费者利益的民主党立场。在1958—2002年的样本区间中，有10位不同的总统和6次政党转换。这使得对政治效应进行度量成为可能，也可以回答如下问题："共和党人是否比民主党人质疑的兼并案件更少?"更进一步来说，前面提到，对促进竞争与提高效率的考虑可能对兼并评估产生影响。在这一观点下，一项可能很有趣的研究是，检验潜在的制度转变前后共和党和民主党的影响是否发生了变化。这一假设很有意义，原因在于，在一种不考虑效率因素的制度下，例如在20世纪50年代至60年代的制度下，共和党人没有理由不对某些兼并提出质疑。但是在一种考虑效率因素的制度下，他们可能会强调兼并的竞争促进作用及提高效率作用，而较少对兼并提出质疑。最后，由于反垄断局组织结构的特殊性，研究其兼并控制尤为有趣。美国总统直接任命反垄断局的助理检察长作为该机构负责人，这将实施制度转变与政党更替的权力转换联系起来。5.3节将对此进行讨论。

除了上述认识和思想观念转变的影响，以及短期政治变化的影响之外，同时期的管理体制中，对兼并评估也出现了一些里程碑式的变化。首先，1968年《兼并指南》提出，指南旨在使程序更加顺畅，使过程更透明。其次，1972—1973年，在反垄断局下面建立了独立的经济分析小组，对此后兼并的经济分析起到了显著作用。最后，《哈特—斯科特—罗迪诺法案》于1976年通过，在此之后，在某一门槛水平之上的兼并必须经备案批准，该门槛在2001年之前为1 500万美元，在2001年后增加为5 000万美元。

简而言之，本章仔细考察了1958—2002年期间反垄断局的兼并控制，并特别注重潜在制度转变和党派政治的影响。本章的经验分析

① 在其他政策领域，例如公司税收、环境保护、高收入阶层税收、福利改革和平等权益领域（affirmative action，也可直译为肯定性行为——译者注），存在大量文献阐明民主党和共和党之间通常存在较为显著的差异。

控制了一些其他相关因素，其中包括反垄断局的资金规模、美国的兼并潮和经济活动的水平。尽管本章主要关注兼并控制，但同时也简要述及了反垄断局的其他行为，包括垄断企业滥用优势地位和贸易限制案件。总体而言，本章旨在讨论影响兼并控制的短期和长期因素，并利用经济计量工具分析兼并控制中潜在的制度转变效应。

本章结构如下：为分析方便，在5.2节对数据进行了分析。5.3节对一些理论研究成果进行了简要回顾，并且对过去的经验研究结果进行了总结。5.4节和5.5节提出了经验模型，并进行了计量分析，旨在发现兼并控制中的制度转变效应。5.6节给出估计结果。5.7节进行了简单总结和评论。

## 5.2 数据

为便于更好地进行分析，此处首先对1958—2002年间的年度原始数据进行剖析。有关反垄断局提出质疑的所有兼并案件总数、民事案件总数和资金数目都来源于反垄断局的历史统计数据。有关美国兼并潮数据来源于《1958—1977年联邦贸易委员会兼并丛书》，以及1978—2002年托马斯金融并购数据库。美国总统的政党归属数据和众议院与参议院的组成数据来源于美国历史档案资料。美国国内生产总值、企业利润及其他一些数据来源于历年的《总统经济报告》。

图5—1给出了所有受到质疑的兼并案例数据。从中可见在各期间存在较大波动，数据显示，20世纪70年代初期兼并案例数量明显下降，而20世纪90年代初期兼并案例数量则显著上升。但是受到质疑的兼并案例的绝对数并不是反映兼并控制强度的最好指标。因为如图5—2所示，这一期间内美国发生的兼并案例总数随着时间变化波动很大，20世纪90年代就出现了一次显著的高峰。有鉴于此，研究受到反垄断局质疑的兼并案数量占美国相应时期发生的兼并案总数的比例就更有意义。图5—3给出了这些比例数据，它显示大约从20世纪70年代开始，兼并控制出现了非常显著的下降趋势，并且此后几乎没有实质性的上升。为了更广泛地考察反垄断控制问题，图5—4展示了由反垄断局发起的民事法庭案例（包括垄断和贸易限制案例及受到质疑的兼并案例）总数。尽管从趋势比较来看有些差异，但图5—4显示的全部反

垄断案例总数变化趋势还是和图 5—1 所反映的受到质疑的兼并案例总数变化趋势大体可比。利用国内生产总值平减指数将反垄断局的名义资金量转换成实际资金量，图 5—5 显示了这些数据。

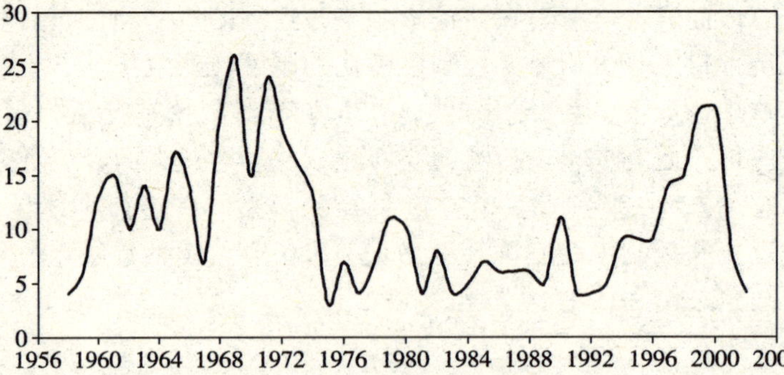


**图 5—1　受到质疑的兼并案例总数**

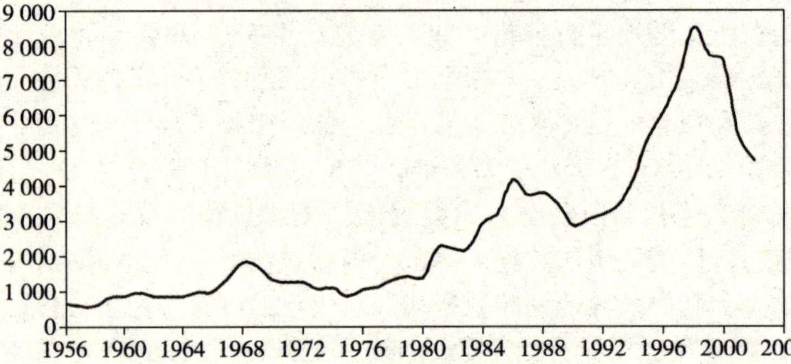


**图 5—2　美国兼并案例总数**

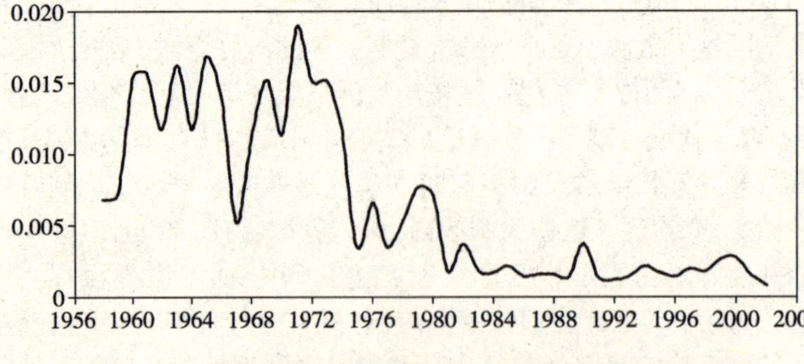


**图 5—3　受到质疑的兼并案数量占美国兼并案总数的比例**

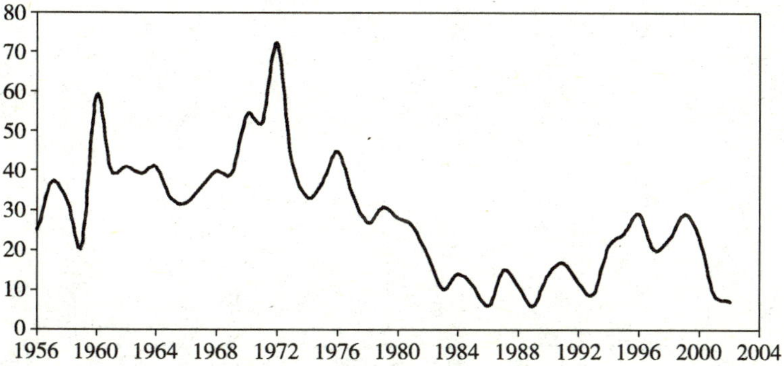


**图 5—4　反垄断民事法庭案例的总数**

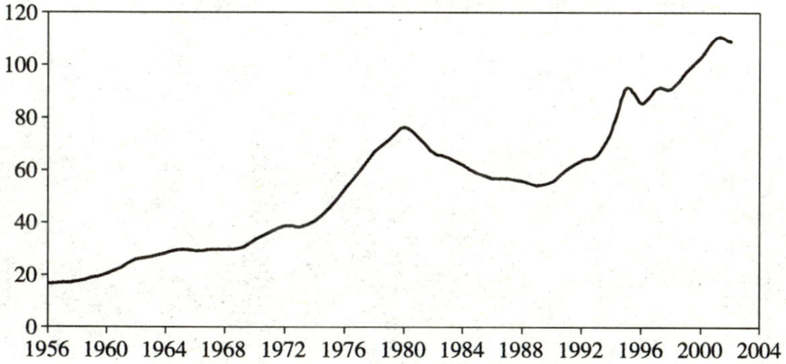


**图 5—5　反垄断局的资金情况**

现在说明一下政治变量，图 5—6 给出了总统所属政党的数据。1958—2002 年，美国有 10 位不同的总统，其中来自共和党的总统执政 24 年，来自民主党的总统执政 20 年。因为总统每届任期为 4 年，同时一些总统获得连任，因此，这个变量表现出明显的持续性。除了考察由于总统所属党派不同而造成的潜在影响外，本研究还同时考虑了众议院和参议院中共和党和民主党议员的构成情况，如图 5—7 和图 5—8 所示。民主党通常在众议院中占有多数席位。参议院的党派构成情况与此基本相似，但略有不同的是共和党在其中占多数席位的时间比在众议院中要长一些。由于对众议院和参议院各委员会和次一级委员会成员的任命情况及资金决策都取决于哪个政党占有多数席位，因此，众议院和参议院的党派政治构成可能会通过预算和相关程序对反垄断局施加重要政治影响。表 5—1 给出了分析中所需变量的概要统计结果（将在 5.4 节中全面讨论其他一些控制变量）。

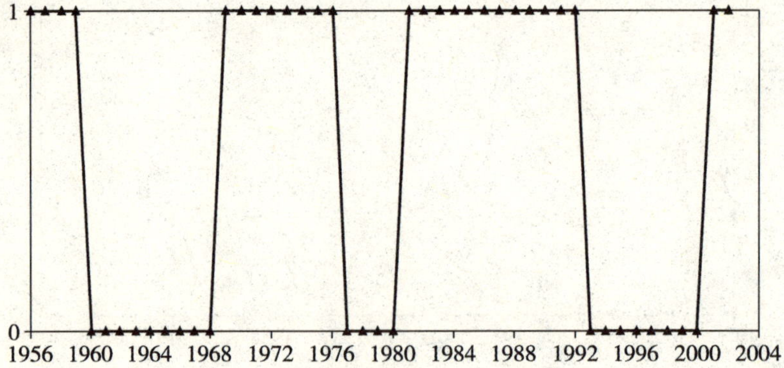


图 5—6　总统所属政党情况（共和党 =1）

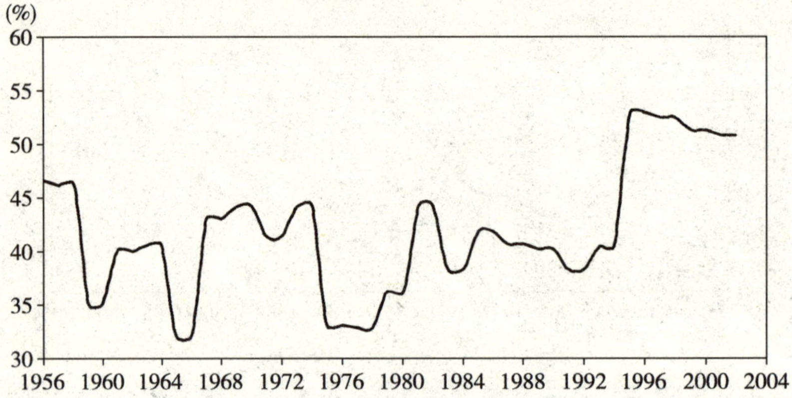


图 5—7　共和党在众议院中所占席位的比例

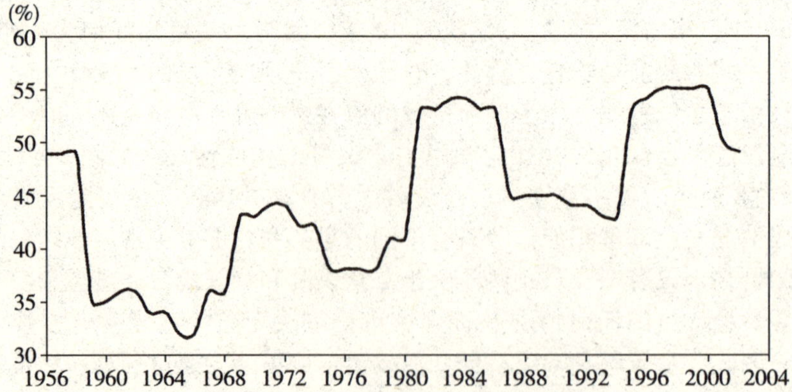


图 5—8　共和党在参议院中所占席位的比例

表5—1　　　　概要统计

| 变　量 | 均值 | 标准差 | 最小值 | 最大值 |
|---|---|---|---|---|
| 受到所疑的兼并案例总数 | 10.44 | 5.99 | 3.00 | 26.00 |
| 受到质疑的兼并案数量占美国兼并案总数的比例 | 0.0065 | 0.0057 | 0.0008 | 0.0189 |
| 民事案例 | 28.04 | 15.13 | 6.00 | 72.00 |
| 总统 | 0.53 | 0.50 | 0.00 | 1.00 |
| 众议院 | 0.41 | 0.06 | 0.32 | 0.53 |
| 参议院 | 0.44 | 0.07 | 0.35 | 0.55 |
| ΔGDP | 161.24 | 114.13 | -101.70 | 372.90 |
| Δ 利润 | 8.94 | 34.04 | -63.32 | 112.31 |
| Δ 资金 | 2.04 | 4.15 | -6.07 | 16.02 |
| Δ 兼并 | 91.64 | 581.17 | -2 187.00 | 1 562.00 |

注：Δ 表示一阶差分。

## 5.3　文献的简要回顾

本节首先回顾两篇理论文献，这两篇文献为本章的经验研究提供了理论基础。然后，简要归纳现有的经验研究文献。Peltzman（1976）在其著名的一篇论文中建立了一个面临两个团体利益权衡问题（例如生产者和消费者团体的利益权衡）的反垄断机构决策模型。与消费者利益相关的变量是商品价格 $p$，与生产者利益相关的变量是利润 $\pi$。反垄断机构的目标函数记为 $M=M(P,\pi)$，其中，$M_P<0$，$M_{PP}<0$，$M_\pi>0$，$M_{\pi\pi}<0$，而且 $M_{P\pi}=0$（Peltzman 1976，222－223）。在该模型中，均衡结果不会表现为仅保护一个团体的利益。需要强调两个对本章的经验分析十分有用的预测。第一，可通过考虑共和党和民主党赋予生产者利益和消费者利益的不同权重，对制度转变进行界定和描述。在共和党执政时，共和党通常被认为是更支持商界人士，因此很少采取强有力的兼并实施措施，生产者利益将被赋予较高的权重。第二，Peltzman（1976，225－227）考虑了由于经济状况改变所带来的均衡结果变化。因此可以得到一个重要结论：给定边

际消费者（生产者）对较高价格（较低利润）的厌恶，反垄断机构通常不会把所有的调整都强加在一个群体上。例如，当企业利润 $\pi$ 走势低迷时，政治财富效应意味着反垄断机构降低价格的动机将会被削弱，因此，价格不会下降到没有受管制时的水平，消费者将为生产者的部分损失买单。其他条件相同，这意味着当企业收益或者经济状况不景气（景气）时，兼并实施通常较为宽松（严格）。Peltzman 的研究框架将反垄断实施强度与企业利润或者经济状况建立了直接联系。而在此研究框架下，当企业利润和经济状况低迷时，反垄断机构可能不太倾向于进行强有力的兼并控制。

Faure-Grimaud 和 Martimort（2003）检验了反垄断机构制度结构和不同政治委托人政策实施之间的联系。本章把焦点集中在 Faure-Grimaud 和 Martimort 对附属管制者的设定上面，在此设定下，政治委托人把任务授权给某一管制代理人，同时该代理人随着委托人的变化而变化。因为美国总统直接任命作为司法部反垄断局负责人的助理检察长，并由参议院确认该任命，因此，附属管制者的设定符合反垄断局的特征。在我们的样本区间（1958—2002 年）内，共有 10 个不同的总统和 27 个不同的助理检察长。在 Faure-Grimaud 和 Martimort 的模型中，所有的官员都不愿把租金让渡给企业，但是他们榨取租金的倾向有所不同。这种倾向的差异被称为对立的程度（Faure-Grimaud 和 Martimort 2003，418）。在本章的分析中，这种对立程度将通过共和党和民主党兼并控制的不同水平反映出来。由于反垄断局附属管制者的任命是短期的，所以其被企业俘获的机会相对较小，而且如果实际情况和委托人期望的政治立场有所背离时，总统可以将他们撤职。在这种情况下，可以预期委托人（总统）的议程和附属管制者的执行议程之间相对严格匹配，这为兼并控制过程中潜在的、较大的制度转变奠定了基础。[①] 对本章的经验分析有价值的两个观点可以简单归

① 反垄断局与其他管制机构不同。许多其他管制机构都有由几个委员所组成的委员会，这些委员任期较长，且由不同的政治委托人任命，这类似于 Faure-Grimaud 和 Martimort（2003）中的独立管制机构制度。例如，另一“姐妹”似的反垄断机构——联邦贸易委员会（FTC），接受国会监督，具有与反垄断局不同的制度结构：FTC 有一个议事的委员会，而反垄断局的负责人则是一位由总统任命的助理检察长（AAG）。在 Faure-Grimaud 和 Martimort（2003）的研究中，独立的管制机构代表着不同政治委托人的利益，更有可能被企业俘获。在此背景下，可以得到一个令人沮丧的纯粹政治效应，该效应伴随着政治当事人的调整而改变。

纳如下：（1）给定反垄断局附属管制者的构成，可以预期共和党和民主党在兼并控制强度上存在明显差别；（2）对共和党和民主党之间兼并控制强度差异的估计提供了反映两个政党对立程度的一个代理变量。本章同时也考察了对立程度是否随着时间而改变。

下面关注有关反垄断实施的经验研究方面的文献，几篇论文考察了法庭受理反垄断案例总量的决定因素。该领域最早的研究是由 Posner 在 1970 年进行的，Posner 从时间序列角度对反垄断局的法庭案例作了研究，发现总统政党归属与案例数量之间没有任何联系。在考察了国民生产总值（GNP）大小和案例数量之间的关联后，Posner 得出结论：反垄断实施活动似乎与经济活动水平直接相关。Siegfried（1975）则认为，经济因素似乎对反垄断实施没有影响。Faith、Leavens 和 Tollison（1982）利用联邦贸易委员会（FTC）的数据，研究了政治影响和案例数量之间的联系，研究结果支持联邦贸易委员会（FTC）行为的私人利益（private-interest）理论。Amacher、Higgins、Shughart 和 Tollison（1985）利用联邦贸易委员会（FTC）的数据和委员政党归属的数据，发现了如下较弱的证据：民主党占主导地位的委员会比共和党占主导地位的委员会趋向于更强有力地实施反垄断政策。他们没有发现经济活动和受理的案例之间存在前后一致的联系。Coate、Higgins 和 McChesney（1990）利用 FTC 的兼并数据检验了政治影响，研究结果为利益集团（interest-group）假设提供了证据支持。Pittman（1992）没有发现政治因素对反垄断实施产生系统性影响的证据。Ghosal 和 Gallo（2001）没有发现总统政党归属对反垄断实施会产生影响，他们发现案例数量变化似乎是反周期的。归纳起来说，上述的经验研究结果表明：（1）似乎不存在系统的证据表明总统政党归属会对反垄断案例产生影响；（2）经济活动和案例数量之间的关系是不清晰的——典型研究结果似乎表明二者之间微弱正相关或者是不相关。与上述研究不同，我考察了更长跨度的数据（1958—2002 年），是更为全面的研究之一。更长的时间序列可以进行更严密的计量经济学分析，从而发现可能的制度转变，并考察政治的作用。即使是从 20 世纪 70 年代后期以后进行的研究也没有关注制度转变问题，而制度转变问题显然有助于增进人们对兼并控制的理解。

## 5.4 经验模型

我利用局部调整（partial-adjustment）模型来检验兼并控制的跨期模式。令 $C_t$ 表示在时期 $t$ 受到反垄断局质疑的兼并案例数量，$C_t^*$ 表示期望的质疑数量。期望的质疑数量 $C_t^*$ 是下面将详述的相关驱动变量的函数。局部调整模型由 $C_t - C_{t-1} = \lambda\ (C_t^* - C_{t-1})$ 给出。其中，$\lambda\ (0 < \lambda < 1)$ 表示受到质疑的兼并案例数量的实际变化占期望变化的比例。由于存在调整成本，因此，前后两个时期案例数量的实际变化可能少于期望变化，调整成本的存在是由于反垄断局会面临检察官、经济学家、辅助人员数量和资金数量不足的资源约束。将上述表达式改写为：

$$C_t = \lambda C_t^* + (1-\lambda)\ C_{t-1} \tag{1}$$

将期望数量 $C_t^*$ 构建为相关驱动变量的函数。将 $C_t^*$ 具体表示为：

$$C_t^* = a_1 P_{t-1} + a_2 R_{t-1} + a_3 F_{t-1} + a_4 W_{t-1} + a_5 E_{t-1} + a_6 V_{t-1} + u_t \tag{2}$$

其中：$P_t$ 表示政党，如果是共和党执政或者政策倾向于企业，则 $P = 1$，否则 $P = 0$；$R_t$ 表示制度，如果共和党重新执政或出现有利于企业的制度，则 $R = 1$，否则 $R = 0$；$F_t$ 表示分配给反垄断局的资金；$W_t$ 表示美国的兼并总量（兼并潮）；$E_t$ 表示总的经济条件（国内生产总值或者企业利润）；$V_t$ 表示未被计量经济学家观测到的但却引起强烈反垄断关注的兼并数量。首先，假设相关变量对案例数量产生影响需要时间，因此，我使用了滞后值。其次，期望兼并（$C_t^*$）形成的动机如下：反垄断局控制新兼并的意愿依赖于其政治立场 $P$ 和所处制度 $R$。向更加保守、有利于企业的环境转变可能会导致兼并更少受到质疑，因此，预期 $a_1$ 和 $a_2$ 为负值。反垄断局发起新兼并案件诉讼的能力可能依赖于资金的 $F$ 水平，并且上一年的资金水平可以很好地被用于预测当年的资金水平，当前的资金使得反垄断局能够采取行动，因此，预期 $a_3$ 为正值。美国兼并潮变量 $W$ 可能产生多种效果，例如：(1) 更多的兼并隐含着被阻止的兼并数量绝对增加；(2) 随着兼并数量的增加，就需要使用更多资源对其进行评估，这可能导致受到仔细审查的兼并数量减少。因此，$a_4$ 的正负无法确定。经济活动变量 $E$ 的引入是受 Peltzman（1976）的启发，Peltzman 证明了两者之间存在正相关关系，因此，预期 $a_5$ 为正值。最后，受到质疑的期望兼并数量预期与（未观测到的）引起强烈反垄断关注的兼并总量 $V$ 正相关，因此，预期 $a_6$ 为正值。误差项服从正态独立同分布（iid）：$u_t \sim (0, \sigma_u^2)$。

将（未观测到的）$V$ 表示为：

$$V_t = b_1 P_{t-1} + b_2 R_{t-1} + b_3 C_{t-1} + b_4 W_{t-1} + b_5 E_{t-1} + v_0 + e_t \tag{3}$$

考虑到影响 $V$ 变化的因素随时期变化，我假定这种影响需要一定的时间才能产生，因此仅使用滞后值。支持企业利益的保守政党 $P$ 的存在可能意味着更多具有反竞争性质的兼并出现。其原因在于，企业可能认为此时此类兼并更有可能被批准，因此 $b_1$ 为正值。类似的，如果制度更有利（例如一个强调促进竞争效应和效率的制度），这时即使市场势力效应很大，也会有更多的企业愿意进行兼并，因此，$b_2$ 为正值。如果反垄断局加强实施兼并控制，由于受到反垄断关注的可能性较大，因此，将引起反垄断强烈关注的兼并数量 $C$ 就会较少，从而 $b_3 < 0$。美国发生兼并较多（$W$）的时期，企业可能提出更多的兼并计划，这是因为企业会认为反垄断局受资源约束而放松对兼并的审查，因此，$b_4 > 0$。经济活动变量 $E$ 控制的是经济状况和反垄断违法行为之间的关系。最后，假设每一时期都会形成一定（未被观测到的）会引起反垄断强烈关注的兼并案例 $v_0$。误差项 $e_t$ 服从正态独立同分布：$e_t \sim (0, \sigma_e^2)$。

用式（3）替代式（2）中的 $V_{t-1}$，然后再用式（2）替代式（1）中的 $C_t^*$。最终表达式具有如下一般形式：

$$C_t = c_0 + \sum_f \alpha_f P_{t-f} + \sum_g \beta_g R_{t-g} + \sum_h \delta_h F_{t-h} + \sum_i \theta_i W_{t-i} + \sum_j \gamma_j E_{t-j} + \sum_k \rho_k C_{t-k} + \varepsilon_t \tag{4}$$

其中，$\varepsilon_t = (u_t + a_1 e_{t-1})$，$f$，$g$，$h$，$i$，$j$ 和 $k$ 是滞后长度。给定上述等式结构，滞后值为 $f = g = i = j = k = 2$ 且 $h = 1$。式（4）中的系数为式（1）到式（3）的系数组合。误差项 $\varepsilon_t$ 类似于一个一阶移动平均（MA（1））过程。给定关于误差项 $u_t$ 和 $e_t$ 的假定，以及 $u_t$ 和 $e_t$ 协方差为零的假定，$\varepsilon_t$ 是两个随机误差项的线性组合，并且 $\varepsilon_t \sim \text{iid}(0, \sigma_u^2 + a_1^2 \sigma_e^2)$。

最后，对上述等式的形式再进行一些说明。第一，正如前面所述，式（2）和式（3）没有包括当期变量，这是因为假设各种变量发挥作用需要一定的时间，而这种假设是合理的。第二，如果在式（2）和式（3）中考虑更加丰富的动态特征，那么式（4）的形式不会改变，但将会包括额外的滞后变量。我所作的尝试分析表明更长时期的滞后效应不显著。误差项 $\varepsilon_t$ 是一个更高阶的移动平均过程，我将在 5.6 节中对其进行正式检验。第三，式（4）中的两个变量具有潜在内生性：反垄断局的资金（$F$）和美国兼并潮（$W$）。在 5.6 节中，我将利用计量经济分析对其内生性进行评估。

## 5.5 检测制度转变

在引言中，我讨论了兼并控制中出现制度转变的几个潜在原因。由于缺乏对其进行衡量的显在变量（explicit variables），我将利用计量经济方法来确定兼并控制数据的结构性突变，进而借以识别潜在的制度转变。该方法用来识别在一个未知日期所发生的结构性突变，这是因为尽管可能知道一个突变发生的大概时期，但并不能确定精确的突变日期（参见 Andrews 1993；Hamilton 1994，第 22 章；Stock 1994；Stock 和 Watson 1996，2003）。令 $C_t$ 表示法庭提出质疑的兼并案数量，$\tau$ 表示假设的突变日期。虚拟变量 $D(\tau)$ 定义为：当 $t<\tau$ 时，$D_t(\tau)=0$；当 $t>\tau$ 时，$D_t(\tau)=1$。包括未知突变点的基线回归由 $C_t=c_0+\sum_k\rho_kC_{t-k}+\xi D_t(\tau)+\omega_t$ 给出。该等式通过包括 $C$ 的滞后值来解释其自身的动态性，并且允许在假设的突变点之前和之后的截距发生变化。在无突变点的零假说下，$\xi=0$。一定程度上，很有必要解释一下突变日期的含义。假设 $C_t$ 在 $t=0$，…，$T$ 范围内有观测值，并且统计检验结果表明结构性突变发生在时期 $\tau$。这意味着 $C_t$ 在时期 $t=0$ 到 $t=\tau$ 之间的平均值不同于其在 $t=\tau+1$ 到 $t=T$ 期间的平均值。因此，表面上，在第 $\tau$ 时期（检测到的突变时期）可能没有任何事情发生，但是 $\tau+1$ 到 $T$ 期间变量的样本平均值将与前面时期的样本平均值不同。

由于突变日期 $\tau$ 未知，我考虑了在可能的日期 $\tau_0$ 和 $\tau_1$ 之间的一系列突变日期。对每一个可能的突变日期，我都利用上述等式形式对其进行了估计，并通过检测 $\xi=0$ 与相对的 $\xi\neq0$ 时的情况，得到了 $F$

统计值。同时，分析集中关注了该序列产生的 $F$ 统计最大值，并且利用 Quandt 似然比（QLR）来检测突变点。正如在 Stock 和 Watson（1996）中所述，QLR 统计量的分布依赖于被检测的限制数量 $q$（在基线等式中 $q=1$），也依赖于临界点 $\tau_0/T$ 和 $\tau_1/T$ 之间的宽度。其中，$T$ 为总的样本规模，$\tau_0$ 和 $\tau_1$ 不应太接近于样本的临界点。沿着 Stock 和 Watson（1996）的研究思路，我考虑了 15% 的样本剪取范围，即 $\tau_0=0.15T$，$\tau_1=0.85T$。给定 1958—2002 年的整个样本区间，上述剪取具体意味着，我将在 1965—1996 年的兼并控制中检测结构性突变。

可以将上述基线形式扩展到包括额外的解释变量 $\psi' X_t$，$D_t(\tau)$ 与反映利益集团的解释变量之间的互动项 $\Phi' X_t D_t(\tau)$，其中，$X$ 是一个解释变量向量，$\psi$ 和 $\Phi$ 是系数向量。对这一扩展而言，零假说为 $\xi=\Phi=0$。因为忽略了相关变量可能会产生错误的结构性突变观测值，所以估计扩展式来检测结构性突变是非常重要的。从前面对式（4）的讨论可知，$X$ 由 $P$，$F$，$W$ 和 $E$ 构成。制度转变变量 $R$ 由 $D_t(\tau)$代替。对于相互作用项，我仅考虑了 $D_t(\tau)\sum_m \xi_m P_{t-m}$，即制度转变虚拟变量和总统政党归属虚拟变量之间的相互作用。沿着 5.3 节中对 Faure-Grimaud 和 Martimort（2003）进行讨论的思路，我的目标是研究共和党和民主党之间的对立程度随时间而可能发生的变化。最后，需要注意两个问题：第一，除了总统发生改变以外，其余情况下，$P_t=P_{t-1}$，总统的虚拟变量是较为持久的，对于众多的观测结果而言，其当前值和滞后值是相同的。鉴于此，我仅引入总统变量的一期滞后变量 $P_{t-1}$。第二，在一定程度上，大多数的解释变量（反垄断局的资金、美国兼并总数、GDP 和企业利润）似乎是不平稳的。我利用扩展 Dickey-Fuller 和 Phillips-Perron（1998）单位根检验对其不平稳性进行检验，这些检验的零假设为平稳性不同。利用常规的显著性水平，这些检验不能拒绝这些变量的平稳性不同这一零假设。鉴于此，引入反垄断局资金、GDP、企业利润和兼并潮变量的一阶差分。需要估计的最终等式为：

$$C_t=c_0+\alpha_1 P_{t-1}+\sum_h \delta_h \Delta F_{t-h}+\sum_i \theta_i \Delta W_{t-i}+\sum_j \gamma_j \Delta E_{t-j}$$
$$+\sum_k \rho_k C_{t-k}+\xi D_t(\tau)+\zeta_1 D_t(\tau) P_{t-1}+\varepsilon_t \quad (5)$$

正如在式（4）中所讨论的，其中的误差项是一个移动平均过程，$\varepsilon_t$ = （$u_t + a_1 e_{t-1}$）。为检测结构性突变，零假说为 $\xi = \xi_1 = 0$。我按照如下顺序实施检验。首先，估计具有较短滞后期的式（5），其滞后期为 $h = i = j = k = 2$。由于只有 45 个年度时间序列观测值，所以我没有尝试用更高阶的滞后变量，以保持合理的自由度。其次，我剔除所有统计上不显著的二阶滞后变量，不显著的一阶滞后未被剔除。最后，借助最优滞后长度重新进行估计。表 5—2 给出了 1965—1996 年间所有可能的突变日期的检测结果。就兼并的绝对数量而言，估计出的突变日期为 1974 年，该检测的统计值在 5% 的水平上显著。就提出质疑的兼并数量占美国兼并潮的比例来说，估计出的突变日期仍为 1974 年，其统计值在 1% 的水平上显著。这意味着在 1974 年前后，兼并序列的样本均值显著不同。对于民事案件的总数而言，突变发生在 1972 年，其显著性水平为 1% 。

表 5—2　**结构性突变日期**

| 变　量 | 最大 $F$ 统计值 | 终止日期：$\tau$ = 年份 |
|---|---|---|
| 受到质疑的兼并案例总数 | 7.45* | $\tau = 1974$ |
| 受到质疑的兼并案例占美国兼并案例总数的比例 | 14.77* | $\tau = 1974$ |
| 民事案例总数 | 31.35* | $\tau = 1972$ |

注：上述结果来自于对式（5）的估计，并受到 $q = 2$ 的限制。$F$ 统计值与经过 15% 调整的 QLR 统计值的关键值进行了比较。临界值 1% ＝7.78，5% ＝5.86，10% ＝5.00。星号（*）表明显著性水平至少为 10%。民事案例总数包括根据《谢尔曼法》第 1 条、第 2 条，《克莱顿法》第 7 条和其他法律起诉的民事案例。

## 5.6　估计和结果

首先检验美国兼并潮和反垄断局的资金水平是否具有内生性，然后给出估计结果。

### 5.6.1　可能的内生性

反垄断局提出质疑的兼并数量增加可能减少兼并数量。因此，美

国兼并潮 $W$ 很可能内生于法庭受理的兼并案数量 $C$。当然，受到质疑的兼并数量并不是影响兼并的唯一因素，技术的改变、股票市场的波动、放松管制和其他因素也会影响兼并总量，参见 Jovanovic 和 Rousseau（2001）。而且，反垄断局的资金（预算）有赖于立法机构的批准。兼并控制活动的增加可能增加对资金的需求，这可能使资金具有内生性。然而，法庭案件的数量并不是影响资金的唯一因素，其他因素如总统的政党归属、众议院和参议院的组成、案件的复杂性和内部调查也可能对资金需求产生影响。基于上述考虑，我将检验式（5）中的变量兼并潮（$W$）和资金（$F$）是否具有内生性。

首选是沿着 Hausman 检验路径实施检验。但是，要找到 $F$ 和 $W$ 的工具变量是很难的。我将联邦政府支出和滞后的案件作为资金的潜在工具变量。但是一阶回归的解释力非常弱，说明这两个工具变量的效果比较差。由于使用效果较差的工具变量会产生严重的推断问题，因此，我只好放弃该方法。替代策略是，使用 Granger 和 Geweke-Meese-Dent 检验，利用变量组之间的动态关系信息来检测（计量上的）因果关系（或者联合测定）。Granger 检验考察了 $C$ 的滞后值是否对 $W$ 和 $F$ 的当前值有影响。Geweke-Meese-Dent 检验考察了 $W$ 和 $F$ 的先期数值（lead values）是否影响当前的 $C$ 值。Hamilton（1994，307－308）对这些检验给出了很有意义的讨论。表5—3 给出了等式及其检验结果。对美国兼并潮而言，在上述等式中，我用 $W$ 代替了 $F$。对于资金 $F$，表5—3 给出了检验结果（A 部分），B 部分给出了兼并潮 $W$ 的检验结果。给定 $p$ 值时，$F$ 和 $W$ 的值在整个样本区间内似乎可以被视作是事先给定的。1958—2002 年的数据几乎不能证明这些变量是由受到质疑的兼并数量 $C$ 所决定的。鉴于此，我不再采用工具变量估计方法。利用 NeweyWest（1987）过程，经移动平均结构误差修正的最小二乘估计可以提供一个无偏的、一致的参数估计和标准差。

## 5.6.2 结果

式（5）给出了估计的一般形式。用表5—2 中检测到的突变日期来代替制度转变虚拟变量 $D_t$（$\tau$）。在估计中考虑了一阶移动平均的误差结构，可以参见对式（4）的讨论。为检验误差项是否需要更

表 5—3　　因果关系的计量检验

A 组：Granger 因果关系检验

模型形式：$F_t = a + \sum_m b_m F_{t-m} + \sum_n c_n C_{t-n} + u_t$，其中，$a$，$b$ 和 $c$ 是参数

零假设：对任意 $n$，$c_n = 0$

1. 资金

全部兼并案例：$F = 0.5562$

全民民事案例：$F = 0.6917$

2. 兼并潮（在上述模型形式中用 $W$ 替代 $F$）

全部兼并案例：$F = 0.4018$

全民民事案例：$F = 0.9238$

B 组：Geweke-Meese-Dent 因果关系检验

模型形式：$C_t = d + \sum_k p_k F_{t-k} + \sum_w q_w F_{t+w} + \sum_g r_g C_{t-g} + e_t$，其中，$d$，$p$，$q$ 和 $r$ 为参数。该检测包括资金的 $k$ 期滞后值和 $w$ 期超前值

零假设：对任意 $w$，$q_w = 0$

1. 资金

全部兼并案例：$F = 0.6273$

全部民事案例：$F = 0.7928$

2. 兼并潮（在上述模型形式中用 $W$ 替代 $F$）

全部兼并案例：$F = 0.7205$

全部民事案例：$F = 0.9872$

注：$p$ 值由上述结果给出。在 $A$ 组，我们估计了滞后期为 $m, n = 1, 2$ 情况下的模型。在 $B$ 组，我们估计了滞后期为 $k, w, g = 1, 2$ 情况下的模型。

高阶的移动平均形式，正如式（2）和式（3）的更高阶滞后结构所能带来的影响，我使用拉格朗日乘子来检验二阶移动平均的误差结构。检验的统计结果在表 5—4 的下端给出。就兼并案件和兼并案件占美国兼并案例总数的比例而言，一阶移动平均已足够。就所有的民事案件而言，则需要二阶移动平均的误差结构。表 5—1 给出了模型变量的概要统计值。表 5—4 和表 5—5 给出了主要的估计结果。正如表 5—4 所示，除了常数项、$\text{Pres}_{t-1}$、$D$（$X$）和 $D$（$X$）$\text{Pres}_{t-1}$ 的系数之外，所报告的数字是由其他相应变量的系数估计值乘以该变量的标准差得到的。由于等式在变量的系数估计值、平均值和标准差方面都存在较大差异，因此，每个变量的系数估计值乘以其标准差可以使人们能够迅速了解其定量效果。

表5—4　　估计结果：经济活动指标——GDP

| | A. 受到质疑的兼并案例总数 | B. 受到质疑的兼并案例总数占美国兼并案例总数的比例 | C. 民事案例总数 |
|---|---|---|---|
| 常数项 | 10.019* | 0.0113* | 13.054* |
| | (0.001) | (0.001) | (0.001) |
| $\text{Pres}_{t-1}$ | 0.376 | 0.00029 | 11.422* |
| | (0.884) | (0.825) | (0.025) |
| $D$ (1974) | -4.916* | -0.0077* | -8.825* |
| | (0.011) | (0.001) | (0.001) |
| $D$ (1974) * $\text{Pres}_{t-1}$ | -2.807 | -0.00127 | -10.670* |
| | (0.367) | (0.451) | (0.089) |
| $\Delta\text{Funds}_{t-1}$ | -0.095 | 0.0003 | 2.623* |
| | (0.835) | (0.240) | (0.009) |
| $\Delta\text{Funds}_{t-2}$ | — | — | — |
| $\Delta\text{Wave}_{t-1}$ | 0.465 | — | 2.382* |
| | (0.360) | | (0.008) |
| $\Delta\text{Wave}_{t-2}$ | 1.859* | — | — |
| | (0.005) | | |
| $\Delta\text{GDP}_{t-1}$ | 0.912* | 0.00007 | -0.023 |
| | (0.092) | (0.844) | (0.987) |
| $\Delta\text{GDP}_{t-2}$ | — | -0.00007* | — |
| | | (0.013) | |
| $\text{Cases}_{t-1}$ | 1.531* | 0.001* | 5.734* |
| | (0.010) | (0.097) | (0.001) |
| $\text{Cases}_{t-2}$ | — | — | 3.343* |
| | | | (0.001) |
| Adj-$R^2$ | 0.5350 | 0.7924 | 0.7106 |
| LM：$\chi^2$（2） | 0.311 | 0.242 | 0.010 |

注：①估计的模型由等式（5）给出。Δ 表明该变量是一阶差分变量。$D$（1974）是一个结构性突变虚拟变量（见表5—2）。

②除了常数项 $\text{Pres}_{t-1}$，$D$（1974）和 $D$（1974）* $\text{Pres}_{t-1}$ 系数外，其他数据是由每个变量的估计系数乘以各自的标准差得到的。这样做是因为变量间的平均值和标准差存在较大差异。因此，每个变量的估计系数以其标准差可以使我们能够快速了解其定量效果。

③最后一行 LM：$\chi^2$（2）表示经过二阶移动平均误差结构 LM 检验得到的 $p$ 值。给定这结果，C 列代表的模型用二阶移动平均误差结构估计，A 列和 B 列代表的模型则由一阶移动平均误差结构来估计。

④$p$ 值（双尾）在圆括号中标明，它是利用 Newey-West（1987）异方差性和序列相关一致性标准差检验得到的。星号（*）表明统计上的显著性水平至

少为 10%。

表 5—5　**估计结果：经济活动指标——企业利润**

| | A. 受到质疑的兼并案例总数 | B. 受到质疑的兼并案例总数占美国兼并案例总数的比例 | C. 民事案例总数 |
|---|---|---|---|
| 常数项 | 10.625* | 0.0108* | 13.200* |
| | (0.001) | (0.001) | (0.001) |
| $Pres_{t-1}$ | 0.274 | 0.00032 | 10.159* |
| | (0.913) | (0.805) | (0.050) |
| $D(\cdot)$ | -4.141* | -0.0085* | -7.798* |
| | (0.030) | (0.001) | (0.001) |
| $D(\cdot)^{*}Pres_{t-1}$ | -3.135 | -0.00071 | -10.653* |
| | (0.299) | (0.625) | (0.081) |
| $\Delta Funds_{t-1}$ | -0.083 | 0.0002 | 2.017* |
| | (0.863) | (0.627) | (0.087) |
| $\Delta Funds_{t-2}$ | — | 0.0004* | — |
| | | (0.063) | |
| $\Delta Wave_{t-1}$ | 0.697 | — | 3.195* |
| | (0.147) | | (0.008) |
| $\Delta Wave_{t-2}$ | 1.975* | — | — |
| | (0.009) | | |
| $\Delta Profit_{t-1}$ | -0.194 | 0.00007 | 0.578 |
| | (0.756) | (0.766) | (0.545) |
| $\Delta Profit_{t-2}$ | — | -0.0004* | -2.210* |
| | | (0.068) | (0.094) |
| $Cases_{t-1}$ | 1.704* | 0.001* | 5.911* |
| | (0.021) | (0.100) | (0.001) |
| $Cases_{t-2}$ | — | — | 3.285* |
| | | | (0.001) |
| Adj-$R^2$ | 0.5161 | 0.7817 | 0.7195 |

注：见表 5—4。

对于提出质疑的兼并案例的总量（表 5—4 中的 A 列所示），制度转变使得截距项从 10 个案例下降到 5 个案例，这显示了较大的定量效果。考察受到质疑的兼并的较好方法是研究 B 列，B 列表示受到质疑的兼并案例总数占美国兼并案例总数的比例。表 5—1 中扼要的统计结果表明在整个样本区间，该比例为0.0067，暗示着明显少于1%的兼并案例受到质疑。制度转变使得截距从0.0113下降到0.0036，定量效果很明显。对于兼并案例（A列）和兼并案例与兼并潮的比例（B列）而言，Pres和*D*（·）Pres的系数在统计上都不显著，这表明控制了制度转变变量之后，总统的或政治的效应都不存在，并且在该制度转变前后该效应也不存在。换言之，就受到质疑的兼并案例数量而言，我没有发现有证据表明政党之间存在着两极分化的现象（正如Faure-Grimaud和Martimort所说明的）。

与兼并控制相比，民事案件的总数（表5—4中C列所示）展示了一幅更广阔的画面，反映了一个更有趣的模式。观测到的制度转变大约在1972年，这与受到质疑的兼并案例数量的转折点大致相同。Pres（正的）和*D*（·）Pres互动项（负的）表明在共和党执政期间，以政党更迭反映的制度转变之前司法部门发起的民事案件总数较高。在制度转变之后，在共和党执政期间，案件数量明显较低。在制度转变前，尼克松—福特政府（1969—1976年）和艾森豪威尔政府（1958—1960年）的部分任期都属于共和党执政时期。对图5—4中的数据的研究表明制度转变前的共和党正效应是受尼克松执政2年后的政策所推动的，因此，这看起来似乎不是纯粹的或典型的共和党效应，而是来自许多年度数据的一个比较特殊的结果。总体来说，对Pres和*D*（·）Pres效应的一种解释是：在制度转变之后，共和党政府和民主党政府在民事案件的总数方面存在显著的两极分化现象。换句话说，在制度转变之后，与民主党相比，共和党发起的民事案件数量较少。

就其他变量而言，反垄断局资金的增加似乎对受到质疑的兼并案件的数量没有任何影响，对民事案件总数产生了正影响，但影响并不显著。兼并潮系数估计值表明，在美国产生较多兼并案的时期之后，兼并案件和民事案件的数量都有所增加，但数量变化上都不显著。由GDP变化来衡量的经济状况变量对不同类别案件数量的影响是不明确的。对所有的估计式而言，滞后因变量都是显著的。总体来看，无论就特定的兼并控制而言，还是对总体的民事案件控制而言，经济活动变量的影响并没有为Peltzman的平衡效应（参见5.3节）提供支持。表5—5给出了用企业利润作为替代指标来衡量经济状况的估计结果，它与用 GDP 作为衡量指标的估计结果非常相似，仅有略微差异。总的结论是，反垄断局的资金水平、兼并潮和经济状况等指标对反垄断局的兼并控制数量和民事案件控制总量的定量影响不显著。

接下来考察表 5—6，该表给出的结果与表 5—4 有较强的可比性，只是不包括制度转变这一虚拟变量。回归调整后的 $R^2$ 值相当低。对兼并案件而言，先前研究中影响显著的滞后 GDP 变量和兼并潮变量在表 5—6 中并不显著。对总的民事案件而言，总统党派归属这个虚拟变量现在不再是显著的，资金变量也是如此。总体而言，控制制度转变因素有利于增进人们对影响兼并控制和总体民事控制的因素的理解。

表 5—6　　**估计结果：不包括制度转变虚拟变量**

| | A. 受到质疑的兼并案例总数 | B. 受到质疑的兼并案例总数占美国兼并案例总数的比例 | C. 民事案例总数 |
|---|---|---|---|
| 常数项 | 5.791* | 0.0036* | 4.901 |
| | (0.005) | (0.039) | (0.410) |
| $Pres_{t-1}$ | -2.348 | -0.0012 | 1.261 |
| | (0.151) | (0.261) | (0.699) |
| $\Delta Funds_{t-1}$ | -0.631 | -0.00008 | 1.652 |
| | (0.235) | (0.804) | (0.121) |
| $\Delta Funds_{t-2}$ | — | — | — |
| $\Delta Wave_{t-1}$ | 0.639 | — | 2.382* |
| | (0.107) | | (0.031) |
| $\Delta Wave_{t-2}$ | 1.046 | — | — |
| | (0.262) | | |
| $\Delta GDP_{t-1}$ | 0.045 | 0.00015 | -1.642 |
| | (0.952) | (0.776) | (0.309) |
| $\Delta GDP_{t-2}$ | — | -0.0011* | — |
| | | (0.027) | |
| $Cases_{t-1}$ | 3.324* | 0.004* | 8.400* |
| | (0.001) | (0.001) | (0.001) |
| $Cases_{t-2}$ | — | — | 3.810* |
| | | | (0.024) |
| Adj-$R^2$ | 0.3772 | 0.6492 | 0.5582 |

注：上述回归与表 5—4 中的类似但不包括制度转变虚拟变量 *D*（1974）。

最后，在引入共和党成员占众议院和参议院的百分比作为另一个控制政治效果的变量后，我对主要回归方程进行了重新估计。估计结果见表5—7。尽管有微弱影响，但众议院和参议院变量的引入并未影响我所得出的有关总统党派归属和制度转变的核心推断。由于在45年的样本区间（1958—2002年）中，共和党在众议院中占多数席位的时间只有8年，在参议院中占多数席位的时间只有13年，因此，这一结果并不出乎意料。

表5—7　**附加的估计结果**

| | A. 受到质疑的兼并案例总数 | B. 受到质疑的兼并案例总数占美国兼并案例总数的比例 | C. 民事案例总数 |
|---|---|---|---|
| 常数项 | 10.4221 | 0.0114 | 13.4921 |
| | (0.001) | (0.001) | (0.001) |
| $Pres_{t-1}$ | 0.5663 | 0.0003 | 11.7782 |
| | (0.826) | (0.798) | (0.022) |
| $D$ (1974) | −5.330 | −0.0077 | −6.7260 |
| | (0.003) | (0.001) | (0.003) |
| $D$ (1974) * $Pres_{t-1}$ | −2.1028 | −0.0016 | −12.0053 |
| | (0.519) | (0.356) | (0.055) |
| $House_{t-1}$ | 3.3378 | −0.0013 | −0.5873 |
| | (0.038) | (0.173) | (0.828) |
| $Senate_{t-1}$ | −2.0636 | −0.0001 | −4.3615 |
| | (0.197) | (0.974) | (0.157) |

注：①通过引入共和党在众议院和参议院所占席位的百分比，扩展了表5—4中的模型。众议院和参议院是虚拟变量，如果共和党占有多数席位，则众议院（参议院）=1，否则为0。

②本表中没有给出资金、兼并潮、经济活动（GDP）和滞后因变量的估计系数。

## 5.7 讨论和最终结论

以下对本章的主要结论加以简单说明。首先，本章研究表明，大约在1974年后，兼并控制制度出现了非常显著的向下转变。在引言中，本章曾提出一些导致这种转变的可能因素，例如，强调企业兼并行为有利于促进竞争和提高效率，美国最高法院日益保守的构成和诸如《兼并准则》的发布等行政方面的一些变化等。尽管难以将这些影响因素区分开来，尤其是对这些因素本身进行度量和界定都是一件很困难的事情，但这并不影响本章的倾向性结论：对市场集中度的强调在减弱，对促进竞争和效率因素的考虑在增加，同时更保守的最高法院可能是制度转变背后的主要推动力。在此可引用最高法院的两个重大判决来进一步说明，这些判决所处的时期大致与本章确认的结构性突变时期一致。第一个判决是“司法部诉通用动力公司案”(1974)，在此案例中，最高法院做出了与20世纪50年代和60年代的反垄断思维相悖的判决——尽管市场份额很高，但最高法院并未做出违法认定。这一政府起诉案件定义的产品市场为煤炭市场。最高法院不同意这种定义，认为市场界定应为更多种类的能源，包括石油、天然气、核能和地热能。最高法院也不认同政府对地域市场的狭窄定义，而将其地域范围大大扩展，认为应该根据决定煤炭和其他能源成本的运输网络和运费水平情况来界定地域市场。此外，最高法院仔细考虑了与实际和潜在竞争以及进入条件相关的问题。对市场状况较为宽泛的界定极大地背离了前几十年以市场集中度为关注焦点的思维方式。第二个重大判例是“Continental TV 诉 GTE Sylvania 案”(1977)。在这个判例中，最高法院强调与市场竞争相关的概念，并且认为垂直约束通过使生产者获得分销效率而有利于促进品牌间的竞争。这是最高法院首次明确关注效率问题，并认为提高效率的企业行为将有助于促进竞争。

虽然这些划时代的判例与本章估计出的结构性突变日期大致相当，但是对转型期内法庭兼并案例和特定判决意见进行更加细致的考察，将有助于更清晰地理解特定兼并控制及一般性反垄断控制的拐点。

其次，与流行观点相反，没有证据表明共和党提出质疑的兼并案比民主党提出的少。一个流行的观点似乎是“里根谋杀了反垄断”。至少对于兼并控制而言，这个观点是站不住脚的。观察图5—1可以发现，在福特执政期间，提出质疑的兼并案例数量急剧下降。在卡特执政期间，提出质疑的兼并案例数量仍然很低，并且从卡特政府到里根政府，提出质疑的兼并案例数量进一步下降。在图形尾部可以看到，在克林顿执政期间，提出质疑的兼并案例数量有所上升。然而，正如先前所指出的，因为其描述的是提出质疑的兼并案例数量占美国兼并案例总数的比例，所以图5—3更为准确地描述了兼并控制的强度。从中可见更加清晰的模式：在福特执政期间，明显下降；在卡特执政期间，持续走低；在里根执政期间，进一步下降；在克林顿执政期间，没有增加。一个更有趣的对比是在里根（被广泛认为是保守主义的代表）执政期间和克林顿执政期间：提出质疑的兼并案例数量占美国兼并案例总数的比例几乎都为0.002（即美国兼并案例总数中仅有0.2%的兼并案例受到质疑）！从绝对数量看，克林顿政府阻止了更多的兼并，但这并不足以解释在那一时期美国兼并案例数量急剧上升。总之，就兼并控制而言，对数据的仔细研究并未得出一个清晰的共和党（或政治）效应。证据似乎表明，自从20世纪70年代中期起，最高法院中支持市场的风气和保守主义立场主导了兼并控制，而未给政党政治发挥作用留下充分空间，甚至完全没有留下空间。

与兼并控制相比，反垄断局全部民事控制的数据在某些方面表现出不同模式。与兼并控制类似，全部民事控制的数据表明制度转变发生在20世纪70年代早期。但是与兼并控制相比，全部民事控制的经验结果表明，在制度转变之后，共和党政府比民主党政府发起的案件要少，这意味着在非兼并控制方面存在着比较清晰的政治效应。并且，在制度转变之后，共和党和民主党的两极分化程度有所增加。考虑到针对所有民事案件所得出的这些结果，研究与《谢尔曼法》第1条和第2条、《克莱顿法》第7条和其他民事违法行为相关的民事控制的每个组成部分将是非常有意义的，在后续研究中，我将关注此领域的问题（Ghosal 2005）。

# 参考文献

Amacher, Ryan, Richard Higgins, William Shughart, and Robert Tollison. 1985. "The Behavior of Regulatory Activity over the Business Cycle: An Empirical Test." *Economic Inquiry* 23:7–19.

Andrews, Donald. 1993. "Tests for Parameter Stability and Structural Change with Unknown Change Point." *Econometrica* 61:821–856.

Baker, Jonathan. 2002. "A Preface to Post-Chicago Antitrust." In. R. van den Bergh, R. Pardolesi, and A. Cucinotta, eds., *Post-Chicago Developments in Antitrust Analysis*. Cheltenham: Edward Elgar.

Baker, Jonathan. 2003. "The Case for Antitrust Enforcement." *Journal of Economic Perspectives* 17:27–50.

Bork, Robert. 1978. *The Antitrust Paradox*. New York: Basic Books.

Coate, Malcom, Ryan Higgins, and Fred McChesney. 1990. "Bureaucracy and Politics in FTC Merger Challenges." *Journal of Law and Economics* 33:463–482.

Crandall, Robert, and Clifford Winston. 2003. "Does Antitrust Policy Improve Consumer Welfare? Assessing the Evidence." *Journal of Economic Perspectives* 17:3–26.

Demsetz, Harold. 1973. "Industry Structure, Market Rivalry and Public Policy." *Journal of Law and Economics* 16:1–9.

Demsetz, Harold. 1974. "Two Systems of Belief about Monopoly." In H. Goldschmidt, H. M. Mann, and J. F. Weston, eds., *Industrial Concentration: New Learning*. Boston: Little Brown.

Faith, Roger, Donald Leavens, and Robert Tollison. 1982. "Antitrust Pork Barrel." *Journal of Law and Economics* 25:329–342.

Faure-Grimaud, Antoine, and David Martimort. 2003. "Regulatory Inertia." *RAND Journal of Economics* 34:413–437.

Fisher, Franklin. 1987. "Horizontal Mergers: Triage and Treatment." *Journal of Economic Perspectives* 1:23–40.

Ghosal, Vivek. 2005. "Regime Shift in Antitrust." Working paper, Georgia

Institute of Technology.

Ghosal, Vivek, and Joseph Gallo. 2001. "The Cyclical Behavior of the Department of Justice's Antitrust Enforcement." *International Journal of Industrial Organization* 19:27 – 54.

Gugler, Klaus, and Ralph Siebert. 2004. "Market Power versus Efficiency Effects of Mergers and Research Joint Ventures: Evidence from the Semiconductor Industry." National Bureau of Economic Research, Working Paper No. 10323.

Hamilton, James. 1994. *Time Series Analysis*. Princeton, NJ: Princeton University Press.

Jovanovic, Boyan, and Peter Rousseau. 2001. "Mergers and Technological Change: 1885 – 1998." Working paper, University of Chicago.

Kovacic, William, and Carl Shapiro. 2000. "A Century of Antitrust and Legal Thinking." *Journal of Economic Perspectives* 14:43 – 60.

Landes, William, and Richard Posner. 1981. "Market Power in Antitrust Cases." *Harvard Law Review* 94:937 – 996.

Long, William, Roger Schramm, and Robert Tollison. 1973. "The Economic Determinants of Antitrust Activity." *Journal of Law and Economics* 16: 351 – 364.

Mueller, Dennis. 1996. "Lessons from the United States's Antitrust History." *International Journal of Industrial Organization* 14: 415 – 445.

Newey, Whitney, and Kenneth West. 1987. "A Simple Positive-Definite Heteroscedasticity and Autocorrelation Consistent Covariance Matrix." *Econometrica* 55:703 – 708.

Pate, Hewitt. 2004. *Antitrust Law in the U. S. Supreme Court*. Washington, DC: Antitrust Division, U. S. Department of Justice.

Peltzman, Sam. 1976. "Toward a More General Theory of Regulation." *Journal of Law and Economics* 19:211 – 240.

Peltzman, Sam. 2001. "The Decline of Antitrust Enforcement." *Review of Industrial Organization* 19:49 – 53.

Phillips, Peter, and Pierre Perron. 1988. "Testing for a Unit Root in Time-

Series Regressions. "*Biometrica* 335 – 346.

Pittman, Russell. 1992. " Antitrust and the Political Process. " In D. Audretsch and J. Siegfried, eds. , *Empirical Studies in Industrial Organization: Essays in Honor of Leonard Weiss*. Amsterdam: Kluwer Academic Publishers.

Posner, Richard. 1970. " A Statistical Study of Antitrust Enforcement. " *Journal of Law and Economics* 13:365 – 419.

Schmalenesee, Richard. 1987. " Horizontal Merger Policy: Problems and Changes. "*Journal of Economic Perspectives* 1:41 – 54.

Siegfried, John. 1975. "The Determinants of Antitrust Activity. "*Journal of Law and Economics* 18:559 – 574.

Stigler, George. 1964. " A Theory of Oligopoly. " *Journal of Political Economy* 72:44 – 61.

Stock, James. 1994. " Unit Roots, Structural Breaks and Trends," In R. F. Engle and D. L. McFadden, eds. , *Handbook of Econometrics*, vol. 4. New York: North-Holland.

Stock, James, and Mark Watson. 1996. " Evidence on Structural Instability in Macroeconomic Time-Series Relations. " *Journal of Business and Economic Statistics* 14:11 – 30.

Stock, James, and Mark Watson. 2003. *Econometrics*. New York: Addison Wesley.

White, Lawrence. 1987. " Antitrust and Merger Policy: A Review and Critique. "*Journal of Economic Perspectives* 1:13 – 22.

Williamson, Oliver. 1968. "Economies as an Antitrust Defense: The Welfard Tradeoffs. "*American Economic Review* 58:18 – 36.

# 第 6 章

# 差异化产品的市场界定
# ——来自汽车市场的经验

Randy Brenkers
Frank Verboven

## 6.1 引言

市场界定是竞争政策各领域广泛使用的重要工具，这些领域包括对企业间协议、主导地位滥用和兼并的调查。市场界定之所以重要，是由于反垄断机构在度量被调查企业的市场支配地位时，严重依赖于对市场份额的计算。为了使市场界定与市场势力的经济学概念趋于一致，在当前美国和欧洲的司法实践中，对市场的界定要求基于假定的垄断者测试（或 SSNIP 测试），至少原则上要求这样。粗略地说，这一测试要求回答，对一组产品的假定垄断者而言，将其价格提高 5% ~10% 是否仍然有利可图。如果提高价格仍可获利，那么就认为这些产品构成一个相关市场，而在这个市场中拥有高份额的企业则有可能实施显著的市场支配作用。

现代市场界定方法与市场势力的经济原理更加一致，但同时也受到其他方法尤其是“模拟方法”（simulation approach）的挑战。为了对可能的反竞争事件（例如兼并）做出准确的预测，这种方法指定了具体的市场模型。[①] 尽管人们可能会期待更多地采用模拟方法，但很明显，未来几年里市场界定仍然很重要。因为在大多数领域中，仍存在许多极富影响力的法律原则，这些法律原则严重依赖于市场份额，将其作为判决的基础。此外，可能并不总是存在一个显而易见且广为接受的市场模型可以作为模拟方法预测市场势力的基础。因此，继续考虑谨慎地运用市场界定方法十分重要。

本章旨在从当产品存在差异时市场界定方法的一个严格应用中得出一些启示。近期欧洲的一个案例——欧盟委员会对汽车市场上纵向限制新近的集体豁免条例（block exemption）——在很大程度上依赖于市场份额的计算结果。这个名为“1400/2002 条例”的新框架是在 2002 年 10 月制定的，它允许市场份额低于特定界限的所有汽车生产商采取某些限制行为。具体而言，市场份额低于 30% 的制造商可以和零售商达成独家或是选择性分销协议（但是不能同时采取这两种方式），市场份额在 30% ~40% 的制造商可以达成选择性分销协议，市场份额超过这些界限的制造商不能依据集体豁免条例达成独家或是选择性分销协议。

应用这一条例，必须恰当地界定相关市场。尽管这项工作通常都不太容易，但在汽车市场上，由于以下原因则更为困难。首先，汽车不是同质产品。不同汽车间的差异化程度看起来并不对称，为了准确界定相关市场，更好地了解汽车间的替代方式十分必要。第二，制造商并不直接把汽车卖给最终消费者，而是通过零售商间接地进行销售。因此，虽然有必要从制造商层次了解替代方式，但实际上只能从零售商层次获得供处理的数据。第三，为了界定相关市场，人们需要知道制造商的价格与成本的差额，但是通常从汽车的生产商层次上难以获得这一信息。即使能够得到这一差额数据，其可靠性也值得怀疑。

---

① 这种方法最初是被用于预测横向兼并的影响。对预测纵向协议的一个应用，参见 Brenkers 和 Verboven（2006）。

本章在产品市场界定方法中考虑了这些问题。本章主要需要下列两方面信息：（1）必要的统计信息，以便在零售层次上估计差异化产品的需求系统；（2）一个适当的寡头垄断模型，用来测量当前的价格—成本差额，以及把零售层次上的需求与批发层次上的需求联系起来。基于此，本章根据假定的垄断者测试或者SSNIP测试来界定相关市场。一方面，我们的方法和一般的市场界定原理相一致，并且与先前采用的SSNIP测试、遭到明显批评的弹性分析和基于有关市场细分的标准（和未检验的）产业分类等市场界定方法相比，我们的方法更具一般性。另一方面，我们的方法与模拟方法有许多共同点，有相似的数据要求，并且对产业中当前市场势力作了类似的假设。①

我们首先将市场界定方法应用于欧盟汽车业，随后提出几个问题，这些问题与实施集体豁免条例的执法者有关。哪些企业满足选择性分销或独家分销的市场份额界限，以及哪些企业不满足市场份额界限？如果一直没有使用严格的市场界定，而是基于标准产业分类的市场界定，答案会有多大程度的差别？研究发现，与基于标准产业分类的传统方法相比，我们的方法得出了市场界定的不同结论。在一些情况下，较为狭义的市场界定是合适的，而在另一些情况下，则需要较为广义的市场界定。我们的方法更明确地识别出违反汽车集体豁免条例所规定的市场份额界限的那些企业。除了这些一般性结论外，本章还强调了出现在这种情况下的市场界定中的实际问题，尤其是与企业销售多种产品相关的问题。在其他情况下，这些可能也有一定影响。

本章结构如下：6.2节给出了汽车业中纵向限制的规定和市场份额界限作用的背景讨论；6.3节提出了基于假定的垄断者测试或者SSNIP测试来界定相关产品市场的方法（假定在各个国家中，市场是按地理区域划分的）；6.4节给出了从相关市场界定中得到的结论；6.5节使用这些结论识别了哪些企业满足市场份额界限，哪些企业不满足市场份额界限，以及这些结论为执法者提供的一些政策含义；6.6节对本章进行总结。

---

① 它的主要区别涉及依据过去经济发展形势分析的市场势力的“思想实验”（thought experiment）。市场界定方法对这一点是不清楚的，只是简单地问一组企业能否在把价格提高一定百分比之后依然有利可图。模拟方法对此非常明确，而且明确地表达了市场势力如何改变兼并、纵向协议等的精确模型。

## 6.2 纵向限制、安全港和市场份额界限

### 6.2.1 集体豁免条例的原则

《欧盟条约》第81（1）条禁止了可能对成员国间贸易造成影响的协议，以及阻碍、限制或者扭曲竞争的协议。如果收益大于反竞争效应，并且消费者在这些利益中得到了应得的份额，那么第81（3）条允许对这一禁止予以豁免。这样的豁免可以从个体层次上获得，但是为了避免重复相似的调查，也可以对整类的协议予以豁免。在这种情况下，它们会被提交集体豁免条例。

集体豁免条例有两个主要特征。第一，集体豁免条例界定了一系列典型的协议和市场份额界限，对于这些界限来说，存在一个安全港（safe harbor）——那就是，协议带来的利益超过了可能的反竞争影响的假定。如果提议达成协议的企业拥有高于规定界限的市场份额，那么该协议不一定是非法的，但是需要个别豁免。第二，集体豁免条例也可能界定了一系列协议，称为“核心限制”（hardcore restrictions），对这些协议，存在一个假设，即协议带来的利益不会超过可能的反竞争影响。这些可能是“黑色条款”（black clauses），也就是说，无论企业的市场份额如何，都属于违法的协议。

### 6.2.2 针对纵向协议和汽车业的集体豁免条例

一个重要的集体豁免条例是针对纵向协议的2790/1999条例。① 这个条例背后的一般原理与经济分析更加一致，而且限定较少，换句话说，为企业提供了更多的灵活性。这个条例为一些纵向协议如单一商标（single branding）、独家分销（exclusive distribution）、选择性分销（selective distribution）、搭售（tying）、建议零售价格（recommended retail price）等提供了安全港。特别地，即使这些协议彼此结合在一起或者与其他非核心限制结合在一起，对于市场份额高

① 见欧盟委员会2002a表述中针对纵向限制的竞争规则的讨论。

达30%的企业，独家分销协议和选择性分销协议也都予以豁免。当存在其他特定部门的集体豁免条例时，关于纵向合约的这个条例就不再适用。从1985年开始，欧洲汽车业的情况就是这样。

针对汽车业的新的集体豁免条例是在2002年提出的——1400/2002条例。一方面，新的条例与1999年针对纵向协议的集体豁免条例的一般原理一致。另一方面，委员会认为，针对汽车业制定一个更为严格的单独条例是有必要的。这种方法主要起源于对“累积效应”(cumulative effect)的考虑，即当市场中所有企业都采用相似的纵向协议时对竞争的影响。结果是针对汽车业的集体豁免条例允许企业采取选择性分销策略或者独家分销策略，而不再允许同时实施两种策略①，而这在以前的汽车业规制条例或针对纵向协议的一般性集体豁免条例下则是允许的。允许企业采用选择性分销或者独家分销的条件是企业应该满足一定的市场份额界限。

### 6.2.3 针对汽车业的集体豁免条例中的市场份额界限

针对汽车业的集体豁免条例规定的市场份额界限与针对纵向协议的一般性集体豁免条例规定的界限不同。总之，这些界限更加严格，如下所示：

· 40%的市场份额界限被作为选择性分销的一个安全港；

· 30%的市场份额界限被作为独家分销的一个安全港。②

在实践中，这意味着一个市场份额低于30%的企业可以在选择性分销和独家分销之间自由选择。一个市场份额介于30%~40%的企业只能够选择选择性分销；要被允许实行独家分销，它必须获得委员会给予的个别豁免。一个市场份额高于40%的企业不能获得集体豁免，只能申请针对独家分销或选择性分销的个别豁免。

---

① 对于选择性和独家分销的含义及该条例其他限制的详细表述，见Brenkers和Verboven (2006)。简要地说，选择性分销是指制造商给经销商强加的数量和质量标准的行为；独家分销是指给经销商指定一个排他性的地理区域的行为。关于选择性和独家分销的问题的政策文献是由英国竞争委员会（2000）和欧盟委员会（2000）给出的。关于集体豁免条例的解释，包括市场界定和市场份额界限解释的政策文献可参见欧盟委员会（2002b）的小册子，也可以在其网站上找到。

② 30%的市场份额界限也被应用于其他的非核心限制。在集体豁免条例的第4条中列出的核心限制里，最显著的是转售价格维持，选择性和独家分销的结合，以及在一个排他性的经销商自己的地区之外消极销售的限制。

## 6.3 市场界定方法

6.2 节中的讨论已经表明，是否为纵向限制提供安全港的决策严重依赖于企业的市场份额计算。这种方法背后的含义是市场份额足够低的企业没有强大的市场势力，因此人们预期纵向限制不会对竞争造成严重损害。为了使这个方法更可信，有必要首先根据经济学原理来界定相关市场。

本节概括了界定相关市场的方法。首先，对一些预备步骤进行定性讨论。这便于将研究重点放在产品市场界定的 SSNIP 测试和需求替代的作用方面。其次，结合当前均衡价格行为模型给出了具体方法，实际上只需要一些信息用于估计新车的需求。最后，提出了一个用来估计的需求模型，作为完成 SSNIP 测试的关键部分。

### 6.3.1 预备步骤

6.3.1.1 SSNIP 测试和对需求替代的集中关注

这部分界定相关市场的原理是基于假定垄断者测试或者 SSNIP 测试的（与美国实践相似），见委员会通告 97/C 和 372/03。该测试寻求最少种类的产品，微小但重要的长期价格上涨将使这些产品的垄断企业赢利。考察的价格上涨通常控制在 5% ~10% 范围内。价格上涨是否赢利取决于竞争性约束的三个来源：需求替代、供给替代（现有企业进入）和潜在竞争（新的企业进入）。下面依次讨论这些方面。第一，委员会通告宣称，需求替代构成了对供给者最直接、最有效的约束力量，因此，在市场界定阶段就要将其考虑进去。第二，原则上，在市场界定阶段也可能需要考虑供给替代，但因为它不是太直接的约束，所以还需要对投资可能性进行分析。开发和销售新汽车通常涉及大量的投资成本和相当长的时滞，因此在本章的市场界定测试中不需要考虑供给替代。第三，委员会通告明确宣称，在市场界定阶段无须考虑新的进入者，但应在竞争政策评估阶段予以考虑。总之，为了界定相关市场，我们运用 SSNIP 测试原理，单独把需求替代作为竞争约束。

6.3.1.2 对产品市场界定的关注

市场界定包括地理市场界定和产品市场界定。为了界定相关的地理市场，这里主要采用定性方法。以前有大量文献研究了欧洲汽车市场上国际价格的巨大差异。而且，制度方面的证据也表明，尽管过去几年里欧洲的一体化进程取得了进展，但是仍然存在贸易壁垒。这些贸易壁垒在很大程度上是由于选择性和独家分销体系造成的，这一体系使得独立的转售商和特约经销商很难从事跨境贸易。尽管存在着巨大的价格差异，国家间的平行进口（parallel import）却很少，这也可为一些证据所证实。有关把相关地理市场按国家来界定的更多讨论可以参见 Verboven（2002）。① 我们将在一国市场之内，严格按照 SSNIP 测试的方法来界定相关产品市场。下面概括了我们采用的一般方法。

## 6.3.2 针对产品市场界定的 SSNIP 测试

6.3.2.1 一般框架

上面的讨论说明在界定相关产品市场时应该考虑需求替代的作用。被假定为价格上涨的产品称为内部产品（insider products），其他产品称为外部产品（outsider products）。首先，考察价格上涨之前从内部产品上获得的总利润 $\pi_I(w)$。这些利润依赖于批发价格 $w$，该批发价格是制造商向零售商索要的价格。批发价格向量 $w$ 包含内部产品和外部产品的批发价格向量，即 $w^I$ 和 $w^O$。因此，有时用 $w=(w^I, w^O)$ 来区分批发价格向量的两部分。假定在价格上涨之前，内部产品的总利润等于每一种内部产品 $j$ 利润之和：

$$\pi_I(w) = \sum_{j \in I} (w_j - c_j) s_j^w(w) L \tag{1}$$

其中，$I$ 是内部产品集合；$c_j$ 是产品 $j$ 的边际成本；$L$ 是潜在消费者的总数量；$s_j^w(w)$ 是产品 $j$ 的批发层次的市场份额函数，即制造商对产品 $j$ 的需求作为批发价格向量的一个函数。为了便于说明，同时不失一般性，边际成本 $c_j$ 被假定包括制造商的边际成本和零售商的边际成本。因此，经销商似乎不直接承担零售成本，而是通过其支付给

① 关于存在巨大价格差异和汽车市场中贸易壁垒演化的详细论述可参见 BEUC（1992）、竞争委员会（2000）、Degryse 和 Verboven（2000）、Goldberge 和 Verboven（2005）。

制造商的批发价格来间接承担。

在SSNIP测试中，内部产品批发价格 $w^I$ 的上涨用某一百分比 $\lambda$（例如5%或10%）表示。用 $w^{new}=((1+\lambda)w^I, w^O)$ 表示新的批发价格向量。价格上涨后的内部产品总利润等于：

$$\pi_I(w^{new})=\sum_{i\in I}((1+\lambda)w_j-c_j)s_j^w(w^{new})L \tag{2}$$

一方面，内部利润率从 $w_j-c_j$ 上升到 $(1+\lambda)w_j-c_j$。另一方面，内部产品批发价格的上升降低了制造商的销售量。SSNIP测试简单对比了价格上升前后的内部利润，分别由（1）和（2）给出，并且估计了利润变化是否是正的。

上面的讨论表明，SSNIP测试可能采用批发层次的需求方程 $s^w(w)$ 和批发利润率 $w-c$ 的信息来完成。在应用中，由于没有制造商的批发价格数据，所以我们无法直接对批发层次的需求方程进行估计。同时，也没有关于制造商边际成本的信息，所以我们无法直接估计批发利润率。可获得的信息仅是零售层次的需求信息（销售额、零售价格和产品特征），这使我们能够估计零售层次的需求方程 $s^R(p)$，其中 $p$ 为零售价格向量。幸运的是，如果再增加一个制造商和零售商的均衡定价行为模型，这些信息就足够了。

6.3.2.2　加入一个均衡定价模型

根据Brenkers和Verboven（2006），我们给出了一个制造商和零售商定价行为的两阶段模型。这里简要说明一下这个模型，详细的推导参见有关文献。[①] 首先，制造商们同时选择利润最大化的批发价格，零售商们随后同时选择利润最大化的零售价格。第二阶段纳什均衡的零售价格向量是第一阶段设定的批发价格向量的函数，用转换（pass-through）函数 $p=p(w)$ 表示。当制造商在第一阶段设定自己的批发价格时，会考虑这些转换函数。

为了推导转换函数的确切形式，考虑第二阶段零售商定价的两种可能情形。在第一种情形中，存在完全品牌内竞争。零售商们与销售相同品牌的其他零售商之间展开激烈竞争，零售价格等于批发价格，也就是 $p=p(w)=w$。在这种情形中，批发价格完全转嫁到零售价

① 在横向兼并的背景下，Hosken等（2002）讨论了当只知道（即估计出）零售层次的需求方程时在评估批发层次上兼并中的相关问题。

格中。在第二种情形中，不存在品牌内竞争，所以零售商们只和销售不同品牌的零售商竞争，零售价格 $p=p(w)$ 由零售商利润最大化的一阶条件隐含确定，用 $f(p, w)$ 来表示。这个方程组的解表明，零售价格超过了批发价格，其差额依赖于零售需求的自身价格弹性和交叉价格弹性。在这种情形中，批发价格没有完全转嫁到零售价格中。

在这个分析框架下，我们能够获得所需要的两类信息。

#### 6.3.2.3 批发层次需求方程

批发层次需求方程 $s^W(w)$ 可以通过使用转换函数 $p(w)$，将其与估计的零售层次需求方程 $s^R(p)$ 联系起来得到。具体地，可以得到：

$$s^W(w) = s^R(p(w)) \tag{3}$$

从直觉上看，这里利用了这一事实：制造商的批发层次需求是派生需求（derived demand），也就是从经销商们的零售需求中派生的一种需求。在完全品牌内竞争（第一种情形）中，批发价格和零售价格是一致的，换句话说，$p=w$，所以批发层次需求方程可以简化成简单的零售层次需求方程，$s^W(w) = s^R(p)$。紧接着，在用零售层次的需求 $s_j^R(p)$ 代替了批发层次的需求 $s_j^W(w)$ 之后，通过对比利润（1）和（2）简单地给出了 SSNIP 测试。

在无品牌内竞争（第二种情形）中更加复杂。正如前文提到的，在这种情况下，零售价格 $p=p(w)$ 是由利润最大化的一阶条件 $f(p, w)=0$ 隐含确定的。当用隐函数 $p=p(w)$ 表示零售层次需求代替批发层次需求 $s_j^W(w)$ 之后，SSNIP 测试可以对利润（1）和（2）进行比较。进而，对比下列两个式子：

$$\pi_I(w) = \sum_{j \in I} (w_j - c_j) s_j^R(p(w)) L \tag{1'}$$

$$\pi_I(w^{new}) = \sum_{i \in I} ((1+\lambda) w_j - c_j) s_j^R(p(w^{new})) L \tag{2'}$$

直观地讲，SSNIP 测试中内部产品批发价格 $w^I$ 的上涨（如上涨 10%），得到新的批发价格向量 $w^{new}$。新的零售价格 $p$ 可以通过求解方程 $f(p, w^{new})=0$ 得到。一方面，由于不完全转嫁，内部产品的零售价格上涨少于 10%。另一方面，外部产品零售价格也可能会相应上涨。然后，新的零售价格将根据所估计的零售层次需求函数最终决定需求。

6.3.2.4　批发利润率

我们没有利用会计信息度量批发利润率 $w-c$。第一，这种信息在生产商层次上很难获得。在这一研究中，批发价格和边际成本都是观察不到的，问题变得更加复杂。第二，正如寡头垄断方面的实证文献中广泛讨论的那样，会计信息不能充分地度量机会成本，而机会成本却最终决定企业的定价决策。在汽车业背景下，尤其应该注意销售一辆新车后未来的修理和维护服务产生的利润流。[①] 这些未来利润可能被看做是对制造商销售一辆新车的机会成本的一种负面贡献，也就是说，如果这些利润很大，那么销售一辆汽车的机会成本很可能是负值。

为了解决这些问题，本章在批发和零售阶段利用利润最大化的一阶均衡条件来度量批发利润率。在品牌内完全竞争（第一种情形）中，$p=w$，像 Berry、Levinsohn 和 Pakes（1995）所描述的那样，均衡批发利润率退化为多产品企业的标准形式。粗略地说，每一产品的利润率等于产品的价格除以被感知到的需求价格弹性。[②] 在无品牌内竞争（第二种情形）中，均衡批发利润率更加复杂。每一个利润率都采用了一种如 Rey 和 Stiglitz（1995）所描述的形式，即产品的价格除以调整后的被感知到的需求价格弹性。这种调整是指制造商不能直接影响零售价格，而只是通过各自的批发价格间接影响零售价格，这使得制造商之间的竞争激烈程度减弱。

## 6.3.3　对新车的零售需求

为了完成 SSNIP 测试，仍然要明确给出新车的零售层次需求方程 $s^R(p)$。就像在 6.3.1.2 中提到的，我们的出发点是欧洲汽车市场被细分成了不同国家市场。在每一个国家市场内，使用双层嵌套 logit 模型的一般形式表示需求。根据通常的汽车市场营销分类，logit 模型把汽车产品分成多个细分（segment）：超小型汽车（subcompacts）、小型汽车（compacts）、中型汽车（intermediates）、标准型/豪华型汽

① 在头两年里，当汽车仍然在保修期内时，利润可以在很大程度上得以确定。但是在两年之后，制造商通常要对汽车进行修理和维护。

② 加入“被感知到的”（perceived）这个词意味着对自身价格弹性和同一企业其他产品的交叉价格弹性两者都加以表述。

车（standard/luxury）、跑车（sports）和小货车（minivans）。根据原产国，每个细分又可以进一步分为两个子细分（subsegment）：国产（domestic）和进口（foreign）汽车。因为具有一定的相同特征，例如大小、性能和好评度，所以消费者可能对属于同一细分的所有汽车有相关的偏好。而且，由于拥有诸如款式和外型等其他共同特征，因此消费者对属于同一细分和同一原产国的所有汽车有更为相关的偏好。对于同一（子）细分的产品偏好相关程度决定了汽车市场的替代模式。如果对于同一（子）细分产品的偏好是高度相关的，那么同一（子）细分产品是高度替代品（交叉价格弹性较高），而不同（子）细分的产品将是弱替代品（交叉价格弹性较低）。因此，强相关偏好对产品市场界定有重要影响。

嵌套 logit 模型有多种形式，见 Berry（1994）的基本的单层嵌套 logit 框架以及 Goldberg（1995）和 Verboven（1996）的双层嵌套 logit 框架在汽车市场中的应用。① 具体而言，估计的需求方程采用了下列简单线性形式：

$$\ln(s_j/s_0) = x'_j\beta - (\alpha/y)\,p_j + \sigma_{hg}\ln(\bar{s}_{j/hg}) + \sigma_g\ln(\bar{s}_{h/g}) + \xi_j$$

其中，$s_j$ 是产品 $j$ 的市场份额（即销售数量除以潜在消费者总数）；$s_0$ 是外部商品的总市场份额（即潜在消费者总数与实际汽车销售总数之差除以潜在消费者总数）；$\bar{s}_{j/hg}$是细分 $g$ 的子细分 $h$ 中产品 $j$ 的市场份额，而 $\bar{s}_{h/g}$是细分 $g$ 的子细分 $h$ 中所有产品的市场份额；$p_j$ 是产品 $j$ 的价格，$y$ 是收入；$x'_j$ 是产品特征向量（例如马力）；$\xi_j$ 是未被（经济计量学家）观察到的产品特征的误差项；而 $\beta$，$\alpha$，$\sigma_{hg}$和 $\sigma_g$ 是被估计的参数。值得注意的是，$\sigma_{hg}$ 和 $\sigma_g$ 是分组参数（segmentation parameter），且，$1 \geqslant \sigma_{hg} \geqslant \sigma_g \geqslant 0$ 它们分别粗略地度量了 $g$ 组的同一子组 $h$ 中汽车偏好的相关性以及同一组 $g$ 中汽车偏好的相关性。如果 $\sigma_{hg}$和 $\sigma_g$ 都接近于 1，在子组和组内的偏好是高度相关的，所以存在强细分。如果 $\sigma_{hg} = \sigma_g = 0$，则为没有细分的简单 logit 模型。

原则上，这个模型也可以用产品（汽车）的横截面数据来估计，$j=1, \cdots, J$。在这部分的应用中，有 5 个国家 30 年的面板数据。为

① 根据 Brenker 和 Verboven（2006），本章允许分组参数在嵌套中不相同，从而给出了嵌套 logit 模型估计的一般化形式。同时，与 Brenker 和 Verboven（2006）相比，因为不允许不同消费者之间收入水平不同，本章的限制更强；这显著提高了估计的复杂性。

了估计这个模型，主要的识别假设是，产品特征向量 $x_j$ 与误差项 $\xi_j$ 不相关。然而，价格 $p_j$ 和市场份额 ln（$\bar{s}_{j/hg}$）和 ln（$\bar{s}_{h/g}$）与误差项可能相关，所以应该使用一个工具向量。我们使用一个固定效应两阶段最小二乘估计，利用 Berry、Levinsohn 和 Pakes（1995）引入的工具变量。具体地，我们采用了下面的工具列表，利用嵌套 logit 模型的具体结构：（1）产品自身被观察到的特征 $x_j$；（2）产品数量和属于同一子细分的同一企业不同产品的特征总数，与一个子细分的虚拟变量的交叉项；（3）产品数量和属于同一子细分的竞争产品的特征总数，与一个子细分的虚拟变量的交叉项；（4）产品数量和属于同一细分的竞争产品的特征总数，与一个细分的虚拟变量的交叉项。注意因为用差异化参数 $\sigma_{hg}$ 和 $\sigma_g$ 来区别细分子细分，因此（2）~（4）中的工具变量和子细分或细分的虚拟变量相乘。

## 6.3.4 总结及与其他方法的关系

### 6.3.4.1 总结

我们采取下列步骤完成 SSNIP 测试：

步骤 1：估计零售层次需求方程。

步骤 2：构造用于计算的定价行为模型：

（1）批发层次需求方程；

（2）当前利润率。

步骤 3：选择一个较小的内部产品集 $I$ 作为候选的相关市场。计算内部产品的当期总利润和价格上涨一个百分比 $\lambda$ 后的新的总利润。如果利润上升，那么这就是一个相关市场。否则，选择一个更大的内部产品集，并且重复步骤 3。

为了准确界定相关市场，将该方法和其他两种方法联系起来是有益的。

### 6.3.4.2 技术规范和标准产业分类

一种常用的市场界定方法是使用产品的技术规范。拥有相似特征的所有产品属于同一相关市场。在具体例子中，基于产品技术规范的标准产业分类是可以获得的，但使用技术规范或者产业分类可能也会误导，原因在于，这暗含着具有相似属性的商品能够充分替代，消费者也必须以这样的方式来评价技术规范。

虽然我们也利用了标准产业分类法，但是用需求模型对该分类的有效性进行了检验，同时也度量了在细分组内消费者偏好的相关程度，也度量了是否在细分组内存在进一步的细分（通过对子细分进行分析）。

6.3.4.3 临界弹性分析

最近进行SSNIP测试的一种严格的方法是临界损失分析或临界弹性分析，由Harris和Simons引进，随后Werden（1998）进行了完善。[①] 在临界弹性分析法中，通常从一组同质产品开始分析，接着推导出该产品集对应的临界弹性，高于此值时价格上涨的产品将无利可图。[②] 这个临界弹性依赖于需求函数形式和这组产品的当前利润率。在理想状况下，需要计量分析来估计符合每个候选相关市场界定的需求价格弹性。如果估计的弹性比临界值高，那么就应考虑一个更大的候选市场，并且重新估计在那个水平下的需求价格弹性。这种方法不仅很麻烦，还具有不一致性。临界弹性公式是基于所选市场中产品完全同质和没有同质产品被排除在外的假设来计算的。因此，当SSNIP测试受到干扰，其他产品被增加到市场界定中时，相关市场内的产品同质这一假设就不再满足了，所以，临界需求价格弹性的公式也不再有效。我们所用的方法避免了这些难题。

## 6.4 市场界定的结果

### 6.4.1 数据

用来估计嵌套logit模型和实施SSNIP测试的数据集包括：1970—1999年在比利时、法国、德国、意大利和英国销售的所有汽车价格、数量和基本物理特征。被调查的汽车总数大约是12 000辆，所以在每年每个市场中可以得到略少于100个的样本。正如能够以消

① Katz和Shapiro（2003）提供了关于临界弹性公式共性的错误解释的一个有趣讨论。他们提出的避免这种错误解释的一种方法是通过用源于定价行为理论的均衡价格—成本比较来替代在临界弹性公式中的价格—成本比率。我们的方法与该研究一致，也使用了均衡价格—成本比率。

② Van Reenen（2004）可以看作是一个临界弹性分析的例子，这个分析是在估计了一个差异化产品系统而不是假定同质产品之后做出的。

费者目录中得到的那样，价格数据来自税前和税后报价单，符合市场中现有的基本模型。① 我们统一使用 8 月份价格表中的报价。② 销售额是样本范围内的新车登记数。来自消费者目录的物理特征包括尺寸（重量、长度、宽度、高度）、引擎特征（马力、排量）和性能指标（速度、加速度、燃油功率）。数据集还包括很多变量，用来识别型号、品牌、厂家、原产国或产地，以及市场细分。数据集由于宏观变量而增大，包括相关时期不同市场上的人口、汇率、GDP 和消费价格指数。最后，存在有关选定的车型数量、年份的经销商折扣和总的经销商利润。

为了估计嵌套 logit 模型，我们需要界定细分和子细分。依据常用的产业和营销分类，可以分为六个不同细分：超小型汽车、小型汽车、中型汽车、标准型/豪华型汽车、跑车和小货车。我们严格按照 *L'Argus de l'Automobile* 杂志的分类进行划分，但检验了其与产业分类的一致性，具体可以参见 Verboven（2002）对这些分类问题的详细讨论。根据原产国的不同，每个细分又进一步划分为两个子细分：国产和进口汽车。表 6—1 提供了上述五国 1999 年市场细分的汇总统计数据。

## 6.4.2 需求参数估计

下面我们对需求参数估计进行简单的讨论，但由于分组参数 $\sigma_{hg}$ 和 $\sigma_g$ 在随后的 SSNIP 测试中起着核心作用，因此对其作了重点讨论。在计量经济学框架内，对需求估计结果的更全面的讨论，可以参见 Brenkers 和 Verboven（2002）。表 6—2 给出了需求参数估计的结果。前两栏是简单的 logit 估计，其中假设所有分组参数 $\sigma_{hg}$ 和 $\sigma_g$ 等于 0。因为消费者对同一细分或子细分内汽车的偏好不相关，这就预先排除

① 众所周知，因为经销商提供给消费者折扣等其他优惠，交易价格可能与报价不同。在关于客车需求的经济计量学文献中，一般认为，如果灵活地设定模型，报价可以提供关于价格弹性的信息。原因在于，当对报价的偏离是由于特定的国家、品牌或者产品时，这种偏离随时间变化相对较小，而且可以通过将市场和产品效应包括在内考虑这种偏离。价格变量的其他测量误差可以为价格工具变量所吸收。

② 制造商每年大约改变三次报价单。除了计算每周的价格信息和计算全年的平均值外，我们决定在一个具体时间上来测量报价单上的价格。我们选择 8 月份是因为这个月适逢一年的中间，这期间列出的报价单具有长期的稳定性。由于没有得到某些市场部分年份（在 20 世纪 70 年代）8 月份的报价单，因此我们用可得到的最近月份的报价单来代替。任何系统的偏离均被该年份市场的固定效应所吸收。

表6—1　　不同部分的简要统计值

| | 均值 | 标准偏差 | 均值 | 标准偏差 |
|---|---|---|---|---|
| | 超小型汽车（144个观测值） | | 小型汽车（110个观测值） | |
| 马力（千瓦） | 41.73 | 5.46 | 60.61 | 11.39 |
| 燃油低效率（公升/100km） | 7.03 | 0.59 | 8.28 | 0.91 |
| 宽度（厘米） | 160.23 | 6.32 | 169.94 | 2.91 |
| 高度（厘米） | 143.33 | 6.17 | 141.98 | 4.35 |
| 是否为国外品牌（国外品牌值为1） | 0.35 | 0.48 | 0.36 | 0.48 |
| 价格（欧元） | 7 277 | 1 435 | 10 515 | 2 420 |
| | 中型汽车（118个观测值） | | 标准型/豪华型汽车（69个观测值） | |
| 马力（千瓦） | 75.73 | 14.11 | 96.93 | 11.07 |
| 燃油低效率（公升/100km） | 9.19 | 0.87 | 10.51 | 1.05 |
| 宽度（厘米） | 172.99 | 3.12 | 176.90 | 3.49 |
| 高度（厘米） | 141.37 | 1.82 | 141.46 | 3.34 |
| 是否为国外品牌（国外品牌值为1） | 0.31 | 0.46 | 0.36 | 0.48 |
| 价格（欧元） | 13 406 | 3 669 | 18 907 | 3 779 |
| | 跑车（92个观测值） | | 小货车（89个观测值） | |
| 马力（千瓦） | 99.42 | 24.42 | 80.45 | 19.31 |
| 燃油低效率（公升/100km） | 9.95 | 1.07 | 10.68 | 2.04 |
| 宽度（厘米） | 171.71 | 5.78 | 175.01 | 9.67 |
| 高度（厘米） | 132.01 | 6.23 | 169.08 | 8.20 |
| 是否为国外品牌（国外品牌值为1） | 0.33 | 0.47 | 0.31 | 0.47 |
| 价格（欧元） | 18 643 | 5 405 | 15 276 | 4 360 |

了一国市场内的任何细分。第三栏和第四栏给出了一个受限嵌套logit模型的估计结果，其中$\sigma_{hg}$在全部12个子细分中都相等，而$\sigma_g$在全部细分中都相等，这属于（双层）嵌套logit模型的一般估计形式。

第五栏和第六栏给出了一个更灵活的嵌套 logit 模型估计结果，其中，允许子细分和细分的分组参数因细分不同而不同。为了减少要估计的 $\sigma$ 的数量，我们设定 $\sigma_{Dg}=\sigma_{Fg}$（其中，$D$ 表示国产车，$F$ 表示进口车），即一个国内子细分的异质程度和其国外子细分的异质程度相同。

表 6—2　　对 logit 模型和嵌套 logit 模型的参数估计值

| | logit | | 受限嵌套 logit 模型 | | 灵活嵌套 logit 模型 | |
|---|---|---|---|---|---|---|
| | 估计值 | 标准差 | 估计值 | 标准差 | 估计值 | 标准差 |
| 均值估计参数 | | | | | | |
| 常量 | -20.209 | .980 | -12.853 | .687 | -11.176 | .593 |
| 马力 | -.007 | .002 | .004 | .002 | .001 | .001 |
| 燃油低效率 | -.124 | .013 | -.066 | .008 | -.050 | .007 |
| 宽度 | .074 | .004 | .042 | .003 | .034 | .003 |
| 高度 | .036 | .005 | .023 | .003 | .018 | .003 |
| | -1.848 | .025 | -1.048 | 0.47 | -.918 | .038 |
| 价格 | -2.320 | .231 | -2.225 | .130 | -1.755 | .098 |
| 二次分段参数 | | | | | | |
| 超小型汽车 | | | .525 | .028 | .765 | .025 |
| 小型汽车 | | | .525 | .028 | .567 | .030 |
| 中型汽车 | | | .525 | .028 | .538 | .033 |
| 标准型/豪华型车 | | | .525 | .028 | .697 | .028 |
| 跑车 | | | .525 | .028 | .445 | .032 |
| 小货车 | | | .525 | .028 | .042 | .041 |
| 分段参数 | | | | | | |
| 超小型汽车 | | | .318 | .030 | .298 | .035 |
| 小型汽车 | | | .318 | .030 | .379 | .041 |
| 中型汽车 | | | .318 | .030 | .311 | .042 |
| 标准型/豪华型车 | | | .318 | .030 | .450 | .035 |
| 跑车 | | | .318 | .030 | .143 | .042 |
| 小货车 | | | .318 | .030 | .151 | .066 |
| 年虚拟变量 | 是 | 是 | 是 | 是 | 是 | 是 |
| 市场虚拟变量 | 是 | 是 | 是 | 是 | 是 | 是 |
| 产品虚拟变量 | 是 | 是 | 是 | 是 | 是 | 是 |

表 6—2 中简单 logit 模型表明，一些特征参数估计结果的符号与预期不符（例如马力的系数）。在嵌套 logit 模型中，情况不再是

这样，特征参数估计结果的符号与预期相符，而且通常统计上显著。马力、宽度和高度对消费者的平均评价有正的影响，而油耗（用每100千米的燃油公升数度量）有负的影响。类似地，价格有显著的负的影响。外国汽车企业的影响是负的并且显著，这意味着与国外竞争对手相比，国内在位企业在平均消费者评价方面具有竞争优势。

分组参数 $\sigma$ 通常满足条件 $1 \geqslant \sigma_{hg} \geqslant \sigma_g \geqslant 0$，满足模型需要，也与随机效用理论相一致。这表明，消费者对同一子细分中的汽车的偏好比对同一细分的不同子细分中的汽车的偏好有更强的相关性，而且消费者对同一细分的汽车的偏好比对不同细分的汽车的偏好有更强的相关性。这些结论意味着，子细分之间区分度较强，细分之间区分度较弱。小货车是唯一的例外，说明消费者对不同的小货车的偏好没有很强的相关性。这可能看起来令人惊讶，因为小货车具有一个重要的共同维度（“空间”）。其实原因很简单。根据欧洲的分类，小货车被界定为一个相当异质的组，不仅包括较大型的小货车（例如 Renault Espace），也包括更小的超小型汽车、小型汽车和中型汽车细分（例如 Renault Scenic）。小货车细分被界定为一个相对异质的组，自然会导致分组参数相对于其他汽车较小。①

表6—3进一步阐述了分组参数的作用，它给出了需求函数不同设定下相同子细分中汽车的交叉价格弹性。在简单 logit 模型中，这些交叉价格弹性是很小的。在嵌套 logit 模型中，它们相当大，同时也表明不同模型间存在着巨大差异。

为了验证结果的敏感度，我们考虑了模型的不同设定，结果发现大部分的参数估计具有稳健性。更有趣的是，我们分析了将样本时间分为两段的情况，即1970—1985年和1986—1999年这两个时期。之所以这样做是因为在过去的30年里，欧洲汽车业经历了各种变化，特别是渐进的一体化进程（Goldberg 和 Verboven 2005），以及相应增强的来自外国企业（即非本国的欧洲企业及日本企业）的竞争。对外国汽车的平均估值和方差（即涉及国内外子细分之比的 $\sigma_{hg}$ 参数）

① 作为一种替代方法，可以把每一细分（例如小型汽车）分为两组，即小货车小型汽车和非小货车小型汽车，或者可以采用非嵌套 GEV 模型，其中“小货车”形成了一个单独的差异化原则，参见 Bresnahan、Stern 和 Trajtenberg（1997）。

表 6—3　　替代方式：相同子细分汽车的交叉价格弹性

| | logit 模型 | | 受限嵌套 logit 模型 | | 灵活嵌套 logit 模型 | |
|---|---|---|---|---|---|---|
| | 估计值 | 标准偏差 | 估计值 | 标准偏差 | 估计值 | 标准偏差 |
| 超小型汽车 | .0021 | .0029 | .056 | .078 | .148 | .212 |
| 小型汽车 | .0033 | .0044 | .108 | .160 | .098 | .144 |
| 中型汽车 | .0025 | .0033 | .124 | .188 | .105 | .161 |
| 标准型/豪华型汽车 | .0018 | .0028 | .273 | .395 | .463 | .675 |
| 跑车 | .0005 | .0007 | .187 | .205 | .117 | .132 |
| 小货车 | .0011 | .0014 | .187 | .283 | .010 | .014 |

的变化都反映了上述影响。我们发现对外国汽车的负的平均估值在1970—1985 年比在随后时期更强。但是，对均值（也就是子细分的分组参数 $\sigma_{hg}$）的偏离并不显著。正因如此，一体化和国外竞争只体现在对外国汽车的平均估值的增加中，而没有体现在围绕这一均值偏离的变化中。这意味着在基于最近时期的估计中，我们有关市场界定的结论仍然是有力的。

## 6.4.3 实施 SSNIP 测试

### 6.4.3.1 选择候选的相关市场

教科书通常建议通过以下步骤选择候选的相关市场，如 Church 和 Ware（1999）。第一个候选的相关市场由我们所关心的产品及其次优替代品组成，次优替代品是指需求交叉价格弹性最大的产品。如果这个候选的相关市场不能通过 SSNIP 测试，就逐渐增加次优替代品，直到 SSNIP 测试通过。假设次优替代品能够加以明确排序，这些步骤就能够为考察的每一种产品界定唯一的相关市场。原则上，根据估计的交叉价格弹性可以把所有产品排序，从而机械地遵循这些步骤。但在实践中，几个问题的存在导致这种想法是不切实际的。

第一个问题是，对于一个需要界定的市场来说，产品的数量通常都非常大——在每一个国家中大约有 100 种不同的车型。就每一种产品而言，次优替代品的排序是不同的，这意味着需要考虑大量的候选相关市场和相应的 SSNIP 测试。而且，具体到每一种产品，就会有一组市场界定。例如，产品 A 的相关市场可能包括产品 A 和产品 B，而产品 B 的相关市场可能包括产品 A、产品 B 和产品 C。虽然这从原则上讲没有问题，但不利于简单明晰地表述一个相关市场。

第二个问题是，所有的企业都销售多种产品。一旦为企业的每种产品界定了相关市场，则有必要在不同产品的相关市场上相应地评估各个企业的市场份额。显然，这一步骤是相当麻烦的。

为了解决这些实际困难，我们采取了新的简化步骤。不从一个仅包括所考察的产品和最相近次优替代品接着增加次优替代品这样一个候选的相关市场开始，而是直接将所关心产品的子细分的所有产品包括在内，如果SSNIP测试失败，那么把属于同一细分的所有产品都看做候选的相关市场。如果此时SSNIP测试仍然失败，则采用除外部产品以外的所有细分作为候选的相关市场。这一步骤与教科书的步骤实质相同，但减少了候选的相关市场数量和实际的相关市场数量。

6.4.3.2　子细分市场是相关市场吗?

表6—4展示了在全部5个国家12个子细分，也就是在6个国内产品子细分和6个国外产品子细分中应用SSNIP测试得到的结果。例如，1999年法国国内超小型汽车子细分包括法国全部的超小型汽车：Citroën AX和Saxo；Peugeot 106，205和206；Renault Clio和Twingo。每一个单元格反映子细分中所有价格上涨10%所引起的利润变化百分比。每一个单元格中包括两个数字：第一个数字假定无品牌内竞争；第二个数字假定完全品牌内竞争。为了说明需求设定的重要性，我们给出了简单logit模型的参数估计（表格上半部分）和灵活嵌套logit模型的参数估计（表格下半部分）。①

首先考虑简单logit模型的估计结果，见表6—4上半部分。所有利润变化都是负的，这意味着如果简单logit模型需求设定是正确的，那么在任何国家，这些子细分都不能构成相关市场。在完全品牌内竞争和无品牌内竞争两种情形下，这一结论都成立，尽管在无品牌内竞争下利润变化接近于0。最大利润下降幅度出现在标准型/豪华型汽车和跑车子细分（包括国内和国外），特别是意大利和英国国内子细分。子细分不能构成相关市场的原因是logit模型假定所有汽车是对称替代的。因此，当一个特定子细分的所有产品价格上涨时，这可能导致其他子细分相当大的替代。

① 我们也考虑了从受限嵌套logit模型中得到的结果，但是在这部分的应用中，与灵活嵌套logit模型相比，并没有新的重要发现，因而在表中将其省略了。

表 6—4　　当子细分是候选相关市场时的利润变化

logit 模型估计结果

| | 比利时 | | 法国 | | 德国 | | 意大利 | | 英国 | |
|---|---|---|---|---|---|---|---|---|---|---|
| 国内子细分市场 | | | | | | | | | | |
| 超小型汽车 | 0.0 | -0.2 | 0.0 | -0.4 | 0.0 | -0.5 | 0.0 | -0.6 | -0.1 | -0.7 |
| 小型汽车 | 0.0 | -0.3 | -0.2 | -1.1 | -0.1 | -0.8 | -0.6 | -1.8 | -0.4 | -1.4 |
| 中型汽车 | -0.2 | -1.0 | -0.3 | -1.3 | -0.7 | -1.9 | -0.9 | -2.3 | -1.0 | -2.4 |
| 标准型/豪华型汽车 | -1.1 | -2.6 | -1.9 | -3.4 | -1.1 | -2.5 | -2.2 | -4.3 | -2.0 | -3.8 |
| 跑车 | -1.3 | -2.8 | . | . | -1.4 | -3.0 | -2.0 | -3.6 | -1.5 | -3.0 |
| 小货车 | -0.6 | -1.7 | -1.7 | -3.2 | -1.2 | -2.6 | -2.0 | -3.6 | -1.7 | -3.2 |
| 国外子细分市场 | | | | | | | | | | |
| 超小型汽车 | . | . | 0.0 | -0.3 | 0.0 | -0.4 | 0.0 | -0.2 | 0.0 | -0.5 |
| 小型汽车 | . | . | -0.1 | -0.8 | 0.0 | -0.7 | -0.2 | -1.1 | -0.3 | -1.2 |
| 中型汽车 | . | . | -0.3 | -1.4 | -0.2 | -1.1 | -0.7 | -2.0 | -0.6 | -1.9 |
| 标准型/豪华型汽车 | . | . | -1.3 | -2.9 | -0.9 | -2.3 | -2.7 | -4.8 | -1.8 | -3.6 |
| 跑车 | . | . | -0.9 | -2.3 | -0.6 | -1.9 | -1.4 | -2.9 | -2.2 | -4.1 |
| 小货车 | . | . | -0.5 | -1.7 | -0.3 | -1.3 | -0.8 | -2.2 | -0.9 | -2.3 |

灵活嵌套 logit 模型估计结果

| | 比利时 | | 法国 | | 德国 | | 意大利 | | 英国 | |
|---|---|---|---|---|---|---|---|---|---|---|
| 国内子细分市场 | | | | | | | | | | |
| 超小型汽车 | 9.3 | 16.8 | 2.4 | 9.9 | 4.7 | 12.8 | -0.3 | -0.6 | 1.9 | 10.3 |
| 小型汽车 | 4.5 | 9.7 | 0.6 | 3.0 | 2.5 | 6.5 | -0.8 | -2.2 | 2.1 | 5.4 |
| 中型汽车 | 5.6 | 9.8 | 1.0 | 2.7 | 1.8 | 3.9 | -0.9 | -2.3 | 0.6 | 3.5 |
| 标准型/豪华型汽车 | 17.3 | 26.3 | -1.7 | 2.4 | 8.7 | 19.2 | -3.8 | -5.8 | -2.3 | 2.7 |
| 跑车 | 4.3 | 7.1 | . | . | 2.1 | 4.3 | -1.5 | -2.8 | 0.9 | 3.5 |
| 小货车 | 0.2 | 0.2 | -0.6 | -1.6 | -0.4 | -1.2 | -1.1 | -2.6 | -0.7 | -1.8 |
| 国外子细分市场 | | | | | | | | | | |
| 超小型汽车 | . | . | 7.3 | 14.3 | 8.8 | 16.1 | 12.6 | 19.8 | 12.7 | 19.9 |
| 小型汽车 | . | . | 3.4 | 6.6 | 2.5 | 4.8 | 5.5 | 9.7 | 5.3 | 8.2 |
| 中型汽车 | . | . | 3.4 | 5.5 | 4.0 | 6.5 | 6.5 | 9.5 | 6.4 | 9.2 |
| 标准型/豪华型汽车 | . | . | 12.9 | 20.7 | 7.0 | 10.8 | 10.6 | 17.9 | 15.9 | 25.2 |
| 跑车 | . | . | 3.6 | 6.6 | 2.7 | 5.0 | 4.2 | 7.3 | 5.1 | 7.5 |
| 小货车 | . | . | 0.0 | -0.6 | 0.0 | -0.4 | 0.0 | -0.3 | -0.1 | -0.8 |

注：每一个单元格都包括两个价格百分数的上涨：第一个是在无品牌内竞争下的利润上涨的百分数；第二个是在完全品牌内竞争下的相应数值。

当 SSNIP 测试是基于嵌套 logit 模型的需求参数时，情况有所不同。在这部分的应用中，嵌套 logit 模型优于简单 logit 模型。表 6—4 的下半部分表明对于大多数子细分而言，在完全品牌内竞争和无品牌内竞争两种情况下，利润都是上升的。当然，也存在例外情况：（1）所有国家的国内和国外小货车子细分；（2）意大利的所有国内子细分。我们认为，除了小货车子细分和意大利国内子细分外，大部分子细分都可以被界定为相关市场。这一结论在完全品牌内竞争和非品牌内竞争下都成立。主要原因在于，在这两种情况下利润率变化的符号通常相同，只是大小不同而已。① 有趣的是，完全品牌内竞争下利润影响的绝对值大小通常比无品牌内竞争下更小。原因在于，在完全品牌内竞争下，批发价格上涨的 10% 全部转移给了消费者，而在无品牌内竞争下，零售价格上涨通常低于 10%，从而使得利润影响的大小（无论是正还是负）接近于 0。

现在讨论为何小货车子细分和意大利国内子细分不能构成相关市场。对小货车子细分的解释很显然不得不利用需求参数估计。回想起估计的大多数分组参数显著大于 0，意味着当在那个细分内价格上升时，消费者不会倾向于用其他子细分或者细分来加以替代。我们仅发现小货车子细分和细分的分组参数接近于 0。结果价格上涨以后，相对而言，消费者更倾向于用小货车子细分外的其他（子）细分来加以替代。因此，小货车子细分外的替代数量充分大，足以补偿 10% 的价格上涨造成的无利可图。

对于意大利国内子细分不是相关市场的发现，可能乍看起来令人惊讶，因为在所有的非小货车子细分中，我们估计了一个相对较大的分组程度。事实上，诸如 Fiat 等单个企业，拥有意大利国内子细分的所有产品，而且这个企业已经制定了利润最大化的价格。这两方面意味着 Fiat 可能没有在意大利国内子细分内进一步提高价格的动机，这类似于臭名昭著的玻璃纸（Cellophane）案（U. S. 诉 E. I. du Pont, 1956）中的问题。SSNIP 测试只表明，在意大利国内子细分内，在当前价格水平上，不存在额外提高价格的利润动机，但这并不意味着当前市场力量不强大。为了解决这些问题，执法者经常要求进行这样一个 SSNIP 测试——考虑价格上涨超过竞争基准，而不是超过当前水

① 这里存在两个例外：对于法国和英国标准型/豪华型汽车子细分，我们发现，在完全品牌内竞争时，对利润有正的影响，而在无品牌内竞争中，对利润有负的影响。

平。但这产生了一个问题，即竞争基准到底应该是什么。作为一个备选的解决办法，我们简单地转向考虑比较宽泛的候选相关市场，即各种各样的细分和子细分。本章稍后将会再讨论这个问题，而且将讨论在我们的应用中是否有实际意义。

6.4.3.3 细分市场是相关市场吗

表6—5考虑了比较大的市场界定，即细分，包括国内和国外子细分。与前面一样，表格上半部分给出了使用简单logit模型得到的参数结果，而下半部分给出了使用嵌套logit模型得到的参数结果。基于简单logit参数估计的结果证实了本章先前的结论：即使把市场界定扩大到包括相同细分的国内和国外产品，也会导致对利润产生负的影响。因此，使用简单logit模型仍然会令人误解，并且表明细分不会构成相关市场。

表6—5 当细分是候选相关市场时的利润变化

| logit模型估计结果 | | | | | | | | | | |
|---|---|---|---|---|---|---|---|---|---|---|
| | 比利时 | | 法国 | | 德国 | | 意大利 | | 英国 | |
| 超小型汽车 | 0.0 | −0.2 | 0.0 | −0.1 | 0.0 | −0.3 | 0.0 | 0.0 | 0.0 | −0.4 |
| 小型汽车 | 0.0 | −0.3 | −0.1 | −0.8 | 0.0 | −0.5 | −0.2 | −1.1 | −0.2 | −1.0 |
| 中型汽车 | −0.2 | −1.0 | −0.3 | −1.2 | −0.4 | −1.3 | −0.7 | −2.0 | −0.6 | −1.9 |
| 标准型/豪华型汽车 | −1.1 | −2.6 | −1.4 | −2.9 | −1.0 | −2.4 | −2.4 | −4.4 | −1.8 | −3.6 |
| 跑车 | −1.3 | −2.8 | −0.9 | −2.3 | −1.2 | −2.7 | −1.5 | −3.0 | −1.8 | −3.5 |
| 小货车 | −0.6 | −1.7 | −1.1 | −2.4 | −0.7 | −1.8 | −0.9 | −2.3 | −1.1 | −2.5 |
| 灵活的嵌套logit模型估计结果 | | | | | | | | | | |
| | 比利时 | | 法国 | | 德国 | | 意大利 | | 英国 | |
| 超小型汽车 | 9.3 | 16.8 | 4.4 | 12.9 | 7.4 | 16.2 | 4.9 | 7.7 | 8.4 | 18.1 |
| 小型汽车 | 4.5 | 9.7 | 3.6 | 8.6 | 3.4 | 8.4 | 5.4 | 9.8 | 6.3 | 11.7 |
| 中型汽车 | 5.6 | 9.8 | 2.9 | 6.0 | 4.4 | 8.2 | 5.8 | 9.0 | 6.4 | 11.2 |
| 标准型/豪华型汽车 | 17.3 | 26.3 | 13.8 | 23.1 | 10.8 | 21.9 | 10.3 | 16.4 | 17.1 | 27.4 |
| 跑车 | 4.3 | 7.1 | 3.6 | 6.6 | 2.7 | 5.4 | 3.7 | 6.2 | 3.8 | 7.2 |
| 小货车 | 0.2 | 0.2 | 0.0 | −0.2 | 0.1 | 0.1 | 0.1 | −0.2 | 0.0 | −0.2 |

注：每一个单元格都包括两个价格上涨的百分数：第一个是在无品牌内竞争下的利润上涨的百分数；第二个是在完全品牌内竞争下的相应数值。

基于嵌套logit模型的估计结果表明，在无品牌内竞争和完全品牌内竞争两种情况下，几乎所有细分都可以在将价格提高10%之后有利可图。特别地，对于意大利国内细分来说，这一点也成立。因此，为了获得意大利国内产品的相关市场界定，把市场界定从子细分扩大到细分层次是必要的。

价格上涨10%有时仍然无利可图的唯一细分是小货车细分。在法国、意大利和英国，完全品牌内竞争下，情况就是如此。在其他国家小货车细分情况下，对利润有正的影响，但是通常非常小。这些发现再一次要从需求参数估计中得到解释，并说明小货车细分无法被从其他产品中清晰地分割出来。然而，注意当考虑5%的价格上涨而不是10%的价格上涨时，对于小货车细分，我们发现对利润有正的影响。因此，对于执法者来说，是否把小货车细分看成独立的相关市场，似乎是一个模棱两可的问题。在下面的讨论中，为慎重起见，我们假定小货车细分不是相关市场。这意味着对于这些产品而言，相关市场界定处于整个国家层次，也就是所有的新汽车。①

## 6.5 政策含义

在不同层次进行市场界定测试所得的结果可以总结如下：

· 小货车相关市场被界定在最高层次——整个国家层次。

· 意大利国内汽车相关市场被界定在中间层次——细分层次。

· 在其他情况下，汽车相关市场被界定在最低层次——子细分层次。

给定这些相关市场界定，现在可以分析哪些企业能够满足集体豁免条例，到达了进行选择性或者独家分销的市场份额界限。因为一个企业销售多种产品，所以它通常会出现在几个相关市场上，例如超小型汽车市场和中型汽车市场上。因此，有必要证实企业在其活跃的市

① 我们在国家层次上进行了SSNIP测试，并发现在所有国家对利润有正的影响。

场界定中是满足还是违反30%或40%的市场份额界限。①

我们首先从那些违反30%或40%的市场份额界限的企业开始。接下来，我们将讨论从我们的方法中得到的几个教训。

### 6.5.1 违反市场份额界限的企业

本章首先从确定那些违反40%的市场份额界限的企业开始，根据集体豁免条例，这些企业没有资格进行选择性或独家分销。确定违反市场份额界限的企业可以分三个步骤进行。第一，在市场界定的子细分层次、细分层次和整个国家层次这三个可能层次上计算企业市场份额。第二，确定每个市场界定中违反40%的市场份额界限的企业。第三，确定临界界限（critical violations）——如果上文的结果表明在某个层次（或者更窄的层次）上界定市场是恰当的，就在该企业名上加个星号标注。没有标注星号的企业是那些违反基于标准产业的分类界限，但是没有得到SSNIP测试方法计量分析结果的支持。表6—6给出了分析结果。

以德国为例来解释表6—6。第一，在整个国家层次上，德国没有企业超过40%的市场份额界限。因此，对所有新汽车，如果执法者采用一个国家层次的市场界定，会使德国所有汽车制造商都有资格形成选择性分销协议。然而，我们认为相关市场可以被界定在一个较窄的层次上（小货车除外）。因此，有必要考虑细分层次的情况。在细分层次，有一家德国企业超过了40%的市场份额界限，即小型汽车、中型汽车和跑车市场中的VW公司。这也属于违反临界界限，因为前面我们已经发现相关市场可以被界定在细分层次（小货车例外）。现在考虑更小的子细分层次。在这个层次上，德国另外几个企业超过了40%的市场份额界限：在国内标准型/豪华型汽车子细分中的Mercedes公司，在国外小货车子细分中的Renault公司（由于Renault Espace），以及在几乎所有国内产品子细分中的VW公司。但是，40%的市场份额界限只对VW和Mercedes而言是临界的，对Renault而言则不是，因为我们不能将

① 我们的计算应当主要被看作是对一般性观点的阐述，而不应被看作是具体的政策建议。市场份额的计算可能在某种程度上依赖于把一些汽车归于哪一类。当违反的界限出现在边界上时，这可能是相关的。

外国小货车子细分界定为一个独立的市场，而 Renault 则正好在这个子细分中违反界限。

表6—6　**在有可替代产品市场上市场份额超过40%的企业**

| | 比利时 | 法国 | 德国 | 意大利 | 英国 |
|---|---|---|---|---|---|
| | 整个国家层次市场定义 | | | | |
| | — | — | — | — | — |
| | 细分层次市场定义 | | | | |
| 超小型汽车 | — | — | — | Fiat* | — |
| 小型汽车 | — | — | VW* | — | — |
| 中型汽车 | — | PSA* | VW* | — | — |
| 标准型/豪华型汽车 | — | | — | — | — |
| 跑车 | VW* | VW* | VW* | — | — |
| 小货车 | — | Renault | — | Renault | — |
| | 子细分层次市场定义，国内子细分市场 | | | | |
| 超小型汽车 | — | PSA*<br>Renault* | VW* | Fiat | Ford* |
| 小型汽车 | — | PSA*<br>Renault* | VW* | Fiat | Ford* |
| 中型汽车 | — | PSA* | VW* | Fiat | Ford*<br>GM* |
| 标准型/豪华型汽车 | — | Renault* | Mercedes* | Fiat | GM* |
| 跑车 | — | — | VW* | Fiat | Ford* |
| 小货车 | — | Renault | — | Fiat | Ford |
| | 子细分层次市场定义，国外子细分市场 | | | | |
| 超小型汽车 | — | — | — | — | — |
| 小型汽车 | — | — | — | — | — |
| 中型汽车 | — | — | — | — | — |
| 标准型/豪华型汽车 | — | — | — | — | — |
| 跑车 | VW* | VW* | — | — | — |
| 小货车 | — | — | Renault | Renault | Renault |

注：我们列举了被考察市场中所有市场份额超过40%的企业，若被考察市场也为相关市场，则企业以星号标记。（其中，PSA 是雪铁龙，VW 是大众，Fiat 是菲亚特，Ford 是福特，Renault 是雷诺，Mercedes 是梅塞德斯，GM 是通用，BMW 是宝马。——译者注）

更一般地，表6—6揭示了以下几种关于识别严重违反40%的市场份额界限的企业类型。首先，对40%临界界限的违反主要来自于欧洲的制造商：Renault、PAS、VW、Fiat、Ford和GM。活跃在利基市场（niche segment）上的欧洲企业（BMW、Mercedes）和亚洲企业（如Toyota、Nissan、Mazda）没有违反40%的市场份额界限。第二，欧洲大企业的临界违反主要是由于在国内具有强大势力：Renault和PSA在法国；VM和Mercedes在德国；Fiat在意大利；Ford和GM在英国。欧洲企业在外国市场上临界违反的仅有VW，它在比利时和法国的国外跑车子细分有着超过40%的市场份额界限。

现在来确定那些违反30%但不违反40%的市场份额界限的企业，根据集体豁免条例，这些企业仍然没有资格进行独家分销，但有资格进行选择性分销。表6—7说明了这一结果。值得注意的是，第一，这些临界违反仍然主要来自欧洲制造商。第二，现在这些违反不一定是来自各国内部市场的欧洲大规模生产商，也可能是欧洲利基市场的参与者或国外市场上的欧洲制造商。例如，BMW在比利时；VW、BMW和Mercedes在意大利；BMW和PSA在英国。[①] 最后，由于在跑车市场上的强大势力，有一个非欧洲企业严重地违反了30%的市场份额界限，即Mazda在德国。

### 6.5.2 讨论

现在转向几个具体方面的讨论。

首先，回到意大利市场。在意大利，由于Fiat具有强大的市场势力（类似于在玻璃纸案中的情况），我们不能在国内子细分层次上界定相关市场。表6—6表明Fiat在所有国内子细分中违反了市场份额界限（事实上具有100%的市场份额），但这些违反是非临界的，因为意大利市场不是在子细分层次上界定的。然而，在本章的应用中，Fiat的最后结果没有被严重影响。在这两种情况下，在比较大的细分层次上，Fiat确实违反了已被界定为相关市场的市场份额界限。在超

① 注意由于一些企业拥有来自不同国家的汽车品牌，解释时会存在一些细微差别。首先，Ford拥有德国/英国的Ford品牌，但是也拥有瑞典的Volvo品牌和英国的Jaguar品牌。在德国的外国品牌中提到Ford，是根据Volvo在外国标准型/豪华型产品中的强大的市场份额。第二，BMW拥有德国的BMW品牌和英国的Rover品牌，这就是BMW可以在英国国内和国外两个子细分中出现的原因。

小型汽车细分上，Fiat 违反了40%的市场份额界限；而在中型汽车细分上，违反了30%的市场份额界限。

表6—7 在有可替代产品市场上市场份额为30% ~40%的企业

| | 比利时 | 法国 | 德国 | 意大利 | 英国 |
|---|---|---|---|---|---|
| | 整个国家层次市场定义 | | | | |
| | — | — | VW * | — | — |
| | 细分层次市场定义 | | | | |
| 超小型汽车 | — | PSA *<br>Renault * | — | — | — |
| 小型汽车 | — | — | — | — | — |
| 中型汽车 | — | — | — | VW * | — |
| 标准型/豪华型汽车 | BMW * | — | BMW *<br>Mercedes * | Fiat * | BMW * |
| 跑车 | — | — | — | — | Ford * |
| 小货车 | — | — | — | — | Renault |
| | 子细分层次市场定义，国内子细分市场 | | | | |
| 超小型汽车 | — | — | — | — | GM * |
| 小型汽车 | — | — | — | — | GM * |
| 中型汽车 | — | — | — | — | — |
| 标准型/豪华型汽车 | — | — | BMW * | — | BMW * |
| 跑车 | — | — | Mercedes * | — | — |
| 小货车 | — | — | GM<br>VW | — | GM |
| | 子细分层次市场定义，国外子细分市场 | | | | |
| 超小型汽车 | — | VW * | — | — | PSA * |
| 小型汽车 | — | VW * | — | VW * | — |
| 中型汽车 | — | VW * | — | VW * | — |
| 标准型/豪华型汽车 | BMW * | BMW *<br>Mercedes * | Ford * | BMW *<br>Mercedes * | BMW * |
| 跑车 | — | — | Mazda * | VW * | — |
| 小货车 | — | GM | — | — | — |

注：我们列举了被考察市场中所有市场份额为30% ~40%的企业，若被考察市场也为相关市场，则企业以星号标记。

其次，讨论我们的市场界定方法与那些传统的依靠“直觉”的方法得到的结论有何不同。有的方法在整个国家层次上界定市场。在这种情况下，只有一家企业被观测到违反了30%的市场份额界限(VW)，而没有发现哪个企业违反了40%的市场份额界限。有的方法遵循标准产业分类，在细分层次上界定市场。而我们的方法可以区分两种可能错误。一方面，细分可能过窄地界定了市场，因此错误地得出企业违反界限的结论。Renault 的情况就是如此——在小货车细分，Renault 在法国和意大利的市场份额超过了40%，而在英国超过了30%。分析表明，由于小货车市场比细分层次更宽泛，因此不能肯定 Renaut 违反了界限。另一方面，细分也可能过宽地界定了市场，因此错误地得出企业满足界限的结论。我们发现了几个这样的例子。例如，在细分层次上，Ford 和 GM 在英国以及 Mercedes 在德国都满足40%的界限，但在子细分层次上不满足，分析表明这是一个更狭小的相关市场。类似地，在细分层次上，BMW 和 Mercedes 在法国和意大利，Ford 和 Mazda 在德国，以及 GM 和 PSA 在英国满足30%的市场份额界限，而在更狭小和更相关的子细分层次上不满足。总之，与基于标准产业分类方法的市场界定相比，我们的方法能够发现更多或更少违反市场份额界限的企业。

最后，讨论一个与企业销售多种产品这一事实相关的问题。如果企业在一个或几个子细分中违反市场份额界限，那么执法者会做出什么反应呢？严格地说，只有在子细分市场中份额足够低时，企业才能对那些属于子细分的产品进行选择性或独家分销。例如，表6—6表明，在标准型/豪华型汽车子细分中的产品，Mercedes 在德国不能进行选择性或独家分销，但是在其他子细分却能够进行选择性分销。如果 Mercedes 发现，对于标准型/豪华型汽车细分，在技术上建立一个互相独立的分销网络并不可行，那么可能被迫对所有产品进行选择性或独家分销。因此，由于企业销售多种产品，而且不能建立针对某种特定产品的分销体系，就可能存在市场份额标准的过度机械应用。由于这个原因，执法者可能发现不太严格地解释规则是可取的。例如，如果技术阻碍了为不同产品建立独立的分销体系，可以允许在多个相关市场中出现至多一次违反市场份额界限的行为。

## 6.6 结论

在针对汽车业的新集体豁免条例背景下，本章研究了欧洲5个国家汽车业的相关市场。我们提出了一种新的经济计量方法，这种方法与SSNIP测试相一致，并且比以前的诸如临界弹性分析或使用标准产业分类等计量经济方法来界定市场更令人满意。我们考虑了下列因素：产品差异化、仅可获得用于估计零售层次需求方程而非批发层次需求方程的信息、在产品层次上价格—成本差额不能被直接观察到。

关于市场界定，我们发现小货车相关市场被界定在最高水平——整个国家层次。此外，意大利国内汽车相关市场被界定在作为中间层次的细分层次上。在其他情况下，汽车相关市场被界定在作为最低层次的子细分层次上。根据这些结论，我们确定了违反集体豁免条例规定市场份额界限的企业。结果发现，大体上，一些欧洲国内大规模生产商违反40%的市场份额界限，因此没有资格立刻进行选择性或独家分销。一些欧洲大规模生产商在国外市场上违反30%的市场份额界限但却没有违反40%的市场份额界限，因此只是有资格立刻进行选择性分销。最后，一些欧洲利基市场的参与者和一个非欧洲企业违反了30%而非40%的市场份额界限。

如果采用基于标准产业分类的方法而非我们的实证方法界定市场，结论可能有所不同，而且难以确定。一方面，假设在国家层次上界定市场，则无法识别违反40%的界限的市场份额企业，并且只能发现一个企业在一个国家违反30%的市场份额界限（VW在德国）。另一方面，在德国（Mercedes）和英国（Ford与GM）对于所有产品在细分层次上使用标准产业分类来界定市场，则不会发现企业违反40%的市场份额界限，而且也不会发现违反30%的市场份额界限的企业。这些例子说明，采用比过去常用方法更加严格的市场界定方法是很重要的。除了这些一般性结论外，我们的分析也强调了市场界定在这种情况下出现的一些实际问题，而且这些问题也可能在其他情况下起作用，尤其是当企业销售多种产品时。

# 参考文献

BEUC. 1992. "Parallel Imports for Cars in the EC." BEUC/222/92. Brussels: BEUC.

Berry, S. 1994. "Estimating Discrete Choice Models with Product Differentiation." *RAND Journal of Economics* 25:242 – 262.

Berry, S., J. Levinsohn, and A. Pakes. 1995. "Automobile Prices in Marker Equilibrium." *Econometrica* 63:841 – 890.

Brenkers, R., and F. Verboven. 2006. "Liberalizing a Distribution System: The European Car Market." *Journal of the European Economic Association*, 4(1):216 – 251.

Bresnahan, T., S. Sterm, and M. Trajtenberg. 1997. Market Segmentation and the Sources of Rents from Innovation: Personal Computers in the Late 1980s. *Prand Journal of Economics* 28:517 – 544.

Church, J., and R. Ware. 1999. Industrial Organization: A Strategic Approach. Boston, MA: Irwin McGraw-Hill.

Competition Commission. 2000. *New Cars: A Report on the Supply of New Motor Cars within the U. K.* London: Competition Commission.

Degryse, H., and F. Verboven. 2000. *Car Price Differentials in the European Union: An Economic Analysis.* Report prepared for the European Commission. Brussels: European Commission.

European Commission. 2000. *Report on the Evaluation of Regulation (EC) No* 1475/95 *on the Application of Article* 85(3) *of the Treaty to Certain Categories of Motor Vehicle Distribution and Servicing Agreements.* Photocopy. Brussels: European Commission.

European Commission. 2002a. "Communication on the Application of the Community Competition Rules to Vertical Restraints—Follow-Up to the Green Paper on Vertical Restraints." Photocopy. Brussels: European Commission.

European Commission. 2002b. *Explanatory Brochure on the Distribution and Servicing of Motor Vehicles in the European Union.* Photocopy.

Brussels: European Commission.

Goldberg, P. K. 1995. "Product Differentiation and Oligopoly in International Markets: The Case of the U. S. Automobile Industry." *Econometrica* 63:891 – 951.

Goldberg, P. K., and F. Verboven. 2005. "Market Integration and Convergence to the Law of One Price: Evidence from the European Car Market." *Journal of International Economics* 65(1):49 – 73.

Harris, B., and J. Simons. 1989. "Focusing Market Definition: How Much Substitution Is Necessary?" *Research in Law and Economics* 12: 207 – 226.

Hosken, D., D. O'Brien, D. Scheffman, and M. Vita. 2002. "Demand System Estimation and Its Application to Horizontal Merger Analysis." Working paper.

Katz, M., and C. Shapiro. 1993. "Critical Loss: Let's Tell the Whole Story." *Antitrust Magazine*, spring, 49 – 56.

Rey, P., and J. Stiglitz. 1995. "The Role of Exclusive Territories in Producers' Competition." *RAND Journal of Economics* 26(3): 431 – 451.

Van Reenen, J. 2004. Is There a Market for Workgroup Sources? Evaluating Market-Level Demand Elasticities Using Micro and Macro Models. CEP Discussion Paper No 650.

Verboven, F. 1996. "International Price Discrimination in the European Car Market." *RAND Journal of Economics* 27(2):240 – 268.

Verboven, F. 2002. *Quantitative Study of the Demand for New Cars to Define the Relevant Market in the Passenger Car Sector*. Report prepared for the European Commission. Brussels: European Commission.

Werden. G. 1998. "Demand Elasticities in Antitrust Analysis." *Antitrust Law Journal* 66:363 – 414.

# 第 7 章

## 差异化产品市场的兼并控制*

Franco Mariuzzo
Patrick Paul Walsh
Ciara Whelan

## 7.1　引言

欧盟《兼并控制条例》(第 139/2004 号) 几乎没有例外地采纳了类似于美国《横向兼并准则》的分析框架。根据欧盟法律第 2 条的规定，任何"显著阻碍共同市场或者共同市场主要构成部分范围内有效竞

* 本章是为德国 CESifo 集团 2004 威尼斯夏季研讨会(2004 年 7 月 21—22 日召开)所举办的"反垄断分析最新进展"论坛所写。作者感谢讨论人 Vivek Ghosal 有价值的评论，感谢来自都柏林竞争与规制集团的评价。最后，感谢 Peter Davis, Gautam Gowrisankaran, Julie Mortimer, Ariel Pakes 和 John Sutton 对作为本章基础的研究工作的评价。

争”的兼并均应被禁止。①这使得欧盟的标准更加接近美国的做法。在美国,如果兼并“实质性削弱竞争”,则会被禁止。虽然在兼并调查过程中明显不再使用“市场支配地位”标准,然而,在对被通告的兼并进行筛选阶段,欧盟和美国仍然主要采用市场集中度的分析方法。

欧盟和美国《兼并准则》中的门槛值都是基于赫芬达尔—赫希曼指数(HHI,Herfindahl-Hirschmann Index)值及其变化值来界定的。该门槛值为是否应当对所提议的兼并进行调查提供了一个筛选规则(见表7—1)。②即使该门槛值不是事前筛选被通告的兼并是否需要进一步调查的唯一标准,在事后,对市场集中度数据及被质疑的兼并进行审查仍然说明HHI值及其变化值是筛选过程的核心指标。7.2节对此进行了说明。

表7—1　　**欧盟和美国的筛选门槛值**

| | HHI | ΔHHI |
|---|---|---|
| 欧盟的筛选门槛值 | | |
| 对竞争的关注 | 1 000—2 000 | > 250 |
| 对竞争的关注 | > 2 000 | > 150 |
| 美国的筛选门槛值 | | |
| 对竞争的关注 | 1 000—1 800 | > 100 |
| 对竞争的关注 | > 1 800 | > 50 |
| 只要HHI < 1 000,无论ΔHHI为多少都不会引起对竞争的关注 | | |

本章建议对差异化产品市场的筛查不采用基于市场份额水平的方法,而是采用结构性分析方法来估计和评价由于企业兼并所引发的市场势力变化。这种结构性分析方法仅仅需要提供价格、市场份额和产品特征等企业产品数据。如7.3节所述,通过产业层面的研究,本章构

① 欧盟委员会对企业间满足如下条件的兼并具有独家司法管辖权:兼并企业在全球的联合营业额至少达到50亿欧元,且每个企业在欧盟经济区的营业额超过2.5亿欧元。如果某项兼并不能满足上述营业额门槛值或其他兼并标准,可能由单个欧盟成员国对该兼并进行审查。

② 赫芬达尔—赫希曼指数(HHI)是企业产品市场份额百分比的平方和,该指数按比例给市场中的大企业赋予更高的权重。该指数取值从近似等于0(在完全竞争市场中)到10 000(在垄断市场中)。计算兼并后的HHI值是假设兼并后企业的市场份额水平为两个企业兼并前市场份额水平的加总。在这种假设下,排除了以价格或产量变化的形式对兼并做出的策略性反应,以及进入或退出条件变化而表现出的产业动态调整。HHI值的变化仅体现为参与兼并企业的市场份额加总。

建了一个估计企业加成(markup)的结构方法模型，该模型与Berry在1994年提出的结构均衡模型估计方法一致。运用嵌套logit需求模型来估计初始需求(demand primitives)，并运用这些初始需求特征从企业多产品纳什定价模型中倒推出价格成本加成。同时，本章还沿用了Berry、Levinsohn和Pakes(1995，以下简称BLP)模型的估计方法，构建了一个更加复杂但具有可比性的模型，对企业的价格成本加成进行估计。在这种情况下，采用消费者统计数据，运用需求随机系数模型对初始需求进行估计；同时，运用多产品纳什定价结构模型对价格成本加成及需求进行了联合估计。7.4节中描绘了这一理论框架。

在7.5节中，对比了在两种方式下所得出的初始需求估计值和价格成本加成的估计值。本章提出的政策建议是，在差异化产品市场，这种基于HHI值及其变化值确定用来筛查申报的兼并是否需要加以进一步调查的门槛值应该采用产业利润份额水平(而不是市场份额水平)。①运用本章的估计结果，我们虚拟了一个企业兼并例子，在该例子中，企业兼并后的市场份额虽然有限，但是该兼并却可能导致市场势力显著提高。此外，本章还提供了另一个虚拟的企业兼并例子，其中虽然企业兼并后的市场份额很高，但是兼并仅导致市场势力的小幅度提高。因此，目前基于市场支配地位的筛选规则可能不仅忽略了有破坏性的兼并，而且筛选出的需要进行调查的兼并可能并没有对竞争造成影响。在欧盟于1990—2004年申报的2 400个兼并案例中，仅有144个案例被筛选出来进行调查，大部分兼并案例是在做出有关承诺后继续进行，某些案例被兼并企业撤回。仅有18个兼并案例被禁止(见欧盟委员会2004)。②鉴于欧盟和美国较低的筛选比例，兼并控制成功与否极其依赖于所采用的筛选标准。本章认为，应在筛查的过程中使用结构性模型来对利润份额进行估计，从而确保所筛选出的兼并更可能因为具有破坏性而被禁止。7.6节是本章的结论部分。

---

① HHI此时应当为企业利润份额的平方和，其取值从近似等于0(市场中不存在租金)到10 000(垄断租)。兼并后的HHI假设兼并后企业的利润份额为两个企业兼并前利润份额水平的加总。这种情况排除了规模经济或其他针对兼并的策略性行为。因此，HHI的变化值仅表现为两个欲兼并企业兼并前的利润份额加总。

② 在1998—2002年，美国共有17 404个兼并交易申报(notified)，其中仅有2% 受到反垄断部门实施的审查。

## 7.2 兼并条例与兼并筛选中集中度水平的作用

从欧盟《兼并控制条例》(第 139/2004 号) 第 2 条的规定可见,欧盟的兼并控制标准更接近于美国的做法。[①]因此,对兼并的评价包括考察兼并是否提高了企业市场势力,并且最终有可能对消费者产生诸如价格提高、产品质量下降,或者选择减少等负面影响。[②]欧盟《兼并准则》(2004/C 31/03) 指出横向兼并可能产生阻碍市场竞争效果的两种情况:(1) 通过消除对一个企业或者多个企业重要的竞争约束,使其无须借助协同行为也会提高市场势力(非协同或单边效应)[③];(2) 通过改变竞争性质提高协同可能性(协同效应),即兼并导致集体市场支配地位[④]。这一点与美国《横向兼并准则》类似。全面评估一项兼并还将考察是否存在任何可能与市场势力相抗衡的力量,诸如势均力敌(countervailing) 的购买者势力,可以维持有效竞争的市场进入的可能性,拟进行的兼并可能产生的效率,或者亏损企业进行辩护的条件等。

然而,在调查过程中,在考虑这些因素之前,需要对所有申报的兼并进行初步筛查,以便确定哪些兼并需要得到全面审查。欧盟和美国《兼并准则》都仍然采用市场份额水平和集中度水平作为首要指标来考察兼并各方的竞争力量。[⑤]欧盟《兼并准则》第三部分给出了特定的市场份额水平和集中度水平,以判断某项兼并是否能引起欧盟委员对

---

① 该条款替代了《第 4064/1989 号规制条例》的第 2 条,即"市场支配地位" 测试。该条款规定,创造或形成了占优地位的任何兼并,如果产生了明显阻碍市场竞争的效果,都将被禁止。

② "市场势力增强" 意味着"一个或多个企业具有提高价格,减少产品或服务的产出、种类选择或质量,削弱创新,或者影响其他竞争参数的能力"(见欧盟《兼并准则》,2004/C 31/03,第 8 条)。

③ 可通过如下渠道产生这种效应:兼并企业具有很高的市场份额;兼并企业是直接竞争对手;消费者转换供应商的途径比较有限等(见欧盟《兼并准则》第 26 ~ 38 条)。

④ 欧盟《兼并准则》勾勒出形成可持续协同效果的三项必要条件:(1) 具有监控协同企业是否遵守协议的能力;(2) 发现背叛时具有一种可信的惩罚威慑机制;(3) 具有防止局外人(当前或将来的竞争者) 做出相关反应,进而危害协同效果带来的预期效益的能力。

⑤ 与美国《横向兼并准则》一致,欧盟《兼并准则》承认考虑相关市场对分析问题的重要性。为考察共同体竞争法的需要,对相关市场的定义见 1997 年 9 月 12 日欧盟官方公报(Official Journal) C 372 第3 页,第54 ~ 55 段。对相关地域市场或相关产品市场的界定一旦完成,就可对所有申报的兼并进行初步筛查。

竞争问题的关注。①欧盟准则采用HHI值及由兼并引起的HHI变化值，作为考察兼并后竞争状况变化的首要指标。表7—1给出了“非干预主义者”的门槛值。除本章后面详述的特定情况外，欧盟委员会不会判定下述类别的横向兼并影响市场正常竞争：兼并后的HHI值低于1 000的情况；兼并后的HHI值介于1 000和2 000之间且HHI的增加值不超过250的情况；兼并后的HHI值大于2 000且HHI的增加值不超过150的情况。据说，在正常情况下，对属于上述几种类别的拟进行的兼并不需要作进一步分析。而美国《横向兼并准则》的筛查门槛值略有不同，比表7—1中所列的欧盟的门槛值更加严格。同样，在正常情况下，美国对属于以下类别的拟进行的兼并不需要作进一步分析：兼并后的HHI值低于1 000的情况；兼并后的HHI介于1 000和1 800之间且HHI的增加值不超过100的情况；兼并后的HHI值超过1 800且HHI的增加值不超过50的情况。对所有突破上述门槛值的兼并均可进行全面调查。

依据市场份额得出的HHI值及其变化值并不是兼并筛查所依据的唯一标准。下面特定情况的出现也可引发对兼并进行筛查：如果兼并涉及的潜在进入者或者最新进入者的市场份额很小；如果兼并一方或者多方是重要的创新者，并且这一点无法在市场份额中反映出来；如果市场参与者之间存在明显的交叉持股情况；如果兼并一方是很有可能破坏协同行为的特立独行的企业（maverick firm）；如果有证据表明在过去或现在有持续协同或者促进行为；如果兼并一方在兼并前的市场份额大于或等于50%。根据既有的判例法，非常大的市场份额（大于或等于50%）本身就可能是存在市场支配地位的证据。②但是，其他因素也十分重要，诸如竞争者的实力和数量、产能限制（presence of capacity constraints），以及兼并企业的产品互为替代品的程度等。③

---

① 通常在分析中使用当前的市场份额。但是，可以对当前的市场份额进行调整，以反映未来的某些变化。例如，根据进入、退出或扩张情况进行调整。可以参见第COMP/M. 1806号案例关于英国制药商Astra Zeneca公司与世界第二大医药公司Novaris公司的兼并案中第150点和第415点的说明。

② 案例T－221/95，Endemol诉欧盟委员会（1999），ECRⅡ－1299，第134段；案例T－102/96，Gencor诉欧盟委员会（1999），ECRⅡ－753，第205段。兼并是否会产生或增强市场支配地位是一个特别重要的问题。

③ 欧盟委员会已经发现在一些案例中，兼并后的市场份额介于40%和50%之间（参见第COMP/M. 2337号案例关于瑞士Nestle集团收购美国第二大宠物食品制造商Ralston Purina公司的案例中的第48～50点），甚至小于40%（参见欧盟委员会在欧盟官方公报L 274第1段第98～114点中对第Ⅳ/M. 1221号案例（德国的Rewe集团收购奥地利食品制造商Meinl公司）的判决1999/674/EC；第COMP/M. 2337号案例（瑞士Nestle集团收购Ralston Purina公司）中第44～47点的说明），这导致市场支配地位的形成或增强。

Verouden(2004)援引欧盟委员会的分析,将HHI值及其变化值(ΔHHI值)与过去的许多判决联系起来进行分析。[①]尽管乍一看来,几乎没有明显迹象表明HHI值和ΔHHI值与未被欧盟委员会认为可能对竞争水平产生影响的案例之间有任何关联,但"对那些欧盟委员会认为影响竞争,但HHI值和ΔHHI值并不很高的案例的进一步分析揭示出,通常存在一种或多种特殊情况导致对市场份额水平的估计值,以及相应的HHI值和ΔHHI值无法反映出有效的信息"(Verouden 2004,6)。[②]考虑到这些"例外情况"的影响后,门槛值在过去的案件中所起的作用可以清晰反映出来。

美国联邦贸易委员会和司法部(2003)考察了1999—2003财政年度的集中度数据及被审查的兼并数量的数据。表7—2将这段时间内兼并后的HHI值和ΔHHI值与兼并审查(或者在法庭上,或者在行政部门中)决策联系在一起。[③]数据涉及173项兼并,涵盖1 263个相关市场。所记录的最低水平的HHI值仅略高于1 400。因此,在被考察期间,没有兼并后HHI值低于1 000的提议兼并受到审查。ΔHHI的最低值接近85。因此,没有导致ΔHHI值低于85(与兼并后的市场集中度水平无关)的兼并受到审查。从表7—2中可以看出,似乎没有实际案例违反了美国《横向兼并准则》中设定的"非干预主义"门槛值。此外,可以发现,(兼并后)产业的集中度水平越高,或者兼并导致的集中度水平变化越大,受审查的兼并的数量越大。因此,事实表明,市场份额和集中度水平分析在最初的兼并筛查阶段扮演着重要角色。在接下来的分析中,本章对上述相关关系在差异产品产业的适用性提出质疑。本章提出,在差异产品产业中可采用一种结构性分析方法,对企业间兼并导致的利润份额变化进行评价,而不是基于市场份额水平对兼并进行筛查。这将导致被筛选出来进行调查的兼并与依据市场份额水平筛选出来的兼并具有

① 主要针对如下案例:(1)欧盟委员会认定具有市场支配地位的所有案例;(2)欧盟在兼并审查第一阶段基于严厉质疑而接受补偿的所有案例——注意"严厉质疑"是启动第二阶段调查的实质性标准;(3)2002年通过第一阶段兼并审查的案例。总之,分析以1 231个市场的207个案例为基础(60个具有"市场支配地位"案例涉及377个市场,273个救济市场和356个在第一阶段结案的市场)。

② "例外情况"最常见的例证是那些兼并一方是新进入者的案例,或一家大企业收购一家相对较小企业的案例。

③ 由于在评价具有直接横向效果的兼并时,兼并后的HHI值及其变化值是最为显著的,因此表格中省略了基于其他竞争理论提出质疑的兼并,例如那些基于纵向控制、买方垄断力量、潜在竞争的消除,以及通过部分所有权或公司治理方面因素影响而引起的对竞争的关注。

很大差别。

表 7—2　美国 1999—2003 财政年度受质疑的兼并案例中单个相关市场的数据

| 兼并前的 HHI 值 | HHI 值的变化 0~99 | 100~199 | 200~299 | 300~499 | 500~799 | 800~1 199 | 1 200~2 499 | 2 500 以上 | 总计 |
|---|---|---|---|---|---|---|---|---|---|
| 0~1 799 | 0 | 17 | 18 | 19 | 3 | 0 | 0 | 0 | 57 |
| 1 799~1 999 | 0 | 7 | 5 | 14 | 14 | 0 | 0 | 0 | 40 |
| 2 000~2 399 | 1 | 1 | 7 | 32 | 35 | 2 | 0 | 0 | 78 |
| 2 400~2 999 | 1 | 5 | 6 | 18 | 132 | 34 | 1 | 0 | 197 |
| 3 000~3 999 | 0 | 3 | 4 | 16 | 37 | 63 | 53 | 0 | 176 |
| 4 000~4 999 | 0 | 1 | 3 | 16 | 34 | 30 | 79 | 0 | 163 |
| 5 000~6 999 | 0 | 2 | 4 | 16 | 9 | 14 | 173 | 52 | 270 |
| 7 000 以上 | 0 | 0 | 0 | 2 | 3 | 10 | 44 | 223 | 282 |
| 总案例数 | 2 | 36 | 47 | 133 | 267 | 153 | 350 | 275 | 1 263 |

## 7.3　产业和数据

一家国际营销研究公司——AC Nielsen 公司，建立了一个面板数据库用于实证分析，该数据库包括通过爱尔兰 12 000 家零售商店分销的所有碳酸软饮料品牌。该数据库提供了 1992 年 10 月至 1997 年 5 月间 178 个品牌的双月人口统计数据，这些品牌由 13 家企业生产，从产品特征上可区分为 40 种细分产品。数据记录了爱尔兰本地和外国品牌或企业在爱尔兰零售业部门所有商店开展的零售活动。爱尔兰食品杂货市场从 20 世纪 70 年代早期演进到现今结构的历程详见 Walsh 和 Whelan(1999)，本章所使用的数据在 Mariuzzo、Walsh 和 Whelan(2003) 中有进一步说明。本章所使用的品牌层面的信息包括各品牌每公升价格（销售该品牌所有商店的该品牌单价加权平均值，按照店内该品牌销售份额加权）、数量（千公升）、销售额（千英镑）、商店覆盖水平（按照商店的数量，以及该碳酸饮料在各商店的零售规模进行加权确定有效的覆盖水平)、库存数量(给定当前的购买率,从核账当天起算现有库存全部售出所用的天数)、企业所有权,以及产品特征(口味、包装和低热量)。

AC Nielsen 公司所提供的数据具有一个特点,即识别了碳酸软饮料市场中各种各样的产品特征,按照40种产品特征将品牌进行了分组:4种口味(可乐、橙味、柠檬味和什锦果味)、5种包装类型(罐装、标准瓶装、1.5公升装、2公升装,以及多罐合装),以及2种不同的甜味剂(低糖的[①]和常规的)。在整个研究期间,产品特征的数量和规模非常稳定。在碳酸软饮料的分析中,口味细分是规范的(见 Sutton 1991)。包装形式同样是这一市场中至关重要的特征。第一,包装形式控制是由于不同的季节周期:在6月至7月的夏季,罐装需求量最多;而12月至1月的冬季,2公升装的需求量最多。第二,90%的罐装和标准瓶装产品通过小店而不是连锁商店销售。对比之下,大部分的2公升装和多罐合装在连锁商店销售。包装控制也是由于购买的特征:冲动型购物与一站式购物;小店购物与大型商场购物。

数据的另一个特征是,企业在40种产品特征分割方面的覆盖水平十分不同(见 Mariuzzo、Walsh 和 Whelan 2003)。此外,在有效的商店覆盖水平基础上,在各产品特征分组中,品牌的商店覆盖水平也是因品牌而异的,其中有效的商店覆盖水平是通过对该商店在碳酸软饮料零售营业额中的占比进行加权计算出来的。排名前两位的公司 —— 可口可乐公司和 C&C 公司(百事可乐特许经营商),其产品种类较多,产品特征的涵盖面较广。然而,商店的品牌覆盖水平并不是因公司而异,而是因产品而异。例如,可口可乐公司的常规罐装可乐分销范围很广,而该公司的常规橙味饮料和什锦果味饮料的分销范围却较狭窄。后者是由于(来自爱尔兰或英国的)小公司的存在使这个领域的竞争较为激烈。本章所进行的计量经济分析的要点是:(有效的)商店覆盖水平是因产品(品牌)而异的,而不是因特定细分市场或特定企业而异的。

① 健怡可乐。—— 译者注

## 7.4 估计市场势力

在很长时期内，学者们用市场份额来描述市场势力。①在同质产品古诺寡头垄断情况下，具有 $N$ 个企业的产业平均价格 — 成本加成可以写作：

$$\sum_j s_j\left(\frac{p-c_j}{p}\right)=\frac{\sum_j s_j^2}{\eta}=\frac{\mathrm{HHI}}{\eta} \tag{1}$$

其中，$s_j$ 是企业 $j$ 的市场份额；$\eta$ 是产业需求弹性；$p$ 是产业价格；$c_j$ 是企业 $j$ 的边际成本。同质产品产业的市场势力水平与 HHI 值直接线性正相关。尽管 HHI 值可以作为判定同质产品产业的兼并是否需要调查的很好的经验估计，但一旦涉及差异化产品，便很难将 HHI 值与市场势力建立直接对应关系。

在差异化产品市场，市场份额不再是衡量价格 — 成本加成能力的较好指标。此时，市场由许多差异化的产品组成，这些产品的差异化表现为地理位置的差异或者产品属性的差异。按照产品的属性来识别，一些产品比其他产品更具相似性。对企业定价的竞争约束此时由市场中不同产品的替代程度来决定。如果在某一市场中，企业生产多种产品，则情况会变得更加复杂。企业可以专业化生产具有类似属性的产品，或者生产具有不同属性的产品组合，既可与其他生产类似或差异产品的多产品企业进行并列比较，也可不进行并列比较。市场总体的 HHI 值几乎不能解释市场的基本结构或者企业的市场势力。具有较小市场份额的企业很可能由于某种产品特征及区位方面的优势而获取更高的价格 — 成本加成。这种情况便会产生问题，即如何将产品特征和地理定位复杂的多产品企业与市场势力进行映射。

为了评估存在差异化产品时的市场势力，有必要对市场中不同产品间的替代程度进行估计。但是，对差异化产品的需求进行估计将会产生维度难题。品牌 $j$ 的一个线性需求系统就有 $j^2$ 个价格参数需要估计。因此，必须将估计置于某一结构框架中。通过把维度空间降低到一个产

① 这种思路在20世纪50年代Bain提出的结构—行为—绩效范式中体现得较为明显。该范式假设了一条从结构（根据市场份额计算的集中度水平）到行为（被看作黑匣子）再到绩效（一个行业中各企业价格 — 成本加成的平均值）的单向传递路径。

品空间，人们已经提出一些相互替代的需求函数形式。本章将关注估计差异化产品需求所使用的离散选择模型。[1]下一节中阐述如何对差异化产品的初始需求进行估计。此外，本章研究在给定初始需求的情况下，如何反向推出（back out）价格 — 成本加成，该指标需要与多产品企业纳什均衡定价的结构性模型得出的结论一致。

## 结构模型

离散选择方面的文献已具有一定可靠性，代表了差异化产品市场中估计初始需求的最优选择。logit 模型、嵌套 logit 模型和随机系数模型是这类文献中的中心内容。由于无关选择独立性的争议问题，本章不讨论 logit 模型，而是将嵌套 logit 模型和随机系数模型嵌入一个广义间接效用函数（general indirect utility）中。[2]

这一部分阐述了 Mariuzzo、Walsh 和 Whelan（2003）的嵌套 logit 模型。此外，Mariuzzo、Walsh 和 Whelan（2005）描述了随机系数模型的细节，该模型对 BLP 和 Nevo（2001）的模型进行了拓展。本章所使用的两个模型的重要共同特征是，不像之前的文献那样使用市场水平数据，转而控制了产品在不同分布的零售店间传统形式的产品差异化影响。特别是，Mariuzzo、Walsh 和 Whelan（2005）指出了如何依据产品有效的店铺覆盖信息，构建一个消费者与每种产品关联紧密程度的分布。本章将消费者 $i$ 对品牌 $j$ 的随机效用记作平均效用（$\delta_j$）、偏离 $\delta_j$ 的单个均值离差（$\mu_{ij}$）和误差项（$\varepsilon_{ij}$）的总和，假设它是一个独立同分布的极值函数。为简便起见，本章省略了下标时间 $t$，但是在估计值中没有省略。因此，效用函数可以写作：

$$
\begin{aligned}
u_{ij} &= \delta_j + \mu_{ij} + (1-\rho)\varepsilon_{ij} \\
\delta_j &= x'^{1}_{j}\beta - [\alpha_1 \times \ln(D_j) + \alpha_0]p_j + \beta_{K+1}\ln(D_j) + \xi_j \qquad (2) \\
\mu_{ij} &= \zeta_{ig} + v'^{A}_{i}X^2_j\sigma_A + v'^{C}_{ij}X^2_j\sigma_C + v'^{N}_{i}X^2_j\sigma_N
\end{aligned}
$$

其中，$p_j$ 是产品 $j$ 的价格；$x^1_j$ 是估计中观测到的表现出线性关系的 $K$ 个产品特征（包括常数项）的列向量；$X^2$ 是一个矩阵，其对角线包含由先前特征构成的子集，这些特征非线性地进入估计程序的第二阶段（在

① 替代的方式是采用典型消费者选择模型，包括距离度量模型（Pinkse、Slade 和 Brett 2002；Pinkse 和 Slade 2002）和多阶段预算模型（Hausman、Leonard 和 Zona 1994）。

② Anderson 和 de Palma（1992）是一本了解这些模型详细分析的优秀教科书。

本章模型中，是指常数项和价格）。某些产品特征（$\xi_j$）无法观测到，但却可以被本章模型中进行消费选择的消费者观测到。

令 $\alpha_1 = \beta_{K+1} = \rho = \zeta_{ig} = 0$，可得到广义的随机系数模型。这可以保证单个均值离差（$\mu_{ij}$）是受到消费者人口分布或常数项与价格的随机系数所驱动的。下标（和上标）$A, C, N$ 分别代表年龄、距离商店的远近度和（对数）正态分布，这样就可以对 $ns$ 个（观测到的和未观测到的）模拟消费者特征单独进行考虑。在本章的效用函数中，通过距离变量 $v_{ij}^C$（特指消费者 $i$ 与特定品牌 $j$ 之间），可以得到个体水平上的消费者对位置的偏好（产品在最近的商店出售的概率）。此处的思路是，距离是通过与常数项的相互作用及与价格的相互作用而对效用函数产生直接影响的。相互作用的原因是，人们应该预料到价格的敏感度会随着商店的覆盖程度增加而上升。本章的模拟结果得自于不同的分布，这些分布被假设是独立的并具有不同的变异性（variability）。年龄变量分布仅随时间的变化而变化，并且对于 $X_j^2(v_i^A = [v_i^A, v_i^A]')$ 中的每个分量都保持不变；正态分布本身仅随时间的变化而变化，但是其分布对于 $X_j^2(v_i^N = [v_i^N, v_i^{LN}]')$ 中的每个分量都不同，其中，正态分布与常数项有关，而对数正态分布与价格变量有关；与商店距离远近度变量的分布随时间和品牌的变化而变化，但是对于 $X_j^2(v_i^C = [v_{ij}^C, v_{ij}^C]')$ 中的每个分量保持不变。①

令 $\sigma_A = \sigma_C = \sigma_N = 0$，且 $\alpha_1, \beta_{K+1}, \rho, \zeta_{ig}$ 不为零，可得到扩展的嵌套 logit 模型。这里同样把特定产品的区位作为平均效用的一部分包含在该模型中。这一影响是对个体指标进行平均的结果，即 $D_j = \frac{100}{N}\sum_{i=1}^{N} d_{ij}$，其中 $d_{ij}$ 是虚拟变量，当品牌 $j$ 在离个体 $i$ 最近的商店可以得到时等于 1。本章允许 $D_j$ 对平均效用产生直接影响，并且通过与价格

① 不幸的是，正如 Berry、Levinsohn 和 Pakes（2004）及 Petrin（2002）所注意到的那样，由于依赖于市场水平上消费者特征的分布，因此没有提供与单个选择微观数据相应的自由度。此外，与所界定的市场范围内的产品相关的消费者特征分布很可能与那些在市场外部进行购买的消费者的特征有所不同（见 Mariuzzo，2004）。类似地，在同一市场内，相关消费者特征的分布可能会由于产品的不同而产生巨大差异。在本章的例子中，通过随机化处理商店覆盖水平数据来形成消费者负效用水平的分布，以此来改进对初始需求的估计，消费者负效用反映消费者距每种品牌（产品）的距离。我们可以得到一个消费者偏好的分布，这种偏好反映了销售所述产品的零售商店所处的位置给消费者可能带来的便利。与使用市场水平的消费者特征分布所形成的相互作用相比，基于产品（$j$）特定分布的消费者特征与价格之间的相互作用可以在更高的自由度下进行估计。这会形成非常丰富的初始需求集合。

的相互作用对平均效用产生间接影响。对于消费者来说，$\zeta_{ig}$ 是 $g$ 组范围内所有品牌的共同效用指标，其分布函数依赖于 $\rho$，其中 $0 \leqslant \rho < 1$。当参数 $\rho$ 接近于1时，组内产品间效用水平的相关度接近于1（组内产品是完全替代品）。当 $\rho$ 趋近于0时，组内产品间的效用水平相关度也趋近于0。①最后，因为本章采用的是离散选择模型，所以需要对外部商品的效用进行界定：

$$u_{i0} = \underbrace{\xi_0}_{\delta_0} + \underbrace{\sigma_0 v_{i0}}_{\mu_{i0}} + \varepsilon_{i0} \tag{3}$$

并且，沿着前述文献的思路，本章对指标进行正态化处理，使 $\xi_0 = \sigma_0 = 0$。需要估计的参数是 $\{\alpha, \beta, \sigma, \rho\}$。给定上述效用函数，便可以导出一个需求函数。这一过程需要在误差结构中对效用进行协整，并且在外部选择范围内对效用进行正态处理。这将导致第 $i$ 个人在可选择的 $J$ 种品牌中购买品牌 $j$ 的概率（$\phi_{ij}$）和 $ns$ 个模拟个体（经济中的个体数量是已知的）的平均值：

$$s_j(\cdot) = \left\{\frac{1}{ns}\sum_{i=1}^{ns}\underbrace{\left(\frac{e^{\delta_j(\cdot)+\mu_{ij}(\cdot)}}{1+\sum_{j=1}^{J}e^{\delta_j(\cdot)+\mu_{ij}(\cdot)}}\right)}_{\phi_{ij}}\right\}, j \in J \tag{4}$$

$$q_j(\cdot) = Ns_j(\cdot)$$

从（4）中导出的需求表示一个广义的结构。如果想从嵌套 logit 模型或者随机系数模型中导出需求，则需要加入下面一些简化条件：

- 使等式（2）中的 $\sigma_A = \sigma_C = \sigma_N = 0$，即得出嵌套 logit 模型的封闭解（参见 Berry 1994）：

$$\ln(s_j) - \ln(s_0) = x'_j\beta - \alpha_0 p_j - \alpha_1[p_j \times \ln(D_j)] + \beta_{K+1}\ln(D_j) + \rho\ln(s_{ig}) + \xi_j \tag{5}$$

其中，$s_j, s_0, s_{jg}$ 分别是品牌 $j$ 的市场份额、外部产品0的市场份额，以及品牌 $j$ 在 $g$ 组的市场份额。

- 令 $a_1 = \beta_{K+1} = \rho = \zeta_{ig} = 0$，则更广义的随机系数模型的结构类似于等式（4）。BLP 需求模型的设置允许不同个体对不同的产品特征具有不同的口味。此外，该模型允许消费者对价格变化做出不同的反映。随机系数的设计旨在反映替代模式的变化。然而，对模型进行一般

① 当 $\rho = 0$ 时，这将还原为普通的 logit 模型，此时替代的可能性完全对称。例如，就像当所有产品都属于同一组时的情况那样。

化的代价是导致计算复杂性增加，而且需要通过对压缩映像、模拟以及非线性两步广义矩阵估计量的简化得出非线性估计值和数字解。在经济计量过程的第一阶段，同时对需求和成本函数参数进行估计（见本部分末尾对成本的描述）：

$$\ln(s_j) - \ln(s_0) = x'_j\beta - \alpha_0 p_j + \xi_j \qquad (6)$$
$$\ln(c_j) = w'_j\gamma + \omega_j$$

假定非线性参数 $\alpha_0$ 和那些与均值离差有关的（$\sigma_A, \sigma_C, \sigma_N$）的初始值已知；对参数 $\beta$ 和 $\gamma$ 的估计可以反向推出未观测到的需求（运用模拟和压缩映像技术），并且通过均衡结构模型，反向推出未观测到的成本函数，其中 $w$ 是通过产品（$\hat{\xi}_j, \hat{\omega}_j$）观测到的成本特征。引入条件独立性假设 $E(\xi_j \mid z) = E(\omega_j \mid z) = 0$（$z$ 是工具变量），可实施第二步程序，寻找使 $\xi_j$ 与 $\omega_j$ 与 0 之间距离最小的非线性参数。

对可靠的需求参数进行估计的主要原因是要计算自身需求价格弹性和产品间需求交叉价格弹性（反映潜在的替代效应）。自身需求价格弹性和产品间需求交叉价格弹性的一般形式为：

$$\frac{\partial s_j(\cdot)}{\partial p_j}\frac{p_j}{s_j} \equiv \varepsilon_{jj} = \left(\frac{1}{ns}\sum_{i=1}^{ns}\phi_{ij}(1-\phi_{ij})\frac{\partial u_{ij}}{\partial p_j}\right)\frac{p_j}{s_j}$$
$$\frac{\partial s_j(\cdot)}{\partial p_k}\frac{p_k}{s_j} \equiv \varepsilon_{jk} = -\left(\frac{1}{ns}\sum_{i=1}^{ns}\phi_{ij}\phi_{ik}\frac{\partial u_{ik}}{\partial p_k}\right)\frac{p_k}{s_j} \qquad (7)$$

在嵌套 logit 模型情况下，上述弹性公式可以简化成以下形式：

当 $k \neq j$ 且 $j,k \in g$ 时，$\varepsilon_{jk} = [\alpha_0 + \alpha_1 \ln(D_j)]\left[s_k + \frac{\rho}{1-\rho}s_{jg}\right]p_k$

当 $k \neq j$ 且 $k \notin g$ 时，$\varepsilon_{jk} = [\alpha_0 + \alpha_1 \ln(D_k)]p_k s_k$ (8)

当 $k = j$ 时，$\varepsilon_{jj} = [\alpha_0 + \alpha_1 \ln(D_j)]\left[s_j - \frac{1}{1-\rho} + \frac{\rho}{1-\rho}s_{js}\right]p_j$

非常值得注意的一点是，这里的弹性是指市场价格变化一个百分点所引起的市场份额变化的百分比。本章估计需求初始条件，并且通过界定的方程均衡定价体系来反向推出每种品牌的价格—成本加成（勒纳指数）。企业将自身各品牌所产生的利润之和最大化。在制定品牌价格时，企业将所有其他企业的品牌价格视为既定不变的。在单个品牌定价过程中，企业 $f$ 将交叉价格对其自有品牌（$J_f$）市场份额的影响内部化，企业的利润为：

$$\prod_f = \sum_{j \in J_f} (p_j q_j(\cdot) - c_j q_j(\cdot)) \quad (9)$$

对于利润最大化，通过一阶条件将导出均衡价格：

$$p = c + \underbrace{\Delta^{-1} s}_{\text{加成}} \quad (10)$$

其中，Δ 被定义为：

$$\Delta_{jk} = \begin{cases} \frac{-\partial s_k(\cdot)}{\partial p_j}, & \text{当品牌 } k \text{ 和品牌 } j \text{ 由同一个企业生产时} \\ 0, & \text{当品牌 } k \text{ 和品牌 } j \text{ 不由同一个企业生产时} \end{cases} \quad (11)$$

有两种方法可以用来逆向推导出成本加成。一种方法是一种简化版本，即通过扩展的勒纳指数（Mariuzzo、Walsh 和 Whelan 2003）直接从需求方推导出成本加成。另一种更加复杂的方法需要对需求和边际成本同时进行估计（Mariuzzo、Walsh 和 Whelan 2005）。对需求和成本同时进行估计不仅会提高估计的效率，而且为更好地确定（价格及变量间的相互作用）参数提供了较好的工具变量。①

## 7.5 嵌套 logit 模型与 BLP 模型结果的比较

本章对等式(5) 中的嵌套 logit 需求系统进行了估计。通过广义矩阵法估计程序得出了估计值。变量 $p_j$，$\ln(D_j) \times p_j$ 和 $\ln(s_{jg})$ 是内生变量，必须引入工具变量加以处理。估计结果在表 7—3 中列出。第 1 列给出了嵌套 logit 模型的估计结果，在该回归及加入工具变量的回归中没有使用产品在商店间区位分布的变量。第 2 列对等式(5) 的完整模型进行了估计。在两种情况下，卡方检验的结果推翻了矩（工具变量）无效的零假设。估计结果 $\alpha_j = (-2.9 - 0.63 \times \ln(D_j))$。从等式(8) 中可得出，相应嵌套 logit 模型的自身需求价格弹性和产品间需求交叉价格弹性可通过引入产品特定的消费者所占份额得到，这些消费者可在距离最近的商店买到这种商品。②此外，估计结果 $\rho = 0.65$；对于相应的嵌套 logit 模型的自身需求价格弹性和产品间需求交叉价格弹性来说，这

① Nevo(2000) 的从业者指南是一份很好的了解估计过程的参考资料。我们对他的 Matlab 程序作了扩展，针对本章的特定函数形式采用了 BLP 估计。

② 这些估计值与 Mariuzzo、Walsh 和 Whelan(2003) 所得出的估计值略有不同，因为本章使用了包装 × 月份的虚拟变量而不是包装 × 季节的虚拟变量。此外，本章运用了不同的工具变量。这使得本章包括距离和产品相互作用的嵌套 logit 模型与 BLP 需求模型具有可比性。

意味着组内市场份额比总体市场份额具有更高的权重。这些估计值提供了一个根据嵌套 logit 模型得出的、由自身需求价格弹性和交叉价格弹性构成的矩阵，在由各双月构成的期间内，价格弹性值有 $J^2$ 个。

表 7—3　　**需求估计：嵌套 logit 需求模型**

| 因变量 | 回归 Ⅰ | | 回归 Ⅱ | |
|---|---|---|---|---|
| | 系数 | （t 检验值） | 系数 | （t 检验值） |
| 常数项 | −0.8 | (1.0) | −3.7 | (10.1)* |
| 可乐（黑认项） | | | | |
| 橙味 | 1.1 | (12.5)* | 0.59 | (9.6)* |
| 柠檬味 | 0.14 | (1.6) | −0.01 | (0.2) |
| 什锦果味 | 0.45 | (5.3)* | 0.04 | (0.6) |
| 罐装（默认项） | | | | |
| 标准瓶装 | 2.7 | (7.9)* | 1.2 | (6.7)* |
| 1.5 升 | 3.4 | (9.7)* | 1.7 | (8.9)* |
| 2 升 | −0.3 | (1.1) | −0.11 | (0.7) |
| 多罐合装 | 0.2 | (0.5) | 0.8 | (3.8)* |
| 健怡可乐（默认项） | | | | |
| 常规 | 2.2 | (3.5)* | 1.6 | (4.2)* |
| $+\beta_{K+1}\ln(D_{jt})$ | | | 1.2 | (9.6)* |
| $\rho\ln(s_{gjt})$* | 0.91 | (13.1)* | 0.65 | (9.6)* |
| $-\alpha_1\ln(D_{jt})p_{jt}$** | | | 0.63 | (7.5)* |
| $-\alpha_0 p_{jt}^{a}$ | 5.9 | (9.1)* | 2.9 | (7.4)* |
| 公司虚拟变量 | 是 | | 是 | |
| 包装 × 月份虚拟变量 | 是 | | 是 | |
| $R^2$ | 0.61 | | 0.81 | |
| 观测值数 | 4 645 | | 4 645 | |
| 过度识别工具变量法检验 | $\chi^2(5)=0.99$ | | $\chi^2(5)=0.99$ | |

* 双尾检验下在5% 的显著性水平上与0 显著不同。

** 回归 Ⅰ 的工具变量包括了除 $p_{jt}$ 和 $\ln(s_{gjt})$ 之外的所有回归因子。存货$_{jt}$；Hausman-Taylor 工具变量（同一企业在其他细分市场中的品牌）与 $p_{jt}$ 和存货$_{jt}$ 的交叉项；BLP 工具变量（同一细分市场中其他企业的品牌）与存货$_j$ 的均值和标准偏差的交叉项。

回归 Ⅱ 的工具变量包括了除 $p_{jt}$ 和 $\ln(s_{gjt})$ 之外的所有回归因子。存货$_{jt}$；Hausman-Taylor 工具变量（同一企业在其他细分市场中的品牌）与 $\rho_{jt}$，$\ln(D_{jt})$ 和存货$_{jt}$ 的交叉项；BLP 工具变量（同一细分市场中其他企业的品牌）与 ln($D_j t$) 和存货$_j$ 的均值和标准偏差的交叉项。

BLP 模型联合估计了需求和成本方程，其估计结果一并在表 7—4 中列出。标准误差已得到纠正，以解决未观测到的需求和供给因素之间的潜在相关问题。参照效用函数，本章估计了所识别的产品特征的均值效应、价格系数及界定口味变异性的参数值，其中口味变异性作为质量、价格的基准指标，还估计了交叉项。本章对效用函数和成本函数的设定、需求方和供给方工具变量的选择，以及均衡结构性模型对每一时间段内每种产品实际市场份额变化的 80% 做出了估计。价格系数以及价格与消费者偏好分布间的交叉项是关注的焦点。然而，其他控制变量的质量和工具变量的设定会决定对价格、消费者偏好分布与价格交叉项系数的有效估计。这些因素决定着对等式(7) 中的自身需求价格弹性和产品间需求交叉价格弹性的估计。价格系数、价格与反映消费者对距离远近偏好水平的消费者口味分布的交叉项系数是高度显著的。但市场水平上消费者偏好的分布与价格间的交叉项系数却不显著。这意味着，当消费者与销售该产品的商店间的距离分布反映出消费者与产品的紧密程度时，产品自身的需求价格弹性和产品间需求交叉价格弹性的反应会更敏感。可以清楚看到市场覆盖水平与品牌所面临的价格竞争之间的权衡关系，这是产品差异化理论文献中的典型权衡问题。低市场覆盖率尽管不意味着具有较高的市场份额，然而通过降低自身需求价格弹性和产品间需求交叉价格弹性对其他品牌价格反应的敏感程度，却可能获得更高的价格 — 成本加成。尽管本章没有考察市场水平的交叉项，但是产品水平上消费者对产品区位偏好的分布导出了丰富的初始需求。在表 7—5 中，本章比较了根据嵌套 logit 需求体系和 BLP 需求模型分别得出的初始需求，同时联合估计了供给。本章对每种口味、包装和含糖量分组中的全部品牌取了平均数。然后又对这些平均数在 28 个双月时期中取了平均值。尽管 BLP 模型的估计结果更富有弹性，但市场份额对自身需求价格弹性的弹性在两个模型中表现出相似的变化趋势。此外，两个模型的估计结果都表明，罐装与其他包装类型产品的自身价格弹性相比弹性更大，而 2 公升装的产品自身需求价格弹性最低。本章同样得出了每种品牌按组平均的交叉价格弹性之和。BLP 模型的估计结果明显较大。

表7—4　　需求和边际成本等式估计：BLP模型

| | | 需求 | 成本 |
|---|---|---|---|
| | 变量 | 系数（$t$ 检验值） | 系数（$t$ 检验值） |
| 均值 | | | |
| | 常量 | －6.2(6.1)* | 0.13(.70)* |
| | 存货 | | －.20(2.7)* |
| | 商店覆盖水平 | | .11(2.8)* |
| | 价格 | －7.3(6.8)* | |
| 可乐（默认项） | 橙味 | 1.3(15.6)* | .02(.40)* |
| | 柠檬味 | .69(6.4)* | .16(2.7)* |
| | 什锦果味 | 1.7(6.5)* | －.22(2.9)* |
| 罐装饮料（黑认项） | 标准瓶装 | 4.5(3.6)* | .33(3.2)* |
| | 1.5升 | 4.8(3.5)* | .39(5.1)* |
| | 2升 | .78(3.4)* | －1.1(4.3)* |
| | 多罐合装 | －3.4(12.2)* | －1.2(6.2)* |
| 健怡可乐（黑认项） | 常规 | .71(11.8)* | .08(1.3) |
| 分布的相互作用 | | | |
| 参数 | 常数项 | 3.4(3.4)* | |
| | 价格 | －0.7(.61) | |
| 年龄 | 常数项 | －11.6(2.8)* | |
| | 价格 | －2.1(0.3) | |
| “与商店远近” | 常数项 | 29.1(18.6)* | |
| | 价格 | －11.2(7.8)* | |
| $R^2$ | | .82 | |
| GMM目标 | | .0073 | |
| #负的市场加成预测值 | | 0 | |
| #模拟值 | | 100 | |

注：需求和成本方包括了企业、包装×月份虚拟变量。观测值有4 645个。需求工具变量：口味，包装，低糖特征和存货；Hausman-Taylor工具变量（同一企业在其他细分市场中的品牌）与价格和商店覆盖水平和存货的交叉项；BLP工具变量（同一细分市场中其他企业的品牌）与商店覆盖水平和存货的均值和标准偏差的交叉项。供给工具变量：除Hausman-Taylor工具变量外，其他均与需求工具变量相同。

表7—5 1992—1997年的细分市场(所有品牌的加权平均值)

| 饮料细分市场 | 自身价格弹性* | 交叉价格弹性之和* | 自身价格弹性** | 交叉价格弹性之和** |
|---|---|---|---|---|
| 可乐:罐装 | -13.408 | 2.9194 | -13.296 | 6.63 |
| 可乐:标准瓶装 | -11.384 | 2.4329 | -8.3307 | 3.5272 |
| 可乐:1.5升 | -5.8557 | 1.3155 | -6.3414 | 5.6982 |
| 可乐:2升 | -4.1667 | 0.82662 | -5.4398 | 7.1344 |
| 可乐:多罐合装 | -7.9963 | 1.7595 | -9.8501 | 6.8057 |
| 橙:罐装 | -11.621 | 2.5775 | -13.45 | 6.9458 |
| 橙:标准瓶装 | -11.315 | 2.4595 | -14.791 | 7.2123 |
| 橙:1.5升 | -5.8679 | 1.2974 | -8.2648 | 7.9649 |
| 橙:2升 | -4.4812 | 0.93835 | -6.0833 | 7.4632 |
| 橙:多罐合装 | -8.8926 | 2.0043 | -12.798 | 8.3505 |
| 柠檬味:罐装 | -8.9282 | 2.0273 | -7.2687 | 4.5024 |
| 柠檬味:标准瓶装 | -11.926 | 2.6369 | -15.899 | 8.1024 |
| 柠檬味:1.5升 | -5.6547 | 1.2635 | -5.7796 | 5.7165 |
| 柠檬味:2升 | -3.9762 | 0.81921 | -5.2258 | 7.1708 |
| 柠檬味:多罐合装 | -8.1858 | 1.8823 | -6.8013 | 4.7672 |
| 什锦果味:罐装 | -12.276 | 2.7094 | -16.43 | 8.2662 |
| 什锦果味:标准瓶装 | -14.400 | 2.9623 | -12.723 | 6.2424 |
| 什锦果味:1.5升 | -6.3776 | 1.4034 | -8.2566 | 6.6438 |
| 什锦果味:2升 | -4.0611 | 0.73015 | -5.4653 | 6.9214 |
| 什锦果味:多罐合装 | -5.3052 | 1.2756 | -9.4387 | 6.0243 |
| 健怡可乐细分市场 | | | | |
| 可乐:罐装 | -11.817 | 2.6649 | -11.757 | 6.4163 |
| 可乐:标准瓶装 | -12.303 | 2.8268 | -15.268 | 8.3488 |
| 可乐:1.5升 | -5.7972 | 1.3042 | -5.023 | 3.5868 |
| 可乐:2升 | -4.2643 | 0.93494 | -6.3843 | 7.6129 |
| 可乐:多罐合装 | -8.7069 | 1.9573 | -12.888 | 8.173 |
| 橙味:罐装 | -10.997 | 2.6402 | -14.889 | 8.5435 |
| 橙味:标准瓶装 | -9.9561 | 2.3916 | -14.792 | 8.0678 |
| 橙味:1.5升 | -5.4339 | 1.3054 | -8.4619 | 8.2154 |
| 橙味:2升 | -4.6477 | 1.0488 | -6.9119 | 7.4193 |
| 柠檬味:罐装 | -13.181 | 3.0485 | -9.5058 | 4.6999 |
| 柠檬味:标准瓶装 | -12.029 | 2.883 | -15.778 | 8.3728 |
| 柠檬味:1.5升 | -6.9400 | 1.6513 | -8.5238 | 8.0661 |
| 柠檬味:2升 | -4.7671 | 1.0658 | -3.9351 | 4.2408 |
| 柠檬味:多罐合装 | -7.5778 | 1.8211 | -11.733 | 7.9479 |
| 什锦果味:罐装 | -9.0504 | 2.0883 | -14.292 | 8.1215 |
| 什锦果味:标准瓶装 | -9.2219 | 2.1273 | -14.234 | 8.4596 |
| 什锦果味:1.5升 | -4.8644 | 1.4551 | -6.8668 | 7.4791 |
| 什锦果味:2升 | -4.1952 | 1.0073 | -11.757 | 6.4163 |

* 嵌套 logit 需求模型。

** BLP 需求—供给模型。

给定这些初始变量，假设多产品价格制定企业在市场中是不对称的，由 $J$ 个一阶条件可以导出多产品的纳什均衡。通过等式(10)中的一阶条件，可以得出每个品牌或产品 $j$ 的勒纳指数估计值。对不同品牌分组的估计值进行加总，可得出企业或分组产品的市场势力指标。在表7—6中，比较了双月的成本加成和利润率的估计值，这些估计值是在指定时期内按组取的平均值。最重要的特征是包装类型。1.5公升和2公升的包装类型与铁罐和标准瓶装类型相比所获得的加成幅度更高。低糖饮料也获得较高的利润，在两种分析框架下所获得的加成水平非常相似。

表7—6　1992—1997年的细分市场(所有品牌的加权平均值)

| 饮料细分市场 | 细分市场的产出份额 | 每升价格 | 加成估计值* | 双月利润估计值(以1 000爱尔兰镑为单位)* | 加成估计值** | 双月利润估计值(以1 000爱尔兰镑为单位)** |
|---|---|---|---|---|---|---|
| 可乐:罐装 | 4.22 | 1.43 | 0.05 | 99.82 | 0.09 | 185.31 |
| 可乐:标准瓶装 | 3.78 | 1.26 | 0.08 | 123.69 | 0.10 | 167.56 |
| 可乐:1.5升 | 2.53 | 0.75 | 0.13 | 86.14 | 0.16 | 103.19 |
| 可乐:2升 | 11.1 | 0.50 | 0.22 | 411.28 | 0.22 | 435.13 |
| 可乐:多罐合装 | 1.92 | 0.96 | 0.16 | 103.56 | 0.14 | 83.62 |
| 橙味:罐装 | 1.85 | 1.38 | 0.08 | 67.66 | 0.08 | 67.11 |
| 橙味:标准瓶装 | 2.10 | 1.27 | 0.08 | 78.13 | 0.08 | 72.22 |
| 橙味:1.5升 | 2.22 | 0.68 | 0.17 | 86.64 | 0.13 | 69.35 |
| 橙味:2升 | 8.51 | 0.46 | 0.25 | 327.23 | 0.20 | 270.2 |
| 橙味:多罐合装 | 0.49 | 0.97 | 0.14 | 23.85 | 0.11 | 19.12 |
| 柠檬味:罐装 | 1.41 | 1.41 | 0.06 | 36.41 | 0.09 | 61.4 |
| 柠檬味:标准瓶装 | 1.38 | 1.16 | 0.13 | 65.57 | 0.09 | 52.43 |
| 柠檬味:1.5升 | 3.75 | 0.71 | 0.14 | 126.49 | 0.17 | 151.19 |
| 柠檬味:2升 | 11.8 | 0.47 | 0.29 | 503.17 | 0.23 | 429.55 |
| 柠檬味:多罐合装 | 0.36 | 0.97 | 0.13 | 16.43 | 0.13 | 15.36 |
| 什锦果味:罐装 | 2.13 | 1.39 | 0.07 | 72.67 | 0.07 | 71.1 |

续表

| 饮料细分市场 | 细分市场的产出份额 | 每升价格 | 加成估计值* | 双月利润估计值（以1 000爱尔兰镑为单位）* | 加成估计值** | 双月利润估计值（以1 000爱尔兰镑为单位）** |
|---|---|---|---|---|---|---|
| 什锦果味:标准瓶装 | 6.29 | 1.37 | 0.08 | 198.65 | 0.07 | 208.64 |
| 什锦果味:1.5升 | 1.80 | 0.74 | 0.18 | 73.51 | 0.12 | 56.62 |
| 什锦果味:2升 | 18.8 | 0.41 | 0.0 | 786.74 | 0.22 | 565.8 |
| 什锦果味:多罐合装 | 0.02 | 0.83 | 0.17 | 1.06 | 0.28 | 1.05 |
| 健怡可乐细分市场 | | | | | | |
| 可乐:罐装 | 1.11 | 1.39 | 0.09 | 48.14 | 0.09 | 47.23 |
| 可乐:标准瓶装 | 0.93 | 1.30 | 0.08 | 34.05 | 0.11 | 43.84 |
| 可乐:1.5升 | 0.83 | 0.75 | 0.15 | 31.93 | 0.16 | 35.33 |
| 可乐:2升 | 2.85 | 0.55 | 0.28 | 149.57 | 0.22 | 118.13 |
| 可乐:多罐合装 | 0.63 | 0.6 | 0.17 | 37.21 | 0.14 | 27.56 |
| 橙味:罐装 | 0.23 | 1.27 | 0.10 | 10.91 | 0.07 | 7.64 |
| 橙味:标准瓶装 | 0.05 | 1.19 | 0.12 | 2.08 | 0.26 | 1.68 |
| 橙味:1.5升 | 0.21 | 0.71 | 0.18 | 9.71 | 0.13 | 6.56 |
| 橙味:2升 | 0.72 | 0.56 | 0.22 | 31.74 | 0.18 | 23.89 |
| 柠檬味:罐装 | 0.53 | 1.44 | 0.07 | 18.10 | 0.08 | 22.5 |
| 柠檬味:标准瓶装 | 0.21 | 1.29 | 0.10 | 9.07 | 0.10 | 9.91 |
| 柠檬味:1.5升 | 1.62 | 0.73 | 0.14 | 58.18 | 0.18 | 66 |
| 柠檬味:2升 | 3.40 | 0.59 | 0.20 | 139.92 | 0.22 | 141.25 |
| 柠檬味:多罐合装 | 0.21 | 0.96 | 0.14 | 9.60 | 0.13 | 8.71 |
| 什锦果味:罐装 | 0.04 | 1.27 | 0.10 | 1.73 | 0.09 | 1.59 |
| 什锦果味:标准瓶装 | 0.04 | 1.17 | 0.11 | 1.86 | 0.08 | 1.31 |
| 什锦果味:1.5升 | 0.01 | 0.83 | 0.17 | 0.09 | 0.54 | 0.22 |
| 什锦果味:2升 | 0.11 | 0.55 | 0.24 | 5.20 | 0.22 | 4.78 |

* 嵌套logit需求模型。

** BLP需求—供给模型。

在表7—7中，我们比较了该时期内按企业平均得出的双月成本加成和利润的估计值。本章运用嵌套 logit 模型和 BLP 模型框架得出的初始需求估计值，记录了碳酸软饮料零售市场中企业的价格 — 成本加成和市场份额。显然，在该产业中，市场势力与市场份额之间并不存在单调关系。碳酸软饮料产业中市场份额较小的企业在其所在的产品分组和所处的商店类型分组中获取了租金，这些租金可以与在大部分商店中经营各种类型产品的跨国公司所获得的租金相比。因此，根据市场份额推断市场势力高低对于差异化产品市场中的多产品企业而言似乎并不合适。

表 7—7　　最后一期的公司加成、产出份额和利润份额

| 公司 | 品牌数量 | 产出份额 | 加成（NL*） | 利润份额（NL*） | 加成（BLP**） | 利润份额（BLP**） |
|---|---|---|---|---|---|---|
| 第 1 位 | 51 | 0.4792 | 0.15 | 0.3693 | 0.14 | 0.4600 |
| 第 2 位 | 36 | 0.2337 | 0.22 | 0.2655 | 0.13 | 0.2000 |
| 第 3 位 | 20 | 0.0928 | 0.28 | 0.1326 | 0.18 | 0.1100 |
| 第 4 位 | 4 | 0.0589 | 0.30 | 0.0911 | 0.25 | 0.1500 |
| 第 5 位 | 3 | 0.0553 | 0.32 | 0.0907 | 0.29 | 0.0500 |
| 第 6 位 | 7 | 0.0343 | 0.16 | 0.0285 | 0.10 | 0.0100 |
| 第 7 位 | 3 | 0.0229 | 0.05 | 0.0054 | 0.05 | 0.0100 |
| 第 8 位 | 5 | 0.0196 | 0.14 | 0.0144 | 0.10 | 0.0010 |
| 第 9 位 | 6 | 0.0028 | 0.15 | 0.0022 | 0.13 | 0.0002 |
| 第 10 位 | 1 | 0.0001 | 0.10 | 0.0001 | 0.10 | 0.0002 |
| 第 11 位 | 2 | 0.0002 | 0.10 | 0.0001 | 0.25 | 0.0000 |
| 第 12 位 | 1 | 0.0002 | 0.09 | 0.0001 | 0.06 | 0.0001 |
| 第 13 位 | 1 | 0.0001 | 0.07 | 0.0000 | 0.29 | 0.0084 |
| HHI 值 | | 3 014 | | 2 420 | | 2 890 |
| 第 4 位和第 5 位企业兼并 | | | | | | |
| 新的 HHI 值 | | 3 080 | | 2 585 | | 3 040 |
| HHI 值的变化 | | 65 | | 165* | | 150** |
| 第 1 位和第 7 位企业兼并 | | | | | | |
| 新的 HHI 值 | | 3 234 | | 2 460 | | 2 982 |
| HHI 值的变化 | | 220 | | 40* | | 92** |

* 嵌套 logit 需求模型。

** BLP 需求 — 供给模型。

### 对欧盟兼并控制的意义

在表7—7中，我们描述了依据每个企业的市场份额和利润份额所测算出的HHI集中度水平。分析中分别采用了嵌套logit模型和BLP模型对集中度进行估计。利用现有的数据，本章假设了一项兼并，即在产业中位居第4位和第5位的两个企业实施兼并，以此来说明基于市场份额支配情况进行的兼并筛查可能无法根据市场势力标准识别出具有破坏性的兼并。此外，本章假设在产业中位居第1位和第7位的两个企业实施兼并，以此来说明通过市场支配地位测试筛查出的、需要进一步审查的兼并可能并不具有显著的市场势力。

使用表7—1所勾勒出的原则，两个模型计算的结果均显示，如果按照利润份额计算出的HHI结果，排名第4位和第5位的企业间的兼并应当受到审查。但是，如果仅使用基于市场份额的信息，则无法得出上述结论。产量小的企业可能通过专门在某一区域进行销售或者专门销售某种产品来显著提高市场势力。此外，根据现有兼并审查的门槛值，按照利润份额计算的HHI结果，排名第1位和第7位的企业间的兼并不应当受到审查。但是，如果使用基于企业产量计算出的市场份额作为计算HHI值的依据，则该项兼并应该受到审查。

本章的政策建议是，在提供差异产品的产业，应使用结构性模型来估计价格—成本加成(对各产品进行加总)。在对申报的兼并进行选择或筛查阶段，应当基于市场势力而不是市场份额对拟实施的兼并进行评估。如果不考虑市场势力而仅使用企业产出的市场份额作为筛查标准，可能无法识别出具有破坏性的兼并。可以看到，在大部分产业中，小企业间的兼并此起彼伏，尽管没有受到审查，但却可能对市场势力产生显著影响。此外，使用市场份额作为筛查标准所挑选出来的兼并可能对市场势力并无显著影响。可以看到，在欧盟和美国，筛查出来进行审查的兼并案中真正被禁止的寥寥无几。这可能预示着把基于产出所计算出的市场份额作为筛查标准不是考察兼并竞争效果的较好指标。

## 7.6 结论和建议

最近的欧盟《兼并控制条例》(第139/2004号)使欧盟的审查标准

更接近美国的做法，在美国的兼并审查中，如果兼并将导致“实质性削弱竞争”，则会被禁止。虽然在对兼并进行审查期间明显不再使用市场支配地位测试，但本章强调这样一个事实：市场集中度分析仍然是欧盟和美国在兼并初始筛查阶段所使用的重要标准。本章阐明了依据产出计算的 HHI 集中度测量值并非反映差异化产品市场市场势力的最好指标。多产品企业在所处产业的不同产品和地理区域方面的运营情况十分复杂，这意味着不存在用市场集中度反映市场势力的理论基础。这种分析对改进当前的兼并筛查做法具有借鉴意义，当前的兼并筛查把以市场份额为基础计算出的 HHI 值及其变化值作为标准。本章虚拟了两个企业间的一次兼并，并对此进行了分析，该兼并对产出集中度的产业整体 HHI 指标值影响甚小，因此在当前的兼并审查门槛下不太可能受到反垄断机构的审查。然而，本章证明，这些产出水平较低的企业通过兼并实现专门在特定区域进行生产或专门生产特定产品，这种专业化使其市场势力大大增强。如果一项兼并是在具有较高价格 — 成本加成的企业之间进行的，这时无论两个企业在市场中的总体份额是多少，本章所提出的把基于利润份额测算出的 HHI 值作为差异化产品市场兼并筛查的标准，显然更为合理。此外，本章也阐明了另外一种情况，即按照现行的兼并审查门槛值，不会对市场势力造成影响的兼并也会被反垄断机构筛选出来进行审查。给定现有的低筛查率，将那些在审查阶段显然不会被阻止的兼并筛选出来成本似乎非常高昂。

本章在估计市场势力时比较了一个较简单的方法和一个较复杂的结构性方法。较简单的方法很容易实施，不需要复杂的估计程序或者较多的数据支持。[①]更为重要的是，其结果与 BLP 模型的估计结果相似。构建以利润份额为基础的 HHI 指标来估计市场势力，将有助于在兼并筛查阶段做出更为准确和更有价值的决策，以决定哪一项兼并应得到进一步的审查。这种简化的筛查技术可确保从申报的兼并中识别出将对竞争产生威胁的兼并。

---

① 欲了解在一项兼并案例的调查阶段基于供给需求分析的结构模型（嵌套 logit 模型）的运用，可见 Ivaldi 和 Verboven（2005）对瑞典汽车制造商 Volvo 与 Scania 兼并案例的研究。

# 参考文献

Anderson, S. P., and A. de Palma. 1992. "Multiproduct Firms: A Nested Logit Approach." *Journal of Industrial Economics* 60:261 – 276.

Berry, S. 1994. "Estimating Discrete-Choice Models of Product Differentiation." *RAND Journal of Economics* 25:242 – 262.

Berry, S., J. Levinsohn, and A. Pakes. 1995. "Automobile Prices in Market Equilibrium." *Econometrica* 63:841 – 890.

Berry, S., J. Levinsohn, and A. Pakes. 2004. "Estimating Differentiated Product Demand Systems from a Combination of Micro and Macro Data: The New Car Market." *Journal of Political Economy* 112:68 – 105.

European Commission. 2004. *A Pro-Active Competition Policy for a Competitive Europe: Communication from the Commission.* COM(2004), 293 final, April 20. European Commission. Hausman, J., G. Leonard, and J. D. Zona. 1994. "Competitive Analysis with Differentiated Products." *Annales D'Économie et de Statistique* 34:159 – 80.

Ivaldi, M., and F. Verboven. 2005. Quantifying the Effects from Horizontal Mergers in European Competition Policy. *International Journal of Industrial Organization* 23(9 – 10):669 – 691.

Mariuzzo F. 2004. "Automobile Equilibrium Prices: An Empirical Study on the Italian Market Price Elasticities." Doctoral dissertation, Department of Economics, University of Venice.

Mariuzzo, F., P. P. Walsh, and C. Whelan. 2003. "Firm Size and Market Power in Carbonated Soft Drinks." *Review of Industrial Organization* 23 (3 – 4):283 – 299.

Mariuzzo, F., P. P. Walsh, and C. Whelan. 2005. "Embedding Consumer Taste for Location Convenience into a Structural Model of Equilibrium." Trinity Economic Papers 2005/3. Trinity College, Dublin.

Nevo, A. 2000. "A Practitioners Guide to Estimation of Random Coefficients Logit Models of Demand." *Journal of Economics & Management Strategy* 9(4):513 – 548.

Nevo, A. 2001. "Measuring Market Power in the Ready-to-Eat Cereal Industry." *Econometrica* 69:307 – 342.

Petrin, A. 2002. "Quantifying the Benefits of New Products: The Case of the Minivan." *Journal of Political Economy* 110:705 – 729.

Pinkse, J., and M. E. Slade. 2002. "Mergers, Brand Competition, and the Price of a Pint." Unpublished manuscript, Department of Economics, University of British Columbia.

Pinkse, J., M. E. Slade, and C. Brett. 2002. "Spatial Price Competition: A Semiparametric Approach." *Econometrica* 70:1111 – 1155.

Sutton, J. 1991. *Sunk Costs and Market Structure: Price Competition, Advertising and the Evolution of Concentration.* Cambridge, MA: MIT Press.

U. S. Federal Trade Commission and Department of Justice. 2003. "Merger Challenges Data, Fiscal Years 1999—2003." Report, December 18. www. usdoj. gov/atr/public/201898. htm.

Verouden, V. 2004. "The Role of Market Shares and Market Concentration Indices in the European Commission's Guidelines on the Assessment of Horizontal Mergers under the EC Merger Regulation." Comments prepared for the FTC and U. S. DOJ Merger Enforcement Workshop, Washington, DC, February 17 – 19. http://www. ftc. gov/bc/mergerrnforce/presentations/040217 verouden. pdf.

Walsh, P. P., and C. Whelan. 1999. "Modelling Price Dispersion as an Outcome of Competition in the Irish Grocery Market." *Journal of Industrial Economics* 47:1 – 19.

# 第8章

# 比较广告与竞争政策

Francesca Barigozzi
Martin Peitz

## 8.1 引言

几个欧洲大陆国家直到前不久才完全禁止所有形式的比较广告。而在美国,自20世纪70年代以来,联邦贸易委员会一直鼓励使用此类广告。尽管过去欧美在对待比较广告的态度上存在明显差异,但如今竞争机构一致认为此类广告是促进竞争的重要工具,因此鼓励企业和零售商使用此类广告。这是因为,如果此类广告具有公平性和非误导性,那么就认定其可增加消费者对有关替代品牌、产品、服务等信息的了解,而且还可能对(国内和跨国)企业竞争产生积极影响。有学者认为,直接比较广告会鼓励消费者做出更准确的购买决策,此外,比较广告还会减轻消费者把某一品牌与其他品牌进行比较的负担。

下面谈谈对此观点的一些理解（对此我们还将在 8.4 节中进行详细阐述）。一方面，与普通广告相比，比较广告主张提供易被消费者吸收的知识信息。通常，基于内容的广告因缺乏对比性，对消费者而言没有任何意义。另一方面，由于比较广告主张让消费者从以往对其他产品的消费经验中做出推断，因此消费者处理比较广告的能力应该更强。一般来说，可以把著名的竞争品牌作为参照物。①

就真实的信息传递而言，消费者不能受到欺骗。因此，法律及其惯例的基本作用就是保证比较广告内容的真实性。特别是，竞争政策的设计必须使消费者和竞争者之间的利益得到保证。

比较广告对竞争可能产生两种影响：就经验商品和信用商品的特征而言，比较广告通过传递广告主品牌的品质可以加剧竞争；然而，就搜寻性产品的特征而言，比较广告能通过将产品差异化削弱竞争。

本章将从竞争政策角度分析比较广告，并将集中分析竞争政策如何影响比较广告的信号传递作用。为此，需解决如下问题：

（1）比较广告的立法历史。

（2）目前美国和欧洲在比较广告方面的立法情况。

（3）法庭如何诠释这些法律？

（4）比较广告如何影响市场结果？

（5）特别是，比较广告的信息传播范围，以及竞争政策对其传播范围的影响。

（6）从广义上讲，设计竞争政策时的注意事项。

在回答这些问题之前，我们先给出比较广告的定义，认定比较广告的传播是一种营销惯例，从企业角度详细说明比较广告的缺点。

## 8.1.1 比较广告定义

根据美国联邦贸易委员会的界定，“比较广告是对可替代品牌在客观上存在的可度量属性或价格做出比较，通过产品的名称、说明或其他独特的信息来识别可替代品牌”（《关于比较广告的政策说明》，联邦贸易委员会，华盛顿特区，1979 年 8 月 13 日）。

在欧盟，关于误导性广告和比较广告的 97/55/EC 指令规定：“比

① 此方面的例子是，在电信业或金融中介服务业中，通常把提议合同的条款与以前竞争对手提供的合同条款进行比较。

较广告是指公开或隐秘地将竞争对手或其提供的商品或服务进行识别。”①

比较广告可分为直接比较广告和间接比较广告。② 在直接比较广告中，竞争性产品被直接明确提及或通过照片、图像或商标能够被很准确地识别出来。现举两例加以说明。1991 年 MasterCard 组织发起了一项广告宣传“运动”，宣传中采用了一个有趣的 30 秒商业广告，其中描述了美国 Express Card 持有者疯狂地跑来跑去，但却无法成功地找到一个能够接受他们银行卡的自动取款机(Leighton 2004,621)。1999 年 GM 公司一则广告描述 Cadillac Seville STS 在一项障碍赛中的表现胜过 BMW 540。

相比之下，间接比较广告不会明确提及竞争品牌的名字。1962 年 Avis 公司在美国发起的“我们要更努力”的广告运动应是最为著名的例证。③

## 8.1.2 比较广告的历史和传播

1930 年美国 Sears 公司把自家的轮胎与 8 家国内品牌进行比较。该广告提高了 Sears 轮胎的销售量。Firestone 公司打出了一个反击性广告，该广告引发了有关“商业道德”和“品位”的争论，以至于包括纽约和芝加哥等城市在内的许多地方报纸拒绝刊登该广告。关于比较广告的后续争论主要围绕着比较在广告中的潜在作用及其最终结果进行。1932 年，此争论以比较广告胜出而告终，当时 Plymouth 公司在以“看这三个”为题的广告中，有效地描述了 Plymouth 比 Chevrolet 和 Ford 的优越之处。在接下来的 6 个月内 Plymouth 公司的销售额翻番，比较广告由此诞生(Suasion Resources 2003)。

20 世纪 70 年代以来，比较广告在美国十分普遍。不同的研究对美国国内比较广告使用情况的相关数字有不同的结论。Muehling、

① 在现实生活中，我们注意到，广告发起人不是针对竞争者的产品大肆宣扬自己产品的过人之处，就是贬低竞争对手的产品。

② 从经济学分析角度看，如此区分直接广告和间接广告是毫无意义的。这是因为，为简单起见，我们仅考虑双寡头垄断市场，这样，目标品牌永远是广告发起品牌的唯一竞争者。

③ “1962 年，Hertz 在汽车租赁业中是领军者，而 Avis 排名在后。Avis 提出的‘我们要更努力’使得 Hertz 对自己重新定位，对 Hertz 施加相关的、令人信服的和令人瞩目的压力。在消费者心目中，Hertz 地位下降，而 Avis 才是他们的正确选择”(“BuildingBrands”，http://www.buildingbrands.com)。这可被看作广告史上首次使用“现代”比较广告的战役(见 Bixby 和 Lincoln 1989 及其参考文献)。

Stoltman 和 Grossbart（1990）发现大约 40% 的广告带有比较性。Pechmann 和 Stewart(1990)基于不同的数据库资料得出，在所有广告中有 60% 是间接比较广告，有 20% 包括直接比较的表述，其余是非比较广告。最受比较广告规则影响的产业包括食品业、零售业、汽车业、航空业。最近，受影响的还有金融业和通讯服务业。运用直接比较广告使其品牌的市场份额显著提升的著名例证有百事可乐（与可口可乐比较）、汉堡王（与麦当劳比较）、扑热息痛（与阿司匹林比较）、联合利华（与宝洁比较）、Visa 卡（与美国 Express Card 比较）、惠普（与 IBM 比较）、AT&T 公司（与前世通公司比较）（参见 Teather 2000）。

在下一节中可以看到，在大多数欧盟国家，比较广告是一种相对较新的现象。禁止比较广告的基本逻辑主要是保护商标的所有者（知识产权或竞争企业）。特别是，未获得商标所有者同意而在广告中使用该商标的行为，以及在广告中巧妙利用著名商标的声誉来提高自身品牌影响力的行为，都被认为是非法的。即使欧盟成员国国内的法律没有明文规定禁止比较广告，但企业通常也避免使用比较广告，因为使用比较广告可能面临着法庭裁决的高风险，即对目标品牌的虚假代言。

我们尚不了解欧洲对比较广告传播的系统性研究。不定期的观察和法庭案例表明，比较广告被频繁地用于零售、电子、航空、电话和其他服务业，并且常常基于价格或价格水平进行比较。尽管制定了 97/55/EC 指令，但在比较广告规则方面，欧洲国家间仍缺乏一致性。广告公司面临的法律风险依旧是制作比较广告的障碍。[①] 而且由于欧洲的消费者较少接触比较广告，因此广告商对该类广告的有效性更持怀疑态度。

### 8.1.3 比较广告的有效性

除上述法律风险外，由于比较广告的长期后果可能会给广告公司带来致命伤害，因此导致过去许多广告商不愿使用比较广告。营销文献中提及一个潜在的消极效用，其一就是对发起品牌的错误认知：比较广告可能会提高竞争品牌的突出特征，而未能加强消费者对发起品牌信息的了解。其二就是可信度。由于同样具有控制市场的企图，消费

---

① 为这种协调作辩护的理由是，欧盟各国对比较广告态度的差异会成为产品和信息自由流动的障碍（见 Petty 和 Spink 1995，以及 8.2.2 小节）。

者并不认为一个品牌广告就是有关竞争品牌信息的可靠来源(见 Wilkie 和 Farris 1975)。但是,这一观点值得商榷。正如一些从业者观察到的那样,事实可能正相反。目标品牌面临的潜在挑战(如果比较广告的表述有失公平或误导,目标品牌可能会把发起品牌诉诸法庭)显示了比较广告的力量。消费者可以预见,只有在动机真实的情况下,发起品牌才会面临法律诉讼。在 8.4 节,我们会提出一个经济学模型,以此构成使用比较广告的一个论点。①

欧洲通讯协会机构(European Association of Communication Agencies 2000,4)列举了发起品牌不成功或在法庭上曾遭遇挑战的比较广告的另外一些特征:

比较广告的失败或面临的法律问题常与下列因素相关:(1)竞争性产品或商标上的相互诋毁(例如通过使用不同的音效和灯光、产品定位/尺寸的差异);(2)把产品跟同类中的顶级品牌作比较(例如,把 Nissan 和 Mercedes 作比较),致使消费者不能接受;(3)对缺乏关联特征的产品进行比较;(4)过分地吹捧产品在性能或质量上的差异;(5)运用暗示技巧,例如举例说明消费者对不同产品或服务的反应,实际上这些反应并非代表大众(如照相机的"品位测试")。

在营销文献中,有关比较广告的有效性问题仍存争议(Prasad 1976;Pechmann 和 Ratneshwar 1991;Jain、Buchanan 和 Maheswaran 1998;Barone 和 Miniard 1999)。尽管如此,就比较广告有效性达成广泛共识的事实而言,一个市场份额低或鲜为人知的品牌(失败的产品)可以通过把其产品命名为消费者经常购买的领先品牌来提升其广告的关联度。换言之,在一开始就引导消费者关注那些梦想以成名品牌突出自己的小公司中,比较广告效用非凡(Muehling、Stoltman 和 Grossbart 1990;Pechmann 和 Stewart 1990)。正如三菱公司(Mitsubishi)的市场营销经理所讲,三菱公司在进入欧洲市场时使用了比较广告,"通过与顶

① 可以注意到,目标品牌能够在两种不同的策略之间进行选择——它能将发起品牌告上法庭,或者进行一场对抗性的广告宣传活动。在 8.4 节进行的经济学分析中,我们把目光集中于第一种策略,因为可在现实中经常被发现(为了理论分析,调查一下对抗性广告的作用,见 Matthews 和 Fertig 1990)。事实上,从业者相信必须小心地开发和应用对抗性广告宣传活动,以避免消极的反应。就像下面的论述举例证明的:"自卫的、不能让人相信的或使人错误相信的对抗性广告事实上可能提高初始广告的可信性,这是通过引发对比较的注意和不能成功对抗事情的要点来实现的"(Suasion Resources 2003)。所以,诉讼政策的优越性是一个中立的第三方(法庭)出现的结果,它介于双方之间监督广告的内容。更一般地讲,它指出了对抗性广告在市场上诱发敌意,一种有效的市场营销策略是很罕见的。

级品牌联系引导消费者”（Coleman 2000）。这就是所谓的“失败者假说”，欲了解其从市场营销的角度所作的阐释，参见 Gnepa（1993）。

### 8.1.4　章节安排

在 8.2 节中，我们研究法律背景，并回答上面提出的问题（1）和（2）。也就是说，将重点分析比较广告的法律历史和目前欧美关于比较广告的相关立法。在 8.3 节中，我们将以案例的形式回答问题（3）。这些案例体现了对上述问题的附加考虑，同时有助于回答问题（4）～（6）。在 8.4 节中，我们研究一些关于比较广告的经济学观点。通过阐述比较广告对产出水平的影响方式，更深入地说明问题（4）～（6）。特别要详细分析比较广告的信息传播范围及其受竞争性政策的影响，8.5 节是本章结论。

## 8.2　立法和法律实践

在此，主要探讨比较广告的法律背景。重点探讨美国和欧洲过去和现在的立法。

### 8.2.1　美国的比较广告

首先论述联邦贸易委员会和法庭在保护竞争者和保护消费者避免虚假和误导性比较广告方面的作用。然后，讨论比较广告引发的两个有争议问题：证明标准和损害赔偿金。

#### 8.2.1.1　美国的立法

在美国，联邦广告立法主要体现在两部法律中，即《联邦贸易委员会法》和《商标法》（《兰哈姆法》，联邦商标法令禁止初始设计错误以及对事实的虚假性或误导性描述）。联邦贸易委员会成立于 1914 年，其使命是保护企业免遭不公平行为。1992 年，联邦最高法院裁决联邦贸易委员会有权规制广告。具体来讲，这项裁决允许联邦贸易委员会规制所有的虚假商标和广告中的不公平竞争行为。20 世纪 60 年代和 70 年代，比较广告成为关注焦点。联邦贸易委员会很早就已强调，比较广告是一种向消费者传播信息的手段。1963 年，联邦贸易委员会放松了对比较广告的规制，甚至允许企业对其产品做出真实的、非欺骗性的描述，即其产品具有其他竞争性产品所不具备的，同时又能够满足消费者需要的特征或质量。此类比较可能会诋毁其竞争产品，但众所周知，法律上没有禁止销售者向公众坦诚告知其产品优点的规定。这些优点是相对于竞争产品而言的(60 F. T. V. ,796)。

20世纪70年代和80年代，在美国，广告中使用明显比较的方式突然增加，部分是由于联邦贸易委员会把此类行为作为一种促进竞争手段。联邦贸易委员会陈述如下：

当能清楚地辨别比较基础时，委员会支持使用品牌的比较。当比较广告是真实的、非欺骗性时，对消费者而言它就是一个重要的信息来源，而且有助于其做出理性的购买决策。比较广告促进产品的改善和创新，由此还会导致产品在市场上降价(《关于比较广告的政策说明》，联邦贸易委员会，华盛顿特区，1979年8月13日)。

由比较广告所引起的争端，竞争者和消费者可求助于联邦贸易委员会。然而，大多数对比较广告行为的投诉不是来自消费者，而是来自作为比较对象的企业。自1974年以来，原告对比较广告引起的争端不是求助于联邦贸易委员会，而是根据1946年的《兰哈姆法》采取正常的法律途径解决争端。① 这些企业发现《兰哈姆法》第43条a款(尽管并未提及广告)规定，"对投诉采取更有利和决定性行动的关键是……《兰哈姆法》第43条a款主要针对商标、欺骗性行为和其他贸易法律问题进行阐述。然而，它却已经被当作私人立法基础来反对涉嫌传播虚假比较广告的公司"(Bixby和Lincoln 1989,145)。由于《兰哈姆法》的主旨是保护商标，而联邦贸易委员会的主要目标是通过(正当)使用比较广告来促进竞争和保护消费者利益，因此，目标品牌把《商标法》作为一个有效的工具来反击具有攻击性的比较广告也就不足为奇。

《兰哈姆法》修正案第43条a款规定：

任何从事商品买卖或服务的人，或者商品买卖或服务的关联人，在商业中使用任何文字、术语、姓名、符号或图案，或者以上各项的组合，或者任何虚假的原产地标识，或者对事实的虚假或误导性描述……在商业广告或促销中，虚假描述自己或他人商品、服务或商业活动的性

① Leighton(2004,585)说："议会用了30年的时间来追赶法庭。1998年《商标法修正案》补充了《兰哈姆法》第43条a款，批准了对虚假广告采取法律行动，这是司法公正的进步。"

质、特点、质量或原产地，则应根据此法对因相信此类虚假信息而遭受或可能遭受损害的人承担民事责任。

原告主要使用《兰哈姆法》中第43条a款，而不是联邦贸易委员会法案来解决比较广告投诉的原因是："(1)它可能通过法院禁止令迅速从竞争性广告行为中脱身；(2)它可能强迫竞争者采取正确的广告行为；(3)它可能允许原告向被告索赔"(Bixby和Lincoln 1989,145)。

8.2.1.2　法律实践：证明标准

相对其他形式的相关产品特征宣传的广告而言，使用比较广告的证明标准是否太高，也是一个重要问题。1979年，联邦贸易委员会的立场是：

有时，自我规制的实体要求使用比较广告的客户具有较高的证明标准。委员会用评估其他广告技巧的方式评估比较广告。问题的关键是广告本身是否带有虚假性或欺骗倾向。这是一个基于个案之上的实际决策问题。然而，与单方面描述相比，产业规范和说明强加给比较性描述一个较高的证明标准，这种做法不合适，需要修正(《关于比较广告的政策说明》，联邦贸易委员会，华盛顿特区，1979年8月13日)。

在此，需要提出两个告诫：第一，由于目标品牌对比较性描述采取反击行动，而对非比较性描述则很少采取措施，因此联邦贸易委员会的非歧视性表述可能会与法律惯例不一致；第二，如果比较广告是唯一和消费者就产品内容进行沟通的方式，那么，联邦贸易委员会的说明就只是空话。这种情况就是，如果目标品牌的产品对消费者来说只是参照物的话，那么比较广告就是消费者了解产品内容的唯一渠道，因为消费者并不了解产品的实质内容(食品的营养信息就是一个例子)。正如一位作者所云：

根据《兰哈姆法》，原告对误导性广告起诉的缘由必须明确：(1)被告对自身或原告的产品已经做出事实上虚假或误导的陈述；(2)事实上，该陈述目的是为了欺骗大量的潜在客户；(3)因为该陈述可能会影响那些受骗消费者的购买决策，因此这种陈述应该是真实的；(4)广告被应用于州际贸易；(5)争议性描述和原告受到的损害之间存在因果关系(Leighton 2005,586)。

更进一步讲，"根据《兰哈姆法》，当需要证明陈述的真实性时，就必须表明具有争议性的描述将会影响一大批潜在客户群体的购买决策"(Leighton 2004,586)。原告必须从对消费者的调查中得到关于他们是如何理解这些描述及随后做出购买选择的确切结果。注意,即使描述不完全错误,但如果它提供给消费者关于真实性的错误理解,这种描述依然可以被起诉。换言之,尽管广告内容很重要(它必须真实),但它给消费者留下的总体印象也同样很重要。特别指出的是,消费者理解广告的方式也与此有关。

总而言之,两种情况都可能:第一种情况是,一个广告可能确实存在错误的描述,但它留给观众的最终印象可能没有欺骗性或误导性;第二种情况是,在一个广告中,每一种描述都可能正确,但它留给观众的最终印象可能带有误导性,如 Wood(2003)报告指出的那样,"正如诸多案例所表现的那样,从内容上看,广告内容描述没有任何问题,但留给观众的最终印象有虚假性或欺骗性。"

具体而言,法庭把虚假广告或误导性广告分为三类:暗示性虚假广告、文字虚假广告和纯粹吹捧性广告。只有前两类广告能够被起诉。就第二类广告而言,"大多数原告之所以喜欢法庭把遭到质疑的广告归类为字面意义上的错误,是因为欺骗的要素可以被认定,同时不需要成本高昂的消费者调查"(Mckenna 和 Manning 2002,2)。①

第三类广告无法被起诉。吹捧性广告中包含了促销宣传,无人会对此咬文嚼字(如北极熊喜欢小口品尝可口可乐)。这些广告被认为是无害的夸张,是荒谬的夸大其词——众所周知,电影明星在现实中是不会在快餐店做汉堡的,只装一节电池的玩具兔不会永远处于运动状态。换言之,吹捧性广告包含了理性人不会当真的描述。

吹捧性广告可作为虚假广告案例的辩护归于《兰哈姆法》框架下。一旦辩护成功,法庭就会裁决广告中的描述只是卖家的想法,且属于免于起诉的吹捧。当吹捧性广告对于理性的潜在客户而言无关紧要时,法庭和规制机构就会裁决该广告中的描述仅是纯粹的吹捧而已。通过 MasterCard 广告案例的简要介绍可以区分什么是夸张的吹捧,什么是肆无忌惮的吹捧,什么是幽默的吹捧,什么是"老王卖瓜式"吹捧,以及暧昧的吹捧或卖家吹捧,比如"市场上最靓丽的汽车"广告(见 Leighton 2004)。然而,吹捧性广告的世界对比较广告而言实在太小。必胜客

① 见必胜客与约翰披萨一案,在8.3节中进行讨论。

诉约翰披萨的案例足以说明问题（尽管联邦法院的判决已被推翻）。在8.3节中我们会讨论此案例。

同时，以吹捧性广告为辩护理由的比较广告也可能被裁决为触犯商标反稀释法。《兰哈姆法》第43条c款中包含了商标稀释的重要标准——诋毁、模糊或篡改竞争对手的“著名”商标。其目的在于避免削弱商标的销售作用。如果以一家企业作为比较广告的目标，那么被认定为欺骗性广告的活动无论何时以何种方式变更或扭曲了其商标，该企业都可根据《兰哈姆法》第43条c款提起诉讼。在美国，超过20个州拥有反稀释法，有时这些法律比联邦法更为严格。在Deere公司诉美国MTD资本产品股份有限公司一案中，法庭放弃了依据《兰哈姆法》第42条a款做出指控，认定比较广告的描述是真实的，纽约第二巡回上诉法院维持下级法院停止比较广告的判决，因为它触犯了纽约的商标反稀释法。[①] 律师事务所表示，现在其他州把纽约上诉法院当作令人信服的权威机构，遵循其关于反稀释法构成要件的诠释（见Wood 2003）。

8.2.1.3　法律实践：损害赔偿金

《兰哈姆法》第35条允许原告对利润损失、挽回企业损失的广告修正支出、律师费和惩罚性赔偿金进行索赔。补偿虚假广告的损害赔偿金证据的标准很高。事实上，要想获得损害赔偿金，原告必须表明消费者为被告的错误广告所欺骗的事实，且被指控的虚假广告和原告受到的伤害存在直接的因果关系。但“在几个案例中，如果认定被告的行为是故意的，那么法庭就无须要求证明事实上的欺骗”（Raymond 2004）。因此，如果广告中的错误描述是故意的且十分恶劣，那么就会认定这是事实上的欺骗，并被判予惩罚性赔偿金。然而，在《兰哈姆法》案例中，赔偿金的判定并不常见。相反，只有一些法庭在虚假广告的案件判例中允许赔偿金，而且几乎没有法庭判例会涉及比较广告。最重要的案例就是U-Haul国际公司诉Jartran公司的案例，该案例涉及赔偿金额达4 000万美元（第九巡回法院，1986）。我们将在8.3节中

① Yardman在对其MTD割草机比较广告的宣传中，使用了修改了的Deere公司著名的广告标志：一只“跳跃着的雄鹿”的动画技术。在电视上，一只更小的、模糊的鹿的影像被描述成由于害怕MTD的割草机而奔过电视屏幕。然而，如果MTD能够恰当地使用这种标志，那么Deere公司无法找到诉讼的证据。

讨论此案例。

Arnold & Porter 律师事务所认为,由于举证十分困难,因此获得损害赔偿金几乎不可能。[①] 其他观点认为,法庭对诉讼中关于商标侵权或恶意谎言的比较性描述持怀疑态度。特别地,Swan(2000,4)指出:"法官认为公众既不容易上当,也不会特别迷信广告。即使法律诉讼成立,法官也无法完全确信比较广告所造成的损失。"

## 8.2.2 欧盟的比较广告

首先描述最近欧盟关于比较广告在法律上的协调问题,然后再有针对性地考虑英国法律上的惯例。简单地讨论一下英美对待比较广告的不同方式,最后给出专业服务案例。

### 8.2.2.1 欧盟的立法

直到最近,欧盟还在事实上禁止比较广告。在那些没有明令禁止比较广告的国家,比较广告也未曾受到欢迎,且常被当作一种不公平竞争行为,遭到法庭的公开怀疑。在比利时、意大利和卢森堡,禁止对竞争者身份进行识别。在德国和法国,除非预先告知竞争者,否则比较广告就会被当作不公平竞争行为而被禁止。在西班牙和荷兰,允许有限的比较广告。[②] 在斯堪的纳维亚,广告的使用被严格限定在真实性和相关性标准范围内(见来自英国 DLA 集团的 J. Dickerson 和 P. Jordan, www. dla. com)。特别是,"对竞争对手或其产品的明晰识别等同于未经授权使用竞争对手的商标或不公正的毁誉"(Petty 和 Spink 1995)。近来,与其他成员国相比,英国因采用更为宽松的方式对待比较广告而受到赞誉(见下文)。

20 世纪 70 年代后期,欧盟首先提出比较广告问题。其立场是,如果比较广告提供的细节可被证明,且具有非误导性和公正性,那么就应认定其合法性。然而,比较广告的协调仅于 2004 年 4 月才进行(距离首次提出协调近 20 年)。"指令的序言表明,对欧盟内部能自由流通的商品,管理广告形式和内容的规则必须一致,并且指出目前比较广告

① 他们也认为,这可能归因于对初步禁止令的承认,或否决后的庭外和解。见 Arnold 和 Porter(2002)。

② 例如,荷兰高级法庭对一例比较广告做出判决。该广告推广了一个天然肥料品牌,并宣称与竞争品牌相比,只需一个更低的价格。法庭承认个别品牌竞争的一般可能性。然而,在没有发现两种产品在成分上的差异时就判决该广告应受到处罚。

不适用此规则。序言中强调比较广告作为消费者购买决策工具和促进竞争因素的重要性”（Petty 和 Spink 1995）。

根据目前的欧洲立法，比较广告只要不带有误导性、不进行相近对比、不产生混淆、不毁誉、不公平利用竞争对手商标或其产品不带有受保护商标的仿制品，那么它是被许可的。更确切地讲，1997 年 10 月 6 日欧洲议会和欧盟委员会 97/55/EC 指令的 3a 条款规定：

就比较而言，比较广告在满足下列情形时是被允许的：

（1）非误导性；

（2）所比较商品或服务的需求或目的相同；

（3）客观地比较商品或服务的一种或多种材料、相关性、可得到证明的代表性特征，其中可以包括价格；

（4）在广告商和竞争者间，或在它们的商标、商号、其他识别性标志、商品或服务间不制造混乱，扰乱市场秩序；

（5）不诋毁或贬低竞争者的商标、商号、其他识别性标志、商品、服务、行为或经济状况；

（6）对有原产地的商品，只能将其与带有同样原产地标志的产品进行比较；

（7）不对竞争者的商标、商号或其他识别性标志或竞争产品的声誉做出不公平的利用；①

（8）不提供标有受到保护的商标或商号的仿制品或复制品。

正如 8.3 节中指出的，尽管对比较广告有各式各样的诠释，但运用常识就可为其所受的限制进行辩护。然而，对第（6）点的辩护不够清楚，因为它要求比较是在带有同样原产地标志的产品之间进行的。特别是，这会大大降低进口品与原产地产品的竞争能力。

对比较广告引发的争论做出反应的是每个成员国的竞争机构。然而，当比较广告触及不公平竞争或侵害版权、商标或者其他独特标志的行为时，法令提供了对其诉讼的可能性。竞争者、消费者、消费者组织和协会都可对上述行为进行法律诉讼。

97/55/EC 指令的 8.7 部分规定：（1）机构可暂时终止被认定的非法广告；（2）广告商要证明广告中事实描述的真实性。若无法证明事

① 可以注意到，第（7）点与“失败者案例”尤为相关。

实描述的真实性，或真实性不足，那么广告就会被认为是虚假的；(3)当法庭裁决有利于原告时，误导性广告要被撤回，最后还要受到法庭处罚；(4)广告商还要登出更正性广告。

Petty 和 Spink(1995)认为，"与美国相比，欧洲(提议)法令的要旨和语言对比较广告很宽容。尽管美欧都承认诸如商标侵权、诋毁和假冒等违法行为，但在欧洲，理解更广泛"。此外，在很多情况下，在美国许可的比较在欧洲会被禁止。

8.2.2.2 法律实践

除正常法律框架外，欧盟各成员国对97/55/EC指令的解释不同，实现真正意义上的协调才刚刚起步。① 不同国家的法庭对比较广告合法性的理解不同(如瑞安航空公司比较广告战的案例，见8.3节)。如果能考虑到各成员国在比较广告合法性的不同历史和态度，这种现状则不足为奇。

上文曾提到，缺乏协调增大了企业使用比较广告的风险，同时还可在一定程度上解释为什么欧盟内部对比较广告的使用慎之又慎。随着电子商务的迅猛发展，欧洲和跨国间关乎于此的协调，变得更有实际意义。在网上商品搜索和远程销售上，比较广告重获关注。网络广告的爆炸式增长促使从业者核实在不同国家其广告是否与比较广告准则和社会准则相抵触。用 Freeman 和 Nemiroff (2001)的话说，"如果决定在外国使用比较广告作为市场营销的一种手段，或者网络广告吸引国外消费者，那么首先对该国的广告法做出一个完整的法律评估就显得尤其重要"。②

如前所述，欧盟内部只有英国目前对比较广告采取较宽容的态度。然而，把欧美处理比较广告中各具特色的法律手段进行比较，英国则是欧盟的一个最佳范例。在英美，法庭的解释异常重要，因为两国都属于普通法的法律体系，该体系中具有判决先例。也就是说，在相同司法制度下，先前比较广告案例的判决是通用的。

---

① "显然，即使在比较广告方面获得了一些有益的一般规定和准则，但仍需国家法庭逐件评估。毫无疑问，未来重要的差异和对比的解决方法会在法庭的实践中发现，这促进了欧盟比较广告法案协调的诉讼过程。因此，大量判例法将会出现。毋庸置疑，在共同准则的出现达到令人满意之前，欧洲法庭会对此做出附加说明"(Hofer 2003)。

② 与网络比较广告相关的法律问题就是司法权问题。多数国家都拥有网络，在网络广告的起源国，广告是合法的，对于限制比较广告的国家来说，这些也是可以看见的(也见 Berns Wright 和 Morgan 2002)。

8.2.2.3 国别分析：英国

在1994年以前，由于比较广告等同于商标侵权，因此在英国仍被禁止。《商标法》第10条第6款规定，在一定的指导原则下，出于比较目的而使用商标的行为是被允许的。Berns Wright 和 Morgan(2000，14)指出：

《商标法》规定，只有在遵守诚实原则的条件下，才可以使用商标。法庭对诚实的测试是客观的。他们会问：一个已经习惯在广告中使用夸张甚至在比较中"诋毁竞争对手产品"[①]的理性消费者是否会发现如此偏见或误导广告的诚实性呢？比较必须是在计划满足同样需求或同样用途的商品之间进行。比较一定是真实的、具有相关性和代表性的，且可以被证明的。

再者，比较广告不能引起混淆或让人产生与其他商标有关系的印象。在被指控的商标侵权案中，原告——也就是目标品牌——必须证明其商标使用是不诚实的。[②]

《商标法》通过几年后，涉及比较广告的欧洲法令在英国得以贯彻和实行，即《误导性广告规制条例2000(补充条款)》的出台和实施。Dickerson 和 Jordan(2003)认为，与发生在其他成员国的情况相比较，协调的初始行为并没有导致英国对比较广告采取更为宽松的法律规制。

如果使用比较广告是最近的事情，那么英国的法庭依旧会决定比较广告法的实施方式。如即将在8.3节中讨论的，前不久的几个案例都表明，使用比较广告一般都会受到鼓励。

Berns Wright 和 Morgan(2002)一方面把欧洲法令和英国《商标法》进行对比，另一方面把联邦贸易委员会的规定和《兰哈姆法》作对比。一些有趣的现象就出现了。联邦贸易委员会立法保护的重点仅仅是竞争者和产品的消费者，而欧洲法令的保护对象包括一般大众。在英国，比较性描述必须是同类产品间的比较，而在美国则允许不同产品间的比较。此外，英国允许客观性描述，而在美国则允许主观性描述。在英国，案件诉讼必须由独立的第三方进行测试，而在美国则没有设立这样

① 欣赏自己的产品，通过对比来贬低竞争对手的产品的行为。
② 可以注意到，在《商标法》下，原告必须证明广告商对商标的使用是虚假的，而广告商必须对广告中描述的真实性进行举证。

的标准。在英国，由广告商提供广告中实际描述准确性的证明，而在美国此项证明则由目标品牌来提供。[①] 这与先前提出的《商标法》中关于商标侵权的规定则一致。在英国，原告必须举证广告商的恶意动机。

英国和美国对待比较广告的差异表明，“美国对待攻击性的、模糊的、武断的广告的方法，不可能达到欧洲法令的标准。若美国广告想在欧盟成员国进行类似的宣传活动，就必须采用一种更温和的方式”(Berns Wright 和 Morgan 2002,22)。[②]

8.2.2.4 产业分析：欧盟的专业服务

有趣的是，为提供专业服务而在市场使用比较广告，在所有工业化国家的传统上都是非法的。如今，如果广告是非比较性的(如瑞士和美国对律师广告的管制，或意大利对会计广告的管制)[③]，那么它就是合法的、被允许的。然而，由于诸如专业服务的比较广告严重影响了竞争，因而对消费者而言是有害的，并由此引发争议。2004 年欧盟委员会各成员国的管理机构和专业团队被要求重新考虑治理专业服务的法规。因为这些法规就公众利益而言是不必要的，因而也是不公正的。再者，委员会建议应建立支持竞争的机制和增强透明度机制来强化消费者增权。[④]

通过分析欧盟内部律师、公证人、会计师、建筑师、工程师和药剂师运作的市场，委员会已经确立了国内法律中限制竞争的五个主要类别，即固定价格、推荐价格、广告限制、准入限制，以及商业结构治理和多学科实践管理规则。委员会认为，广告——特别是比较广告——是新企业进入市场至关重要的竞争手段，也是在位企业将新产品投向市场的重要竞争手段。

应注意到的一个很有趣的问题是，因提供专业服务的专家和享受专业服务的消费者间信息不对称，而由专业团体来限制广告是正确的。

① 由广告商负责证明广告中实际描述准确性的事实使得欧洲广告企业在使用比较广告时比美国广告企业更为谨慎。

② 关于网络广告的各种管制体制也已经被采用。在美国，一个全面的管制项目被遗漏了。因此，控制在本质上被委托给了行业的自我管制。在欧洲，竞争政策意识到了保护消费者免予“带挑衅的商业行为，同时建立对网络信息来源的信任和信心”的必要。

③ 大批的欧洲职业倾向于特殊行业的广告管制。在这些案例(例如法国的公证人)中，任何形式的广告都是被禁止的。在其他方面，具体的媒体或广告方式(例如广播广告、电视广告、陌生拜访)或者广告内容的具体类型也被禁止了。在特定案例中，现有广告管制不够明晰，这本身可能阻止了某些职业应用特定的广告方式。

④ 从执行的角度来看，2004 年 5 月，国内竞争机构和国内法庭已经在评定制度的合法性和对职业的管制上，充当了一个更为突出的角色。

据此观点，消费者发现分析专业服务的信息很难，因而寻求特别保护来规避误导性或操纵性描述带来的风险。与禁止广告的基本原理相左，委员会提到大量的实证，着重表明广告限制带来的一些潜在负面效应（见 Stephen 和 Love 2000）。这就表明，在特定情况下，广告限制没有对专业服务质量产生正面效应，却提高了专业服务成本。委员会认为，这些发现表明，广告限制没有必要恰如其分地应对由专业服务中信息不对称所带来的问题。相反，事实上，客观、真实的广告有助于消费者克服信息不对称，并做出更好的购买决策（将在 8.4 节讨论）。

委员会报告指出，在过去的 20 年里，在专业服务问题上，一些成员国已逐步开始放宽对广告的限制。① 这种一般性行为及其所导致的市场结果暗示，对一些产业中某个特定部门广告的限制，从保护消费者免于被误导的角度出发，并非是最根本的。因此，如今在一些成员国的法律界、公证业、制药业已能处理大多数形式的广告。显而易见，所有产业都存在防止欺骗性广告的一般立法问题。

## 8.3 反垄断案例分析精选

以下案例分析证明因法律解释的模糊性引发发起企业和目标企业的高法律风险问题。如同即将在 8.4 节中分析的那样，只有当误导性描述受到惩罚时，比较广告才能向消费者传递有效信息。只有具备足够把握确定法庭能够保证其利益时，目标品牌才会质疑虚假或误导性描述。同样，只有对那些发布虚假广告的企业实施制裁，（诚实的）发起品牌才能以低成本传递有关其产品质量的信号。因而，从事后来看，一旦针对虚假广告开战，执行与误导性广告有关的法律就是为了保证消费者和目标企业的利益；而从事前来看，执行相关法律则是为了保证发起企业和消费者的利益。

从已知案例中可以看出，涉案双方对误导性广告的理解可能无法达成一致。法官也就此问题提出了看法，参见下文中 Laddie 和 Jacob

① 例如，20 世纪 70 年代，美国对法律和会计职业的广告限制被去除了，丹麦解除了对法律、会计和建筑行业的限制性广告条令。过去的几年，德国对职业的严厉的广告禁令已经被放松了。在很大部分的成员国中，在没有任何重要的对特别行业的广告限制的需要下，会计和建筑业现在正有效地发挥着作用。

法官对广告的态度。另一个复杂的因素就是广告中的描述与真实信息传递存在细微差异（如目标企业必胜客无法证明约翰披萨的广告中含有暗示性虚假成分，见下文）。此外，国家在文化和历史方面的异质性使得市场参与者的不稳定性增强（见下面瑞安航空公司的案例）。

### 8.3.1 被判定为误导性的比较广告

几个欧洲国家和美国的案例都存在一个关键性的问题，即比较广告是否造成了实质性的误导。无论是在英国还是在美国，判例法逐步演化成了法律上的解释及由此产生的附加性指导。如8.2节中指出，1994年《商标法》第10条第6款中就与比较广告的案例分析有关。根据该条款的规定，如果该行为符合“在产业或商业中的诚实行为”，则使用注册商标不构成侵权。“在产业和商业中的诚实行为”表述因其模糊性而遭到批评。这由规制广告的团体来负责解释。然而，在巴克莱银行诉苏格兰皇家银行Advanta（1996）的RPC 307案中，法庭对遵循法律条文或行为守则的建议不予考虑。

巴克莱银行诉苏格兰皇家银行Advanta案例是有关苏格兰皇家银行Advanta所作的广告。① 广告中苏格兰皇家银行Advanta把自己的信用卡条款与竞争对手的信用卡条款作了比较，包括巴克莱银行标准的Visa卡，传单上列出了15项标准，概括起来就是苏格兰皇家银行Advanta银行卡是所有信用卡中是“最好的”。此外，宣传手册中还包含一个比较表格，主要与竞争对手的融资条款进行对比。

原告巴克莱银行认为传单上的内容是不真实的，因为它没有把同类的事物进行比较。特别是，广告内容是有选择性的，因为它未提及巴克莱银行可提供给持卡者的其他辅助性利益，而这些利益却是苏格兰皇家银行Advanta所不能提供的，比如24小时应急服务和海外应急服务。再者，苏格兰皇家银行Advanta在宣传单中列出的15项中的第6、7项和巴克莱银行是相同的。

通过对广告中列举出来的15项进行概括，Laddie法官并不确信和断定被告真正相信自己能够提供给消费者更好的服务。他认为，诚实性必须通过广告受众群体的合理预期进行判定。

---

① 这个例子做出的描述沿用Swan 2000。

随后的判决清楚地表明，如果广告描述是真实的，那么使用竞争性的商标是可接受的。用 Jacob 法官的话来讲，如果广告带有“严重的误导性”，那么这个广告可能不真实。

Jacob 法官已经对大东电报局诉英国电信案（1998，FSR383）做出一般性原则概括：①

1994 年法案第 10 条第 6 款的主要目的是允许比较广告。

（1）只要竞争性商标的使用是诚实的，那么告知公众竞争性产品或服务的相关优点和利用注册商标去标识，这样的做法就没有错。

（2）注册商标所有者的责任就是指出第 10 条第 6 款的文件中列明的因素是存在的。

（3）除非注册商标的使用是不诚实的，否则就没有商标侵权。

（4）测试是客观的：当给定所有的事实时，一个理性消费者是否可以说这个广告不真实？

（5）法案第 10 条第 6 款的目标中关于广告是否诚实的问题，法律或行业认可的行为准则对此没有提供一个有益的指导。诚实是由有争议的商品或服务广告受众群体的合理预期来衡量的。

（6）必须记得，大众习惯于广告商采用的行为方式，并期盼广告中的夸张手法。

（7）1994 年法案没有强迫法庭以走商标立法的“后门”的方式，去实施一个更为严格的广告标准，而且这种标准已经超出大众对广告的预期。

（8）具有明显误导性的广告是不诚实的，而且也不是第 10 条第 6 款的目标。

（9）广告必须以一个整体来看待。

（10）1994 年法案的目的之一就是从正面允许比较广告，因此法庭不支持那些严重误导对话目的的语言表达，除非是根据整个广告背景，在上下文中对这些语言表达有正确的理解，这样才能认定它们的描述是是合理的。

（11）理性的广告读者不会进行一分钟的考辨。

---

① 在巴克莱银行诉苏格兰皇家银行 Advanta 一案和随后的沃达丰空中通讯公司诉 Orange Personal 通信服务有限公司一案（1997），FSR 34。Jacob 法官建立了在英国电信诉 AT&T 公司（英国）一案（没有报道）中的 M. Crystal 质量控制，1996 年 12 月 18 日。

(12)因此法庭不应鼓励这样的动议,即为减少对话而以微观的方式来构建一个比较广告的做法。

在英国航空公司诉瑞安航空公司(2001)的案件中,这个观点被重申,这与比利时法庭对瑞安航空公司(Ryanair)广告宣传中的观点不同。在思考比利时的案例之前,我们首先思考一下英国的案例。

1999年瑞安航空公司在英国的多家报纸上进行了一场广告宣传活动。它首先向市场投放了所谓的低劣广告(标题是"EXPENSIVE BA... DS!")。稍后是所谓的昂贵广告(标题是"EXPENSIVE BA")。低劣广告(Bastard advertisement)出现在2月和3月的几个国家的报纸上,昂贵的广告仅在11月的《标准晚报》(Evening Standard)上出现过一次。在后来的广告出现之前,广告标准机构已经支持了部分公众针对低劣广告的投诉(这些投诉不是英国航空做出的)。它们认定标题"可能引起性质严重或影响广泛的冒犯"。瑞安航空公司做出了回应:它将不会再使用这个标题。然后法庭不得不裁决两边应承担怎样的法律后果,双方都秉承高等原则处理了案件。

在英国航空公司诉瑞安航空公司案中,法官对误导性广告的构成作了一般性分析。他对证词的评论如下:

瑞安航空公司的主要证人是销售部的Jeans先生……他想极力传递的信息是在大致相同的航线上,瑞安航空公司比英国航空公司更便宜。在某种程度上,这将会抽走英国航空公司的部分销售额,同时这将会揽走那些无力承担英国航空公司票价的旅客。关于低劣广告,Hobbs先生(原告代理)想要证明瑞安航空公司首先选择了标题,然后又加入了价格的比较,对标题的某些错误进行合理的解释,广告代理商已经被要求做出一系列标题(然后他们会做些什么)。在最后一分钟得到的英国航空公司的详细价格信息是没有意义的,因为无论采纳什么样的标题,这些事情都可能发生。在最后一分钟获得的详细价格信息就是为了避免在公布前发生变故。这样做是为了保证正确性(英国航空公司和瑞安航空公司,2000年12月8日)。

法官继续说:"在传唤证人之前,事实上观察到为任何人作证的证人都不会被任何广告所误导是特别恰当的。大众(广告的直接目标)乃至交易中任何独立的个体不会就关于被起诉案件中的欺骗性发起诉讼。任何一方都可向美国标准协会或当地权威机构的交易标准官员投诉。”

英国航空公司做出了三桩投诉：(1)它发现低劣广告标题是带有侵略性的；(2)它认为单独的价格对比是不公平的；(3)它认为对法兰克福(Frankfurt)和迪纳尔(Dinard)案例中目的地的比较是不公平的。对于标题，瑞安航空公司承诺不再重复使用。不过，瑞安航空公司认为其对价格和目的地的比较是公平的，法官对此表示同意。

在广告中，瑞安航空公司强调了英国航空公司的一种价格和瑞安航空公司的一种特定城市组合的价格。在此观点上，英国航空公司像其他的“载旗”或“洲际”航空公司一样，都在所谓的星期六规则下运行。根据规则，平日出港、周末之前返港的花费要大于包括周六晚上在内的往返旅程的花费。例如，低劣广告中提出的，英国航空公司在一周内从伦敦往返法兰克福的费用是374英镑，包括星期六晚上的返回费用192英镑。在这个价格比较中，瑞安航空公司指出的价格是在一周中间的往返价格，而瑞安航空公司要求最少要在飞机上停留两个晚上。尽管这样的条款在一定程度上意义不是那么明显，但法官指出，“事情的关键是，熟悉星期六规则的人该如何理解广告中的语句。我的结论是，多数人本应认识到，受到指责的就是规则”。进而，法官做出如下解释：“人们会接受瑞安航空公司在广告中做出的合理对比，这也是广告商的倾向。如果星期六过夜，一般的消费者都知道英国航空公司的价格更便宜。所以，他会发现对比的是一周内的往返费用。”根据消费者对广告商表达其信息的方式的理解，这与前面的案例很相似。Jacob法官说：“我认为一般的消费者不会觉得价格的比较是误导性的，因而也会期望有一些这样比较的情况(实际上，合同的限制性附属细则会对此做出更为详细的规定)。从本质上讲，广告是真实的。

就目的地而言，存在着两个问题。其一是有关法兰克福的。瑞安航空公司飞往次级机场法兰克福哈恩(Frankfurt-Hahn)，国际航空运输协会认定法兰克福是一个城市机场，但是它却距离市中心68 000米，而法兰克福国际机场距离市中心6 000米左右。英国航空公司认为其在广告中没有清楚说明。然而,Jacob 法官不认为这是不公平的比较。① 其二是有关迪纳尔(法国布列塔尼的一个度假小镇)的。英国航空公司的航班居然要求旅客换机,而广告中虽然对票价进行了比较,却没指出英国航空公司的票价承担了旅途费用及转机的不便。Jacob 法官认定,这很显然不能表明瑞安航空公司的广告是不真实的。

瑞安航空公司也在欧洲进行了广告宣传活动。拿它的航班与那些“载旗”航空公司的航班进行比较,最有说服力的案例发生在比利时。比利时是传统上敌视比较广告的国家。2001 年 4 月 24 日,“欢迎乘坐瑞安航空,您可享受最低廉的价格,再见吧,萨比纳航空,让它的高票价见鬼去吧”的广告出现在了比利时六家全国性的报纸和布鲁塞尔的各种传媒上。同一天,萨比纳航空公司(Sabena)要求瑞安航空公司撤回广告。瑞安航空公司忽略了这个要求,并且在接下来的日子里还发布了一个带有布鲁塞尔标志的“撒尿的小男孩”的图片广告——一个撒尿的小男孩塑像,标注为“用尿浇灭萨比纳航空公司的高价航班吗?廉价航班已经来到布鲁塞尔”。瑞安航空公司还公布了两个航空公司单程票价的对比,差价巨大。萨比纳航空公司总裁和首席执行官做出了回应,描述广告是“明显的中伤”。瑞安航空公司首席执行官发传真回应说“广告是针对萨比纳航空公司票价非常高的正当批评”。同时,把传真发给了比利时所有的主要报刊,希望可以免费发表。

萨比纳航空公司把瑞安航空公司告上了法庭,同时描述广告违反了比利时关于比较广告的法律,是违法的。原因如下:(1)广告具有误导性;(2)广告内容诋毁和侵害了萨比纳航空公司的名誉;(3)通过使用萨比纳航空公司的标志和商标,瑞安航空公司获得了不公平的优势。在广告发行时,萨比纳航空公司往返于很多目的地,而瑞安航空公司只往返于四个欧洲国家,瑞安航空公司的误导性广告正是建立在此基础之上。同时,对相关特点未作比较。特别是,萨比纳航空公司描述消费者仅从票价的角度是无法客观评价其服务的。

就像对英国航空公司的案例那样,瑞安航空公司也为自己的广告

① 有趣的是,德国的法庭要求瑞安航空公司指出它的机场是法兰克福哈恩,不是法兰克福。在它的广告中与汉莎航空公司(Lufthansa)的那些价格作了比较。天真的观察者可能得出这样的结论:英国的消费者与德国的消费者相比,必定是被更好地告知了关于德国机场的航线使用。

进行了辩护。它表示广告是非误导性的。就布鲁塞尔—查内尔航线而言，瑞安航空公司描述它认为更低的票价是可能的。同时，它还宣称从总体上来说消费者是受益的，因为萨比纳航空公司降低了与瑞安航空公司展开竞争的航线的票价。

法官 J. M. Lahaye（在 2001 年 7 月 10 日公布的布鲁塞尔商业法庭的判决中）支持了萨比纳航空公司的投诉。他认为瑞安航空公司的广告宣传是带有误导性的、侵略性的，并且侵害了萨比纳航空公司的名誉。瑞安航空公司未来的所有比较广告都应该包括价格明细和服务质量。瑞安航空公司被要求立即停止这样的广告，并刊登更正广告。法官要求瑞安航空公司在比利时的报刊上发表此判决的简短消息，并在公司网站上刊登 3 个星期。同时判决，对未来违反此命令的行为，每次征收罚金 99 000 欧元。①

两次广告宣传活动都试图把瑞安航空公司建成一个因票价低廉而比"载旗"航空公司、英国航空公司、比利时萨比纳航空公司更有竞争力的公司。对此，在欧洲法庭上表现出了不同的态度。就像在 8.2 节中提到的，比利时过去（在欧盟法令生效前）对比较广告采取敌视的态度，而在英国从 1994 年《商标法》开始就已经更能忍受比较广告了。即使在欧盟法令通过后，比利时和英国的法庭也表现出不同的裁决方式。②

事实上，直到近些年，比利时仍不允许比较广告。比利时法庭对瑞安航空公司表现得更为严厉，而在英国还可以对此进行一番解释和说明。比利时的此种做法与其法律的历史有关。比利时法律制定者和法庭可能选择持有一种家长主义的观点，保护那些缺乏洞察力的消费者。在这种情况下，比较广告应坚持严格的标准。最流行的观点就是至少最初比利时法庭觉得它必须保护消费者免受像瑞安航空公司之类的广告的误导，因为消费者缺乏在同样背景下理解广告的经验，英国的消费

① 瑞安航空公司在比利时的报纸上做出了带有道歉的一个广告："我们非常非常非常抱歉，萨比纳航空！"广告中继续列出了 7 条线路的单程价格比较。坚持认为瑞安航空公司便宜 89%。广告的结尾说："瑞安航空真的很抱歉，并且承诺在我们将来的广告中完全包括这样的信息。"2001 年年末，萨比纳航空公司不存在了。

② 与比利时的萨比纳航空公司相比，瑞安航空公司在对抗意大利航空公司方面更为成功。在 2002 年，意大利竞争机构的一个裁定拒绝了意大利航空公司关于瑞安航空公司的比较性的宣传活动的投诉。瑞安航空公司首席执行官 Michael O' Leary 评论道："意大利航空公司准确地攻击了瑞安航空公司的比较性广告，因为它是真实的，机构现在也证实了。判决保护瑞安航空公司能够继续证明意大利航空公司对意大利的消费者收取了过多的费用。

者也是如此。

比利时的案例表明在欧洲大陆的部分地区，比较广告存在很大障碍，比较广告的诚实标准在其他地方表现得更低。

美国《兰哈姆法》近期的一个案例可用来说明这种情形。在雅芳诉强生一案(1994)中①，法庭拒绝了禁止强生有关驱虫剂的比较广告。强生在电视广告中描述，一份调查研究显示，与雅芳的柔肤沐浴油相比，80%雅芳产品的使用者更喜欢强生的驱虫剂，偏好的标准只是皮肤的感觉。② 雅芳认为强生的广告迷惑了消费者，在破坏其声誉上产生了非法效用，同时以雅芳为代价获得销售额。特别是，雅芳声称，强生的广告将会使消费者误以为它有一款新的驱虫剂。在该案中，雅芳竭力使强生停止这个广告，做出更正广告，同时提供损害赔偿金。法庭对此不予支持，认为雅芳不能证明消费者确实被误导或被迷惑。③

在这个案例中(像在其他的案例中一样)，比较广告是模糊的。在《兰哈姆法》下，原告举证负担较重，它必须证明广告误导消费者。为此，原告必须确定广告所传递给消费者的实际信息。很明显，比起前面的被认为是“诚实行为”，这更像是“客观”的标准：原告必须事实上提供广告作用于消费者的真实效应的证据。

美国法庭区分了已确立的(测试证明的)描述和未确立的描述。在未确立的描述中，原告不得不证明广告是完全错误的或它传递给消费者的信息是错误的。与已确立的描述的案例相比，很明显它的举证负担较重。因为原告必须证明受支持的测试是不足的。

## 8.3.2 卓越抑或吹捧

正如8.2节中提到的，当广告被解释成吹捧时，在法庭上质疑比较广告是不会成功的。然而，一个广告是否包含了吹捧与对它的解释有关。在下面案例中，我们会着重探讨这个问题。也就是说，我们即将会提出如下问题：一个广告是否仅仅包含了吹捧或者它是否向消费者传

① 雅芳诉强生，1994 U. S. Dist. LEXIS 7950，94 Civ. 3958(AGS)(S. D. N. Y.，6月15日)

② 在其他的电视广告中，强生声称Off作为一种驱虫剂比雅芳的柔肤沐浴油有效100倍，雅芳并没有打算把该产品用做驱虫剂。然而，法庭裁定这只是吹捧。要了解更多关于吹捧的情况见下文。

③ 唯一的例外就是法庭禁止了包括虚假描述的印刷广告上的脚注，声称竞争者的广告是柔肤的，没有在环境机构按驱虫剂注册。

递了一些信息。

2000 年的联邦法官裁决，约翰披萨必须付给必胜客超过 468 000 美元的赔偿金，同时停止使用广告中"更好的配料，更好的披萨"的描述。由于成分比较误导了消费者，因而法庭做出了有利于必胜客的判决。实际上，关于内在成分的描述无法得到科学的证明，品尝测试也不能够从统计数据上表明，消费者就是喜欢约翰披萨的产品。我们注意到描述就是对观点的一般性陈述，因此吹捧——尽管是清晰的暗示——由于更好的配料，做广告的披萨比其他的更好。然而，对于焦点集中在内在成分上的两则商业广告，就陈述事实的特点而言，法庭赞同这种口号是具有暗示性的，但又无法证明针对产品优越性的描述。但是，在第 5 轮上诉中法庭推翻了这个结论。法庭认为，必胜客不能提供理性消费者的购买决定受到影响的证据，这就是说，原告不能指出暗示性错误（在 2001 年，美国高等法庭拒绝复审决议）。

荷兰法庭的一个案例表明带有疑问的优越性描述的比较广告在欧洲的法庭上可能得以生存。2004 年 4 月。荷兰乌特勒支省的一个民事法庭判决了关于剃须刀生产商吉列（Gillette）和威尔金森（Wilkinson）的一个案件。法庭判决，两种品牌都可以描述它的刀片式剃须刀是最好的。诉讼之前，吉列做出了投诉。因为威尔金森已经在为它的新型 4 刀片的剃须刀做广告，描述它能够产生最光滑的效果，同时说明它已经进行了比较实验，证明它甚至超过了吉列 3 刀片的剃须刀。吉列起诉威尔金森，认为它的广告是误导性的。威尔金森向法庭提出了反诉讼，认为吉列在它的广告里做出了优越性的描述，但却不能证明这些描述。法庭否决了吉列的起诉，指明广告不是误导性的；同时也否决了威尔金森的起诉，因为吉列只不过使用了经典的广告夸张，这不能被看做是误导性的。法庭表明，消费者无论如何也不会相信那些广告，因此两个广告商可以继续描述与其他竞争者相比，它们的商品更好（要得知更多的信息，参见 BBC 2004 年 4 月 23 日的新闻，http://news.bbc.co.uk/2/hi/business/3652599.stm）。

要想不被广告误导，消费者必须更精明，或者因为广告商可以夸张和过分的夸大，消费者必须忽略广告的内容，因为他们不相信广告中包括了任何有效信息。在后面的案例中，与一般广告相比，在更多有效信息的传递上，比较性描述甚少。如果消费者不能对那些不夸大的广告进行区分,那么企业就有动机去夸大,假定消费者是能被愚弄的,它们在任何时候都有这种侥幸心理。尽管期望消费者了解法庭关于比较广告的立场,但是通过允许夸张和过分的夸大,法庭可能使得那些提供真实内容陈述的广告商传递信息更困难。由此,可能会导致社会上广告的浪费,最终导致市场上较少的信息。因此,法庭必须小心区分那些可能被消费者容易识别的包含吹捧的广告案例和其他描述可能提供信息但内容夸张的广告案例。在后面的案例里,我们将会指出,为了使真实的、非夸张的描述成为可能,法庭将会采取严格的测试。

相关的例子就是美国庄臣公司(S. C. Johnson)诉高乐氏(The Clorox Co.)案(241F. 3d 232,2001 年第2 轮)。此案中,密封储物袋的生产商高乐氏,做了对密封袋和封口储物袋进行比较的电视广告。两个袋子都被装满水,并且让它们袋口朝下。广告中,密封储物袋依然防水,但是封口储物袋却流出了大量的水。封口储物袋中一个活生生的金鱼显得很痛苦。为了证明广告是误导性的,美国庄臣公司仅仅证明袋子中的水比广告中呈现的速度更慢即可。法庭判定广告的内容是完全误导的,并且违反了《兰哈姆法》第43 条 a 款。①

## 8.3.3 赔偿金

我们在最后的案例中考虑到了赔偿金问题。美国关于惩罚性赔偿金的著名案例就是 U-Haul 国际公司诉 Jartran 公司(793 F. 2d 1034,1986 年第9 轮)。在进行了一年多的比较广告宣传以后,法庭认为,Jartran 公司在故意使用有害的虚假广告上有罪。在 4 000 万美元中,有 640 万美元用来补偿额外的虚假广告宣传成本,1360 万美元用来广播更正广告。根据《兰哈姆法》第 35 条,法庭把判决加倍达到 4 000 万美元(见 Bixby 和 Lincoln 1989;Steinberg 和 Naidech 2003)。在本案中,就像在 1984 年关于虚假广告的一个案例中,首先被法庭第 2 轮确定的,限制被告的收益是为了避免其不公平致富。②

可能需要以更正广告形式存在的赔偿金,用来重新确立损失或者企业被损害的名誉。此外,以律师费形式存在的赔偿金是恰当的,足以

① 与必胜客的案例相比,这里说明了文字上的虚假对于原告而言是一个更成功的策略(也见 8.2 节)。

② Burndy 公司诉 Teledyne 工业公司,748 F. 2d Cir. 1984。

激发目标企业把以误导性为动机的比较广告诉诸法律。然而，即使在缺乏这样的损害赔偿金的情况下（见8.4节，Barigozzi、Garella和Peitz 2003），通常也有足够强的诉诸法律的动机。同时，在虚假或误导性的案件里，对于一个已经产生收益的广告宣传，损失的收益也会判决给目标企业。在惩罚性的损害赔偿金下，相应的激励扩大了。在所有的损害赔偿金的案件里，最重要的部分是区分虚假的、有害的描述。允许那些相信通过广告宣传可以让它的产品先行的企业行为，即使让它们惊奇的是，广告中的描述证明是错误的（见8.4节的讨论）。

## 8.4 比较广告的经济学视角

### 8.4.1 比较广告的观点

区分各种广告类型是很有效的：劝导性广告、补充性广告、直接信息广告和间接信息广告（见Bagwell 2006）。比较广告可以采用其中任何一种类型。

广告的经典看法认为广告属于劝导性的。这就是说，广告企业通过更改品位和创造品牌忠诚来改变消费者的偏好。因为消费者对产品的支付意愿是递增的，对发起品牌的需求也是递增的，因此这种需求缺乏弹性。从这个角度来看，广告是一种反竞争的现象。Dixit和Norman（1978）提供了一个关于劝导性广告福利效应的规范调查。对劝导性广告的解释一直遭到批评，因为它假定需求受到广告的积极影响，而消费者的效用则不是。在补充性广告中，这个问题得到了解决，因为它假定消费者偏好是稳定的，而广告则不过是一种观点而已。Becker和Murphy（1993）提出了一个关于广告的另类观点：广告通过增加消费者从消费广告产品（广告产品和广告是补充性的）中得到的效用来影响需求。[①] 因为广告企业没有把广告产生的消费者剩余的增加内部化，所以在使用这种方法的过程中，一般认为广告的社会供给是不足的。

如果比较广告是劝导性的，那么它可能增加对发起品牌支付的意愿，或者减少对被比较品牌支付的意愿。如果消费者在消费广告品牌

---

① 下面是一个典型的例子：如果一个消费者看重“社会声誉”，那么广告可能充当一种投入物，该投入物能使他在消费广告的产品时赢得更多的社会声誉。

的同时又从消费发起品牌中得到收益，那么比较广告也能被看做是一个补充。同时，如果比较广告产品与被消极比较的产品一起消费时，那么它可能会降低竞争企业的消费者从这类产品中获得的效用。就像在非比较广告中表现的一样，是关于一个广告是否被看做劝导性或补充性的解释的问题，因为市场结果是相同的（见 Bagwell 2006），而福利结果可能不同 。

在信息广告中，广告直接或间接地向消费者提供有效信息。在现实世界里，存在以广告内容为基础的、可靠地向消费者传递有关发起企业产品信息的广告，以及完全相反的无内容广告（或者包含存在疑问的内容描述）。我们认为以内容为基础的广告可能是直接信息。在以内容为基础的广告里，广告中的描述没有提供给消费者信息。事实上，如果消费者能够推出广告宣传活动成本，那么无内容的广告就能起到充当信号的作用。特别是花费奢侈的广告表明，能够传递给消费者的信息，只是广告的成本而不是它的内容。企业在广告中大把的花费，这是被广泛看到的。结果就是广告的花费能够间接地传递给消费者信息（Nelson 1974）。[①] 在这样的间接信息广告下，发起企业没有必要给出真实的信息。因为通过广告的花费，消费者能够相信企业的描述是真实的。

比较广告可能被认为是以内容为基础的，因为它做出了一个比较或者优越性的描述。事实上，无论是暗示的或者公开的，在每一个比较广告中都包含了“我的产品比……好”或者“我的产品和……一样好”的信息。因此，比较广告常常提供潜在的直接信息。比较常常有助于消费者把产品归于正确的类别，并把注意力集中于它的突出特点。例如，在食品广告中，营养的描述传递给消费者的信息是很少的。又如，比较广告给了正在进入电信服务业的新企业一个有利的工具，用这个工具来解释其合约中提供给消费者的优越性。

就像我们将在这部分看到的，比较广告同样能够间接地传递一些信息。首先，就像一般的无内容的广告那样，广告宣传活动的成本能够间接地向消费者提供一些信息。此外，与比较广告在事实上相关的是

① Nelson 关于广告是理性事物的非常出名的解释是根据它的明显的高成本充当了表明品牌的高质量的手段的观点。准备使用一般广告的观点意味着重要的是广告成本，而不是内容。

间接传递产生作用的第二个途径，即通过比较广告引发的竞争者可能做出的回应。我们发现，大部分广告描述都是可能受到挑战的。然而，就像上面关于吹捧的讨论中指出的，比起相应的非比较广告，某些比较广告更容易受到质疑。出于相同的原因，与发起品牌的间接比较广告相比，直接比较广告（例如竞争者被公开提及姓名）更容易遭受风险。事实上，如果目标品牌是被公开提及的，它对虚假描述做出反应的动机就更强烈。

从业者已经发现，竞争者的潜在反应是比较广告的一个显著特点。几个广告代理商在他的网站上做出了陈述。例如，“比较广告可以是一个非常有效的工具，但是它可能遭到来自竞争者、州总检察长，甚至联邦贸易委员会质疑的风险”，或者“比较广告宣传活动呈现了更大的风险”。同时，与传统单一产品宣传相比，就消费者的反应而言，可能导致更多的法庭诉讼。假设你做的任何宣传都能被竞争者的高层看到，他将决定是否对广告提出质疑（Freeman 和 Nemiroff 2001）。我们将在后文集中探讨比较广告如何通过标明发起品牌的质量来增强竞争。

比较广告中的卓越性描述经常包含着其他直接信息。以比较价格广告为例进行说明。在这个广告中，给出了有关价格等可证实的产品（连同竞争者产品）特征。当发起品牌和对手品牌的可证实性和可靠特性（例如价格或者其他特征）被提及时，比较广告通常是直接的信息广告。在下文中将会指出，在特定情况下，如果比较广告是直接的信息广告，它就会削弱价格竞争，因为比较广告有助于竞争产品的差别化。

即使比较广告中包含的信息是可证实的，法律上的争论也很常见。诉讼常常关注事实在描述中展现的方式，或者被消费者察觉的方式，有时候也会关注事实本身。很多法律问题表明，间接信息的第二个途径——也就是竞争者对比较广告做出的反应——在一个带有可证实的信息的比较广告中是重要的。尽管如此，除去（暗示性的）优越性描述，至少在美国，很多比较广告不会提供其他直接信息，或者换句话讲，广告中的描述是如此的模糊，一般不可证实，以至于广告传递的信息依赖于消费者解释它的方法（一个例子就是 Avis 公司的“我们要更努力”的宣传）。如果目标品牌诉诸法律，那么，关于法庭判决的不确定性就很高。诉讼的结果主要依赖于法庭对比较广告的态度和争论发生在哪个国家(见前文中约翰披萨"更好的配料,更好的披萨"的案例)。

在这个层面,概括关于比较广告怎样揭示发起品牌信息的观点很有效。第一,由于卓越性描述,比较广告总是以内容为基础。第二,比较广告也能够传递关于发起品牌的可证实的特征(价格或者物理特征)的客观(直接或可信的)信息。搜寻性产品(在购买之前,性质和特征很容易被发现的产品或服务)就属于这种。第三,关于间接信息,在广告宣传中所花费的钱能够传递出商品不能被证明的性质。像经验商品和信用商品的质量问题(经验商品是指商品或者服务的特性——例如质量——很难被提前发现,但是这些特征能够在消费的过程中获得;而信用商品是指在消费之后,消费者很难或者不可能确定它的效用影响的产品)。此外,对产品优势的描述打开了间接信息传递的另一个渠道,即目标品牌的可能反应。这种信息传递的间接渠道是比较广告的一个特点,增加了花费奢侈的广告传递信号的功能。

接下来,我们首先要讨论劝导性比较广告,然后要更详细地讨论信息比较广告。对于信息比较广告,我们又会分析两个分支:直接信息和间接信息的比较广告。直接信息的比较广告又有了两个更细的分支:比较价格广告和产品特征的比较广告。

## 8.4.2 劝导性广告

在很多品牌消费品产业中,品牌产品在垂直一体化的结构或生产者从根本上控制下游定价的情况下出售。在这些情况下,把任何零售商或者中间人当作模仿对象是不恰当的,生产者直接向消费者出售的假设也是不恰当的。在此背景下,Aluf 和 Shy(2001)提出了关于劝导性广告的双寡头模型,模型中一个企业的广告降低了消费者对竞争者产品的支付意愿,这可能与消极的比较广告一致。[①] 假设广告会提高消费者间的差异性和产品的差别化。结果使用比较广告作为一种产品差异化策略的广告,削弱了价格的竞争。在一个缺乏需求弹性的简单

① 更精确地讲,作者考虑了差别产品的 Hotelling 模型。在这个模型中,发起品牌的比较广告提高了消费者购买目标品牌产品的产业成本。在缺少比较广告的情况下,两种产品将会被消费者理解为同质的。

模型中，福利结果通过社会上奢侈的广告花费来获得。[①]

在一些产业中，零售商和中间商在把生产者的产品出售给消费者方面起着显著的作用。Shaffer 和 Zettelmeyer(2002)在如下假设的基础上，分析了生产者的广告宣传活动对零售商产生的效应：比较广告导致消费者对广告产品估价的提高，同时也导致了对被比较产品估价的降低。在广告的宣传活动中，专门设计会影响产品的核心消费者或非核心消费者的估价。然而，零售商不必像比较广告那样，即使它也拥有那些像比较广告描述的结果那样将会失去市场份额的产品。如果零售商具有市场支配地位，它可能会拒绝参加比较广告产品的宣传活动。生产商在何种情况下能够诱使其零售商去参加他的宣传活动是不明显的，即使宣传活动的成功常常依赖于所获得的他们的帮助。Shaffer 和 Zettelmeyer 研究了零售商不参与广告的宣传活动的动机。当相对于被比较产品的定价降低，能更大地提高被夸耀产品的价值时，他们发现参与是可能的。他们也发现，在决定零售商是否从生产者的宣传活动获利时，广告宣传活动的类型也是至关重要的。特别是，零售商经常会从目标被定位于生产者的核心消费者的广告中遭受损失，从目标被定位于非核心消费者的广告中受益。零售商的直觉就是目标为核心消费者的宣传活动会使得企业拥有更强的市场定价能力。如果广告宣传活动的目标是非核心消费者，则结果相反。

在这些关于劝导性广告的文章中，一种观点的假设是，比较广告在影响消费者的定价方面与非比较广告是不同的。这反映了消费者能够做出相关的判断，却常常发现在缺少参照点的情况下解释信息很难。这些分析应用于成熟的产品，它的质量是被了解的。然而，广告改变了消费者的偏好。另一种观点把广告看做是对其他产品特点的一个补充。在这种情况下，比较广告也提高了消费者对广告产品的估价，同时也可能降低消费者对被比较产品的估价。就像前面提到的，将两种观点联合起来进行分析。然而，福利结果却是不同的。一个对劝导性广告的福利分析见 Dixit 和 Norman(1978)。

① 完全相反的是，Shy(1992;1995，第 11 章)把重点放在了不同品牌的不同消费者的一致上，企业在出售品牌产品的同时在市场上展开竞争，在模型中，两个企业能使用非比较广告和比较广告。Shy 把比较广告认为是劝导性的，因为广告竭力吸引新的用户。相反，比较广告是信息性的，同时目标是信用商品：广告被用来告知之前已经购买过该产品的消费者。根据假设，消息性广告不可能是误导性的。

### 8.4.3 直接信息广告

8.4.3.1 比较价格广告

一般而言,比较广告较常见的例子是比较价格广告。当竞争机构开始鼓励使用比较广告时,已经想到了这种形式的广告。事实上,关于价格的描述容易被核实。因为它们代表了直接信息广告的最简单的类型,一般被应用于搜寻性产品。出于这个原因,在价格比较广告中,被提及的竞争者不是唯一对广告提出诉讼的人,一些被误导的消费者也会做出反应。所以,"来自竞争者的诉讼所涉及的是包含误导的或不公平的比较广告。诉讼是基于价格或价格水平的比较。然而,基于质量方面比较的诉讼是稀少的"(欧盟委员会,2000)。

纯粹的价格比较广告意味着在做广告之前,消费者已经意识到产品同质(或是可以比较的),同时也意味着缺乏相关价格信息。这样,比较广告可以让消费者避免花费巨大的搜寻活动,或者如果他们不打算进行诉讼,那么以一个更低的期望价格购买产品将成为可能。额外的价格信息一般被认为可以促进竞争,更进一步讲,就是减少了消费者的预期价格支付。然而,价格的比较很少存在于纯粹的形式中。例如,瑞安航空公司不仅比较了价格,还传递了其产品与"载旗"航空公司可比的信息。这就是说,通常的价格比较同时伴随着其他产品特征(绩效、可用性、营养和担保)的描述和比较。我们将会在下面探讨此类比较。

有时价格比较伴随着一个低价保证(销售者 x 声明如果购买者发现销售者 y 以一个更低的价格出售相同的产品,他将会与竞争者价格一致或者退还差价的部分)。众所周知,在关于价格政策的文献中,这样的策略会导致串谋。这很明显对消费者的福利和总福利不利(Doyle 1988;Logan 和 Lutter 1989)。因此,从提供低价格的承诺中区分比较价格广告的问题是很重要的。在上述情况下,企业使用比较广告很可能导致较低的价格和较弱的市场势力,这将增加福利。在后面的情况下存在一个风险,就是企业将会有效地在价格上串谋,导致福利损失。考虑到市场进入的情况下,如果一个企业获得针对新对手使用比较价格广告和过分削价的名声,任何潜在的竞争对手都可能想要待在这个市场之外。

然而，我们发现，纯粹的价格一致策略（不存在明显的价格比较）与价格比较广告的作用不同。特别是，对于出售品牌而言，这是一个低风险策略（同时，从消费者的角度看，这是一个可信度低的策略）。本质上讲，一个误导的低价保证给了消费者反应的机会，竞争者（目标品牌）可能通过诉诸法律对比较价格广告做出反应。此外，由于存在低价保证，因此在选择时，消费者总要承担机会成本，经常是价格的差别是如此的小以至于比起收益，反应成本更高了。相反，就比较价格广告而言，目标品牌总是拥有更强的动机，去对一个误导的描述做出反应。

如果在网络上做比较价格广告，那么比较性的描述更容易被消费者核实，消费者能以最低的成本在网络上搜寻商品。① 所以，作为伯川德模型的一个结果，同质产品应按边际成本定价。最近，在电子商务和网络定价策略的文献表明，这未必是真实的。事实上，企业经常采用令人费解的策略，因此，同质产品的价格的差别是一般性的结果。有人认为在线商店搜索引擎（shop boots）起了关键作用（在线商店是网络购物者为比较价格而使用的搜索引擎），这些商店有兴趣维持这样一种价格离散的状态（可参见 Baye 和 Morgan 2001）。

8.4.3.2　产品特征的比较广告

在新产品市场上，消费者不知道准入企业产品的特征。在这种情况下，比较广告可能是一个向消费者传递信息的有效策略。一般广告是消费者认识特定产品的工具（这在 Grossman 和 Shapiro 在 1984 年提出的模型中有所体现）。此外，比较广告能在某一细分市场上确定一种产品。例如，要与 BMW 等高档车竞争，汽车生产商必须把自己的车定位于与目标车在某些产品特征上是可比的。在这种情况下，比较广告不过是关于可用性和潜在产品性质的直接信息性广告。

比较广告中的描述在交易后容易被核实，一旦偏离事实将受到严惩，企业是不会误导消费者，因此，我们设想比较性描述是真实的，也是直接信息性的。② 与劝导性广告相似（Aluf 和 Shy 2001），直接信息比

---

① 我们可以发现，由独立机构或在线商店搜索引擎所作的网络价格比较和过分对抗性的比较并不代表比较性广告，因为这里的比较是由第三方进行的。

② 我们可以发现，原则上，所有广告信息的可信性都应该由对误导性广告的法律制裁所担保。现实中，就像 8.2 节和 8.3 节中指出的那样，描述中所包含的可证实的叙述越少，法律体系对误导性广告进行处罚的保证越低。因此，对经验商品的质量描述提出了一个重要的关于可信性的问题。

较广告也能缓和价格竞争。假设消费者不会观察到产品的特征,同时企业可能会强调其产品与诚实的比较广告在特定范围内的优越性。为阐明这个观点,我们考虑了一个简单的对称的情形,即企业的产品只能被定义为 0 或 1,同时在这两个点上,消费者对产品估价不同,也就是考虑一个简单的 Hotelling 市场规范。在一个线性的 Hotelling 模型下,负效用的参数是 t, 如果每一种构成 0 或 1 的概率是 1/2,那么对每一产品的消费者有一个期望的负效用 t/2,因此两个企业的产品在交易前是相同的,但两个企业间的价格竞争是激烈的。

现在考虑比较广告的可能性。在广告中,企业可以对其产品的相对定位做出讨论。假定每种商品都有 1/2 的可能性被认定为 0 或 1,抽签是独立的。产品差异性的概率是 50%。这样,企业与消费者就其产品的差异与客户沟通是有利可图的,因为这使得他们削弱了价格竞争。因此,比较广告是一个产品差异化的有效策略。关于竞争机构提出的一般想法——更多的信息促进了竞争——在这里是不成立的。原因就是,发布相关的信息使得产品之间互相有区别,增强了所涉及企业的市场定价能力。这种观点对于在同一市场上品质不同的企业而言也是成立的(对本观点的规范分析见 Barigozzi 和 Peitz 2006)。

本章的一个结论就是,市场上更多的信息能够导致更少的竞争。联邦委员会在 1979 年的描述中强调了相反的可能性,也就是更多的信息可能导致更多的竞争。这依赖于信息是否会减弱或者增强企业的市场定价能力。Barigozzi 和 Peitz(2006)认为,比较广告能被当成一种产品差异化策略。如果总需求不是完全的价格无弹性,结果中的更高的价格必定会降低消费者的福利水平,也会降低社会的福利水平,也就是总剩余。然而,存在一个抵消的福利效应:通过比较广告传递的市场上的额外信息提高了产品和购买者之间的匹配。社会福利总效应依赖于需求价格弹性的大小。

### 8.4.4 间接信息比较广告

当比较性描述直接提供信息时,企业会花费最少的成本在广告宣传活动中向消费者传递信息。然而,当广告中的描述很难被确认时——特别是当广告包含质量的比较时——在反垄断法存在和执行方式给定的情况下,考虑一个企业内生决定是否使用真实的比较性描述和怎样对这样的广告进行投入很重要。

出于这个原因，考虑一个简单的结构，在这个结构中企业直接向消费者出售产品。这里的比较广告具有两个特点：第一，它被当作一个质量比较性描述来解释；第二，它是奢侈的。质量描述只能由法庭证实，同时，广告通过成本和最后引发的竞争者的回应，间接地向消费者传递信息。

假定市场上一个在位企业和一个新企业竞争。消费者不了解新企业的产品质量，但两个企业都了解。新企业产品的质量或者高($H$)或者低($L$)。生产高质量的产品会产生固定成本 $F$，生产低质量的产品会产生0单位的固定成本，同时两种质量产品的可变成本都是0。我们很容易知道在位企业提供的产品的质量。一般情况下，我们假定产品的质量是高的。在位企业的收益取决于它自己的质量（总是高的）和消费者相信新企业产品的质量 $q^e$。给定一个高质量的在位企业，把它减少的收益写成 $\prod_I(q^e)$。给定在位企业的产品质量，新企业的收益取决于它的真实产品质量 $q$ 和被觉察的质量 $q^e$，它减少的收益可以写成 $\prod_E(q^e,q)$。这里特别指出，$\prod_E(q^e,H) = \prod_E(q^e,L) - F$。在竞争者被察觉的产品质量逐渐提高的情况下，在位企业的收益是下降的，特别地，$\prod_I(L) > \prod_I(H)$。被察觉的质量很高时，新企业也会取得更高的收益。特别地，$\prod_E(H,q) > \prod_E(L,q)$。这就给了新进入者在质量上进行欺骗的动机。

两个企业的相互作用如下：在第一阶段，新企业的产品质量是外生决定的（举例说明：高质量的可能性是1/2，低质量的可能性也是1/2）。两个企业都能观测到新企业产品的质量，但是消费者却不知情。在第二阶段，新企业在广告类型的组合 $\{c,g,n\}$ 中做出决定使用哪种方式，它们分别是比较广告、一般广告或不做广告。与它们相联系的成本分别是 $A_c$、$A_g$ 和0。简单起见，我们假设，在选定了 $g$ 或 $c$ 之后广告成本是不可避免的，同时只能采取一个给定的值 $A_c = A_g = A$。这就强调了两种广告技术上的不同只存在于广告的字眼上，但必须带来相同的广告空间。在第三阶段，假设新企业已经使用比较广告，在位企业决定是否要诉诸法律，支付的法律成本是 $C$。法庭会核定新企业产品的质量及其描述是否合理。如果描述不合理，新企业就必须支付赔偿金，用$D$表示。在第四阶段，消费者观察到第二阶段和第三阶段的决定，但是在第一阶段不能观察到质量。根据在第二阶段和第三阶段观察到的行为，消费者会更新对企业产品质量的信任，然后做出购买决定。

为进行一个有意义的分析，我们假定，如果新企业让消费者相信其产品是高质量的，那么它就可从一般广告的宣传中获利。$\prod_E(H,q)-A>\prod_E(L,q)$，这可能会使得一般广告更具吸引力，同时，也意味着在新企业使用一般广告的情形下，不存在一个均衡（更精确地讲，一个完美的贝叶斯均衡），我们从下面的内容可以看出。在一个关于一般广告的潜在分离均衡上，一个参与竞争的低质量的新企业不使用广告，也就是说，在第二阶段对广告的选择是$n$—— 一个参与竞争的高质量的企业会选择一般广告$g$和强有力的支付$A$。对低质量企业的分离限制是，它们不会有通过广告产品去欺骗消费者的动机。此时，$\prod_E(L,L)\geqslant\prod_E(H,L)-A$。另一方面，高质量的企业必须有去做广告的动机，此时，$\prod_E(L,H)\leqslant\prod_E(H,H)-A$。由于关于质量成本的假设暗含了$\prod_E(q^e,H)=\prod_E(q^e,L)-F$的存在，因此一个分离均衡只能存在于$\prod_E(H,L)-\prod_E(L,L)\leqslant A\leqslant\prod_E(H,H)-\prod_E(L,H)$，认为给定关于$A$的间隔的内部不是空的，这是不可能的。

比较广告的命运是相同的吗？不一定。使用比较广告（在第二阶段选择$C$）使得消费者相信它是高质量的，除非法庭的判决与广告的描述相矛盾。对一个高质量的进入者的分离限制仍是$\prod_E(H,H)-A>\prod_E(L,H)$。此外，可以认为在位企业获得了更高的收益。通过揭露其竞争者的产品是低质量的，获得了损害赔偿金，比起它在高质量的信任下获得的要高，也就是$\prod_I(L)-C+D>\prod_I(H)$。如果在位企业的反应是，广告是一个虚假的描述，那么比较广告就会被告上法庭。进入者的产品的质量被揭露，同时它必须支付损害赔偿金。因此，对一个类型为$L$的进入者的分离限制就是$\prod_E(L,L)-A-D\leqslant\prod_E(L,L)$。由于假设$\prod_I(L)>\prod_I(H)$，因此当$D>C$时，有一个明显低的广告成本，关于比较广告的一个分离均衡就必然存在了。因为$\prod_E(H,H)-\prod_E(L,H)>A$，所以这是唯一可能的完美贝叶斯均衡。可以观察到，损害赔偿金可能是0，即$D=0$。当法律成本$C$足够低时，论断也会得到支持。

相反，假定消费者不会观察到法庭的行动，只是在第二阶段观察到广告类型的选择。我们很容易发现，当且仅当$D>C$时[①]，比较广告解决了证明自我选择约束的逆向选择问题。

通过上面的分析，我们认为：第一，当一般广告不能充当产品质量的信号时，比较广告可能是一个向消费者传递信息的有效途径；第二，惩罚欺骗性广告的损害赔偿金的数目，取决于消费者获得信息的速度。一个极端的情况是，在消费发生之前，法庭的判决已经被了解，那么就不需要损害赔偿金的判决；另一个极端的情况是，消费者既不会察觉在位企业的反应，也不会察觉法庭的审判，至少在位企业的直接或间接法律成本不得不由新企业支付，这为在位企业对虚假广告采取法律措施提供了动机。

如前所述，一旦消费者意识到法律上的争端，比较广告作为信号的作用就会增强。一个重要的政策含义就是，要更有效率，信息必须被广泛、快速地传播。及时地更正虚假性广告是法庭常常采用的措施，及时判决作为一个先决条件自不待言。

案例背后的中心思想就是，比较广告引发了掌握信息的双方之间的策略性的相互作用。这种推动作用使得没有掌握信息的一方（消费者）对不能观察到的变量（产品质量）做出推断。

Barigozzi、Garella 和 Peitz（2003）提出了一个更为丰富的模型。在这里，企业收到了一个关于进入者的产品质量的噪音信号。模型依赖于一些参数来传递偏好比较或一般广告的信号。特别地，比较广告可能被应用于收到关于产品质量确切信息的市场上，但是在一个信息不确定的市场上，进入者可能被劝导不做出比较性的描述，因为考虑到当在位企业会诉诸法律时，广告中的描述将被证明是虚假的。此外，如果

① 在这种情况下，因为消费者没有觉察到法庭的判决，所以消费者在做出购买决定之后将会发现进入者的产品质量很低。所以，只有当$\prod_I(L)-C+D>\prod_I(L)$时，保持$D>C$，在位企业才会诉诸法律。

损害赔偿金足够高,那么在位企业就确实有去质疑任何比较性描述的动机。事实上,进入者可能会选择避免遭受质疑的一般广告。

相反,我们可以考虑一个有趣的(分离)均衡。① 在这个均衡中,在位者可能不会对有时被证明是虚假的描述有所反应。我们注意到,此前的发现延迟了。第一,掌握信息的企业没有对比较性描述做出反应,被消费者解释成了进入者拥有高质量。如果法庭认定比较广告是误导性的,那么消费者会做出不同的反应。第二,误导性的广告会引发损害赔偿金的支付,就像前面提到的,在没有第二个渠道的情况下,第一个渠道也能起作用,这扩展了我们上述的简单模型。进入者的质量、法庭裁决和在位企业通常对虚假陈述做出反应,不存在不确定性。然而,很可能在没有采取任何法律措施的情况下,比较性描述被证明是错误的。

扩展的模型使我们可以区别进入者有益的承诺的错误描述和有害的谎言。在后面的情形里,进入者完全意识到了它的质量描述缺乏真实的成分。在这个均衡中,进入者做出了错误的描述,但是有害的谎言能被去除。在现实中我们看到,美国的法庭会对有害的谎言处以更高的损害赔偿金,这就表明法官意识到区分错误的描述和有害的谎言的重要性。要这样做,他们就不得不考虑一下商家的动机。对错误描述进行严厉的制裁将会导致在使用比较广告方面的一个更高的风险。这又可能像一般广告那样,市场上能利用的信息更少,或传递信息的社会成本更高。在目前的环境下,从社会的观点来看,这常常是不受欢迎的(见下文)。如果能够被证明是有害的谎言,那么法庭就要对这样的行为进行惩罚。

在更一般的情况下,又引起了价格信号问题。把广告当作信号的经典观点存在于垄断结构的研究中(如 Milgrom 和 Roberts 1986;概括见 Bagwell 2006)。Barigozzi、Garella 和 Peitz(2005)指出,当与一个在位企业展开竞争时,新企业将会使用广告(连同价格)作为企业质量的一个信号。尽管比较广告减少了为进行区分而花费的广告支出,但当价格是一个有效信号时,比较广告仍能发挥作用。

因为奢侈的广告花费是一种浪费,所以当其他条件都相同时,较低的花费就是福利的增加。与一般广告的成本相比,比较广告的信号成

① 例如,当在位者意识到胜诉的几率太低时,这可能发生。

本更低。因此，福利状况得到改善。如果在均衡中，起诉发起企业的威胁没有实现（像上面提到的一个简单模型那样），那么诉诸法律的可能性仅仅被当成了一种惩罚的措施。也就是说，它制止了错误的描述。然而，如果对发起品牌来说，可利用信息的精确性是不完善的，那么，在相信它的描述是真实的，但事实上却不然的情况下，发起企业可能进行比较广告的宣传活动。然后，法律体系的确会被采用。依赖于竞争者的信息，能引起以下两种情况。第一，如果所有企业都能得到相同的信息，那么，鉴于存在法庭将会裁定比较性描述是错误的机会，竞争者不考虑它所掌握的信息，可能为要求赔偿而起诉。如果这有足够的可能，同时与诉讼相联系的竞争者的利益足够高（通过损害赔偿金和与消费者相关的信息的间接效应），那么很明显竞争者为了利益会采取行动。第二，如果与发起企业相比，竞争者拥有不同的信息资料来源，并且如果这些信息显示目标广告中的描述是虚假的，那么它将会诉诸法律。

在这些案例中，诉讼会发生。诉讼不仅对相关各方带来成本，而且如果强加在法律体系上的成本不完全包括所涉及的双方，即发起企业及其竞争者，这将增加社会成本，于是在社会福利上的负作用被纳入考虑范围。积极的一面是，法庭将会产生新的信息，消费者在做出购买决定时，可能使用这些信息。

在经验产品和信用产品的情况下，花费奢侈的广告信号作用特别重要。消费者不能证实关于这样的产品质量的描述。考虑一下经验产品的情况，在得知产品的特点是否会适应消费者的偏好之前，必须消费这些产品。花费奢侈的广告使得高质量的企业在迅速向消费者传递关于它的产品特点方面具有积极的效果。比较广告也能有同样的积极效果，但是对于广告企业来说成本更低。从重复购买的例子里，消费后获得的信息允许消费者基于自己的经验来决定将来的消费行为。因此，消费者的经验能充当竞争者反应的（不完全）替代。然而，即使在这样的情况下，比较广告降低了信号的成本，特别是由于误导性的比较广告的发起商须支付的损害赔偿金。

当企业出售的是信用商品时，企业和消费者之间的信息不对称更严重。就像前面指出的，消费者在消费了这样的产品之后，并不能了解该商品的质量。正如我们在 8.2 节中指出的，专业人士认为，为了消费者着想，比较广告必须禁止。事实上，根据此观点，消费者发现评估专业服务的信息是很难的。因此需要对消费者做出特别的保护,以避免误导性的或操纵性的描述。在这种情况下,一般的花费奢侈的广告向消费者传递信息很难是真实的。因为信息在交易后是不可证实的,也不可能靠经验做出重复购买的决定。在任何情况下,比较广告的信息传递作用对于信用商品也适用,因为竞争者会看到广告发起企业的信息而做出反应。竞争者(其他专家)能监督发起企业的描述,并最终诉诸法律。我们称之为"团体参与者互相监督",这可能会使得一个专家向消费者传递信息。在支持使用关于专业服务的比较广告方面,我们已经提出了一个理论的论证。①

我们可以发现,带有误导性描述的产品被出售时,社会成本很高。通过对进入市场的管制来对描述进行控制,就像在药品方面的案例。在应用专业服务时,进入的要求能被证明是合理的。然而,这并不与支持使用常用的专业性的比较广告的描述相对立。

## 8.5 结论

如果比较广告是公平的、非误导的,反垄断机构会鼓励使用比较广告。因为它向消费者传递了有效信息,同时也增加了市场竞争。在经济学和市场营销学的文献中,广告影响消费者行为的方式是一个不断发展的研究问题。本章中,我们已经集中讨论了经济学家提出的关于广告的解释及其在比较广告中的应用。

比较广告与反垄断机构最相关的就是,它在向消费者传递信息方面起作用。这与"利益集团"如何能把信息传递给另一个经济主体相关。这也引发了诚信问题,在无内容的一般广告和比较广告之间存在一个重要的差别,就是后者包括了一个"优越性描述",这个描述可能引起竞争企业的反应。广告中提到的竞争者(暗示地或明显地)不得不决定是否通过法律诉讼来挑战优越性描述。

如果比较广告中的描述很容易被核实,并且对事实的偏离将受到严厉惩罚,那么广告企业永远不会误导消费者。在这种情况下,比较性描述是真实的,比较广告是直接信息性的。就直接信息性来说,

① 可以发现,对于信用商品,法庭可能在判决描述是否是误导的问题上特别困难。

Barigozzi 和 Peitz(2006)指出比较性描述能够变成一种差异化策略。事实上，为了缓和价格竞争，竞争企业利用比较广告来突出在特定范围内所具有的优越性。因此，与竞争机构的认识不同，不是减弱而是增强了企业的市场能力。

当广告中的描述很难被核实的时候，广告企业就会决定是使用真实的描述还是虚假的描述。就像 Barigozzi、Garella 和 Peitz(2003)指出的，在这种情况下，再加上广告宣传成本的存在，竞争者可能的反应会为向消费者间接传递信息提供了一个有效的渠道。事实上，当企业采用虚假的广告宣传时，它可能被起诉、定罪。这就表明模仿企业有一个成本，并且放松了对广告企业激励的约束。因此，通过使用(花费奢侈的)比较广告，能以较低的成本起到信号的作用。当广告的描述建立在质量上，而这些性质在消费者购买产品之前不能被核实时，比较广告的信号作用就显得尤为重要。因此，有关质量的比较性描述是间接传递信息的。如果法律体系运转正常，就会对虚假的广告追加罚款。

根据 Barigozzi、Garell 和 Peitz(2003)，我们可以得出第二个有趣的结论。有关的竞争政策、反垄断法及其实施可以使得比较广告的宣传活动可信，这是至关重要的。因为只有描述是可信的，比较广告才能向消费者传递有效的信息。换句话说，只有当描述可信时，比较广告才能促进企业间的竞争。只有当法律体系在处理虚假的描述是高效率的时候，描述才是可信的。如果不对使用误导性广告的企业进行惩罚，那么所有的描述就都变成了空话。这也可以应用于那些定义为“纯粹吹捧”的比较性描述；它们与一般广告一样，都是非信息性的。

正如“暗示性的虚假”描述证明的，消费者理解广告的方式对于法庭而言是重要的。但是，消费者的理解能力同时又受到法律惯例的影响，也就是说，在观察到诉讼结果后，消费者学会去理解比较性描述。在这个意义上，法律惯例深深地影响着企业使用比较广告的方式和消费者理解比较广告的方式。我们发现，欧洲法律对比较性描述的限制性更强，与美国法律相比，可能更能促进竞争。因为限制性的态度可能会增强比较广告的可信性。然而，如果消费者能足够老练地区分出哪些是不能对企业进行处罚的吹捧，哪些是可能导致制裁的比较广告描述时，美国法律也将不用干涉企业对消费者的信息传递活动了。

# 参考文献

Aluf, Y., and O. Shy. 2001. "Comparison-Advertising and Competition." Photocopy, University of Haifa.

Arnold and Porter. 2002. "Court Decisions: Antacid Wars—Plaintiff May Enjoin 'Unsubstantiated' Claim." *Consumer Products Marketing*, available at http://www.arnoldporter.com/.

Bagwell, K. 2006. "The Economic Analysis of Advertising." In M. Armstrong and R. Porter, eds., *The Handbook of Industrial Organization*, vol. 3. Amsterdam: North Holland.

Barigozzi, F., P. Garella, and M. Peitz. 2003. "With a Little Help from My Enemy: Comparative versus Generic Advertising." Photocopy.

Barigozzi, F., P. Garella, and M. Peitz. 2005. "Prices and Advertising as Signals of Quality: Competing against a Renown Brand." Photocopy.

Barigozzi, F., and M. Peitz. 2006. "Informative Comparative Advertising and the Competitiveness of Markets." Photocopy.

Barone, M. J., and P. W. Miniard. 1999. "How and When Factual Ad Claims Mislead Consumers: Examining the Deceptive Consequences of Copy X Copy Interactions for Partial Comparative Advertisements." *Journal of Marketing Research* 36:58 – 74.

Baye, M. R., and J. Morgan. 2001. Information Gatekeepers on the Internet and the Competitiveness of Homogeneous Product Markets. *American Economic Review* 91:454 – 474.

Becker, G. S., and K. M. Murphy. 1993. "A Simple Theory of Advertising as a Good or Bad." *Quarterly Journal of Economics* 108:941 – 964.

Berns Wright L., and F. W. Morgan. 2002. "Comparative Advertising in the European Union and the United States: Legal and Managerial Issues." *Journal of Euromarketing* 11:7 – 31.

Bixby, M. B., and D. Lincoln. 1989. "Legal Issues Surrounding the Use of Comparative Advertising: What the Non-Prescriptive Drug Industry Has Taught US." *Journal of Public Policy and Marketing* 8:134 – 160.

Coleman, A. 2000. "Showing up rivals." *Directior, London* 53(11):26.

Dickerson, J., and P. Jordan. 2003. "Comparative Advertising—A Battle in the Skies." Available at www.dea.com.

Dixit, A., and V. Norman. 1978. "Advertising and Welfare." *Bell Journal of Economics* 9:1-17.

Doyle, C. 1988. "Different Selling Strategies in Bertrand Oligopoly." *Economics Letters* 28:387-390.

European Association of Communication Agencies. 2000. "Comparative Advertising in the European Union." Position paper on comparative advertising. http://www.eaca.be/_upload/documents/briefing/Comparative%20Advertising%20in%20the%20European%20Union.doc.

European Commission. 2000. *Report from the Commission to the Council and the European Parliament on Consumer Complaints in Respect of Distance Selling and Comparative Advertising* (Article 17 of Directive 97/7/EC on distance contracts and Article 2 of Directive 97/55/EC on comparative advertising) [COM(2000) 127 final]. Brussels: European Commission.

European Commission. 2004. *Report on Competition in professional Services, Commission Communication of* 9 *February* 2004 [COM(2004) 83 final]. Brussels: European Commission.

Freeman, D. R. Jr., and E. A. Nemiroff. 2001. "We're Number 1: A Guide to Comparative Advertising." http://www.advertisinglawplaybook.com/documents/We_are_Number_1.pdf.

Gnepa, T. 1993. "Observations: Comparative Advertising in Magazines: Nature, Frequency and a Test of the Underdog Hypothesis." *Journal of Advertising Research* 33:70-75.

Grossman, G. M., and C. Shapiro. 1984. "Informative Advertising with Differentiated Products." *Review of Economic Studies* 51:63-81.

Hofer, F. 2003. "Comparative Advertising in Europe: Recent Developments." http://www.htllaw.it.

Jain, S. P., B. Buchanan, and D. Maheswaran. 1998. "Comparative versus Noncomparative Messages: The Moderating Impact of Pre-purchase Attribute

Verifiability." Marketing Science Working Paper Series. Rochester, NY: William E. Simon School of Business, University of Rochester.

Kihlstrom, R. E., and M. H. Riordan. 1984. "Advertising as a Signal." *Journal of Political Economy* 92:427 – 450.

Leighton, R. J. 2004. "Materiality and Puffing in Lanham Act False Advertising Cases: The Proofs, Presumptions, and Pretexts." *Trademark Reporter* 94(3):585 – 633.

Logan, J., and R. Lutter. 1989. "Guaranteed Lowest Price: Do they Facilitate Collusion?" *Economics Letters* 31:189 – 192.

Matthews, S. A., and D. Ferting. 1990. "Advertising Signals of Product Quality." CMSEMS Discussion Paper No. 881. Evanston, IL: Northwestern University.

McKenna, J., and W. Manning. 2002. "Lanham Act Also Applies to False Advertising Claims." *National Law Review*, May 13. Available at http://www.rkmc.com.

Milgrom, P., and J. Roberts. 1986. "Price and Advertising Signals of Product Quality." *Journal of Political Economy* 94:796 – 821.

Muehling, D., J. Stoltman, and S. Grossbart. 1990. "The Impact of Comparative Advertising on Levels of Message Involvement." *Journal of Advertising* 19:41 – 50.

Nelson, P. 1974. "Advertising as Information." *Journal of Political Economy* 84:729 – 754.

Pechmann, C., and S. Ratneshwar. 1991. "The Use of Comparative Advertising for Brand Positioning: Association versus Differentiation." *Journal of Consumer Research* 18:145 – 160.

Pechmann, C., and D. W. Stewart. 1990. "The Effect of Comparative Advertising on Attention, Memory, and Purchase Intentions." *Journal of Consumer Research* 17:180 – 191.

Petty, R., and P. Spink. 1995. "Comparative Advertising Law in the European Community: Will the Proposed Directive Harmonize across the Atlantic?" *Journal of Public Policy and Marketing* 14:310 – 318.

Prasad, V. K. 1976. "Communications-Effectiveness of Comparative

Advertising: A Laboratory Analysis." *Journal of Marketing Research* 13: 128 – 142.

Rmond, P. D. 2004. "Damage Control: What to Do If You Get Sued over Advertising." http://www.adlaw.com/rc/handbk/rf_damage.html.

Shaffer, G., and F. Zettelmeyer. 2002. "Comparative Advertising and Retailer Participation." Photocopy.

Shimp, T. 1990. *Promotion Management and Marketing Communications*. 2nd ed. Chicago: Dryden Press.

Shimp, T., and D. Dyer. 1978. "The Effects of Comparative Advertising Mediated by Market Position of Sponsoring Brand." *Journal of Advertising* 7: 13 – 19.

Shy, O. 1992. "A Welfare Evaluation of Comparison Advertising." Working Paper 10/92. Tel Aviv: Foerder Institute for Economic Research.

Shy, O. 1995. *Industrial Organization: Theory and Applications*. Cambridge, MA: MIT Press.

Steinberg, L. B., and A. G. Naidech. 2003. "Remedies Available for False Advertising under California Business & Professions Code § 17 500 and section 43 (A) of the Lanham Act." http://www.adlawbyrequest.com/industry/LANHAM.shtml.

Stephen, F. H., and J. H. Love. 2000. "Regulation of the Legal Profession." In B. Bouckaert and G. De Geest, eds., *Encyclopedia of Law and Economics*, *Volume 3: The Regulation of Contracts*, 987 – 1017. Cheltenham: Edward Elgar.

Suasion Resources. 2003. "US vs. Them." *Suasion Newsletter*, May, http://www.suasionnewsletter.com/03may1.htm.

Swan, C. 2000. "Comparative Advertising Part 1: It's Only Advertising." *Intellectual Property Lawyer*, August. Available at: http://www.simkins.co.uk/articles/article167.aspx.

Teather, D. 2000. "Best of Enemies." *Marketing*, London (May 11): 30.

Wilkie, W. L., and P. W. Farris. 1975. "Comparison Advertising: Problems and Potential." *Journal of Marketing* 39: 7 – 15.

Wood, D. 2003. "Strategies for In-House Legal Counsel in Bringing or

Resisting a Comparative Advertising Lawsuit. " Available at: http://www.adlawbyrequest.com/industry/CompAd.shtml.

# 第9章

## 创新型企业披露规则的影响分析*

Jos Jansen

### 9.1 引言

在许多产业中,企业会发布其创新信息。例如,在信息技术、生物技术、制药以及汽车产业中,企业会事先发布信息。企业之间的沟通对社会福利具有潜在的积极或消极的影响。

事先发布创新信息的潜在负面影响之一是驱逐竞争对手。例如,有人认为微软经常通过事先发布其产品创新信息(如操作系统升级、

* 我特别感谢 Patrick Bolton、Eric van Damme、Sanjeev Goyal 和 Dan Kovenock 的有益评论。我也感谢主编 Jay Pil Choi、一位匿名评审人、Marco Hann、Paul Heidhues、Johan Lagerlöf、Luca Lambertini、Pedro Perreira、Fréderic Pivetta、Dolf Talman,以及 CORE(Louvain-la-Neuve)、IUI(Stockholm)、UCM(Madrid)、UAB(Barcelona)、MERIT(Maastricht)及德国 CESifo 集团威尼斯夏季研讨会等各学术研讨会参与者十分有益的评论。非常感谢 MPSE(法国图卢兹第一大学)和普林斯顿大学经济系的热情接待和支持。当然,文责自负。

游戏控制台)把竞争对手驱逐出市场。[①] 企业披露自身新产品或生产工艺的好消息而隐瞒坏消息可能阻止竞争对手提供与之具有竞争性的产品。微软事先发布产品创新信息行为的反竞争效应,在1994—1995年微软作为被告的有关许可的法律案件中(例如,参见美国诉微软,民事诉讼第94-1564号)已经讨论过,尽管法官认为事先发布创新信息可能产生反竞争效应,但却没有对微软的事先发布行为采取任何限制措施。[②]

而且,企业可通过信息沟通增进串谋。当企业频繁分享其相关战略信息时,更容易发现违反串谋协议的背叛行为。Kühn和Vives(1995)以及Kühn(2001)仔细分析了处于何种条件下,企业之间的沟通和串谋有关,并且不大可能产生效率收益。根据这些基于经济理论、实验以及案例研究的条件,上述论文得出了通过限制企业间沟通来打击串谋的简单政策规则。

本章研究对企业间的沟通简单施加限制,即禁止有关分享信息的事先承诺的影响。企业通过建立贸易协会或者频繁组织交易会的形式来事先承诺披露或者隐瞒自身信息。如果禁止这种事先承诺,那么企业就只能做出策略性的单边披露选择,例如在科学期刊上发布信息。

对创新型企业间的沟通施加更严厉的限制可能产生福利损失,因为这样做可能导致无法获取以下两方面的潜在效率收益。第一,竞争企业间的沟通可能增进资源配置效率,因为这种沟通有助于企业在产品市场上做出更有效率的决策。Kühn和Vives(1995)对沟通产生的潜在正利润和福利效应作了概述。本章的模型分析则以此为前提,即沟通可以产生正的利润和福利效应。第二,企业事先发布信息行为也可以向其竞争对手披露一些关于创新内容的重要信息。当信息被披露后,竞争对手就会获得有关创新内容的知识,这使得竞争对手能够模仿这种创新,并借此提升效率。来源于这种侵占效应(expropriation effect)的生产效率的改进可能是反垄断机构没有禁止创新型企业进行

① 例如,参见Lopatka和Page(1995);Prentice(1996);Shapiro(1996);Shapiro和Varian(1999)。关于微软策略的一项奇闻佚事般的报告见Wallace和Erickson(1993)。

② 另外一个讨论产品发布效应的案例发生在1987—1991年,当时,苹果企业的股东指控苹果企业实施证券欺诈行为。苹果企业事先发布Lisa电脑、Twiggy磁盘驱动器的研发信息,但实际推出却出现重大延误,这一行为被指控违反了1934年《美国证券交易法》第10条b款的规定及10b-5规则(例如,参见Prentice和Langmore 1994)。此案在庭外和解。

信息沟通的另一个原因。

事先发布创新信息的企业面临如下权衡问题。一方面，企业通过透露其是一个有效率的、“具有威胁性的”古诺竞争者来创造一种战略优势。另一方面，事先披露信息的缺陷是，相关的创新内容会外溢给竞争对手，这使得竞争对手能够追赶上来。这种侵占效应作为大部分专利设计文献（例如，参见 Scotchmer 1991）的核心内容，削弱了企业披露其创新的动力。Gertner（1998，608）得出了一个调查结论：“企业 1 可能希望说服企业 2 相信其是一个低成本企业来促使企业 2 退出市场或者降低产出。如果确保企业 2 相信的唯一方法是披露可能使企业 2 受益的技术秘密，那么这时，事先的信息披露就不太可能发生。”本章阐述了这种权衡对创新型企业披露策略及生产激励的影响。

本研究在两种情况下，对古诺双寡头企业的预期利润进行比较：一是在事先承诺披露信息的情况下；二是在策略性披露的情况下。在事先承诺披露信息的情况下，企业的信息披露规则在企业明确其创新规模之前就确定了。而在策略性披露的情况下，创新型企业了解其工艺创新的规模，并且策略性地选择是否向它的竞争对手披露这方面信息。

本章连同另一姊妹篇（Jansen 2006）试图对寡头垄断市场的溢出效应以及策略性信息披露领域的文献积累做出贡献。本章给出了离散状态下单边信息不对称模型的简单图表分析，另一姊妹篇（Jansen 2006）则是研究连续状态下双边信息不对称的创新型企业之间的信息披露问题。

关于寡头垄断市场中溢出效应的文献多如牛毛，例如 d'Aspremont 和 Jacquemin 1988；Kamien、Muller 和 Zang 1992；Katsoulacos 和 Ulph 1998。本文对此领域的贡献在于研究不对称信息条件下的溢出效应问题。Anton 和 Yao（2003，2004）考察了创新型竞争企业的信息披露激励问题。这些文献主要关注分离均衡，即尽管企业并不会披露所有信息，但披露出的信息是企业效率的完美信号。[①] 可能外溢给竞争对手的知识数量决定了企业的披露策略。知识溢出的规模在本文分析中也起着重要作用。但与 Anton 和 Yao 的重要结论不同，我所得到的均衡不需

① 同样，Bayus、Jain 和 Rao（2001）讨论了一个关于事先披露信息的信号传递模型。与 Anton 和 Yao（2003，2004）以及本章不同。在该文中，创新性企业试图通过发送高成本信息来阻止进入，其中信号传递的成本是外生的。

要企业向其竞争对手进行完全的披露。本章与 Anton 和 Yao 的文章的一个关键区别在于我研究的是拥有不可分割的创新型企业的信息披露激励。因此,本章中创新型企业的唯一选择是披露或隐瞒其所有信息。在 Anton 和 Yao 的研究中,企业可以选择披露多少信息。我更进一步地作了利润和福利方面的分析,这是 Anton 和 Yao 的研究中没有涉及的方面。

Gill(2004)分析了一个相关模型,在这个模型中,创新型企业策略性地披露了有关创新效率和创新规模方面的相关信息。Gill 的分析在几个方面与我的分析存在差异,其中最重要的一点是,Gill 关注的是研发激励,而我考察的则是产品市场中的激励。在技术选择方面,Gill 采用了离散性行为和连续性空间模型,而我的分析则采用了相反的假设,即连续性行为和离散性空间。换言之,Gill 研究进入阻止策略,而我则关注进入接纳策略。Jansen(2005)也研究了一个相关问题,但与本章不同的是,那篇文章把焦点集中在研发激励上,并且分析了一个完全相关类型的模型。这导致了不同的信息发布激励。Gill 和 Jansen 得出的共同结论是,对于某些参数值,企业会选择隐瞒信息。

在法律、市场营销以及经济学领域也存在有关创新信息事先策略性发布方面的分析。第一篇提及事先发布消息的潜在策略性含义的文章是 Ordover 和 Willig(1981)。在经济学领域中的相关文献包括 Farrell 和 Saloner(1986),Lopatka 和 Page(1995),Levy(1997),Haan(2003),Dranove 和 Gandal(2003),Gerlach(2004),Choi、Kristiansen 和 Nahm(2004)等。这些文章特别研究了事先发布信息对消费者信心和需求的影响。本章则关注信息披露对竞争对手的直接的、策略性的影响,以及披露的技术知识可能被竞争者利用的潜在可能性。

通过这种方式,本章旨在对寡头垄断市场有关信息分享方面的文献积累做出贡献。大部分经济文献关注非策略性信息分享。[①] 本章对 Fried(1984)、Gal-Or(1986)以及 Shapiro(1986)研究的扩展在于,考察了知识溢出对信息分享激励的影响。对于主要结论,我同时给出了图形描述。此外,我研究了策略性披露激励,并将其与事先承诺发布信息情况下的激励进行了比较。

---

① 例如,Kühn 和 Vives(1995),Raith(1996)以及 Vives(1999)都进行了考察。Jin(1995)研究了事先承诺披露有关产品质量信息的影响。

策略性信息披露在会计领域的文献中得到广泛研究。[①] 但是在这类文献中，通常很少分析事先承诺披露信息的情况。策略性信息披露分析中的一个重要结论就是所谓的披露结果。当信息发布者知情，并且不存在认定和披露成本的情况下，如果信息接收者抱有怀疑的均衡想法时，信息传递者最好的选择就是披露信息。对这一结论进行研究的文章包括 Grossman（1981）、Milgrom（1981）、Milgrom 和 Roberts（1986），以及 Okuno-Fujiwara、Postlewaite 和 Suzumura（1990）。Okuno-Fujiwara 及其同事给出了上述信息披露结果赖以形成的一些充分条件。本模型与其中的一个充分条件不符，即“正向单调的最佳反应函数”。不符表现在那些具有正向知识溢出的产业中，正如下面将要证明的，这一不符可能导致披露结果的不存在。

本文结构安排如下：9.2 节对模型进行了描述；9.3 节讨论了当创新型企业事先承诺完全披露其成本信息或完全隐瞒其成本信息两种情况下的均衡产出和利润；9.4 节阐明了在创新型企业策略性披露信息时的均衡产出和披露选择，并将事先承诺情况下的预期利润与策略性披露情况下的预期利润进行了比较；9.5 节简要地讨论了此项研究的经济政策含义；作为最后一部分的 9.6 节对本章进行了总结。本章主要命题的证明放在了附录中。

## 9.2 模型

假设两个企业 $i$ 和 $n$，生产同质产品。企业 $i$ 是创新型企业，对其单位生产成本 $\theta_i$ 拥有私有信息，这一单位成本可能高也可能较低，企业拥有较低成本（即 $\theta_i=\underline{\theta}$）的概率为 $p$，拥有较高成本（即 $\theta_i=\overline{\theta}$）的概率为 $1-p$，这里 $0\leq\underline{\theta}\leq\overline{\theta}$，$0<p<1$。企业 $n$ 是非创新型企业，它拥有较高的单位生产成本，即 $\theta_n=\overline{\theta}$。企业 $n$ 的边际成本是共有知识。

企业 $i$ 在明确了其成本后会做出一个信息披露决策。当成本为 $\theta_i$ 时，企业 $i$ 披露信息的概率为 $\delta(\theta_i)$，即企业实际披露其成本的概率为 $\delta(\theta_i)$；企业隐藏信息或发布没有实质性内容的消息 $\varnothing$ 的概率为 $1-\delta(\theta_i)$。换句话说，企业 $i$ 披露的信息是可验证的。把企业 $i$ 实际披露出

① 对会计文献中专有信息相机披露的考察可参见 Dye（2001）以及 Verrecchia（2001）。

的信息记为 $D$,这里 $D\in\{\theta_i,\emptyset\}$。

最后,(在古诺竞争市场中)企业决定同质产品的产出水平。企业 $i$ 选择产出 $x_i\geqslant 0$,总成本为 $\theta_i x_i$。企业 $n$ 的单位成本 $C(D,\kappa)$,如下所示,取决于企业 $i$ 所披露的技术信息。若企业 $i$ 披露低成本,那么该技术信息的一部分 $\kappa$ 就会外溢给企业 $n$。在其他情况下,即企业 $i$ 披露高成本或不披露,不存在有用知识的溢出,可用公式表示如下:

$$C(D,\kappa)=\begin{cases}\kappa\underline{\theta}+(1-\kappa)\bar{\theta}, & \text{当 } D=\underline{\theta}\text{时}\\ \bar{\theta}, & \text{当 } D\neq\underline{\theta}\text{时}\end{cases} \tag{1}$$

产品的逆需求函数是线性的,记为 $P(X)=A-X$,其中,$X\equiv x_1+x_2$。给定成本 $\theta_j$,企业 $j$ 的预期利润为:

$$\pi_j(x;\theta)=(A-\theta_j-X)x_j \tag{2}$$

其中,$x\equiv(x_i,x_n)$ 且 $j\in\{i,n\}$。企业为风险中性者,这里逆向解此博弈,即考虑贝叶斯完美均衡的情况。

# 9.3 事先承诺机制

本节将关注两种标准的信息披露机制。在第一种机制下,企业 $i$ 事先承诺披露成本信息 $\theta_i$。在第二种机制下,创新型企业事先承诺要隐瞒信息。这种事先承诺可通过建立贸易协会或组织经常性的交易会来实施。

## 9.3.1 完全披露信息

当企业 $i$ 事先承诺披露它的边际成本,即 $(\delta(\underline{\theta}),\delta(\bar{\theta}))=(1,1)$,企业的供给决策是基于相对成本的。企业 $i$ 和 $n$ 利润最大化的一阶条件分别给出两个企业的最优反应函数:

$$x_i(x_n;\theta_i)=\frac{1}{2}(A-\theta_i-x_n) \tag{3}$$

$$x_n(x_i;C(\theta_i,\kappa))=\frac{1}{2}(A-C(\theta_i;\kappa)-x_i) \tag{4}$$

在完全披露信息的情况下,对均衡产出求偏导数可分别得到:

$$x_i^d(\theta_i;\kappa)=\frac{1}{3}(A-2\theta_i+C(\theta_i,\kappa)) \tag{5}$$

$$x_n^d(\theta_i;\kappa)=\frac{1}{3}(A-2C(\theta_i,\kappa)+\theta_i) \tag{6}$$

市场均衡利润 $\pi_j^d(\theta_i;\kappa)=x_j^d(\theta_i;\kappa)^2$，其中，$\theta_i\in\{\underline{\theta},\overline{\theta}\}$ 且 $j\in\{i,n\}$。

首先，如果没有知识溢出，即 $\kappa=0$，则对任意的 $\theta_i$，$C(\theta_i;0)=\overline{\theta}$。知识溢出为0这种极端的情况会出现在企业 $n$ 无法进入的某些产业中（例如，在非常完善的、极严格的知识产权保护的情况下）或企业 $n$ 无法模仿有效技术$\underline{\theta}$的情况下（例如，由于缺少技术专家）。在这种情况下的均衡产出可用图9—1进行描述。曲线 $x_n(x_i;\overline{\theta})$ 是企业 $n$ 的最佳反应曲线，其表达式如式(4)所示，曲线 $x_i(x_n;\theta_i)$ 是企业 $i$ 在成本为 $\theta_i$ 的情况下的最佳反应曲线，其表达式如式(3)所示，其中，$\theta_i\in\{\underline{\theta},\overline{\theta}\}$。企业的成本降低使其最佳反应曲线向外移，即对于给定的任意产出，如果企业 $i$ 是有效率的，它就会供给相对较多的产品。因此，企业 $i$ 的均衡产出会随着成本 $\theta_i$ 的下降而减少，而企业 $n$ 的产出会随着 $\theta_i$ 的下降而增加。换句话说，产出可进行如下排序：$x_n^d(\underline{\theta};0)<x_n^d(\underline{\theta};0)=x_i^d(\overline{\theta};0)<x_i^d(\underline{\theta};0)$。在成本降低后，产出也随之发生变化，在图9—1中表现为均衡点从A点移动到B点。

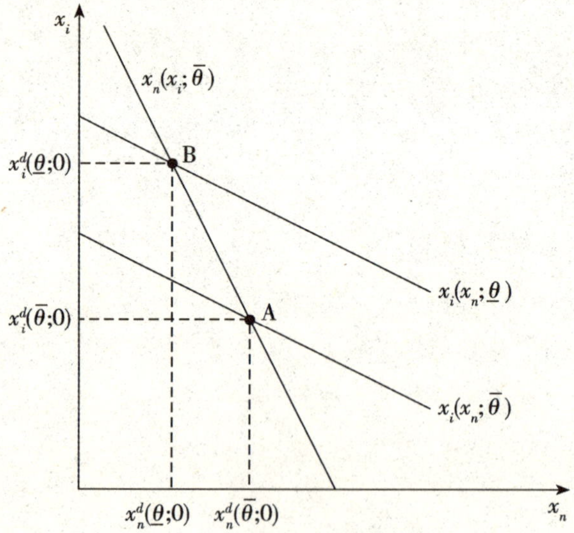


图9—1　完全被露信息时的产出($\kappa=0$)

其次，如果所有的技术知识从创新型企业外溢给其竞争对手，即 $\kappa$

$=1$，企业 $n$ 的成本降至 $C(\theta_i,1)=\theta_i$。这种情况存在于完全没有知识产权保护或企业 $n$ 能无成本模仿有效技术的极端情况下。我将在图9—2中说明这种情况。与图9—1相同，曲线 $x_i(x_n;\theta_i)$ 是企业 $i$ 在成本 $\theta_i$ 下的最佳反应曲线。现在企业 $i$ 的成本降低使两个企业的最佳反应曲线同时发生了移动。企业 $i$ 披露 $\theta_i=\underline{\theta}$后，通过知识溢出，企业 $n$ 的最佳反应曲线从 $x_n(x_i;\bar{\theta})$ 移至 $x_n(x_i;\underline{\theta})$。注意，这种情况与当各企业具有共同成本参数的模型时的情况是完全相同的。由于企业成本相同，因此其均衡产出也相同，并且如果两个企业都是有效率的，其供给也会更多，即 $x_j^d(\underline{\theta};1)>x_j^d(\theta;1)(j\in\{i,n\})$。这种产出扩张表现为图9—2中从 $A$ 点到 $B$ 点的移动。

最后，分析中间状态，即知识溢出量为 $0<\kappa<1$，研究得出以下比较静态结果。在企业 $i$ 披露低成本$\underline{\theta}$后，知识溢出量的增加使企业 $n$ 的最佳反应曲线向外移（右移）。因此，知识溢出量的增长提高了 $n$ 企业的均衡产出，即 $\partial x_n^d(\underline{\theta};\kappa)/\partial\kappa>0$，并且降低了企业 $i$ 的均衡产出，即 $\partial x_i^d(\underline{\theta};\kappa)/\partial\kappa<0$。这些比较静态结论对于以后的分析而言很重要。

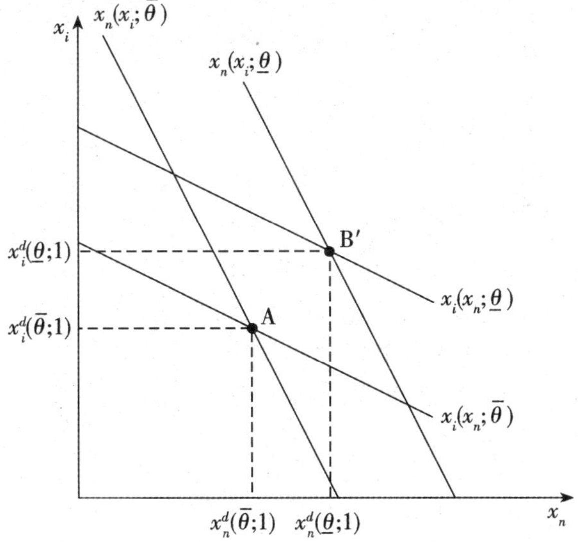


**图9—2　完全披露信息时的产出（$\kappa=1$）**

### 9.3.2 完全隐瞒信息

当企业 $i$ 事先承诺隐瞒其全部信息，即 $(\delta(\underline{\theta}),\delta(\bar{\theta}))=(0,0)$ 时，则没有知识溢出给企业，对于任意 $\kappa$，$C(\emptyset,\kappa)=\bar{\theta}$。企业在这种情况下选择各自的产出水平，对于 $\theta_i\in\{\underline{\theta},\bar{\theta}\}$，企业 $i$ 的最佳反应函数如式(3)所示，企业 $n$ 的最佳反应函数是：

$$x_n(x_i)=\frac{1}{2}(A-\bar{\theta}-E\{x_i(\theta_i)\}) \tag{7}$$

求均衡解，可得如下产出水平：

$$x_i^0(\theta_i)=\frac{1}{3}(A-2\theta_i+\bar{\theta})+\frac{1}{6}(\theta_i-E\{\theta_i\}) \tag{8}$$

$$x_n^0=\frac{1}{3}(A-2\bar{\theta}+E\{\theta_i\}) \tag{9}$$

其中，$\theta_i\in\{\underline{\theta},\bar{\theta}\}$。均衡产出如图 9—3 所示。与上一小节的分析相同，$x_n(x_i;\bar{\theta})$ 和 $x_i(x_n;\theta_i)$ 是在成本为 $\theta_i$ 时，企业 $n$ 和企业 $i$ 的各自最佳反应曲线。曲线 $E[x_i(x_n;\theta_i)]$ 给出了企业 $i$ 对企业 $n$ 所选择的任意产出的预期最佳反应曲线。企业 $n$ 的最佳反应曲线和企业 $i$ 的预期最佳反应曲线的交点给出了企业 $n$ 的均衡产出 $x_n^0$。在成本为 $\theta_i$ 情况下，$\theta_i\in\{\underline{\theta},\bar{\theta}\}$，企业 $i$ 对产出 $x_n^0$ 的最佳反应是其均衡产出 $x_i^0(\theta_i)$。相应地，预期利润分别为 $\pi_i^0(\theta_i)=x_i^0(\theta_i)^2$ 和 $\pi_n^0=(x_n^0)^2$。

在完全隐瞒信息的情况下，对企业均衡产出的比较得到：$x_n^0<x_i^0(\bar{\theta})<x_i^0(\underline{\theta})$。企业 $n$ 预计会有一个相对高效率的竞争者，所以设定了一个较低的产出。如果企业 $i$ 是有效率的，则均衡产出是图 9—3 中的 D 点；若企业 $i$ 是低效率的，则均衡产出为图中的 C 点。

如果知识没有从创新型企业溢出给其竞争对手，则完全披露信息和完全隐瞒信息时的事先期望产出一样，即 $E\{x_i^d(\theta_i;0)\}=E\{x_i^0(\theta_i)\}=\frac{1}{3}(A-2E\{\theta_i\}+\bar{\theta})$，$E\{x_n^d(\theta_i;0)\}=x_n^0$。对于正的知识溢出，企业 i 的期望产出在完全披露情况下要小于在完全隐瞒信息情况下，企业 n 的情况则恰好相反。这一结果有助于下一小节的利润分析。

### 9.3.3 利润比较

企业的均衡产出水平决定了企业期望的均衡利润。在完全披露信

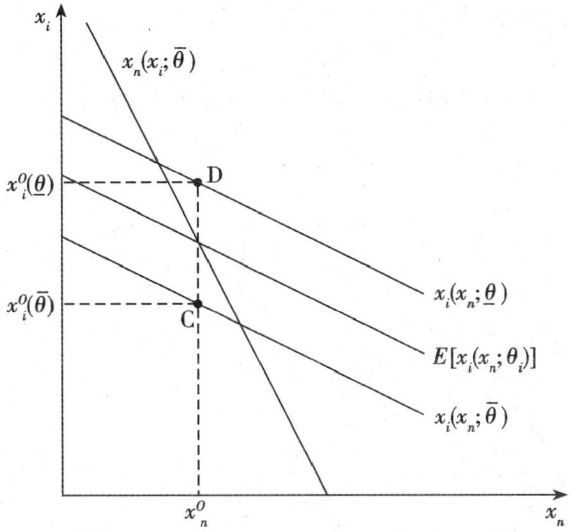


**图 9—3　完全隐瞒信息时的产出**

息和完全隐瞒信息两种情况下，企业 j 的事先预期利润分别为：

$$\prod_j^d(\kappa)=px_j^d(\underline{\theta};\kappa)^2+(1-p)x_j^d(\bar{\theta};\kappa)^2 \tag{10}$$

$$\prod_i^0=px_i^0(\underline{\theta})^2+(1-p)x_i^0(\bar{\theta})^2 \text{ 且 } \prod_n^0=(x_n^0)^2 \tag{11}$$

完全披露信息时的预期利润是其产出水平的增函数，产出函数是知识溢出量的单调函数。因此，期望均衡利润是知识溢出量的单调函数，即 $d\prod_j^d(\kappa)/d\kappa=2p\cdot x_j^d(\underline{\theta};\kappa)\cdot\partial x_j^d(\underline{\theta};\kappa)/\partial\kappa$，其中，$\partial x_j^d(\underline{\theta};\kappa)/\partial\kappa$ 对于 $j\in\{i,n\}$ 符号不发生改变。然而，存在知识溢出的情况下，企业 $i$ 的预期利润是随溢出量的增加而递减的，而企业 $n$ 的预期利润是随溢出量的增加而递增的。

如果没有从企业 $i$ 向企业的知识溢出（$\kappa=0$），则在完全披露信息和完全隐瞒信息情况下，期望均衡产出相同。因此，对预期利润的比较类似于对企业产出量变化的比较。图 9—4 综合了图 9—1 和图 9—3 的情况，如图 9—4 所示，在完全披露信息的情况下，企业 $n$ 的产出变化是最大的，但在完全隐瞒信息时，企业 $n$ 的产出变化则为 0，在完全披露信息时，其产出变化大于零。类似地，从图 9—4 中可以看出，在完全披露信息的情况下，企业 $i$ 的产出变化也是最大的。结果是，两企业都在完全披露信息时获得最高的预期利润。这意味着，如果企业 $i$ 能事先承诺完全披露信息，它就会这么做。这一结论是 Fried(1984)、Gal－Or(1986)及 Shapiro (1986)所作研究的一个特殊情况。我在这方面的贡献是，在一个简单的模型中用图表来解释这一结论。而且，下面我将说明，这一结论将如何随着引入知识溢出指标而变化。

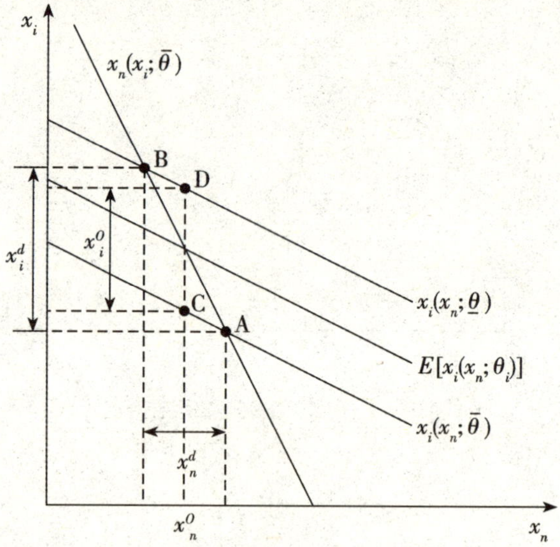


图 9—4　事先承诺披露信息时的利润 ($\kappa=0$)

如果信息披露以后，所有的知识都发生溢出($\kappa=1$)，则事先的利润比较将由均衡产出的比较所决定。图 9—5 综合了图 9—2 和图 9—3 的情况。信息披露对于企业 $i$ 的产出具有以下影响：如果企业 $i$ 是无效率的，那么在披露了 $\theta_i=\bar{\theta}$之后，将会被视为不那么有威胁性。相对于完全隐瞒信息而言，完全披露信息导致企业 $n$ 的产出提高，企业 $i$ 的产出降低。如果企业 $i$ 是有效率的，则会出现下面的权衡。一方面，披露信息后企业 $i$ 的预期最佳反应曲线高于隐瞒信息时的反应曲线。因此，披露信息后企业 $n$ 会预计其竞争对手更有威胁性，这将会刺激它削减产出。另一方面，由于所有的知识都发生溢出，企业 $i$ 在披露其单位成本 $\theta_i=\underline{\theta}$后，这使企业 $n$ 成为一个更具威胁性的竞争者，即在披露信息后企业 $n$ 的最佳反应曲线会向外移。前一方面影响给了企业 $i$ 增加产出的动机，而后一方面影响又会使企业 $i$ 降低产出。如图 9—5 所示，后一方面的影响超过了前一方面的影响。因此，对于任意的 $\theta_i$，完

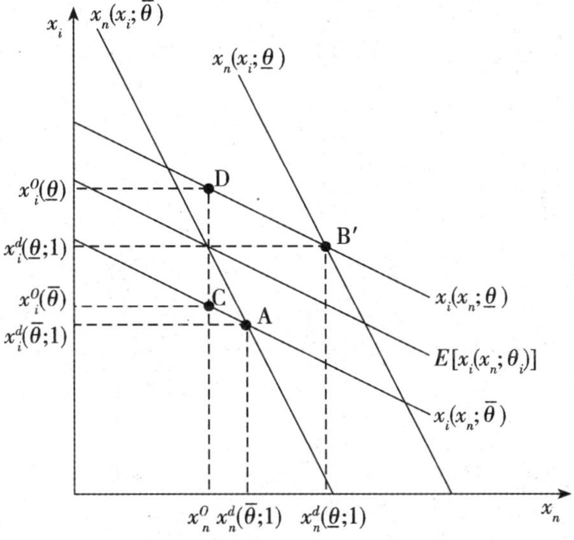


**图9—5 事先承诺披露信息时的利润($\kappa=1$)**

全隐瞒信息和完全披露信息的情况相比,企业 $i$ 会供给更多,而企业 $n$ 会供给更少,即 $x_i^0(\theta_i)>x_i^d(\theta_i;1)$,但 $x_n^0(\theta_i)<x_n^d(\theta_i;1)$。由此可得出结论:在完全隐瞒信息时,企业 $i$ 获得较高的预期利润,而在完全披露信息时,企业 $n$ 获得较高的预期利润。①

最后讨论知识溢出为中间值的情况,利润的比较由上述两方面影响的权衡来决定。借助预期利润函数的单调性和连续性,对下面命题的证明是显而易见的。

*命题1* 存在一个知识溢出的临界值 $\kappa^*$,且 $0<\kappa^*<1$,企业 $i$ 的预期利润在信息完全披露($\kappa<\kappa^*$)时达到最大,即当且仅当 $\kappa<\kappa^*$ 时,$\prod_i^d(\kappa)\gtreqless\prod_i^0$。另外,对于任意 $\kappa$ 值,企业 $n$ 总是在完全披露信息时获得最高的预期利润,即 $\prod_n^d(\kappa)>\prod_n^0$。

这一结论证明了之前有关寡头垄断市场中信息分享的研究结论(参见 Fried 1984;Gal－Or 1986;Shapiro 1986)。对于足够低的知识溢

① 相应地,企业 $n$ 的利润可直接从下面事实得出,即对于 $\kappa=0$,$\prod_n^d(0)>\prod_n^0$,并且对于所有的 $\kappa$,$d\prod_n^d(\kappa)/d\kappa>0$。

出量，创新型企业有动力事先承诺发布其技术信息。但是，如果知识溢出量超过了临界点 $\kappa^*$，创新型企业则不再有动力事先承诺发布技术信息。

## 9.4 策略性信息披露

在上一节分析中，企业 $i$ 能够事先承诺未来披露其技术信息。这一节将描述创新型企业策略性披露其产品生产成本的激励。然后，研究将关注策略性信息披露对企业预期利润的影响。

### 9.4.1 均衡产出

给定任意的信息披露规则 $(\delta(\underline{\theta}),\delta(\overline{\theta}))\in[0,1]\times[0,1]$，以及任意被合理披露的信息 $D\in\{\underline{\theta},\overline{\theta},\phi\}$，可以推出企业的产出。在企业 $i$ 披露其成本信息 $\theta_i$ 以后，每个企业都会供给信息完全披露时的均衡产出 $x_j^d(\theta_i;\kappa)(j\in\{i,n\})$。如果企业 $i$ 隐瞒其信息 $(D=\phi)$，则企业 $j$ 会有和部分信息披露时相一致的想法，其面临一个有效率的竞争者的概率 $q$ 为：

$$q\equiv\frac{p(1-\delta(\underline{\theta}))}{p(1-\delta(\underline{\theta}))+(1-p)(1-\delta(\overline{\theta}))} \tag{12}$$

因此，企业 $j$ 的后续想法是，它所期望的企业 $i$ 的边际成本是 $E\{\theta_i|\phi\}\equiv q\underline{\theta}+(1-q)\overline{\theta}$。

部分隐瞒信息时均衡产出的导数与完全隐瞒信息时均衡产出的导数是相似的，只是 $E\{x_i(\theta_i)\}$ 由 $E\{x_i(\theta_i)|\emptyset\}$ 所替代。这就是说，若企业 $i$ 选择的披露策略是 $\delta(\underline{\theta})\neq\delta(\overline{\theta})$，那么信息披露对企业 $n$ 而言就是有价值的，因此在披露后，企业 $n$ 会更新其有关竞争对手边际成本的信念，从而产生期望成本为 $E\{\theta_i|\emptyset\}$。在 $\delta(\underline{\theta})$ 上升后，隐瞒信息的企业更有可能具有高边际成本，因此，后续想法 $q$ 下降，即 $\partial q/\partial\delta(\underline{\theta})<0$ 且 $\partial E\{\theta_i|\emptyset\}/\partial\delta(\underline{\theta})>0$。降低披露一个高边际成本参数 $\delta(\overline{\theta})$ 的概率，也会具有相似的效果。企业的均衡产出水平如下（分别类似于式(8)和式(9)）：

$$x_i^s(\theta_i)=\frac{1}{3}(A-2\theta_i+\overline{\theta})+\frac{1}{6}(\theta_i-E\{\theta_i|\emptyset\}) \tag{13}$$

$$x_n^s = \frac{1}{3}(A - 2\bar{\theta} + E\{\theta_i | \varnothing\}) \tag{14}$$

在隐瞒信息后，披露概率 $\delta(\underline{\theta})$ 的上升提高了企业 $i$ 的期望成本，继而提高了企业 $n$ 的产出 $x_n^s$，而降低了企业 $i$ 的产出 $x_i^s(\theta_i)$。

## 9.4.2 均衡信息披露水平

我在前一小节描述了对于任意可能的信息披露规则下的均衡产出。这一小节将推导企业在均衡状态下选择的披露规则。

我将首先说明企业 $i$ 永远没有披露高边际成本 $\bar{\theta}$ 的动机，换言之，对于任意的知识溢出量 $\kappa$，在均衡状态下 $\delta(\bar{\theta})=0$。在信息被隐瞒后，企业 $n$ 预期企业 $i$ 的边际成本小于或等于 $\bar{\theta}$，这使得企业 $n$ 与在披露边际成本信息为 $\bar{\theta}$ 时更不具有或同样具有威胁性。由于产出是成本信息披露的策略性替代品，因此，企业 $i$ 会（微弱）倾向于隐瞒信息 $\theta_i=\bar{\theta}$。

在本小节的后面部分，我将研究低边际成本企业 $i$ 的均衡信息披露策略，同时给定企业 $n$ 预期企业 $i$ 的披露策略为 $(\delta(\underline{\theta}),\delta(\bar{\theta}))=(\delta,0)$ $(0\leqslant\delta\leqslant1)$。显然，企业 $i$ 的均衡信息披露策略是通过比较披露信息和隐瞒信息情况下的利润之后决定的。

首先，假设企业 $n$ 认为企业 $i$ 是低边际成本的，即 $q=0$，且 $E\{\theta_i|\varnothing\}=\bar{\theta}$。若企业 $i$ 隐瞒了低成本，则企业 $n$ 预计企业 $i$ 是无效率的，企业 $n$ 会把产出定在 $x_n^d(\bar{\theta},\kappa)$。有效率的企业 $i$ 的最佳反应是把产出定为 $x_i^* \equiv x_i(x_n^d(\bar{\theta},k);\underline{\theta})$，如图 9—6 所示。两个企业的产出对应为图中的 $E$ 点。如果企业 $i$ 披露低成本信息的概率为 1，则两个企业都供给完全披露信息时的产出。此时，如图 9—6 所示，存在一个知识溢出的临界值，即 $\bar{\kappa}\in(0,1)$，对于这一溢出量，在披露信息 $\underline{\theta}$ 后，企业 $n$ 的最佳反应曲线 $x_n(x_i;C(\underline{\theta},\bar{\kappa}))$ 经过点 $E$。对于任何小于或等于 $\bar{\kappa}$ 的知识溢出量，在披露信息 $\underline{\theta}$ 后，均衡点落在线 $BE$ 上，导致企业 $i$ 的均衡产出大于或等于 $x_i^*$。由于企业 $i$ 的均衡利润随其均衡产出水平的增加而增加，则对于任何小于或等于 $\bar{\kappa}$ 的知识溢出量而言，披露信息 $\underline{\theta}$ 时的利润都要大于或至少等于隐瞒信息时的利润。对于上述区间内的溢出量，披露低边际成本是一种均衡策略。这就是说，假定企业的想法与完全披露信息时一致，对于 $\kappa<\bar{\kappa}$，披露信息的策略性影响超过了技术被竞争对手侵占的影响。

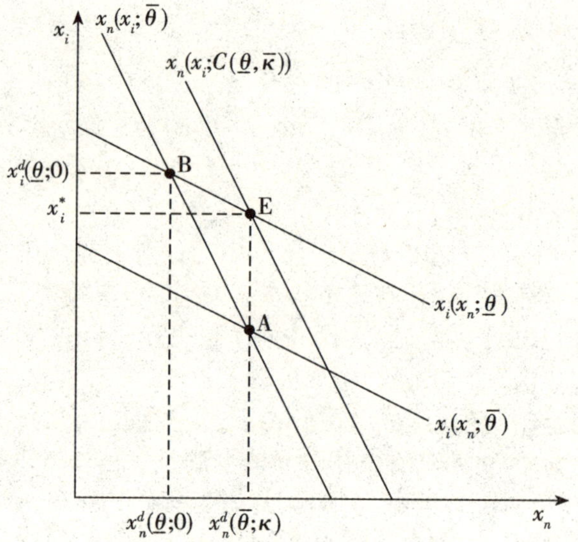


**图 9—6　信息披露的激励**

其次，假定企业 $n$ 认为信息是完全被隐瞒的，即 $q=p$ 且 $E\{\theta_i|\varnothing\}=E\{\theta_i\}$，在这种情况下，如果企业 $i$ 隐瞒其是一个低成本企业的信息，两个企业都供给完全隐瞒信息时的产出，即均衡产出对应图 9—7 中的 D 点。另一方面，在披露低成本信息后，如果知识溢出使得企业 $n$ 的最佳反应曲线 $x_n(x_i;C(\underline{\theta},\kappa))$ 经过 D 点，则均衡产出也能达到 D 点。我们把$\underline{\kappa}$定义为这种情况下知识溢出量的临界值，其中，$0<\underline{\kappa}<1$。对于所有大于或等于$\underline{\kappa}$的知识溢出量，披露信息后的均衡产出会落在线 $DB'$ 上。对于企业 $i$ 来说，这一均衡产出水平小于或等于 $x_i^0(\underline{\theta})$，因此产生的利润会小于或等于隐瞒信息时的利润，即对于任意大于或等于$\underline{\kappa}$的知识溢出量，隐瞒信息是企业 $i$ 的均衡策略。

最后，对比图 9—6 和图 9—7 可以清晰地发现，由于 D 点很显然在 E 点左侧，如图 9—8 所示，因此知识溢出的两个临界值$\underline{\kappa}$和$\bar{\kappa}$存在如下关系：$\underline{\kappa}<\bar{\kappa}$。如果$\underline{\kappa}<\kappa<\bar{\kappa}$，则企业 $i$ 在均衡时可能会采取部分披露信息规则，即 $(\delta(\underline{\theta}),\delta(\bar{\theta}))=(\delta^*,0)\ (0<\delta^*<1)$。如果企业 $n$ 认为只有部分信息被披露出来（即 $0<q<p$ 且 $E\{\theta_i\}<E\{\theta_i|\varnothing\}<\bar{\theta}$），并且企业 $i$ 隐瞒了它的成本，则企业 $n$ 会选择的产出水平为 $x_n^s$。$x_n^s$ 的产出水平是在假定企业 $n$ 认为信息披露规则为 $(\delta^*,0)$（即 $E[x_i(x_n;\theta_i|\varnothing)]$）的情

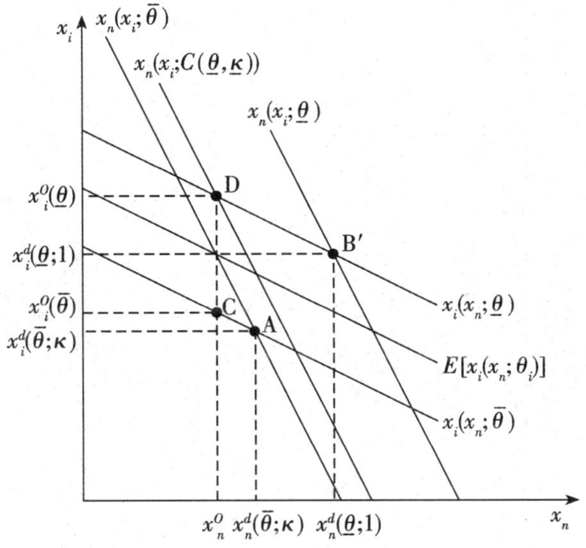


**图9—7　信息隐瞒的激励**

况下,企业 $n$ 的最佳反应曲线 $x_n(x_i;\bar{\theta})$ 与企业 $i$ 的预期最佳反应曲线相交得到的产出水平。由于预期最佳反应曲线 $E[x_i(x_n;\theta_i)\mid\emptyset]$ 落在已经给出的早期认为的最佳反应曲线 $E[x_i(x_n;\theta_i)]$ 与缺乏效率的企业 $i$ 的最佳反应曲线 $x_i(x_n;\bar{\theta})$ 之间,因此,这一产出水平介于完全隐瞒信息和完全披露信息(分别为 $x_n^0$ 和 $x_n^d(\bar{\theta},\kappa)$)时所对应的产出水平之间。有效率的企业 $i$ 对于产出 $x_n^s$ 的最佳反应是供给 $x_i^s(\underline{\theta})$ 的产出水平。这一均衡由图9—8中的F点表示。请注意,F点介于D点和E点之间。很显然,存在一个介于$\underline{\kappa}$和$\bar{\kappa}$之间的知识溢出量 $\kappa^s$ 使得企业 $n$ 的最佳反应曲线经过 $F$ 点,此时,是披露信息还是隐瞒信息对企业 $i$ 而言是无差异的。这一后验想法和知识溢出量使得部分披露信息的规则 $(\delta(\underline{\theta}),\delta(\bar{\theta}))=(\delta^*,0)$ 成为一种均衡策略。

$\delta^*$ 的增长意味着,在隐瞒信息后,企业 $n$ 预期一个低效率的竞争对手(即企业 $i$)的预期最佳反应曲线 $E[x_i(x_n;\theta_i)\mid\emptyset]$ 向下移动。企业 $n$ 的均衡产出确实因此增加,高效率的企业 $i$ 的产出则减少。换句话说,图9—8中的均衡点沿线 $DE$ 向右移动。只有企业 $n$ 的最佳反应曲线以同等程度向右移动,才能使企业 $i$ 对隐瞒或披露低成本信息$\underline{\theta}$持无所谓的态度。因此,随着 $\delta^*$ 的增加,知识溢出量 $k^s$ 也要增加。概括地

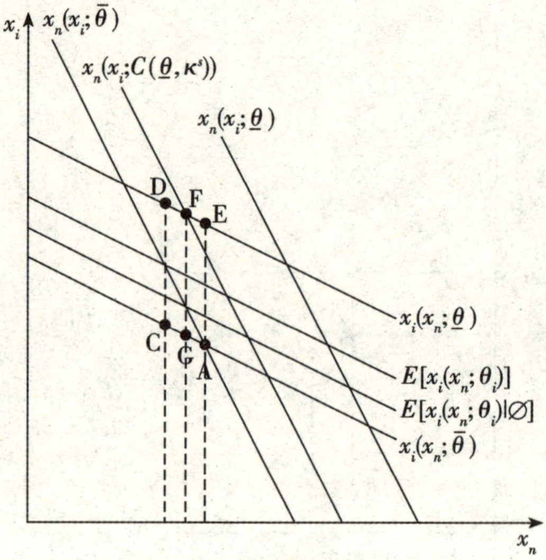


**图 9—8　部分披露信息的激励**

说，均衡时部分披露信息的概率 $\delta^*$ 随着知识溢出量 $\kappa$ 的增加而增加。

在分析中，临界值$\underline{\kappa}$和$\bar{\kappa}$被分别定义为：

$$\underline{\kappa} \equiv \frac{1}{2}(1-p) \tag{15}$$

$$\bar{\kappa} \equiv \frac{1}{2}$$

均衡时部分披露信息的概率如下：

$$\delta^*(\kappa) \equiv 1 - \frac{(1-p)(1-2\kappa)}{2p\kappa} \tag{16}$$

至此完成了策略性披露信息的激励特征分析，并形成以下命题：

命题2　存在如式(15)所定义的信息披露的临界值$\underline{\kappa}$和$\bar{\kappa}$($0<\underline{\kappa}<\bar{\kappa}<1$)，则企业 $i$ 在均衡时选择以下信息披露规则：

- 若 $\kappa<\underline{\kappa}$，则企业 $i$ 的均衡信息披露规则是唯一的，它会完全披露信息。
- 若$\underline{\kappa}\leqslant\kappa\leqslant\bar{\kappa}$，则存在三种均衡信息披露规则，即完全披露信息、完全隐瞒信息和部分披露信息$(\delta(\underline{\theta}),\delta\bar{\theta})=(\delta^*(\kappa),0)$，其中，$\delta^*(\kappa)$如式(16)所定义，即 $d\delta^*/d\kappa>0$，$\delta^*(\underline{\kappa})=0$，$\delta^*(\bar{\kappa})=1$。
- 若 $\kappa>\bar{\kappa}$，企业 $i$ 的均衡信息披露规则也是唯一的，它会完全隐瞒信息。

这一结论说明 Okuno－Fujiwara、Postlewaite 和 Suzumura(1990)所阐明的披露结果在存在少量知识溢出时是可靠的。但是,对于足够高的知识溢出量(尤其当$\kappa > \bar{\kappa}$时),最佳反应函数的非单调性会引发足够强烈的隐瞒信息的激励,因此导致披露的结论不再成立。

### 9.4.3 利润比较

本小节将比较各种均衡披露规则下的预期利润。式(10)和式(11)已分别给出了完全披露信息和完全隐瞒信息时的预期利润。如果信息溢出量为图9—8中的$\kappa^s$,企业$i$在部分披露信息$(\delta(\underline{\theta}),\delta(\bar{\theta}))=(\delta^*(\kappa),0)$时的预期利润为:

$$\prod_i^s(\kappa^s)=p\delta^* x_i^d(\underline{\theta};\kappa^s)^2+p(1-\delta^*)x_i^s(\underline{\theta})^2+(1-p)x_i^s(\bar{\theta})^2$$
$$=px_i^d(\underline{\theta};\kappa^s)^2+(1-p)x_i^s(\bar{\theta})^2 \tag{17}$$

这是因为,通过构建,对于均衡信息披露规则($\delta_0^*$),有$x_i^d(\underline{\theta};\kappa^s)=x_i^s(\underline{\theta})$。

对企业$i$在完全披露信息和部分披露信息时预期利润的比较可转变成对$x_i^d(\underline{\theta};\kappa^s)$和$x_i^s(\bar{\theta})$的比较。在图9—8中,这种比较表现为对A点和G点的比较。显然,对于企业$i$来说,A点的产出要比G点低,即$x_i^d(\bar{\theta};\kappa^s)<x_i^s(\bar{\theta})$,因而$\prod_i^d(\kappa^s)<\prod_i^s(\kappa^s)$。在部分披露信息和完全隐瞒信息的情况下对企业$i$预期利润的比较可以用图9—8中F点和D点之间以及G点和C点之间的比较来说明。这两种比较都可以得出企业$i$在完全隐瞒信息时会达到最高的产出水平,即D点和C点。因此,在完全隐瞒信息时,企业$i$可获得最大的预期利润,即$\prod_i^s(\kappa^s)<\prod_i^0$。显然,对$\underline{\kappa}$和$\bar{\kappa}$之间任意的其他知识溢出量,都可以进行类似的比较。因此,对于所有的$\underline{\kappa}<\kappa<\bar{\kappa}$,企业$i$的预期均衡利润的比较结果为$\prod_i^d(\kappa)<\prod_i^s(\kappa)<\prod_i^0$。

最后,给定图9—8中企业$i$部分披露信息以及溢出量为$\kappa^s$的条件,企业$n$的预期利润可以表述为:

$$\prod_n^s(\kappa^s)=p\delta^* x_n^d(\underline{\theta};\kappa^s)^2+[p(1-\delta^*)+1-p](x_n^s)^2=x_n^d(\underline{\theta};\kappa^s)^2 \tag{18}$$

这是因为,如图9—8所示,$x_n^d(\underline{\theta};\kappa^s)=x_n^s$(即图9—8中的F点)。完全

披露信息和部分披露信息时预期利润的比较实质上为 $x_n^d(\bar{\theta};\kappa^s)$ 和 $x_n^d(\underline{\theta};\kappa^s)$ 之间的比较，即分别为图中的 A 点与 G 点。在完全披露信息时，企业 $n$ 具有较高的预期利润（即图 9—8 中 A 点位于 G 点的右侧）。在完全隐瞒信息时，企业 $n$ 的产出水平低于部分披露信息时的产出水平（即图 9—8 中 C 点位于 G 点的左侧），因此，在完全隐瞒信息时，企业 $n$ 会获得一个最低的预期利润。因此，对于所有的 $\underline{\kappa}<\kappa<\bar{\kappa}$，本章已用图表说明了 $\prod_n^0 < \prod_n^s(\kappa) < \prod_n^d(\kappa)$。我将在下面的命题中对此进行正式阐述。

*命题3*　对于知识溢出量 $\kappa\in(\underline{\kappa},\bar{\kappa})$，其中，$\underline{\kappa}$ 和 $\bar{\kappa}$ 如式（15）所定义，在部分披露信息 $(\delta(\underline{\theta}),\delta(\bar{\theta}))=(\delta^*,0)$（其中，如式（16）所定义）时，企业的预期均衡利润介于事先承诺情况下的预期利润之间，即 $\prod_i^d(\kappa) < \prod_i^s(\kappa) < \prod_i^0$，$\prod_n^0 < \prod_n^s(\kappa) < \prod_n^d(\kappa)$。

从以上对企业 $i$ 的预期利润及预期利润函数的单调性和连续性的分析可立即引申出的结论是，命题 1 中的知识溢出临界值 $\kappa^*$ 是低于 $\underline{\kappa}$ 的。这一结论在图 9—7 中已做出说明。对于溢出量 $\kappa=\underline{\kappa}$，企业在隐瞒信息条件下的事前预期利润要大于披露信息时的预期利润。通过分析构建，一个有效率的企业 $i$ 并不在乎是披露信息还是隐瞒信息。但是对于一个无效率的企业 $i$ 来说，隐瞒信息后它会获得一个较大的利润，因为在隐瞒信息时它的产出达到了最大（如图 9—7 中所示的 $x_i^0(\bar{\theta}) > x_i^d(\bar{\theta};\kappa)$）。由于 $\prod_i^d(\kappa)$ 随溢出量的增加而降低，且 $\prod_i^0 > \prod_i^d(\underline{\kappa})$，因此，正如下面所要阐明的一样，临界值 $\kappa^*$ 一定小于 $\underline{\kappa}$。

*推论1*　命题1 和命题2 中的临界值 $\kappa^*$、$\underline{\kappa}$ 以及 $\bar{\kappa}$ 满足 $\kappa^* < \underline{\kappa} < \bar{\kappa}$。

直觉上，这个结果是因为这样一个事实：在策略性披露信息情况下，一个有效率的企业忽略了它披露信息的决策会使其无效率的竞争对手遭受打击这样一种负外部性。在事先承诺的情况下，创新型企业会将这种外部性内部化，这就降低了企业披露低成本信息的激励。

命题 1 和命题 2 及其推论的含义之一是：如果企业 $i$ 做出事先承诺，则在知识溢出量较高时，它会比策略性披露情况下隐瞒更多信息。尤其是，对于知识溢出量 $\kappa^* < \kappa < \underline{\kappa}$，相对于完全隐瞒信息而言，企业更倾向于事先承诺披露信息（见命题 1），尽管其要在唯一的披露均衡

中策略性披露信息(见命题2)。在下一节,我将讨论这一观察结果的某些经济政策含义。

## 9.5 反垄断分析

创新型企业事先承诺披露其工艺创新这一行为应当受到反垄断机构的禁止还是应得到鼓励?此节将来回答这一问题。

首先,讨论信息披露对预期消费者剩余的影响。如果创新型企业的技术不能被竞争对手所模仿,即 $\kappa=0$,则在完全披露信息时消费者剩余达到最大。例如,Shapiro(1986)正式对此进行证明。Kühn 和 Vives(1995)给出了图形分析。由于模仿降低了企业 $n$ 的预期成本,知识溢出量的增加会降低完全披露信息时的预期均衡价格。在完全披露信息时,预期均衡价格的降低会增加预期的消费者剩余,即完全披露信息时,预期消费者剩余会随着 $\kappa$ 的增加而增加。显然,完全隐瞒信息时的消费者剩余并不取决于信息溢出量。如果溢出量为式(15)中的$\underline{\kappa}$,则在完全披露信息时的消费者剩余要高于完全隐瞒信息时的消费者剩余。相应地,由于消费者剩余函数的单调性和连续性,因而存在一个临界值 $\kappa^c(0<\kappa^c<\underline{\kappa})$,对于所有大于 $\kappa^c$ 的溢出量,消费者剩余在完全披露信息的情况下达到最大。因此,如果反垄断机构仅想使消费者剩余最大化,那么当 $\kappa \geqslant \kappa^c$ 时,就应当禁止企业事先承诺披露信息。尤其当时 $\kappa^c \leqslant \kappa^*$,应当完全禁止事先发布信息的承诺。

其次,如果反垄断机构旨在使社会福利最大化,即使消费者剩余和产业利润之和最大化,对于溢出量的极值而言,会出现如下权衡问题。若 $\kappa=0$,在完全披露信息时,产业预期利润达到最大,但此时预期消费者剩余最小。正如 Shapiro(1986)所证明的,预期社会福利在完全披露信息时达到最大,换句话说,利润最大化的影响要超过消费者剩余最小化的影响。相反,若 $\kappa=1$,则完全披露信息会导致一个较高的预期消费者剩余以及企业 $n$ 的较高的预期利润,但是此时企业 $i$ 的预期利润则较低。尽管这种权衡问题与我之前提到的不同,但是,预期社会福利仍会在完全披露信息时达到最大。对于知识溢出的中间值,溢出量 $\kappa$ 的增加则会使完全披露信息下的反垄断机构面临以下权衡问题:一方面,企业 $i$ 的预期利润会减少;另一方面,消费者剩余以及企业 $n$ 的预期利润都会增加。最后，容易看出如果需求量足够强劲（即截距 $A$ 足够大），则预期社会福利随溢出量 $\kappa$ 的增加而增加。相应地，可以得出结论：如果需求足够强劲，则预期社会福利在完全披露信息时达到最大，一个以社会福利最大化为目标的反垄断机构应禁止企业之间通过事先承诺信息披露进行沟通。

我将在下面的命题 4 中正式说明和证明这一结论。

*命题4* 存在溢出量的临界值 $\kappa^c(0<\kappa^c<\underline{\kappa})$，并且 $\kappa^c$ 如式(15)中所定义，则对于所有的 $\kappa \geqslant \kappa^c$，预期的消费者剩余在禁止事先承诺披露信息的情况下达到最大。如果 $A>\frac{1}{4}(11\bar{\theta}-7\underline{\theta})$，则预期社会福利在禁止事先承诺披露信息时达到最大。

前面的讨论表明，在许多相关情况下，反垄断机构都应当禁止企业事先承诺分享信息的行为。禁止事先承诺这一做法可能还有一个额外的好处，即还有可能帮助反垄断机构打击串谋行为。

## 9.6 结论

本章分析了信息披露规则和知识溢出对企业的创新信息披露激励与产品市场竞争的影响。该分析针对古诺竞争市场中创新型企业发布有关工艺创新的情况。

本章已证明，在知识溢出量介于极值之间时，披露规则会对企业产出以及利润产生实质性影响。对于上述范围内的知识溢出量，策略性创新型企业相对于事先承诺披露信息的企业而言，将会在更多的情况下披露其技术信息。后者披露其技术信息的激励小于前者是因为，技术先进或有效率企业披露的信息会增加技术落后或无效率企业的利润，对于创新型企业而言，这种负的外部性需要自身来加以内部化，而创新型企业显然不愿这样做。反垄断机构能通过信息披露规制来发挥这种外部性对企业产品市场行为的影响，对创新型企业事先承诺分享信息规则的禁止会引起更多（策略性的）技术信息披露，因此，会潜在地导致较高的消费者剩余和社会福利水平。

对于极端情况下的信息溢出量，即当很少或几乎所有披露的技术都会被模仿时，披露规则不会对企业的行为造成影响。然而，在这两种情况下,对事先承诺披露信息行为加以禁止,却可获得阻止企业串谋的额外收益。

# 附录

本附录中包含了对本章命题2至命题4的证明。

*命题2的证明* 定义式(15)中的临界信息溢出量$\underline{\kappa}$和$\overline{\kappa}$,$\underline{\kappa}$和$\overline{\kappa}$如式(15)所定义。企业$i$在披露信息时的利润为:

$$\pi_i^s(\underline{\theta}|\underline{\theta}) = x_i^d(\underline{\theta};\kappa)^2 = \frac{1}{9}(A-2\underline{\theta}+C(\underline{\theta},\kappa))^2$$
$$= \frac{1}{9}[(A-2\underline{\theta}+\overline{\theta})-\kappa(\overline{\theta}-\underline{\theta})]^2 \tag{19}$$

企业$i$在隐瞒信息时的利润为:

$$\pi_i^s(\varnothing|\underline{\theta}) = x_i^s(\underline{\theta};\varnothing)^2 = \frac{1}{9}\left(A-2\underline{\theta}+\overline{\theta}+\frac{1}{2}(\theta-E\{\theta_i|\varnothing\})\right)^2$$
$$= \frac{1}{9}\left((A-2\underline{\theta}+\overline{\theta})-\frac{1}{2}(1-q)(\overline{\theta}-\underline{\theta})\right)^2 \tag{20}$$

对利润$\pi_i^s(\underline{\theta}|\underline{\theta})$和$\pi_i^s(\varnothing|\underline{\theta})$的比较能得出下面直接的观察结果。

当完全披露信息时,$(\delta(\underline{\theta}),\delta(\overline{\theta}))=(1,0)$,如果$\pi_i^s(\underline{\theta}|\underline{\theta})>\pi_i^s(\varnothing|\underline{\theta})$,或者$\kappa<\frac{1}{2}(1-q)$,则为最优。若$q=0$,以后企业$n$便以为会完全披露信息。因此对于所有的$\kappa<\overline{\kappa}$,完全披露信息是一个均衡时的措施。而当完全隐瞒信息时,$(\delta(\underline{\theta}),\delta(\overline{\theta}))=(0,0)$,若$\pi_i^s(\underline{\theta}|\underline{\theta})<\pi_i^s(\varnothing|\underline{\theta})$,或者$\kappa>\frac{1}{2}(1-q)$,则为最优。若$q=p$,以后企业便认为是完全隐瞒信息。因此,对于所有的$\kappa>\underline{\kappa}$,完全隐瞒信息是均衡时的信息披露规则。最后,若企业$i$对是否披露或隐瞒信息是无所谓的,假定以后企业会认为信息是部分被披露的,则均衡时会存在一个部分披露信息的规则,记为$(\delta(\underline{\theta}),\delta(\overline{\theta}))=(\delta^*,0)$ $(0<\delta^*<1)$,当$\kappa=\frac{1}{2}(1-q)$时,企业则会出现无所谓的态度。运用式(12),很容易得出下面的表达式:

$$\kappa = \frac{1}{2}\cdot\frac{1-p}{p(1-\delta^*)+1-p} \tag{21}$$

这可以推得式(16)中均衡时部分披露信息的可能性 $\delta*(\kappa)$。显然，对于$\underline{\kappa}<\kappa<\bar{\kappa}$的信息溢出量，存在部分披露信息的均衡，并且部分披露信息的可能性 $\delta^*$ 是随 $\kappa$ 而增加的。证明完毕。

*命题3 的证明*　由于下式中的各项都为负值，部分披露信息时企业 $i$ 的预期利润是随知识溢出量的减少而减少的：

$$\frac{d\prod_i^s(k)}{dk}=p\delta^*\frac{\partial\pi_i^d(\underline{\theta};k)}{\partial k}+[p(1-\delta^*)+1-p]\left(q\frac{\partial\pi_i^s(\underline{\theta};\emptyset)}{\partial\delta(\underline{\theta})}+(1-q)\frac{\partial\pi_i^s(\bar{\theta};\emptyset)}{\partial\delta(\underline{\theta})}\right)\frac{d\delta^*}{dk} \tag{22}$$

此外，若 $\kappa=\underline{\kappa}$，如命题 2 中所定义的一样，则 $\delta^*=0$，$\prod_i^0=\prod_i^s(\underline{\kappa})$。既然当 $\prod_i^s(\kappa)$ 随 $\kappa$ 的减少而减少时，$\prod_i^0$ 是恒定的，对于所有的$\underline{\kappa}<\kappa\leqslant\bar{\kappa}$（$\underline{\kappa}$和$\bar{\kappa}$如命题 2 中所定义的一样），$\prod_i^0>\prod_i^s(\kappa)$。下面给出完全披露信息和部分披露信息时预期利润的比较。若 $\kappa=\bar{\kappa}$，则 $\delta^*=1$，$\prod_i^s(\underline{\kappa})>\prod_i^d(\bar{\kappa})$。在信息溢出量较低时，对企业 $i$ 在完全披露信息($j=i$)时的预期利润（式(10)）以及部分披露信息时的预期利润（式(17)）的比较引出了 $x_i^d(\bar{\theta};\kappa)$ 和 $x_i^s(\bar{\theta})$ 的比较。由式(5)和式(13)可以推出：

$$x_i^s(\bar{\theta})=\frac{1}{3}\left(A-2\bar{\theta}+\bar{\theta}+\frac{1}{2}(\bar{\theta}-E\{\theta_i|\emptyset\})\right)>\frac{1}{3}(A-2\bar{\theta}+\bar{\theta})=x_i^d(\bar{\theta};\kappa) \tag{23}$$

对于所有的$\underline{\kappa}\leqslant\kappa<\bar{\kappa}$，可得 $\prod_i^s(\kappa)>\prod_i^d(\kappa)$。因此，部分披露信息时创新型企业的预期利润介于两种不同的披露体制下的预期利润之间，即对于所有的$\underline{\kappa}<\kappa<\bar{\kappa}$，$\prod_i^d(\kappa)<\prod_i^s(\kappa)<\prod_i^0$。

最后，在部分披露信息$(\delta(\underline{\theta}),\delta(\bar{\theta}))=(\delta^*,0)$时，企业 $n$ 的预期利润是随溢出量的增加而增加的，因此可得：

$$\frac{d\prod_n^s(\kappa)}{d\kappa}=p\delta^*\frac{\partial\pi_n^d(\underline{\theta};\kappa)}{\partial\kappa}+[p(1-\delta^*)+1-p]\frac{\partial\pi_n^s(\emptyset)}{\partial\delta(\underline{\theta})}\cdot\frac{d\delta^*}{d\kappa}>0 \tag{24}$$

另外，若 $\kappa=\underline{\kappa}$，则 $\delta^*=0$，$\prod_n^0=\prod_n^s(\kappa)$。由于当 $\prod_n^s(\kappa)$ 随 $\kappa$ 的增加而增加时，$\prod_n^0$ 是恒定的，因此对于所有的$\underline{\kappa}<\kappa\leqslant\bar{\kappa}$，$\prod_n^0(\kappa)$

$<\prod_{n}^{s}(\kappa)$。另一方面，若$\kappa=\bar{\kappa}$，则$\delta^*=1$，$\prod_{n}^{s}(\bar{\kappa})=\prod_{n}^{d}(\bar{\kappa})$。对于$\kappa<\bar{\kappa}$，在完全披露信息（式(10)，$j=n$）时和部分披露信息（式(18)）时对企业$n$预期利润的比较基本相当于对产出$x_n^d(\bar{\theta};\kappa)$和$x_n^d(\underline{\theta};\kappa)$的比较。显然，对于任意的$\kappa<\bar{\kappa}$，对式(6)中$\theta_i=\bar{\theta}$和$\theta_i=\underline{\theta}$的比较可得：

$$x_n^d(\bar{\theta};\kappa)-x_n^d(\underline{\theta};\kappa)=\frac{1}{3}(1-2\kappa)(\bar{\theta}-\underline{\theta})>0 \tag{25}$$

因此，对于所有的$\underline{\kappa}\leqslant\kappa<\bar{\kappa}$，$\prod_{n}^{s}(\kappa)<\prod_{n}^{d}(\kappa)$。综合考虑这两种利润比较可得：对于所有的$\underline{\kappa}<\kappa<\bar{\kappa}$，$\prod_{n}^{0}<\prod_{n}^{s}(\kappa)<\prod_{n}^{d}(\kappa)$。证明完毕。

*命题4 的证明*　对于一个给定的企业产出$X$，对应的消费者剩余为$\frac{1}{2}X^2$。社会福利是消费者剩余和总利润的加总，即$W\equiv\frac{1}{2}X^2+\pi_i+\pi_n$。从式(5)、式(6)可以推出完全披露信息时的企业产出：

$$x^d(\theta_i;\kappa)=\frac{1}{3}(2A-\theta_i-C(\theta_i,\kappa)) \tag{26}$$

加总式(8)和式(9)得出完全隐瞒信息时的企业产出：

$$X^0(\theta_i)=\frac{1}{3}\left(2A-\theta_i-\bar{\theta}+\frac{1}{2}(E\{\theta_i\}-\theta_i)\right) \tag{27}$$

首先请注意完全披露信息时消费者剩余随溢出量$\kappa$的增加而增加，由于从式(26)可知，$\partial X^d(\underline{\theta};\kappa)/\partial\kappa>0$，因此：

$$\partial E\left\{\frac{1}{2}X^d(\theta_i;\kappa)^2\right\}\Big/\partial\kappa=pX^d(\underline{\theta};\kappa)\cdot\partial X^d(\underline{\theta};\kappa)/\partial\kappa>0$$

对于$\kappa=\underline{\kappa}\left(=\frac{1}{2}(1-p)\right)$，当$X^d(\bar{\theta};\underline{\kappa})>X^0(\bar{\theta})$时，有：

$$\begin{aligned}X^d(\underline{\theta};\underline{\kappa})&=\frac{1}{3}(2A-\underline{\theta}-\bar{\theta}+\underline{\kappa}(\bar{\theta}-\underline{\theta}))\\&=\frac{1}{3}\left(2A-\underline{\theta}-\bar{\theta}+\frac{1}{2}(1-p)(\bar{\theta}-\underline{\theta})\right)=X^0(\underline{\theta})\end{aligned} \tag{28}$$

因此，$E\{X^d(\theta_i;\underline{\kappa})^2\}>E\{X^0(\theta_i)^2\}$。消费者剩余函数的连续性和单调性直接导致存在一个知识溢出量的临界值$\kappa^c$，且$0<\kappa^c<\underline{\kappa}$。对于任意的$\kappa\geqslant\kappa^c$，在完全披露信息时，消费者剩余达到最大。

如同 Shapiro(1986)的例证，对于$\kappa=0$，$E\{W^d(\theta_i;\kappa)\}>E\{W^0(\theta_i)\}$。如式(29)所示，完全披露信息时的预期社会福利取决于知识

溢出量 $\kappa$：

$$\frac{\partial E\{W^d(\theta_i;\kappa)\}}{\partial\kappa}=qX^d(\underline{\theta};\kappa)\frac{\partial X^d(\underline{\theta};\kappa)}{\partial\kappa}+2p\sum_{j\in\{i,n\}}x_j^d(\underline{\theta};\kappa)\frac{\partial x_j^d(\underline{\theta};\kappa)}{\partial\kappa}$$

$$=\frac{p}{9}(\bar{\theta}-\underline{\theta})[(2A-\underline{\theta}-C(\underline{\theta},\kappa))+2(A+4\underline{\theta}-5C(\underline{\theta},\kappa))]$$

$$=\frac{p}{9}(\bar{\theta}-\underline{\theta})[(4A+7\underline{\theta}-11C(\underline{\theta},\kappa))] \tag{29}$$

如果 $A>\frac{1}{4}(11\bar{\theta}-7\underline{\theta})$，则对于所有的 $\kappa$，上式都取正值。因此，若 $A>\frac{1}{4}(11\bar{\theta}-7\underline{\theta})$，对于任意的 $\kappa$ 值有 $E\{W^d(\theta_i;\kappa)\}>E\{W^0(\theta_i)\}$。证明完毕。

# 参考文献


Anton, J. J. , and D. A. Yao. 2003. "Patents, Invalidity, and the Strategic Transmission of Enabling Information." *Journal of Economics and Management Strategy* 12:151 –178.

Anton, J. J. , and D. A. Yao. 2004. "Little Patents and Big Secrets: Managing Intellectual Propety." *RAND Journal of Economics* 35:1 –22.

D'Aspremont, C. , and A. Jacquemin. 1988. "Cooperative and Noncooperative R&D in Duopoly with Spillovers." *American Economic Review* 78:1133 –1142.

Bayus, B. L. , S. Jain, and A. G. Rao. 2001. "Truth or Consequences: An Analysis of Vaporware and New Product Announcements." *Journal of Marketing Research* 38:3 –13.

Choi, J. P. , E. G. Kristiansen, and J. Nahm. 2004. "Vaporware." Photocopy.

Nranover, D. , and N. Gandal. 2003. "The DVD-vs. -DIVX Standard War: Empirical Evidence of Network Effects and Preannouncement Effects." *Journal of Economics and Management Strategy* 12:363 –386.

Dye, R. A. 2001. "An Evaluation of 'Essays on Disclosure' and the Disclosure Literature in Accounting." *Journal of Accounting and*

*Economics* 32:181 -235.

Farrell, J., and G. Saloner. 1986. "Installed Base and Compatibility: Innovation, Product Preannouncements, and Predation." *American Economic Review* 76:940 -955..

Fried, D. 1984. "Incentives for Information Production and Disclosure in a Duopolistic Environment." *Quarterly Journal of Economics* 99: 367 -381.

Gal-Or, E. 1986. "Information Transmission—Cournot and Bertrand Equilibria." *Review of Economic Studies* 53:85 -92.

Gerlach, H. A. 2004. "Announcement, Entry, and Preemption When Consumers Have Switching Costs." *RAND Journal of Economics* 35:184 -202.

Gertner, R. H. 1998. "Disclosure and Unraveling." In P. Newman ed., *The New Palgrave Dictionary of Economics and the Law*. London: Macmillan Press.

Gill, D. 2004. "Strategic Disclosure of Intermediate Research Results." Discussion Paper Series No. 211. Oxford: Department of Economics, University of Oxford.

Grossman, S. J. 1981. "The Informational Role of Warranties and Private Disclosure about Product Quality." *Journal of Law and Economics* 24: 461 -483.

Haan, M. A. 2003. "Vaporware as a Means of Entry Deterrence." *Journal of Industrial Economics* 51:345 -358.

Jansen, J. 2005. "Strategic Information Revelation in an R&D Race with Spillovers." Photocopy.

Jansen, J. 2006. "Share to Scare: Technology Sharing Incentives in the Absence of Intellectual Property Rights." Photocopy.

Jin, J. Y. 1995. "Innovation Announcement with Vertical Differentiation." *Journal of Economic Behavior and Organization* 28:399 -408.

Kamien, M. I., E. Muller, and I. Zang. 1992. "Research Joint Ventures and R&D Cartels." *American Economic Review* 82:1293 -1306.

Katsoulacos, Y., and D. Ulph. 1998. "Endogenous Spillovers and the

Performance of Research Joint Ventures." *Journal of Industrial Economics* 46:333 – 357.

Kühu, K. -U., 2001. "Fighting Collusion by Regulating Communication between Firms." *Economic Policy* 32:167 – 204.

Kühn, K. -U., and X. Vives. 1995. "Information Exchanges among Firms and Their Impact on Competition." *European Commission paper*. Luxembourg: Office for Official Publications of the European Communities.

Levy, S. M. 1997. "Should 'Vaporware' Be an Antitrust Concern?" *Antitrust Bulletin* 42:33 – 49.

Lopatka, J. E., and W. H. Page. 1995. "Microsoft, Monopolization, and Externalities: Some Uses and Abuses of Economic Theory in Antitrust Decision Making." *Antitrust Bulletin* 40:317 – 370.

Milgrom, P. R. 1981. "Good News and Bad News: Representation Theorems and Applications." *Bell Journal of Economics* 12:380 – 391.

Milgrom, P. R., and J. Roberts. 1986. "Relying on the Information of Interested Parties." *RAND Journal of Economics* 17:18 – 32.

Okuno-Fujiwara, M., A. Postlewaite, and K. Suzumura. 1990. "Strategic Information Revelation." *Review of Economic Studies* 57:25 – 47.

Ordover, J. A., and R. D. Willig. 1981. "An Economic Definition of Predation: Pricing and Product Innovation." *Yale Law Journal* 91:8 – 53.

Prentice, R. 1996. "Vaporware: Imaginary High-Tech Products and Real Antitrust Liability in a Post-Chicago World." *Ohio State Law Journal* 57:1163 – 1262.

Prentice, R. A., and J. H. Langmore. 1994. "Beware of Vaporware: Product Hype and the Securities Fraud Liability of High-Tech Companies." *Harvard Journal of Law and Technology* 8:1 – 74.

Raith, M. 1996. "A General Model of Information Sharing in Oligopoly." *Journal of Economic Theory* 71:260 – 288.

Scotchmer, S. 1991. "Standing on the Shoulder of Giants: Cumulative Research and Patent Law." *Journal of Economic Perspectives* 5:29 – 41.

Shapiro, C. 1986. "Exchange of Cost Information in Oligopoly." *Review of Economic Studies* 53:433 – 446.

Shapiro, C. 1996. "Antitrust in Network Industries." Address by Carl Shapiro, U. S. Department of Justice Antitrust Division, January 25.

Shapiro, C., and H. R. Varian. 1999. *Information Rules: A Strategic Guide to the Network Economy*. Boston: Harvard Business School Press.

United States v. Microsoft Corp. 1994—1995. Civil Action No. 94 – 1564.

Verrecchia, R. E. 2001. "Essays on Disclosure." *Journal of Accounting and Economics* 32:97 – 180.

Vives, X. 1999. *Oligopoly Pricing: Old Ideas and New Tools*. Cambridge, MA: MIT Press.

Wallace, J., and J. Erickson. 1993. "Hard Drive: Bill Gates and the Making of the Microsoft Empire." New York: Harper Business.

# 第 10 章

## 有线网的所有权结构与本地接入竞争*

Duarte Brito
Pedro Pereira

## 10.1 引言

有线电视网通过升级改造可以提供电信服务,并与公共交换电话网展开竞争。在本章中,我们将探讨有线电视网及其所有权结构在促进本地接入竞争中的作用。我们有双重目标:第一,与电话网和有线电视网的分离所有权(seperate ownership)相对照,研究双重所有权(dual

* 我们感谢 F. Domingguez、E. Sheehan、两位匿名评审人和本书主编 Jay Pil Choi 的有益评论。作为本章基础的论文曾在 2004 年 CESifo 集团"反垄断研究新进展"威尼斯夏季研讨会和 2004 年柏林 ITS 上被作为演讲的内容。本章所述内容是作者的观点,并不代表作者所在的机构。

ownership)对公司投资改造有线网的激励。① 运用网络升级后带来的新增利润度量升级有线网的激励程度,并用一个简单模型说明升级有线网的动力与所有权结构之间没有明确的关系。第二,我们认为分离的所有权结构对促进两个网络的本地接入竞争具有重要意义,并通过模型比较了两种所有权结构下的均衡价格。我们发现,即使一个公司同时拥有这两种网络,它在升级有线网时,其行为方式也像一个多产品垄断者,在这种情况下,两个网络不可能出现有实际意义的竞争。只有所有权独立的有线电视公司才会升级有线网,并与在位的电信公司展开竞争。

众所周知,有线电视网和公共交换电话网之间的竞争还没有文献正式讨论过。不过,与本章内容相关的文献包括电信产业各种进入方式的相对优势,以及不同传输方式间的竞争。在第一类文献中,Faulhaber(2003)分析了将电信市场的某些环节开放的情况,并且提到有线网可以作为现有电信网本地接入服务的替代方式。Bourreau 和 Dogan(2004,2005)运用技术引进动态模型研究了新进入者租用在位公司的本地线路并与之进行基于服务的竞争激励问题,或者通过自行建造一个更有效率的基础设施与在位公司进行基于设施的竞争激励问题。他们指出,在位公司通过制定较低的本地线路租用价格延迟新进入者对新技术的采用。Dessein(2004)考虑了存在横向差异的两个网络之间的竞争,并指出消费者异质性如何影响非线性定价策略。关于各传输方式之间的竞争,Loomis 和 Swann(2005)建立了一个本地竞争模型,并进行了估计。他们发现,在位公司和新进入者在使用无线网和高速服务时存在实质性竞争。② 最后,需要注意的是,虽然我们使用了多产品垄断公司模型,但在假设中也有一些标准模型中没有的特征,例如范围经济和协调经济。

本章内容安排如下:10.2 节介绍了关于有线网所有权结构的政策讨论;10.3 节给出了模型;10.4 节刻画了均衡的特征;10.5 节作了进一步分析;最后,10.6 节给出结论。所有的证明请参见附录。

---

① 分离所有权是指单个公司的股东间没有任何实质性的重叠;双重所有权是指不同公司主要由相同的股东控制。

② 关于不同传输方式竞争中最优定价的讨论,见 Braeutigam(1979)。

## 10.2 政策讨论

在本节中，我们提供了关于有线电视网所有权结构的政策讨论。首先，讨论基于设施的进入方式对促进本地接入竞争的重要意义。然后，探讨有线电视网在促进基于设施的进入方式中的重要性。最后，分析所有权结构对升级有线电视网的动力，以及对本地接入的影响。

### 10.2.1 基于设施的进入方式和本地接入竞争

美国1996年《电信法》规定，新公司除了可以通过自有设备进入外，还鼓励以其他两种方式进入本地接入市场，即转售在位公司的服务或对在位公司的本地线路分类计价。[①] 这些新模式前景很好。本地接入市场中与规模、密度和范围经济相关的较高的进入门槛被去除，新进入者有时间发展客户基础，构建基础设施。[②] 欧盟经历了一个类似的自由化过程。

根据网络开放原则，通过转售和对本地线路分类计价的方式进入，所有电信公司在无歧视、透明化和成本导向的原则下接入基础公共电话网。[③]

网络开放准则是许多国家法律体系的一部分，例如《接入准则》(2002/19/EC)。然而，实施却非常困难。在位公司采取阻碍议案通过的策略，很难被发现或起诉。另外，即使起诉，必要的程序也将花费相当长的时间。在1974年针对AT&T公司的反垄断诉讼中，美国司法部反垄断局要求分拆该公司，因为他们认为作为部门规制机构的联邦通

① 本地接入是指呼叫双方均在本地网络中的通讯。新公司以自有设备方式进入，需要建造自己的本地回路、转换器等。这种进入方式使新公司独立于现有公司的网络系统，但却需要花费很多时间，并投入大量资金。新公司也可以以转售的方式进入市场，只需以低于现有公司向其客户收取的价格购买其服务，然后再向它自己的客户出售这些服务，这种进入方式快捷而且花费少，然而在批发和零售之间的套利是唯一的利润空间。通过本地回路非捆绑进入是一种将前面两种方式混合在一起的进入方式，新公司租用现有公司本地回路的未捆绑部分，并将之与自己的基础设施结合起来。

② 本地电话的基础设施包括电线杆、电缆管道和地下工作区。通常，这些基础设备的规模是一定的，不会随着所支持线路数量的变化而改变。另外，基础设施的成本占到本地电话网总成本的1/3以上。大容量传输系统十分依赖于规模经济。消费者分布的密度越大，所建造的传输网就越有效率。

③ 共同成本的存在使得成本导向原则很难实施。在美国发生的一些法律诉讼，如20世纪60年代关于Telpak收费标准问题，20世纪70年代关于ENFIA收费标准问题，20世纪90年代关于电信条例问题，都说明了这些困难(Temin 2000)。见Hausman(2003)关于成本导向问题的讨论。

讯委员会不可能阻止AT&T公司制定高价,也不可能阻止其妨碍竞争对手接入本地网络(Noll和Owen 1988)。[①] 换言之,分拆是源于不相信联邦通讯委员会会实行网络开放条款。1984年,这一案件最终以AT&T公司被分拆告终。[②]

除了让新进入者依赖于在位公司的基础设施外,其他两种进入方式也限制了新进入者的营销选择。特别是转售的方式将不允许新进入者在产品差异和创新方面有太大作为。

可能是因为在位公司的阻挠,也可能是因为新进入者自身条件的限制,目前转售和本地线路分类计价这两种方式在美国和欧盟只产生了极为有限的影响。如图10—1所示,在欧盟推行自由化6年后,原先的在位公司仍然控制着本地接入市场。毕竟就基于设施的进入方式而言,除了这两种方式外好像也没有别的替代方式,即使是临时性的也没有:

> 最后,对于纵向一体化的供应者来说,分类计价是一种不合规律的行为……事实上,要求完全互联,或者完全无歧视地对待相关或不相关的合作者,这样的目标很难实现。我们如今所使用的内嵌式地方网能够被最优化,是由于垄断运营商的排他性使用,而非源于未绑定部分或其他网络的批量供应(Woroch 2002,709)。[③]

对当前电信市场状况的折中解释,即进入该市场花费的时间要比原先预期长。Geroski(1992)指出,在很多产业中,新进入者都要花费相当长的时间才能积累很小的市场份额。如果考虑电信产业的复杂性,那么较为缓慢的进入过程就不足为奇了。

## 10.2.2 有线网和本地接入竞争

关于促进本地接入竞争中基于设施的可行进入方式,在住宅区市

---

① 这一诉讼提出了关于长途、本地通讯和设施市场的垄断经营问题。

② 除了实施问题,开放网络供给还面临一个合法性问题。最近判决的Verizon诉Trinko(540 U.S.(2004))一案中,美国最高法院认为:"1996年的法案在一个重要方面比反垄断法更加雄心勃勃,它试图消除由AT&T公司拆分后的本地公司享有的垄断特许权……作为对照,《谢尔曼法》第2条只是设法阻止不合法的垄断。将这两个目标混为一谈是一个严重的错误。《谢尔曼法》确实是"自由企业的大宪章",但它并没有给法官太大的自由权来坚持这一观点,即一旦发现某种方式更有利于竞争,就迫使垄断者改变经营方式。

③ Crandall(2003)提供的证据表明《电信法》通过后,建设基础设施是一个公司进入本地接入市场的基础。Faulhaber(2003)则预测当前的本地回路非捆绑模式将会失败。

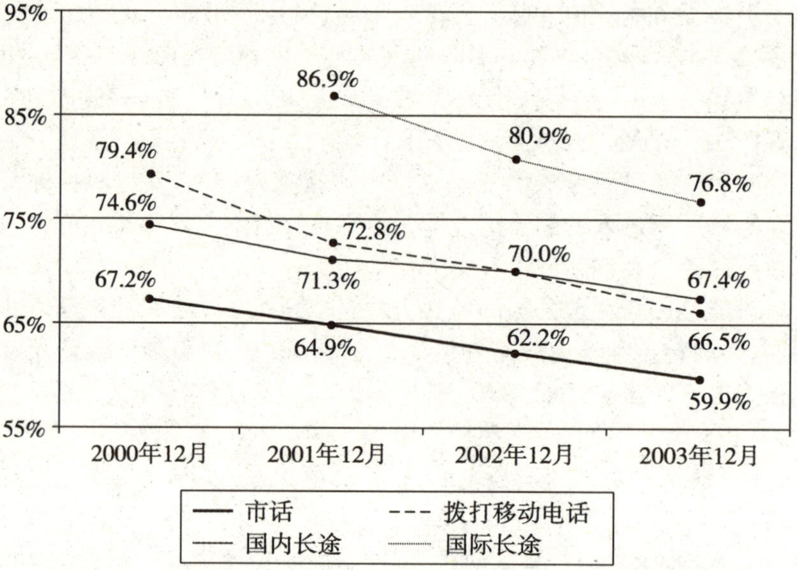


**图 10—1 欧盟十五国现有厂商语音电话系统收入的市场份额**

资料来源 《欧洲的电信规制与市场 2004》。

场和非住宅区市场有一个清晰的界限。① 为非住宅区客户铺设本地接入网并不是问题。为大公司客户建设无线电通路或为商业园区建造一个光纤通讯网的投资更有利。② 然而，对于住宅区的大多数客户来说，情况则有所不同，除非可以提供其他服务，否则建设本地接入网无利可图。就这方面而言，有线电视网可能扮演了一个重要的角色。

在向消费者提供本地接入服务的不同选择中，有线电视网有三个突出的特点，这使得有线电视网能够在短期与公共交换电话网竞争。第一个特点是，有线电视网可以通过升级来提供电信服务。有线电视网最初是为广播信息而设计的，也就是说，传送单向信号。③ 然而，有线电视网之所以可以升级，主要是因为光纤通讯增加了带宽，数字化提

① 非住宅用户和住宅用户有着不同的需求特点。商用线路经常需要大容量数据连接或者需要专用线路与干线交换机连接。

② 光纤环路网技术需要较高的固定成本，而边际成本很小。高固定成本使这项技术的应用受到限制，比如大宗客户或者是像城市中多单元住宅楼群这样的人口密度大的地区。对于拥有大量消费者的公用事业的最优定价策略，见 Einhorn(1987)。

③ 1948 年起源于美国的有线电视，其目的是为了改善山区和地理上偏远的地区接收无线电视信号的能力。在高处架起社区天线，然后各家各户就可以通过连接到天线塔来接收播出信号。

高了服务的质量和范围，双向放大器允许承载一个返回信号，开关转换器能够使电路转换。一个升级后的有线电视网可以提供各种交互服务，比如固定电话通讯、通过调制解调器接入宽带、视频点播服务等。第二个特点是，升级一个已有的网络使之能够传送往返信号，这比铺设一个新的电信网快得多，而且费用要少。1997年，Woroch将升级有线电话技术的每户平均成本定为400～900美元，并且估计投资回报期为6年。更多的估算结果参见Hatfield协会(1997)。[①] 第三个特点是，在许多国家，已经铺设的有线设施提供了令人满意的覆盖范围(见表10—1)。[②]

表10—1　**欧盟每100户居民中固定电话接入比例和有线网(覆盖比例)**

| | 固定电话接入比例 | 有线网覆盖比例 |
|---|---|---|
| 奥地利 | 48.8 | 53 |
| 比利时 | 51.1 | 100 |
| 丹麦 | 71.5 | 70 |
| 芬兰 | 67.0 | 63 |
| 法国 | 67.6 | 32 |
| 德国 | 63.5 | 86 |
| 爱尔兰 | 48.5 | 50 |
| 卢森堡 | 78.6 | 100 |
| 荷兰 | 64.7 | 94 |
| 葡萄牙 | 43.5 | 47 |
| 瑞典 | 75.5 | 65 |
| 英国 | 58.9 | 51 |

资料来源　OECD 2003。

① 改变电话服务供给的成本主要依赖于有线网的现有状况。传统的有线网树状结构与电话通讯技术并不相容，这是因为在配线网中级联放大器的使用使双向传输不再可能。因而有线网需要进行全面改造。最近建造的有线网可能会用光纤取代部分同轴电缆，以提高电缆质量，改善其稳定性，增加数据传输量。另外，它还可能采用星形结构，这更加有利于双向交流。一个可以支持双向传输的光纤同轴电缆混合网只需要很小的代价即可完成升级。在英国，各公司采用不同的技术方法配置有线网，这些网络的电缆是由一个独立的同轴电缆和铜线相互盘绕而成的。

② “Home passed”是业界对有线网所覆盖的用户的一种说法。

10.2.2.1　英国的案例

英国的案例揭示了有线电视网在促进本地接入竞争中的重要性。在1984—1991年实行合法双寡头垄断的7年间，英国电信（British Telecom）的对手Mercury获得了语音服务1%的市场份额，但Mercury并没有投资铺设线路，而是仅转售能够盈利的服务。1991年，由于《1990年电信政策评论——双寡头垄断评论》的发表，有线电视公司被获准提供固定电话业务。[①] 有线电视公司的电话通讯业务的市场份额很快就赶上并超过了收费电视业务，现在有线电话用户的数量已经超过有线电视用户。2003年第三季度，NTL Home拥有2 809 500个用户，其中宽带用户864 600个，数字电视用户1 294 800个，电话用户2 489 800个，此外，还有55 100个用户同时使用这三项服务，这部分用户约占总量的1.96%。而同一时期，Telewest拥有329 336个宽带用户，911 191个数字电视用户，1 588 358个电话用户。就收入而言，1992年英国电信占英国区域通话99.2%的市场份额；在2003年第二季度，NTL和Telewest加起来共拥有13.4%的区域通话市场份额和19.7%的居民通话市场份额，英国通信则在这两个市场上分别占65.7%和70.6%的市场份额。[②] 值得注意的是，就有线网而言，这一数字已经很惊人了，因为它们只覆盖了英国一半的住户。

10.2.2.2　其他案例

美国的一些案例可以说明有线电视网在促进本地接入竞争中的重要性，但是大都缺乏说服力。[③] 2003年，有线电视公司提供了2 500 000条住宅电话线，然而有73 783 000个基本有线用户和102 900 000户有线网所覆盖的家庭。[④] Comcast有线通信公司和Cox通信公司是美国最大的两家有线电话供应商，他们在有线电话市场上分别占63%和31%的市场份额。在德国，购买部分Deutsche Telekom有线电视网的

① 政府允许有线电视经营者提供它们自己的电话服务，而不再只是转售英国电信或Mercury的服务，尤其是它们现在可以配置自己的交换器，与附近的有线电视特许商自由连接。

② 关于NTL的数据来自该公司的季度报告，关于Telewest的数据来自ECCA的网站，关于OFCOM市场份额的数据来自OFCOM的《市场信息》。

③ 关于制约因素的讨论见Chandler、Kelley和Nugent(2002)。

④ 根据国际有线电视和电信协会的数据。

公司中没有一家显示出对提供电话通讯服务感兴趣。①

其他可供选择的技术也可以向消费者提供本地接入服务，如本地无线线路②、输电线集成通信③、网络语音电话④。不过这些技术刚刚开始推行。

### 10.2.3 所有权结构、投资激励与竞争

美国1996年《电信法》已经认识到有线电视网在为现有公司本地接入网络提供基础设施方面的重要性，同时也意识到其中的潜在利益冲突。该法案302节强迫拥有本地电信网的公司和拥有有线电视网的公司实施结构上的分离。⑤

欧盟委员会体现了政党之间的政治平衡，但在立法上却很模糊。《有线指令》(95/51/EC)第2条要求同时提供电信网和有线电视网的公司账户分立。同时，它又倾向于要求同时提供电信网和有线电视网的公司实行结构上的完全分离。⑥ 1998年，委员会研究了指令95/51/EC公布后采取的措施，并得出结论，即为增加产业竞争，仅靠账户分立是不够的。在通讯委员会发布的98/C 71/04号文件中，委员会建议电信和有线电视业务应该实施在法律意义上的分离，但又指出结构分离

---

① 德国市场有几个独有的特点：第一，数字化电视的促销提供了优质的节目和更多的频道。然而作为有线电视的替代品，无线模拟信号多频道电视仍然被普遍使用，这阻碍了有线电视市场份额的增加；第二，有线网被划分为四个层次，但即使在某一地区，它们也未必同属于一家公司，这降低了公司为升级改造有线网提供电话通讯服务的投资积极性。

② 无线本地回路是一组技术。该技术运用无线信号将用户与公共交换电话网连接起来，连接用户与交换器的铜线已全部或部分由无线电信号取代。无线本地回路包括无绳接入系统、专有固定无线电通路、固定蜂窝状系统。

③ 数字电力线路使用已有的电力设施传送50~60Hz之间的低频信号和大于1MHz的高频信号。低频信号输送电力，高频信号以1Mbps的速度传送数据。一个调节装置分离不同的信号，将电输送到家中的电源接口，将数据送到处理器，这个处理器为数据、声音等提供多种信道。本地变电站的基点服务器通过光纤或宽带同轴电缆与因特网连接。这个系统有点类似于局域网。

④ 电路交换电话网在通话的终端之间建立专用线路，以避免数据传送过程中的时间延误。然而，这种延误控制是以占用有限的带宽为条件的。尽管在一次通话期间会有很多时段没有数据传输，但是在整个通话期间仍然要占用整个信道，如数字网络中64Kbps的数据流。在报文分组交换网络中，而不是专用连接电路中，网络资源是共享的，而且只有在数据快速传输或接收时才使用。如果使用压缩算法，电话信号还能以8Kbps的低速传输，提高带宽使用效率。

⑤ 合法分离是指根据公司法原理，若干公司为彼此不同的法律实体。结构化分离是指公司在法律上是分离的，或者公司之间没有任何有实质意义的交叉所有权。

⑥ 占优的公司经营活动的会计独立使得资金流量更加透明，而且利于观察，避免占优的公司滥用权力，如定价权。公司在法律上的分离使资产和成本更加透明，但是在会计和法律上的分离并不能根本解决利益冲突。两个在法律上分离的公司可能被一个第三方公司控制，它在两个公司中都占有很大的份额，实际上控制了这两个公司的资产。

会更合适，而在指令 2002/77/CE 第 8 条中却只要求法律上的分离。[①]一些欧洲国家采取了更为武断的方式，或是禁止电信公司拥有有线电视网所有权，或是强行剥夺电信公司拥有的部分或全部有线电视网所有权。[②]

欧盟委员会之所以倾向于结构分离，是因为委员会认为，一个同时拥有两个网络的公司没有升级有线网的动力。一个经改造可以双向传输的有线网将与电话网在电话业务和宽带接入互联网业务方面出现竞争。这样的公司即使投资于有线网在将来也不大可能产生额外的净收入，这是因为它仅仅改变了收入来源。但是，一个所有权独立的有线电视公司就不会出现类似的利益冲突，因为电信服务吸引了许多新客户。指令 99/64/EC 的序言第 10 段说明如下：

成员国组织已经将建造和运营有线电视网的专营权授予了在同一地理区域的电信机构，在该区域该电信机构要在使用电信基础设施的业务中居支配地位，这样的电信机构没有积极性将公共窄带电信网和宽带有线电视网都升级为可以传送声音、数字和图像的综合宽带通讯网(全面服务网络)。换言之，这样一个机构由此被置于一个存在利益冲突的情境中，因为电信网或有线电视网的任何重大改进都可能引起另一个网络的业务流失。在这种环境下，将这两个网络的所有权分离为两个截然不同的公司是可取的，因为网络之间共有的所有权将会使这些机构推迟新的先进通讯业务的出现，损害了用户利益，限制了技术进步。

经济合作与开发组织(OECD)也持有类似的观点(OECD 1998)。

与欧盟委员会一样，我们也倾向于结构分离，但对欧盟委员会所持

---

① 我们不能过分依赖欧盟指令的序言，不过它对指令的基本原理提供了一些洞见。指令 2002/77/CE 将指令 99/64/EC 序言的第 11 段修改为："为了达到透明性要求，由法律上独立的公司经营网络是必要的，尽管有时候这些公司很可能实际上是由一个公司所有的。因此，如果一个电信机构将其有线电视业务移交给它的一个完全控制的附属公司，那么法律上分离的要求必须被遵守。"

② 在英国、比利时和西班牙，主要的电信公司被禁止提供有线电视服务。荷兰已经采取了许多措施限制现有电信公司关于电信网和有线电视网的双重所有权，并且在结构上分离这两个经营活动。1997 年，荷兰的 KPN 公司被迫将其在 Casema 有线公司的份额由 100% 减少到 20%。在其他国家，规制机构或反垄断机构施加的压力以及财务上的困难，使得在位的公司不再投资于有线电视。1999 年 12 月，Swisscom、Siemens Schweiz 和 Veba 将 Cablecom 集团卖给了 NTL。2002 年 7 月，由于来自欧盟委员会的压力，德国电信将其有线电视公司德国有线分成 9 个地区性公司，分批卖掉(欧盟委员会新闻稿：IP/00637)。2002 年 5 月，瑞典和芬兰的主要电信公司 Telia 和 Sonera 的合并获得欧盟委员会通过，其中的条件之一是 Telia 必须剥离其有线电视网络。

的结构分离动因,则有两点不同看法。第一,所有权结构和有线网升级的关系并非如此简单。双向所有权不一定能减少有线网的升级。“拆东墙补西墙”效应(self-cannibalization effect)会减少同时拥有两个网络的公司升级有线网的动力。然而,其他因素会缓和甚至克服这一效应的影响,并且给予公司更多的升级动力。其主要原因有:(1)两个网络联合运作的协调经济;(2)两种类型的公司升级有线网的成本差异;(3)规制的不确定性;(4)规制套利;(5)当网络非重叠覆盖时吸引的新消费者。10.2.2 中德国的例子表明,结构分离并不能保证有线网升级并被用于提供电信业务。

第二个原因也是更主要的原因是,我们认为强调所有权结构对升级有线网动力的影响是错误的。我们认为它在建立本地接入竞争方面的影响更重要。即使同时拥有两个网络的公司升级有线网,它也不会具有让有线网与电信网进行竞争的动力。只有所有权独立的有线电视公司才会用有线网与电信公司竞争。①

## 10.3 模型

由于这是一个政策导向的讨论,所以我们建立了一个程式化的模型(stylized model),以便使分析更为清楚,在 10.6 节我们进行了一些扩展。

有两个网络:(1)公共交换电话网(public switched telephone network,PSTN);(2)有线网(cable network,CN)。PSTN 属于电信公司,提供固定电话通讯服务,用 $f$ 表示,CN 属于有线公司,提供收费电视服务,用 $t$ 表示。如果 CN 经改造具有双向传输能力,那么它也可以提供固定电话通讯与收费电视的捆绑服务,用 $b$ 表示。我们用下标 $j(j=f,t,b)$ 表示产品。在 10.6.2 小节,我们允许有线公司在收费电视捆绑服务中提供固定电话服务,也可以分别提供这两种服务,即有线公司可以提供混合捆绑服务。这里有两种可能的所有权结构,即分离所有权和双重所有权(通过控股公司)。用 $i$ 表示独立的有线公司,用 $h$ 表示控股公司拥有的有线公司,用上标 $k(k=i,h)$ 表示两种类型的有线公司。

① 以促进本地接入竞争为目的的结构分离所产生的法律问题,与前面脚注中关于开放网络原则的讨论是类似的。

这一博弈过程有两个阶段:第一阶段,有线公司决定是否升级 CN;第二阶段,两个公司同时定价。

## 10.3.1 公司

升级 CN 包含一项固定成本 $\varphi(\varphi>0)$,它与有线公司的所有权结构无关,三个产品的边际成本是固定不变的。用 $c_f$ 表示电话服务的边际成本,对于收费电视和捆绑服务的边际成本还要区分 CN 是独立公司拥有的 CN 还是控股公司拥有的 CN,用 $c_j^k(j=t,b;k=i,h)$ 表示有线公司提供的产品 $j$ 的边际成本。

假设两个网络的双重所有权存在协调经济。协调经济是由于有线公司整合了有线网与电话网,比如通过控股公司拥有的共享资源。[①] 这意味着比起独立公司拥有的 CN,控股公司拥有的 CN 边际成本更低。更确切地说,$c_t^h:=c_t^i-\delta_t, c_b^h:=c_b^i-\delta_b-\delta_t$,用参数 $\delta_t\in[0,c_t^i)$ 表示有线电视的协调经济,用 $\delta_b\in[0,c_b^i-\delta_t)$ 表示捆绑服务的协调经济。

假设收费电视和固定电话服务联合供给时存在范围经济。范围经济来源于由同一网络提供多种服务的联合边际成本。[②] 这意味着捆绑产品的成本绝不高于收费电视和电话服务的总成本。特别地,$c_b^i:=c_f+c_t^i-\gamma$(参数 $\gamma\in[0,c_f+c_t^h-\delta_b)$)表示范围经济。表 10—2 总结了成本结构。

表 10—2　　**两种所有权结构下的单位成本**

| | 固定电话 | 有线网 | 捆绑 |
|---|---|---|---|
| 有线厂商独立 | — | $c_t^i$ | $c_b^i=c_f+c_t^i-\gamma$ |
| 厂商控股 | $c_f$ | $c_t^h=c_t^i-\delta_t$ | $c_b^h=c_f+c_t^i-\gamma-\delta_t-\delta_b$ |

假设控股公司像多产品垄断者一样行动,且这些公司不采取价格歧视,这意味着公司对于同样的服务向所有消费者收取相同的价格。本节末的最后一个注释对这一假设进行了讨论。

① 同时存在两个网络会导致资源的重复浪费,如本地回路、交换器、主干网络。如果两个网络整合在一起,就可以更有效地利用这些资源。此外,如果两个网络都是数字化的,那么即使不考虑宽带网的情况,任何一个网络也都可以传输这两种类型的信号。这样就可以优化两个网络的流量。

② 根据 Cluny(1996)的观点,就一个多种服务的运营商而言,其运营成本中 10% 归属于收费电视,20% 归属于电话通讯,70% 或更多属于共同成本。另外,Woroch(1997)关于技术进展情况的描述中提到在视频和音频之间也存在范围经济。

### 10.3.2 消费者

假设存在消费者的连续统,标准化为1。所有消费者均可接入这两个网络。将消费者分为两类,用 $\tau=1,2$ 表示,它们的不同之处仅仅在于对捆绑服务的评价不同。用 $v_f$ 和 $v_t$ 分别表示消费者对固定电话服务和收费电视服务的估价,用 $v_b^\tau:=v_f+v_t+\theta^\tau$ 表示 $\tau$ 类型消费者对捆绑服务的估价,用参数 $\theta^\tau\in R$ 度量捆绑服务的边际价值。类型1的消费者占消费者总数的比重为 $\beta(\beta\in(0,1])$,他们对捆绑服务的估价较高。类型2的消费者,比重为 $1-\beta$,他们对捆绑服务的估价较低。这就是说,$\theta^2<\theta^1$。类型1的消费者的估价较高是因为只与一个公司打交道具有的便利性,如只签一个合同,每月只付一个账单,只找一个维修服务中心等。① 类型2的消费者的估价较低是因为消费者的一些惰性,这使他们不愿意接受一个新的服务。假设是否购买捆绑服务对消费者无差异时,他会选择前者。

为了使模型封闭,我们对参数值作了如下假设:令 $c_f<v_f,c_t^i<v_t$,且 $\theta^2<-(v_f-c_f)-(v_t-c_t^k)-\gamma<0\leqslant\theta^1(k=i,h)$。由这些假设以及上面对成本结构的假设,可知 $v_b^2<c_b^h<c_b^i<v_b^1$。

由于PSTN通常有提供网络互联的责任,因此我们从可能存在的网络效应中进行抽象研究。

## 10.4 均衡的特点

本节刻画了博弈均衡的特点,对于两个可供选择的所有权结构,我们采用逆向归纳法求均衡解。

### 10.4.1 第二阶段:价格博弈

本小节分析两种所有权结构下均衡价格的特点,以及CN未被升级和被升级的情况。

① Cooper(2003)提供证据表明随着新技术的推行,有线电视公司可能会提高它们的收费,增加的收费将高于提供这种技术所需的资本支出。

10.4.1.1 CN 未被升级

用 $p_j$ 表示产品 $j(j=f,t,b)$ 的价格。在 CN 未被升级的情况下，均衡价格很简单并且在两种所有权结构下是相同的。电信公司和有线公司都是垄断者，自行制定它们的垄断价格。① 我们将在结论中提供这一观察结果，以供下文参考。

结论 1 在均衡条件下，如果 CN 未被升级，那么电信公司和有线公司的定价分别为：(1) $p_f=v_f$；(2) $p_t=v_t$。

为简化表示方法，定义电话通讯和有线电视的垄断利润分别为 $\mu_f:=v_f-c_f$ 和 $\mu_t^k:=v_t-c_t^k(k=i,h)$。

使用结论 1，当 CN 未被升级时，电信公司和有线公司的均衡利润分别为 $\mu_f$ 和 $\mu_t^k(k=i,h)$。

10.4.1.2 双重所有权下 CN 被升级

假设控股公司像多产品垄断者一样行动，这意味着其最大化目标是联合利润，此时的均衡价格也很简单。

结论 2 均衡时，在双重所有权下，如果 CN 被升级，那么控股公司的定价为：(1) $p_f=v_f$；(2) $p_t=v_t$；(3) $p_b=v_b^1$。

结论 2 很简单，控股公司面临一个权衡。通过有线公司可以向类型 1 的消费者销售捆绑服务，或者通过两个网络向这些消费者分别销售电话服务和收费电视服务。假设捆绑服务的供给存在范围经济，类型 1 的消费者对该服务有一个较高的估价，那么销售捆绑服务比分别销售这两种服务更加有利可图，即 $v_b^1-c_b^h=\mu_f+\mu_t^h+\theta^1+\gamma+\delta_b>\mu_f+\mu_t^h$。控股公司是这三项服务的一个垄断者，并相应地为它们制定价格。垄断价格不仅使控股公司在向类型 2 的消费者销售商品时榨取他们的剩余，而且还使类型 1 的消费者为捆绑服务支付更高的价格。

使用结论 2，当 CN 被升级后，控股公司的均衡利润为：

$$\prod^m=(1-\beta)(\mu_f+\mu_t^h)+\beta(v_b^1-c_b^h)-\varphi$$

10.4.1.3 分离所有权下 CN 被升级

在这个例子中不存在关于所有产品的纯价格策略均衡。第一，有

① 我们假设拥有未升级有线网的控股公司不会提供捆绑服务，这一假设的原因有两个：第一，两个法律上独立的公司不可能向消费者提供以上所说的便利，如只需签一份合同、找一个维修中心和向一家公司付款；第二，根据定义，如果每项服务通过不同的网络提供，则不存在范围经济。因此，就消费者评价和边际成本而言，捆绑销售这些服务和分别销售是完全一样的。

线公司有一个占优策略，即为收费电视服务制定垄断价格 $p_t = v_t$，在此价格上它向类型2的消费者出售收费电视服务。① 第二，有线公司没有关于捆绑服务价格的纯策略均衡，电信公司没有关于电话服务的纯策略均衡。② 在10.6.3小节，我们将讨论如何修改模型，以使所有价格保持纯策略均衡。

下面将构建电话服务和捆绑服务价格分配的支持体系。③ 电信公司可能决定只将捆绑服务向估价较低、所占比例为 $1-\beta$ 的消费者出售，价格为 $v_f$。或者，电信公司将价格定在 $v_f$ 之下，试图以低于有线公司的价格向估价较高的消费者出售捆绑服务。令 $l_f$ 表示电信公司向所有消费者出售产品时愿意接受的最低价格，即 $(l_f - c_f) \equiv (1-\beta)\mu_f$，从而得到 $l_f = c_f + (1-\beta)\mu_f$。价格 $l_f$ 随着 $\beta$ 的增加而减少，随着 $\mu_f$ 的增加而增加；$\beta$ 表示对捆绑服务有较高估价的消费者的比例；$\mu_f$ 表示电话服务的垄断利润。若 $\beta$ 值比较大，则以低于 $v_f$ 的价格向估价较高的消费者出售捆绑服务的机会成本就较低；若 $\mu_f$ 比较大，则该成本就较高。

有线公司可以单独将收费电视服务向对捆绑服务估价较高的消费者以价格 $v_t$ 出售，这一类型消费者的比例为 $\beta$。用 $l_b$ 表示有线公司能够接受的捆绑服务的最低价格，即 $\beta(l_b - c_b^i) \equiv \beta\mu_t^i$，从而得到 $l_b = c_b^i + \mu_t^i$。价格 $l_b$ 会随着有线公司收费电视服务的垄断利润率的增加而减少。$\mu_t^i$ 越大，意味着向估价较高的消费者出售捆绑服务的机会成本就越高。

如果：

---

① 假设存在范围经济且类型1的消费者更偏好捆绑服务，那么有线公司愿意促使这些消费者去购买捆绑服务。因此，它为收费电视的定价不会低于 $p_b - p_f - \theta^1$，这意味着有线公司将仅向类型2的消费者出售收费电视服务。然而，由于有线公司的垄断势力大于消费者，它会制定最高的可能价格 $v_t$。

② 有线公司通过将价格 $p_b$ 定为 $v_t + p_f + \theta^1$，它就可以削减电话服务的价格 $p_f(p_f \in [c_f, v_f])$。当且仅当 $(v_t + p_f + \theta^1 - c_b^i)\beta + \mu_t^i(1-\beta) > \mu_t^i$ 时，有线公司是有利可图的，因为这与 $p_f - c_f > -(\theta^1 + \gamma)$ 是等价的，且该式总是成立的，电话服务的任一价格都会被有线公司削减。对于捆绑服务，电信公司也可以通过制定价格 $p_f$，使 $p_f < p_b - v_t - \theta^1$ 来削减它的价格 $p_b(p_b \in [c_b^i, v_b^1])$。对于这样一个价格，当且仅当 $(p_f - c_f) > \mu_f(1-\beta)$，即 $p_f > c_f + \mu_f(1-\beta)$ 时，电信公司才是有利可图的。因此，如果区间 $(c_f + \mu_f(1-\beta), p_b - v_t - \theta^1)$ 是非空的，削价销售就是有利的。如果 $p_b > v_b^1 - \mu_f\beta$，削价销售就会发生。对于 $p_b \leqslant v_b^1 - \mu_f\beta$，电信公司更愿意将价格 $p_f$ 定为 $v_f$，而不再试图向类型1的消费者提供服务。但是对于 $p_f = v_f$，有线公司更愿意将价格 $p_b$ 定为 $v_t + p_f + \theta^1 = v_b^1$，因为当 $v_b^1 > v_b^1 - \mu_f\beta$ 时，电信公司就会削减这一价格。

③ 关于我们所用方法的具体说明见 Varian(1980) 或 Narasimhan(1988)。

$$p_b \leqslant p_f + p_t + \theta^1 \tag{1}$$

那么，有线公司将向类型1的消费者出售捆绑服务。与本小节开始时提及的相同，$p_t = v_t$。用 $l_j$ 替换 $p_j(j=f,b)$。式(1)可改写为 $l_b \leqslant l_f + v_t + \theta^1$。因此，如果有线公司对捆绑服务收取费用 $l_f + v_t + \theta^1$ 的概率为1，那么它向类型1的消费者提供服务所得利润为：

$$\underline{\pi}_b^d = (l_f + \theta^1 + v_t - c_b^i)\beta = [(\theta^1 + \gamma) - (1-\beta)\mu_f + \mu_t^i]\beta$$

既然 $l_b - l_f - v_t - \theta^1 = -(\theta^1 + \gamma) - (1-\beta)\mu_f < 0$，那么这种可能性就是存在的。

如果电信公司向类型2的消费者以价格 $v_f$ 出售电话服务的概率为1，则其利润为：

$$\underline{\pi}_f^d = (1-\beta)\mu_f$$

结论3　均衡时，在分离所有权下如果CN被升级，那么，(1)有线公司收费电视的定价为 $p_t = v_t$；(2)有线公司对捆绑服务采取混合策略，该产品的价格区间是 $[l_f + \theta^1 + v_t, v_b^1]$，电信公司对电话服务的价格也采取混合策略，其区间为 $[l_f, v_f]$。

结论3很清楚，电信公司和有线公司相互竞争以争夺类型1的消费者。对于电信公司而言，制定一个低于 $v_f$ 的价格必然会产生两方面的结果：一方面，会因可以向类型1的消费者销售更多的产品而得到一个期望的边际收入；另一方面，会有一个边际损失，这是因为从类型2的消费者身上将会得到更小的单位收入。同样，对于有线公司而言，为捆绑服务制定一个低于 $v_b^1$ 的价格也会产生两方面的结果：一方面，由于向类型1的消费者出售更多的捆绑服务而增加收入；另一方面，由于类型1的消费者对收费电视的需求减少而产生边际成本。假设捆绑服务的供给存在范围经济，且类型1的消费者边际估价较高，那么有线公司对捆绑服务定低价的机会成本要小于电信公司对电话服务定低价的机会成本，即 $l_b - l_f - \theta^1 - v_t < 0$。结果，有线公司成功地以低于电信公司的价格向类型1的消费者出售捆绑服务，并获得利润 $\pi_b^d = (l_f + \theta^1 + v_t - c_b^i)\beta$。电信公司以正的概率将价格 $p_f$ 定为 $v_f$，这个价格可以被理解为是它的正常价格，更低的价格可以被认为是吸引类型1的消费者的折扣价。在附录中，我们列出了捆绑服务和电话服务的均衡价格的累积分布。

使用结论3,当CN被升级后,电信公司的预期均衡利润为 $\prod_f^d = (1-\beta)\mu_f$。独立的有线公司因为销售捆绑服务和收费电视服务而获得的均衡利润为:

$$\prod_t^d + \prod_b^d = (1-\beta)\mu_t^i + [(\theta^1+\gamma)-(1-\beta)\mu_f+\mu_t^i]\beta-\varphi$$

### 10.4.2 第一阶段:投资决策

在本小节中,我们在两种所有权结构下讨论公司均衡投资决策的特点。

控股公司升级CN而获得的新增利润为:

$$\Delta^{HC}:=\prod^m -\mu_f-\mu_t^h=\beta\theta^1+\beta\gamma+\beta\delta_b-\varphi$$

这一增量收益可以分为三部分:第一部分是捆绑价值效应,即 $\beta\theta^1$;第二部分为范围经济效应,即 $\beta\gamma$;第三部分是协调经济效应,即 $\beta\delta_b$。

独立的有线公司升级CN获得的利润增加为:

$$\Delta^{CC}:=\prod_t^d-\prod_b^d-\mu_t^i=\beta\theta^1+\beta\gamma+\beta(1-\beta)\mu_f-\varphi$$

这一增量收益同样可以分为三部分:第一部分是捆绑价值效应,即 $\beta\theta^1$;第二部分为规模经济效应,即 $\beta\gamma$;第三部分是挖墙脚(business - stealing)效应,即 $\beta(1-\beta)\mu_f$。因为 $l_f=c_f+(1-\beta)\mu_f$ 是电信公司愿意接受的最低价格,所以 $l_f-c_f=(1-\beta)\mu_f$ 是它能够从类型1的消费者身上获得的最小利润。通过引进捆绑服务并且成功地以低于电信公司的价格出售,有线公司可以"窃取"$(1-\beta)\mu_f$ 乘以类型1的消费者比重 $\beta$ 的这部分利润。①

## 10.5 分析

在本节中,首先讨论所有权结构对公司升级CN动力的影响,然后

① 我们关于公司不实行价格歧视的假设具有关键作用。由这些公司识别出两种类型的消费者是不大可能的。然而,如果它们可以针对不同的消费者制定不同的价格,那么电信公司就会愿意降低其对类型1的消费者的定价,直至 $p_f=c_f$。这时有线公司也会削减价格,即以 $p_b=v_t+\theta^1+c_f$ 的价格向类型1的消费者出售产品。这样一来,"挖墙脚"效应就为0,因为这样做将使得电信公司的利润为0。

讨论所有权结构对竞争的影响。

### 10.5.1 所有权结构和升级 CN 的动力

目前需要说明，对于升级 CN，控股公司不一定比独立的有线公司具有更强的动力。令 $\Delta^{HC}-\Delta^{CC}=\beta[\delta_b-(1-\beta)\mu_f]$。

*命题1* （1）如果 $\delta_b>\mu_f$ 或 $\delta_b<\mu_f$，且 $\beta\in\left(1-\frac{\delta_b}{\mu_f},1\right)$，那么控股公司会有更强的动力升级 CN；（2）如果 $\delta_b<\mu_f$，且 $\beta\in\left(0,1-\frac{\delta_b}{\mu_f}\right)$，那么独立的有线公司会有更强的动力升级 CN。

如前所述，投资升级 CN 会产生四种效应。其中两种效应是两个公司都存在的，他们都会从范围经济和消费者偏爱捆绑服务中受益。此外，控股公司还会从协调经济中获利，而独立拥有的有线公司也会从"挖墙脚"效应中获利。后两个效应的权衡决定了哪个公司升级 CN 的动力更强。除此之外，净效应还具有潜在的不确定性。

这里有三个有趣的情况。第一，如果所有消费者对捆绑服务的评价都很高，即 $\beta=1$，那么电信公司就不会有被动消费者，而且价格也将定在边际成本水平上，即 $l_f=c_f$，这意味着电信公司通常利润为 0，$\underline{\pi}_f^d=(1-\beta)\mu_f=0$，因而"挖墙脚"效应也就不存在了。结果，控股公司会有更强的动力升级 CN。第二，如果 $p_f$ 被管制或者存在具有吸引力的外部选择（比如移动电话），它使 $v_f$ 降低，那么电话服务的利润可能为 0，$\mu_f=0$。这样的话虽然电信公司拥有被动消费者，但是"挖墙脚"效应为 0，控股公司有更强的动力升级 CN。第三，由于捆绑服务缺乏协调经济，即 $\delta_b=0$，与双重所有的有线公司相比，独立的有线公司有更多的动力升级 CN。①

### 10.5.2 所有权结构与价格水平

在本小节，我们将讨论与分离所有权相比，两种网络的双重所有权会导致更高的均衡价格。

① 作为一个垄断者，控股公司因为缺乏成本控制而面临生产的低效率。这就是说，它的生产成本可能远高于独立的有线公司：$\delta_b<0$，$\delta_t<0$，或者说，在经营两个网络时缺乏相互协调：$\delta_b<0$。在任何一种情况下，控股公司升级 CN 的动力都小于独立的有线公司。

结论4　如果CN被升级,那么分离所有权下的捆绑服务和电话服务价格要比双重所有权下低。

根据结论2和结论3得出结论4。控股公司应该将两个公司的利益看做一个整体,这就意味着它要像一个多产品垄断者一样行动,并制定垄断价格。在分离所有权下,电信公司和有线公司相互争夺对捆绑服务评价较高的那部分消费者,结果是电话服务和捆绑服务的价格从垄断水平上降下来。不管哪种所有权结构会产生更多的升级CN的动力,分离所有权在促进本地接入竞争方面都具有重要作用。

关于控股公司行为的这一观点可能会遭到批评,这是由于在依法分离的公司和双重所有制公司之间实现完全的协调经济很难。完全调整这些依法分离的公司的激励方案也很难。而且,这些公司间的价格协调工作需要十分谨慎,以避免违反竞争法。然而,经验主义者通常认为在双重所有权公司间的某些协调,在依法分离的公司间也可能实现。① 此外,这一协调通常足以保证这些公司间不会发生相互竞争,并且可以增加它们的共同利益。单一联合利润最大化或许有些夸大其词,但是假设有线公司和电信公司追求独立利润最大化可能更加不恰当。在控股公司内进行一些简单的协调是可能的,而联合利润最大化正是抓住这一观点的简单方式之一。

## 10.6　结论

在本章,我们已经讨论了有线电视网及其所有权结构在促进本地接入竞争中的作用,并且指出所有权结构与有线电视网升级动力之间的关系并不简单,还探讨了两个网络的分离所有权对促进本地接入竞争的重要作用。为使结论更加清晰,用一个简单易懂的模型结束分析。在本章的最后,我们将讨论10.3节中模型的几个推论。

### 10.6.1　其他原因

在本小节中,我们将讨论另外四个可能会增强或减弱公司升级CN动力的原因。

① 关于交叉所有权影响公司定价行为的根据见Parker和Roller(1997)。

第一，如果控股公司比独立有线公司更容易融资，是因为其规模更大，或者因为它进入市场的时间较长，那么它升级 CN 的成本就比较低。在这种情况下，控股公司要比独立拥有的有线公司具有更大的动力升级 CN。

第二，控股公司拥有两个潜在竞争的本地接入网络。这会使其面临来自部门规制者和立法机关的压力，即要求它出售其中一个网络，而这个网络可能是有线网。CN 一旦被升级，控股公司被迫出售有线网的风险就会显著增加，如果其他技术和战略性不变，它将不会有动力升级 CN。

第三，通常 PSTN 和 CN 在规制方面不对称，PSTN 主要受开放网络条款的限制，而 CN 则不会。比如，通过数字用户线路将宽带接入互联网是受管制的，而通过电子调制解调器就没有限制。[①] 规避规制责任是控股公司升级 CN 的一个目的。

第四，有证据说明消费者已经开始由固定电话转向移动电话服务（Barros 和 Cadima 2000；Rodini、Ward 和 Woroch 2003）。在一些国家，如丹麦、葡萄牙和瑞典，固定电话市场占有率已经开始下降，同时移动电话的市场占有率持续上升。这意味着，可能有一部分消费者不会从现在的电信公司购买电话服务，而是购买收费电视服务或者捆绑服务。对于这部分消费者，有线公司将会是一个垄断者，这与所有权结构无关。然而，由于不存在价格歧视，这些消费者对于控股公司更有价值，原因在于控股公司能够制定垄断价格，而有线公司不得不考虑它还要争取类型 1 的消费者这一事实。

### 10.6.2 混合捆绑服务

接下来，我们要讨论允许独立有线公司提供电话服务的影响，可以在捆绑服务中提供电话服务，也可以分别提供这两种服务，即可以提供混合捆绑服务。如果允许提供混合捆绑服务，那么无论哪种所有权结构，都肯定会产生最大的投资动力来升级 CN。

假定消费者认为由 PSTN 和 CN 提供的电话服务可完全替代，用 $c_b^i + \gamma_{mb}$表示分别生产有线电视服务和电话服务的单位成本，其中参数

① 关于这一不对称性的讨论见 Sidak、Crandall 和 Singer(2002)。

$\gamma_{mb} \in (0,\gamma)$，它度量了用分别提供这两种服务替代捆绑服务的不经济性。假设提供捆绑服务的成本低于通过有线网分别提供这两种服务的成本，而后者又低于通过不同网络提供这两种服务的成本，即 $c_b^i < c_b^i + \gamma_{mb} < c_b^i + \gamma = c_f + c_t^i$。通过同一网络分别提供有线电视服务和电话服务涉及范围经济，但是其重要程度要小于以捆绑的形式提供这两种服务。这是一个合理的假设，因为如果分开生产的话，将会有一些生产活动是重复的。① 用 $p_\phi$ 表示通过 CN 提供固定电话服务的价格。

下面这一结论刻画了一个新的价格均衡。

结论 5 均衡时，在分离所有权下，如果 CN 已被升级，而且存在混合捆绑服务，那么电信公司和有线公司的定价为：(1) $p_f = c_f$；(2) $p_t = v_t$；(3) $p_b = c_f + v_t + \theta^1$；(4) $p_\phi = c_f - \varepsilon(\varepsilon \to 0^+)$。

根据结论 5，如果 CN 已被升级且有混合捆绑服务，独立有线公司的均衡利润为：

$$\prod_{mb}^{d} = \mu_t^i + \gamma + \beta\theta^1 - (1-\beta)\gamma_{mb} - \varphi$$

当且仅当以高于边际成本的价格向类型 2 的消费者单独出售固定电话服务获取的利润大于“挖墙脚”效应时，即 $(1-\beta)(\gamma-\gamma_{mb}) > (1-\beta)\mu_f\beta$，独立的有线公司实行混合捆绑服务要比仅在捆绑服务中销售电话服务更加有利可图。

关于混合捆绑服务，独立的有线公司升级 CN 的利润增量为：

$$\Delta^{CC} = \beta\theta^1 + \gamma - (1-\beta)\gamma_{mb} - \varphi$$

上述增量收益与 10.4.2 小节中的表示存在三方面差异。第一，不存在“挖墙脚”效应，$\beta(1-\beta)\mu_f$，因为现在电信公司的定价等于边际成本。第二，所有类型 2 的消费者都通过同一网络获得服务，这使得范围经济效应 $\gamma$ 扩大到所有消费者。第三，通过 CN 向类型 2 的消费者分别提供有线电视服务和电话服务的成本高于类型 1 的消费者，即 $(1-\beta)\gamma_{mb}$。

回想一下 10.4.2 小节中的 $\Delta^{HC}$，控股公司和独立的有线公司升级

① 我们假设当 CN 被升级后，控股公司同时使用这两个网络为类型 2 的消费者提供服务。这就允许控股公司充分利用协调经济，但不能同时充分利用范围经济。在本章前面的描述中我们已经考虑到另一个可能性，也就是当被 CN 升级后，即使消费者不去购买捆绑服务，控股公司也至少会关闭部分 PSTN，主要利用 CN 提供这两项服务。这就允许控股公司充分利用范围经济，但要放弃一部分协调经济。究竟哪种所有权结构会产生最大的动力升级 CN 并不确定。

CN 动力的差异可以表述为 $\Delta^{HC}-\Delta^{CC}=\beta\delta_b-(1-\beta)(\gamma-\gamma_{mb})$，这个表达式可能为正也可能为负，主要取决于当控股公司向类型 2 的消费者单独出售电话服务时的协调经济效应 $\beta\delta_b$ 和独立有线公司范围经济效应 $(1-\beta)(\gamma-\gamma_{mb})$ 的相对强度。这意味着如果允许提供混合捆绑服务，那么任何一种所有权结构都肯定可以产生最大的投资动力来升级 CN。

最后，如果与仅在捆绑服务中出售电话服务相比，混合捆绑服务并非有利可图，就存在一个囚徒困境式的承诺问题。独立的有线公司希望不再单独出售电话服务，因为该业务最终会削减公司的利润，然而其承诺又不可信。如果电信公司将价格定在边际成本之上，那么有线公司将改变承诺，向类型 2 的消费者出售固定电话服务，这是有利可图的。此外，还有一些我们没有讨论的情况，如产品差异、住宅区和非住宅区消费群的分离，都会给独立有线公司额外的动力在提供捆绑服务之外提供有线电话服务。

### 10.6.3　异质类型 1 的消费者

现在，我们将讨论类型 1 的消费者对捆绑服务的估价 $\theta^1$ 存在异质性的情形。这一模型修改的主要影响是所有的价格均衡都是纯策略的。考虑 10.3 节中的模型，除了类型 1 的消费者对捆绑服务的估价 $\theta^1$ 外，其他的都均匀分布在 $[0,\Theta]$ 上，$0<\Theta<+\infty$。

有线公司面对的是一条向下倾斜的捆绑服务需求曲线，在结论 2 中有线公司的定价低于消费者对捆绑服务的评价 $v_f+v_t+\Theta$，这意味着消费者剩余为正。另外，当 CN 在分离所有权下被升级时，价格均衡是纯策略的，否则，这一章的结论从定性的角度看仍将成立，尤其是命题 1 和结论 4。然而需要注意的是，异质类型 1 的消费者的模型十分复杂，因为最优价格反应函数是折弯的。详细讨论可参见 Brito 和 Pereira (2006)。

## 附录

在附录中，我们会证明原文的几个重要结论。结论 1、2、4、5 是显而易见的，因此不再赘述。

结论3 用 $G_i(.)$ 表示产品 $i$ 价格的累积分布。不考虑捆绑，当 $p_f \leqslant v_f$ 时，电信公司的期望价格为：

$$\pi_f^d(p) = (p - c_f)\{1 - \beta + \beta[1 - G_b(p + p_t + \theta^1)]$$

类似地，当 $p_b \leqslant v_b^1$ 时，有线公司捆绑服务的预期利润为：

$$\pi_b^d(p) = (p - c_b^i)\beta[1 - G_f(p - p_t - \theta^1)]$$

对于两个公司，分别令预期利润 $\pi_j^d(.)$ 等于均衡预期利润 $\underline{\pi}_j^d (j = f, b)$。均衡价格分布如下：

$$G_b(p)\begin{cases} 0, & \text{当 } p < l_f + \theta^1 + v_t \text{ 时} \\ 1 - \left(\dfrac{1-\beta}{\beta}\right)\left(\dfrac{v_b^1 - p}{p - v_t - \theta^1 - c_f}\right), & \text{当 } l_f + \theta^1 + v_t \leqslant p < v_b^1 \text{ 时} \\ 1, & \text{当 } v_b^1 \leqslant p \text{ 时} \end{cases}$$

$$G_f(p)\begin{cases} 0, & \text{当 } p < l_f \text{ 时} \\ 1 - \dfrac{(\theta^1 + \gamma) + (1-\beta)\mu_f + \mu_t^i}{p + v_t + \theta^1 - c_b^i}, & \text{当 } l_f \leqslant p < v_f \text{ 时} \\ 1, & \text{当 } v_f \leqslant p \text{ 时} \end{cases}$$

定理1 (1)当且仅当既定所有权结构下 CN 被升级产生的增量利润不小于可选择所有权结构下的利润时，既定所有权结构才提供更多升级的动力。因此，当且仅当 $\Delta^{HC} - \Delta^{CC} = \beta[\beta_b - (1-\beta)\mu_f] \geqslant 0$ 时，控股公司比独立的有线公司更有动力升级 CN。这是因为 $0 < \beta \leqslant 1$，$\Delta^{HC} - \Delta^{CC} \geqslant 0 \Leftrightarrow \delta_b \geqslant (1-\beta)\mu_f$。

当 $\delta_b \geqslant \mu_f$ 时，意味着 $\delta_b \geqslant (1-\beta)\mu_f$。同理，如果 $\beta \in \left(1 - \dfrac{\delta_b}{\mu_f}, 1\right)$，那么 $(1-\beta)\mu_f \in (0, \delta_b]$，则 $(1-\beta)\mu_f \leqslant \delta_b$。(2)同样显而易见。

# 参考文献

Barros, P., and N. Cadima. 2000. "The Impact of Mobile Phone Diffusion on the Fixed-Link Network." Discussion Paper 2598. London: Centre for Economic Policy Research.

Bourreau, M., and P. Dogan. 2004. "Service-Based vs. Facility-Based Competition in Local Access Networks." *Information Economics and Policy* 16:287 – 306.

Bourreau, M., and P. Dogan. 2005. "Unbundling the Local Loop." *European Economic Review* 49:173 – 199.

Braeutigam, R. 1979. "Optimal Pricing with Intermodal Competition." *American Economic Review* 69(1):38 – 49.

Brito, D., and P. Pereira. 2006. "Some Investment and Competition Implications of the Ownership Structure of Overlapping Networks." Working paper 11, Lisbon: Autoridade da Concorrencia.

Chandler, R., D. Kelley, and D. Nugent. 2002. "The Technology and Economics of Gross-Platform Competition in Local Telecommunications Markets." HAI Report. Louisville, CO.: HAI Consulting, Inc.

Cluny, J. 1996. "Cable Telephony as a Business: The UK Experience." London: OFTEL. Cooper, M. 2003. "Cable Mergers, Monopoly and Price Increases." Washington, D. C.: Consumer Federation of America.

Crandall, R. 2002. "An Assessment of the Competitive Local Exchange Carriers Five Years After the Passage of the Telecommunications Act." Washington, D. C.: Criterion Economics, L. L. C.

Dessein, W. 2004. "Network Competition with Heterogeneous Customers and Calling Patterns." *Information Economics and Policy* 16:323 – 345.

Einhorn, M. 1987. "Optimality and Sustainability: Regulation and Intermodel Competition in Telecommunications." *Rand Journal of Economics* 18(4):550 – 563.

European Telecoms Regulation and Markets. 2003. "Ninth Report on the Implementation of the Telecommunications Regulatory Package." COM (2003)715 final. European Commission.

European Telecoms Regulation and Markets. 2004. "Tenth Report on the Implementation of the Telecommunications Regulatory Package." COM (2004)759 final. European Commission.

Faulhaber, G. R. 2003. "Policy-Induced Competition: The Telecommunications Experiments." *Information Economics and Policy* 15:73 – 97.

Geroski, P. 1992. *Market Dynamics and Entry*. Oxford: Blackwell.

Hatfield Associaties. 1997. "The Enduring Local Bottleneck II." Louisville, CO: HAI Consulting, Inc.

Hausman, J. 2003. "Regulated Costs and Prices in Telecommunications." In G. Madden, ed., *International Handbook of Telecommunications, vol. 2, Economics: Emerging Telecommunications Networks*, 199 – 233. Cheltenham, UK: Edward Elgar.

Loomis, D. G., and C. M. Swann. 2005. "Intermodal Competition in Local Telecommunications Markets." *Information Economics and Policy* 17: 97 – 113.

Narasimhan, C. 1988. "Competitive Promotional Strategies." *Journal of Business* 61: 427 – 449.

Noll, R., and B. Owen. 1998. "The Anticompetitive Uses of Regulation: *United Statesv. AT&T* (1982)." In John E. Kwoka Jr. and Lawrence J. White, eds., *The Antitrust Revolution*. Glenview, IL: Scott, Foresman.

OECD. 1998. "Cross-Ownership and Convergence and Information Services Policies." DSTI/ICCP/TISP (98) 3/FINAL. Paris: Organization for Economic Cooperation and Development.

OECD. 2003. "OECD Communications Outlook." Paris: Organization for Economic Cooperation and Development.

Parker, P. M., and L. Roller. 1997. "Collusive Conduct in Duopolies: Multimarket Contact and Cross-Ownership in the Mobile Telephone Industry." *Rand Journal of Economics* 28(2): 304 – 322.

Rodini, M., M. Ward, and G. Woroch. 2003. "Going Mobile: Substitution between Fixed and Mobile Access." *Telecommunications Policy* 27: 457 – 476.

Sidak, J., R. Crandall, and H. Singer. 2002. "The Empirical Case against Asymmetric Regulation of Broadband Internet Access." *Berkeley Technology Law Journal* 17(3): 953 – 987.

Temin, P. 2000. *Continuing Confusion: Entry Prices in Telecommunications*. Cambridge, MA: MIT Press.

Varian, Hal. 1980. "A Model of Sales." *American Economic Review* 70: 651 – 659.

Woroch, G. 1997. "Turning the Cables: Economic & Strategic Analysis of Cable Entry into Telecommunications." In E. Noam, ed., *Globalism and*

*Localism in Telecommunications*. Amsterdam: Elsevier.

Woroch, G. 2002. "Local Network Competition." In M. Cave, S. Majumdar, and I. Vogelsang, eds., *Handbook of Telecommunications Economics*. Amsterdam: Elsevier.

国家科学技术学术著作出版基金资助出版

半导体科学与技术丛书

# 有机电子学

黄 维 密保秀 高志强 著



科 学 出 版 社
北 京

## 内 容 简 介

本书从有机电子学的角度，深入浅出地总结了有机电子材料中的电子结构与过程，并以此为基础，阐述了有机固体凝聚态的各种性质，这些性质对实际应用中的有机光电器件的行为起决定性作用。基于对理论的理解，书中介绍了有机电子材料性质的测试表征方法，讨论了有机薄膜材料在实际电子器件中的各种应用，例如，有机场效应晶体管、基于有机材料的太阳能电池、基于有机电致发光的信息显示与照明、有机传感器、有机存储器及有机激光等。对于各种应用器件，本书主要强调它们的基础知识、基本原理、器件结构和性能表征。

本书可供初涉有机电子学领域的人员参考，也可供从事有机电子材料领域研发的科技人员使用。

**图书在版编目(CIP)数据**

有机电子学/黄维，密保秀，高志强著. —北京：科学出版社，2011
(半导体科学与技术丛书)

ISBN 978-7-03-030245-8

Ⅰ. ①有… Ⅱ. ①黄… ②密… ③高… Ⅲ. ①有机半导体-半导体电子学 Ⅳ. ①TN304.5

中国版本图书馆 CIP 数据核字(2011)第 021413 号

责任编辑：钱　俊 / 责任校对：李　影
责任印制：吴兆东 / 封面设计：王　浩

科学出版社出版
北京东黄城根北街 16 号
邮政编码：100717
http://www.sciencep.com

北京天宇星印刷厂印刷

科学出版社发行　各地新华书店经销

*

2011 年 1 月第　一　版　开本：720×1000　1/16
2024 年 5 月第八次印刷　印张：27 1/2
字数：530 000

**定价：98.00 元**

# 《半导体科学与技术丛书》编委会

# 《半导体科学与技术丛书》出版说明

半导体科学与技术在20世纪科学技术的突破性发展中起着关键的作用，它带动了新材料、新器件、新技术和新的交叉学科的发展创新，并在许多技术领域引起了革命性变革和进步，从而产生了现代的计算机产业、通信产业和IT技术。而目前发展迅速的半导体微/纳电子器件、光电子器件和量子信息又将推动本世纪的技术发展和产业革命。半导体科学技术已成为与国家经济发展、社会进步以及国防安全密切相关的重要的科学技术。

新中国成立以后，在国际上对中国禁运封锁的条件下，我国的科技工作者在老一辈科学家的带领下，自力更生，艰苦奋斗，从无到有，在我国半导体的发展历史上取得了许多"第一个"的成果，为我国半导体科学技术事业的发展，为国防建设和国民经济的发展做出过有重要历史影响的贡献。目前，在改革开放的大好形势下，我国新一代的半导体科技工作者继承老一辈科学家的优良传统，正在为发展我国的半导体事业、加快提高我国科技自主创新能力、推动我们国家在微电子和光电子产业中自主知识产权的发展而顽强拼搏。出版这套《半导体科学与技术丛书》的目的是总结我们自己的工作成果，发展我国的半导体事业，使我国成为世界上半导体科学技术的强国。

出版《半导体科学与技术丛书》是想请从事探索性和应用性研究的半导体工作者总结和介绍国际和中国科学家在半导体前沿领域，包括半导体物理、材料、器件、电路等方面的进展和所开展的工作，总结自己的研究经验，吸引更多的年轻人投入和献身到半导体研究的事业中来，为他们提供一套有用的参考书或教材，使他们尽快地进入这一领域中进行创新性的学习和研究，为发展我国的半导体事业做出自己的贡献。

《半导体科学与技术丛书》将致力于反映半导体学科各个领域的基本内容和最新进展，力求覆盖较广阔的前沿领域，展望该专题的发展前景。丛书中的每一册将尽可能讲清一个专题，而不求面面俱到。在写作风格上，希望作者们能做到以大学高年级学生的水平为出发点，深入浅出，图文并茂，文献丰富，突出物理内容，避免冗长公式推导。我们欢迎广大从事半导体科学技术研究的工作者加入到丛书的编写中来。

愿这套丛书的出版既能为国内半导体领域的学者提供一个机会，将他们的累累硕果奉献给广大读者，又能对半导体科学和技术的教学和研究起到促进和推动作用。

夏建白

2005年3月16日

# 序

人们认为有机材料是绝缘体的传统观念正在日益转变。20 世纪 40 年代科学家们发现了有机半导体，70 年代发现了有机导体，80 年代发现了有机超导体，90 年代发现了有机铁磁体。诺贝尔奖作为现代科学发展史的里程碑，也见证了有机电子学令人鼓舞的发展脉络：2000 年，艾伦·黑格等 3 人因为发现了导电聚合物被授予诺贝尔化学奖，开拓了有机电子学的新时代；而在有机电子学的另一个新兴领域，英国曼彻斯特大学两位科学家安德烈·盖姆和康斯坦丁·诺沃肖罗夫因在石墨烯方面的开创性实验而荣膺 2010 年的诺贝尔物理学奖。这 10 年间两次诺贝尔奖的颁发见证了历史，也记载着有机电子学从热点转为焦点，从基础研究走向产业开发，为人类文明与科学技术的进步作出日益突出贡献的发展历程。

在各种电子器件中，诸如场效应晶体管、太阳能电池、电致发光、存储、传感、激光器等，有机材料都相继出现并被证明有广阔的应用前景。通常，化学家们专注于功能性有机光电材料；而物理及材料学家们最感兴趣的是器件物理；面向产业的研发则比较关注性能优异器件的实际应用。但是，在实际研究中，以上的方方面面相互交叉，互相促进又互相制约。因此，对材料、器件、物理等领域的全面理解和掌握，对有机电子学的发展十分必要。

继往开来，目前有机电子学的研究方兴未艾。相对于理论、材料、器件机理及应用都已成熟的硅基电子学，有机电子学还处于发展、探索阶段，很多理论都是借鉴于无机体系，没有形成定论。人们急需系统阐述有机材料中的电子过程及材料特性，各类器件结构、工作机制及表征手段的书籍，它既可以作为入门基础用书，又可以作为深入研究的参考资料。基于此，由黄维、密保秀和高志强 3 位教授所撰写的《有机电子学》这一专著应运而生。

在内容结构方面，该书首先从有机光电材料的性质与化学结构关系出发，对有机材料的光学和电学性质作了详细的论述：阐释相关概念，讨论各种机理，并对重要表征方法做了概括介绍。在后续的各章节中分别对有机场效应晶体管、有机太阳能电池、有机电致发光、有机传感器、有机存储及有机激光器进行了分析和讨论。在每个章节中，不仅总结和介绍了基本概念和器件工作机制、表征方法和功能有机材料，还对每个方向的发展状态、发展前景或者潜在应用作了相应的分析和评述。

该书的作者黄维、密保秀和高志强 3 位教授都是十几年来专门从事有机电子学领域研究的学者。特别是黄维教授，20 世纪 90 年代初就介入这一领域，并一直活跃于有机电子学研究的前沿，在有机半导体带隙工程、高效稳定蓝光有机半导体材料的开发、有机光电信息器件的研制、有机电子材料凝聚态过程的微观调控等方面开展了深入系统的研究工作，有许多重要和富有创造性的学术观点和科学成果。因此，相信该书将对有机电子学这一新兴交叉学科的形成和发展有相当大的促进作用。它的出版，必将引起国内外同行的关注和思考，从而带动有机电子学学科在我国的发展及产业化进程的推进。

该书作为我国在有机电子学领域内容全面翔实、学术价值较高的学术专著，从材料组织到文字撰写上，都颇具匠心和学术功力。由于该书是由长期从事有机电子学研究的专家据其掌握的知识和体会凝练所得，故而深入浅出、通俗易懂。相信它既可作为初涉有机电子学领域的人员作为入门的基础读本，也会对多年从事有机电子学领域研究的专业人士在了解学科前沿进展、开阔研究视野、启发研究思路等方面有所裨益，可以预期该书将有比较广泛的读者群。

朱道本

2010 年 10 月 16 日

# 前　言

在传统观念上，有机材料是以碳原子为基础的绝缘体，通常不具备光、电、磁等导体或半导体的性质。20 世纪 70 年代末，Alan J. Heeger 等发明导电高分子，孕育并开辟了有机电子学这一新兴学科领域，并因此获得了 2000 年的诺贝尔化学奖。至此，有机材料的光、电、磁性质逐渐开始被人类所认识，同时它们在各种电子器件中的应用也得到了研究者们的青睐。

近十几年来，在基于传统无机半导体的电子材料和器件不断发展成熟和广泛应用之后，人们对有机材料的光、电、磁性质的认识进一步深入，它们在电子器件等方面的研究与应用逐步得到国内外学术界及产业界的关注，其中有多方面的原因，譬如：① 无机材料的电子性能发展到了接近极限的地步，继续提高性能、减小尺寸、降低成本等都是非常困难的事情。因为单位面积上基于无机半导体材料的器件数量不可能按照摩尔定律的方式无限增长，小尺寸下器件性能将面临诸多问题，如量子隧穿效应引起的电流泄漏等。② 与有限的无机硅及锗半导体材料相比，有机材料的数量成千上万，功能可通过化学合成与修饰等手段得到无限量的调制，比较容易满足不同的功能需求。同时，有机材料相对廉价，使器件制备的成本大幅度减低。③ 有机材料具有柔软性和可适应性，非常适合印刷等大面积、低成本制备工艺，有潜力用以制备柔性器件。④ 当然，最主要的是，有机材料可实现硅等无机半导体的信息显示、传感、存储、光电转换等功能。这不但可以对无机半导体器件起到补充及扩展作用，在未来的电子器件应用方面，也将具有无限的潜力。⑤ 最后，由于有机材料与生物体的相容性高于无机材料，可以作为无机材料与生物体系联系的桥梁。正是由于上述原因，基于有机功能材料、面向器件应用等方面的研究日益发展，并在化学、物理、材料、生物、电子信息等学科领域高度交叉，进而逐步形成了有机电子学研究体系。

有机电子学是一门新兴交叉和前沿学科，它凭借着有机光电材料及半导体材料独特的分子特性、软物质行为和超分子结构，已成为继真空电子、固体电子、光电子之后的国际研究热点。由于有机电子学的形成与发展所经历的时间较短，迄今国内外还鲜有对有机电子学进行系统、全面论述的专著。在国际上，2006 年 Wiley-VCH 出版的 *Organic Electronics: Materials, Manufacturing, and Applications*，主要是针对有机场效应晶体管器件中的材料、制备和应用，而其他有机电子器件，诸如有机太阳能电池、有机电致发光等都没有进行介绍。在国内，近年来陆续出版了与有机电子学相关的几部专著，如 2005 年复旦大学出版社出版的《有机电致发光材料与器件导论》、2006 年化学工业出版社出版的《有机电致发光材料及应用》、2006 年化学工业出版社出版的《有机太阳能电池与塑料太阳能电池》、2007 年清华大学出版社出版的《OLED 有机电致发光材料与器件》、2008 年科学出版社出版的《有机半导体异质结导论》等。但是据我们了解，国内外对有机电子学进行系统、全面论述的专著，仍然比较缺乏。

本书的作者们十多年坚持从事有机电子学领域研究，活跃在有机电子学领域的前沿，包括各种功能材料设计、器件机理及物理过程等，取得了大量原创性的科研成果，形成了自身的研究特色，在国内外有一定影响，同时，也非常了解本学科国际前沿的发展状况及理论基础。加上作者先后在新加坡国立大学、复旦大学和南京邮电大学讲授“有机电子学导论”、“有机光电功能材料”及“有机平板显示技术”等有机电子学相关课程，积累了大量有机电子学方面的素材及讲义。通过课堂讲授与讨论，形成了比较系统的有机电子学的知识体系。同时，作者也意识到撰写一本能够较系统地阐述有机电子学理论基础及各种器件应用的书籍非常有必要，既可以为入门者提供系统的介绍，又可以为专业人士提供思考和讨论。

基于对有机电子学相关理论和应用的理解，结合我们十多年从事有机光电材料研究、教学与产业化的经历，聚焦于前沿研究方向，将有机电子学领域的理论基础、动态及进展系统化及条理化，撰写了《有机电子学》这本专著。在撰写过程中，除了主要引用包括作者所在团队以及国内外同行的大量工作之外，我们也参考了如下几本书籍：① *Organic Molecular Solids, Wiley-VCH* (2007)；② *Organic Electronics: Materials, Manufacturing, and Applications, Wiley-VCH* (2006)；③ *Organic Light Emitting Devices: Synthesis, Properties and Application, Wiley-VCH* (2006)；④ *Electronic Processes in Organic Crystals and Polymers, Oxford University Press* (1999)；⑤《OLED 有机电致发光材料与器件》，清华大学出版社(2007)；⑥《固体中的电输运》，科学出版社(1991)；等等。

在内容方面，作者主要从有机电子学的角度，深入浅出地概括总结了有机电子材料中的电子结构与过程，并解释了有机固体凝聚态的各种性质。

这些性质对实际应用中的有机光电器件的行为起决定性的作用。随后，介绍了有机材料光电性质的测试表征方法以及有机薄膜的制备手段。最后，再将理论与实践相结合，介绍和讨论了有机薄膜材料在实际电子器件中的各种应用，例如，有机场效应晶体管、基于有机材料的太阳能电池、基于有机电致发光的信息显示与照明、有机传感器、有机存储器和有机激光器等。针对各种应用器件，本书主要强调它们的基础知识、基本原理、器件结构和表征方法。同时，在相应的领域，总结了研究进展，进行了评述、讨论，并结合有机电子学发展态势提出了自己的观点。

本书的特色在于通过分子的电子结构理论解释有机固体聚集态的光电过程与特性，进而阐述它们的器件应用。本书将20多年来有机电子学的理论发展与材料、器件、结构研究以及各类应用有机地结合在一起，通过理论阐述材料及器件的性能，指出进一步努力的方向。

本书所系统总结和呈现的相当一部分工作得到了国家科技部“973”重大科学研究计划项目“有机纳米材料在显示器件中的应用及相关原理”(2009CB930600)、国家杰出青年科学基金项目“光学和光电子材料”(60235412)、教育部“长江学者奖励计划”[信息材料(有机电子学)]、国家自然科学基金委员会国际科技合作与交流专项“高效大面积有机太阳能电池”(BZ2008117)和纳米科技重大研究计划重点项目“有机/无机纳米杂化材料的光电器件制备和研究”(90406021)、教育部重大培育基金项目“杂化型稀土功能材料与半导体器件”(707032)、教育部“新世纪优秀人才”支持计划“基于磷光机制的三基色OLED材料的设计原理和器件应用”(NCET-08-0697)、江苏省“创新学者攀登项目”“基于有机纳米半导体的显示与照明器件研究”和高等学校优秀科技创新团队“有机电子与纳米技术”(TJ207035)等一批科研项目的支持下展开的；在作者近二十年来从事有机电子学的研究过程中,一大批合作者、博士后、博士生、硕士生和实验技术人员对本书内容的形成作出了不同角度的贡献，尤其需要指出的是，在书稿撰写过程中，得到了作者所在的南京邮电大学信息材料与纳米技术研究院、有机电子与信息显示国家重点实验室培育基地的范曲立教授、赵强教授、陈润锋副教授、陈淑芬副教授、黄艳琴副教授、姜鸿基副教授、解令海副教授、赖文勇副教授、刘淑娟副教授、唐超副教授等老师的帮助，南京邮电大学信息材料与纳米技术研究院的研究生王海珊、李志刚、孙辉岭等同学在绘图和初稿校对方面付出了劳动。

作者在本书出版过程中得到了一些专家和学者的启发、鼓励和指导。特别需要指出的是，中国科学院半导体研究所研究员、中国科学院院士夏建白先生盛情邀请作者总结所在团队的工作并撰写本书，而且将其纳入《半导体科学与技术丛书》之中；中国科学院半导体研究所研究员、中国科学院院士王占国先生，中国科学院半导体研究所研究员、中国科学院院士王圩先生和中国科学院微电子研究所研究员、中国科学院院士吴德馨先生分别通读了本书初稿并提出了非常具体的很有价值的建议，对本书最后的完成作出了很大贡献；我国有机电子学领域的领军学者、中国科学院化学所研究员、中国科学院院士朱道本先生在百忙中欣然提笔为本书作序，为本书增色不少，作者非常感激。此外，本书的编辑出版得到了国家科学技术学术著作出版基金的资助。科学出版社编辑张静、钱俊为本书的编辑和校对付出了大量辛勤的劳动。限于篇幅，对本书的形成和撰写作出过贡献的其他人士恕不能在此一一指出。借本书出版付梓之际，作者对国家自然科学基金委员会、科技部、教育部、上海市、江苏省、复旦大学和南京邮电大学等有关单位和国内外同行、同事、学生长期以来所给予的关心、指导、支持和帮助一并表示衷心的感谢和诚挚的敬意。

本书旨在通过对有机电子学领域的基础知识及应用机理的系统介绍和阐述，促进有机电子学学科的形成、在国内的普及及相关专业人才的系统培养，并对同行在有机电子学领域开展深入研究提供思路。同时，我们相信本书的出版必将对促进我国有机电子材料与器件的产业化、提高我国在有机电子科学与技术领域的竞争力有一定的裨益。近几年来，由于有机电子学的迅速发展，新材料、新器件、新现象和新观点不断出现，很多方面还存在不同的看法，没有形成共识和定论。鉴于作者知识面和专业水平所限，书中不妥和错误之处在所难免，恳请各位专家学者和广大读者不吝批评指正，以便在本书再版之际能够得以进一步修改、更正、补充和完善。

黄　维　密保秀　高志强

2010年5月1日于金陵

# 目　　录

# 第1章 引言

本章回顾了有机材料、有机电子材料的发展历程，简要介绍了有机电子材料的特性及潜在应用。

首先，通过对有机、高分子和合成高分子发展过程的简单描述，引出了有机材料的基本概念。指出有机材料中小分子、大分子及高分子的区别。接着从电子学发展历程角度，展示了功能材料在电子产品中的重要性，指出电子学发展历程及与各类电子产品的关系。进而系统地比较了有机半导体材料与无机半导体材料之间的差异，提纲挈领地介绍了有机电子材料的各种性能特点及优点，指出有机材料中重要的电子过程。最后简单地介绍了各种有机电子器件结构与原理，包括有机场效应晶体管、有机电致发光、有机太阳能电池、有机传感器以及有机存储。同时，指出各种有机电子器件的潜在应用领域。

## 1.1 有机材料概念及发展简史

什么是有机材料？人类对有机物质的认识，有一个历史的演变过程：在1828 年以前，人们认为一些物质存在生命力，如尿素等，它们只能由存活的生物体提供，而在实验室中是不能由无机化合物合成的，这些物质就被称为有机化合物。该名词由瑞典化学家 J. J. Berzelius 于 1806 年首次提出。

1828 年，德国化学家 F. Wöhler 在实验室中，完全撇开生物体而合成了尿素。经证实，合成的尿素与在尿液中发现的一样，是有机化合物。由此开始，有机化合物这一概念被扩展为包括非生物体在内的含碳结构的物质。

1920 年，德国科学家 H. Staudinger 提出了高分子的长链结构，由此形成了高分子的概念。但是，人类对高分子的利用，远远早于对它们的认识。如 1839 年美国人 C. Goodyear 发明了天然橡胶的硫化；1855 年英国人 A. Parks 由硝化纤维素(guncotton)和樟脑(camphor)制得赛璐珞(celluloid)塑料。这些通过对天然高分子进行改造或改性而获得的有利用价值的材料，通常被称为人造高分子。与人造高分子相对应，利用化学方法制备的高分子称为合成高分子。H. Staudinger 在 1920 年提出了高分子长链结构，使有机材料被清晰地区分为小分子和高分子。H. Staudinger 于 1953 年因此项工作而获得诺贝尔化学奖。与此同时，人类对有机材料性质的研究也更加深入，开始了对有机晶体学的研究。20 年后，有机光导材料和有机非线性光学材料的研究也相继展开。

1974 年，日本早稻田大学的土田英俊教授撰写的《功能高分子》一书，是高分子材料走向应用的一个里程碑。早期的高分子应用有离子交换树脂、光刻胶、医用高分子材料、高分子催化剂等。可以看出，这些材料的功能都是单一性的，并和有机材料固有特性相关联。一直以来人们认为，与金属截然不同，有机材料是不导电的，例如，塑料(即有机高分子)作为绝缘层包裹在铜导线的外面被用于电缆中。1977 年，A. J. Heeger，A. G. Macdiarmid 和 H. Shirakawa 用 Ziegler-Natta 催化合成了导电高分子聚乙炔[1]。这一原创性的工作揭示了有机材料导电的事实：经过适当掺杂，有机高分子是可以导电的。而高分子导电的必要条件是，必须在碳原子之间存在交替的单-双键（即 π 共轭）结构。掺杂导电的本质是材料分子中的电子被移出（即氧化）而产生的空穴，或者电子被引入(即还原)而产生的电子，可在材料介质中沿分子移动，产生导电性。A. J. Heeger, A. G. MacDiarmid 及 H. Shirakawa 因此获得了 2000 年的诺贝尔化学奖。

综上所述，有机材料的概念经过历史的发展和演变而日益清晰。现如今，所谓的有机材料，通常是指由碳、氢、氮、氧几种元素以共价键形式构成的分子材料，少数还含有卤素、硫、和磷等元素。有机材料中分子与分子之间主要是通过范德华力、分子间偶极作用等分子间作用力相结合。如图

1.1 所示，根据结构复杂性的不同，有机材料一般分为小分子(small molecule)、聚合物(polymer)以及生物分子(biomolecule)。小分子一般相对分子质量小于 1000，而聚合物的相对分子质量一般在 10000 以上。此外，在相对分子质量介于小分子和聚合物之间的，还存在一种称为大分子(macromolecules)的有机化合物，如相对分子质量较大的齐聚物和树状物。

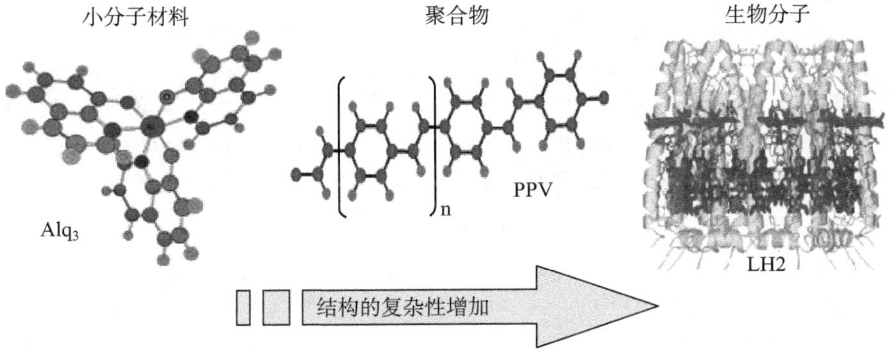


图 1.1　有机材料按照结构复杂性进行分类

通常，小分子和大分子材料具有明确的分子量，是单一物质。根据不同的结构特点，这些材料有如下分类：一般有机共轭及非共轭分子(conjugated and non-conjugated molecules)、含有金属元素的有机金属配合物(organic metal complex)、由明确重复单元构成的寡聚物(也称齐聚物，oligomer)、星型化合物(star burst molecule)以及由一个中心核单元(core)和多个具有相同结构的周围单元(dendron)通过枝化模式结合形成的树状物(dendrimer)。图 1.2 给出了具有上述结构特征的有机小分子/大分子材料的分子结构。图 1.2 中，有机小分子、有机金属配合物、寡聚物、星型物一般都是小分子范畴，而树状物通常分子量较大，是大分子，也称为树状大分子(dendric macromolecule)。

聚合物也称作高分子，是以一种或几种由碳、氢、氧、氮等元素组成的结构单元为单体，通过多次($10^3$~$10^5$)重复连接而形成的，具有成千上万甚至上百万质量的，最大伸直长度可达毫米量级的长链分子。通常情况下，聚合物中结构单元的重复次数有不同的取值，因此聚合物是混合物，具有一个或宽或窄的分子量分布。与小分子及大分子有机材料不同，聚合物的固、液、气三种存在状态的变化一般并不很明显。根据有序程度的不同，聚合物的存在状态主要分为玻璃态、橡胶态和纤维态。在材料性质上，聚合物表现出比有机小分子优越的一些特性，如机械强度大、弹性高、可塑性强、硬度大、耐磨、耐热、耐腐蚀、耐溶剂、电绝缘性强、气密性好等。

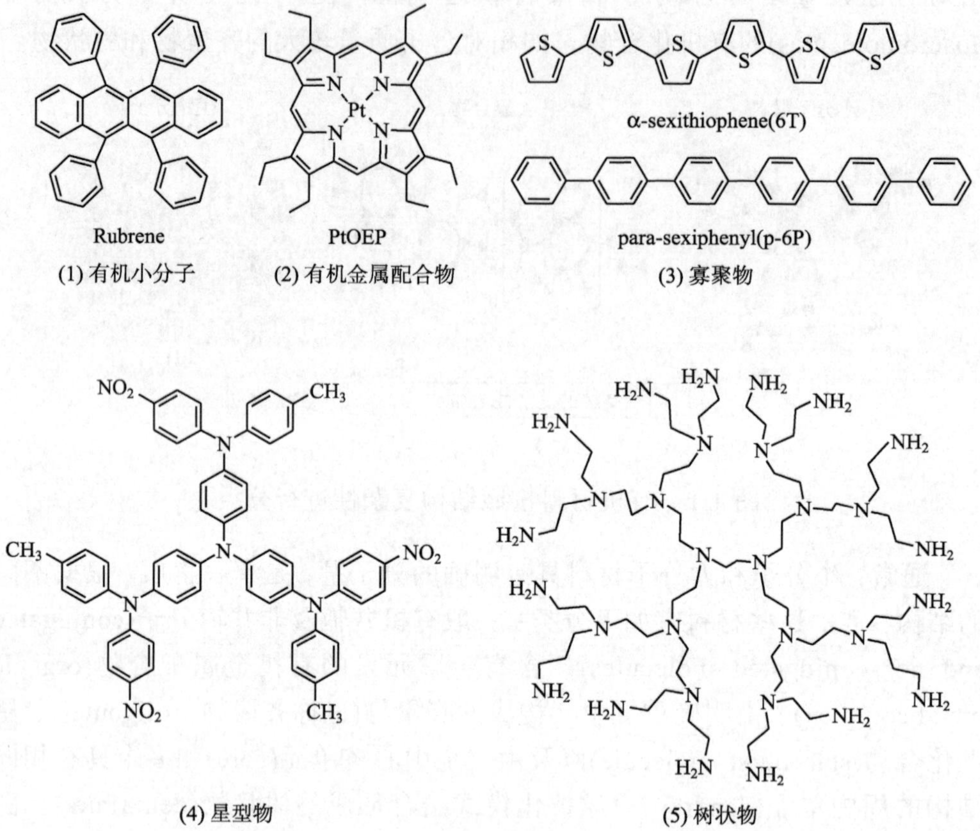


图 1.2　一些有机分子材料的分子结构

生物分子是结构最为复杂的一类有机物，与生命体中存在的物质相关，而与有机电子学关系不大，超出了本书的范围，不做阐述。

## 1.2　电子学与有机材料

从 20 世纪中后期开始，无机半导体(如硅和砷化镓)、绝缘体(如二氧化硅)，以及金属(如铝和铜)等逐步成为半导体产业的支柱，并以此为核心形成了电子学及电子信息产业。电子学日新月异的发展，对现代科学技术及人类社会的进步都产生了巨大而深远的影响。其应用已经渗透到人类社会的各个方面，可以说人类已离不开电子产品，当今时代也可以毫不夸张地称为电子信息时代。

随着电子器件性能的提高，电子产品最为突出的变化是尺寸的日益微小型化。以计算机为例，世界上第一台计算机于 1946 年问世，主要的元器件包括 7468 个电子管、6 万个电阻器、1 万个电容器、6000 个开关等。虽然其功能只相当于一个电子数字积分计算机，但却占地 160 $m^2$，重达 30 t。如此庞大、笨重的设备，功能却不如目前普遍使用的、早已走进千家万户的台式计算机！产生如此巨大变化的根本原因是以晶体管取代电子管后引入的集成电路，集成电路大大缩小了电子元器件的尺寸，提高了器件性能。例如，现代个人计算机中央处理器中的 12500 万个晶体管仅占 8 $cm^3$，而两个晶体管间的平均距离约为 65 nm，可见变化之大。图 1.3 展示了电子器件尺寸随年代的变化[2,3]。可以看出，从 20 世纪 30 年代的电子管发展到 50 年代的晶体管，飞跃到 70 年代的集成电路，再到 90 年代的超大规模集成电路，器件越做越小，电子器件的尺寸从分米到毫米，再到微米、纳米，降低了高达 9 个数量级！显而易见，材料科学的发展，极大地促进了应用技术的进步，提高了人类生存的质量；反过来，应用技术的进步又为材料制备、表征和应用提供了全新的方法，加快了材料科学、电子学及各种交叉科学的发展。

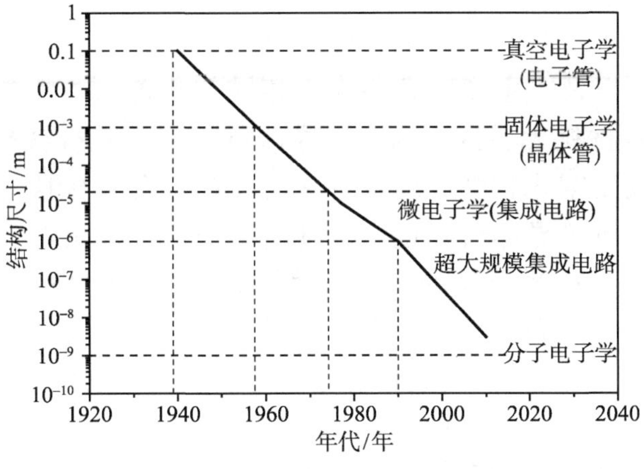


图 1.3 电子器件尺寸随着年代的变化及其相对应的电子科学发展阶段

随着无机半导体器件物理学的日益成熟、集成电路工艺的涌现和发展，微电子加工技术在电子信息工业中显得越来越重要。其中，集成电路(integrated circuit，IC)技术是微电子技术的核心，是电子信息产业最关键、最重要的基础，而有机材料是集成电路中不可缺少的关键性材料[4,5]。例如，利用光化学反应进行图案转移的介质光刻胶(又称光敏抗蚀剂，photo resist)，是电子集成电路中必备的工艺材料之一，这些光刻胶绝大多数都是有机材料。电子集成电路中另一类重要的有机材料是聚酰亚胺，它们是典型的绝缘、钝化和牺牲材料。这类材料有着诸多的优越性能，如优异的耐热性和化学稳定性、良好的绝缘性和介电性能、理想的成膜性及简单的成型工艺等。第三类用于电子工业的经典有机材料是环氧树脂，它们常常被用于芯片的封装和绝缘保护层等。有机材料在电子工业中的应用还包括：在显示器方面，作为光开关的液晶材料、或作为全彩滤波片的有机染料等；在存储产品中，有机材料可以作为光存储活性介质，如用在光盘和DVD中。

总之，随着科学与应用的发展，有机材料的各种性能不断被利用，并在电子工业中发挥越来越重要的作用。

## 1.3　有机半导体与无机半导体比较

在电子工业技术中，导体和半导体材料有着举足轻重的作用。这些材料性能的提高及制备工艺的简化，将会极大促进电子工业的发展，甚至带来产业革命。有机材料与无机材料化学结构的不同，决定了它们不同的物理和化学性质，以及在电子工业中大不相同的角色。尤其是在电子工业发展的初期，无机材料大多数被用作半导体材料，而有机材料被用作绝缘、钝化、牺牲层及图案化材料。随着科学的发展，有机材料的导电性能逐步被人类认识，有机半导体材料也大量地涌现出来。甚至发现有机半导体材料有许多优越于无机半导体的特性，诸如，① 有机材料在可见光区域有很好的吸收特性，消光系数非常大，使得基于这类材料的光检测器以及光伏器件中的活性层可以很薄。因此，通过光激发产生的能量，不必穿越很长的距离就可以被检测或者被收集，这就降低了生产工艺中对材料化学及结构完美性的要求。② 很多荧光有机染料表现出比其吸收光谱大大红移的发射光谱，即材料的 Stoke 位移很大，因此有机电致发光器件中可以几乎没有再吸收损失，再加上有机材料较低的光折射率，使有机电致发光器件避免了无机发光二极管中的再吸收和光折射损失这两个主要缺点。③ 有机半导体材料中的前沿电子饱和，而非晶无机半导体材料中存在大量的悬空键，因此在无序有机体系中本征缺陷的浓度远远低于非晶无机半导体。④ 有机材料的数量是无限的，材料的光电性质可通过分子结构剪裁来实现多样化，例如，有机材料的发射光谱可以涵盖整个可见光区域，甚至可延伸到紫外和近红外区。⑤ 有机材料的制备及提纯工艺简单快捷。⑥ 一些有机薄膜的制备可以在室温下，通过廉价的溶液方法制备，具有与柔性基板相容性好的特性。

与传统的无机半导体材料如硅、砷化镓等相比，以碳原子为基础的有机半导体材料，在结构和性质方面的差异，总结如下。

1. 结构差异

有机材料与无机材料相比，除了组成元素有差异外，最根本的区别是电子结构的差异。同所有的有机材料一样，有机半导体是由分子组成，虽然分子内原子间是以非常强的共价键相结合，但是分子之间的相互作用却主要是较弱的范德华力。相比之下，无机半导体材料是由原子组成，原子之间以共价键相结合。通常地，范德华键结合能比共价键结合能要小约一个数量级，如典型的范德华相互作用能通常小于 42 kJ/mol，而无机半导体硅的共价键结合能为 318 kJ/mol。其次，有机材料中的范德华力是以 $1/R^6$ 减小，其中 $R$ 为分子之间的距离；而无机半导体中的共价键键能，是以 $1/R^2$ 下降。这就导致了有机材料中分子之间相互作用弱、能级分立、能带较窄；而无机半导体则由于原子之间较强的作用力，容易形成长程有序结构，因而具有较宽的能带和较窄的能隙。

2. 激子差异

当材料中的电子受到激发而跃迁到较高能级时，材料由基态变为激发态。其中激发态中具有较高能量的电子与材料中的某空穴有一定的束缚关系。这种较高能量的电子和与之有束缚作用的空穴一起组成了激子。有机半导体中的激子通常产生于分子内或者产生于相邻分子间，分别称为 Frenkel 激子或者电荷转移(CT)激子。这两种激子中，电子和空穴之间束缚力较强，激子半径较小；而无机半导体中的激子通常为通过能带之间的跃迁而产生的半径较大、束缚力较弱的 Wannier 激子。由于有机材料中能级的分立性、能带的狭窄性、材料的无序性和无定形性，以及陷阱和缺陷的普遍性，使有机半导体中的激子表现出定域性，且扩散长度较短。

3. 载流子差异

有机半导体中的载流子通常定域在分子内，而无机半导体中的载流子则具有离域化的特点。因此有机半导体中载流子迁移率普遍低于无机半导体。在室温下，无机半导体的载流子迁移率为 $10^2$~$10^4$ $cm^2/(V \cdot s)$，而高度有序的有机半导体中载流子迁移率的上限约为 40 $cm^2/(V \cdot s)$。在其他无序小分子体系中，典型迁移率数值通常为 $10^{-5}$~$10^{-3}$ $cm^2/(V \cdot s)$。载流子迁移率($\mu$)的大小是决定材料导电性的重要指标，它与电导率($\sigma$)的关系如下：$\sigma = n \cdot |q| \cdot \mu$，式中，$n$ 是载流子密度，$|q|$是单位电荷电量(一个电子的电荷电量为 $1.6 \times 10^{-19}$C)。因此，材料的电导率同时与载流子的迁移率和浓度成正比。由于有机材料中载流子的浓度偏小，因此要获得高导电性的有机材料必须大幅度提高材料中载流子浓度。方法之一是高浓度掺杂。例如，与无机半导体的掺杂机制不同，导电有机材料中掺杂物质的浓度在 1%~5%，远远高于无机半导体中掺杂浓度($10^{-6}$ 量级)。

4. 一般物理性质差异

有机材料的结构特点决定了它们通常具有低熔点、高压缩系数、相对柔软、可燃及易溶于有机溶剂等特点，这与无机材料很不相同。例如，无机半导体材料通常坚硬、易碎，当处于潮湿、腐蚀等不利环境时，相对比较稳定，因而无机半导体材料的加工一般需要消耗很多的能量。从另一角度考虑，有机材料明显的柔性及可操作性，也为一些革新的加工方法打开了大门。例如，有机材料可以使用较为廉价的加工工艺，包括直接印刷法、喷墨打印法和其他基于溶液的方法。这些方法应用在大面积电路上，不但可能要比无机半导体实现简单，而且还提供了柔性电子器件的可能性，使人们对廉价、大面积、可打印柔性电子充满期待。基于有机材料分子之间较弱的作用力，利用有机晶体，比较容易制备缺陷和杂质浓度都很低的高品质表面及界面。

## 1.4　有机光电材料中的电子过程及相关性质简介

众所周知，材料的特性与其电子结构密不可分，材料光电特性的本质是材料中电子的各种行为带来的结果。有机材料可视为分子材料，其电子分布在不同能级的轨道上。其中，前沿轨道上的电子，能量较高，因而比较活跃，它们的各种光学跃迁及物理过程决定了材料的光电及其他性质。这些前沿轨道主要包括：最高占据分子轨道 (the highest occupied molecular orbital, HOMO)和最低空置分子轨道 (the lowest unoccupied molecular orbital, LUMO)。在有机材料中，电子由 HOMO 向 LUMO 或者更高能级的跃迁产生对光的吸收；电子以光辐射的形式由 LUMO 或者更高能级向 HOMO 能级的跃迁就产生了光发射；电子/空穴在 LUMO/HOMO 能级上的迁移、扩散及被俘获等行为产生了材料的导电特性。

有机材料中的电子过程，概括起来包括两类：分子内的电子过程和分子间的电子过程。图 1.4 简要地描述了分子内的主要光电过程，对照图中的标号，这些电子过程分别为：

(1) 吸收 (absorption，abs)；

(2) 内转换 (inter crossing，IC；$\tau$ 为寿命，约为 10 ps)；

(3) 系间窜越 (inter system crossing，ISC；$\tau$ 约为 10 ps)；

(4) 荧光 (fluorescence，FL；$\tau$ 为 1~10 ns)；

(5) 磷光 (phosphorescence；Ph，$\tau$ >100 ns)；

(6) 非辐射跃迁 (热能释放)。

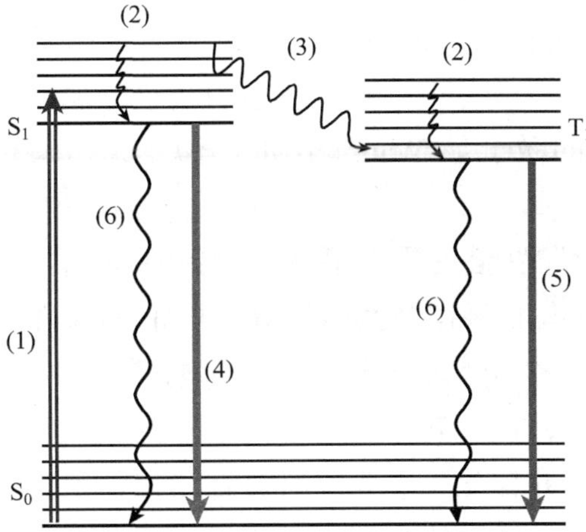


图 1.4　分子内的电子过程

$S_0$、$S_1$、$T_1$ 分别为分子的基态、单线态第一激发态、三线态第一激发态，其他标号说明见本节的内容

按照分子轨道理论，如图 1.4 所示，有机材料中存在很多分子能级。当分子能量最低时，能量最大的电子占据 HOMO 轨道，分子处于基态($S_0$)。当分子中的电子受激跃迁到 LUMO 时，分子处于第一激发态($S_1$ 和 $T_1$)，其中的 $S_1$ 和 $T_1$ 是分子第一激发态的单线态和三线态。在分子的 $S_0$、$S_1$ 和 $T_1$ 等能级中，由于分子中各原子的振动作用，又形成了许多振动能级。这些分子能级上的电子有不同的寿命，电子在能级与能级之间可发生各种跃迁过程，使材料表现出丰富的光物理性质。有机材料中的电子过程除了与分子能级相关外，还受分子与分子间的相互作用、堆叠方式等因素制约。在分子间存在的主要电子过程有：Förster 能量转移、Dexter 能量转移、载流子跃进与俘获等。这些过程产生的可能性、概率及特点，与分子结构、分子之间相互作用相关。总之，材料中的电子在分子内及分子间的跃迁、扩散、迁移或者被俘获等电子过程，导致了激子的形成与输运、载流子的被俘与迁移，产生了各种光电特性。

有机材料的光物理特性主要与激子有关，激子是指分子受激后产生的相互关联的电子-空穴对。激子形成后，它可以在固体内移动，即在分子间迁移。对于聚合物来说，激子可以沿着骨架或者在链间移动。有机材料中最具主导性的激子是 Frenkel 激子，它是一对紧密结合（结合能约为 1 eV）的电子-空穴对，一般同时分布在同一分子上。另外，在高度有序的分子晶体的光谱中，可观察到靠较弱的力结合在一起的电荷转移激子(CT exciton)，这种激子处于活动状态时，往往在多于一个或多个邻近的分子中传播。因为它们有较大的直径，所以比 Frenkel 态的结合能弱(10~100 meV)。更为远程的、结合能最小的激子是 Wannier-Mott 激子，但是它们通常在无机物体系中才出现[6]。

有机材料的电学性能主要与载流子数量及其输运相关，有机分子中共轭的 $sp^2$ 杂化轨道的存在是其能够导电的前提条件。例如，在导电聚合物的直链部分，每一个 $sp^2$ 杂化碳原子的 $p_z$ 轨道，可与相邻的 $sp^2$ 杂化碳原子的 $p_z$ 轨道形成π键，而以单键相连的两个π键会形成单双键交替的结构(即共轭π键结构)。由于异构化，单双键的交替结构使得电子云相互重叠，导致了π电子的离域运动，从而使材料导电，因此共轭π键结构提供了材料传输电荷(空穴或电子)的必要条件。按照无机半导体理论，物质能够导电的基本条件是价带与导带之间的能隙较小，因此利用热激发或者掺杂可使电子跃迁到导带上或者在价带上形成空穴。导带内形成的自由移动电子，或者在价带内产生的自由移动空穴使材料表现出导电特性。近似地，有机材料的HOMO和LUMO分别相当于无机材料中的价带和导带。当有机材料中存在共轭的$sp^2$杂化轨道时，材料的能隙相对地小。因此，电子可以由分子的前沿轨道HOMO跃迁到空置LUMO轨道，提供导电的可能性。或者通过p/n型掺杂，使有机材料的HOMO/LUMO失去/获得电子，也为有机材料导电提供可能性。在有机材料中，一方面导电特性受它所包含的功能团的影响，即具有推电子基团的分子通常是传输空穴的，而含有拉电子基团的分子通常是传输电子的；另一方面，有机材料的自组装或者有序排列可增强π电子的重叠，从而可进一步提高电荷传输能力。特别指出，有机材料内通常存在大量的缺陷，导致了材料的窄能带特征；同时有机材料的能隙普遍比无机半导体大，因此有机材料中载流子主要以跃进方式是输运，由此导致了有机材料的载流子迁移率普遍较低的特点[7,8]，从而也决定了这类材料普遍具有较低的导电性能。有机半导体材料中大部分为空穴传输材料，而且，最优异的有机空穴传输材料的迁移率要比最优异的电子传输材料的迁移率高两个数量级左右[9]。

有机材料的发光过程是较为重要的光物理过程，并有广泛的应用。发光是指材料吸收某种形式的能量而形成激子(即处于激发态的分子)后，再以电磁辐射的形式回到基态的过程。来自于单线态激子的光辐射产生荧光，而来自于三线态激子的光辐射产生磷光。有多种方式可使材料受到激发而形成激子：光致发光是指材料吸收电磁辐射导致的发光；阴极发光是指材料吸收高能电子的能量而导致的发光；电致发光是通过电场作用而使材料产生的发光等等。通常，有机材料的光发射波长在可见光区域(380~780 nm)，但是也存在紫外区域(波长小于380 nm)或者红外区域(波长大于780 nm)发光的有机材料。

有机材料的优越性之一表现在，它们的发射光谱可以通过分子结构的剪裁实现整个光谱范围内的发光。图1.5给出了一个发射光谱根据分子结构进行调制的例子[10]。在这项工作中，作者以有机电致发光中最著名的、具有电子传输特性的绿光发射材料8-羟基喹啉铝($Alq_3$)为基础，对配体的5-碳原子进行拉电子(electron-withdrawing)基团或者推电子(electron-donating)基团的取代修饰。选择这一位置进行取代的原因是，$Alq_3$分子的HOMO能级主要是由配体苯氧基中的氧，以及与其呈对位关系的 5 位碳原子所贡献。通过引入带有芳香基的推拉电子而产生的一系列 $Alq_3$ 衍生物，实现了发射光谱从蓝到绿、到黄、到红的调制。研究发现，缺电子取代基团使发射光谱蓝移，以及量子发光效率和寿命提高，而富电子取代基团使发射光谱红移，且量子发光效率及发光寿命降低。研究同时认为，在利用推拉基团对分子进行光谱调节时，为了防止拉电子或者推电子取代基与母体产生直接共轭，二者之间以芳香基团作为缓冲，可以大大提高取代基对光谱的调节范围。

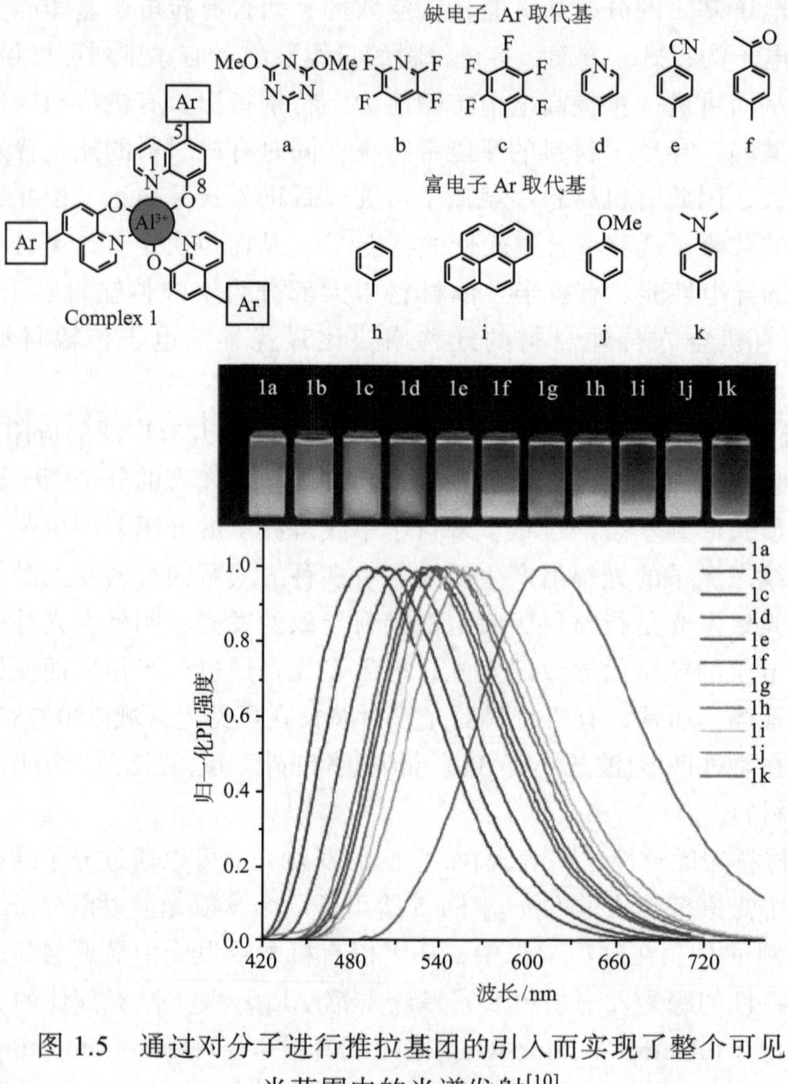


图 1.5　通过对分子进行推拉基团的引入而实现了整个可见光范围内的光谱发射[10]

有关分子内与分子间的电子过程及其相关材料的性质，我们将在第 2 章中详细阐述。

## 1.5 有机电子学及其应用简介

目前，虽然基于无机半导体的微纳电子可以制造出相当常见的电子器件，但是，该类电子器件在元件微型化方面存在理论和技术极限[11]，包括目前基于无机半导体的元件尺寸已经趋近理论极限，可应用于电子器件的无机半导体种类太少，不能直接应用于生物体系等。

有机材料在这些方面却显示出优越性。有机光电材料由于具有制备成本低、种类和结构多样、性能可通过结构设计来调制、制备合成工艺简单、易于大面积制备及可用于柔性电子器件等特点受到广泛关注。研究发现，有机材料对光、电、热、化学等不同的驱动因子可表现出有不同应用价值的新特性，而且这些特性与有机材料的分子结构密切相关。通过对有机分子的设计和裁剪，可得到成千上万的、有预期功能的有机材料。例如，作为静电防护、电磁辐射防护或者消除阳光的导电聚合物材料；应用于场效应晶体管等各类电子器件的有机半导体材料；应用于显示的有机电致发光材料、液晶材料等；应用于能量存储的太阳能电池材料；应用于信息存储的光热材料、光折变材料、光色互变材料；应用于信息处理的电光材料；应用于信息传输的光纤和光导材料等等。综上所述，有机材料作为活性组分在各类光电器件中的应用，使得有机材料科学、电子科学以及信息科学既高度交叉又相互促进发展，由此诞生了一门新兴学科——有机电子学。

有机电子学最初的研究目的主要是集中于传统无机半导体材料不能实现的新型应用以及各种廉价应用。随着理论的深入，新型材料和器件结构的涌现，基于有机薄膜的器件，如有机电致发光、有机太阳能电池、有机场效应晶体管等，也部分地出现挑战传统无机半导体器件的性能。研究发现[12,13]，通过制备工艺的改善和器件结构的优化，有机半导体材料的载流子迁移率表现出逐年提高的趋势，如图 1.6 所示。并五苯的空穴迁移率已经超过了非晶硅。非晶硅加工是目前主动式液晶显示中基板驱动的主要技术，也是各种大面积半导体器件中的主流材料，目前位居全球电子材料市场第二位，仅次于晶体硅，但远远高于诸如砷化镓和氮化镓等无机半导体材料。因此理论上，如果有机电子材料的薄膜制备可以获得很好的重复性，并且器件大面积制备工艺成熟、价格低廉、寿命可以接受的话，有机电子材料一定会替代目前比较昂贵的非晶硅技术。

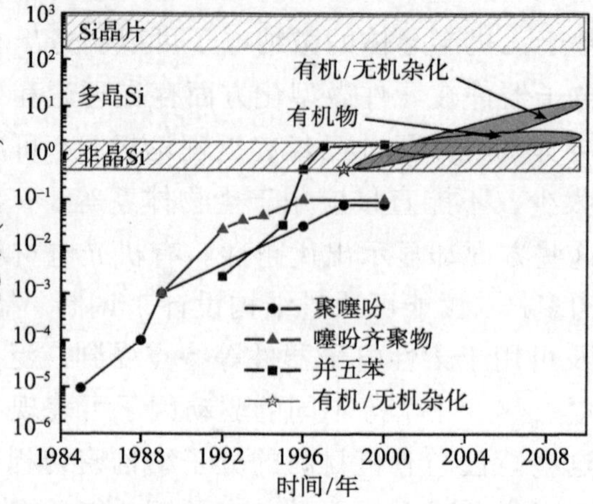


图 1.6　有机材料载流子迁移率随时间逐步提高趋势，并五苯(pentencene)和一些有机/无机杂化体系(hybrids)载流子迁移率已经超过非晶硅(a-Si:H)

基于有机材料柔性特点，以及人们对电子器件廉价批量生产的需求，双卷轴印刷(roll to roll，也称为 reel to reel)有机电子器件的概念应运而生，图 1.7 为示意图。图 1.7(a)是以喷墨打印方式实现双卷轴印制备。在这种方法中，两个轴分别置于设备的两端，中间为电路印刷设备。一端将未加工的柔性衬底卷曲成轴，而另一端将完成的印刷电路慢慢卷收，以不切断的连带方式生产。如此，将可节省大量的人力及边料。同时，印刷电路可以省去传统半导体技术中微纳尺寸图案化、薄膜刻蚀、真空蒸镀等昂贵的制作过程，大大降低成本。类似地，如图 1.7(b)所示，将可卷曲的器件衬底置于滚筒与模板之间，利用凹版印刷技术也可以实现双卷轴印器件批量生产。

有机电子学是目前最受瞩目的研究及开发领域，同时也在飞速发展。基于活性有机薄膜材料的器件，如最有名的有机发光电子显示屏，已经进入了市场，它具有高效率、高亮度、宽视角、超轻便等特点；有机薄膜晶体管和有机光伏器件的研究也取得了较大的进展。目前，有机电子学正开始大举进入商业领域，可以预计在不久的将来，随着新一代超低成本、轻便灵活甚至可柔性的电子器件的问世，部分基于硅等传统半导体材料的非常昂贵的组件将被取代，而基于有机半导体薄膜材料的电子学将会成为人类科技的主流，展现出更广阔的发展前景。下面列举几种有机电子器件及其应用。

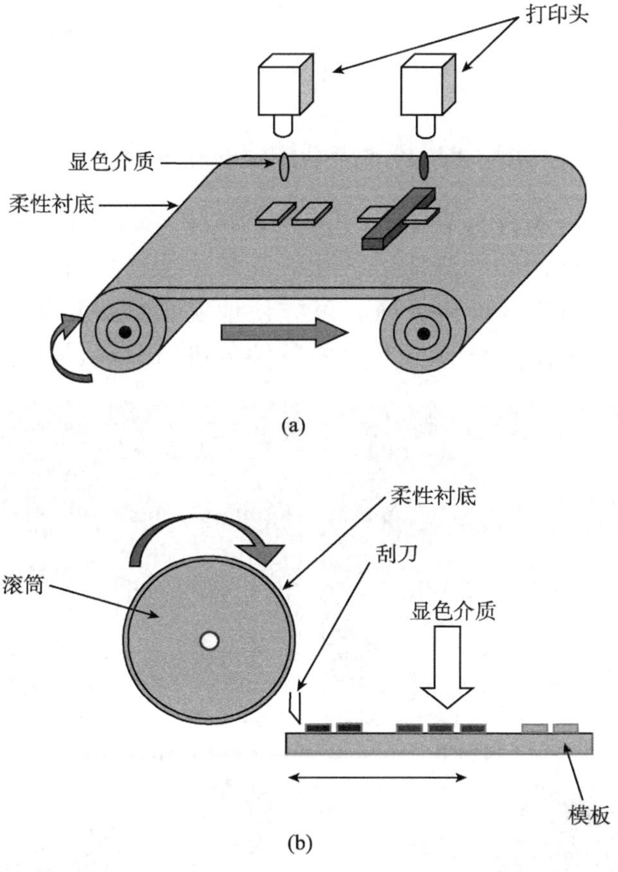


图 1.7 柔性器件批量制备示意图 (a) 双卷轴喷墨印刷；(b) 滚轴凹版印刷

### 1.5.1 有机场效应晶体管

场效应晶体管(field effect transistor, FET)是现代微电子技术中最重要的一类器件，它是靠改变电场来影响半导体材料导电性能的有源器件。图 1.8 为场效应晶体管的基本结构，它由介电层、半导体层及三个电极(源电极、漏电极、栅电极)所组成。它的工作原理，是通过栅电极的引入来改变器件电场，从而控制电荷在源极和漏极之间的流动。

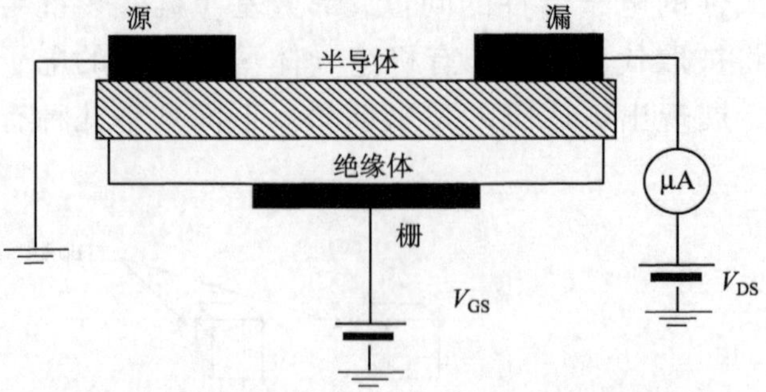


图 1.8　场效应晶体管的基本结构

利用有机薄膜来替代普通无机半导体材料制备的有机场效应晶体管(DFET)有很多优点，如：制造工艺相对简单、生产能耗有望减少、性能可以较简易地加以调节、价格低廉、可方便地实现大批量生产。在常规硅材料的制备中，要求在高温、高真空的条件下进行材料的沉积，并要求用复

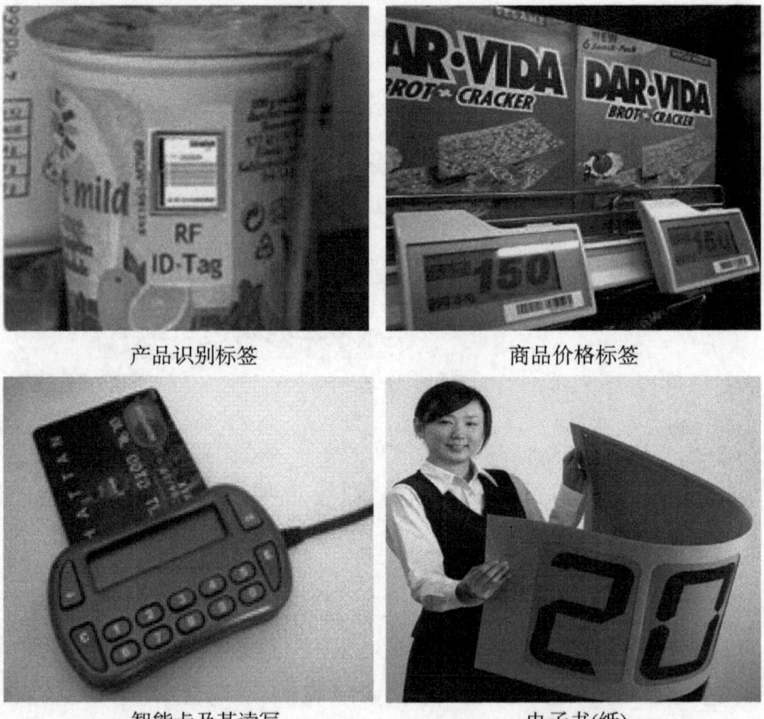


产品识别标签　商品价格标签

智能卡及其读写　电子书(纸)

图 1.9　基于 OFET 的应用产品原型

杂的光刻技术来实现图案化，而有机场效应晶体管可采用低温沉积法或者溶液成膜法，工艺相对简单，加工速度快。同时，有机材料几乎有着无限量的、不同的建筑“基块”，能够很容易得到不同性质的材料。如果将所有的材料都用有机物代替，就可以制备出具有良好柔韧性的电子器件，这也是有机场效应晶体管被大家强烈关注的原因之一。在应用方面，由于 OFET 的性能如响应时间、开关比等不可能与硅晶片相比，所以并没有期待它取代计算机中的中央处理器单元。但是基于 OFET 的廉价制备工艺、大面积及可柔性的特点，它有可能成为低端且大需求量电子产品中的核心元件，如智能卡、商品价格标签、识别标志、以及电子书籍(报纸)等。图 1.9 给出了有可能应用 OFET 的产品。

### 1.5.2 有机太阳能电池

能源是人类赖以生存和发展的基本条件，是国家经济发展战略的重要组成部分。随着传统石化能源的日益枯竭，人们渴望廉价且环保的再生能源技术的出现。太阳能是不受地域限制、没有噪声、取之不尽的清洁能源，是最理想的能源模式。太阳能电池是将太阳能转化为电能的一种策略，是利用太阳能存储和提供能源的有效途径之一。制备高效、价廉、可大面积制备的太阳能电池，一直是学术界和产业界关注的关键科学原理与技术应用问题。

基于器件中的活性材料，太阳能电池可分为无机太阳能电池、染料敏化太阳能电池及有机太阳能电池三大类。研究显示，尽管目前无机太阳能电池总能量转化效率达到了 25%以上，但是，昂贵的成本及窄带隙半导体的严重光腐蚀限制了无机太阳能电池的实际应用；成本较低的染料敏化太阳能电池的效率可达 10%左右，但是该类电池需要液体电解液，阻碍了其实际应用。与此同时，基于聚合物/有机活性材料的有机太阳能电池(opv)研究日益受到人们的重视，并得到不断发展。有机太阳能电池具有许多优点，包括柔韧性高、制作成本低以及可得到大面积均匀膜层、还可以制成薄而透明的柔性电池等。它有望成为通信、建筑、交通、照明等领域的新型能源。

有机太阳能电池的基本结构主要有两种：双层异质结器件(planar heterojunction device)和本体异质结器件(bulk heterojection device)。在这样的器件中，光子转换成电子有以下几个步骤：光子吸收和激子的产生、激子扩散与电荷分离、电荷传输以及电荷引出。光电转换的第一步是光的吸收。当入射光的能量大于活性物质的能隙($E_g$)时，活性物质吸收光子而形成激子。激子在异质结附近被分成了自由的空穴(在给体上)和自由的电子(在受体上)，它们是体系中主要的载流子，具有较长的寿命。分离出来的自由电荷，经过传输到达相应的电极，进而被收集和引出。图 1.10 给出了双层异质结器件的结构和工作原理。

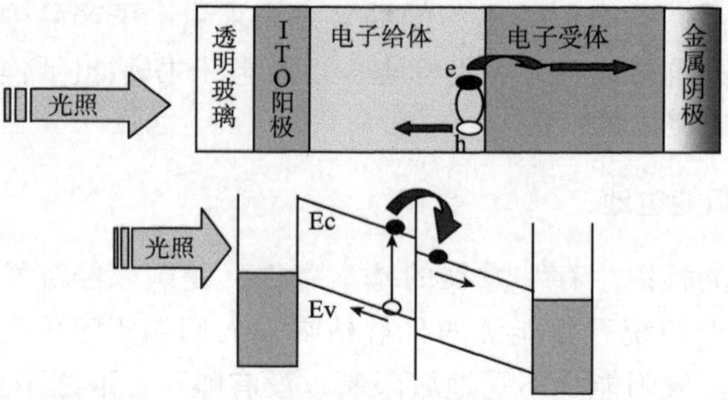


图 1.10　双层异质结器件的结构和工作原理

目前，基于柔性基板的有机太阳能电池已被成功研制，如图 1.11 所示。2008 年，日本人采用有机薄膜太阳能电池试制出观叶植物式的太阳能电池模块。他们将具有鲜亮绿色有机薄膜太阳能电池做成叶片状模块，并进一步制成观赏植物的形状，使其同时具有实用性和观赏性(图 1.12)。

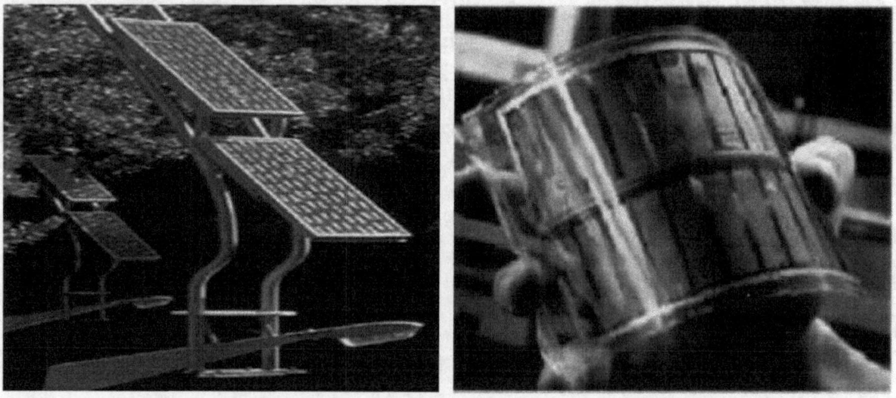

图 1.11　基于刚性及柔性衬底的有机太阳能电池

图 1.12 作为观赏植物的有机太阳能电池

### 1.5.3 有机电致发光

活性介质在电场的作用下产生的光辐射，称为电致发光(electroluminescence, EL)。当夹在正极(ITO)和负极(金属电极)之间的活性物质是有机物时的电致发光，就称为有机电致发光。有机电致发光也称为有机发光二极管(organic light-emitting diode, OLED)，它属于载流子注入型发光。

如图 1.13 所示，是有机电致发光的工作原理。有机发光材料夹在一对电极之间，在外加电场的作用下，空穴由阳极注入，而电子由阴极注入。经过相反方向的运动，进入到有机材料层的电子和空穴可以在某个位置相遇，一部分通过复合形成激子，激子经由辐射衰减而产生光。作为空穴注入的阳极一般要求是高功函数材料，并制备成透明的薄膜，以利于光的引出，金属氧化物薄膜如 ITO (indium tin oxide) 和半透明的高功函数金属薄膜都可以作为阳极材料；作为注入电子的阴极材料，通常具有较低的功函数，如碱金属、碱土金属或者它们的合金等。虽然低功函数的金属阴极有利于向有机材料中注入电子，但是它们有过于活泼的缺点。因此，有机电致发光器件阴极的制备通常采用合金(如

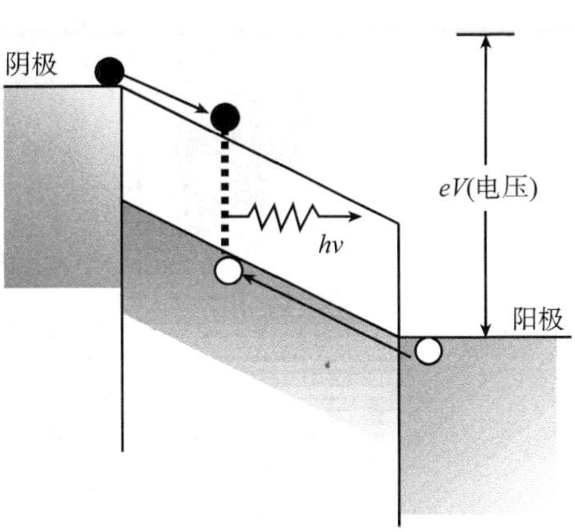


图 1.13 有机电致发光器件原理图

Mg:Ag)或者多层金属(如 Li/Al)的方式，既可以达到低功函数有利于注入电子的要求，又可以降低电极的活性，提高器件的稳定性。作为有机活性层，材料中正负电荷的迁移率以及注入速率都希望大体相同，以提高电荷复合、产生激子的概率，从而提高器件效率。通过单一的活性材料满足上述条件是比较困难的，因此发展出双层、三层等多层器件结构。在多层器件中，由于靠近阳极的有机材料提供空穴的注入和输运功能，而靠近阴极的有机材料发挥电子注入和输运的作用，增加了器件设计的灵活性和选择性。同时，在三层器件中，将发光层夹在空穴传输和电子传输材料的中间，降低了发光材料对传输特性的要求。研究表明，相对于单层器件，多层器件的效率和寿命都极大限度地得到提高。

1. 有机电致发光应用之一：信息显示

信息显示被认为是 IT 产业的三大支柱技术之一，对国民经济的发展有着重要的影响。如 2002 年，我国计算机工业总产值为 2800 亿元，其中显示器产业创造了 17% 的产值；计算机及其相关产品出口 171 亿美元，其中显示器占出口总额的 20%。近年来，我国内地已经成为全球显示器的重要生产基地，显示器产量从 2000 年起已连续多年居全球首位。

显示技术的发展经历了从体积硕大、质量笨重并且耗电严重的阴极射线管显示(cathode ray tube, CRT)，到各种轻便、小巧及节能型的平板显示(flat panel display, FPD)的过程，如图 1.14 所示。平板显示技术主要包括发光型和受光型两大类，其中发光型的平板显示包括等离子体显示器(plasma

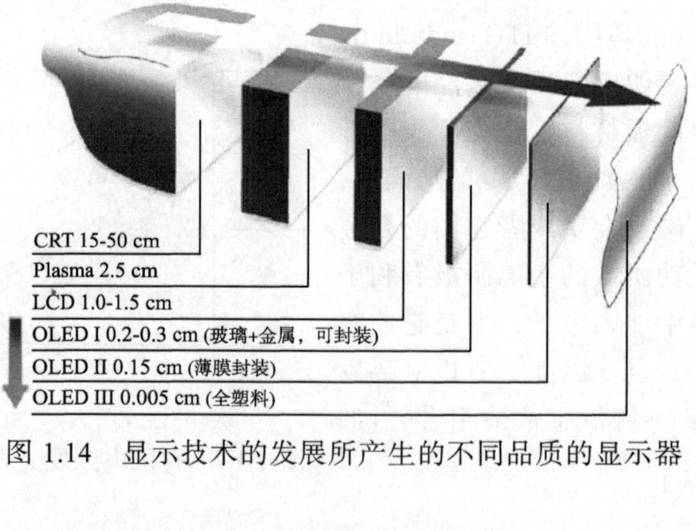


图 1.14　显示技术的发展所产生的不同品质的显示器

display panel, PDP)、发光二极管(light-emitting diode, LED)显示器、有机发光二极管(organic light-emitting diode，OLED)显示器、场发射显示器(field emission display, FED)、真空荧光显示器(vacuum fluorescence display, VFD)等；受光型 FPD 包括液晶显示器(liquid crystal display, LCD)、电致变色显示器(electrochromic display, ECD)、电泳显示器(electrophoretic display, EPD)等。

目前占主导地位的平板显示产品是 LCD，它基本上取代了阴极射线管显示，被广泛地应用于各种信息显示，如电脑、电视、手机以及数码相机等。液晶显示的主要缺点有视角小、色彩呈现技术不足、需要背光源、反应速度慢，以及工作温度范围窄等。基于 PDP 的平板显示在市场上也占有一定的份额，尤其是在大屏幕领域。但是 PDP 显示功耗大、分辨率不易做得很高，驱动电路价格昂贵。基于 OLED 技术的信息显示技术是理想的下一代平板显示技术，图 1.15 给出了 OLED 显示、LCD 显示及 PDP 显示在性能方面的比较。红色线条所包含的绿色阴影、蓝色网格及粉色阴影分别代表 OLED、LCD 及 PDP。不难看出，与液晶及等离子平板显示相比，OLED 显示在响应速度(优于 LCD)、视角(优于 LCD)、厚度(优于 LCD 及 PDP)、分辨率(优于 PDP)和对比度这几方面都达到了理想状态；在耗电量、价格及荷重等方面虽占优势但还有改进的空间；在亮度、色纯度及寿命几个方面性能比 PDP 或者 LCD 差，但尚可改善。

纵观历史，从美国柯达公司的邓青云等提出 OLED 器件的多层结构开始，经过了近 30 年的时间。目前有机发光显示领域的研究呈现出研究、开发与产业化齐头并进的局面。在研究方面，各种功能材料、器件结构和机理研究都趋于成熟；在应用方面，小尺寸发光显示器件已经产业化，并被大量地应用在手机及 MP3 等个人电子产品中；大尺寸和柔性发光显示器件正处于技术发展的关键阶段。相继问世的有机电致发光信息显示产品例举如下。1997 年日本先锋 (Pioneer) 推出了世界第一个商品化的单色有机平板显示产品——汽车音响显示屏。2000 年 Motorola 公司推出第一款带有区彩有机电致发光显示屏的手机。2001 年我国台湾铼宝公司推出第二款有机电致发光的手机显示屏。美国 UDC 于 2002 年 4 月也正式推出无源驱动的手机显示屏。2002 年 10 月 2 日 SK 宣布已生产出 15 英寸(1 英寸=25.4mm)

的显示器，性能与商品化 TFT-LCD 电视可媲美。韩国三星电子在 IMID 2005 国际数据展览会议上，推出了一款 40 英寸的 OLED 显示屏幕。三星此款 40 英寸 OLED 显示器可以支持 WXGA 1280×800 的超高分辨率，同时具有 600 cd/m$^2$ 的亮度，对比度达到了 5000:1，画面效果令人惊叹。更让人惊讶的是，它的厚度仅有 3 cm。一般而言，AMOLED TV 面板整体厚度约在 3 mm 以下，重量为传统液晶电视的 1/5 以下，实际荷重轻薄，因此非常适合壁挂式应用。2006 年我国台湾奇美公司的 OLED 面板是当时世界上首款超薄 AMOLED 面板产品。2007 年的 CES 展览会上，日本的索尼展示了 11 英寸和 27 英寸、厚度分别为 3 mm 和 10 mm 的有机电致发光平板显示电视机，并在年底推出了第一款 OLED 电视产品。2008 年台湾奇美在日本开展的 FPD 国际展上，展示了一款厚度仅为 1 mm 的 25 英寸 OLED 面板。图 1.16 为一些近年来面世的基于有机电致发光的平板显示。

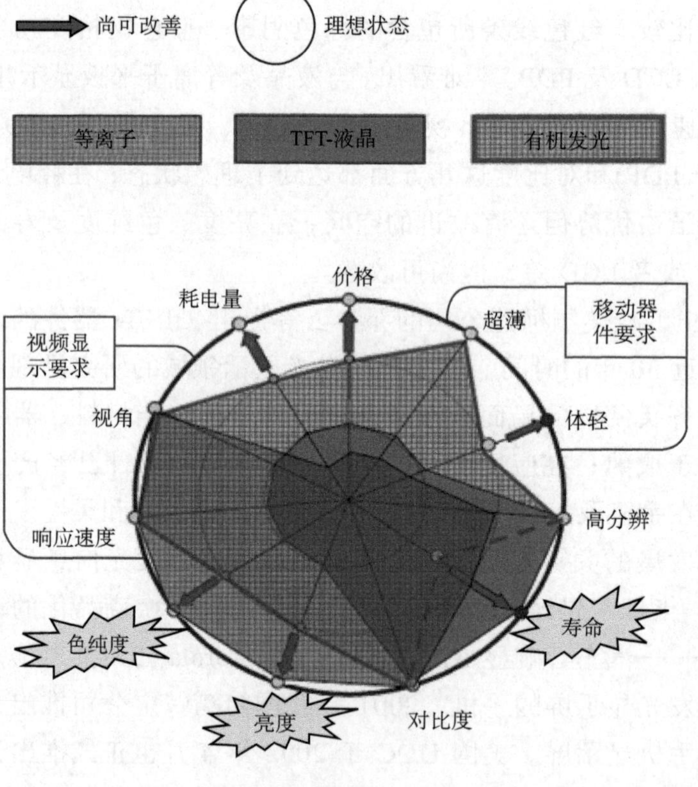


图 1.15　基于 OLED 的显示器与其他平板显示技术在性能方面的比较

图 1.16 近年来一些面世的基于有机电致发光的平板显示

(a) MP4；(b) 数码相机；(c) 2001 年 Samsung 的 15 英寸全彩显示；(d) 柔性显示器；(e) 2001 年 Sony 的 13 英寸全彩显示； (f) 2002 年 Sanyo-Kodak 的 15 英寸全彩显示；(g) 2004 年 Epson 的 40 英寸全彩显示、(h) 2005 年 Samsung 的 42 英寸全彩显示；(i) 2008 年台湾奇美的厚度仅为 1mm 的 25 英寸全彩显示

2. 有机电致发光应用之二：固体照明

众所周知，照明应用于人类生存的每一个角落，如住宅、办公室、街道、工厂等。白色照明光源是目前主要使用的照明设施，其中包括高压钠灯、氙灯、卤素灯、白色荧光管和白炽灯等。世界上用电量约有 15% 以上用于照明，消耗了大量的能源。例如，美国每年耗费近 580 亿美元用于照明，占总生产电量的 22% ；在中国香港，城市照明的用电量也高达 18% 的总

用电量，每年消耗约 30000TJ 的能量。照明消耗能量之大，一方面由于照明应用的广泛性和普及性；另一方面是由于目前的照明设施效率不高而导致能量损耗。例如，在美国占用电量 42% 的白炽灯的效率只有 12~17 lm/W[14]。

迄今为止，有潜力进入照明市场并且倍受关注的白光固态照明技术有两种：无机发光器件(无机 LED)和有机电致发光(OLED)技术。如果白色无机 LED 的效率大于 44 lm/W，使用寿命能大于 9000 h，它们就可以满足照明的要求[14]。白色无机 LED 面临的挑战是降低成本、获得足够的蓝绿光效率和探索用于能量下转换的高效长寿命发光材料。白色 OLED 具有小型、坚固、高效、自发冷光及反应速度快的特点。相对于无机 LED，由于有机材料结构的千变万化性、功能的可调性，材料的选择范围比无机 LED 大大拓宽。而且白色 OLED 中蓝光的获得比无机 LED 容易得多。进一步来说，由于 OLED 中要求的材料纯度(大约 99.95%)远远低于无机 LED 中的材料纯度要求(99.9999%)，白色 OLED 的制备成本也比无机 LED 低。另外，由于 OLED 是利用真空蒸镀法或旋转涂布法来沉积薄膜，大面积制造工艺较简单，制造成本较低，易达到与目前照明灯管竞争的目标。因此 OLED 有机会成为白光及背光源的主流技术，成为除显示应用外，另一个重要的应用领域。将白色 OLED 广泛用于照明，不但会节省用电量、减少火力发电中燃烧产生的 $CO_2$ 的污染，还可以减少荧光灯管中汞等重金属污染，起到保护环境的作用。图 1.17 为基于白色 OLED 的固体照明的原型器件。

图 1.17　基于白色 OLED 的固体照明的原型器件

应用于照明，白色 OLED 器件的效率、使用寿命、显色指数(color rendering index, CRI)和发光色度的稳定性等是较重要的器件参数，其中器件效率及使用寿命是最重要的。国外研究报告指出，要想进入一般的照明市场，白光 OLED 的效率要提高到大于 50 lm/W，显色指数要大于 80。同时，器件应该可以在初始亮度为 1000~3000 nt ①下，工作 10000 h 以上没有太大的颜色变化。根据 2006 年 *Nature* 杂志报道，在可应用的表面亮度为 500 cd/m$^2$时，白光 OLED 器件已经达到总发光功率效率为 23.8 lm/W 的水平[15]，高出传统的白炽灯的总发光效率约 50%，因此白色 OLED 非常有潜力应用于照明。

目前，虽然 WOLED 器件的效率已经很高，但是器件的其他性能指标还有待于提高或者深入研究。例如，J. Kido 于 2008 年在 *Adv. Mater.*中报道的 WOLED[16]，在 100 cd/m$^2$ 时，发光效率达到 53 lm/W 的水平，是目前效率最高的 WOLED 之一。但是，其显色指数只有 68，而且色度坐标随着电流的增加也有一定的漂移。因此，要达到产业化，WOLED 仍然存在三个主要问题，即提高寿命和显色指数及稳定光色。

### 1.5.4 有机传感器和存储器

21 世纪是电子信息主宰的高科技时代。不论是高科技成果，还是日常文娱，亦或种类繁多的商业广告等，都有机会以电子信息的形式存在。这种电子信息伴随着网络，可迅速地检索和获取，极大地方便了资讯的传播和利用。在电子信息技术中，包括三大基础过程，即信息的采集、信息的交换及信息的存储与处理。这些过程分别对应于传感器技术、通信技术及计算机技术，它们可以形象地比喻为信息技术系统的“感官”、“神经”及“大脑”。可见它们的重要性及相互依存关系。其中传感是信息的重要来源之一，存储是信息交换和处理的基础。

传感器技术是在电子学、计量学、功能材料学、生物学、化学、物理学等多学科的基础上开拓发展起来的一个新的技术领域。人类对传感器的需求多种多样。例如，人们希望拥有代替自身视觉、听觉和触觉的传感器，能够自动地、高分辨地识别生存环境中种类繁多的有害物质，如人为的大气污染或水体污染，地球以外的天体过程对大气层的破坏等，

① 1 nt = 1 cd/m$^2$。

以达到提醒注意并促进改善的目的。又如在各种人类活动中，需要利用传感器来探测和识别在特定范围内(生产流程、食品加工、人体甚至细胞等等)存在着的物理或者化学状态的变化，以便进行控制、监管、分析和治疗等各种自动化控制。综上所述，传感器的重要性、普及性、多样性及广泛性等可见一斑。

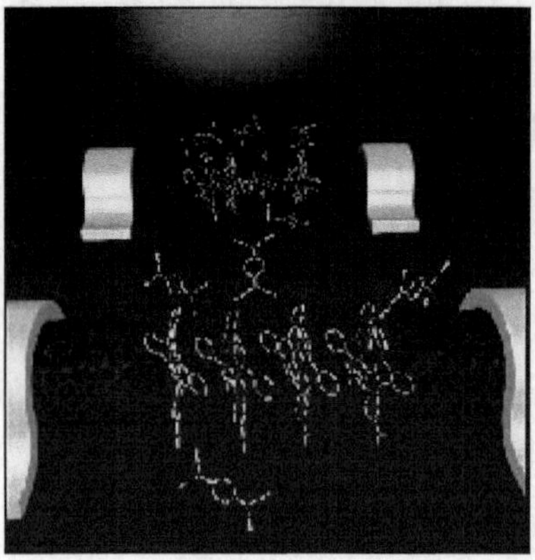

图 1.18　基于场效应晶体管器件的分子化学传感器

有机材料除了具有介电性能外，还有半导体、导电、电光、电导等多种功能，可用来制作热敏、力敏、声敏、导电敏、光敏、湿敏、气敏、离子敏和生物敏等多种传感器。由于制备廉价、种类繁多及光电特性丰富等优点，有机材料成为很好的传感材料。有机传感材料具有诸如与生物体系相容，可以方便地制备在各种衬底上，可与其他功能材料复合，可在常温或低温使用以及有潜力制备分子器件等独特优势。图 1.18 为基于场效应晶体管器件的化学传感器。器件的主要结构包括由切开的单层碳纳米管的外端与金属管套垫连接构成的源极和漏极、由硅基板作为栅极、在切开的两半纳米管之间(2~6 nm)的多环芳烃分子是半导体层。传感器的工作原理是基于碳氢化合物分子的电导率对环境中化学成份的敏感性。

信息存储的重要性是无庸赘述的，一个没有存储功能的电子产品是性能非常有限的低端产品，就好象一个人没有记忆一样。信息存储的要求是反应时间快、稳定性好、存储单元尺寸小、存储密度高等。最早的电子信息存储是以无机半导体材料为主。以这种材料为介质的开关及存储器件，由于其成熟的技术和稳定的性能，在当今信息社会里得到了广泛的应用。随着计算机、网络、通信、电子商务等技术的发展，对存储器的要求越来越高。目前研究表明，基于无机半导体材料的存储器，由于光刻技术的限制，生产成本随尺寸变小成指数增长，已经基本上接近其研究开发的极限。有机功能材料具有体积小、重量轻、结构多变、易加工、成本低等优良特性，以此为基础的存储器研究得到日益关注和发展。图 1.19 为几种有机存储器件示意图。

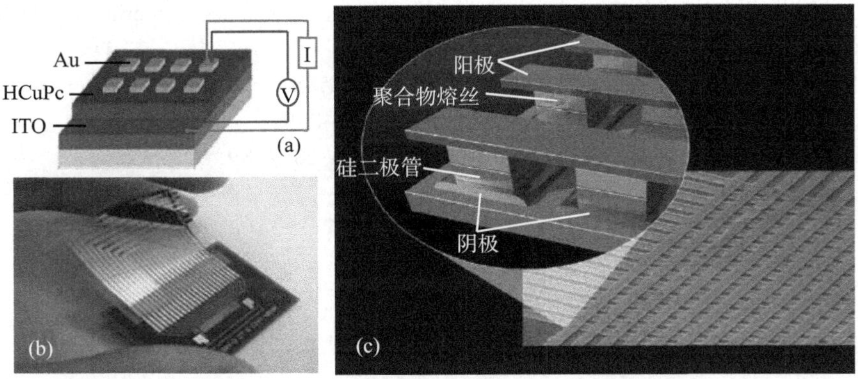


图 1.19　几种有机存储器件的示意图

(a) 一种含有酞菁铜的有机储存器；(b) 有机柔性储存器集成原型器件；(c) 集成有机存储及单元结构

应该指出，尽管有机电子薄膜器件中有机材料的价格很低，但是这不是它们受到关注的主要原因，因为在电子设备中材料的使用是很少的，而最终产品的制造工艺和设备费用常常是占主要地位的。因此，这种备受关注的材料实用性亦即有机电子材料的实用性，将取决于能否实现在大面积衬底上制造出价格低廉的器件、柔性器件，来降低电子产品成本，满足人类需要。

## 参考文献

[1] Shirakawa H, Louis E J, MacDiarmid A G, et al. J Chem. Sco ChemCom, 1977, 16: 578
[2] Roberts W M. Adv Phys, 1985, 34: 475
[3] Burghard M, Klauk H, Kern K. Adv. Mater, 2009, 21: 2586
[4] Moreau W M. Semicondcutor Lithography. New York: Plenum Publishing Co, 1988
[5] Wong C P. Polymers for Electronic and Photonic Applications. San Diego: Academic Press, Inc, 1993.
[6] Pope M, Swenberg Ch. Electronic Processes in Organic Crystals and Polymers. New York: Clarendon Press, 1999
[7] Silinsh E A. Organic Molecular Crystals. Berlin Heidelberg, New York: Springer-Verlag, 1980
[8] Schmechel C, Von seggern H. Phys. Stal Sol A, 2004, 201: 1215
[9] Hosokawa C, Tokailin H, Higashi H, et al. Appl Phys Lett, 1992, 60: 1220
[10] Montes V A, Li G, Pohl R, Shinar J. Adv Mater, 2004,16: 2001
[11] Frank D J, Dennard R H, Nowak E, et al. Proc IEEE, 2001, 89: 259
[12] Dimitrakopoulos C D, Malenfant P R L. Adv Mater, 2002, 14: 99

[13] Khan R U A, Hunziker C, Günter P. Journal of Materials Science: Materials in Electronics, 2006, 17: 467
[14] D'Andrade B W, Forrest S R. Adv Mater, 2004, 16: 1585
[15] Sun Y, Giebink N C, Kanno H, et al. Nature, 2006, 440: 908
[16] Su S J, Gonmori E, Sasabe H, et al. Adv Mater, 2008, 20: 4189

# 第2章 有机材料中的电子结构与过程

本章介绍有机材料的电子结构和各种光电过程，主要包括材料的分子内成键模式及能级结构、材料中的能量过程，以及材料中的载流子过程三个部分。在章节的最后，还简述了有机光电材料的基本表征手段。

本章首先阐述了有机分子内原子相互结合的成键模式(即化学键)及其理论，并说明通过不同化学键结合的材料具有不同的性质，其中共轭结构是有机光电材料的基本特征。为了研究有机材料的光电本质，必须了解有机材料的能级结构和能级分布，因此本章介绍了各种能级分布及其电子输运理论，包括分子轨道理论、配位场理论和能带理论。接着阐明了各种概念，包括最高占据能级、最低空置能级、电子亲和能、解离能、价带、导带、能隙、电荷转移态、真空能级、费米能级、功函数。鉴于有机材料的堆积方式对其能级排列及光电性能会产生各种影响，本章从分子间作用力出发，阐述了有机晶体的几种主要堆积模式。

由于有机材料丰富的光电性质使它们在多种光电器件中得到广泛应用。而决定有机材料光电特性的最根本因素是材料中激子和载流子的产生、输运、转移以及衰减或者猝灭的过程。本章详细讨论了上述过程。通过该部分的阐述，有助于揭示有机材料在各种光电器件中发挥作用的本质。具体地，针对有机材料能量的行为特点，以激子和激发态为对象，阐述了单线态、三线态、内转换、系间窜越、自旋轨道耦合、光吸收和发射、Davydov 分裂、基激复合物，裂变与聚变、Stoke 位移、Franck-Condon 原理、Einstein 方程、发光量子效率、Förster 与 Dexter 能量转移、激子形成及衰减等。接着通过有机材料的几个发光体系阐明有机材料发光特点。针对有机材料中载流子行为特点，相继讨论了电导率、电流密度、迁移率、载流子与陷阱能级、有机材料中载流子种类及其产生过程、电接触、注入限制及空间限制电流、载流子输运模式等。接着给出实例，讨论了导电有机材料，包括小分子、聚合物、电荷转移体系和纯碳基材料。在这部分中，对 2010 年获得物理诺贝尔奖的石墨烯做了介绍。当然，对材料光电性质的认识，离不开各种表征手段，因此本章的最后总结了对有机材料光电特性表征的基本方法。

## 2.1　有机分子内成键及相关概念

### 2.1.1　固体物质的成键方式

固体物质中主要的成键方式包括离子键、金属键、共价键和分子键四种，如图 2.1 所示。离子键是指正负离子之间的长距离库仑吸引力，经典的例子如图中所示的 NaCl 固体。以离子键结合的固体通常熔点较高，易碎，在低温下是不导电的绝缘体；而当高温熔融时或者在溶液状态时，由于存在自由移动的正负离子，这些离子盐成为电的良导体。金属键指的也是正负电荷通过库仑作用力相结合的成键方式，但是金属键中的负电荷是离域的、可以自由移动的电子，正电荷粒子为原子核。由于存在大量流动的电子，金属材料一般具有导电性好、反射率高、熔点较高、柔性较好等特点。共价键指的是在相邻原子之间共享电子对的成键方式。通过共价键结合的固体，如无机半导体材料，通常坚硬且易碎、熔点较高。这类材料的本征导电性不高，但通过掺杂其导电性可显著提高。总之，在图 2.1 所示的前三种固体中，所有原子之间都以很强的键结合在一起，不存在独立分子。其结构特征通常是在晶格中的原子间存在强作用力的金属键、离子键或共价键，并且原子间以密堆积结构形式存在。第四种固体与前三种大不相同，原子之间的结合既包括分子内的共价键，又包括分子间以范德华力为主的分子键，这种固体即为有机固体。由于有机固体分子之间的结合力为分子力，这些包括聚合物、小分子在内的有机固体也称为分子固体。与其他固体材料相比，有机固体材料中虽然分子内存在很强的共价键，但分子间的结合力包括范德华力、极化作用、氢键等分子键都相当脆弱。因此，一方面，当有机分子结合成固体时，分子内的电子结构由于只是受到微扰而得到基本保持(见图 2.14 中所描述的有机分子与有机晶体之间的能级结构)；另一方面，有机材料中分子与分子之间非常弱的分子键结合方式决定了这类材料柔性较好、熔点较低。同时，分子与分子之间的能级不能像其他固体那样形成能带，而只能以分立的形式存在，因此导电性较差。也就是说，在光电性质方面，有机固体表现出能带窄、能隙宽、载流子迁移率低等特点。另外，较弱的分子间作用力，使有机材料在晶体结构方面有较大的变化空间。尤其是温度、压力、外部电磁场(如紫外、可见及红外辐射)等参数，比较容易改变材料的空间结构并导致材料性质的改变。这也使有机材料表现出各种有价值的实际应用。

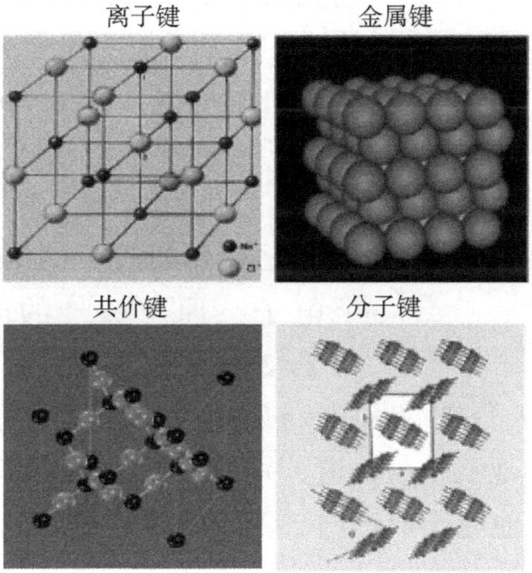


图 2.1　固体材料的成键方式

有机材料的基本单元——分子，是由原子通过共价键结合而成的，因此分子内原子间的作用力很强。当分子内存在共轭结构时，电子可表现出局部的离域性(如苯环范围内离域的π电子)，使材料具有导电性和其他光电活性。为了更好地理解有机材料及有机电子，掌握有机材料中的电子结构及电子过程，首先要了解有机材料分子内原子间的成键方式。

### 2.1.2　原子的电子轨道和电子云

众所周知，构成分子的原子是由原子核和电子组成，电子按一定的轨道在原子核外高速运动。其中，最外层电子比较活泼，可与邻近原子的外层电子相互作用形成化学键。因此，电子，尤其是原子最外层电子，是分子中化学键的重要组成部分。

原子核外电子的特性通常用电子轨道来描述，它包括电子运动轨迹(即电子云形状)和电子能量(轨道能级)两个最重要内涵。当提到电子轨道时，既可以指原子中电子轨道，也可以指由原子构成的分子中的电子轨道。如果一个电子不属于任何一个原子核，则该电子为自由电子，其特征就不能用电子轨道来描述。

原子内的电子通常具有波动性，服从测不准原理。也就是说，在分子、原子中运动的电子没有传统的运动轨道，而是行踪不定地按照一定概率在原子核附近空间出现。电子在原子核周围出现概率的空间分布称为电子云，它反映出电子可能的运动空间，也称为电子轨道的形状。按照量子化学概念，原子中的电子轨道可以分为 s、p、d、f 四种，它们的电子云形状各不相同。

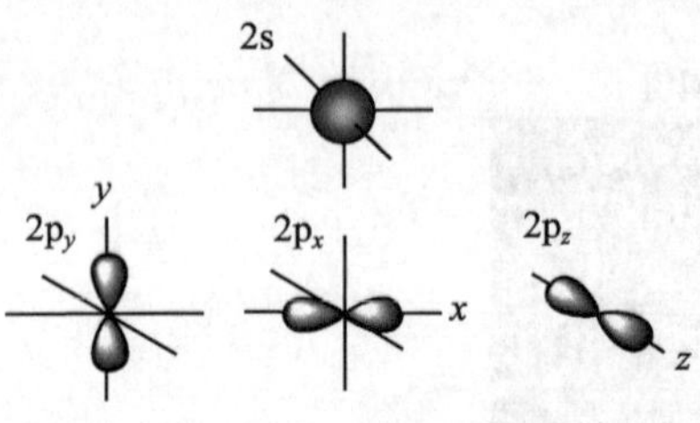

图 2.2　碳原子的最外层轨道及其电子云形状

在有机材料中，碳是必不可少的元素。它是元素周期表中的第六号元素，共有 6 个电子，原子核外的电子可以表示为：$1s^2 2s^2 2p^2$。图 2.2 表示的是孤立碳原子的最外层 4 个电子的电子云分布。其中，s 轨道具有球形对称性，可以在任何方向与其他原子成键。其他三个 p 轨道分别沿 *xyz* 三个坐标轴的正负方向伸展，呈“8”字形，因此与其他原子成键时，需要有一定的取向。

### 2.1.3　原子之间的杂化轨道

当碳原子与相邻原子通过共享电子而结合成分子时，原子与原子之间的成键可用杂化轨道来解释。碳原子最外层的 4 个电子中，2 个 s 电子是成对的，而 2 个 p 电子是未成对的，其电子排布方式见图 2.3(a)。轨道杂化时，碳原子的 2s 轨道中的一个电子激发到 2p 的空轨道中，得到四个未成对的电子(一个 2s 电子和三个 2p 电子)如图 2.3(b)。此时，如果一个 2s 电子与三个 2p 杂化，就会形成空间对称的四面体分布及能量相同的四个简并轨道，轨道之间的夹角为 109.5°，这就是 $sp^3$ 杂化；如果一个 2s 电子与两个 2p 杂化，就会形成空间对称的平面三角形分布的、能量相同的三个简并轨道，轨道之间的夹角为 120°，这就是 $sp^2$ 杂化，而未杂化的 $2p_z$ 轨道则垂直于 $sp^2$ 杂化轨道；如果一个 2s 电子与一个 2p 杂化，就会形成空间对称的直线分布的两个简并轨道，轨道之间的夹角为 180°，这就是 sp 杂化，而未参加杂化的 $2p_y$、$2p_z$ 轨道互相垂直并分别与 sp 杂化轨道垂直。

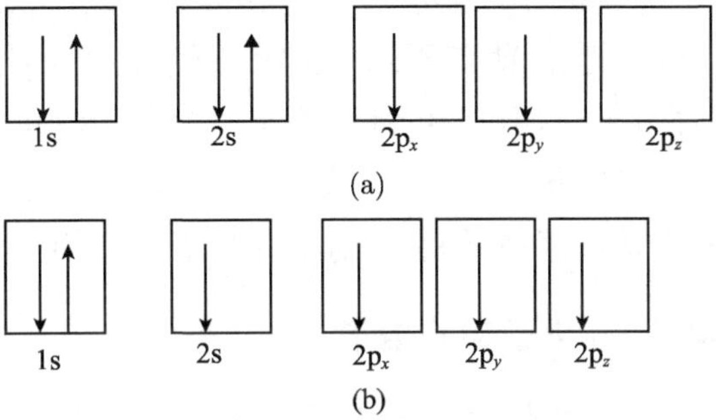


图 2.3　碳原子杂化前后的电子排布

(a) 孤立碳原子中的电子排布; (b) $sp^3$、$sp^2$、sp 杂化碳原子中的电子排布

### 2.1.4　σ 键与π键，单键、双键与三键，饱和键与不饱和键

在绝大多数有机化合物中，一个碳原子与周围原子是以共价键的方式成键的。共价键是指两个或多个电子的电子云相互重叠形成一个价键轨道、共享电子对的一种成键方式。碳原子中的外层价电子与周围原子最多会形成 4 个共价键。

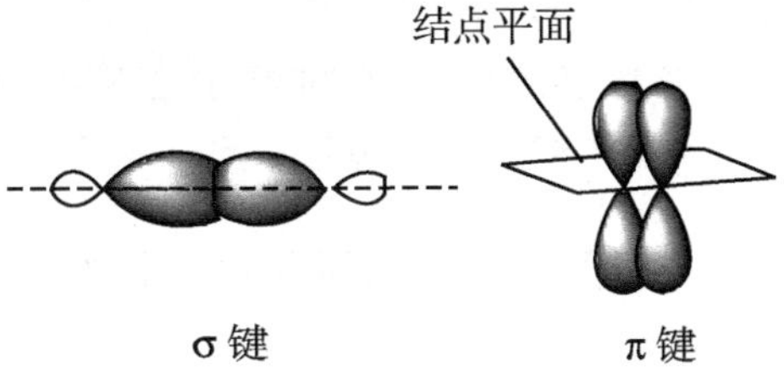


图 2.4　两个 p 轨道形成 σ 键与π键的情形

根据原子间成键方式的不同，共价键又分为 σ 键和π键两种。如图 2.4 所示，当两个原子中电子轨道以头碰头方式成键时，称为 σ 键；当两个原子中的电子轨道以肩并肩方式成键时，称为π键。可以看出，σ 键中间部位的电子云密度最大；而π键中间部位是一个结点，电子云密度很小，且在形成π键的两个原子之间电子云密度为 0。因此，两个原子之间的 σ 键强度要远远大于π键强度，也就是说，σ 键结合方式远比π键结合方式稳定。

一个碳原子与邻近原子可共享一对电子，形成单键；也可以共享两对电子形成双键；也可以共享三对电子形成三键。通常地，碳原子与相邻原子形成单键时，碳为 $sp^3$ 杂化，它们之间的键是 σ 键；形成双键时，碳原子为 $sp^2$ 杂化，它们之间的键一个为 σ 键，一个为π键；形成三键时，碳原子为 sp 杂化，它们之间的键一个为 σ 键，两个为π键。原子之间的单键、双键和三键的键长和键能是有差别的。C—C 单键的键长约为 1.54 Å，键能约为 3.6 eV；C ═ C 双键的键长约为 1.33 Å ，键能约为 6.38 eV；C ≡ C 三键的键长约为 1.21 Å，键能约为 8.42 eV。

当有机分子中含有π键时，也称为不饱和键，双键和三键都是不饱和键。相对地，单键称为饱和键。具有不饱和键的原子称为不饱和原子。不饱和原子意味着虽然原子价键的数目可满足原子最外层 8 电子稳定结构，但是原子没有达到最大的与其他原子结合数目，还有发生化学反应的潜力，比较活泼；而饱和原子中只存在单键，化学性质相对稳定。

### 2.1.5　价电子、σ 电子、π电子和 n 电子

当原子相互结合形成共价键时，两个原子之间共享的电子称为价电子。根据所形成共价键类别的不同，又可以将价电子分为两类：σ 键中的电子称为 σ 电子；π键中的电子称为π电子。另外，我们知道，原子最外层电子比较活泼，可与相邻原子中的电子共享成键。但是，不是所有的最外层电子都会成键，原子中那些没有成键的最外层电子称为孤对电子。例如，由 O、N、S、P、F、Cl、Br、I 等外层电子较多原子组成的分子中，通常有孤对电子存在。孤对电子所在的轨道能量也较高，因此它们有时也会参与分子的各种光电过程。孤对电子也称为 n 电子。通常地，一个分子中各类电子的能量顺序为：$\sigma < \pi < n < \pi^* < \sigma^*$。

### 2.1.6　实例：化学成键与材料性质

1. 金刚石、石墨和富勒烯

根据以上碳原子成键情况，让我们来分析一下自然界中纯粹由碳原子构成的金刚石(diamond)、石墨(graphite)和富勒烯(fullerene)的成键情况。在非常珍贵、坚硬无比的金刚石中，碳原子以 $sp^3$ 杂化轨道形式存在。如图 2.5(a)，金刚石中所有碳原子在正四面体的 $sp^3$ 轨道上向空间扩展，形成大分子。图 2.5(b)是石墨的结构，层状石墨是由 $sp^2$ 杂化的碳原子组成，在每一层内，碳原子按照共平面的 $sp^2$ 轨道向空间扩展，使相邻碳原子之间形成 σ 键；而未经杂化的、垂直于平面的 $2p_z$ 轨道相互重叠形成π键。在层与层之间，由于规整的排列以及较近的距离，存在较强的π-π相互作用。图 2.5(c)是富勒烯的结构，球状的富勒烯也是由 $sp^2$ 杂化碳原子组成，存在π键。与石墨中不同的是，在富勒烯中，由于形成曲面的要求，$sp^2$ 轨道不再共平面，而是

有一定的弯曲。

显而易见，碳的这三种同素异形体虽然都是由碳元素组成，但是原子间成键方式的不同，导致分子中原子在空间的取向和堆积不同，也导致了不同的材料形状和性质。呈立方晶系的金刚石坚硬无比、非常稳定，是绝缘体；层状石墨和球状富勒烯由于存在 $sp^2$ 轨道可形成共轭，因此有导电性。与富勒烯相比，石墨由于有较好的共平面且原子排列比较整齐，导电性能较好；而富勒烯，由于 $sp^2$ 轨道的弯曲变形，不但导电性低于石墨，稳定性也比石墨低。

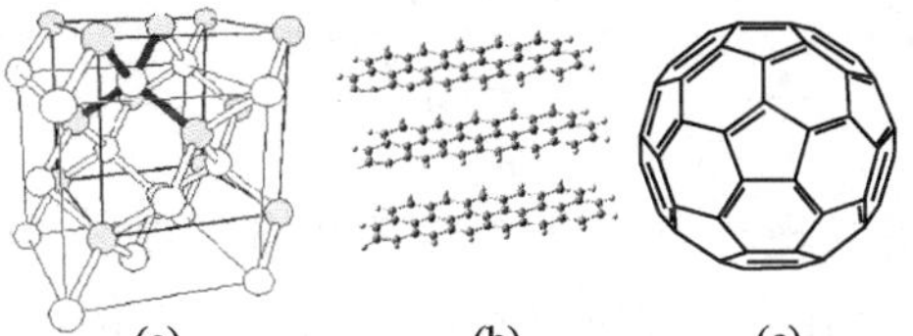


图 2.5　金刚石(a)、石墨(b)和富勒烯(c)的结构示意图

2. 其他共轭分子

在有机光电材料中，不论是小分子还是聚合物，我们最有兴趣的成键方式是共轭的 π 键结构。共轭是有机物中碳原子排列的一种特定形式。在这种排列中，单键和双键交替出现，其中来自 $sp^2$ 碳(或者 sp 碳)原子杂化轨道的 σ 键将原子结合在一起，而来自未杂化 $p_z$、$p_y$ 碳原子轨道的 π 键相互重叠形成离域分子轨道(π 轨道)。占据 π 轨道的电子称为 π 电子，π 电子可在共轭结构范围内自由移动，故有时也称为移动电子。或者由于 π 电子是由不饱和键提供，也称它们为不饱和电子。正是由于这种移动 π 电子由一部分转移至另一部分的过程，有机材料才表现出各种化学或物理作用沿着分子整个长度的传播，使材料具有光电特性。

图 2.6 是最简单的有机共轭小分子 1，3-二丁烯分子结构，以及其成键和能级示意图。图 2.6(a)的右侧以两个碳原子为例，形象地表示出 π 共轭体系中的 σ 键和 π 键的电子云空间分布情况。图 2.6(b)是分子的轨道能级示意图。

一般地，在这些共轭有机材料中，由于π键的强度比σ键弱很多，因而π电子能量较高，占据能量最高的分子轨道(HOMO 为 π 轨道)，而最低的空置轨道(LUMO)是 $\pi^*$。因此，有机共轭材料的最低光学跃迁通常发生在 π 电

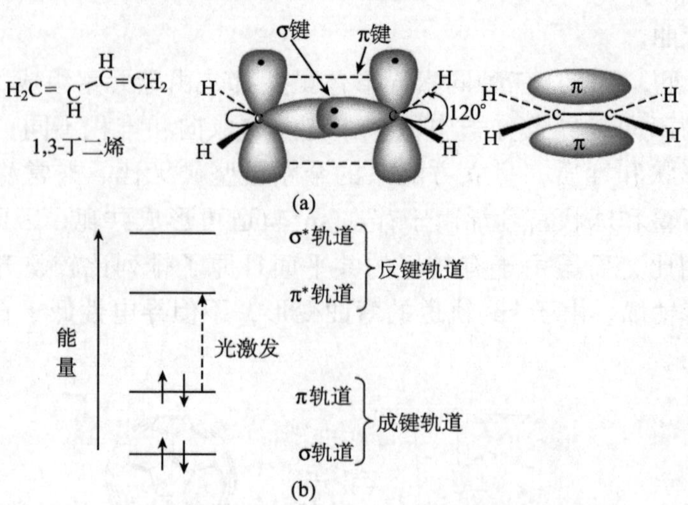


图 2.6　有机共轭小分子 1,3-二丁烯分子结构和电子云分布
(a)及其成键和反键能级示意图(b)

子中，表现为 $\pi$-$\pi^*$跃迁，如图 2.6(b)所示。由于 $\pi$-$\pi^*$跃迁能隙在 1.5~3.0 eV，有机共轭材料通常表现出近紫外、可见、近红外光谱区域的吸收或者发射光谱。这类材料的普遍规律是随着共轭长度增大，材料光学能隙减小，吸收和发射光谱红移。

有机共轭材料中，由于 π 电子在分子内的离域导致了材料的导电性。这类材料的分子结构具有分子内共价键、分子间范德华力为主的结构特点。由于分子间的作用力较弱，有机材料内通常不能形成能带，能级一般以分立形式存在。有机材料中载流子主要依靠分子间跃进方式输运，导致了比金属、无机半导体弱的导电性能。导电特性的好坏与材料的堆积结构、形貌以及陷阱密切相关。通常情况下，单晶堆积方式下材料导电性最好，规整的堆积，如果能够使材料呈现出较强的分子间 π-π 耦合，材料的导电性也将提高。有机材料导电性的详细论述可参见本章后面的部分以及场效应晶体管一章。

综上所述，有机共轭分子由于 π 共轭体系的存在，表现出丰富的光学和电学特性，是有广泛应用前景的半导体光电材料。

3. 由碳氢共同构筑的环状共轭体系 —— 苯环、芳香(杂)环

苯环是最典型的环状共轭体系。苯分子由六个碳原子和六个氢原子组成。其中，每个碳原子均为 $sp^2$ 杂化，分别与一个 H、两个 C 形成 σ键，六个碳原子互相连接成为正六边形的分子平面。而来自于六个碳原子未经杂

化的 $2p_z$ 轨道垂直于分子平面，它们相互重叠，形成大 π 键。来自六个碳原子的六个 π 电子可在大 π 轨道上离域，如图 2.7 所示。

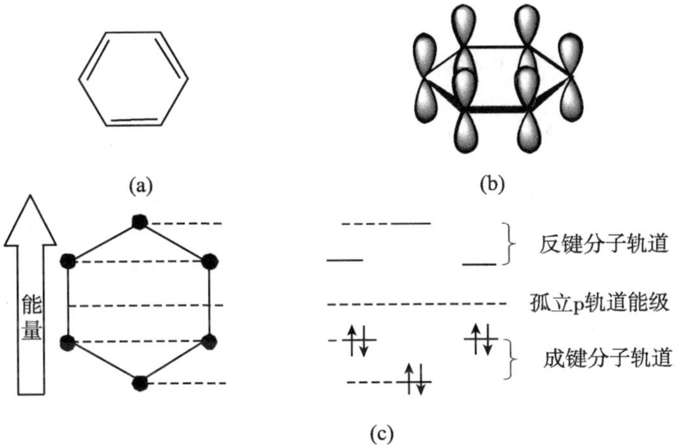


图 2.7　(a) 苯环的分子结构；(b)苯环中尚未成键的 p 轨道，其轨道垂直于分子平面；(c)苯环中六个垂直于分子平面的 p 轨道相互肩并肩重叠形成大 π 轨道，其中的成键和反键 π 轨道能级分布。可以看出，充满电子的成键 π 轨道比孤立的 p 原子轨道能量低，因此苯环离域 π 键的形成使体系更加稳定

苯环的最大特点是由六个碳原子共同形成的垂直于分子平面的六原子大π键共轭体系。它含有的 6 个π电子，可以离开其归属的碳原子，在与分子平面垂直的大π键电子云内运动。也就是说，六个π电子具有离域性，它们不是固定在某个碳原子上，而是在六个碳原子之间移动，使材料表现出导电性。有机材料中包括苯环在内的这种环状平面共轭单元通常称为芳香结构，具有芳香结构的材料通常认为具有芳香性。表 2.1 给出一些含有苯环的稠环芳香分子的化学结构及其光学吸收峰位。这些稠环芳香烃的光学吸收在近紫外到可见光的范围，随着分子有效共轭长度的增加，材料的能隙呈逐渐降低的趋势，吸收光谱红移。

值得注意的是，一些环状共轭结构，由于不具有平面性，不能产生环状的大π键，因此就不具备芳香性。图 2.8 所示的环状分子就是其中的一个例子。

除了由碳氢共同构筑的芳香碳氢化合物外，由氧、氮、硫等杂原子与碳氢原子一起形成的平面环形共轭结构也可以具有芳香性，如图 2.9 所示的吡啶与吡咯是其中的两个例子，它们的环状π共轭情形展示在图中。其他一些

**表 2.1　一些稠环芳香烃的化学结构及光吸收峰位**

| 分子结构 | 英文名 | 中文名 | 吸收峰位/nm |
|---|---|---|---|
|  | Benzene | 苯 | 254 |
| 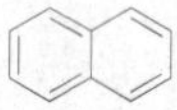 | Naphthalene | 萘 | 311 |
| 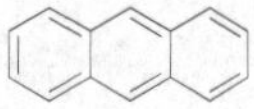 | Anthracene | 蒽 | 375 |
| 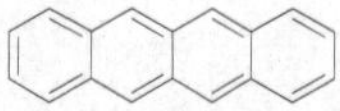 | Tetracene | 并四苯 | 471 |
| 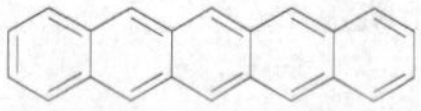 | Pentacene | 并五苯 | 582 |
| 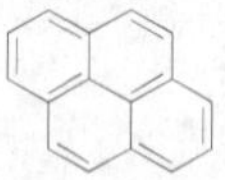 | Pyrene | 芘 | 352 |
| 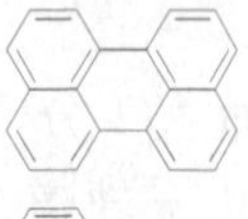 | Perylene | 二萘嵌苯 | 434 |
| 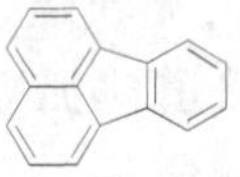 | Fluoranthene | 荧蒽 | 356 |
| 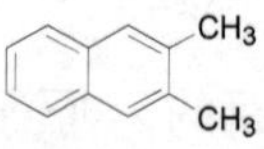 | 2,3-Dimethyl-naphthalene | 2,3-二甲基萘 | 315 |
| 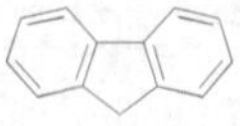 | Fluorene | 芴 | 303, 260 |

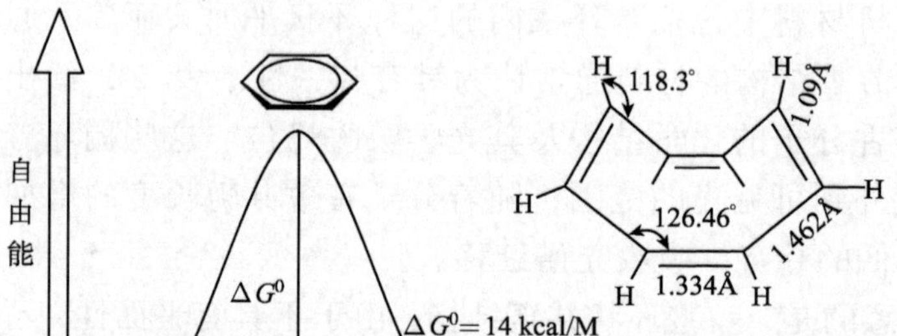


图 2.8　不具备芳香性的环状共轭分子

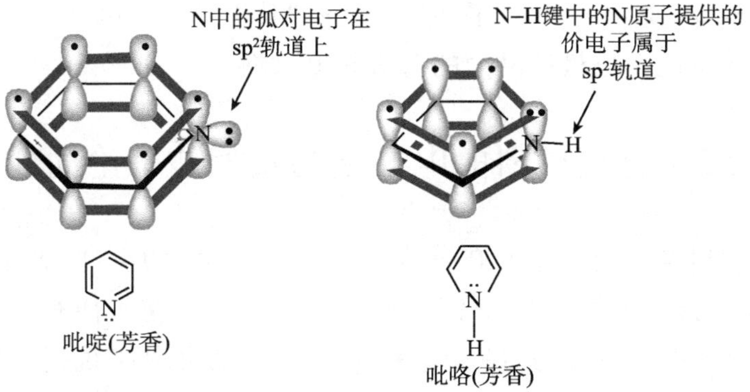


图 2.9　具有芳香性的六元杂环吡啶分子和五元杂环吡咯分子

具有芳香性的典型杂环分子结构如表 2.2 所示，这些结构基团经常出现在各类有机光电功能材料中。

**表 2.2　具有芳香性的典型杂环分子结构**

| 化学结构 | 英文名称 | 中文名称 | 化学结构 | 英文名称 | 中文名称 |
|---|---|---|---|---|---|
| 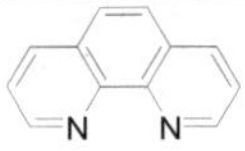 | 1,10-Phenanthroline | 1,10-菲咯啉 |  | Thiophene | 噻吩 |
| 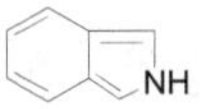 | Isoindole | 异吲哚 | 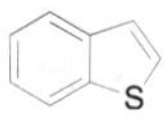 | Benzothiophene | 硫茚(苯并噻吩) |
|  | 1,3,4-Oxidiazole | 1,3,4-噁二唑 | 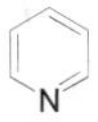 | Pyridine | 吡啶 |
| 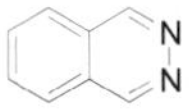 | Phthalazine | 酞嗪 | 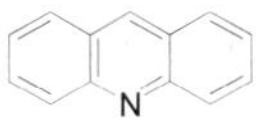 | Acridine | 吖啶 |
| 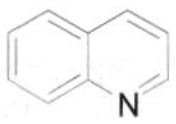 | Quinoline | 喹啉 | 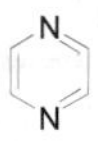 | Pyrazine | 吡嗪 |
|  | 1,3,5-Triazine | 三嗪 | 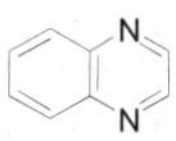 | Quinoxaline | 喹喔啉 |
| 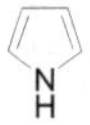 | Pyrrole | 吡咯 | 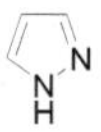 | Pyrazole | 吡唑 |
| 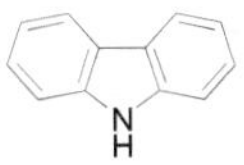 | Carbazole | 咔唑 | 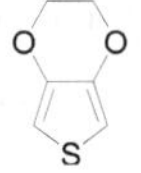 | 3,4-ethylene-dioxit-hiophene | 3,4-次乙基-二氧噻吩 |
|  | Furane | 呋喃 | 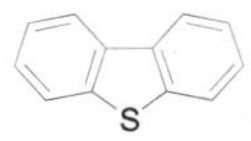 | Dibenzothiophene | 硫芴(二苯并噻吩) |
| 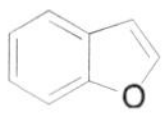 | Benzofurane | 苯并呋喃 | 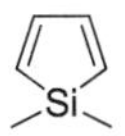 | silole | 硅杂环戊二烯 |

总之，芳香材料由于具有平面环状大π键共轭结构，因而有较好的导电性和丰富的光学特性，是最有潜力的有机光电材料。

## 2.2 有机材料的电子结构及相关理论简介

通过上述讨论，我们知道有机分子一般是通过共价键相结合而成，包括σ键和π键两种键合方式。由于分子内共轭结构的存在，使有机材料表现出丰富的光电特性。材料的这些光电行为归结起来可以统统视为电子在分子内及分子间不同能级之间的跃迁运动。可见材料的电子能级结构与过程决定其光电特性。量子力学和量子化学研究提出的分子轨道理论、配位场理论和能带理论可以在不同程度上解释材料电子能级结构，预测材料光电特性。分子轨道理论和配位场理论着重于分子内电子的相互作用及分子水平上电子能级分布及电子行为；而能带理论主要描述大量原子或分子由于堆积而形成固体时所产生的能带，以及其中价电子的行为和过程。下面首先分别简述这些理论，然后阐述有机材料的能级结构及各种相关概念。

### 2.2.1 分子轨道理论

有很多原子的分子中，存在大量电子及原子轨道，其简并程度很高。在量子力学计算过程中，非常复杂。为了简化处理多电子系统，有必要将分子中每个原子的电子轨道(即原子轨道)结合在一起考虑，形成分子中的电子轨道(即分子轨道)，由此发展出分子轨道理论。分子轨道理论认为：① 分子中每一个电子的运动是在核和其余电子的平均势场中的运动，它的运动状态可用单电子波函数$\psi$ 来描述。这种分子中描述单电子运动的波函数称为分子轨道，以$\psi$函数表示。② 分子轨道可用原子轨道的线性组合(linear combination of atomic orbitals, LCAO)来表示。量子力学计算证明，价键轨道的数目必须守恒，即形成分子轨道的数目与参加成键的原子轨道数目相同。根据能量的高低，分子轨道可分为成键轨道和反键轨道。成键轨道的能量低于原来的原子轨道能量，反键轨道的能量高于原来的原子轨道的能量。③ 分子中的电子根据能量最低原理和泡利(Pauli)不相容原理排布在分子轨道上。④ 不同原子轨道有效组成分子轨道必须满足一定的条件，即能量相近、轨道最大重叠和对称性匹配这三个条件。

图 2.10 给出由双原子轨道组成的分子轨道示意图，(a) 为同核双原子形

成的分子轨道；(b) 为异核双原子形成的分子轨道。图 2.10(a)表示，当两个相同的原子距离足够近时，它们的电子云会重叠，原子中与电子云重叠相关的两个电子轨道，在孤立时是处于相同的能级位置，由于电子云的重叠使它们发生重新组合，产生两个新轨道，其中的一个轨道在原来轨道的下方，具有较低能量，是成键轨道；而另一个在原轨道的上方，具有较高能量，是反键轨道。图 2.10(b)表示，当两个轨道能量不等的原子轨道形成分子轨道时，根据能量相近原则，成键分子轨道的能量将接近能量较低的原子轨道能量，而反键分子轨道则靠近能量较高的原子轨道。根据分子轨道理论中价键轨道数目必须守恒原则，考虑由两个氢原子形成氢气分子的情形：当两个原子足够近时，它们的 1s 轨道重叠，在两个原子的周围会形成两个 σ 键。与孤立原子的轨道相比，一个分子轨道中电子的能量较低，是成键轨道，而另一个分子轨道中电子的能量较高，是反键轨道。通常地，氢气分子中的一对电子分布在成键轨道上。与氢原子相比，分子中电子的能量降低了。将理论扩展到有许多原子的固体中，由于多个原子的相互作用，产生了能级分裂的分子轨道，数目与参与成键的原子轨道数相同。如果固体中含有 $N$ 个电子相互作用，则可产生 $N$ 个分子轨道，其能级包括简并的和分裂的两种情形。但是，这些分裂出来的轨道能级差别很小，可形成连续能带。有关分子轨道理论详尽的推导与解释请参见相关的结构化学书籍[1,2]。

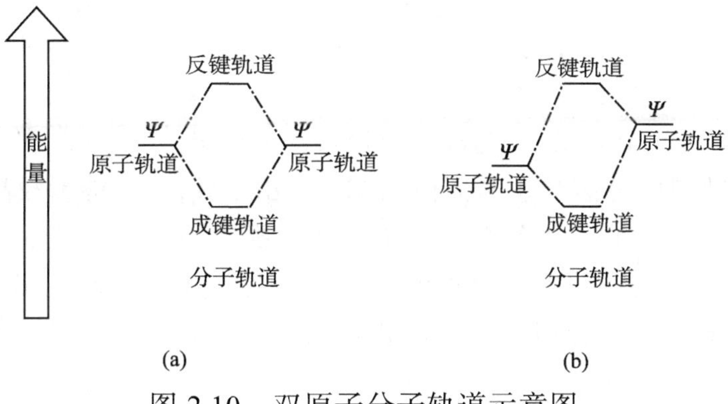


图 2.10　双原子分子轨道示意图

(a) 同核双原子分子；(b) 异核双原子分子

根据分子轨道理论，分子中的成键轨道中最高填充轨道称为 HOMO，而相应的最低未填充轨道称为 LUMO。分子处于基态时，最高能量的电子填充在 HOMO。当基态分子受激时，HOMO 中的电子可能跃迁到 LUMO 或者更高能量的分子轨道。

### 2.2.2　配位场理论

配位化合物在有机光电子学中占有较重要地位，一方面由于配合物中的金属具有可氧化或可还原性，使配合物分子具有较好的导电性。例如，配合物 8-羟基喹啉铝($Alq_3$)是在有机电子器件中使用最广泛的电子传输材料。另一方面，重金属的存在会产生轨道与自旋耦合，使原本禁阻的三线态激子光辐射过程成为可能。三线态激子发光，在有机电致发光器件中，显得日益重要，因为它的利用，突破了基于荧光材料器件内量子效率不超过 25% 的限制，使器件内量子效率达到 100%。

配位场理论是针对配合物，将分子轨道理论与静电晶体场理论综合考虑而形成的，它较好地解释了配位化合物的形状和光电磁性质。静电晶体场理论将配体和过渡金属离子间的作用看作配位体的力场和中心离子产生的相互作用，并导致中心离子 d 轨道的分裂。例如，在正八面体结构的金属配合物中，配体是沿着三个坐标轴两头的$\pm x$、$\pm y$、$\pm z$ 方向接近中心离子。由于 $d_{z^2}$、$d_{x^2-y^2}$ 轨道的电子云极大值方向正好与配位体迎头相撞，能量较高；而 $d_{xy}$、$d_{yz}$、$d_{xz}$ 的电子云极大值方向可插入六个配体的间隙，受到的排斥小，因此能量较低。结果金属的 5 个 d 轨道分裂为两组，能量较高的一组为 $e_g$，包含两个轨道，能量较低的为 $t_{2g}$，包含三个轨道，$e_g$ 与 $t_{2g}$ 轨道能级之差记为 $\Delta$(或 10Dq)，称为分裂能。在正四面体结构的金属配合物中，金属在四面体的中央，四个配体占据四面体的四个顶端位置。因此配体刚好与 $x$、$y$、$z$ 轴错开，避开了 $d_{z^2}$、$d_{x^2-y^2}$ 的极大值位置而靠近 $d_{xy}$、$d_{yz}$、$d_{xz}$ 的极大值。于是，5 个 d 轨道的分裂与正八面体的相反：$d_{xy}$、$d_{yz}$、$d_{xz}$ 能量较高，而 $d_{z^2}$、$d_{x^2-y^2}$ 则能量较低。在正方形配合物中，四个配体沿$\pm x$、$\pm y$ 方向与中心离子接近，五个 d 轨道按照能量由高至低分为四组：($d_{x^2-y^2}$、$d_{xy}$)、$d_{z^2}$、$d_{yz}$、$d_{xz}$。

分子轨道认为配合物的中心过渡金属元素可以和周围的配体形成离域分子轨道，并引起金属元素简并 d 轨道的能级变化和分裂。结合了分子轨道理论和静电晶体场理论后产生的配位场理论认为，在八面体、四面体、正方形配合物中，配体的不同接近中心离子方式，可利用配体中孤对电子轨道与金属 d 轨道进行线性组合形成分子轨道来考虑。考虑到它们之间的空间位置、对称性的匹配原则以及最大的成键效率等，经过计算同样得到了分裂的 d 轨道(非键轨道和反键轨道)和 σ 型离域分子轨道(成键轨道)。在配位场理论中，一方面配体的孤对电子轨道可以同金属最外层的 s 空轨道、p 空轨道、以及次外层空置的 d 轨道相互作用，经过线性组合，得到 σ 型离域分子轨道(包括成键轨道和反键轨道)。另一方面，如果配体中存在 π 型轨道，中心金属中的非键轨道(如八面体配合物中的 $t_{2g}$ 轨道)也有可能与之相互重叠形成 π 轨道，使金属的 d 电子离域到配体的 π 型轨道上。综合上述观点，利用配位场理论，可以得到金属配合物分子的电子能级分布，很好地预测材料的各种光电过程。图 2.11 所示为正八面体配合物，根据配位场理论得到的中心金属与配体的轨道相互作用成键的情况。图中的配合物，中心金属离子有 5 个 d 轨道，含有 6 个 d 电子。六个 d 电子占据三个 $t_{2g}$ 轨道，可视为非键轨道，或者视为金属 d 电子云与配体的π共轭体系重叠而形成的π键轨道，能量较高；而配体的孤对电子则与中心金属离子的 2 个空置 d 轨道、以及最外层的 1 个 s 空轨道和 3 个 p 空轨道相互作用，形成正八面体分布的 6 个能量较低的σ型分子离域轨道。中心金属与配体形成的离域分子轨道，电子云不是均匀地分布在金属和配体之上的，而是有选择性地分布在金属上或者配体上，亦即中心金属和配体对每个离域分子轨道的贡献，根据它们相互作用情况的不同而不同。金属配合物中的电子跃迁被认为是发生在这些离域分子轨道上的单电子跃迁过程。

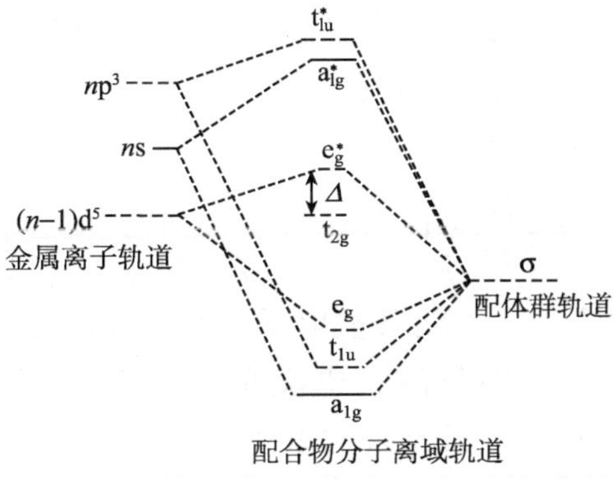


图 2.11　八面体配合物离域 σ 分子轨道的形成

### 2.2.3　能带理论

量子力学对现代物理学的重要贡献之一是无机半导体中能带理论的发展，它的基本观点包括以下几点：

(1) 电子共有化。当大量原子做规则排列而形成晶体时，晶体内形成了周期性势场。由于晶体中原子的周期性排列而使价电子不再为单个原子所有，而是在晶格之间离域，离域的程度由相互重叠轨道之间作用力的强度决定。这种价电子在晶格之间的离域现象，称为电子的共有化。

(2) 能带的形成。晶体中电子共有化的结果，使原先每个原子中具有相同能量的电子能级，因各原子间的相互影响而分裂成为一系列和原来能级很接近的新能级，这些新能级基本上连成一片而形成能带。

(3) 能带的宽度。能带的宽度与多种因素有关。一是与原子间距有关，间距愈小，能带愈宽；二是与原子中的内层与外层电子的状态有关。对内层电子，由于它们距自身核很近，受邻近原子核的作用较弱，因此内层能带宽度较小；而外层价电子由于与自身核的距离和相邻原子核的距离处于同等数量级，受相邻原子的作用强烈，因此价电子能级分裂的能带较宽。

(4) 禁带的形成。由于原子中的每个能级在晶体中要分裂成一个能带，所以在两个相邻的能带间，可能有一个不被允许的能量间隔，这个能量间隔称为禁带。两个能带也可能相互重叠，这时禁带消失。

(5) 能带中电子的排列。对于有 $N$ 个相同原子的晶格所形成的能带，每个能带可以容纳的电子数等于与该能带相对应的原子能级所能容纳的电子数的 $N$ 倍。而且，正常情况下总是优先填充能量较低的能级。

(6) 满带与空带、价带与导带。如果一个能带中的各能级都被电子填满，这样的能带称为满带。满带中的电子不参与导电过程。由价电子能级分裂而形成的能带称为价带。通常情况下价带为能量最高的能带，价带可能被填满，成为满带，也可能未被填满。与各原子的激发能级相对应的能带，在未被激发的正常情况下没有电子填入，称为空带。空带中若有电子填入，由于电子可以在该能带中移动，表现出导电性，所以空带又称为导带。有的能带(一般为价带)只有部分能级被电子占据，在外电场作用下，这种能带中的电子向高一些的能级转移时，也没有反向的电子转移与之抵消，也可形成电流，表现出导电性，因此未被电子填满的能带也称为导带。

(7) 导电机制。在固体中较为重要的两个能带是价带和导带。价带是成键轨道中能量最高的轨道，充满电子；导带是能量最低的空置轨道。在两个能带之间是能隙，电子在能隙内是禁阻的。当施加外电场时，导带中的电子亦或价带中的空穴会产生流动，于是固体表现出导电性能。实际上，空穴是能带中的一个空位，为了方便将其看成正电性的载流子。为了使电子或空穴在外加电场的作用下，获得能量从而导电，电子必须移到空置的较高能级轨道。如果载流子不能被电场加速，则它们对导电就没有贡献。

(8) 导体、半导体与绝缘体。在金属中，价带与导带之间的能隙较为模糊，即导带中也部分地填充电子。它们可在导带内自由移动，使材料表现出导体性。绝缘体的价键轨道是全部充满的，价带与导带之间有很大的能隙(>5 eV)，电子基本上没有可能从价带跃迁到导带而形成电子流动，因此材料不具备导电性，是绝缘体。许多半导体的能带结构与绝缘体的类似，但是半导体中禁阻电子的能隙较小，在 0.1~3 eV 范围。因此，导带或者价带中的载流子可通过光学或者热学的手段获得，也可通过掺杂获得，使材料表现出导电性。

能带理论虽然是基于无机固体材料建立的，但也可以用来解释有机材料的电子能级分布及其行为过程。在有机材料中，通过 σ 键将许多原子结合在一起。由于 σ 键中成键电子被牢牢地定域在碳原子上，不能引起轨道重叠及向外扩展，造成较大能隙，因此 σ 电子对导电过程没有贡献。正是由于这一原因，饱和有机化合物是电的绝缘体。在非饱和有机化合物中，由于分子之间π轨道的相互作用，使电子有一定的离域性，因此材料可能具有导电性及具有可见光区域的光物理特性。例如，聚乙炔是由碳氢元素组成的不饱和烃，在碳原子中除了 $sp^2$ 杂化轨道相互作用构成分子骨架的σ键外，未杂化的 $p_z$ 轨道含有一个电子，其电子云与左右相邻碳原子的 $p_z$ 轨道互相平行，电子云重叠就形成了一个π键。根据能带理论，一个长度为 $L = Na$ 的简单晶格($N$ 是原子总数，$a$ 是原子之间的距离)，其能带简并度为 $N$。泡利不相容原理认为，在一个能级轨道中要填充两个自旋方向相反的电子，体系的能量最低。如果每个原子只提供一个电子，如聚乙炔中的 $p_z$ 电子，则能带中就会有一半为空置的。可以预测，在一个诸如聚乙炔等线型聚合物中存在许多共平面的 $p_z$ 轨道，每个轨道都会对连续的π价带体系提供一个电子，这种情形与能带半充满的一维金属类似，材料表现出导电性。以化学术语来描述，由单双键交替出现的共轭结构中，相互平行的 $p_z$ 电子形成成键轨道 π(相当于价带)和反键轨道$\pi^*$(相当于导带)。电子填充在 π 轨道上，因为可以离开原来的原子形成离域，使材料具有导电特性。图 2.12 是聚乙炔分子的电子结构示意图，根据能带理论，聚乙炔中的最高成键轨道(π轨道)和最低反键轨道($\pi^*$轨道)分别构成了材料的价带和导带，较小的能隙(约为 1.5 eV)和离域电子的存在，使材料表现出半导体特性。

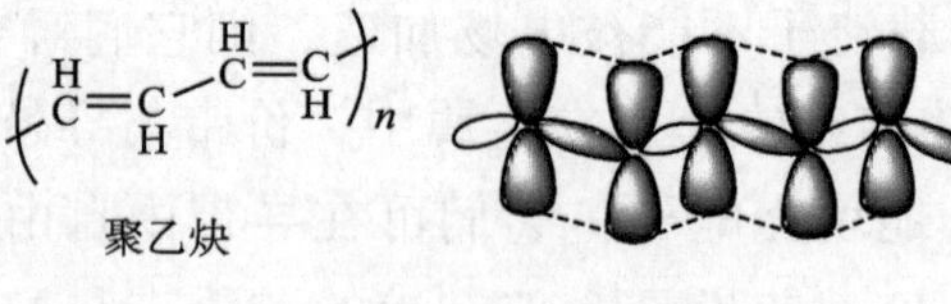


(a)

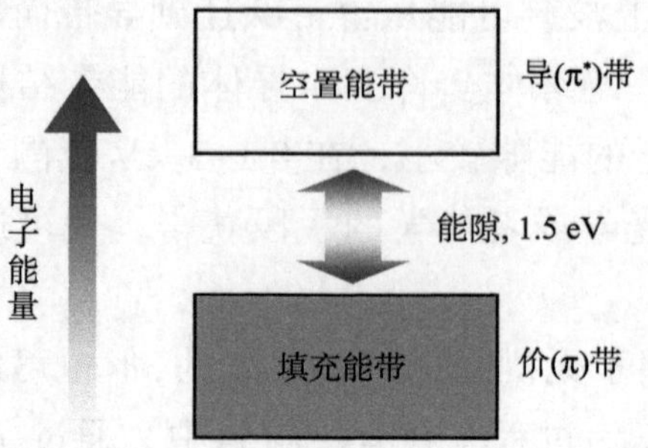


(b)

图 2.12　聚乙炔分子的电子结构示意图

(a) 聚乙炔中由碳原子的 p 轨道形成的 π 键电子云;
(b) 空置的 $\pi^*$能带(导带)和填充的 π 能带(价带)的电子结构

### 2.2.4　有机材料中电子能级

综合分子轨道理论、配位场理论和能带理论，孤立有机分子和有机晶体中电子能级分布可以表示为图 2.13。图中显示，当孤立分子高度有序地堆积在一起形成晶体时，一方面，由于大量能量相同能级的存在导致了能级的展宽，另一方面，与孤立分子相比，有机晶体中价键轨道的能量升高，而反键轨道的能量降低，这是靠在一起的分子相互作用的结果。分子之间相互作用，最重要的表现为极化能。正离子极化能($P_h$)使有机晶体的最高占据轨道能级升高，证明固体中解离能($IP_c$)变小，解离较孤立分子来得容易。负离子极化能($P_e$)使有机晶体的导带能级降低，使材料的电子亲和能($EA_c$)变大。图 2.13 中，$S_1$ 和 $T_1$ 对应于分子的单线态和三线态激发态，它们低于 LUMO 能级，这是电子–空穴库仑力束缚的结果。当分子受激发，电子由基态跃迁到激发态时，同一个分子的 HOMO 和 LUMO 分别含有一个电子，由于 LUMO 电子和 HOMO 空穴的相互库仑束缚作用，使激发态 $S_1$ 或 $T_1$ 能级低于空置的 LUMO 能级。如果在两个相邻分子中，存在一个分子的价带顶端空穴与另一个分子的导带底端电子相互库仑束缚作用，便可在导带底端形成电荷转移能级。

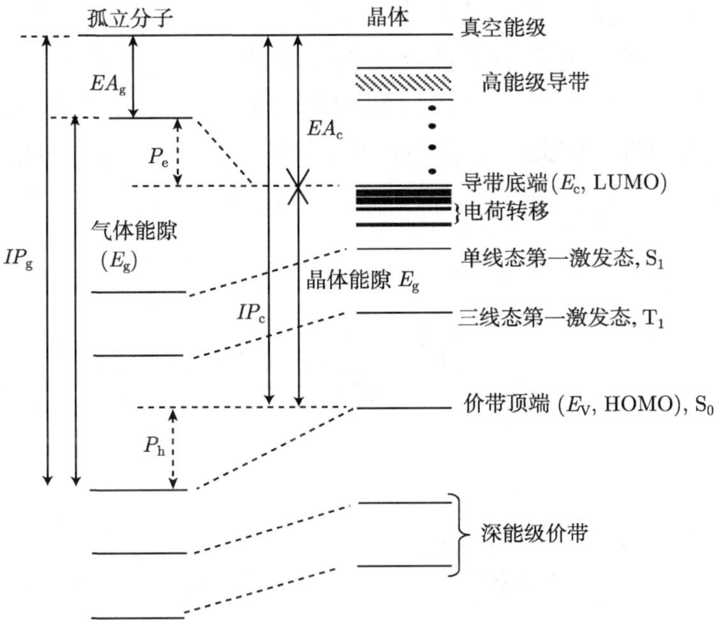


图 2.13　孤立分子和有机晶体中电子能级分布

$S_0$、$T_1$、$S_1$分别代表基态、三线态第一激发态、单线态第一激发态，*IP*为解离能，*EA*为电子亲和能，下标g和c分别代表气体和晶体，$P_h$和$P_e$分别为孤立(气态)分子变为晶体时正离子极化能和负离子极化能，$E_V$和$E_C$分别表示价带顶和导带底，HOMO和LUMO分别为晶体分子最高占据能级和最低空置能级

当孤立分子通过以范德华力为主的分子间作用力结合形成固体时，既可形成结构高度有序的晶体，也可以形成无序非晶态固体。在这些分子形态中，由于分子间堆积方式不同导致分子间作用力的不同，能级的分布情况也不同，如图 2.14 所示。在晶体中，分子有序地排列在一起，能级变化表现为以能级简并为主的展宽，即形成了能带。一般认为所形成的能带宽度($\Delta E$)小于 100 meV；在非晶态材料中，由于分子周围环境没有规律，它们对分子轨道能级的影响一般认为符合高斯分布，其中能量均方差$\sigma$ 的取值范围在 80~120 meV [3]。

这些能级变化，可以直接反映在材料的吸收光谱中，如图 2.15 所示。电子从低能级到高能级的跃迁，形成吸收光谱。孤立分子中，由于能级的分立，吸收光谱为谱线形式；在晶体中，与孤立分子相比，能级受到周围有序结构影响产生了许多能级的简并，由此导致了吸收谱线的展宽；在稀溶液中，由于受到溶剂分子的影响，能级变化增大，形成连续能级的吸收光谱，这时通常可以分辨分子能级的振动模式，光谱呈现出多峰的精细结构；在非晶态固体中，轨道能级受到的影响进一步增大，通常连分子的振动能级也无法分辨，因此一般都会形成较宽的无结构特征的吸收光谱。

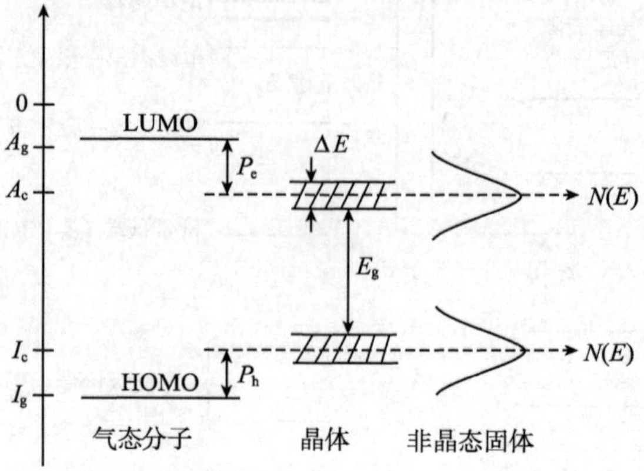


图 2.14　气态分子、晶体、以及非晶态固体的能级变化示意图

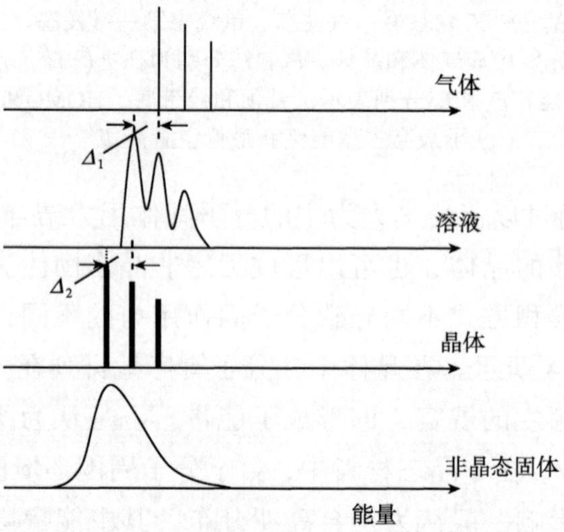


图 2.15　同一种物质的气态分子、溶液、晶体、非晶态固体中吸收光谱变化示意图

$\Delta_1$、$\Delta_2$ 分别为溶液相对于孤立分子、晶体相对于溶液发生的光谱红移

有机材料中的电子在不同能级之间的跃迁、不同分子之间的运动产生了各种物理过程，同时体现了材料的不同性质。在图 2.13 所示的孤立分子和有机晶体的能级图中，包含了几个比较重要的有机光电子概念，介绍如下。

1. 最高占据能级和最低空置能级

最高占据能级(the highest occupied molecular orbital, HOMO)定义为分子的填充轨道中能量最高的能级，与实验值中的电子解离能相等(*IP*)；最低空置能级(the lowest unoccupied molecular orbital, LUMO)定义为分子的空置轨道中能量最低的能级，与实验值中的电子亲和能相等(*EA*)。结合能带理论，通常情况下，固体材料中的 HOMO 和 LUMO 分别相当于价带(valence band, VB)顶端和导带(conducting band, CB)底端。

2. 电子亲和能、解离能

物理上，半导体表面的电子亲和能(electron affinity)*EA* 定义为材料表面处于导带底端的电子进入表面真空能级所需要的能量。类似地，解离能(ionization potential)*IP* 定义为材料表面处于价带顶端的电子进入表面真空能级所需要的能量，如图 2.16 所示。在半导体材料中，*EA* 和 *IP* 与能带弯曲直接相关；图 2.16 中，由于 VB 和 CB 能带的向上弯曲，导致了 *EA* 与 *IP*

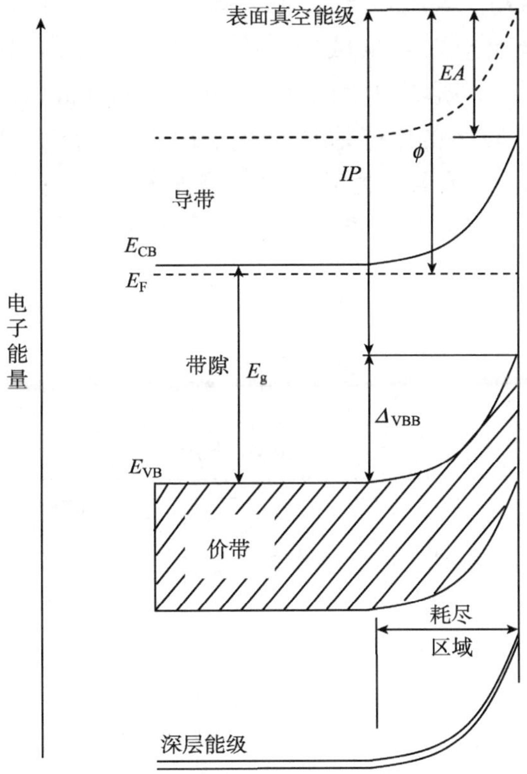


图 2.16　半导体表面附近能级示意图，包括在耗尽区域所产生的能带弯曲($\Delta_{VBB}$)

分别小于没有能带弯曲的情形。在金属材料中，由于价带与导带之间的能隙为零，*EA* 和 *IP* 都趋近于材料的功函数(见后面功函数部分)。

有机材料属于分子固体，材料的能级结构与前面的半导体材料有所不同，但解离能和电子亲和能的含义类似。对于一个孤立的有机分子，从中性的 HOMO 能级中移除一个电子所需要的能量即为解离能(ionization potential)$IP_g$。将一个自由电子填充到一个中性分子的 LUMO 能级上所释放的能量称为电子亲和能(electron affinity)$EA_g$。由单个分子到晶体时，由于分子间的相互作用，各种分子的能级会形成一定的带宽，并使体系的解离能($IP_c$)和电子亲和能($EA_c$)发生显著变化，如图 2.13 所示。相同分子形成晶体时，这种相互作用的主要因素是固体中的正负离子的极化能($P_h$、$P_e$)对体系的稳定作用，因此，$IP_c = IP_g + P_h$；$EA_c = EA_g - P_e$，其中的 $P_h$、$P_e$ 近似相等。

值得注意的是，在无机半导体材料中，CB 能级上电子和 VB 能级上空穴是高度离域的，电子向 CB 能级的移入或从 VB 能级的移出，基本上不会影响材料的电子结构。与无机半导体材料不同，有机材料 LUMO 能级上电子和 HOMO 能级上空穴是定域的。因此电子到 LUMO 能级的移入或从 HOMO 能级的移出，将形成电子极化子(electron polaron)或空穴极化子(hole polaron)，并可导致较大的电子和原子弛豫(0.5~1.0 eV)，显著地影响材料的电子结构，如图 2.17 所示。另外，对于有机材料，电子亲和能(*EA*)可以由中性分子(图 2.17(a))的总电子能量与阴离子自由基(图 2.17(c))的总电子能量

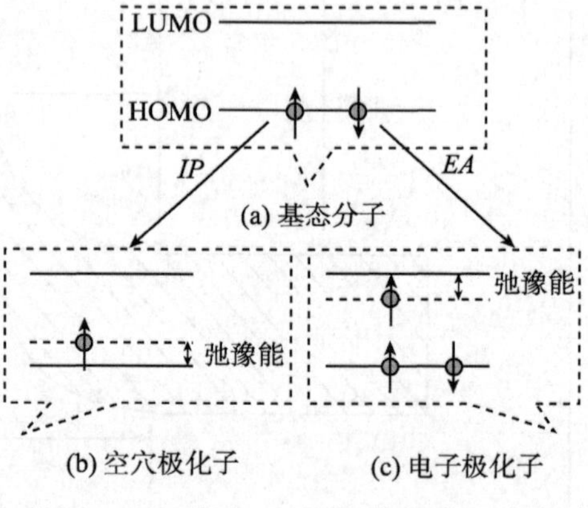


图 2.17　由基态分子(a)的 HOMO 移出一个电子变为空穴极化子(b)，以及向基态分子(a)的 LUMO 能级移入一个电子变为电子极化子(c)时，由于电子与原子的弛豫引起的电子所在能级变化

之差计算得到；类似地，解离能($IP$)可由中性分子(图 2.17(a))的总电子能量与阳离子自由基(图 2.17(b))的总电子能量之差计算得到。

3. 价带、导带与能隙

当孤立的分子结合在一起形成晶体时，各个分子中能量较低的、充满电子的、且能量相近的能级将发生相互作用产生简并能带，称为价带(valence band, VB)。VB 的特征是被电子完全充满，电子不存在移动空间，因此不能产生电流。类似地，在价带上方能量较高的位置，由各个分子的空置轨道相互作用，形成简并的导带(conducting band, CB)，导带中的电子可以自由移动形成电流。如果价带中的部分电子被移出就会产生空穴，空穴在价带上的移动可产生空穴电流；如果导带有外来电子进入，它们在导带中移动，形成电子电流。如以往指出，由于有机材料中，分子与分子之间的作用力很弱，因此它们之间所谓的价带和导带与无机半导体中的并不相同，即有机材料中的导带和价带不是真正的平带，而是分立的、不连续的。假如把一个电子放入有机材料的导带中，在电场的作用下它只能通过跃进模式获得一净漂移，而在无机半导体中,导带电子将在电场作用下以能带输运模式移动。在导带与价带之间是能隙(band gap)，能隙中没有允许的能态，不能期望在这一能量范围内找到电子。

能隙这一词通常比较容易造成混淆，类似的概念包括光隙、光学能隙、电子能隙等，图 2.18 给出了示意图。所谓的光隙(optical gap)指的是第一允许光学跃迁，通常为有很大振动强度的 $^1$Bu 态，一般指由基态到第一单线态的跃迁。如果没有外加电场或者热运动的辅助，这种跃迁不会产生本征的载流子；光学能隙(optical band gap) 指的是分子无需热运动等辅助手段由基态电子产生 LUMO 态电子所需要的光能，它与分子从基态到第一激发态所需的激发能(即光隙)的不同之处在于：前者产生的 LUMO 电子与基态空穴没有束缚关系，而后者产生的第一激发态电子与基态的空穴有很强的库仑力相互作用(束缚能)。光学能隙满足方程式：$E_\infty = (EA-P) - (IP + P) =$ LUMO(s)−HOMO(s)，其中 $P$ 是空穴和电子的晶体极化能。电子能隙(electrical band gap)指的是在晶格声子的辅助下，产生本征电荷所需的最小能量($E_g$)。这里的本征电荷是由基态到第一激发态的跃迁而产生的相互关联电子空穴对后，再进一步克服相互之间的束缚能所产生的自由电荷。在分子晶体体系中，电子能隙与光学能隙是不同的，因为在电子能隙中包含了电荷的离域能：$E_g$ = LUMO(s)−HOMO(s) − $P^+$ + $P^-$，$P^+$ 和 $P^-$分别为空穴离域能和电子离域能。

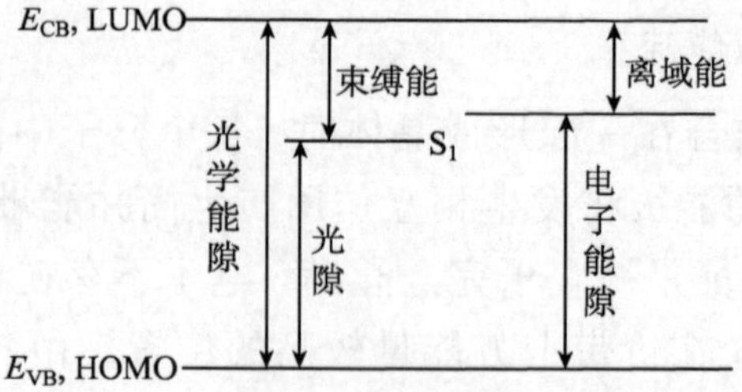


图 2.18　有机材料中能隙概念示意图

如上所述，在材料吸收光谱中的长波方向，开始对光($\lambda$)表现出吸收的波长位置处的能量($E$ = 1240/$\lambda$)应该是材料的光隙，通常我们也将该值泛指材料的能隙。利用能隙宽度和电子可获得性，可以确定固体材料的导电特性。一般地，半导体的能隙小于 3 eV，其能隙之上能带中电子密度(或能隙之下能带中空穴密度)一般小于 $10^{20}$/cm$^3$。在金属中，能隙之上的能带中填充有许多电子，其浓度为 $10^{23}$/cm$^3$ 数量级。另外，绝缘体具有很宽的能隙，通常大于 3 eV，而在能隙之上能带中电子浓度以及其下方能带中空穴浓度是可以忽略的。

4. 电荷转移态

在紧靠导带下方的能级称为离子态或电荷转移态，如图 2.13 所示。这个位置代表这样一个物理情形：从一个分子给体较高能级上移除一个电子到另一个分子受体上，并形成相互关联的电子空穴对。其中的电子受体可以是邻近的分子也可以是有一定距离的分子。电子空穴对之间的库仑束缚，使受体分子上转移过来电子的能级与没有接受电子时相比，有所降低，形成了电荷转移态。电荷转移态能级的位置与温度相关，并且通常比原受体电子能级低，电子空穴对的距离越大，它们相互关联的程度就越小，电荷转移态与原有能级的差别就越小。在一定的距离时，电子空穴对之间的库仑作用能与热运动 $kT$ 相等，这时的距离为 $r_c$。当距离大于 $r_c$ 时，热运动的能量 $kT$ 足以抵消电子空穴对的库仑作用能，这时电荷转移态能级(即电子空穴对中电子所在的能级)将趋近原受体电子能级。再高的温度将使电子空穴对解离，电荷转移态能级消失，电子完全转移到受体上，不再受原给体中空穴的束缚。

5. 真空能级

物理上对真空能级概念有两种描述，一种为有限尺寸样品的真空能级，即表面真空能级[$E_{vac}(s)$]，它通常作为电子在给定位置上势能的参考点。在一个孤立的均匀材料中，它对应于一个电子在这样一点的势能，即此处电子和这个材料表面的吸引力可以忽略不计，也就是指材料表面静止电子的势能为零的位置。对于金属，在该位置处的电子所受到的金属镜像力为零。表面真空能级是材料表面特征，对材料表面电偶极非常敏感，与固体的原子结构、化学结构，以及原子的外层电子结构相关。另一种真空能级的定义是指无限远处真空能级[$E_{vac}(\infty)$]，即在距离固体表面无限远处静止电子的能量。虽然该真空能级为常数，但是这一参考点在实验中是不可获得的。在理论计算时，通过扣除所有静电作用(包括偶极)对电势的影响，可获得无限远处真空能级。两种真空能级的差异来源于固体表面的偶极，以及非金属材料表面的外来电荷。

图 2.19(a)指出了材料的表面真空能级与无限远处真空能级的定义[4]。应当注意，与材料内部的电子相比，真空能级处电子的势能最高为零，而材料内部电子的势能通常表示为负值。一般地，由于金属表面的电子逸出过程，产生一个指向金属外面的偶极，如图 2.19(b)所示。该偶极的存在使金属表面处的电子势能增加，如图 2.19(c)所示，由此导致了较高的表面真空

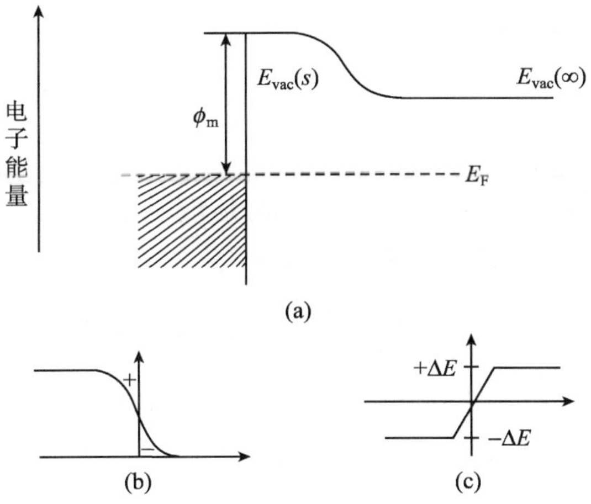


图 2.19　(a) 金属的表面真空能级和无限远处真空能级示意图，二者的差异代表表面偶极矩所产生电场的变化。图中的$\phi_m$为金属的功函数、$E_F$为费米能级；(b) 金属表面内外两个方向电子密度分布；(c) 金属表面偶极所产生的电子势能情况

能级。随着电子远离金属表面，偶极电场及电子势能都将减小，使无限远处真空能级降低，如图 2.19(a)所示。

事实上，真空能级并没有任何绝对的含义，它仅代表电子刚好在材料外部某个区域且一个不受表面吸引力影响的位置上处于静止时的相对量。然而，甚至在没有外加电压时，当两个相邻材料形成界面时，由于两种不同材料间功函数之差异，将会产生真空能级势场 $\varphi_{\mathrm{vac}}$，即在两种材料界面处的真空间隙处将产生内建电场 $F_{\mathrm{in}}$，值为

$$F_{\mathrm{in}} = -\frac{1}{q} \cdot \frac{\partial \varphi_{\mathrm{vac}}}{\partial x} \tag{2.1}$$

因此，在这样的条件下，材料的表面电子将受到由 $F_{\mathrm{in}}$ 产生的沿 $x$ 方向力的作用。

6. 费米能级

费米能级可看作一个参考能级，其能量为 $E_{\mathrm{F}}$。在 $E_{\mathrm{F}}$ 能级这样一个状态上，被电子占据或空置的概率是相同的($f = 1/2$)。这就意味着，在 $E_{\mathrm{F}}$ 下方的 $\Delta E$ 能级上被占据的概率，与在 $E_{\mathrm{F}}$ 上方的 $\Delta E$ 能级上空置的概率相等。实际情况下，除了金属和简并的半导体材料，其他材料的费米能级是不存在的，而仅仅是一个统计量。在热力学平衡状态下，图 2.13 表示的材料能级被电子填充的方式不依赖于固体的化学本质，而只与费米能级有关，填充的概率服从 Fermi-Dirac 公式：

$$f(E) = \frac{1}{1 + \exp\left(\dfrac{E - E_{\mathrm{F}}}{k_{\mathrm{B}} T}\right)} \tag{2.2}$$

式中，$E_{\mathrm{F}}$ 是费米能级，$E$ 为轨道能级，$k_{\mathrm{B}}$ 是玻尔兹曼常数，$T$ 是温度。对于金属，利用自由电子近似，可得

$$E_{\mathrm{F}} = \frac{h^2}{2m}\left(\frac{3n}{8\pi}\right)^{2/3} = 2.16\times10^{-15} n^{2/3}\,\mathrm{eV} \tag{2.3}$$

式中，$n$ 是单位体积内价电子的个数，$m$ 是自由电子质量。

对于绝缘体，经过近似可得公式如下：

$$E_{\mathrm{F}} = \frac{1}{2}(E_{\mathrm{CB}} + E_{\mathrm{VB}}) + \frac{3}{4} k_{\mathrm{B}} T \ln\frac{m_{\mathrm{p}}^*}{m_{\mathrm{n}}^*} \approx \frac{1}{2}(E_{\mathrm{CB}} + E_{\mathrm{VB}}) \tag{2.4}$$

式中，$E_{\mathrm{VB}}$、$E_{\mathrm{CB}}$ 是价带顶端和导带底端的能量，$m_{\mathrm{p}}^*$、$m_{\mathrm{n}}^*$ 是空穴和电子的有效质量，通常 $m_{\mathrm{p}}^*/m_{\mathrm{n}}^*$ 接近 1。

可见，金属、绝缘体，以及 n 型或者 p 型半导体的费米能级位置很不相同，如下面的图 2.20 所示。金属费米能级代表的是金属中势能最高的电子，绝缘体费米能级在其能隙一半的位置，p 型半导体费米能级在靠近价带顶端位置，n 型半导体费米能级在靠近导带底端位置。

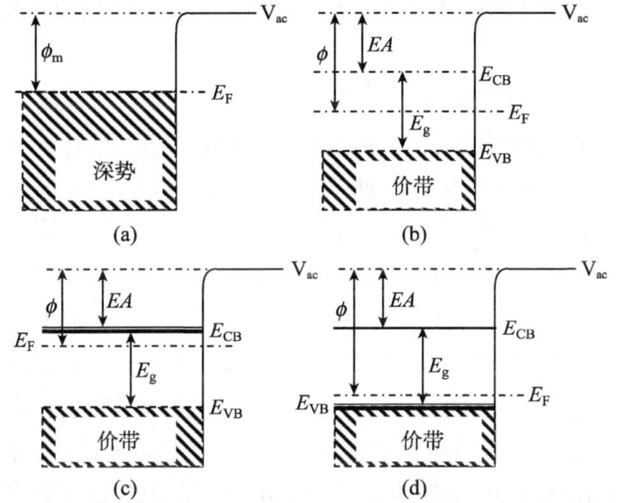


图 2.20　(a) 金属、(b) 绝缘体、(c) n 型和(d) p 型半导体费米能级和功函数示意图 Vac 表示真空能级；$\phi_m$、$\phi$ 分别表示金属及非金属的功函数；$EA$、$E_g$ 表示电子亲和能和材料能隙，$E_F$ 是费米能级，$E_{CB}$、$E_{VB}$ 分别是材料的导带底端和价带顶端能级

7. 功函数

固体的费米能级和电子真空能级之间的能量差定义为功函数。图 2.20(a)、(b)、(c)、(d)中的$\phi_m$或$\phi$分别表示出金属、绝缘体、n 型半导体、p 型半导体的功函数。

金属的功函数(通常表示为$\phi_m$)，如图 2.20(a)所示，指的是电子在金属中的最高能级(称为金属的费米能级)和电子在真空中的最低能级之间的势能差。也就是金属中电子必须克服相当于功函数的势能才可以进入真空。

非金属材料的费米能级始终位于能隙内，只有非本征半导体的简并情况例外。这些材料的功函数 (通常表示为$\phi$)同样可定义为费米能级($E_F$)与真空能级之差，如图 2.20(b)~(d)所示：

$$\phi = EA + (E_{CB} - E_F) \tag{2.5}$$

式中，$E_{CB}$ 为导带底端能级，$EA$ 是电子亲和势。显然，电子从半导体或者绝缘体发射电子的条件与金属不同。由于在非金属材料的费米能级 $E_F$ 上没有电子，因此可以从它的内部离开的电子必须是在导带内或者在价带内，亦或在杂质能级内。半导体的功函数依赖于 $E_F$ 的位置，而 $E_F$ 是温度，杂质浓度和外界压力等参数的函数。

## 2.3　有机材料分子间作用力及其晶体堆积方式

有机材料通常可以表现出几种堆积方式：单晶、多晶和非晶，其中的单晶是高度有序的完美堆积模式。通过单晶材料的 X 衍射分析，可以获得材料的晶体结构。而晶体结构又是研究有机材料分子内作用力、分子间作用力、分子空间堆积模式最直接的手段。由于有机分子的晶体结构是由分子内作用力和分子间作用力共同决定的，对于通过短程作用的范德华力形成的有机分子晶体，分子只能通过最大程度的密集堆积来实现晶格能的最小化，从而使晶体得到稳定，因此对晶体结构起决定性作用的因素是分子尺寸和形状的规整性。一方面，分子内作用力在很大程度上决定分子的有效堆积模式；另一方面，分子间作用力通过力的强弱和各向异性来对分子几何空间允许的堆积模式产生影响，导致分子堆积模式的变化。因此，了解有机分子间的相互作用力及其强度、范围和空间取向，对理解有机晶体材料的结构和物理性质有重要意义。

### 2.3.1　作用力

我们知道一个有机分子可以看作是一个结构单元，分子与分子之间相对独立，作用力较小。如果分子为极性分子，则分子与分子之间主要以偶极作用为主。当分子为中性非极性分子时，有机分子之间普遍存在所谓的诱导力或色散力，亦即通常所说的范德华力，它是分子形成晶体时的主要结合力。概括起来，有机分子间既有吸引力(主要包括偶极力、诱导偶极力和范德华色散力)，又有排斥力，它们共同作用于分子，部分地决定了有机晶体的堆积模式，下面简单扼要地讨论这些力。

1. 偶极力

图 2.21 为两个永久性偶极之间相互作用的几种情形，两个相互作用的偶极之间的电势能表示为

$$E_{\Psi}=\frac{1}{4\pi\varepsilon_0}\frac{\boldsymbol{P}_1\boldsymbol{P}_2-3(\boldsymbol{P}_1\boldsymbol{e}_r)(\boldsymbol{P}_2\boldsymbol{e}_r)}{r^3} \tag{2.6}$$

式中，$\boldsymbol{e}_r = \boldsymbol{r}/r$ 是两个偶极之间的单位矢量，$r$ 为两个偶极之间的距离，$\boldsymbol{P}_1$和$\boldsymbol{P}_2$ 分别为一对正负电荷相距为 $\boldsymbol{d}_1$和$\boldsymbol{d}_2$ 的偶极矢量，表达式为 $\boldsymbol{P}_1 = q\cdot\boldsymbol{d}_1$和$\boldsymbol{P}_2 = q\cdot\boldsymbol{d}_2$。当两个偶极相互平行且矢量方向在一条直线上时，如图 2.21(b)所示，二者之间的电势能可以表示为

$$E_{\Psi} = -\frac{1}{4\pi\varepsilon_0}\frac{2p_1p_2}{r^3} \tag{2.7}$$

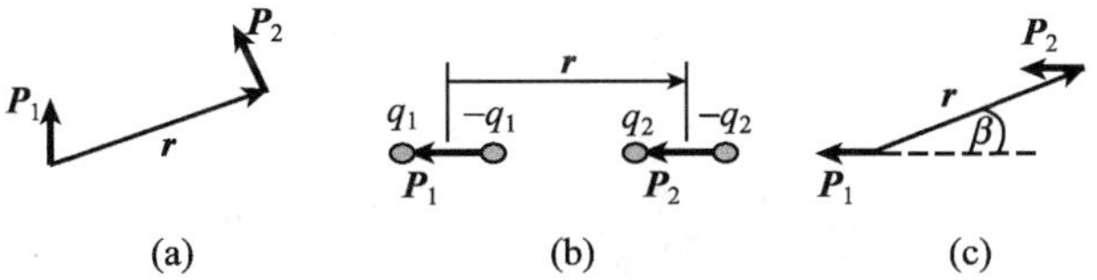


图 2.21　两个距离为 $r$ 的偶极 $\boldsymbol{P}_1$ 和 $\boldsymbol{P}_2$ 之间的相互作用

(a) 一般情况；(b) 两个方向平行在一条直线上的偶极；

(c) 两个方向平行，连线与偶极方向夹角为$\beta$的情形

式中 $p_1$ 和 $p_2$ 是两个偶极的数值大小。这时，两个偶极之间为吸引力，数值大小($F_{\text{force}}$)可以表示为

$$F_{\text{force}} = -\frac{\mathrm{d}E_{\Psi}}{\mathrm{d}r} = -\frac{1}{4\pi\varepsilon_0}\frac{6p_1p_2}{r^4} \tag{2.8}$$

更一般的形式为两个平行偶极与它们连线成一定角度$\beta$的情形，如图 2.21(c)所示，二者之间电势能表示为

$$E_{\Psi} = -\frac{1}{4\pi\varepsilon_0}\frac{p_1p_2}{r^3}(3\cos^2\beta - 1) \tag{2.9}$$

2. 诱导偶极力

当一个非极性分子处于一个永久性偶极附近时，非极性分子内将会受极性分子的影响产生诱导偶极，表示如下

$$\boldsymbol{P}_{\text{ind}} = \alpha\boldsymbol{F} \tag{2.10}$$

式中，$\boldsymbol{F}$ 为永久性偶极分子在非极性分子处产生的静电场强度，$\alpha$ 为极化系数。在距离点电荷 $q$ 为 $\boldsymbol{r}$ 的位置，静电场的强度可以表示为

$$\boldsymbol{F} = \frac{1}{4\pi\varepsilon_0}\frac{q}{r^2}\boldsymbol{e}_r \tag{2.11}$$

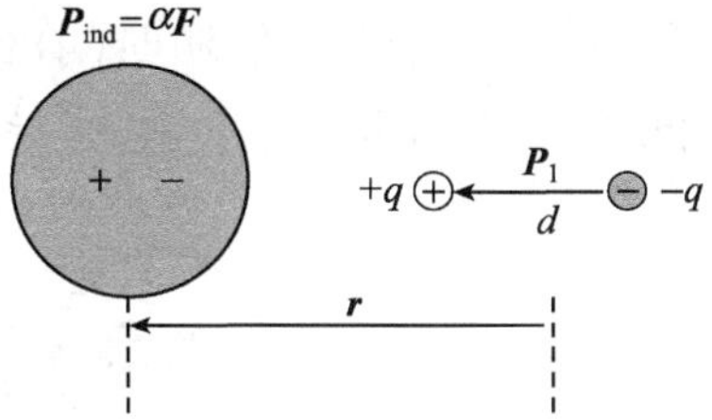


图 2.22　一个偶极点对非极性电子云产生的极化系数为 $\alpha$ 的诱导偶极

因此，在如图 2.22 所示的情形，一个偶极点在 $d$ 距离下可表示为电荷为 $+q$ 和 $-q$ 的两个部分，根据公式(2.11)，它对距离为 $r$ 的非极性分子产生的静电场强度表示为

$$\boldsymbol{F}=\frac{1}{4\pi\varepsilon_0}\left[\frac{+q}{\left(r-\dfrac{d}{2}\right)^2}+\frac{-q}{\left(r+\dfrac{d}{2}\right)^2}\right]\boldsymbol{e}_r \tag{2.12}$$

当 $d \ll r$ 时，

$$\boldsymbol{F}=\frac{1}{4\pi\varepsilon_0}\frac{2\boldsymbol{P}_1}{r^3}\text{，其中 }\boldsymbol{P}_1=q\cdot\boldsymbol{d} \tag{2.13}$$

因此，根据公式(2.8)、(2.10)和(2.13)，一个诱导偶极 $\boldsymbol{P}_{\text{ind}}$ 与一个永久性偶极 $\boldsymbol{P}_1$ 之间的吸引力大小可以表示为

$$F_{\text{force}}=-\frac{1}{4\pi\varepsilon_0}\frac{6p_1p_{\text{ind}}}{r^4}=-\frac{1}{(4\pi\varepsilon_0)^2}\frac{12{p_1}^2\alpha}{r^7} \tag{2.14}$$

二者之间的电势能为

$$E_{\Psi}=-\int_{\infty}^{r}F_{\text{force}}\mathrm{d}r=-\frac{1}{(4\pi\varepsilon_0)^2}\frac{2{p_1}^2\alpha}{r^6} \tag{2.15}$$

从上述公式可以看出，诱导偶极力的大小与距离的 7 次方成反比，与非极性分子的极化系数成正比。

3. 范德华力

从严格意义上讲，范德华力描述的是两个中性非极性分子(如蒽分子，anthracene)之间的吸引力，也称为色散力。如果分子内电荷的分布是刚性的，则中性非极性分子之间就一定没有作用力。但是，实际情况不是这样：由于分子内电荷分布随时间的变动，分子内将存在随时间变化的偶极，这些偶极会使邻近分子产生诱导偶极。如图 2.23 所示，非极性分子内产生瞬时

图 2.23　色散力示意图

黑色箭头表示分子内产生的瞬时偶极角动量，白色箭头表示瞬时偶极对周围可极化分子产生的诱导偶极，(a)、(b)表示不同的时间

偶极角动量(黑色箭头)，它会使周围的可极化分子产生与之平行的诱导偶极(浅色箭头)。因此瞬时偶极与其诱导偶极之间一定是吸引力。

根据公式(2.14)，两个分子之间的色散力大小可以表示为

$$-F_{\text{force}}=\frac{1}{(4\pi\varepsilon_0)^2}\frac{A'\alpha^2}{r^7} \tag{2.16}$$

其中，参数 $A'$考虑相互作用分子的非圆形对称性，以及它们在晶体中的相互距离通常不比它们的尺寸大很多的情形。这就意味着色散力是各向异性的，且其角动量比偶极角动量的级数高，例如，在电荷分布中至少应该考虑四极角动量。严格讲，参数 $A'$仅是一个符号，表示分子间范德华色散力的具体计算必须在微分下进行，因为上述积分公式中 $r$ 定义不明确，甚至无法定义。

与诱导力类似，色散力也是短程作用，力的大小与距离的 7 次方成反比，与分子可极化程度的 2 次方成正比。因此，较大的有机分子，例如含有强极化性π电子的芳香化合物，其固体结构相对强。这点可从表 2.3 中材料的熔点数据中得到证明。例如，同样是 6 个碳原子，正己烷的熔点低至–95°C，而苯环分子，由于含有可极化的大 π 键，熔点大大提高，达 5.5°C。

根据公式(2.16)，由色散力产生的势能，可以表示为

$$E_{\Psi}=-\int_{\infty}^{r}\boldsymbol{F}_{\text{force}}\mathrm{d}r=-\frac{1}{(4\pi\varepsilon_0)^2}\frac{A''\alpha^2}{r^6}\text{，其中 } A''=A'/6 \tag{2.17}$$

**表 2.3　一些有机分子晶体的熔点**

| 材料 | 熔点/°C | 材料 | 熔点/°C |
|---|---|---|---|
| 正己烷 | –95 | 蒽 | 216 |
| 苯 | 5.5 | 并四苯 | 357 |
| 萘 | 80 | 并六苯 | 380 |

4. 排斥力及分子间合力

除了吸引力，有机分子之间自然也存在排斥力，这些力来自于原子核以及内层电子，本质上是库仑斥力。排斥力的特点是在短距离内非常重要，随着距离的减小，斥力的大小迅速增大。对于有机分子，通常利用简单的矩形势能近似来表达排斥力，假设：

当 $r>r_0$ 时，$E_{\Psi}=0$ (排斥力的势能为零)；

当 $r\leqslant r_0$ 时，$E_{\Psi}=\infty$ (排斥力为无穷大)。

式中的 $r_0$ 为原子相互可以靠近的最小距离。据此，通常将分子间的排斥电势能表达为

$$E_{\Psi} = \frac{C^n}{r^n}，n\ 通常取值为\ 12 \tag{2.18}$$

综合考虑分子间的吸引力和排斥力，可以得到如图 2.24 所示的分子间作用力势能曲线。包括吸引力和排斥力的分子间静电势曲线通常有两种表达式。

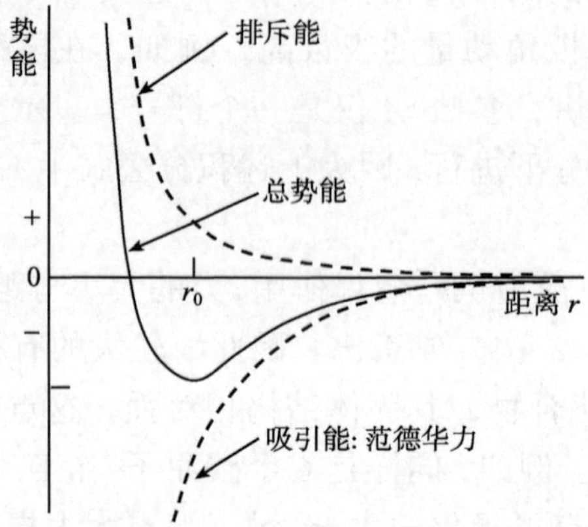


图 2.24　包括分子间吸引力和排斥力的分子势能图

(1) Lennard-Jones 电势曲线：

$$\Psi = \frac{R}{r^{12}} - \frac{A}{r^6} \tag{2.19}$$

式中，$\left.\frac{\mathrm{d}\Psi}{\mathrm{d}r}\right|_{r=r_0} = 0$，$R$ 和 $A$ 分别为斥力(repulsion)和引力(attraction)参数，$r$ 为两个分子间距离。

(2) Buckingham 电势曲线：

$$\Psi = -\frac{A}{r^6} + B\mathrm{e}^{-ar} \tag{2.20}$$

式中排斥电势所采用的是 Born-Meyer 表达式：$\Psi_{斥力} = B\mathrm{e}^{-ar}$，$A$、$B$、$\alpha$ 均为参数，$r$ 为两个分子之间距离。

### 2.3.2　有机分子晶体结构

根据分子间作用力的不同，可将有机分子晶体分为非极性分子晶体、极性分子晶体，以及电荷转移晶体/离子晶体，本书只讨论前两种晶体。

1. 非极性分子晶体

在这类晶体中，分子间主要的作用力是范德华色散力和排斥力，如简单脂肪族和芳香族碳氢化合物。由于相对弱的范德华力和短程强劲的排斥力，这类分子尽可能地采取最密集且排斥力最小的堆积方式。分子的排列取决于原子-原子间的势能，原子之间范德华力的数目越多晶格能越低。Kitaigorodskii 指出，非极性分子堆积的密度可以用堆积系数 $K$ 来表示：

$$K = ZV_0/V \tag{2.21}$$

式中，$V$ 是晶体单元的体积，每个分子的体积 $V_0$ 可以通过已知原子的半径和分子空间构型计算得到，$Z$ 是晶胞中分子的个数。通常芳香碳氢化合物的 $K$ 在 0.68 (苯)和 0.8(苝)之间。作为对比，冰的堆积系数 $K$ 为 0.38，由于冰分子依靠偶极作用和氢键相结合，作用力较强，不需要密集的堆积就可以得到晶格能较低、结构稳定的晶体，因此堆积系数较小。

对于长链饱和碳氢化合物，尤其是 $n$ 个碳原子的线性分子，在形成晶体时倾向于平行排列，并使每个分子中的 $CH_2$ 锯齿相互平行，因此形成平行排列的层状结构，如图 2.25 所示。这样的堆叠有利于极化能力各向异性的分子之间形成最大的分子间色散力。

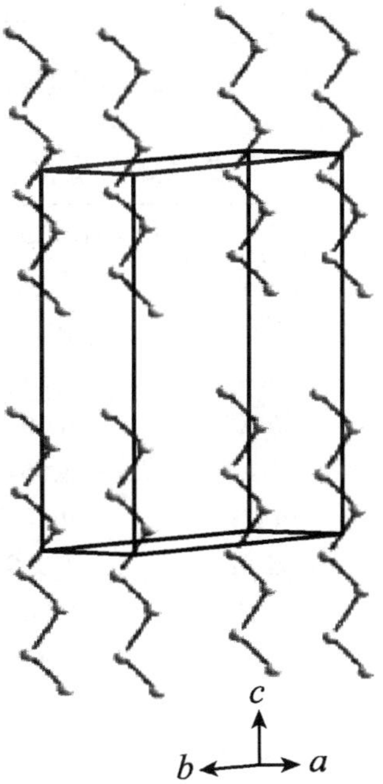

图 2.25　正辛烷的晶体结构

$a = 4.22$ Å, $b = 4.79$ Å, $c = 11.02$ Å, $\alpha = 94.7°$, $\beta = 84.3°$, $\gamma = 105.8°$, $Z = 2$[5]

与长链饱和碳氢化合物不同，芳香烃化合物很多都采取“鱼骨形”(herringbone)堆叠模式。我们知道，分子的表面，即使是平面型分子如蒽，也是有结构特征的。每个原子的位置相当于峰位，而两个原子之间相当于峰谷。因此分子的峰位与另一分子的峰谷相叠的排列方式，由于可以提高分子堆积密度，比峰位-峰位、峰谷-峰谷相叠的排列方式，在降低能量上更为有利。这就是许多芳香化合物采纳著名“鱼骨形”堆叠的原因之一。另外，芳香有机分子的结构特征是具有垂直于分子平面的 π 电子体系，分子间的色散力比饱合碳氢化合物强并且是高度各向异性的，在分子平面垂直方向，色散力最大。“鱼骨形”分子堆叠使晶体中的 π-π 共轭体系可以产生面-面相对的堆积特点，最大限度地增加分子间色散力。图 2.26 是一些稠环芳香化合物的晶体结构图，相应晶体结构数据见表 2.4。

由图 2.26 可以清楚地看出，这些稠环芳香碳氢化合物具有相同的堆积模式，每一个晶胞中有两个分子，每个分子有 10 个最近的或者紧邻的邻位分子。

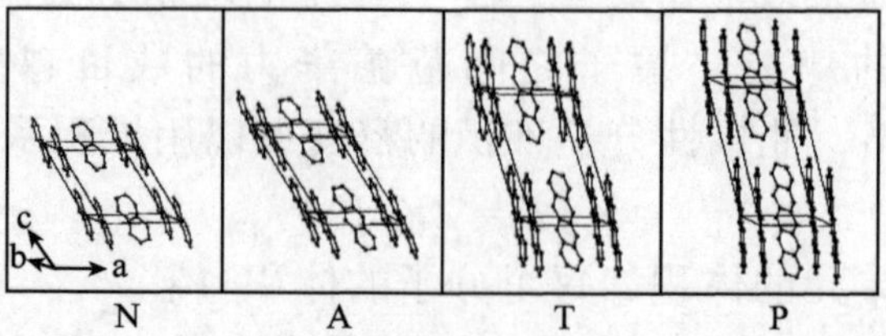


图 2.26　萘(N)、蒽(A)、并四苯(T)、并五苯(P)的晶体结构[5]

**表 2.4　萘、蒽、并四苯、并五苯、并六苯的晶体结构数据**

| | 萘 $C_{10}H_8$ | 蒽 $C_{14}H_{10}$ | 并四苯 $C_{18}H_{12}$ | 并五苯 $C_{22}H_{14}$ | 并六苯 $C_{26}H_{16}$ |
|---|---|---|---|---|---|
| 晶体结构 | 单斜 | 单斜 | 三斜 | 三斜 | 三斜 |
| 空间群 | $P2_{1/a}$ | $P2_{1/a}$ | P1 | P1 | P1 |
| $a$/Å | 8.24 | 8.56 | 7.90 | 7.90 | 7.9 |
| $b$/Å | 6.00 | 6.04 | 6.03 | 6.06 | 6.1 |
| $c$/Å | 8.66 | 11.16 | 13.53 | 16.01 | 18.4 |
| $\alpha$/(°) | 90.0 | 90.0 | 100.3 | 101.9 | 102.7 |
| $\beta$/(°) | 122.9 | 124.7 | 113.2 | 112.6 | 112.3 |
| $\gamma$/(°) | 90.0 | 90.0 | 86.3 | 85.8 | 83.6 |
| $V$/Å$^3$ | 360 | 474 | 583 | 692 | 800 |
| $Z$ | 2 | 2 | 2 | 2 | 2 |
| $d_{cal}$/(g/cm$^3$) | 1.17 | 1.24 | 1.29 | 1.33 | 1.35 |
| $d_{exp}$/(g/cm$^3$) | 1.15 | 1.25 | 1.29 | 1.32 | 1.34 |

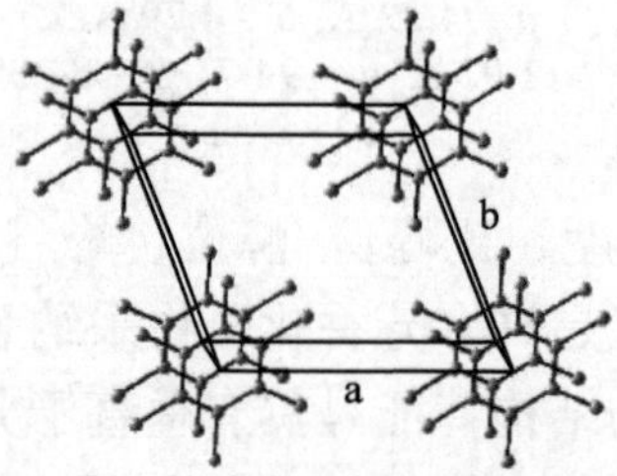


图 2.27　六甲基苯晶体结构

$a$ = 8.92 Å，$b$ = 8.86 Å，$c$ = 5.3 Å, $\alpha$ = 44.45°, $\beta$ = 116.72°, $\gamma$ = 119.57°, $Z$ = 1[5]

除了上述每个晶胞中含有两个分子的有机晶体模式外，也存在晶胞中只包含一个有机分子的晶体，如图 2.27 所示的六甲基苯晶体。

在一些非线性稠环芳香分子中，如芘(pyrene)和苝(perylene)，虽然也采纳“鱼骨形”堆叠模式，但是晶胞中包含类似于二聚体的成对分子，每个晶胞的分子个数为 4，如图 2.28(a)和(b)所示，其晶格参数见表 2.5。晶体内的成对分子之间相互作用力很弱，表现出单体分子的吸收光谱和二聚体的荧光光谱。苝的晶体结构中还存在另外一种类似于线性芳香碳氢化合物的堆积，如图 2.28(c)所示，这种情况下，没有成对的分子，也没有二聚体荧光发射，晶胞内的分子个数为 2。

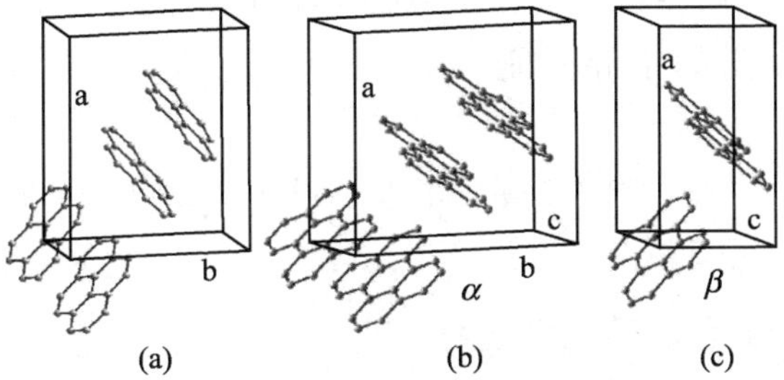


图 2.28　(a) 芘分子晶体；(b) 苝分子α晶相；(c) 苝分子β晶相[5]

**表 2.5　芘和苝晶体的晶格参数**

| | 芘 $C_{16}H_{10}$ | 苝 $C_{20}H_{12}$ | |
|---|---|---|---|
| | | α 相 | β 相 |
| 晶体结构 | 单斜 | 单斜 | 单斜 |
| 空间群 | $P2_{1/a}$ | $P2_{1/a}$ | $P2_{1/a}$ |
| $a$/Å | 13.65 | 11.35 | 11.27 |
| $b$/ Å | 9.26 | 10.87 | 5.88 |
| $c$/ Å | 8.47 | 10.31 | 9.65 |
| $\beta$/(°) | 100.28 | 100.8 | 92.1 |
| $V$/Å$^3$ | 1052.9 | 1249 | 394.3 |
| $Z$ | 4 | 4 | 2 |

研究表明，在只有范德华力作用下的晶体中，很容易存在不同结构的几种晶相，它们的晶格能非常接近。晶相之间的变化可以通过温度变化、极微小的压力变化来实现。

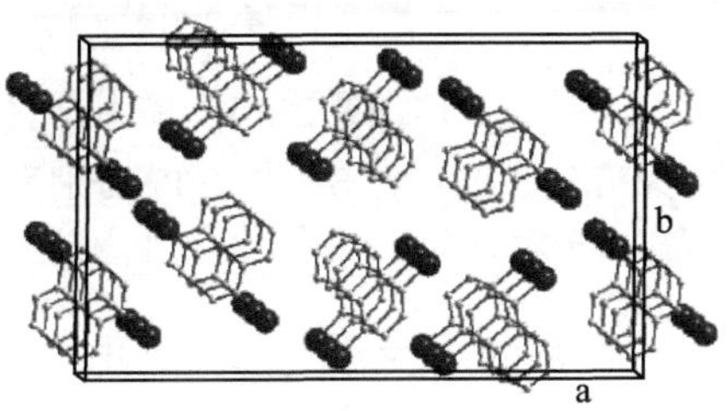


图 2.29　极性分子 1,4-二溴萘晶体结构

$a = 27.45$ Å, $b = 16.62$ Å, $c = 4.09$ Å，$Z = 8$[5]

2. 极性分子晶体

在极性分子晶体中，由于极性取代基可以产生偶极，除了范德华色散力和排斥力外，偶极力及诱导力也同时存在，因此这类分子的堆叠模式较多。图 2.29 为极性分子 1,4-二溴萘的晶体结构。在

1,4-二溴萘晶体中，由于分子平面的紧密“面-面”平行排列，使该晶体中的激子表现为很强的一维传输模式。因为偶极-偶极之间的作用力与距离的4次方成反比，远远比与距离的12次方成反比的色散力作用范围大。因此，极性分子形成晶体时，在保持密集堆叠的同时，使分子的偶极-偶极作用力最大化是晶体形成时的主导机制。

## 2.4 有机材料中与光/能量相关的概念及电子过程

### 2.4.1 分子内光激发态及其衰变过程

基态有机分子受到激发后，会发生电子跃迁、产生激发态。激发态分子是高能量的非稳定状态，它会在分子内和分子间产生各种电子跃迁，并伴随着能量转移或衰减。如图 2.30 所示，有机分子内发生的各类电子跃迁，涉及如下的概念及过程。

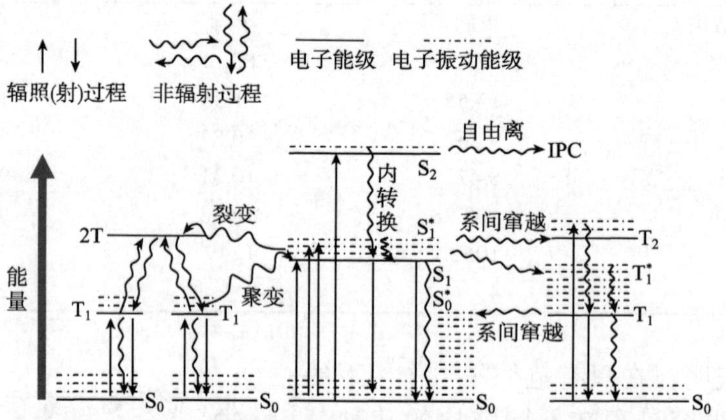


图 2.30　有机晶体分子中典型的能量转移过程

$S_0$ 为基态能级；$S_1$、$S_2$、$T_1$、$T_2$ 分别为第一、第二激发态的单重态和三重态能级；$2T_1$ 为双三线态激子对的能级；$S_0^*$、$S_1^*$、$T_1^*$分别为 $S_0$、$S_1$、$T_1$ 的高振动电子能级；IPC 为本征光电导阈

基态与激发态(ground state and excited state)。由原子组成的分子，存在许多电子能级，能量较低的能级被电子填充，而能量较高的是空置轨道。最高填充能级为 HOMO，最低空置能级为 LUMO。当分子中电子的最高能级为 HOMO 时，分子处于基态。在适当光的辐射下，分子中的电子可以吸收光能，由较低能级跃迁到较高能级，产生激发态分子。例如，适当能量的光子可将 HOMO 中的电子激发到 LUMO，使分子处于激发态。跃迁至

LUMO 的电子与原来 HOMO 能级中形成的空穴由于库仑吸引力而相互关联，使该 LUMO 电子得到稳定，体系能量降低，形成光激发的第一激发态。换句话说，有机分子或者有机固体材料的光学第一激发态能级通常比相应 LUMO 能级低，见图 2.31。

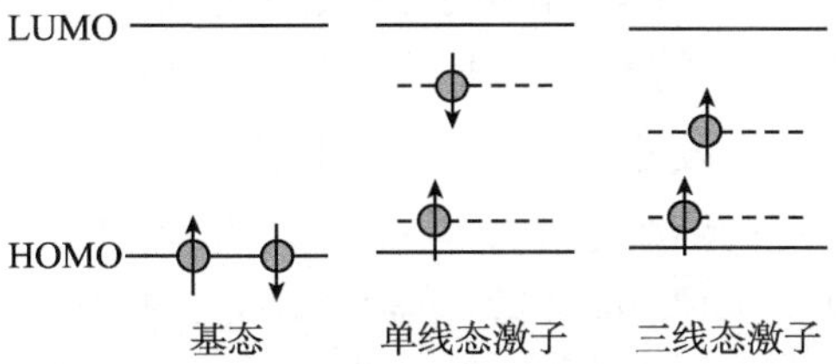


图 2.31　基态、单线态第一激发态、三线态第一激发态的能级以及电子自旋情况示意图

单线态和三线态(singlet and triplet)。在分子激发态中，根据分子多重性的不同，又分为单线态(S)和三线态(T)激子。态的多重性由 $2S+1$ 定义，式中 $S$ 为态的总自旋。总自旋量子数为 0 时，$2S+1=1$，是单重态；总自旋量子数为 1 时，$2S+1=3$，是三重态。单线态激子指形成激子的电子对中，较高能级电子与较低能级电子的自旋状态是成对的，体系总自旋角动量 $S=0$。三线态激子指形成激子的电子对中，较高能级电子与较低能级电子的自旋状态是自旋平行的，其体系总自旋角动量 $S=1$。从量子化学的角度，单线态激子和三线态激子的自旋轨道可以分别表示为

单线态激子：

$$S=\frac{1}{\sqrt{2}}\left(\left|\uparrow\downarrow\right\rangle-\left|\uparrow\downarrow\right\rangle\right) \tag{2.22}$$

三线态激子：

$$T_1=\left|\uparrow\uparrow\right\rangle \tag{2.23}$$

$$T_2=\left|\downarrow\downarrow\right\rangle \tag{2.24}$$

$$T_3=\frac{1}{\sqrt{2}}\left(\left|\uparrow\downarrow\right\rangle+\left|\uparrow\downarrow\right\rangle\right) \tag{2.25}$$

可见，单线态激子是自旋非对称的态，只有一个表示函数，而三线态激子是自旋对称的态，存在三种表示函数。在统计上，单线态的多重性是 1，而三线态的多重性是 3，因此三线态的轨道是相应单线态轨道数量的三倍。根据泡利原理，当占不同轨道的电子自旋相同时，体系的能量最低，由此，

三线态的能量要比相应单线态的能量低。图 2.31 示意出基态、第一单线态、第一三线态与 HOMO、LUMO 之间的关系。

通常情况下，有机分子内的电子都是成对的，其基态总自旋角动量为 0。因此有机分子的基态一般为单线态，表示为 $S_0$。处于单线态的有机分子/晶体具有反磁性。当有机分子晶体处于三线态时具有顺磁性，除了吸收和发射光谱外，该三线态能级特性还可通过电子自旋共振谱(ESR)来研究。

非辐射衰变过程。激发态分子中，非辐射跃迁过程始终与辐射跃迁过程相竞争。因此，它们在能量转移过程和发光现象中十分重要。与辐射跃迁类似，非辐射跃迁服从同样的多重性和宇称选择规则。如不同多重性(或不同自旋)电子态间的电偶极跃迁是自旋禁止的(如 $T_1 \rightarrow S_0$ 的跃迁)，具有相同多重性的电子态间的跃迁是自旋允许的(如 $S_1 \rightarrow S_0$ 跃迁)。有机分子非辐射跃迁存在许多可能过程，如内转换、系间窜越等。

内转换过程(internal conversion，IC)。通常是指电子能量转换成振动能量的过程，是在具有类似多重性的两个态发生的非辐射跃迁。内转换既可以发生在同一个电子能级上，也可以发生在不同电子能级上。基态分子吸收光后产生的激发态，通常包括电子激发和振动激发两个部分。电子能级与振动能级的叠加形成了具有较高振动能量的激发态。通过晶格振动，电子由于振动能的损失很快恢复到只有电子能量的状态，这就是同一个能级上的内转换。如分子由较高振动能级的 $S_1^*$ 态回到零振动能级的 $S_1$ 态。如果一个激发态与晶格振动耦合强烈，则激发态可以通过非辐射跃迁过程衰减到它的基态，此过程将激发能转换成热能，这就是不同电子能级上内转换情形。内转换过程非常迅速，通常在皮秒($10^{-12}$ s)量级。

系间窜越(inter system crossing，ISC)。这个术语用来描述涉及不同多重性能级之间的内转换(或非辐射)过程，即单线态与三线态之间的非辐射电子跃迁过程。通常情况下，ISC 过程是禁阻的，单线态与三线态的自旋轨道耦合可以缓解这种禁阻。

自旋轨道耦合(spin-orbital coupling)。当有机分子/晶体中的单线态电子轨道和三线态电子轨道能量接近，且空间位置也相邻时，这两个轨道的自旋状态可以发生耦合，使三线态电子失去其固有特性而表现出部分单线态特性，导致了系间窜越和磷光发射过程，这就是自旋-轨道耦合效应，也称为自旋耦合效应。由于自旋耦合的存在，在纯粹芳香烃化合物中，被禁阻的 $S_0 \rightarrow T_1$ 电子跃迁通常可以发生，其吸收系数在 $10^{-4} \sim 10^{-5}$ $cm^{-1}$ 范围。在含有重原子的金属配合物中，自旋耦合效应尤为突出。这是由于在金属配合物中由于金属与配体的结合，产生了金属-配体之间的电荷转移(metal ligand charge transfer, MLCT)态。电荷转移单线态($^1$MLCT)与三线态($^3$MLCT)之间、以及 $^1$MLCT 与以配体为中心的三线态($^3$LC)轨道之间，能量相近、空间位置相邻，于是可产生很好的自旋-轨道耦合，如图 2.32 所示。

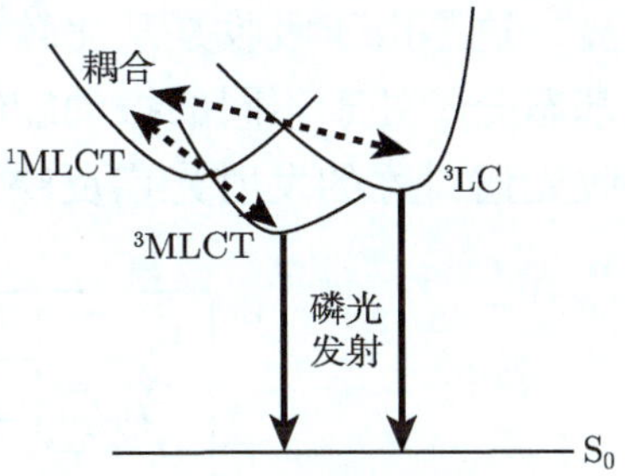

图 2.32 金属配合物中，$^1$MLCT 与 $^3$MLCT 之间、以及 $^1$MLCT 与 $^3$LC 之间自旋-轨道耦合，产生磷光的示意图

因此，在重原子金属配合物中，ISC 和磷光辐射过程都可以高效地进行。例如在重金属配合物中，$S_0 \rightarrow T_1$ 的电子跃迁，其稀溶液下的消光系数在 $10^3$ $M^{-1}cm^{-1}$ 范围(相当于吸收系数为 $10^4$ $cm^{-1}$[5]，远远大于纯粹芳香化合物的 $10^{-4}$ $cm^{-1}$)，室温下金属配合物的光致磷光发射量子效率可高达 40%[6]。

光吸收和发射(absorption and emission)。基态有机分子吸收光能后成为激发态的过程称为吸收；相反地，激发态有机分子伴随着光辐射的衰减过程称为发射，该过程也称为激子的辐射衰变。激子在没有非辐射衰变过程时，即完全发生辐射衰变时所用的时间称为辐射寿命。

通常来讲，吸收和发射过程都与第一激发态和基态之间的电子跃迁相关。对于自旋允许的单线态-单线态($S_0$–$S_1$)跃迁，有机晶体的吸收系数在 $10^5$cm$^{-1}$，光学跃迁的振子强度在 $10^{-3}$~2 之间。对于自旋禁阻的单线态-三线态($S_0$–$T_1$)跃迁，晶体的吸收系数通常在 $10^{-4}$ $cm^{-1}$，光学跃迁的振子强度小于 $S_0$–S 跃迁。$S_0$–$T_1$ 之间电子跃迁的禁阻性可以通过自旋-轨道的耦合过程得到缓解。

如前面图 2.30 所示，由于分子振动，在每一个电子能级 $S_n$($n \geqslant 0$)和 $T_n$($n \geqslant 1$)上，叠加有一系列振动能级($S_n^*$和 $T_n^*$)，形成电子能级的精细结构。因此电子在高、低能级之间的跃迁也涉及到振动能级。电子在高、低电子能级之间的 0 振动能级的电子跃迁称为 0-0 跃迁，类似地，有 0-1，0-2 等跃迁过程。这些振动能级结构有时在吸收和发射光谱中可以明显地被分辨出来。例如，图 2.33 所示是有机分子苝四羧酸酐(PTCDA)在二甲基亚砜(DMSO)溶液中的吸收和发射光谱，可以清晰地看出 0-0、0-1 等振动能级。另外，吸收和发射光谱通常还表现出以下特征：① 吸收和发射光谱镜像对称；

② 发射光谱比吸收光谱红移；③ 吸收光谱振动的精细结构比发射光谱明显，这是由于吸收是从比较稳定的基态开始的跃迁过程，其精细结构反映了基态分子处于不同的振动能级。发射光谱中失去的振动精细结构以及不与吸收光谱对称的发射光谱反映了激发态分子与周围环境较强的相互作用。

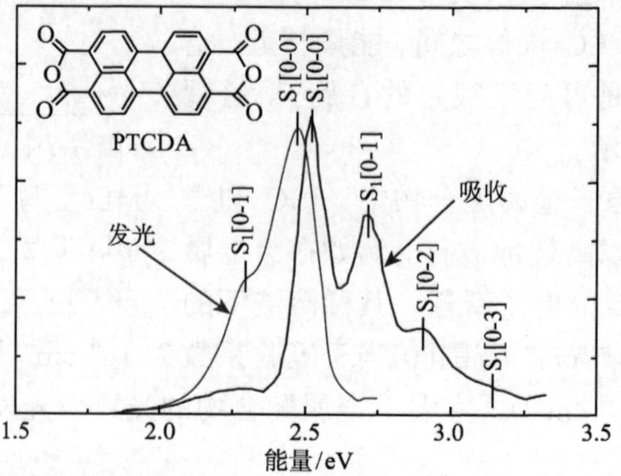


图 2.33　含有振动精细结构的有机分子 PTCDA 在 DMSO 溶液中的发射和吸收光谱

荧光与磷光(fluorescence and phosphorescence)。有机材料中除了第一激发态，其他所有激发态的寿命都非常短，它们可以在皮秒时间内将能量通过内转换过程，以非辐射振动热能的方式衰减至第一激发态。第一单线态和三线态($S_1$，$T_1$)是寿命较长的激发态。通常情况下，$S_1$ 寿命在 $10^{-9}\sim10^{-6}$ s 范围，$T_1$ 寿命在 $10^{-6}$~20 s 范围。电子从 $S_1$ 到基态的光辐射跃迁定义为荧光过程，所发出的光为荧光；类似地，电子从 $T_1$ 到基态的光辐射跃迁定义为磷光过程，所发出的光为磷光。荧光与磷光的电子跃迁过程可见图 2.30，图 2.34 中着重显示了二者区别，磷光过程通常是自旋禁阻的。

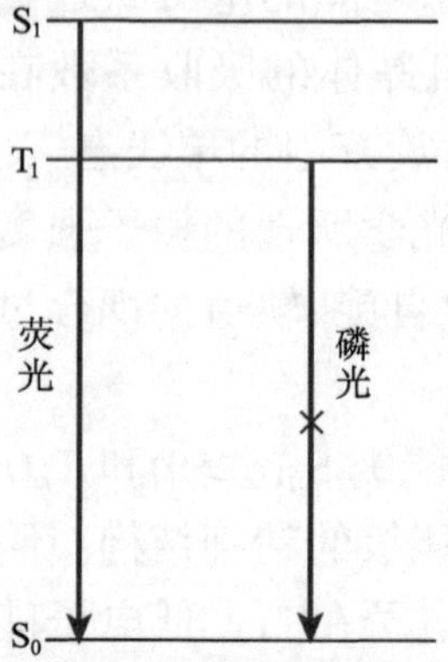


图 2.34　荧光与磷光辐射的区别：来自不同的激发态，荧光自旋允许，磷光自旋禁阻

外光电效应(external photoelectric effect)。在有机分子中，一定能量的光子可以使分子中的电子由基态跃迁至激发态，这是光吸收过程；随着入射光子能量的增加，电子可以跃迁到更高的能级，以至于超过了本征光电导阈(IPC)，如图 2.30 所示。这个阈值对应于 $S_0$ 和导带底端之间的能隙。光子能量进一步增加将导

致电子从晶体至它表面外部的光电发射，这个过程就是外光电效应。光电发射开始所需要的能量称为光电发射阈值(EPE)。有时，有机分子的发光过程、光伏效应与光电效应容易混淆。简单地讲，发光是受激分子经过光辐射衰减到基态；光伏效应是指分子吸收光后所形成激子(电子-空穴对)再经过解离后产生载流子移动；而光电效应是分子中受激电子从分子中逃逸出来。

### 2.4.2 聚集分子中的激发态及衰变特点[5,6]

当有机分子处于聚集态，即由孤立分子形成晶体或者非晶态固体时，由于周围分子对分子轨道的影响，产生了许多轨道能级和光跃迁的新特征，阐述如下。

1. Davydov 分裂能级

处于聚集态的有机材料，一个激子不会仅仅限于一个分子内，而是与围绕它的一些分子存在相互作用，因此聚集态材料的光电特性与单分子有所不同。如图 2.35 所示，是蒽晶体及溶液的吸收光谱，其中蒽晶体的吸收光谱是通过平行于 *a* 轴或者 *b* 轴的偏振光激发获得的。这里，由于溶液中溶质分子浓度很低，可以看作单分子吸收过程；而晶体中，由于存在很强的分子间作用力，表现出的则是分子聚集态吸收过程。可以看出，与溶液吸收光谱比较，晶体的吸收峰位明显红移，这种由于晶体中分子间的距离比

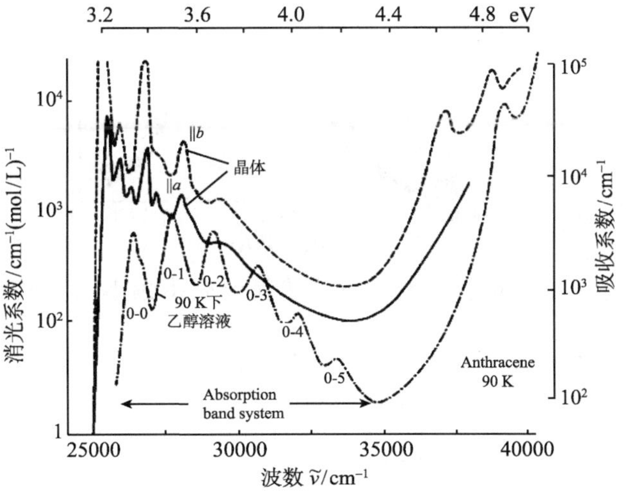


图 2.35　蒽晶体和蒽乙醇溶液的吸收光谱

||*a* 或者||*b* 表示平行于 *a* 或者 *b* 的入射光[5]

溶液中分子间距离小，使晶体中分子与分子之间的作用力较强，进而导致的光谱红移，也称为溶剂效应。进一步比较两个晶体吸收光谱，可以看出区别：基于平行于 $b$ 轴偏振光的吸收曲线明显红移，这两个晶体吸收的能量差别来自于蒽第一单线态能级的 Davydov 分裂。Davydov 分裂也称为激子型能级分裂，是指激子与周围基态分子相互作用，导致的激子能级分裂。

在三线态激子中也同样存在 Davydov 能级分裂过程，如图 2.36 所示，是通过检测延迟荧光的激发光谱获得的蒽单晶第一三线态能级分裂情形。延迟荧光是由三线态-三线态激子聚变产生的单线态激子所发射的荧光，因此其激发光谱表现的是基态到三线态的光吸收跃迁过程。图 2.36 可以明显看出，通过相互垂直的偏振光对蒽激发，所获得的三线态吸收峰位有 21.5 $cm^{-1}$ 的差别。这个差别就是第一三线态能级的 Davydov 能级分裂。

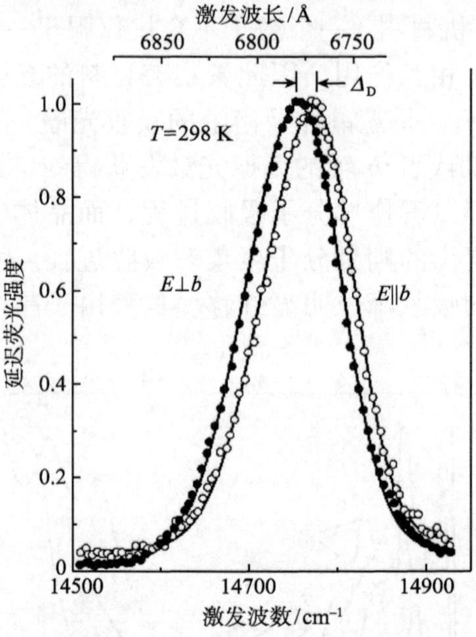


图 2.36 相互垂直的偏振光入射蒽单晶所获得延迟荧光的激发光谱[5]

激子能级的 Davydov 分裂可以从量子化学的角度得到如下的很好的解释。

1) 物理二聚体中激发态能级分裂

在物理二聚体情况下，两个分子是等同的，如图 2.37 所示。以 $\varphi_1$、$\varphi_2$ 及 $E_1 = E_2 = E_0$ 表示基态单体分子的波函数及能量，以 $\varphi_1^*$、$\varphi_2^*$ 及 $E_1^* = E_2^* = E^*$

表示单体分子的激发态，则物理二聚体基态可以表示为

$$\Phi_G = \varphi_1\varphi_2, \quad \text{及} \ E_G = 2E_0 \tag{2.26}$$

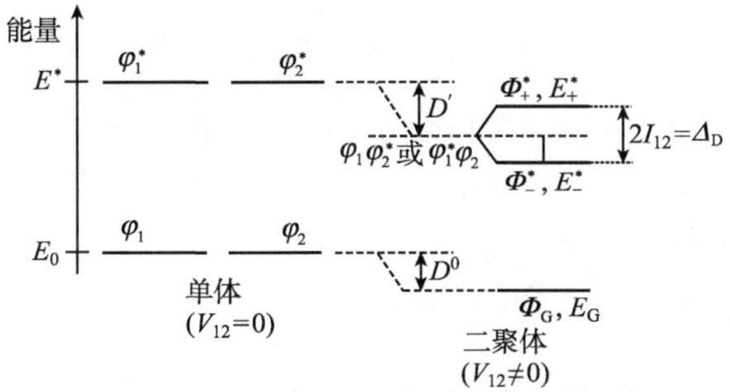


图 2.37　分子的单体形成物理二聚物时产生 Davydov 能级分裂的情形

当一个分子处于激发态时($\varphi_1^*$, $E^*$)，再与另一个基态分子($\varphi_2$, $E_0$)作用就形成了二聚体的激发态。理论上，这两个分子被激发的概率是相等的。因此在不考虑相互作用时，能量为 $E_\pm^*$的二聚体激发态波函数($\Phi_\pm^*$)是一个基态分子波函数和一个激发态分子波函数的线性组合，即

$$\Phi_\pm^* = \frac{1}{\sqrt{2}}(\varphi_1\varphi_2^* \pm \varphi_1^*\varphi_2) \tag{2.27}$$

二聚体能量为

$$E_\pm^* = E_0 + E^* \tag{2.28}$$

如上，不考虑相互作用，二聚体是两个波函数和轨道能级分别以公式(2.27)和(2.28)表示的简并状态。但是实际情况下，物理二聚体中两个单体分子间存在以下的相互作用：① 基态时，两个单体分子通过相互的库仑作用，使基态二聚体能量降低了 $D^0$ 而得到稳定；② 激发态时，一方面，由于第一个激发态分子与第二个基态分子(或者第一个基态分子与第二个激发态分子)之间的库仑作用，使二聚体能量降低 $D'$ 而得到稳定；另一方面，由于二聚体激发态可产生共振结构：(基态分子 1-激发态分子 2)⇔ (激发态分子 1-基态分子 2)，使二聚体激发态分裂成差别为 $2I_{12}$ 的两个能级。激发态二聚体共振结构的存在，使激发态二聚体的简并状态消失。再将基态单体与激发态单体之间相互作用($D'$)加以考虑，激发态二聚体的能量可表示为 $E_+^*$和 $E_-^*$的两个状态，如图 2.37 及公式(2.29)所示：

$$\begin{aligned} E_+^* &= E_0 + E^* - D' + I_{12} \\ E_-^* &= E_0 + E^* - D' - I_{12} \end{aligned} \tag{2.29}$$

公式(2.29)中二聚体两个状态($\Phi_+^*$和$\Phi_-^*$，$E_+^*$和 $E_-^*$)之间的共振作用能($I_{12}$)依赖于一个基态分子和另一个激发态分子之间的相互作用，其 Hamilton 算符为 $V_{12}$，于是，有

$$I_{12} = \left\langle \varphi_1\varphi_2^* \middle| V_{12} \middle| \varphi_1^*\varphi_2 \right\rangle \tag{2.30}$$

其中，$2I_{12}$ 称为 Davydov 分裂能(表示为$\Delta_D$)，即$\Delta_D = 2I_{12}$，$\Delta_D/hc$ 的取值在 $10^0$~$10^3$ $cm^{-1}$ 范围内。

激发态二聚体的库仑作用能($D'$)，是指一个激发态分子单体与另一个基态分子单体之间的作用，可以表示为

$$D' = \left\langle \varphi_1\varphi_2^* \middle| V_{12} \middle| \varphi_1\varphi_2^* \right\rangle = \left\langle \varphi_1^*\varphi_2 \middle| V_{12} \middle| \varphi_1^*\varphi_2 \right\rangle \tag{2.31}$$

类似地，二聚体基态的库仑作用能($D^0$)是指基态分子与另一个基态分子之间的作用，可以表示为

$$D^0 = \left\langle \varphi_1\varphi_2 \middle| V_{12} \middle| \varphi_1\varphi_2 \right\rangle \tag{2.32}$$

通常情况下基态分子比较稳定，二聚体激发态的库仑作用能($D'$)要大于其基态作用能($D^0$)。因此，即使没有 Davydov 能级分裂，二聚体的 0-0 电子跃迁也比相应孤立分子的 0-0 跃迁能量低($D'-D^0$)，跃迁光谱会发生红移。在分子物理学中，这种由于两个相邻分子之间的极化作用而产生的红移称为溶剂位移(solvent shift)。

图 2.37 所示的二聚体模型也称为小激子模型(mini-exciton model)，它反映了分子间作用力如何使光谱发生溶剂红移及 Davydov 分裂。模型认为，$D'$、$D^0$ 主要来源于分子在基态和激发态的极化能力；单线态的共振能 $I_{12}$ 主要以基态分子 1 和激发态分子 2 之间的共振作用(反之亦然)为基础，当谐振子强度在 0.001~0.1 范围时，$I_{12}$ 取值在 10~1000 $cm^{-1}$ 范围；三线态的共振能 $I_{12}$ 主要取决于两个分子相应轨道之间的重叠，其中一个分子为基态，另一个为三线态激发态，由于三线态分子与基态分子之间的相互作用比相应的单线态小，三线态的能级分裂 $I_{12}$ 也较小。

有机分子的 Davydov 能级过程，可产生光学跃迁偏振现象，这是由允许光学跃迁情形下的跃迁偶极矩(transition dipole moment) $\boldsymbol{M}$ 决定的。对于单体分子$\varphi_1$或$\varphi_2$，其 $S_0 \rightarrow S_1$ 跃迁偶极矩可以表示为

$$\boldsymbol{M}_1 = \left\langle \varphi_1 \middle| e\boldsymbol{r} \middle| \varphi_1^* \right\rangle, \quad 或\ \boldsymbol{M}_2 = \left\langle \varphi_2 \middle| e\boldsymbol{r} \middle| \varphi_2^* \right\rangle \tag{2.33}$$

式中，$e$ 表示电子的电荷电量，$\boldsymbol{r}$ 表示轨道与$\varphi^*$之间的相对位置矢。对于二聚

体，$S_0 \to S_1$ 跃迁偶极矩为

$$
\begin{aligned}
\boldsymbol{M}_{\pm} &= \left\langle \Phi_G \middle| e\boldsymbol{r} \middle| \Phi_{\pm}^{*} \right\rangle = \left\langle \varphi_1\varphi_2 \middle| e\boldsymbol{r} \middle| \frac{1}{\sqrt{2}}(\varphi_1\varphi_2^{*} \pm \varphi_1^{*}\varphi_2) \right\rangle \\
&= \frac{1}{\sqrt{2}}\left[ \left\langle \varphi_1\varphi_2 \middle| e\boldsymbol{r} \middle| (\varphi_1\varphi_2^{*}) \right\rangle \pm \left\langle \varphi_1\varphi_2 \middle| e\boldsymbol{r} \middle| (\varphi_1^{*}\varphi_2) \right\rangle \right] \\
&= \frac{1}{\sqrt{2}}[\boldsymbol{M}_2 \pm \boldsymbol{M}_1]
\end{aligned}
\tag{2.34}
$$

当两个单体分子相互平行时，它们的跃迁偶极矩大小相等，方向平行或者反平行，如图 2.38 所示。根据公式(2.34)，二聚体跃迁偶极矩可以表示为

$$
\begin{aligned}
\boldsymbol{M}_{+} &= \frac{2}{\sqrt{2}}\boldsymbol{M}_1 \\
\boldsymbol{M}_{-} &= 0
\end{aligned}
\tag{2.35}
$$

因此，当两个单体分子相互平行情形，二聚体的光学跃迁只有一个状态是允许的，跃迁偶极矩为 $\boldsymbol{M}_{+} = \frac{2}{\sqrt{2}}\boldsymbol{M}_1$，另一个状态是禁阻的，跃迁偶极矩为 0。

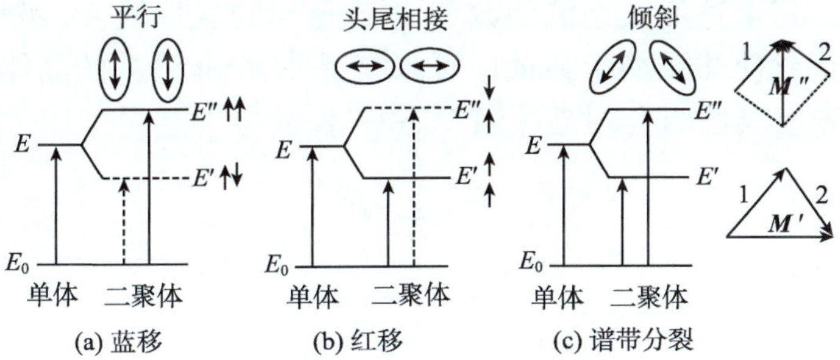


图 2.38　两个单体分子跃迁偶极的排列方向对二聚体光学跃迁的影响，图中忽略分子之间的溶剂效应

由于两个单体分子的跃迁偶极相互平行的状态包括两种情形，即肩并肩平行或者头尾相接平行，且这两种状态的光学跃迁允许偶极矩分别对应于 Davydov 分裂出来的两个能级，如 2.38 所示。因此，通过两个相互垂直的偏振光分别激发晶体，可获得分别对应于两个 Davydov 分裂的蓝移(图 2.38(a))或者红移(图 2.38(b))吸收光谱。用非偏振光激发晶体，或者偏振光激发无序非晶态固体时，由于跃迁偶极矩的无序性，在 Davydov 两个能级上都可以产生偶极矩分量，如果分辨率好的话，将会观测到两个分裂出来的光谱(图 2.38(c))，否则仅仅会观测到光谱的展宽。

2) 一维线性晶体中激发态能级分裂

从二聚体模型扩展到晶体情形，与从两个共价键原子扩展到半导体的离域能带结构类似。考虑 $N$ 个相同的分子线性组合形成的晶体，即所有分子的空间构型相同，它们构成完全等同的周期性晶格。如果以 $\Psi_0$ 表示所有分子都在基态时的晶体，以 $\varphi_n{}^0$ 表示晶体中第 $n$ 个分子的基态，则

$$\Psi_0 = A\prod_{n=1}^{N}\varphi_n{}^0 \tag{2.36}$$

式中，$A$ 是非对称因子。对于激发态的晶体，即其中一个分子 $i$ 被激发，其余分子都处于基态的情形，晶体波函数可以表示为

$$\Psi_i^* = A\varphi_i{}^*\prod_{n\neq i}^{N}\varphi_n{}^0 \tag{2.37}$$

上述表达式中，单分子被激发的晶体波函数 $\Psi_i^*$ 共有 $i = 1,2,3,\cdots,N$ 个简并状态，表示晶体基态 $\Psi_0$ 中的任何一个分子激发所需要的能量相等，式中没有考虑被激发分子 $i$ 与其他基态分子之间的相互作用($V = 0$)。晶体波函数 $\Psi_i^*$ 表示的态是定域的，不是晶体的本征函数。利用分子轨道中的原子轨道线性组合方法，将上述激发态波函数 $\Psi_i^*$ 进行适当的线性组合，考虑 $V \neq 0$ 的情形，通过优化使体系能量最低，可以获得 $N$ 个非简并的晶体激发态波函数 $\Psi(k)$。首先，线性组合的晶体激发态 $\Psi$ 表示为

$$\Psi = \sum_{n=1}^{N} a_n \Psi_n{}^* \tag{2.38}$$

考虑变分原理有

$$\delta\left(\langle\Psi|H|\Psi\rangle \big/ \langle\Psi|\Psi\rangle\right) = 0 \tag{2.39}$$

式中 $\delta$ 是变分操作符。如果只考虑最邻近分子之间的相互作用并假设周期性边界条件，公式(2.39)的解为

$$\Psi(k) = \frac{1}{\sqrt{N}}\sum_{n=1}^{N}\Psi_n{}^* \exp(\mathrm{i}\boldsymbol{k}\boldsymbol{R}_n) \tag{2.40}$$

式中，$\boldsymbol{R}_n$ 为分子 $n$ 的位置矢，$\Psi(k)$即表示中性、离域、波长为$\lambda(k = 2\pi/\lambda)$的激子。$k$ 的一系列取值为 0，$\pm 2\pi/Nd$，$\pm 4\pi/Nd$，…，$\pi/d$，$d$ 为晶格常数。该准粒子性激子的动量为 $\boldsymbol{p} = \hbar\boldsymbol{k}$，当 $k = 0$ 时，晶体的动量为零。

公式(2.40)表示的是激子的激发能在整个晶体中离域的情形，即完全等同的 $N$ 个分子构成的线性周期性晶体中有一个分子被激发时晶体波函数，它也适合于晶胞中只含有一个分子的情形。例如，二溴萘晶体中的准一维激子(图 2.29)和晶胞中只有一个分子的六甲基苯晶体激子(图 2.27)，都可以

用公式(2.40)表示。在这种情况下，对于基态和激发态能量分别为 $E^0$、$E^*$的晶体，激发晶体所需要的能量为

$$\Delta E(k) = E^* - E^0 = E_{\text{mol}}{}^* + D^* + 2I\cos kd \tag{2.41}$$

式中，$E_{\text{mol}}{}^*$和 $D^*$分别为单分子的激发能和静态溶剂位移，$I$ 是激发态分子与其余基态分子间的共振作用能，该值可正可负，有一定的范围，其中最大共振分裂能为 $2I-(-2I)=4I$。图 2.39 给出了上述能级分裂情况。此时，由于晶体中所有分子是等同的，Davydov 能级分裂表现为由 $N$ 个能级组成的宽度为 $4I$ 的一个能带，该能带的宽度取决于等同分子之间的相互作用程度。

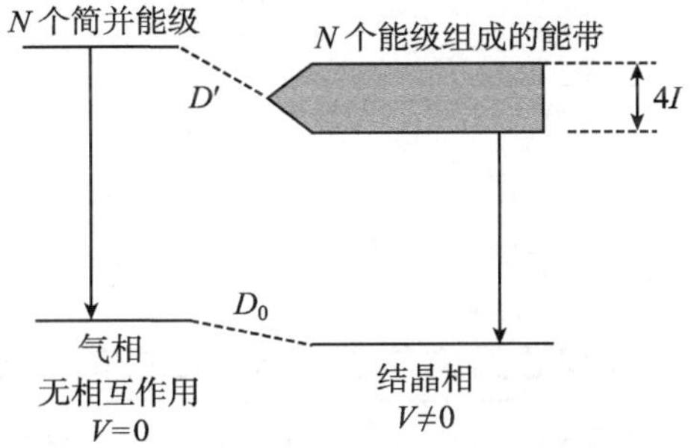


图 2.39　从孤立的气态分子到一维晶体时，基态和第一激发态能级的变化

$D_0$ 和 $D'$分别为晶体状态时基态和激发态分子间的静态库仑作用，$4I$ 为分子间的相互共振作用产生的带宽。可以看出晶体的发射光谱通常比气态分子的发射光红移

3) 其他晶体中激发态能级分裂

根据 Davydov 解释，晶体中激发态能带的 Davydov 分裂数目与晶胞内所含分子的个数一致，如晶胞中含有一个分子的晶体只有一个 Davydov 能带(图 2.39)，而晶胞中含有两个非等同分子的由 $N$ 个分子组成的晶体，如蒽，通常表现出两个明显的由 $N$ 个能级简并的能带，如图 2.40 所示。Davydov 能级分裂宽度 $\Delta_{\text{D}}$ 定义为 $k=0$ 时，即晶体动量为零时两个上下能级之差，$\Delta_{\text{D}}$ 大小依赖于晶胞中非等同分子之间相互作用的程度，而每一个 Davydov 能带宽度依赖于等同分子之间的相互作用。

一般地，三线态 Davydov 能级分裂宽度($\Delta_{\text{D}}$)在 $10^0 \sim 10^1\ \text{cm}^{-1}$ 范围内，而单线态激子的 Davydov 分裂宽度在 $10^2 \sim 10^3\ \text{cm}^{-1}$。与二聚体中 Davydov 能级分裂类似，晶体中的两个 Davydov 能级也表现出不同的光学偏振性，如图 2.40 所示。当相互垂直的偏振光入射晶体时，可以得到不同峰位的光谱，它们分别对应于两个 Davydov 能级。Davydov 能级与其他单线态激发态之间相互跃迁的速度很快，通常在皮秒($10^{-12}$ s)量级。由于 Davydov 分裂及溶剂位移，分子晶

体的最低激发态能级低于一个自由或者孤立分子的相应能级。表 2.6 给出了萘和蒽晶体包括 Davydov 能级分裂在内的一些光学跃迁能级特性。

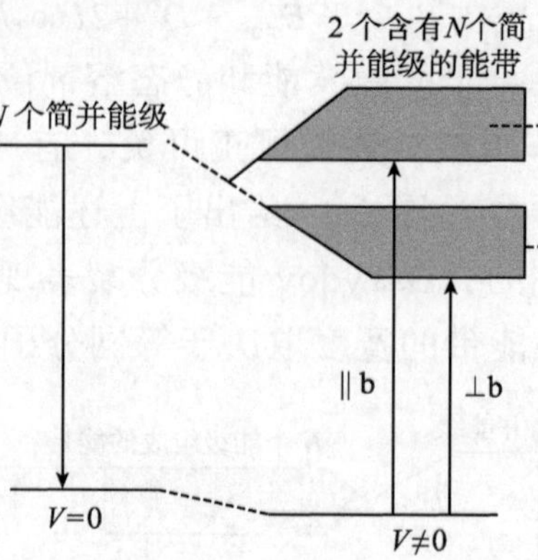


图 2.40　晶胞中含有 2 个分子的晶体，其激发态能级分裂成 2 个 Davydov 能带的情形。b 表示晶体的 b 轴

**表 2.6　萘和蒽晶体单线态和三线态的一些特性**

| 类型 | 0-0 跃迁 /$cm^{-1}$ | 溶剂位移 /eV | Davydov 分裂/$cm^{-1}$ | $S_0$ 的吸收系数/$cm^{-1}$ | 激子寿命$\tau$ (无陷阱)/s |
|---|---|---|---|---|---|
| 蒽 $S_1$ | 25300 | 0.29 | 220 | $10^5$ | $2\times10^{-8}$ |
| 蒽 $T_1$ | 14750 | | 21 | $3\times10^{-4}$ | $4\times10^{-2}$ |
| 萘 $S_1$ | 31500 | 0.43 | 150 | $10^{-4}$~$10^5$ | $10^{-7}$ |
| 萘 $T_1$ | 21200 | | 10 | $5\times10^{-4}$ | < 0.5 |

2. 基激二聚物(excimer)与基激缔合物(exciplex)

基激二聚物指的是这样一种分子构型：吸收光谱来自于单体分子，但是分子在激发态时会与另一个相同分子结构的基态分子形成二聚物，因此发射光谱表现为二聚体发光，这种分子构型也称为共振二聚体。

基激二聚物在溶液中的光物理行为得到了广泛研究，与单体相比，它们的发射光表现出红移、长寿命的特性，其振动精细结构在光谱中无法分辨。图 2.41 所示为不同浓度下芘的环己烷溶液荧光光谱，它们表现出单体和基激二聚物发射共存的特性。可以看出，随着芘浓度增大，基激二聚物的光发射增强，这是因为随着浓度的增大芘分子形成基激二聚物的概率增大的缘故。还可以看出，基激二聚物发射光谱较宽，而且没有振动精细结构。

有些芳香化合物的晶体也表现出基激二聚物的发射光谱，例如芘及苝的晶体。在这些晶体中，分子是成对堆积的，相邻分子平面的距离很小，如在芘中该距离为 3.53 Å，因此在晶体中分子的排列已经为物理二聚体形式(如图 2.28(b)所示)。图 2.42 给出了基激二聚物产生及发光机制图。在基态时，互为二聚体的分子结合力很小，吸收为单体特征；当其中一个分子处于单线态激发态时，由于共振作用，该激发态分子与另一基态分子之间的结合力增强，使它们的构象发生变化，直到达到最大的共振稳定性，这个过程伴随着非辐射放热过程形成了基激二聚物的能量最低状态。例如芘在激发态时，两个分子之间的距离由 3.53 Å 降低到 3.37 Å。基激二聚物可通过衰减至基态分子，产生基激二聚物发射光谱。此时，这对基态分子再通过放热过程将二者之间距离增大，使分子达到最稳定的状态。例如，在芘晶体发光后，两分子间距离由 3.37 Å 调整到 3.53 Å。

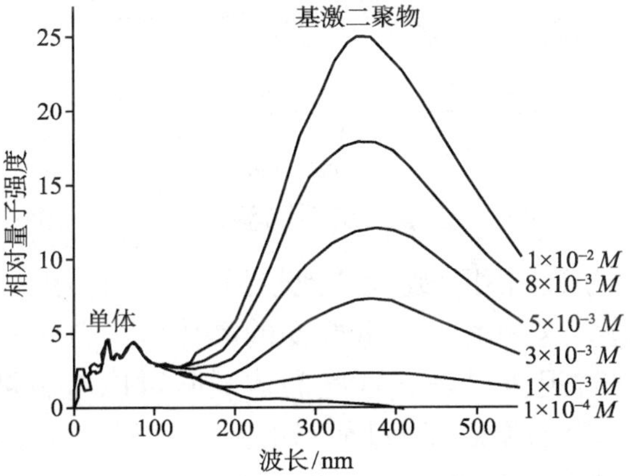


图 2.41　不同浓度下芘的环己烷溶液荧光光谱

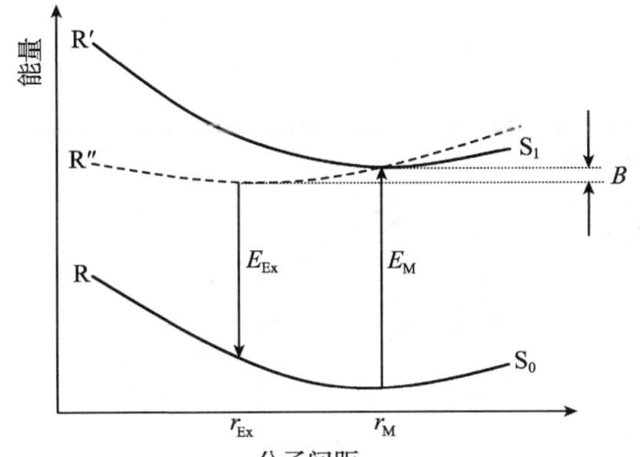


图 2.42　晶体中基激二聚物产生及发光机制图

光吸收发生在 $r_M$ 平衡位置，表现为能量为 $E_M$ 的单体吸收，形成了 $S_1$ 激发态。由于 $S_1$ 态激子与基态分子的相互作用，使体系的能量最低平衡位置缩小到 $r_{Ex}$，由该激发态产生光的能量也相应减小到 $E_{Ex}$。R、R′、R″分别为基态、分子激发态、基激二聚物激发态的势能曲线，$B$ 为基激二聚物结合能

图 2.43 展示了苝晶体在不同温度下的发射光谱，可以看出光谱的半峰宽具有宽度较大和没有精细结构的特点，同时随着温度的升高光谱进一步展宽。由于基激二聚物不存在基态形式，因此基激二聚物发射光谱中没有可以分辨的振动能级。另一方面，基激二聚物的形成也体现了激子与声子的相互作用，随着温度的增加，该作用增强，使得发射光谱的宽度增加。

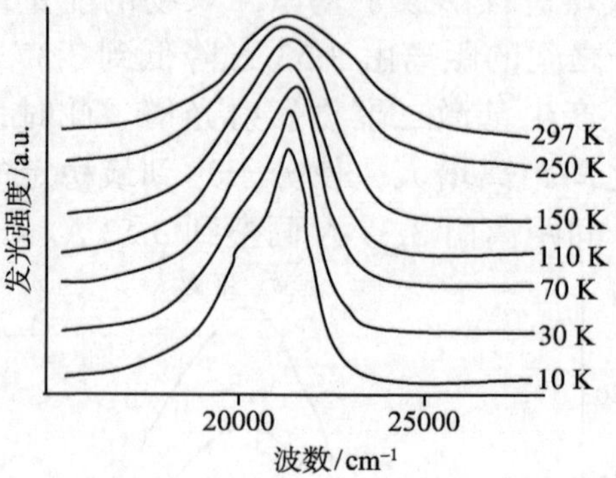


图 2.43　苝晶体在不同温度下发射光谱

许多晶体在压力的作用下或者其他较强形变力作用下，比较容易观测到基激二聚物的发射。这是由于产生形变的晶体中，分子构象可能会有利于形成二聚体。再通过退火过程，这些晶体缺陷可以重新被去掉。另外，开始表现为非晶态的蒸镀薄膜，通过适当的退火过程也经常出现二聚体结构。

与基激二聚物类似，如果一个激发态分子附近存在一个 HOMO 能级较高的异质基态分子，则该激发态分子有可能与该异质基态分子相互作用，使受激电子得到稳定，形成基激缔合物，如图 2.44 所示。由于基激缔合物

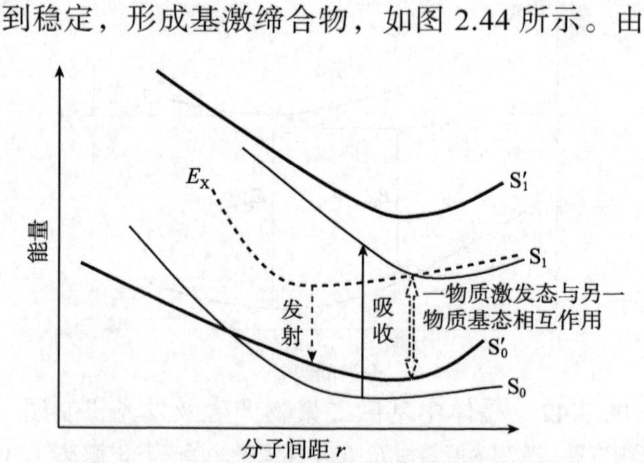


图 2.44　基激复合物形成及发光示意图

$S_0$、$S_1$ 代表一种物质的基态和激发态，$S'_0$、$S'_1$ 代表另外一种物质的基态和激发态

的形成，出现了新能级，该能级能量较分子激发态能级低，因此可以稳定电子。由于此基激缔合物不存在基态，即在两个分子都是基态时，没有相互作用，因此基激缔合物的发光是较宽没有振动精细结构的、相对分子红移的光谱。研究表明，在电场的作用下，甚至没有电场时，基激缔合物倾向于部分解离。

3. 聚变与裂变(fusion/annihilation and fission/splitting)

聚变过程最初发现于有机晶体中的延迟荧光发射现象中，该荧光发射具有单线态激子能量和三线态激子寿命的特点。研究发现，延迟荧光的产生机制是通过两个三线态激子能量相加，形成一个较高能量的单线态激子，再发射荧光的过程，图 2.45(a)为该过程的示意图。这种由两个能量较低的激子相结合，形成一个能量较高的激子和一个基态分子($S_0$)的过程称为聚变过程，该过程伴随的发光为聚变发光。

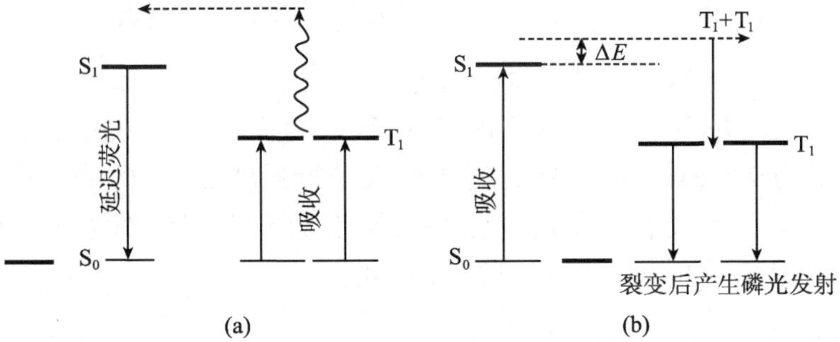


图 2.45　(a)聚变发光：以较长波长的光激发可得到较短波长的发射光; (b)裂变发光：入射光能量远远高于发射光，且发射光为磷光

激子与激子的聚变过程有多种机制，有的伴随光发射，有的没有光发射。这些涉及第一单线态和三线态($S_1$ 和 $T_1$)以及较高能级单线态和三线态($S_n$ 和 $T_n$)激子的聚变过程列举如下。

(1) 三线态–三线态湮灭：

$$T_1 + T_1 \rightarrow S_0 + T_n \tag{2.42}$$

式中的 $T_n$ 通常经过内转换过程转化为 $T_1$。

(2) 三线态–三线态延迟荧光：

$$T_1 + T_1 \rightarrow S_0 + S_n \rightarrow S_0 + S_0 + \text{延迟荧光} + \text{热能} \tag{2.43}$$

(3) 单线态–三线态湮灭：

$$S_1 + T_1 \rightarrow S_0 + T_n \tag{2.44}$$

式中 $T_n$ 通常经内转换变为 $T_1$。

(4) 单线态–单线态湮灭：

$$S_1 + S_1 \to S_0 + S_n^* \tag{2.45}$$

式中，$S_n^*$为较高单线态热激子，通常经内转换变为 $S_1$。

在这些激子聚变过程中，最值得一提的是延迟荧光的检测，因为该荧光直接与三线态激子相关。由于分子基态通常为单线态，光吸收跃迁通常产生单线态激子，因此对于三线态不发光的分子，该能级不容易直接从光谱中获得。但是延迟荧光的激发谱，可以直接反映三线态能级的吸收情况和峰位，如图 2.36 所示蒽单晶延迟荧光的激发光谱。该方法使三线态能级的研究变得简单，不需要昂贵的低温光谱仪。

与聚变过程相反，一个高能量的激子也可以与基态分子作用产生两个低能量激子，这个过程称为裂变，如图 2.45(b)所示。该过程可表示为

$$S_1 + S_0 \to T_1 + T_1 \tag{2.46}$$

有时，裂变过程需要一定的热激发($\Delta E$)辅助才能进行，即

$$S_1 + S_0 + \Delta E \to T_1 + T_1 \tag{2.47}$$

研究发现，并四苯(tetracene)中存在激子裂变过程。该分子的第一单线态激子能量为 2.4 eV，几乎是其三线态激子能量(1.28)的两倍。在热激发能的辅助下，一个单线态激子的能量可以裂变为两个三线态激子的能量，单线态激子的裂变过程与其辐射衰减过程相互竞争，使得分子的光发射量子产率降低，这也是并四苯荧光效率不高的原因之一。裂变产生的三线态激子通常发生非辐射跃迁，但也可能产生发光(图 2.45(b))，这种情况下光谱特征表现为入射光能量远远高于发射光，且发射光为磷光。

### 2.4.3 光跃迁规律

1. 光跃迁本质

伴随光的作用，有机分子中的电子可以在高低两个能级之间跃迁，该过程包括光吸收和光辐射两种，称为光跃迁过程。微观分子尺度研究表明，光跃迁过程从本质上来讲，是两个电子能级之间包含振动、转动自由度的电子受激跃迁或辐射跃迁。

由于电子的运动速度比核运动快很多，因此光跃迁过程可以在 Born-Oppenheimer 近似下通过分子轨道理论进行分析。即将分子轨道波函数中表示电子状态的哈密顿算符忽略某些项，并分离为电子运动和核运动两个体

系。对于比核运动速率高约 3 个数量级的电子运动，可以认为核是静止不动的。这时，分子总波函数可以表示为

$$\Psi_t = \Psi_e \chi_v \Psi_r \tag{2.48}$$

分子的能量可以表示为

$$E_t = E_e + E_v + E_r \tag{2.49}$$

其中的下标 e、v 和 r 分别代表电子能级、振动能级和转动能级。分子的光跃迁过程，本质上是由于产生了电子跃迁，使分子由一个状态 $\Psi_t$ 变为 $\Psi_t'$，同时伴随能量由 $E_t$ 到 $E_t'$ 的变化。过程中的电子跃迁，涉及分子的电子、振动和转动能级。通常情况下，有机分子的电子能级跃迁在紫外或者可见光范围，能量约为 $10^0$ eV(～$10^4$ cm$^{-1}$)；振动能级在近红外范围，能量约为 $10^{-1}$eV(~1000cm$^{-1}$)；转动能级更小，在远红外区，能量小于 $10^{-2}$ eV(的 10cm$^{-1}$)。在光吸收或者辐射光谱中，有时可以分辨出振动能级，而转动作用仅仅表现为对光谱的展宽，其能级难于在光谱中分辨。

对于给定电子能级，其振动状态标记为 0，1，2，…，表示振动能级逐渐增大。一个 0 → 2 的振动跃迁表示给定能级下的 0 振动电子到另外一个电子能级下 2 级振动能级的跃迁，根据振动能级的量子数 $m$，振动能量可以表示为 $E_e$+1/2(2$m$+1)$E_v$。图 2.46 给出了包含振动能级的光吸收跃迁示意图。

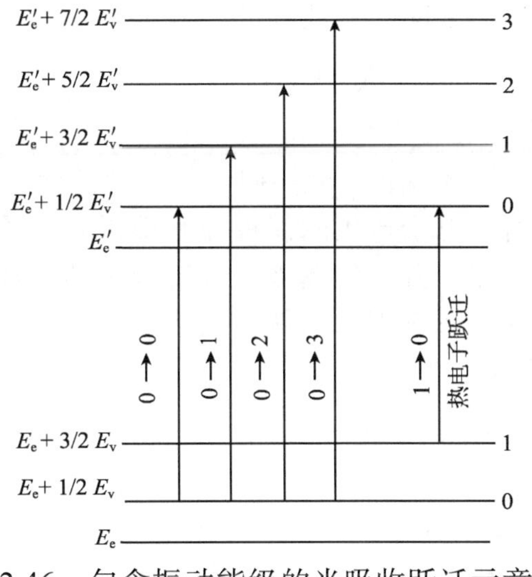


图 2.46　包含振动能级的光吸收跃迁示意图

根据热力学统计，热平衡时，基态分子在非 0 振动能级 $m$ 上分布概率与 0 振动能级分布概率之比可表示为

$$f_m = \exp(-mE_v / k_B T) \tag{2.50}$$

式中，$E_v$是基态时的基本振动能量，$m$ 是振动量子数，$k_B$ 为玻尔兹曼常数，$T$ 为温度。根据公式(2.50)及假定 $E_v \approx 1000\ \text{cm}^{-1} \approx (1/8)\ \text{eV}$，可以计算出当振动量子数为 1 时，$f_1 \approx 6.7\times10^{-3}$。表示基态分子中电子在 1 振动能级出现概率为 0 振动能级概率的 $6.7\times10^{-3}$，已经小到可以忽略。因此基态时绝大多数分子都在 0 振动能级，光吸收主要表现为 $0\rightarrow n$ 跃迁。当然在某种情况下，也存在由基态非 0 振动能级电子向激发态 0 振动能级的跃迁，如图 2.46 所示，这种跃迁称为热电子跃迁。

处于激发态的分子，其中的受激电子由于能量较高而不稳定，寿命通常较短，最终会衰减到到基态，同时伴随荧光、磷光或者放热过程。这些由高能级到低能级的电子跃迁过程中，伴随着发光的跃迁都可称为光发射跃迁。

2. 光跃迁选择法则

有机分子中存在许多能级，电子在各能级之间，伴随着光吸收或者光辐射的跃迁过程，遵循一定的规律，可以从量子化学的角度进行解释。如前所述，在 Born-Oppenheimer 近似下，一个分子的总波函数可以用公式(2.48)表示。分子吸收光子过程，涉及到光波电磁场与分子静电场及动态电场之间的相互作用。由于磁场方面的作用非常弱可以忽略，一个分子被激发的概率($R_{lu}^2$)可根据两个态之间的跃迁偶极矩(transition dipole moment)得到：

$$R_{lu}^{\ 2} \propto \left|\langle \varPsi_1 | \boldsymbol{M} | \varPsi_u \rangle\right|^2 \tag{2.51}$$

式中，下标 l 和 u 表示起始和终止能级，$\boldsymbol{M}$ 为偶极矢(dipole moment vector)算符，其笛卡儿组份为$\sum ex_i$，$\sum ey_i$,和$\sum ez_i$，$i$ 为分子中的一个电子。在三个方向上对分子中所有电子产生的偶极加和即得到分子在一个轴方向上总的偶极大小。不难看出，分子的偶极矢，与分子的对称性直接相关，同一个分子在不同对称性下所表现出的偶极矢将不同。忽略分子转动因素，公式(2.51)可进一步表示为

$$R_{lu}^{\ 2} \propto \left|\langle \varPsi_{el} | \boldsymbol{M} | \varPsi_{eu} \rangle\right|^2 \left|\langle \chi_{vl} | \chi_{vu} \rangle\right|^2 \left|\langle \varPsi_{sl} | \varPsi_{su} \rangle\right|^2 \tag{2.52}$$

公式(2.52)包含三项，第一项为初态和终态波函数电子组份的偶极作用，也称跃迁矩(transition moment)；第二项和第三项分别代表两个态之间振动组份、自旋组份的重叠积分。上式的偶极操作符只作用于初态和终态波函数的电子组分($\varPsi_{el}$ 和 $\varPsi_{eu}$)，因为在光学跃迁中电子在两个能级之间的跃迁速率

远远大于原子核的运动速率，原子核的变化可忽略；又由于自旋状态对电场的不敏感性，也可以在偶极操作符中移出。如果公式(2.52)右侧的三个组分中，任何一项为零，电子在这两个相关能级之间的跃迁概率也为零，跃迁被禁阻。

对于公式(2.52)中含有偶极操作符的第一项，偶极允许的跃迁必须满足跃迁矩($T_{\mathrm{lu}}$)不为零，即

$$\boldsymbol{T}_{\mathrm{lu}} = \langle \Psi_{\mathrm{el}} | \boldsymbol{M} | \Psi_{\mathrm{eu}} \rangle \neq 0 \tag{2.53}$$

当 $\boldsymbol{T}_{\mathrm{lu}} = 0$ 时，l 态到 u 态的跃迁偶极矩为零，跃迁被禁阻。由于分子的偶极与其对称性密切相关，当跃迁偶极矩为零时，表示两个态的偶极矢相同，分子具有相同的对称性。因此，偶极允许的电子跃迁一定发生在对称性不同的两个能级之间。

根据公式(2.52)，两个电子能级之间的跃迁概率除了决定于两个轨道之间的跃迁偶极矩外，还与两个电子轨道的自旋状态有关，即与 $\langle \Psi_{\mathrm{sl}} | \Psi_{\mathrm{su}} \rangle$ 相关。在这一点上，只有多重性相同的轨道可以互相结合。因此，如果没有自旋轨道的相互耦合，从单线态到三线态的电子跃迁是完全禁阻的。实验发现，不同多重性轨道之间的电子跃迁速率比相同多重性轨道之间低 $10^3 \sim 10^5$ 倍。由于在所有分子中都存在不同程度的自旋轨道耦合作用，不同多重性轨道之间也可以存在微小程度的跃迁。如果分子结构中有重原子存在，则自旋轨道之间的相互作用增强，不同多重性轨道之间的电子跃迁概率也增大。

3. Franck-Condon 原理：分子振动积分对光跃迁的影响

如果两个电子能级之间的跃迁同时满足偶极允许和自旋守恒，则电子跃迁可以发生。接下来的问题是，这种允许的电子在两个能级之间的跃迁过程，与电子能级中的振动是怎样的关系？这就涉及到 Franck-Condon 原理。

如果在电子跃迁中同时考虑电子能级和振动组分，根据公式(2.52)跃迁矩可以表示为

$$\boldsymbol{T}_{\mathrm{l}m,\mathrm{u}n} = \boldsymbol{T}_{\mathrm{lu}} \langle \chi_{\mathrm{l}m} | \chi_{\mathrm{u}n} \rangle \tag{2.54}$$

式中 $\boldsymbol{T}_{\mathrm{lu}}$ 是公式(2.53)所表示的是纯粹电子能级跃迁幅度，根据两个能级的平衡位置计算所得。$\langle \chi_{\mathrm{l}m} | \chi_{\mathrm{u}n} \rangle$ 代表两个电子能级之上的振动能级相互作用情况，该值的绝对值平方表示两个电子能级上的指定两个振动波函数(如 $m$ 级与 $n$ 级振动)重叠程度，称为 Franck-Condon 因子。

图 2.47 给出 Frank-Condon 跃迁模式的示意图，指出振动能级参与电子

跃迁的机制及对吸收光谱的影响。当基态分子中的电子向激发态跃迁时，由于原子核之间相互作用速度($10^{-13}$ s)比电子跃迁速度(在 $10^{-15}$ s 左右)慢很多。因此在电子跃迁过程中，可忽略原子核变化，认为原子核保持不变。于是，电子跃迁应该是垂直的。同时，当原子核的动能为最小值时，电子跃迁的概率最大。核动能的最小值位于振动能级的端点，即振动能级与分子势能面重合的点(如图 2.47 中的 $a_0$、$c_0$、$a_1$、$c_1$ 等)。另一方面，从图中我们看到，基态分子与激发态分子的分子势能面是不同的：第一，激发态分子的能量整体高于基态分子；第二，基态与激发态处于平衡态时，其核坐标(能量最低时的分子坐标)是不同的，激发态分子平衡点核坐标 $Q'_r$ 通常比基态分子平衡点核坐标 $Q'_r$ 大。因此，基态电子吸收了能量为 $E_a$ 的光子后，将由平衡位置(如 $a_0$)发生垂直跃迁，至激发态势能面中非平衡位置(如 $a_2^*$)。然后，被激发分子由于振动，可能发射声子并衰减到激发态的平衡位置(如 $a_0^*$)。同样地，由于垂直跃迁以及基态与激发态势能面不同的缘故，激发态平衡位置 $a_0^*$ 能级处的电子会跃迁到基态的非平衡能级位置(如 $c_2$)同时释放出能量为 $E_b$ 的光子。处于 $c_2$ 能级的电子经由振动释放声子而回到基态的平衡位置 $c_0$。在这一系列的过程中，由于激子由较高的振动能级回到最低的振动能级时有热损失(释放声子)，因此发射光子比激发光子的能量要低。这两个能量之间的差称为 Franck-Condon 位移。这一原理称为 Franck-Condon 原理。通常，将光能的退降称为 Stoke 位移。于是，Franck-Condon 位移是由分子位移引起的一种 Stoke 位移。图 2.47(b)为包含振动能级的分子吸收光谱，包括气态孤立分子(实线)和溶液(虚线)两种情形。在孤立分子中，吸收峰是垂直的分立线，反映两个能态之间的振动能差；谱线长度反映了该

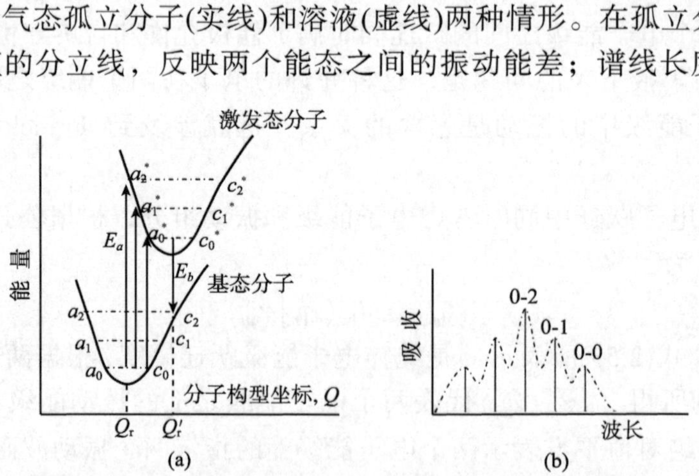


图 2.47　Franck-Condon 位形图(a)及其吸收谱(b)

在吸收谱中，实线代表孤立分子，虚线代表溶液分子

电子跃迁的发生概率，图中所示情形，电子跃迁概率按 0-2, 0-1, 0-0 递减。当分子处于溶液状态时，由于分子与分子间以及分子与溶剂分子之间的相互作用使得吸收光谱变为含有振动特征的连续吸收谱，如图 2.47(b)中虚线所示。

根据 Franck-Condon 原理，由于电子跃迁中振动能级的参与，以及垂直跃迁模式，如果两个能级与环境作用很小，那么反映基态电子激发跃迁的吸收光谱与反映激发态电子衰减跃迁的发光光谱将呈现镜像对称关系，如图 2.48 所示。

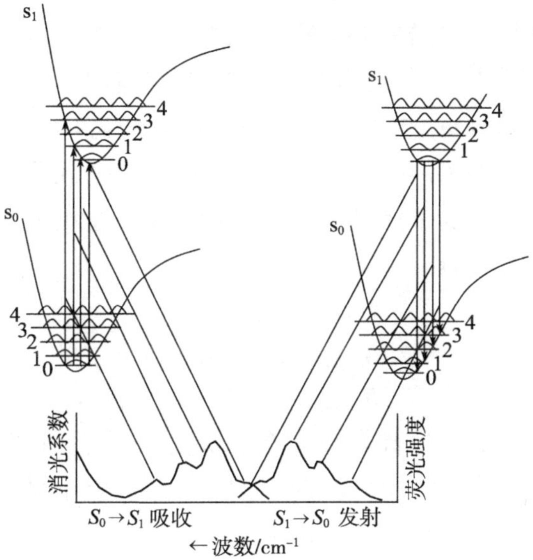


图 2.48　由能级势能曲面、电子振动跃迁概率与 Franck-Condon 因子之间的相互关系，决定了吸收光谱和发射光谱的镜像对称性

4. Einstein 方程：激发过程与辐射过程之间的关系

当分子通过光吸收使电子跃迁到较高能级后，如果没有化学反应发生，具有较高能量的电子最终会经过辐射或者非辐射衰变回到基态。根据光跃迁选择法则，我们知道什么样的一对能级之间比较容易发生电子跃迁。那么，激发跃迁与辐射跃迁之间的关系如何？本小节将给予讨论。

在分子的高低两个能级上，可发生的光学跃迁包括吸收、自发辐射和受激辐射，如图 2.49 所示。

图 2.49 中，(l,$m$)和(u,$n$)分别代表振动量子数为 $m$ 的低电子能级 l(lower)和振动量子数为 $n$ 的高电子能级 u(upper)，其对应的能量分别为 $E_{lm}$，$E_{un}$。

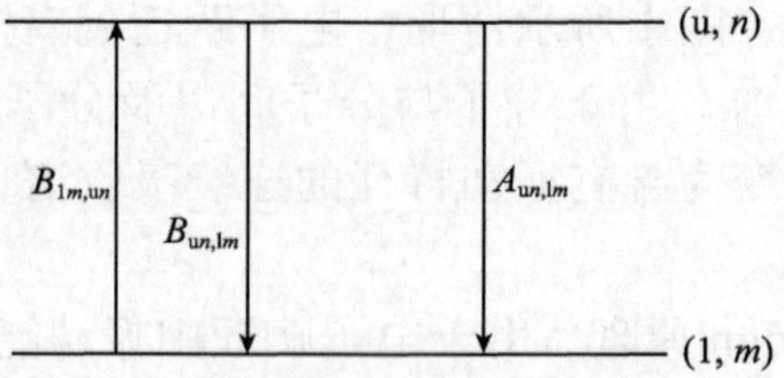


图 2.49 光学跃迁的 Einstein 系数示意图

$B_{lm,un}$ 代表分子吸收光后，发生由低能级(l,$m$)到高能级(u,$n$)电子跃迁过程的速率，$B_{un,lm}$ 是受激辐射速率，表示在高能级(u,$n$)的电子，与一个能量为 $E_{un}-E_{lm}$ 的光子相互作用，经光辐射衰变到低能级(l,$m$)的过程。$A_{un,lm}$ 代表自发辐射速率，表示激发态分子在没有受到外界影响情况下，由高能级(u,$n$)经过光辐射衰减到低能级(l,$m$)的过程，它决定该激发态的自然寿命。爱因斯坦发现，在适当辐射场作用下，受激辐射过程的速率几乎与光吸收过程的速率相同，并且一个激发态的受激辐射与自然辐射过程有一定的关系，可表示为爱因斯坦关系(方程)：

$$B_{un,lm} = B_{lm,un}$$

$$\frac{A_{un,lm}}{B_{un,lm}} = \frac{8\pi h\nu^3 n_0^3}{c^3} \tag{2.55}$$

式中，$\nu$ 为光子频率，$h$ 为普朗克常数，$n_0$ 为介质折射率，$c$ 为光速。爱因斯坦关系可以从纯粹的热力学过程推导出来，这里不详细展开，有兴趣的读者查阅相关文献[7]。相关地，在推导过程中涉及几个与实验相关的有用公式，表示如下：

分子的吸收截面(cross section)$\sigma$表示为

$$\sigma = \frac{2303\varepsilon}{N} = 3.81\times10^{-21}\varepsilon(\text{cm}^2) \tag{2.56}$$

式中，$N$ 为 Avogadro 常数，$\varepsilon$为十进制摩尔消光系数。

两个能级之间电子激发跃迁速率与摩尔消光系数的关系为

$$B_{lu} = \frac{2303\varepsilon}{hn_0N}\int\frac{\varepsilon(\nu)\mathrm{d}\nu}{\nu} \tag{2.57}$$

辐射寿命($\tau_R$)可以表示为

$$\tau_R{}^{-1} = \frac{8\pi hc}{n_0}\left\langle\tilde{\nu}^{-3}\right\rangle^{-1}B_{lu} \tag{2.58}$$

式中$\left\langle\tilde{\nu}^{-3}\right\rangle^{-1}$为

$$\left\langle \tilde{v}^{-3} \right\rangle^{-1} = \frac{\int I(\tilde{v})\mathrm{d}\tilde{v}}{\int \tilde{v}^{-3} I(\tilde{v})\mathrm{d}\tilde{v}} \tag{2.59}$$

式中，$I(\tilde{v})$是荧光强度，表示波数为$\tilde{v}$的光发射在单位频率下的相对量子数。根据公式(2.58)，结合公式(2.57)和(2.59)，利用吸收光谱和发射光谱可以计算激发态的寿命。

5. 光吸收强度分布

如前所述，根据热力学概率分布，绝大部分基态分子都处于 0 级振动，因此吸收光谱通常表现出 0-0、0-1、0-3 等能级结构。由于各个振动能级下电子跃迁的概率是不同的，对于不同材料，吸收光谱中的 0-1、0-2 或者 0-3 峰的强度分布也将有所不同。吸收光谱的强度分布可以从量子化学的角度得到较好的预测。

根据公式(2.52)，电子跃迁强度与跃迁矩的平方成正比。而爱因斯坦系数 $B$ 与跃迁矩有如下关系：

$$B_{\mathrm{l}m,\mathrm{u}n} = \frac{8\pi^3}{3h^2}\left|\boldsymbol{T}_{\mathrm{l}m,\mathrm{u}n}\right|^2 \tag{2.60}$$

经典理论上，吸收跃迁通常用振子强度$f$来表示

$$f = \frac{4.39\times 10^{-9}}{n_0}\int \varepsilon(\tilde{v})\mathrm{d}\tilde{v} \tag{2.61}$$

式中，$n_0$为介质折射率。结合公式(2.57)、(2.60)、(2.61)得

$$f = 4.70\times 10^{29}\left\langle \tilde{v} \right\rangle \left|\boldsymbol{T}_{\mathrm{l}m,\mathrm{u}n}\right|^2 \tag{2.62}$$

式中，$\langle\tilde{v}\rangle$是指定跃迁的平均波数。在 Born-Oppenheimer 近似下，公式 (2.62) 可以分解为纯粹电子能级振子强度和振动重叠因子两个部分：

$$f_{\mathrm{l}m,\mathrm{u}n} = f_{\mathrm{lu}}\left(\frac{\left\langle \tilde{v}_{\mathrm{l}m,\mathrm{u}n} \right\rangle}{\left\langle \tilde{v}_{\mathrm{l}0,\mathrm{u}0} \right\rangle}\right)\left|\left\langle \chi_{\mathrm{l}m} \middle| \chi_{\mathrm{u}n} \right\rangle\right|^2 \tag{2.63}$$

式中的$f_{\mathrm{lu}}$是不包括振动能的 0-0 跃迁振子强度。我们知道，电子的垂直跃迁导致体系平衡位置位移$\Delta Q$，该位移与 l0→u$n$ 跃迁强度的关系如下：

$$f_{\mathrm{l}0,\mathrm{u}n} = f_{\mathrm{lu}}\left(\frac{\left\langle \tilde{v}_{\mathrm{l}m,\mathrm{u}n} \right\rangle}{\left\langle \tilde{v}_{\mathrm{l}0,\,\mathrm{u}0} \right\rangle}\right)\frac{Z^m}{m!}\mathrm{e}^{-Z} \tag{2.64}$$

式中 $Z$ 为

$$Z = \frac{1}{2}k\frac{(\Delta Q)^2}{\hbar\omega} \tag{2.65}$$

$k$ 和 $\omega$ 分别为力常数和圆频率，它们分别在两个高低能级上取相同值，$m$ 为指数因子。当两个能级 l 与 u 的平衡位置类似时，$\Delta Q \approx 0$，吸收光谱中将主要有一个 0-0 跃迁。当 $\Delta Q$ 增大，两个能级之间平衡位置的差异也增大，吸收跃迁的峰位将向高振动量子数移动，如图 2.50 所示。因此，不同的分子结构，由于基态与激发态之间的 $\Delta Q$ 的不同，吸收光谱中振动跃迁强度分布也随之不同。

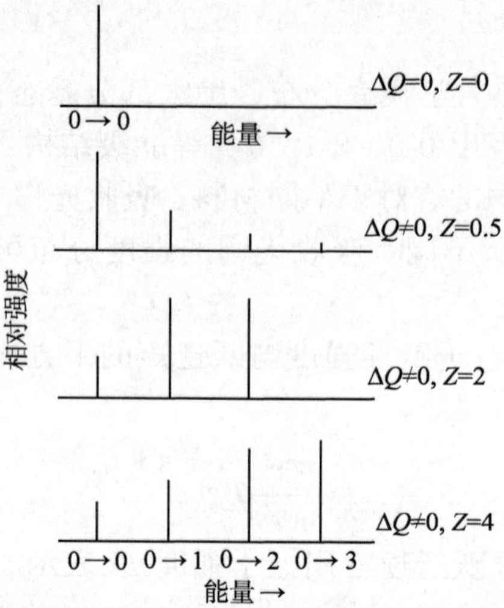


图 2.50　两个能级之间平衡位置差别 $\Delta Q$ 时，导致的不同的 Franck-Condon 振动跃迁强度分布

6. 光的发射效率及激发态寿命

在实际材料应用中，除了上节讨论的吸收特性外，我们比较关心的是材料的光发射特性，如发光强度、激发态寿命等。这些光辐射特性，在材料的光电子器件应用中非常重要，对提高器件效率和揭示器件机理有指导意义。

一般认为能量高于第一激发态的电子非常不稳定，几乎都会通过内转换、系间窜越、裂变或者聚变等非辐射过程衰变到第一激发态。第一单线态或者三线态电子可能通过辐射衰减也可能通过非辐射衰减回到能量稳定的基态，图 2.51 给出激发态电子衰减过程示意图。

有机材料产生辐射跃迁衰变的效率一般用发光量子产率来表示，定义为发射光子的个数与吸收光子个数的比例，它依赖于辐射跃迁和非辐射跃迁的相对概率以及产生辐射激子的相对效率。参考图 2.51，根据爱因斯坦公式，激发态的衰减速率和它们在激发态的数量($N$)成正比，以 $K_r$、$K_{nr}$、$K_{isc}$

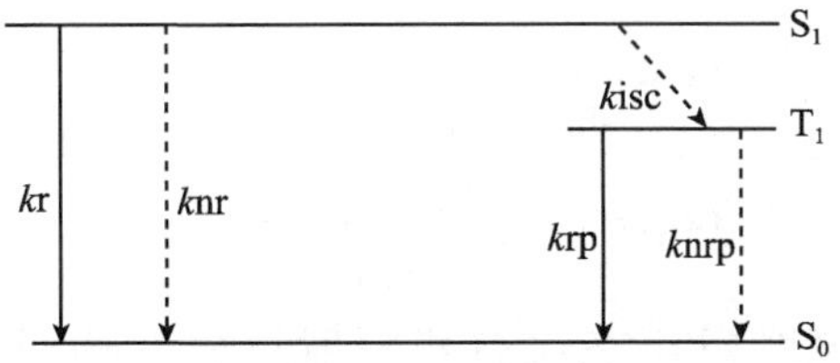


图 2.51　第一激发态电子衰减过程

$S_1$、$T_1$、$S_0$分别代表单线态第一激发态、三线态第一激发态、基态，$k_{isc}$代表系间窜越，$k_r$、$k_{nr}$分别代表单线态的辐射和非辐射跃迁，$k_{rp}$、$k_{nrp}$分别代表三线态的辐射和非辐射跃迁

表示辐射衰减、非辐射衰减、系间窜越的速率，则有

$$\frac{dN}{dt} = -(k_r + k_{nr} + k_{isc})N \tag{2.66}$$

也就是说总激子数目、辐射衰减激子数目、非辐射衰减激子数目，以及系间窜越激子数目分别正比于相应的衰减速率($K_r + K_{nr} + k_{isc}$)、$k_r$、$k_{nr}$，以及$k_{isc}$。因此，发光量子效率可以表示为

$$\Phi = \Phi_0 \frac{k_r}{k_r + k_{nr} + k_{isc}} \tag{2.67}$$

式中$\Phi_0$为形成该激发态的效率。

对于光激发形成的单线态激子，由于基态通常也是单线态，光激发形成单线态激子的效率一般认为是 1。同时将系间窜越认为是一种非辐射衰减，归入$k_{nr}$，则光致荧光量子产率($\Phi_F$)可表示为

$$\Phi_F = \frac{k_r}{k_r + k_{nr}} \tag{2.68}$$

对于光致磷光量子产率的公式，需要重新考虑$\Phi_0$。因为对于基态通常是单线态的分子，根据自旋守恒，光激发只能产生单线态激子，三线态激子的形成只能通过系间窜越实现，系间窜越效率($\eta_{isc}$)非常重要，$\Phi_0 = \eta_{isc}$。因此光致磷光量子产率($\Phi_{Ph}$)可表示为

$$\Phi_{Ph} = \eta_{isc} \frac{k_r}{k_r + k_{nr}} \tag{2.69}$$

发光材料中另一个比较重要的参数是激子寿命。一个激发态的寿命($\tau$)定义为衰变速率的倒数：

$$\tau = \frac{1}{K_r + K_{nr}} \tag{2.70}$$

因此光致发光量子效率又可以可表示为

$$\Phi_F = \frac{K_r}{K_r + K_{nr}} = \frac{\tau}{\tau_r}$$

$$\Phi_{Ph} = \eta_{isc} \frac{K_r}{K_r + K_{nr}} = \eta_{isc} \frac{\tau}{\tau_r} \tag{2.71}$$

式中，$\tau_r = 1/k_r$，是该激发态在没有非辐射过程时的寿命，这叫做激发态自然寿命，它与吸收、发射的关系表示在前面的公式(2.58)中。只有当光致荧光发光量子产率为 1 或者说光致磷光量子产率为 $\eta_{isc}$ 时，自然寿命才与激子寿命相等。对于大多数分子，光量子产率都小于 1 或者 $\eta_{isc}$，因此自然寿命也就大于激子寿命。

### 2.4.4 激子的产生

激子是指材料中以库仑力相互束缚的电子空穴对，其中电子处于较高能级，空穴处于较低能级。也可以说激子是材料俘获能量后的一种表现形式。激子可以由直接光、间接光以及电场下的载流子注入过程产生。下面针对 Frenkel 激子来描述产生激子的这两种情形。

光致激发。光致激发是分子对光的吸收，形成激发态分子的过程。当光子的能量大于分子的光隙时，一个光子可被一个分子吸收，使这个分子由基态转变为激发态，分子中的一个电子由 HOMO 跃迁到 LUMO 或更高能级，分子内形成相互束缚的电子空穴对，即激子，如图 2.52(a)所示。光致激发形成 Frenkel 激子的过程可表示为

$$S_0 + h\nu \rightarrow S_1 \tag{2.72}$$

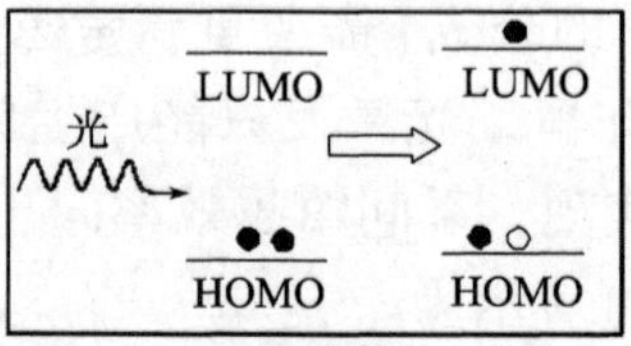

(a) 光致激发

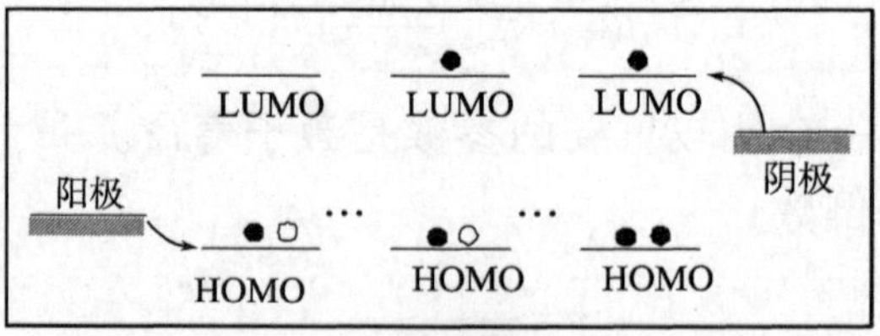

(b) 电致激发

图 2.52　光致激子(a)与电致激子(b)

式中，$S_0$、$S_1$ 分别表示分子的基态和激发态，$h\nu$ 表示光子能量。由于自旋守恒的限制，以及基态分子通常为单线态的缘故，光致激发通常只产生单线态激子。光致激发过程对太阳能电池是很重要的，因为材料必须首先吸收光产生激子，才有随后的激子解离、光生载流子，以及电荷输运与收集。

电致激发。如果在有机材料薄膜的两端施加电压，当正负极的功函数分别与有机材料的 HOMO 和 LUMO 能级匹配时，空穴和电子会分别由两个电极注入形成阳离子极化子和阴离子极化子。这些极化子通过在电场作用下的相向输运有可能相遇。然后，阳离子极化子可以俘获邻近分子中的电子，或者阴离子极化子俘获邻近分子中的空穴，在分子内形成了相互束缚的电子空穴对，这时经由电场注入的中性激子就形成了，如 2.52(b)所示。电致激发产生 Frenkel 激子的过程可表示如下：

$$
\begin{aligned}
&p^+ + n^- + S_0 \rightarrow S_n^* \rightarrow S_1 \\
&p^+ + n^- + S_0 \rightarrow T_n^* \rightarrow T_1
\end{aligned}
\tag{2.73}
$$

式中，$S_n^*$、$T_n^*$是高振动能级的激发态，它们经过内转换可跃迁至最低振动激发态。另外，上述的表达式只是最后的结果，并不代表电子和空穴同时注入一个分子。实际情况中，由于有机分子中两种载流子迁移率的不同，通常是一种载流子先被注入分子，如电子被注入 LUMO 或以上能级，或者空穴被注入 HOMO 或以下能级。而另外一个迁移率较慢的载流子，通过较长时间的输运有可能到达同一个分子，产生载流子复合，从而形成激子。电致激发过程对电致发光器件是至关重要的，因为电致发光的第一个过程就是电致激发。

### 2.4.5　激子的分类

根据激子中相互关联的电子与空穴对之间距离的不同，可将激子分为三类：Frenkel 激子、电荷转移激子(charge transfer, CT)和 Wannier 激子。Frenkel 激子通常指有机分子内的激子，如图 2.53(a)所示。我们知道，有机分子中存在许多可分布电子的能级，基态分子中能量最高的电子位于成键轨道中的 HOMO 上，LUMO 是空置的。当分子受到激发时，分子中能量最高的电子跃迁到 LUMO 或以上轨道，分子变为激发态分子，同时形成了 Frenkel 激子。激子中由于电子空穴的同时存在，整个激子仍然是中性的。另外一种有机半导体中较为常见的激子是电荷转移激子，即相互束缚的电子空穴对分布在两个相邻的分子之间，如图 2.53(b)所示。还有另外一种束缚电子空穴对，它们之间的距离更大，称为 Wannier 激子或者 Wannir-Mott 激子，但是有机材料中很少存在。

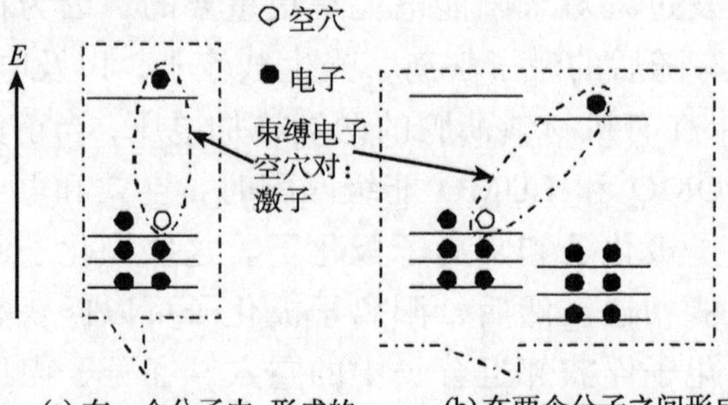


图 2.53　Frenkel 激子(a)和 CT 激子(b)的定义

图 2.54 是三类激子中的电子和空穴的空间相对位置示意图，将激子视为相互关联的电子空穴对，它们之间的距离称为激子半径。显而易见，上述的三类激子的半径有很大差别。Frenkel 激子的半径最小，电子与空穴之间的平均距离在一个晶格常数之内，约为 5 Å，相对有机分子来讲意味着电子与空穴对分布在同一个分子上。如图 2.54(a)所示。Frenkel 激子中电子空穴对的库仑束缚力较大，约在 0.3~1.0 eV。图 2.54(b)所示为 Wannier 激子，激子半径比 Frenkel 激子大一个数量级，约为 40~100 Å，激子束缚能也远远小于 Frentel 激子，约为 0.01 eV，它们通常存在于无机体系。有机材料中由于介电常数较低，分子之间的作用力较弱，在较远距离仍然可以相互关联的 Wannier 激子不易存在。图 2.54(c)是 CT 激子，其激子半径介于 Frenkel 激子和 Wannier 激子之间。CT 激子在电致激发的有机体系中

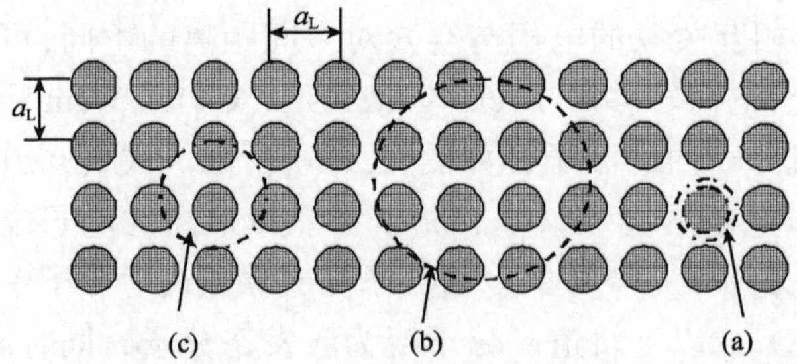


图 2.54　三类激子的电子和空穴的空间相对位置示意图

(a) Frenkel 激子：激子半径最小，在一个晶格常数($a_L$)范围；(b) Wannier-Mott 激子:半径较大，在数个晶格常数范围内；(c) 电荷转移型激子:在相邻的两个分子之间形成

往往以中性的极化状态(极化子)存在，其半径是相邻分子的一到二倍，即正负电荷之间的距离在一个或者两个晶格常数范围内。CT 激子首先由 Pope 等提出[8, 9]。在蒽中，CT 态与基态 $S_0$ 的能隙约为 3.40 eV，CT 激子寿命约 $10^{-7}$ s[10,11]。

根据激子(电子空穴对)中电子轨道类型的不同，可将激子分为单线态激子和三线态激子。在光生激子过程中，由于电子由基态跃迁到激发态过程需要自旋守恒，且基态分子通常是单线态的(氧气是一个例外，基态为三线态)，因此通常情况下，光生激子都是单线态激子，这种激子的产生效率可达到 100%。由于注入过程不存在自旋守恒问题，理想情况下，以注入方式产生的单线态和三线态激子分别占 25%和 75%。一个单线态激子的寿命约为 $10^{-9}$ s，该激子可通过辐射衰减或者非辐射衰减回到基态，也可经由系间窜越至三线态，再按照三线态激子的规律衰减。三线态激子的寿命大约为 $10^{-6}$ s。另外指出，有机共轭材料，尤其是共轭聚合物，在受到激发形成激子后，分子的构象会有一定的改变。

### 2.4.6　激子输运——能量传递/转移

激子重要特性之一就是在不涉及净电荷徙动时能够输运能量。由于激子既不是静止的也不是稳定的，它们在固体内的运动，不仅涉及到能量的迁移和转移，一个激子还会与另外一个自由激子、被捕获的激子、外来分子或者是晶格缺陷等相互作用，因此激子是有寿命的，其运动是受限制的。举例来讲，如果电子和空穴浓度高，则电子-电子以及空穴-空穴的库仑排斥力大，这就往往使得库仑吸引作用降低，并可能导致激子解离。另外，如果固体内部存在内建电场，也可能诱发电子空穴的分离，从而引起激子的解离。尽管激子的输运受多种因素的牵制，固体中激子的空间和时间的分布仍然有一定的规律。总的来说，激子输运能量的机制，主要存在三种不同方式，表述如下：① 电磁波包输运：能量通过极化激元(polarition)输运，它是光子和激子构成的一种紧密混合物。当一个光子将一个激发量子贡献给电磁通量时，它就作为一个波包在晶体内传播[12]。② 跳跃输运：如果激子是自陷的，它可以沿着分子的一个链跳跃到完整晶格的其他位置，直到它落入另一个陷阱中为止。③ 长程共振转移：这个转移过程建立在偶极子-偶极子的耦合之上。在此过程中，不需要有一个分子链来携带能量。假设一个受体分子 A 具有的吸收跃迁在能量上与一个给体分子 D 发光跃迁相一致，则这两个跃迁可以同时发生，而不涉及辐射过程。这意味着从 D 到 A 的激发能量转移是由于两个体系间的耦合造成的。偶极子-偶极子相互作用能量正比于 $r^{-3}$，$r$ 是 A 与 D 之间的距离。能量转移的概率正比于相互作用能量的平方，即正比于 $r^{-6}$。

总之，激子的输运实际是激子在寿命期限内，能量在分子间的输运。激子在同质分子之间输运称为能量迁移(energy migration)；激子在异质分子之间输运称为能量传递/转移(energy transfer)。有机分子中激子输运的最重要过程包括Förster能量传递/转移(归属于上述的机制③)和Dexter能量转移(归属于上述的机制②)两种。下面分别阐述。

1. 激子的共振输运—Förster 能量传递/转移

Förster 能量传递也称为共振(resonance)能量传递/转移，基本上它被描述为偶极与偶极之间的库仑作用。分子的共振能量传递/转移与辐射能量传递/转移的发生条件是相同的，但是在共振能量传递/转移时不存在实际的光子发射和吸收过程，而是分子 A 的跃迁偶极子产生一个电场，此场诱导激发态分子D的发射。也可以将Förster能量传递/转移想象成为这样一个过程，即分子 A 在分子 D 完成发射光子前吸收这个光子。通过这个过程，激发态分子 D 将能量传递/转移到一个空间范围为 5~100 Å 的未激发分子 A 上面，结果使得分子 D 回到基态，而分子 A 跃迁至激发态。

图 2.55 给出了 Fösrter 能量传递/转移过程的示意图。(a)展示了由于激发态分子(给体 D)与基态分子(受体 A)之间的偶极-偶极作用，使得激发态分子

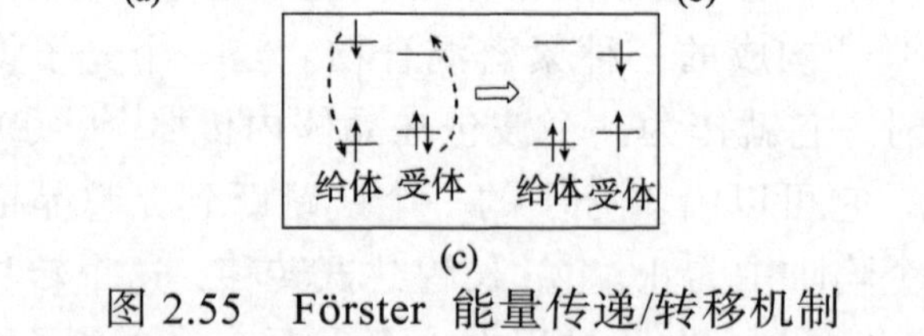


图 2.55　Förster 能量传递/转移机制

(a) 给体与受体之间以偶极子-偶极子方式相互作用；(b) 给体的发光与受体的吸收光谱之间的重叠；(c) 能量传递/转移前后给体与受体的电子结构情况

D 产生辐射式跃迁的能量没有发射出光子，而是直接传递给基态分子 A，使分子 A 激发；(b) 给出分子 D 的发射光谱和分子 A 的吸收光谱特征，以及它们的重叠情况；(c) 给出 Förster 能量传递/转移过程中，分子 D 与分子 A 的电子结构变化：由于偶极之间的作用，使得 D 分子激发态电子跃迁至基态，同时，A 分子基态电子跃迁至激发态。

衡量 Förster 能量传递/转移过程发生的效率通常用速率常数($K_{FET}$)以及 Förster 半径($R_0$)这两个参数表示，它们的数值越大，说明 Förster 能量传递/转移过程的效率越高。

Förster 能量传递/转移过程与给体和受体之间的距离、给体的发射跃迁偶极以及受体吸收跃迁偶极有关。给体与受体发生偶极-偶极相互作用的概率可通过两个相互作用偶极的势能面、以及二者之间的距离表示为[13]

$$p = \frac{\mu_D \mu_A}{R_{DA}^3} \tag{2.74a}$$

式中，$\mu_D$、$\mu_A$ 分别为给体和受体的偶极矩，$R_{DA}$ 为给体与受体之间的距离。Förster 能量传递/转移速率常数 $k_{ET}$ 正比于给体和受体偶极作用概率的平方，因此 Förster 能量传递/转移的速率常数 $k_{FET}$ 对距离的依赖关系为$(1/R_{DA})^6$，可以表示为

$$K_{FET} = k \times K_D^0 \times \frac{\kappa^2}{R_{DA}^6} J(\varepsilon_A) \tag{2.74b}$$

式中，$k$ 是由物质密度及折射率决定的常数，$K_D^0$ 是给体激子的自然辐射速率，与给体的自然辐射寿命($\tau_0$)及给体观测寿命($\tau$)关系如下：

$$K_D^0 = \frac{1}{\tau_0} = \frac{\Phi_{PL}}{\tau} \tag{2.75}$$

式中的$\Phi_{PL}$是给体单独存在时的光致发光量子产率。公式(2.74b)中的积分相$J(\varepsilon_A)$是包含消光系数$\varepsilon$的受体 A 吸收光谱与给体 D 发射光谱的重叠积分，见图 2.55(b)，以公式表示为

$$J(\varepsilon_A) = \int_0^\infty F_D(\nu)\varepsilon_A(\nu)\frac{d\nu}{\nu^4} \tag{2.76}$$

式中，$F_D(\nu)$是给体在波数为$\nu$ 时的荧光强度(光谱是经过归一化的)，$\varepsilon_A(\nu)$是受体在波数为$\nu$时的摩尔消光系数。

公式(2.74b)中 $R_{DA}$ 和$\kappa^2$ 是与给体和受体空间相对位置及偶极子取向相关的参数。$R_{DA}$ 表示给体和受体之间距离，$\kappa^2$ 表示相互碰撞的给体发射跃迁

偶极子与受体吸收跃迁偶极子之间的方位因子，取值在 0~4，它强调两个偶极不同取向时，对能量传递/转移效率的影响，见图 2.56。对随机分布的各向异性给体/受体，该值取常数 2/3。

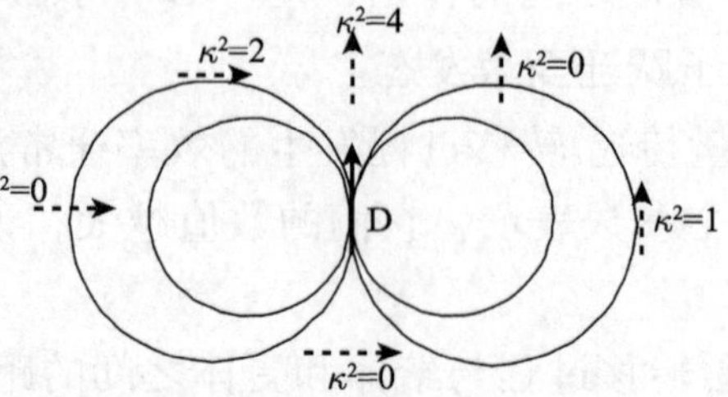


图 2.56　Förster 能量传递/转移过程中方位因子 $\kappa^2$ 取值

给体 D 的偶极在中间以粗箭头表示，周围环状曲线表示给体 D 偶极子产生的空间电场。受体 A 的偶极方向以虚箭头表示。D 与 A 不同的相对位置与方向，使方位因子 $\kappa^2$ 取值不同，当 D 偶极与 A 偶极在同一个方向时，$\kappa^2$ 最大，为 4

影响 Förster 能量传递/转移的主要因素：① 与给体荧光光谱和受体吸收光谱的重叠积分成正比；② 与在没有猝灭物质存在的情况下给体分子的辐射速率成正比(亦可表示为:与给体的发光寿命成反比)；③ 在吸收光谱范围内，与受体摩尔消光系数成正比；④ 与给体与受体之间的距离成反比；⑤ 与方位因子成正比。根据第一点，给体发射与受体吸收要有很好的光谱重叠；根据第二点，Förster 能量传递/转移过程要求给体是发光的；根据第三点，受体分子要有较大的吸收才有利于 Förster 能量传递，而三线态的摩尔消光系数通常都很小，因此以 Förster 方式将能量传递/转移到三线态的作用，通常是可以忽略的。第四点中，以偶极–偶极相互作用为主要机制的 Förster 能量传递/转移过程，是长距离能量传递/转移过程，其有效距离在 100 Å 以内。

将物质密度、折射率及波长引入，公式(2.74b)可以进一步改写为如下形式：

$$K_{\mathrm{FET}}=\frac{9000\ln(10)}{128\pi^5 n^4 N_{\mathrm{A}}}\times\frac{1}{\tau_0}\times\frac{\kappa^2}{R_{\mathrm{DA}}^6}\int_0^\infty F_{\mathrm{D}}(\lambda)\varepsilon_{\mathrm{A}}(\lambda)\lambda^4\mathrm{d}\lambda \tag{2.77}$$

式中，$n$ 为介质折射率，$N_{\mathrm{A}}$ 为 Avogadro 常数。

除了速率常数，Förster 能量传递/转移效率也可用 Förster 半径($R_0$)来衡量，它是指当给体 D 到受体 A 的能量传递/转移速率与给体 D 的光辐射速率相等时，D 与 A 之间的距离，即有

$$K_{\text{FET}}(R_0)=\frac{9000\ln(10)}{128\pi^5 n^4 N_{\text{A}}}\times\frac{1}{\tau_0}\times\frac{\kappa^2}{R_0^6}\int_0^\infty F_{\text{D}}(\lambda)\varepsilon_{\text{A}}(\lambda)\lambda^4 d\lambda$$
$$=\frac{1}{\tau_{\text{D}}}=\frac{1}{\Phi_{\text{PL}}\tau_0} \tag{2.78}$$

式中，$\tau_{\text{D}}$是给体寿命，$\Phi_{\text{PL}}$是给体单独存在时光致量子产率，其他参数含义与前面相同。从上面的关系可以求得 $R_0$：

$$R_0{}^6=\frac{9000\ln(10)}{128\pi^5 n^4 N_{\text{A}}}\Phi_{\text{PL}}\kappa^2\int_0^\infty F_{\text{D}}(\lambda)\varepsilon_{\text{A}}(\lambda)\lambda^4 d\lambda$$
$$=\frac{0.5291}{n^4 N_{\text{A}}}\Phi_{\text{PL}}\kappa^2\int_0^\infty F_{\text{D}}(\lambda)\varepsilon_{\text{A}}(\lambda)\lambda^4 d\lambda$$
$$=8.78\times10^{-25}n^{-4}\Phi_{\text{PL}}\kappa^2\int_0^\infty F_{\text{D}}(\lambda)\varepsilon_{\text{A}}(\lambda)\lambda^4 d\lambda \tag{2.79}$$

式中 $R_0$ 的三种表达式，文献分别有报道[14–18]，本质没有区别。

以 $R_0$ 取代公式(2.77)中的相关项，可得

$$K_{\text{FET}}=\frac{1}{\tau_{\text{D}}}\left(\frac{R_0}{R_{\text{DA}}}\right)^6 \tag{2.80}$$

可见，Förster 半径($R_0$)大，表明能量传递效率高，在给体与受体的距离小于 $R_0$ 时，Förster 能量传递/转移可与给体的荧光发射有效地竞争；Förster 半径小，表明给体与受体之间的 Förster 能量传递不够好，需要给体与受体之间距离较小时才能有效地进行能量传递/转移。

2. 激子的跳跃输运——Dexter 能量传递/转移

激子的跳跃输运是指激发态分子与相邻基态分子之间的双电子交换过程，也称为 Dexter 能量传递。其过程如图 2.57 所示，由于激发态分子与基态分子之间的 LUMO-LUMO、HOMO-HOMO 轨道相互作用，激发态分子 D 中的 LUMO 电子转移到基态分子 A 的 LUMO 中，同时，基态分子 A 中的一个 HOMO 电子转移到激发态分子 D 中的 HOMO 轨道上，结果使 A 变为激发态，而 D 变为基态。Dexter 能量传递是共振能量传递的一个扩展，即将其应用于电偶极子方式跃迁禁止的情形。也就是说 Dexter 能量传递是激子与邻近基态分子之间的多极耦合作用，是通过多极相互作用方式或者通过电子交换实现的。在纯分子晶体中，一个单线态激子和一个基态分子之间的耦合能取值通常在 100~10000 cm$^{-1}$ 波数范围，激发能从一个分子转移到另一个所需要的时间约为 $10^{-12}$~$10^{-14}$ s，它比晶格振动的周期要短。在这种情况下，能量可能沿着分子的一个链迅速地输运到这样一个位置，完成

Dexter 能量传递。如果相邻分子间的耦合能十分低，例如，分子的三线态激子与邻近分子的耦合能大约为 1 $cm^{-1}$，则 Dexter 能量传递的效率很低。在 Dexter 能量传递过程和激发能通过自身磷光辐射衰减过程之间存在着强烈竞争。

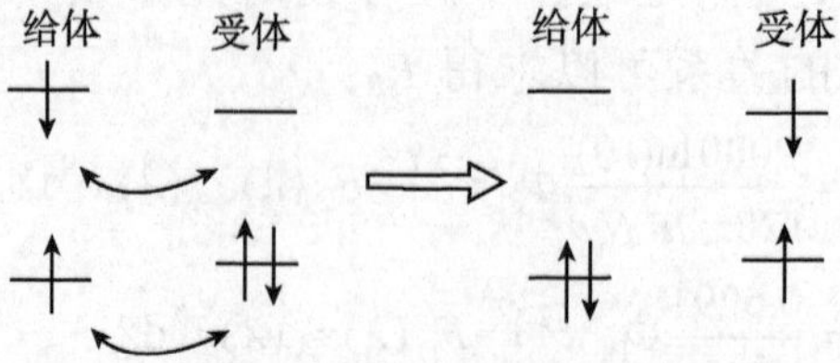


图 2.57　Dexter 能量传递的电子跃迁示意图

Dexter 能量传递/转移的速率取决于这两个电子之间的电子共振耦合参数。换句话说，可以将激子想象成为中性准粒子，将 Dexter 能量传递/转移过程看作与分子振动有很强相互作用的激子由一个分子迁移到另一个分子，其迁移率随共振积分的增加而上升。Dexter 能量传递/转移速率，即电子交换速率 $K_{\mathrm{Dext}}$ 由 D. L. Dexter 给出：

$$K_{\mathrm{Dext}}(\mathrm{exchage}) = K \cdot J_{\mathrm{DA}} \cdot \exp\left(-\frac{2R_{\mathrm{DA}}}{L}\right) \tag{2.81}$$

式中，$K$ 是相关电子轨道的相互作用；$J_{\mathrm{DA}}$ 是给体发射光谱与受体吸收光谱的重叠积分，其光谱都是归一化的；$R_{\mathrm{DA}}$ 是给体和受体之间的距离；$L$ 是它们之间的范德华半径。Dexter 能量传递的距离较小，通常在 10~15 Å 的范围。Dexter 能量传递需要满足的条件：① 两个相关分子轨道电子云的相互重叠，以能够保证较大的耦合作用以及较短的距离；② 一定程度的给体发射光谱与受体归一化吸收光谱的重叠；③ 自旋守恒。

Dexter 能量传递也可以看作是两个同时发生的电子转移过程，即通过两个电子在 HOMOs 或者 LUMOs 轨道之间的同时跃迁完成，也称为电子能量转移过程(electronic energy transfer,EET)。研究发现，Dexter 能量传递/转移过程的速率可以用描述电子转移过程的 Marcus 理论表示，如下面公式(2.82)所示[13,19–22]。所不同的是，Dexter 能量传递同时涉及四个前沿轨道，而电子转移只是涉及两个轨道。

$$K_{\mathrm{Dext}} = \frac{2\pi}{\hbar} J_{\mathrm{DA}}^2 \sqrt{\frac{1}{4\pi k_{\mathrm{B}} T \lambda}} \exp\left[-\frac{E_{\mathrm{a}}}{k_{\mathrm{B}} T}\right], \tag{2.82}$$

式中，$J_{\mathrm{DA}}$ 是给体与受体发生电子跃迁轨道之间的电子耦合，$k_{\mathrm{B}}$ 是玻尔兹曼

常数，$T$是绝对温度，$E_a$是反应活化能，表示为

$$E_a = \frac{\lambda}{4}\left[1+\frac{\Delta G^0}{\lambda}\right]^2 \tag{2.83}$$

式中，$\Delta G^0$是 Gibbs 自由能的变化(即反应生成能)，$\lambda$是重组能，$\Delta G^0$和$E_a$的物理含义见图 2.58。

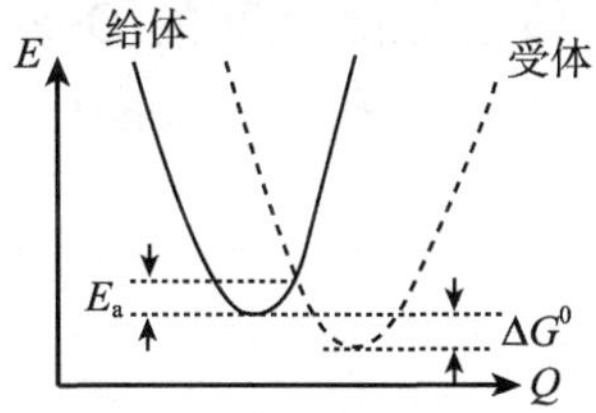

图 2.58　活化能 $E_a$、Dexter 双电子转移反应生成能 $\Delta G^0$ 示意图

当给体和受体是同一物质时，$\Delta G^0$为 0，这时活化能只与给体及受体达到平衡构型时所需的重组能$\lambda$有关，即

$$E_a = \frac{\lambda}{4} \tag{2.84}$$

公式(2.84)所表示的是两个等同分子之间的 Dexter 能量迁移，其中$\lambda$与$E_a$含义见图 2.59(a)。当 Dexter 能量传递/转移发生在不同的物种之间，由于两个分子的电子状态都发生了变化，根据 Franck-Condon 电子垂直跃迁原理，每个分子都涉及一个从高振动能级到最低振动能级的弛豫能，总 Dexter 能量转移重组能为二者之和，如图 2.59(b)所示。

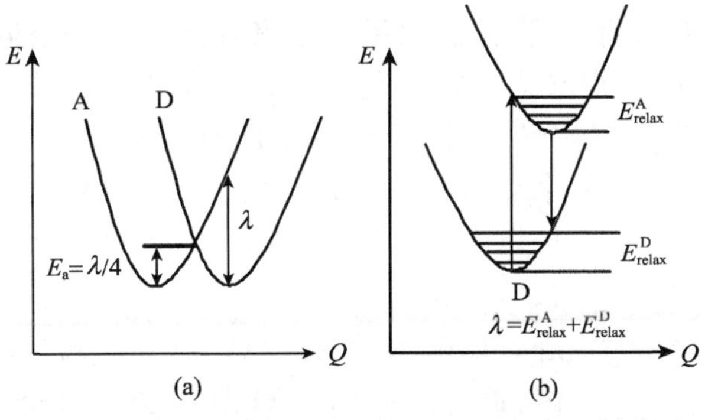

图 2.59　Dexter 能量传递/转移过程中的重组能 $\lambda$ 示意图

(a) 给体 D 和受体 A 是同一种物质；(b) 给体和受体是不同物质

结合公式(2.82)和(2.83)，基于 Marcus 电子转移理论的 Dexter 能量传递/转移速率可以分为三种情况(见图 2.60)：① 正常区域$|\Delta G^0|<\lambda$；② 无活化能情形$|\Delta G^0|=\lambda$；③ Marcus 反转区域$|\Delta G^0|>\lambda$。可以看出，电子转移速度常数在正常区域内将随反应生成能的增大而不断增大，在反转区域内电子转移速度常数将随生成能的增大而减小。

图 2.60 表明当反应生成能接近零时 Dexter 能量传递/转移速率最大，而

当反应进行潜力很大的负生成能区域($\Delta G^0<<0$)、以及反应不能进行的正生成能区域($\Delta G^0>>0$)，Dexter 能量传递/转移速率都将很低。有机材料中的三线态激子主要以 Dexter 方式进行能量传递/转移，其中三线态到三线态的激子传递的反应生成能可视为给体和受体三线态能级之差[22]。因此，对于三线态能级之间的 Dexter 能量传递/转移，两个能级之间的差别越小，则速率越大，有利于 Dexter 能量传递/转移。

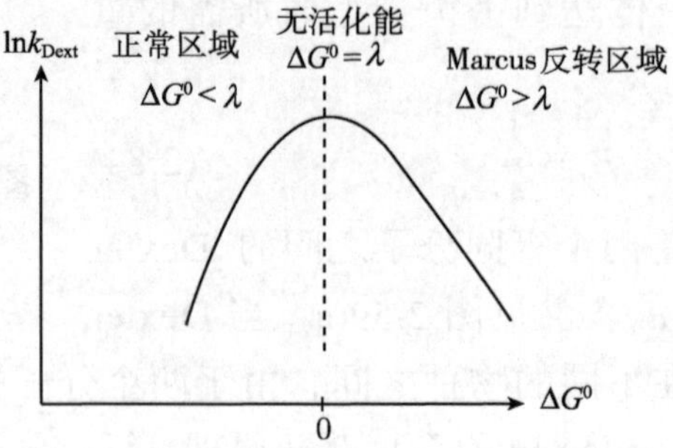


图 2.60　Dexter 能量传递/转移速率与生成能、重组能的关系

### 2.4.7　激子扩散

通常，激子的扩散长度和扩散系数用来描述激子的空间与时间分布特性。激子扩散长度被定义为在寿命范围内，激子由初始位置移动的平均距离。如图 2.61 所示，激子由一个起始点 $X_0$ 开始跃进，由于某种原因在另一个点 $X$ 消失，其直线距离 $L=X-X_0$ 就是扩散长度。可以看出，激子实际移动的距离要比直线距离 $L$ 长很多。实际上，在各向异性的晶格中，跟踪激子轨迹，如果激子由一点跃进到距离最近的下一点的距离为 $d$，可以估算激子整个走过的路程大约为 $(L/d)^2\cdot d$。注意，$L/d$ 是激子由 $X_0$ 点以直线方式跃进到 $X$ 点所需要的跃进次数。

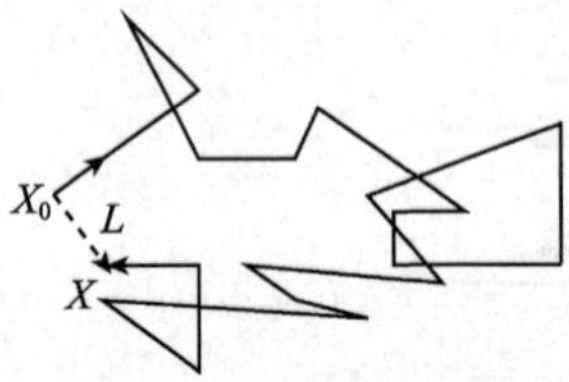


图 2.61　激子的无规则运动与扩散长度

除了扩散长度，扩散系数 $D$ 常常用来衡量激子扩散能力，它在空间和时间上分别与激子扩散长度 $L$ 和激子寿命 $\tau$ 相关，对于同质均相扩散有

$$L=\sqrt{ZD\tau} \tag{2.85}$$

式中，$Z=6$、4、2 分别代表三维、二维和一维激子扩散情形，用于估算时 $Z$ 通常取 1。在有机材料中，激子的扩散长度在几百个埃之内。如八羟基喹啉铝中激子的扩散长度约为 200 Å，激子的辐射寿命为 16 ns，扩散系数约为[23]

$$D=\frac{L^2}{\tau}=2.5\times10^{-4}\,\text{cm}^2/\text{s} \tag{2.86}$$

对于激子扩散长度为 500 Å，激子寿命为 10 ns 的蒽单线态激子，同样可以计算出其扩散系数为 $2.5\times10^{-3}$ cm²/s。作为比较，这里给出氢离子和钾离子在水中的扩散系数[7]：$D_{H^+}=10^{-4}$ cm²/s，$D_{K^+}=2\times10^{-5}$ cm²/s。可见，有机材料中激子的扩散系数与半径较小的 $H^+$在水中的情形相当，比半径较大的 $K^+$在水中的扩散系数大。

### 2.4.8　激子的动力学过程

1. 单线态与单线态激子相互作用

两个单线态激子($S_1$)相互作用可产生激子猝灭，主要有两种过程。

(1) 产生热激子和基态分子：

$$S_1+S_1\rightarrow S_1^*+S_0\rightarrow S_1+S_0+\text{声子} \tag{2.87}$$

(2) 产生自电离：

$$S_1+S_1\rightarrow e+\text{阳离子自由基}+S_0 \tag{2.88}$$

式中的 $S_1^*$为在高振动电子能级上的单线态激子(热激子)。阳离子自由基也称为自电离态，是非常不稳定的状态，可能在时间为 $10^{-12}\sim10^{-13}$ s 内通过非辐射跃迁而迅速衰减到 $S_1$ 态。自电离过程正常的电子和空穴产生率正比于激发光强的平方。

2. 三线态与三线态激子相互作用

由于三线态激子的寿命较单线态激子长，因此三线态激子之间的相互碰撞是有机固体中较为重要的猝灭过程，主要的结果是产生三线态聚变，也称为三线态激子的熔合，相关内容请参见图 2.45：

(1) $T_1+T_1\rightarrow S_1^*+S_0\rightarrow S_1+S_0+$声子；　(2.89)

(2) $T_1+T_1\rightarrow T_2$(或$T_1^*$) $+S_0\rightarrow T_1+S_0+$声子。　(2.90)

通常情况下，两个相互碰撞的三线态激子的能量之和大于单线态的第一激发态能量，熔合反应会产生第一或者更高的单线态或者三线态，然后再弛豫到第一激发态，最后以该能级态固有的方式进行衰减，例如，发光或者放出热量。熔合过程产生的荧光与材料的固有荧光最大的区别在于，熔合过程产生荧光的表观寿命包括三线态激子转换到单线态、然后再经辐射衰减产生荧光这两个过程，因此寿命比真正的荧光寿命长。虽然这种延迟荧光与材料本身的荧光光谱相同，但其寿命的变化是很大的。如荧光的寿命为 $10^{-8}$ s，而延迟荧光的表观寿命在毫秒数量级。

在以上的过程(2.89)、(2.90)所描述的两种情形中，相互碰撞的两个三线态激子，首先形成一个中间复合态($T_1T_1$)，然后再根据分子结构的不同，按照公式(2.89)或(2.90)的方式进行。假设形成 $T_1T_1$ 的速率为 $K_1$，$K_{-1}$ 是复合态形成两个分离三线态激子速率，$K_2$ 是复合态聚变成一个单线态激发态或者一个三线态激发态速率。于是

$$T_1 + T_1 \underset{K_{-1}}{\overset{K_1}{\rightleftharpoons}} (T_1T_1) \xrightarrow{K_2} S_1^*, T_2\text{或}T_1^* + S_0 \tag{2.91}$$

因此，三线态–三线态相互作用总的猝灭速率 $r_T$ 为

$$r_T = \frac{K_1}{1 + K_{-1}/K_2} \tag{2.92}$$

有报道指出，三线态–三线态激子在大约 25 次碰撞中有一次猝灭[24]。

3. 单线态与三线态激子相互作用

一个单线态激子被一个三线态激子猝灭，可产生三线态的高能量状态，也可产生本征光生载流子：

$$\begin{aligned} &S_1 + T_1 \rightarrow T_1^* \text{ 或 } T_2 + S_0 \\ &S_1 + T_1 \rightarrow e + \text{阳离子自由基} + S_0 \end{aligned} \tag{2.93}$$

4. 单线态激子裂变

单线态激子与一个基态分子碰撞，可产生两个三线态的激发态分子：

$$S_1 + S_0 \rightarrow T_1 + T_1 \tag{2.94}$$

此过程是三线态激子聚变中的一个逆过程，称为激子裂变，相关内容可参见图 2.45。在蒽中，两个三线态的总能量 $E(2T_1) \approx 3.66$ eV，而一个单线态的能量 $E(S_1) \approx 3.15$eV。单线态的能量略低于两个三线态的能量，为了产生同质裂变，必须将 $S_1$ 激发到 $S_1^*$，因此这种裂变过程比较容易在高温下进行，在低温下可能受到抑制。单线态激子向三线态激子的裂变可导致分子的荧光效率偏低[25,26]。

5. 激子与陷阱的相互作用

实际晶体中存在着俘获激子的陷阱。陷阱是一些能够维持能量的位置，否则能量会穿过晶格传播。这些陷阱通常是定域的，并且在晶体内呈非周期性分布。因此，辐射跃迁速率是由陷阱位置的特殊电子结构决定的。陷

阱的存在可改变材料光谱能量分布(特别是荧光和电致发光)，还可以改变激子的布居和失布居的时间关系。在有机半导体中，已经明确有三种类型的陷阱：① 客质分子；② 缺陷或晶格的不完整性，即结构缺陷；③ 由于激子感应的晶格弛豫造成的自陷。典型激子与陷阱相互作用包括：

(1) 单线态激子与陷阱的相互作用

$$S_1 + \text{陷阱} \rightarrow S_{1G} + S_0 + \text{声子} \tag{2.95}$$

$S_{1G}$是被俘获单线态激子，它最终可以经过辐射跃迁或者非辐射跃迁回到分子的基态。

(2) 被俘获单线态激子($S_{1G}$)的裂变

$$S_{1G} + S_0 \rightarrow T_1 + T_{1G} \tag{2.96}$$

(3) 三线态激子与被俘获三线态激子($T_{1G}$)的相互作用：

$$T_1 + T_{1G} \underset{K_{-1}}{\overset{K_1}{\rightleftharpoons}} (T_1T_{1G}) \rightarrow S_{1G}^* \text{或} T_{1G}^* + S_0 \tag{2.97}$$

6. 激子与载流子相互作用

单线态激子以及三线态激子与自由电子(e)及空穴(h)或者被俘获电子(electron trapped，$e_t$)及空穴(hole trapped，$h_t$)相互作用可能导致的结果如下：

(1) $S_1 + e/h \rightarrow S_0^*(\text{或}T_0^*) + e/h$　(2.98)

(2) $S_1 + e_t/h_t \rightarrow S_0^*(\text{或}T_1^*) + e/h$　(2.99)

(3) $T_1 + e/h \rightarrow S_0^* + e/h$　(2.100)

(4) $T_1 + e_t/h_t \rightarrow S_0^* + e/h$　(2.101)

如上面过程(2.99)和(2.101)表示，激子可使受俘电子或受俘空穴去俘获，因此可能导致光电流增加。显然，激子与载流子的相互作用导致激子荧光强度和激子寿命都下降。Wakayama[27]及 Williams[28]报道了载流子使激子猝灭现象，并认为激子和载流子相互作用提供了激子非辐射衰减的一种附加机理。

7. 激子与表面相互作用

有机半导体和电极之间的界面有两种使移动的分子激子猝灭的过程：① 电荷转移，即激子中的一个电子转移到界面处的一个邻近俘获中心，因而在有机半导体中产生一个自由空穴(例如，吸附在表面处的氧分子可作为电子陷阱中心)；② 能量转移，即激子将自身的能量转移给邻近有机半导体表面上的受体分子。与过程①相比，这种能量转移是一个相当缓慢的过程。

在分子晶体表面上的金属可能通过两种方式影响表面分子的电子状态。第一，它能改变它们的较高电子能级位置；第二，它能影响激发状态的寿命。第一个作用来自穿过界面时介电常数的不连续性，它造成分子极化能的改变。如果极化强度增加，表面分子可以作为激子陷阱。第二种作用来自因金属电极感应引起的激子非辐射跃迁。

通常，表面处的激子猝灭区是十分狭窄的(大约 20 Å)[8]。在电致发光情况下，激子由电子空穴复合产生，复合区约为 200~300 Å。这种情况，激子-表面相互作用区域比复合区小很多，因而并不如其他非辐射跃迁那样重要。可是，在光电导情况下，界面处激子解离可产生自由载流子，因此，它是光生载流子产生的重要过程之一。

8. 激子与光子相互作用

激子与光子相互作用，可能产生光致电离：

$$\begin{aligned} S_1 + h\nu &\rightarrow S_0^{+} + e \\ T_1 + h\nu &\rightarrow S_0^{+} + e \end{aligned} \tag{2.102}$$

当光强度足够高时，激子-光子相互作用也可能在产生载流子方面与激子-激子相互作用竞争[29]。

9. 激子与声子相互作用

Frenkel 激子与分子振动产生的声子之间的相互作用情形如下[30]：

(1) 声子可减小自由激子能带的宽度，而且，激子能带的上半部通常比其下半部受到更多的压缩；

(2) 激子的有效质量随激子-声子耦合的增加而上升，因为激子的运动受到核位移的制动；

(3) 自由激子的能带越宽，激子-声子耦合的影响越小；

(4) 激子-声子耦合能够影响到电子跃迁强度分布。

10. 激子与基态分子的相互作用——基激二聚物和基激缔合物

本部分的内容可参考图 2.42 和图 2.44，该部分主要从能级的角度阐述基激二聚物和基激缔合物的概念，在这里我们将从激子与基态分子相互作用的角度进一步对它们进行讨论。

当两个相同的分子相互作用时，它们之间有可能形成新的化学键，两个相同分子结合成为一个大的分子，称为二聚物(dimer)；还有另外一种情形，两个相同的分子在空间上非常靠近，它们之间的关系与它们同周围分子的空间关系很不同，却没有化学键的生成，这时可称这对分子为物理二聚物(physical dimer)。当一个物理二聚物是由一个激发态分子与一个基态分子组成时，就形成了基激二聚物(excimer)。基激二聚物仅存在于激发状态，基态将会解离，即当两个基态分子处在二聚物的半径范围内时，它们之间是相互排斥的力。基激二聚物有时会有荧光发射，反应如下：

(1) $S_1 + S_0 \rightarrow$ 基激二聚物；　　(2.103)

(2) 基激二聚物 $\rightarrow S_0 + S_0 + h\nu$(基激二聚物)。　　(2.104)

过程(2.103)表示单线态的第一激发态分子与基态分子碰撞而产生基激二聚物 excimer；过程(2.104)表示基激二聚物的辐射衰减。由于基激二聚物的基态分子是解离的，因此荧光光谱通常比较宽而且没有精细结构。

当激子与相邻的异质基态分子相互作用时，可能形成瞬间复合物，称为基激缔合物(exciplex)，反应式如下：

(1) $S_1 + S'_0 \rightarrow$ 基激缔合物；　　(2.105)

(2) 基激缔合物 $\rightarrow S_0 + S'_0 + h\nu$(归属于基激缔合物)。　　(2.106)

根据 Onsage 原理，在没有电场时，甚至在电场的存在下，基激缔合物会部分地解离，与相应的分子光谱相比，基激缔合物的荧光光谱通常比较宽并且发生红移。

### 2.4.9　物质的发光

通过上述讨论，我们对有机材料激发态的光辐射衰减过程(即发光)，有一定的了解。本节将进一步对物质发光，尤其是有机材料的发光特性做进一步阐述。

1. 发光物质/体系

在日常生活中，存在许许多多的发光物质。例如，照明用的荧光灯管、城市里五颜六色的的装饰灯、种类繁多的发光显示屏、医院的 $X$ 光透视、阴极射线管等等。这些我们司空见惯的事物中，都包含发光物质。如何来定义发光物质？当一种物质能将某种形式的能量转化为电磁辐射时，此物质就可称为发光物质、发光材料，该过程称为发光。发光材料有时被称为发光体(luminophors 或 lumophors)或闪烁体(scintillator)。物质的发光，根据波长的不同，可分为紫外光、可见光和红外光等。

通常，固体物质的辐射跃迁有五种机制：① 带-带跃迁；② 通过浅给体或浅受体的跃迁；③ 给体-受体跃迁；④ 通过深复合中心的跃迁；⑤ 激子跃迁。在无机半导体中，过程①到④可能是占优势的，但是在有机半导体中，过程⑤是最重要的跃迁。

物质的发光可源自物质中处于激发态的一个分子、一个原子或者一个离子。有许多不同种类的驱动力来激发物质：光吸收、X 射线和 γ 射线、电子和其他带电粒子、热能和冲击波(热致发光及摩擦发光)、化学能(化学发光和生物发光)等。根据激发方式的不同，发光可有如下的分类：① 光致发光，通过吸收低能光子，如可见光或紫外光等，产生激子发光。② 电致发光，指通过电子-空穴对复合的发光，是外加电场的作用结果。③ 热致发光，由热(如碰撞激活)产生激发分子，这时热能(振动、转动和平动)在碰撞期间被转换成使电子激发的能量。热致激发有时指这类现象，即受俘电子通过升温而产生热释放，从而产生光发射，利用这个效应可确定陷阱能级。④ 伦琴射线发光，原子内层电子吸收高能光子后，如 X 射线或 γ 射线等，产生光发射。⑤ 阴极射线发光，发光物质吸收高能电子或阴极射线后产生的发光。⑥ 离子致发光(或辐射致发光)，由 α 质子或者离子激发发光物质后产生的光发射。⑦ 摩擦发光(或声致发光)，由力学破坏(例如声和冲击波)或抛光产生的光发射。⑧ 化学发光，由化学反应能量导致的发光。⑨ 生物发光，由生化反应能量导致的发光。

下面来介绍几个著名的无机材料发光体系。

(1) Ruby($Al_2O_3$:$Cr^{3+}$)是世界上最早的固态激光器中的活性物质，其发光机制是分散在主体材料中的客体发光，如图 2.62 所示。在可见光或者紫外光的照射下，Ruby 可发出深红色的光。光的吸收和发射都是发生在 $Cr^{3+}$离子中，无色的 $Al_2O_3$ 既不吸收光，也不发射光。在这样的体系中，活性物质 $Cr^{3+}$以掺杂形式存在，它吸收光后转变为激发态。当激发态 $Cr^{3+}$回到基态时，

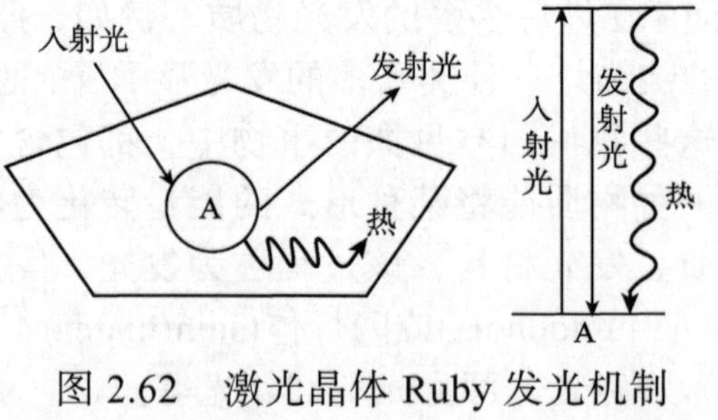


图 2.62　激光晶体 Ruby 发光机制

掺杂材料吸收光后发光，标记 A 指发光活性物质

可经过两个途径：一是辐射跃迁，产生光；二是非辐射跃迁，产生热。非辐射跃迁是与辐射跃迁竞争的过程，它主要是通过激发周围主体材料晶格的振动能级，将能量以热的形式耗散。上述体系中，主体材料不参与光物理的过程，仅仅作为惰性载体。

(2) 阴极射线管中红光体系($YVO_4$:$Eu^{3+}$)和蓝光体系(ZnS:$Ag^{+}$)，分别由主体材料 $YVO_4$ 及 ZnS、掺杂材料 $Eu^{3+}$及 $Ag^{+}$组成。发光时，体系中的主体材料和掺杂材料同时参与光物理过程，在这样的体系中，首先主体材料被激发，经过能量传递使主体材料回到基态，而掺杂发光材料处于激发态。再经过辐射跃迁回到基态，同时产生光。在 $YVO_4$:$Eu^{3+}$体系中，紫外光激发的是钒酸盐，而发光的是 $Eu^{3+}$离子。在 ZnS:$Ag^{+}$体系中，紫外光、电子束或者 X 射线激发的是 ZnS 主体，经过能量传递将掺杂 $Ag^{+}$激发，继而发出蓝光。

(3) 更为复杂的发光体系是存在敏化剂的体系，如图 2.63 所示。在这种体系中，吸收光的组分既不是主体材料也不是活性发光材料，而是另外一种物质，称为敏化剂。敏化剂可以很好地吸收激发光，再将部分能量传递给活性发光物质，敏化剂自身也由于不完全的能量转移而发光。

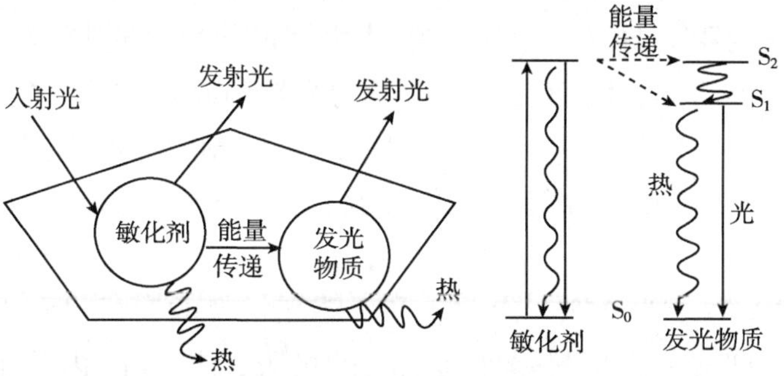


图 2.63　存在敏化剂的体系的发光机制

掺杂在主体材料中的一种发光物质通过敏化剂而被激发，
再产生发光；而敏化剂自身由于不完全的能量转移而发光

例如，在我们日常使用的荧光灯管中，发光体系为 $Ca_5(PO_4)_3F$:$Sb^{3+}$:$Mn^{2+}$，其中 $Sb^{3+}$是敏化剂。发光的机制可表示如下：

$$Sb^{3+} + h\nu \rightarrow (Sb^{3+})^{*} \tag{2.107}$$

$$(Sb^{3+})^{*} + Mn^{2+} \rightarrow Sb^{3+} + (Mn^{2+})^{*} \tag{2.108}$$

$$(Sb^{3+})^{*} \rightarrow h\nu'(\text{蓝光}) \tag{2.109}$$

$$(Mn^{2+})^{*} \rightarrow h\nu'' (\text{黄光}) \tag{2.110}$$

式中，$h\nu$ 代表频率为 $\nu$ 的光，*号表示激发态。在紫外光的照射下，$Sb^{3+}$离子吸收光后，部分发出蓝光，部分地将能量传递给发射黄光的 $Mn^{2+}$离子。荧光灯管的白色光芒是由 $Sb^{3+}$的蓝光和 $Mn^{2+}$的黄光共同的视觉效果。

2. 有机发光材料

有机材料中的发射光，按照激子不同多重性可分为特性不尽相同的两种。① 荧光：光发射开始和结束的状态具有相同的多重性时产生荧光。例如，从第一激发态单重态 $S_1$ 向基态单重态 $S_0$ 的光辐射产生荧光。荧光材料有时称为荧光体(fluorophors 或 fluors)。② 磷光：光发射开始和结束的能级状态具有不同的多重性时产生磷光。例如从最低激发三重态 $T_1$ 到基态单重态 $S_0$ 的辐射产生磷光。由于有机材料的基态大部分都是单线态，而发光通常是从第一激发态到基态的光辐射过程，因此通常可以认为，单线态激子产生荧光，三线态激子产生磷光。

荧光过程由于遵循自旋守恒规律，是允许跃迁过程，因此寿命较短，大约在 $10^{-9}$ s 量级。磷光过程是自旋禁阻的跃迁过程，因此寿命较长，在 $10^{-6}$ s 以上。由于有机材料的基态分子通常为单线态，以及光辐射过程需遵循自旋守恒的缘故，在常温下，纯有机材料通常只有荧光发射。在金属配合物中，由于金属的引入导致了金属与配体之间的自旋轨道耦合，使得轨道的三线态特征变得模糊，因而三线态激子的光辐射跃迁成为可能。在本质上，磷光通常以金属与配体的电荷转移态的三线态($^3$MLCT)跃迁或者 $^3$MLCT 跃迁与三线态π电子[$^3(\pi\text{-}\pi^*)$]跃迁的混合为特征。与荧光相比，磷光有诸多的优越性及特殊性。如：① 在电注入的方式下，三线态激子产生的概率为 75%，而单线态激子为 25%。由此，采用磷光材料的有机电致发光器件的内量子效率可以打破荧光材料器件为 25%的极限，使 100%内量子效率成为可能。② 由于磷光发射的自旋禁阻特性，该类激子的寿命(约 $10^{-6}$ s)较荧光(约 $10^{-9}$ s)长。较长的激子寿命有利于激子的扩散，用于有机光伏器件，可提高光致激子利用率。③ 金属配合物的光电特性非常丰富：由于金属和配体的同时存在，使得材料吸收光谱可以很宽，同时可利用配体和金属的结合在整个的可见光范围内进行光色调制。这些丰富的光学特性，使金属配合物在各种光电器件中可以担任不同的角色，有形形色色的应用。其中，基于三线态金属配合物的有机电致发光和光伏器件是目前世界范围内热点研究领域之一。

根据本章前面的讨论，我们清楚地知道，激发态分子与周围介质之间有很多不同类型的相互作用。如果该分子不与周围物种发生化学反应的话，最终的结果是该激发态将通过辐射衰减或者非辐射衰减回到基态。辐射衰减就是分子的发光过程。发光过程总是伴随许多与之相竞争的非辐射过程，典型的如非刚性分子的振动、内转换、系间窜越以及杂质和相邻激子对其的猝灭作用等。为了最大限度地利用有机材料的发光，必须对分子结构进行调控，从而使分子有较强的光吸收能力、较大的辐射跃迁概率以及期望的发射波长范围。

对有机材料进行发光特性的调制，有一定的规律可以遵循。通常地，有机分子中可吸收紫外-可见光的基团称为生色团(chromophore)，能够发射紫外-可见光的基团称为发色团(luminophore)。含不同基团的有机材料，分子被激发及发光的机制有所不同。另外，不同取代基对发光分子的性质有不同的调制作用，使得分子具有不同光电性质，例如波长范围、发光强度、发光寿命、发光量子产率等。对于不含有金属的共轭分子，发光通常来自$\pi$-$\pi^*$、n -$\pi^*$跃迁，发光性能的调制机制比较简单。通常地，增大共轭链长度可使发光波长红移；惰性空间位阻较大的取代基可使发光分子变成非平面结构，从而降低发光的浓度猝灭过程，但对发光的波长和量子产率影响甚微；具有吸电子/给电子功能的取代基，由于可与分子中离域的电子相互作用而改变电荷的分布，可使发光分子的辐射波长发生改变。通常地，吸电子的取代基使发光蓝移，给电子的取代基使发光红移。如果一个分子中具有吸电子和给电子的取代基同时存在的发色团，即分子的一个基团具有较多的电子存在，而另一个基团具有较多的空穴存在,由于正负电荷的相互吸引作用，可形成分子内给体-受体电荷转移化合物，分子中电荷的分布将发生巨大的变化。如果分子内部给体-受体间电荷转移是不完全的，则这种转移程度越大，发光也越强；如果这种分子内电荷转移过程达到产生了分子内电荷分离的程度，则容易在分子内部产生扭曲结构，阻断共轭，导致发光猝灭。下面根据分子结构特性，来分别介绍有机发光材料。

芳香烃化合物的发光。芳香烃化合物中存在共轭环状结构，它们是这类化合物之所以发光的原因，发光通常归属于电子的$\pi^*\rightarrow\pi$跃迁。大多数没有取代的芳香烃化合物在紫外和可见光范围发光[31]。通常地，随着芳香烃中共轭链长度的增加，吸收和发射都向长波方向移动，即光谱红移(bathochromic shift)。直线型的稠环芳香化合物通常比其他稠环化合物表现出较长的吸收波长和发射波长。当在溶液中测量时，许多芳香烃化合物的荧光光谱都表现出可分辨的振动结构，并且对浓度有依赖性。一个刚性的稠环芳香烃化合物通常表现出来自于 $S_1$ 至 $S_0$ 跃迁、与其吸收光谱成镜像的荧光。有代表性稠环芳香烃分子结构及其吸收特性见本章前面的表 2.1。

杂环化合物的发光。在含有 N、O、S 等原子的杂环共轭化合物中，含有非键孤对电子。这些原子最外层电子数目较多，在形成 $sp^2$ 杂化轨道时，杂化轨道及 $p_z$ 轨道中电子的分布不尽相同，如图 2.64 所示。

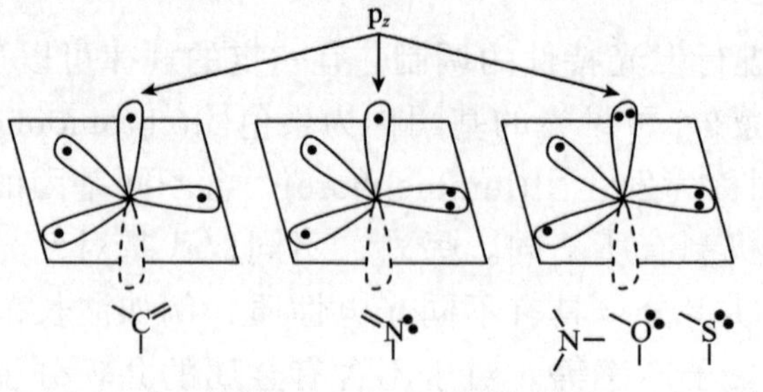


图 2.64　碳、氮、氧、硫原子在形成 $sp^2$ 杂化轨道时，前沿轨道中电子的分布及参与共轭的 $p_z$ 轨道中电子个数

在 $sp^2$ 杂化原子中，未参加杂化的 $p_z$ 轨道垂直于该原子 $sp^2$ 杂化轨道平面，在与其他原子形成共轭结构分子时，$p_z$ 轨道中的电子是离域的。由于最外层电子个数的不同，碳、氮、氧、硫这四个原子的 $sp^2$ 杂化轨道和 $p_z$ 轨道中电子分布情况不同：碳 $p_z$ 轨道中只有一个电子；而氧、硫原子的 $p_z$ 轨道中有两个电子。氮原子则分两种情况：当其 $sp^2$ 轨道含孤对电子时，$p_z$ 轨道中只有一个电子(见图 2.9 中吡啶)；若氮的三个 $sp^2$ 轨道都形成单键，即不含孤对电子时，$p_z$ 轨道中有两个电子(见图 2.9 中吡咯)。氮、氧、硫原子与碳原子的不同之处在于它们都可以包含一对不与其他原子成键的属于 $sp^2$ 杂化轨道的孤对电子。于是，在有氮、氧、硫原子存在的杂环共轭化合物中，有一对平行于分子平面的非键孤对电子，它们的轨道称为非键轨道(n 轨道)。这些 n 轨道是分子中的最高占据轨道，因此杂化分子中的第一激发态是 n→$\pi^*$ 跃迁。根据光谱选择定律，n→$\pi^*$ 跃迁是禁止的，因此这类分子比相应的芳环分子的发光效率低。一些典型的杂环芳香烃分子结构见本章前面的表 2.2。

金属配合物的发光。配合物中的发光归属比较复杂，主要取决于配合物中第一激发态轨道的属性。必须知道，虽然配体与金属相互作用，共同形成离域的分子轨道。但是，每个离域分子轨道的电子云并不是均匀分布于金属和配体之间，而是有选择性地或者主要分布于金属或者主要分布于配体。人们通常根据电子从基态到激发态跃迁过程中所涉及轨道的主要归属，来对不同机制的配合物发光进行区分，包括中心金属发光(MC, d-d)、配体发光(IL)、电荷转移发光(MLCT、LLCT)、镧系金属离子发光(MC, f-f, f-d)。所以，配体的发光可分为以下四种机制。

1) 闭壳层金属配合物的发光(IL 发光)

当一个荧光配体与一个闭壳层的抗磁金属离子，例如，主族金属 $Mg^{2+}$、$Zn^{2+}$、$Al^{3+}$等，形成配合物时，它通常都会发射荧光。荧光的光谱通常与自由配体的类似[32]。发光主要归属于配体内(IL)电子跃迁：$\pi$-$\pi^*$电子跃迁。重原子效应也会起一定的作用。通常的趋势是随着金属离子原子序数的增加，系间窜越增强，荧光减弱，如表 2.7 所示。

**表 2.7　与 salicylidene-o-phenol 配位的金属配合物的荧光特性**

| 金属离子 | 原子序号 | $\Phi_F$ | $\tau_F$/ns |
|---|---|---|---|
| $Al^{3+}$ | 13 | 0.34 | 5.4 |
| $Ga^{3+}$ | 31 | 0.20 | 1.5 |
| $In^{3+}$ | 49 | 0.038 | 0.82 |
| $Tl^{3+}$ | 81 | 0.007 | <0.4 |

注：$\Phi_F$ 荧光的量子产率、$\tau_F$ 为荧光的寿命。

原理上 IL 机制发光的金属配合物，荧光光谱比相应配体的荧光光谱红移，荧光产率发生变化。配合物中的金属通过改变如下过程的速率而影响配合物的荧光量子产率：① $S_1 \rightarrow T_1$ 系间窜越；或② $T_1 \rightarrow S_0$ 系间窜越等。

2) 过渡金属配合物的 MC 态跃迁发光

过渡金属形成的配合物中，缘于金属的次外层含有未成对电子，许多过渡金属都是顺磁性的，顺磁性有猝灭分子荧光、同时增强 $S_1$ 到 $T^*_n$ 系间窜越的概率。但是，由于配体场的作用，某些不对称的、非平面的振动有时可能缓解这些限制，从而产生荧光。例如，由于金属与配体之间的微弱键合力，可能使金属 d 轨道表现出很小的分裂：5 个简并 d 轨道分裂为 $t_{2g}$ ($d_{xy}$, $d_{xz}$, $d_{yz}$) 和 $e_g$ ($d_{x^2-y^2}$, $d_{z^2}$) 两组简并轨道[33]，分裂能为$\Delta$，如图 2.65 所示，为具有八面体空间结构的配合物表现出 MC 机制的发光。图中，由于配体与金属的结合，使金属的 5 个 d 轨道分裂为 3 个非键轨道($t_{2g}$)和两个成键轨道($e_g$)，同时产生两个主要来自于金属的反键轨道($e_g^*$)。由于金属的 d 反键轨道是体系中的最低空置轨道，因此这些金属配合物具有低能量的、以金属为中心(MC)的产生于电子在非键 $d_\pi$ 轨道和反键 $d_{\sigma^*}$轨道之间的电子跃迁，称为 d-d 跃迁。这些 d-d 跃迁是 Laporte 禁阻的，因此以金属原子为中心的吸收和发射跃迁的概率都非常低。d-d 发光通常被认为是 Gauss 分布，光谱很宽(半峰宽通常在 0.2~0.3 $\mu m^{-1}$ 范围内)且没有精细结构[34]。虽然这类配合物的荧光通常属于金属离子的 d-d 跃迁，但是有一种不寻常的情况，即当最低的自旋允许配体激发态能级低于金属的最低占据 d 轨道能级时，可观测到代表配体的非常宽的发光。可见，在有机配合物中，最低的自旋允许能级在预测发光归属时至关重要。

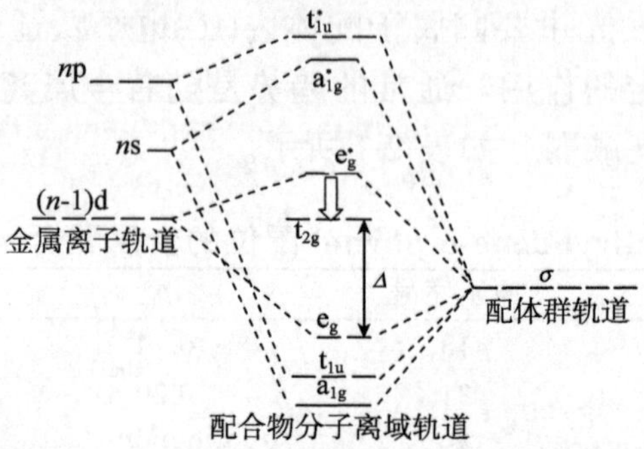


图 2.65　具有八面体空间结构的配合物 MC 发光机制

双箭头表示 d 轨道的分裂，“⇩”表示辐射跃迁过程

3) 金属与配体的电荷转移态(MLCT/LMCT)跃迁发光

一些具有氧化性或还原性的金属离子形成的金属配合物，通常存在能级较低的、或者是配体到金属(ligand to metal, LM)，或者是金属到配体(metal to ligand, ML)的电荷转移(charge transfer, CT)激发态，可表现出很强的磷光发射。较经典的例子如 $Ru(bipy)_3^{2+}$ [35]和 $Ir(ppy)_3$ [6,36,37]。$Ru(bipy)_3^{2+}$配合物的发光很强，波长为 560~710 nm，室温下的量子效率和寿命分别为 25%和 1 μs，低温 80 K 时为 75%和 4 μs(溶剂为 EPA，即体积比为 5:5:2 的乙醚、异戊烷和乙醇混合溶液)。$Ir(ppy)_3$ 的发光也很强，发光峰位在 510 nm，室温时发光量子效率和寿命分别是 40%和 2μs，低温 77 K 时发光量子效率和寿命分别为 100%和 5μs。从较长的发光寿命来看，$Ru(bipy)_3^{2+}$与 $Ir(ppy)_3$ 的发光是都是磷光。这类配合物中，最令人感兴趣的是外层电子结构为 $d^6$ 特征的金属中心(如 $Ru^{2+}$, $Os^{2+}$, $Ir^{3+}$)与配体构成的具有八面体空间结构的环状螯合分子。因为这类分子中具有较强的金属与配体相互作用，使得单线态到三线

态的系间窜越非常有效，并且部分地消除了 $T_1$-$S_0$ 辐射跃迁的自旋禁阻特性，因而磷光发射很强并且寿命较短[38,39]。

经典理论认为，MLCT 的激发跃迁，涉及到金属的氧化和配体的还原。即金属的 d 电子跃迁到配体的反键轨道($\pi^*$)上。由于 $\pi^*$ 在整个配体的范围内离域，MLCT 态的激发，分子构型变化很小，从而有利于辐射跃迁。然而，在这类配合物由于配体与金属形成的轨道能级非常接近，因此磷光发射过程中，跃迁的归属非常复杂：既可能是来自配体部分的 $^3(\pi^*-\pi)$跃迁(来自配体内电荷转移 ILCT 态)，又可能是来自配体与配体之间的电荷转移(ligand to liangd charge transfer,LLCT)跃迁，又可能来自于金属到配体的电荷转移态(MLCT)的跃迁[$^1$(MLCT-$S_0$)或者 $^3$(MLCT-$S_0$)]，还可能来自于配体到金属的电荷转移态(LMCT)的跃迁[$^1$(LMCT-$S_0$)或者 $^3$(LMCT-$S_0$)]，亦或上述某些过程的混合。

以八面体空间构型的 $d^6$ 金属配合物为例，如图 2.66 所示，离域分子轨道中的 $t_{2g}$、$e_g$、$e_g^*$轨道的主要贡献是中心金属 d 轨道，而 $a_{1g}$、$t_{1u}$、$a_{1g}^*$和 $t_{1u}^*$轨道的主要贡献则来自于配体。根据金属 d 轨道分裂程度的不同，配合物中反键 d 轨道和反键配体轨道都有可能成为最低空置轨道。决定金属 d 轨道分裂程度($\Delta = t_{2g} - e_g$)的因素来自于两个方面，一是配体场的强弱；二是金属 d 电子的离域性。配体场越强、金属 d 轨道的离域性越大，则 d 轨道的分裂程度越大。因此，当弱场配体与第一行的过渡金属结合时，金属的 d 轨道分裂较小，因而 $e_g^*$轨道是分子的第一激发轨道，如果该分子有发光，则归属于 MC 的 $t_{2g}$ 和 $e_g^*$跃迁(d-d)发光(图 2.65)；若强场配体与具有较大 d 电子离域倾向的第二、三行过渡金属配位，则金属 d 轨道的分裂较大，因而归属于配体的 $a_{1g}^*$将成为最低的空置轨道，此种情况的光辐射就源于金属的 $t_{2g}$ 轨道与配体的 $a_{1g}^*$轨道之间的跃迁(MLCT)(图 2.66)[40]。类似地，当中心金属与配体相互作用，使得主要来自于同一个配体的轨道 $a_{1g}$、$a_{1g}^*$成为配合物的最高占据轨道和最低空置轨道时，辐射跃迁将归属于配体内(intraligand, IL)$\pi^*-\pi$ 跃迁。还有另外一种情况，当中心金属与配体相互作用时，有可能使得以配体为主要成分的 $t_{1u}$、$a_{1g}^*$分别成为配合物的最高占据轨道和最低空置轨道时，辐射跃迁将归属于配体与配体的电荷转移(ligand to liangd charge transfer,LLCT)跃迁。进一步地讲，如果配合物的几个离域分子轨道在能量是十分接近，则辐射跃迁很可能是这几个态的混合，有的配合物，同一个能级或者不同能级的单线态和三线态跃迁可同时表现出发光过程。

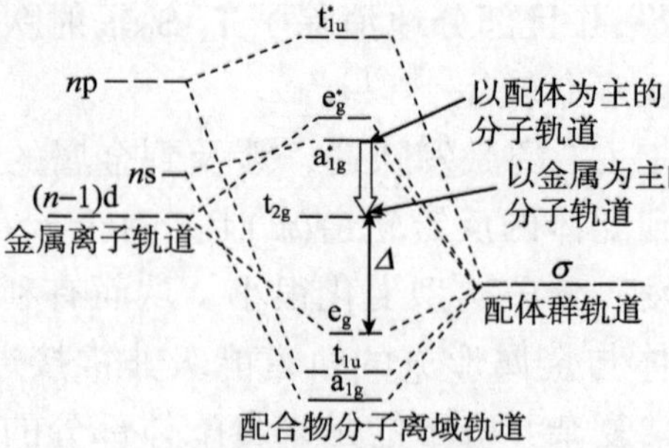


图 2.66 具有八面体空间结构的配合物中 MLCT 发光

双箭头表示 d 轨道的分裂，“⇓”表示辐射跃迁过程

MLCT 辐射跃迁概率取决于重金属的轨道-自旋耦合效应，而且随着金属原子序号的增大而增加。而且，当配体轨道与金属 d 轨道匹配性较好时，充满电子的金属 d 轨道可以与配体形成较强的共轭，使得单线态与三线态的自旋轨道耦合效应大大加强，由此磷光的效率也大大增强。可能导致金属配合物 MLCT 态磷光发射跃迁减弱的因素主要有如下机制：① 在 IL 态跃迁中，不存在金属d轨道的参与，因此相应轨道的单线态与三线态的自旋轨道耦合就很小，导致 IL 态磷光很弱。当 IL 与 MLCT 邻近时，MLCT 态的磷光也会受到猝灭。② 当 MC 跃迁是可被热运动截获的非辐射跃迁时，如果 MC 态与 MLCT 态很靠近(图 2.66 中的 $e_g^{*}$、$a_{1g}^{*}$)，MLCT 态的激子可通过系间窜越跃迁至MC 态，从而使 MLCT 发光减弱。③ 如果产生 MC 态以及 LMCT 态，则它们可能会削弱金属与配体之间的键和，导致较浅的 MLCT 态的势能面，使它很容易被基态以非辐射的方式截获，从而降低了辐射跃迁活性。

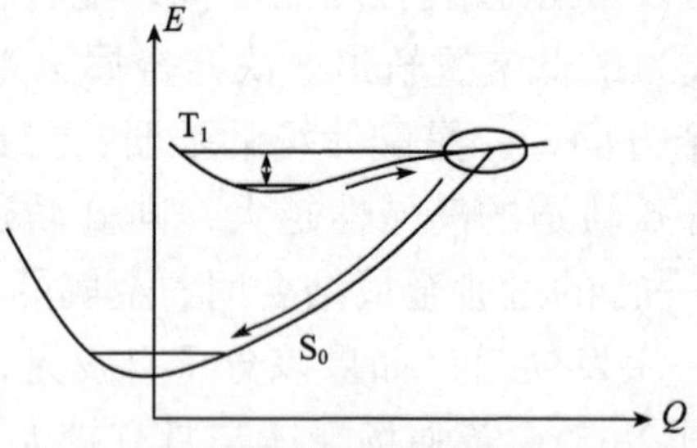


图 2.67 由较浅的三线态 T1 势能面，有可能导致 T1 到基态的非辐射跃迁

图 2.67 展示了这样一个过程[41]：由于 $T_1$ 态的势能面非常浅，以至于在某种特殊情况下，可以与基态 $S_0$ 匹配，$T_1$ 激子将通过势能面转换(SC)，以非辐射跃迁的方式衰减至基态，使得辐射跃迁的概率降低。

4) 镧系稀土离子的 **f-f**、**f-d** 跃迁发光

除了 $La^{3+}$、$Lu^{3+}$、和 $Gd^{3+}$离子外，其他所有的镧系稀土配合物的最低激发态都是以稀土金属为中心的 f-f 或者 f-d 跃迁[42]。正常情况下，这些态的

辐射跃迁是禁阻的，因而 f-f、f-d 发光寿命较长(在微秒到毫秒量级)，属于磷光。由于稀土次外层的 4f 轨道非常有效地被最外层的 5s 和 5p 电子屏蔽，f-f 或者 f-d 跃迁通常不易受到配体等外界环境的干扰。因此，镧系稀土离子的 f-f 或者 f-d 吸收和发射跃迁谱通常为非常窄的线条,光谱的宽度通常在 10~20 nm 范围内。如图 2.68 所示，一般认为稀土配合物的发光机制涉及配体到稀土离子的分子内能量转移过程，即紫外光的照射可使一个配体受激跃迁，产生 $^1(\pi\text{-}\pi^*)$光吸收过程，$^1\pi^*$态经过系间窜越跃迁至 $^3(\pi\text{-}\pi^*)$。然后在配体的三线态与稀土离子之间发生分子内能量转移，使稀土离子的跃迁禁阻的激发态填入电子，再经过辐射衰减至基态，放出光子。电子从配体的三线态经过能量转移跃迁至稀土金属离子态的效率取决于配体三线态与金属离子态的能级的相近程度，即两个态之间的能量是否匹配。当金属离子态的能级与配体三线态能级差异不大，且金属离子态的能级处于较低位置时，可增加能量转移跃迁的效率。配体最低激发态的荧光 $^1(\pi\text{-}\pi^*)$跃迁与到达三线态的系间窜越是相互竞争的过程，导致一些镧系金属配合物同时展现出配体的荧光和稀土金属的 f-f 或者 f-d 磷光。

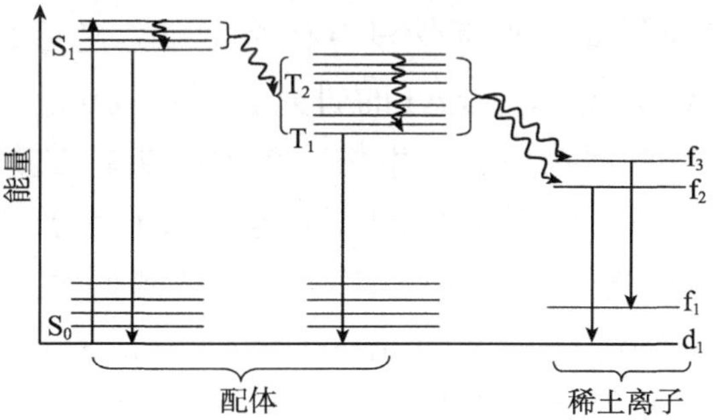


图 2.68　稀土配合物的发光机制，向上的直线箭头、向下的直线箭头，以及波浪箭头分别代表光吸收、光发射、以及能量转移过程

3. 配合物的轨道邻近和混合效应

配合物中分子结构的复杂性导致许多态的轨道能级邻近。一级函数近似计算结果显示，配合物的各种跃迁相混杂是很自然的事情，这也是磷光产生的核心原因。一个经典的例子是 MLCT 与 LC $(\pi\text{-}\pi^*)$跃迁的混合，可使单线态到三线态的内转换变得容易。在这种情况下，以表达式反映 $S_1$-$T_1$ 之间的内转换速率常数 $k_{isc}$ 为

$$k_{isc} \propto \frac{|\langle T_1 | H_{so} | S_1 \rangle|^2}{(\Delta E_{S_1-T_1})^2} \tag{2.111}$$

式中，$H_{so}$ 是自旋轨道耦合哈密顿算符，$|T_1\rangle$ 与 $|S_1\rangle$ 为最低三线态和单线态的激发态轨道波函数，$E_{S_1\text{-}T_1}$ 为相应两个态的能量差。可以看出，当 $T_1$ 与 $S_1$ 激发态轨道能级邻近时，可以同时满足两个波函数最大限度地重合以及相应的能量差最小，因此使得 $k_{isc}$ 最大。净效果是改变了轨道的角动量，即金属 d 轨道与配体 π 轨道耦合的同时伴随着电子自旋的反转，使得跃迁具有显著一级函数的自旋轨道耦合特征，增强了系间窜越效率。因此，对于 MLCT 发光机制的磷光材料，在分子设计时，使金属 d 轨道与配体第一激发态轨道能级接近，可以增加系间窜越概率和 MLCT 过程，增强材料磷光发射。

## 2.5　有机材料中与电学性能相关的概念及电子过程

### 2.5.1　有机材料电学性质研究历史

人类对有机材料导电性的认识开始于 20 世纪初，当时主要集中于对有机晶体光电流和暗电流的研究[5,43,44]。最初这个时期的研究非常零散，可以说对当时发展迅速的固体物理学没有什么贡献。随后，诺贝尔生物或医学奖 1937 年得主 A. Szent- Györgyi 的研究表明在基于生物分子的生命体系中电流起着枢纽作用。他指出，在生物体系中存在非常重要的电子转移过程，且大分子参与该过程[45]。这一知识部分地推动了始于 20 世纪 50 年代的有机固体电学性质研究热潮。由此，这一领域的研究经历了如下里程碑：① 1953 年，H. Mette 和 H. Pick 使用熔融方法得到非常纯的蒽固体并以此制备了单晶。通过测量蒽单晶在温度为 80 ~ 210℃内的暗电流，首次报道了蒽单晶电导率的各向异性[46]。② 1959~1960 年，O. H. LeBlanc 以及 R. G. Kepler 研究了高纯度蒽单晶的瞬时光电导特性，测出室温下蒽的空穴及电子迁移率在 0.3~3 $cm^2/(V\cdot s)$。这些值与晶体的空间方位有关，且随温度降低而增加[47,48]。③ 1962 年，P. Mark 和 W. Helfrich 研究了大约 50 μm 厚的萘、蒽以及其他芳香碳氢化合物。研究中，他们通过阳极注入空穴并研究了带电荷晶体的导电性，首次检测了空间限制电流[49]。④ 1966 年，N. Riehl 及 H. Bässler 等研究了蒽单晶中空穴暗电流随温度的变化。研究发现，蒽单晶的电流只与阳极的温度有关。载流子注入的活化能为 0.7 eV，比激发蒽所需的光能 3.1 eV 小很多。这是因为活化能 0.7 eV 是从银阳极注入空穴时的势垒，而不是产生电子空穴对所需要的能量[50]。⑤ 1977 年，A. J. Heeger、

A. G. Macdiarmid 及白川英树的研究表明，将聚乙炔薄膜掺杂电子受体后，可使体系的电导率提高 9 个数量级(电导率达 $10^3$ S/cm)，首次揭示了有机材料的导体特性[51,52]。⑥ 1980 年，D. Jérome 等对四甲基四硒富瓦烯研究，发现了有机材料低温下的超导行为[53]。

20 世纪 80 年代的有机光导材料在静电复印(xerography)中的应用是有史以来最著名的一个有机半导体材料导电性应用的实例。如图 2.69 所示，是静电复印的工作原理。静电复印中的活性组分包括电荷产生层和空穴传输层(图 2.69(a))。工作时，首先将空穴传输层表面充满负电荷(图 2.69(b))，再将被复印物覆盖的活性组分暴露于光下。光照使电荷产生层中形成激子。激子在电荷产生层/空穴传输层界面解离，其中的空穴可以在空穴传输材料中输运并到达表面，与表面的负电荷中和(图 2.69(c))。由于被复印物的遮盖作用，在没有光透过的被复印物位置没有激子及正电荷的产生。因此，与被复印物相应的空穴传输层表面仍然有负电荷存在，这些负电荷可以吸附带正电荷的碳粉(图 2.69(d))。载有被复印物信息的碳粉再转移到纸上，完成复印(图 2.69(e))。最初在静电复印中使用的光导材料是蒽，随后被 α-硒取代，目前该功能材料大部分是有机空穴半导体材料。

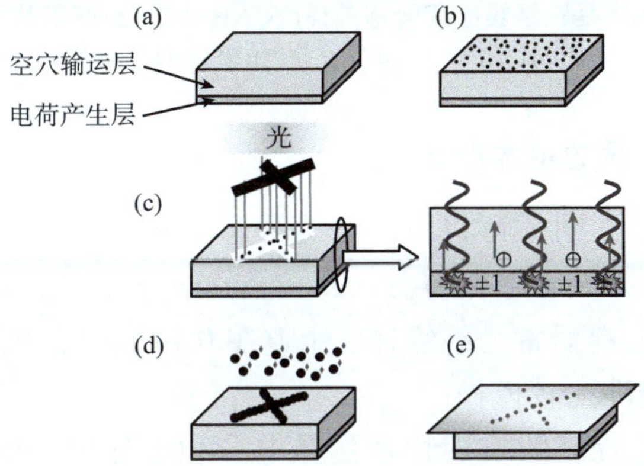


图 2.69　静电复印的活性层结构及工作机理

总之，经过逾一个世纪的研究，有机材料的丰富电学性质，包括绝缘体、半导体、导体等，已经被充分认识并在实际中得到了应用。图 2.70 展示了有机材料的导电性与其他传统材料的比较。对有机材料电学性能的研究，一方面极大地丰富了固体物理学，另一方面也激发了人们对有机材料应用的热潮，如有机场效应晶体管、有机电致发光、有机太阳能电池、有机存储等。因此，对有机材料电学性质的研究及开发也就日益显得重要。

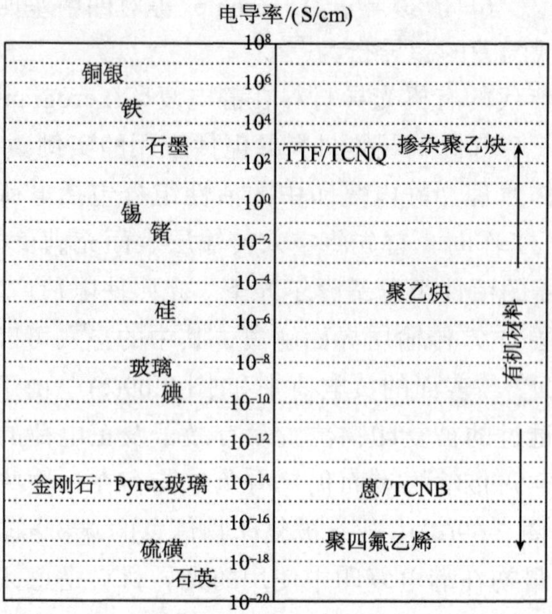


图 2.70　有机材料导电性与其他传统材料的比较

蒽/TCNB 是三维弱电荷转移晶体(TCNB: 1,2,4,5-四氰基苯)，

TTF/TCNQ：四硫富瓦烯/四氰基醌二甲烷

### 2.5.2　描述电学性质的基本概念

根据导电性的不同，可将材料分为导体(conductor)、半导体(semiconductor)、绝缘体(insulator)、超导体(superconductor)四类。从能带理论角度，能隙大于 5 eV 的材料通常为绝缘体，能隙在 0.1~3 eV 范围内的材料通常为半导体，导体中能隙比较模糊。

衡量材料导电程度的宏观物理量是电导和电导率。电导(conductance)是电阻(resistance)的倒数，单位是西门子(S)；电导率(conductivity)是指单位长度下的电导，单位是 S/cm。通常绝缘体、半导体以及导体的电导率分别为 $10^{-22}$~$10^{-15}$ S/cm、$10^{-8}$~$10^{-2}$ S/cm、10~$10^{4}$ S/cm。而超导体指的是这样一类材料：在某温度下，电阻为零，同时，磁场不能穿透样品，比热容等性质有突变。下面将讨论和描述材料电学性质的一些基本物理量及其概念。

1. 电导率、电流密度与迁移率

电导率是电阻率的倒数，也是电流密度与电场强度之间的系数，即

$$\sigma = \frac{1}{RL} = \frac{j}{F} \tag{2.112}$$

式中，$\sigma$ 是电导率，$R$ 是长度为 $L$ 的材料电阻，$j$ 为电流密度，$F$ 是电场强度。只有当载流子在材料中分布均匀时，电场强度才可以表示为 $F = U/d$，$U$ 为两端电压，$d$ 为厚度。

在微观与本质上，材料的导电性直接与载流子浓度($n$)和迁移率($\mu$)相关。$n$、$\mu$值越大，材料的导电性也越好。

宏观物理量 $\sigma$ 与微观 $n$、$\mu$相互关联，可以通过电流密度来建立。由于电流密度是单位时间内通过单位面积的电荷电量，因此，如果材料中只有一种载流子，其浓度为 $n$，平均迁移速率为 $v_D$，则电流密度可以表示为

$$j = qnv_D \tag{2.113}$$

式中，$j$ 是电流密度，$q = 1.6\times10^{-19}$ C，是单位电荷电量。

载流子在电场下会发生迁移，且迁移速率 $v_D$ 与电场强度($F$)成正比，可以表示为

$$v_D = \mu F \tag{2.114}$$

式中，系数$\mu$即为载流子迁移率，它是表征固体中载流子传输特性的量，大小依赖于温度、电场强度等物理量。不同材料体系，迁移率大不相同。通常讲，电子的离域程度越大、能带宽度越大，载流子在能带内的迁移率就越高。无机半导体(如硅或镓)可形成三维晶体结构，使得载流子的离域性能够在固体内扩展，因此迁移率很高。在有机共轭材料中，载流子的离域性能非常有限，因此载流子的迁移率很低。尽管如此，通过改善材料的有序性以及提高材料的纯度等方式，有机材料中载流子迁移率可以提高。

将式(2.112)、式(2.113)和式(2.114)综合可以得出电导率和载流子迁移率的关系：

$$\sigma = \frac{j}{F} = \frac{qnv_D}{v_D/\mu} = qn\mu \tag{2.115}$$

因此，材料的电导率正比于载流子浓度和迁移率。载流子浓度和迁移率是材料的特有属性，它们与温度、电场强度等多种因素相关。例如，在纯度很高的有机晶体中，载流子以能带输运模式为主，迁移率随温度的升高而减小；在非晶有机材料中，载流子以跃进输运模式为主，迁移率通常

随温度的升高而增大。在电场中，有机材料的载流子迁移率通常随电场强度的增大而增大。特别指出，只有当材料载流子迁移率和载流子浓度都是常数，都不随电场强度变化时，如金属导体材料，其电学性质才遵循欧姆定律。

在没有电场的情况下，载流子的输运以高浓度向低浓度的扩散为主，这时，载流子的位置可以用简单的扩散方程来描述：

$$\left\langle X^2 \right\rangle = nDt \tag{2.116}$$

式中，$\langle X^2 \rangle$ 代表载流子位移平方的平均值，$D$ 是扩散系数，$t$ 是时间，$n$ 是空间维数，$n = 2$，4，6 分别代表一、二、三维。在纯粹扩散情形下，载流子浓度的空间分布及其随时间的变化可以用高斯模式描述，如图 2.71 所示。图 2.71 中可见，随着时间的增加，载流子位置发生变化的同时，其空间分布也逐渐展宽。这种展宽被解释为分子间偶极–偶极以及离子–偶极相互作用导致的势能波动。

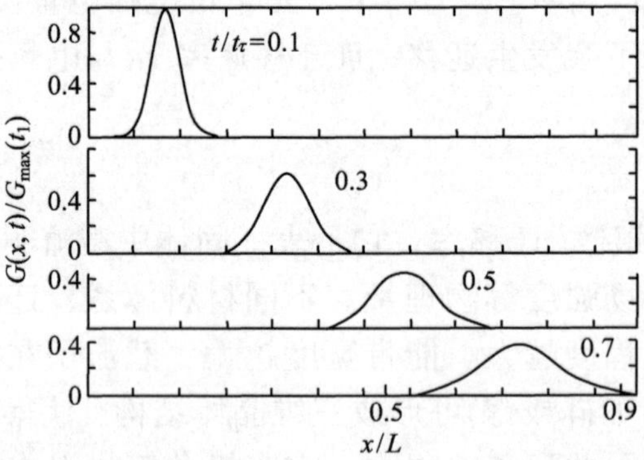


图 2.71　一维载流子在不同时间内，由于浓度扩散引起的位移及展宽

$t$ 为时间，$t_\tau$为载流子寿命，$x$ 为位移，$L$ 为扩散长度，

$G(x, t)/G_{\max}(t_1)$为 $t$ 时间和 $x$ 位置处载流子的空间归一分布

没有外加电场时，迁移率与扩散系数的关系可以用 Einstein-Smoluchowski 方程来表示

$$\mu = \frac{qD}{k_B T} \tag{2.117}$$

式中，$k_B$ 是玻尔兹曼常数，$q$ 是单位电荷电量，$T$ 是温度。扩散系数 $D$ 可表示为载流子速率($v_D$)与自由程($L$)的乘积，迁移率又可被表示为[54]

$$\mu = \frac{q v_D L}{k_B T} \tag{2.118}$$

对于金属导体，电导率和载流子迁移率可以用 Drude 公式表示为

$$\mu = \frac{q\tau(E_{\mathrm{F}})}{m^*}$$
$$\sigma = \frac{q^2\tau(E_{\mathrm{F}})}{m^*}n \tag{2.119}$$

式中，$q$ 为单位电荷电量，$\tau(E_{\mathrm{F}})$是金属费米能级表面载流子在两次被散射之间的弛豫时间，$n$ 是费米能级表面的自由载流子浓度，$m^*$是载流子的有效质量。金属内的载流子浓度不随温度变化，但由于能带中散射的存在，载流子散射弛豫时间在很大范围内都会随温度的升高而降低。因此，金属电导率和载流子迁移率在很大范围内将随温度的升高而减小。

2. 载流子能级和陷阱能级

非金属材料中，载流子浓度和迁移率情况非常复杂，上述的 Drude 公式不再适用。研究非金属材料的导电性，必须考虑以下因素：

(1) 非金属材料中本征载流子浓度很低，高导电性的非金属材料必须通过形成非本征载流子实现。因此，这些材料在导电时，通常存在空间电荷和接触电势。对于非本征载流子的获得，无机半导体主要通过掺杂方式，有机半导体主要通过电极注入或者掺杂。这些非本征载流子使材料中存在过剩电荷，导致了空间电荷的形成。材料内部的空间电荷分为移动和束缚两类，二者的浓度强烈依赖于温度和电场强度。移动电荷对电流和材料内部的电场分布都有贡献；而束缚电荷只影响材料的内部电场，对电流没有贡献。另外，在电荷注入的接触界面经常产生不确定的电势降。总之，由于空间电荷和接触电势的存在，使非金属材料的 $I$-$V$ 曲线通常不是线性关系，欧姆定律也通常不能适用。

(2) 与金属材料中分布在费米能级附近的、以能带模式输运的电子载流子不同，非金属材料中既有电子载流子，又有空穴载流子，它们分别分布在导带(最低空置轨道)能级或者价带(最高填充轨道)能级附近，如图 2.72(b)~(c)所示。此外，这些非金属材料中还有可能存在陷阱能级(图 2.72(d))。

这些正负载流子既有可能以能带模式输运，如有机晶体中；也可能以跃进模式输运，如非晶态有机材料中；也可能是二者的混合。通常情况下，同一材料中正负载流子的迁移率也不尽相同。众所周知，当在中性分子中

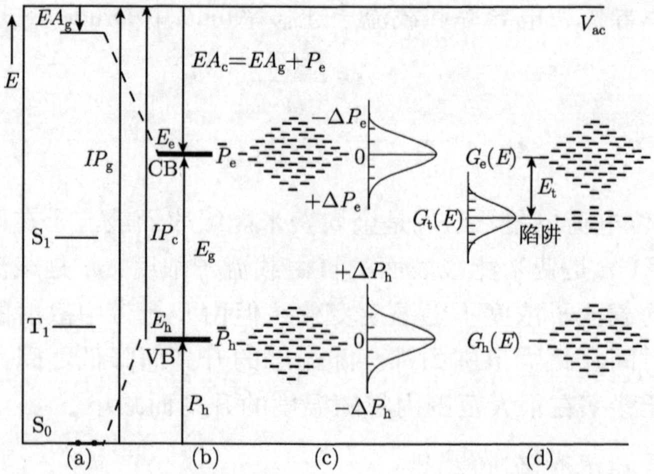


图 2.72 有机材料中载流子及陷阱能级的分布情况

(a) 是中性孤立分子中能级分布，$S_0$ 为基态，$S_1$、$T_1$ 分别为单线态和三线态能级，$IP_g(IP_c)$ 为解离能，$EA_g(EA_c)$为电子亲和能；(b) 理想晶体中正负载流子能级分布，$E_h$ 和 $E_e$ 分别是空穴和电子能级位置，VB 和 CB 分别是传输空穴的价带和传输电子的导带，$\bar{P}_e$ 和 $\bar{P}_h$ 分别是平均电子极化能和平均空穴极化能，$E_g$ 是能隙；(c) 离子化晶体中正负极化子能级位置及其统计分布，$\Delta P_h$ 和$\Delta P_e$ 分别为空穴和电子相对于平均极化能的极化能偏差；(d) 能隙中的陷阱能级位置，$G_e(E)$和 $G_h(E)$分别为处于能级 $E$ 的电子或空穴的高斯型密度分布，$E_t$ 为陷阱能级，$G_t(E)$是陷阱密度分布

加入一个电子时，有可能形成稳定的负离子；而从中性分子中移出一个电子时，有可能形成正离子。向中性分子中加入电子时所释放的能量称为电子亲和能(electron affinity)$EA$，由中性分子中移出一个电子所需要的能量称为解离能(ionization potential)$IP$。$EA$ 和 $IP$ 分别对应于分子的最低空置能级(LUMO)和最高占据能级(HOMO)亦即导带(CB)底端和价带(VB)顶端，它们又分别对应于电子输运轨道和空穴输运轨道。由于形成晶体时强烈的极化作用(电子极化能为 $P_e$，空穴极化能为 $P_h$)，与孤立分子相比，晶体 $EA$ 能级显著降低，而 $IP$ 能级显著提高，有

$$\begin{aligned} P_h &= IP_c - IP_g \\ P_e &= EA_g - EA_c \end{aligned} \tag{2.120}$$

式中的下标 g，c 分别表示气体和晶体。物质的 $IP_g$ 和 $IP_c$ 可以直接通过紫外光谱仪获得，因此材料的空穴极化能 $P_h$ 可以测量；而物质的电子亲和能不容易通过实验获得，因此材料的电子极化能 $P_e$ 通常不能够直接通过实验获

得。由于极化能一般被认为是邻近分子之间的偶极–偶极相互作用，因此不考虑正负方向的话，正负极化作用应该是相当的，即 $P_e = P_h$。图 2.72 的(a)和(b)是气体分子和晶体能级，包含了电子和空穴极化能的说明。当电子或者空穴占据分子的导带(CB)或者价带(VB)时，分子由于带有电荷而变为极化子(极化子，polaron)。由于有机材料中能级的分立性，极化子只对空间邻近的分子产生极化作用，因此这类极化子也称为小极化子。另外，晶体中由于杂质或结构缺陷的存在会产生局部的、可捕获载流子的陷阱，包括浅层陷阱和深层陷阱两类。深层陷阱指的结构缺陷能级或者杂质能级中，被俘载流子不能够通过热激发来释放的那部分能级；而可以通过热激发释放其中载流子的结构缺陷或者杂质能级称为浅层陷阱。图 2.72 中的(c)和(d)分别显示了离子化晶体(既极化子)中载流子和陷阱能级分布，它们可以简单地被描述为偏离电子能量 $E_e$、空穴能量 $E_h$，以及陷阱能量 $E_t$ 的高斯分布。

为了理解有机材料中的导电性，我们需要知道电子和空穴的能量($E_e$ 和 $E_h$)，通常认为它们分别对应于导带底端(LUMO)和价带顶端能级(HOMO)，或者说对应于电子亲和能($EA$)和解离能($IP$)，即

$$\begin{aligned} E_e &= E_{\mathrm{LUMO}} = EA \\ E_h &= E_{\mathrm{HOMO}} = IP \end{aligned} \tag{2.121}$$

我们可以通过紫外光电子能谱来测量 $IP$，从而获得空穴能量 $E_h$。电子能量通常利用空穴能量和能隙 $E_g$ 计算获得

$$E_e = E_{\mathrm{LUMO}} = EA = IP + E_g \tag{2.122}$$

材料的能隙可进一步分为绝热能隙(adiabatic bandgap，$E_g^{ad}$)和垂直能隙(vertical bandgap，$E_g^{opt}$，也称为光学能隙)两种，见图 2.73。

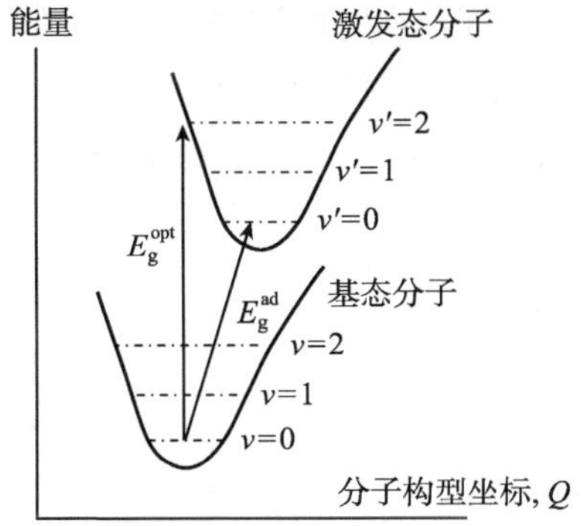


图 2.73　垂直能隙与绝热能隙示意图

当分子吸收光子产生跃迁时，根据 Franck-Condon 原理，该过程是垂直跃迁，由此测量的能隙为垂直能隙。而由基态的最低振动能级($v = 0$)跃迁到激发态最低振动能级($v' = 0$)所需要的能量称为绝热能隙。可以看出，光学能隙不小于绝热能隙($E_g^{opt} \geqslant E_g^{ad}$)。

### 2.5.3 有机材料中载流子类型

除了可以导致材料样品破坏性击穿的碰撞、电离以外，很多过程可以产生载流子，包括光生载流子(本征激发)、电极注入、非本征激发，以及场助形成的载流子。

光生载流子指的是通过光激发，有机半导体价带中的电子跃迁至导带，从而产生电子或者空穴，这个过程与热激发载流子一样，是本征激发过程。电极注入指的是通过阴极注入电子以及阳极注入空穴来产生载流子。非本征激发包括以下过程：① 掺杂型。在无机非本征激发(n 型或 p 型)半导体中，掺入杂质的激发对多数载流子的贡献是众所周知的，这种载流子产生方式称为非本征激发。在有机半导体中也存在类似的掺杂型非本征电导。例如，在聚-*N*-乙烯基咔唑(PVK)、酞菁和其他有机半导体中掺入杂质会增加载流子的浓度[55]，这是非本征激发的一个有力证明。② 杂质/缺陷型。杂质或结构缺陷可形成俘获中心，对载流子有俘获作用，但是从另一个角度，通过热激发或光激发可释放被俘载流子，因而俘获中心可以说是一种载流子源，尽管在没有重新俘获情形下，这个源就会耗尽。③ 由于一个光子或一个激子可以使被俘获的载流子释放出来，因此激子与杂质或表面碰撞将产生载流子。场助形成载流子指的是这样一些情形：电场可以将载流子因库仑相互作用而成对地复合前，将它们分开(Onsager 效应)；电场也可以改变一个陷阱的势垒形状，使被俘获载流子容易从陷阱中释放；分子固体中载流子迁移率较低，即使达到击穿电压的高电场也通常不会出现雪崩电离。但是，电导和热导过程的共同作用，可能使热生成载流子的产物迅速增加。这些都证明电场作用有助于载流子的生成。

有机材料中载流子的产生有很多种情形，判断其是否为本征载流子有时会存在一定困难。例如，以热学或光学方法产生的一些单线态或三线态激子通过与电极或任何边界碰撞，可以产生载流子。这些载流子虽然也经过光学或者热学过程产生，但是中间经过了激子与电极或者界面的碰撞过程，因此不能算作本征载流子。在许多有机化合物中，光激活能基本上等于暗电导的热激活能，并且与 $\pi \to \pi^*$跃迁的激发能一致。对于这种情况，可以认为暗电导和光电导都是本征的。在另一些有机化合物中，虽然光激活能与 $\pi \to \pi^*$跃迁的激发能一致，但是它不同于暗电导的热激活能。对于这种情况，有可能光电导是本征的，而暗电导是非本征的。

上述方式中，光生载流子、掺杂型载流子和电极注入载流子是有机材料中比较重要的载流子产生过程，将在下面的小节中阐述。

### 2.5.4　光生载流子

有机材料的能隙通常较大($E_g > k_BT$)，室温下热激发产生载流子的可能性较小，但可以通过光吸收生载流子。研究表明，在许多有机化合物中观察到的光生载流子(即光导现象)通常归因于：① $\pi \to \pi^*$电子跃迁(一个成键 π 分子轨道内的电子跃迁到一个反键 $\pi^*$分子轨道上)；② $n \to \pi^*$电子跃迁(一个非键 n 电子跃迁到一个反键 $\pi^*$分子轨道上)。

如图 2.74 所示，光生载流子的过程可以描述如下。(a) 吸收光子后产生单线态激子 $S_1$，$S_2$，$S_3$，…。(b) 激子发生量子产率为 $\eta_0$ 的自电离过程，形成分子正离子和半自由状态、有一定动能的热电子。随后通过散射等过程，热电子衰减至分子正离子库仑势能范围内的电子，此时由于电子和空穴还没有完全分开。当二者之间距离 $r_{th}<r_c$ 时，发生了电子由一个分子向另一个分子的转移，形成电荷转移态，亦即阴离子自由基-阳离子自由基对。$r_c$ 的含义是当电子空穴对之间的库仑作用能为 $k_BT$ 时，二者之间的距离，即

$$r_c = \frac{q^2}{4\pi\varepsilon\varepsilon_0 k_B T} \tag{2.123}$$

式中，$q$ 为单位电荷电量，$\varepsilon$ 和 $\varepsilon_0$ 分别为介质和真空介电常数，$k_B$ 为玻尔兹曼常数，$T$ 为温度。(c) 最后，束缚电子-空穴对解离为自由电荷，完成光生载流子过程。由束缚电子-空穴对解离为自由电荷，需要的热激活能($E_a^{ph}$)与电子-空穴对中电子的能量($E_{CP}$)、电子-空穴对之间的束缚能($U_{CP}$)以及二者之间距离($r_{th}$)相关，可以表示如下：

$$\begin{aligned} E_a^{ph} &= E_{CP} - E_g^{ad} = -U_{CP} \\ &= \frac{q^2}{4\pi\varepsilon\varepsilon_0 r_{th}} \end{aligned} \tag{2.124}$$

式中，$E_g^{ad}$是绝热能隙。可以看出，电子-空穴对的距离越大，电子-空穴对中电子的能量($E_{CP}$)也越大，二者之间的束缚能就越小，因此所需要的热激

活能也越小(如图 2.74(b)中距离为 $r_{th,1}$ 和 $r_{th,2}$ 的电子空穴对的比较)。

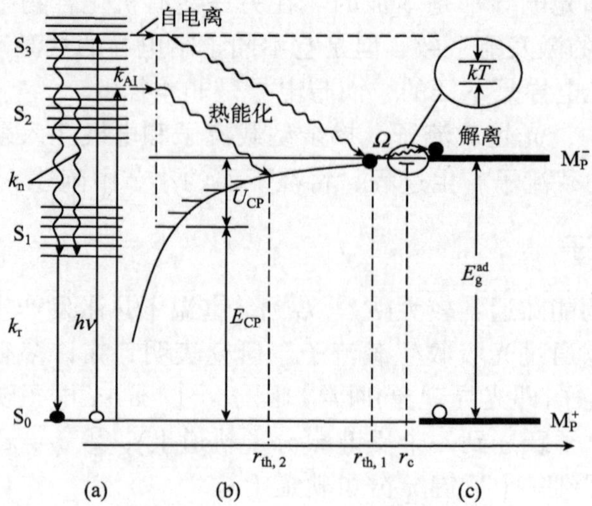


图 2.74 光生载流子过程

(a) 光吸收及相关过程：$S_0$ 是中性基态分子，$S_1$、$S_2$、$S_3$ 是单线态的激发态，$k_{AI}$ 是自电离速率常数，$k_n$ 是非辐射衰减速率常数，$k_r$ 是分子内辐射衰减速率；(b) 形成热电子、束缚电子空穴对：束缚电荷对(charge-carrier pair，CP)，其中，$E_{CP}$ 是束缚电荷对中电子的能量，$U_{CP}$ 是束缚能，$\Omega$ 是电荷对的解离效率，$r_{th}$ 是分子正离子 $M^+$ 与分子负离子 $M^-$ 之间的距离；(c) 产生离子化状态的电荷：$M_P^+$ 和 $M_P^-$ 分别为自由的正负载流子，$E_g^{ad}$ 是绝热能隙

上述光生载流子过程的总量子效率可通过修正的 Onsager 模型表示为

$$\eta = \eta_0 \left(1 + \frac{qF}{2k_B T}\right) \exp\left(-\frac{U_{CP}}{k_B T}\right) \tag{2.125}$$

式中的物理量含义见上述文字叙述，$F$ 为电场强度。当 $F$ 为 0 时，代表没有电场时的光生载流子效率；当 $F$ 不为 0 时，由上述公式知，随着电场的增大光生载流子的效率也提高，这就是场助载流子生成过程。

### 2.5.5 掺杂型载流子

掺杂可以使半导体材料中载流子浓度显著增加，提高材料的导电性，其机制如图 2.75 所示。

图 2.75(a)是没有掺杂时，产生本征载流子的情形，即导带中存在的自由电子和价带中存在的自由空穴数量相当，没有空间电荷。图 2.75(b)中通过掺杂电子受体(即强氧化性物质)，使半导体价带附近引入空置能级 $LUMO_A$，因而通过热激发过程，电子由主体材料 HOMO 能级转移到客体材

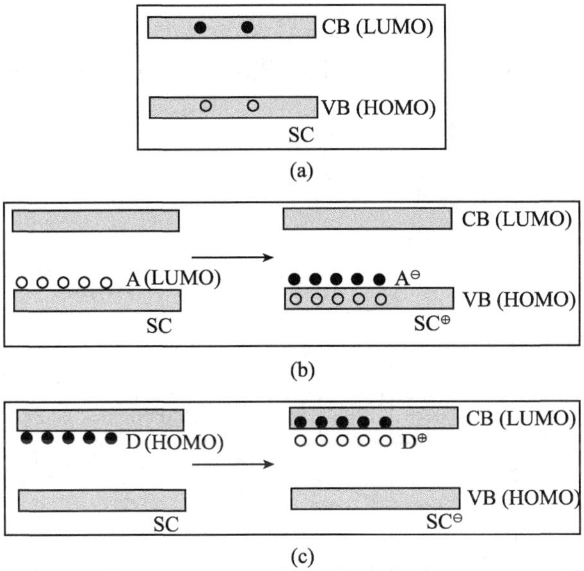


图 2.75　掺杂载流子产生示意图

(a) 非掺杂本征载流子；(b) 掺杂 p 型载流子；(c) 掺杂 n 型载流子。空心圆圈代表空穴，黑色圆圈代表电子，SC、A 和 D 分别代表半导体、受体和给体

料 $LUMO_A$ 能级，半导体材料中出现过剩空穴，形成 p 型载流子。图 2.75(c)中通过掺杂电子给体(即强还原剂)，使半导体的导带附近引入填充电子的能级 $HOMO_D$，通过热激发过程，电子由客体 $HOMO_D$ 转移到半导体导带 LUMO，半导体导带中出现过剩电子，形成 n 型载流子。

图 2.76 给出了 n 型掺杂半导体的载流子浓度 $n$ 以及费米能级 $E_F$ 随温度 $T$ 的变化曲线。可以看出，在较低温度的“冻结”区域，n 型半导体的费米能级在半导体导带底端和给体引入能级之间，保持不变。因为温度较低，只有掺杂给体对载流子有贡献。这时通过热激发方式产生的从给体到半导体导带的电子跃迁概率也较低。由此，体系载流子浓度随着温度的降低而降低，$\log n \sim T^{-1}$ 曲线斜率为$-(E_{CB}-E_D)/2k$(见图 2.76(a))。在温度较高的耗尽区即图 2.76(b)所示的非本征区，载流子的贡献仍然来自于掺杂给体。这时，掺杂给体完全被氧化，即电子已经最大限度地转移到半导体的导带上，因此载流子浓度保持不变，为 $N_D$，而掺杂体系费米能级随着温度的增大呈降低趋势，逐渐靠近半导体的本征费米能级($E_i$)。在温度更高的本征区域，除了掺杂给体对载流子的贡献外，半导体的本征载流子也被激发，因此载流子的浓度随温度的升高而急剧增大，$\log n \sim T^{-1}$ 曲线斜率为$-(E_g)/2k$，此时体

系费米能级与半导体的本征费米能级接近。在有机半导体中，由于能隙($E_g$)较大，很难通过热激发($k_BT$)来产生本征载流子，因此通常观测不到本征区域。

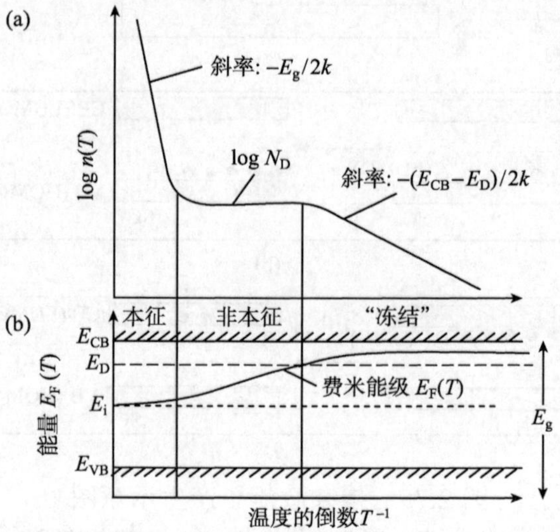


图 2.76　n 型掺杂半导体的载流子浓度 $n$ 及费米能级 $E_F$ 随温度 $T$ 的变化曲线

(a) n 型掺杂半导体的载流子浓度 $n(T)$随温度 $T$ 变化曲线，$N_D$ 为给体掺杂浓度；(b) 掺杂体系的费米能级 $E_F(T)$随温度 $T$ 的变化，$E_{CB}$、$E_{VB}$、$E_g$ 及 $E_i$ 是半导体的导带底端、价带、能隙，以及费米能级，$E_D$ 是给体引入的能级

掺杂型载流子的浓度遵循一定的统计规律，例如，n 型掺杂半导体中载流子浓度 $n(T)$随温度 $T$ 的变化可以近似地表示为[5]

$$n(T) \approx \frac{2N_D}{1+\sqrt{1+4\dfrac{N_D}{N_e}\exp\left(\dfrac{E_d}{k_BT}\right)}} \tag{2.126}$$

式中，$N_D$是掺杂给体浓度，$N_e$是导带的态密度，$E_d$是导带底端($E_{CB}$)与给体 D 的给出电子所在能级($E_D$)之差：$E_d = E_{CB} - E_D$，$k_B$为玻尔兹曼常数，$T$为温度。

### 2.5.6　注入型载流子

在固体内，由热或者光激发产生的载流子通常并不会改变固体作为一个电中性的整体。虽然电子和空穴之间迁移率和扩散系数的不同，可造成这些载流子在一个局部区域产生一种符号的净空间电荷，在另一个局部区域产生一种相反符号的净电荷，但是由于这类激发产生等量的电子和空穴，或者产生一种类型自由载流子和等量的另一类型束缚电荷，因此热或者光激发产生载流子时，固体作为一个整体是电中性的。通过电接触注入载流子时，情况却大不相同，它会在固体中产生净空间电荷。

通过电接触将载流子引入固体的方式，称为载流子注入。注入的特征是在界面的表面区域，载流子浓度远远大于固体材料内部浓度。电荷注入，可形成空间电荷型非本征载流子。注入可以通过热电子发射或量子力学隧穿，还可以通过表面态。另外，也存在光辅助注入，即电子或空穴也可能从光照射的电极发射到固体样品内，这个过程通常称为电极的光电发射，它可使光电导率增加，该方式与从电极注入载流子对暗电导率的贡献相同。本节将首先介绍电荷注入的各种概念，再阐述其过程。

1. 电接触、接触电势与注入

当金属和非金属材料(可能是绝缘体或半导体)之间相互接触时，就形成了电接触。电接触是一种异质结，但不包括两种不同半导体之间、两种不同金属之间、或者一个半导体与一个绝缘体之间的接触。载流子通过电极向固体材料内部的注入，需要经过电接触。根据金属与非金属接触势垒的不同，电接触既可以使载流子能够注入，也有可能阻挡载流子注入。电接触分为中性接触、Schottky 接触和欧姆接触三类。

中性接触时，半导体没有被掺杂，同时它本身不存在电荷，亦即不存在界面处电子向金属或者半导体的流动。另外，金属与半导体界面是纯度很高的物质，即高度清洁，表面态与块体材料内部一样，图 2.77 展示了中性电接触的几种情况。

图 2.77(a)是金属 1($M_1$)和金属 2($M_2$)没有与半导体(SC)接触时的能级分布情形，其中 $M_1$ 的功函数小于 $M_2$。当 $M_1$ 和 $M_2$ 与半导体形成中性接触并且两个电极连接在一起时，由于 $M_1$ 的功函数较小，电子能量较高，因此电子将由 $M_1$ 流向 $M_2$，直到二者的费米能级相等。结果使 $M_1$ 带正电，$M_2$ 带负电，因此半导体 SC 内部将产生由带正电荷的 $M_1$/SC 界面指向带负电荷的 SC/$M_2$ 的静电势($\phi_{BI}=\phi_{M2}-\phi_{M1}$)。一方面，$\phi_{BI}$ 使 $M_1$ 表面电子能量降低(即 $M_1$ 费米能级降低)，使 $M_2$ 表面电子能量升高(即 $M_2$ 费米能级升高)，如图 2.77(b)所示。另一方面，$\phi_{BI}$ 使两个电极之间厚度为 $d$ 的半导体内部形成内建电场($F_{BI}$)，大小为

$$F_{BI}=\frac{\phi_{BI}}{qd}=\frac{(\phi_{M2}-\phi_{M1})}{qd} \tag{2.127}$$

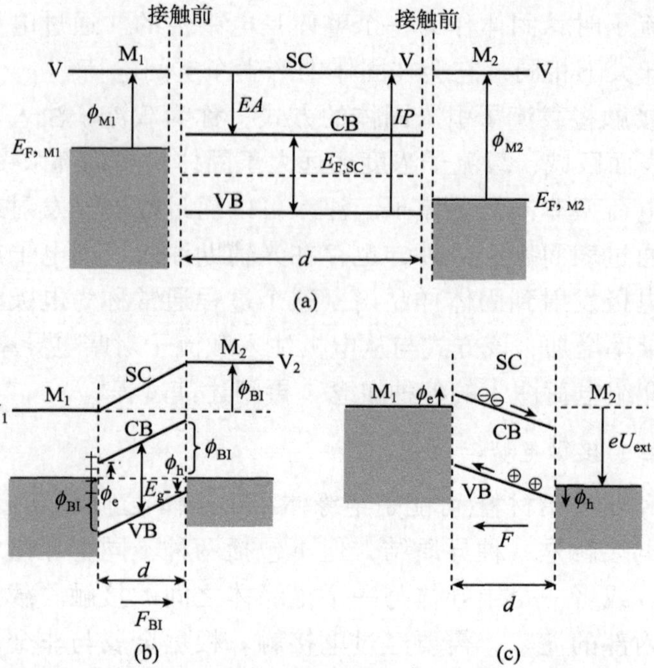


图 2.77　金属与半导体(a)未接触，(b) 发生中性接触，

(c) 发生中性接触且有电压加载时能级分布

$M_1$、$M_2$、SC 分别为金属 1、金属 2、半导体，V、$V_1$、$V_2$ 都代表真空能级，*EA* 和 *IP* 分别为电子亲和能和电离能，*d* 是半导体厚度，CB 和 VB 分别代表导带和价带，$E_g$ 是能隙，$E_F$ 是费米能级，$\phi_{BI}$ 和 $F_{BI}$ 分别是内建电势和内建电场大小，$\phi_M$ 是金属的功函数，*F* 是半导体内电场，$U_{ext}$ 是外加电压，$\phi_e$ 和 $\phi_h$ 分别为注入电子和空穴需要克服的势垒

式中，$\phi_{M1}$ 和 $\phi_{M2}$ 分别为 $M_1$ 和 $M_2$ 的功函数，$q$ 是单位电荷电量，$d$ 是半导体厚度。由于电子的势能增大方向与电势方向相反，半导体 SC 内建电场使 $M_1$/SC 界面的电子势能降低，SC/$M_2$ 界面的电子势能升高，因此半导体内部的电子能级按图 2.77(b)所示的升高模式在 $M_1$ 和 $M_2$ 之间分布。此时由 $M_2$ 向半导体的 VB 注入空穴和由 $M_1$ 向半导体的 CB 注入电子除了要克服注入势垒 $\phi_h$ 和 $\phi_e$ 外，还要克服内建电场 $F_{BI}$ 产生的电子/空穴势能($\phi_{BI}$)。因此需要施加外加电压 $U_{ext}$($U_{ext}$ 大于 $-F_{BI}d$)，如图 2.77(c) 所示，半导体内部的总电场强度为

$$F = \frac{U_{ext}}{d} - \frac{(\phi_{M2} - \phi_{M1})}{qd} \tag{2.128}$$

上述中性电接触是最理想情形，在实际中很少出现。实际情况中，当具有不同费米能级的两种材料接触时，自由载流子将从一种材料向另一种

材料流动，直到平衡条件建立为止。也就是说直到两种材料的费米能级形成一条直线，即接触界面处电子费米能级相等。这样的结果，使两个材料界面的一侧形成空间正电荷，另一侧形成空间负电荷，于是构成偶电层。偶电层产生的结果是建立了一个电场，以阻止自由载流子从一个材料至另一个材料的进一步净流动。从热力学角度讲，虽然自由电子在两个方向的流动始终存在，但是，此过程的程度很小。且达到平衡时，两个方向载流子移动在数量上相等，即在热平衡条件下统计上的净流动为零。

图 2.78(a)为金属和 n 型半导体形成电接触时，电子从 n 型半导体向金属流动而形成的偶电层分布情形。可以看出，金属表面由于电子的流入而带负电，半导体则由于电子的流出而带正电。金属内部的空间电荷(电子)是非常薄的一层，通常认为是表面上的单电荷层，该电荷与半导体内部的电荷(空穴)在数量上相等但符号相反。因为半导体中自由载流子密度比金属中小很多，这些等量的电荷在半导体内部的分布范围较宽，形成了宽度为 $W$ 的偶电层。该偶电层产生的指向金属表面的静电场，将显著改变金属表面的静电势 $\Psi$，如图 2.78(b)所示。沿 $x$ 方向远离金属表面时，静电势升高($\Delta\Psi$)，对 n 型半导体表面的电子而言能量将降低。即该偶电层使电子离开 n 型半导体表面进入真空需要的能量增加。对于金属而言，表面带负电荷的偶电层使金属表面电子的能量增加，其进入真空需要的能量减小，金属功函数减小 $\Delta\phi$，其大小可以用经典静电势理论表示

$$\Delta\phi = -\Delta\Psi = -qN\cdot\frac{\mu_{\text{mol}}}{\varepsilon_{\text{r}}\varepsilon_0} \tag{2.129}$$

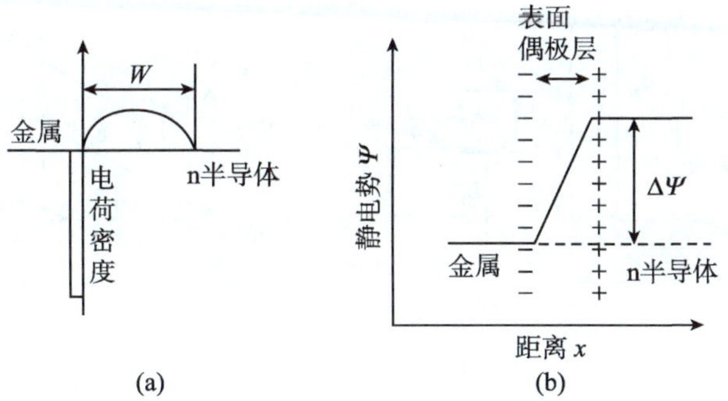


图 2.78　(a) 金属电极与 n 型半导体接触时由于半导体表面电子向金属表面的流动而产生的偶电层电荷分布：金属表面为负电荷，半导体表面为正电荷；(b) 金属电极/n 型半导体形成的界面偶极层所导致的静电势变化

式中，$N$ 为表面静电荷数量，$\varepsilon_r$ 和 $\varepsilon_0$ 分别为偶极层和真空介电常数，$\mu_{mol}$ 是垂直于表面的偶极矩大小。反过来金属表面带正电荷的偶电层将使金属表面电子能量减小，导致金属功函数增大。该部分可参考本章前面的真空能级部分(图 2.19)。

偶电层的存在，不仅影响金属功函数，同时也使电接触不再是中性接触。这种情况将产生能带弯曲及重新排列，情形如图 2.79 所示。当金属电极和半导体材料处于孤立非接触状态时，金属或者半导体中的电子受到它们自身结构产生的短程束缚力作用，电子为了离开固体进入真空必须克服很陡的势垒，大小相当于其功函数(图 2.79(a))。如果两个固体产生电接触，如图 2.79(b)所示的金属和 n 型半导体接触情形，由于半导体功函数 $\phi_s$ 小于金属的功函数 $\phi_m$，电子由电极向半导体内部注入时，必须克服或隧穿界面处的势垒，其大小可用两材料的功函数之差来估算。反过来讲，此时半导体中电子由于能量较高，将会向金属流动。在靠近两表面处将形成偶电层，如前面图 2.78 所描述。本例中金属和半导体之间偶电层产生的指向金属的接触电势，将使半导体的能带在界面处向上弯曲，形成电子进一步向金属

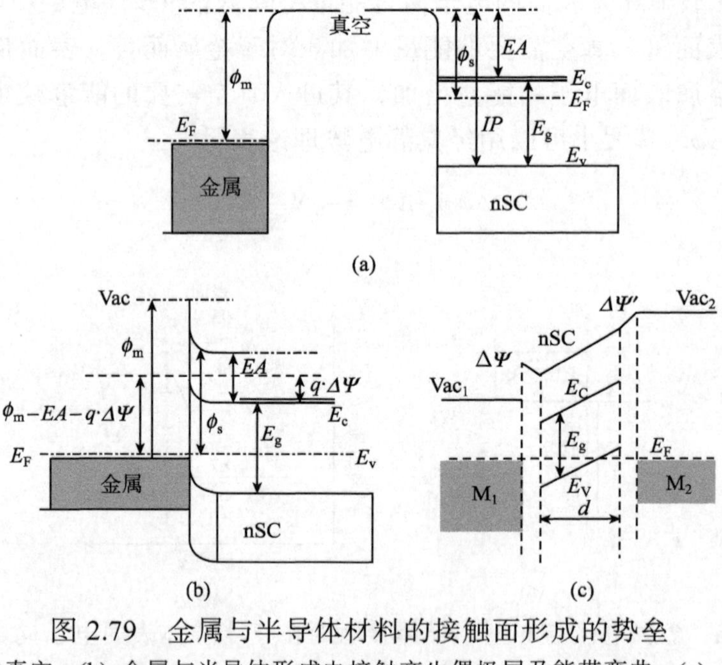


图 2.79　金属与半导体材料的接触面形成的势垒

(a) 接触面为真空；(b) 金属与半导体形成电接触产生偶极层及能带弯曲；(c) 一对电极 $M_1$ 和 $M_2$ 与半导体形成电接触，当 $M_1$ 和 $M_2$ 相互连接在一起，由于偶电层及内建电场的产生导致的能级分布(略去能带弯曲)

注入的势垒。此时，如果半导体导带底端电子离开半导体进入金属，必须具有大于或等于势垒高度为 $q\cdot\Delta\Psi$ 的能量。同样，金属费米能级上的电子若要从金属注入到半导体，必须具有大于或等于势垒高度 $\phi_m-EA-q\cdot\Delta\Psi$ 的能量，如图 2.79(b)所示。对于 n 型半导体(n-SC)夹在两个电极($M_1$ 和 $M_2$)之间产生电接触时，$M_1$/n-SC 和 $M_2$/n-SC 两个界面分别会产生一个偶电层。若将两个电极连接在一起，半导体 n-SC 内部将产生内建电场，此时的电子能级分布及界面势垒既要考虑偶电层效应，又要考虑内建电场作用，如图 2.79(c)所示。

如上所述，金属和半导体界面之间存在偶电层，导致了静电场的形成，因而界面处出现电势差，通常将之称为接触电势，有时也称为扩散电势(原因是空间电荷区的厚度通常比载流子的平均自由程大很多，所以载流子运动主要是通过扩散过程进行)。这种接触电势也称为 Schottky 势垒，它是由空间电荷偶电层形成的，其宽度和高度依赖于外加电压。然而，如果势垒高度等于或小于热能 $k_BT$，或者势垒宽度等于或小于载流子波长时，载流子可以通过量子隧道效应而贯穿，则这种势垒不会有效地起到一个势垒的作用。

非中性电接触时，通过金属/半导体界面向半导体注入载流子产生的电流-电压可分两种情况：当接触界面的电流-电压曲线表现出对称的线性特征时，该电接触为欧姆接触，否则就叫做 Schottky 接触。欧姆接触时，金属与半导体之间的接触阻抗比半导体内部的串联阻抗小很多，因此可以忽略不计。这意味着在接触处及其附近，自由载流子密度比半导体内(如体内热生载流子)要高很多。因此，接触界面可以作为载流子存储器。此时，限制电流的因素不是电接触而是半导体本身。欧姆接触并不表示半导体内部的电流特性遵循欧姆定律，只有当电压非常低，单位体积内注入的电荷远远低于材料内部通过热激发产生的本征电荷时，电流-电压才呈线性关系，电阻遵循欧姆定律。当电压增大到一定数值时，半导体由于被充电而带有过剩的电荷，于是出现空间电荷，使半导体内部的电流-电压呈现出非线性特点。当电压继续增大、半导体中电荷浓度高到与接触界面处电荷浓度接近时，界面处自由载流子的存储现象消失，半导体的电流同时与空间电荷和界面处载流子的热激发注入或者隧穿注入相关。

2. 注入限制电流(injection-limited current)

当电接触不是欧姆接触时，载流子由电极向半导体注入受到限制，此时产生的电流为注入限制电流。由于空穴和电子的注入过程类似，这里以电子注入来阐述电荷注入问题。

在外加电场作用下，半导体内可产生电势$\phi_F$，如图 2.80 所示。同时，当由金属表面向半导体 $x$ 位置注入电子后，在金属内部将产生正电荷，称为镜像电荷。这些镜像电荷会在半导体内产生镜像力及镜像电势 $\phi_{镜像}$。在金属镜像电势和外加电场的共同作用下，半导体内部产生的电势$\phi_{总}$为

$$\phi_F = qFx$$

$$\phi_{镜像} = \frac{q^2}{16\pi\varepsilon\varepsilon_0}\cdot\frac{1}{x} \tag{2.130}$$

$$\phi_{总} = \phi_F + \phi_{镜像} = qFx + \frac{q^2}{16\pi\varepsilon\varepsilon_0}\cdot\frac{1}{x}$$

也就是说，外加电场及镜像力使金属电极向半导体 LUMO 注入电子的势垒降低了$\Delta\phi = \phi_e - \phi_{总}$。实际注入势垒为$\phi_B = \phi_e - \Delta\phi = \phi_{总}$。该值在距离电极/半导体界面 $x_m$ 处具有最大值：

$$x_m = \sqrt{\frac{q}{16\pi\varepsilon\varepsilon_0 F}} \tag{2.131}$$

$$\Delta\phi = \sqrt{\frac{q^3 F}{4\pi\varepsilon\varepsilon_0}} \tag{2.132}$$

因此，如图 2.80 所示，电子由电极向半导体的注入必须至少到达 $x_m$ 位置才可以避免电子向金属的复合过程。这种由于 Schottky 效应产生的注入势垒降低($\Delta\phi$)，在典型电场强度作用下的有机半导体介质中，通常比较显著，例如，当 $F = 1$ MV/cm、$\varepsilon = 4$ 时，$\Delta\phi = 0.19$ eV，$x_m = 9.5$ Å，是不可以忽略。

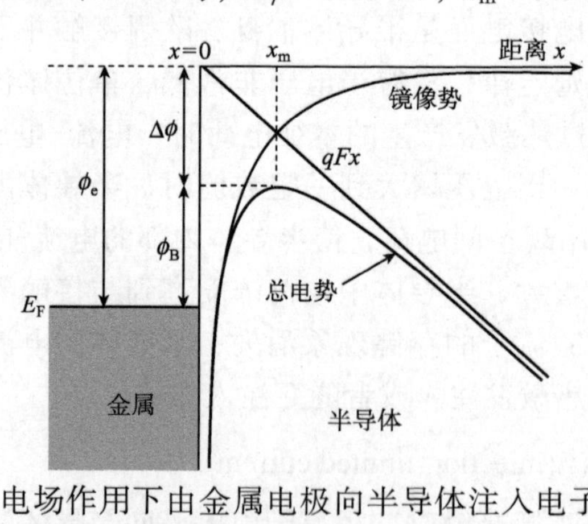


图 2.80 电场作用下由金属电极向半导体注入电子时的势垒

$\phi_e$和$\phi_B$分别为不考虑镜像力和考虑镜像力时势垒高度，$x_m$ 是势垒宽度

基于 Schottky 接触的载流子注入，将产生注入限制型电流。在注入势垒大小为$\phi_B$情形下，电子注入有两种方式：热电子注入和隧穿注入，如图 2.81 所示。

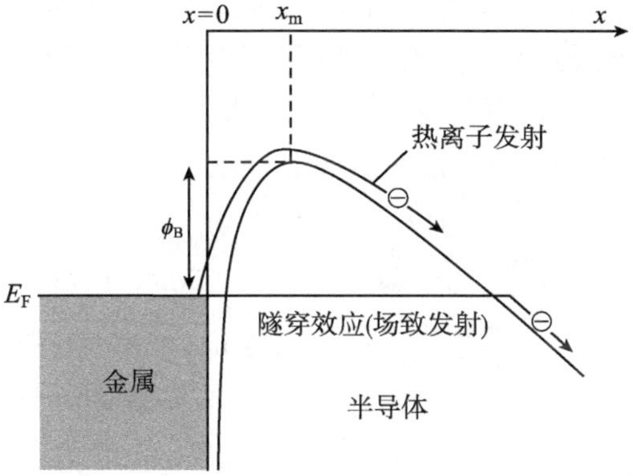


图 2.81　电场作用下考虑 Schottky 效应时，由电极注入电子的热激发注入过程和隧穿注入过程示意图

对于热电子注入，电子必须克服高度为$\phi_B$的势垒，忽略电场强度对电流的影响，此过程的电流密度由 Richardson 给出：

$$j_{RS} = A^* T^2 \exp\left(-\frac{\phi_B}{k_B T}\right) \tag{2.133}$$

式中，$A^* = 4\pi q m^* k_B^2 / h^3$，为有效 Richardson 常数，$m^*$为有效载流子质量，$q$为单位电荷电量，$k_B$为玻尔兹曼常数，$h$为普朗克常数。若假定$m^*$等于自由电子质量$m_0$，则$A^* = 120\ A/(cm^2 \cdot K^2)$。

在一个实际的 Schottky 接触中，除了热电子注入需克服注入势垒外，其注入限制电流还受电场强度影响。对于两个电极之间电压所形成的电子势能($eU$)大于室温电子热激活能($3k_BT$)情形，电场方向上电流密度由 Shockley 公式给出：

$$j = A^* T^2 \exp\left(-\frac{\phi_B}{k_B T}\right) \exp\left[\left(\frac{eU}{n k_B T}\right) - 1\right] \tag{2.134}$$

式中，$U$是电压，$n$是理想因子，理想 Schottky 势垒时$n = 1$。注入限制电流还可以根据 Richardson-Schottky 热注入理论表示为

$$j_{RS} = A^* T^2 \exp\left(-\frac{\phi_B - \beta_{RS}\sqrt{F}}{k_B T}\right) \tag{2.135}$$

式中，$F$ 为电场强度，$\beta_{RS} = (e^3/4\pi\varepsilon\varepsilon_0)^{1/2}$，$\varepsilon$、$\varepsilon_0$ 是介质和真空的介电常数，其他参数与上式相同。

对于隧穿注入，电极与半导体层的势垒形状好似一个三角形。因为势垒宽度正比于势垒高度，反比于外加电场，施加电场越大，半导体的能带倾斜越多，能带宽度越小。当电子或空穴波长大于等于势垒宽度时，电子可以无需克服势垒高度而直接穿过，这就是隧穿效应，也称为场发射注入。此过程的电流密度由 Fowler 和 Nordheim 给出：

$$j_{FN} = \frac{A^*}{\phi_B}\left(\frac{qF}{\alpha k}\right)^2 \exp\left(-\frac{2\alpha\phi_B^{3/2}}{3qF}\right) \tag{2.136}$$

式中，$\alpha = 4\pi(2m^*)^{1/2}/h$，当测量数据以 $\ln(j/F^2)$对 $1/F$ 作图得出一条直线时，说明该过程为场发射注入(隧穿)过程。

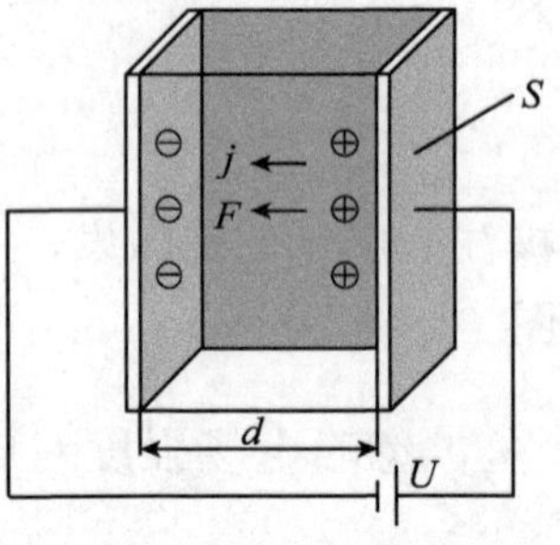

图 2.82　由相同金属电极和半导体构成的理想电路
其中，电接触为欧姆型，半导体的厚度为 $d$，金属电极的面积为 $S$，施加的电压为 $U$

3. 空间电荷限制电流 (space-charge limited current)

当材料与电极之间是欧姆接触，则电流将不再受注入限制，而是受限于固体内空间电荷的增长，因此称为空间限制电流。考虑理想电路情形，如图 2.82 所示，在半导体两端是欧姆接触的同一种电极材料，其中半导体具有较大的能隙($E_g >> k_BT$)，也就是说正电荷与负电荷的态密度之间的间隙较大。半导体内部陷阱以及在静态时被占据陷阱密度都小到可以忽略。

这样的电路可视为一个面积为 $S$、厚度为 $d$ 的电容器，其电容 $C$ 为

$$C = \frac{\varepsilon\varepsilon_0 S}{d} \tag{2.137}$$

式中，$\varepsilon_0$、$\varepsilon$ 分别表示真空介电常数以及半导体介电常数。当施加电压 $U$ 时，电容器将被充电，电量 $Q$ 及载流子密度 $n$ 为

$$Q = C \cdot U \tag{2.138}$$

$$n = \frac{Q}{qSd} = \frac{CU}{qSd} \tag{2.139}$$

电场强度可以表示为

$$F = \eta\frac{U}{d} \tag{2.140}$$

式中，$\eta$ 为前置因子。由此，我们可以得到电流密度 $j$：

$$
\begin{aligned}
j &= \sigma F = qn\mu F = q\frac{CU}{qSd}\mu\eta\frac{U}{d} \\
&= \frac{\frac{\varepsilon\varepsilon_0 S}{d}U}{Sd}\mu\eta\frac{U}{d} = \eta\varepsilon\varepsilon_0\mu\frac{U^2}{d^3}
\end{aligned}
\tag{2.141}
$$

这就是最初通过真空电子推导得到的著名 Child 定律，它描述了空间限制电流与电压的关系。与欧姆定律中电流与电压成正比、与厚度成反比的规律不同，空间限制电流与电压的平方成正比，与厚度的立方成反比。

上述表达式仅仅是理想情况下，电流–电压特性曲线，实际电路中还要考虑各种因素，尤其是陷阱能级等。在非晶态的有机固体中，电荷的传输是跃进式的、分散的。对于跃进式模式载流子传输，载流子的俘获对其迁移率的大小起决定性作用，并且，杂质和缺陷有助于载流子的俘获。通常地，杂质分子的能级与材料本身的能级是不同的，这就形成了用以俘获载流子的陷阱。例如，当杂质电离能低于材料本身的电离能时，杂质将作为空穴陷阱；当杂质电子亲合能大于材料本身电子亲合能时，杂质将作为电子陷阱。另外，分子本身的无序性也可以俘获电荷。因此电流表现形式形形色色，讨论如下。

(1) 欧姆接触电流。在极低电流时，注入载流子少得可以忽略。这时导电主要来自于材料内部可以通过热发射产生的载流子贡献。电路将呈现欧姆导电特性，电流–电压呈线性关系：

$$
j = q\mu n_0\frac{U}{d} \tag{2.142}
$$

式中，$n_0$ 是材料中的本征载流子浓度，$U$ 是电压，$d$ 是厚度。

(2) 无陷阱的空间限制电流。当电流增大时，注入载流子增多，材料内部出现了过剩电荷。当注入载流子密度大于材料本征载流子密度 $n_0$ 时，空间电荷将成为主导因素，它极大地影响材料的电流密度和内部电场。假设材料为结构规整的晶体，陷阱能级是分立的。这时，如果材料中所有载流子没有被陷阱俘获，即注入载流子全部可以移动，则无陷阱的空间限制电流(trap-free space charge limited current, TF-SCLC )可以表示为 Mott-Gurney 公式：

$$
j = \frac{9}{8}\varepsilon\varepsilon_0\mu\frac{U^2}{d^3} \tag{2.143}
$$

材料内部电场($F$)及电荷密度($n$)可以分别表示为

$$F(x)=\frac{3U}{2d}\sqrt{\frac{x}{d}},$$
$$n=\frac{3\varepsilon\varepsilon_0}{4qd^2}\sqrt{\frac{d}{x}}\cdot U=\frac{1}{2}\sqrt{\frac{d}{x}}\overline{n}\cdot U \tag{2.144}$$

式中，$U$ 是外加电压，$x$ 为材料内部与电接触的距离，$\overline{n}$ 是平均电流密度，表示为

$$\overline{n}=d^{-1}\int_0^d n(x)\mathrm{d}x=\frac{3\varepsilon\varepsilon_0 U}{2qd^2} \tag{2.145}$$

可以看出，当材料内部离开电接触时，随着距离增大，电场增强。另一个电极位置，电场强度为 $\frac{3}{2}\cdot\frac{U}{d}$，比没有空间电荷情形(即 $F=\frac{U}{d}$)大 50%。

(3) 陷阱填充的空间限制电流。如果注入载流子被能级分立的浅能级陷阱俘获，则这部分载流子将不能起到导电的作用，虽然它们仍然影响材料内建电场。该欧姆接触情况下的电流称为陷阱填充的空间限制电流(trap-filled limit current, TFLSCLC)。在陷阱被填充但没有填满的情况下，由于有效载流子迁移率减小使电流减小。当所有的浅能级陷阱都被填满时，电流的增大将与陷阱无关。以 $\Theta$ 代表自由载流子所占比例，假设陷阱能级为分立的，电流-电压曲线可以表示为

$$j=\frac{9}{8}\varepsilon\varepsilon_0\mu\cdot\Theta\cdot\frac{U^2}{d^3} \tag{2.146}$$

式中的常数 $\Theta$ 代表自由载流子 $n$ 占载流子总数($n+n_t$)的比例：

$$\Theta=\frac{n}{n+n_t}=\frac{1}{1+n_t/n}=\frac{1}{1+\frac{N_t}{N}\exp\left(\frac{E-E_t}{k_BT}\right)} \tag{2.147}$$

式中，$N_t$、$N$ 分别代表浅能级陷阱态密度、电荷输运能级态密度，$E_t$、$E$ 分别是陷阱能量、载流子能量。由公式可以看出，当被俘载流子密度为 0(无被填充的陷阱，$n_t=0$)或者陷阱全部被填充且自由载流子密度远远大于受俘载流子密度(TFL 电流，$n>>n_t$)时，$\Theta=1$，式(2.146)与式(2.143)相同。因此，此公式可视为通用空间限制电流表达式。

图 2.83 是根据公式(2.146)模拟的电流-电压曲线，其中参数的取值如下：$\mu=10^{-7}\ \mathrm{cm^2/V}$，$d=300\ \mathrm{nm}$, $\varepsilon=4$, $N=5\times10^{21}\ \mathrm{cm^{-3}}$, $E-E_t=0.5\ \mathrm{eV}$，陷阱密度为：$0\ \mathrm{cm^{-3}}$、$10^{16}\ \mathrm{cm^{-3}}$、$10^{17}\ \mathrm{cm^{-3}}$。图中当 $\Theta<<1$ 时为陷阱控制区域(电

压较小)，$\Theta\approx 1$ 时是陷阱填充极限电流区域(电流较大)。二者之间有非常明显的转变电压($U_{\mathrm{TFL}}$)，大小为

$$U_{\mathrm{TFL}}=\frac{qN_{\mathrm{t}}d^2}{2\varepsilon\varepsilon_0} \tag{2.148}$$

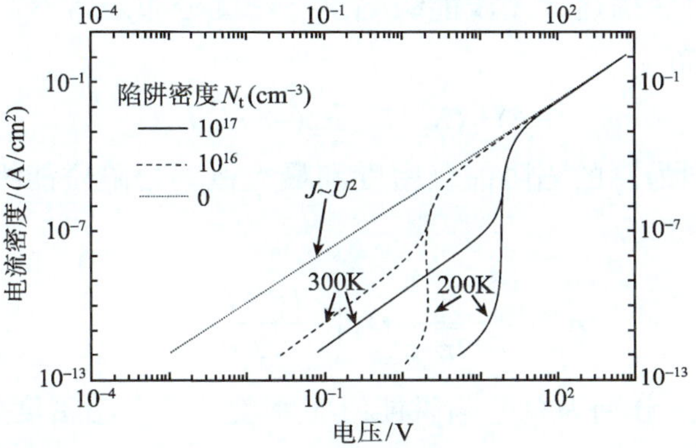


图 2.83　根据公式(2.146)模拟的电流-电压曲线

式中的参数含义同上，研究证明该模拟曲线与纯度较高的有机晶体实验 *I-U* 曲线特征相符。

根据上述模拟曲线，对于载流子迁移率为常数且存在明显分立浅能级陷阱情况，有以下结论：

(1) 有分立浅能级陷阱的材料在转变电压 $U_{\mathrm{TFL}}$ 处呈现电流增加的突变，这时所有的陷阱能级都被填充。根据该电压通过公式 (2.148)可以计算陷阱密度 $N_{\mathrm{t}}$。

(2) 由于电流和电压始终都是受限的，转变电压不一定会在实验中观测到。这时，只能获得有效迁移率$\mu_{\mathrm{eff}}$。通过陷阱完全填充区域(TFL电流)获得迁移率是不可能的。

(3) 如果转变电压与电路的内建电场电压 $U_{\mathrm{BI}}$ 接近，模拟将与实际情况不符，因为该模型忽略了扩散电流。由于 $U_{\mathrm{TFL}}$ 与 $d^2$ 成正比，材料厚度对转变电压大小起决定性作用。因此，可以通过改变厚度，使实验电压范围适合于确定 $U_{\mathrm{TFL}}$(即使 $U_{\mathrm{ext}}-U_{\mathrm{BI}}>>k_{\mathrm{B}}T$)。厚样品中载流子陷阱显著，比较适合用于该过程的模拟。

(4) 当电压大于转变电压后，曲线特性与无陷阱填充的 TF-SCLC 特征相同，因此，仅仅根据 $j\propto U^2$,不能确定材料中有没有陷阱能级。

4. 陷阱电荷限制电流(TCLC)

在较大电流且浅能级陷阱不是分立而是有一定的能量分布情形下(即无序材料)，上述针对分立浅陷阱能级的电流–电压特性不能适用。在无序薄膜中，载流子迁移率通常随电场变化，陷阱能级也不再是分立的，而是有一定的能量分布。描述无序浅能级陷阱态密度分布通常有以下两种模式。

1) 指数分布

$$G(E)=(N_t/E_t)\exp(-E/E_t) \tag{2.149}$$

式中 $N_t$、$E_t$ 分别为总的陷阱能级密度和最大概率处陷阱能级。

2) 高斯分布

$$G(E)=\frac{N_t}{\sqrt{2\pi}\cdot\sigma}\exp\left(-\frac{(E-E_t)^2}{2\sigma^2}\right) \tag{2.150}$$

式中，$N_t$、$E_t$、$\sigma$ 分别为总的陷阱能级态密度、最大态密度处陷阱能量及能级的高斯宽度。

上述两种形式的陷阱能级分布中，都满足：

$$\int_0^\infty G(E)\mathrm{d}E=N_t \tag{2.151}$$

对于指数分布的陷阱能级，近似的解析解如下：

被填充陷阱概率　$$n_t=N_t\left(\frac{n}{N}\right)^{1/l} \tag{2.152}$$

电场强度　$$F(x)=\frac{2l+1}{l+1}\cdot\frac{U}{d}\left(\frac{x}{d}\right)^{l/l+1} \tag{2.153}$$

自由载流子密度　$$n(x)=\frac{\bar{n}}{l+1}\cdot\left(\frac{x}{d}\right)^{l/l+1} \tag{2.154}$$

电流密度　$$j=q\mu N\left(\frac{2l+1}{l+1}\right)^{l+1}\left(\frac{l}{l+1}\cdot\frac{\varepsilon\varepsilon_0}{qN_t}\right)^{l}\cdot\frac{U^{l+1}}{d^{2l+1}} \tag{2.155}$$

上述各式中，$n$、$n_t$ 分别为自由载流子和束缚载流子密度，$N$ 为传输电荷能级的态密度，$l=E_t/k_BT>1$，$U$ 是外加电压，$d$ 为无序薄膜厚度，$x$ 是无序薄膜距离注入电极的距离。在电流表达公式中，有如下特点：

① $J$–$U$ 曲线遵循密次方规律，且比 TF-SCLC 的 $J$–$U$ 曲线陡；

② 当存在被俘载流子时，厚度对电流密度的影响比没有被俘载流子时更大，并且温度越低($l$ 较大)影响越大；

③ 在电流–电压呈密次方关系范围内，陷阱被填充，但是填充的概率不是很大。此时电流受限于浅能级陷阱中受俘的电荷，故而称为陷阱电荷限制电流(trap-charge-limited current，TCLC)。

对于高斯分布的陷阱能级，其电流密度的解析解只对深能级陷阱有效，表示为

$$j = q\mu N\left(\frac{2m+1}{m+1}\right)^{m+1}\left(\frac{m}{m+1}\cdot\frac{\varepsilon\varepsilon_0}{q^m N_t'}\right)\frac{U^{m+1}}{d^{2m+1}} \tag{2.156}$$

式中，$N$ 为电荷输运能级的态密度，$m=\left(1+\frac{2\sigma^2}{16k_B^2T^2}\right)^{1/2}$，$N_t'=\frac{N_t}{2}\exp\left(\frac{E_t}{mk_BT}\right)$。

图 2.84 中，在选取各参数时，尽量使 300 K 下各种模型的模拟结果相同。可以看出，300 K 时不同的模型可以得到相同的结果，因此，通过一定温度下模拟很难分辨出电路中的陷阱类型。只有将温度在很大的范围内变化，将实验结果与模拟曲线进行比较，才可以确定陷阱类型。

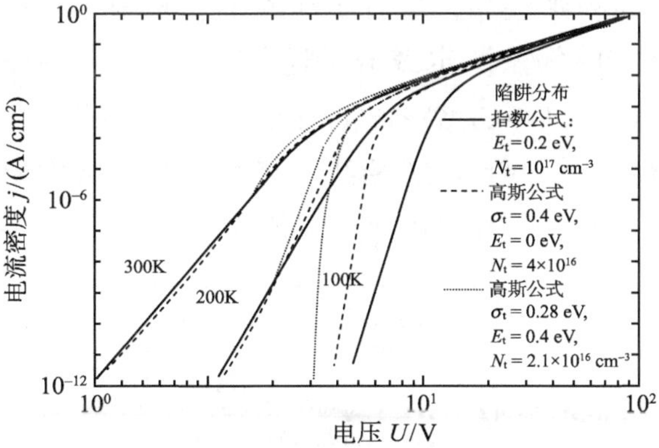


图 2.84　材料中陷阱能级为指数分布和高斯分布时，模拟的电流–电压曲线特性

参数取值：$\mu = 10^{-5}$ cm$^2$/(V·s)，$\varepsilon = 4$, $d = 300$ nm, $N = 2\times10^{21}$ cm$^{-3}$，陷阱能级参数示于图上

实际情况下，不仅仅陷阱能量有一定分布，载流子迁移率也将随电场强度的不同而变化。因此，进行电流密度等公式的解析求解非常困难。但是，由于厚度对电流密度影响很大，可以通过电流密度与薄膜厚度的依赖关系来确定电流类型以及接触是否为欧姆接触，特点如下。

(1) 注入限制型。由于电接触不能够提供足够多的载流子来建立空间电荷，因此材料内部的电场强度将不随距离变化，$F(x) = F = U/d$。这时，注入电流决定电场强度，因此无需考虑注入细节，一定电场下的电流密度将

不随材料厚度的变化而变化。

(2) 无受俘载流子或者陷阱全部填充时的空间限制电流(TF-SCLC 或 TFL)。该情况下为欧姆接触，接触界面的空间电荷将限制电流大小。由式(2.143)知，$j = f(U/d)/d$，因此当电场强度为常数时，电流 $j(\bar{F}=\text{常数}) \propto d^{-1}$。这就意味着，在一定平均电场下，电流密度与材料厚度成反比。

(3) 含有无序陷阱的陷阱电荷限制电流(TCLC)。对于指数或者高斯分布的陷阱，有 $j \propto \bar{F}^{l+1}/d^{l}$。因此，当 $l>1$时, $j(\bar{F}=\text{常数}) \propto d^{-l}$。由此看出，在一定平均电场强度下，电流密度将与材料厚度成密次方反比关系。

### 2.5.7　载流子注入效率

为了研究注入电极和半导体之间接触界面性质，注入效率($\eta$)的概念被提出，可表示为[56]

$$\eta = \frac{\text{单一载流子注入电流}}{\text{空间限制电流}} \tag{2.157}$$

$\eta \approx 1$，说明界面为欧姆接触，载流子注入不受限制。计算 $\eta$ 方法包括三个步骤：① 利用飞行时间法测定载流子迁移率$\mu$；② 利用得到的$\mu$值，根据无陷阱空间限制电流(TF-SCLC)公式(2.143)计算，得 $j$–$U$ 曲线；③ 制备单一载流子注入器件，并测量 $j$–$U$ 曲线。将②与③的结构相比，即可得出不同电压下的 $\eta$ 值，图 2.85 为该几种空穴传输材料的注入效率研究例子。图

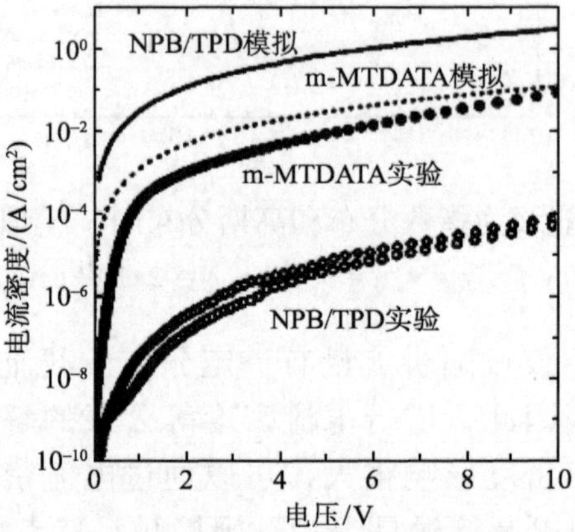


图 2.85　注入效率研究实例

空穴注入器件 $j$–$U$ 特性：黑色圆点为 m-MTDATA，空心圆圈为 NPB，空心菱形为 TPD；以及根据 TF-SCLC 公式计算的 $j$–$U$ 曲线：虚线为 m-MTDATA，迁移率取值为 $3\times10^{-5}$ cm$^2$/(V·s)，实线为 NPB 和 TPD，迁移率取值为 $10^{-3}$ cm$^2$/(V·s)[56]。

中显示，m-MTDATA 空穴注入器件的电流特性与空间限制电流的计算比较相符，$\eta \approx 1$，电极与 m-MTDATA 之间可视为欧姆接触；而 NPB 和 TPD 空穴注入器件的电流低于理论计算几个数量级，$\eta << 1$，电极与这些材料的接触不是欧姆接触，电流受限于注入。

### 2.5.8　载流子输运的两种极限模式

通过以上讨论，我们知道，固体材料中，载流子可以通过注入、激发或其他方式而产生。以材料为载体的载流子不是静止的，而是运动的。不同材料中，由于能级结构的不同，其载流子的运动规律也不同。基于固体材料，有两种极限载流子输运模式：能带型输运和跃进型输运。如图 2.86 所示，讨论见下。

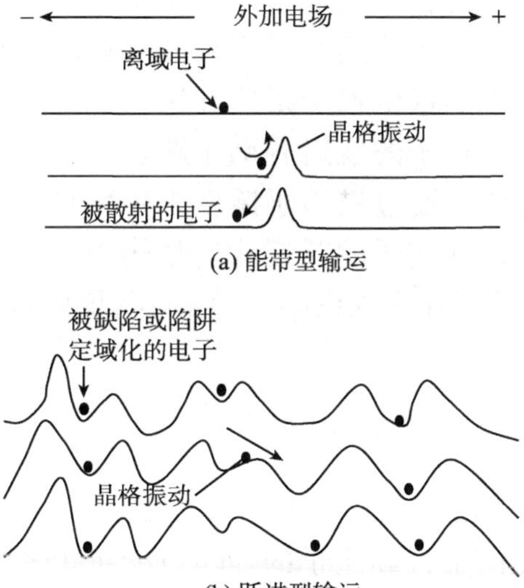


图 2.86　固体中载流子输运机制

1. 能带型输运

能带输运模式指的是宽能带体系中具有较大自由程的高离域性的平面波运动。能带输运的条件是，电荷与晶格声子之间的相互作用很小，且能带的宽度($W$)足够大，满足测不准原理[57]：

$$W > \frac{\hbar}{\tau} \tag{2.158}$$

式中，$\tau$ 是电荷在两次被散射之间的弛豫时间，$\hbar = h/2\pi$。以能带输运模式主导的材料中，载流子迁移率可高达 1000 $cm^2/(V \cdot s)$，这种运动方式通常见于完美的晶体。实际晶体中存在晶格振动和声子发射，可导致载流子散射，并降低迁移率。因此，降低温度会提高载流子迁移率，即能带型输运的载流子迁移率随温度的升高而降低，其温度依赖关系可表达为

$$\mu \propto \frac{1}{T^n} \tag{2.159}$$

式中，$n > 1$，$T$ 为温度。能带型输运方式可见于 Ge 中的空穴输运。Ge 的价带宽度很宽，约为 3 eV, 空穴的散射时间很长(约 $10^{-3}$ s)，自由程可达 1000 Å (在 300 K), 远远大于两个相邻 Ge 原子之间的距离 2.45 Å。

2. 跃进型输运

该模式描述的是高度定域的、从一点到另一点的跃进式运动。其特征是电子或空穴在分立的能级之间发生非相干跳跃，且在每一点上都会受到散射。这种模式中，载流子输运在很大程度上取决于材料的分子结构和形貌。载流子迁移率大小不仅依赖于杂质和缺陷，还依赖于过剩的载流子与晶格声子的相互作用。声子的发射有助于跃进过程，它为跃迁过程提供了必要的激活能，即载流子通过被声子激发来克服势垒后从一个分子跃进到另一个分子。因此说，载流子的跃迁输运是热激活方式的。与能带输运不同，跃迁输运的载流子迁移率很低($\mu$<<1)，且其值随温度的升高而增加，温度的依赖关系为

$$\mu \propto \exp\left(-\frac{E}{k_B T}\right) \tag{2.160}$$

式中，$E$ 为活化能，$k_B$ 是玻尔兹曼常数，$T$ 是温度。

在非晶态有机固体中，载流子的传输以跃进模式为主。这是由于有机材料能级的定域性决定了载流子输运的定域性，即电荷运动以定域的态与态之间跃进为特征，同时，载流子在每一次运动中都会受到散射。更进一步，在有机固体中，晶格不规则，存在许多有助于俘获载流子的态，即陷阱，如杂质和晶格缺陷等。陷阱限制了载流子的运动，同时，也使载流子的运动规律更加复杂。总之，有机非晶态材料的电荷传输特性取决于它们的电子结构、温度、运动方向和外加电场，同时受控于杂质、缺陷和材料本身的无序性等。

### 2.5.9 非晶(无序)有机材料中载流子迁移率的理论模型

研究发现，有机晶体中载流子的迁移率通常在 $10^{-2}$~1 $cm^2/(V·s)$，其瞬

态光电流表现出非离散特征，且对温度的依赖性较小($\mu \propto T^{-n}$, $0<n<2$)。因此，通常认为有机晶体中载流子的输运模式介于能带输运和跃进输运之间，这与无序有机材料中载流子的输运模式很不相同。无序有机材料中，载流子主要以离子自由基的形式存在，其中的空穴对应于分子的阳离子自由基，电子对应于分子的阴离子自由基。广为接受的理论认为，无序有机材料中载流子以跃进方式输运为主，即在无序有机材料中电荷传输表现为分子间的氧化还原。可形象地解释为电子的输运是从阴离子自由基向中性分子的最低空置轨道(LUMO)转移电子的过程；相应地，空穴的输运是从中性分子的最高占据轨道向阳离子自由基转移电子的过程。在无序有机材料中，载流子的输运通常具有如下特征：① 瞬态光电流通常是离散型的，迁移率很小，在 $10^{-7}$~$10^{-5}$ $cm^2/(V·s)$。但是研究发现，一些迁移率较高的无序有机材料($10^{-4}$~$10^{-2}$ $cm^2/(V·s)$)的瞬态光电流也可以表现出非离散特征。② 无序有机材料中电荷输运表现为热激活方式，因此载流子迁移率大小依赖于温度。③ 无序有机材料的载流子迁移率具有很大的场强依赖性。

描述非晶有机材料中载流子迁移率的模型主要有：Poole-Frenkel 表达式、温度依赖模式、活化能模式和 Gaussian 无序模式。下面分节讲解。

1. 迁移率与电场强度关系

材料中载流子迁移率($\mu$)随电场强度($F$)的变化可用 Poole-Frenkel 表达式(PF 模式)来描述：

$$
\begin{aligned}
\mu(F,T) &= \mu_0 \exp\left(-\frac{\beta_{\mathrm{PF}}}{k_{\mathrm{B}}T}\sqrt{F}\right) \\
\mu(F,T) &= \mu_0 \exp\left(-\sqrt{\frac{F}{F_0}}\right)
\end{aligned} \tag{2.161}
$$

式中，$\mu_0$、$\beta_{\mathrm{PF}}$和 $F_0$ 都是具有不同活化能的温度依赖参数，$\mu_0$ 为低电场下的迁移率，$\beta_{\mathrm{PF}}$和 $F_0$ 可在温度为常数时以 $\log\mu$ 对 $F$ 作图获得。PF 模式描述了在电场形成的库仑势中，载流子激发能的降低情形，并假设电荷的分离全部发生在与电场一致的方向。该效应与 Schottky 效应类似[58]，都假设载流子与电极之间的作用可以降低载流子由电极注入的势垒。虽然它可以预测迁移率对场强的依赖关系，但是 PF 模式与有机材料的实际情形有明显的差异。第一，模式中假设载流子的离域性，这与大多数有机半导体中载流子的定域性不符。第二，模式中要求库仑中心具有较高的电荷密度，在有机材料中没有类似的电离中心。因此，PF 模式不是十分适合有机材料体系。

2. 迁移率与温度关系

如前所述，温度对迁移率的影响，在能带输运模式和跃进输运模式下很不相同。与能带输运模式下载流子迁移率随温度升高而降低情形不同，在以跃进模式为主的无序材料体系中，温度的升高可以使载流子克服移动势垒，对载流子输运起活化作用，因此温度的升高通常导致载流子迁移率的提高。迁移率与温度关系通常被描述为 Arrhenius 类似方程：

$$\mu=\mu_0\exp\left(-\frac{\Delta}{k_{\mathrm{B}}T}\right) \tag{2.162}$$

式中，$\mu_0$ 为前置因子，$\Delta$ 是活化能。材料体系的无序性越高，所需活化能也就越大。例如：对于迁移率在 $10^{-5}$~$10^{-4}\mathrm{cm}^2/(\mathrm{V\cdot s})$范围和迁移率为 0.1 $\mathrm{cm}^2/(\mathrm{V\cdot s})$下，P3HT (poly-3-hexylthiophene)的活化能分别为 0.13eV 和 0.02~0.04 eV[59]。显然，对于同一材料，无序性越大，载流子的迁移率将越小。

与式(2.162)不同，在高斯无序模式中，温度对载流子输运的活化作用表达为

$$\mu=\mu_0\exp\left(-\left(\frac{T_0}{T}\right)^2\right) \tag{2.163}$$

式中，$T_0$ 是描述材料中能量无序性的参量。

式(2.162)和式(2.163)都能够较好地模拟无序体系中载流子迁移率与温度的关系。

3. 活化能模式

1972 年，W. D. Gill 根据研究认为[60]：① 载流子在材料中的迁移需要一个活化过程；② 活化能有电场依赖性，电场增加，活化能降低；③ 迁移率数值在一个有限温度范围，可外插至一个截距。据此，活化能模式包括了温度活化和电场活化两种作用，表达式为

$$\mu=\mu_0\exp\left[-\frac{\Delta E_{\mathrm{a}}}{k_{\mathrm{B}}T}\right]\exp\left[\beta\sqrt{F}\left(\frac{1}{k_{\mathrm{B}}T}-\frac{1}{k_{\mathrm{B}}T_0}\right)\right] \tag{2.164}$$

式中，$\mu_0$ 是迁移率前置参数，$\Delta E_{\mathrm{a}}$ 是活化能，$\beta$是场依赖因子，$F$ 是电场场强，$T$ 是温度，$k_{\mathrm{B}}$ 是玻尔兹曼常数，$T_0$ 是场强依赖消失时的温度。该公式得出的迁移率前置参数 $\mu_0$ 有较好的合理性，如 W. D. Gill 等得到的不同 2,4,7-三硝基-9-芴酮 (2,4,7-trinitro-9-fluorenone， TNF) 与聚烯咔唑 (poly-*n*-

vinylcarbazole, PVK)组分的迁移率前置参数在 $10^{-4}$~$10^{-2}$ $cm^2/(V·s)$ 范围内。

L. Shein 等[61]在研究空穴迁移率时，得出另一种活化能模式表达式：

$$\mu(E,T) = \mu_0 \exp\left[-\left(\frac{T_0}{T}\right)^2\right]\cdot\exp\left[-F^{1/2}\left(\frac{\beta}{T}-\gamma\right)\right] \tag{2.165}$$

式中，$\beta$ 与 Poole-Frenkel 表达式中含义相同，$\gamma$ 为经验参数。

4. 高斯无序模式(GDM)

高斯无序模式，也称为 Bässler 模式。它假设输运电荷的简并能级分裂为定域态，这些定域态能级服从高斯分布：

$$g(E) = \frac{1}{\sqrt{2\pi\sigma^2}}\exp\left(-\frac{E^2}{2\sigma^2}\right) \tag{2.166}$$

这意味着所有态都是定域化的，且相互间作用力也很弱，如图 2.87 所示。态密度的高斯形状没有确定的依据，只是受材料吸收光谱的高斯轮廓，以及极化能的随机分布特性和相互关联性的启发。式(2.166)中，能量 $E$ 是态密度的中心位置，$\sigma$代表能量的无序性，称为高斯宽度。能量无序性($\sigma$)来自于晶格极化能的波动，该无序性也称为对角无序性(diagonal disorder)，主要反映了定域能态的能量波动。

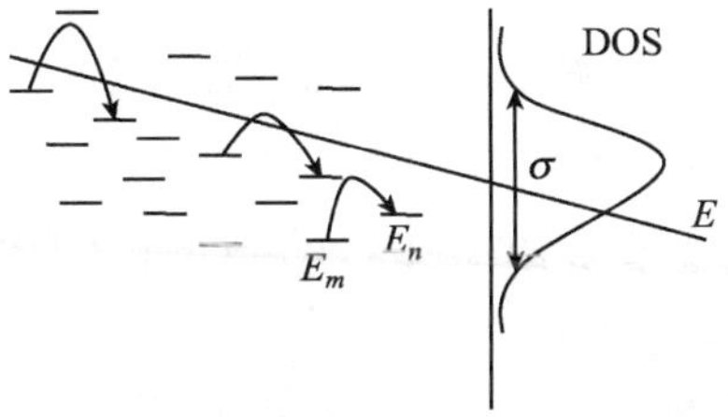


图 2.87　载流子的高斯无序跃进模式

左侧代表载流子在无序有机材料中各个能级之间的跃进，$E_m$、$E_n$ 代表材料中的分立能级。右侧代表能量为 $E$ 的能级态密度的高斯分布：$E$ 是态密度的中心位置，$\sigma$ 代表高斯宽度

在高斯无序模式下，跃进可被假设为由态 $m$ 到态 $n$ 的 Miler-Abrahams 型运动，跃进速率为：

$$\begin{aligned} v_{mn} &= \upsilon_0 \exp(-2\gamma\Delta R_{mn})\exp\left[-\left(\frac{E_n-E_m}{k_B T}\right)\right], E_n > E_m \\ v_{mn} &= \upsilon_0 \exp(-2\gamma\Delta R_{mn}), E_n < E_m \end{aligned} \tag{2.167}$$

式中，$v_{mn}$ 代表跃进速率，$v_0$ 是频率参数，$2\gamma\Delta R_{mn}$ 是重叠积分参数，通常假定该重叠积分符合高斯统计分布，其宽度为$\Sigma$。重叠积分的分布称为非对角无序性(non-diagonal disorder)，指的是相邻分子之间相互作用强度的波动。$\Delta R_{mn}=|R_m-R_n|$是两点之间的距离，$E_m$ 和 $E_n$ 是 $m$ 和 $n$ 两点的态密度最大时的能量，$T$ 是温度，$k_B$ 是玻尔兹曼常数。上式假设当 $E_n < E_m$ 时，玻尔兹曼跳跃概率是 1。由高能级向低能级的跃进由于能级的匹配，而没有阻力。Miller-Abrahams 表达式是基于声子近似,并隐含能量降低方向的跃迁不会受到电场的加速。同时极化效应也被忽略，即认为电子–声子的耦合很弱。

但是，在无序有机体系中，态密度的高斯分布阻碍了跃进输运问题的封闭式求解。于是，Monte Carlo 模拟被用来解决具有不同复杂程度的跃进[62,63]。将具有$\sigma$宽度的高斯分布指定为一个立方晶，几何的无序性被指定为波函数重叠的随机波动参数$\Gamma_{mn}=2\gamma a$，$a$ 是两点之间的平均距离。基于此，高场下($10^6$ V/cm)及 $T<T_g$时($T_g$是玻璃化转换温度)，载流子迁移率公式为[59]

$$\Sigma \geqslant 1.5\text{时},\ \mu=\mu_0\exp\left[-\left(\frac{2\sigma}{3k_BT}\right)^2\right]\exp\left\{c\sqrt{F}\left[\left(\frac{\sigma}{k_BT}\right)^2-\Sigma^2\right]\right\}$$

$$\Sigma<1.5\text{时},\ \mu=\mu_0\exp\left[-\left(\frac{2\sigma}{3k_BT}\right)^2\right]\exp\left\{c\sqrt{F}\left[\left(\frac{\sigma}{k_BT}\right)^2-2.25\right]\right\} \tag{2.168}$$

式中，$\mu_0$ 是与分子轨道重叠有关的参数，可视为在没有能量无序性条件下或者在无穷大温度下的迁移率。$c$ 是假设两点之间的距离为 0.6 nm 时的经验常数，值为 $2.9\times10^{-4}$ $(\text{cm}\cdot\text{V})^{1/2}$。变量$\sigma$表示高斯态密度的宽度，即能量无序性(对角无序性)，$F$ 代表电场强度。$\Sigma$是描述无序性的参数，对应于相邻分子相互作用强度的波动。

上述公式表达的是载流子在高斯态密度下，窄电场强度范围内、电场强度很高的情况下($10^6$ V/cm)，载流子跃进规律。实验中需要考虑材料中长距离的电荷偶极–偶极相互作用等。S. V. Novikov 等[64]提出了根据经验得出的相关高斯无序模型(correlated Gaussian disorder model，CDM)：

$$\mu=\mu_0\exp\left\{-\left(\frac{3\sigma}{5k_BT}\right)^2+0.78\left[\left(\frac{\sigma}{k_BT}\right)^{3/2}-2\right]\sqrt{\frac{qaF}{\sigma}}\right\} \tag{2.169}$$

式中 $a$ 代表两点之间的平均距离。P. W. M. Blom 和 M. C. J. M. Vissenberg 观测到在非均质模式下迁移率对温度的依赖服从 CDM 而不是 GDM[65]。

### 2.5.10　导电有机材料

1. 有机小分子半导体材料

具有共轭结构的有机小分子可视为一类有机半导体材料，代表性结构见图 2.88。有机材料具有性能容易调制的特点，通过分子设计可以改变材料的能隙和能级，以及材料载流子传输特性(如 p 型，n 型或者双极性)等。一般地，有机共轭分子通过强吸电子基团的取代可转变为 n 型半导体；而通过强推电子基团的取代可使分子具有 p 型半导体性质。

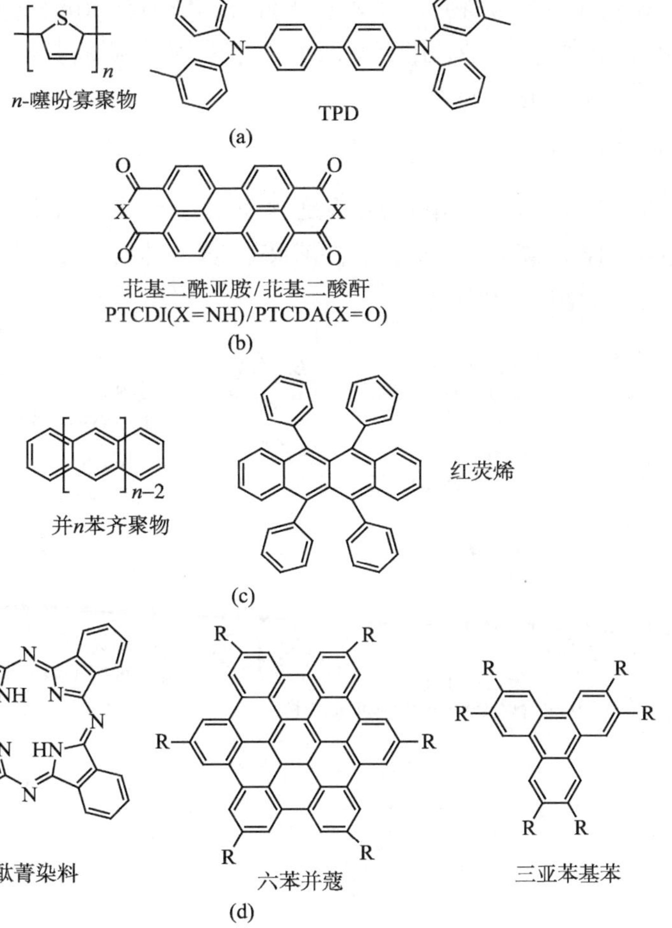


图 2.88　典型小分子半导体材料分子结构

图 2.88 中所示的材料中：(a) 噻吩齐聚物(oligothiophene)和三芳基胺(tertiary amine，如 TPD)是典型的 p 型半导体。人们对噻吩齐聚物导电性质

的研究可以追溯到早期有机场效应晶体管的出现，很多噻吩齐聚物的晶体结构以及薄膜堆积情况都得到了深入的研究(参见场效应晶体管章节)。三芳基胺衍生物是最著名的空穴传输材料，被广泛应用于静电复印/有机电致发光。(b) 苝基二酰亚胺/苝基二酸酐(PTCDI/PTCDA)衍生物是优良的 n 型有机半导体材料，在早期的研究中就已经被应用于有机太阳能电池。(c) 线性稠环碳氢化合物(oligoacene)是最早被研究和应用于电子器件中的有机半导体材料之一，其中的并五苯和并四苯受到的关注最多。近年来，发现并四苯衍生物红荧烯(rubrene)具有优异的半导体特性。(d) 二维盘状分子，如三亚苯(triphenylene)衍生物、六苯并蔻(hexabenzocoronene)衍生物、酞菁(phthalocyanine)衍生物等，由于可以形成准一维堆积而具有一维载流子传输特性，表现出优良的导电性。

2. 导电聚合物

构成导电聚合物中的单体通常是含有五个或者六个碳原子的环状共轭体系，包括吡咯、噻吩、苯乙烯、苯胺、芴、咔唑等，以及其衍生物，它们的化学结构如图 2.89 所示。

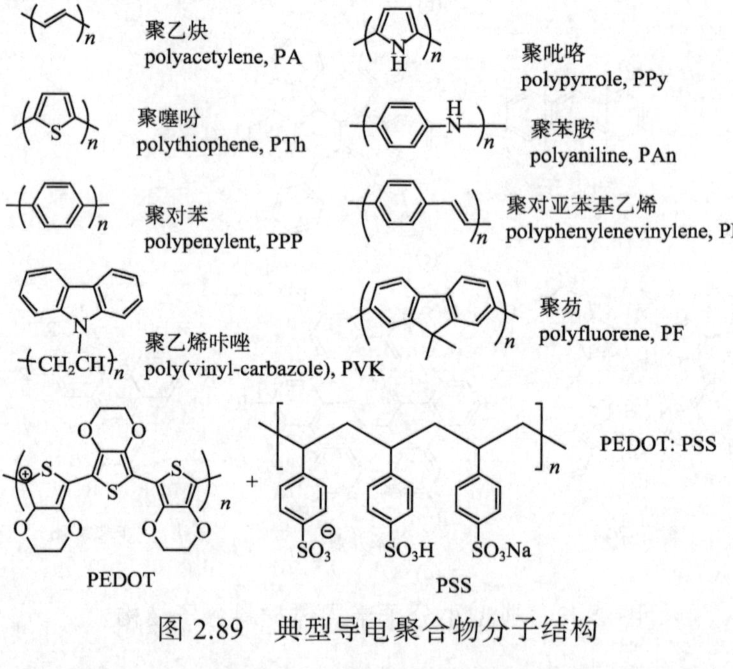


图 2.89　典型导电聚合物分子结构

掺杂可以显著增加聚合物的导电性，如掺杂聚乙炔的电导率可达 $10^3$~$10^5$ S/cm，但是掺杂聚乙烯有稳定性较差的缺点。其他聚合物的导电性虽然比聚乙炔低(电导率在 $10^0$~$10^3$ S/cm)，但是它们有高热稳定性、易加工等优点。聚(3,4-二氧乙基噻吩)：聚(对苯乙烯磺酸)] PEDOT:PSS,[poly (3,4-ethylene- dioxythiophene): poly(styrenesulfonate)是有机电子器件中最常用的导电聚合物，稳定性很好。它是一种基于噻吩导电的水溶性混合体系，如图 2.89 所示[66]。PEDOT:PSS 的电导率通常在 10~$10^2$ S/cm，可作为阳极 ITO 上面的修饰层，用来增加阳极与有机薄膜材料的附着力，增加阳极的表面平整度，以及减少电极与有机薄膜之间的注入势垒。当然，有机材料的掺杂与无机半导体的不尽相同。主要的区别在于既使进行了掺杂，有机材料中也不存在过剩载流子，载流子的形成依赖于电场注入。在掺杂浓度方面，无机半导体中掺杂浓度很低，在百万分之一量级；而有机物中，掺杂的浓度较高，在 1%~5%。

3. 电荷转移导电体系

除了小分子和聚合物，第三类主要的导电有机材料是电荷转移体系。这类材料体系必须同时具有部分地给出电子和接受电子的特性。电子从给体完全转移给受体，得到的将是一个绝缘体。例如，钠原子转移一个价电子到氯原子上，形成的氯化钠，即为绝缘体。如果给体分子与受体分子的比例不是 1:1，而是按照化学量为 1:2、2:3 等将它们混合，或者给体与受体之间的电荷转移是不完全的，则体系就有可能导电。图 2.90 是典型的基于电子转移机制的有机导电体系。

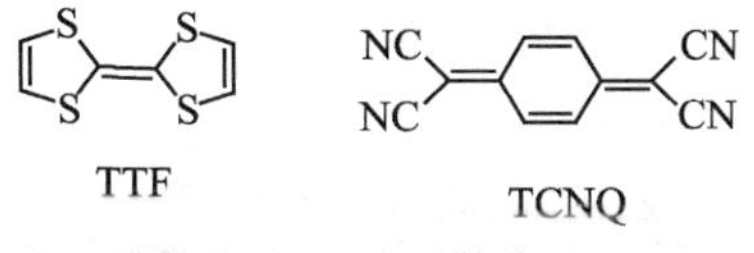


(a) 给体分子TTF和受体分子TCNQ

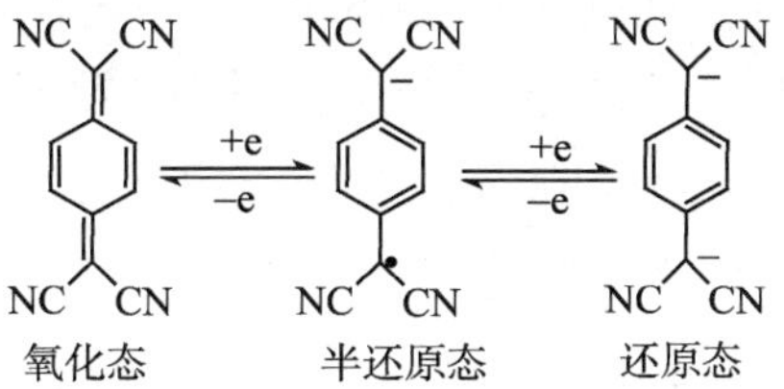


(b) TCNQ接受电子的过程

图 2.90　基于电子特移机制的有机导电体系

图 2.90(a)所示为最著名的给体–受体体系：TTF-TCNQ 体系(tetrathiafulvalene-tetracyanoquinodimethane)。1:1 的 TTF-TCNQ 盐在室温下具有很高的

电导率($5\times10^2$ S/cm)，当温度低至 54 K 时，体系可以表现出金属特性。TCNQ 是非常强的电子受体，它接受一个电子后，形成稳定的阴离子自由基，再接受第二个电子形成二价阴离子，如图 2.90(b)所示。半还原性的阴离子自由基 TCNQ 可以稳定存在，甚至比中性分子 TCNQ 稳定。TCNQ 阴离子自由基中，除了氰基的 sp 杂化，其他碳原子都是是 $sp^2$ 杂化。因此整个分子是一个平面型的共轭体系。TCNQ 的亚甲基自由基中的自由基电子，一方面由于可以在整个分子上离域得到稳定，另一方面极强吸电子特性的二氰基取代也对该自由基电子起了很大的稳定作用。由于可离域单电子的存在，使阴离子自由基 $TCNQ^{-}$ 表现出优良的导电性。当离子自由基 $TCNQ^{-}$ 再获得一个电子后，二氰基甲烷基团中甲烷碳原子将转换为 $sp^3$ 杂化，体系的共轭程度降低。两端的二氰基吸电子基团，由于不再与苯环共轭，对共轭体系的作用也大大减小。由于，电荷完全转移的 TCNQ 二价阴离子既没有未配对的单电子，分子的共轭性也降低，因此不具备导电性。TCNQ 不但可形成典型的电荷转移复合物，还能形成真正的离子自由基盐。例如，式(2.170)表示的碘化锂与 TCNQ 发生一个电子转移的反应：

$$\mathrm{TCNQ+LiI \Leftrightarrow Li^{+}TCNQ^{-\cdot}+\frac{1}{2}I_2} \tag{2.170}$$

即在 TCNQ 溶液中加入碘化锂，会形成 TCNQ 阴离子自由基碘盐。除去碘沉淀，TCNQ 盐可以结晶析出。该晶体的电导率大约为 $10^{-5}$ S/cm。这里，碘单质转移一个电子给 TCNQ 分子而形成离子自由基。

4. 碳基导电材料

碳基材料中，除了具有共轭结构的聚合物和小分子具有导电性外，纯粹由碳原子组成的石墨、富勒烯碳纳米管和石墨烯等也具有导电性。作为一种导电活性材料，碳原子的电子结构的确比较独特，有很高的灵活性。例如，由纯粹碳原子组成的金刚石，由于碳原子以 $sp^3$ 杂化，结构中没有可以离域的共轭电子，是不导电的绝缘体。而其他含有 $sp^2$ 杂化轨道的纯粹碳基材料中，相邻原子之间通过杂化轨道形成非常稳定的σ键，而垂直于σ键的未杂化 $p_z$ 轨道通过肩并肩重叠形成共轭π结构，产生离域电子，使材料表现出导电性。

与其他的 IV 主族元素不同(如硅、锗)，碳原子除了 2 个球形的 1s 电子外，不再含有任何非活性电子，使得最外层的 s 与 p 轨道的杂化非常有效，可以存在不同的杂化形式，如 $sp^3$、$sp^2$、sp。而在其他较大的同族元素中，例如，硅($1s^22s^22p^63s^23p^2$)，外层电子($3s^23p^2$)的杂化效率因受内层电子($2s^22p^6$)的干扰和影响，活性降低，使得它们可形成有机材料的种类受到极大限制。

图 2.91 是纯粹碳原子构成的具有导电性的材料，包括石墨(graphite)、富勒烯(fullerene)、碳纳米管(carbon nanotube)和石墨烯(graphene)等。

由 $sp^2$ 碳原子组成的石墨呈现层状结构，纯石墨中层与层之间的距离大约为 0.335 nm，当添加了各种其他原子时，距离可以增大。石墨分子的平面内主要是 $sp^2$ 杂化的碳原子构成的单双交替的网状结构，层与层之间则靠离域 π 电子之间的微弱相互作用力结合。电子在层内和层间的离域，导致石墨具有较好的导电性。

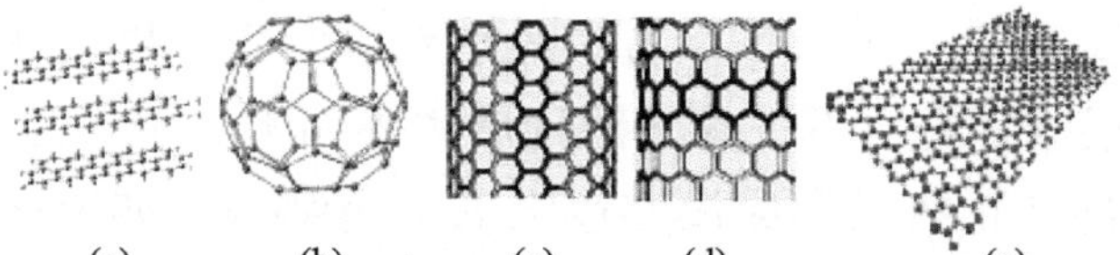


图 2.91　由纯粹的碳原子构成的具有导电性的材料

(a) 石墨；(b) 富勒烯；(c) (10,10)碳纳米管；(d) (15,0)碳纳米管；(e) 石墨烯

富勒烯(C60)是一种有规则的 $sp^2$ 杂化碳原子簇。图 2.91(b)为 C60 的结构，它是由 20 个正六边形和 12 个正五边形组成，呈足球形状。球体的直径大约为 1 nm。与石墨类似，C60 中的每一个碳原子都采取 $sp^2$ 杂化，并与三个碳原子相连。因此，C60 可视为由一层石墨(即石墨烯)卷曲形成的。术语“buckminsterfullerene”最初用于表示 C60，因为它的形状与 Richard Buckminster Fuller 构建的网格球顶类似。术语“fullerene”和“buckyball”也经常用于表示 C60 及其相关的化合物。当在 C60 球体中央再加入一个六角圆环，可形成 C70，形状与一个英式橄榄球类似。C60/C70 及其衍生物是 n 型半导体材料，它们与聚噻吩衍生物构成的有机太阳能电池器件，是目前性能最好的有机太阳能电池器件。

除了球状的富勒烯，$sp^2$ 杂化碳原子还可以构成管状的碳纳米管(carbon nanotube，CNT)，CNT 好像将单石墨层卷曲而成。每个管的内部可能包含几个管，管的终端是圆顶或者由小面构成的半球。由于直径很小(小至 0.7 nm)，碳纳米管是一维纳米结构的模型。碳纳米管的结构特征可由六元碳环相对于纳米管轴线的位置来体现，表示为$(n,m)$，它的含义与手性有关。基本上，碳纳米管可分为手性和非手性两种。非手性的结构与其镜像完全相同，只有两种非手性的碳纳米管：扶手椅型和锯齿型(由截面圆环得出)。手性碳纳米管呈螺旋状，不能与其镜像重叠。手性率(chiral index)$(n, m)$用来表征碳纳米管。当 $n = m$ 时，为扶手椅型；$m = 0$ 时为锯齿型，如图 2.91(c)和(d)所示。根据直径和手性的不同，碳纳米管或者表现出金属特性或者半导体特性。电阻的测量已经显示存在具有金属特性和半导体特性的不同纳米管[67]。低温下，单层(single-wall)碳纳米管(SWCNT)可视为量子线，电子在其中做非散射运动。碳纳米管也可以进行电子给体或受体的掺杂[68]。经过反应，客体材料可嵌在多层纳米管的层间，也可以嵌在单层纳米管壁上或者纳米管内部。

近年来，一个新型的 $sp^2$ 杂化碳基材料，石墨烯，成为国际研究热点，其分子结构如图 2.91(e)所示[69]。石墨烯是六边形蜂窝状二维 $sp^2$ 碳原子层，是石墨的基本组成，它也可视为无限延展的平面大分子。为了消除悬浮键，石墨烯倾向于自身卷曲以形成没有边缘的封闭结构。如上所述，通过石墨烯的卷曲，以及适当的封端取代，可形成碳纳米管；石墨烯的二维卷曲，以及形成适量的五元环，可形成富勒烯。图 2.92 展示了石墨烯、碳纳米管和富勒烯的能级结构示意图，由于碳原子相互结合方式和空间堆积方式的不同，使材料的能级结构大相径庭。可以看出，石墨烯的电子结构兼有半导体和金属的特征，它的费米面像金属一样可以消失，它的能隙像半导体一样可在某种特定情况下消失。与石墨烯相比，碳纳米管的空间结构在一个维度上受到限制，其能量不能在二维空间内分散，因此其电子结构呈现出连在一起的能带，且能带宽度变窄。当石墨烯过渡到三维空间受限的富

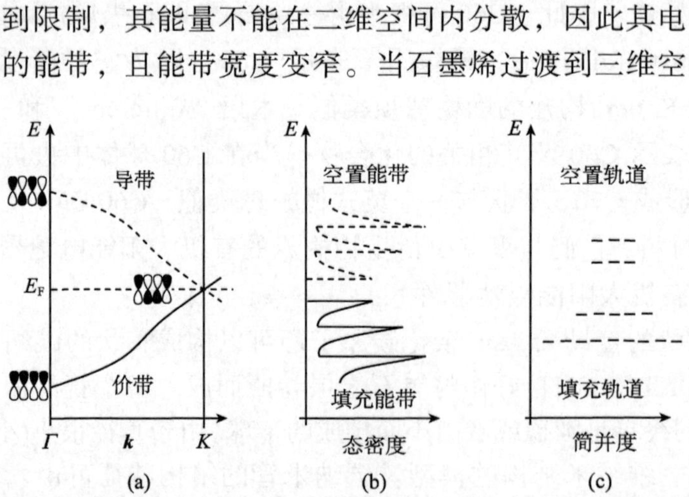


图 2.92　(a)石墨烯、(b)碳纳米管和(c)富勒烯的电子结构示意图

勒烯时，其电子结构呈现更加分立的能级，能带特征完全消失，如图 2.92(c)所示。

如图 2.92(a)所示，石墨烯电子结构非常奇特。其根源在于：石墨烯的单元结构中含有两个碳原子，使成键π能带(价带顶端)和反键π*(导带底端)能带在费米能级处不可分辨，即在 Brillouin 区域的 $K$ 点处，这两个能带汇合，能量上相等。另外，石墨烯中碳与碳原子之间较近的距离导致了显著的原子间重叠，因此石墨烯能带在能量空间的展宽非常大，费米能级处电子速率也因而极高($v_F \approx 10^6$ m/s)。实际上，石墨烯的费米能级可以在 ±1 eV 范围内分散，其电子和空穴的有效质量趋近于零，态密度与能量成正比。基于非常独特的电子结构，石墨烯表现出很多有趣的电子特性，如量子霍尔效应(quantum Hall)[70,71]，以及相对狄拉克费米子输运特性[72]。

石墨烯的载流子迁移率对环境的依赖性很强，在 Si/$SiO_2$ 衬底上的石墨烯载流子迁移率可达 10000 $cm^2$/(V·s)。在这样的器件中，通常存在于 Si/$SiO_2$ 表面的带电杂质(密度约 $10^{12}$ $cm^{-2}$)似乎对载流子起散射作用。在 Dirac 点处，由于载流子浓度较低不能很好地屏蔽外界影响，被俘电荷对载流子的散射作用尤其显著。近期报道指出，在液氦温度下，自由悬浮的石墨烯薄层的电子迁移率达到 200000 $cm^2$/(V·s)，表明在微米尺度下石墨烯中电子几乎以球状输运模式输运[73,74]。目前，石墨烯作为电子材料的应用，如场效应晶体管[75-77]、谐振腔[78]、有机太阳能电池[79]、量子点[80]、透明阳极[81]等，正在研究中。2010 年，瑞典皇家科学院将诺贝尔物理学奖授予英国曼彻斯特大学的两位教授 A. K. Geim 和 K. S. Novoselov，以表彰他们对石墨烯的研究[71, 82]。

## 2.6　有机电子材料性能表征

将有机材料应用于电子器件之前，必须了解材料的特性。除了根据分子结构对有机材料性能进行预测外，很多常用的测试手段可以用来分析有机材料的性能，本节主要阐述这些问题。

### 2.6.1　热稳定性分析

有机材料的热稳定性通常通过热重分析法(thermal gravimetric analysis, TGA)和差分扫描量热法(differential scanning calorimeter, DSC)来进行分析。TGA 法一般是将 1~8 mg 的样品在惰性环境下加热，测量其重量随温度的变化曲线，如图 2.93(a)所示。

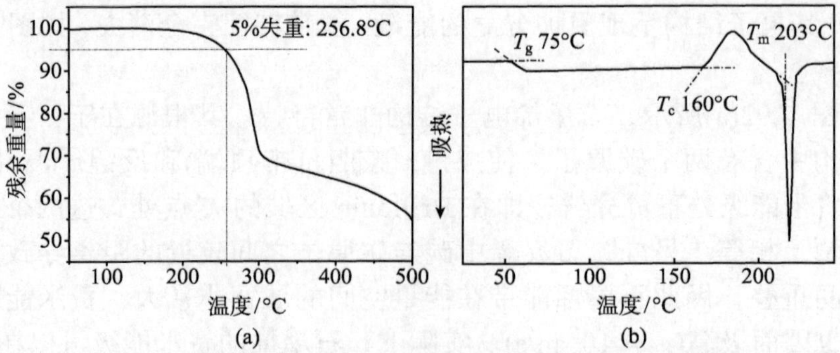


图 2.93　TGA 曲线(a)和 DSC 曲线(b)法对材料进行热稳定性分析

以失去 5%重量为标志，该温度越高，通常表明材料的热越稳定性越好。如果没有升华现象，5%失重温度也通常被视为材料的热分解温度($T_d$)。DSC 法测量材料在惰性氛围里不同温度下的吸热或者放热过程，通常也需要毫克量级的样品，如图 2.93(b)所示。在不考虑杂质的情况下，DSC 曲线可反映材料的多种吸热过程，包括以台阶为特征的玻璃转变温度($T_g$, glass transition temperature，$T_g$有时会测不到)、以尖锐峰为特征的液化温度(可得出材料的熔点 $T_m$)，有时结合材料的 TGA 曲线，还会包括伴随严重失重过程的以尖锐吸热峰为特征的升华过程。随着温度的升高，材料也会表现出一些放热峰，这些热量的释放过程通常与晶相转变相关，表示伴随热量的释放，材料从一种晶相转变到另一种晶相[83]。如果材料含有很多晶型，通常比较容易形成非晶态固体，这对制备非晶薄膜比较有利。

### 2.6.2　HOMO/LUMO 及三线态能级

有机材料的 HOMO 能级位置通常由两种方法测量，一种是以薄膜形式用紫外光电子能谱(ultraviolet photoemission spectroscopy, UPS)测定，另一种是在溶液中用循环伏安法(cyclic voltammetry, CV)测量。

在 UPS 测量中[84]，当能量为 $E_{photon}$ 的紫外光照射样品时，能量 $E_{photon}$ 的一部分用于克服电子束缚能，剩余部分使电子获得动能。低能端二次电子是紫外光可以激发的束缚能最大的电子，因此这些电子的动能为 0，即低端二次电子所在的能级与真空能级之差相当于紫外光能量 $E_{photon}$。而材料 HOMO 能级相当于材料的价带顶端($E_{VB}$)，可以在光电子能谱中反映出来，这些物理参量在光谱中的位置示意图见图 2.94。

根据紫外光电子能谱，相对于真空能级的 HOMO 能级可以表示为

$$E_{HOMO} = E_{photon} - (E_{SE} - E_{VB}) \tag{2.171}$$

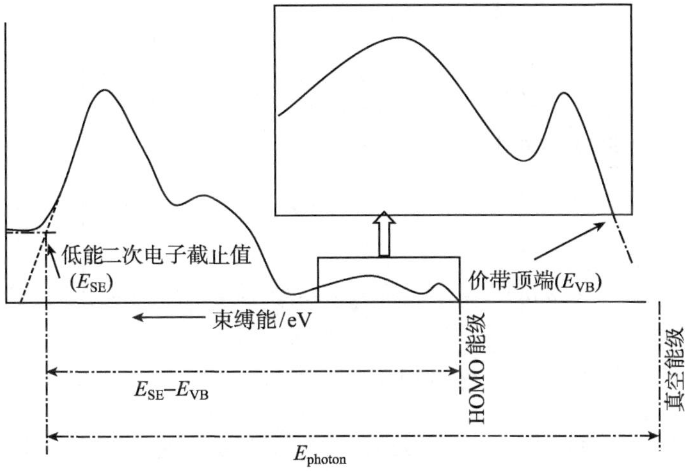


图 2.94　以紫外光电子能谱测量材料的 HOMO 能级示意图

式中，$E_{photon}$ 是仪器的紫外激发能，$E_{SE}$ 和 $E_{VB}$ 分别是低能二次电子截止点和价带顶端位置。

在 CV 测试中，从氧化还原 $I$-$V$ 曲线中可以获得材料的氧化和还原电位，它们分别与材料的 HOMO 能级和 LUMO 能级相关。通过参比电极，可以将这些值调整到与真空能级相对应的位置，表示为

$$\begin{aligned} E_{HOMO} &= E_{ref} - E_{ox}(\text{eV}) \\ E_{LUMO} &= E_{ref} - E_{red}(\text{eV}) \end{aligned} \tag{2.172}$$

式中，$E_{ref}$ 是参比电极或内标物质对应于真空能级的位置，Ag/AgCl 参比电极取值为–4.7[85]，SCE(饱和甘汞)电极取值为–4.4[86]，NHE(标准氢)电极取值为–4.6[87]，内标二茂铁(Fc)取值为–4.8[88]。下面是 CV 测量 HOMO 能级的一个例子。

用四丁基高氯酸铵作为电解质，在二氯甲烷(DCM)中配制电解液(0.1mol/L)。以玻碳电极为工作电极，铂丝电极为辅助电极，饱和甘汞电极为参比电极，用 CHI600C 电化学工作站测量一个有机材料(DCM 溶液，浓度为 $10^{-3}$ mol/L)的氧化–还原 $I$-$V$ 曲线，扫描速率为 0.1 V/s，得到图 2.95 所示的循环伏安曲线。

图 2.95 是正向电压扫描，得出的曲线反映的是材料氧化特性。通过正反方向扫描的氧化和还原一对峰位，求平均值可得到材料氧化的半波电位，

再根据公式(2.172)便可以计算出材料的 HOMO 值，详细见表 2.8。

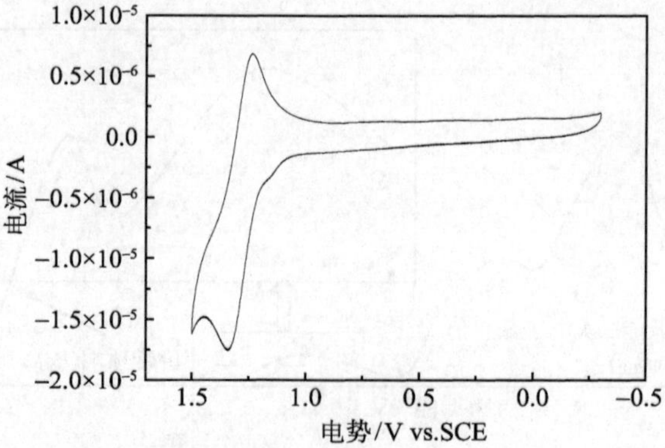


图 2.95　一有机材料(DNAP)的循环伏安曲线

**表 2.8　根据图 2.95 及公式(2.172)计算得到 HOMO 能级**

| 电位 / 材料 | 氧化峰位 | 还原峰位 | 半波电位 /V vs.SCE | HOMO/eV |
|---|---|---|---|---|
| DNAP | 1.2352 | 1.3410 | 1.2881 | −5.6881 |

LUMO 能级可以由吸收谱的低能量截止波长($\lambda_{cutoff}$)和 HOMO 能级值推导出：

$$E_{LUMO} = E_{HOMO} + \frac{1240}{\lambda_{cutoff}}(eV) \tag{2.173}$$

对于有机电致发光器件中使用的磷光材料及其主体材料，除了 HOMO 能级和 LUMO 能级外，材料的三线态能级($E_{Triplet}$)在测定 T–T 能量传递机制中起着非常重要的作用。$E_{Triplet}$ 可由室温下磷光材料或低温下非磷光材料的磷光发射谱中得出。根据光谱图中的能量峰值 ($\lambda_{ph}$, nm)，三线态能量可以由下式计算出来：

$$E_{Triplet} = \frac{1240}{\lambda_{ph}}(eV) \tag{2.174}$$

### 2.6.3　载流子迁移率

材料的载流子迁移率是有机电子材料中比较重要的性能指标，它是材料导电性能的微观参数。除了在本章上一节阐述的模拟外，载流子迁移率可以通过有多种实验方法测量得到。

1. 飞行时间法(time of flight, TOF)

TOF 方法的测量机制是将具有一定厚度的样品置于两个电极之间，利用一个瞬态光照射电极的一端，使其产生载流子，载流子在外加电场的作用下进行输运。根据样品厚度、载流子到达电极的另一端所需的时间，计算出迁移率，图 2.96 展示了这种方法。

如图 2.96 所示，一个厚度为 $L$(5~20 μm)的样品夹在两个电极之间，上面的电极应为非注入型或者载流子阻挡型的透明电极，以利于光照产生载流子及其在样品中的通过。根据材料产生载流子能力的不同，载流子产生层 $\delta$ 既可以是材料的一部分，也可以是内嵌于透明电极下方的另外一个载流子产生物质(通常为酞菁铜 cupper phthalocyanie 或者苝基二亚酰胺 perylenebis(dicarboximide))。利用脉冲光源在厚度为 $\delta$ 的区域产生载流子，其中的 $\delta \ll L$。脉冲光源的照射时间($t_e$)要很短，如 $t_e \ll t_T$，其中 $t_T$ 是载流子的飞行时间(即通过样品的时间)。载流子产生区域($\delta$)小有利于防止在表面附近载流子的被俘以及复合。在外加电场 $U_A$ 的作用下，$\delta$区域产生的薄层载流子将经过样品厚度距离而到达另一个电极，继而被检测器收集。利用已知的样品厚度($L$)、外加电压($U_A$)和飞行时间($t_T$)，载流子的迁移率($\mu$)可表示为

$$\mu = \frac{v}{F} = \frac{L/t_T}{U_A/L} = \frac{L^2}{U_A \cdot t_T} \tag{2.175}$$

式中，$v$ 是载流子在电场 $F$ 下通过厚度为 $L$ 的样品的平均速度。

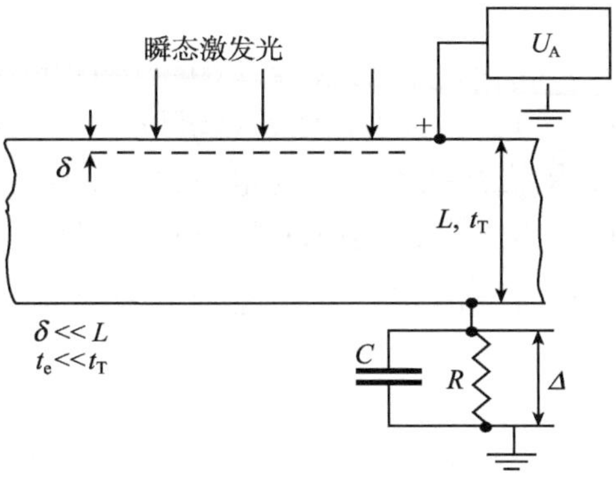


图 2.96　飞行时间(TOF)法测量载流子迁移率的示意图

载流子的飞行时间有两种确定方法，如图 2.97 所示。当测量电路的时间常数 $RC$ 远远大于飞行时间($RC \gg t_T$)时，须采用积分电流测量方法，如图

2.97(a)和(c)；另一种为脉冲电流测量法，要求测量电路的时间常数 $RC$ 远远小于飞行时间($RC \ll t_T$)，如图 2.97(b)和(d)。这两种方法中飞行时间的获得方法表示在图中。图 2.97(a)和(b)代表的曲线是非离散型载流子输运情形，通常表现在载流子迁移率比较大的有机空穴传输材料中。图 2.97(c)和(d)所得的曲线对应于载流子迁移率很小的离散型输运模式，即载流子的传输严重地受到陷阱影响。有机材料中电子通常以离散型输运模式进行。

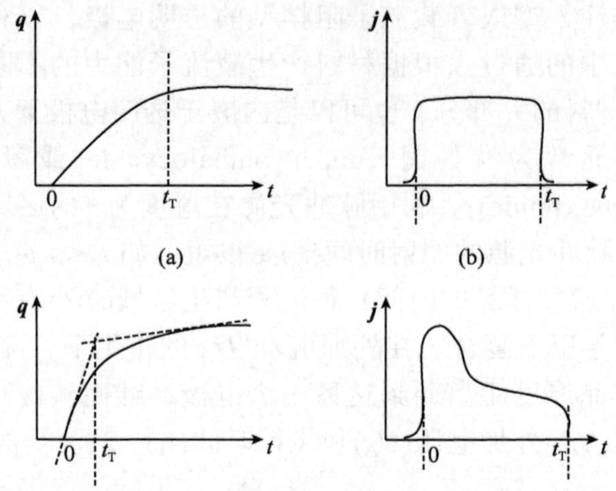


图 2.97　利用飞行时间方法测量迁移率时，典型脉冲电流曲线
(a)和(c)：$RC \gg t_T$；(b)和(d)：$RC \ll t_T$

2. 空间限制电流法

第二种测量载流子迁移率的方法是无陷阱条件下稳态空间限制电流测量，该方法基于在暗态下的电流 ($j$)–电压($U$)曲线[89]。通常地，在低电压时，$j$–$U$ 曲线为欧姆特性，是线性关系；在高电压时，由于电荷由电极注入，$j$–$U$ 曲线变为空间电荷限制特性。如果电极与有机层的接触为欧姆型，同时电流是传输限制型而非注入限制型，空间电荷限制电流可以用本章式(2.146)表达，并进一步写为

$$j = \frac{9}{8}\varepsilon\varepsilon_0\mu \cdot \Theta \cdot \frac{U^2}{d^3} = \frac{9}{8}\varepsilon\varepsilon_0\mu \cdot \Theta \frac{1}{L}F^2 \qquad (2.176)$$

式中，$L$ 为样品厚度，参数 $\Theta$ 是与载流子被俘获相关因子，即自由载流子占总载流子的比例，$F$ 是电场强度。当电流符合 SCLC 时，$j$ 应该与电场强度平方($F^2$)成正比，且与样品厚度相关。当 $\Theta$ 为 1 时，电流呈现无陷阱情形

下的空间电荷限制电流。假设电极与有机材料之间为欧姆接触，没有注入势垒，则载流子迁移率可通过上述公式获得。从另一个角度看，如果已知材料载流子迁移率，可根据式(2.176)计算出电流。若计算的电流与实验值相同，则认为电极与材料的接触为欧姆接触，请参见 2.5.7 节。

上述公式适用于载流子迁移率不随电场变化的情形。由于有机材料通常处于无序状态，其迁移率大小依赖于电场强度，并遵循 Poole-Frenkel 方程。将 Poole-Frenkel 关系引入，上述公式可以修改为

$$J=\frac{9}{8}\varepsilon\mu_0\exp(\beta F^{1/2})\frac{1}{L}F^2\theta \tag{2.177}$$

式中，$\mu_0$ 为电场为 0 时的载流子迁移率。如果迁移率与电场无关，则 $\beta=0$。利用式(2.176)和式(2.177)对实验测量的 $I$–$V$ 曲线进行拟合，可以获得载流子迁移率。

3. 注入型瞬时暗电流法

第三种迁移率测量方法是通过注入载流子，测量暗态下载流子的空间电荷限制电流的瞬态行为(dark injection transient space charge limited current, DI-TSCLC)。这种方法要求其中的一个电极为欧姆接触，外加阶梯电压，典型电流随时间变化曲线如图 2.98 所示。图 2.98 为理想状态下没有陷阱时瞬态空间电荷限制电流曲线。电流随着时间增长而增大，在时间点 $t_p$ 时达到最大值，并逐渐减小至稳态空间电荷限制电流的恒定值。时间 $t_p$ 与时间飞行法中的飞行时间 $t_T$ 的区别在于本方法中载流子注入导致空间电荷的存在；而飞行时间方法中载流子是通过光激发产生，没有空间电荷。$t_p$ 与飞行时间方法中的 $t_T$ 关系为[89, 90]

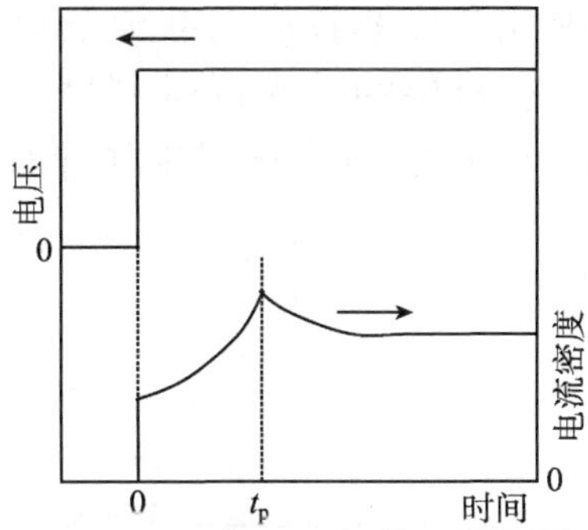

图 2.98　典型 DI-TSCLC 测量迁移率示意图

$$t_T\sim\frac{1}{0.786}t_p \tag{2.178}$$

将 $t_T$ 代入式(2.175)即可求得载流子迁移率。

4. 瞬态电致发光法

与注入型瞬态暗电流方法类似，瞬态电致发光也是利用脉冲波产生瞬态电压(如在小于 20 ns 的时间内产生 3~60 V 的电压)。但本方法是收集瞬态

发光信号，而不是电流信号。有机电致发光器件在瞬态电压的驱动下给出光发射，使用高响应的硅基光电倍增管可以得到检测，并储存于示波器。通过检测到的瞬态电致发光时间($t_T$)，利用式(2.175)来计算载流子迁移率。

通常情况下，有机材料中电子和空穴两种载流子的迁移率有很大差别，电子迁移率小于空穴迁移率。利用瞬态电致发光，检测快速载流子和慢载流子的器件结构有所不同，如图 2.99 所示。检测材料体系中输运较快的载流子的迁移率，采用的是单层器件结构(图 2.99(a))；而检测材料体系中输运较慢的载流子的迁移率需要构筑双层器件结构(图 2.99(b))。在双层器件结构中，包含空穴传输层(HTL)和电子传输层(ETL)。在外加电场的作用下，空穴和电子分别从阳极和阴极注入。由于 HTL 中空穴的迁移率较大，当空穴从阳极注入后，会很快地通过 HTL 传输聚集在 HTL/ETL 的界面处。正负载流子的复合以及随后的发光，只有在迁移率较慢的电子通过 ETL 的传输到达 HTL/ETL 界面时才能发生。因此，瞬态电致发光时间($t_T$)代表了电子穿越 ETL 的时间，可用来计算 ETL 中电子的迁移率。在单层器件中，通常情况下有机材料中一种载流子的迁移率远远大于另外一种载流子的迁移率。因此迁移率较小的载流子可视为静止，电致发光的产生归功于快速载流子从有机层的一端输运到另一端，与慢载流子复合的结果。于是瞬态发光的时间($t_T$)对应于材料中快速载流子的迁移。

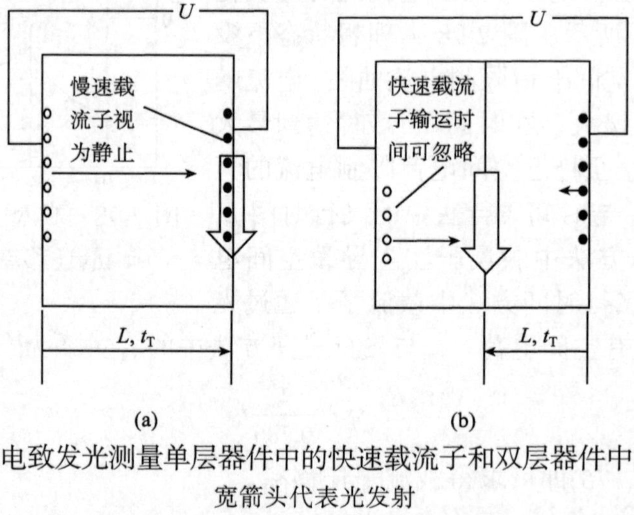


图 2.99　瞬态电致发光测量单层器件中的快速载流子和双层器件中的慢速载流子
宽箭头代表光发射

图 2.100 描述了瞬态电致发光示意图及时间 $t_T$ 的获得方法。与方法 3 介绍的注入型瞬态暗电流测量方法类似，瞬态电致发光也存在空间电荷，载流子在有机层中的输运受其制约，因此可以根据式(2.178)对时间 $t_T$ 进行

矫正(将测量获得的时间视为 $t_p$)。

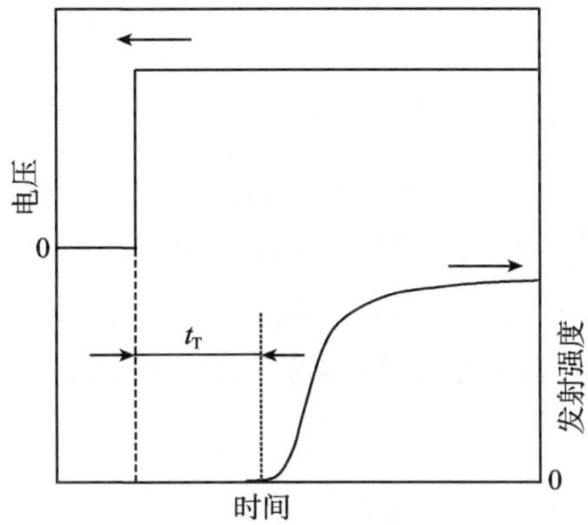


图 2.100　典型有机电致发光的瞬态发射行为

5. 场效应晶体管方法

通过构造场效应晶体管器件可以测量材料的场效应迁移率，具体方法见第三章。这里只给出场效应晶体管器件中电流-电压表达式：

直线区域

$$I_D = \frac{W}{L} C_{ox} \mu \left[ (V_G - V_T) V_D - \frac{1}{2} V_D{}^2 \right] \tag{2.179}$$

饱和区域

$$I_D = \frac{W}{2L} C_{ox} \mu (V_G - V_T)^2 \tag{2.180}$$

式中，$I_D$ 是器件漏电流，$W$ 和 $L$ 分别为器件沟道宽度和长度，$C_{ox}$ 是器件绝缘层的电容，$\mu$是场效应迁移率，$V_G$、$V_T$、$V_D$ 分别是栅电压、阈值电压和漏电压。利用式(2.179)将 $I_D$ 对 $V_G$ 作图、或者式(2.180)将 $I_D{}^{1/2}$ 对 $V_G$ 作图，通过曲线斜率可求出场效应迁移率。

6. 脉冲激发时间分辨微波电导法(pulse-radiolysis time resolved microwave conductivigty, PR-TRMC)[59]

首先用高能量的电脉冲将样品激发，产生低密度载流子。由此导致样品电导率的变化，该变化可通过样品的微波反射信号检测到，表示为

$$\Delta\sigma = q \sum \mu N_{e\text{-}h} \tag{2.181}$$

式中，$\Delta\sigma$为电导率变化，$q$ 为单位电荷电量，$\mu$为载流子迁移率，$N_{e\text{-}h}$ 为脉冲产生的电子-空穴对密度。根据实验获得的$\Delta\sigma$，再将转移到样品中的能量

密度除以产生一对电子-空穴需要的能量估算出 $N_{\text{e-h}}$，通过式(2.181)可以获得 $\mu$ 值。

### 2.6.4　功函数测量

材料功函数可利用以下几个方法测定。

(1) 接触电势测量。两种材料的接触电势定义为它们的功函数之差。如果一种材料的功函数是已知的($\phi_s$)，并将该材料作为标准表面，利用凯尔文方法测量这两种材料表面间的接触电势($\Delta\phi$)，可以确定另外一种未知材料的功函数($\phi_x$)。表达式如下：

$$\Delta\phi = \frac{1}{q}\times(\phi_x - \phi_s) \tag{2.182}$$

式中，$q$ 为单位电荷电量。

需要注意的是，含有两种材料用于接触电势测量的整个系统必须保持完全等温，一旦表面处于不同的温度，则温差电效应将会带来误差。

(2) 光电发射法。光电子发射量子效率是温度的函数，关系表达式为

$$j = AT^2 f(x)$$

或

$$\ln\frac{j}{T^2} = B + F(x) \tag{2.183}$$

式中，$j$ 为电流密度，$T$ 为绝对温度，$A$、$B$、$f(x)$，以及 $F(x)$为表达式系数及函数：

$$B = \ln A$$

$$F(x) = \ln f(x) = \ln f\left(\frac{h_\nu - \phi_m}{k_B T}\right) \tag{2.184}$$

式中，$\phi_m$ 为金属功函数，$h_\nu$为光子能量，将 $j/T^2$ 对 $h_\nu/k_B T$ 作图，称为 Fowler 图形。通过拟合可确定 $B$ 和$\phi_m/k_B T$，从而获得$\phi_m$。这是确定金属功函数的最精确的方法之一，因为在大多数情况下，理论与实验曲线能够很好地拟合。

(3) 热电子发射方法。

本方法服从方程：

$$j = A(1-r)T^2\exp(-\phi_m / k_B T)$$

或

$$\ln\frac{j}{T^2} = \ln A(1-r) - \frac{\phi_m}{k_B T} \tag{2.185}$$

式中，$r$ 为表面反射系数，它与表面条件有关；$k_B$ 为玻尔兹曼常数。$\phi_m/k_B$ 为 $\ln(j/T^2)$-$1/T$ 所表示直线的斜率。

尽管可用上述三种方法估计金属功函数，但是各测量值之间存在某些偏差。采用热电子方法测量功函数时具有不确定性，特别是测量涉及很高的温度；光电发射测量的表面制备是极为重要的，因为表面的斑痕意味着功函数在整个表面不是常数，这将严重损害 Fowler 图形的拟合；接触电势的精确性或多或少地依赖于功函数已知的标准表面的选择和周围环境。

### 2.6.5　发光量子产率

1. 稀溶液中材料光致发光量子产率

在溶液中测量材料的发光量子产率是比较传统的方法，通常利用已知光量子产率的材料，在相同环境下进行平行实验，通过相对方法来测量。以公式表示为

$$\Phi_x = \Phi_s\left(\frac{B_s}{B_x}\right)\left(\frac{I(\lambda_s)}{I(\lambda_x)}\right)\left(\frac{n_x^2}{n_s^2}\right)\left(\frac{D_x}{D_s}\right) \tag{2.186}$$

式中，$\Phi$是材料在溶液中的光量子产率，$B$ 为样品对光的吸收率。相应地，$(1-B)$是样品对光的透过率，$I(\lambda)$是波长为$\lambda$激发光的相对强度，$D$ 是发射光谱的检测器响应系数，$n$ 是溶液折射率。下标 s 和 x 分别代表标准材料和未知材料。当实验样品是很稀溶液时，其光学性质遵循 Beer 定律(光被吸收的量正比于光程中所包含的能够吸收光子的分子数目)：

$$I_0 B = I_0(1-10^{-aL}) \tag{2.187}$$

式中，$I_0$ 是入射光强度，$a$ 是以 $cm^{-1}$ 表示的单位长度下的光吸收强度，$L$(单位是 cm)为光通过的距离。根据式(2.187)，$B$ 可以表示为

$$B = 1-10^{-AL} = 1-\left[1-2.303AL+\frac{1}{2}(2.303AL)^2+\cdots\right] \approx 2.303\,AL \tag{2.188}$$

代入式(2.186)得

$$\Phi_x = \Phi_s\left(\frac{A(\lambda_s)}{A(\lambda_x)}\right)\left(\frac{I(\lambda_s)}{I(\lambda_x)}\right)\left(\frac{n_x^2}{n_s^2}\right)\left(\frac{D_x}{D_s}\right) \tag{2.189}$$

根据朗伯-比尔定律，引入材料的吸光度 A(absorbance)(A 也称为 OD，光密度，optical density)：

$$A(\lambda) = OD(\lambda) = -\lg T(\lambda) = -\lg\frac{I(\lambda)}{I_0(\lambda)} = \alpha(\lambda)L = \varepsilon(\lambda)CL \tag{2.190}$$

式中，$\varepsilon(\lambda)$为一定波长下的摩尔吸收系数，$C$ 为稀溶液的浓度。将公式(2.190)代入式(2.189)得：

$$\Phi_x = \Phi_s \left(\frac{A(\lambda_s)}{A(\lambda_x)}\right)\left(\frac{I(\lambda_s)}{I(\lambda_x)}\right)\left(\frac{n_x^2}{n_s^2}\right)\left(\frac{D_x}{D_s}\right) \tag{2.191}$$

公式(2.189)是广泛使用的相对发光量子产率计算公式。各参数的含义同上，其中 $D$ 通常取发射光谱中发射波长范围内的光谱积分。

2. 固体薄膜的光致发光量子产率

在光电器件中应用的有机材料通常以薄膜形式存在，因此了解材料薄膜状态下的发光量子产率比溶液中更为重要。这里介绍一种利用积分球测量薄膜光致发光量子产率的简单易行方法，如图 2.101 所示。将积分球置于惰性氛围内(如 $N_2$)，被测样品放在积分球的中心位置，激发光源由光纤经入口狭缝引入积分球，垂直照射在样品表面，或者照射到反射镜上经过积分球反射到照射样品上。积分球的内壁涂有反射层，样品的发射光在积分球内多次反射，最后经过出口处的光纤光谱仪检测。这样的装置可以保证各个方向发射光的总和都进入检测器，发光薄膜的极化也不会影响信号的收集。

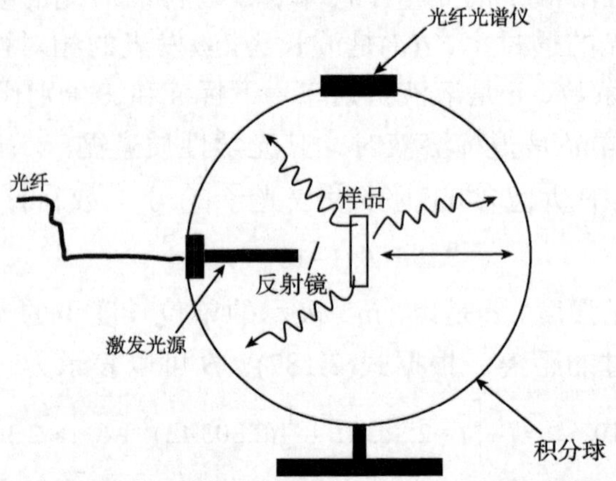


图 2.101　使用积分球测量光致发光的量子效率的装置示意图

光致发光的量子效率可由以下的公式获得[91]：

$$\Phi = \frac{\text{直接激发样品产生的发光}}{\text{样品吸收的光}} = \frac{E_{\text{in}}(\lambda) - (1-A)E_{\text{out}}(\lambda)}{L_{\text{empt}}(\lambda)A} \tag{2.192}$$

式中，

$$A = \frac{L_{\text{out}}(\lambda) - L_{\text{in}}(\lambda)}{L_{\text{out}}(\lambda)} \tag{2.193}$$

$E_{\text{in}}(\lambda)$是指光源直接照射在样品上，检测器收集的发射光谱信号的积分。该部分信号包括两部分光发射：① 光源直接激发样品产生的发光光谱，② 光源通过样品透射出来的光(1−*A*)，经过积分球壁反射后，再对样品照射产生的发光光谱。$E_{out}(\lambda)$是激发光源先照射到反射镜上，经过积分球壁反射后，再对样品照射产生的发光光谱，这部分光发射不会直接在激发光束通过的路径中。$L_{empt}(\lambda)$是没有样品时照射积分球所得的激发光谱积分。*A* 是吸收强度，可通过测量激发光谱的积分值得到。在实验时，需测量两种情形的激发光谱积分：当薄膜样品直接被激发时，检测器测得的激发光谱积分为 $L_{in}(\lambda)$；当激发光源先照射到反射镜上，再经过积分球壁反射对薄膜样品激发时，检测器测得的激发光谱源积分是 $L_{out}(\lambda)$。图 2.102 是一个测量实例，$L_{out}(\lambda)$由于没有经过样品的吸收，因此所得的激发光谱强度较大。

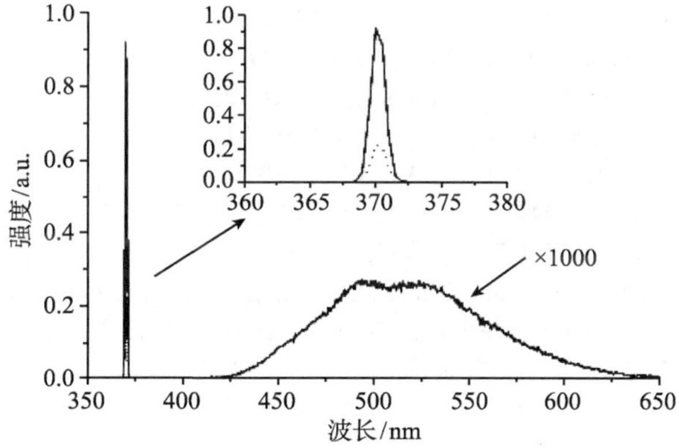


图 2.102　通过与积分球连接的光谱仪检测的薄膜样品发光光谱

激发光为 370 nm。内嵌图是激发光谱的放大，实线的积分可获得 $L_{out}$，虚线的积分可获得 $L_{in}$[91]

## 参 考 文 献


[1] 谢有畅，邰美成. 结构化学. 北京：人民教育出版社, 1983

[2] 徐光宪，王祥云. 物质结构. 北京：高等教育出版社, 1987

[3] Brütting W. Intro. Phys. Org. Semicond. //Brütting W. Phys Org Semicond Germany: WILEY-VCH, 2005

[4] Cahen D, Kahn A. Adv Mater, 2003, 15: 271

[5] Schwoerer M, Wolf H C. Org Mol Solids Germany: WILEY-VCH, 2007

[6] King K A, Spellane P J, Watts R J. J Am Chem Soc, 1985, 107: 1431

[7] Pope M, Swenberg C. Electron Processes Org Cryst Polym New York: Oxford University Press. Inc. 1999

[8] Pope M, Burgos J, Wortherspoon N. Chem Phys Lett, 1971, 12: 140

[9] Pope M, Burgos J. J Chem Phys, 1965, 43: 3367

[10] Avakian P,Merrified R E. Phys Rev, 1968, 165: 974
[11] Swenberg C E, Geacintov N E. Organic Molecular Photophysics. New York: Wiley, 1973.
[12] Knox R S. Theory of Excitons, Solid State Physics, Supplement 5, New York: Academic Press, 1963.
[13] 吴世康. 化学进展, 2004, 16: 174
[14] Jeon W S, Park T J, Kim S Y, et al. Org Electron, 2009, 10: 240
[15] Murphy C B, Zhang Y, Troxler T, et al. J Phys Chem B., 2004, 108: 1537
[16] Chen A C A, Culligan S W, Geng Y, et al. Adv Mater, 2004, 16: 783
[17] Minkowski C, Calzaferri G. Angew Chem Int, 2005, 44: 5325
[18] Virgili T, Lidzey D G, Bradley D D C. Adv Mater, 2000, 12: 58
[19] Marcus R A. J Chem Phys, 1956, 24: 966.
[20] Marcus R A. Reviews of Modern Physics, 1993, 65: 599
[21] Lekshmi S D, Mohammad K A. Phys Rev B, 2008, 78: 045210
[22] Baldo M A, Forrest S R. Phys Rev B, 2000, 62: 10958
[23] Tang C W, VanSkyke S A, Chen C H. J Appl Phys, 1989, 65: 3610
[24] Merrifield R E. Accounts Chem Res, 1968, 1: 129
[25] Swenberg C E, Stacy W T. Chem Phys Lett, 1968, 2: 327
[26] Geacintov N E, Pope M. J Chem Phys, 1969, 50: 814
[27] Wakayama N, Williams D F. Chem Phys Lett, 1971, 9: 45
[28] Wakayama N, Williams D F. J Chem Phys, 1972, 57: 1770
[29] Delacote G, Schott M. Mol Cryst, 1968, 3: 385
[30] Rice S A, Jortner J. Physics and Chemistry of Organic Solid State, 1967, 3: 199
[31] Guibault G G. Practical Fluorescence. New York: Marcel Dekker, Inc, 1990
[32] Ohnesorge W E, Rogers L B. Spectrochim Acta, 1959, 15: 27
[33] Roundhill D M. Photochemistry and Photophysics of Metal Complexes. New York: Plenum Press, 1994
[34] Ballardini R, Varani G, Indelli M T, et al. Inorg Chem, 1986, 25: 3858
[35] Lytle F E, Hercules D M. J Am Chem Soc, 1969, 91: 253
[36] Colombo M G, Hauser A, Guedel H U, et al. Inorg Chem, 1993, 32: 3088
[37] Colombo M G, Brunold T C, Riedener T, et al. norg Chem, 1994, 33: 545
[38] Adachi C, Kwong R C, Djurovich P, et al. Appl Phys Lett, 2001, 79: 2082
[39] Jiang X Z, Jen A KY, Carlson B, et al. Appl Phys Lett, 2002, 80: 713
[40] Antonín VlekJr. Coord Chem Rev, 1998, 177: 219
[41] Chou P T, Chi Y. Chemistry a European Journal, 2007, 13: 380
[42] 黄春辉. 稀土化学. 北京：科学出版社, 1997
[43] Stark A, Steubing W. Physikalische Zeitschrift, 1908, 9: 481
[44] Koenigsberger J, Schilling K. Ann Phys, 1910, 32: 179
[45] Nagyrapolt A S-G. Science, 1941, 93: 609
[46] Mette H, Pick H. Zeitschr F Physik, 1953, 134: 566
[47] LeBlanc O H. J Chem Phys, 1959, 30: 1443
[48] Kepler R G. Phys Rev, 1960, 119: 1226
[49] Mark P, Helfrich W. J Appl Phys, 1962, 33: 205
[50] Riehl N, Becker G, Bässler H. Phys Stat Sol, 1966, 15: 339

[51] Shirakawa H, Louis E L, Macdiarmid A G, et al. J Chem Soc, Chem. Common., 1977, 578
[52] Chiang C K, Fincher Jr C R, Park Y W, et al. Phys Rev Lett, 1977, 39: 1098
[53] Jérome D, Mazaud A, Ribault M, et al. J Phys Lett, 1980, 41: 95
[54] K. C. Kao, W. Hwang. Electrical Transport in Solids. Oxford: Pergamon Press, 1981
[55] Meier H, Albrecht W. Ber Bunsenges Phys Chem, 1969, 73: 86
[56] Hung L S, Chen C H. Materials Science and Engineering R, 2002, 39: 143
[57] Godlewski J, Obarowska M. Eur Phys J Special Topics, 2007, 144: 51
[58] Sze S M. Physics of semiconductor Devices. New York: Wiley, 1981
[59] Coropceanu V, Cornil J, Olivier Y, Silbey R, et al. Chem Rev, 2007, 107: 926
[60] Gill W D. J Appl Phys, 1972, 43: 5033
[61] Shein L, Rosenberg A, Rise S. J Appl Phys, 1986, 60: 4287
[62] Bässler H. Phys Status Solidi, 1993, 175: 15
[63] Schönherr G, Bässler H, Silver M. Phil Mag B., 1981, 44: 47
[64] Novikov S V, Dunlap D H, Kenkre V M, et al. Phys Rev Lett, 1998, 81: 4472
[65] Blom P W M, Vissenberg M C J M. Mater Sci Eng A, 2000, 27: 53
[66] Kok M M D, Buechel M, Vulto S I E, Weijer P V D, et al. Phys Stat Sol, 2004, 201: 1342
[67] Saito R, Dresselhaus G, Dresselhaus M S. Physical Properties of Carbon Nanotubes. London: Imperial College Press, 1998
[68] Duclaux L. Carbon, 2002, 40: 1751
[69] Burghard M, Klauk H, Kern K, et al. Adv Mater, 2009, 21: 2586
[70] Novoselov K S, Jiang Z, Zhang Y, Morozov S V, et al. Science, 2001, 315: 1379
[71] Novoselov K S, Geim A K, Morozov S V, et al. Science, 2004, 306: 666
[72] Zhou S Y, Gweon G H, Graf J, et al. Nature Physics, 2006, 2: 595
[73] Du X, Skachko I, Barker A, et al. Nat. Nanotechnol, 2008, 3: 491
[74] Bolotin K I, Sikes J, Jiang Z, et al. Solid State Commun, 2008, 146: 351
[75] Gilje S, Han S, Wang M S, et al. Nano Letters, 2007, 7: 3394
[76] Gunlycke D, Areshkin D A, White C T. Applied Physics Letters, 2007, 90: 142104
[77] Han M Y, Özyilmaz B, Zhang Y B, et al. Phys Rev Lett, 2007, 98: 26805
[78] Bunch J S, Arend M, Zande V D, et al. Science, 2007, 315: 490
[79] Liu Q, Liu Z F, Zhang X Y, et al. 2009. Adv. Funct. Mater.19: 894
[80] Trauzettel B, Bulaev D V, Loss D, et al. 2007. Nature Physics. 3: 192
[81] Wang X, Zhi L J, Müllen K. 2007. Nano Letters. 8: 323
[82] Novoselov K S, Geim A K, Morozov S V, et al. 2005. Nature. 438: 197
[83] Mi B X, Wang P F, Liu M W, et al. Chem. Mater, 2003, 15: 3148
[84] D'Andrade B W, Datta S, Forrest S R, et al. Org. Electron, 2005, 6: 11
[85] Andersson M R, Berggren M, Inganäs O, et al. Macromolecules, 1995, 28: 7525
[86] Agrawal A K, Jenekhe S A. Chem Mater, 1996, 8: 579
[87] Thelakkat M, Schmitz C, Hohle C, et al. Phys. Chem Chem Phys, 1999, 1: 1693
[88] Seguy I, Jolinat P, Destruel P, et al. J Appl Phys, 2001, 89: 5442
[89] Shirota Y, Kageyama H. Chem Rev, 2007, 107: 953
[90] Lampert M A, Mark P. Current Injection in Solids, New York: Academic Press, 1970
[91] Palsson L O, Monkman A P. Adv Mater, 2002, 14: 757

# 第3章 有机场效应晶体管

本章讨论有机场效应晶体管的定义、器件工作原理和结构、性能表征，以及功能活性材料。

场效应晶体管是电子产品中应用最多最广的元器件，这些器件的产生和应用，都具有划时代意义。本章首先根据场效应管的发展历史，介绍无机场效应晶体管的产生、应用以及优缺点，简单地阐述电流控制型和电场控制型的晶体管特性，并提出顶栅式和底栅式的器件结构，以及 MOS、CMOS 的概念。随后，引出有机半导体材料作为场效应晶体管活性材料的优势，以及潜在应用领域。在读者对场效应晶体管有一个整体认识后，文中详细介绍了有机场效应晶体管源、漏和栅电极，以及它通常采用的两种结构：顶接触式和底接触式。在此基础上，介绍了有机场效应晶体管的工作原理及表征方法，最后介绍了有机场效应晶体管中的有机半导体功能材料及其研究进展。

## 3.1 场效应晶体管发展简史

一般认为，由 K. Braun 在 1897 年提出的阴极射线管和 1904 年 A. Fleming 提出的真空整流器(真空二极管)是电子器件及其应用开始的划时代标志。之后问世的由三个电极组成的真空三极管，可以将整流器转化为放大器，这使无线通信以及远程电话成为可能。这些在真空条件下使用电子进行工作的各种电子器件，统称为电子管。相应地，使用电子管作为电子产品中主要元器件的时代，称为电子管时代。虽然电子管具有功率大、噪声低的优势，但是随着应用的发展，电子管的诸多缺点，如易碎、启动慢、寿命短、功耗大、不能小型化、热量产生多等逐步暴露出来。

无机半导体晶体管(transistor)的出现，引发了电子工业的一场巨大革命，人类进入固体电子时代。该元器件在电子产品中的应用及其发展使集成电路成为可能，使电子元器件小型化成为趋势。这个阶段电子产品的主要特征：① 以固体器件取代了真空；② 工作介质由真空中电子变为固体中正负载流子。开创性的工作包括 J. E. Lilienfeld 于 1930 年在他的一篇专利中提出的场效应晶体管概念[1]、由诺贝尔奖获得者 J. Bardeen 和 W. H. Brattain 于 1947 年提出的点接触式晶体管、1948 年 W. Shockley 提出的双极晶体管(固体二极管)。图 3.1 展示了点接触式晶体管和场效应晶体管的器件结构示意图。它们的区别在于点接触式晶体管依靠电流的变化来控制器件输出电流，器件的主要结构包括基极(base)、发射极(emitter)和集电极(collector)；而场效应晶体管是以电场的变化来控制器件电流输出，主要包括栅极(gate)、源极(source)和漏极(drain)。其结构有两种类型，即底栅式(bottom gate)结构(图 3.1(b))和顶栅式(top gate)结构(图 3.1(c))。点接触式晶体管取代真空三极管，虽然克服了电子器件耗能和体积巨大等缺点，但该器件有高温下失效的致命缺点。尽管场效应晶体管的概念很早被提出，但实现这一概念的器件结构却不够清晰，性能适宜的活性材料也不易满足，因此场效应晶体管的真正应用晚于其他固体器件。随着对硅半导体材料认识的提高，场效应晶体管器件结构才逐渐得以实现，其性能与制备工艺也日益完善，终于在 20 世纪 60 年代初走向真正应用[2]，并逐步取代了点接触式晶体管。场效应晶体管主要的特点是噪音低、稳定性好、易实现微型化。

第一代可应用的场效应晶体管是基于单晶硅的金属-氧化物-半导体场效应晶体管，称为金属-氧化物-半导体场效应晶体管(metal-oxide-semiconductor field effect transistor, MOSFET)。D. Kahng 和 M. M. Atalla(Bell 实验室)于 1960 年制造出第一个 MOSFET[3]。MOSFET 在现代记忆元件、集成电路以及计算机中的微处理器中都有重要的应用。例如，MOSFET 可用于数字电路与逻辑电路中的加法器、转移器、换流器、算法逻辑单元以及用于构造序列逻辑线路等。将传输电子的 MOSFET(NMOS)与传输空穴的 MOSFET

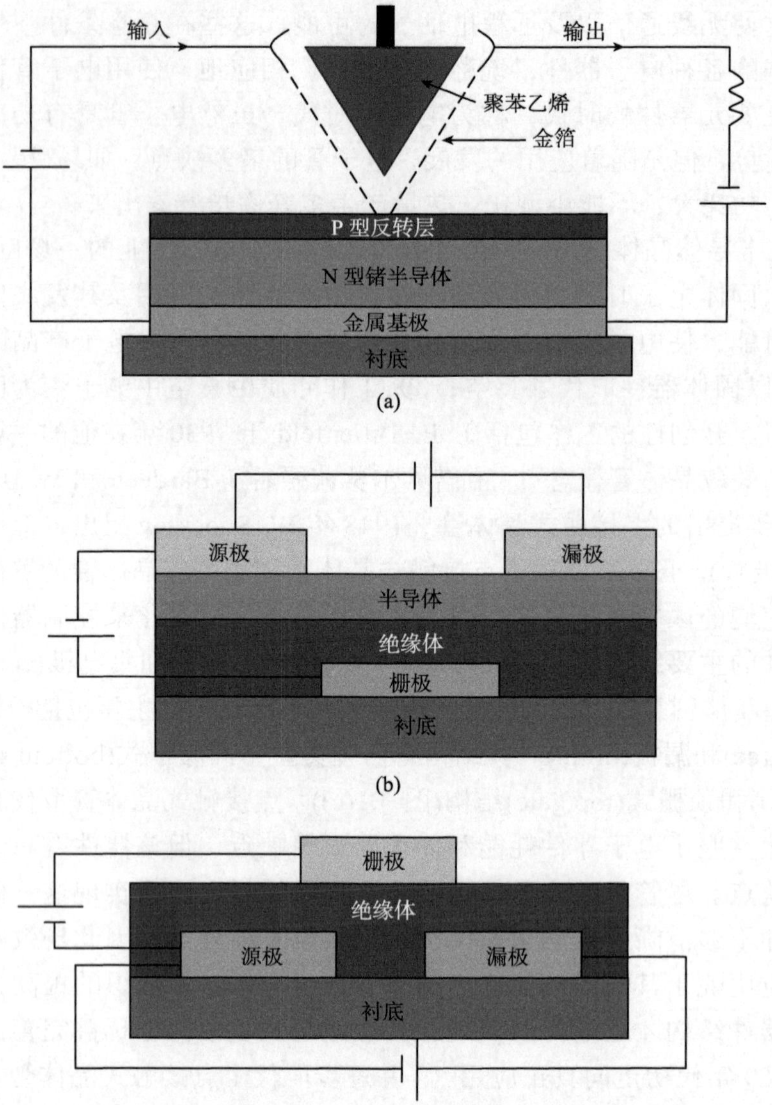


图 3.1　点接触式晶体管(a)、底栅式场效应晶体管(b)和顶栅式场效应晶体管(c)的器件结构示意图

(PMOS)结合起来制作在同一块晶片上，就构成了互补型金属氧化物半导体场效应晶体管(complementary metal-oxide-semiconductor, CMOS)，它是各类逻辑电路的基本单元。CMOS 器件在电子产品中的应用，使电路中元器件的尺寸变小、稳健性提高，功耗降低、噪音减小。目前，场效应晶体管是

电子工业中最重要的控件，每年大约需要 $10^{19}$ 个。其中，大约 99%都是基于单晶硅片的 MOSFET。虽然单晶硅是在 FET 等微电子产品中应用最广泛的材料，但是单晶硅片比较昂贵、非常易碎，同时不适合大面积应用。因此，人们逐渐尝试用氢化非晶硅(a-Si:H)和多晶硅(p-Si)薄膜来代替单晶硅。这些薄膜场效应晶体管的研究始于 20 世纪的六七十年代[4-6]，目前非晶硅场效应晶体管已经被广泛地应用于主动式的液晶显示(active matrix liquid crystal display, AM-LCD)中。

鉴于人们对电子产品小型化、微型化的持续需求，场效应晶体管的尺寸也不断缩小。20 世纪 70 年代最初应用于微处理器中的场效应晶体管，导电沟道长度为 10 μm；而目前 64 位多核处理器中场效应晶体管的沟道长度仅为 35 nm。但是，发展到纳米尺寸的场效应晶体管，再进一步的微型化就非常困难并且代价昂贵。例如，如果栅极介电层的厚度降低到 2 nm 以下，由量子力学隧穿引起的电流泄漏将达到 1 A/$cm^2$，使器件的关状态产生严重问题，诸如能量损耗、热量产生等。通过使用高介电常数的金属氧化物，采用沉积方法制备的绝缘层，可以缓解电流泄漏的问题。但是，由于沉积介电层可导致界面缺陷以及电子散射，使得器件中载流子的迁移率下降。为了使场效应晶体管尺寸进一步微型化，必须寻找新型的场效应晶体管活性材料。

基于有机聚合物[7-9]和小分子[10,11]的有机场效应晶体管(OFET)出现于 20 世纪 80 年代。1982 年，聚乙炔作为半导体材料被引入 MOSFET 场效应晶体管器件中。该器件以聚硅烷为介电层，以铝和金为栅极和源极/漏极，以耗尽模式工作。虽然仅仅表现出百分之几的电流调制能力，器件可引出的电流很小，却展示了有机半导体材料应用于场效应晶体管的可能性[7]。1986 年报道的基于聚噻吩半导体材料的场效应晶体管，是最早有明显引出电流的 OFET[8]。由于该器件中的聚噻吩是利用原位聚合的方式直接制备在衬底上，没有大面积生产的优势。随后，1988 年报道的以可溶性聚噻吩通过溶液方法制备的 OFET，向人们展示了基于有机材料的场效应晶体管的廉价制备优势[12]。继而小分子[13]及共轭齐聚物[10]的 OFET 也被成功地研制出来。几乎全部是有机材料的 OFET 报道于 1990 年，其中包含的唯一无机材料是电极[14]。在 2000 年 Science 上报道的、以噻吩与芴双嵌段形成的可溶性共聚物为半导体层的 OFET，是“全部有机”的 OFET 器件[15]。它是以柔性聚酰亚胺作为衬底(栅极)，分别以 PVP(poly(vinylphenol))、PEDOT:PSS (poly(3,4-

ethylenedioxy-thiophene) doped with polystyrene sulfonic acid)作为介电绝缘体、栅极/源电极/漏电极。随着研究的深入，基于小分子和聚合物的 OFET 器件性能都有所提高，尤其是小分子器件，其载流子迁移率已经接近甚至超过非晶硅[16]，离各种应用越来越近，因此这方面的研究及应用开发逐步成为国际热点。

基于有机材料的优点，诸如廉价、性能易于调制、加工工艺简单、可制备于柔性衬底上等，将有机材料引入场效应晶体管，有望制备出廉价或者具有良好柔韧性的电子元器件。因此，人们对 OFET 的深入研究，并不是为了直接取代基于硅技术的无机场效应晶体管，而是对它的扩充和加强，尤其是在非硅衬底上的电路集成方面。例如，由于 OFET 中的活性材料可以在接近室温的条件下制备及图案化，这些元器件可用于柔性的、或者可拉伸的塑料衬底上。由此，打开了许多新的应用领域，诸如可卷曲显示(如电子书籍)、人类皮肤模型[17]等。其他的潜在应用包括低端的无线射频标签识别(RFID)[18]、主动式显示驱动[19]、基于场效应晶体管的痕量物质和气体传感器[20,21]、机械传感[22]、光检测[23]、光电流检测等[24]。另外，基于场效应晶体管的聚集模式，类似于非晶硅迁移率的获得方式[5,25]，OFETs 还可作为分析有机材料中载流子迁移率大小的工具。

## 3.2　有机场效应晶体管的结构

如前所述，场效应晶体管由三个电极、一个绝缘层和一个半导体层组成。与半导体直接接触的一对电极分别称为源极(source)和漏极(drain)；与绝缘层接触、并隔着绝缘层正对源极和漏极间隙的电极称为栅极(gate)。器件工作时，加载于源极和漏极之间的恒定电压称为源漏电压(或称漏电压，$V_D$)，相应的电流称为源漏电流(或称漏电流，$I_D$)，亦称为沟道电流，因为它被限制在源极和漏极之间的导电沟道之中，其大小由沟道中的多数载流子的密度和迁移率来决定。加在栅极上的可变直流电压称为栅电压($V_G$)，栅电压的作用是在半导体表面引入一垂直电场，使得能带在这里按多数载流子密度升高的方式弯曲，形成导电沟道。沟道的产生和消失，以及沟道中载流子密度的高低，都是由栅压来控制。

场效应晶体管的结构不仅与材料有关，也与器件制备时所采取的薄膜制备顺序有关。根据薄膜堆叠顺序的不同，器件可以分为顶栅式(top gate, TG)

场效应晶体管和底栅式(bottom gate, BG)场效应晶体管(图 3.1)。由于有机材料耐高温性较差，有机场效应晶体管的结构广泛采用底栅式结构，这样可以避免由于绝缘层和栅电极薄膜沉积温度较高可能导致的有机层破坏。底栅式结构又可以分为顶接触式(top contact, TC)和底接触式(bottom contact, BC)两种结构，见图 3.2。

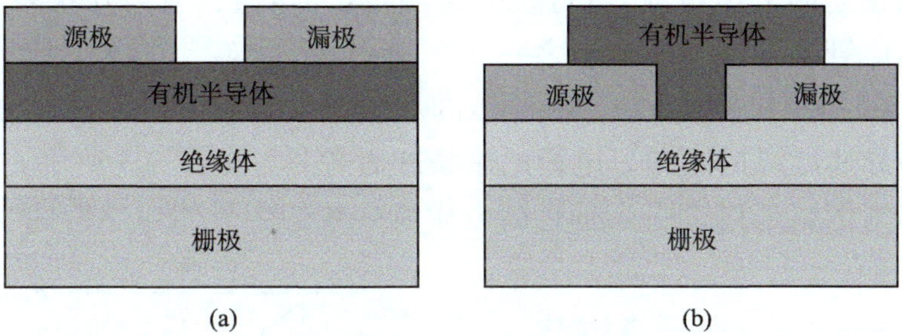


图 3.2　底栅式有机场效应晶体管结构

(a) 顶接触式；(b) 底接触式

顶接触器件是将源和漏电极通过掩膜蒸镀到有机半导体层之上；底接触器件是将有机半导体材料蒸镀到预先做好的源和漏电极上。这两种结构各有优缺点。在底接触式结构中，源与漏电极直接与绝缘层接触，如果绝缘层为诸如二氧化硅等的无机氧化物，则电极可以通过成熟的微刻蚀工艺制备，质量有保障，且比较方便。同时，由于底接触器件中有机半导体层的制备在最后进行，因此有机薄膜不易在后续的制备过程中遭到破坏。相反，顶接触结构器件中，由于需要在比较脆弱的有机薄膜上制备源和漏电极，不可能采取微刻蚀工艺，取而代之，必须使用掩膜板制备源和漏电极，结果器件的分辨率会大大降低。另一方面，顶接触式结构器件的接触电阻要小于底接触式结构器件，因此器件表现出较高的载流子场效应迁移率。也有假设认为，顶接触式器件中，金属热蒸发过程可导致源极/漏极的原子向有机半导体内迁移，使载流子迁移率增大，但目前机理尚未完全清楚。

## 3.3　场效应晶体管工作原理

### 3.3.1　聚集模式与耗尽模式

所谓半导体的场效应，就是半导体中局部区域的电学特性随外加电场的引入和变化而发生明显改变的现象。场效应晶体管是通过改变栅电压的大小来控制源漏之间电流输出的有源器件。工作时，在器件的源与漏之间施加一定电压，如果没有栅电压或者栅电压很小，源与漏之间的半导体中电流通常很小，电流特性与绝缘体类似，器件处于关状态；但是如果在栅极上施加足够高的电压，则在绝缘体和半导体界面处会出现一个导电沟道，源极和漏极之间的电流就会迅速加大，使器件导通，成为开状态。这就是场效应晶体管的基本工作机制之一。

在场效应晶体管器件中，栅电压的加载产生了与沟道垂直方向的电场，导致了半导体能级的弯曲、电荷的聚集或者耗尽。如图 3.3 所示，我们以 p 型半导体为例，来讨论引入垂直栅电压所导致的半导体电学特性改变。

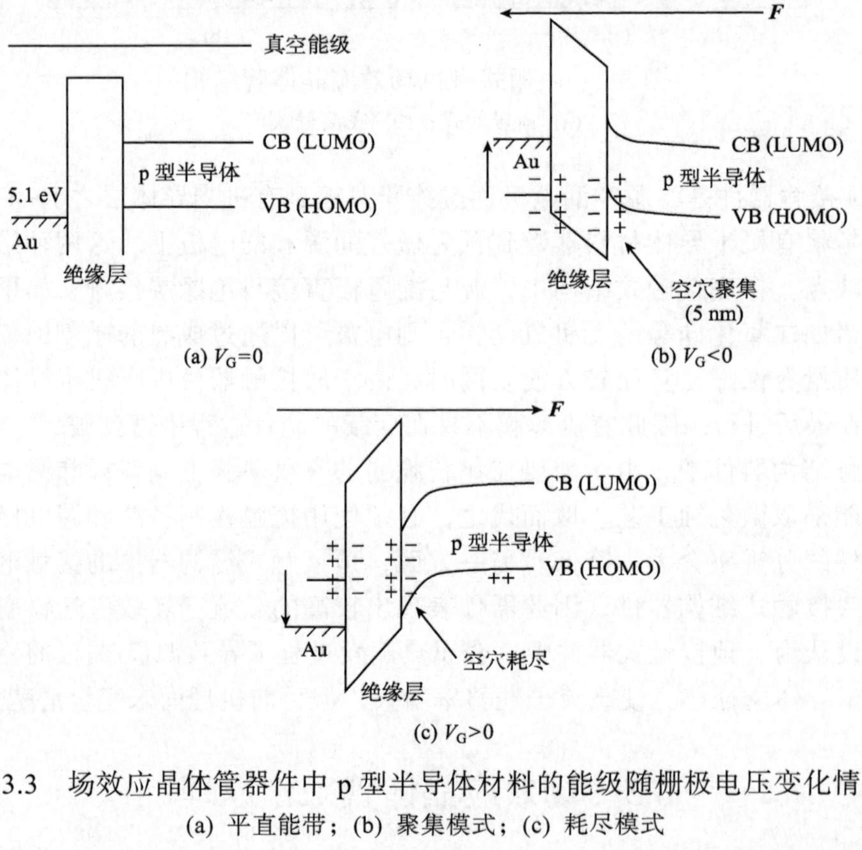


图 3.3　场效应晶体管器件中 p 型半导体材料的能级随栅极电压变化情况
(a) 平直能带；(b) 聚集模式；(c) 耗尽模式

在不同栅电压作用下，场效应晶体管中金属、绝缘层和半导体界面的能级，通常存在三种情形：① 当栅电压为零时，因为没有电场的重新分布，在电极和活性物质之间没有电荷的传输，金属和半导体的真空能级是相同的，此时为平直能带情形；② 当栅极加载负电压时，器件内与源漏连线垂直方向将产生指向栅极的电场。同时在绝缘介电层的两侧产生极性相反数目相等的电荷，形成偶电层，如图 3.3(b)所示。其中绝缘体内，靠近绝缘体/半导体界面处带负电荷，而半导体内靠近界面处带正电荷。由此在半导体内距离界面 5 nm 左右处产生了空穴聚集，并导致了半导体 VB 和 CB 能级在绝缘层附近向上弯曲。这些聚集的空穴可以在源漏电压的驱动下，产生定向移动，形成电流，这是 p 型场效应晶体管的聚集工作模式；③ 如图 3.3(c)所示，当栅电极加载正电压时，器件内部产生由栅极指向半导体层的电场，绝缘体内部产生偶电层。类似地，偶电层的产生使绝缘层内靠近半导体的一侧产生正电荷，界面附近的半导体内是负电荷，同时界面处半导体的 CB 和 VB 能级将向下弯曲。半导体内诱导出来的负电荷导致 p 型半导体内的主载流子空穴的耗尽，这是场效应晶体管的耗尽模式。② 和 ③ 两种情形，都是由于栅极电压的加载，产生垂直电场，使金属与半导体的界面存在偶极矩和偶极层，实际真空能级产生了移动(即金属和有机物的真空能级不再处于同一个位置)，界面处半导体层能级也由此向上或者向下移动，形成能带弯曲。场效应晶体管工作时，真空能级移动大小取决于界面间偶极矩的大小，因此它主要取决于器件绝缘层的介电特性及所加载的栅电压大小。

当场效应晶体管工作时，如果所加载的栅电压使器件处于聚集模式，如图 3.4(a)，半导体沟道内存在可以移动的电荷。当在源与漏极之间施加一定

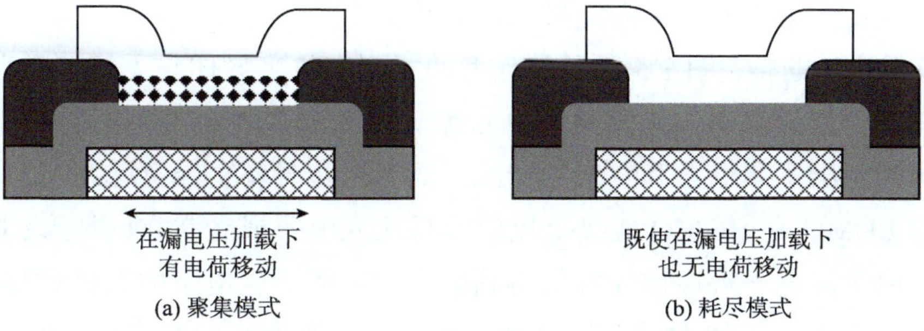


图 3.4 场效应晶体管的聚集模式与耗尽模式

由于栅电极的加载，使场效应晶体管中产生的导通和绝缘两种状态：(a) 聚集模式和 (b) 耗尽模式。聚集模式下，加载栅电压，沟通内产生载流子；耗尽模式下，加载栅电压，沟道内的载流子耗尽。因此，聚集模式下的导通状态是加载栅电压；耗尽模式的导通状态是不加载栅电压，由于有机材料是注入型半导体，不加载栅电压没有载流子存在，此时既使施加源漏电压也不会导通，因此有机场效应晶体管不能工作在耗尽模式下

电压时，半导体沟道内将产生电流，其大小与源漏电压有关。而当所加载的栅极电压使器件处于耗尽模式时，如图 3.4(b)，半导体沟道内没有可以移动的电荷。当在源与漏之间加载电压，几乎不能产生电流。因此，基于聚集模式工作的场效应晶体管中栅电压的加载使器件由关至开；而基于耗尽模式工作的场效应晶体管，栅电压的加载使器件由开变成关。无机场效应晶体管由于半导体内部存在自由载流子，其工作模式既可以是聚集模式，也可以是耗尽模式；而对于有机场效应晶体管，由于有机半导体本身不存在自由载流子，载流子的来源依靠接触界面注入，因此绝大多数有机场效应晶体管都工作于聚集模式。

### 3.3.2　n 型和 p 型有机场效应晶体管

根据器件中主要载流子的极性，有机场效应晶体管可以分为导通空穴的 p 通道和导通电子的 n 通道两类。在少数情况下，如果使用的有机半导体是双极性的(ambipolar)，器件可能会既导通电子又导通空穴。

如图 3.5 所示，是 p 通道和 n 通道的场效应晶体管基于聚集模式时的工作情况。在 p 通道器件中(图右侧)，当栅极加载足够大的负向电压时，有机半导体沟道内将出现诱导空穴，漏极处加载的负向电压可以使沟道内的空穴向漏极移动，产生空穴电流。在 n 通道器件中(图左侧)，当栅极加载足够大的正向电压时，有机半导体沟道内将出现诱导电子，漏极处加载的正向电压可以使沟道内的电子向漏极移动，形成电子电流。

值得注意的是，图 3.5 所示的 n 型和 p 型有机半导体与无机 n 型和 p 型半导体有很大的区别。无机材料的 n 型和 p 型分别指的是通过掺杂，在半导体内产生出过剩电子和空穴的情况。而有机半导体的 n 型和 p 型分别指材料的 LUMO 和 HOMO 能级上比较容易注入电子或者空穴的情形；同时 n 型材料由于拉电子特性比较容易得到电子，从而产生电子的跃进式移动，p 型材料由于推电子特性而比较容易失去电子，所产生的空穴可以跃进式移动。因此有机半导体中的载流子是注入型的。同前面所述一致，正是由于有机半导体中载流子的注入特性，有机场效应晶体管通常工作在聚集模式下。另外，这里所说的 n 型和 p 型有机半导体，在有机电致发光器件中分别对应于电子传输(注入)和空穴传输(注入)材料。

器件的开/关比，要在相同的栅电压下进行。

在本章的开始，我们已经讲过场效应晶体管是应用最广泛的电子器件，有多种应用。不同应用所要求的参数性能也不尽相同，对于以电池为电源的器件，因为希望低能耗，所以要求阈值电压为几伏；对于集成电路，例如主动式液晶显示，为了更好地区别晶体管的开和关两个状态，以达到良好的视觉效果，需要高性能 OFET，即电流开/关比例要高于 $10^6$、场效应迁移率大于 0.1 $cm^2/(V{\cdot}s)$；对于其他可能的应用，通常要求迁移率不小于 0.01 $cm^2/(V{\cdot}s)$，开关比大于 $10^3$。下面对场效应晶体管的各个参数分别进行阐述。

### 3.4.2　线性区域、饱和区域和夹断电压(linear region, saturation region, pinch-off voltage)

如果固定场效应晶体管的栅电压，对器件进行漏电压扫描，可获得电流−漏电压曲线($I_D$~$V_D$)，该曲线反映了器件的输出特性，如图 3.8 所示。图中可以看出，输出电流的大小随着栅电压的增大而增大。当没有加载栅电压时，就没有输出电流，器件处于关状态(cutoff)。这点比较容易理解，在场效应晶体管中，由于沟道的导电性正比于电荷数目，而电荷数目正比于栅电压，因此器件导电性随栅电压的增大而提高。

图 3.8 中的曲线分为两个区域，即线性区和饱和区。在线性区域内，漏电压很小，栅电压远远大于漏电压，这时电流与漏电压成正比，*I-V* 曲线呈直线型；在饱和区域内，漏电压超过了栅电压，电流不再随漏电压的增大

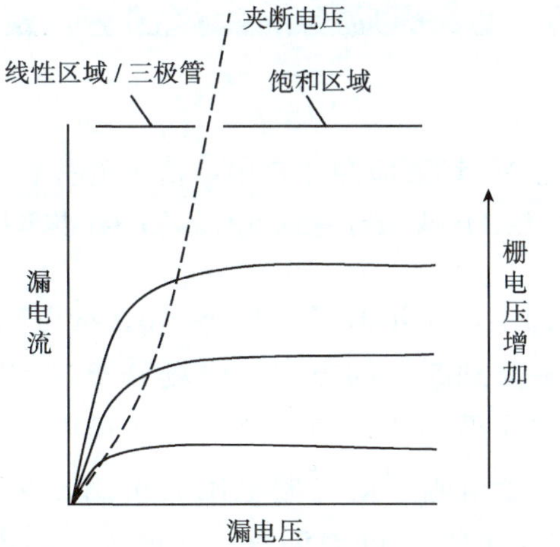


图 3.8　场效应晶体管输出曲线特征示意图

而增大，而是趋于饱和，这个区域的电流通常为一定栅电压下场效应晶体管器件的输出电流。一定的栅电压下，在线性区域和饱和区域之间，存在一个转折点，该点对应的漏电压是夹断电压。

场效应晶体管的这种输出特性，与沟道中载流子随栅电压、漏电压的变化密切相关，如图 3.9 所示。

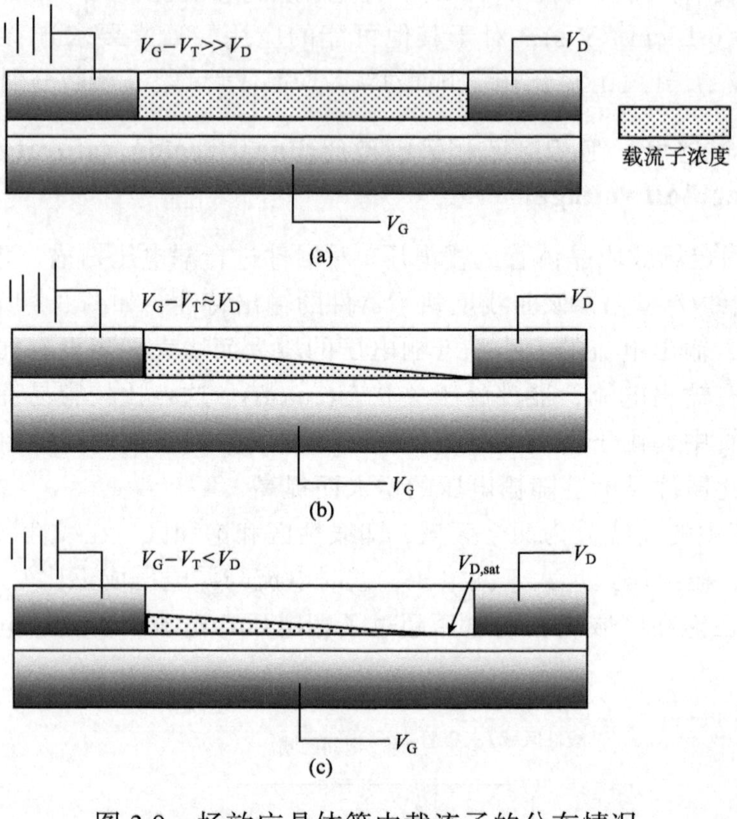


图 3.9　场效应晶体管中载流子的分布情况

(a) 线性区域；(b) 夹断点的出现；(c) 饱和区域

在较低的漏电压下(图 3.9(a)，$V_G-V_T\gg V_D$)，沟道内只存在来源于栅电压的垂直电场，而在源极到漏极的方向，电场分布均匀，因此沟道内载流子由源极到漏极的分布几乎是均匀的。这时，沟道电流遵循欧姆定律，器件的电流特性类似于一个电阻，既与栅电压成正比，又与漏电压成正比，器件的输出特性在线性范围内。随着漏电压的增大，沟道内的电场不再均匀，同时受到栅电压和漏电压的影响。在漏电极附近，由于栅–漏电压和源–漏电压在漏电极处电势的相互抵消，电场较小。不均匀的电场，导致了沟道内载流子分布的不均匀，呈现出由源到漏逐渐减少的情形，此时输出电流不再与漏电压成线性关系。当漏电压继续增大时，将达到这样一种情形(图 3.9(b)，$V_G-V_T \approx V_D$)：漏电极处栅电极提供的电场与漏电极提供的电场完全抵消，漏电极处的电压降为零，漏极附近的电荷数目为零，即在沟道的漏电极附近出现了夹断区域。进一步增加漏电压(图 3.9(c)，$V_G-V_T < V_D$)，夹断区域向源极方向扩大，这时，只要沟道的长度远远大于夹断区域的长度，漏电压的增大不再使输出电流增大，沟道电流进入饱和特性区域，即在一定的栅电压下，器件的漏电流基本保持不变。出现夹断区域所需要的漏极电压称为夹断电压，不同栅电压下的夹断电压位置见图 3.8 中虚线所示。

### 3.4.3　阈值电压、亚阈值漂移、电流开关比(threshold voltage, subthreshold swing, on-off current ratio)

在一定漏电压下，根据漏电流随栅电压变化的曲线，可以获得器件的阈值电压和亚阈值漂移。阈值电压可以通过线性区域或者饱和区域的转移特性情形获得。根据前面所述，当漏电压很小时，器件的电流特性处于线性区域；当漏电压很大、超过夹断电压时，器件的电流特性将处于饱和区域。为了利于器件转移特性分析，人们有时将饱和区域和线性区域的转移特性曲线呈现于同一图中，如图 3.10 所示。其中，在线性区域，以漏电流随栅电压的变化 $I_D \sim V_G$ 表示，如曲线(1)；在饱和区域，以漏电流的平方根随栅

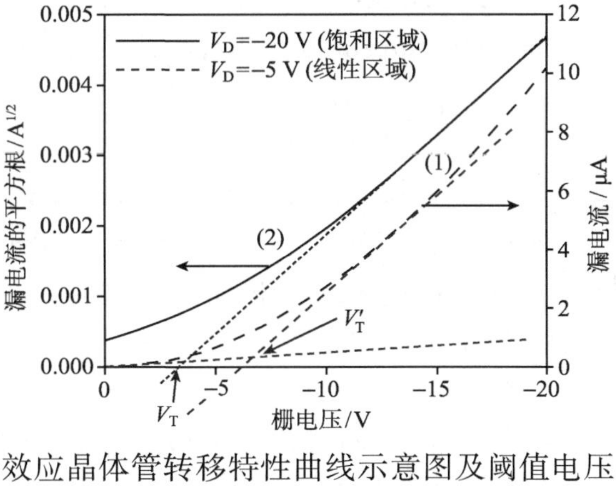


图 3.10　有机场效应晶体管转移特性曲线示意图及阈值电压的两种获得方式

(1) 利用输出电流的线性区域，在较小的漏电压下进行栅电压扫描；(2) 利用输出电流的饱和区域，在较大的漏电压下进行栅电压扫描

电压的变化情形 $I_D^{1/2} \sim V_G$ 表示，如曲线(2)。由曲线(1)可以看出，当栅电压很小时，器件的漏电流很小，基本可以忽略；随着栅电压的增大，漏电流突然增大。这一使电流突然增大的电压，就是阈值电压(图 3.10 中的 $V_T'$)。另外一种获得阈值电压的方法是利用饱和区域的 $I_D^{1/2} \sim V_G$ 曲线，如图 3.10 中的曲线(2)。将 $I_D^{1/2} \sim V_G$ 曲线的直线部分外延到 $V_G$ 坐标轴，曲线与 $V_G$ 坐标轴交点处的电压即视为阈值电压(图 3.10 中的 $V_T$)。这一点可以理解为电流的突然增加，以及器件从关状态到开状态的转变。显然，不同方法获得的器件阈值电压通常是不一致的，见图 3.10。值得注意的是，阈值电压的获得方法的确不是唯一的，即使都使用同一个方法，由于所采用的逼近线的位置有所差别，得到的结果也不尽相同。

从物理概念角度，器件的阈值电压可以这样理解：由于电极的费米能级与有机半导体 HOMO/LUMO 能级之间存在势垒，导致了界面处电荷的移动，因此有机层内产生电偶极层以及能带弯曲，阻止了有机层内电荷由电极注入。为了使有机半导体内产生移动电荷，需要加载栅电压来克服电极与半导体之间的势垒，消除偶极层及能带弯曲。另外，如果有机半导体材料中存在大量的载流子陷阱，则必须首先将这些陷阱填充后，才可能产生移动电荷。考虑包括以上过程在内的诸多因素，必须加载一定的栅电压器件沟道中才会产生移动电荷。这个使器件导通的栅电压就是阈值电压。阈值电压以下，漏电压的加载不会产生漏电流；阈值电压以上，加载漏电压时才有漏电流的输出。

通过 $I_D \sim V_G$ 曲线，在小于阈值电压的范围内，我们还可以得出器件的另一个参数，即亚阈值漂移(subthreshold swing, $S$)，其定义如下：

$$S = \frac{\mathrm{d}V_G}{\mathrm{d}(\log I_D)}, \qquad V_G < V_T \tag{3.1}$$

式中，$V_G$ 为栅电压，$I_D$ 为漏电流，它们的取值必须在小于阈值电压的范围。$S$ 取值可通过器件线性区域内的 $\log I_D \sim V_G$ 曲线获得，如图 3.11 所示。

首先在半对数曲线 $\log I_D \sim V_G$ 找出与阈值电压对应的点，将该点由低栅电压开始作逼近 $\log I_D \sim V_G$ 曲线的直线，所得直线斜率的倒数即为亚阈值漂移。$S$ 是反映器件由关状态转变为开状态快慢的一个量度，单位为 V/decade 或者 mV/decade，它通常为 $I_D \sim V_G$ 曲线在小于阈值电压范围内最大斜率的那一点。这个参数通常反映了器件栅极电荷泄漏情况，或者与材料的双极性、第二个电荷聚集区域、较大浓度的浅能级陷阱等相关。亚阈值漂移的值越

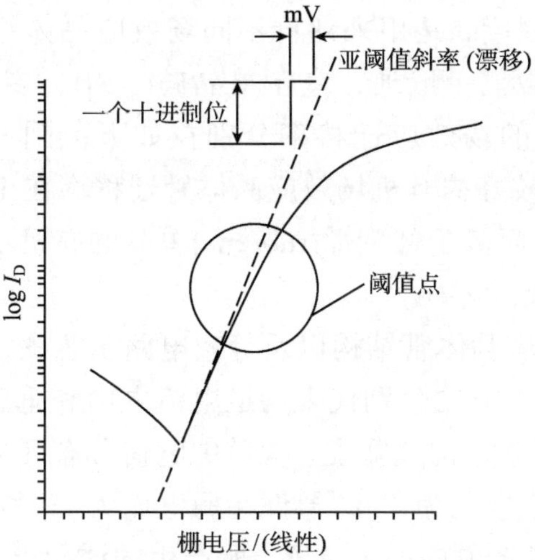


图 3.11 获得亚阈值漂移参数的方法示意图

小(如 60 mV/decade)，$I_D$~$V_G$ 曲线将越陡，表明器件性能较好。而较大的亚阈值漂移通常意味着器件中存在上述某些问题，器件的开启区域将会漂移。将 $S$ 乘以器件介电层的电容参数($C_{ox}$)，可以得到归一化的亚阈值漂移，即 $S_n = C_{ox} \times S$，单位为 V·nF/(cm$^2$·decade)，该值可用于比较不同介电材料的器件性能。

结合场效应晶体管器件的输出特性和转移特性曲线，可以获得器件的电流开关比参数。电流开关比定义为器件开状态电流与关状态电流的比值，通常以 $10^x$ 形式表示。其中，关状态电流可以根据器件在给定栅电压下的输出曲线中，阈值电压对应的电流值获得，而开状态电流的取值与一定栅电压下器件输出曲线中的饱和电流对应。显而易见，高的开关比需要高的开状态电流和小的关状态电流，而这些特性分别与半导体的迁移率和掺杂状态相关。

另外，如果在两个方向扫描栅电压，得到循环 $I_D$~$V_G$ 曲线，可用来研究器件的滞后现象。滞后现象指回扫漏电流小于正方向扫描电流的现象，理想状态下，该现象不存在或者很小。如果滞后现象很大，说明半导体材料纯度不够，或者半导体与绝缘体之间的界面存在一定的问题。

### 3.4.4 载流子迁移率

场效应迁移率 $\mu$(mobility)是描述场效应晶体管在电场作用下，活性层内载流子移动的难易程度，是用来评价不同场效应晶体管材料或者不同制备方法时最重要的参数。一般地，基于单晶硅(c-Si)、多晶硅(p-Si)、非晶硅(a-Si)场效应晶体管的场效应迁移率分别在如下范围：$10^2$~$10^3$、$10^1$~$10^2$、$10^1$~$10^0$ $cm^2/(V·s)$；较好的有机场效应晶体管迁移率在 1~10 $cm^2/(V·s)$，已经达到非晶硅的水平，而基于红荧烯(rubrene)单晶的有机场效应晶体管的场效应迁移率可高达 20 $cm^2/(V·s)$[26]。

图 3.12 为场效应晶体管结构以及等效电路示意图，其几何尺寸也标记在图上。图中的 $X$、$Y$ 方向分别代表沟道电流方向和垂直电场方向；器件的介电层厚度、沟道长度、沟道宽度、沟道中电荷分布区域厚度分别以 d$i$、$L$、$W$、$t$ 来表示。当阈值电压为 $V_T$ 的器件在栅电压为 $V_G$ 和漏电压为 $V_D$ 下进行工作时，在沟道区域 $X$ 方向的 $x$ 位置，所产生的诱导电荷密度 $q_{ind}(x)$可以表示为

$$q_{ind}(x)=n(x)et=C_{ox}[V_G-V_T-V(x)] \tag{3.2}$$

式中，$n(x)$为 $x$ 位置处载流子密度，$C_{ox}$ 为介电层单位面积上电容，$V(x)$为沟道内 $x$ 位置沿 $X$ 方向的电势。$W$ 和 $L$ 是沟道的宽和长，$e$ 是单位电荷电量。

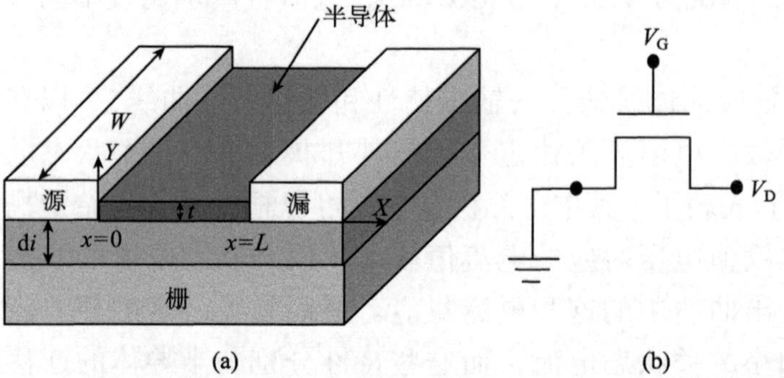


图 3.12　(a) 场效应晶体管结构及其几何尺寸；(b) 晶体管的等效电路图

如前面所述，当 $V_D=0$ 时，$V(x)=0$，一定栅电压下，沟道内载流子的分布是均匀的。随着漏电压的加载，沟道内由源极到漏极的载流子分布，将呈现出线性梯度减小情形。如果 $V_D \ll V_G-V_T$，即在器件线性范围内，沟道内平均电荷密度与沟道中间位置 $V(x)=\frac{1}{2}V_D$ 处电荷密度相同，可表示为

$$\overline{q}_{ind}=\overline{n}et=C_{ox}\left(V_G-V_T-\frac{1}{2}V_D\right) \tag{3.3}$$

平均载流子密度可以表示为

$$\overline{n} = \frac{1}{et} C_{\text{ox}} \left( V_{\text{G}} - V_{\text{T}} - \frac{1}{2} V_{\text{D}} \right) \tag{3.4}$$

如果在饱和区域内，即 $V_{\text{D}} \gg V_{\text{G}} - V_{\text{T}}$，沟道中将出现夹断电压，在源极和夹断电压之间，电势沿 $X$ 方向由 $V_{\text{G}} - V_{\text{T}}$ 降为零，平均电荷密度为

$$\overline{q}_{\text{ind}} = \overline{n}et = \frac{1}{2} C_{\text{ox}} (V_{\text{G}} - V_{\text{T}} - 0) \tag{3.5}$$

平均载流子密度可以表示为

$$\overline{n} = \frac{1}{2et} C_{\text{ox}} (V_{\text{G}} - V_{\text{T}}) \tag{3.6}$$

再根据欧姆定律：

$$\frac{I_{\text{D}}}{tW} = \sigma \frac{V_{\text{D}}}{L} \tag{3.7}$$

以及电导率的定义

$$\sigma = \overline{n} e \mu \tag{3.8}$$

沟道电流可以表示为

$$I_{\text{D}} = \frac{tW}{L} \sigma V_{\text{D}} = \frac{tW}{L} \overline{n} e \mu V_{\text{D}} \tag{3.9}$$

因此在线性范围内($V_{\text{D}} \ll V_{\text{G}} - V_{\text{T}}$)，将公式(3.6)代入(3.9)，得

$$I_{\text{D}} = \frac{W}{L} C_{\text{ox}} \mu \left[ (V_{\text{G}} - V_{\text{T}}) V_{\text{D}} - \frac{1}{2} V_{\text{D}}^2 \right] \tag{3.10}$$

可以看出，在器件的线性区域内，电流与栅电压成正比，与漏电压的二次方成正比。利用线性区域的电流公式，在线性范围内($V_{\text{D}} \ll V_{\text{G}} - V_{\text{T}}$)，一定漏电压下场效应迁移率可以通过下式得到

$$g_{\text{m}} = \frac{\partial I_{\text{D}}}{\partial V_{\text{G}}} \bigg|_{V_{\text{D}} = \text{const}} = \frac{W}{L} C_{\text{ox}} \mu V_{\text{D}} \tag{3.11}$$

固定漏电压，将 $I_{\text{D}}$ 对 $V_{\text{G}}$ 作图，曲线在线性范围内的斜率即为 $g_{\text{m}}$(称为跨导，transconductor)，根据公式(3.11)，线性范围内场效应迁移率即可获得。

同样地，固定栅电压，将线性范围内的电流表达式(3.10)中的 $\frac{1}{2} V_D^2$ 项忽略(在 $V_{\text{D}} \ll V_{\text{G}} - V_{\text{T}}$ 的情形)，再求导得到电导($g_{\text{d}}$, conductance)

$$g_m = \frac{\partial I_D}{\partial V_D}\Big|_{V_G=\text{const}} = \frac{W}{L} C_{ox} \mu (V_G - V_T) \tag{3.12}$$

通过 $I_D \sim V_D$ 曲线中直线部分的斜率，利用公式(3.12)也能获得迁移率。

在饱和区域内($V_D \gg V_G - V_T$)，由于漏电极附近，漏电压与栅电压产生电场的相互抵消，因此只在源极与夹断电压之间的沟道内，存在电荷分布，夹断电压到漏电极之间没有电荷，因此源漏之间、存在电荷区域的电压范围是 $V_G - V_T$ 到 0，公式(3.9)$V_D$ 应改为($V_G - V_T - 0$)，有

$$I_D = \frac{tW}{L} \sigma (V_G - V_T) = \frac{tW}{L} \bar{n} e \mu (V_G - V_T) \tag{3.13}$$

将饱和区域载流子密度公式(3.6)代入(3.13)，可以得到饱和区域的电流表达式：

$$I_D = \frac{W}{2L} C_{ox} \mu (V_G - V_T)^2 \tag{3.14}$$

在饱和区域内，以$|I_D|$平方根对 $V_G$ 作图，由斜率可得场效应迁移率。计算得到的饱和区域的场效应迁移率，一般大于线性区域内的迁移率。由于在场效应晶体管沟道中的载流子主要分布在绝缘层与半导体的界面，载流子输运将受到界面散射作用，因此以薄膜存在的场效应迁移率通常低于块体材料的迁移率。

### 3.4.5 接触电阻[27]

源和漏电极与有机半导体的接触通常被认为是金属–半导体异质结，根据经典 Mott-Schottky(MS)理论，当金属的功函数与 p 型有机半导体的 HOMO 或 n 型有机半导体的 LUMO 能级比较接近时，这种异质结应视为欧姆接触，载流子可以有效地注入到半导体材料中，接触势垒较小或者可以忽略。如果上述的条件不满足，金属与半导体的界面将出现能级差，载流子不能有效地被注入到半导体材料，这时就会存在较大的接触势垒及接触电阻。

在初期研究中，OFET 的接触电阻很少被提到，原因是器件的效率很低，以至于源与漏之间的电流主要受限于沟道电阻，不必考虑接触电阻。随着有机半导体材料载流子迁移率的提高，接触电阻对器件的影响也表现出来，并逐渐成为影响器件性能的主要因素。

实际情况中，由于电极与半导体界面之间还存在偶极层，接触电阻除了

与电极和半导体之间的注入势垒相关外，还受偶极层等因素影响，情况要复杂一些。以金电极与并五苯的界面为例，根据数据分析；金的功函数为 5.4 eV，而并五苯为 p 型半导体，其 HOMO 为 5.2 eV。由金电极向并五苯注入空穴不存在势垒，它们之间的接触应该为很好的欧姆接触。但是研究发现，金电极与并五苯的界面之间存在很大的接触电阻。原因是二者之间存在另外的偶极势垒，使得并五苯的 HOMO 向下移动 1.05 eV，相应地，二者之间的能级差也增加了同样的大小，因此注入势垒大大增加(势垒大小为 5.2 eV + 1.05 eV – 5.4 eV = 0.85 eV)，产生了接触电阻，如图 3.13 所示。

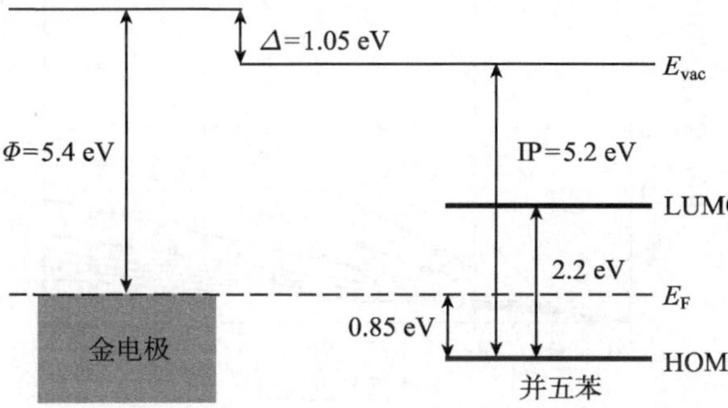


图 3.13　金与并五苯界面的实际能级图

除了电极与半导体之间的界面偶极，在有机场效应晶体管中，接触电阻的大小还与有机层和源漏电极的制备顺序相关[28,29]。例如，顶接触式与底接触式场效应晶体管的接触电阻是不同的，其中，顶接触式器件通常表现出比较小的接触电阻。研究发现，在并五苯之上进行金薄膜的沉积时，金原子会向有机层渗透，在有机层的表面形成金属簇，因而使界面的势垒从 1 eV 降至 0.3 eV。通过各种研究，人们还发现：① 接触电阻的大小与电极特性(如功函数等)强烈相关；② 接触电阻依赖于栅电压大小，当栅电压增大时，接触电阻明显减小。

接触电阻大小的获得方法之一是采用线转换方法(transfer line method, TLM)，该法是利用传统技术来进行估算，最初应用于非晶硅场效应晶体管中[30]。由于在电流响应的线性范围内(漏电压很小)，沟道电阻与沟道长度($L$)成正比，宽度归一的总电阻($R \times W$)可以表示如下：

$$R \times W = \frac{L}{C_{\mathrm{i}}\mu(V_{\mathrm{G}} - V_{\mathrm{T}})} + R_{\mathrm{C}} \times W \tag{3.15}$$

式中，$C_i$、$\mu$、$V_G$、$V_T$、$R_C$分别为单位面积下绝缘体电容、迁移率、栅电压、阈值电压、接触电阻。首先通过测量不同沟道长度下器件的电阻，得到了沟道电阻和接触电阻的总和($R$)。然后将 $R \times W$ 对 $L$ 作图，将曲线外推，得到 $L$ 为 0 处的 $R \times W$，即为宽度归一的接触电阻，如图 3.14 所示。

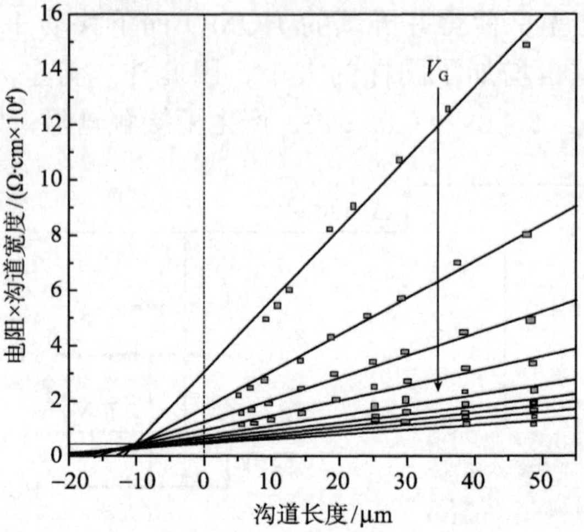


图 3.14　归一化电阻随沟道长度的变化曲线

每一条直线对应于一个固定栅电压，栅电压范围：−20 ~ −100 V

TLM 方法有一些缺点，如：① 该方法需要测量一系列不同的器件，但受器件制备等因素影响，不能保证所有器件的沟道及接触电阻严格相似，这也是作图时数据点分散的原因(图 3.14)；② 上述公式要求接触电阻不偏离欧姆定律，也就是说，如果接触电阻为非线性的，TLM 方法就不能使用；③ 由于测量需要在漏电压较低的线性范围内进行，因此对漏电流非常敏感；④ TLM 方法不能区分源极和漏极处的接触电阻。

另外一个测量晶体管接触电阻的方法是利用四个接触点的四探针法，即在沟道中引入另外两个电极，如图 3.15(a)所示。由于沟道中的电流处处相等，且新加入两个电极之间的电压降不受接触电阻的影响，因此该方法得到的接触电阻较为真实，同时，该方法还可以分别获得源极和漏极处的接触电阻(图 3.15(b))。

在研究有机场效应晶体管的电流-电压曲线时，如果考虑接触电阻，器件的等效电路图可以由图 3.12(b)转化为图 3.16。图 3.16(a)所示的电路认为源、漏电极与半导体之间的接触界面所产生的电阻是线性的，其大小是固定值，不随施加电压的改变而改变；如果接触电阻特性随施加电压的改变而发生变化，则除了线性电阻，需要另外引入头脚相互并联的一对二极管来表示，如图 3.16(b)所示。

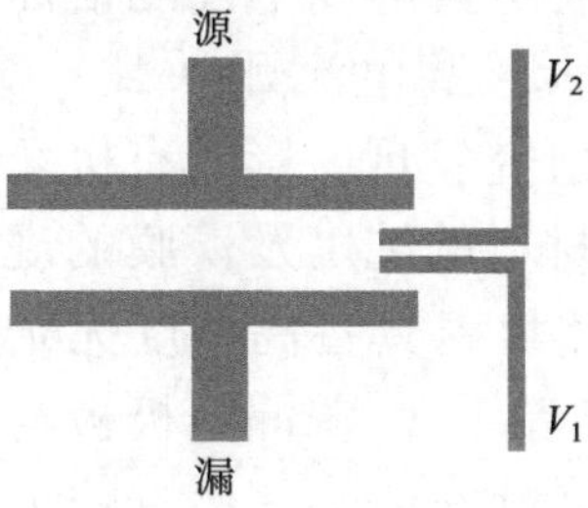


(a)

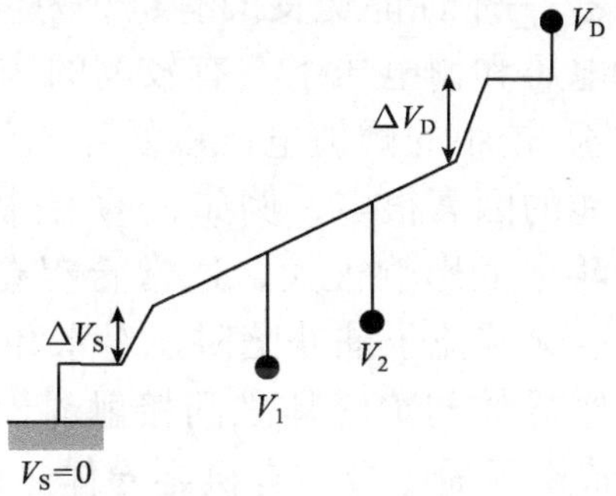


(b)

图 3.15　四探针法测量接触电阻的电极示意图(a)及沟道中相应位置的电压降显示图(b)

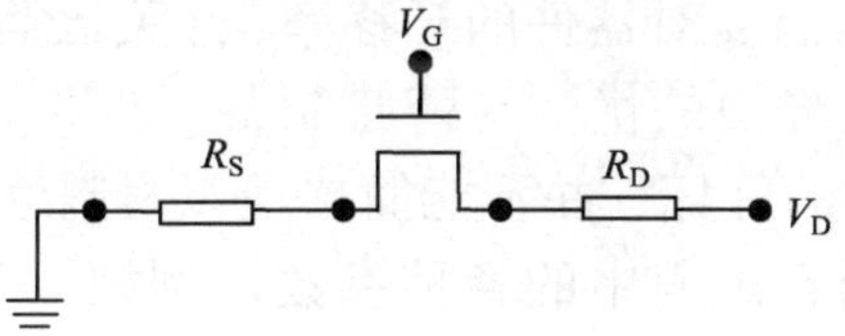


(a)

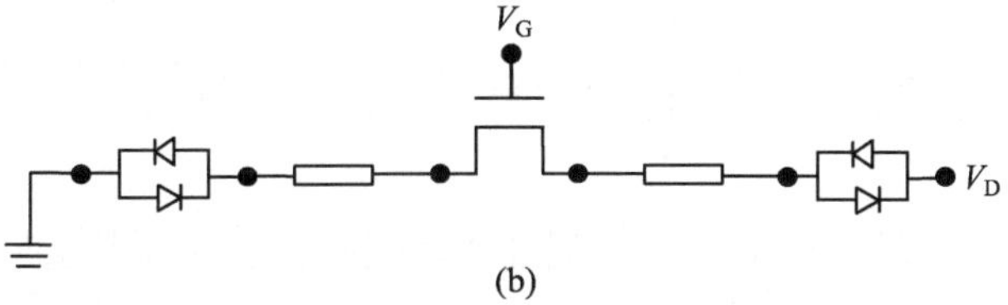


(b)

图 3.16　有含接触电阻的场效应晶体管等效电路图

(a) 只考虑线性接触电阻；(b) 同时考虑线性接触电阻和非线性接触电阻

为了研究接触电阻，在沟道中引入一个长度为 $d$、电阻为 $R_C$ 的接触区域，该区域的电压降为 $V_C = R_C I_D$，则沟道的长度减小至 $L - d$，沟道内的整个电压降为 $V_C - V_D$ (p 型半导体)。将这些数据引入上一节的器件电流公式推导，则在线性范围内，电流公式可以改写为

$$I_D = \frac{W}{L-d} C_{ox} \mu \left\{ (V_G - V_T) V_D - \frac{V_D^2}{2} - \left[ (V_G - V_T) V_C - \frac{V_C^2}{2} \right] \right\} \tag{3.16}$$

在饱和范围内，由于沟道内载流子浓度与漏电压无关，接触电阻将不再影响载流子的浓度，因此如果忽略接触电阻的长度 $d$，则饱和区域的电流公式与不考虑接触电阻情形相同。

总之，一个性能优良的有机场效应晶体管通常具有以下性能指标：① 在低的漏电压和栅电压下，有较高的沟道电流；② 高电流开/关比；③ 高迁移率；④ 较小的阈值电压以及亚阈值漂移。研究发现，影响有机场效应晶体管性能的因素很多，例如，① 有机半导体材料的纯度及薄膜的规整性对器件迁移率的影响很大，通常希望有机半导体材料具备高纯度无杂质、高迁移率、无载流子捕获陷阱、对水和氧不敏感等。② 源漏电极极与半导体之间、半导体与绝缘体之间接触界面的优劣等对器件迁移率有较大影响。其中，希望源漏电极与有机半导体之间的界面为欧姆接触，即有机半导体的HOMO/LUMO 能级与源漏电极匹配。③ 阈值电压受控于有机-绝缘体界面处的陷阱密度、源极、漏极处接触界面的优劣等。其中，栅绝缘体要求有较高的介电常数，厚度很薄且无针孔缺陷、无电流泄漏。④ 器件结构的优化可提高开关比。⑤ 温度对器件的迁移率、开关比等参数也有一定的影响。由于材料的聚集态、界面的优劣与薄膜制备、生长条件密切相关，因此有机场效应晶体管器件的好坏，并不能简单地以材料性能和器件结构来决定，还应密切关注薄膜制备过程中的各种参数，例如，真空沉积时衬底温度、沉积速率或旋涂制备过程中的转速、溶剂等。

## 3.5　场效应晶体管中的有机半导体材料

如前所述，在有机场效应晶体管器件结构中包含不同的功能材料：源漏电极、栅电极、有机半导体、绝缘材料。源漏电极材料的选取以获得较好的欧姆接触为最佳，通常为钛或者铬掺杂的金、铝。钛或者铬的掺杂是为了增加源漏电极与有机半导体薄膜的黏合。栅电极材料可以是金属、重掺杂多晶硅、铬以及其他类似金属材料(包括有机导体)；栅绝缘体(也称为介电层)是由 $SiO_2$、$Si_3N_4$、$SiO_x$ 以及聚合物材料制备而成。有机半导体材料是有机场效应晶体管器件中的活性材料，是决定器件输出特性的主要组分。本节将讨论各类有机材料在场效应晶体管器件中的应用情况。

### 3.5.1　小分子与聚合物半导体材料在场效应晶体管中应用比较

有机场效应晶体管中的活性材料分为小分子和聚合物两大类，基于这些材料分别可以制备单晶、多晶以及非晶的场效应晶体管器件。通常来讲，单晶材料的迁移率要远远高于多晶及非晶材料，因为前者的缺陷浓度远远低于后者，界面散射以及载流子被捕获的概率大大降低，载流子有可能以能带模式输运。有机单晶材料以及基于单晶材料的器件都比较难于制备，但是它们可以用来研究材料中分子的排列规律、载流子输运机制，以及基于该材料场效应晶体管的极限性能。从目前研究状况来看，小分子材料的场效应迁移率要高于聚合物材料。

小分子材料的迁移率与分子结构，特别是共轭程度、聚集态等密切相关[31]。因此，用于场效应晶体管器件的有机小分子，要求具有较好共轭平面和较大自组织潜力，以提供共轭体系空间延伸的可能性，并达到规整的聚集状态。研究表明，当分子之间的共轭结构能够较好地重叠、产生较好的轨道耦合时，电子在轨道之间的传输比较有利，载流子传输能力将会有很大提高；而规整的聚集状态，可减少材料中载流子在输运过程中的损失，诸如界面散射、陷阱等，从而提高载流子迁移速率。目前，利用小分子材料制备的单晶薄膜中，由于分子排列高度有序，其载流子传输特性接近能带输运机制[32,33]，使基于这些材料的场效应晶体管的迁移率大于 10 $cm^2/(V·s)$，超过了非晶硅的水平。

与小分子相比，聚合物的规整性差，同时只能以溶液法制备薄膜而不能使用真空蒸镀，这些特点局限了它们形成单晶的可能性。因此，共轭聚合物的薄膜通常为高度无序的非晶状态，偶尔可形成多晶态，因此其载流子的输运通常以共轭链之间的跃进模式为主导[34,35]，迁移率通常在 $10^{-7}$~$10^{-2}$ $cm^2/(V·s)$ 的范围，比小分子材料低。迁移率最大的聚合物场效应晶体管来自于噻吩衍生物，根据可以形成规整薄膜程度的不同，迁移率在 0.1~0.25 $cm^2/(V·s)$范围[36,37]，但仍然比小分子的场效应迁移率低接近一个数量级。聚合物分子中，提高自组织能力、增强轨道重叠、提高迁移率的策略通常是在侧链中引入烷基链，并且减小或者禁止主链中共轭平面的转动。

除了通过分子设计来提高有机半导体材料的本征电荷传输性能，有机半导体材料的载流子迁移率还可以通过适当的薄膜制备过程得到提高。例如，通过控制衬底温度，真空蒸镀的小分子薄膜的迁移率可以大大提高[38,39]；对于溶液法制备的聚合物薄膜，溶剂的蒸发速率、热处理导致的重结晶等，都对薄膜的迁移率产生不同程度的影响[40,41]。另外，衬底表面的能量对真空蒸镀和溶液制备的薄膜微结构有很大的影响，这可以通过衬底表面的化学修饰来改变[42,43]。

研究发现，不论是小分子还是聚合物薄膜，当共轭分子(或者共轭链)之间的 ππ 堆积方向与源漏之间的电流方向平行时，器件的迁移率通常较大，如图 3.17 所示。图 3.17(a)是基于有机共轭小分子的场效应晶体管器件沟道中分子的理想堆积情形，图中的短棒代表小分子。一方面，由于这些分子“站”在绝缘层表面，使得分子之间的 ππ 堆积方向平行于沟道电流方向，有利于载流子的输运。另一方面，这种分子“站立”的空间排布，也将材料内的 ππ 相互作用限制在同一个分子层内，而同一层内分子间距离，显然要比层与层之间分子间距离小很多，最大限度地为分子之间的 ππ 相互作用提供了有利条件，为载流子输运提供便利。这种提高场效应迁移率的机制，在基于六噻吩[38,44]和并五苯[45,46]的器件中得到了证明。

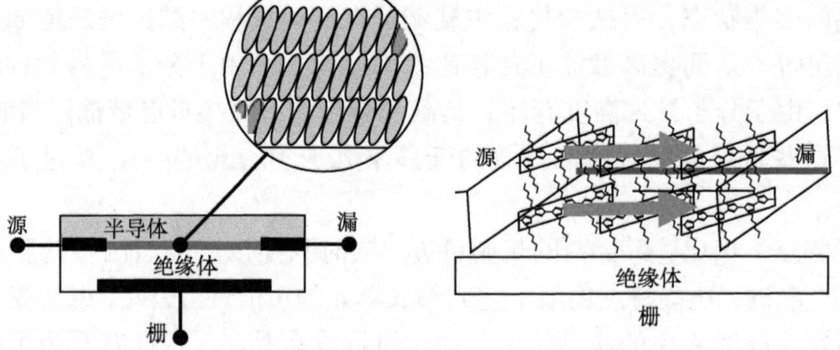


(a)　　(b)

图 3.17　有机场效应晶体管中 (a) 有机小分子半导体及 (b) 聚合物 P3HT 的理想堆积方式

图 3.17(b)展示了性能较高的 P3HT 场效应晶体管中有机聚合物链的理想堆叠情形。与小分子类似，当沟道半导体材料 P3HT 分子的烷基侧链与绝缘层表面接触时，聚合物中的噻吩环将垂直于绝缘层表面，且同一层内 P3HT 链之间的噻吩环呈“面-面”相对情形，因此 ππ 作用方向与器件中电流的方向平行，有利于载流子输运。同样地，噻吩分子的“面-面”相对空间分布也增加了聚合物链间 ππ 作用强度，使得载流子迁移率有所提高。

### 3.5.2　p 型有机半导体材料

在 p 型场效应晶体管中，通过栅极加载负电场使半导体的 HOMO 和

LUMO 能级向上弯曲(移动)，降低空穴注入势垒，在半导体内产生诱导空穴。漏电压的加载可以使诱导空穴载流子产生沿该电场方向的移动，从而输出正向电流。作为应用于场效应晶体管的 p 型有机半导体，除了必需的稳定性外，还要具备以下几条：① 较高的 HOMO 能级，以便可以与电极匹配形成欧姆接触，有利于空穴注入；② 材料具有较强的给出电子特性，即是电子给体。广泛研究的材料包括直线型稠环芳香碳氢化合物(polycyclic aromatic hydrocarbon, PAH)、噻吩齐聚物(oligothiophene)、酞箐化合物(phthalocyanine)等。

1. 直线型稠环芳香碳氢化合物

应用于场效应晶体管中的稠环芳香烃，最具有代表性的是并五苯。并五苯有很强的结晶趋势，通过真空蒸镀可以很容易地获得高度有序、迁移率较高的多晶薄膜，因此适合应用于场效应晶体管中。

图 3.18(a)是并五苯的分子结构和真空蒸镀薄膜在原子力显微镜(atomic force microscopy, AFM)下的形貌。其中，一层一层的结构表示并五苯单分子层与单分子层之间的排列，相邻两层之间的距离为 15.4 Å。图 3.18(b)是通过 X 射线得到的并五苯薄膜晶体中分子与分子之间的排列方式，图中所示的 *ab* 平面与衬底表面平行，因此包含在该平面方向上的分子将"站"在衬底表面上。当具有这样层结构薄膜靠近场效应晶体管的绝缘层或者遍布于整个沟道时，与其他排列方式薄膜相比，器件的迁移率将有显著提高。图 3.18(c)是并五苯分子在三种堆叠方式下，通过理论计算获得的分子之间 HOMO 轨道重叠情形。可以看出，"面-面"排列的两个并五苯分子的 HOMO 轨道重叠，要比其他两种"边缘-面"排列情形下的 HOMO 轨道重叠大。较大的轨道重叠，将有利于载流子在分子之间的输运。

图 3.19 展示了在氧化铝绝缘层上引入自组装单分子层(SAM)的真空蒸镀并五苯场效应晶体管性能曲线。由于 SAM 的引入，使蒸镀的并五苯可以形成多晶结构，如图 3.19 所示，根据图中曲线，该多晶并五苯器件参数如下：饱和区域迁移率为 3.4 $cm^2/(V·s)$，阈值电压为 10.4 V，亚阈值漂移为 3.4 V/decade，电流开关比为 $1.5\times10^6$。

与上述多晶并五苯薄膜相比，单晶并五苯的分子排列更加整齐，且陷阱及界面也显著减少，使载流子表现出能带输运模式，迁移率大大提高。研究显示，并五苯单晶的场效应迁移率室温下达 35 $cm^2/(V·s)$，低温 225 K 下可高达 60 $cm^2/(V·s)$[49]。虽然非晶态并五苯相对于其单晶和多晶形态表现出的场效应迁移率较小，但也达到了 1 $cm^2/(V \cdot s)$水平[50]，往往优于其他材料。

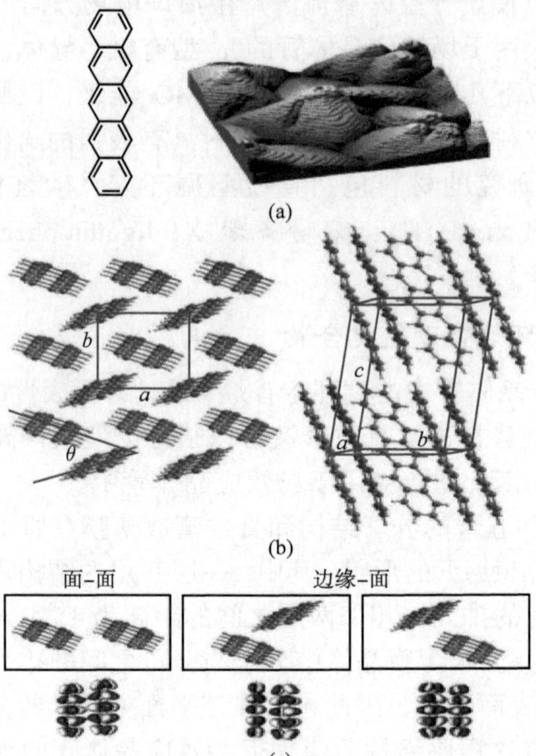


图 3.18　(a) 并五苯分子结构及薄膜表面形貌(AFM 结果，尺寸：2 μm × 2 μm)；(b) 并五苯薄膜的晶体堆叠方式；(c) 并五苯分子在三种堆叠方式下，分子之间 HOMO 轨道重叠情形[47]

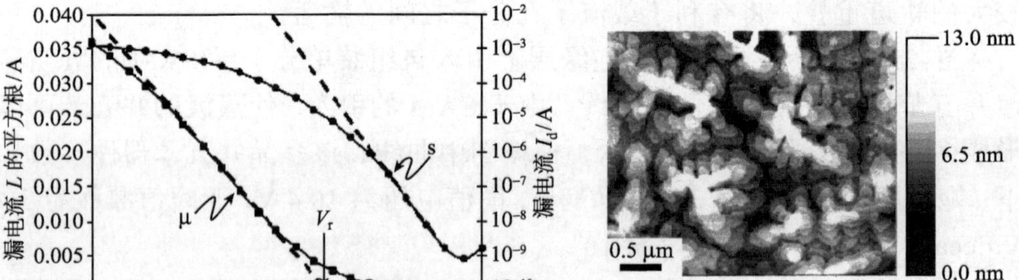


图 3.19　绝缘层上引入自组装单分子层的真空蒸镀并五苯场效应晶体管的性能曲线，漏电压 $V_D = -40$ V[48]

将并五苯应用于场效应晶体管，虽然可以获得较好的性能，但是也存在缺点。例如，并五苯非常难于溶解的特性使溶液成膜几乎不可能实现，另外并五苯材料对光较为敏感，容易形成内过氧化物和“蝴蝶”形状的二聚体，如图 3.20 所示。

红荧烯(rubrene)是另外一个研究较多、有应用潜质的有机 p 型半导体材料。该材料在线性稠环芳香烃并四苯的两侧，分别含有两个苯基取代的分子，其结构见图 3.21。目前基于红荧烯单晶、多晶和真空蒸镀非晶薄膜的场效应晶体管都有报道，其迁移率分别达到了 15~20 $cm^2/(V·s)$[51]、0.7 $cm^2/(V·s)$[52]和 $1.2×10^{-4}$ $cm^2/(V·s)$[53]。

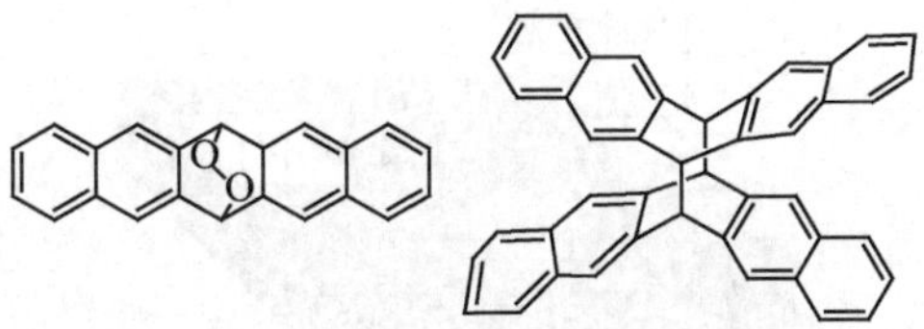

图 3.20　并五苯老化后的产物

图 3.21　红荧烯(rubrene)的分子结构

由于有机单晶的易碎性，将其应用于场效应晶体管本身是一个挑战。V. C. Sundar 等报道了一种通过类似于夹叠黏合(lamination)的方法制备红荧烯单晶场效应晶体管的方法，如图 3.22 所示[51]。该方法使用一种有机柔性薄膜作为衬底，依次在其上制备栅极、绝缘体、源漏电极(图 3.22(a))。电极是通过用掩膜板蒸镀获得，绝缘层薄膜利用转移方法实现。预先制备好的优质红荧烯单晶放置在含有绝缘层及电极的柔性衬底之上(图 3.22(b))，通过简单的夹叠黏合，完成红荧烯单晶场效应晶体管的制备。图 3.23 是红荧烯的晶体结构、单晶分子的空间堆积、以及单晶在光学显微镜下的形貌。由图 3.23(b)可以看出，在红荧烯单晶中，沿 *b* 轴方向分子之间的 ππ 重叠大于沿 *a* 轴方向，因此红荧烯单晶中，沿 *b* 轴方向载流子的输运速率将大于沿 *a* 轴方向。相应地，表现在器件性能上，当沟道电流方向与 *b* 轴方向一致时，红荧烯单晶的场效应迁移率(15.4 $cm^2/(V·s)$)要比电流沿 *a* 轴方向时大很多(4.4 $cm^2/(V·s)$)[51]。

利用图 3.23(c)所示的红荧烯单晶，通过夹层黏合方法，可以制备不同尺寸的场效应晶体管，其输出特性和转移特性见图 3.24。从电流输出特性曲线，可以很好地分辨出电流的线性及饱和区域。该器件表现出常关态。随着栅电压的加载和增大，器件的饱和电流也增大。在漏电压非常

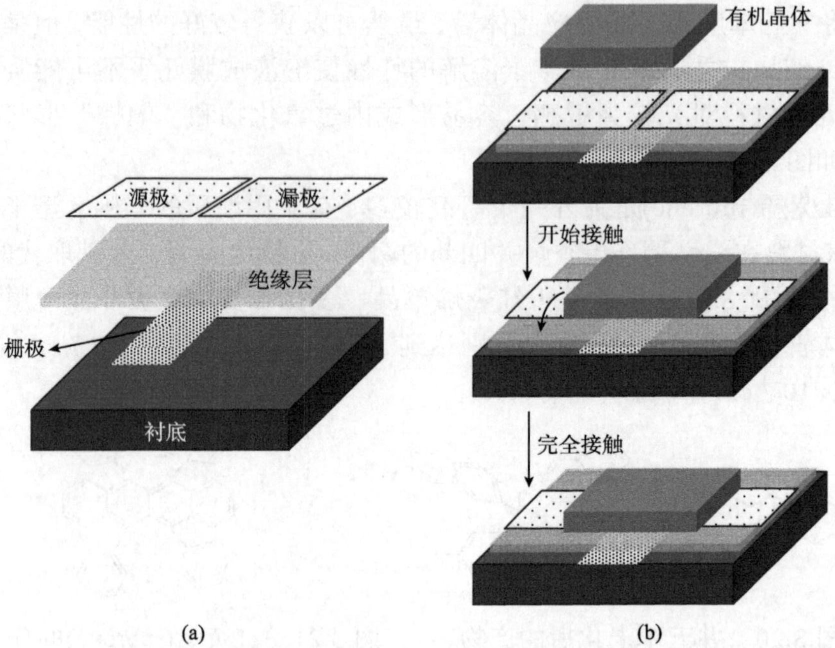


图 3.22　在柔性衬底上使用夹层黏合方法制备的红荧烯单晶场效应晶体管

(a) 电极及绝缘层制备；(b) 单晶的黏合

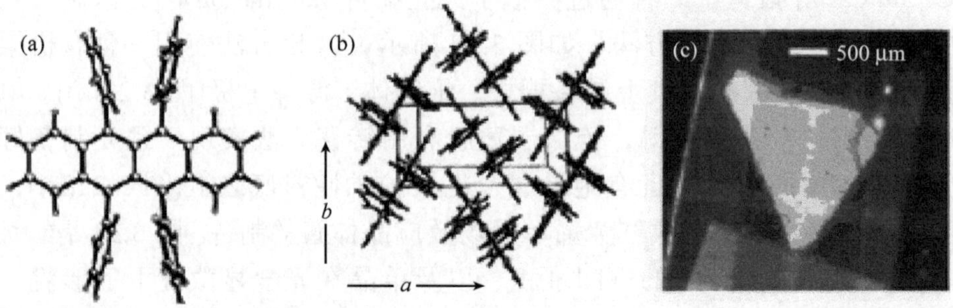


图 3.23　红荧烯的分子结构(a)；红荧烯单晶的分子排布(b)及光学显微镜下的形貌(c)[51]

低时(图 3.24(a)嵌入图)，所有栅电压下器件都表现出很好的线性关系，说明器件的界面为欧姆接触。通过不同器件的转移特性，可以看出所有器件都表现出类似的场效应迁移率(3.4 ± 0.3 $cm^2/(V·s)$)和亚阈值电压漂移[(2.5 ± 0.3) $nF·V/decade·cm^2$]，器件的饱和电流表现出随 $W/L$ 比值增大而增大的特征。

虽然利用稠环芳香化合物制备的单晶以及多晶薄膜可以得到相当可观

的场效应迁移率，但是有机单晶/多晶比较脆弱，大尺寸生长困难，单晶的加工也较困难。在绝缘层上制备场效应晶体管半导体层的传统方法，如气相沉积和溶液加工，都很难应用于有机材料的单晶生长。同时，传统的加工方法也会破坏有机单晶的表面甚至导致晶体的碎裂。因此有机单晶/多晶场效应晶体管不适于大规模生产。另外稠环的芳香化合物对光敏感，在大气氛围内易于老化，这类化合物的真正应用潜能不大[54,55]。

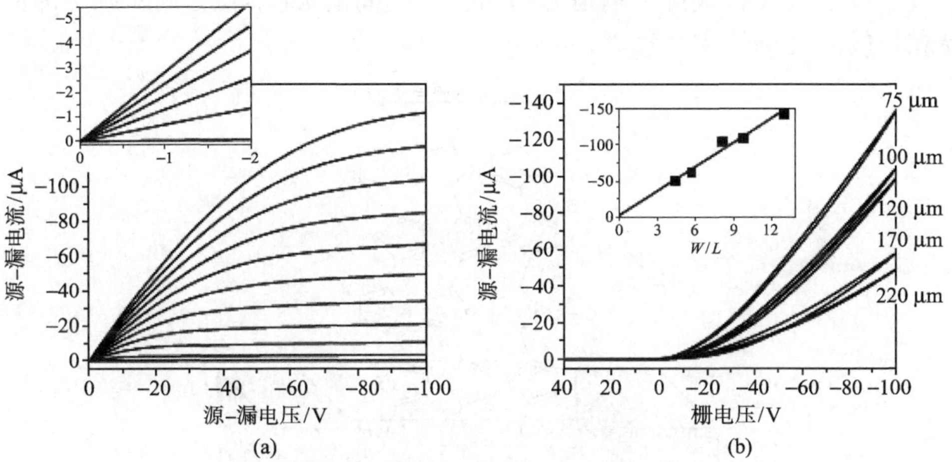


图 3.24　(a) 红荧烯单晶场效应晶体管的输出特性 $L = 75$ μm, $W = 980$ μm, $C_{ox} = 0.67$ nF/cm$^2$，栅电压的变化从−20 ~ −100 V；(b) 通过夹层黏合方法利用同一片单晶在同一区域制备的不同尺寸器件的转移特性曲线（$L$ 分别为 220 μm、170 μm、120 μm、100 μm、75 μm，$W$ 为 980 μm）。(a)、(b)中的嵌入图分别为很低漏电压下的电流、饱和电流随 $W/L$ 的变化[51]

2. 噻吩齐聚物

噻吩齐聚物是另外一类广泛研究的 p 型有机场效应晶体管活性材料，它们由多个含氧的五元杂环分子组成，如四噻吩、六噻吩、八噻吩等。这些分子具有电子给体特征；且 HOMO 能级通常与惰性金属电极的功函数匹配，可以注入空穴。因此，该类材料是较好的 p 型半导体材料，广泛应用于场效应晶体管。研究显示，性能较好的噻吩齐聚物，场效应迁移率通常在 0.001~0.3 cm$^2$/(V·s)，例如 80°C 下真空蒸镀的单晶 DHα4T(α,w-dihexylquarterthiophene)场效应迁移率为 0.23 cm$^2$/(V·s)[56]，120°C 以上真空蒸镀形成的多晶八噻吩(octithiophene)薄膜的场效应迁移率为 0.33 cm$^2$/(V·s)[57]。但是这类材料由于较高的 HOMO 能级而比较容易在空气中被氧化(氧掺杂)，导致器件的不稳定性。

通常来讲，噻吩齐聚物为线性分子，当分子是刚性的棒状结构时，六个噻吩环的共轭性最好，有利于稳定外来的空穴正电荷，使材料显示出较好的空穴接受能力。另外，紧密且有序的分子堆积，可以增加分子之间 π 共轭体系的相互作用，提供电荷输运通道，这是该类分子产生高迁移率场效应晶体管的必备条件。当应用于场效应晶体管时，与线性稠环芳香烃类似，噻吩齐聚物分子以“站立”方式排列时(如图 3.25 所示)，器件中电流方向垂直于分子直线，载流子输运方向与分子之间的 ππ 堆积方向一致，因而容易获得较高的场效应迁移率。

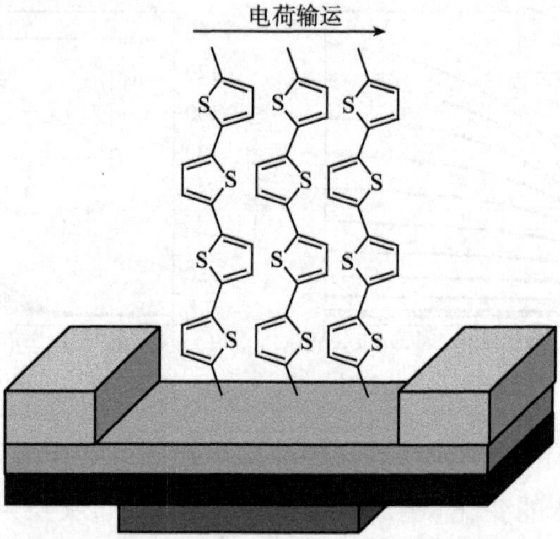


图 3.25 有利于提高场效应载流子迁移率的噻吩齐聚物分子在器件沟道中堆叠模式，以及器件中载流子输运方向

最经典的噻吩齐聚物是六噻吩(α-sexithiophene, 6T)，图 3.26 是 6T 分子的单晶堆积模式，可以看出 6T 的晶胞呈现出平面分子通常具有的“鱼骨型(herringbone)”堆积；在一个 6T 分子内，每个噻吩分子都是平面结构，6 个噻吩环几乎具有相同的空间构型，相邻两个噻吩环之间的二面角小于 1°，因此 6T 分子的平面性非常好，有利于外来空穴在分子内 π 共轭体系(六个噻吩环)上的稳定。另外，在水平和垂直两个方向上，由于分子间空间位置的不同，分子与分子之间 ππ 相互作用程度有显著差别，可以预见在水平方向上由于 6T 分子之间的 ππ 作用较大，该方向上载流子的迁移率也将较大。

噻吩齐聚物分子空间排列状况与取代基有直接关系。F. Garnier 等研究了 6T、两端噻吩环α位被已烷取代的α,ω-DH6T(α,ω-dihexylsexithiophene)，真空蒸镀薄膜堆叠情形以及相应的场效应晶体管，如图 3.27 所示[44]。

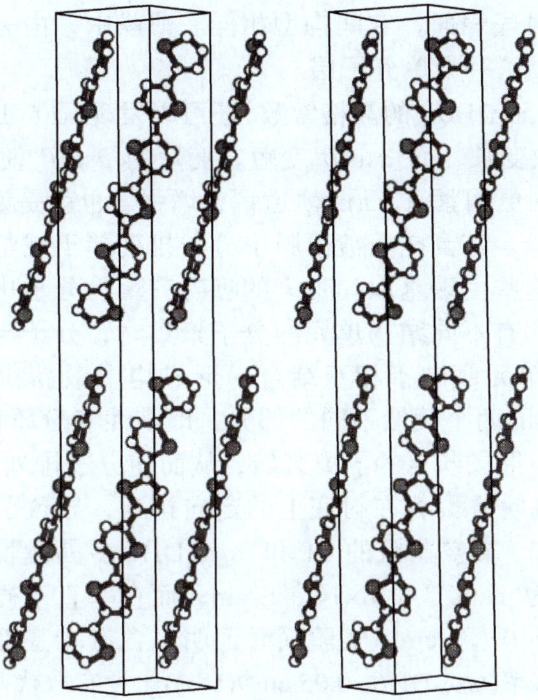

图 3.26　6T 单晶的空间堆积[58]

研究发现：① 通过真空蒸镀可以获得层状的多晶 6T 和α,ω-DH6T 薄膜。② 6T 薄膜中分子主要以“鱼骨型”站在衬底表面，这些分子的 *ab* 轴平面与衬底平行，长轴 *c* 垂直于衬底(图 3.27(a))。薄膜中还存在一少部分分子，它们是六噻吩分子通过热平衡成核机制形成的堆积，这类分子的 *c* 轴平行于衬底、以网状 *hk*0 平面为接触面。③ 与 6T 的“鱼骨型”堆积模式大不相同，α,ω-DH6T 真空蒸镀薄膜只存在一种相同方向的堆叠模式(图 3.27(b))，

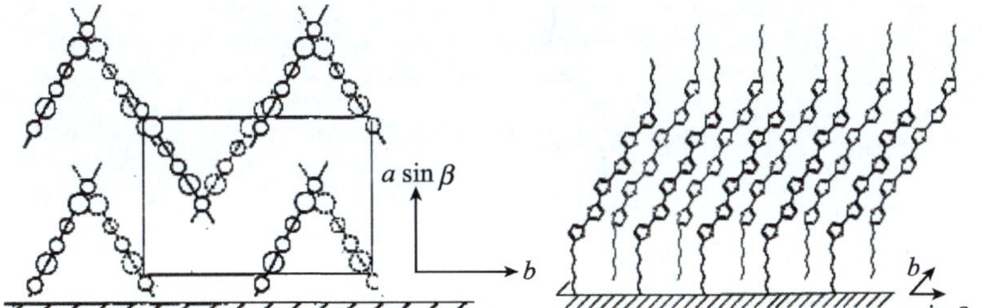


(a) 6T　　(b) α,ω-DH6T

图 3.27　真空蒸镀 6T(a)及α,ω-DH6T(b)薄膜在衬底上排列示意图[44]

它们全部站立在衬底表面，空间构型相同。薄膜中，由一个六噻吩链和两端的己烷基链构成了一个单分子层。

比较 6T 与 α,ω-DH6T 的晶格常数，还可以发现 α,ω-DH6T 的两个短轴发生了变化：$b$ 轴变长，而 $a\sin\beta$ 变短。变短的 $a\sin\beta$ 使 α,ω-DH6T 中的分子链之间的排列更加紧密，ππ 轨道耦合增强。也就是说，从六噻吩到含端基取代的六噻吩，其真空蒸镀薄膜中分子排列趋于规整和紧密，非常有利于电荷传输。这些由端基取代带来的噻吩齐聚物分子排布变化，是不难理解的。因为当含有不同结构单元的分子聚集时，分子与分子之间，相同化学特性的结构单元倾向于相互结合，形成均质微晶颗粒区域。因此在 α,ω-DH6T 分子中的两个截然不同的部分，即刚性噻吩环和柔性的烷基链，倾向于分别聚集，形成各自的隔离区域，从而使分子排列更加规整和紧密。

总之，线性噻吩齐聚物在衬底上的定向排列，导致了载流子各向异性的输运规律。例如，真空蒸镀的 6T 和 α,ω-DH6 多晶薄膜在平行于衬底方向的电导率分别为 $1\times10^{-6}$ 和 $6\times10^{-5}$ S/cm；而在垂直于衬底方向，该值分别为 $2\times10^{-7}$ 和 $5\times10^{-7}$ S/cm。实验同时证明，含有端基烷烃取代的噻吩齐聚物的场效应迁移率(α,ω-DH6, 0.05 $cm^2/(V\cdot s)$)比没有取代基的齐聚物高(6T, 0.002 $cm^2/(V\cdot s)$)。

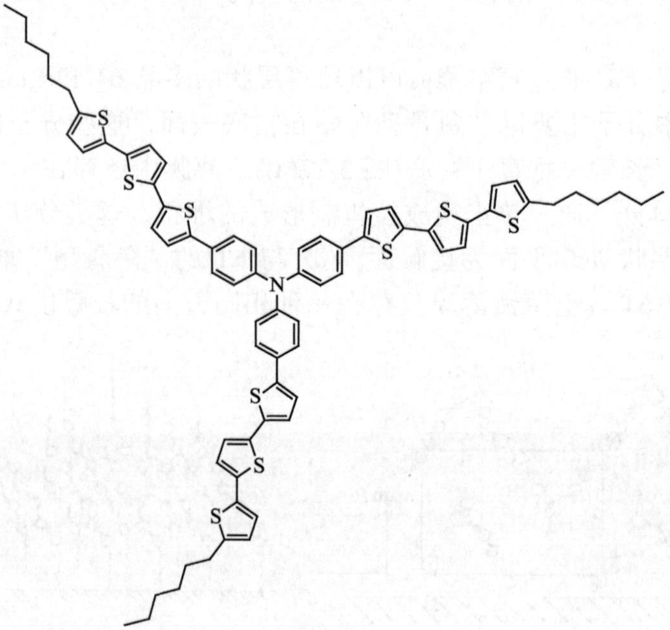


图 3.28　真空蒸镀的、分子结构如上的星形噻吩齐聚物表现出较高的场效应迁移率，0.011 $cm^2/(V\cdot s)$

另有报道指出，当噻吩齐聚物连接到星形三苯胺的末端形成星形噻吩齐聚物时(图 3.28)，所得材料表现出比较有趣的场效应特性。该材料通过溶液旋涂形成的非晶薄膜的场效应迁移率只有 $10^{-5}$ $cm^2/(V·s)$，而通过真空蒸镀形成的非晶薄膜的场效应迁移率达到了较高的数值，0.011 $cm^2/(V·s)$。研究认为这是真空蒸镀容易形成比较紧密薄膜的缘故[59]。

3. 酞菁类金属配合物

酞菁类金属配合物(其化学结构见图 3.29)由于具有较大的共轭平面和较高的热稳定性，在场效应晶体管的研究领域得到了很多关注。早在 20 世纪 60 年代，酞菁铜(copper phthalocyanine，CuPc)就被应用于场效应晶体管，是场效应晶体管中最早被应用的有机材料[60]。

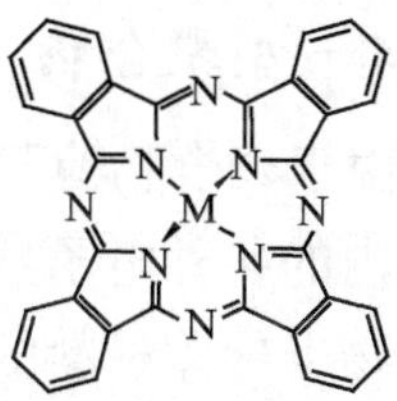


图 3.29　酞菁类金属配合物的化学结构

酞菁金属配合物多为盘状分子，在非晶表面易

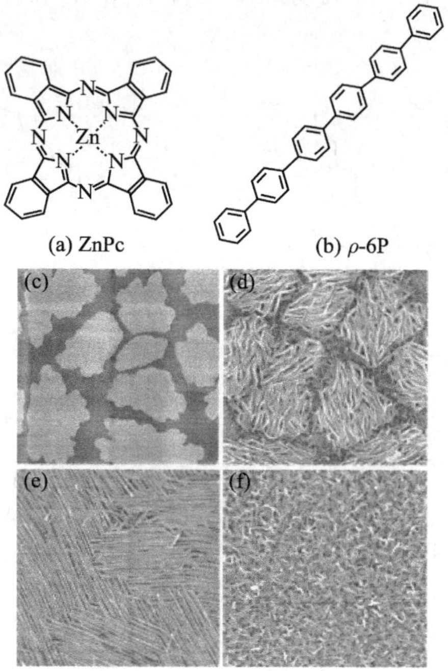


图 3.30　酞菁锌(a)和 p 六联苯(b)的分子结构；(c) 在 $SiO_2$ 衬底上的 2 nm 的 p-6P；(d) 在 2 nm 的 p-6P 上 3 nm 的 ZnPc；(e) 在 2 nm 的 p-6P 上 30 nm 的 ZnPc；(f) 在 $SiO_2$ 衬底上的 30 nm 的 ZnPc。显而易见，在 p-6P 表面生长 ZnPc 薄膜比在 $SiO_2$ 衬底上生长 ZnPc 薄膜的有序程度显著提高[62]

形成针状、无序的多晶结构。因此该类材料的场效应迁移率通常都低于并五苯和噻吩齐聚物。例如，通过物理气相传输形成的酞菁铜单晶的场效应迁移率为 1 $cm^2/(V·s)$[61]；在经过表面修饰的绝缘层上通过真空沉积的酞菁锌薄膜，由于可以形成比较有序的分子排布，如图 3.30 所示[62]，其场效应迁移率可以达到 0.32 $cm^2/(V·s)$。场效应迁移率为 0.02 $cm^2/(V·s)$的高度有序的酞菁铜薄膜见诸报道[63]。

4. p 型聚合物

由于聚合物薄膜可以通过价格低廉的溶液法加工，受到了包括场效应晶体管在内的各种电子器件研究者的关注。但是，研究显示，在场效应晶体管领域，聚合物半导体材料的性能还很不尽人意，尤其是在大气环境下制备的薄膜，其性能指标普遍低于小分子。例如，基于聚合物性能较高的场效应晶体管的迁移率在 $10^{-1}$ $cm^2/(V·s)$量级。

图 3.31 是几种常用的有机场效应晶体管 p 型聚合物材料，这些材料主

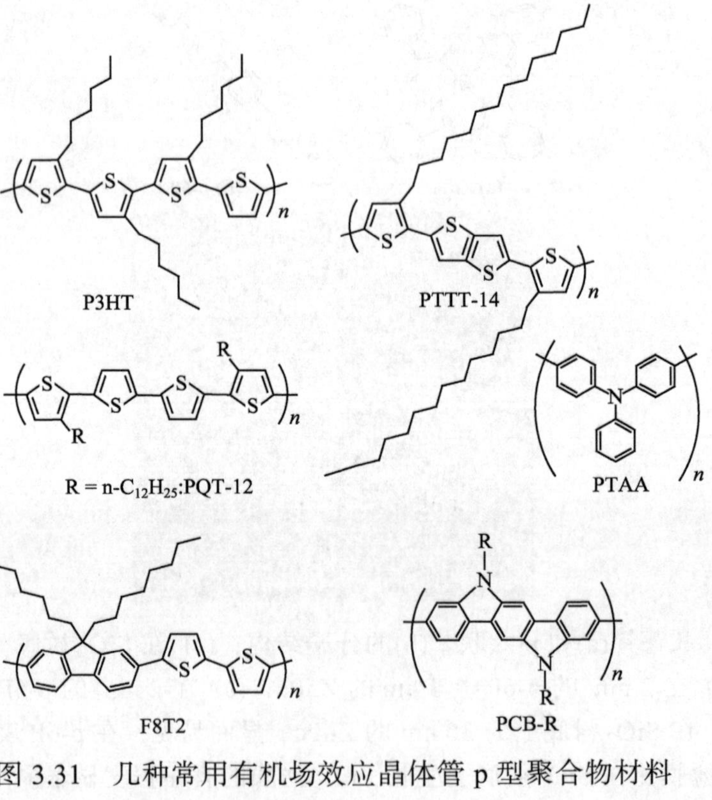


图 3.31　几种常用有机场效应晶体管 p 型聚合物材料

要是包含噻吩、咔唑、芴，以及三级苯胺功能团的聚合物，它们的场效应迁移率在 $10^{-5}\sim10^{-1}\ cm^2/(V\cdot s)$[19,37,64–66]。

### 3.5.3　n 型有机半导体材料

n 型有机场效应晶体管的工作机制，是通过栅极加载正电压使半导体的 HOMO 和 LUMO 能级向下弯曲及移动，从而降低电子注入势垒，在半导体内产生诱导电子。漏电压的加载可以使诱导电子产生移动，从而输出负向电流。与 p 型半导体相反，场效应晶体管中的 n 型半导体必须是较好的电子受体，同时可以提供与源漏电极相匹配的 LUMO 能级，以形成欧姆接触，利于电子的注入和输运。

尽管有机 n 型半导体的场效应性能及稳定性都远远低于 p 型有机半导体，国内外对基于这些材料的场效应性能研究一直都在进行。因为在低功耗、快速响应的补偿电路及二极管中同时需要性能相匹配的 n 型和 p 型沟道。有机场效应晶体管的 n 型比 p 型发展慢，其主要原因包括：① 在有机半导体中，n 型载流子(即电子)的迁移率一般低于 p 型载流子(即空穴)的迁移率。② 由于一般有机半导体的电子亲和能较小(即 LUMO 能级较高)，而大气环境下稳定的源漏电极(通常为金、银等贵金属)，功函数较大，一般只与有机半导体材料的 HOMO 能级匹配，比较适合空穴注入。如果选择功函数较小的金属，如铝、镁、钙等，虽然可以满足该能级与有机半导体 LUMO 能级匹配的要求，从而降低电子注入势垒，但是这些金属容易被氧化、或者与有机半导体形成活性复合物。③ 虽然通过分子结构裁剪可以使有机材料的电子亲和能增大，并具有输运电子的特性，但是有机阴离子对大气环境下的水氧比较敏感，水氧的存在可使有机半导体内部逐渐形成基于水或者氧的电子陷阱，反应机理如下[67]：

$$4e^- + 4H^+ + O_2 \rightarrow 2H_2O \qquad E^0 = +0.571\ V\ (vs\ SCE) \tag{3.17}$$

$$2e^- + 2H_2O \rightarrow H_2 + 2OH^- \qquad E^0 = -0.658\ V\ (vs\ SCE) \tag{3.18}$$

这种材料电子输运特性在大气环境下的不稳定性，在返回到真空环境后通常可以消失，使材料恢复原有的电子输运能力[68]。因此，许多 n 型有机场效应晶体管只有在真空的情况下才可以正常工作，大气环境下稳定的 n 型有机半导体材料的研制仍然是一个很大挑战。现将应用于场效应晶体管中具有代表性的 n 型半导体材料做分类介绍。

1. 芳基二酰亚胺/二酸酐衍生物

迄今为止，以萘或者苝为核的二酰亚胺(NTCDI-R，PTCDI-R)/二酸酐(NTCDA，PTCDA)衍生物是研究最多的 n 型有机半导体材料，其化学结构如图 3.32 所示。

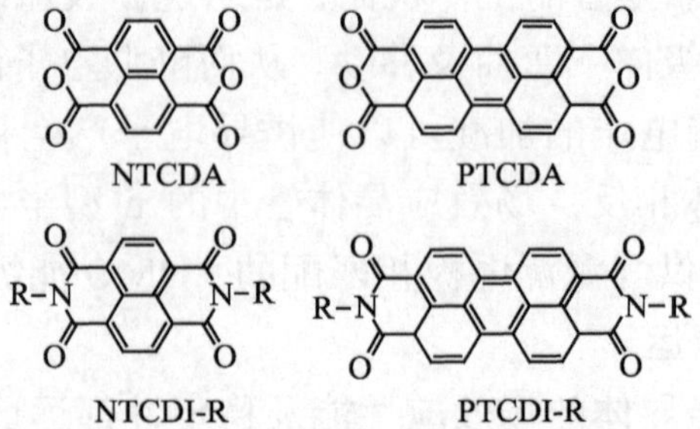


图 3.32　萘和苝的二酰亚胺/二酸酐衍生物分子结构

图 3.32 中，分子的共同点是结构中都包含稠环芳香烃中心核和具有吸电子特性的酰亚胺或者酸酐基团。有较强吸电子能力的酰亚胺和酸酐可以同时稳定分子的 HOMO 和 LUMO 能级，导致材料 HOMO 和 LUMO 能级的同时降低。而能级降低程度相对大的 LUMO，使材料的能隙减小。

图 3.33 所示为，苝(perylene)中引入两个酰亚胺基团得到产物 PTCDI 时，根据量子化学计算，在 6-31G(d，p)基函数下，以 DFT/B3LYP 方法优化得到的能级变化情况[69]。该图很好地说明了上述过程：由苝变为 PTCDI，HOMO 能级降低了 1.2 eV；而 LUMO 能级降低了 1.7 eV，材料的能隙相应

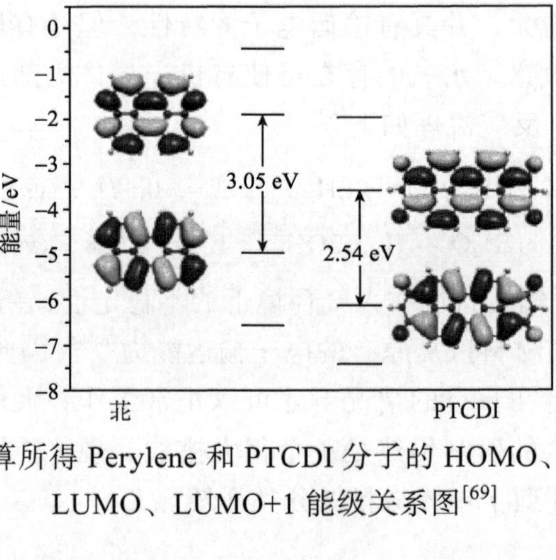


图 3.33　计算所得 Perylene 和 PTCDI 分子的 HOMO、HOMO-1、LUMO、LUMO+1 能级关系图[69]

地降低了 0.5 eV。LUMO 能级的显著降低有利于电子的注入，并提高材料中阴离子载流子对大气的稳定性。

最初的研究显示，NTCDA、PTCDA，以及没有取代基的二酰胺分子 NTCDI 的 n 型场效应迁移率分别为 $10^{-3}$、$10^{-4}$、$10^{-3}$ $cm^2/(V·s)$[69]。近年来，这类 n 型有机半导体材料的研究主要集中在芳基二酰亚胺衍生物，因为通过结构裁剪可以获得多种大气环境下稳定的 n 型半导体材料。例如，通过氟化烃基团在 N,N′-位置的取代，大气环境下稳定的场效应迁移率为 0.05~0.1 $cm^2/(V·s)$的芳环二亚酰胺衍生物见诸报道[70−72]。B. A. Jones 等研究了一系列在 NDTCI 和 PDTCI 的中心芳环含有强吸电子取代基团的衍生物[73]，得到场效应迁移率对大气环境稳定的 n 型半导体材料，PDTCI-8CN2 和 NDTCI-8CN2，它们的场效应迁移率分别为 0.12、0.11 $cm^2/(V·s)$。这些 N,N′-氟化烃基取代、芳核−氰基取代的芳环二酰亚胺衍生物的分子结构，见图 3.34。

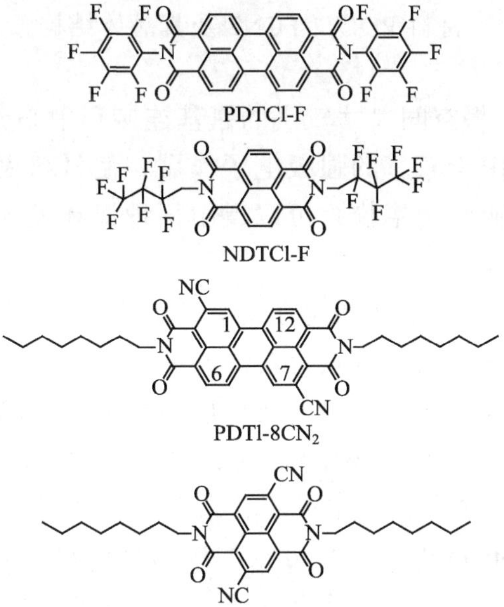


图 3.34　N,N′-氟化烃基取代、芳核−氰基取代的芳环二酰亚胺衍生物分子结构

将上述 N,N′氟取代基的优点、芳核−氰基取代基的优点集中在一个分子，得到的产物 PDCTI-FCN2(图 3.35)表现出高效 n 型半导体特性，大气环境下得到的场效应迁移率为 0.64 $cm^2/(V·s)$[74]。单晶数据显示，PDCTI-FCN2 分子的中心芳核存在大约 5°的扭转角，分子呈现略微错开的面−面堆积模式，两

个分子平面之间的最小距离为 3.40 Å，是紧密堆积模式。

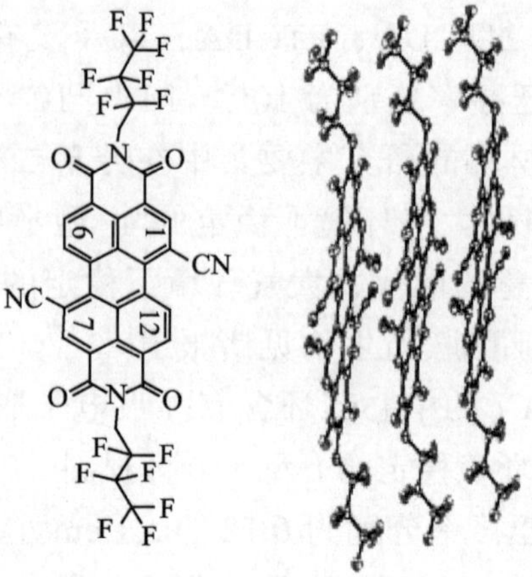


图 3.35 含有 N,N′氟取代基和芳核-氰基取代基的高性能 n 型有机半导体材料 PDCTI-FCN2 及其晶体结构

这些数据表明，将空间尺寸较小的氰基连接到中心芳核上，对分子堆积的影响不大，但是由于氰基的强吸电子作用，使材料表现出稳定电子的能力。分析芳环二酰亚胺衍生物，可以得出两种提高大气环境下材料场效应迁移率的设计策略。

策略一，在 N,N′-位置引入吸电子的氟化烃取代，一方面可以降低 LUMO 能级稳定电子，另一方面通过氟化烷之间的同质聚集过程，可产生分子的紧密堆积，不仅有利于电子传输，还可以在材料薄膜的表面形成阻挡空气入侵的屏障。图 3.36 根据晶体结构数据，形象地展示了氟化取代和非氟化取代分子的空间排布情况，从中可以看出空气阻挡层是否存在。图 3.36(a)中相邻两个 N,N′-n-pentyl-PTCDI 分子的排列存在明显空隙，因此基于大气的各种载流子陷阱可以进入薄膜的内部，使载流子不稳定；图 3.36(b)所示的分子中，N,N′-位置上烷基链的大部分氢原子被氟原子取代。由于氟原子的范德瓦尔斯半径比氢原子大，在分子两端产生较大的空间位阻，这些取代基在同一区域的聚集拉近了相邻两个分子中心芳核之间的距离，即由非氟取代分子的 4 Å 降低到氟取代分子的 2 Å。结果不但使分子排列更加紧密，而且分子两端氟化烃基还形成大气进入内部的屏障，有效地保护了分子内部载流子。

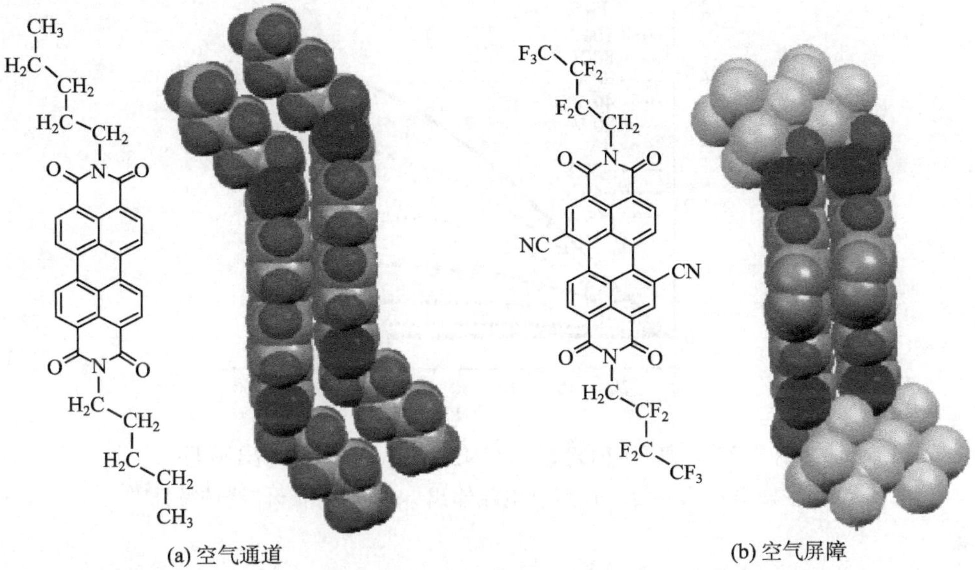


图 3.36　根据晶体结构得出的 PTCDI-R 分子堆积模式[73]

策略二，在芳环二酰亚胺分子的中心芳核位置引入强吸电子的、空间位阻不明显的氰基，有利于稳定电子，减小 n 型载流子对空气的敏感。由于中心芳环因引入氰基而产生的平面扭曲不大，氰基取代可以在不影响材料堆积模式的同时，将材料的 LUMO 进一步显著降低，使分子的 LUMO 远远低于氧陷阱能级。这样，LUMO 能级上的电子由于避免了被氧陷阱的捕获，可以比较稳定地存在。

除了大气环境下稳定，基于 PDTCI-FCN2 材料的场效应晶体管的独特之处还在于：零栅压下，半导体内存在载流子。因此器件阈值电压在−20～−30 V，表现出“常开”器件(“always on” transistor)特征，如图 3.37 所示。

2. 由 p 型转换为 n 型的氟取代有机半导体

在分子设计上，以电负性较大的氟原子代替分子中电负性小的氢原子，可以获得电子亲和能增大即 LUMO 能级降低的材料，达到与惰性源漏电极匹配的目的，可作为 n 型半导体材料应用于场效应晶体管器件。这些材料包括十六氟酞菁铜[75,76]、氟原子取代的噻吩齐聚物[77,78]、全氟并五苯[79]，如图 3.38 所示。

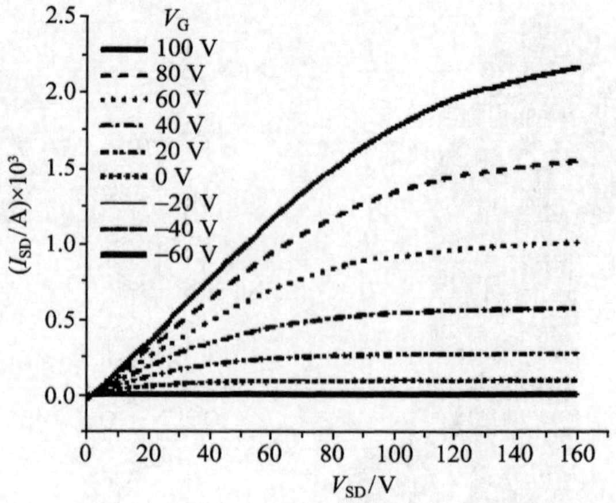


图 3.37　基于 PDTCI-FCN2 器件的电流输出特性

器件在栅电压为 0 时，仍然有电流输出，表现出“常开”器件特性[74]

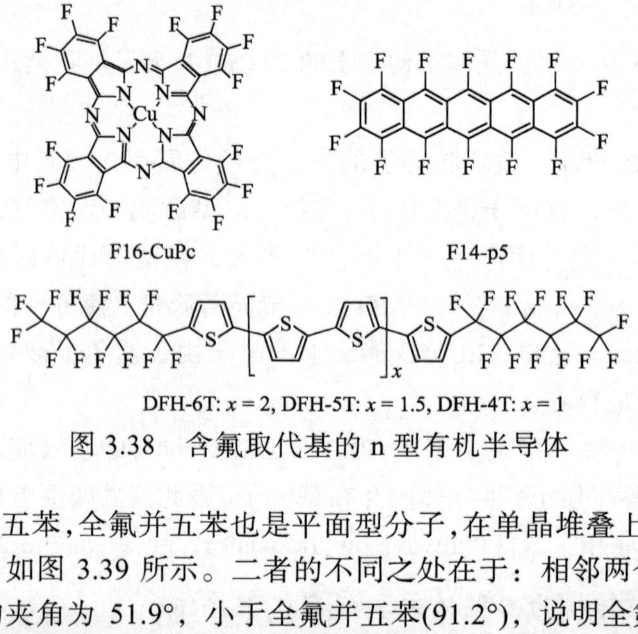

F16-CuPc　F14-p5

DFH-6T: $x$ = 2, DFH-5T: $x$ = 1.5, DFH-4T: $x$ = 1

图 3.38　含氟取代基的 n 型有机半导体

类似于并五苯，全氟并五苯也是平面型分子，在单晶堆叠上也呈现出“鱼骨型”模式，如图 3.39 所示。二者的不同之处在于：相邻两个分子层之间并五苯分子的夹角为 51.9°，小于全氟并五苯(91.2°)，说明全氟并五苯可以更好地“站”在衬底上；另外，在同一分子层内，并五苯分子之间碳与碳的距离(3.64 Å)大于全氟并五苯(3.22~3.25 Å)，表示全氟并五苯晶体中分子排列比较紧密。呈电负性的氟基团与呈电正性的并五苯基团之间较强的静电作用，可能是全氟并五苯堆积比较紧密的原因。

图 3.40 为真空中测量的基于全氟并五苯的场效应晶体管的电性能曲线，器件饱和区域的迁移率为 0.11 $cm^2/(V\cdot s)$。

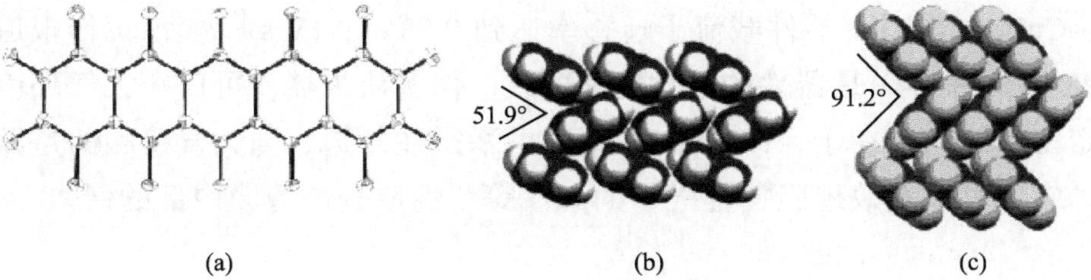


图 3.39　(a) 全氟并五苯的晶体结构；(b) 并五苯；
(c) 全氟并五苯的晶体堆积模式[79]

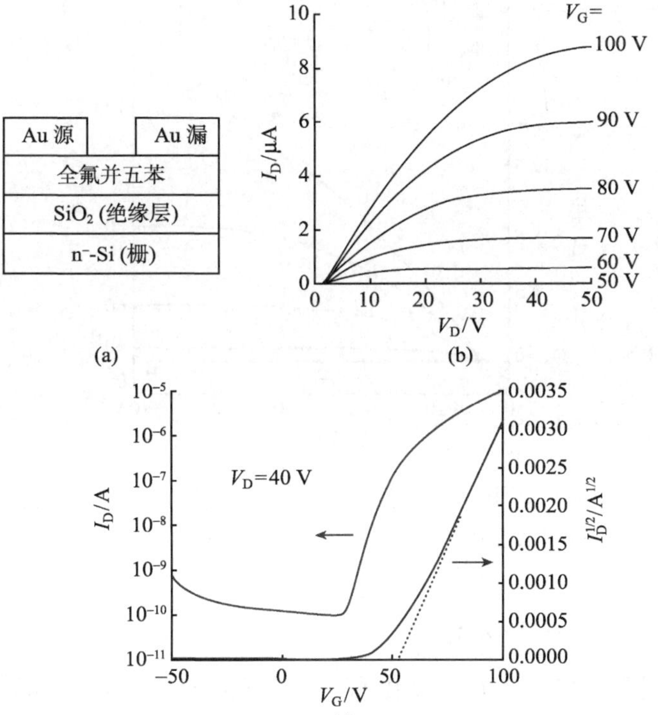


图 3.40　基于全氟并五苯的 n 型场效应晶体管的电性能曲线[79]

与全氟并五苯类似，基于氟取代噻吩齐聚物(图 3.38，DFH-6T DFH-5T DFH-4T)的 n 型载流子场效应迁移特性也是在真空下获得。其中，含噻吩环最少的 DFH-4T 表现出的场效应迁移率较大，为 0.048 $cm^2/(V \cdot s)$。可能的原因是噻吩环较少的分子链中，烷基所占的比例较大，易形成较好的长程有序结构[77]。通过器件优化，DFH-4T 的场效应迁移率可达 0.22 $cm^2/(V \cdot s)$[80]。

最早被发现能够在大气环境下工作的 n 型有机场效应晶体管是基于

F16-CuPc 的器件，器件载流子迁移率达到 0.03 $cm^2/(V \cdot s)$[75]。该工作报道于 1998 年，图 3.41 是器件的电学性能曲线。作者认为器件可以在大气环境下稳定工作的原因在于，F16-CuPc 薄膜中暴露在外边、与大气接触的是氟原子，它们可以有效地阻挡空气中的水汽等活性成分向薄膜内部的侵入。

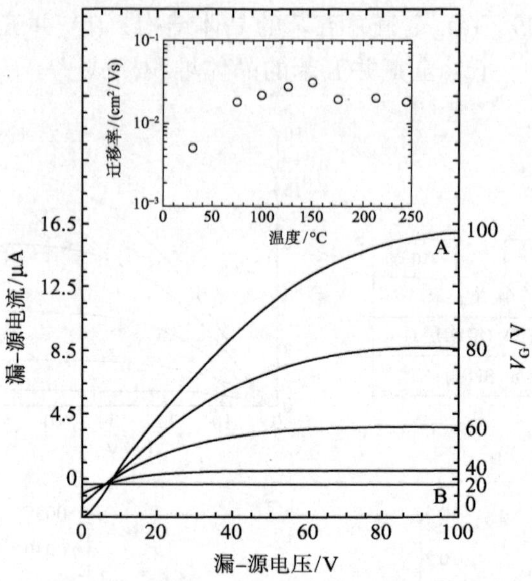


图 3.41　大气环境中稳定的 n 型场效应晶体管输出特性曲线

内嵌图为在不同衬底温度下真空制备 F16-CuPc 薄膜对器件迁移率的影响[75]

3. 其他 n 型有机半导体

除芳基二酰亚胺衍生物、氟化有机半导体外，在场效应晶体管中应用的 n 型有机半导体还包括以下几类：富勒烯 (C60)[81–83]、7，7，8，8-四氰基醌二甲烷及其衍生物 (TCNQ、TCNNQ)[84,85]、含有卤原子配位的酞菁金属配合物 (SnCl2Pc)[86]、梯状聚合物 (BBB、BBL)[68,87,88]等，其分子结构如图 3.42 所示。

这些材料中，富勒烯衍生物发展较快，从严重地受大气环境影响、场效应迁移率仅为 0.3 $cm^2/(V \cdot s)$[81]、0.56 $cm^2/(V \cdot s)$的情形[82]，已经发展出对大气环境不敏感、场效应迁移率高达 6 $cm^2/(V \cdot s)$的器件结构[83]。其他材料在场效应晶体管中的应用，这里就不作一一介绍。

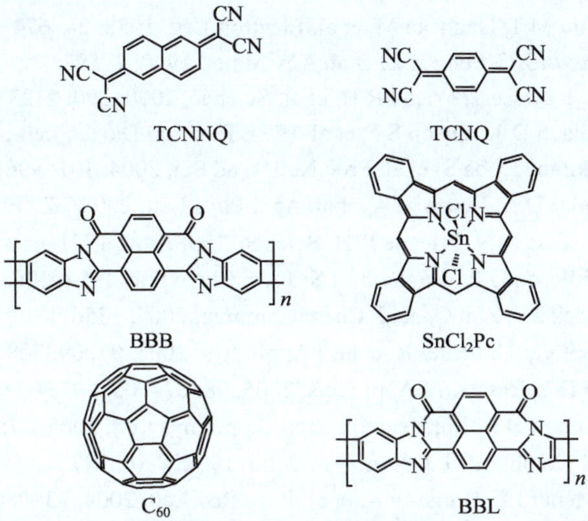


图 3.42　一些 n 型有机半导体材料的分子结构

## 3.6　有机场效应晶体管的潜在应用和挑战

目前，有机场效应晶体管尚存在诸多问题：例如低驱动电压和高迁移率的、尤其是稳定的 n 型沟道的 OFETs 的发展；另一个挑战是器件制备过程的简化。OFETs 的理论研究也有待于在无机 MOSFETs 模型的基础上进一步完善。最后，单分子和单电子 OFETs 需要结合有机材料和纳米科学做进一步的研究。

### 参 考 文 献

[1] Lilienfeld J E. US Patent, 1930: 1, 745, 175
[2] Kahng D. US Patent, 1963, 1960: 3, 102, 230
[3] Kahng D, Atalla M M. IRE Solid-State Devices Research Conference, 1960
[4] Spear W E, Le comber P G. J. Non-Cryst Solids, 1972, 8-10: 727
[5] Neudeck G W, Malhotra A K. Solid-State Electron., 1976, 19: 721
[6] weimer P K. Proc. IRE., 1962, 50: 1462
[7] Ebisawa F, Kurokawa T, Nara S. J Appl Phys, 1983, 54: 3255
[8] Tsumura A, Koezuka H, Ando T. Appl Phys Lett, 1986, 49: 1210
[9] Tsumura A, Koezuka H, Ando T. Synth Metal, 1988, 25: 11
[10] Horowitz G, Fichou D, Peng X Z, et al. Solid State Commun., 1989, 72: 381
[11] Horowitz G, Peng X Z, Fichou D, et al. J Appl Phys, 1990, 67: 528
[12] Assadi A, Svensson C, Willander M, et al. Appl Phys Lett, 1988, 53: 195

[13] Clarisse C, Riou M T, Gauneau M, et al. Electron Lett, 1988, 24: 674
[14] Garnier F, Horowitz G, Peng X Z, et al. Adv Mater, 1990, 2: 592
[15] Sirringhaus H, Kawase T, Friend R H, et al. Science, 2000, 290: 2123
[16] Lin Y Y, Gundlach D J, Nelson S F, et al. IEEE Electron Device Lett., 1997, 18: 606
[17] Someya T, Sekitani T, Iba S, et al. Proc Natl Acad Sci, 2004, 101: 9966
[18] Baude P F, Ender D A, Haase M A, et al. Appl Phys Lett, 2003, 82: 3964
[19] Sirringhaus H, Tessler N, Friende R H. Science, 1998, 280: 1741
[20] White H S, Kittlesen G P, Wrighton M S. J Am Chem Soc, 1984, 106: 5375
[21] Zhu Z T, Mabeck J T, Zhu C, et al. Chem Commun, 2004, 1556
[22] Darlinski G, Bottger U, Waser R, et al. J Appl Phys, 2005, 97: 093708
[23] Noh Y Y, Kim D Y, Yase K . J Appl Phys, 2005, 98: 074505
[24] Breban M, Romero D B, Mezhenny S, et al. Appl Phys Lett, 2005, 87: 203503
[25] Spear W E, Le Comber P G. J. Noncryst. Solid, 1972, 8-10: 727
[26] Podzorov V, Menard E, Borissov A, et al. Phys Rev Lett, 2004, 93: 086602
[27] Horowitz G. // Org. Electron. Mater. Klauk H. Germany: Wiley-VCH, 2006
[28] Tessler N, Roichman Y. Appl Phys Lett, 2001, 79: 2987
[29] Watkins N J, Yan L, Gao Y. Appl Phys Lett, 2002, 80: 4384
[30] Luan S, Neudeck G W. J Appl Phys, 1992, 72: 766
[31] Xiao K, Liu Y, Guo Y, et al. App Phys A., 2005, 80: 1541
[32] Sirringhaus H. Adv Mater, 2005, 17: 2411
[33] Karl N. Synth Met, 2003, 133-134: 649
[34] Zen A, Pflaum J, Hirschmann S, et al. Adv Funct Mater, 2005, 14: 757
[35] Murphy A R, Chang P C, VanDyke P, et al. Chem Mater, 2005, 17: 6033
[36] Pan H, Li Y, Wu Y, et al. J Am Chem Soc, 2007, 129: 4112
[37] Ong B S, Wu Y, Liu P, et al. J Am Chem Soc, 2004, 126: 3378
[38] Servet B, Horowitz G, Ries S, et al. Chem Mater, 1994, 6: 1809
[39] Weiz R T, Amsharov K, Zschieschang U, et al. J Am Chem Soc, 2008, 130: 4637
[40] Chang J F, Sun B Breiby D W, et al. Chem Mater, 2004, 16: 4772
[41] Dickey K C, Anthony J E, Loo Y L. Adv Mater, 2006, 18: 1721
[42] Klauk H, Halik M, Zschieschang U, et al. J Appl Phys, 2002, 92: 5259
[43] Knipp D, Street R A, Völkel A, et al. J Appl Phys, 2003, 93: 347
[44] Garnier F, Yassar A, Hajlaoui R, et al. J Am Chem Soc, 1993, 115: 8716
[45] Minakata T, Nagoya I, Ozaki M. J Appl Phys, 1991, 69: 7354
[46] Dimitrakopoulos C D, Brown A R, Pomp A. J Appl Phys, 1996, 80: 2501
[47] Burghard M, Klauk H, Kern K. Adv Mater, 2009, 21: 2586
[48] Kelley T W, Boardman L D, Duubar T D, et al. J Phys Chem B, 2003, 107: 5877
[49] Jurchescu O D, Baas J, Palstra T T M. Appl Phys Lett, 2004, 84: 3061
[50] Dimitrakopoulos C D, Malenfant P R L. Adv Mater, 2002, 14: 99
[51] Sundar V C, Zaumseil J, Podzorov V, et al. Science, 2004, 303: 1644
[52] Stingelin-Stutzmann N, Smits E, Wondergem H, et al. Nat Mater, 2005, 4: 601

[53] Park S-W, Hwang J M, Choi J-M, et al. Appl Phys Lett, 2007, 90: 153512
[54] Katz H E, Bao Z N, Gilat S L. Acc. Chem. Rev., 2001, 34: 359
[55] Laquindanum J G, Katz H E, Lovinger A J. J Am Chem Soc, 1998, 120: 664
[56] Katz H E, Lovinger A J, Laquindanum J G. Chem Mater, 1998, 10: 457
[57] Hajlaoui M E, Garnier F, Hassine L, et al. Synth Met, 2002, 129: 215
[58] Horowitz G, Bachet B, Yassar A, et al. Chem Mater, 1995, 7: 1337
[59] Cravino A, Roquet S, Alévêque O, et al. Chem Mater, 2006, 18: 2584
[60] Heilmeier G H, Zanoni L A. J Phys Chem Solid, 1964, 25: 603
[61] Zeis R, Siegrist T, Kloc Ch. Appl Phys Lett, 2005, 86: 022103
[62] Wang H, Zhu F, Yang J, et al. Adv Mater, 2007, 19: 2168
[63] Bao Z, Lovinger A J, Donabalpur A. Adv Mater, 1997, 9: 42
[64] Veres J, Ogier S, Lloyd G, et al. Chem Mater, 2004, 16: 4543
[65] Mcculloch I, Heeney M, Bailey C, et al. Nat Mater, 2006, 5: 328
[66] Drolet N, Morin J-F, Leclerc N, et al. Adv Funct Mater, 2005, 15: 1671
[67] Letizia J A, Facchetti A, Stern C L, et al. J Am Chem Soc, 2005, 127: 13476
[68] Usta H, Risko C, Wang Z, et al. J Am Chem Soc, 2009, 131: 5586
[69] Newman C R, Frisbie C D, Filho D A S, et al. Chem Mater, 2004, 16: 4436
[70] Katz H E, Johnson J, Lovinger A J, et al. J Am Chem Soc, 2000, 122: 7787
[71] Katz H E, Lovinger A J, Johnson J, et al. Nature, 2000, 404: 478
[72] Chen H Z, Ling M M, Mo X, et al. Chem Mater, 2007, 19: 816
[73] Jones B A, Facchetti A, Wasielewski M R, et al. J Am Chem Soc, 2007, 129: 15259
[74] Jones B A, Ahrens M J, Yoon M-H, et al. Angew Chem, 2004, 43: 6363
[75] Bao Z, Lovinger A J, Brown J. J Am Chem Soc, 1998, 120: 207
[76] Hoshino S, Nagamatsu S, Chikamatsu M, et al. Synth Met, 2003, 137: 953
[77] Facchetti A, Mushrush M, Katz H E, et al. Adv Mater, 2003, 15: 33
[78] Facchetti A, Deng Y, Wang A, et al. Angew Chem Int Ed, 2000, 39: 4547
[79] Sakamoto Y, Suzuki T, Kobayashi M, et al. J Am Chem Soc, 2004, 126: 8138
[80] Facchetti A, Mushrush M Yoon M-H, et al. J Am Chem Soc, 2004, 126: 13859
[81] Haddon R C, Perel A S, Morris R C, et al. Appl Phys Lett, 1995, 67: 121
[82] Kobayashi S, Takenobu T, Mori S, et al. Appl Phys Lett, 2003, 82: 4581
[83] Anthopoulos T D, Singh B, Marjanovic N, et al. J Appl Phys Lett, 2006, 89: 213504
[84] Brown A R, de Leeuw D M, Lous E J, et al. Synth Met, 1994, 66: 257
[85] Laquindanum J G, Katz H E , Dodabalapur A, et al. J Am Chem Soc, 1996, 118: 11331
[86] Song D, Wang H, Zhu F, et al. Adv Mater, 2007, 20: 2142
[87] Babel A, Jenekhe S A. J Am Chem Soc, 2003, 125: 13656
[88] Song D, Wang H , Zhu F, et al. Adv Mater, 2007, 14: 317

# 有机太阳能电池

第4章

本章介绍有机太阳能电池的原理、器件结构、性能表征及功能材料。

太阳能电池是通过材料的光伏效应产生电能的器件,是人类期待已久的可再生清洁能源。本章首先介绍了太阳能电池的重要性及现存的三类太阳能电池,包括以硅为主的无机太阳能电池(PV)、染料敏化太阳能电池(DSSC)及有机太阳能电池(OPV)。接着介绍了太阳辐射地球特点，以及人们约定俗成的 AM0、AM1.0 及 AM1.5 太阳光谱。

本章的重点是有机太阳能器件的工作原理(第 3 部分)和有机太阳能电池活性材料(第六部分)两部分。有机材料中构成激子的电子-空穴对之间束缚力较大，有效解离的必要条件是形成给体-受体异质结界面。从器件吸收太阳能，到产生电能，有机太阳能电池器件经历了 4 个主要过程：激子产生、激子扩散与解离、电荷输运及电荷在电极处被收集。本章在器件机理部分详细介绍了这些过程，并对器件中的电流模型作了简单介绍。在活性材料部分，根据分子结构特点，分成以下几个部分介绍：C60 及其衍生物、噻吩材料、聚对苯乙烯撑材料、芳香胺类材料、稠环芳烃、酞菁及卟啉、无机纳米、碳纳米管及石墨烯、分子 D-A 材料等。在内容安排上，强调分子结构特性对器件性能影响，重点讨论功能材料的最新发展。

除此之外，本章对有机太阳能电池研究必备的器件结构(第 4 部分)作了全面概括介绍，对器件性能表征方法(第 5 部分)一一进行了讲解。

## 4.1　太阳能电池简介

人类赖以生存的能源包括三大类：一是传统石化能源，如石油、天然气和煤等；二是可再生能源，如风能、水能、地热、潮汐和太阳能等；三是原子裂变或聚变得到的核能。传统的石化能源一方面面临着能源枯竭危机，另一方面在应用的同时也造成极大的环境污染。例如，人类每年由于燃烧石化燃料而排放的二氧化碳达 210 万吨之多，并呈逐年上升趋势。空气中的大量二氧化碳是导致温室效应(全球气候变暖)的因素之一，同时，化石燃料的燃烧还会放出大量的二氧化硫气体，直接导致酸雨的增加，此外，消耗石化能源排放出的大量粉尘严重影响人们的身体健康和人类赖以生存的自然环境。原子核能的开发和利用不但需要很高的科技支持并且成本昂贵，而且由于核燃料具有很高的危险性，核反应堆中产生的长寿命核辐射废料，需要价格昂贵的容器盛载并做特殊处理。因此，人类必须开发和利用一些资源丰富的、可再生利用的其他能源，以满足日益增长的能源需求，在减缓传统石化能源枯竭危机的同时，减少环境污染。

在各种可再生能源中，太阳能属于取之不尽的清洁能源。每年地球受到的辐射能大约有 $3\times10^{24}$ J，相当于人类目前每年所消耗能量的 10000 倍[1]。也就是说，大约 40 min 的太阳辐射能量就相当于人类一年的能量需求。同其他新能源如水能、风能、地热、潮汐等相比，太阳能具有不受地域限制、没有噪音、无污染、利用成本较低等优势。如何将太阳能高效地利用是全世界科学家长期以来为之奋斗的重要科学和技术难题。太阳能电池是最好的太阳能利用元件，制备高效、价廉、可大面积制备的太阳能电池一直是各国在获取新能源、特别是清洁能源技术研究中的主要目标之一，备受瞩目。

当适当波长的光照射一个 pn 结、异质结或 Schottky 势垒时，将产生一定大小的电动势，使其变成一个电池，这就是光生伏特效应，简称光伏效应(photovoltaic)。基于光伏特性，可发展两种应用器件：① 太阳能电池；② 光导检测器/传感器。

太阳能电池是根据材料的光伏效应产生电能的器件。根据光伏活性材料及器件结构的不同，太阳能电池可分为无机太阳能电池、染料敏化太阳能电池及有机薄膜太阳能电池三种，它们目前的性能参数可见表 4.1 中总结。

表 4.1　各类光伏电池可达到的性能特征

| 材料体系 | 短路电流/($mA/cm^2$) | 开路电压/V | 填充因子 | 效率/% |
|---|---|---|---|---|
| 单晶硅 | 42.2 | 0.71 | 0.83 | 25 |
| 多晶硅 | 37.7 | 0.66 | 0.81 | 20 |
| 纳晶硅 | 24.4 | 0.54 | 0.77 | 10 |
| 单晶 GaAs | 14.2 | 2.49 | 0.86 | 30 |
| GaInP/GaAs/Ge | 14.4 | 2.62 | 0.85 | 32 |
| 单晶 InP | 29.3 | 0.88 | 0.85 | 22 |
| $CuInS_2$ | 8.4 | 2.64 | 0.75 | 18 |
| CdTe | 25.9 | 0.85 | 0.76 | 17 |
| 染料敏化 $TiO_2$ | 19.4 | 0.80 | 0.71 | 11 |
| 有机材料 | 11.1 | 0.61 | 0.66~0.9 | 5~7 |

无机半导体的光伏特性首次于 1954 年在贝尔实验室发现[2,3]，当时器件的活性材料是单晶硅(Si)，效率为 4%。随后，多晶硅和非晶硅太阳能电池器件也相继出现。20 世纪 90 年代以后，无机太阳能电池家族中又陆续发展了砷化镓(GaAs)、碲化镉(CdTe)、磷化铟(InP)、硒化铜铟(CIS)、以及叠层 GaInP/GaAs/Ge 等器件，它们由单晶、多晶或者非晶薄膜构成。无机太阳能电池的主要工作机理是基于 pn 结，见图 4.1。图中所示为理想 pn 结结构，在短路的情形下，由于 pn 结中费米能级相等的缘故，p 区和 n 区的导带和价带都将产生弯曲，并在耗尽区 W 处产生 pn 结内建电场。当能量大于光隙的光子照射 pn 结时，其内部将均匀地产生非平衡电子空穴对。在耗尽区 W 及其附近的那些电子空穴对，将首先被内建电场分开，分别扫向 n 区和 p 区。同时，p 层内部的光生电子和 n 层内部的光生空穴，则将从两边向耗尽区扩散，然后也被结电场扫向 n 区和 p 区，并分别被电极收集，形成光电流。

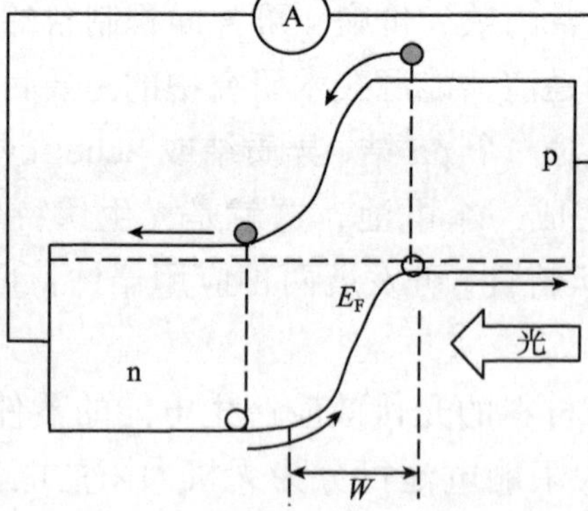


图 4.1　无机 pn 结结构光伏效应原理图

目前，在实验室中优化的面积在平方厘米范围的无机太阳能电池的效率在 10%~32%，其中效率最高的是正处于实验室研究的阶段无机半导体叠层器件(表 4.1)。商品化的无机太阳能电池效率多在 15%以上，可作为航天或陆地的能源供给。图 4.2~图 4.4 是无机太阳能电池器件的应用实例，其中图 4.4 是我国云南于 2009 年开始兴建的石林太阳能发电站，其总容量高达 166 MW，将成为亚洲最大的太阳能发电站。

图 4.2　美国宇航空间站中的太阳能阵列能源系统

目前最大的空间站太阳能系统，由 262,400 个(8 cm × 8 cm)平均效率为 14.2%的硅太阳能器件分布于 8 个太阳能阵列(每个阵列尺寸：34 m × 12 m)组成。该系统将产生平均功率为 110 kW 的电能，除去维持自身系统的能量损耗，可持续输出 46 kW 的电能[4]

以硅为代表的无机太阳能电池有许多优点，如自然界含量丰富、吸收光谱宽、能量转换效率高等。但是单晶无机半导体制造成本昂贵，制备工艺能源消耗大，需要使用数年后才能补偿制造它所消耗的能量。此外，无机太阳能电池的制备通常需要使用很多有毒的化学品和大量水资源，对环境保护非常不利。而且，无机太阳能器件都比较脆弱，没有柔性，因此它们需要很好的衬底支持，不能弯曲。同时无机半导体的窄带隙特性使其光腐蚀现象非常严重，影响无机太阳能电池的使用寿命。这些因素都制约了以硅为代表的无机单晶(多晶)及非晶半导体太阳能电池真正大规模地进入能源市场。

1991 年发展的染料敏化的二氧化钛光伏电池[1,5](dye sensitized solar cells，DSSCs，也称为 Grätzel 电池)，可使太阳能电池的成本大大降低，同时转换效率也高达 10%左右。染料敏化太阳能电池的工作机理是基于染料分子在氧化物半导体表面的电子转移过程，见图 4.5。染料敏化太阳能电池结构由

图 4.3 油田钻井架旁的太阳能电池系统

钻井公司是太阳能供电系统的主要消费者之一。油田中巨大的探照灯和警报号角，需要消耗很大电能。如果使用电池，必须通过轮船或者飞机定期更换，非常昂贵。采取太阳能在本地取电，则可以节约很多的运输费用[4]

图 4.4 云南石林于 2009 年 8 开始兴建的容量为 166 MW 太阳能供电系统(摘自云南网)

ITO/$TiO_2$ 电极、对电极、电解液及染料组成。其中，ITO/$TiO_2$ 电极中的 $TiO_2$ 为多孔纳米晶体结构，染料通常以化学吸附方式分散在这些纳米 $TiO_2$ 晶体表面。当光照射在这些被 $TiO_2$ 吸附的染料上时，染料中最高占据轨道(HOMO)中的一个电子将吸收光子的能量而被激发到分子的最低空置轨道(LUMO)。由于半导体 $TiO_2$ 的导带(CB)能级比染料的 LUMO 能级低，染料分子 LUMO 中的电子可以通过内转换而转移到 $TiO_2$ 半导体的导带，并向电极输运，形成电子电流。几乎同时，被激发染料分子通过从电解质获得一个电子而回到基态，在电池的对电极上给出一个电子补充电解质失去的电子。由此在电池内形成一个电子流动回路，产生光伏效应。

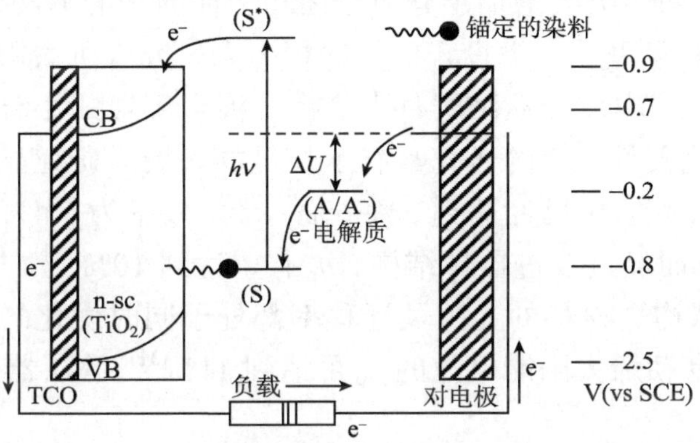


图 4.5　染料敏化光伏效应原理图

CB 和 VB 是 $TiO_2$ 的导带底端和价带顶端，S、$S^*$是染料的基态(HOMO)和激发态(LUMO), $A/A^-$是电解质

染料敏化电池的缺点是需要液体电解液，除了不方便使用及封装要求高外，其柔性制造也较困难。

有机薄膜太阳能电池的研究日益受到人们重视并得到不断发展。该类器件有其他两种太阳能电池无法相比的优点，如柔韧性高、制作成本低以及可得到大面积均匀膜层等，因此备受关注。它有望成为通信、建筑、交通、照明等领域的新型能源。

有机太阳能电池(OPV)的研究始于 1959 年，其结构为单晶蒽夹在两个电极之间[6]，器件的开路电压为 200 mV，但由于激子的解离效率太低，导致器件转换效率极低。有机太阳能电池研究的重大突破是美国柯达公司邓青云博士于 1986 年报道的双层结构染料光伏器件[7]。器件以酞菁衍生物作为 p 型半导体，以四羧基苝的衍生物作为 n 型半导体，形成双层异质结结构，功率转换效率($\eta_p$)约为 1%。该研究首次在 OPV 器件中引入电子给体(p 型)/电子受体(n 型)有机双层异质结，使光致激子的解离效率大幅度提高，结果使器件效率提高。1992 年，研究发现用共轭聚合物作为电子给体(donor, D)和 C60 作为电子受体(acceptor，A)[8–12]的体系，在光诱导下可发生快速电荷转移，且该过程的速率远远大于其逆向过程。C60 表面是一个很大的共轭系统，其电子在由 60 个碳原子组成的分子轨道上离域，因此可以稳定外来电子。这一发现，使聚合物太阳能电池的研究成为新的热点。继而发展的以聚合物 MEH-PPV 做给体、C60 衍生物 PCBM 作为受体的共混材料制备的本体异质结器件，使 $\eta_p$ 进一步提高，达到 2.9%[13]。本体异质结中无处不在的纳米尺度界面，大大增加了异质结面积，使激子的解离效率提高。

在过去的 30 年里，人类投入巨大的精力来研究有机太阳能电池，双层异质结器件[13–17]、本体异质结器件[13,18–22]、混合蒸镀的小分子器件[23,24]以及有机/无机杂化器件[25,26]的研究都有了长足的进展。研究显示，有机太阳能电池的 $\eta_p$ 在实验室中已经达到 5%~6%[27–29]，效率为 7.4%的器件于 2010 年已见报道[30]，而经过改进器件结构，$\eta_p$ 有望达到 10%[27]。根据模拟预测，当器件的能级结构、材料的光隙及迁移率都处于同时优化的器件中，本体异质结聚合物/富勒烯太阳能电池的 $\eta_p$ 可达到 11%[31]，叠层器件的 $\eta_p$ 可望达到 16%[32]。

## 4.2　太阳辐射光谱

太阳能电池的作用是将太阳能转化为电能。因此，研究太阳能电池，首先需要了解太阳辐射，尤其要清楚太阳的辐射光谱，以便有针对性地选择用来吸收太阳能的活性材料。作为清洁可再生能源之一，太阳是一个由炽热气体组成的球体，其巨大的热能是由发生在球心的 H→He 核聚变所产生，其中心的温度估计可高达两千万摄氏度。但是，发自太阳深层的强大辐射基本上已被太阳近表面的负氢离子层吸收，太阳表面的温度大约只有 6000K。因此，太阳光谱基本上与温度为 6000K 的黑体辐射谱相似。

图 4.6(a)显示了太阳光谱 AM0、AM1.0 和 AM1.5 的定义，图 4.6(b)为 6000K 黑体的辐射谱、大气层外(AM0)和大气层内(AM1.5)的太阳光谱。AM0 代表垂直于地表大气层外太阳辐射的情形，AM1.0 是垂直于地表大气层内太阳辐射的情形，而 AM1.5 是太阳入射与地表垂直方向成 48.2°时的太阳辐射光谱。图 4.6(b)中的 6000K 曲线是按照普朗克黑体辐射定律预言的 6000K 黑体辐射谱，而 AM0 和 AM1.5 两条线分别为在大气层外和地面上测得的

太阳光谱。在大气层外，地球至太阳的平均间距处，垂直于阳光入射方向上，单位面积物体表面所承受的辐照功率基本上是个常数，通常称之为太阳常数，或称之为 AM0 辐照，目前普遍认可的数值为 1.353 kW/m$^2$。AM0 辐射与黑体辐射谱在长波范围几乎没有差别，但是在短波范围有明显的差别。这一差别主要是由太阳大气层的选择吸收造成的。太阳辐射穿越地球大气层后，进一步损失大约 30%的能量，主要源于大气分子的散射、大气中悬浮物及尘埃微粒的散射、以及大气分子(氧、臭氧、水蒸气和 $CO_2$ 等)的吸收等因素。太阳能研究中，普遍使用的地面阳光光谱是 AM1.5，其总功率密度容量为 832 W/m$^2$。从 AM1.5 太阳辐射谱来看，虽然光谱一直延伸到红外区以外，但是大约 70%的太阳光都在可见光和红外区(300~950 nm)，其光谱的最佳波长范围在 600~900 nm。

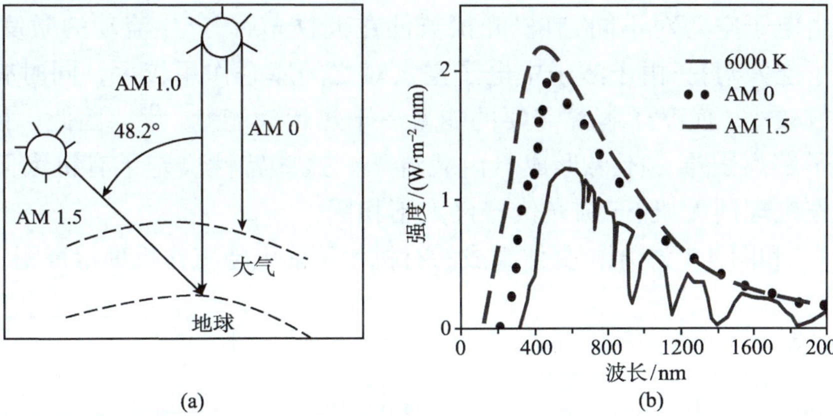


图 4.6　(a) 大气层内外太阳光谱 AM0、AM1.0、AM1.5 的定义；(b) 6000K 黑体的辐射谱、大气层外(AM0)和大气层内(AM1.5)的太阳光谱

实验室中使用的 AM1.5 太阳辐照光模拟光源，经过校准后，其功率密度通常在 80~100 mW/cm$^2$ 范围内。另外，AM1.5 太阳辐射光谱可以通过模拟获得，结果与实际情况相当接近，公式如下[33]：

$$I_0(\lambda)=\frac{2h\pi c^2}{\lambda^5}\frac{1}{e^{hc/\lambda k_B T}-1}, \tag{4.1}$$

式中，$I_0(\lambda)$ 是波长为 $\lambda$ 的光子强度，$h$ 为普朗克常数，$c$ 为光速，$k_B$ 是玻尔兹曼常数，$T$ 是温度。

虽然太阳的辐射能巨大无比，但是它的开发利用还有赖于科技发展。目前最好的单晶硅太阳能电池的效率不超过 30%。其中一个主要的原因是材料对太阳光谱的吸收是有选择性的，好的太阳能电池材料应该有宽带吸收光谱和大的吸收系数。另外，器件结构也起着至关重要的作用。

## 4.3 有机太阳能电池的工作原理

在有机材料中，虽然最高占据轨道(HOMO)和最低空置轨道(LUMO)分别相当于无机半导体中的价带(VB)和导带(CB)，但是有机材料的 HOMO 和 LUMO 能级是分立的，有别于无机半导体中的连续能级 VB 和 CB。因此有机材料中的载流子是定域化的。而且与无机半导体材料中半径较大的 Wannier 激子不同，有机材料中激子主要是半径较小的 Frenkel 激子，其电子空穴对之间的结合力大于 Wannier 激子。因此，与无机光伏器件吸收光后产生自由电子空穴对不同，有机光伏器件在吸收光后，产生流动的激发态(即束缚电子空穴对)。由于激子中电子空穴对之间库仑作用较大，同时有机物介电常数较小，使激子解离需要的能量高于热运动能量[34,35]。因此，有机材料中激子解离困难，不易形成自由载流子。这些特性决定了有机太阳能电池的工作机理同无机 pn 结光伏器件大不相同。

图 4.7 和图 4.8 为给体/受体组成的有机太阳能电池工作机理示意图。可以

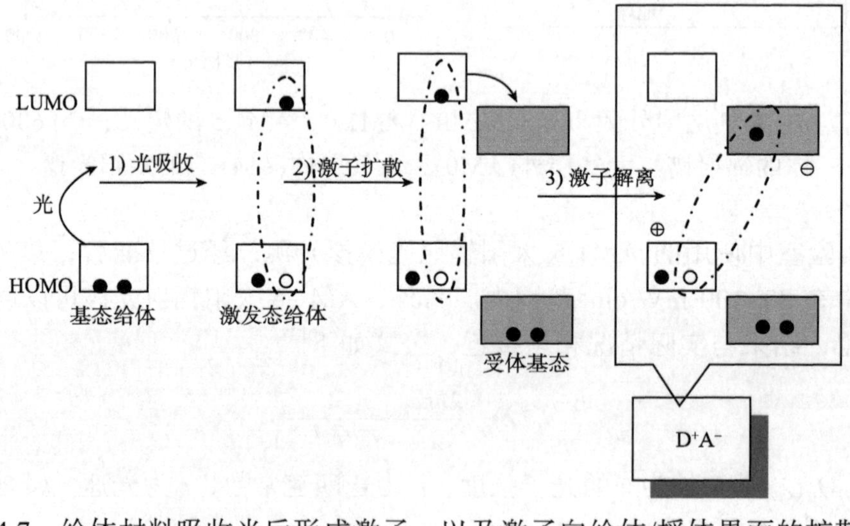


图 4.7 给体材料吸收光后形成激子，以及激子向给体/授体界面的扩散、形成电荷转移复合物过程

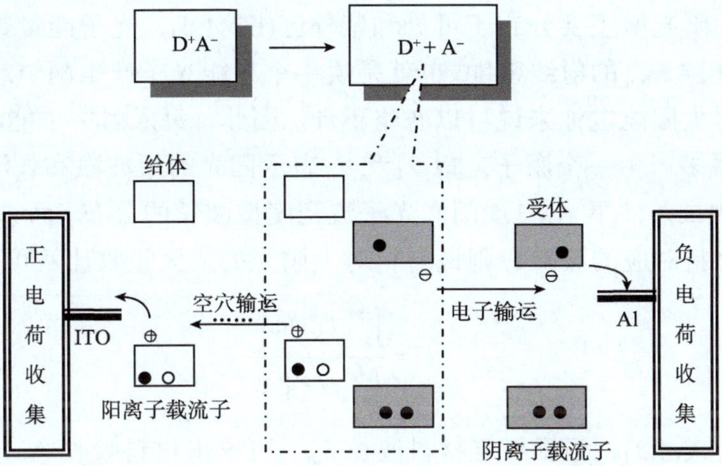


图 4.8　阳离子和阴离子载流子的形成、输运和收集

看出，器件产生光伏效应的过程如下(图 4.7)：① 当能量大于 HOMO-LUMO 能隙的光子照射时，给体分子将由基态跃迁至激发态，形成激子；② 中性给体激子经过扩散后到达给体与受体界面；③ 界面附近的给体激子通过界面内建电场的辅助，克服激子中电子空穴对之间的库仑束缚力后，进行电荷转移——电子由给体 LUMO 能级转移到受体 LUMO 能级，形成电荷转移复合物；④ 电荷转移复合物中的电子空穴对需要再次克服库仑束缚力后，才能解离为定域化的自由电荷，即阳离子载流子和阴离子载流子(图 4.8)；⑤ 正负载流子经过输运分别到达阳极和阴极附近，被电极收集形成光电流。具体细节，将在本节逐一介绍。

### 4.3.1　激子产生——光吸收过程

太阳能电池是将光能转换为电能，其中光吸收是最关键的一步。材料对太阳光的吸收效率越高，产生的激子就越多，这是性能优良的太阳能电池的前提。众所周知，有机物的吸收特性取决于分子中的共轭结构。在有机分子中，原子通过共价键结合形成分子后，原子中的电子能级经过相互作用，形成了包括成键轨道和反键轨道的分子能级。分子轨道中，能量最高的成键轨道为分子的 HOMO 轨道，能量最低的反键轨道是分子的 LUMO 轨道。分子吸收光后，电子将由 HOMO 轨道跃迁到 LUMO 轨道，而在 HOMO 轨道上形成一个空穴。当分子处于这样一种电子结构，即 HOMO 轨道中的空穴与 LUMO 轨道上的电子相互束缚形成电子空穴对时，就形成了激子。

由于太阳光谱主要分布于可见和紫外区(图 4.6)，光子能量数倍于常用电池材料能隙 $E_{opt}$ 的射线密度。也就是说一个高能光子产生两个或以上激子的情况，对太阳能电池来说可以忽略不计。因此，每入射一个能量大于 $E_{opt}$ 的光子，最多产生一个激子。以 $\lambda_1$ 和 $\lambda_2$ 表示阳光的短波限和长波限，$f(\lambda)$ 表示某种测试条件下 AM1.5 阳光光子流密度按波长的分布，而 $\lambda_m$ 表示能隙为 $E_{opt}$ 的材料对应的波长，则该材料对太阳光的最大吸收比例可表示为

$$K=\frac{\int_{\lambda_1}^{\lambda_m} f(\lambda)\mathrm{d}\lambda}{\int_{\lambda_1}^{\lambda_2} f(\lambda)\mathrm{d}\lambda} \tag{4.2}$$

根据公式(4.2)，根据给定材料波长 $\lambda_m$，可求出材料吸收 AM1.5 太阳光子的最大比例，结果如图 4.9 所示，图中同时给出了不同光子波长下的太阳辐射能量分布。

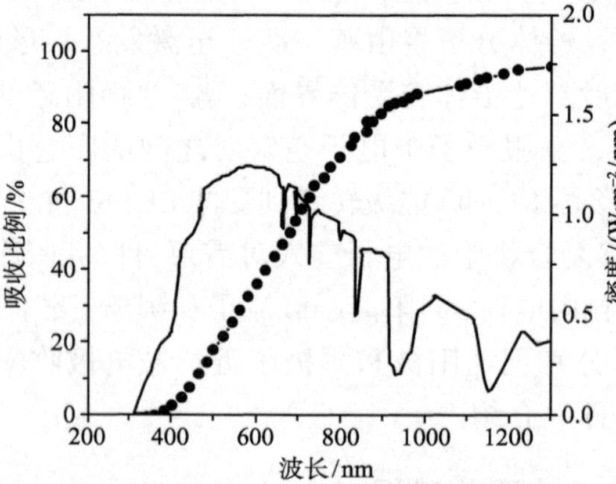


图 4.9　不同吸收波长的材料对太阳 AM1.5 的最大吸收比例(•••)，实线为太阳 AM1.5 的辐射光谱

可以看出，太阳光谱的辐射能量主要来自于波长在 400~1000 nm 范围的光子，辐射强度最大区域在 600~800 nm 范围，因此低能隙材料(吸收峰大于 600 nm)有利于太阳能的吸收。有机材料通常表现出以下特性：① 高吸收系数(通常大于 $10^5\ \mathrm{cm}^{-1}$)；② 窄吸收光谱；③ 能隙大约在 3.0~2.0 eV(波长在 410 nm~620 nm)；④ 能隙随共轭长度增大减小。较高的吸收，使有机材料在太阳能吸收方面占有一定优势。有机材料对入射光在吸收峰位处的全部吸收，只需要几百纳米的厚度，因此有机太阳能电池可以制备成很薄的薄

膜形式。但是，大部分有机材料的吸收波长都小于 650 nm，吸收光谱较窄，只能覆盖太阳光谱的很小一部分。因此有机材料对太阳光的吸收利用非常有限，通常不超过 40%(图 4.9)。加之有机材料中载流子迁移率太小，活性层厚度只能在几十到几百纳米之间，限制了利用增加厚度的手段来提高太阳光吸收的目的。

通过分子设计提高有机材料吸收效率的方法包括提高材料的光吸收系数、降低材料的能隙、使材料的吸收光谱展宽等，这方面的研究工作很多[36-40]。例如，基于芴基的低能隙共聚物，作为给体制备太阳能电池器件，可得到很好的性能($\eta_p = 2.2\%$)[40]；在具有 D-A 结构的材料中引入多电子铂原子，可增强材料的 D-A 相互作用，导致较强的电荷转移态(CT)跃迁，因此材料能隙较低且吸收光谱较宽，有利于提高器件的光伏效应($\eta_p = 2.5\%$)[41]。类似的工作还包括将基于强给体-受体分子结构的材料作为给体，C60 衍生物 PCBM 作为受体构造的器件[42]。给体较低能隙，使器件对太阳能的吸收提高，器件表现出较高效率。

除了通过分子结构的功能设计来提高活性材料自身吸收外，还可以在器件结构中引入具有强吸收特性的材料。利用它们吸收部分太阳能量，通过激子扩散将其转移给活性材料，由此提高活性材料对太阳光的利用效率[43-45]。

此外，利用微腔结构(使用薄膜)也可阻止或降低光损失，增加光吸收。例如，入射光由于折射产生的损失可在器件结构中加入反折射层来降低；通过器件中各层厚度的优化，可使太阳能强度分布的最大值在活性吸收材料层内，从而提高吸收效率。通过增大太阳能电池尺寸也可以提高太阳能利用率，但是这样无助于单位面积上转换效率的改善。

### 4.3.2　激子扩散

如上所述，当能量大于材料能隙的光子入射时，就会产生一个被库仑力束缚的单重激发态电子空穴对，即激子。由于有机分子之间的作用力较小，分子的激发态被定域化，没有能带与能带之间的跃迁。同时，有机材料相对低的介电常数(大约为 2~4，而无机物大约为 10)使激子成为强束缚力作用的 Frenkel 激子。因此室温下，激子效应比无机物中的 Wannier 激子强。但是，有机薄膜的无序性，使其束缚能的定量测量难以实现。有关研究表明，有机材料中激了的束缚能大约在 0.3~1 eV[46,47]。因此，在有机物中，激子产生后，如果能量上允许，扩散长度在 $L_D$ 范围内(约 5~20 nm)的激子通常表出相对自由的运动，或者在分子内输运，或者在分子间跃进，直到它被俘获或者衰减。具体来讲，激子是很不稳定的物种，一个寿命内的激子有以下的几种可能作用方式：能量传递(包括 Förster 能量传递和 Dexter 能量传递)、能量衰减(包括辐射衰减-发光和非辐射衰减-热损失)。激子在有机介质中，主要是通过能量传递的方式进行输运：将激子视为偶极子，它与其他偶极矩之间存在相互作用。激子偶极子的振动可引起邻近分子的振动，以此可将激子的能量传递给邻近分子，这种方式称为 Förster 能量传递。由此，邻近的分子可转化为激子，而原来的激子成为基态分子，激子也因此体现出输运特性。激子中的电子自身也可以由激发态的分子跃迁到邻近的基态分子的最低空轨道上，与此同时，空穴也跃迁到同一个分子的基态上(相当于该分子中最高占据轨道的一个电子跃迁到原来激子的最高占据轨道上)，以平衡电荷。这就是 Dexter 能量传递，也是另外的一种重要的激子输运方式。激子在每次跃进或者振动时，都会有能量的损失，其过程可以是辐射式衰减也可以是非辐射式衰减。在太阳能电池中，这些过程都是不利的，因此在激子衰减之前需要将它转换为电荷，这就是电荷的转移和分离。

### 4.3.3　激子解离(电荷的转移和分离)

除了要求活性材料有较高的太阳光谱吸收能力，有机光伏器件中激子解离过程也是决定器件效率的重要因素。因为吸收了一个光子后的有机分子，产生相互关联的电子空穴对(Frenkel 激子)，它们之间的相互作用力较大，需要在较强的电场下，才能解离成光伏器件的最终产物：自由电荷。例如，将电子空穴对在空间上分开 1 nm，所需要克服的库仑结合能通常约为 0.5 eV。较大的束缚能，使有机物中的激子在室温下的热能不足以将光生激子解离为自由电荷。同时，与无机物相比，有机光伏器件中激子的寿命和扩散长度也比较短：有机物激子的扩散长度大约为 5~20 nm，这个值相对于无机物的扩散长度(≥1μm)，或者相对于器件中有机薄膜厚度(≥100 nm)要小得多。这些特点不但限制了有机光伏器件中的活性有机薄膜的厚度，还限制了激子的解离。

通常情况下，有机光伏器件中需要一个有效的电子受体来协助强束缚力激子中电子的转移，即有机电池结构中通常要存在给体/受体界面。两个材料在界面处 LUMO 能级的差别形成了内建电场，驱动激子中电荷的转移。如图 4.10 所示，对于有机给体/受体(D/A)器件，给体 D 吸收光后，一个电子由 HOMO 跃迁至 LUMO，形成激子($D^*$)。通常激子的能量比给体的能隙(HOMO-LUMO gap)低大约 0.1~1 eV (即激子的结合能)。如果受体分子 A 存在于附近，$D^*$中处于 LUMO 中的电子有机会转移到受体 A 的 LUMO 中，产生电荷分离并形成电荷转移态。电荷转移态是由给体的 HOMO 和受体的 LUMO 组成，具有的能量为 $IP_D - EA_A$。此处，电荷转移的必要条件为

$$IP_D - EA_A < E_{ex} \tag{4.3}$$

式中，$IP_D$ 是给体的解离能，$EA_A$ 是受体的电子亲和能，$E_{ex}$ 激子的能量。也就是说，当激子的能量大于电荷转移态的能量时，激子可以顺利地解离(图 4.10(a))；当激子的能量小于电荷转移态的能量时，激子的解离在能量上是不利的(图 4.10(b))。另外，应该指出，这种电荷转移(CT)是光诱导型的，需要光照来产生给体激子，然后能量向受体转移，形成电荷转移态。研究表明，电荷转移态中，给体的空穴与受体的电子复合速率小于电荷转移态产生速率几个数量级[48]。因此，在能量有利的界面处，电荷转移态的形成是主要过程。

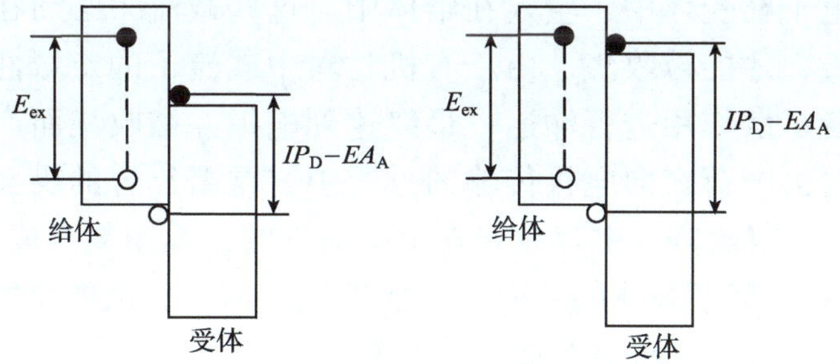


(a) $E_{ex}>IP_D-EA_A$　　(b) $E_{ex}<IP_D-EA_A$

图 4.10　激子在 D/A 界面解离的情形

(a) 激子能量大于电荷转移态能量，有利于解离；(b) 激子的能量小于电荷转移态度能量，不利于解离

有机分子中，影响激子解离过程的因素很多。在分子固体中，通常认为光生载流子是单线态激子在电场和热运动共同作用下解离的结果，解离效率取决于束缚电荷对(激子中)的初始距离和外加电场的强度。经典的假设认为激子解离为自由电荷是单步过程，因为激子进行电荷转移后，过剩的光能量可以将结合在一起的电子-空穴对在界面处分开，其速率依赖于内建电场的极化效应和自由电荷的态密度[49]。此外，在给体、受体混合的薄膜中，界面处形成的界面偶极子有助于激子的解离[50]。与上述观点不同，最近有

报道指出，激子解离为自由电荷是多步过程，涉及一步或者多步的中间产物：首先形成的是束缚电子-空穴对，体系变为依靠库仑力束缚的给体正电荷极化子(polaron)和受体负电荷极化子，亦即基激缔合物；随后，该基激缔合物可能克服电子空穴之间的库仑束缚力进一步解离为自由电荷，也有机会复合，发出基激缔合物的特征光[51-53]，它们是相互竞争的过程。另外的研究指出，电荷转移直接形成的热载流子的过剩能量主导着束缚电子空穴对的初始距离以及解离效率。在激子的电荷转移和后继的解离过程中，界面的作用很重要。由于界面偶极层的存在，在光激发前可产生部分电荷转移，从而防止了空穴的反方向转移，降低了结合在一起的电荷对复合的概率。研究发现，在双层太阳能电池器件中，与界面电场垂直方向的电偶极子比较容易解离，而且迁移率的巨大差别也有助于激子的解离[49]。

### 4.3.4　电荷的输运与收集

激子在给体/受体的界面完成光诱导电荷转移后，发生电荷解离，得到自由电荷：电子在受体中，空穴在给体中。这些载流子必须在有机层中输运至正负电极，才能被收集。由于有机材料中载流子的定域性，电荷通过跃进模式或者扩散作用进行输运，最终达到电极并被收集而产生光电流。应该指出，自由电荷在向电极传输的过程中，重新复合的机会较低，但是还是有可能的。因此体系中存在着自由电荷传输与重新复合成激子的竞争。亦即在 p 型和 n 型半导体的界面，可能发生电荷与相反电荷的复合，这一过程包括直接复合、二次复合或双分子复合。

有机太阳能电池中自由电荷向电极的传输，有两种驱动力，一是内部的渐变电场，二是渐变的自由电荷浓度，与此相应的载流子运动分别为电荷迁移和电荷扩散。相应地，影响电荷传输的因素概括为电荷迁移率($\mu$)、内电场强度($E$)、电荷寿命($\tau$)和电荷扩散系数($D$)等。

载流子输运的驱动力之一是器件内部的渐变电场，它主要来自于两个电极功函数的差别。由于有机材料的导电性能通常都不够理想，在考虑器件的渐变电场时，可将有机太阳能电池近似地视为金属-绝缘体-金属(MIM)模型。在经典 MIM 器件定义下，电极能级与有机层能级排列以及渐变电场的各种情形见图 4.11。图中，有机半导体内嵌于两个不同功函数的电极之间。其中，电极用它们的费米能级表示，有机半导体则以 HOMO 和 LUMO 能级表示。图 4.11(a)代表开路情形，也称为“平带情形”。这时，在光照下器件产生的外电压称为开路电压，其值不超过两金属电极功函数之差。此时，开路电压将与内建电场平衡，由于器件的净剩电场为零，电流也为零。图 4.11(b)中是没有外加电压的短路情形，这时两个电极连在一起后费米能级相等。由于两个电极功函数的不同而产生的内建电场平均分布于有机半导体中，靠近正极一端的有机层电势升高，靠近负极一端的有机层电势降低。在暗状态下，没有电流通过。在光照情况下，LUMO 能级上的电子向较低电势方向移动，最后到达低功函数的金属电极，空穴在 HOMO 上向较高电势方向移动，最后达到高功函数的 ITO 电极，器件表现为光伏特性。图 4.11(c)代表外加反向电压的情形。这时，可通过的暗电流很小。在光照的情况下，光生载流子可在强电场的作用下向相应的电极移动，产生比暗电流大很多的电流，此时的器件可作为光检测器，也可作为收集电荷的电池器件。在图 4.11(d)中，外加的正向电压大于开路电压，载流子可较有效地注入到器件中产生电生激子。如果材料可产生辐射衰减，则器件就表现为发光二极管。

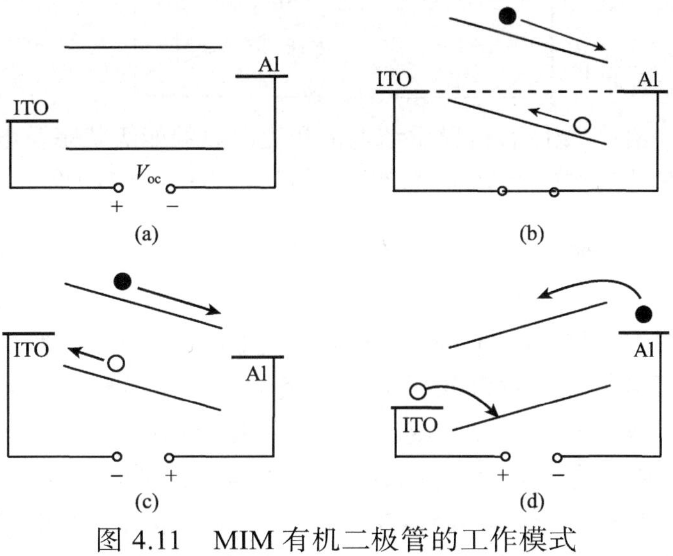


图 4.11　MIM 有机二极管的工作模式

(a) 开路状态；(b) 短路状态；(c) 反向加压状态；(d) 正向电压大于 $V_{oc}$ 的情形

值得注意的是，以上的模式只是针对于 MIM 的情形，其中，接触界面处的费米能级在绝缘层的能隙之间(HOMO 与 LUMO 之间)，并且远离 HOMO 和 LUMO。在欧姆接触的具有给体/受体异质结的有机太阳能电池中，内建电场及电荷的电场迁移情形类似，但不尽相同。如图 4.12 所示，为给体/受体异质结电池在短路光照时器件工作示意图。图 4.12 中的双层异质结器件中，受体 LUMO 通常与负极功函数匹配，给体 HOMO 通常与正极功函数匹配，以便电子和空穴从半导体活性层进入两侧的金属电极。在短路情况下，正负两个电极处的费米能级相互对齐，同时，电极的功函数趋于半导体的 LUMO/HOMO，给体和受体的 HOMO 都升高，LUMO 都降低。器件吸收光后产生的激子可扩散到给体/受体界面，通过解离形成自由电荷。其中空穴在给体 HOMO 中，并向高电势的电极移动，电子在受体 LUMO 中，并向低电势的电极移动，器件产生光伏效应。

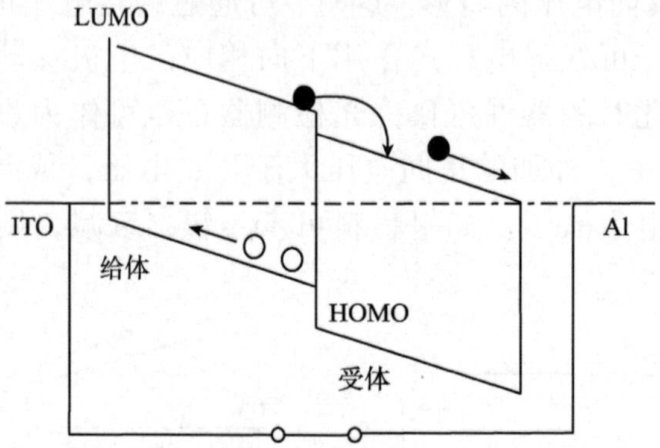


图 4.12　给体/受体有机异质结电池在短路时的能级状态及电荷移动

电极以功函数能级表示，给体和受体以 HOMO 和 LUMO 能级表示

器件中载流子输运的另一个驱动力是浓度梯度，它主要来自于物质浓度的空间分布差异，因为载流子倾向于从高浓度区域向低浓度区域扩散。例如，在界面附近受体 LUMO 能级中的电子由于浓度较大，倾向于向受体内浓度较低的区域扩散，逐渐接近电极。类似地，浓度较高的界面附近空穴也倾向于在给体内向低浓度区域扩散，逐渐接近电极。

如果给体或者受体以掺杂形式存在于薄膜中，则给体与给体分子之间，或者受体与受体分子之间将会存在一定的距离。这将会使空穴在给体中、或者电子在受体中，通过渐进电场和浓度扩散进行的输运出现不连续的情形。这种情况下，载流子的输运需借助于渗滤作用进行(percolation)，给体和受体浓度梯度以及薄膜形貌等将会起比较重要的作用。

在电极接触界面，如果受体 LUMO 与金属功函数匹配，给体的 HOMO 与 ITO 功函数匹配，则认为器件是理想的欧姆接触，电荷的收集效率最高可达 100%。迄今为止，由于电极和有机材料 HOMO/LUMO 能级的限制，有机太阳能电池中真正的欧姆接触并没有实现，因此电极处的电荷收集损失也是有机太阳能电池效率低的原因之一。

由于有机材料中如氧等陷阱普遍存在，迁移率一般低于 $10^{-4}$ $cm^2/(V\cdot s)$[26]。载流子迁移率低，电荷向电极输运时由于复合导致的光电流损失大，造成有机太阳能电池较低的短路电流[54]。因此设计具有高迁移率的活性材料是提高有机太阳能电池性能的有效途径。值得注意的是，有机薄膜材料的载流子迁移率受薄膜形貌及晶粒尺寸的影响极大。基于相同材料体系，使用不同方法和后处理过程获得的有机太阳能电池，由于载流子迁移率的不同，器件的效率也有显著差别。因此，对于器件优化，不同溶剂效应、高温退火效应、表面活性剂效应等都应该予以考虑[55−57]。此外，在活性材料中掺入载流子输运能力较高的纳米材料也可提高器件效率。例如双臂碳纳米管对有机材料的掺杂可以增加空穴传输能力，提高器件的性能[58]；在器件中掺杂金或银纳米粒子，由于提高了导电率，器件的效率可增加 50%~70%[59]。除了致力于通过提高活性组分的载流子迁移率和优化器件结构外，电极修饰也可以通过改善电极界面的接触特性，以及通过提高电极与有机材料能级的匹配度来提高器件性能[60,61]，详细内容见 4.4.6 节。

### 4.3.5　有机太阳能电池中的电流[62]

在光伏器件中，光生激子的解离产生自由电荷，电荷的定向移动进而产生光电流。光电流对电荷产生率具有依赖关系，根据光电流产生的机制，可进行器件光电流公式的推导。在理想有机太阳能电池器件中，即在没有复合和空间电荷产生的情况下，光电流可作为光生自由载流子的直接测试手段。此时，器件的内部电场为 $F = (U_{oc} - U)/L$，式中 $U$ 是外加电压，$U_{oc}$ 是开路电压，$L$ 是活性层厚度。空穴的光电流可表示为

$$j_{ph} = q \cdot \rho \cdot \mu \cdot F \tag{4.4}$$

式中，$\mu$ 是空穴的迁移率；$\rho$ 是光生空穴的密度，在稳态下，可由寿命 $\tau$ 和光生电荷的产生率 $G$ 表示：$\rho = \tau \cdot G$。$q$ 为单位电荷电量。在长寿命载流子情况下(即很少或者没有复合)，所有的光生载流子在复合之前就离开器件，它们的寿命就等于它们瞬态穿越器件的时间，$\tau_t = L^2 / \mu(U_{oc} - U)$。所以有 $\rho = L^2 / \mu(U_{oc} - U) \cdot G$。将$\rho$、$F$ 的值带入公式(4.4)得通过外部电路的空穴电流为

$$J_{ph} = qGL \tag{4.5}$$

电子的光生载流子电流有相同的表达式。值得注意的是，公式(4.5)与理想 pn 结太阳能电池中耗尽区电流($j_G$)相同。由于有机活性层的厚度很小，以公式(4.5)为基础的电流表达式仅仅考虑了相当于 pn 结中耗尽区产生的电流。根据公式(4.5)，在光生载流子的产生率为常数时，光生载流子电流与电压无关，与光生载流子产生率和有机层厚度成正比。同时，由公式(4.5)给出的理想情况下的光电流不随电子或者空穴的迁移率变化。

在实际情况下，有机太阳能器件中的光电流有多种情形：① 在电压较高时，可以忽略扩散电流；同时，由于电荷复合的时间可延长到毫秒量级，而空穴在短路情况下的瞬态穿越时间通常为微秒量级，远远大于复合时间，因此可认为自由电荷再次复合的概率为 0，公式(4.5)适用。② 在低电压下，器件中的电流以扩散电流为主，如果同时认为激子解离成自由电荷的速率为 1，并忽略激子到基态的衰减，公式(4.5)需改写为

$$j_{\mathrm{ph}} = qGL\left[\frac{\exp(qU/k_{\mathrm{B}}T)+1}{\exp(qU/k_{\mathrm{B}}T)-1} - \frac{2k_{\mathrm{B}}T}{qU}\right] \tag{4.6}$$

式中，$qGL$ 是饱和电流，$U$ 是外加电压，$k_B$ 是波尔兹曼常数，$T$ 是温度。公式(4.6)是理想情况下，光生载流子产生率为常数($G$)时，在低电压下以扩散为主导的光生空穴电流公式。③ 实际情况中，较高电压下，器件扩散电流可以忽略，而激子的解离速率和衰减速率需要同时考虑。也就是说不是所有的光生载流子($G_{MAX}$)都可以解离为自由电荷。$G_{MAX}$ 解离为自由电荷的多少受场强和温度影响，即

$$G(T,E) = G_{\mathrm{MAX}}P(T,E) \tag{4.7}$$

式中，$P(T, E)$是在给体和受体界面束缚电子空穴对解离的概率。在迁移率低的材料中，光生自由电荷可用 Onsager 原理来解释。Onsager 原理认为，束缚的电子空穴对的解离，是在外加电场与电子空穴对的有效库仑结合能同时存在下的扩散型希朗运动。解离的效率依赖于电荷对之间的初始距离和外加电场强度。Braun 对此机制做了重要增补：认为束缚电子空穴对具有有限的寿命，当激子在给体/受体界面解离形成束缚电子空穴对后，存在两种相反的过程，即它们可以以速率 $k_F$ 衰减到基态，也可以以场强依赖的速率 $k_D(F)$分离成自由电荷。分离后，自由电荷又可以速率 $k_R$ 再次形成束缚对。继而，在寿命期间，被再次束缚在一起的自由电荷对可再次解离。在 Braun 模式下，束缚电荷对解离为自由电荷的概率可表示为

$$P(T,F)=\frac{k_{\rm D}(F)}{k_{\rm D}(F)+k_{\rm F}} \tag{4.8}$$

将公式(4.8)代入式(4.7)可得，

$$G(T,F)=G_{\rm MAX}\frac{k_{\rm D}(F)}{k_{\rm D}(F)+k_{\rm F}} \tag{4.9}$$

公式(4.9)是同时考虑激子解离成自由电荷的速率($K_D$)和激子衰减到基态的速率($K_{\rm F}$)时光生自由电荷的概率，其中的 $K_{\rm D}$ 与外加电场有关，而 $K_{\rm F}$ 是温度的函数。

因此，在较高的电压下，忽略扩散电流，并同时考虑激子的解离速率和衰减速率时，光电流可以表达为

$$j_{\rm ph}=qLG_{\rm MAX}\cdot\frac{k_{\rm D}(F)}{k_{\rm D}(F)+k_{\rm F}} \tag{4.10}$$

## 4.4　有机太阳能电池的器件结构

有机太阳能电池的结构，由单层 Schottky 器件开始，相继发展了双层异质结、本体异质结、分子 D-A 结以及基于以上单元结构的叠层器件等。

### 4.4.1　单层器件

如图 4.13(a)所示为单层太阳能电池结构，只有一层同质单一极性的有机半导体材料内嵌于两个电极之间。图 4.13(b)是器件的能级示意图，其中的 HOMO 是材料的最高占据轨道，LUMO 是材料的最低空置轨道。有机分子吸收光产生激子后，电子占据较高能级的$\pi^*$轨道(LUMO)，而与之相关联的空穴占据较低能级的π轨道(HOMO)。在短路情况下，两个电极功函数的不同将使有机层中产生内建电场，导致有机层能带的倾斜。考虑到有机材

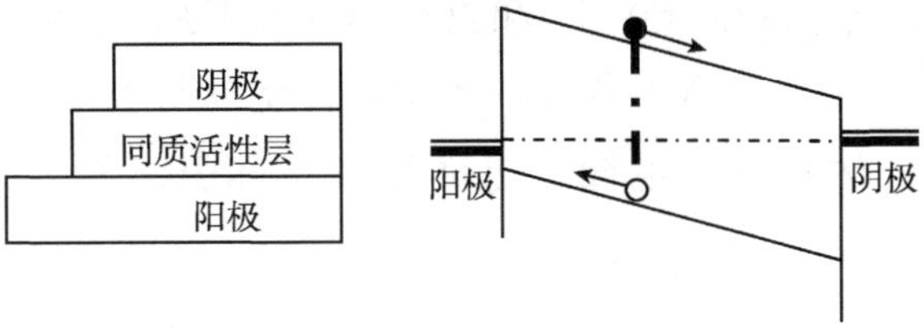


(a)　　(b)

图 4.13　单层器件工作原理

(a) 器件结构；(b) 能级示意图

料中载流子密度很低，并且有机层的厚度通常不是很厚，无机太阳能电池结构中出现的能带弯曲现象，在有机太阳能电池中常常可以忽略。因此，有机单层器件中，使激子解离为电子和空穴的主要驱动力来自两个电极功函数差别导致的内建电场。然而，内建电场通常不足以将有机材料中的激子解离，因此激子的解离效率极低[63,64]。这种器件可以作为光检测器，因为在较强的外电场作用下，光照产生的电荷可迁移到电极，产生电流。

### 4.4.2　双层异质结器件

在双层光伏器件中，给体和受体有机材料分层排列于两个电极之间，形成平面型 D-A 界面。其中，阳极功函数要与给体 HOMO 能级匹配，阴极功函数要与受体 LUMO 能级匹配，这样有利于电荷收集。双层器件的原理见图 4.14，图中忽略所有由于能级排列而产生的能带弯曲和其他界面效应。

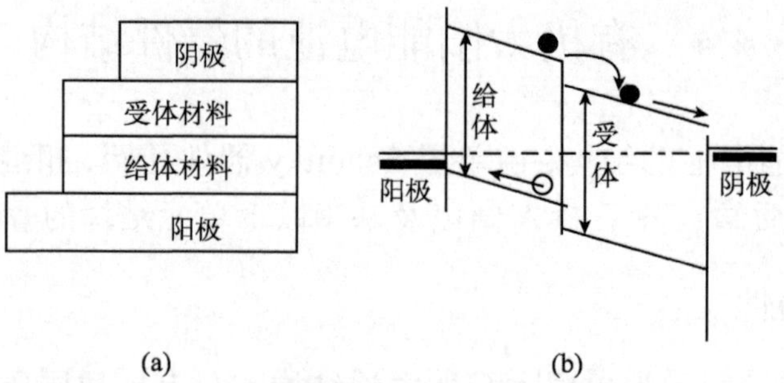


图 4.14　双层异质结器件工作原理

(a) 器件结构；(b) 能级示意图

在双层异质结器件中，光子转换成电子有以下几个步骤。① 材料吸收光子产生激子：当入射光的能量大于活性物质的能隙($E_g$)时，活性物质吸收光子而形成激子；② 激子扩散至异质结处；③ 电荷分离：激子在异质结附近被分成了自由空穴(在给体上)和自由电子(在受体上)，它们是体系中主要的载流子，具有较长寿命；④ 电荷传输以及电荷引出：分离出来的自由电荷，经过传输到达相应的电极，进而被收集和引出[65,66]。

双层异质结器件中电荷分离的驱动力主要是给体和受体的最低空置轨道(LUMO)能级差[67]，即给体和受体界面处电子势垒。在界面处，如果势垒较大(大于激子的结合能)，激子的解离就较为有利：电子会转移到有较大电子亲和能的材料上，使激子非常有效地解离。

与单层器件相比,双层器件的最大优点是同时提供了电子和空穴传输通道。当激子在 D-A 界面产生电荷转移后，电子在 n 型受体材料中传输，而空穴则在 p 型给体材料中传输。因此电荷分离效率较高，自由电荷重新复合的机会也降低。

### 4.4.3　本体异质结器件

在本体异质结器件中，给体和受体在整个活性层范围内充分混合，D-A 界面分布于整个活性层。本体异质结可通过将含有给体和受体材料的混合溶液以旋涂的方式制备，也可通过共同蒸镀的方式获得，还可以通过热处理的方式将真空蒸镀的平面型双层薄膜转换为本体异质结结构。

本体异质结器件原理见图 4.15,图中忽略所有由于能级排列而产生的能带弯曲和其他界面效应。本体异质结器件与双层异质结器件相似，都是利用 D-A 界面效应来转移电荷。它们的主要区别在于：① 本体异质结中的电荷分离产生于整个活性层，而双层异质结中电荷分离只发生在界面处的空间电荷区域(几个纳米)。因此本体异质结器件中激子解离效率较高，激子复合概率降低，结果减少或避免了由于有机物激子扩散长度小而导致的能量损失。② 由于界面存在于整个活性层，本体异质结器件中载流子向电极传

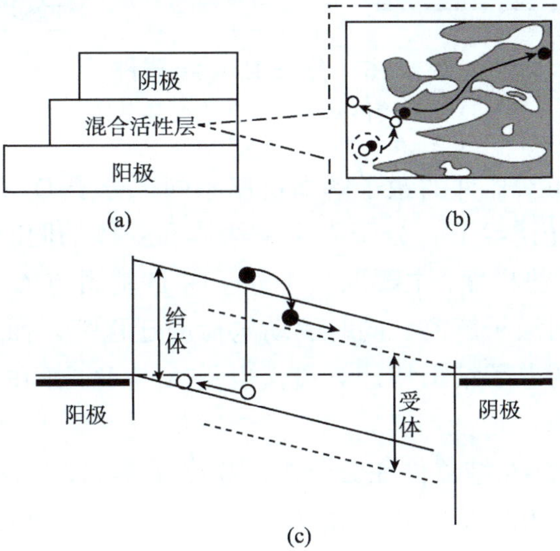


图 4.15　本体异质结器件工作原理

(a) 器件结构；(b) 混合在一起的给体(白色)和受体(黑色)空间分布示意图；(c) 本体异质结器件能级示意图

输主要是通过粒子之间的渗滤(percolation)作用，而双层异质结器件中载流子传输介质是连续空间分布的给体或受体，因此双层异质结器件中载流子传输效率相对地高。而本体异质结器件由于载流子传输特性所限，对材料的形貌、颗粒的大小较为敏感，且填充因子也相应地小[68]。

本体有机太阳能电池活性层中材料的形貌和给体/受体的混合程度，对电荷分离、光电流的产生以及总能量转换效率有很大影响。粒径的尺寸太大，电荷的分离效率将会降低；而粒径太小，电荷的传输就会受阻，同时自由电荷再次复合的概率也相对地高。因此，在本体异质结器件中，必须优化材料粒径大小，以同时满足较高的电荷分离效率和输运效率。

### 4.4.4　分子 D-A 结器件

将具有电子给体性质的单元以共价键方式连接到受体聚合物或者小分子上，形成分子 D-A 结材料，即同质双极材料。以这种材料为活性层制作的单层器件，称为单层分子 D-A 结器件，如图 4.16 所示。

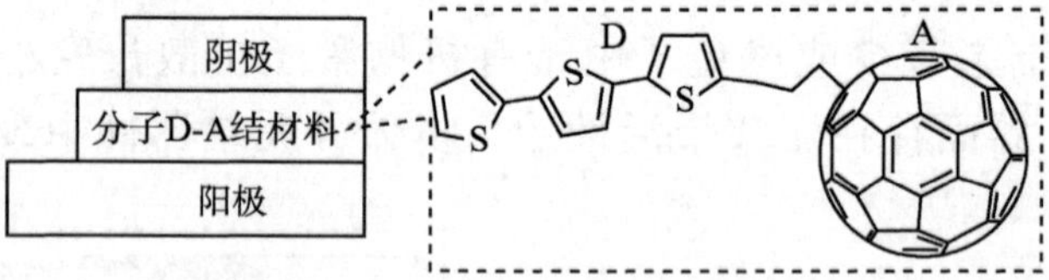


图 4.16　分子 D-A 结器件

D 代表给体基团；A 代表受体基团

与单层 Schottky 器件的激子解离机制不同，分子 D-A 结器件中激子解离的动力来源于光诱导下，分子内由于给体和受体的同时存在而产生的化学势梯度。该化学势梯度，主要取决于分子内 D 基团与 A 基团的链接模式，它不但促进分子内激子解离，同时驱动电荷的迁移[69]。而 D 与 A 的连接模式，与它们各自的电子结构特性有关，也受 A 与 D 之间的距离、比例、相对空间位置等影响。

理想状态下，D-A 结器件在分子内产生激子解离，可从根本上避免给体和受体材料之间的相分离，以及由于给体或受体分子的聚集现象而导致的电荷分离效率降低的问题。但是，与相应的本体异质结器件相比，在 D-A 分子内伴随着光诱导电荷转移效率的提高，电荷复合概率也得到增强。因为分别分布在 D 单元和 A 单元的电荷需要通过链间的跃进来防止复合，这个过程相对于链内的复合显然要困难些。上述 D-A 分子材料中光诱导电荷转移与能量转移的竞争可进一步降低 D-A 结器件的效率[70–72]。

研究者根据 D-A 结分子的概念，提出更进一步的“双轴”材料的设想，即从分子水平上控制材料的排列，将具有线性结构的 D-A 聚合物或者寡聚物以有序方式排列，使得材料中的 D 单元与 A 单元分别排列在一起，形成 A 结构单元和 D 结构单元。这样，电子可以沿 A 结构单元输运，而空穴可以沿 D 结构移动，如图 4.17 所示[73]。可以预计，“双轴” 材料可以大大提高激子的解离和电荷的输运效率。

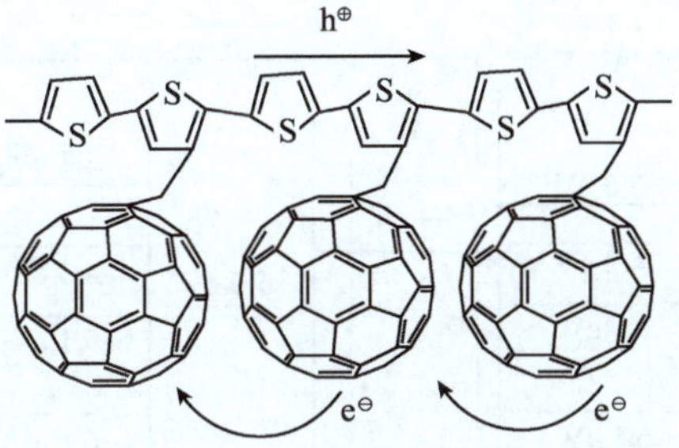


图 4.17　D-A 结分子以有序方式排列形成的“双轴”材料

## 4.4.5　叠层结构器件

叠层结构器件是将两个或以上的器件单元以串接的方式做成一个器件，以便最大限度地吸收太阳光谱，提高电池的开路电压和效率。众所周知，有机材料的吸收范围有限，而太阳光谱的能量分布很宽，单一材料只能吸收部分太阳光谱能量。此外，由于电池中未被吸收的太阳能量可使材料产生热效应，使电池性能退化。叠层器件可利用不同材料的不同吸收范围，增加对太阳光谱的吸收，提高效率和减少退化。叠层器件的基本结构如图 4.18 所示，一般地，在叠层器件中，子器件单元按活性材料能隙不同采取从大到小的顺序从外向背电极串联，即与电池非辐射面(背面)最近的结构单元，其活性材料的能隙最小[74]。由于串联的缘故，叠层电池的开路电压一般大于子单元结构的(理想情况下，总的开路电压等于各个子单元开路电压之和[75])，其转换效率主要受光生电流的限制。

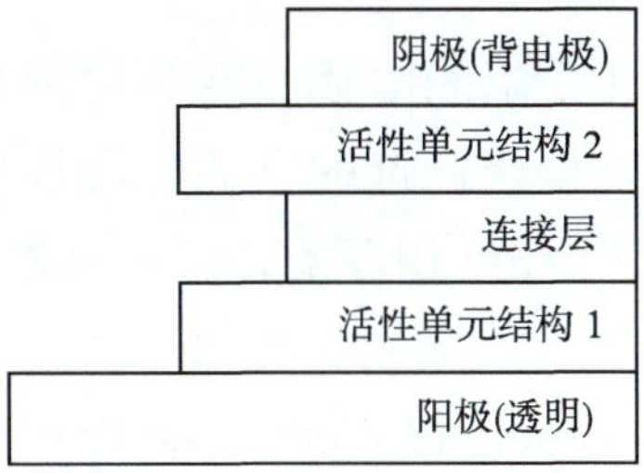


图 4.18　两个子电池组成的叠层器件结构示意图

因此，叠层电池设计的关键是合理地选择各子电池的能隙宽度和厚度，并保证各个子电池之间的欧姆接触，以达到高转换效率的目的。

2007 年 *Science* 杂志报道的一篇叠层器件，受窄能隙材料厚度不能太大的限制，与一般叠层器件中单元结构顺序相反，该器件采用窄能隙结构单元作为第一层[75]。器件使用的材料和器件结构及其能级状况，见图 4.19。器件最大的特色是在两个子电池单元的之间使用了以溶胶方法制备的透明 $TiO_x$，作为光隔离层和连接层。该工作报道的结果是目前有机太阳能电池的最好水平之一(AM1.5 辐照)：$J_{sc}$ = 7.8 mA/cm$^2$, $V_{oc}$ = 1.24 V, $FF$ = 0.67, $\eta_p$ = 6.5%。

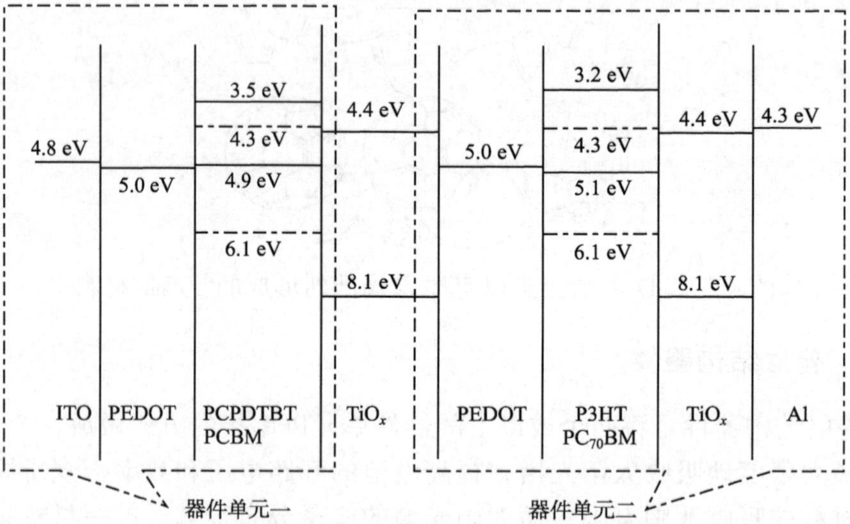


图 4.19　活性材料以及器件能级结构

PCBM 和 PC70BM 的 HOMO/LUMO 能级以虚线表示[75]

## 4.4.6　器件结构的界面修饰

太阳能电池的性能可通过电极修饰或其他界面修饰得到不同程度的改善。电极修饰的目的，通常是使其功函数与给体材料的 HOMO 或受体材料的 LUMO 相匹配，以提高电荷引出效率[76]和阻挡激子和非收集载流子的传输[15,77,78]。普通 ITO 阳极可用氧等离子体处理[79,80]，又可在其上旋涂 PEDOT: PSS {poly (3,4-ethylene-dioxythiophene): poly(styrenesulfonate)}[76]，也可进行自组装单分子层修饰[81]、过渡金属氧化物薄膜修饰[82]，以及金纳米颗粒[83]或者金薄膜修饰[84]。Ling 等将金纳米粒子修饰于 ITO 表面后，制备有机太阳能电池。由于修饰后的 ITO 电极具有高导电性和透光性、其功函数与给体材料 HOMO 更加匹配以及电极表面更加平整，使得空穴载流子的收集效率大大提高，器件的性能得到提高[83]。较为普遍的阴极修饰是金属氟化物[85]，其他的修饰材料包括 TiOx[86]、BCP (bathocproine[87])、Alq {tris (8-hydroxy-quinolinato) aluminum}[88]、PEO {poly ethylene oxdide,[89]}等。

界面修饰的一个例子是在器件中引入光隔离层，如图 4.20 所示，在电池的活性材料层与背电极之间插入光隔离层，能够将光的空间分布与活性层的位置相匹配，增加光的吸收，有助于提高器件的光电流[27,90]。Lee 等[27]报道，以溶液方法制备的 $TiO_x$ 光隔离层应用于聚合物器件中，可得到很好的效果。

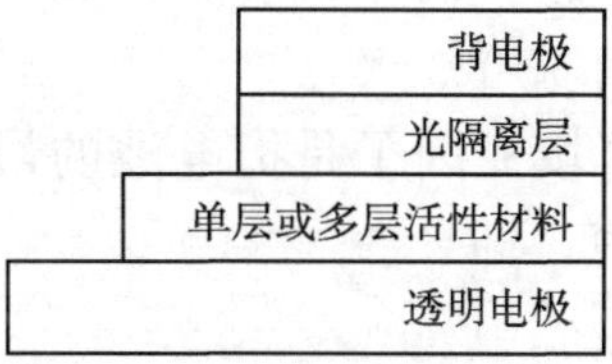

图 4.20　含有光隔离层的有机太阳能器件结构

在 AM1.5 光照下，$I_{sc}$、$V_{oc}$、$FF$、$\eta_p$ 分别由原来的 7.5 mA/cm$^2$、0.51 V、0.54、2.3%增加至 11.1 mA/cm$^2$、0.61 V、0.66、5%。

# 4.5　有机太阳能电池的性能表征

## 4.5.1　开路电压和填充因子

如图 4.21 所示，为太阳能电池器件在光照情况下的电流特征曲线，从中可以获得三个重要的输出特征参数：开路电压($U_{oc}$)、短路电流密度( $j_{sc}$)和填充因子($FF$)。

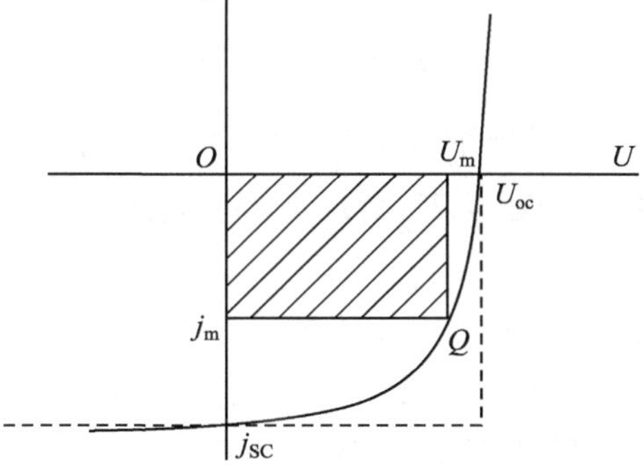

图 4.21　太阳能电池在光照时的 $J$-$U$ 曲线

开路电压是指在没有电流回路时，经过光照后器件产生的电压。在单层有机太阳能电池中，开路电压的值不会超过两个电极功函数之差值[91]。实验测得的开路电压通常远远低于两电极的功函数差，这是因为器件中电荷复合过程，使得自由电荷的数量减少。减小电荷的复合概率，可使开路电压接近理论值。在由给体和受体形成的异质结器件中，开路电压与受体LUMO 和给体 HOMO 有关[60,92,93]，同时也与活性材料与电极之间的界面接触有关[66]。

填充因子是指电池的最大输出功率($U_m\ j_m$)与开路电压和短路电流乘积之比值，即

$$FF=\frac{U_m j_m}{U_{oc} j_{sc}}. \tag{4.11}$$

由于有机材料的迁移率较低导致了体系的电阻较高，因此单层光伏器件的填充因子一般较小。

### 4.5.2　器件的短路电流及其影响因素

短路电流是指在外加电场为零时，受光照的器件在形成回路时所能产生的电流。短路电流可根据光照情形时的电流-电压曲线中，电压为 0 时的电流值获得。研究发现，有机太阳能器件的光电流与吸收光强度成线性或亚线性关系[9,65]。太阳能电池的最大短路电流可根据太阳光子流密度按波长的分布谱 $f(\lambda)$和材料的能隙 $E_{opt}$ 估算：由于每入射一个能量大于 $E_{opt}$ 的光子，外电路最多增加一个电子输运电荷，对于光吸收量子效率和电荷收集效率都等于 1 的理想情况，最大短路电流可表示为

$$j_{max}=qF_E \tag{4.12}$$

式中，$F_E$ 为阳光中能量大于 $E_{opt}$ 的光子的流密度，对于确定材料，有

$$F_E=\int_{\lambda_0}^{\lambda_m} f(\lambda)\mathrm{d}\lambda \tag{4.13}$$

式中，积分限 $\lambda_0$ 和 $\lambda_m$ 分别为阳光的短波限和材料的长波吸收限。在 AM1.5 测试条件下，$f(\lambda)$表示于图 4.22(a)，不同光隙材料的最大短路电流示于图 4.22(b)。

由于光吸收的量子效率和电极处载流子的收集效率影响器件的短路电流，实际情况往往小于 100%。因此，活性材料的厚度以及电极与活性材料的界面性能都会影响短路电流。此外，有机太阳能电池的短路电流还受到活性材料的载流子迁移率影响。

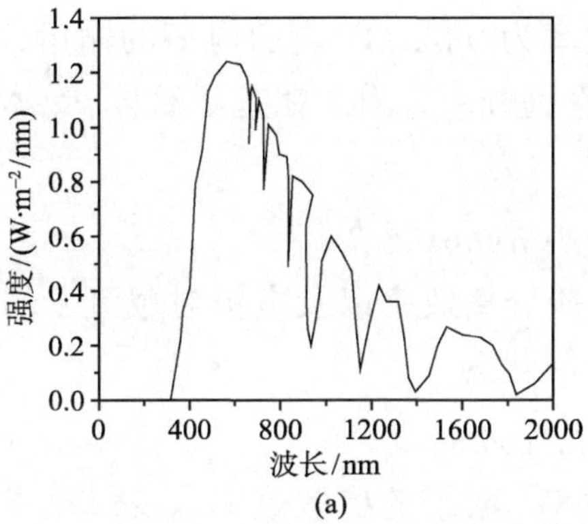


图 4.22　(a) AM1.5 阳光光子流密度按波长的分布；(b) 电流的最大短路电流随材料光隙的变化

### 4.5.3　有机太阳能电池器件的效率

太阳能电池能量转换效率有三种表示方法：① 外量子效率(external quantum efficiency，$\eta_{EQE}$)，也称为入射光转换效率(input photo conversion efficiency，$\eta_{IPCE}$)；② 内量子效率(internal quantum efficiency，$\eta_{IQE}$)，也称为吸收光转换效率($\eta_{APCE}$)；③ 器件的总转换效率$\eta$，也称为功率转换效率(power efficiency，$\eta_{p}$)。

外量子效率($\eta_{EQE}$)和内量子效率($\eta_{IQE}$)分别定义为在单位入射光子下可被光伏电池收集的电子数($\eta_{EQE}$)、电极处收集的载流子数目与器件所吸收的光子数之比($\eta_{IQE}$)。如图 4.23 所示，以双层异质结光伏器件为例，光生电荷过程包括一下几个部分：① 光子吸收，效率为 $\eta_{A}$；② 激子扩散，即光生激子不经复合，扩散到达 DA 界面的过程，达到 DA 结的效率为 $\eta_{ED}$；③ 光

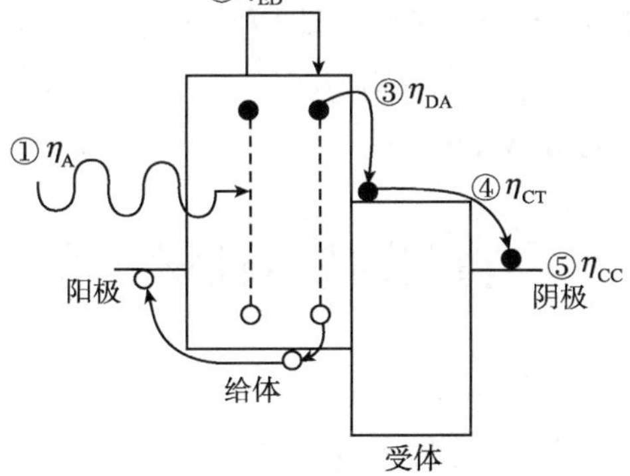


图 4.23　双层光伏器件中的光生电荷效率

生激子在 DA 结处的电荷分离，分离效率为 $\eta_{DA}$；④ 自由电荷的输运，效率为 $\eta_{CT}$；⑤ 在电极处的电荷收集，效率为 $\eta_{CC}$。因此在基于给体-受体界面激子解离机制的光伏电池中，$\eta_{EQE}$ 可表示为

$$\eta_{EQE} = \eta_A \eta_{IQE} = \eta_A \eta_{ED} \eta_{DA} \eta_{CT} \eta_{CC} \tag{4.14}$$

通常情况下，激子在 DA 结处的电荷分离效率以及电极对载流子的收集效率可视为 100%。因此外量子效率可简化为

$$\eta_{EQE} = \eta_A \eta_{ED} \eta_{CT} \tag{4.15}$$

不难看出，活性物质对光的吸收效率、激子的扩散效率以及载流子的输运效率是制约外量子效率因子，它们都与物质的电子结构相关。器件的内量子效率 $\eta_{IQE}$ 可通过器件的吸收光谱和外量子效率来表示：

$$\eta_{IQE} = \frac{\eta_{EQE}}{1-T-R} \tag{4.16}$$

式中，$T$ 和 $R$ 分别是透过率和折射率。$\eta_{IQE}$ 体现了光进入到器件后可转换为电的效率。

若入射光是波长为 $\lambda$ (单位为 nm)的单色光，则电池的外量子效率 $\eta_{EQE}$ 可进一步改写为

$$\eta_{EQE} = \frac{1240 J_{SC}}{\lambda P_{in}} \tag{4.17}$$

式中，$j_{SC}$ 是短路电流，单位为 $mA/cm^2$; $P_{in}$ 是辐照功率，单位为 $mW/cm^2$。

电池的功率转换效率($\eta_p$)定义为器件最大输出功率 $P_m$ 与辐照功率 $P_{in}$ 之比：

$$\eta_p = \frac{P_m}{P_{in}} = \frac{U_{OC} J_{SC} FF}{P_{in}} \tag{4.18}$$

式中，$j_{SC}$ 是在零电压时的电流密度，即短路电流密度；$U_{OC}$ 是在开路时的光电压; $FF$ 为填充因子，值为 $MAX(jU)/j_{SC}U_{OC}$。当入射光为 AM1.5 太阳光时辐照功率为 $P_{in} = 100\ mW/cm^2$。

## 4.6　有机光伏活性材料介绍

异质结界面处的光诱导电荷转移，是有机太阳能电池工作的主要机制。为了形成具有电荷分离作用的异质结，材料体系的选择非常重要。基本的要求是给体具有较强的给出电子能力，受体具有较强的接受电子能量，且

给体与受体的能级要匹配。本节主要总结有机太阳能电池材料的研究进展。

### 4.6.1　C60 及其衍生物

富勒烯(即 C60)是由 60 个碳原子组成的球状分子。一个 C60 分子，利用电化学方法，最多可以被 6 个电子还原[94]。源于球状共轭结构所产生的特殊能级结构，C60 具有非常好的光诱导电荷转移特性。即 C60 分子中单线态与三线态的能级相差很小($E_{ST}=0.15$ eV[95])，自旋轨道的耦合常数很大，电子由单线态到三线态的系间窜越(ISC)速率快($\tau_{ISC}=650$ ps[96–98])，同时 ISC 过程的效率也很高(96%[97])。因此，在给体和 C60 的界面，被 C60 接受的电子可以快速高效地由单线态转移到三线态，防止了电子再由 C60 分子回到给体的逆过程，从而提高了电荷转移效率(接近 100%[8])。图 4.24 为有机太阳能电池中一些 C60 及其衍生物的结构。

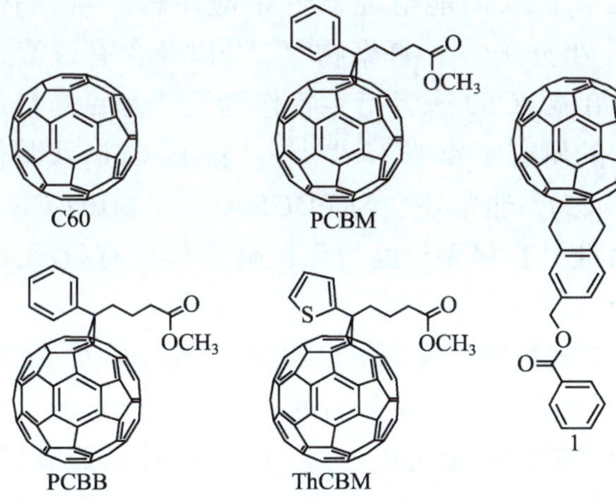


图 4.24　有机太阳能电池中一些 C60 及其衍生物的结构

当在 C60 球体中央再加入一个六角圆环，可形成 C70，形状与一个英式橄榄球类似。C70 与 C60 一样，都是很好的电子受体。它们既可以与小分子匹配(包括酞菁及其衍生物和噻吩寡聚物等)，也可以与共轭聚合物匹配(包括聚噻吩和聚对苯乙烯撑衍生物等)，形成电池的活性层。虽然 C60 较小的溶解性限制了它在以溶液方式加工的聚合物太阳能器件中的应用，但它在真空中能够稳定地蒸镀，可用来制备双层异质结器件。经过改良的 C60，PCBM ([6,6]-phenyl C61-butyric acid methyl ester) 具有较好的溶解性[99]，被广泛地应用于聚合物器件中。除 PCBM 外，图 4.24 中的材料 1 是见诸报道的另一种具有高溶解性的 C60 类化合物，基于该材料的器件 $\eta_p$ 高达 4.5%[100]。L. Zheng 等对 C60 进行了修饰，得到一系列包括 PCBM 在内的衍生物(PCBB 等)。以它们为受体，MEH-PPV 为给体，进行了太阳能电池的研究。结果显示，新材料的溶解性可随分子中烷基链长的增加而提高，其中 PCBB 具有比 PCBM 优越的光敏特性，得到的器件性能较好[101]。将 PCBM 中的苯基以噻吩基取代得到 ThCBM 材料，该材料具有与 PCBM 类似的电子输运特性，基于该材料的本体异质结太阳能电池器件 $\eta_p$ 可达 3.0%[102]。值得注意的是，材料 C60 及其衍生物在可见-近红外区的光吸收很小，以它们为受体材料设计器件时，应选取材料吸收性能较强的给体材料，或以其他的方法提高对太阳光的吸收。

### 4.6.2 噻吩类材料

噻吩类材料是有机太阳能电池器件中应用最广的给体材料，包括聚合物[27,36,75,103,104]、小分子[105]、寡聚物[106–108]以及含有过渡金属的聚合物[41]等。噻吩材料作为给体，C60 或者衍生物作为受体是目前最好的有机太阳能电池体系，有大量的研究工作[103,104,107,109]。除了 C60 及其衍生物，噻吩类材料作为给体(图 4.25)，通常还会与 PDCDA[106]、MEH-CN-PPV[17]、PV[110]等其他受体构成活性材料体系；也与无机材料构成有机/无机杂化活性材料体系[26,58,111–113]。

噻吩材料中的空间规整型材料 P3AT(图 4.25(a))是最受欢迎的给体材料，其中的聚 3-烷基噻吩(P3HT)是最著名的有机太阳能电池给体材料。空间规整型噻吩类材料最大的特点是可以通过“头尾”连接形成有序性薄膜，从而具有较高的迁移率。G. Li 等验证当活性层薄膜的生长速度很慢时，器件效率可较高($\eta_p = 4.4\%$)[54]。这是由于 P3HT 的链状结构，倾向于通过链之间的堆叠形成自组织的二维薄膜。生长速度慢时，自组织程度高，薄膜迁移率高。另外，热处理可以改善空间规整型噻吩类活性材料的薄膜形貌和增加结晶度等，使 $\eta_p$ 提高到 5%[104]和 6.1%[29]。溶剂对噻吩薄膜性能也有一定的影响[114,115]。当噻吩类材料由线性变为枝化结构时，膜的有序性降低导致导电性降低，所构成太阳能电池器件的效率大大降低[116]。

研究发现，菲基咪唑(phenanthrenylimidazole)基团取代的噻吩聚合物(如 P82 及 PHPIT，图 4.25(a))作为给体，与受体 PCBM 形成的体异质结器件，表现出很好的光伏特性，基于 P82 及 PHPIT 器件的功率转换分别是 2.8%[36]

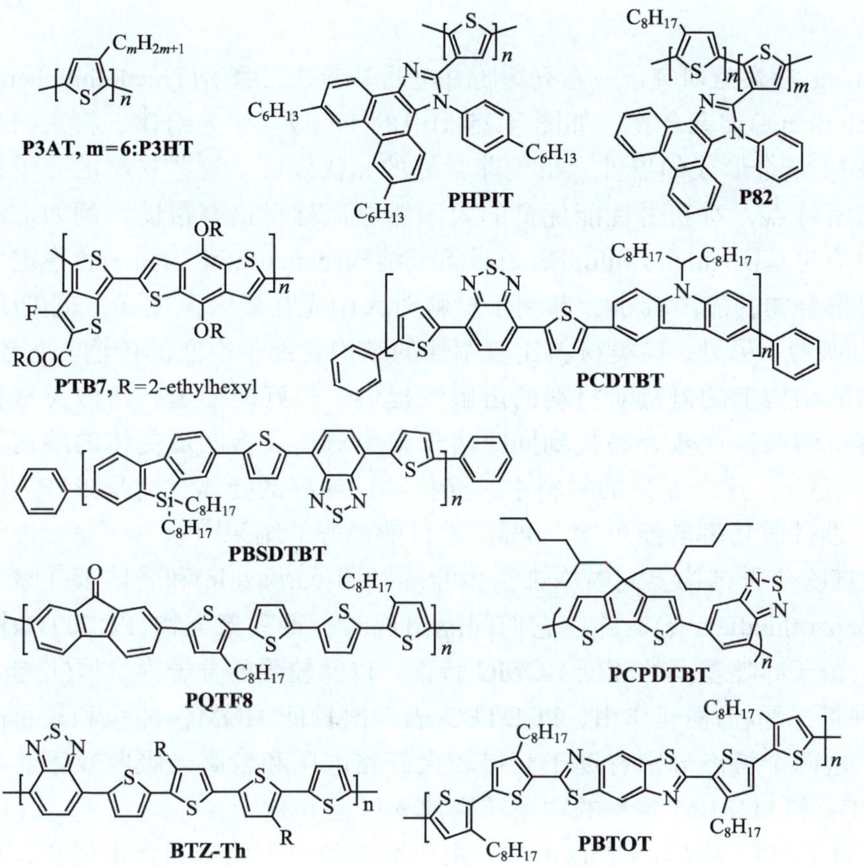


(a)

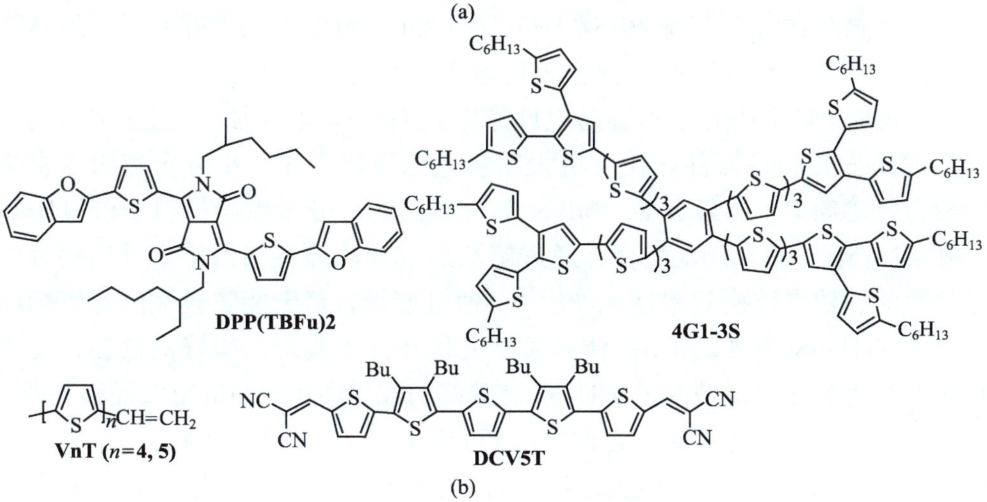


(b)

图 4.25　作为给体的噻吩类材料

(a) 聚合物噻吩；(b) 小分子噻吩

及 4.1%[117]。

Y. Liang 等最近研究了一系列噻吩并噻吩基苯并二噻吩(Thienothiophene-benzodithiophene)类聚合物，如图 4.25(a)中的 PTB7。作为给体，将它们与受体 PCBM 结合形成的器件，得到非常好的光伏效应。这些材料的分子结构，有很多特点，对获得性能优良的太阳能电池材料很有帮助。例如，由于噻吩并噻吩基团(thieno-thiophene)对类醌结构(benzodithiophene)的稳定作用，使得聚合物的能隙较小，有利于材料对太阳光在最大照度光谱范围(约 700 nm)的吸收。另外，该类材料比较刚性的结构有助于空穴的传输。而且，脂基及类醌结构上的侧链对材料的溶解性提供了很好的通道，使该类材料易溶于有机溶剂，比较容易找到同时溶于该类材料及富勒烯受体的溶剂。与 PCBM 配合，这个系列的材料中，光伏特性最好的受体材料是 PTB7(图 4.25(a))，器件的功率转换可达 7.4%，是目前最好的结果[30]。

当在噻吩分子结构上同时修饰给体咔唑基团(carbazole)和受体苯并噻二唑基团(benzothiadiazole)，并使它们间隔出现时，得到聚合物 PCDTBT(图 4.25(a))。由于咔唑基团的较低 HOMO 特性，以及较强的分子内给体(咔唑)-受体(苯并噻二恶唑)相互作用，PCDTBT 表现出较低 HOMO 能级和较小能隙特性，这两个特点分别有助于获得较大开路电压和较高光吸收效率。基于 PCDTBT 和 $PC_{71}BM$ 器件的功率转换效率可达 6%[118]。

在材料 PQTF8 中(图 4.25(a))[119]，由于芴酮的引入使吸收光谱展宽，从而提高了器件的 $\eta_p$。材料 PBSDTBT(图 4.25(a))由于引入了硅原子，虽然能隙较高，但基于该材料的器件仍表现出很好的光伏特性($\eta_p = 1.6\%$)[120]。

一般地，噻吩小分子不容易以旋涂方式制备薄膜，因此它们通常以高真空蒸镀的方式制备器件。在有机太阳能电池性能方面，小分子噻吩通常不如聚合物噻吩好。但最近 B. Walker 等合成出的小分子噻吩材料 DPP(TBFu)2(图 4.25(b))与 $PC_{71}BM$ 配合，通过旋涂形成的体异质结器件表现出很好的光伏性能，功率转换效率达 4.4%[121]。通过旋涂，基于能隙较大的四臂噻吩小分子 4G1-3S(图 4.25(b))的体异质结光伏器件也表现出很好的性能，功率转换效率达 1.3%。这是由于 4G1-3S 有很好的成膜性和较高的空穴迁移率[107]。

P. Liu 等的研究发现，含末端烯烃的噻吩小分子(图 4.25(b)，VnT)与苝衍生物 PTCDA 制备双层异质结器件时，表现出很高的开路电压(2.07 V)[106]。文中认为，由于 VnT 中烯烃中的α-氢原子与 PTCDA 的氧原子之间存在氢键，使给体和受体之间的电子转移作用增强并消除了亚导带陷阱。同时，

VnT/PTCDA 体系的有序性也得到增强。这些特性都有助于提高基于该材料器件的光伏性能。图 4.25(b)中的 DCV5T 材料，由于强吸电子基二氰基乙烯基(DCV)的引入，在分子内产生受体-给体-受体体系，使寡聚噻吩的能隙由原来的 2.5 eV 降到 1.77 eV，它与受体 C60 一起制作的双层异质结器件中 $\eta_{\mathrm{p}}$ 可达 3.4%。同时，由于 DCV 基团将材料的电离能增加到 5.6 eV(未被 DCV 取代的材料的电离能大约为 5.1 eV)，器件的开路电压也提高到 1 V[109]。

图 4.26 中的 DCV3T[108]，P3CN4HT[122]和 PBCN4HT[122]都是含有强吸电子基 CN 的噻吩材料。CN 的引入，一方面增加了材料的电子亲和能，一方面由于 LUMO 能级的降低而减小材料的能隙，使这些材料可以作为电子受体应用于太阳能电池器件，同时能隙的降低有利于太阳光谱的吸收。

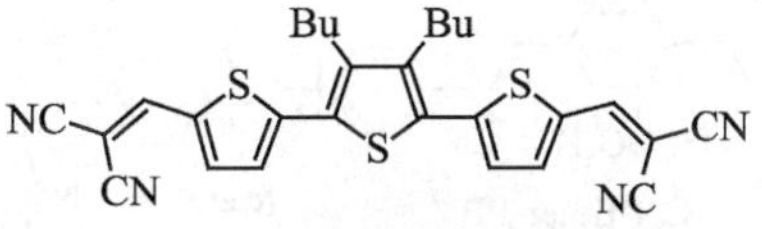


DCV3T

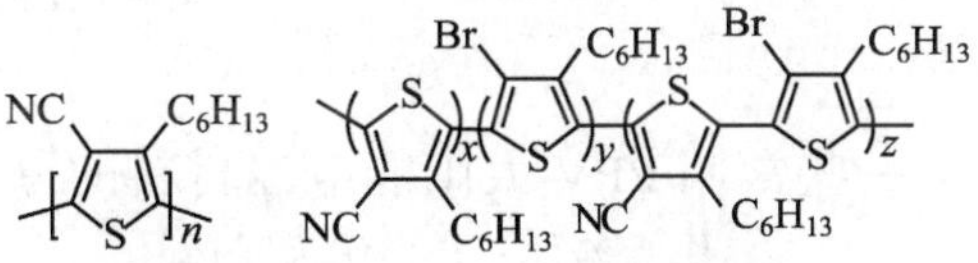


P3CN4HT　　PBCN4HT

图 4.26　作为受体的噻吩材料

### 4.6.3　PPV 及其衍生物

除了噻吩类材料，聚对苯乙烯撑(poly(phenylene vinylene)，PPV，图 4.27(a))及其衍生物也是一类研究较多的材料。通常地，基于 PPV 类材料的器件受制备温度、溶剂、给体与受体比例、溶液浓度、热处理等制备参数影响。一些常用的 PPV 太阳能电池材料的结构如图 4.27 所示。

PPV 类材料的一个缺点是有光氧化倾向。广为接受的机理认为光照产生激子后，单线态激子通过系间窜越跃迁至三线态，氧与 PPV 材料中三线态激子发生能量转移反应，产生单线态氧。单线态氧通过闭环加成反应氧化 PPV 材料中乙烯基团的双键，破坏了 PPV 的骨架，导致 PPV 材料半导体性能的降低以及对可见光吸收的减弱。同时，深能级陷阱也会伴随产生，进一步降低了材料的载流子输运能力[123]。当 PPV 材料混入 C60 及其衍生物时，PPV 材料中单线态激子可以在跃迁到三线态之前被解离。因此 C60 及其衍生物可减少 PPV 材料的光氧化过程。

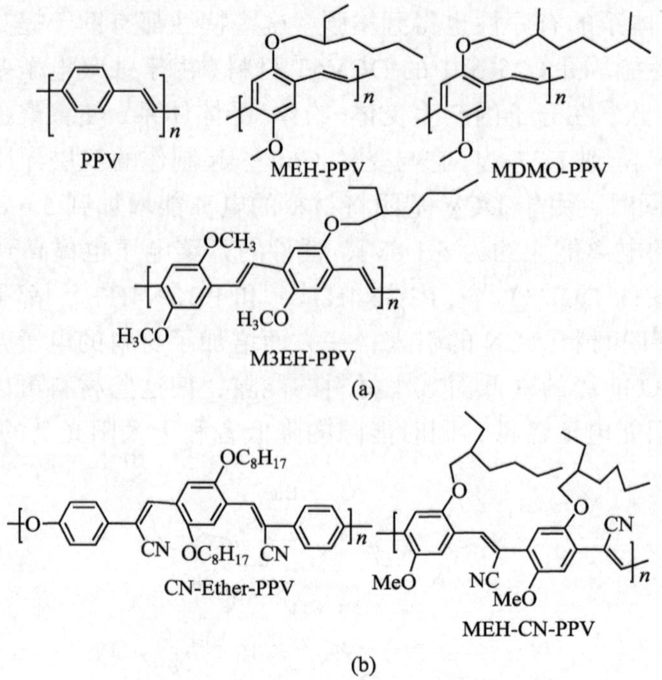


图 4.27　一些常用 PPV 太阳能电池材料的分子结构

(a) 作为给体；(b) 作为受体

PPV 类材料通常作为太阳能电池中的给体，目前性能最好的基于 PPV 材料的电池是图 4.27(a)中的 MEH-PPV[124]或 MDMO-PPV[19]与受体 PCBM 构筑的本体异质结器件，$\eta_p$ 约为 2.5%。与噻吩类材料类似，当分子中引入强吸电子基团 CN 时，PPV 类材料也可作为器件中的受体，如图 4.27(b)中的 MEH-CN-PPV[17]。给体 PPV 材料(M3EH-PPV)与受体 PPV 材料(CN-Ether-PPV)可构成性能较好的太阳能电池器件，但是两者之间形成的基激缔合物削弱了器件性能[125]。

### 4.6.4　芳香胺类材料

芳香胺类化合物是典型的空穴传输材料，在有机太阳能电池结构中通常作为给体[110,126]。M. Matsumura 等报道的非晶态 TPD(图 4.28)等与 C60 构成的双层异质结器件工作中，经过高温处理器件效率可增加到原来的 3 倍[127]。Nelson 等以聚芴基苯胺(TFMO，图 4.28)作为研究对象之一，探讨了基于 PCBM 器件中激子的解离机制[128]。结果显示，由于 TFMO 的解离能较小

(5.2 eV)，因此与 PCBM 混合时形成的电荷转移态能级在 PCBM 的第一激发态的下面，有利于自由电荷的生成，于是产生的光电流比基于另外两个材料(解离能较大，5.8 和 5.9 eV)的器件大一个数量级。最近报道的含有强吸电子基团的一级苯胺(TCVA，图 4.28)与硅组成的有机/无机杂化器件表现出卓越的效率[129]。由噻吩基与三级苯胺基构成的小分子材料(如图 4.28 中的 TPA-Th-CN)也表现出较好的器件效率[126]。

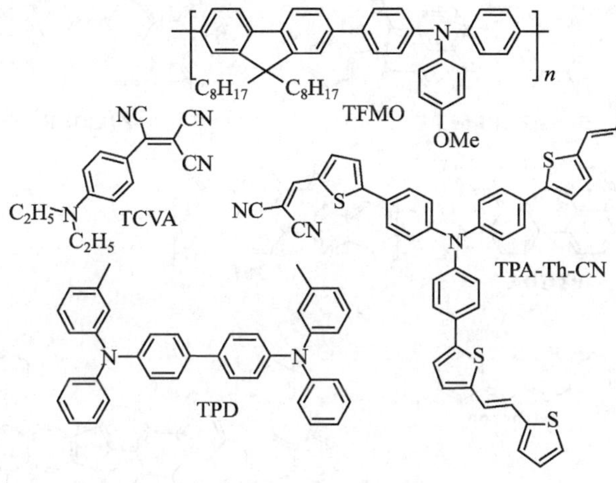


图 4.28　芳香胺类太阳能电池材料

### 4.6.5　稠环芳香化合物

稠环芳香化合物由于具有大环共轭平面结构，有活跃的 π 电子体系，半导体特性较强且易形成有序薄膜。一些具有稠环芳香结构材料(包括受体[7,15,131−133]和给体[106,134,135])的结构示于图 4.29。

苝基四羰二亚酰胺(PTCDI-R)和苝基四羧酸酐(PTCDA)是最具代表性的基于稠环芳烃的 n 型半导体材料，在太阳能电池中可以作为受体。本书在场效应晶体管一章对这两类材料有所介绍，读者可以参考。但 PTCDI-R 中由于亚酰胺氮原子上的 R 取代基在空间上的延展，破坏了大环分子之间的平行堆积，不利于电子输运。因此，将 PTCDI-R 中非平面 R 基团固定在大分子的平面内，得到纯粹平面型分子 PTCBI(或称 PV，图 4.29(a))，可使材料的导电性大大提高。双层异质结的概念就是基于稠环芳香材料 PTCBI 和酞菁铜(CuPC)的器件而提出的[7]。当时(1986 年)在 AM1.5 光照下的 $\eta_p$ 为 0.9%。自此，CuPc 与 PV 体系的太阳能器件的研究得到广泛报道[23,68,71,130]。

利用有机气相沉积方法，制备的可控生长的 CuPc/PV 体异质结器件，$\eta_{\mathrm{p}}$ 可提高到 2.7%[68]。

材料 PTCDA(图 4.29)[106]在 400~700 nm 范围内有吸收，LUMO 能级为 4.66 eV，可作为太阳能电池器件的受体材料；梯形 BBL[133]作为受体与 PPV 构成的双层异质结器件由于能级匹配，吸收光谱互补，可得到较好的器件性能($\eta_{\mathrm{p}}$ = 1.4%)。

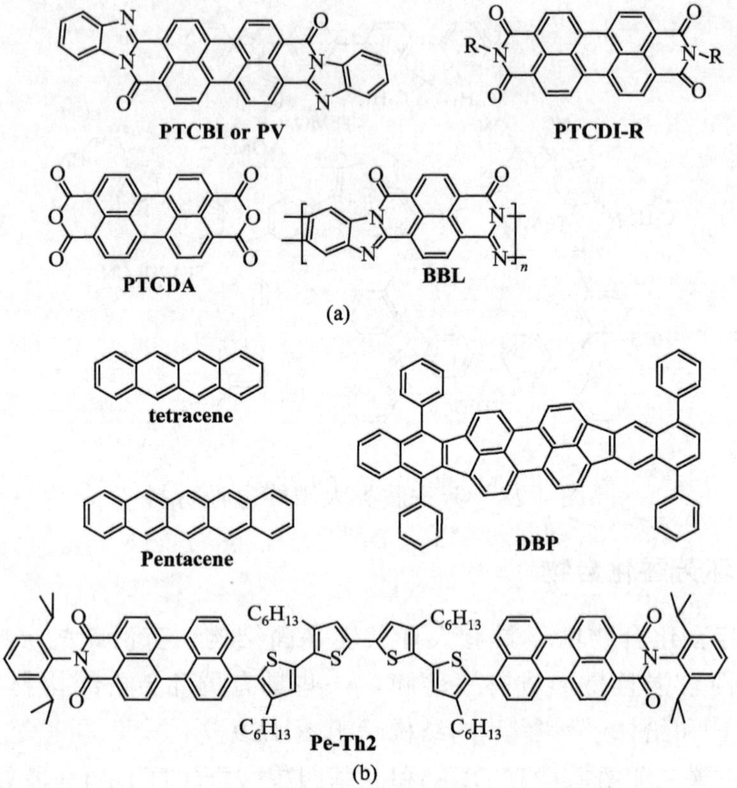


图 4.29　具有稠环芳香结构的有机太阳能电池材料

(a) 受体；(b) 给体

研究发现，纯粹稠环芳香化合物在用作有机太阳能电池给体材料方面，有一定的优势。如图 4.29(b)所示，给体材料 tetracene[134]与受体 C60 组成的双层异质结器件经过热处理后，由于 tetracene 的部分结晶，使 $\eta_{\mathrm{p}}$ 达 2.2%；给体材料 pentacene 与受体 C60 组成的双层异质结器件 $\eta_{\mathrm{p}}$ 为 1.6%[132]；稠环芳香化合物 DBP(分子结构见图 4.29(b))是很好的红色电致发光材料，详细情况见 5.5.2 节。最近的研究表明，DBP 作为给体，与受体 C60 结合形成的平面异质结器件表现出很出色的光伏特性，功率转换效率可以高达 3.6%[136]。

材料 Pe-Th2(图 4.29(b))是具有受体–给体–受体三元功能团的化合物，它具有较低的能隙。Pe-Th2 作为给体与 PCBM 组成的本体异质结器件效率为 0.2%[135]。

### 4.6.6　酞菁染料及卟啉金属配合物

金属酞菁染料(MPc，分子结构如图 4.30(a)，M 代表金属)是平面型分子，包含 4 个异吲哚(isoindole)单元，有 18 个离域电子。一般地，MPc 材料在 700 nm 附近有很强的吸收，与太阳光谱的最大峰位匹配，而且具有 p 型半导体性质，表现出丰富的氧化还原特性，热稳定性好，因此比较适合作为太阳能电池中的给体。较常用于电池材料的有 Cu[137]、Zn[138]、Sn[139]等。基于 CuPc/C60 器件的 $\eta_p$ 可达 4.2%[14]。将以上的器件的每一层都进行掺杂，$\eta_p$ 可提高至 5.58%[44]。

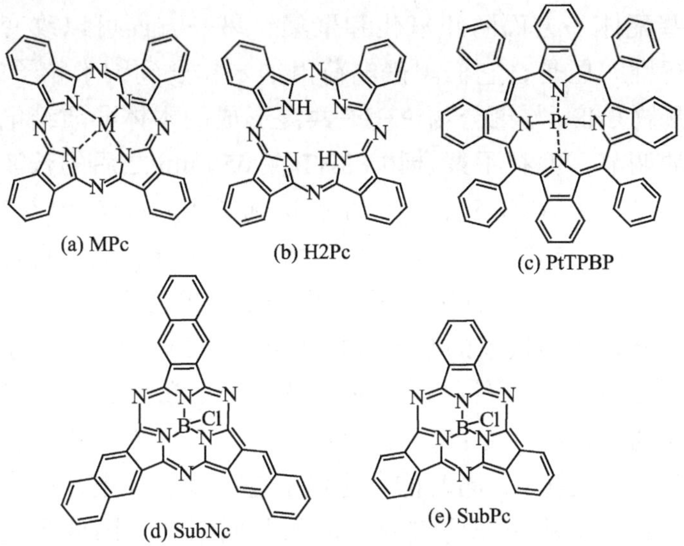


图 4.30　酞菁类太阳能电池材料

图 4.30(b)是不含金属的酞菁染料 H2Pc，基于掺杂 H2Pc 材料的双层异质结器件的 $\eta_p$ 可达 2.5%[140]。卟啉金属配合物，如图 4.30(c)所示的 PtTPBP，也可以作为有机太阳能电池器件中的给体材料。PtTPBP 作为给体，C60 作为受体，通过真空蒸镀制备的平面异质结器件的功率转换效率为 1.9%[141]。

图 4.30(d)和图 4.30(e)所示的 SubNc[142]和 SubPc[143]具有亚酞菁结构特征，即拥有含 14 个π电子的芳香大环结构。由于中心 B(III)的价电子为四面体现状，因此它与中心大环不在一个平面上。与 C60 结合，SubPc 作为给体可表现出很好的光伏特性[143]。通过全氟化修饰的 SubPc 也可以作为太阳能电池材料中的受体使用，基于该材料的器件功率转换效率可达 0.96%，开路电压也较高，为 0.94V[144]。

### 4.6.7　无机纳米材料

无机纳米半导体材料具有优异光电特性，如迁移率高、光导性质强、能隙可根据颗粒尺寸调节、材料吸收较强等，通常被应用于有机/无机杂化太阳能电池器件，作为电子受体[58,112,113]。

无机纳米颗粒在足够小尺寸时，表现出量子特性。但是，尺寸较小的无机纳米材料，由于表面张力很高而不够稳定，倾向于通过“ostwald ripening”[131]过程而变为较大的粒子。因此，无机纳米粒子的表面通常以有机配体作为屏蔽。这些配体一方面防止氧化和聚集，另一方面可以改变粒子在有机溶剂中的溶解性。但是，它们阻碍电荷由纳米粒子到纳米粒子的输运。

将纳米颗粒 CdSe 与聚合物 P3HT 共混形成的本体异质结电池，通过纳米粒子尺寸的调节，弥补了聚合物 P3HT 在 650 nm 之后的长波范围内对太阳光吸收的不足，使 AM1.5 光照下的 $\eta_p$ 达到了 1.7%，$I_{sc}$ 为 5.7 mA/cm$^2$[26]。研究发现利用CdSe与共聚物制备的纳米复合体系分散性好且存在光诱导电荷分离现象[145]，被认为在有机/无机杂化太阳能电池中有一定的潜力。

2007 年 Darwish 等报道的基于有机小分子 TCVA(分子结构见图 4.28)和硅半导体的双层异质结器件(Au/TCVA/p-Si/Al)，在没有任何修饰及掺杂的情况下，可得到很好的性能：$\eta_p = 3.1\%$，$I_{sc} = 9.15$ mA/cm$^2$[129]。他们认为在光照下，TCVA 产生激子，同时硅产生电子空穴对。光电流的产生是有机物中激子的解离以及硅中电子空穴对分离的共同结果，因此光照下可产生大量的光生载流子。另据报道，溴掺杂的并五苯单晶与无机半导体 ZnO 组成的 $\eta_p$ 可高达 4.5%[146]。

### 4.6.8　碳纳米管及石墨烯

碳纳米管(CNTs)具有独特的电学和力学性能，化学性质稳定，能级结构与导电聚合物的能级可以较好地匹配，使得高度离域的 CNTs 共轭电子体系

与相对定域的有机 π 共轭体系，有相互作用的可能性。CNTs 中的多壁碳纳米管(MWNTs)具有金属性，功函数在 4.5~5.1 eV[112]，与聚合物的 HOMO 相匹配，有利于空穴的引出；而单壁碳纳米管(SWNTs)中部分具有金属特性，部分具有半导体特性[147]。具有半导体特性的 SWNTs，功函数在 3.4~4.0 eV[112]，与聚合物的 LUMO 相匹配，有利于电子的引出，是有效的电子受体[148]。

在有机太阳能电池中将 CNTs 作为添加剂引入，可提高器件性能。一方面由于有机物与 CNTs 界面形成的内建电场有利于激子的解离，另一方面 CNTs 高迁移率的特性，可提高传输特性，抑制载流子复合。另外，CNTs 的加入，在不干扰聚合物结构的同时，可增加聚合物薄膜的平整性，提高载流子迁移率，有利于电荷的引出[147]。例如，在 P3HT/PCBM 混合物中加入适量 CNTs，由于薄膜平整度的增加，器件效率提高至 2.0%[147]；将双壁 CNTs 与 P3HT 混合，再与 n-Si 一起制备的有机/无机杂化器件，功率转换效率可达 0.49%[149]。

虽然 CNTs 有许多太阳能电池材料需要的优良特性，可以作为活性层中的添加剂使器件性能提高，但 CNTs 单独作为受体材料的器件，性能并不理想，功率转换效率不超过 0.5%[150,151]。这里有许多限制因素，例如，CNTs 的纯度不够、溶解性不好、分散尺度不均一，以及金属特性与半导体特性的 CNTs 相互混杂等。

近年来，平面型共轭碳原子单分子层形成的石墨烯成为有机电子材料研究的热点。石墨烯有一系列奇特电学性质，具体请参见 2.5.10 节。研究发现，石墨烯作为受体与给体 P3HT 共混形成的体异质结器件，其功率转换效率可达 1.1%[152]。

### 4.6.9　同质双极 D-A 结材料

D-A 结材料具有双极性质，也就是说它们既有给体特性又有受体特性，可提供激子在分子内解离的途径。该种材料的光伏器件，由于可以避免本体异质结器件中的相分离和分子聚集，并且有潜力制备分子水平上的“双轴”太阳能器件，因而成为目前研究的一个热点。借鉴无机半导体概念，给体 D 或受体 A 通常具有 p 型或 n 型半导体特性，因此在有机半导体中，D 或者 A 通常也称作 p 型或 n 型有机半导体。在这方面，我们提出的 pn 共嵌概念对控制分子 D-A 材料的 HOMO 和 LUMO 能级、调节给体和受体之间的界面以及关联材料的膜形态与器件性能有很重要的指导作用[153−155]。图

4.31 是一些用于太阳能电池的 D-A 材料结构[69,156,157]。这些材料的分子结构内含有给体–受体共嵌结构，分别为 PPV-C60、thiophene-C60、thiophene-PTCDI，hexabenzocoronene-trinitrofluorenone。

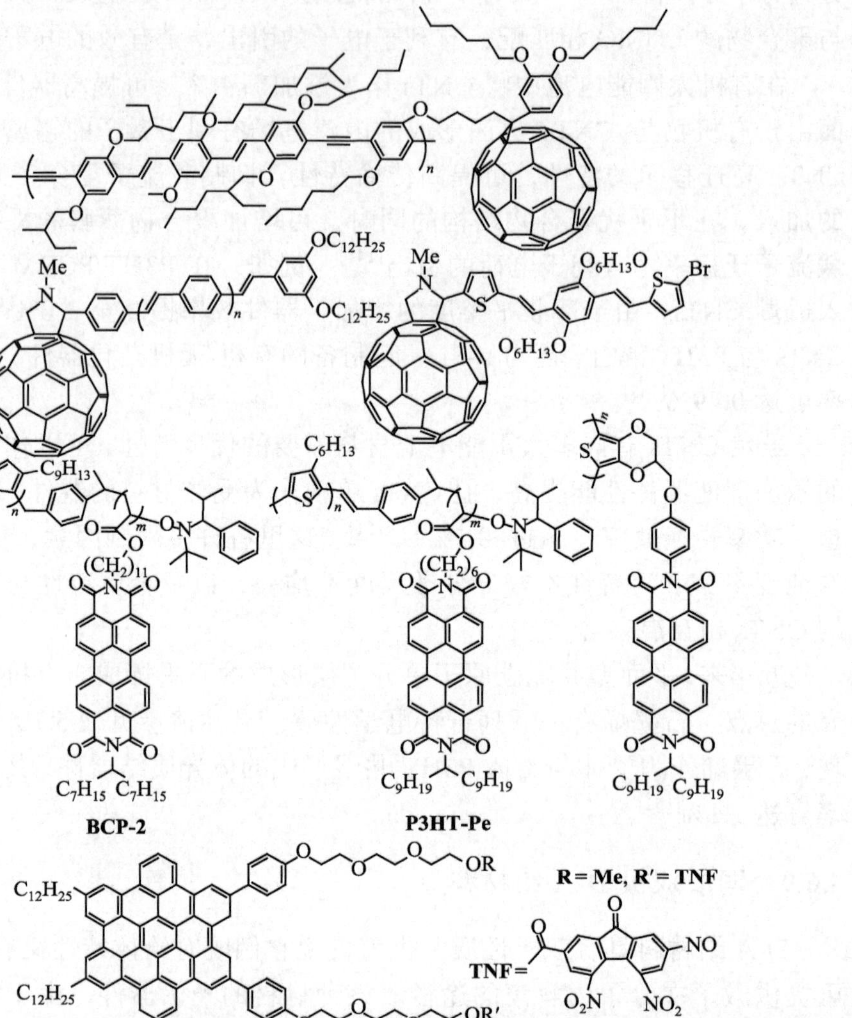


图 4.31　一些用于太阳能电池的 D-A 材料结构

虽然在近十年的研究中，具有 D-A 结材料合成数以万计，但是目前基于单活性组分的 D-A 结太阳能电池器件的研究尚处于起步阶段[156]。这些器件的性能还远远低于由给体材料和受体材料共同构筑的器件[69,156,158]。图

4.31 中的 BCP-2 和 P3HT-Pe 是具有较好光伏特性的 D-A 材料，基于 D-A 分子异质结，器件的功率转换效率分别为 0.2%[159]和 0.49%[160]。2006 年 Science 上报道的一个关于 D-A 结材料构筑的 D-A 同轴纳米管结构，表现出光电流特性，为该类材料的电池器件的制备提供了思路[157]。

## 4.7　目前研究状况及展望

随着有机太阳能电池理论研究的深入、器件结构的日益创新以及新型活性材料的不断涌现，器件性能指标也不断提高。表 4.2~表 4.6 给出了目前基于各类有机功能材料的太阳能电池性能研究状况。

**表 4.2　基于噻吩材料的有机太阳能电池器件**

| 活性材料 | | 器件性能 | | | | | | | |
|---|---|---|---|---|---|---|---|---|---|
| 给体 | 受体 | 器件结构 | 辐照光源 | 开路电压/V | 短路电流/(mA/cm²) | 填充因子/% | 功率效率/% | 最大量子效率 | 文献 |
| P82 | PCBM | 本体异质结 | AM1.5 | 0.69 | 14.2 | 31.1 | 2.8 | 69%, 480 nm | [36] |
| P3HT | PCBM | 本体异质结(热处理) | AM1.5 | 0.63 | 9.5 | 68 | 5 | NA[a)] | [104] |
| P3HT | PCBM | 本体异质结(光隔离层) | AM1.5 | 0.61 | 11.1 | 66 | 5 | 84%, 500 nm | [17] |
| DCV5T | C60 | 双层异质结 | AM1.5 | 0.98 | 10.6 | 49 | 3.4 | 48%, 570 nm | [109] |
| 4G1-3S | PCBM | 本体异质结 | AM1.5 | 0.94 | 3.35 | 40 | 1.3 | 35%, 405 nm | [107] |
| 含铂的噻吩聚合物 | PCBM | 本体异质结 | AM1.5 | 0.88 | 6.5 | 44 | 2.5 | 59%, 450 nm | [41] |
| V5T | PTCDA | 双层异质结 | AM1.5 | 1.87 | 1.92 | 58.2 | 2.67 | NA | [106] |
| P3HT | CdSe | 有机/无机杂化(共混) | AM1.5 | 0.7 | 5.7 | 40 | 1.7 | NA | [26] |
| P3HT | $Zn_xMg_{1-x}O$ | 有机/无机杂化(双层) | AM1.5 | 0.7 | 1.27 | 55.6 | 0.47 | NA | [111] |
| P3HT+多孔 DCNTs | n 型 Si | 双层有机/无机杂化 | AM1.5 | 0.446 | 0.3398 | 17 | 0.026 | NA | [112] |
| P3HT | α-Si | 双层有机/无机杂化 | AM1.5 | 0.56 | 0.47 | 59 | 0.16 | NA | [113] |

续表

| 活性材料 | | 器件结构 | 辐照光源 | 器件性能 | | | | | 文献 |
|---|---|---|---|---|---|---|---|---|---|
| 给体 | 受体 | | | 开路电压/V | 短路电流/(mA/cm$^2$) | 填充因子/% | 功率效率/% | 最大量子效率 | |
| P3OT+多孔 DCNTs | n 型 Si | 双层有机/无机杂化 | AM1.5 | 0.53 | 5.9 | 15 | 0.49 | NA | [149] |
| B3HT | PCBM | 本体异质结附有缓冲层 | AM1.5 | 0.59 | 14.7 | 60.1 | 5.2 | NA | [76] |
| PCPDTBT | PC71BM | 本体异质结 | AM1.5 | 0.7 | 11 | 47 | 3.2 | 38% | [103] |
| PCPDTBT P3HT | PCBM PC70BM | 叠层本体异质结 | AM1.5 | 1.24 | 7.8 | 67 | 6.5 | 60%, 500 nm | [75] |

a) NA 表示数据没有提供。

**表 4.3　基于 PPV 材料的有机太阳能电池器件性能**

| 活性材料 | | 器件结构 | 辐照光源 | 器件性能 | | | | | 文献 |
|---|---|---|---|---|---|---|---|---|---|
| 给体 | 受体 | | | 开路电压/V | 短路电流/(mA/cm$^2$) | 填充因子/% | 功率效率/% | 最大量子效率 | |
| MEH-PPV | PCBM | 本体异质结附有缓冲层 | AM1.5 | 0.87 | 5.73 | 51 | 2.52 | 44%, 510 nm | [124] |
| MDMO-PPV | PCBM | 本体异质结 | AM1.5 | 0.82 | 5.25 | 61 | 2.5 | 50%, 460~480 nm | [19] |
| POPT | MEH-CN-PPV | 双层异质结 | AM1.5 | NA[a)] | NA | NA | 1.9 | 29%, 约 500 nm | [17] |

a) NA 表示数据没有提供。

**表 4.4　基于芳香胺类材料的有机太阳能电池器件**

| 活性材料 | | 器件结构 | 辐照光源 | 器件性能 | | | | | 文献 |
|---|---|---|---|---|---|---|---|---|---|
| 给体 | 受体 | | | 开路电压/V | 短路电流/(mA/cm$^2$) | 填充因子/% | 功率效率/% | 最大量子效率 | |
| TCVA | P-Si | 双层有机/无机杂化 | AM1.5 | 0.70 | 9.15 | 38.8 | 3.1 | NA[a)] | [129] |
| TPD | C60 | 双层异质结热处理 | AM1.5 | 0.67 | 3.04 | 53 | 1.08 | 33%, 450 nm | [127] |
| TPA-Th-CN | C60 | 双层异质结 | AM1.5 | 0.89 | 3.65 | 36 | 1.17 | 28%, 400 nm | [126] |

a) NA 表示数据没有提供。

**表 4.5　基于稠环芳香材料的有机太阳能电池器件**

| 活性材料 | | 器件结构 | 辐照光源 | 器件性能 | | | | | 文献 |
|---|---|---|---|---|---|---|---|---|---|
| 给体 | 受体 | | | 开路电压/V | 短路电流/(mA/cm$^2$) | 填充因子/% | 功率效率/% | 最大量子效率 | |
| CuPc | PV | 双层异质结(CW Tang, 1986) | AM1.5 | 0.45 | 2.3 | 65 | 0.95 | 15%, 620 nm | [7] |
| CuPc | PV | 可控生长双层体异质结 | AM1.5 | 0.49 | 11 | 58 | 2.7 | NA[a)] | [68] |
| Pentacene | C60 | 双层体异质结 | AM1.5 | 0.3 | 8.8 | 48 | 1.6 | 约 26%, 450~650 nm | [132] |
| SX[b)] Pentacene $Br_2$ doped | ZnO | 双层体异质结 | AM1.5 | 0.9 | 7.7 | 65 | 4.5 | NA | [146] |
| TF[c)] Pentacene $Br_2$ doped | ZnO | 双层体异质结 | AM1.5 | 0.83 | 5.0 | 51 | 2.2 | NA | [146] |
| PT-Th2 | PCMB | 本体异质结 | AM1.5 | 0.68 | 0.7 | 31 | 0.2 | NA | [135] |
| Tetracene | C60 | 本体异质结(热处理) | AM1.5 | 0.67 | 6.85 | 61 | 2.2 | NA | [134] |

a) NA 表示数据没有提供；b) SX 为单晶；c) TF 为薄膜。

**表 4.6　基于酞菁材料的有机太阳能电池器件**

| 活性材料 | | 器件结构 | 辐照光源 | 器件性能 | | | | | 文献 |
|---|---|---|---|---|---|---|---|---|---|
| 给体 | 受体 | | | 开路电压/V | 短路电流/(mA/cm$^2$) | 填充因子/% | 功率效率/% | 最大量子效率 | |
| CuPC: 50%Rubrene | C60:50% Rurene | 双层异质结 | AM1.5 | 0.58 | 30.1 | 32 | 5.58 | NA[a)] | [44] |
| CuPc:4%pentacence/C60 | C60 | 双层异质结 | AM1.5 | 0.52 | 12.9 | 46 | 3.06 | NA | [137] |
| C60 doped H2PC | NTCDA | 双层异质结 | AM1.5 | 0.42 | 9.9 | 52 | 2.5 | NA | [140] |
| SubPC | C60 | 双层异质结 | AM1.5 | 0.92 | 5.42 | 60.7 | 3.0 | 46%, 590 nm | [143] |

a) NA 表示数据没有提供。

虽然有机太阳能电池的功能转换效率已经达到了 5%~7%，应用前景已经初见曙光。但是，与成熟的无机太阳能电池相比，有机太阳能电池无论从性能、机理还是稳定性等许多方面都尚处于初级阶段。因此，进一步地借鉴无机太阳能电池的成熟技术及研究思路将会对有机太阳能电池的研究起推动作用；机理的深入研究，可指导功能材料的合成、促进新型器件结构的发展；结合有机材料、无机材料、纳米材料的不同优点，有机/无机杂化器件以及引入纳米材料的研究将会继续维持该领域的热点；利用分子D-A结材料制作性能优良的单层有机太阳能电池，对该类材料以及器件的制备工艺都将是一大挑战；随着器件性能日益提高，稳定性研究也将提到日程上来。

## 参 考 文 献


[1] Grätzel M. Nature, 2001, 414: 338
[2] Chapin D M, Fuller C S, Pearson G L. J Appl Phys, 1954, 25: 676
[3] Prince M B. J Appl Phys, 1955, 26: 534
[4] Ed. by Sun S-S, Sariciftci N S. Organic Photovoltaics: Mechanisms, Materials, and Devices, USA: CRC Press, 2005
[5] O'Regan B, Grätzel M. Nature, 1991, 353: 737
[6] Kallmann H, Pope M. J Chem Phys, 1959, 30: 585
[7] Tang C W. Appl Phys Lett, 1986, 48: 183
[8] Sariciftci N S, Smilowitz L, Heeger A J, et al. Science, 1992, 258: 1474
[9] Sariciftci N S, Braun D, Zhang C, et al. Appl Phys Lett, 1993, 62: 585
[10] Morita S, Zakhidov A A, Yoshino K. Solid State Commun, 1992, 82: 249
[11] Gevaent M, Kamat P V. J Phys Chem, 1992, 96: 9883
[12] Lee K, Janssen R A J, Sariciftci N S, et al. Phys Rev B, 1994, 49: 5781
[13] Yu G, Gao J, Hummelen J C, Wudl F, et al. Science, 1995, 270: 1789
[14] Xue J, Uchida S, Rand B P, et al. Appl Phys Lett, 2004, 84: 3013
[15] Peumans P, Bulović V, Forrest S R. Appl Phys Lett, 2000, 76: 2650
[16] Gregg B A, Chem Phys Lett, 1996, 258: 376
[17] Granstrom M, Petritsch K, Arias A C, et al. Nature, 1998, 395: 257
[18] Brabec C J, Sariciftci N S, Hummelen J C. Adv Funct Mater, 2001, 11: 15
[19] Shaheen S E, Brabec C J, Sariciftci N S, et al. Appl Phys Lett, 2001, 78: 841
[20] Svensson M, Zhang F, Veenstra S C, et al. Adv Mater, 2003, 15: 988
[21] Wienk M M, Kroon J M, Verhees W J H, et al. Angew Chem, 2003, 42: 3371
[22] Halls J J M, Walsh C A, Greenham N C, et al. Nature, 1995, 376: 498
[23] Peumans P, Uchida S, Forrest S R. Nature, 2003, 425: 158
[24] Maennig B, Drechsel J, Gebeyehu D, et al. Appl Phys A, 2004, 79: 1
[25] Krüger J, Plass R, Cevey L, et al. Appl Phys Lett, 2001, 79: 2085
[26] Huynh W U, Dittmer J J, Alivisatos A P. Science, 2002, 295: 2425
[27] Kim J Y, Kim S H, Lee K, et al. Adv Mater, 2006, 18: 572
[28] Reyes-Reyes M, Kim K, Carrooll D L. Appl Phys Lett, 2005, 87: 083506

[29] Kim K, Liu J, Namboothiry M A G, et al. Appl Phys Lett, 2007, 90: 163511
[30] Liang Y, Xu Z, Xia J, et al. Adv Mater, 2010, 22: E135
[31] Koster L J A, Mihailetchi V D, Blom P W M. Appl Phys Lett, 2006, 88: 093511
[32] Rand B P, Burk D P, Forrest S R. Phys Rev B, 2007, 75: 115327
[33] Persson N-K, Schubertb M, Inganäs O. Sol Energy Mater Sol Cells, 2004, 83: 169
[34] Barth S, Bässler H. Phys Rev Lett, 1997, 79: 4445
[35] Marks R N, Halls J J M, Bradley D D C, et al. J Phys: Condens Matter, 1994, 6: 1379
[36] Chang Y-T, Hsu S-L, Su M-H, et al. Adv Funct Mater, 2007, 17: 3326
[37] Bundgaard E, Krebs F C. Sol Energy Mater Sol Cells, 2007, 91: 1019
[38] Belcher W J, Wagner K I, Dastoor P C. Sol Energy Mater Sol Cells, 2007, 91: 447
[39] Roncali J. Macromol Rapid Commun, 2007, 28: 1761
[40] Zhou Q, Hou Q, Zheng L, et al. Appl Phys Lett, 2004, 84: 1653
[41] Wong W-Y, Wang X-Z, He Z, et al. J Am Chem Soc, 2007, 129: 14372
[42] Zhou Y, Peng P, Han L, et al. Synth Met, 2007, 157: 502
[43] Koeppe R, Sariciftci N S, Büchtemann A. Appl Phys Lett, 2007, 90: 181126
[44] Chan M Y, Lai S L, Fung M K, et al. Appl Phys Lett, 2007, 90: 023504
[45] Wong H L, Mak C S K, Chan W K, et al. Appl Phys Lett, 2007, 90: 081107
[46] Gulbinas V, Zaushitsyn Y, Sundström V, et al. Phys Rev Lett, 2002, 89: 107401
[47] Scheidler M, Lemmer U, Kersting R, et al. Phys Rev B, 1996, 54: 5536
[48] Nogueira A F, Montanari I, Nelson J, et al. J Phys Chem B, 2003, 107: 1567
[49] Peumans P, Forrest S. Chem Phys Lett, 2009, 398: 27
[50] Arkhipov V I, Heremans P, Bässler H. Appl Phys Lett, 2003, 82: 4605
[51] Morteani A, Friend R, Silva C. Chem Phys Lett, 2009, 391: 81
[52] Morteani A C, Sreearunothai P, Herz L M, et al. Phys Rev Lett, 2004, 92: 247402
[53] Morteani A C, Friend R H, Silva C. J Chem Phys, 2005, 122: 244906
[54] Li G, Shrotriya V, Huang J, et al. Nat Mater, 2005, 4: 864
[55] Chen L-M, Hong Z, Li G, et al. Adv Mater, 2009, 21: 1434
[56] Moulé A J, Meerholz K. Adv Funct Mater, 2009, 19: 3028
[57] Cai W, Gong X, Cao Y. Sol Energy Mater Sol Cells, 2010, 94: 114
[58] Somani P R, Somani S P, Flahaut E, et al. Nanotechnology, 2007, 18: 185708
[59] Kim K, Carroll D L. Appl Phys Lett, 2005, 87: 203113
[60] Brabec C J, Cravino A, Meissner D, et al. Adv Funct Mater, 2001, 11: 374
[61] Mihailetchi V D, Blom P W M ,Hummelen J C, et al. J Appl Phys, 2003, 94: 6849
[62] Blom P W M, Mihailetchi V D, Koster L J A, et al. Adv Mater, 2007, 19: 1551
[63] Wöhrle D, Meissner D. Adv Matter, 1991, 3: 129
[64] Tang C W, Albrecht A C. J Chem Phys, 1975, 62: 2139
[65] Peumans P, Yakimov A, Forrest S R. J Appl Phys, 2003, 93: 3693
[66] Hoppe H, Sariciftci N S. J Mater Res, 2004, 19: 1924
[67] Brabec C J, Zerza G, Cerullo G, et al. Chem Phys Lett, 2001, 340: 232
[68] Yang F, Shtein M, Forrest S R. Nat Mater, 2005, 4: 37

[69] Cravino A. Polym Int, 2007, 56: 943
[70] Martini I B, Ma B, Ros T D, et al. Chem Phys Lett, 2000, 327: 253
[71] Eckert J-F, Nicoud J-F, Nierengarten J-F, et al. J Am Chem Soc, 2000, 122: 7467
[72] Peeters E, van Hal P A, Knol J, et al. J Phys Chem B, 2000, 104: 10174
[73] Cravino A, Sariciftci N S. Nat Mater, 2003, 2: 360
[74] Wanlass M W, Emery K A, Gessert T A, et al. Sol Cells, 1989, 27: 191
[75] Kim J Y, Lee K, Coates N E, et al. Science, 2007, 317: 222
[76] Ko C-J, Lin Y-K, Chen F-C, et al. Appl Phys Lett, 2007, 90: 063509
[77] Wu H R, Song Q L, Wang M L, et al. Thin Solid Films, 2007, 515: 8050
[78] Rand B P, Li J, Xue J, et al. Adv Mater, 2005, 17: 2714
[79] Wu C C, Wu C I, Sturm J C, et al. Appl Phys Lett, 1997, 70: 1348
[80] Sugiyama K, Ishii H, Ouchi Y, et al. J Appl Phys, 2000, 87: 295
[81] Kim J S, Park J H, Lee J H,et al. Appl Phys Lett, 2007, 91: 112111
[82] Shrotriya V, Li G, Yao Y, et al. Appl Phys Lett, 2006, 88: 073508
[83] Tong S W, Zhang C F, Jiang C Y, et al. Chem Phys Lett, 2008, 453: 73
[84] Kouskoussa B, Morsli M, Benchouk K, et al. Phys Status Solidi A, 2009, 206: 311
[85] Ahlswede E, Hanisch J, Powall M, et al. Appl Phys Lett, 2007 90: 163504
[86] Hayakawa A, Yoshikawa O, Fujieda T, et al. Appl Phys Lett, 2007 90: 163517
[87] Vogel M, Doka S, Breyer C, et al. Appl Phys Lett, 2006, 89: 163501
[88] Song Q L, Li C M, Wang M L, et al. Appl Phys Lett, 2007, 90: 071109
[89] Zhang F, Ceder M, Inganäs O. Adv Mater, 2007, 19: 1835
[90] Chan M Y, Lai S L, Lau K M, et al. Appl Phys Lett, 2006, 89: 163515
[91] Parker I D. J Appl Phys, 1994, 75: 1656
[92] Brabec C J, Cravino a, Meissner D, et al. Thin Solid Films, 2002, 403-404: 368
[93] Scharber M C, Mühlbacher D, Koppe M, et al. Adv Mater, 2006, 18: 789
[94] Allemand P M, Koch A, Wudl F, et al. J Am Chem Soc, 1991, 113: 1050
[95] Capozzi V, Casamassima G, Lorusso G F, et al. Solid State Commun, 1996, 98: 853
[96] Arbogast J A, Darmanyan A P, Foote C S, et al. J Phys Chem, 1991, 95: 11
[97] Harilal S S, Bindhu C V, Nampoori V P N, et al. J Appl Phys, 1996, 86: 1388
[98] Pettersson L A A, Roman L S, Inganas O. J Appl Phys, 1999, 86: 487
[99] Wudl F. 1992. Acc. Chem. Res., 25: 157
[100] Backer S A, Sivula K, Kavulak D F, et al. Chem Mater, 2007, 19: 2927
[101] Zheng L, Zhou Q, Deng X, et al. J Phys Chem B, 2004, 18: 11921
[102] Popescu L M, van't Hof P, Sieval A B, et al. Appl Phys Lett, 2006, 89: 213507
[103] Mühlbacher D, Scharber M, Morana M, et al. Adv Mater, 2006, 18: 2884
[104] Ma W, G Yang, Gong X, et al. Adv Funct Mater, 2005, 15: 1617
[105] Sun M, Wang L, Zhu X, et al. Sol Energy Mater Sol Cells, 2007, 91: 1681
[106] Liu P, Li Q, Huang M, et al. Appl Phys Lett, 2006, 89: 213501
[107] Kopidakis N, Mitchell W J, van de Lagemaat J, et al. Appl Phys Lett, 2006, 89: 103524
[108] Uhrich C, Schueppel R, Petrich A, et al. Adv Funct Mater, 2007, 17: 2991

[109] Schulze K, Uhrich C, Schüppel R, et al. Adv Mater, 2006, 18: 2872
[110] Li J, Osasa T, Hirayama Y, et al. Sol Energy Mater Sol Cells, 2007, 91: 745
[111] Olson D C, Shaheen S E, White M S, et al. Adv Funct Mater, 2007, 17: 264
[112] Somani S P, Somani P R, Umeno M, et al. Appl Phys Lett, 2006, 89: 223505
[113] Gowrishankar V, Scully S R, McGehee M D, et al. Appl Phys Lett, 2006, 89: 252102
[114] Janssen G, Aguirre A, Goovaerts E, et al. Eur Phys J Appl Phys, 2007, 37: 287
[115] Zhao Y, Xie Z, Qu Y, et al. Appl Phys Lett, 2007, 90: 043504
[116] Tu G, A Bilge, Adamczyk S, et al. Macromol Rapid Commun, 2007, 28: 1781
[117] Chang Y-T, Hsu S-L, Su M-H, et al. Adv Mater, 2009, 21: 2093
[118] Park S H, Roy A, Beaupré, et al. Nat Photonics, 2009, 3: 297
[119] Demadrille R, Delbosc N, Kervella Y, et al. J Mater Chem, 2007, 17: 4661
[120] Boudreault P-L T, Michaud A, Leclerc M. Macromol Rapid Commun, 2007, 28: 2176
[121] Walker B, Tamayo A B, Dang X-D, et al. Adv Funct Mater, 2009, 19: 3063
[122] Chochos C L, Economopoulos S P, Deimede V, et al. J Phys Chem C, 2007, 111: 10732
[123] Pacios R, Chatten A J, Kawano K, et al. Adv Funct Mater, 2006, 16: 2117
[124] Tan Z, Yang C, Zhou E, et al. Appl Phys Lett, 2007, 91: 023509
[125] Kiezke T, Hörhold H-H, Neher D. Chem Mater, 2005, 17: 6532
[126] Roquet S, Cravino A, Leriche P, et al. J Am Chem Soc, 2006, 128: 3459
[127] Osasa T, Yamamoto S, Matsumura M. Adv Funct Mater, 2007, 17: 2937
[128] Benson-Smith J J, Goris L, Vandewal K, et al. Adv Funct Mater, 2007, 17: 451
[129] El-Nahass M M, Zeyada H M, Abd-El-Rahman K F, et al. Sol Energy Mater Sol Cells, 2007, 91: 1120
[130] Yakimov A, Forrest S R. Appl Phys Lett, 2002, 80: 1667
[131] Günes S, Neugebauer H, Sariciftci N S. Chem Rev, 2007, 107: 1324
[132] Pandey A K, Nunzi J-M. Appl Phys Lett, 2006, 89: 213506
[133] Jenekhe S A, Yi S. Appl Phys Lett, 2000, 77: 2635
[134] Shao Y, Sista S, Chu C-W, et al. Appl Phys Lett, 2007, 90: 103501
[135] Cremer J, Bäuerle P. Eur J Org Chem, 2005, 3715
[136] Fujishima D, Kanno H, Kinoshita T, et al. Sol Energy Mater Sol Cells, 2009, 93: 1029
[137] Chen W B, Xiang H F, Xu Z-X, et al. Appl Phys Lett, 2007, 91: 191109
[138] Hong Z R, Maenning B, Lessmann R, et al. Appl Phys Lett, 2007, 90: 203505
[139] Inoue J, Yamagishi K, Yamashita M. J. Cryst Growth, 298: 782
[140] Suemori K, Miyata T, Yokoyama M, et al. Appl Phys Lett, 2005, 86: 063509
[141] Perez M D, Borek C, Djurovich P I, et al. Adv Mater, 2009, 21: 1517
[142] Ma B, Woo C H, Miyamoto Y, et al. Chem Mater, 2009, 21: 1413
[143] Gommans H H P, Cheyns D, Aernouts T, et al. Adv Funct Mater, 2007, 17: 2653
[144] Gommans H, Aernouts T, Verreet B, et al. Adv Funct Mater, 2009, 19: 3435
[145] Fang C, Qi X Y, Fan Q L, et al. Nanotechnology, 2007, 18: 035704
[146] Schön J H, Kloc C, Batlogg B. Appl Phys Lett, 2000, 77: 2473
[147] Berson S, de Bettignies R, Bailly S, et al. Adv Funct Mater, 2007, 17: 3363

[148] Valentini L, Kenny J M. Polymer, 2005, 46: 6715
[149] Somani P R, Somani S P, Flahaut E, et al. Nanotechnology, 2007, 18: 185708
[150] Ago H, Petritsch K, Shaffer M S P, et al. Adv Mater, 1999, 11: 1281
[151] Geng J, Zeng T. J Am Chem Soc, 2006, 128: 16827
[152] Liu Q, Liu Z, Zhang X, et al. Adv Funct Mater, 2009, 19: 894
[153] Huang W, Meng H, Yu W L, et al. Macromolecules, 1999, 32: 118
[154] Yu W L, Meng H, Pei J, et al. J Am Chem Soc, 1998, 120: 11808
[155] Yu W L, Meng H, Pei J, et al. Macromolecules, 1998, 31: 4838
[156] Roncali J. Chem Soc Rev, 2005, 34: 483
[157] Yamamoto Y, Fukushima T, Suna Y, et al. Science, 2006, 314: 1761
[158] Segura J L, Martín N, Guldi D M. Chem Sov Rev, 2005, 34: 31
[159] Sommer M, Hüttner S, Steiner U, et al. Appl Phys Lett, 2009, 95: 183308
[160] Zhang Q, Cirpan A, Russell T P, et al. Macromolecules, 2009, 42: 1079

# 第5章 有机电致发光

本章介绍有机电致发光原理、器件结构、器件表征和功能材料。电致发光(EL)是在电场作用下活性材料产生发光的过程，有机电致发光是以有机材料为活性层的EL过程，其器件也称为有机发光二极管(organic light-emitting diode, OLED)。本章在开始部分，简单地介绍了有机电致发光的研究历史，包括各种物理机制的提出及发展等，使读者对OLED有一个完整的概括了解。第二部分是OLED机理的阐述。首先明确OLED概念。通过讨论三种电致发光，即薄膜电致发光(TFEL)、无机二极管电致发光(LED)、有机二极管电致发光(OLED)，使OLED概念清晰地展现出来。电荷由电极的注入是OLED发光的第一步，较为关键。本章详细地阐述了各种电极材料及电极修饰过程、以及相应电极修饰对载流子注入的影响。本部分接下来深入浅出地介绍了OLED器件电流特性、载流子复合类型、发光类型、EL分布特点等。最后，详细讨论了基于掺杂磷光的OLED器件中激子产生的过程和机制。因为磷光OLED是本领域的最新发展，这部分内容的详细讨论，可以使读者掌握OLED器件中绝大部分器件物理机制。本章的第三部分是OLED器件结构的介绍和总结，包括单层、双层、三层、多层、白光及掺杂器件。第四部分概括了OLED器件表征参数：驱动电压、发光效率(包括量子效率、电流效率及功率效率)、色度坐标、色温及显色指数、器件寿命等。本章的最后讨论了OLED器件中功能材料。其中，重点讨论了芴基材料及电致磷光器件中掺杂磷光材料的主体材料。

## 5.1 研 究 简 史

电致发光于 1936 年由 G. Destriau 首次观察到[1]，而有机电致发光的研究始于 1963 年，早期的报道来自于 M. Pope 研究组和 R. E. Visco 研究组[2,3]，主要实验是在微米(10~20 μm)厚度的蒽单晶片两侧加直流高压(不小于 400 V)，观测到蓝光发射；另外，W. Helfrich 和 W. G. Schneider 对毫米厚度(1~5 mm)的蒽晶体施加 50~1000 V 的高压，观测到蓝色发光现象[4]，这些研究工作的示意图见图 5.1。

图 5.1(b)和(c)蒽单晶实验中的电极，或者是通过将银胶粘贴于蒽单晶的上下表面形成，或者是将蒽单晶上下表面分别涂抹高浓度蒽/钠的四氢呋喃(THF)溶液(可形成蒽负离子)和高浓度蒽/三氯化铝的硝基甲烷溶液(可形成

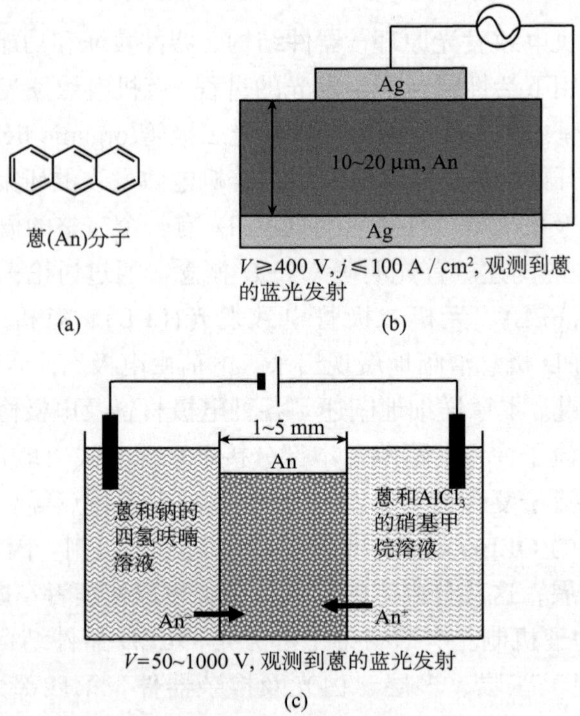


图 5.1　蒽单晶材料电致发光实验

(a) 蒽(An)的分子结构；(b) 文献[2]中的蒽单晶电致发光实验；(c) 文献[4]中的蒽单晶电致发光实验

蒽正离子)，再与正负电极相连获得。当施加很高电压时，正负电荷通过银电极注入到单晶，或者通过蒽正负离子注入到单晶，部分正负离子可在一个蒽分子上复合形成激子，激子的辐射跃迁产生蓝光发射。

D. F. Williams 和 M. Schadt 于 1970 年通过在蒽单晶的两个侧面构筑电极，首次制备了“显示”器件[5]。为了防止空气中器件老化，该“显示”器件还进行了封装。1982 年，P. S. Vineett 等以半透明的金做阳极，通过真空蒸镀制备了 600 nm 厚的非晶蒽薄膜器件，在 30 V 直流驱动下得到较亮的 EL。但该薄膜质量不好，电子注入效率低，存在易击穿等缺点[6]。这些早期的有机电致发光研究，受到单晶生长困难、器件寿命短暂或者极高的驱动电压等不良因素的困扰，没有得到进一步发展及应用，但这些工作为后续发展奠定了坚实的理论基础。

国际上有机电致发光材料与器件的大规模研发始于十九世纪八十年代末：1987 年美国柯达公司的邓青云(C. W. Tang)博士等人发明了三明治型有机双层薄膜电致发光器件，标志着有机电致发光技术进入了孕育实用化时代[7,8]。在他们的原创性工作中，构筑了一个包含空穴传输层和电子传输层的双层器件结构，如图 5.2 所示。由于器件结构中同时含有空穴注入/传输层和电子注入/传输层，大大降低了驱动电压，提高了载流子复合效率，使有机 EL 的外量子效率提高到 1%，功率效率达到 1.5 lm/w，在小于 10 V 的电压下发光亮度达到 1000 cd/$m^2$。该工作通过引入双层器件结构，使器件性能有

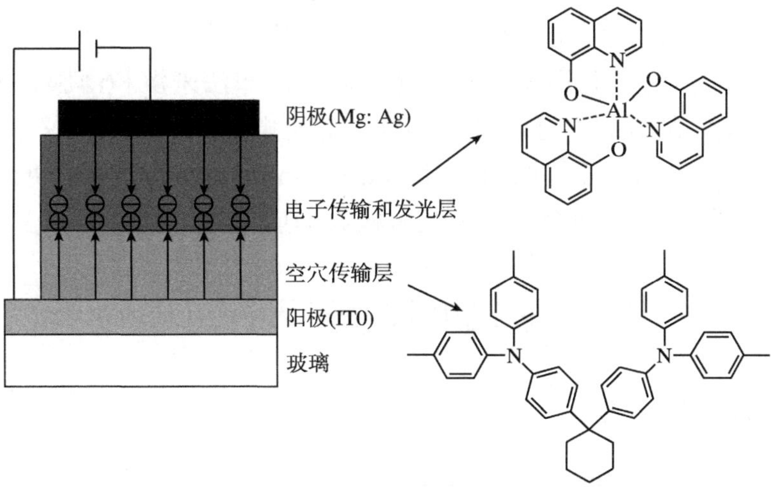


图 5.2　国际上首次报道的双层有机电致发光器件结构

两个重大突破：① 解决了正负电极的功函数与有机材料双向匹配的问题，既平衡了载流子的双向注入，又提高了材料的选择性；② 双层结构使正负载流子由电极注入界面向有机层的中间迁移，使发光层远离电极，有效防止了电极对发光的猝灭。

1990 年英国剑桥大学 D. D. C. Bradley 和 R H Friend 等报告了在低电压下高分子材料的电致发光现象，揭开了高分子平板显示研究与开发的新纪元[9]。至此，有机电致发光的活性发光组分均来自荧光材料，基于这些材料的电致发光器件的内量子效率(指辐射光子数占注入载流子数的比例)一般不可能突破 25%的理论极限。因为电致激发条件下产生单线态和三线态激子的比例为 1: 3，根据自旋守恒原则，在荧光材料中，只有单线态的激子可被利用，占激子总量的 25%，另外的 75%的三线态激子则被浪费掉。1998 年，S. R. Forrest 等开创性地将磷光材料应用于电致发光器件[10]。由于磷光材料中存在很强的自旋轨道耦合作用，使三线态激子的光辐射衰减成为可能，因此基于磷光材料的有机电致发光内量子效率在理论上可达到 100%。

有机电致发光具有全固态、光谱宽(整个可见光区域)、亮度高、视角宽(达 170°以上)、厚度薄(纳米尺度)、可使用柔性基板、低电压直流驱动(3~10 V)、功耗低、工作温度范围宽等非常吸引人的优点。另外有机电致发光还有自主发光特性和响应速度快(几十纳秒)的特点。自主发光使显示不再象液晶显示那样需要背光源，快速响应又使有机电致发光非常适合于动态视频显示。同时，自发光和快速响应的特点，还使基于有机电致发光显示的图像点可以由亮态迅速完全地转换到暗态，对比度较高。在加工方面，由于有机电致发光器件是利用真空蒸镀法或旋转涂布法来沉积薄膜，大面积制造工艺较简单，制造成本可以较低。因此，有机电致发光技术在平板显示(flat panel display, FPD)和固体照明(solid state lighting, SSL)(包括一般照明用途和液晶显示的背光源)两个方向上具有极大的应用潜力。

## 5.2 有机电致发光器件机理

### 5.2.1 电致发光种类

电致发光(electroluminescence, EL)是活性物质在电场的作用下，产生光辐射的过程，如果中间的活性物质是有机物，则称为有机电致发光(organic ectroluminescence, OEL)。

EL 的类型划分可从三个角度考虑：① 激发源的类型(直流或者交流电)；② 产生激发态的模式(载流子注入或者非载流子注入)；③ 光辐射跃迁的机制(荧光发射或者磷光发射)。如图 5.3 所示，EL 包括直流和交流驱动两种激发源。其中，直流驱动只能应用于载流子注入型的器件结构；而交流驱动 EL 既可以是注入型的器件结构，也可以是非注入型的器件结构。对于直流注入型 EL 器件，活性物质为单晶或者薄膜；对于交流注入型 EL 器件，活性物质既可以是分散于介电材料之间的单晶或微晶，也可以是薄膜；交流非注入型 EL 中的活性物质既可以是分散于介电材料之间的微晶，也可以是薄膜，还可以是附有金属颗粒的发光粉。

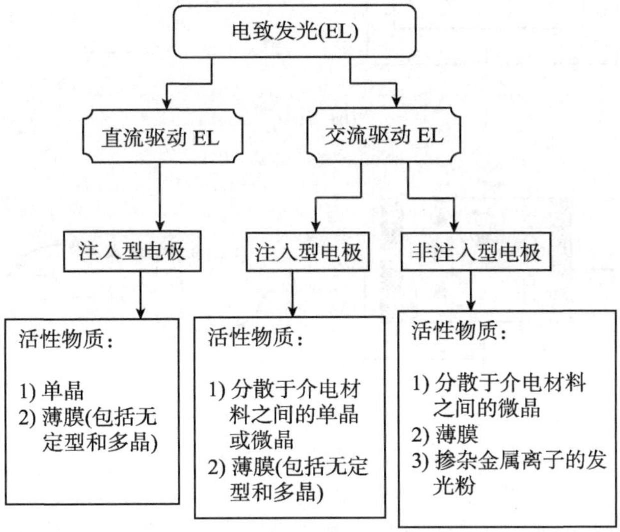


图 5.3　电致发光中电激发种类及可能的 EL 材料体系

注入型与非注入型 EL 器件，不但所需要的活性发光材料有所不同，其发光机制也有区别。基于不同的发光机制，电致发光可分为以下几类：

① 薄膜电致发光(thin film electroluminescence, TFEL)；② 无机电致发光二极管(light emitting-diode, LED)和③有机电致发光二极管(organic light emitting-diode, OLED)，如图 5.4 所示。

TFEL 属于非注入型 EL，如图 5.4(a)所示，它的基本结构是，发光层的两侧依次为高介电常数的绝缘层和电极，绝缘层的嵌入是为了获得高压交变电场。在这种器件中，发光活性材料以掺杂的方式分散或者夹杂在发光

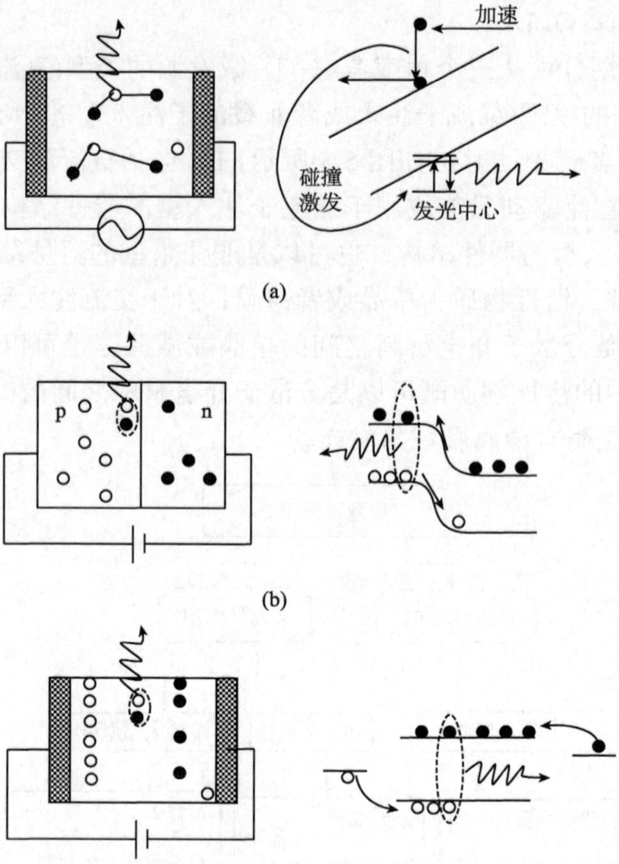


图 5.4　基于薄膜结构的电致发光机制

(a) 高电场下的本征电致发光(TFEL)；(b) 基于半导体 pn 结的注入型电致发光(LED)；(c)电极/绝缘体/电极(MIM)夹心结构的注入型电致发光，这种结构包括单层或多层的宽带无机半导体或者有机材料，其中有机材料作为活性材料的，就是本章即将讨论的有机电致发光器件(OLED)

活性层中，在高强交变电场的作用下，绝缘体系中的电子得到加速并撞击发光物质，使其由于获得能量而被激发，处于激发态的活性物质通过辐射衰减而发光。TFEL 发光的缺点是高压驱动以及低效率。而且，TFEL 器件的制备工艺需要高温，各功能层制备主要采用方法包括真空蒸镀、溅射及 CVD 法(chemial vapor deposition)。发光层要在 500~600°C 下进行热处理，基板要耐高温。

LED 是基于无机半导体 pn 结的注入型 EL，如图 5.4(b)所示。加载电场，可驱动 LED 结构中现存载流子向 pn 结移动，同时，也向器件中注入载流子。移动到 pn 结处的正负载流子经过带间复合而发光。无机 LED 器件中多层结构的制备需要分子束外延技术，材料纯度要求高，成本较为昂贵。由于发光是基于 pn 结之间的带隙跃迁，因此蓝光的获得较为困难。

OLED 是类似于电极/绝缘体/电极(MIM)夹心结构的注入型电致发光，其器件结构是单层或多层的有机物内嵌于两个电极之间，如图 5.4(c)所示。这种器件中不存在 pn 结，也不存在自由载流子，正负载流子分别由两个电极注入，在电场作用下由于相向输运而靠近，因而有机会发生复合，产生激子，进而产生光辐射。

根据上述电致发光机制分析，以及有机、无机材料各自的性质，可得出 OLED 与无机半导体 LED 的三点基本区别：① 无机 LED 中可通过掺杂，形成稳定的 p 型和 n 型半导体及稳定的 pn 结，而有机材料不可能通过掺杂得到重复性很好的 p 和 n 型半导体及真正意义上不受化学反应和扩散影响的稳定 pn 结。② 无机 LED 中，在加电场之前就存在自由的正负载流子；而 OLED 中，载流子完全是由电场注入所致，在没有外加电场时是不存在自由载流子的。③ 在无机 LED 中，载流子以较快的能带模式输运，有较大的流动性，电子与空穴在 pn 结处的复合产生能带之间的光辐射；OLED 中由于薄膜的无序性，载流子以迁移率极低的跃进方式输运，倾向于定域化和极化。因此正负载流子的复合产生相对定域化的激子，光辐射是激子型的。

总之，有机 EL 器件是载流子双注入型发光器件，是注入的电子与空穴在有机物中复合而产生的发光，所以又称为有机发光二极管(OLED)。

如图 5.5 所示，OLED 的发光过程可以简单地分为四个主要过程：① 电子和空穴分别从阴极和阳极向电极之间的有机活性层注入；② 在电场作用下，正负载流子在器件中相向输运；③ 电子和空穴复合产生激子；④ 激子经过辐射跃迁产生光。在 OLED 中，有机薄膜与正负一对电极之间的界面，通常被认为是欧姆接触。对 OLED 器件施加电场后，有机薄膜的电子最高占据能级(HOMO)及最大空置能级(LUMO)将发生倾斜，按照如图 5.5 所示的方式，在 $x$ 方向上重新排布。电场的加载，分别使从阳极和阴极两个方向有机薄膜注入空穴和电子的势垒($\phi_{Bh}$和$\phi_{Be}$)降低。注入到 HOMO 能级上的空穴和 LUMO 能级上的电子形成了空间电荷，在电场的作用下，电荷相向输运，部分相遇并复合形成激子。激子通过辐射跃迁回到基态，产生光辐射。下面讨论这些过程。

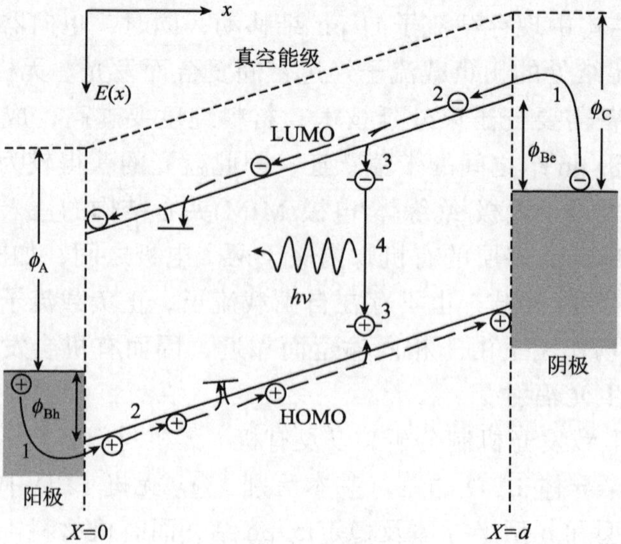


图 5.5　有机电致发光机理及过程示意图

## 5.2.2　电荷注入

1. 注入势垒及界面偶极层

在 OLED 器件中，通常认为电极与活性材料之间为欧姆接触。如第二章所讲，欧姆接触意味着界面处的电荷浓度远远大于材料内部。并且，在较低电压下注入电荷比本征载流子浓度小时，以及在较高电压下活性材料中电荷浓度完全由材料的电容特性决定时，所有的欧姆接触都是相同的。也就是说，在正负电极都是欧姆接触情况下，单位时间内注入到半导体材料的电子和空穴数量相等。根据注入势垒的不同特征及所加载电压的大小，正负电极通过欧姆接触界面向 OLED 器件中注入载流子的途径，主要包括克服势垒的热电子注入和量子力学隧穿两种方式。关于注入势垒及由电极向半导体材料注入载流子的机制，可参考第二章第六节的相关部分。

粗略地估计，如图 5.6(a)所示，空穴注入势垒($\phi_{Bh}$)可视为阳极费米能级($\phi_M$)与相邻空穴传输层(hole transport layer, HTL)的 HOMO 之差，电子注入势垒($\phi_{Be}$)为阴极费米能级($\phi_M$)与相邻电子传输层(electron transport layer, ETL)的 LUMO 之差，即$\phi_{Bh} = IP - \phi_M$、$\phi_{Be} = \phi_M - EA$。实际情况并不是这样简单，由于多种因素可导致电荷的重新分布，如，界面间电荷转移、电子云重新分布、界面化学反应等，电极与有机薄膜材料之间总是存在偶电层，它将影响电荷注入势垒大小，如图 5.6(b)所示。界面偶极层的存在，改变了势能场，使电极费米能级与有机薄膜材料的 HOMO/LUMO 的相对位置移动了 $\Delta$ 大小。如果偶极层的情况为负电荷在电极一侧，而正电荷在有机薄膜一侧(图 5.6(b))，则空穴的注入势垒增加，电子的注入势垒降低，分别为 $\phi_{Bh}=IP-\phi_M+\Delta$、$\phi_{Be}=\phi_M-EA-\Delta$。

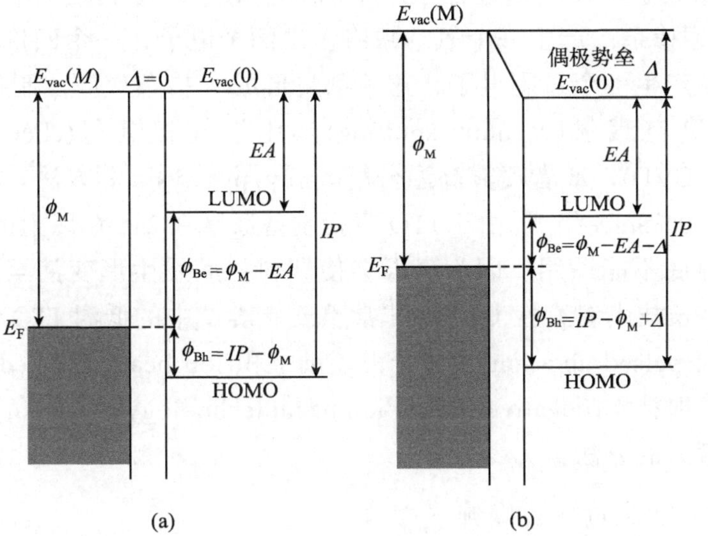


图 5.6　电极与有机薄膜之间的能级示意图

(a) 没有偶极层；(b) 存在偶极层

降低注入势垒，有利于电荷注入，可降低器件启动电压。OLED 器件中获得较低注入势垒的首要方法是选取与邻近有机材料相匹配的电极，即选取高功函数的阳极材料以及低功函数的阴极材料。

2. 阳极材料

注入空穴，要求阳极的真空能级与 HTL 的空穴真空能级(HOMO)相匹配或相近，亦即阳极功函数与 HTL 的 HOMO 相匹配。用作空穴注入的阳极材料，需满足以下条件：① 高电导率；② 优良的化学及形态稳定性；③ 高功函数；④ 如果阳极一侧是光输出方向，则阳极材料要求在整个可见光范围内有较好的透光性，以利于器件产生的光发射出来。功函数较高的金属(金、银、铝、镍等)、透明导电金属氧化物(TCO: transparent conducting oxide)、碳黑、导电聚合物等都被用作 OLED 的阳极材料。这些电极材料的功函数大都在 4.5~5.0 eV，从有机材料角度考虑，HOMO 能级在 5.0~5.5 eV 的有机物可以有效地由阳极注入空穴。

铟锡氧化物 (indium tin oxide, ITO)是最常用的 OLED 阳极材料，其功函数在 4.0~4.5 eV 左右。ITO 的特点是稳定性好、透光性强(带隙 $E_g$=3.5~4.3 eV，可见光范围内透光率达 90%)、电阻率低(约为 $2\sim4\times10^{-4}$ Ω·cm)。ITO 的导电机制主要取决于，在淀积过程中产生的氧空缺、以及氧化铟中引入的锡，可形成 n 型掺杂。产生一个氧空缺将多出两个电子，一个四价锡对三价铟的掺杂将会产生一个过剩电子，这些都将形成 n 掺杂效应。制备 ITO 薄膜通常采用真空溅射(vacuum sputting)、化学气相沉积(chemical vapour deposition, CVD)，或者喷雾高温分解(spray pyrolysis)等方法。靶材通常由 $In_2O_3$ 掺杂 10%$SnO_2$ 组成。由于 ITO 薄膜制备通常在 215ºC 以上的高温进行，柔性塑料衬底不能适用。因为高温会使塑料衬底发生形变甚至裂解。低温 ITO 薄膜生长技术对柔性 OLED 非常重要。尝试中的低温 ITO 生长技术包括脉冲烧蚀(pulsed ablation)、离子束辅助沉积(ion beam assisted deposition)及负离子溅射技术(negative sputter ion beam technology)，其中负离子溅射技术是最有潜力的方法。

3. 阳极 ITO 的界面修饰

在 OLED 中，为了提高空穴注入，通常将 ITO 表面做适当的界面修饰，以达到提高功函数、与有机材料 HOMO 匹配的目的。ITO 界面修饰有多种方法，包括氧等离子或者 $CF_x$ 等离子表面处理、酸碱吸附及自组装单分子层、PEDOT:PSS、CuPc 或者化学掺杂空穴注入层等的引入、绝缘缓冲层的引入等。

1) 氧等离子处理

采用氧等离子处理 ITO 表面，不仅可以有效地清洁 ITO 表面而且可以提高 ITO 的功函数，减小从 ITO 向有机薄膜的空穴注入势垒，还可以提高 ITO 表面的浸润性能，改善有机材料在 ITO 薄膜上的成膜性能等，进而可起到改善 OLED 光电性能的作用。形成氧等离子体的方法，是将氧气引入到电感耦合或者电容耦合产生的射频能量场中，通过氧气电离而导致等离子体的产生。由于电容耦合的电路和控制系统较简单，很容易形成大面积均匀等离子体，因此被广泛地用于 OLED 的生产工艺中，图 5.7 是装置示意图。

研究发现氧等离子体处理可以有效地提高 ITO 表面的功函数。其原因是通过氧等离子体处理可以提高表面氧原子的含量，同时降低 ITO 表面锡/

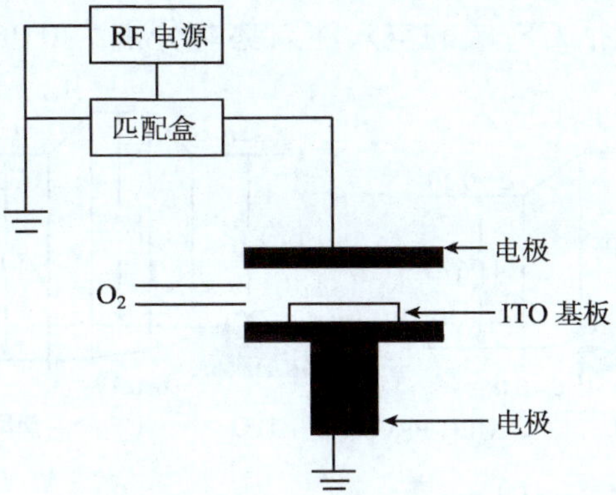


图 5.7 基于电容耦合的 ITO 氧等离子处理装置示意图

铟原子的比例，由此导致 ITO 表面的电子减少及功函数增大[11,12]。因为氧等离子处理仅仅对 ITO 表面有效，所以通过 ITO 表面电子减少导致的功函数增加，不影响 ITO 内部的载流子浓度，使其导电性不变。在 OLED 器件中，ITO 氧等离子处理是提高功函数最常用的方法[13]，因为它不但操作方便，还可以显著地降低器件的驱动电压、提高器件的稳定性与寿命。

2) $CF_3H$ 处理

与上述氧等离子处理方法类似，将三氟甲烷气体($CF_3H$)引入低频能量场产生的等离子，可以在 ITO 表面发生聚合反应，形成氟取代的碳聚合物薄膜 $CF_x$。该薄膜具有高解离能、低电阻率的特性，可以有效地提高 ITO 的功函数。经 $CF_xH$ 低频等离子处理 ITO 后再制备 OLED 器件，表现出较低的驱动电压和较长的器件寿命[14]。L. S. Hung 等认为 $CF_xH$ 低频等离子处理 ITO，由氟原子与 ITO 表面结合形成的 $CF_x$ 缓冲层，一方面阻止 ITO 中铟向活性有机层的扩散，另一方面可以对 ITO 表面进行修饰，提高空穴注入的效率，防止 ITO 表面的退化[14,15]。$CF_x$ 薄膜在 ITO 表面修饰，使器件性能提高的机制，除了上述防止 ITO 表面退化、阻止铟原子向有机层扩散、提高空穴注入效率的解释外，也有研究认为 $CF_x$ 薄膜在 ITO 表面修饰降低了空穴注入效率。C. C. Hsiao 等将 $CF_x$ 薄膜引入聚合物 OLED 器件中，也得到了发光效率大大提高的结果。他们认为，$CF_x$ 薄膜起作用的机制是，由于 $CF_x$ 薄膜与聚合物之间形成很大的指向 $CF_x$ 表面的偶电层，电子能量升高，ITO 功函数减小，因此空穴注入势垒增大，导致空穴注入效率降低。空穴注入效率的降低有利于电子与空穴的注入平衡，提高载流子复合形成激子的效率，因此器件效率提高[16]。如图 5.8 所示，他们通过光电子能谱获得的能级数据显示，没有 $CF_x$ 层和包括 $CF_x$ 层的空穴注入势垒分别为 0.06 eV 和 0.19 eV。

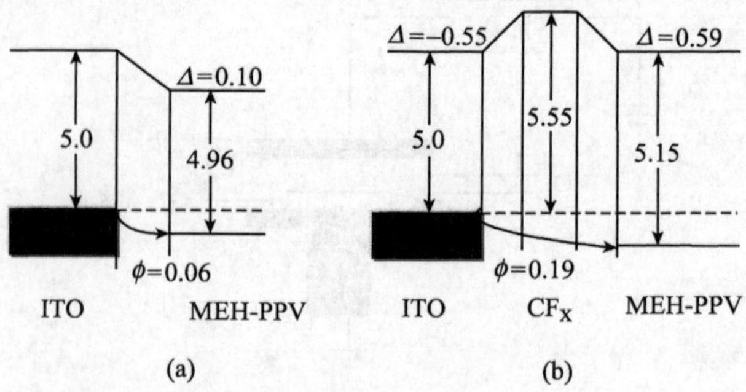


图 5.8　$CF_x$ 内嵌于 ITO 和聚合物之间时，对界面电子能级的影响

(a) ITO 没有修饰；(b) ITO 表面有 $CF_x$ 修饰

3) 酸碱吸附及自组装单分子层

研究发现，ITO 表面的酸碱吸附可以很大程度地改变功函数。酸处理 ITO 表面可以增大功函数，相应地，碱处理可以减小功函数[17,18]，功函数的变

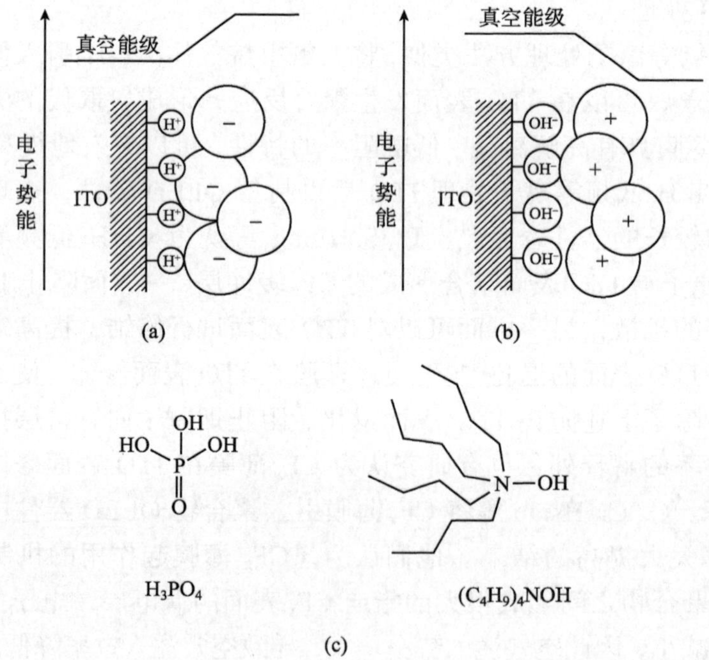


图 5.9　ITO 表面的酸碱吸附导致的电子势能变化

(a) 酸吸附、(b) 碱吸附及(c) 磷酸、四-丁基氢氧化铵的分子结构

化可高达±0.7 eV，磷酸($H_3PO_4$)及四-丁基氢氧化铵[$N(C_4H_9)_4OH$]分别是效果最大的酸和碱。图 5.9 给出了作用机制及上述酸碱的分子结构。当 ITO 表面吸附酸时，表面将被质子化，同时阴离子将被吸附在质子之上，由此形成了远离 ITO 的偶电层，该偶电层使电子的势能减小，因此 ITO 功函数增大。同样地，当 ITO 表面吸附碱时，将形成指向 ITO 的偶电层，因此电子势能增大，功函数减小。虽然酸碱处理对 ITO 功函数影响显著，但是在 OLED 器件中，该方法的稳定性较差。例如，当空穴传输材料 NPB(4,4'-bis[N-(1-naphthyl)-N-phenyl-amino]biphenyl)制备于酸处理 ITO 之上时，由于 NPB 中氮原子与酸中氢原子作用破坏了偶电层，ITO 功函数将减小[19]。

除了酸碱吸附，ITO 表面的功函数还可以通过自组装单分子层(self assembly monolayer, SAM)形成的偶电层来改变。例如，在 ITO 表面自组装的 4-NPPA (4-nitrophenylphosphonic acid)远离表面的偶电层，可以使功函数增加 0.3 eV[20]。氯化硅烷可以在 ITO 表面通过硅原子与 ITO 中氧原子形成共价键，形成远离表面的非常稳定的偶电层，可在提高 ITO 功函数的同时，增加器件稳定性和寿命[21]。自组装单分子层虽然可以有效地修饰阳极注入电极，提高器件性能。但是由于 ITO 表面的粗糙度很高，在其表面形成长程有序的单分子层比较困难。

4) 引入缓冲层

为了提高 OLED 性能，诸如降低驱动电压、提高发光效率、改善器件稳定性和延长寿命等，在 ITO 和空穴传输层之间往往会引入一个缓冲层，其作用机制有多种方式，阐述如下。

(1) 增强空穴注入的缓冲层

在以 ITO 为阳极的 OLED 器件中，经过表面修饰的 ITO 功函数最大可达 5.0 eV，有机空穴传输材料的 HOMO 通常在 5.5 eV 左右，因此空穴由电极的注入通常有 0.5eV 左右的注入势垒。为了减小电极与空穴传输层之间的注入势垒，可在二者之间嵌入一个空穴能级适中的空穴注入层，形成能级的梯状递增，使空穴可以通过减小的势垒分步注入到空穴传输材料中，提高注入效率，这类缓冲层包括 PEDOT:PSS [poly(3,4-ethylenedioxythiophene): poly(styrenesulphonic acid)][22]、星形三级芳胺 2-TNATA {4,4',4"-tris[2-naphthyl-(phenyl)amino]triphenylamine} 和 m-MTDATA {4,4',4"-tris(m-methyldiphenylamino)triphenylamine}[23]等，分子结构见图 5.10。

PEDOT:PSS 通常应用在聚合物器件中，通过它的修饰可将 ITO 表面平

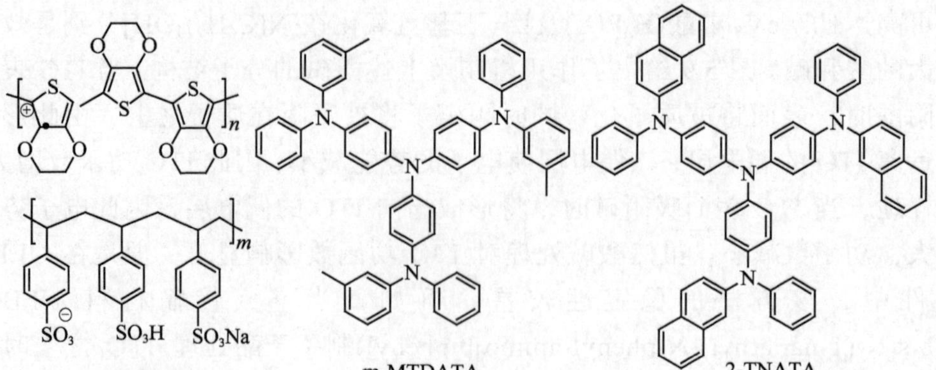

PEDOT:PSS　HOMO=5.0 eV　　m-MTDATA　HOMO=5.1 eV　　2-TNATA　HOMO=5.1 eV

图 5.10　空穴注入材料及其 HOMO 能级

整化、增加注入，因此减少了器件短路几率，延长器件寿命，降低驱动电压[24]。m-MTDATA 和 2-TNATA 主要用于小分子 OLED 器件，它们起到提高注入效率、增强有机材料与阳极表面之间的附着力、可以形成平整电极形貌的作用，因此通过这些材料对 ITO 表面的修饰，常常可以同时提高器件功率效率和增强器件寿命。

(2) 产生空穴隧穿的绝缘缓冲层

在 ITO 表面修饰一薄层绝缘材料，如聚四氟乙烯(teflon)[25]、类金刚石(diamond like carbon, DLC)[26]、氟化锂[27]等，均可调控空穴注入、提高器件效率，但是对驱动电压的影响不一。该绝缘层有一个优化厚度。

如图 5.11 所示，一种解释认为，绝缘层修饰本身产生一个偶电层，导致了空穴由 ITO 注入绝缘层的势垒，同时该偶电层使 ITO 与空穴传输层(NPB)之间的注入势垒降低(比较图 5.11(a)、(b))。很薄绝缘层产生的势垒可通过隧穿效应克服，因而 ITO 与空穴传输层 NPB 之间势垒的降低有利于注入。随着绝缘层厚度增大，偶电层形成的静电势也增大，ITO 与 NPB 之间的注入势垒进一步减小，同时由 ITO 注入到绝缘层的势垒增大，隧穿变得困难。因此存在这样一个最佳厚度，即器件总注入势垒最小时的绝缘层厚度(图 5.11(c))。此时，再增加绝缘层厚度，ITO 与绝缘层之间注入势垒的增大，将大于 ITO 与 NPB 之间注入势垒的减小，因此器件驱动电压将会上升(图 5.11(d))。

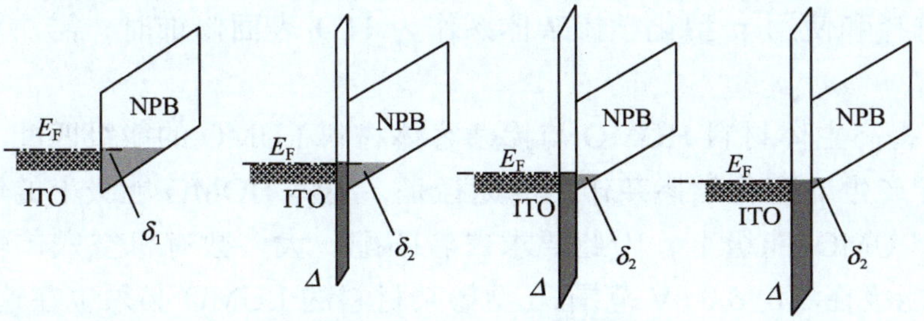


(a) 无缓冲层　(b) 薄缓冲层　(c) 最佳厚度缓冲层　(d) 厚缓冲层

图 5.11　绝缘层对 ITO 表面修饰的作用机制

(3) p 型化学掺杂型缓冲层

在 ITO 和空穴传输材料层之间嵌入一层 p 型化学掺杂空穴注入材料，可以增强空穴注入。其机制是由于掺杂使主体材料的电子转移到客体分子上，因而在主体材料中产生自由空穴，增加了阳极与有机薄膜的欧姆接触特性[28]。另外，p 型掺杂形成的空穴聚集界面使 p 掺杂区域的能带向下弯曲，ITO 处的空穴通过隧穿注入到有机薄膜的几率增大，如图 5.12 所示。

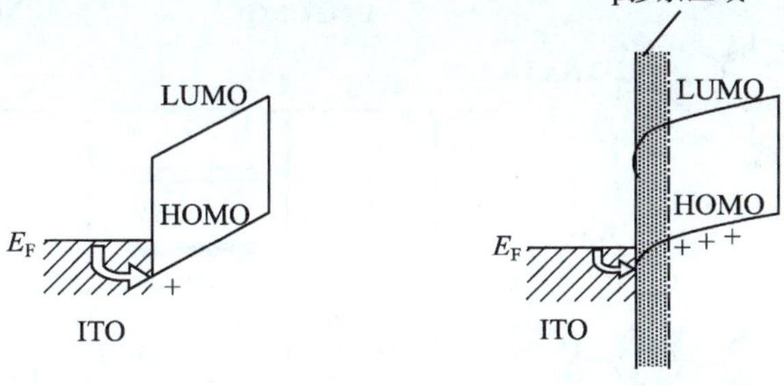


(a) ITO表面无p掺杂缓冲层　(b) ITO表面含有p掺杂缓冲层

图 5.12　p 型化学掺杂产生的欧姆接触特性增强和电接触处的能带弯曲

因此，在 OLED 器件结构的传输材料层内，适当地引入掺杂缓冲层可以提高器件的导电性能、提供欧姆接触、有助于载流子的注入，从而大幅度地改善器件的性能。例如，提高器件的功率效率和降低驱动电压。J. Huang 等报道了一个使用 n 型和 p 型掺杂的空穴和电子传输层的 OLED 器件，在 2.9 V 时，就可以达到 1000 cd/m$^2$ 的亮度[29]。用于 p 型掺杂的材料有 F4-TCNQ (2,3,5,6-四氟 7,7,8,8-四氰基醌二甲烷)[30]、氧化剂 $SbCl_5$[31]和 $I_2$[32]、氧化物 $WO_3$[33]、$ReO_3$[34]、$MoO_x$[35-37]、C60[38]等。

在选择和使用 p 型化学掺杂体系作为 ITO 表面修饰时，需注意以下两个问题：

(1) 提高主体材料 HOMO 与掺杂客体材料 LUMO 的能级匹配

由于产生 p 型化学掺杂作用的途径是，主体 HOMO 能级上的电子转移到客体 LUMO 能级上，因此要求二者匹配。大多数有机空穴传输材料的 HOMO 能级在 5.0~6.0 eV 范围，p 型掺杂材料的 LUMO 必须也在这个范围。对于 LUMO 能级较低的 p 型掺杂材料，与之匹配的空穴传输材料范围也较宽。但是 LUMO 能级低，材料更加活泼，难于操作。

比较 F4-TCNQ 和 F2-HCNQ(3,6-Difluoro-2,5,7,7,8,8-Hexacyano-Quinodimethane)与空穴传输材料的作用情况，可以清晰地了解这一点，图 5.13 为这些材料的分子结构及能级情况。

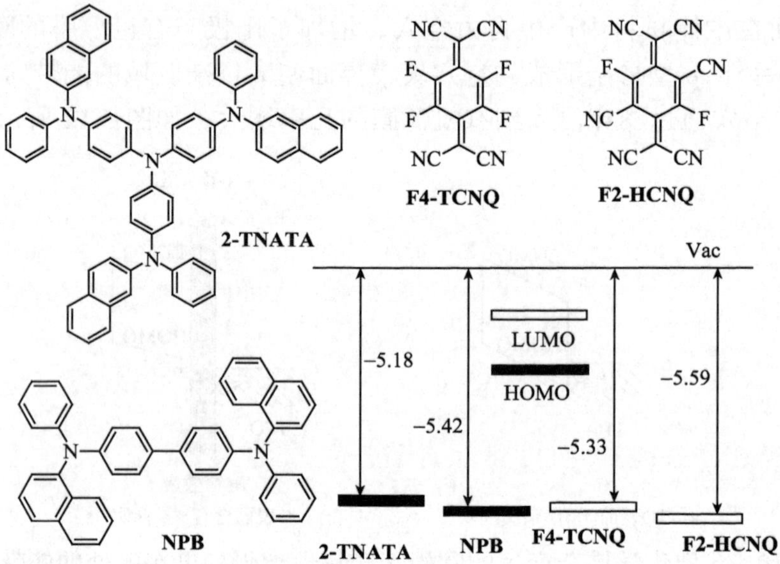


图 5.13　NPB、2-TNATA、F4-TCNQ、F2-HCNQ 的分子结构和能级示意图

将 LUMO 不同的 p 型掺杂材料 F4-TCNQ 和 F2-HCNQ，分别与 HOMO 能级也不同的空穴传输材料相混合，并测量其二氯甲烷溶液的吸收曲线。结果显示，LUMO 较低的 F2-HCNQ 对空穴传输材料具有较大的选择性。

如图 5.14 所示，纯 2-TNATA 和纯 NPB 溶液在 340 nm 以上没有吸收峰位。当在 2-TNATA 溶液中加入吸收峰位在 391 nm 的 F4-TCNQ，或者吸收峰位在 403 nm 的 F2-HCNQ 时，在掺杂材料吸收峰的右侧(长波方向)出现了非常显著的两组吸收峰，分别在 420~600 nm 和 700~1100 nm 范围。研究显示，这些峰分别对应于掺杂材料的阴离子吸收峰、给体(2-TNATA)和受体(F4-TCNQ 或 F2-HCNQ)形成的电荷转移(CT)复合物的吸收峰。相应地，如果在 NPB 溶液中加入其中一种掺杂材料时，情况有所不同，如图 5.14(b)所示。NPB 溶液对 LUMO 能级较低的 F2-HCNQ(−5.59eV)，反应敏感，立刻有与 2-TNATA 体系类似的阴离子吸收峰和 CT 复合物吸收峰的出现。但是 LUMO 能级较高的 F4-TCNQ(−5.33 eV)加入到 NPB 溶液中，由于 F4-TCNQ 的 LUMO(−5.33 eV)与 NPB 的 HOMO(−5.42 eV)能级不相匹配(图 5.13)，基本上观察不到吸收峰的变化。只有在放大的尺度下，CT 复合物的吸收峰材料才可以观察到。这说明掺杂材料 F4-TCNQ 与空穴传输材料 NPB 发生电子转移形成 CT 复合物的反应效率非常低，不能用作 NPB 的 p 型化学掺杂。可见，在 p 型掺杂体系中，掺杂材料的 LUMO 与空穴传输材料的 HOMO 相匹配是非常重要的。

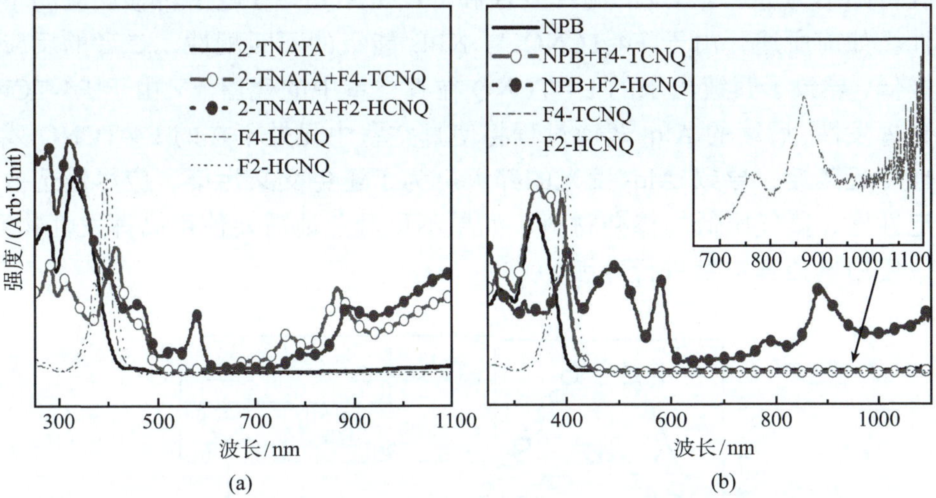


图 5.14 (a) 2-TNATA 分别与 F4-TCNQ、F2-HCNQ 混合时在二氯甲烷中的吸收曲线；(b) NPB 分别与 F4-TCNQ、F2-HCNQ 混合时在二氯甲烷中的吸收曲线，内嵌图为 NPB 和 F4-TCNQ 混合溶液吸收光谱在 650 ~ 1100 nm 范围内的放大图

(2) 防止掺杂物种对发光层的发光猝灭

掺杂材料有可能从两个角度对发光产生猝灭，一是小尺度掺杂物的扩散，二是高挥发性掺杂物产生的蒸镀污染。一些尺寸较小的掺杂物，如 Li、

$I_2$、甚至 F4-TCNQ 等，容易扩散。例如，Li 在 CuPc 和 $Alq_3$ 中的扩散长度可高达(70±10) nm 和(30±10) nm[39]，极易扩散到相邻功能层中。掺杂物种扩散到发光层，将引起发光猝灭。

高挥发性的掺杂客体材料，如 F4-TCNQ，很容易污染蒸镀系统，引起交叉污染。这不但降低器件的发光效率，还会引起器件的热不稳定和降低器件制备的可重复性[40,41]。研究发现，分解温度为 372.2°C 的 F2-HCNQ 和分解温度为 256.8°C 的 F4-TCNQ 对 NPB 进行掺杂，所形成的薄膜之上再制备相同厚度的 $Alq_3$ 薄膜，相同情况下得到的 $Alq_3$ 光发射情况有所不同，如图 5.15 所示。图中薄膜Ⅱ和Ⅲ的薄膜结构中，加入未掺杂主体材料层的目的是为了防止掺杂客体向发光层扩散而导致荧光猝灭。可以看出，基于 F2-HCNQ:NPB 薄膜的 $Alq_3$ 薄膜发光，与基于未掺杂 NPB 薄膜的 $Alq_3$ 薄膜发光光谱及强度基本一致，说明 F2-HCNQ 的掺杂对 $Alq_3$ 发光几乎没有影响。但是，基于 F4-TCNQ:NPB 薄膜的 $Alq_3$ 薄膜发光强度却显著减小。其原因可归结为 F4-TCNQ 的高挥发性和 F4-TCNQ:NPB 电子转移反应的不完全性。如前所述，由于 F4-TCNQ 与 NPB 能级的不匹配性，二者的反应效率极低，导致了蒸镀出来的 F4-TCNQ 在真空室中的残留。又由于 F4-TCNQ 的高挥发性，后续的 $Alq_3$ 蒸镀过程将使真空室中无处不在的 F4-TCNQ 残留物也一起蒸镀，导致 $Alq_3$ 发光的猝灭。为了避免交叉污染，应尽量选取热稳定性好、蒸气压低的掺杂材料。如果不可避免地需要使用高挥发性物质，建议使用单独真空室进行蒸镀。

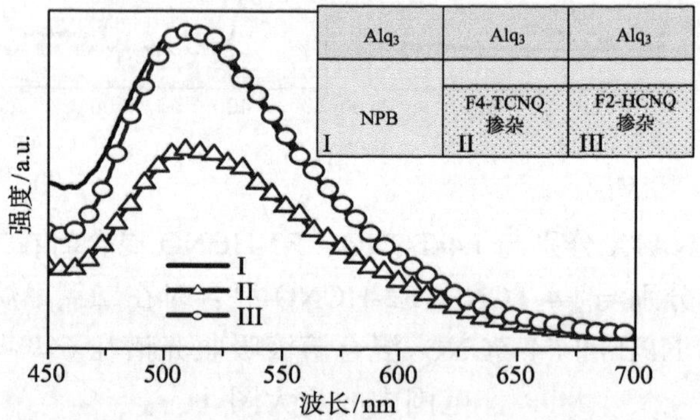


图 5.15　薄膜的光致荧光光谱

薄膜结构：I 为 NPB(80 nm)/ $Alq_3$(60 nm) (Film I)，II 和 III 分别为 2% F4-TCNQ 或者 F2-HCNQ：石英/ NPB(60 nm)/ NPB(20 nm)/ $Alq_3$(60 nm)；激发波长：430 nm；激发方向：45°角入射 $Alq_3$ 面

第四、由酞菁铜形成的 ITO 与空穴传输材料之间的缓冲层。

酞菁铜(copper phthalocyanine, CuPc)是最早用于 OLED 器件的阳极修饰材料之一[42]，它的 HOMO 能级约为 4.8 eV。研究表明，使用 CuPc 修饰 ITO 制备的器件既可以提高器件效率，又可以提高器件寿命，而且 CuPc 对 ITO 的修饰有不同的作用机制。一方面，CuPc 在 ITO 表面的引入，由于向空穴传输层(如 NPB)注入势垒增加[未引入 CuPc 空穴势垒：5.4 – 5.0 = 0.4 (eV)；引入 CuPc 空穴势垒：5.4 – 4.8 = 0.6 (eV)]，降低了空穴注入效率，提高正负载流子的注入平衡，因此器件效率增加[43]；另一方面，当 CuPc 内嵌与 ITO 与空穴传输材料 TPD(4,4'-bis[N-3-methylphenyl-N- phenyl-amino]-biphenyl)之间时，发现空穴注入增强的现象[44]。造成这种情形的原因是 ITO 表面比较复杂，其功函数大小与清洗及处理过程密切相关。由于 CuPc 的 HOMO 能级与 ITO 费米能级非常接近，不同的处理方法，使 CuPc 的 HOMO 可能处于 ITO 的上方，也可能处于 ITO 的下方。显然，后者可以增强注入，而前者则降低注入，如图 5.16 所示。以 CuPc 修饰 ITO 的另一个显著优点是它可以提示 ITO 表面的规整度，增强有机材料在衬底上的附着，因此有 CuPc 修饰的 ITO 衬底通常使器件稳定性和寿命得到提高。

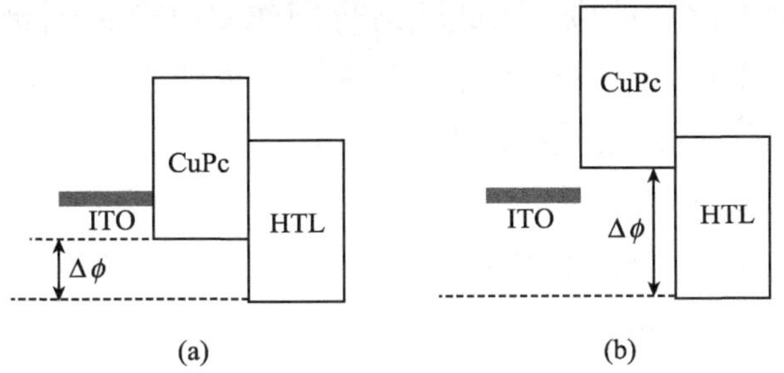


图 5.16　CuPc 对 ITO 修饰产生的两种情况及对后面空穴注入势垒的影响
(a) CuPc 的 HOMO 在 ITO 费米能级的下方，向 HTL 注入空穴的势垒(Δϕ)降低；(b) CuPc 的 HOMO 在 ITO 费米能级的上方，向 HTL 注入空穴的势垒(Δϕ)增大

4. 阴极材料

在 OLED 器件中，电子注入是通过阴极的费米能级向有机材料的 LUMO 能级注入实现。因此，阴极费米能级与有机材料 LUMO 能级之差是电子注入势垒的主要来源。由于阴极与相邻有机材料形成的电接触不同，形成的注入势垒也有多种情况，相应地，OLED 中的电子注入可有多种机制，具体情形可参考第二章的相关内容。研究表明，电子注入势垒高，可导致 OLED

器件注入效率偏低，使得器件的驱动电压较高，功率效率较低[45]。

为了降低电子注入势垒，与有机材料较高的 LUMO 能级(通常在–2.1~–3.2 eV 范围)相匹配，阴极一般采取功函数较小亦即费米能级较高的材料，如，碱金属、碱土金属，包括锂、镁、铝等。但是，这些较小功函数的金属由于过于活泼而很难操作；制备成器件后，电极稳定性也较差。一个较好的解决办法是采用活泼金属与惰性金属的合金形式，这样的组分既能提供较低的功函数，又具有较小的活性。

体积比为 10:1 的镁银合金是最为常见的 OLED 阴极材料，其中的金属镁由于功函数较小(3.7 eV)，用来提供由阴极向电子传输层的电子注入。银的功函数较大(4.3 eV)，它在 Mg:Ag 电极中的作用包括两个方面：第一，它可以改善阴极的稳定性，使其不易被氧化；第二，它还使得金属电极与电子传输层的附着力增强，改善界面特性。镁金属单独在有机材料之上制备的电极，颜色呈黑灰色，很容易被擦掉；而以 Mg:Ag(10:1)在有机材料之上制备的电极，颜色呈银的金属光泽，不能被擦掉及被剥离。

锂的功函数较低(2.9 eV)，是能级较为匹配的电子注入电极。但是锂非常活泼，在大气中不稳定，并且锂原子还会向电子传输材料 $Alq_3$ 扩散，导致荧光猝灭并发生化学反应，因此不适合用作 OLED 的阴极。含锂 1%的锂铝合金被成功地用作 OLED 阴极。在该阴极蒸镀之前，先蒸镀一层 CuPc 来保护有机层，一方面免受蒸镀电极所需要的高温影响，另一方面防止锂原子向电子传输材料的扩散。以 CuPc/Li:Al 方法制备的阴极，表现出与 Mg:Ag 电极相同的器件性能[46]。

5. 阴极铝的界面修饰[47]

铝(Al)是非常理想的 OLED 器件电极材料，它活性适中，如果被氧化，也仅仅在表面形成致密的氧化铝薄膜，可防止内层铝的进一步氧化。但是铝的功函数较大(4.3 eV)，与有机电子传输材料的 LUMO 通常有一定的差距，直接用作阴极，电子注入势垒将会较大。为了降低势垒，有大量研究集中在铝电极界面修饰上，使用的材料包括碱金属醋酸盐、其他碱金属化合物、碱金属氟化物及 n 型化学掺杂体系。下面分别阐述。

**碱金属化合物修饰**：碱金属醋酸盐，如 $CH_3COOM$, M = Li、Na、K、Rb、Cs，在热蒸镀时将发生裂解，并释放出相应的活性金属，活泼金属与铝反应可降低功函数。由此，增强电子注入，提高正负电荷的注入平衡，降低驱动电压，提高器件效率[48]。另外，在电子传输材料之上蒸镀 $Li_2O$、$LiBO_2$、$K_2SiO_3$、$CsCO_3$ 等碱金属化合物，再蒸镀铝电极，可以增强电子注入。其作用机制是，这些碱金属化合物在蒸镀过程中，在电子传输层 $Alq_3$ 表面发生裂解，形成碱金属氧化物，如，$Li_2O$、$K_2O$、$Cs_2O$ 等，增强了电子注入[49]。

**LiF 修饰**：目前最广泛使用的铝电极修饰是 LiF，也是目前最优秀的 OLED 阴极，它是由美国柯达公司的 L. S. Hung 等提出[50]。如图 5.17 所示，LiF/Al 电极比 Mg:Ag 电极、Al 电极的电流注入效率高很多，在电流密度为 100 mA/cm$^2$ 下，上述三个电极所需的驱动电压分别为 10 V、13 V、17 V，可见 LiF 对 Al 电极修饰后，显著改善了电子注入性能。

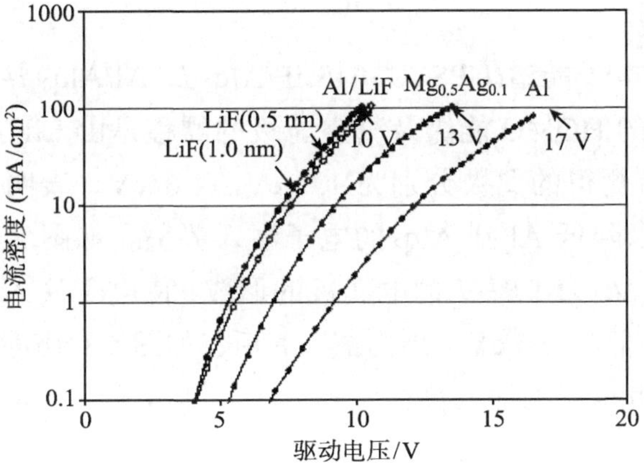


图 5.17　Al、Mg:Ag 合金、LiF/Al 作为阴极时，OLED 器件的 *I-V* 特性曲线[50]

LiF 对 Al 电极修饰使电子注入效率显著提高的机制，有多种解释，下面分别阐述。

1) 隧穿效应

当在电子传输层之上制备 LiF 后，再制备 Al 电极，由于电子可以透过 LiF 经 Al 的费米能级与电子传输层的 LUMO 形成隧穿效应，从而提高了电子注入，降低了器件驱动电压。同时，薄层 LiF 避免了 Al 与电子传输材料的直接接触，有效地消除了界面偶电层所导致的势垒。此机制可以解释以 LiF/Al 取代 Al 电极所得器件性能的提高。但是使用 LiF/Al 电极与掺杂 LiF 的 Al 电极，可以得到相同的器件性能，对此却无法解释，如图 5.18 所示。因为以 LiF 掺杂 Al，Al 电极将不可避免地与电子传输层相接触，经由 LiF 隧穿这种解释不能成立。

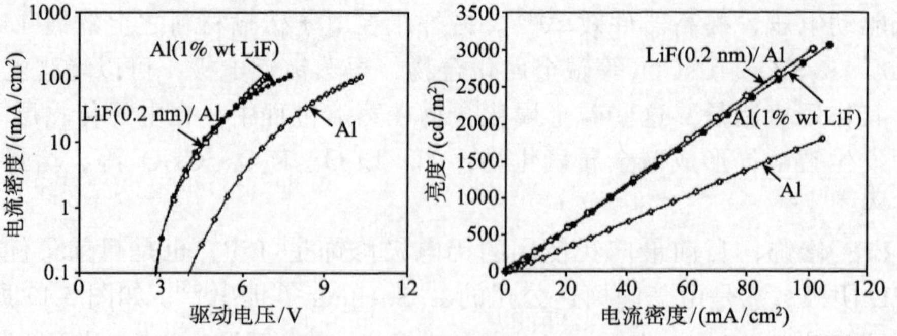


图 5.18　以 LiF/Al、1%LiF 掺杂的 Al、Al 作为 OLED 阴极的电流-电压、及亮度-电流曲线[51]

2) 界面偶极

通过紫外光电子能谱(UPS)对 Al/LiF/$Alq_3$ 及 Al/$Alq_3$ 界面电子结构进行分析发现，$Alq_3$ 的 HOMO 能级及真空能级的漂移是由 LiF 所致。在 Al/$Alq_3$ 和 Al/LiF 界面所测得的偶极分别为 1.0 eV、1.6 eV，表明 LiF 内嵌于 $Alq_3$ 与 Al 之间，可以降低 Al 到 $Alq_3$ 的电子注入势垒。如图 5.19(a)所示，由于 $Alq_3$ 与 Al 之间大小为 1.0 eV 的电偶极的形成，使电子注入势垒由不形成偶极时的 1.5 eV 降低到 0.5 eV，当内嵌 LiF 后，如图 5.19(b)所示，界面偶极增大为 1.6 eV，因此电子的注入势垒为−0.1 eV，即电子注入是能量有利方向，不存在注入势垒。

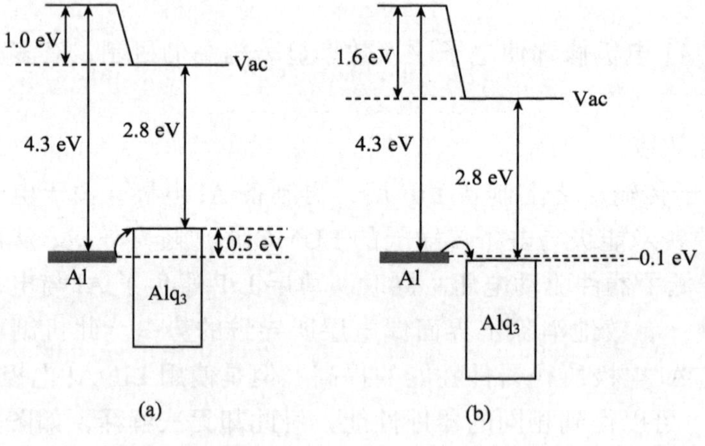


图 5.19　根据 UPS 对界面偶极分析结果，解释电子注入势垒降低的原因

(a) 未加入 LiF；(b) 嵌入 LiF

3) 水分子的存在，可降低铝功函数

研究发现，铝的功函数会随着少量 LiF 而戏剧化地下降。一种解释认为，在热蒸发过程中，水分子的存在使 LiF 解离，并在界面形成 Li-Al 合金。另一种解释认为，由于水分子在 LiF 分子上的化学吸附，Al/LiF 之间的界面形成大量偶极所致。但是最近的高分辨能量损失谱指出，在 LiF/Al 之间的界面不存在水分子，也没有 LiF 在铝界面的解离。

4) LiF 在 $Alq_3$、LiF 及 Al 共存下解离，是热力学可行的反应

通过 XPS、理论计算等研究，一些学者认为 LiF 在 $Alq_3$、Al 及 LiF 共同存在情况下发生解离，再与 $Alq_3$ 反应生成 $Alq_3$ 自由基阴离子。由于总反应的生成自由能近似为零，反应是热力学可行的。

LiF 与 Al、$Alq_3$ 之间存在如下的反应：

(a) $3LiF \rightarrow 3Li + 3/2F_2$　　$\Delta G_f = 421.5$ kcal/mole

(b) $Al + 3/2F_2 \rightarrow AlF_3$　　$\Delta G_f = -340.6$ kcal/mole

(a) + (b)$3LiF + Al \rightarrow AlF_3 + 3Li$　　$\Delta G_f = 80.9$ kcal/mole

(c) $3LiF + Al + 3Alq_3 \rightarrow AlF_3 + 3Li^+Alq_3^-$　　$\Delta G_f \approx 0$ kcal/mole

LiF、$AlF_3$ 的生成自由能分别为(−421.5÷3)−140.5 和−340.6 kcal/mole，因此 LiF 解离后与 Al 反应是一个吸热反应，过程可表示为(a)+(b)，生成自由能为 80.9 kcal/mole。这意味着在 Al 存在下，每一个 LiF 解离需要的自由能由 140 kcal/mole 降低为 80.9÷3= 26.9 kcal/mole。另一方面，根据量化计算，可以推算出 K 与 $Alq_3$ 发生一个电子转移反应，焓变约为−27 kcal/mole。由于 Li 与 K 功函数相近，假设 Li 与 $Alq_3$ 类似反应的焓变也是−27 kcal/mole，与 26.9 kcal/mole 可以相互抵消，因此在 Al、$Alq_3$ 及 LiF 共同存在下形成 $Alq_3$ 阴离子几乎不需要自由能，如过程(c)所示。上述反应最终生成的 $Alq_3$ 自由基阴离子，增强了电子注入和传输。

**n 型掺杂修饰**：从铝电极向有机材料注入电子的效率，也可以通过 n 型化学掺杂得到提高。同 p 型化学掺杂类似，将具有给电子特性的掺杂客体掺杂于电子传输材料中，发生电子转移反应后，电子传输材料由于得到电子而形成自由基阴离子，从而提高界面的欧姆接触特性，降低电子注入势垒。在掺杂体系中，活泼碱金属锂或铯由于良好的电子给出能力而被用作 n 型掺杂材料，它们可通过化合物的分解等途径获得。这些金属容易扩散到有机层，引起发光的猝灭，因此需要添加缓冲层。另外，Li 和 Cs 比较活泼，需要特殊的装料和蒸镀设备。以碱金属醋酸盐或碳酸盐来代替碱金属蒸镀，由于可以发生热裂解反应，释放出金属，同样具有 n 型化学掺杂效果。

### 5.2.3 载流子输运及器件电流

当正负载流子分别由阳极和阴极注入后，在电场的作用下，空穴和电子在有机薄膜中，主要以跃进模式相向移动，形成 OLED 器件的电流。根据电接触类型的不同，OLED 器件中的电流既可能是注入控制型的，也可能是受有机层内部空间电荷的限制，因此 OLED 中的电流特性比较复杂。关于载流子注入型器件的电流特性，请参见第二章的相关章节，这里将常常用于 OLED 器件电流分析的各种类型的电流表达式总结如下。

(1) 热电子注入限制电流：

$$j = A^{*}T^{2}\exp\left(-\frac{\phi_{\mathrm{B}}}{k_{\mathrm{B}}T}\right)\exp\left[\left(\frac{eU}{nk_{\mathrm{B}}T}\right)-1\right] \tag{5.1}$$

$$\text{或者 } j_{\mathrm{RS}} = A^{*}T^{2}\exp\left(-\frac{\phi_{\mathrm{B}}-\beta_{\mathrm{RS}}\sqrt{F}}{k_{\mathrm{B}}T}\right) \tag{5.2}$$

(2) 隧穿注入限制电流：

$$j_{\mathrm{FN}} = \frac{A^{*}}{\phi_{\mathrm{B}}}\left(\frac{eF}{\alpha k}\right)^{2}\exp\left(-\frac{2\alpha\phi_{\mathrm{B}}^{3/2}}{3eF}\right) \tag{5.3}$$

(3) 无陷阱或者陷阱填满的空间电荷限制电流：

$$j = \frac{9}{8}\varepsilon\varepsilon_{0}\mu\frac{U^{2}}{d^{3}} \tag{5.4}$$

(4) 有陷阱的空间电荷限制电流：

$$j = \frac{9}{8}\varepsilon\varepsilon_{0}\mu\cdot\Theta\cdot\frac{U^{2}}{d^{3}} \tag{5.5}$$

(5) 陷阱电荷限制电流：

$$j = q\mu N\left(\frac{2m+1}{m+1}\right)^{m+1}\left(\frac{m}{m+1}\cdot\frac{\varepsilon\varepsilon_{0}}{q^{m}N_{\mathrm{t}}'}\right)\frac{U^{m+1}}{d^{2m+1}} \tag{5.6}$$

上述各个公式中参数的含义请参见第二章的相关部分。

通过不同的研究，普遍认为在大部分 OLED 器件中电流遵循陷阱电荷限制模式，如上述的公式(5.6)。按照陷阱电荷限制模式，器件的电流与电压成幂次方关系：$j \propto U^{m+1}$，$m$ 取 6~8。例如，基于 $Alq_3$ 器件的电压-电流曲线中，电流正比于电压的 8 次方，如图 5.20 所示。

OLED 器件电流是很重要的性能指标，它反映了一定电压下器件载流子的浓度。对于发光材料量子效率相同、器件结构相似的器件，电流大通常意味着获得固定亮度所需要的驱动电压低，器件的功率效率也低。因此，设计及优化 OLED 器件的目标之一就是提高器件的电流。

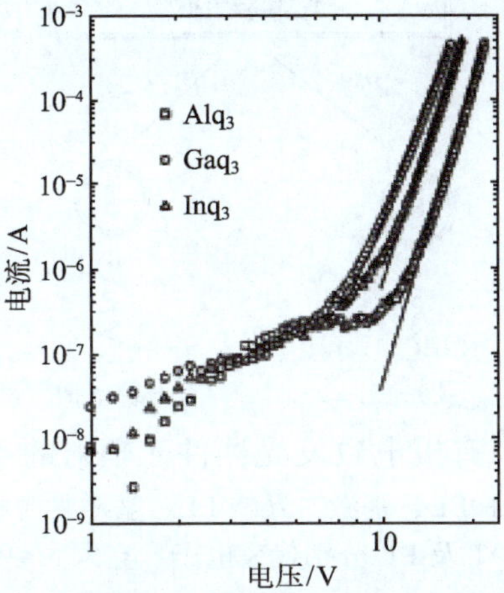


图 5.20　基于空穴传输 TPD(20 nm)与电子传输 $Mq_3$ 的 OLED 器件的电流–电压曲线

其中的实线是陷阱电荷控制电流模式的计算结果[52]

器件电流特性主要由电接触特性和有机材料自身的传输特性两个方面决定。有机材料载流子迁移率在 $10^{-8}$~$10^{-2}$ $cm^2/(V·s)$，电子迁移率通常比空穴低几个数量级。因此，除了电接触类型因素，OLED 器件驱动电压和功率效率在很大程度上取决于从阴极到发光层的电子电流。实验也的确证明了在 NPB/$ALq_3$ 组成的器件中，正向电压下，空穴传输层 NPB 的电压降显著小于电子传输层 $Alq_3$ 的电压降。

### 5.2.4　载流子复合产生激子及其光辐射衰减过程

OLED 器件中，载流子复合形成激子的过程包括两个步骤：电子/空穴由于能量上与材料 LUMO/HOMO 能级相当，而被俘获，形成带电极化子，该极化子倾向于俘获相反电荷，形成激子。激子存在的形式有多种可能性，诸如受激分子、不同分子间的电子转移复合物、相同分子间形成的基激二聚物等。有关激子在有机材料中，发生的包括光辐射在内的多种衰减过程，可参考第二章的相关内容。OLED 器件中，激子所在区域与器件结构关系密切，激子发生光辐射跃迁的发光，也有一定的特征。图 5.21 为 OLED 器件通过注入正负载流子、复合、产生光辐射的示意图。

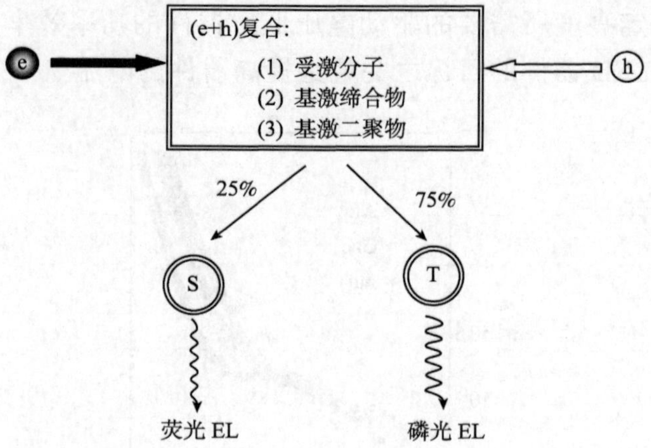


图 5.21 有机电致发光器件光辐射的不同种类

根据激子的化学结构分为分子 EL、基激二聚物 EL、基激复合物 EL；根据激子的多重性，分为荧光和磷光。e、h、S、T 及 EL 分别代表电子、空穴、单线态激子、三线态激子及电致发光

1. 复合区域

载流子复合区域与器件中空穴和电子的迁移率密切相关，同时也受器件能级结构的制约。不同结构的器件，载流子复合区域有多种情形，如，① 靠近阴极；② 在电子传输层内；③ 在中间发光层内；④ 既在空穴传输层，又在电子传输层；⑤ 由于阻挡层对激子/空穴的阻挡作用，复合区域被限制在空穴传输层。关于不同器件结构的载流子复合区域情况将在下面的器件结构部分讨论。

2. OLED 光辐射类型

根据不同分类原则，OLED 器件中的光辐射可以分成不同的类型：按照激子的多重性，可分为荧光和磷光；按照激子的化学结构特点，可分为分子发光、基激二聚物发光、基激缔合物发光。

**荧光与磷光**：通常认为单线态激子产生的光是荧光，三线态激子产生的光是磷光。OLED 器件是双注入载流子复合发光过程，根据量子统计，注入的载流子复合后产生单线态和三线态激子的比例大约为 1:3。单线态激子和三线态激子发生光辐射跃迁，分别产生荧光和磷光。由此，基于荧光材料和磷光材料的 OLED 器件最大内量子效率分别为 25%、100%。研究也发现了一些荧光 OLED 器件内量子效率大于 25%的特例[53,54]。磷光 OLED 的内量子效率可以达到 100%的原因，是除了直接产生 75%的三线态激子外，25%

的单线态激子可通过系间窜越转变为三线态激子。

**分子发光、基激二聚物/缔合物发光**：正常情况下，OLED 的光发射一般来自分子激子，但基于基激缔合物和基激二聚物的有机 EL 也时有报道。由于基激缔合物或者二聚物是一个分子的激发态与另一个分子基态相互作用的结果，是一种没有基态形式的亚稳定态。所以，基激缔合物和二聚物的形成通常会导致材料分子荧光的减弱。并且，基激缔合物或者二聚物的发光性能一般很差，峰很宽，不利于 OLED 器件色纯度的控制。但是，也有报道指基激二聚物或者基激缔合物可以产生很强的 EL，由于光谱覆盖宽，可应用于白光照明应用。例如，平面四边形骨架结构的铂金属配合物，可产生很强的基激二聚物发光[55,56]，加上分子本身的发光，形成了很强的白光 EL。再如，锌金属配合物可与相邻空穴传输层 TPD 在电激发下产生基激缔合物发光，与锌金属配合物分子发光一起形成了很好的白光 EL[57]；聚芴衍生物通过加热退火形成的芴酮，可与相邻的空穴传输材料产生红色基激缔合物发光，与器件其他活性组分发射的蓝光与绿光一起构成了色度很纯的白色 EL[58]。

3. 有机电致发光强度的空间分布

OLED 器件是层状的薄膜结构，电致发光通过透明阳极(ITO)和透明衬底(玻璃)发射出来，这是正常情况。也有顶发射 OLED 器件，即电致发光由阴极表面透射出来。一般认为，从 OLED 器件表面发射出来光的空间分布符合 Lambertian 光源特性，如图 5.22 所示。Lambertian 光源满足：假设垂直于发光表面的方向为 0°角时的发光强度为 $I_0$，则当发光角度偏离垂直表面 $\theta$°时，发光强度 $I$ 表示为

$$I = I_0 \cos\theta \tag{5.7}$$

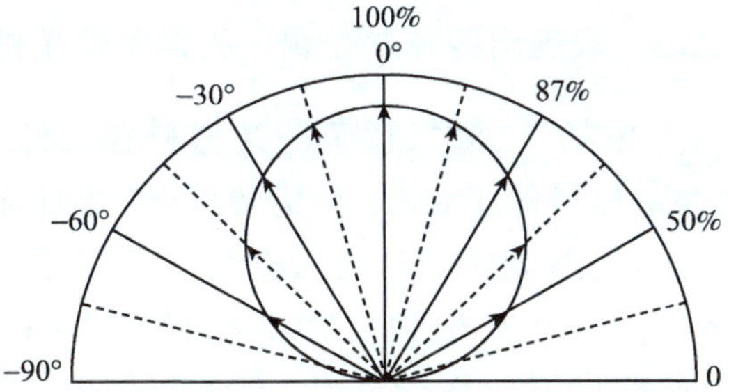


图 5.22　OLED 器件的光发射一般符合 Lambertian 光源特性

### 5.2.5　主体材料中掺杂磷光材料的电场激发过程和机制

近年来，基于磷光机制的有机电致发光(phosphorescent organic light-emitting diode, PhOLED)研究迅猛发展，器件的内量子效率已经实现了100%[10,59]。图 5.23 展示了较有代表性的红、蓝、绿等各种发光颜色的磷光材料。磷光机制器件主要采用掺杂发光器件结构，这里一方面是由于磷光材料比较昂贵，不宜用作主体材料。另一方面，掺杂器件有许多优点(该部分可参考下面的掺杂器件结构部分)，诸如方便的器件结构设计和材料设计、器件寿命的延长等。因此，使掺杂磷光材料得到最大限度的激发，高效率地获得电极注入能量，是提高器件效率的非常重要手段。这里，我们将讨论该类器件中，掺杂磷光材料的主要电场激发过程和机制[60,61]。

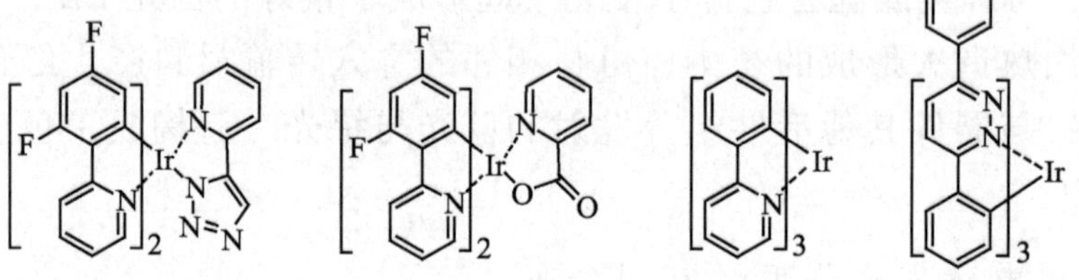

FIrpytz 460 nm　　FIrpic 475 nm　　$Ir(ppy)_3$ 516 nm　　$Ir(BPPya)_3$ 544 nm

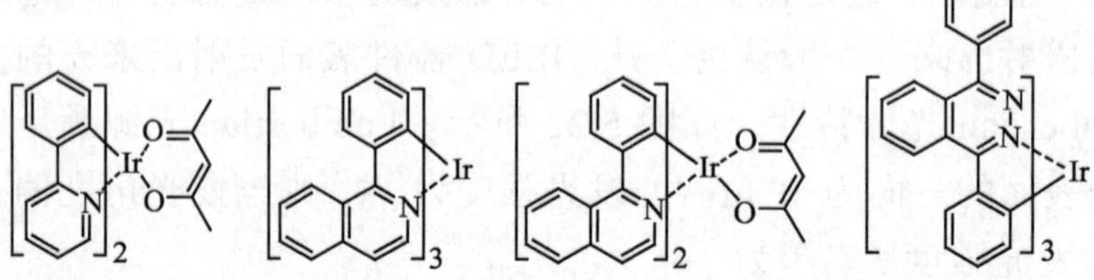

$(ppy)_2Ir(acac)$ 516 nm　　$Ir(piq)_3$ 620 nm　　$Ir(piq)_2acac$ 624 nm　　$Ir(BPPa)_3$ 624 nm

图 5.23　表现出各种发光颜色的典型磷光材料

如图 5.24 所示，在电场下，激发掺杂磷光材料有三种途径：① 和 ② 分别是由主体材料到掺杂材料的 Förster 能量转移(实线细箭头)和 Dexter 能量转移(实线粗箭头)；③ 是掺杂材料对注入电荷的直接俘获(虚线箭头)。电荷被掺杂材料直接俘获，通常必须满足掺杂材料 HOMO 能级在主体材料 HOMO 能级之上，或者/同时，掺杂材料 LUMO 能级在主体材料 LUMO 能级之下。

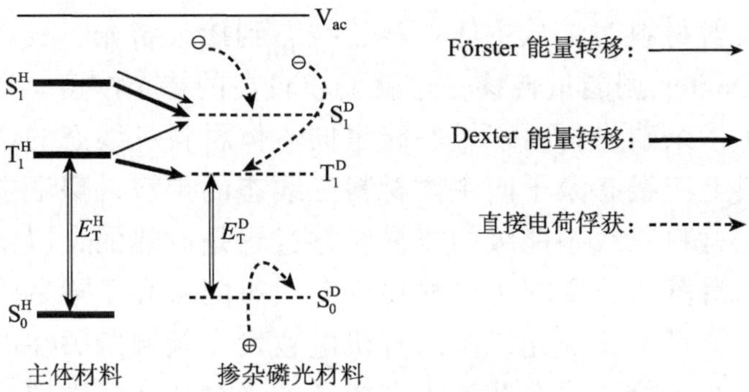


图 5.24　在电场下激发掺杂磷光材料有三种途径

Förster 能量转移(实线细箭头)、Dexter 能量转移(实线粗箭头)，以及掺杂材料对注入电荷的直接捕获

能量转移过程的细节可参见第 2 章，但这里需要注意的是，由于磷光材料的三线态通常有寿命长、吸收系数小的特点，因此从主体材料到掺杂磷光材料的能量转移有相应特点。例如，从主体材料单线态到掺杂材料三线态的能量转移是不易发生的过程，这主要是由于三线态吸收较弱(不满足 Förster 能量转移中的受体需有较大吸收系数)及这两个态自旋特性不同(不满足 Dexter 能量转移中的自旋守恒)的缘故；类似地，由主体材料三线态到掺杂材料三线态的 Förster 型能量转移(三线态吸收较低)，以及由主体材料三线态到掺杂材料单线态的 Dexter 型能量转移过程也不易发生(不满足自旋守恒)。

基于此，可能发生的由主体材料(单线态及三线态)到掺杂磷光材料三线态的能量转移过程表示如下：

$$
\begin{aligned}
&(1)\quad S_1^{\ H} + S_0^{\ D} \xrightarrow{\text{Förster}} S_0^{\ H} + S_1^{\ D} \xrightarrow{\text{ISC}} S_0^{\ H} + T_1^{\ D}\\
&(2)\quad S_1^{\ H} + S_0^{\ D} \xrightarrow{\text{Dexter}} S_0^{\ H} + S_1^{\ D} \xrightarrow{\text{ISC}} S_0^{\ H} + T_1^{\ D}\\
&(3)\quad T_1^{\ H} + S_0^{\ D} \xrightarrow{\text{Förster}} S_0^{\ H} + S_1^{\ D} \xrightarrow{\text{ISC}} S_0^{\ H} + T_1^{\ D}\\
&(4)\quad T_1^{\ H} + S_0^{\ D} \xrightarrow{\text{Dexter}} S_0^{\ H} + T_1^{\ D}
\end{aligned}
\tag{5.8}
$$

式中，S 和 T 分别表示单线态和三线态，下标 0 和 1 表示分子的基态和激发态，上标 H 和 D 代表主体材料和掺杂材料，ISC 是系间窜越。根据磷光材料三线态特点，(1)和(2)是主要的主体材料单线态到磷光掺杂材料三线态的能量转移过程，(3)和(4)是主要的主体材料三线态到磷光掺杂材料三线态的能量转移过程。另外，过程(3)只有在主体材料是磷光发射材料时，才比较有效[62]，因为 Förster 型能量转移要求主体材料是发光的。很明显，当主体材料是荧光发射材料时，从主体材料三线态到掺杂磷光三线态的主要能量转移过程是 Dexter 型能量转移，这就要求较高的掺杂浓度。还必须注意的是，为了防止掺杂磷光材料三线态能量向主体材料三线态的逆向转移，即防止磷光材料上三线态激子向主体材料三线态的扩散，保证主体材料三线态向掺杂磷光材料三线态能级的能量转移过程是放热的，以便提高发光效率和减小效率滑落，还要求主体材料的三线态能级高于掺杂磷光材料的三线态能级，这就是基于磷光机制的有机电致发光领域所关注的三线态载流子限域问题。在评价三线态载流子在掺杂磷光材料上的限域程度时，通常以掺杂材料三线态能级($E_T^D$)与主体材料三线态能级($E_T^H$)之差($\Delta G$)为判断依据，即 $\Delta G = E_T^D - E_T^H$。M. A. Baldo 等通过测量器件的瞬态电致发光和拟合得出的光辐射寿命，对不同 $\Delta G$ 的主体材料掺杂磷光材料体系进行了研究。他们发现，由主体材料三线态到掺杂材料三线态的能量转移可以发生在 $\Delta G$ 略微大于 0 或小于 0，以及等于 0 的体系，但 $\Delta G$ 小于 0 的体系将有利于两个三线态之间的能量转移[62]。Y. Kawamura 等研究了不同主体材料中、不同掺杂浓度下，掺杂薄膜的发光量子效率情况。经过分析发现，掺杂薄膜的发光量子效率对主体材料有很强的依赖性[59]。当蓝色磷光发射材料 FIrpic(图 5.23, bis[(4,6-difluorophenyl)pyridinato-N,$C^2$] (picolnato) iridium(III)) 掺杂在经典磷光主体材料 CBP (4,4'-bis (*N*-carbazolyl) -2,2'-biphenyl)中时，薄膜的发光量子效率可在高掺杂浓度 15%下达到最大，为 79%。而当 FIrpic 掺杂在 mCP(m- bis(N- carbazolyl) benzene)中时，在很小掺杂浓度 1.4%时，薄膜的发光量子产率就能够达到 100%。

如图 5.25 所示，这些差别主要来自于主体材料间 HOMO、LUMO 及三

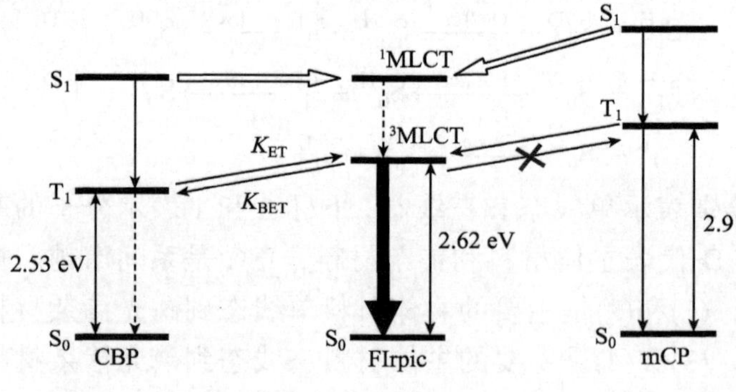


图 5.25　FIrpic 掺杂于 CBP 或者 mCP 主体材料中的能量转移机制

$K_{ET}$ 和 $K_{BET}$ 分别代表正向能量转移速率和逆向能量转移速率

线态能级的不同。当 CBP 作为主体材料时，FIrpic 的三线态激子能量大于 CBP 三线态能量，因此 FIrpic 三线态激子易发生向 CBP 三线态转移的过程，使 FIrpic 三线态激子数量减少，导致较低的发光量子效率。当 mCP 作为 FIrpic 的主体材料时，情况有所不同。由于 mCP 三线态能级高于 FIrpic 三线态能级，激子由 FIrpic 向主体材料 mCP 的转移，在热力学角度是不利的，因此 FIrpic 的三线态激子可以被限制在 FIrpic 本身，而不会向主体 mCP 移动，导致了较高的光量子产率。

在主体材料-掺杂磷光材料体系中，从掺杂磷光材料三线态到主体材料三线态的逆向能量转移过程，可以通过许多途径得到观测或证实。例如，低温下检测主体材料的三线态发光[63]、分析掺杂薄膜在不同温度下发光光谱变化[64]、光诱导吸收谱分析[65,66]、瞬态发光光谱分析等[67]。

虽然通过选择三线态能量较高的主体材料，可以抑制磷光掺杂材料激子向主体材料的转移，得到较高的发光效率。但也有使用三线态能量较低的主体材料却得到较高发光效率的特殊例子。如选用三线态能量较低的聚芴衍生物作为一个磷光材料的主体材料时，如果在阳极和掺杂发光层之间嵌入可阻挡电子移出的缓冲层，使电子聚集在发光层内靠近阳极的界面，而阳极注入的空穴可以通过直接俘获的方式注入到掺杂磷光材料中，随后与聚集在界面处的电子复合产生磷光发射，器件的效率可高达 36.8 cd/A 及 12.3%[68]。H. H. Liao 等的研究表明掺杂薄膜的形貌对是否发生从主体材料到掺杂材料的 Dexter 能量转移过程至关重要，如果掺杂材料的磷光寿命足够短，则在三线态激子能量较高的情况下，也会产生主体材料三线态到掺杂材料三线态的 Dexter 能量转移[65]。我们使用新型磷光材料 $Ir(BPPya)_3$ 制备 PhOLED 器件，通过器件物理机制研究，指出磷光三线态激子-三线态激子(T-T)的猝灭作用，可通过激子复合区域的限域及展宽得到抑制，从而得到了效率高、且随电流密度滑落小的高性能器件[69]。

对于同一个磷光发射材料掺杂在不同主体材料中形成的 PhOLED 器件，由于主导器件机制的不同，其性能可大不相同。以最经典的磷光材料 $Ir(ppy)_3$ [tris(2-phenylpyridine) iridium(III)] 为例，基于不同主体材料的 PhOLED 器件的主要器件参数列于表 5.1。由表可以看出，以真空蒸镀方式制备的器件通常比旋涂制备的器件性能好，这可能是由于真空条件下由于环境比较清洁，可以减少缺陷的形成，避免外来杂质，形成无针孔薄膜的几率较高。

另外，$Ir(ppy)_3$器件性能与主体材料、器件结构的关系很大，其效率可相差很远，例如较好器件的效率高达105 cd/A(29%，或133 lm/W)[70]，95 cd/A(27%，或97 lm/W)[71]，73.0 cd/A(19.2%，或70.2 lm/W)[72]及77.9 cd/A(20.2%，或59.3 lm/W)[73]。不够理想器件的效率可低至4.5 lm/W[74]及 20 cd/A[75]。可见，选择适当的主体材料并配合发光机制来设计器件结构，对提高器件效率非常重要。

**表 5.1　不同主体材料、不同结构下，基于 $Ir(ppy)_3$ 的器件性能及结构特征[a]**

| 主体材料 | HOMO/LUMO/eV | 三线态能量/eV | 制备方法 | 器件最大效率 | | | 器件结构特征 | 参考文献 |
|---|---|---|---|---|---|---|---|---|
| | | | | /(cd/A) | /% | /(lm/W) | | |
| CBP | NA/NA | NA | dep | 105 | 29 | 133 | 低电子注入势垒，高电子传输 | [70] |
| TCTA/CBP[b] | NA/NA | 2.85/2.6 | dep | 95 | 27 | 97 | 化学掺杂，电荷平衡，高反射阴极 | [71] |
| TCTA | 5.9/2.7 | NA | dep | 73.0 | 19.2 | 70.2 | 高效空穴限域，EML层电子注入易 | [72] |
| o-CzOXD | 5.6/2.6 | 2.68 | dep | 77.9 | 20.2 | 59.3 | 低空穴注入势垒，空穴、电子双俘获，双极性主体材料 | [73] |

续表

| 主体材料 | HOMO/LUMO/eV | 三线态能量/eV | 制备方法 | 器件最大效率 | | | 器件结构特征 | 参考文献 |
|---|---|---|---|---|---|---|---|---|
| | | | | /(cd/A) | /% | /(lm/W) | | |
| TFTPA | NA/NA | 2.89 | dep | 44.1 | 12.0 | 21.0 | 直接电荷俘获，掺杂材料可以在高浓度下均匀分散于主体材料 | [76] |
| ttbCBP | 5.7/2.5 | 2.64 | dep | 28.8 | 8.8 | 16.4 | 空间立构主体材料，高效能量转移 | [77] |
| DFC | 5.6/2.2 | 2.53 | dep | NA | 10.5 | 25 | 高效能量转移 | [78] |
| TCTA | 5.9/NA | NA | dep | NA | 13.5 | 53 | 化学掺杂，高效能量转移及直接电荷俘获 | [79] |
| TRZ2 | 6.0/2.6 | 2.81 | dep | NA | 10.0 | 15.9 | EML 中电荷平衡 | [80] |
| TAZ | NA/NA | NA | dep | NA | 15.6 | 42 | 电子传输主体材料，较好的载流子和激子限域 | [81] |
| OXD | 5.9/NA | NA | dep | 26 | NA | 10 | 高效能量转移及直接电荷俘获 | [82] |
| Bepp2 | 5.7/2.6 | NA | dep | 38.3 | NA | 46.6 | 电子传输主体材料，极低注入电压 | [83] |

续表

| 主体材料 | HOMO/LUMO/eV | 三线态能量/eV | 制备方法 | 器件最大效率 | | | 器件结构特征 | 参考文献 |
|---|---|---|---|---|---|---|---|---|
| | | | | /(cd/A) | /% | /(lm/W) | | |
| BUPH1 | 5.9/2.8 | 2.4 | dep | 28 | NA | 33 | 双极性且载流子迁移快的主体材料 | [84] |
| BOBP3 | 6.2/2.8[c] | 2.53 | dep | 26 | NA | NA | 高效能量转移 | [85] |
| DPCLP | 5.5/2.2 | 2.47[c] | dep | NA | 11.2 | NA | 电子传输主体材料 | [86] |
| TCTA/CBP[b] | NA | NA | dep | NA | 14 | NA | EML 内激子限域 | [87] |
| TCTA:TPBI | NA | NA | dep | NA | ~16 | NA | 混合主体材料形成较宽发射区域 | [88] |
| Me-TBBI | 5.37/2.19 | 2.76 | spn | 27.4 | NA | 4.5 | 双极性主体材料，载流子注入和输运平衡 | [74] |
| TDAPB | 5.1/1.6 | NA | spn | 20 | NA | NA | 薄膜均匀性和高效能量转移 | [75] |

注：[a] NA, EML, dep, spn 分别代表未提供、发光层、真空蒸镀及旋涂；[b] 指双发光层；[c] 根据参考文献推算。

## 5.3　有机电致发光的器件结构及相关工作机制

面向应用的 OLED 研究，主要有以下几个目标：① 提高发光效率；② 降低驱动电压；③ 优化光色纯度；④ 增强器件稳定性和寿命。随着研究的深入，研究者们提出了形形色色的 OLED 器件结构(包括使用不同功能材料)，来提高器件性能。

根据发光层中发光物质存在形式的不同，可以将器件分为主体发光和掺杂发光两类。根据器件中有机层的数量可将 OLED 器件简单地分为单层器件、双层器件、三层器件、多层器件等。除此之外，基于白光 OLED 对光色的特殊要求，其器件结构也比较特殊，可能为单层器件结构，也可能是多层器件结构。以下将逐一讨论。

### 5.3.1　主体发光与掺杂发光器件结构

以三层器件结构为例，主体发光与掺杂发光的器件结构示于图 5.26 中，① 其中的 HTL 和 ETL 分别代表空穴传输层和电子传输层。② 在主体发光器件中，发光材料的聚集方式存在(图 5.26(a))。这类器件具有结构简单。发光中心较多的优点。但是一些有机发光材料，虽然其分子在较低浓度时发光很强，分子聚集态却表现出强烈的浓度猝灭特性，不能用于主体发光器件中。将这类材料分散在主体材料中，制备的掺杂发光器件(图 5.26(b))可以实现很好的电致发光。与主体发光器件有所不同，掺杂发光器件中，除了掺杂材料直接俘获载流子外，激子形成过程还包括了从主体材料向掺杂材料的能量转移过程。能量由主体材料向掺杂材料转移的详细内容，可参见第二章的相关内容，以及本章在器件机理部分对基于磷光器件中掺杂材料激子产生机制的讨论。

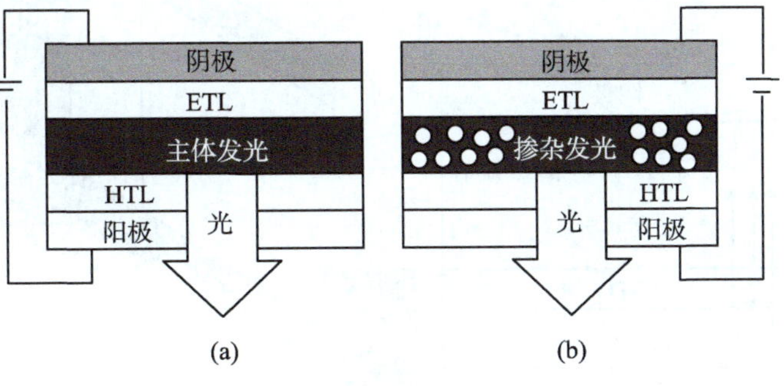


图 5.26　主体发光(a)与掺杂发光(b)器件结构

与主体发光相比，掺杂发光有很多优点。例如，利用掺杂发光既可以通过避免材料发光的浓度猝灭来提高器件发光效率，又可以减慢器件老化过程[89,90]。另外，采用掺杂发光，还可增加器件设计的灵活性。因为发光层与上下相邻两层之间的载流子注入势垒、发光层的载流子输运能力可通过选择主体材料调节，无需考虑掺杂材料。而器件的发光性能则可以通过选择适当的掺杂材料而得到控制。掺杂发光器件结构对功能材料的分子设计要求也有所降低，因为可以在材料设计时将电学特性和光学特性分开来考虑：主体材料控制器件发光层的电学性质；而器件对发光性能的要求可主要由掺杂材料来实现。

### 5.3.2　单层器件结构

单层器件是最简单的有机电致发光器件，由一层有机发光材料夹在一对电极之间构成，如图 5.27 所示。图中示意性地表示出电极与有机层之间的能级位置关系，其中电极以功函数表示，有机层以最高占据分子能级(the highest occupied molecular orbital, HOMO)和最低空置分子能级(the lowest unoccupied molecular orbital, LUMO)表示。阳极功函数与有机层 HOMO 能级之差可用来估算空穴注入势垒，阴极功函数与有机层 LUMO 能级之差可用来估算电子注入势垒。施加正向电压后，有机层的 HOMO 和 LUMO 能级发生倾斜，阳极处的空穴和阴极处的电子分别克服各自的注入势垒后被注入到有机层，经过相向输运后复合，最终有光发射出来。

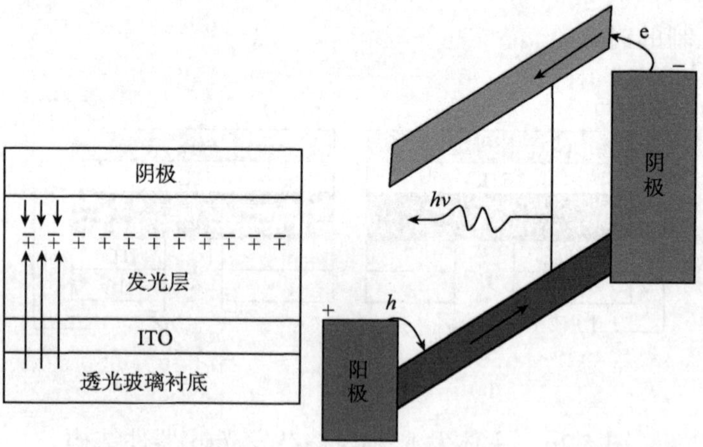


图 5.27　单层器件结构及其能级关系示意图

图中注明了复合区域、电子及空穴的注入、传输和复合过程

基于一种有机材料的单层器件，性能通常都较差。原因是有机材料载流子传输特性一般是单一的，它们很少有机会同时具有传输空穴和电子的双极性输运能力。而且，大多数有机材料的空穴输运比电子输运要快。因此由电极注入的电子和空穴经过有机层的传输，将会在靠近阴极附近复合，导致激子在阴极金属表面的猝灭，大大降低器件量子效率。另一方面，由于正负载流子传输的不平衡，大部分空穴由于没有足够电子的出现而没有机会形成激子，导致载流子复合几率较低，进一步降低器件量子效率。为了防止激子被电极猝灭，至少要将载流子复合区域远离电极 20~30 nm 以上，因为激子的扩散长度是这个数值[91]。利用电子和空穴载流子迁移率相当的材料作为有机层，或者将活性层厚度增加，可以使载流子复合区域远离正负电极。但是，由于有机材料载流子迁移率一般较低，很厚的器件，电荷不易注入，导致器件功率效率极低。因此单层器件结构不易达到低电压、高效率的性能。

但是，一层有机膜不一定是只有一种材料。如果将几种功能材料，如正负载流子注入/传输材料、发光材料等，通过共蒸或者将其混合旋涂等方式，合理地组合形成一个单层有机薄膜，并有效地防止多材料混合时容易发生的各种不利于发光的过程，诸如非辐射能量转移、电荷转移态的形成、陷阱对载流子的捕获、以及其他电子和空穴传输材料间的相互影响，也可以得到性能较好的单层器件[92]。

### 5.3.3 双层器件结构

双层 OLED 器件是由空穴传输材料和电子传输材料相继制作成薄膜，内嵌于正负电极之间构成，如图 5.28 所示。器件中，在阳极之后是能级匹配的空穴传输层(HTL)，而在阴极之前为能级匹配的电子传输层(ETL)。双层器件中，空穴传输通常要比电子传输快大约两个数量级(空穴传输材料的空穴迁移率约 $10^{-3}$ $cm^2/(V\cdot s)$，电子传输材料的电子迁移率约 $10^{-5}$ $cm^2/(V\cdot s)$。而且，电子传输材料的 HOMO 能级通常比空穴传输层的 HOMO 能级低，使空穴由 HTL 到 ETL 的输运受到阻挡。因此，较快到达 HTL/ETL 界面的空穴大部分聚集在界面附近的 HTL 内。当电子传输到界面附近时，可与此处空穴复合，并可能导致光发射。一般地，由于器件中空穴传输通常比电子传输快几个数量级，因此，HTL/ETL 界面处空穴浓度较高，容易向 ETL 扩散。结果使双层器件的载流子复合区靠近电子传输层，因而电致发光通常来自电子传输材料。

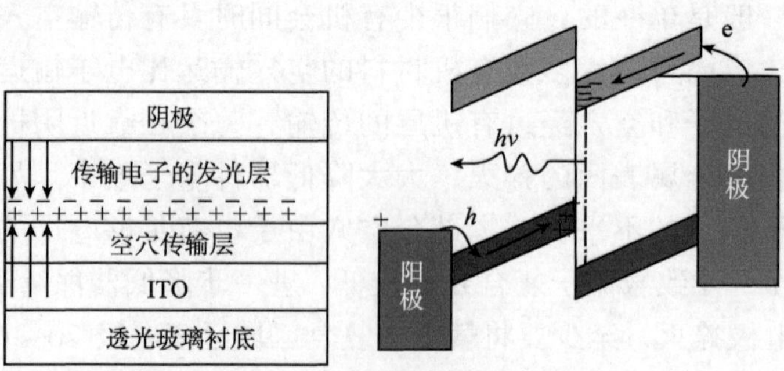


图 5.28　双层器件结构及其能级关系示意图

图中注明了复合区域、电子及空穴的注入、传输和复合过程

上述电子传输层发光的器件结构是双层器件的主要形式，实际中也存在少数双层器件的发光层是空穴传输层的例子，尤其是空穴传输层中掺杂发光材料的情形[93,94]。

双层器件的优点体现在三个方面：第一，可以灵活地选择分别与阳极和阴极功函数匹配的空穴传输和电子传输材料，解决了正负电极的真空能级与有机材料的双向匹配问题，使器件中电子和空穴容易达成注入和传输平衡，有利于提高载流子复合效率。另外，与单层器件相比，双层器件的电子和空穴注入都比较容易，因此器件驱动电压也显著降低。第二，由于双层器件可以分别选择空穴注入/传输、电子注入/传输材料，降低了对材料性能的要求。第三，载流子复合区域在有机材料的内部，远离两个电极，防止了电极对激子的猝灭，提高了光辐射的几率。

### 5.3.4　三层器件结构

为了更进一步优化器件结构，提高器件性能，人们提出了三层器件结构，主要包括两种情形，如图 5.29(a)和 5.29(b)所示。第一种三层器件由阳极、HTL、发光层(EML)、ETL、阴极依次构成；另一种三层器件由阳极、发光的 HTL、限制层、发光的 ETL、阴极依次构成。前一种器件中，中间是发光层，其特点是 HTL 较高的 LUMO 对电子由 EML 进一步向 HTL 方向的输运起到阻挡作用，而 ETL 较低的 HOMO 对空穴由 EML 进一步向 ETL 方向的输运起到阻挡作用。后一种器件中，中间层是载流子限制层，它对正负两种载流子的输运都起到部分的限制作用，即部分地限制空穴由 HTL 进入

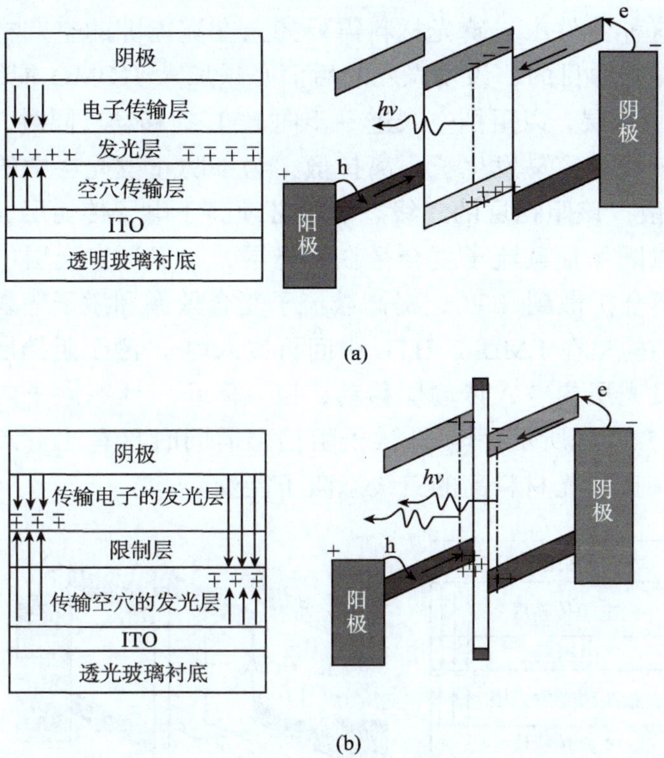


图 5.29 三层 OLED 器件中能级排列，载流子注入、传输和复合及发光示意图
(a) 中间为发光层；(b) 中间为载流子限制层

ETL，并且部分地限制电子由 ETL 进入 HTL，结果使 HTL 和 ETL 都发生载流子复合，并产生光发射。对于前一种三层器件，其优点是可将载流子复合区域较好地限制在器件中部的 EML 内，提高了复合效率，并防止了电极对激子的猝灭。该结构的另一个优点是，每层分别起一种作用，可选择材料的范围比较宽泛，器件的优化也较为容易。对于后一种三层器件，除了具有双层器件的优点外，还通过中间限制层的作用，使器件产生两个发光区域，产生不同的光色，这样的结构也是获得白光的一种方法[95]。由于限制层需要同时具有限制空穴向阴极方向和限制电子向阳极方向迁移的作用，因此它必须具有较低的 HOMO 和较高的 LUMO 能级。

### 5.3.5 多层器件结构

为了达到最优的器件性能，或者达到某种发光颜色，可对上述三层器件结构做进一步的优化和设计。如图 5.30(a)所示，是经典磷光机制 OLED 器件结构。在这种器件中，磷光材料需要掺杂在宽能隙的空穴材料内。为了达到这一层发光的目的，该发光层的后面必须加入 HOMO 能级比 HTL 的 HOMO 低的阻挡层，以阻挡空穴进一步向 ETL 的移动。同时，由于三线态激子的寿命较长，容易发生长距离扩散，为了防止发光层中的三线态激子向 ETL 的扩散，该阻挡层的三线态能级必须高于电子传输层三线态能级。这样，就可以既保证载流子复合区在发光层，又保证发光层中磷光材料的三线态激子不会扩散到 ETL，提高载流子复合效率和激子辐射效率。更进一步的器件结构是在 EML 与 HTL 中间再嵌入电子/激子阻挡层，其作用是阻挡电子由发光层向空穴传输层移动，以及阻止三线态激子向空穴传输层扩散，如图 5.30(b)所示。电子/激子阻挡层需同时具有比空穴传输层高的 LUMO 能级和比磷光材料高的三线态激子能量。

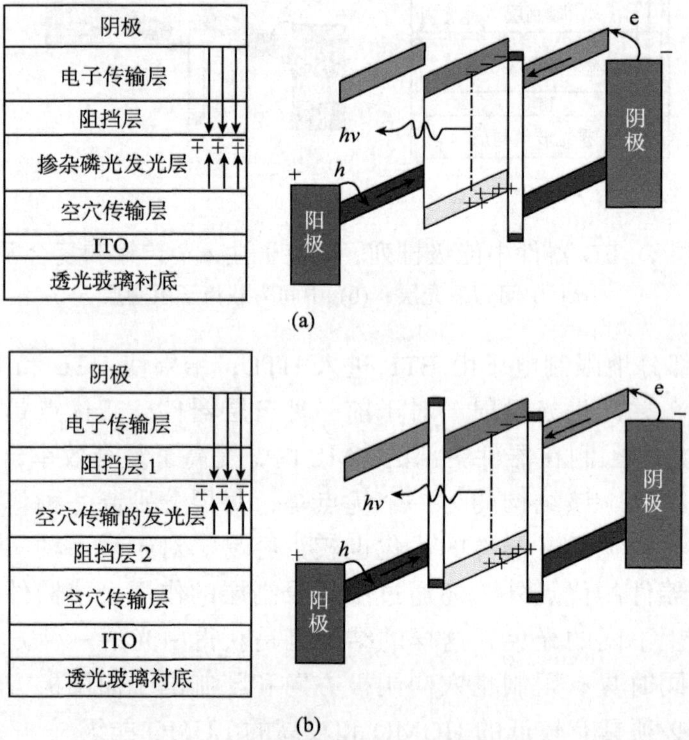


图 5.30　多层 OLED 器件结构及其能级排列，载流子注入、传输和复合及发光示意图

(a) 含有空穴/激子阻挡层；(b) 同时含有空穴/激子和电子/激子阻挡层

当然还有更为复杂的器件结构，例如，在空穴传输层与阳极之间、电子

传输层与阴极之间，可以分别内嵌电极修饰层[50,22,23]，或者加入化学掺杂的载流子传输层[29,33,41]。具体机制及作用请参见前面电极修饰部分，这里不作详细阐述。

### 5.3.6 白光器件结构

白光 OLED(WOLED)的器件结构最为复杂，因为通常需要不同光色进行混合，才可以产生白光效果。白光的获得策略通常有三种，如图 5.31 所示。图 5.31(a)中，发光层为单层，发光材料可以是两种或三种的组合[96,97]，或是具有白色电致发光的单一材料(这里发光机制包括分子发光[98,99]、基激二聚物[100]或者基激缔合物产生白光[56,57,101-103])；图 5.31(b)是多发光层的白光器件，每一发光层产生一种或两种光色，白光发射效果由多发光层中不同颜色的 EL 光谱组合产生 [104,105]；图 5.31(c)是能量下转换器件，器件产生的蓝色 EL 可以部分地将能量转移给透明电极表面的低能量发光材料(如橙光或红光)，产生组合白光[106]。这些结构都可以产生较好的白光，尤其是磷光材料的引入，由于可以 100%利用电注入方式产生的激子，使白色 OLED 器件效率大大提高，表现出在白光照明方面的应用潜力。

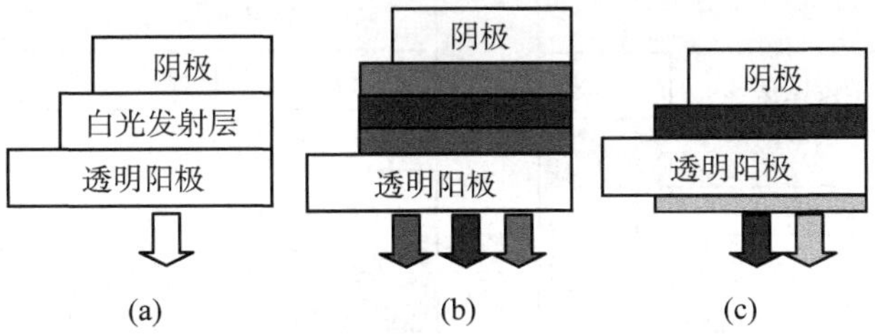


图 5.31 白色 OLED 获得策略

(a) 不同发光颜色的材料，共同掺杂于一个主体材料中的单发光层器件；(b) 两个或者三个不同光谱的发光层组合形成的白光；(c) 通过能量下转换产生白光

近年来，利用磷光-荧光组合机制产生 WOLED 的器件研究获得了极大成功。如图 5.32(a)所示，来自 2006 年 S. R. Forrest 科研组的 Nature 报道[107]，器件有两个载流子复合区域，分别在靠近电极的两侧：空穴传输层/发光层、发光层/电子传输层的两个界面附近。两个载流子复合区域内的单线态激子能量通过掺杂蓝色荧光材料来截获；而复合区域的三线态激子由于寿命较长，容易发生长距离扩散，可以扩散到器件中部。在这些区域，通过分段

掺杂绿色、红色磷光材料可以充分地利用三线态激子。由此，载流子复合产生的单线态和三线态激子都得到了利用，器件效率较高。该白光器件的最大总效率(包括前面、后面和侧面三个部分的光)为 37.6 lm/W，显色指数(corlor rendering index, CRI)为 85。2007 年来自 K. Leo 科研组的 *Advanced Materials* 中的一篇报道[108]，展示了一种截获蓝色荧光发光层中三线态激子的器件结构，如图 5.32(b)所示。器件的载流子复合区域位于中部，该处的主体材料利用单线态激子产生蓝色荧光，而该处三线态激子通过向两端扩散，将能量转移给掺杂的绿色磷光和橙色磷光。由此，荧光与磷光混合产生了很好的白光。由于载流子复合区域分布在发光层/电子传输层的界面，以及蓝色荧光发光层的三线态能级与橙色磷光材料的三线态能级匹配，因此这非常有利于蓝色荧光发光层中三线态激子向橙色磷光层的扩散。器件在 100 cd/m$^2$ 时，总的效率为 57.6 lm/W。2009 年，K. Leo 等在 *Nature* 上报道的工作，通过加入光引出层，进一步将与上述结构类似器件的效率提高到 100 lm/W(这里指的是器件光发射面效率，而不是器件总效率)[109]。这在功率转换效率角度完全达到了照明应用的要求。

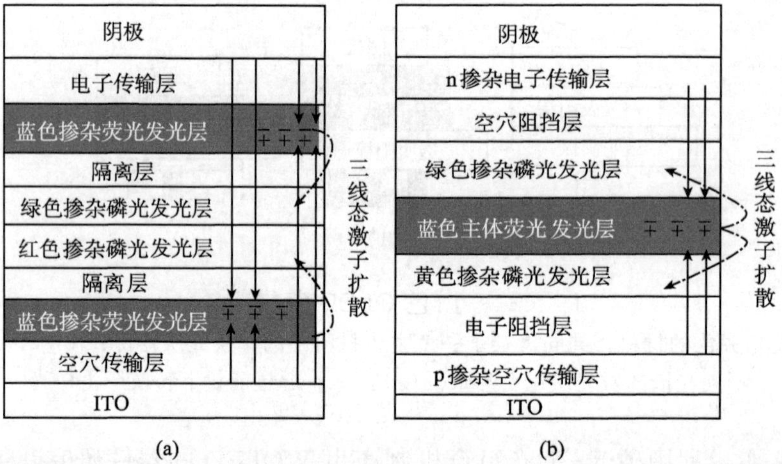


图 5.32　荧光与磷光机制组合产生的白光 OLED 器件结构

阴影部分为器件的复合区域。(a) 含两个复合区域，分别在器件两端。复合区域只是利用单线态激子发射蓝色荧光，而三线态激子则通过扩散过程到达器件中部，再将能量转移给掺杂的红色及绿色磷光材料。(b) 复合区域在器件中部，该处利用单线态激子发射蓝光，而三线态激子则通过扩散过程向两边输运：达到 HTL，能量转移给掺杂橙色磷光材料；达到 ETL，能量转移给掺杂绿色磷光材料

# 5.4　有机电致发光器件表征

## 5.4.1　开启电压和驱动电压

开启电压通常指的是在器件亮度为 1 cd/m$^2$ 时器件所需电压，开启电压低，说明器件两个电极与有机活性层之间的欧姆接触特性较好，载流子不需要克服太多的势垒便能够注入。但器件的开启电压不会小于发光材料的能隙，这是最小需要克服的本征势垒。驱动电压是器件正常工作时所需电压，一般是在一定的电流密度条件下，如 20 mA/cm$^2$。由于有机电致发光是双载流子注入型发光器件，驱动电压一般较低，可以在几个或者十几个伏特电压下工作。驱动电压决定于正负电极处的注入势垒，以及器件中正负载流子的迁移率，而器件电流受空间电荷限制。如前所述，空穴注入势垒由阳极功函数与有机材料的 HOMO 能级之差决定，电子的注入势垒由阴极功函数与有机材料的 LOMO 能级差决定。如果注入势垒较高，载流子必须用较大的能量来克服注入势垒，因此需要较大的驱动电压。而较大的驱动电压将加速器件的老化。

## 5.4.2　发光效率

OLED 器件的工作机制是注入载流子后产生光发射，器件光发射性能的好坏用器件发光效率来衡量，共有三种表示方法：一是发射光量子数占注入载流子数的百分比，称为量子效率，单位是%；二是输出光功率占输入功率的百分比，称为功率效率，单位是 lm/W；三是器件发射亮度占注入电流密度的百分比，称为电流效率，单位是 cd/A。

量子效率分为内量子效率(internal quantum efficiency, IQE)和外量子效率(external quantum efficiency, EQE)两种，分别指器件产生光辐射总光量子数占注入载流子的百分比，以及从器件发射出来的总光子数占注入载流子的百分比。有如下表示：

(1) 荧光内量子效率：

$$\begin{aligned} \Phi_{\mathrm{PL}} &= \frac{K_{\mathrm{r}}}{K_{\mathrm{r}}+K_{\mathrm{nr}}} \\ IQE &= \eta_{\mathrm{r}}\chi_{\mathrm{s}}\frac{K_{\mathrm{r}}}{K_{\mathrm{r}}+K_{\mathrm{nr}}} = \eta_{\mathrm{r}}\chi_{\mathrm{s}}\Phi_{\mathrm{PL}} \end{aligned} \tag{5.9}$$

(2) 磷光内量子效率：

$$\Phi_{PL} = \eta_{ISC} \cdot \frac{K_r}{K_r + K_{nr}}$$

$$IQE = \eta_r[(1-\chi_s) + \eta_{ISC} \cdot \chi_s]\frac{K_r}{K_r + K_{nr}} \tag{5.10}$$

(3) 荧光与磷光的外量子效率：

$$EQE = \eta_e \eta_r \chi \frac{K_r}{K_r + K_{nr}} = \eta_e \cdot IQE \tag{5.11}$$

式中，$\eta_e$是光耦合输出效率，$\eta_r$是复合的载流子数与注入载流子数的比例，$\chi$ 是用来产生光发射的激子与总激子数之比，$\chi_s$是单线态激子百分数，$K_r$与 $K_{nr}$分别代表发光材料的激发态产生光辐射过程和非光辐射过程的速率，$\Phi_{PL}$是光致荧光量子产率，$\eta_{ISC}$是激子发生单线态到三线态系间窜越的效率。关于磷光的光致发光量子请参见第 2 章。

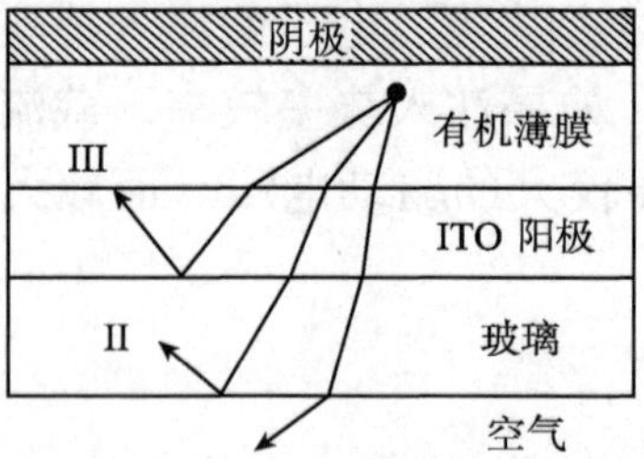


图 5.33　OLED 内部产生的光辐射经过多层有机薄膜、ITO 薄膜以及玻璃等介质的反射、折射、吸收等过程后发射出来

IQE 和 EQE 之间以光耦合输出效率 $\eta_e$ 相互关联，意味着器件内部产生的光辐射只有 $\eta_e$ 部分可以从器件发射出来。原因是由于有机材料产生的光辐射要经过多层有机薄膜以及 ITO 玻璃的反射、吸收、折射等过程，才会透射出来，如图 5.33 所示。

在估算光耦合输出效率时，通常采用如下厚度($t$)和折射率($n$)[15]：玻璃 (1 mm, 1.51)、ITO(100 nm, 1.9)、有机薄膜(10 nm, 1.7)。按照上述参数，可以得出光由器件发射出来的耦合输出效率、玻璃衬底对光的俘获比例、有机薄膜/玻璃衬底界面对光的俘获分别为 18.9%、34.2%、46.9%。可见，OLED 器件的光输出效率仅占总发射光的不到五分之一，是很少的一部分。当然，通过对器件结构进行光输出增强修饰，例如微腔等，光输出功率可以增加至 24%~52%。

根据上述公式可以预测基于荧光机制和磷光机制的 OLED 器件的最大量子效率。对于光发射很强的材料，$K_r \gg K_{nr}$，$K_r/(K_r+K_{nr})$可视为 1，如果器件不存在单一载流子情况，且深层陷阱可以忽略，则载流子复合效率 $\eta_r$ 也为 1，取最大光输出耦合效率($\eta_e$)为 20%，那么，

(1) 荧光 OLED，$\chi_s = 25\%$，最大内、外量子效率分别为

$$\begin{aligned} IQE &= 1 \times 25\% \times 1 = 25\% \\ EQE &= \eta_e IQE = 20\% \times 25\% = 5\% \end{aligned} \tag{5.12}$$

(2) 磷光 OLED，最大 $\eta_{ISC}$ 为 1，最大内、外量子效率分别为

$$\begin{aligned} IQE &= 1 \times [(1-25\%) + 1 \times 25\%] \times 1 = 100\% \\ EQE &= \eta_r IQE = 20\% \times 100\% = 20\% \end{aligned} \tag{5.13}$$

可见与荧光 OLED 相比，磷光 OLED 的内量子效率可以达到 100%，外量子效率可以最高至 20%，对提高器件性能比较有利。

OLED 器件的功率效率($\eta_p$)和电流效率($\eta_c$)可以分别表示为

$$\eta_p = \frac{\pi \cdot B \cdot S}{UI} \tag{5.14}$$

$$\eta_c = \frac{B \cdot S \times 10^{-4}}{j \times 10^{-3} \cdot S} = \frac{B}{j} \times \frac{1}{10} \tag{5.15}$$

式中，$B$ 是单位为 $cd/m^2$ 的亮度；$S$ 是发光面积，单位为 $cm^2$；$U$ 是驱动电压，单位为 V；$I$ 和 $j$ 分别是电流和电流密度，单位分别为 A 和 $mA/cm^2$。

器件各种效率表达式之间有如下关系：

$$\eta_p = EQE \cdot \frac{\bar{E}(\mathrm{eV})}{U(\mathrm{V})} = \frac{\pi}{U(\mathrm{V})} \cdot \eta_c \tag{5.16}$$

式中，$\bar{E}$ 是 EL 光谱范围内一个光子的平均能量，是一个与波长范围及强度分布相关的量(不同波长光子所具有的能量 $E$ 不同，$E(\lambda) = hc/\lambda$)。

### 5.4.3 色度坐标

OLED 器件的发光颜色，可以用色度坐标表示。目前国际上普遍使用的色度坐标是 1931 年国际照明委员会(Commission International de I'Eclairage, CIE)制定的标准，称为 CIE1931 色度坐标，以($CIE_x$, $CIE_y$, $CIE_z$)表示。如图 5.34 所示，颜色坐标($CIE_x$, $CIE_y$)可组成马蹄型曲线，三个坐标值满足：$CIE_x + CIE_y + CIE_z = 1$。马蹄型区域可以分成不同的颜色区域，其中围成马蹄型区域的曲线上的点代表色度饱和的单色光，离开曲线仍然在某个颜色区域的点，颜色不再饱和，有一定的饱和度。马蹄型的中心点坐标 W(0.333, 0.333)是标准白色或称饱和白色，中间圆圈围成的区域是白光区域。曲线上的点，如蓝色 A(10.08, 0.13)与中心白色点 W 相连，在线段 AW 之间的其他蓝色光，

如 B 点，都是不饱和蓝光，B 颜色的饱和度等于线段长度比值 WB/WA，也称为白色混入程度。

在马蹄型色坐标图中，有这样的规律：两个不同颜色点(C 点和 D 点)连线之间点的颜色，可以通过一定比例的 C 颜色材料和 D 颜色材料混合得到。如图 5.34 所示，将 C 颜色材料与 D 颜色材料以线段 a:b 的比例混合，可以得到 E 颜色材料。颜色的这个规律对不同颜色混合的 EL 形成白光 OLED 有指导作用。粗略地分析，如果两个颜色点的连线不通过白光区域，则这两种颜色就一定没有可能组成白色发光。图 5.34 中的 E 颜色点，虽然在白光区域，但是该颜色偏离标准白色 W，不是很理想的白光。

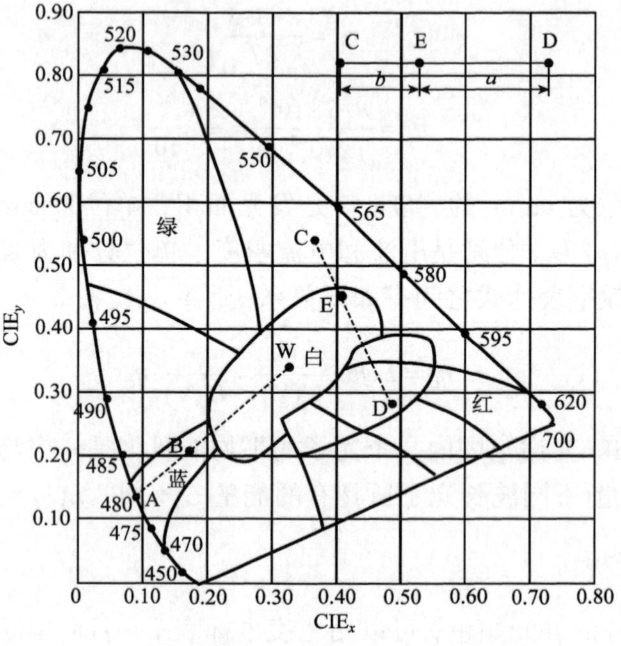


图 5.34　色度坐标曲线

其中标明了标准白光点 W，饱和蓝光 A 与不饱和蓝光 B。内嵌图为及色坐标的杠杆规律：C 和 D 颜色组合为颜色 E，C 和 D 的混合比例为 $a$: $b$

显示器是由红、蓝、绿三种基本颜色组成，通常希望这三种 EL 的颜色越饱和越好，其光谱宽度越窄越好。国际显示委员会(National Television System Committee, NTSC)制定的标准为红(0.67, 0.33)、绿(0.21, 0.71)、蓝(0.14, 0.08)，如图 5.35 中 R、G、B 三点所示。一个显示器颜色的好坏可以用色彩饱和度来判定，显示器的三基色点 RGB 组成的三角形区域称为色域

(color gamut)，该色域与 NTSC 色域的面积之比即为色彩饱和度。色彩饱和度越大，颜色的质量越好，一般阴极射线管(CRT)显示器为 72%，液晶显示器根据不同的应用有不同的色彩饱和度。

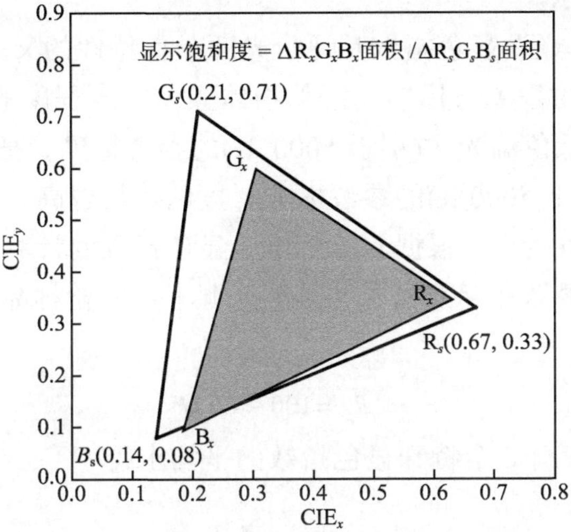


图 5.35　显示器件的 NTSC 标准及显示饱和度的计算方法

由于人眼对不同颜色的光的敏感度不同，具有相同外量子效率的红、绿、蓝 OLED 器件的特征有很大区别。如表 5.2 所示。外量子效率都是 5%的红、绿、蓝器件，电流效率分别为 3.47 cd/A、18.8 cd/A、9.1 cd/A，功率效率分别为 2.2 lm/W、12.0 lm/W、5.7 lm/W，显然差别较大。这些特点，在评估 OLED 器件的性能时，必须把握。

**表 5.2　高斯分布的 EL(半峰宽为 75 nm)在外量子效率是 5%时的器件特征**

| EL 颜色 | 蓝 | 绿 | 红 |
|---|---|---|---|
| 峰值波长/nm | 460 | 535 | 620 |
| $CIE_x$ | 0.137 | 0.269 | 0.624 |
| $CIE_y$ | 0.084 | 0.628 | 0.374 |
| 电流效率/(cd/A) | 3.47 | 18.8 | 9.1 |
| 功率效率/(lm/W) @ 5 V | 2.2 | 12.0 | 5.7 |

### 5.4.4　白光的色温及显色指数

除了以白光的标准色坐标(0.333,0.333)为参考值来评价白光的光色质量，有时用光源的色温或者相关色温来量化白色光源的光色质量。色温与黑体表面的温度相关。将标准黑体加热时，随着温度的升高，黑体的光色将经历从红、橙红，到黄、黄白，再到白、蓝白的过程。黑体加热到出现与光源相同或者接近光色时的温度，定义为该光源的相关色温，也称色温，以绝对温度 $K$ 表示。

除了色温外，光源显色指数是评价光源颜色特性的又一重要参数。它是待测光源下物体的颜色与标准光源下物体颜色符合程度的度量，一般将普朗克辐射体作为低色温光源(小于 5000 K)的参考标准，把标准照明体 D 作为高色温光源(大于 5000 K)的参考标准。显色指数越高，其显色性就越好，对颜色的还原性也越好。根据 CIE 标准，显色指数的计算通常选取 14 种实验颜色的样品，根据在标准光源和待测光源下各实验样品的色差$\Delta E_i$，计算特殊显色指数：

$$R_i = 100 - 4.6\Delta E_i \tag{5.17}$$

一般显色指数由 8 个特殊显色指数的平均求得

$$R_{\mathrm{a}} = \frac{1}{8}\sum_{i=1}^{8} R_i \tag{5.18}$$

### 5.4.5　器件寿命

OLED 器件的寿命定义为，在恒定电流或电压驱动下，器件的亮度下降到初始亮度的一半时所需要的时间。在实际研究工作中，为了加快速度，寿命测试通常采用在高温下或者在高亮度下工作的加速模式。在恒定电流密度驱动下，器件亮度的衰减符合以下公式：

$$L(t)/L_0 = \exp[-(t/\tau)^{\beta}] \tag{5.19}$$

式中，$L_0$ 和 $L(t)$分别为初始亮度和经过 $t$ 时间后的亮度，$\tau$和$\beta$分别是与材料稳定性和器件结构相关的常数，可利用实验数据($L(t)$、$L_0$、$t$)，通过上述公式拟合得到。根据公式(5.19)，该器件在初始亮度为 $L_0$ 时的寿命 $t_{1/2}$ 可有如下的表示(此时，$L(t_{1/2})/L_0 = 0.5$)：

$$\exp[-(t_{1/2}/\tau)^{\beta}] = 0.5 \tag{5.20}$$

一般来讲，器件的初始亮度越大，则寿命就越小，因此有

$$t_{1/2} = \frac{C}{(L_0)^n} \tag{5.21}$$

式中，$C$、$n$ 都是常数，可根据实验数据($L_0$, $t_{1/2}$)拟合获得。由此，在任何初始亮度 $L_0$ 下的寿命 $t_{1/2}$，便可通过上述公式将 $L_0$ 代入计算得到。

器件的寿命是产业化的基本指标之一，是产业化前期必须面对和解决的问题。影响 OLED 器件寿命的主要机制有以下几个方面：① 封装不良导致的水、氧等活性组分的入侵，对电极的腐蚀及对有机材料功能的破坏，从而形成非发光黑斑；② 在以 $Alq_3$ 为电子传输层的器件中，由于空穴和电子传输不平衡(空穴较快)而形成的阳离子 $Alq_3^+$对荧光的猝灭；③ 较大的金属-有机及有机-有机界面注入势垒会降低器件的寿命；④ 掺杂发光器件的寿命比相应的未掺杂器件寿命好。另外，OLED 器件属于电流型器件，寿命受所通过电荷多少的影响，在一定范围内与驱动电流成反比。因此提高器件的电流效率，即降低驱动电流，可延长一定初始亮度下的寿命。同时，周期性的反向加压，可提高器件寿命。

## 5.5　有机电致发光器件的功能材料研究进展

### 5.5.1　OLED 功能材料的一般研究方法

有机电致发光器件中含有多种功能材料，主要包括如图 5.36 所示的几种类型。对它们进行研究，以期获得可应用于器件、且性能优良的功能材料，是 OLED 领域重要研究课题之一。

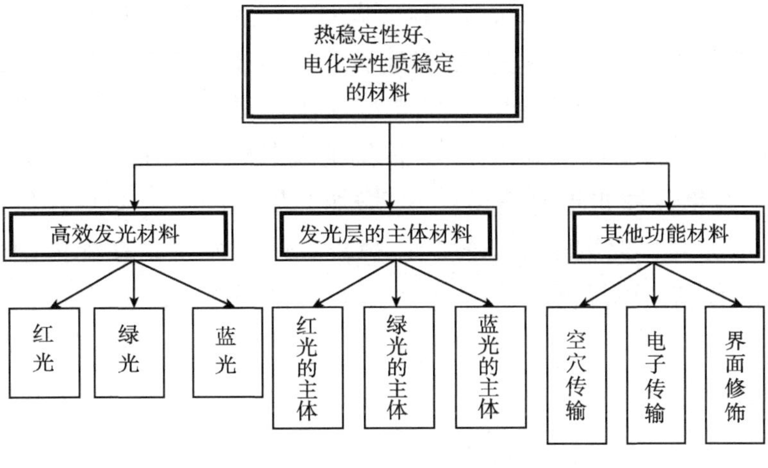


图 5.36　OLED 功能材料的研究内容

要想应用于产品中，OLED 器件必须具有足够的热稳定性和电化学稳定性。因此 OLED 功能材料的共同要求是良好的热稳定性和电化学稳定性。在此基础上，发展高效率的发光材料(包括荧光和磷光机制的红光、蓝光和绿光)，同时研究能与这些发光材料发生高效能量转移的主体材料，以及其他能级匹配的功能材料如电子和空穴传输材料、界面修饰材料等，是 OLED 器件功能材料的主要研究内容。

一些 OLED 功能材料设计策略如下。

(1) 从材料的热稳定性角度，在材料设计时主要考虑的因素如下：① 增加分子的空间立构化及刚性结构；② 增大分子的有效共轭长度；③ 引入分子不对称因素；④ 当同等光电性能的纯粹碳氢化合物和杂环化合物同时存在时，优先选择前者，因为纯粹碳氢化合物热稳定性较好；⑤ 在磷光材料中，同环金属配体配合物的稳定性优于异环金属配体配合物，尽量避免使用后者。

(2) 从材料的光辐射效率角度，需考虑激发态分子(激子)与周围介质之间不同类型的相互作用。如果激发态分子不与周围物种发生化学反应，最终的结果是该激子会通过辐射衰减或者非辐射衰减回到基态。辐射衰减就是分子的发光过程。材料中激子的光辐射效率受很多因素制约，主要有以下几点：① 非刚性分子的振动与转动损失；② 内转换损失；③ 系间窜越损失；④ 杂质和相邻激子对发光激子的猝灭作用等。

对分子的发光颜色调制，不含金属的共轭分子有以下几种主要机理：① 由于这类材料中发光通常来自 $\pi$-$\pi^*$、n- $\pi^*$跃迁，增大共轭链的长度可使发光波长红移；② 吸电子的取代基使发光蓝移，给电子的取代基使发光红移。对于含有过渡金属的磷光配合物，发光特性非常复杂。配合物发光效率和发光波长的调制，需要以下几点：① 仔细地调制配体与中心金属原子能级的关系；② 避免各种非辐射途径；③ 增加金属与配体之间相互作用，以增加电荷转移程度，促进三线态发光。另外，研究发现，在配体中引入空间位阻大的取代基，可降低三线态-三线态(T-T)激子猝灭，得到电流效率平稳的器件[110]；在配体中引入空穴传输功能团，可合成出一系列发光性能和空穴输运性能均佳的铱配合物[111-113]。

在所有重原子金属配合物中，铱金属配合物是最有潜力的电致发光材料，原因如下：① 铱原子序数较大，可使配合物产生很强的自旋轨道耦合，有利于磷光发射；② 当形成配合物时，铱离子的 d 轨道分裂通常较大，使该能级远离配合物的 MLCT 能级，从而避免了 MLCT 轨道与金属 d 轨道的相互作用，降低 MLCT 能量向金属 d 轨道转移的可能性，增强磷光发射；③ 铱的三价离子可与配体形成非常稳定的中性分子，有利于蒸镀方式的器件制备。

除铱配合物外，铂配合物是较多被引入电致发光器件的磷光材料[114-117]。但是由于这类配合物平面四边形的骨架结构，使得分子与分子之间很容易产生相互作用，导致发光猝灭、基激二聚物/缔合物发光等不利于材料本身电致发光的过程[118,55]。因此铂配合物在三基色电致发光器件中应用的可能性不大。然而，这些基激二聚物/缔合物发光的铂配合物材料，由于发射光谱较宽，在简单结构的白光器件上显示出发展潜力[56,55]。

(3) 从主体材料到客体材料的能量转移角度，必须考虑能量转移机制。在 OLED 器件中，基于掺杂发光机制的器件中总是存在从主体材料到发光材料的能量转移，这一过程对器件效率的提高至关重要。能量转移主要有两种方式：Förster 能量转移和 Dexter 能量转移，请参考第 2 章的相关内容。

(4) 从器件中主体材料特性角度考虑，除了需要高效发光材料、与其匹配的主体材料外，器件结构中主体材料必须具备以下条件：① 具有适当的 HOMO 及 LUMO，以利于载流子在电极/有机、有机/有机界面的注入，可形成固定的载流子复合区；② 具有载流子迁移率较高、且大小匹配的空穴传输材料和电子传输材料；③ 可形成无针孔的均匀薄膜；④ 形貌稳定；⑤ 热力学稳定；⑥ 电化学稳定；⑦ 对于磷光掺杂材料，还希望主体材料的三线态能级要高于掺杂磷光材料的三线态能级，以避免逆向能量转移；⑧ 另外，面向企业的器件材料还应该具有可以接受的价格、能经受器件的连续制备，例如材料可承受 144 小时以上在真空环境下连续加热、材料所制备的器件性能重复性好等。这些问题，在材料和器件的表征中都应该加以关注。

图 5.37 给出了一些常用功能材料的 HOMO、LUMO 值，以及常用电子注入电极(Mg 或者 Al)和空穴注入电极(ITO、PETDOT：PSS)的功函数，可在设计主体材料及器件结构时作为参考。

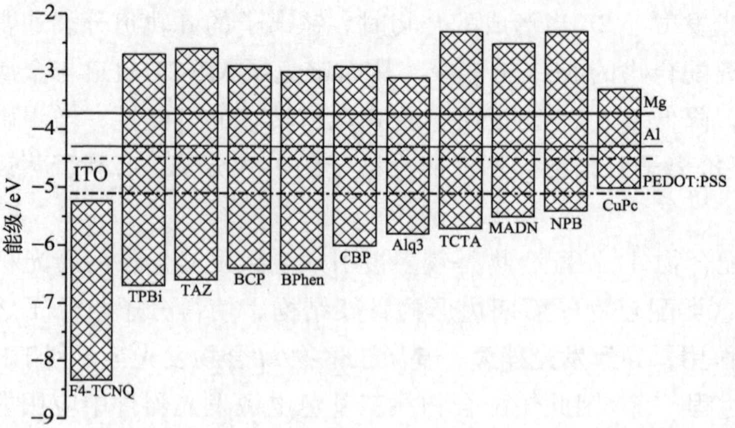


图 5.37　一些常用功能材料的 HOMO、LUMO 及电极的功函数

图中所标注材料名称所对应的化学结构，请参见下面的 5.5.2 节，或者前面的电极修饰部分

## 5.5.2　各类 OLED 功能材料

1. 空穴传输材料

空穴传输材料中公认的可实用化材料是三级芳香胺类材料，其空穴迁移率很高，可达 $10^{-3}$~$10^{-4}$ cm/(V·s)。在 OLED 中经常使用的空穴传输三级芳香胺包括以下几种：① 线型 TPD [即 N,N'- diphenyl- N,N'- bis (3-methylphenyl) 1,1'-biphenyl-4, 4'-diamine]、NPB [即 4,4'-bis[N-(1-naphthyl)-N-phenyl- amino] biphenyl]和 CBP[即 4,4'-N,N'-dicarbazole-biphenyl]；② 螺环型的 spiro-TAD [即 2,2',7,7 '-tetrakis(N,N- dipheny-lamine)-9,9'-spirobifluorene]；③ 星形的 2-TNATA[即 4,4',4''-tris(N-(2-naphthyl)-N-phenyl-amino)-triphenylamine]等。除了经典的三级芳香胺类空穴传输材料，异吲哚类材料 HPCzI(1,3,4,5,6,7-hexaphenyl-2-{3'-(9-ethylcarba zolyl)}-isoindole)也具有很好的空穴传输力，被证明与 NPB 空穴传输性能相当，但热稳定性却好过 NPB[119]。它们的分子结构见图 5.38。

对空穴传输材料研究最为深入和广泛的是日本大阪大学的 Y Shirota 研究组，有一系列的论文发表。但是，由于这类材料大部分都是在发展影印技术时所发明，在使用它们作为 OLED 功能材料的专利限制较小。因而，这类材料的大规模合成与简单的纯化技术是最关键的问题。

2. 电子传输材料

目前在 OLED 中广为使用的优良电子传输材料包括金属配合物和含双键 N 的有机芳环化合物。包括 $Alq_3$ [即：tris (8-hyroxyquinolinato) aluminum(III)]、

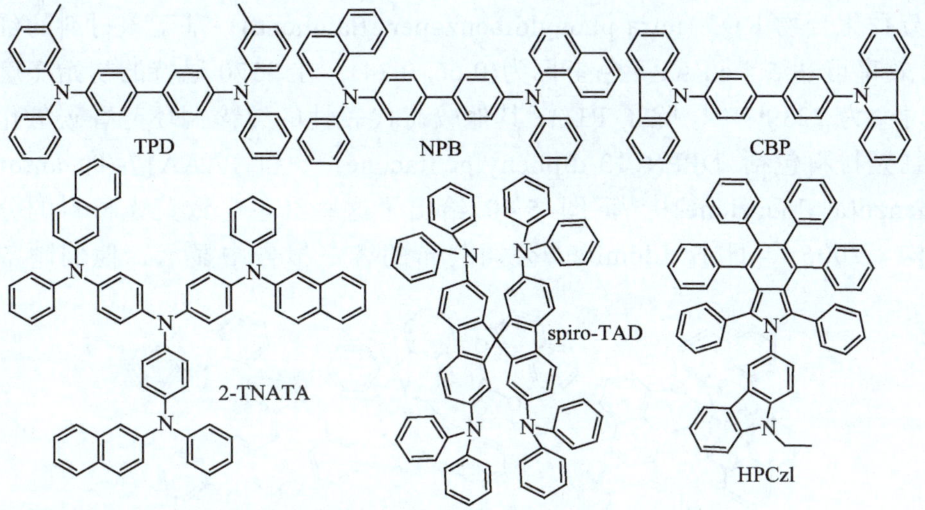


图 5.38　典型空穴传输/注入材料

BAlq[即 bis(2-methyl-8-quinolinolato) (para-phenylphenolato) aluminum(III)]、PBD[即 2-(4'-tert-butylphenyl)-5-(4''-biphenyl)-1,3,4-oxadiazole]、TPBi[即 2,2',2''-(1,3,5-pheny-lene)tris[1-phenyl-1H-benzimidazole]、BPhen[即 4,7-diphenyl-1,10-phenanthroline 或 bathophenanthroline]和 TAZ[即 3-phenyl-4-(1'-naphthyl)-5-phenyl-1, 2,4-triazole]等。这些材料的电子迁移率在 $10^{-5}$ cm/(V·s)左右，比空穴传输材料的迁移率普遍低。美国的 Z. H. Kafafi 小组对 silole 的衍生物 PyPySPyPy[即 2,5-di(6'-(2''-pyridyl)-2'-pyridyl)-3,4-diphenyl-1,1-dimethylsilole] 研究比较深入。他们认为 PyPySPyPy 是有机材料中电子传输率最好的，它表现出非离散型电子储运特性，电子迁移率可与 NPB 的空穴迁移率相当[120]。以上材料的化学结构见图 5.39。

3. 红光发射材料

最早进入实用化阶段的红色荧光材料来自美国 Kodak 公司。他们的第一代红光材料 DCM[即：4-dicyanomethylene-2-methyl-6-(p-dimethylaminostyryl)-4H -pyran]由于色纯度不好[色坐标(0.56, 0.44)]、易引起交叉污染等缺点，被第二代 DCJTB[即 4-(dicyanomethylene)-2-t-butyl-6(1,1,7,7-tetramethyljulolidyl-9-enyl)-4H-pyran]取代。经过器件结构优化，基于 DCJTB 的红光 EL 效率可达到 4.4 cd/A，色坐标也很好，为(0.65, 0.35)。在初始亮度为 100 nt 下，寿命可达到 33800 h [121]。目前第三代实用化的荧光红光材料是纯粹的碳

氢芳香化合物 RD3 (tetra-phenyldibenzoper-iflanthene)，基于该材料的红色 EL 效率可达 5.4 cd/A， 色坐标为(0.66, 0.34)，在 3570 尼特的初始亮度下的寿命为 223 h [122]。除了 RD3，其他较有代表性的纯粹稠环芳香碳氢化合物红光材料包括 DPP(6,13-diphenylpentacene)[123]和 PAAA{7-(9- anthryl) dibenzo[a,o]perylene}[124]。图 5.40 给出了这些红色电致荧光材料的分子结构。2006 年日本 Idemitsu 公司公布的客户报告中显示，他们制备的

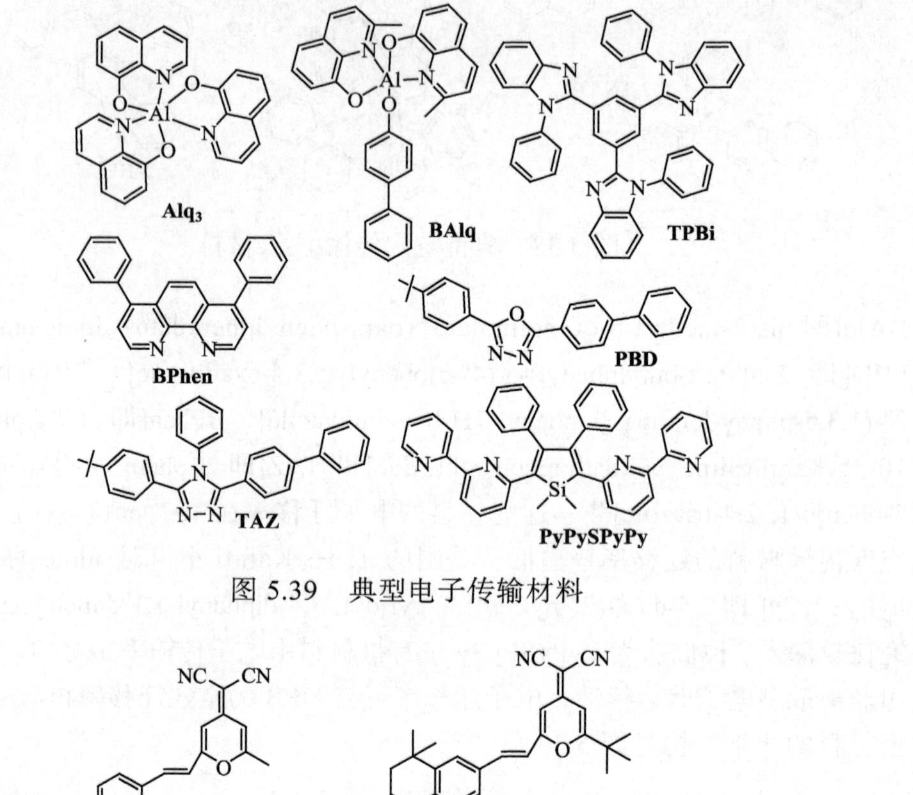


图 5.39　典型电子传输材料

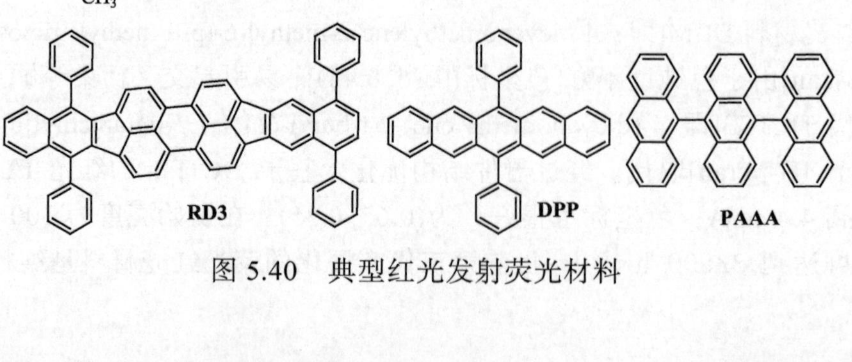


图 5.40　典型红光发射荧光材料

基于荧光的红色 EL，性能颇具挑战性：色坐标为(0.67, 0.33)，效率高达 11 cd/A，在 1000 nt 的初始亮度下寿命大于 $10^5$ h，但没有材料结构信息。

近年来，基于磷光机制的红色 EL 也得到了较好的发展。最先用于 OLED 的磷光材料 PtOEP (2,3,7,8,12,13,17,18-octaethyl-21H,23H-porphine platinum(II)) 为红光 EL，基于该材料的器件发射饱和红光，效率为 4%[10]。但是，该器件的三线态-三线态(T-T)猝灭非常严重，导致电流效率下降很快。随后报道的红色磷光 OLED 材料是 $Btp_2Ir(acac)$(bis(2-2'-benzo[4,5-a]thienyl)pyridinato-N,C3')iridium (acety- lacetonate))。基于 $Btp_2Ir(acac)$器件的效率(7.5%)得到了很大的提高[125]，但是色纯度和寿命都不够理想。2003 年在 J. Am. Chem. Soc. 杂志上报道的 $Ir(piq)_3$[Tris[1-phenyl-iso-quinolinato-C2,N]iridium(III)]红色磷光材料使器件的效率(10.3%)和色纯度(色坐标：$x = 0.68$, $y = 0.32$)都得到进一步提高[126]。2007 年，J. Huang 等将辛烷取代的 $Ir(piq)_3$ 掺杂于聚芴中，也得到了很好的器件性能：色坐标为(0.67, 0.32)、外量子效率为 11%[127]。2006 年德国的 K. Leo 小组于 Appl Phys Lett 报道的 p-i-n 结构的基于 $Ir(piq)_3$ 材料的红色磷光器件有惊人长的寿命，在效率为 12.4%、色坐标为(0.68,0.32)及初始亮度为 500 尼特下的寿命超过了 $10^6$ h[128]。2008 年在 Adv. Mater.上报道的 $Ir(BPPa)_3$ 是另外一个比较有应用潜力的红色磷光材料[129]。基于该材料的器件，红光非常饱和，发光峰位在 625 nm，色坐标为(0.69, 0.30)，外量子效率为 8.3%。以上材料的结构见图 5.41。

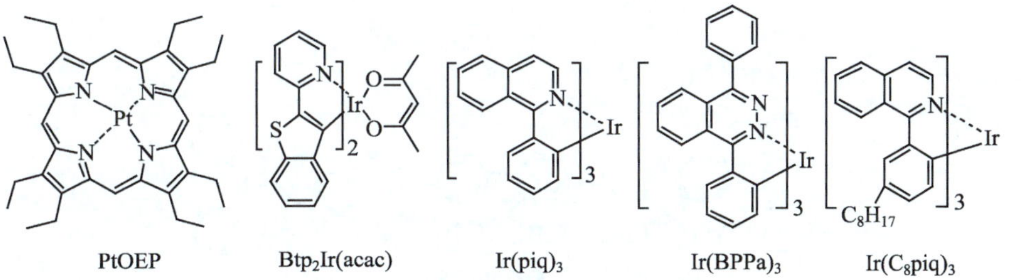


图 5.41　典型红光发射磷光材料

4. 蓝光发射材料

1) 蓝光材料概况

性能优良的蓝光对降低全彩显示器的功率消耗以及更有效地实现颜色的下转换，都具有十分重要的意义。典型的荧光蓝色有机发光材料包括 9,10-

二芳基取代的蒽衍生物、芘衍生物、苯二乙烯芳香衍生物、芘衍生物、芴衍生物。这些材料的分子结构见图 5.42。

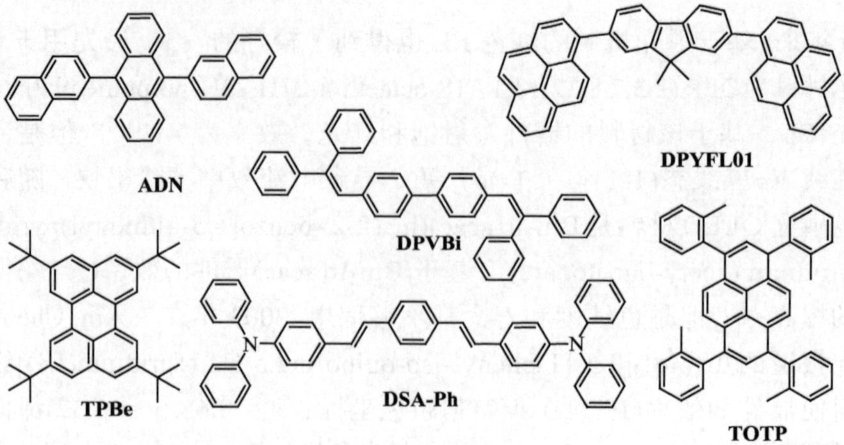


图 5.42　典型单线态蓝光发射材料

芴基材料在蓝色 OLED 器件中，受到广泛的研究及重视。将芴基与芘功能团结合形成的芘基芴是非常有潜力的蓝光材料，如图 5.43(a)所示[130]。

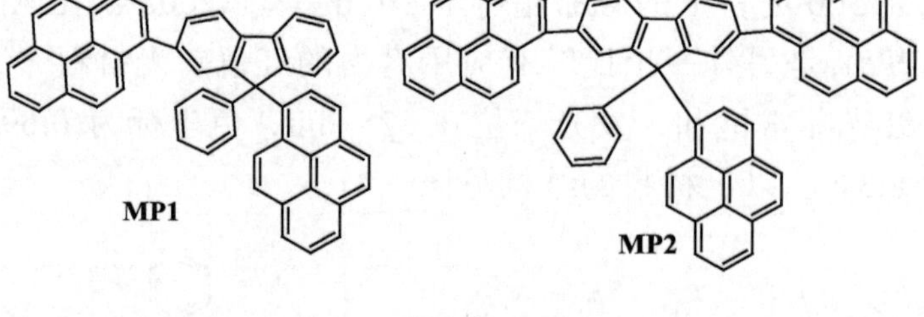


(a)

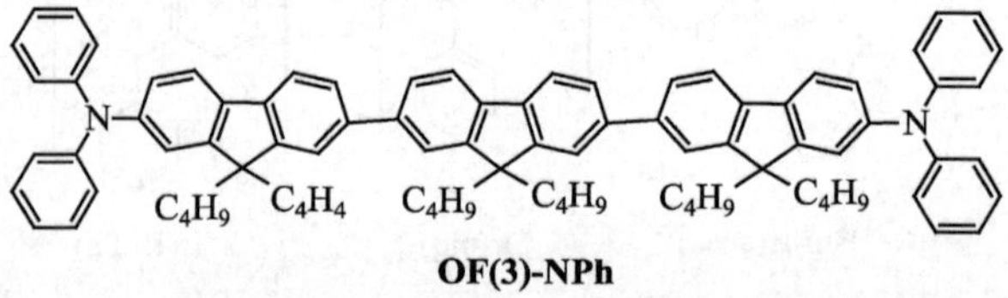


(b)

图 5.43　基于芴核含(a)芘取代基、以及含(b)芳胺取代基的蓝光材料

芘与芴杂化的材料具有高热稳定性能、高载流子迁移率及高荧光效率。基于材料 MP2 主体发光的 OLED 器件，发光峰位在 456~460 nm，电压为 12.7 V 时，亮度接近 20000 cd/m$^2$，效率接近 3.1 cd/A。

将三级芳胺嫁接到芴核上，可以获得热稳定性好发光强的饱和深蓝色电致发光材料，如图 5.43(b)所示。该材料分散在主体材料中形成的掺杂发光 EL，CIE 坐标(0.15,0.008)，效率为 4.1%[131]，是比较有潜力的深蓝色发光材料。

近年来发展的单分散六臂芴基咔唑衍生物表现出非凡的蓝光发射，如图 5.44 所示[132]。该类大分子可以通过微波辅助的 Suzuki 反应高效地合成。众所周知，咔唑是著名的空穴传输材料，将三个咔唑基团固定在一个大的分子平面内，可保留甚至提高载流子传输效率。另外，这种树枝状的分子结构阻止了分子间聚集体的形成，保证了寡聚物薄膜的无定型状态，固态薄膜的荧光量子效率在 38%~75%。其中以固态荧光量子效率最高的 G3 为代表，在空气中 200 ℃高温下退火 3 h 后，没有任何长波发射峰出现。总之，研究表明这类材料不但发光强、带隙宽、没有芴衍生物通常表现出的绿光发射，而且空穴传输能力好，是非常有潜力的 OLED 发光材料或者主体材料。基于 G3 的蓝色主体发光机制电致发光，表现出高效深蓝色 EL：效率为 2.07 cd/A，外量子效率为 2.0%；色坐标 $CIE_{xy}$ 为(0.15, 0.09)。

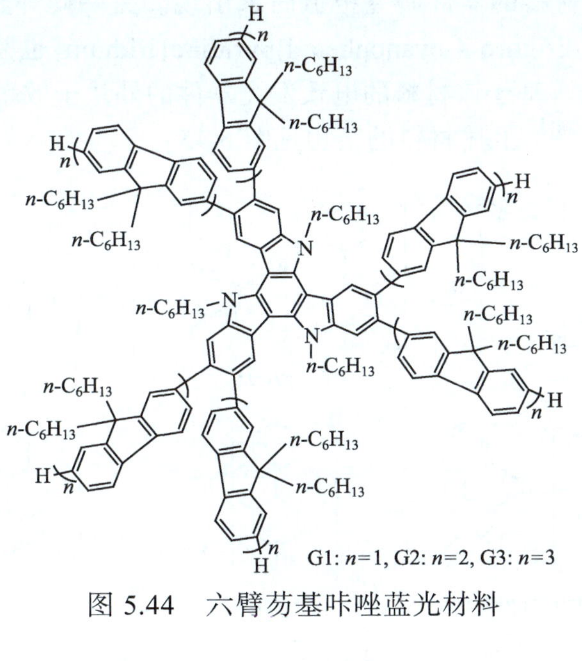


图 5.44　六臂芴基咔唑蓝光材料

芴基材料虽然蓝光发射强、热稳定性好，但是在电致蓝光发射方面，通常存在长波发射，而且长波发射强度随时间和外电场都会产生变化，这些影响器件的光色纯度及稳定性，令研究者们大伤脑筋，也引发了广泛深入的研究，详细内容见下面的讨论。

除了上述蓝色荧光 OLED 外，基于磷光的蓝色 EL 也时有报道。较有代表性的材料包括 FIrpic[iridium (III) bis (4,6-diflorophenyl-pyridinato-N,C') picolinate][133]、FIrpytz[ iridium(III) bis (4,6-difluorophenylpyridinato)- 4-(pyridin-2-yl)-1,2,3-triazolate][134]、Ir(dfppy)$(fppz)_2$[dfppyH: 2-(2,4-difluorophenyl) pyridine, fppzH: 5-(2-pyridyl)-3-trifluoro-methylpyrazole]][135]、FIrN4 [iridium (III) bis (4,6-difluorophenyl-pyridinato)-5- (pyridine-2-yl)-1H-tetrazolate][136]。这类器件，虽然效率较高，但普遍都是天蓝色光谱，且效率随电流密度增加下降很快，难于实用化。最新的研究表明，使用带有强吸电子基态的同环金属配体(homoleptic ligands)形成的配合物，具有深蓝色磷光发射的潜力。例如，2009 年，在 Inorg. Chem.上报道的基于同环金属配体的蓝光发射磷光材料 $Ir(dfpypy)_3$ [iridium(III) tris(2',6'-difluoro-2,4'-bipyridine)]是目前光谱最饱和的蓝色磷光材料，其色坐标 CIE$xy$(0.14, 0.12)，远远优于 FIrPic 的蓝色(色坐标 $CIE_x = 0.18$，$CIE_y = 0.34$)；其光发射峰位在 438 nm，光致发光量子产率为 0.71[137]。该材料的器件研究报道尚未出现。另一同环金属配体配合物 FCNIr {tris(3,5-difluoro-4-cyanophenyl)pyridine}iridium}也是具有深蓝色光发射的磷光材料。基于该材料的电致发光器件的外量子效率达 9.2%，色坐标为(0.15,0.16)[138]。上述材料的结构见图 5.45。

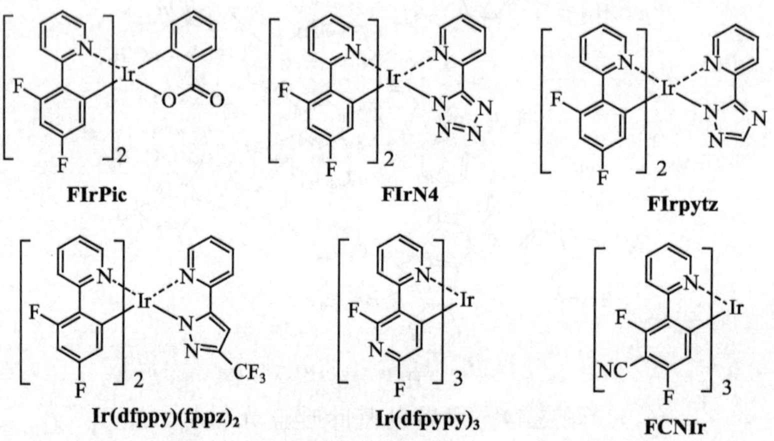


图 5.45　典型蓝色磷光发射材料

我们知道，掺杂既可提高器件效率又可延长器件寿命，但是对于具有较大能隙的蓝光掺杂材料，其主体材料的能隙必须更大，才能有效地实现主体到客体的 Förster 能量传递。而能隙宽、能级适当且热稳定性好的高效蓝色主体材料在有机材料中比较少见。对于蓝色磷光材料，除了存在上述蓝光主体材料难于满足的问题外，蓝色磷光材料本身也比较少见。因此，为了达到商业化的要求，蓝光 OLED 从效率、寿命以及色坐标三个角度来讲，都是三基色中最难实现的一类器件，颇具挑战性。目前蓝色 OLED 较好的例子包括日本 Idemitsu 公司 2006 年对客户公布的数据报告：色坐标(0.14,0.16)、效率 7.2 cd/A、在初始亮度为 1000 cd/A 下的寿命是 12 000 h；美国 Eastman Kodak 2006 年对客户公布的数据报告：色坐标(0.14,0.19)、效率 11.3 cd/A、初始亮度为 1000 nt(即 cd/A)下寿命是 5000 h。

2) 芴基蓝光材料的长波发射根源及抑制方法[139]

如上所述，除了蒽基材料，芴基材料是最有潜力的一类蓝光材料。这类材料具有优良的热稳定性、较大的能隙(约为 2.90 eV)、很强的蓝光发射等优点，其固体薄膜的荧光效率通常在 60%~80%。同时，芴基材料在结构上又具有一定可修饰性，通过在芴基团的 2、7 和 9 位碳上引入不同取代基，可得到一系列衍生物。但是芴的刚性平面联苯结构使材料在发光时容易形成分子间激基缔合物[140–142]或芴酮[143,144]，甚至上述两种情况同时存在[145]。因而，芴基材料又往往表现出令人头痛的长波发射现象，影响电致发光器件的 EL 光谱色纯度、效率和光色稳定性。

芴基材料中基激缔合物形成的原因，主要是由于分子中较大的芴平面结构，使两个芴基团容易靠得很近，进而产生基态与激发态之间的相互作用，形成缔合物。R. Lazzaroni 等[141]合成了一种 9 位三苯胺取代的聚芴类衍生物，然后将其和 9 位不同烷基取代的聚芴进行了比较。借助原子力显微镜，他们详细研究了三种聚合物薄膜聚集态结构的差异。发现，9 位不同烷基取代的聚芴膜中形成了纤维状聚集体，而芳香胺取代的聚芴则形成均一平滑的薄膜。为了进一步直观了解聚合物链间的聚集态结构，他们借助计算模拟的方法，研究了不同侧基对共轭高分子链段之间 π-π 堆积情况的影响。发现烷基取代的聚芴更倾向于形成长程有序的聚集体，后者很容易引起该类蓝光材料的长波发射。可见，在芴基材料中引入空间位阻较大的芳香基团，如三苯胺，可以提高芴基材料薄膜的均一性，同时障碍分子聚集态的形成，抑制蓝光芴基材料的基于基激缔合物的长波发射。

相对于激基缔合物引起芴类蓝光材料长波发射的观点，人们对芴酮引起芴类蓝光材料长波发射研究得更充分，结果也更具说服力。一般认为苯环上脂肪烷烃取代基中的叔碳原子比苯环自身碳原子更加稳定。所以在芴类蓝光材料中产生芴酮，只能归结为单体中含少量未烷基化芴，或者芴 9 位上的脂肪烷烃和 9 位碳之间键的断裂，它们在光、热、电、残留的催化剂或器件电极的作用下被氧气氧化而产生芴酮。一般地，有机光电功能材料的光致发光过程和电致发光过程有所不同：光致发光过程以光子的迁移交换为主，而电致发光过程则是由于电子和空穴的注入、迁移和复合而发光。相对于光致发光，芴类材料电致蓝光的长波发射要显著得多。E. J. W. List 等[143]合成了一系列含少量单烷基化芴的聚合物。借助紫外吸收、荧光发射以及红外吸收光谱，详细研究了在电致发光过程中聚合物膜形态的变化。通过实验，他们发现在器件工作过程中，特别是在空气氛围中，聚合物链上产生了芴酮。电场下，芴酮既是单线态激子的猝灭剂，也是载流子的陷阱。该聚合物材料中存在由聚芴到芴酮的能量传递，由此引起了长波发射。他们提出的聚合物在光、热、氧气和电场作用下产生芴酮的过程如图 5.46 所示。

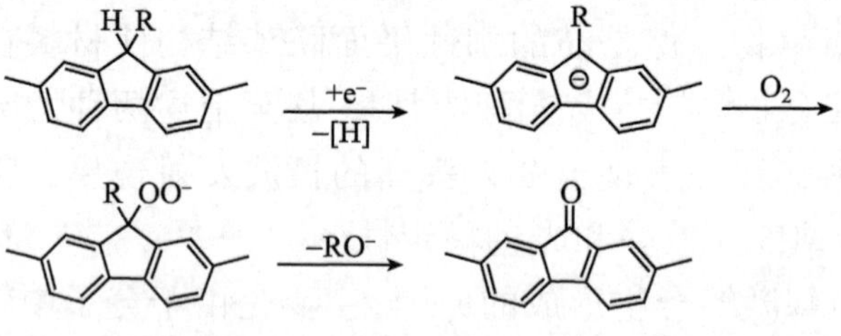


图 5.46　单烷基化芴在光和氧气作用下产生芴酮的机理

针对芴基材料的缔合物及芴酮产生的长波发射问题，不同研究小组提出了不同解决方案。D. Moses 等通过 X 射线衍射的方法研究了聚芴薄膜在电致发光前后的结构变化[144]。研究发现，当将钙/银混合金属作为阴极时，由于钙会扩散到聚芴薄膜中，催化芴的氧化而产生芴酮，使器件产生了长波发射。如果在聚芴发光层和钙/银阴极之间添加一层缓冲层，则可以有效抑制其长波发射的出现。W. Huang 等[142]从侧基和共聚单元等角度考察了芴、螺旋芴、芴和苯环共聚物的光谱稳定性，如图 5.47 所示。研究表明：在芴的 9 位螺芴化可提高聚合物的玻璃化转变温度，一定程度上降低激基缔合物的形成，使荧光发射光谱变窄，提高聚合物的光谱稳定性。另一方面，通过将芴和苯衍生物共聚，也可以提高聚合物的光谱稳定性。在芴苯聚合物中，不同侧基对聚合物光谱稳定性的影响也不尽一样。该类聚合物更高的光谱稳定性可归结为苯环和不同侧基共同作用使寡聚芴单元之间的平面性变差，打乱了聚合物链间的排列方式，提高了聚合物的光谱稳定性。

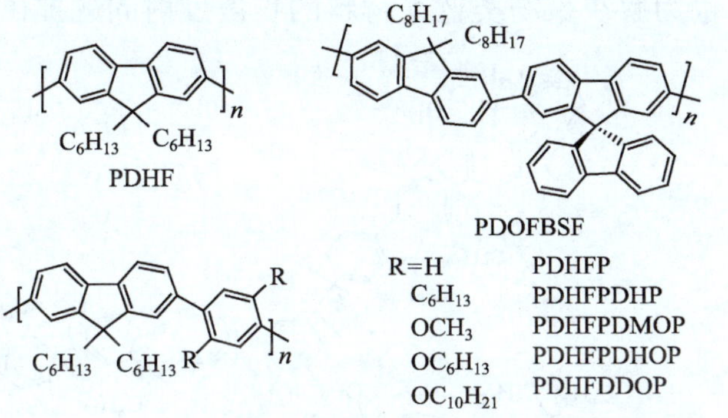


图 5.47　聚芴、螺旋芴及芴苯共聚芴分子结构[142]

如图 5.48 所示，W. Huang 等人的研究[146]还表明，通过将高度非平面的构筑单元-螺旋芴引入到聚芴中，可大幅度提高聚合物的玻璃化转变温度，有效抑制其结晶化过程，进而削弱链间聚集体和激基缔合物的形成，提高了该类材料的光谱稳定性，为解决其光谱稳定性问题提供了一个有效方案。

在螺旋芴体系中，还可以引入 p-n 嵌段的分子设计思想[147]，如图 5.49 所示。在给电子特性的螺旋芴的 2,7 位上引入吸电子的二唑基团，可形成“载流子双通道传输材料”。实验证明二唑的引入可以降低聚芴 LUMO 能级至 –2.79 eV，明显改善聚合物的电子传输性能。含二唑的螺旋芴和聚芴主链之间形成的垂直结构，在一定程度上压制了聚芴类蓝光材料的长波发射。

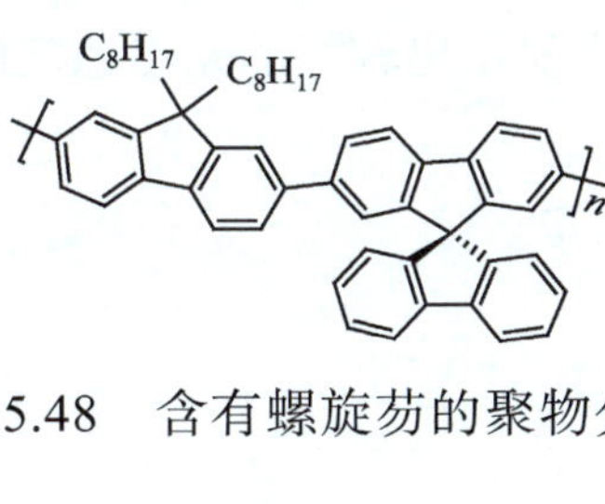


图 5.48　含有螺旋芴的聚物分子结构

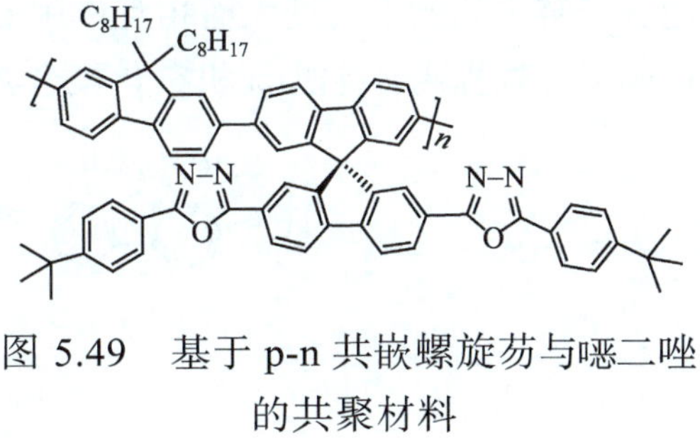


图 5.49　基于 p-n 共嵌螺旋芴与噁二唑的共聚材料

W. Huang 等[148]还将超支化的思想引入到聚芴类蓝光材料中，通过将少量含二唑的电子受体功能基团引入到聚芴中，合成了超支化的 p-n 嵌段聚合物，如图 5.50 所示。在氮气和空气中退火以及具体的器件应用发现，该类超支化聚合物具有较高的光谱稳定性。他们认为是超支化的分子结构阻止了聚合物链间聚集体和激基缔合物的形成。该种合成 p-n 嵌段超支化聚合物的方法，也为解决聚芴类蓝光材料的长波发射问题提供了新思路。

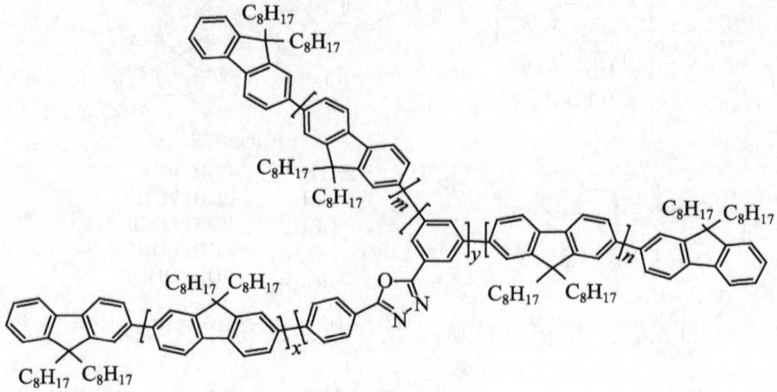


图 5.50　含少量噁二唑的超支化的 p-n 嵌段聚芴

有机/无机杂化和纳米技术是对材料改性的两大有效手段。通过有机/无机杂化可以在有机材料中引入无机材料所特有的优异物理性能，如硬度、强度、抗氧化性和热稳定性等。在纳米尺度上对常规有机材料进行修饰，有希望制备出性能大幅提高的纳米复合材料。利用 POSS(polyhedral oligomeric silsesquioxane)这种具有笼状结构的大分子化合物，可以在纳米尺度上设计和合成新的有机/无机杂化纳米材料。W. Huang 等[149]将 POSS 引入到聚芴类蓝光材料中，如图 5.51 所示。利用 POSS 基团的纳米尺寸效应，使分子链之间的距离变大而相互作用变弱，所得杂化蓝光材料的固态量子效率得到了大幅提高，有机/无机杂化聚合物光电薄膜也显示出较好的光热稳定性。

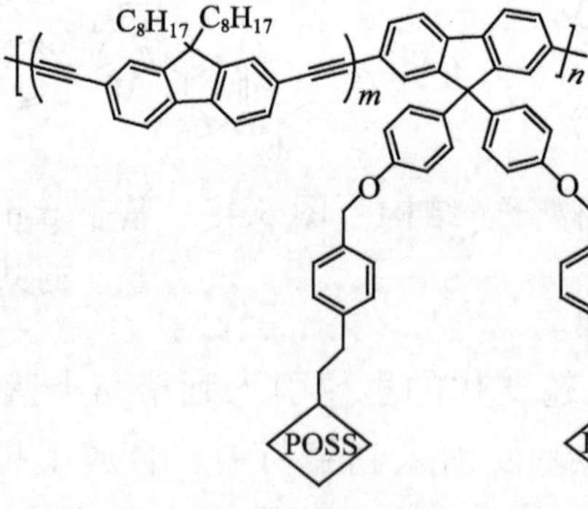


图 5.51　含 POSS 的聚芴类蓝光材料

聚合物结构具有多分散性特点，这导致研究结果的重复性不高，甚至会出现互相矛盾的结果。而寡聚物结构明确，结构与性能之间的正交关系直接，实验比较容易控制，并且材料纯度高，是研究结构和性能关系的最佳对象。因此，在研究支化聚合物的基础上，人们也将结构明确的寡聚物作为研究芴类蓝光材料长波发射问题的重要对象。W. Huang 等[130]进行了非螺环结构芴的 9,9 位双芳基化研究，尝试在芴的 9 位引入一些大的稠环芳烃。设计这种结构化合物的出发点是，拟将稠环烃的载流子传输性能、高荧光效率和热稳定性同芴单元结合，得到一些综合性能更佳的蓝光材料。在该分子设计思想指导下，他们首先合成了含有 9-苯基-9-芘基芴单元的寡聚物，如图 5.52 所示。该寡聚物在氮气中，150°C 高温下退火 24 h 后，薄膜的荧光光谱没有发生任何变化，说明在芴的 2, 7 和 9 位碳上引入大的芳香性芘环能阻止激基缔合物的形成。器件性能进一步证实了以上分子设计思想的正确性，他们制备的器件(ITO/TCTA(8 nm)/P2(30 nm)/BCP(40 nm)/Mg:Ag)的最大发光峰为 454 nm，色坐标为(0.17, 0.18)，得到了比较纯的蓝光。该器件在空气中的电流效率为 3.08 cd/A，功率效率为 1.17 lm/W，开启电压为 3.5 V，最大亮度高达 19885 cd/m$^2$。该类材料的另一个优点是本身具备较好的空穴传输能力，不用添加空穴传输层，就能得到高效稳定的蓝光器件。W. Huang 等[150]还将芴 9 位碳上的苯环换成烷氧基取代的苯，如图 5.52 所示，得到的器件性能和上述材料相当，进一步丰富了该类高效稳定蓝光材料的种类。

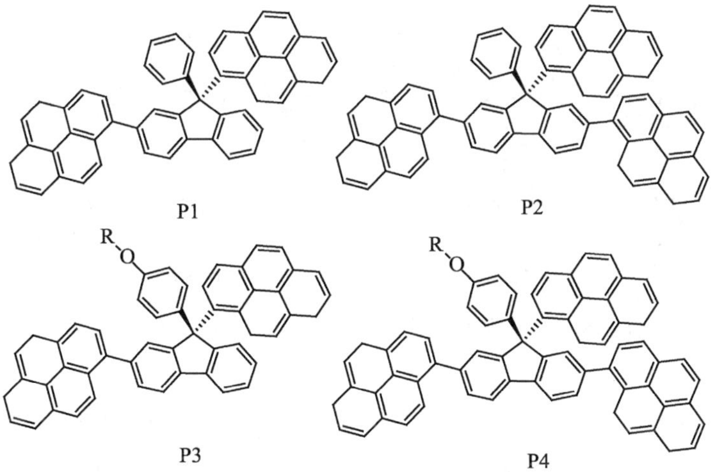


图 5.52　含有稠环芳香基团的芴基寡聚物

W. Huang 等[151]设计合成了十字型 p-n 双嵌段寡聚物，如图 5.53 所示。即以苯环为中心，在中心苯环上引入独立的 p 型芴臂和 n 型二唑臂，p 型芴臂形成空穴传输通道，n 型二唑臂形成电子传输通道，从材料设计的角度来实现电子和空穴传输的双重平衡。通过改变分子中 p 型和 n 型片段的组成、结构和比例，系统研究了寡聚物结构对外在光电性能的影响，阐明寡聚物结构与性能之间的关系。寡聚物 FO2F, F2O2F2 以及 F3O2F3 在溶液状态下的 LUMO 和 HOMO 能级分别是–2.64/–5.79、–2.67/–5.60，以及–2.62/–5.54 eV。当寡聚物 p 段芴单元由一个增加到两个后，对其 HOMO 能级以及光物理性能产生了明显影响；但是如果将芴单元继续增加到 3 个后，寡聚物 F2O2F2 和 F3O2F3 的能级和光物理性能基本相等。通过退火实验证实，该类十字型寡聚物也具备较好的光谱稳定性。W. Huang 等还将 F3O2F3 和结构类似的聚合物制备了相同的器件，与聚合物相比，十字型 p-n 双嵌段寡聚物 F3O2F3 制备的器件开启电压减小了 1 V，发光亮度从 126 cd/m$^2$ 增加到 2622 cd/m$^2$，综合器件性能得到了大幅提高，电致发光光谱中也没有产生任何长波发射。这主要是由于在十字型 p-n 双嵌段寡聚物中，存在芴和二唑两个相互影响较小的独立载流子传输通道，电子在二唑上传输，而空穴在寡聚芴通道上传输，分子的十字型结构很好，平衡了电子和空穴的传输。

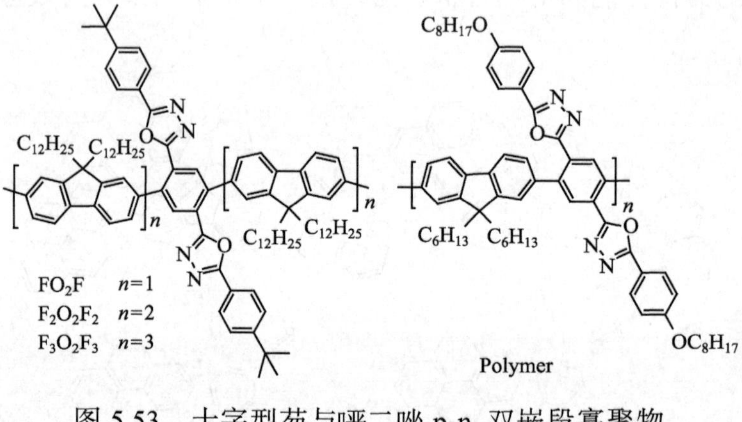


图 5.53　十字型芴与噁二唑 p-n 双嵌段寡聚物

W. Huang 等[152]还研究了芴类螺环的形成机理，如图 5.54 所示。发现：在强酸作用下，螺环是热力学稳定的产物。以此为契机，他们采用一锅法合成了一种非平面双螺噻吩片段，然后通过 Suzuki 偶联反应得到了两种寡聚物 TBP-DSFDITF 和 TDOF-DSFDITF。由于一锅法工艺简单，成本低廉，若能将该类材料制备成电致发光器件，研究该类材料的光电转化特性，将使这种具有双螺环结构的有机光电功能材料具备产业化潜力。

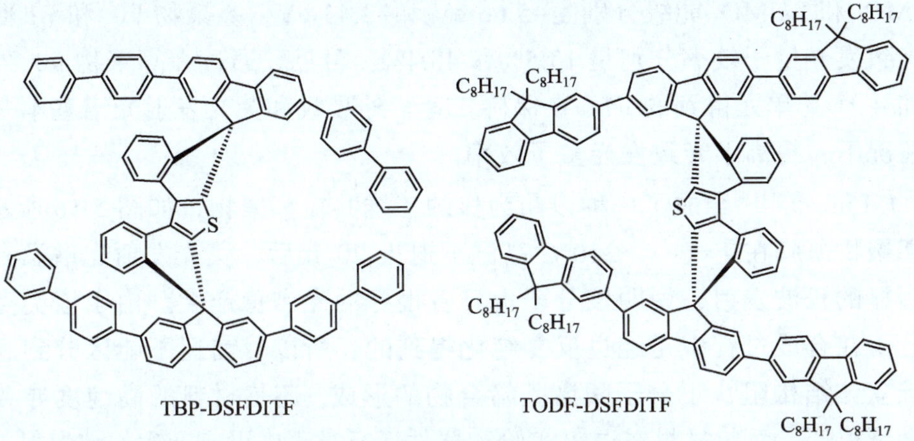


图 5.54　芴类螺环的形成机理

此外, W. Huang 等[153]采用固相成环的方法合成了基于芴和吡啶的哑铃状寡聚物 F0 和 F1，如图 5.55 所示。无论是在空气还是在氮气中，高温退

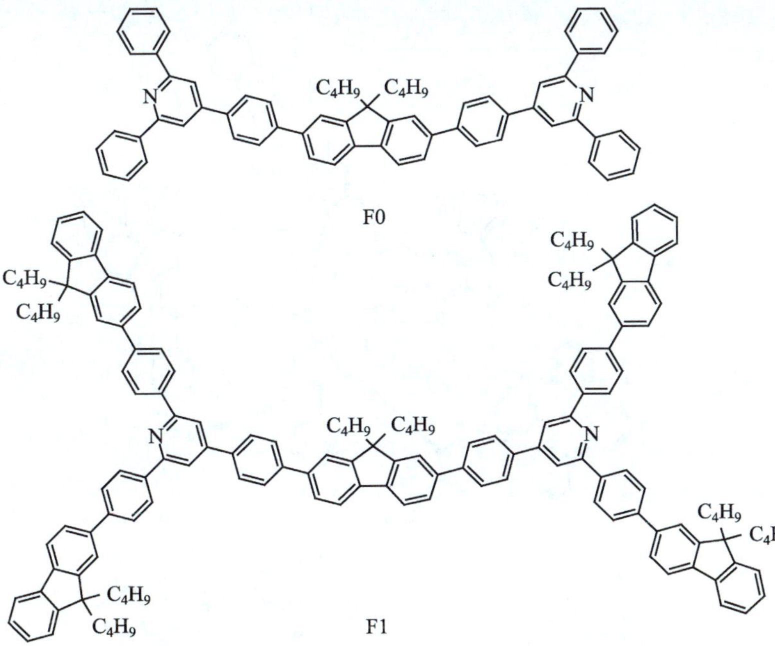


图 5.55　基于芴和吡啶的哑铃状寡聚物

火处理寡聚物 F1 的薄膜，都没有出现长波发射，说明该类分子的哑铃状结构也在一定程度上抑制了长波发射。其中寡聚物 F0 在溶液状态下的 HOMO 和 LUMO 能级分别是−5.55 eV 和−2.42 eV，而寡聚物 F1 在溶液状态下的 HOMO 和 LUMO 能级分别是−5.66 eV 和−2.43 eV，寡聚物 F0 和 F1 薄膜的光致发光量子效率分别是 13.5%和 48.4%。可见，通过在寡聚物 F0 外围增加 4 个芴单元得到的 F1，在保持二者紫外吸收和荧光发射光谱基本一致的情况下，提高了光致发光量子效率。

J. Luo 等[154]合成了一种以茚为核的三维共轭寡聚物，如图 5.56 所示。该寡聚物薄膜在空气中，200°C 高温下退火 20 h 后，荧光发射光谱没有产生明显的长波发射，说明该分子也具备很好的光谱稳定性。由于该类寡聚物分子在合成过程中是经过反复纯化得到的，所以目前还不能区分到底是三维立体结构阻止了分子间激基缔合物的形成，还是材料的高纯度导致芴酮含量很低，而使材料在退火实验和器件运行过程中没有产生长波发射。他们用几个寡聚物制备的电致发光器件的综合性能优良，器件发光的最大波长在 430 nm 左右，外量子效率在 2.0%左右，色坐标为(0.17, 0.09)，该类分子有望在构筑高效稳定的蓝光器件方面得到应用。

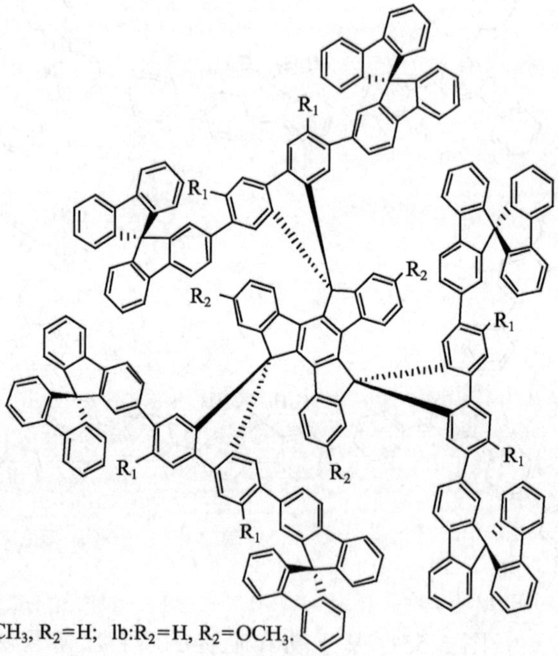


la$R_1$=$OCH_3$, $R_2$=H;　lb:$R_2$=H, $R_2$=$OCH_3$.

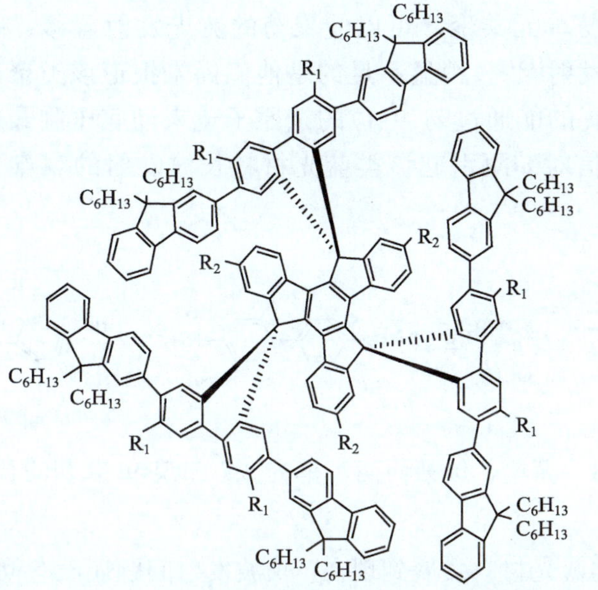

1c:$R_1$=$OCH_3$,$R_2$=H;　1d:$R_2$=H,$R_2$=$OCH_3$.

图 5.56　以茚为核的三维共轭寡聚物分子结构

既然芴酮是聚芴类蓝光材料长波发射的主要原因，如果能将芴的 9 位杂原子化，来考察该类聚杂芴的光谱稳定性，将不失为一种有的放矢的好方法。2005 年 K. L. Chan 等[155]率先合成出一种杂硅芴材料，如图 5.57 所示。他们将所得聚硅芴和聚芴进行了光谱稳定性对比：聚芴在空气中 200°C 高温下退火 4 h 后，其蓝光基本上都转化为绿光发射；而聚硅芴在 250°C 高温下退火 4 h 后，荧光发射光谱没有任何变化。通过对比在不同驱动电压下器件电致发光光谱的变化，说明该类聚硅芴的确是一种光稳定的光电功能材料。这从一个侧面也说明，在各种因素作用下，聚芴中产生的芴酮更有可能是引起长波发射的主要原因。

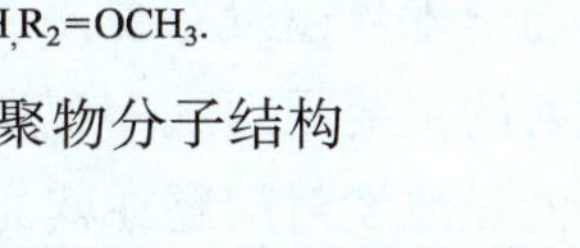

图 5.57　一种杂硅芴的分子结构

W. Huang 等[156]设计了一种简单、价廉而高产率合成的 2,7-二溴-9 杂芴的方法，如图 5.58 所示。利用苯环上给电子基团–甲氧基对苯环上其他取代位置的定位效应，选择性地将苯环碘化，然后利用苯环上溴和碘被正丁基锂取代的活性差异，得到双锂取代的中间体，最后用各种元素有机化合物猝灭该中间体，就合成了系列目标杂芴材料。

将含硅杂芴和芴单元共聚，可以使聚芴的荧光发射蓝移，能隙变宽，没有出现任何长波发射[157]。稍显不足的是他们尚未报道该类聚杂芴材料的电致发光特性。若真的能通过芴 9 位的杂原子化来彻底压制聚芴类蓝光材料的长波发射，相信对芴酮引起该类蓝光材料长波发射的观点又是一个有力支持。

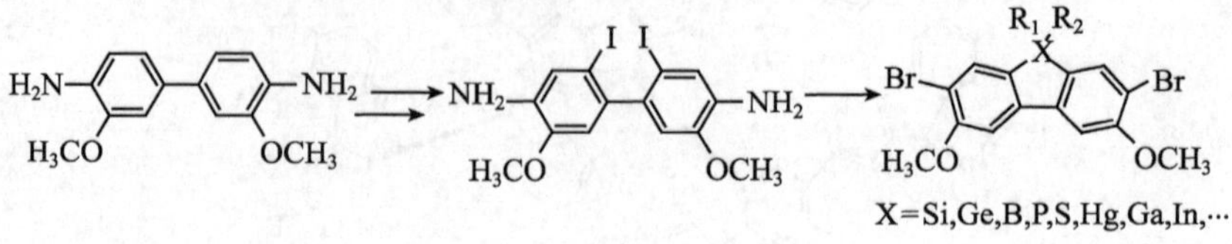


图 5.58 简单、价廉而高产率的 2,7-二溴-9 杂芴的合成方法

总之，芴类蓝光材料发展到现在，长波发射问题还没有彻底解决。虽然该问题目前学术界还没有统一说法，但是从上述研究结果看来，芴酮是该类材料长波发射的主要原因这一观点，已经得到了很大一部分科学家的认同。芴类蓝光材料的长波发射问题在蓝光器件中是不利因素，对发光器件的效率、寿命、饱和色纯度和驱动电压都有一定影响。但是如果我们转换思路，利用该类长波发射的一些特点，拓展其在生物化学传感、白光照明和太阳能电池等有机电子学其他方面的应用，相信一定会产生重要研究成果。从这个意义上讲，芴类蓝光材料的长波发射问题又将是一个长期的研究方向。

5. 绿光发射材料

由于有机材料中荧光和磷光的绿光材料最容易获得，因而基于荧光和磷光的绿色 EL 效率和寿命都是三基色中最好的，也是最早达到产业化要求的。2006 年 Idemitsu 公司公布给客户的基于荧光的绿光 EL 性能如下：效率达到 30 cd/A，色坐标为(0.33, 0.63)，在 1000 nt 的初始亮度下的寿命为 60 000 h，但是他们没有给出材料的结构。在已知的荧光材料中，最有应用潜力的是美国 Kodak 公司的香豆素(Coumarins)系列，包括 C545T [即 10-(2-benzothiazolyl)-1,1,7,7-tetramethyl-2,3,6,7-tetrahydro-1H,5H,11H-benzo[l]pyrano[6,7,8-ij]quinolizin-11-one]和 C545TB[即 10-[2-(5,7-di-t-butyl) benzothiazolyl]-1,1,7,7-tetramethyl-2,3,6,7-tetrahydro-1H,5H,11H-benzo-[l]pyrano[6,7,8-ij]quinolizin-11-one]，见图 5.59。

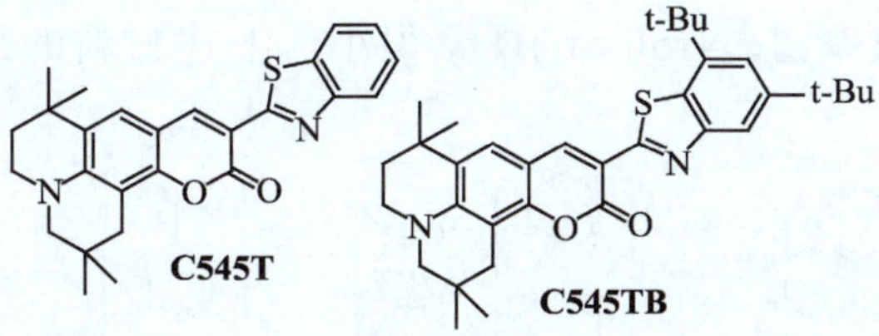

C545T　　C545TB

图 5.59　香豆素系列的绿光发射荧光材料

2001 年，该材料的发明人 C. H. Chen 在 *Appl. Phys. Lett.*中报道的基于 C545T 的绿光 EL 性能如下：在 20 mA/cm$^2$ 下，色坐标为(0.33, 0.63)，效率为 8.7 cd/A[158]。2006 年，同样是基于 C545T 材料，日本 Sanyo 公司在 Appl. Phys. Lett.上的报道显示，由于改变该材料的主体材料及器件的电子传输材料，可使器件的性能大幅度提高了三倍之多：效率达到 29.8 cd/A，色坐标为(0.24, 0.62)，在初始亮度为 300 nt 下的寿命为 78 000 h[53]。作者认为器件性能提高的主要原因是主体材料发光光谱与掺杂材料吸收光谱的高度匹配，以及注入和传输正负载流子的高度平衡。这一惊人的提高给我们很大启示：对于一个好的发光材料，器件结构的巧妙构筑对效率的提高是非常重要的。

在三线态绿色发光方面，$Ir(ppy)_3$[fac tris (2-phenylpyridine) iridium]是最具代表性的材料。当同时使用载流子和激子阻挡层时，基于 $Ir(ppy)_3$ 器件的效率可达 19%。但是，一方面由于严重的三线态-三线态(T-T)猝灭，另一方面由于载流子和激子阻挡效率随着电流增大而减小，使得该器件效率随电流增加而很快下降 [72]。

2007 年日本的 J. Kido 研究组使用多层发光的结构，使基于 $Ir(ppy)_3$ 器件进一步提高到 27%(95 cd/A)，这是目前基于该材料效率最高的器件，但是该器件的结构非常复杂[71]。 2008 年在 Angew. Chem. Int. ed.上的报道的基于 $Ir(ppy)_3$ 和新型主体材料的器件也获得了较高的器件效率 20.2% (77.9 cd/A) [73]。其他的绿色电致发光材料如 $(ppy)_2Ir(acac)$[即 bis(2-phenylpyridine)iridium(acetylacetonate)]也表现出很好的性能，效率达 19.0%(65 lm/W)[159]。来自 2008 年 Adv. Mater.的报道，通过引入新型“C^N=N”配体结构，获得了磷光发射强、热稳定性好的绿色掺杂磷光材料 $Ir(BPPya)_3$[69]。基于该材料的掺杂发光器件，如果在器件的结构中加入空穴/激子阻挡层，器件的最大效率可从约 20 cd/A 增加到 52 cd/A。该器件的另一个特点是，由于掺杂发光材料与主体材料能级的良好匹配，器件的电流效率非常平稳，效率滑落(roll off)现象很小。上述材料的结构见图 5.60。

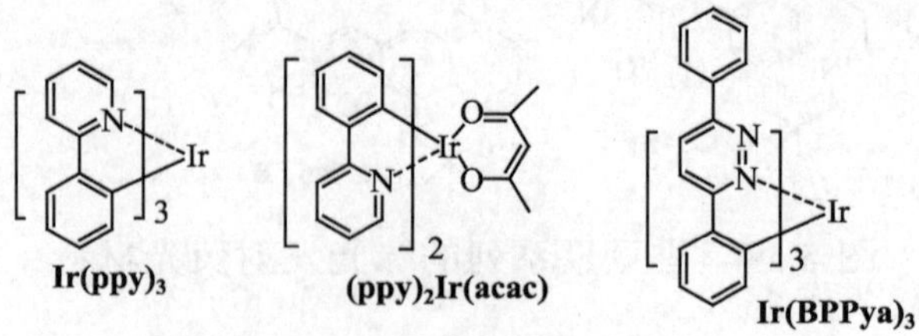


图 5.60 绿色磷光材料

6. 电致磷光器件中掺杂磷光的主体材料

OLED 器件中的主体材料必须具有较好的载流子输运性能，并可以形成无针孔薄膜。另外，希望主体材料有足够好的热稳定性和电化学稳定性，以便获得长寿命器件。对于有机半导体材料，通常认为含有电子给体的分子具有空穴传输能力，而含有电子受体的分子有电子传输能力，同时含有电子给体和电子受体的材料，可能是双极性载流子输运材料。

综合考虑掺杂磷光材料的激发机制和 PhOLED 的器件结构特点，可总结出用于掺杂磷光的主体材料分子设计的基本要求：① 掺杂材料的 HOMO/LUMO 能级内嵌于主体材料中。② 主体材料发射光谱与掺杂磷光材料吸收光谱的有效重叠。③ 主体材料较高的三线态能级，以防止三线态能量由磷光材料向主体材料的逆向转移。④ 主体材料中正负载流子传输的平衡，这样可以更好地将激子复合区域控制在 EML 内，使激子复合区域较宽，并避免激子向 EML 之外移动。这点比较重要，因为较宽且均匀的载流子复合区域，可降低激子浓度，有效地防止 T-T 猝灭，避免在高电流密度下效率的严重滑落。⑤ 主体材料的 HOMO/LUMO 能级与相邻空穴传输层、电子传输层相应能级的匹配，以获得较小的注入势垒，降低器件驱动电压。诚然，满足上述所有条件的主体材料非常难以实现，但是通过主体材料的选择及器件结构的优化，达到上述各个影响因素的平衡，仍然可以获得比较满意的器件结果。

总的来讲，作为磷光材料的主体材料，最为普遍的是空穴传输材料，但是这类材料由于必须加入空穴阻挡层，器件驱动电压通常较高。惰性主体材料由于电子能级高，而空穴能级低，不利于空穴注入，同时它们对载流子的输运能力也十分有限。因此，基于这类主体材料的磷光器件电压也比较高。近年来提出的双极性材料在作为磷光材料的主体方面，表现出优良性能。使用它们作为磷光材料的主体，通常可以得到高效率、低驱动电压的器件。下面将根据主体材料特点分别讨论。

1) 基于咔唑的空穴传输主体材料

含有咔唑的材料通常具有较好的空穴传输能力，在 PhOLED 研究中被广泛地用作主体材料。理论和实验研究都证明：由于咔唑基团中 N 原子上孤对电子的存在，这类材料的三线态和单线态之间的交换能通常很小，因此三线态和单线态能级差别少，导致较高的三线态能级[160-162]。较高的三线态能级，对磷光材料的掺杂非常有利，因为可以有效地将三线态激子限制在磷光材料上，防止三线态能量流失，这有助于提高器件效率及减少电流效率滑落。咔唑型主体材料可以分为三类：双咔唑基材料 (图 5.61)、单咔唑材料 (图 5.62)、咔唑齐聚物 (图 5.63)。

双咔唑材料 CBP 是 PhOLED 器件中最早使用的磷光主体材料，其三线态能级是 2.6 eV[62]，可以有效地用于绿色、红色磷光材料的掺杂[129,163-165]。当 CBP 作为 EML 主体材料，高电子迁移率材料作为 ETL，基于 $Ir(ppy)_3$ 的器件效率可达 133 lm/W (29%)[70]，这是目前效率最高的 $Ir(ppy)_3$ 器件。在 CBP 的碳-3 和碳-6 位置修饰空间位阻较大的基团叔丁基，可以在保持材料宽能隙、高三线态能级的条件下，得到成膜性及热稳定性 ($T_g$ = 175 ℃)均有所提高的材料 ttbCBP (图 5.61)。基于 ttbCBP 主体材料的绿光 $Ir(ppy)_3$ 器件、红光 $Ir(piq)_3$ 器件效率分别达到 8.3% (28.8 cd/A, 16.4 lm/W)和 9.8% (6.7 cd/A, 3.0 lm/W)[77]。将双芴螺环与两个咔唑结合,得到热稳定性好的材料 CFL[166]。基于 CFL 主体材料的红光 $Ir(piq)_3$ 和绿光 $Ir(ppy)_3$ 器件的量子效率都达到了 13%，是较高的器件效率。另外，上述的红光器件比相应基于 CBP 器件的寿命提高了 5 倍。

对于蓝色磷光材料，CBP 的三线态能级太低，不能将三线态激子限制在掺杂材料上，而易发生向主体材料能量转移的过程[133]。因此由 CBP 三线态向蓝色磷光材料三线态的能量转移过程，通常是热力学不利的吸热过程。为了解决这个问题，许多共轭长度较短的双咔唑材料被设计出来，并用作蓝色磷光材料的主体材料，诸如，mCP[167]、SimCP [3,5-di-(*N*-carbazolyl) tetraphenyl-silane][136]、DCB [*N*,*N*-dicer-bazolyl-1, 4-dimethene-benzene, $E_T$=2.95 eV][168]，以及 TBCPT [9,9-bis [4-(3',6'-ditertbutyl- carbazol-9-yl)-phenyl]fluorine]，$E_T$ = 2.88 eV][169]。mCP 的三线态能级为 3.0 eV，由 S. R. Forrest 小组首先将其用于蓝色磷光 PhOLED 器件[167]。研究表明，用三

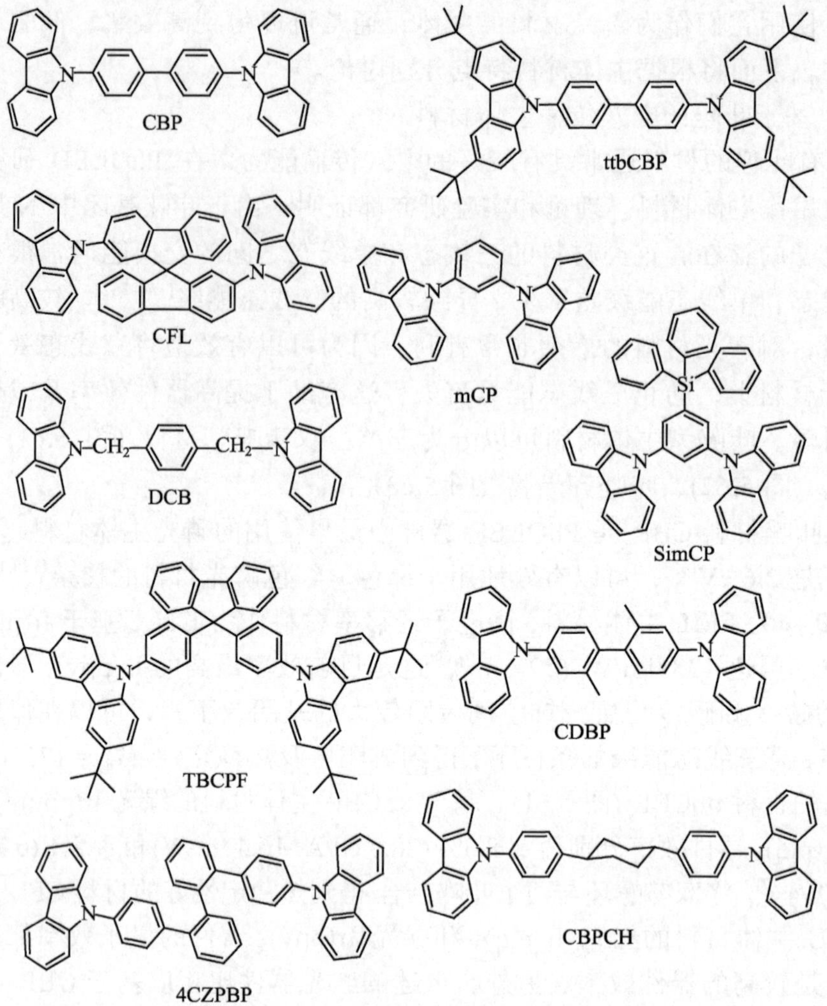


图 5.61　含有双咔唑的主体材料

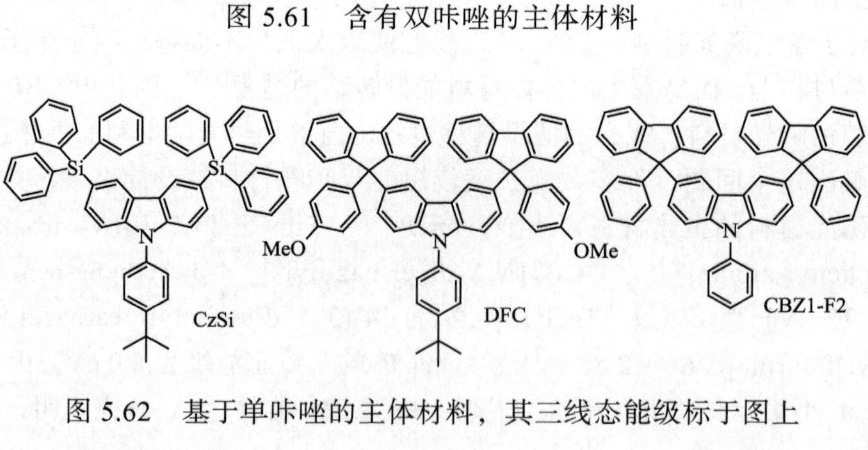


图 5.62　基于单咔唑的主体材料，其三线态能级标于图上

线态能级较高的 mCP 代替 CBP 作为蓝色磷光的主体材料，可使基于 FIrpic 的器件效率由 6.16%(7.7 lm/W)增加至 7.5% (8.9 lm/W)。随后，S. J. Yeh 等又将 mCP 进一步改造为含有 Si 原子的 SimCP[136]，使基于蓝光 FIrpic 的器件效率进一步提高。虽然 SimCP 与 mCP 有相似的 HOMO 能级(分别为 6.10 和 6.15 eV)、相仿的空穴迁移率(分别为 $4\times10^{-4}$ 和 $5\times10^{-4}$ $cm^2/(V\cdot s)$)、和相近的三线态能级，但它表现出比 mCP 优越的特性。即由于引入较大惰性空间位阻取代基，使 SimCP 具有优良的热稳定性和成膜性，其玻璃转变温度为 101°C，远远高于 mCP 的 55°C[170]。

S. Tokito 等的研究表明在 CBP 分子结构的联苯中，将碳-2 和碳-2’ 位置通过简单的甲基修饰产生空间位阻效应，使联苯产生扭曲，这可以降低联苯间的共轭程度，所得到材料 CDBP [4,4'-bis(9-carbazolyl)-2,2'- dimethyl-biphenyl，如图 5.61 所示] 的三线态能级提高到 3.0 eV[171]。基于 FIrpic 和 CDBP 的蓝光 PhOLED 器件的效率为 10.4 %(20.5 cd/A, 10.5 lm/W)。而 J. He 等通过在 CBP 的联苯中间插入非共轭原子或基团，同样达到降低分子共轭程度的效果，所得到材料 CBPCH [1,4-Bis(4-(9H-carb- azol-9-yl)phenyl) cyclohexane] 的三线态能级高达 3.01 eV，且有较高的玻璃转变温度($T_g$ = 115°C)[172]。

4CZPBP(2,2'-bis(4-carbazolyl phenyl) -1,1'-biph-enyl)是另一个较好的基于双咔唑的蓝色磷光材料的主体材料，由 J. Kido 研究小组提出。基于该材料和蓝色磷光材料 FIrpic，他们设计了两种可获得极高效率的器件结构。在一种器件结构中，除了使用高三线态能级的 4CZPBP 主体材料外，所使用的 ETL 材料具有高三线态能级和高电子迁移率的优点。由此，既防止了 FIrpic 中的三线态激子向 ETL 扩散过程又降低了注入势垒，可以获得很好的器件性能。器件功率效率和外量子效率分别可达 39 lm/W 和 21%[173]，这在蓝色 PhOLED 中是最好的结果之一。在另外一个器件结构中，虽然采用与上述相同的主体材料/掺杂磷光体系，但 ETL 有所不同。器件的 ELT 材料具有宽能隙、弱电子传输的特点。从传统角度来讲，基于弱电子输运的 ETL 器件，由于载流子的不平衡，势必将降低器件效率。这里恰恰相反，该器件的效率得到进一步提高，最大值为 47.0 lm/W，22.0% 和 50.5 cd/A[174]。作者认为器件性能提高，部分地归功于宽能隙 ETL 对空穴的有效阻挡，也反映了对于蓝色 PhOLED，载流子在发光层内或其界面的限域比高效电子传输更加重要。

M. H. Tsai 等合成了两个基于单咔唑的主体材料 CzSi [9-(4-tert-butylphenyl) 3, 6-bis(triphenylsilyl)-9H-carbazole][175]和 DFC [9-(4-tert-butylphenyl)-3,6-bis(9-(4-metho-xyphenyl)-9H-fluoren-9-yl)-9H-carb-azole][78]，见图 5.62。其结构特点是在咔唑的 3,6,9-位置含有很大的取代基团。他们认为：① 空间位阻较大的三苯基硅基团和 9-芴基团不但使材料有很好的热稳定性 (CzSi 和 DFC 的玻璃转换温度分别为 180°C 和 131°C)，而且可以有效地阻断核心咔唑的π体系与周边芳香取代基π体系的共轭；② 咔唑 3,6-位置的取代，降低了咔唑材料的电化学活性。因此，这两个材料电化学性质稳定，表现出可逆的氧化电势。同时材料 CzSi 和 DFC 具有较高的三线态能级，分别为 3.02 eV 和 2.53 eV。基于 FIrpic 和 CzSi 的蓝光发射 PhOLED 的效率达到 16%，30.6 cd/A 及 26.7 lm/W。基于 $Ir(ppy)_3$ 和 DFC 的绿光发射 PhOLED 器件效率达 10%。

与 DFC 相比，另外一个结构很相似的单咔唑材料，CBZ1-F2 [9-phenyl-3, 6-bis (9-phenyl-9*H*-fluren-9-yl)-9*H*-carbzole]，也作为磷光材料的主体材料见诸报道(图 5.62) [176]。基于 FIrpic 和 CBZ1-F2 器件的最高效率为 10.2% 和 19.2 cd/A。值得注意的是，虽然这两个材料结构类似，都是芴的 9-位与咔唑的 3,6-位以共价键相连。其三线态能级的差别很大: DFC 三线态能级为 2.53 eV，CBZ1-F2 三线态能级为 2.88 eV。DFC 与 CBZ1-F2 的分子结构差别仅仅在于 DFC 含有光电惰性的叔丁基和甲氧基，它们对材料的光物理性质的影响应该不大[77]。因此，应进一步确认这两个材料的三线态能级，检查数值的差别是否由实验误差引起。反之，需仔细研究这两个材料的光物理特性与分子结构关系，揭示其机制。

咔唑齐聚物也被用来作为三线态发光材料的主体材料使用，如图 5.63 所示。K. Brunner 等通过一系列实验研究认为，咔唑齐聚物的 HOMO 能级可通过咔唑的 3,6-，和/或 9-位进行调节，而材料的三线态能级可保持在相当高的数值范围内 [162]。M. H. Tsai 等研究了咔唑齐聚物 BCz1[9-ethyl-9H-3,9'-bicarbazole]和 TCz1 [3,6-9'- dicarbazolyl-9-2''-ethylhexyl-carbazole]，这些材料中的咔唑单体在 3(6)-9'位置以共价键相连。与上述的说法相同，他们认为 3(6),9'-位置相连，可以阻挡咔唑单体之间的共轭，因此咔唑齐聚物有很高的三线态能级，在 2.9~3.0 eV 范围[177]。基于 TCz1 和 FIrpic 的蓝色 PhOLEDs 的最大效率为 14.7% (31.1 cd/A)和 28.4 lm/W。咔唑齐聚物 TCCz [*N*-(4-[9,3',6',9'']tercarba-zol-9'-yl)phenyl]carbazole] 也被用来作为主体材料，基于绿光发射铱树枝化合物的器件效率最大为 16.6%

(57.9 cd/A)[178]。

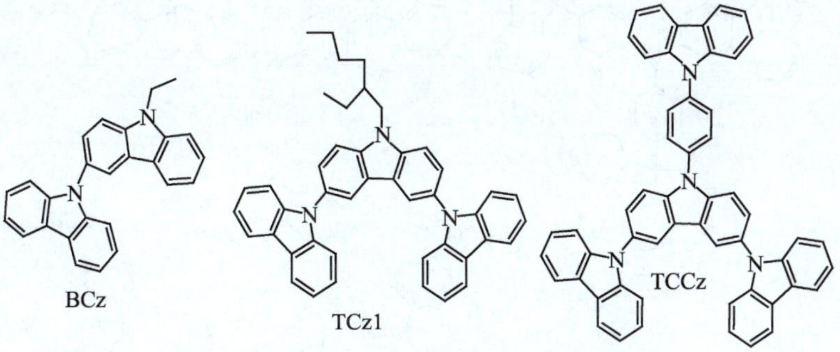


图 5.63　基于咔唑齐聚物的主体材料

2) 三级胺类空穴传输主体材料

实验证明，终端封有芴基团或者咔唑基团的三级胺，如 TFTPA [tris[4-9-phenylfluoren-9-yl]phenyl] amine][76]和 TCTA [4,4',4''-tri(N-carbazolyl) triphen-ylamine][72]，是很好的主体材料，其分子结构见图 5.64。TFTPA 的玻璃转换温度很高 ($T_g$ = 186°C)，并且电化学性质和形貌稳定。TFTPA 作为主体材料，基于蓝色 FIrpic 、绿色 $Ir(ppy)_3$ 和红色$(piq)_2Ir(acac)$ 器件的最大效率分别为 13.1 % (29.4 cd/A)和 18.1 lm/W、12.0% (44.1 cd/A)和 21.0 lm/W 、9.6% (10.2 cd/A)和 9.0 lm/W。虽然 TFTPA 和 TCTA 的三线态能级非常相近，分别为 2.89 eV[76] 和 2.85 eV[71]，除了 $Ir(ppy)_3$ ，其他磷光材料很少单独以 TCTA 作为主体材料[72,79]。在双发光层的器件中，TCTA 和 CBP 同时用作 $Ir(ppy)_3$ 的主体材料时，器件的效率非常高，达到 27% (95 cd/A)和 97 lm/W[71]。研究还发现，基于 TCTA 和 CBP 双发光层的 $Ir(ppy)_3$ 器件在高电流下的效率滑落非常小[87]。将 TCTA 和 TPBI[1,3,5-tr(*N*-phenyl(benzimidazole-2-yl)benzene]混合作为 $Ir(ppy)_3$ 的主体材料，也可以得到大电流下效率滑落小的器件[88]。

文献报道的作为磷光材料的主体材料的三级胺还包括 F2PA[179]和 TDAPB [75] 等，见图 5.64。但是基于它们的器件性能不够理想。

3) 电子传输主体材料

一些电子传输材料，如含有三唑基团的 TAZ1 [81,159]、含菲咯啉基团的 BCP [81]、含噁二唑基团的 BOBP-3[82,85]、含硅杂环戊二烯基团的 $Si(bph)_2$ [180] 等曾被用作磷光的主体材料。主要由于这些材料较低的三线态能级，它们很少被用作蓝色磷光材料的主体材料。

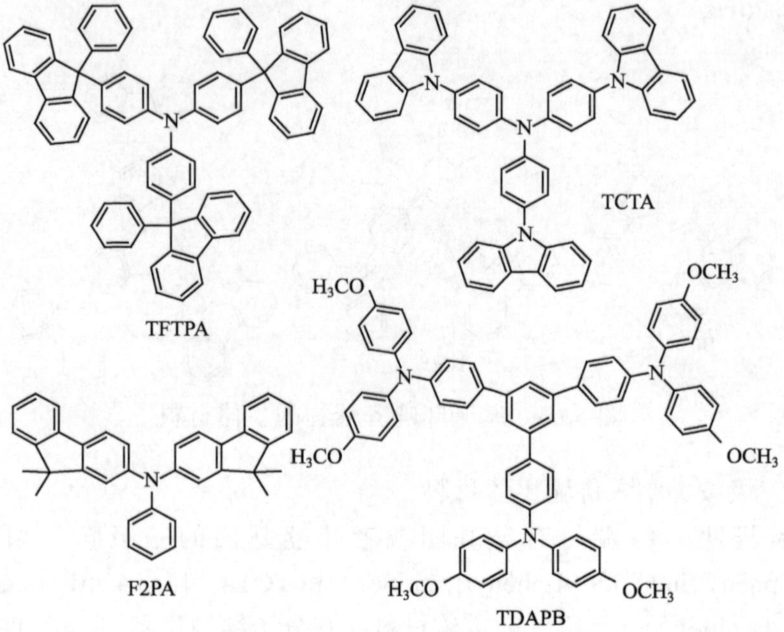


图 5.64　三级胺类主体材料

C. Adachi 等研究了一系列基于电子传输主体材料(图 5.65 所示)和绿光 $Ir(ppy)_3$ 的器件。发现，当用作 $Ir(ppy)_3$ 的主体材料时，TAZ1 比 BCP 优越。基于 TAZ1 和 $Ir(ppy)_3$ 的器件效率为 15.4% (42 lm/W)[81]。随后他们报道了基于 TAZ1 和 $(ppy)_2Ir(acac)$ 的绿光器件,效率提高至 19.0% (65 lm/W)[159]。噁二唑衍生物 BOBP-3 由 J. H. Lee，及 M. K. Leung 等作为磷光材料的主体材料引入[82,85]。基于 BOBP-3 和 $Ir(ppy)_3$ 的器件效率为 24 cd/A (10 lm/W)。据称该器件的寿命比基于相应 CBP 器件寿命长[85]。J. H. Lee 等的研究发现，由于 BOBP-3 (即 OXD)具有电子输运特性，$Ir(ppy)_3$ 具有空穴输运特性，$Ir(ppy)_3$ 掺杂的 BOBP-3 发光层具有双极性传输功能。他们得到的器件性能与参考文献[85]类似[82]。硅杂环戊二烯衍生物 $Si(bph)_2$ 的三线态能级为 2.72 eV，被用作主体材料时,基于 $Ir(ppy)_3$ 器件在亮度为 10000 cd/m$^2$下效率为 4.5%[180]，显然不如其他主体材料有效。

如图 5.66 所示，将咔唑引入到具有电子传输特性的喹啉基团或者三嗪基团，所得材料 CQs [86] 或 TRZ2 [80]具有电子传输特性，并且有空穴注入/输运特征。基于 $Ir(ppy)_3$ 和 TRZ2 的器件以及基于 $Ir(ppy)_3$ 和 CQs 的器件效率分别为 11.2% (16.0 lm/W)和 11.2%。

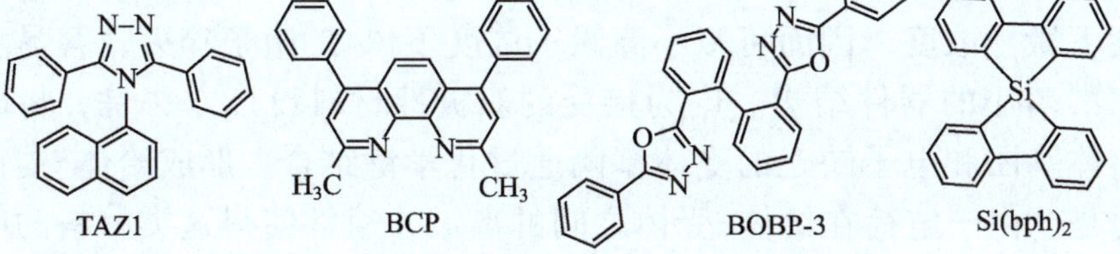


图 5.65　典型电子传输材料作为主体材料

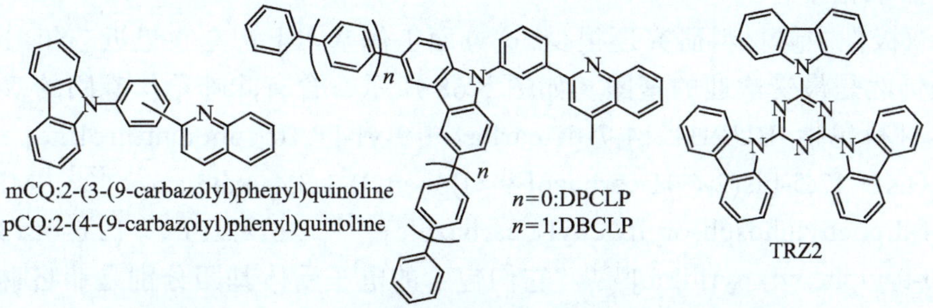


图 5.66　含有咔唑的电子传输材料作为主体材料

具有电子传输特性的有机氧磷材料 PO1 、PO6 、及 PO15 (图 5.67) 被证明有较高的三线态能级，可以作为蓝色磷光材料的主体材料[181-183]。其中，基于 10% FIrpic 和 PO6 主体材料的蓝色 PhOLED 器件，性能最佳，效率可达 8.1% (25.1 lm/W)[183]。当这类有机氧磷材料同时具有空穴和电子双传输性能时，基于 FIrpic 的蓝色 PhOLED 器件的性能还可以提高，相关内容可参见后面的讨论。

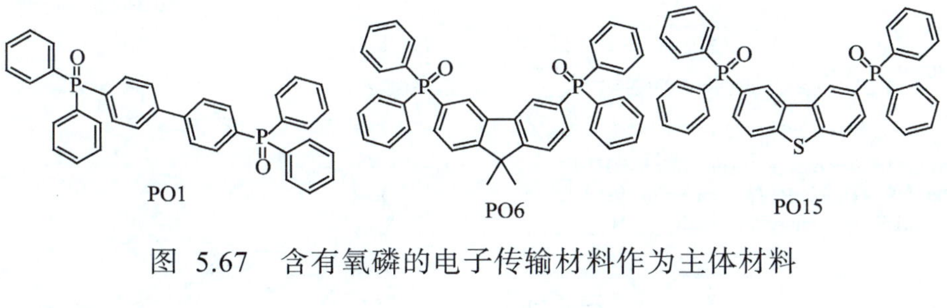


图 5.67　含有氧磷的电子传输材料作为主体材料

4) 双极性主体材料

理论上，双极性材料是最理想的主体材料，因为基于双极性材料的 EML 不但使器件结构相对简单，还为该层载流子的平衡提供了可能性。而载流子的平衡有助于激子分布的均匀性，减少甚至避免载流子在界面处的聚集及复合。这样，载流子复合区域可能分布在整个 EML 层内，降低了固定电流密度下激子浓度，因而可减小高激子浓度下 T-T 激子猝灭，容易获得电流效率滑落小的器件结构。广为接受的双极性材料设计方法是，将电子丰富的给体基团和电子缺乏的受体基团通过化学键结合，形成给体-受体型分子。但是，由于电荷在给体-受体之间的离域，通常使得这类材料的能隙较低，相应地，其三线态能级也低。这与磷光材料对主体材料较高三线态能级的需求相矛盾。

双极性主体材料研究还很少，这方面工作基本上都是在最近三年。这里，咔唑仍然是最受欢迎的基团。如图 5.68 所示，含有咔唑给体基团的双极性主体材料包括 BUPH1 [4,7-di-carbazol-9-yl-[1,10]-phenanthroline] [84]、o-CzOXD [2,5-bis(2-(9H-carbazol-9-yl)phenyl)-1,3,4-oxadiazole][73]、MPO12 [N-(4-diphenylphosph-orylphenyl) carbazole][182]、26DCzPPy [2,6-bis(3-carbazol-9-ylphenyl) pyridine][184]。它们包含的电子受体基团分别是菲咯啉、噁

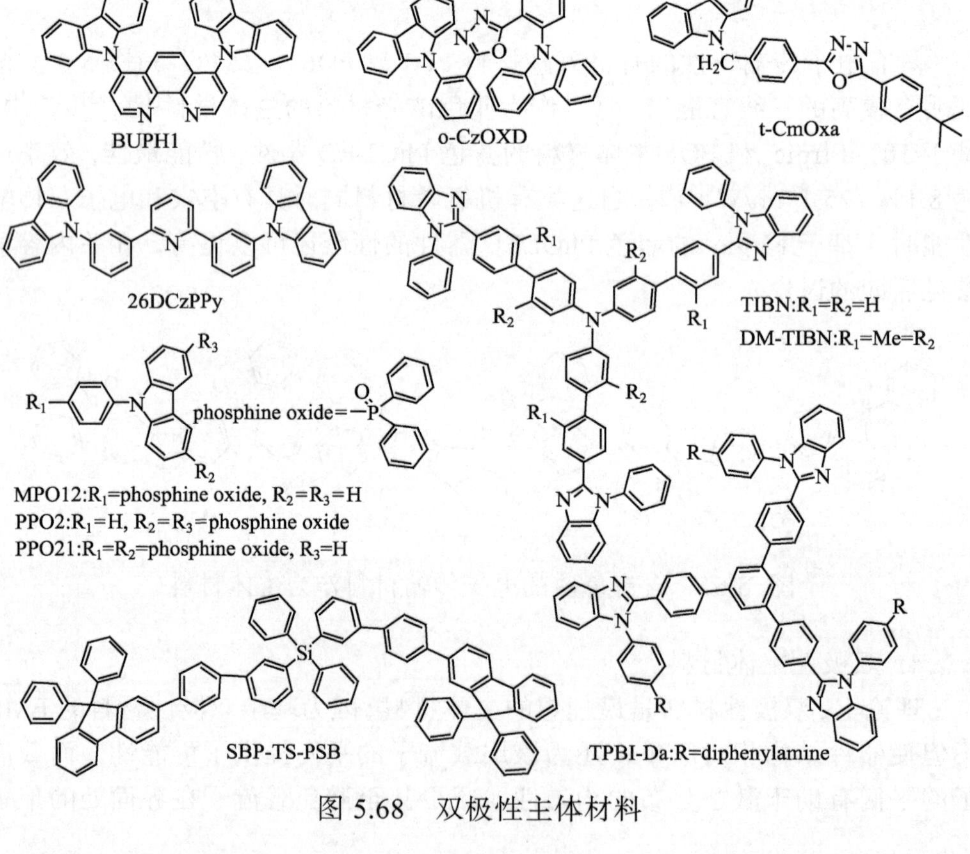


图 5.68　双极性主体材料

二唑、磷氧基、以及吡啶。这些材料都通过阻断给体-受体之间的共轭，来降低电荷在给体和受体之间的离域，从而提高材料能隙以及三线态能级。

我们将两个咔唑给体在受体菲咯啉基团的周边 4,7 位置引入，得到双极性材料 BUPH1 [84]。归功于咔唑的高热稳定性，BUPH1 热稳定性很好，材料玻璃转变温度和热分解温度都很高（$T_g$ = 155°C、$T_d$ = 449°C)。同时，由于咔唑是通过非共轭的 9-位 $sp^3$ N 原子与菲咯啉相连，阻挡了咔唑基团与菲咯啉基团的共轭，因而 BUPH1 材料能隙(3.1 eV)较大，三线态能级也比较合理(2.4 eV)，可以有效地作为绿色和红色磷光材料的主体材料。由于主体材料 BUPH1 的双极性载流子输运特性，基于 $Ir(ppy)_3$ 和 BUPH1 的 PhOLED 器件表现出非常低的驱动电压。在电流密度为 1 mA/cm$^2$、10 mA/cm$^2$、100 mA/cm$^2$ 时，所需电压分别为 2.6 V、3.5 V、5.3 V。亮度为 100 col/m$^2$ 和 1000 cd/m$^2$ 下，器件的功率效率分别为 33 lm/W 和 20 lm/W。

o-CzOXD 是另外一个比较有应用前景的双极性主体材料，由 Y. T. Tao 等提出[73]。该双极性材料含有两个给体咔唑基团和一个受体噁二唑基团。由于给体和受体之间的平面扭转，使电子在分子内给体与受体之间的离域受到限制，因此三线态能级较高(2.68 eV)。o-CzOXD 的热稳定性非常好，玻璃转换温度和分解温度分别为 97°C 和 428°C。o-CzOXD 作为主体材料，基于绿光 $Ir(ppy)_3$ 和红光 $(piq)_2Ir(acac)$ 的器件最大效率分别达到 20.2%(77.9 cd/A)、18.5%(13.6 cd/A)。与 o-CzOXD 类似，t-CmOxa [9-{4-[5-(4-tert-butylphenyl)[1,3,4]oxadiazol-2-yl]- benzyl}-9-H-carbazole]也是含有咔唑基团和噁二唑基团的双极性材料，其能隙为 3.5 eV，可作为红色磷光材料的主体材料[185]。基于 t-CmOxa 和 bis(dibenzo[f,h] quinoxalinato)(acetyl-acetonato) Ir(III)的器件效率为 9.5% 和 9.9 lm/W。

星型胺类材料 DM-TIBN [tris(2,2'-dimethyl-4'-(1-phenyl-1H-benzimidazol-2-yl) biphenyl-4-yl)amine]也具有双极性特征。该材料是由空穴传输的三苯基胺与电子传输的苯并咪唑结合组成。由于分子的 HOMO 和 LUMO 分别在空穴传输基团和电子传输基团上的定域，材料具有较大的三线态能级 2.77 eV[186]。旋涂制备的基于 DM-TIBN 和 $Ir(ppy)_3$ 器件最大效率为 27.3 cd/A 和 7.3 lm/W。但器件驱动电压较高，器件的开启电压就高达 6.9 V，这可能是由于旋涂制备所致。此外，S. Takizawa 等证明以星型苯并咪唑[TPBI, 1,3,5-tris(N-phenylbenzimidazol-2-yl)benzene]为核心，与咔唑或二苯胺基团杂化，也可以得到双极性主体材料(TPBI-Da)。其中基于 TPBI-Da 与

$Ir(ppy)_2acac$ 的双层器件的最大效率为 15% (59.2 cd/A)[187]。

以非共轭的惰性四苯基硅烷为核心，将两个螺旋双芴连接在周边，所得材料 SBP-TS-PSB [bis(4'-(9,9-di-phenyl-9H-fluoren-2-yl)biphenyl-3-yl) di-phenylsilane]具有双极性、三线态能级高，且热稳定性极高($T_g$ = 194°C、$E_T$ = 3.04 eV)[188]。基于该材料和$(piq)_2Ir(acac)$ 的红色 PhOLED 最大效率为 14.6% (10.3 lm/W)。

应用于蓝色磷光的双极性主体材料较难获得，因为这类材料要求具有比蓝色磷光材料还高的三线态能级。这与给体-受体型结构较易发生分子内电子离域、能隙及三线态能级通常较低的事实相矛盾。研究表明，氧磷基与咔唑结合可以得到三线态能级较高的、用于蓝色磷光的双极性主体材料。磷氧基可通过诱导作用接受电子，同时其电子饱和特性使基于磷氧基-咔唑的分子的光物理特性主要决定于咔唑基团。因此，磷氧基可在调节咔唑基团 HOMO 和 LUMO 能级的同时，保持咔唑材料较大的三线态能级[189]。含有磷氧基和苯基咔唑的材料 MPO12 和 PPO2 [3,6-Bis(di-phenylphosphoryl)-9-phenyl-9H-carbazole] 是三线态能级(大于 3.0 eV)较高的双极性材料。基于 MPO12 和 FIrpic 的器件最大效率达 9.1%。同时，器件的驱动电压较低：在 800 cd/m$^2$ 的亮度下驱动电压为 4.8 V[182]。以 PPO2 和 FCNIr [tris((3,5-difluoro-4-cyanophenyl) pyri-dine)iridium 为 EML，并且加入 mCP 空穴传输层的器件最大效率达 18.4%[190]。2010 年 Adv. Mater.上报道的 PPO21 [3-(diphenyl- phosphoryl)-9-(4- (diphenyl-phosphoryl)phenyl)-9-carbazole] 是另外一个由咔唑和两个二苯基氧磷基团杂化构成的双极性材料。PPO21 表现出宽能隙、双极性特点。应用于蓝色磷光发射材料，器件外量子效率可达 18%，但是基于该材料器件的稳定性较差[191]。

将咔唑基团与电负性较高的电子受体吡啶基团结合，也可以得到三线态能级较高($E_T$ = 2.71 eV)的适用于蓝色磷光的双极性主体材料 26DCzPPy [184]，如图 5.68 所示。基于 FIrpic 和 26DCzPPy 的蓝色 PhOLED 器件，最大效率为 24%及 46 lm/W，且器件效率在高电流处的滑落较小。

5) 惰性主体材料

四苯基硅烷衍生物是一类具有较高能隙(3.8~4.4 eV) 的惰性材料，即它们 HOMO 能级非常低 (6.3~7.2 eV)，而载流子输运特性不好。将这类材料用于磷光的主体材料的研究也有报道[134,180,192,193]。如图 5.69 所示，UGH1 、UGH3 、UGH2 、 BSB 及 BST 是一些四苯基硅烷衍生物的分子结构。由于这类材料极低的 HOMO 能级和较差的导电性，基于它们和磷光掺杂材料的器件，驱动电压通常很高，器件机制通常为载流子直接在掺杂材料上的捕获。例如，基于 BSB 和 FIrpytz 的蓝色 PhOLED，最大效率为 19.3%、37.8 cd/A、16.8 lm/W， 器件的开启电压为 5.1 V[134]。

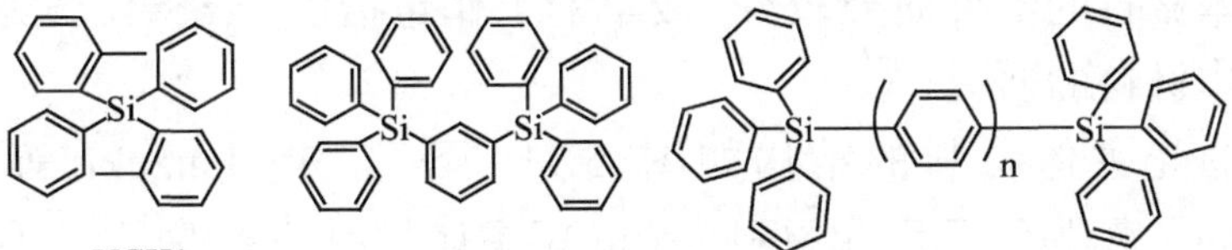

UGH1　　UGH3　　n=1:UGH2; n=2:BSB; n=3:BST

图 5.69　惰性主体材料

6) 荧光配合物主体材料

荧光配合物也可以用作磷光的主体材料，包括 $Zn(BTP)_2$ [194,195]、$Be(bq)_2$ [196]、及 $Be(pp)_2$ [83]，如图 5.70 所示。使用荧光配合物作为主体材料的器件通常驱动电压较低，并且器件结构简单。由于三线态能级不够高，它们作为蓝色磷光的主体材料较为困难。基于 $Zn(BTP)_2$ （$E_T$ = 2.5 eV)和 $Ir(piq)_3$ 的红光器件效率为 8.6 cd/A (8.8 lm/W 及 10.3%)。研究表明，$Be(bq)_2$ 具有电子传输特性，且分子单线态与三线态之间的差别较小。基于 $Be(bq)_2$ 和 $Ir(piq)_3$ 的器件可采用非常简单的双层结构，器件效率为 9.7 cd/A (6.9 lm/W)。类似地，基于 $Be(pp)_2$ 和 $Ir(ppy)_3$ 的器件也可采用双层结构，器件效率为 38.3 cd/A (46.6 lm/W)。

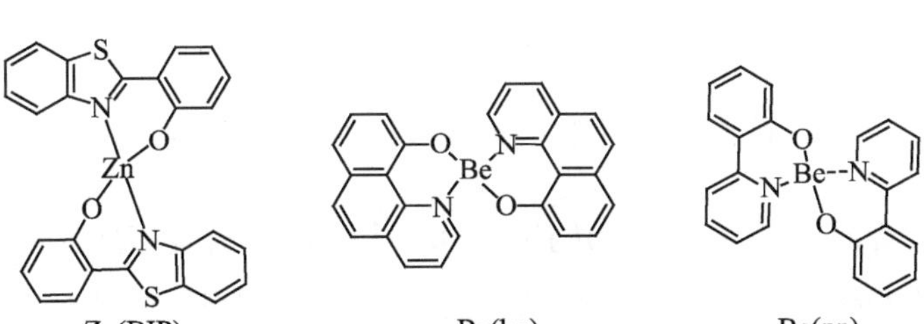

$Zn(BIP)_2$　　$Be(bq)_2$　　$Be(pp)_2$

图 5.70　荧光配合物主体材料

7) 磷光配合物主体材料

如前面所提，如果主体材料是磷光发射材料，通过适当选择，从主体材料到磷光掺杂材料的能量转移，可通过快速且长距离的 Förster 过程实现。由此，可以避免在 PhOLED 中通常需要的高掺杂浓度。另外，使用磷光主体材料的另一个优点是器件的驱动电压通常较低。因为理论上，对于相同的三线态能级，磷光材料的能隙要小于荧光材料，因此磷光主体材料的HOMO能级较浅，或者LUMO能级较深，有助于空穴或者电子的注入，导致较低的驱动电压。然而，由于磷光材料较昂贵，不适合做主体材料，基于磷光主体材料的器件研究较少。较早的工作包括以 $Ir(ppy)_3$ 作为红光铂配合物的主体材料的研究[197]。

一些磷光主体材料的结构如图 5.71 所示。T. Tsuzuki 等研究了以 $(ppy)_2Ir(acac)$ 作为红色磷光材料 $Ir(piq)_3$ 主体材料的器件[198]。研究发现，$(ppy)_2Ir(acac)$ 是较好的空穴传输材料，其能隙和三线态能级分别为 2.4 eV 和 2.3 eV。器件结构优化后，掺杂浓度仅仅为 0.3%，器件效率为 11 lm/W，反映了很低的驱动电压。但是，高电流下器件效率的滑落非常严重。来自同一研究小组，通过旋涂制备，使用经过化学修饰的 $(ppy)_2Ir(acac)$ 后获得的 $(ppy)_2Ir(C9\text{-}acac)$ 或者 $(ppy)_2Ir(Cy6\text{-}acac)$ 作为主体材料，红色 PhOLED 器件效率为 10% ，相对于其他旋涂制备的红色 PhOLED 器件，该结构比较令人满意[199]。

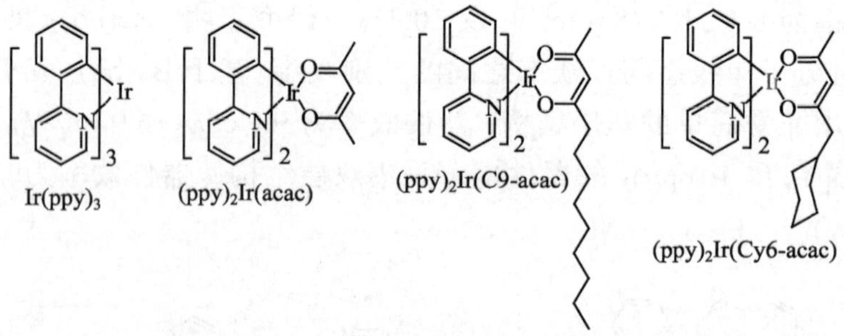


图 5.71　用作主体材料的磷光配合物

总之，随着研究的深入，OLED 功能材料及器件结构层出不穷，器件寿命问题也在不同程度上得到了关注。这方面，由于基于荧光 OLED 的研究历史比相应的磷光 OLED 早十余年，因此荧光 OLED 器件寿命研究也相对成熟。在磷光 OLED 器件研究的初期，伴随着高效率优点，器件性能表现出明显的缺陷，如三线态的猝灭而导致的效率随电流大幅度下降、由于需要宽带主体材料而导致的驱动电压高、激子不能限域而导致的光色不稳定等。近年来，国内外在以上方面对磷光 OLED 的改进方面研究颇多，进展也很快，而对器件寿命的研究显得很不够。美国 UDC 公司的 S. R. Forrest

小组是最早报道磷光器件寿命的团队，他们在 2002 年 *Appl. Phys. Lett.*及 2003 年 Org. Electron.中报道的数据如下[200,201]：色坐标为(0.30, 0.63)、效率为 19 cd/A 的绿光，在初始亮度为 500 nt 下，表现出 10000 h 的寿命；而效率为 17.6 cd/A 的橙红光在初始亮度为 300 nt 下，表现出 5000 h 的寿命。目前的研究普遍认为，使用热稳定好的材料以及构筑激子限域型器件结构等可提高磷光器件的寿命。2006 年德国的 K. Leo 小组于 *Appl. Phys. Lett.* 报道的 pin 结构的红色磷光器件有惊人好的寿命超过了 $10^6$ h[128]。这个结果虽然没有人去重复证明，但至少说明，经过材料与器件结构的巧妙结合，高效率磷光器件的寿命一定能够达到产业化的要求。

经过二十年各界人士在 OLED 科研和产业化方面的不懈努力，OLED 无论是在基础科学还是在应用技术领域，都取得了长足进展。在世界范围内，形成以功能材料、器件结构、技术方法及设备制造为核心的各类专利。

基于小分子的 OLED 技术，最基础的专利由美国 Eastman Kodak 公司拥有，并将于 2009 年到期；可实用化的小分子材料与器件结构方面，不同的科研机构和企业各有自己的特色和专长：美国的 Kodak、日本的 Sanyo(三洋)和 Idemitsu Kosan(出光)公司集中于荧光材料，美国 UDC 公司则比较专注磷光材料，德国的 Novaled 公司擅长 pin 器件结构及其掺杂材料。拥有实用化小分子材料专利的公司主要有：美国的 Eastman Kodak 及 UDC 公司、日本的 Idemitsu Kosan、Canon 及 Chisso 等公司。

我国有关科研机构和大专院校于上世纪的九十年代初开展了 OLED 的研究，取得了世界瞩目的成就，并拥有大量相关专利，从而使我国在 OLED 领域

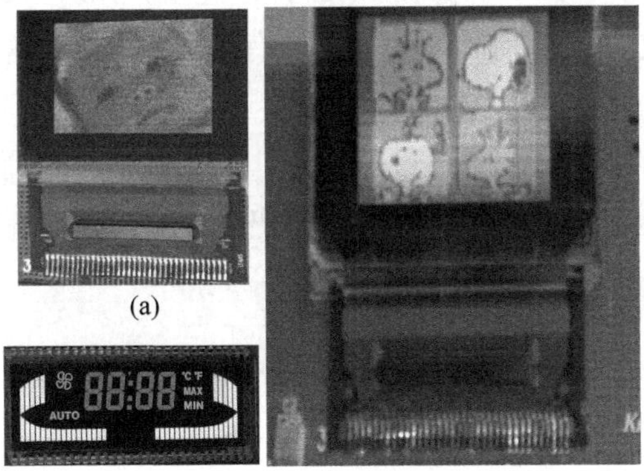


(a)　(b)　(c)

图 5.72　OLED 显示屏

(a) 单色显示屏；(b) 区彩显示屏；(c) 全彩显示屏

具有一定的工作基础和竞争力。特别地，我们南京邮电大学材料学院在 OLED 领域从材料、到器件结构都进行了大量研究，取得了可观的成果。图 5.72 为我们团队 OLED 中试生产线中研制的单色、区彩、及全彩 OLED 显示屏。

### 5.5.3　OLED 功能材料的问题及挑战

总结 OLED 的研究发展和产业化进程，不难看出，OLED 存在三个方面的核心和共性的技术问题，是 OLED 走向大规模实际应用的挑战：

1. 功能材料的廉价批量生产和纯化

三十年的科学研究及近十年的产业化尝试表明，虽然制备 OLED 器件的大部分原材料都被人们熟知，但是该类材料由于合成步骤繁琐或者提纯较难使得这类有机材料比较昂贵。例如，日本出光公司的蓝光材料在月用量超过 1kg 时价格还超过每克 100 美元。降低材料的成本，可从根本上降低产品的成本。另外，现有液晶显示产品低廉的价格，使得 OLED 产品在市场竞争中处于劣势。

2. 器件寿命问题

器件的寿命直接影响产品的质量，因此至关重要。但是目前 OLED 器件的寿命存在许多不稳定因素，一方面，寿命有待于提高；另一方面，寿命数据的重复性和可靠性也令人质疑。

3. 生产设备的标准化及成本

现阶段生产 OLED 的设备仍然处于非标准阶段，使得不同设备生产出的产品性能不一致，而且设备维护也没有统一标准。这些因素造成设备供应的混乱，也导致了生产设备的昂贵。

因此，廉价 OLED 功能材料的获得与提纯，长寿命高效率的器件结构设计、生产设备的标准化是本领域目前极具挑战性的研究内容，对 OLED 技术的实用化乃至普及，意义重大。

## 参 考 文 献

[1] Destriau G. J Chem Phys, 1936, 33: 587
[2] Pope M, Kallmann H P, Magnante P. J Chem Phys, 1963, 38: 2042
[3] Visco R E, Chandross E A. J Am Chem Soc, 1964, 86: 5350
[4] Helfrich W, Schneider W G. Phys Rev Lett, 1965, 14: 229

[5] Williams D F, Schadt M. Proc IEEE, 1970, 476
[6] Vincett P S, Barlow W A, Hann R A, et al. Thin Solid Films, 1982, 94: 171
[7] Tang C W, VanSkyke S A. Appl Phys Lett, 1987, 51: 913
[8] Tang C W, VanSkyke S A, Chen C H. J Appl Phys, 1989, 65: 3610
[9] Burroughes J H, Bradley D D C, Brown A R, et al. Nature, 1990, 347: 539
[10] Baldo M A, O'Brien D F, You Y, et al. Nature, 1998, 395: 151
[11] Wu C C, Wu C I, Sturm J C, et al. Appl Phys Lett, 1997, 70: 1348
[12] 密保秀，陆希郎，高志强等. 南京邮电大学学报，2008, 28: 48
[13] Chen S H. J Appl Phys, 2005, 97: 073713
[14] Hung L S, Zheng L R, Mason M G. Appl Phys Lett, 2001, 78: 679
[15] Hung L S, Chen C H. Mater Sci Eng R, 2002, 39: 143
[16] Hsiao C C, Chang C H, Jen T H, et al. Appl Phys Lett, 2006, 88: 033512
[17] Le Q T, Nuesch F, Rothberg L J, et al. Appl Phys Lett, 1999, 75: 1357
[18] Nuesch F, Rothberg L J, Forsythe E W, et al. Appl Phys Lett, 1999, 74: 880
[19] Le Q T, Forsythe E W, Nuesch F, et al. Thin Solid Films, 2000, 363: 42
[20] Hatton R A, Day S R, Chesters M A, et al. Thin Solid Films, 2001, 394: 292
[21] Appleyard S F J, Day S R, Pickford R D, et al. J Mater Chem, 2000, 10: 169
[22] de Kok M M, Buechel M, Volto S I E, et al. Phys Stat Sol A, 2004, 201: 1342
[23] Shirota Y, Kageyama H. Chem Rev, 2007, 107: 953
[24] Brown T M, Kim J S, Friend R H, et al. Appl Phys Lett, 1999, 75: 1679
[25] Wu Z, Wang L, Wang H, et al. Phys Rev B, 2006, 74: 165307
[26] Choi S H, Jeong S M, Koo W H, et al. Thin Solid Films, 2005, 483: 351
[27] Zhao J M, Zhang S T, Wang X J, et al. Appl Phys Lett, 2004, 84: 2913
[28] Gao Z Q, Xia P F, Lo P W, et al. Org Electron, 2009, 10: 666
[29] Huang J, Pfeiffer M, Werner A, et al. Appl Phys Lett, 2002, 80: 139
[30] Duan Y, Mazzeo M, Maiorano V, et al. Appl Phys Lett, 2008, 92: 113304
[31] Ganzorig C, Fujihira M. Appl Phys Lett, 2000, 77:4211
[32] Huang F, MacDiarmid A G, Hsieh B R. Appl Phys Lett, 1997, 71: 2415
[33] Chang C C, Hsieh M T, Chen J F, et al. Appl Phys Lett, 2006, 89: 253504
[34] Leem D-S, Park H D, Kang J W, et al. Appl Phys Lett, 2007, 91: 011113
[35] Matsushima T, Adachi C. J Appl Phys, 2008, 103: 034501
[36] Xie G, Meng Y, Wu F, et al. Appl Phys Lett, 2008, 92: 093305
[37] Shin W J, Lee J Y, Kim J C, et al. Org Electron, 2008, 9: 333
[38] Lee J Y, Kwon J H. Appl Phys Lett, 2005, 86: 063514
[39] Parthasarathy G, Shen C, Kahn A, et al. J Appl Phys, 2001, 89: 4986
[40] Gao Z Q ,Mi B X, Xu G Z, et al. Chem Commun, 2008, 117
[41] Mi B X, Gao Z Q, Cheah K W, et al. Appl Phys Lett, 2009, 94: 073507
[42] Van Slyke S A,　Chen C H, Tang C W. Appl Phys Lett, 1996, 69: 2160
[43] Forsythe E W, Abkowitz M A, Gao Y. J Phys Chem B, 2000, 104: 3948
[44] Hill I G, Kahn A. J Appl Phys, 1999, 86: 2116
[45] Stössel M, Staudigel J, Steuber F, et al. Appl Phys A, 1996, 68: 387
[46] Hung L S, Liao L S, Lee C S, et al. J Appl Phys, 1999, 86: 4607

[47] 陈金鑫，黄孝文. 有机电激发光材料与元件. 台北：五南图书出版股份有限公司，2005
[48] Ganzorig C, Fujihira M. Appl Phys Lett, 2004, 85: 4774
[49] Wakimoto T, Fukuda Y, Nagayama K, et al. IEEE Trans Electron Devices, 1997, 44: 1245
[50] Hung L S, Tang C W, Mason M G. Appl Phys Lett, 1997, 70: 152
[51] Hung L S, Zhang R Q, He P, et al. J Phys D: Appl Phys, 2002, 35: 103
[52] Burrows P E, Forrest S R. Appl Phys Lett, 1994, 64: 2285
[53] Okumoto K, Kanno H, Hamaa Y, et al. Appl Phys Lett, 2006, 89: 063504
[54] Chen H Y, Lam W Y, Luo J D, et al. Appl Phys Lett, 2002, 81: 574
[55] Adamovich V, Brooks J, Tamayo A, et al. New J Chem, 2002, 26: 1171
[56] D'Andrade B W, Brooks J, Adamovich V, et al. Adv Mater, 2002, 14: 1032
[57] Signh S P, Mohapatra Y N, Qureshi M, et al. Appl Phys Lett, 2005, 86: 113505
[58] Sun Q J. Fan B H, Tan Z A, et al. Appl Phys Lett, 2006, 88: 163510
[59] Kawamura Y, Goushi K, Brooks J, et al. Appl Phys Lett, 2005, 86: 071104
[60] Mi B X, Gao Z Q, Liao Z, et al. Sci China Chem, 2010, 53: 1679
[61] 密保秀，廖章金，高志强，等. 中国科学 B, 2010, 40:1459
[62] Baldo M A, Forrest S R. Phys Rev B, 2000, 62: 10958
[63] Tanaka I, Tabata Y, Tokito S. J Appl Phys, 2006, 99: 073501
[64] Tsuboi T, Murayama H, Yeh S J, et al. Opt Mater, 2007, 29: 1299
[65] Liao H H, Meng H F, Horng S F, et al. Phys Rev B, 2006, 74: 245211
[66] King S M, Al-Attar H A, Evans R J, et al. Adv Funct Mater, 2006, 16: 1043
[67] Kalinowski J, Stampor W, Cocchi M, et al. Chem Phys, 2004, 297: 39
[68] Chen Z, Jiang C, Niu Q, et al. Org Electron, 2008, 9: 1002
[69] Gao Z Q, Mi B X, Tam H L, et al. Adv Mater, 2008, 20: 339
[70] Tanaka D, Sasabe H, Li Y J, et al. Jpn J Appl Phys, 2007, 46: L10
[71] Watanabe S, Ide N, Kido J. Jpn J Appl Phys, 2007, 46: 1186
[72] Ikai M, Tokito S, Sakamoto Y, et al. Appl Phys Lett, 2001, 79: 156
[73] Tao Y, Wang Q, Yang C, et al. Angew Chem, 2008, 47: 8104
[74] Ge Z, Hayakawa T, Ando S, et al. Chem Mater, 2008, 20: 2532
[75] Kajii H, Sekimoto Y, Hino Y, et al. Thin Solid Films, 2008, 516: 2772
[76] Shih P I , Chien C H, Wu F I, et al. Adv Funct Mater, 2007, 17: 3514
[77] Ho M, Balaganesan B, Chu T, et al. Thin Solid Films, 2008, 517: 943
[78] Wong K T, Chen Y M, Lin Y T, et al. Org Lett, 2005, 7: 5361
[79] Gufeng He, Oliver Schneider, Dashan Qin, et al. J Appl Phys, 2004, 95: 5773
[80] Inomata H, Goushi K, Masuko T, et al. Chem Mater, 2004, 16: 1285
[81] Chihaya Adachi, Marc A. Baldo, Stephen R. Forrest, et al. Appl Phys Lett, 2000, 77: 904
[82] Lee J H, Tsai H H, Leung M K, et al. Appl Phys Lett, 2007, 90: 243501
[83] Jeon W S, Park T J, Park J J, et al. Appl Phys Lett, 2008, 92: 113311
[84] Gao Z Q, Luo M, Sun X H, et al. Adv Mater, 2009, 21: 688
[85] Leung M k, Yang C C, Lee J H, et al. Org Lett, 2007, 9: 235
[86] Takahashi A, Endo A, Adachi C. Jpn J Appl Phys, 2006, 45: 9228

[87] Kang J W, Lee S H, Park H D, et al. Appl Phys Lett, 2007, 90: 223508
[88] Kim S H, Jang J, Yook K S, et al. Appl Phys Lett, 2008, 92: 023513
[89] Shi J, Tang C W. Appl Phys Lett, 1997, 70: 1665.
[90] Mi B X, Gao Z Q, Lee C S, et al. Appl Phys Lett, 1999, 75: 4055
[91] Burin A L, Ratner M A. J Phys Chem A, 2000, 104: 4704
[92] Naka S, Shinno K, Okada H, et al. Jpn J Appl Phys, 1994, 33: L1772
[93] Yang H W, Yoon Y B, Kim T W, et al. Solid State Commun, 2006, 137: 87
[94] Gao Z Q, Lee C S, Bello I, et al. Synth Met, 1999, 105: 141
[95] Kido J, Kimura M, Nagai K. Science, 1995, 267: 1332
[96] D'Andrade B W, Holmes R J, Forrest S R. Adv Mater, 2004, 16: 624
[97] Niu Y-H, Liu M S, Ka J W, et al. Adv Mater, 2007, 19: 300
[98] Luo J, Li X, Hou Q, et al. Adv Mater, 2007, 19: 1113
[99] Liu J, Shao S, Chen L, et al. Adv Mater, 2007, 19: 1859
[100] Wang L, Lin M F, Wong W K, et al. Appl Phys Lett, 2007, 91: 183504
[101] Williams E L, Haavisto K, Li J, et al. Adv Mater, 2007, 19: 197
[102] Kim Y M, Park Y W, Choi J H, et al. Appl Phys Lett, 2007, 90: 033506
[103] Tong Q-X, Lai S-L, Chan M Y, et al. Appl Phys Lett, 2007, 91: 023503
[104] Lei G, Wang L, Qiu Y. Appl Phys Lett, 2006, 88: 103508
[105] Kanno H, Holmes R J, Sun Y, et al. Adv Mater, 2006, 18: 339
[106] Krummacher B C, Choong V E, Mathai M K, et al. Appl Phys Lett, 2006, 88: 113506
[107] Sun Y, Giebink N C, Kanno H, et al. Nature, 2006, 440: 908
[108] Schwartz G, Pfeiffer M, Reineke S, et al. Adv Mater, 2007, 19: 3672
[109] Reineke S, Lindner F, Schwartz G, et al. Nature, 2009, 459: 234
[110] Chew S, Lee C S, Lee S T, et al. Appl Phys Lett, 2006, 88: 093510
[111] Wong W Y, Ho C L , Gao Z Q, et al. Angew Chem, 2006, 45: 7800
[112] Gambino S, Stevenson S G, Knights K A, et al. Adv Funct Mater, 2009, 19: 317
[113] Ho C L, Wang Q, Lam C S, et al. Chem Asian J, 2009, 4: 89
[114] Lu W, Mi B X, Chan M C W, et al. J. Am Chem Soc, 2004, 126: 4958
[115] Ikai M, Ishikawa F, Aratani N, et al. Adv Funct Mater, 2006, 16: 515
[116] Yang C J, Yi C, Xu M, et al. Appl Phys Lett, 2006, 89: 233506
[117] He Z, Wong W Y, Yu X, et al. Inorg Chem, 2006, 45: 10922
[118] Yang C L, Zhang X W, You H, et al. Adv Funct Mater, 2007, 17: 651
[119] Mi B X, Wang P F, Liu M W, et al. Chem Mater, 2003, 15: 3148
[120] Murata H, Malliarasb G G, Uchida M, et al. Chem Phys Lett, 2001, 339: 161
[121] Liu T H, Iou C Y, Chen C H. Appl Phys Lett, 2003, 83: 5241
[122] Okumoto K, Kanno H, Hamada Y, et al. Appl Phys Lett, 2006, 89: 013502
[123] Picciolo L C,Murata H, Kafafi Z H. Appl Phys Lett, 2001, 78: 2378
[124] Mi B X, Gao Z Q, Liu M W, et al. J Mater Chem, 2002, 12: 1307
[125] Adachi C, Baldo M A, Forrest S R, et al. Appl Phys Lett, 2001, 78: 1622
[126] Tsuboyama A, Iwawaki H, Furugori M, et al. J Am Chem Soc, 2003, 125: 12971
[127] Huang J, Watanabe T, Ueno K, et al. Adv Mater, 2007, 19: 739
[128] Meerheim R, Walzer K, Pfeiffer M, et al. Appl Phys Lett, 2006, 89: 061111

[129] Mi B X, Wang P F, Gao Z Q, et al. Adv Mater, 2009, 21: 339
[130] Tang C, Liu F, Xia Y J, et al. Org Electron, 2006, 7: 155
[131] Gao Z Q, Li Z H, Xia P F, et al. Adv Funct Mater, 2007, 17: 3194
[132] Lai W Y, Zhu R, Fan Q L, et al. Macromolecules, 2006, 39: 3707
[133] Adachi C, Kwong R C, Djurovich P, et al. Appl Phys Lett, 2001, 79: 2082
[134] Liu J J, Liao W S, Huang H J, et al. Adv Funct Mater, 2008, 18: 485
[135] Yang C H, Cheng Y M, Chi Y, et al. Angew Chem, 2007, 46: 2418
[136] Yeh S J, Wu M F, Chen C T, et al. Adv Mater, 2005, 17: 285
[137] Lee S J, Park K M, Yang K, et al. Inorg Chem, 2009, 48: 1030
[138] Yooka K S, Jeona S O, Joo C W, et al. Org Electron, 2009, 10: 170
[139] Jiang H J, Wan J H, Huang W. Science in China Series B-Chemistry, 2008, 51: 497
[140] Klärner G, Davey M H, Chen W D et al. Adv Mater, 1998, 10: 993
[141] Surin M, Hennebicq E, Ego C, et al. Chem Mater, 2004, 16: 994
[142] Zeng G, Yu W L, Huang W. Macromolecules, 2002, 35: 6907
[143] List E J W, Guentner R, de Freitas P S, et al. Adv Mater, 2002, 14: 374
[144] Gong X, Iyer P, Moses D, et al. Adv Funct Mater, 2003, 13: 325
[145] Montilla F, Mallavia R. Adv Funct Mater, 2007, 17: 71
[146] Yu W L, Pei J, Huang W, et al. Adv Mater, 2000, 12: 828
[147] Zhu R, Wen G A, Feng J C, et al. Macromol Rapid Commun, 2005, 26: 1729
[148] Xin Y, Wen G A, Zeng W J, et al. Macromolecules, 2005, 38: 6755
[149] Pu K Y, Zhang B, Ma Z, et al. Polymer, 2006, 47: 1970
[150] Tang C, Liu F, Xia Y J, et al. J Mater Chem, 2006, 16: 4074
[151] Wang H Y, Feng J C, Wen G A, et al. New J Chem, 2006, 30: 667
[152] Xie L H, Hou X Y, Tang C, et al. Org Lett, 2006, 8: 1363
[153] Jiang H J, Wang H Y, Zhu R, et al. J Polym Sci Part A, 2008, 46: 1548
[154] Luo J, Zhou Y, Niu Z Q, et al. J Am Chem Soc, 2007, 129:11314
[155] Chan K L, McKiernan M J, Towns C R, et al. J Am Chem Soc, 2005, 127: 7662
[156] Chen R F, Fan Q L, Zheng C, et al. Org Lett, 2006, 8: 203
[157] Chen R F, Fan Q L, Liu S J, et al. Synth Met, 2006, 156: 1161
[158] Chen C H, Tang C W. Appl Phys Lett, 2001, 79: 3711
[159] Adachi C, Baldo M A, Thompson M E, et al. J Appl Phys, 2001, 90: 5048
[160] Marsal P, Avilov I, da Silva Filho D A, et al. Chem Phys Lett, 2004, 392: 521
[161] Avilov I, Marsal P, Brédas J L, et al. Adv Mater, 2004, 16: 1624
[162] Brunner K, van Dijken A, Börner H, et al. J Am Chem Soc, 2004, 126: 6035
[163] Baldo M A, Lamansky S, Burrows P E, et al. Appl Phys Lett, 1999, 75:4
[164] Ho C-L, Wong W Y, Gao Z Q, et al. Adv Funct Mater, 2008, 18: 319
[165] Kang D M, Kang J W, Park J W, et al. Adv Mater, 2008, 20: 2003
[166] Tsuzuki T, Tokito S. Appl Phys Lett, 2009, 94: 033302
[167] Holmes R J, Forrest S R, Tung Y J, et al. Appl Phys Lett, 2003, 82: 2422
[168] Lei G T, Wang L D, Duan L, et al. Synth Met, 2004, 144: 249
[169] Hou L, Duan L, Qiao J, et al. Appl Phys Lett, 2008, 92: 263301
[170] Wu M F, Yeh S J, Chen C T, et al. Adv. Funct. Mater, 2007, 17: 1887

[171]　Tokito S, Iijima T, Suzuri Y, et al. Appl Phys Lett, 2003, 83: 569
[172]　He J, Liu H M, Dai Y H, et al. J Phys Chem C, 2009, 113: 6761
[173]　Tanaka D, Agata Y, Takeda T, et al. Jpn J Appl Phys, 2007, 46: L117
[174]　Xiao L, Su S J, Agata Y, et al. Adv Mater, 2009, 21: 1271
[175]　Tsai M H, Lin H W, Su H C, et al. Adv Mater, 2006, 18: 1216
[176]　Shih P I , Chiang C L, Dixit A K, et al. Org Lett, 2006, 8: 2799
[177]　Tsai M H, Hong Y H, Chang C H, et al. Adv Mater, 2007, 19: 862
[178]　Ding J, Gao J, Cheng Y, et al. Adv Funct Mater, 2006, 16: 575
[179]　Okumoto K, Shirota Y. Chem Mater, 2003, 15: 699
[180]　Ren X, Li J, Holmes R J, et al. Chem Mater, 2004, 16: 4743
[181]　Burrows P E, Padmaperuma A B, Sapochak L S, et al. Appl Phys Lett, 2006, 88: 183503
[182]　Cai X, Padmaperuma A B, Sapochak L S, et al. Appl Phys Lett, 2008, 92: 083308
[183]　Padmaperuma A B, Sapochak L S, Burrows P E. Chem Mater, 2006, 18: 2389
[184]　Su S J, Sasabe H, Takeda T, et al. Chem Mater, 2008, 20: 1691
[185]　Guan M, Chen Z, Bian Z, et al. Org Electron, 2006, 7: 330
[186]　Ge Z, Hayakawa T, Ando S, et al. Adv Funct Mater, 2008, 18: 584
[187]　Takizawa S Y, Montes V, Jr. P A. Chem Mater, 2009, 21: 2452
[188]　Lyu Y Y, Kwak J, Jeon W S, et al. Adv Funct Mater, 2009, 19: 420
[189]　Sapochak L S, Padmaperuma A B, Cai X, et al. J Phys Chem C, 2008, 112: 7989
[190]　Jeon S O, Yook K S, Joo C W, et al. Adv Funct Mater, 2009, 19: 3644
[191]　Jeon S O, Yook K S, Joo C W, et al. Adv Mater, 2010, 22: 1872
[192]　Zheng Y, Eom S H, Chopra N, et al. Appl Phys Lett, 2008, 92: 223301
[193]　D'Andrade B W, Forrest S R, Chwang A B. Appl Phys Lett, 2003, 83: 3858
[194]　Jeon W, Park T, Kim S, et al. Org Electron, 2009, 10: 240
[195]　Kanno H, Ishikawa K, Nishio Y, et al. Appl Phys Lett, 2007, 90: 123509
[196]　Park T J, Jeon W S, Park J J, et al. Appl Phys Lett, 2008, 92: 113308
[197]　Kwong R C, Lamansky S, Thompson M E. Adv Mater, 2000, 12: 1134
[198]　Tsuzuki T, Tokito S. Adv Mater, 2007, 19: 276
[199]　Tsuzukiand T, Tokito S. Appl Phys Express, 2008, 1: 021805
[200]　Kwong R C, Nugent M R, Michalski L, et al. Appl Phys Lett, 2002, 81: 162
[201]　Kwong R C, Weaver M S, Lu M-H M, et al. Org Electron, 2003, 4: 155

# 有机传感

# 第6章

信息时代，人类的各种活动，如生产自动化、控制自动化、环境监测，以及人们对无处不在的、影响人类健康的微生物的检测都离不开传感器。传感器是代替人类感官来感知世界的器件。有机材料由于其丰富的光电特性、优异的物理特性以及廉价材料制备，在传感器领域备受青睐。本章首先介绍了传感器在各个领域的需求和重要性，并引入了传感器的基本概念和结构。紧接着阐述了基于有机材料的各种传感器的检测机制及相关实验数据分析，如导电法、电位法、色度法、表面等离子共振法、石英晶体微天平法以及荧光法。其中，重点介绍了色度法和荧光法检测，并对相关有机分子设计策略、光诱导能量转移和电子转移原理进行了阐述。最后介绍了小分子和聚合物传感材料。

## 6.1 传感的重要性

现代社会已步入信息时代，传感器技术、计算机技术与信息技术，共同构成了支撑整个现代信息产业的三大支柱。其中，传感器是各种信息的感知、采集、转换、测试中不可缺少的重要技术工具，广泛用于国防、航天航空、交通运输、能源、电力、机械、化工、纺织、环保、生物医学等领域，在现代社会科学技术中占据相当重要的地位。“没有传感器技术就没有现代科学技术”的观点已为全世界所公认。如果没有传感器及其应用技术，那么信息的准确获取就成了一句空话，计算机技术和信息技术也就成了无源之水。

传感器是各种自动监控设施的关键。有了传感器，输入信息才可以被检测，从而可以通过输出信号对过程进行准确、高效及自动化控制。例如，在特定范围内(生产流程、食品加工、火箭运载、宇宙飞船航行、甚至人体细胞识别等等)存在着物理的或者化学的状态，人们需要探测和识别这些信息以及它们的变化，以便进行控制、监管、分析或治疗等。日常生活中应用传感器的设施非常普遍，诸如自动门、红外报警器、自动收费站、家电(如遥控器)等。

传感器为环境有害物质的监控提供了手段。人类的各种活动，尤其是工业生产及发展，导致了人类赖以生存环境的严重污染，环境质量日趋恶化。例如，与人类生活息息相关的工业生产、石化能源的消耗等过程都会排放出一氧化碳(CO)、铅(Pb)、二氧化氮($NO_2$)、颗粒物(particle material, PM)、二氧化硫($SO_2$)以及挥发性有机物(volatile organic compound，VOC)等；在汽车加油站，加油过程中导致的石油溢出也构成了空气中芳香碳氢化合物污染。存在于大气或者水体中的各种污染物对人类有不同程度的危害。有些环境污染物，即使在环境中的含量甚微，都会对人类危害很大。例如，$NO_2$是大气的主要污染物之一，是一种剧毒气体，其毒性相当于 CO 的 500~1000 倍。$NO_2$ 通过与人体内呼吸道黏膜接触生成硝酸或亚硝酸，使血管扩张，血压降低，导致血液缺氧。另外，挥发性有机物中的苯是一种致癌物；$SO_2$的存在可导致室内外建筑的损坏，尤其是历史悠久的玻璃表面的破坏，甚至形成酸雨；空气中的颗粒物除了导致能见度降低外，还会损害肺部；过量铅等重金属的存在会导致人体重金属中毒。目前国内外都市大气环境中普遍存在臭氧($O_3$)。一方面，$NO_2$、$SO_2$、氨气($NH_3$)等气体在阳光的照射下，与空气中的挥发性有机物反应可以产生 $O_3$；另一方面，在办公室里频繁地使用激光打印机和复印机也会产生 $O_3$。虽然大气平流层的臭氧可以保护大气层，使地面免受紫外线的辐射，但是地表以上空气中的臭氧则不利于人类健康。臭氧可导致光化学烟雾，降低了大气的能见度，不但使原本湛蓝的天空变得灰蒙蒙，还可以导致交通障碍甚至哮喘病人呼吸困难。总之，环境的日益污染，已经严重地危害人类健康，引起了人类的强烈关注。对环境中形形色色的污染物进行快速检测和有效控制，已经迫切地摆在人类的面前。因此，需要大量廉价可信的器件来感知、监测并且控制这些种类繁多的环境有害组分。

与生产流程、设备运行、环境监控同等重要的是，生物传感器的研发。自然界存在形形色色的微生物体，诸如细菌、病毒等。它们广泛地存在于大气、水体、各种固体物质的表面，无时无刻地不在与人类接触，对人体造成各种伤害，甚至威胁生命。例如，2001 年香港爆发的禽流感(H5N1 流感)、2003 年内地与香港同时爆发的 SARS(传染性非典型肺炎，又称严重急性呼吸综合征)，以及 2009 年欧美地区广泛爆发的猪流感(甲型 H1N1 流感)等，都是近年来世界范围内引起警戒甚至恐慌的流行性疾病。这些生命力极强并有可能迅速变种的微型生物，难于检测与控制，蔓延很快，感染了大量的人群，给人类造成了恐慌和生命财产的损失。其他影响人类健康、对人类造成危害的生物细菌和病毒举不胜举。因此，对各类影响人类健康的生物及微生物进行传感检测，减少甚至避免对人类的危害，一直以来都是人类重点研究的问题。

近年来，物联网(The Internet of things)建设得到了国内外的高度关注，许多国家已经将其纳入国家发展战略。物联网是在因特网的基础上，利用 RFID、传感器、无线传感器网络节点以及无线数据通信等技术，构造一个覆盖世界上万事万物的巨大网络。物联网的主要元件之一就是传感器，只有将分门别类的传感器嵌入和装备到电网、铁路、桥梁、隧道、公路、建筑、供水系统、大坝、油气管道等各种物体中，以获得实时、灵敏及精确的“感知”信号，再与现有的因特网整合起来，才有可能实现人类社会与物质系统的整合，建立有效的物联网。可以说没有传感器，物联网就没有可能实现。

## 6.2 传感的基本概念

传感器是一种能感受外部世界的信息(输入信息)，并将其转换成可测信号(输出信号)的器件。一个传感器的基本构造包括敏感元件、信号转换元、外光电路和检测器。传感器的核心部件是基于传感功能材料的敏感元件，不管哪种传感器都包含敏感元件。传感功能材料是指利用各种物理现象(效应)、化学和生物反应原理制作敏感元件的基本材料，它在很大程度上决定着传感器性能，诸如选择性、灵敏性、线性度、稳定性等。图 6.1 为传感器的工作原理示意图。首先，待检测物种与传感器中的敏感元件作用，产生力学量、热学量、磁学量、辐射量、化学量或生物量等可检测的信号。继而，这些信号被信号转换元转换后，进一步传给检测器，经放大及分析等处理给出光或者电的输出信号。

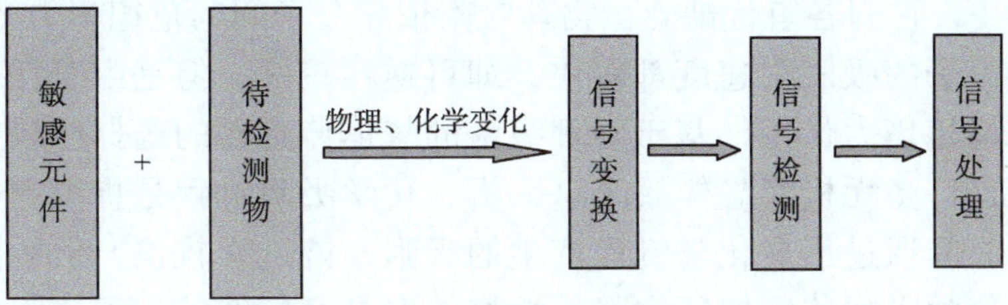


图 6.1 传感器工作原理示意图

传感器的种类繁多，分类标准也各异。从工作原理角度，可分为物理传感器、化学传感器和生物传感器；从敏感材料角度，可分为无机传感器和有机传感器；从被检测物角度，可分为气敏传感器、离子传感器、湿敏传感器、热敏传感器、压敏传感器等。

由于有机分子的光学、电学和电化学性质等对外界环境(如温度、溶剂、pH 值、聚集态和化学环境)的变化表现出迅速、群体的响应，因此非常适于用作具有高灵敏度和高选择性的传感材料。这类传感器日益受到瞩目和期待，究其原因，可大致概括：① 选择性好，有机物能与被测气体发生配位反应，可形成配位键或电荷转移络合物，使传感器具有较强的选择性；② 成本低，有机物来源广泛，易于获取，价格便宜，能有效降低传感器的成本；③ 易于大面积制备，便于制作传感器阵列；④ 性能易于调控，根据有机分子的可剪裁性，有机材料的性能千变万化，可以通过不同结构功能团的结合有目的地设计所需化合物；⑤ 反应迅速，有机物所特有的分子薄膜制备技术，能加快传感器的响应恢复速度，改善传感器的敏感性能。

## 6.3 有机传感器的检测机制

从感应信号角度，被检测物与有机传感材料相互作用的传感检测，主要有以下几种机制。

### 6.3.1　导电法

一些有机材料在与被检测物相互作用时，所表现出的导电性能变化，可用于传感测量。即将有机薄膜与两个电极相连，测量薄膜导电率(电导法)或者电阻率(阻抗法)随被检测物浓度的变化。

气体在有机敏感薄膜上的吸附主要有三类：物理吸附、化学吸附以及配位吸附[1]，它们各有优缺点。物理吸附依靠分子间的范德华力产生吸附，因而气体分子的吸脱附速度都较快，即可逆性较好。但是由于任何分子之间都存在范德华力作用，基于物理吸附的气体传感器的选择性较差，即专一性不强，许多无机半导体属于这一类。化学吸附过程是指待测分子与敏感膜材料之间通过形成化学键而产生的吸附，该过程较快，但脱附较为困难。因而化学吸附传感器通常专一性好，但是可逆性差。配位吸附是气体分子与敏感膜分子由于发生配位反应而产生的吸附，这种吸附作用介于物理吸附与化学吸附之间，既有很强的可逆性，又有较好的选择性，是较为理想的传感机制。

利用有机薄膜，对气体进行导电性测量，电流信号的变化通常在 $10^{-12}$A 数量级，非常弱，信号的观察比较困难。这种情况，需要精心地设计电路，并进行较好的接地及屏蔽等处理。如图 6.2 所示的叉指电极可以提高电信号灵敏度，非常适合气体的传感。另外也可以将有机薄膜制备在场效应晶体管器件中，导电信号变化的测量就变得比较容易。如图 6.3 所示，为利用有机薄膜作为半导体层，与无机介电材料结合，制备的基于场效应晶体管的有机/无机杂化化学传感器。

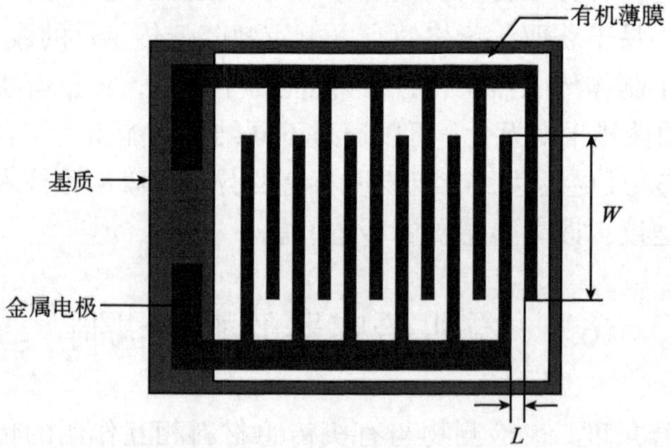


图 6.2　用于气体检测的叉指型有机传感器的敏感元件

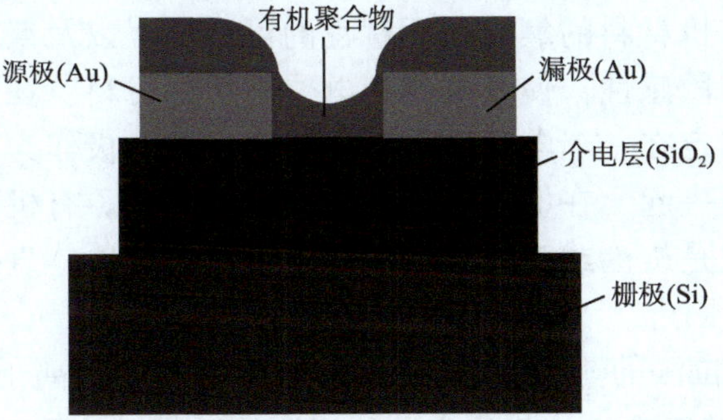


图 6.3 基于场效应晶体管的有机/无机杂化化学传感器

下面给出一个基于电导率检测的有机传感器例子[2]：该实验利用聚苯胺的衍生物作为功能敏感材料，将其压成片状，在压片的两端施加电压，并检测聚合物压片在暴露于有机溶剂饱和蒸气前后的电导率。该实验中，所得 *I-V* 曲线符合欧姆定律，由于聚合物压片的电阻率是 *I-V* 曲线的斜率，通过电阻率的倒数与压片长度之比，可以获得电导率的值。图 6.4 为聚合物压片暴露于各种有机溶剂前后导电性变化曲线，其中的纵坐标表示暴露于有机溶剂蒸气后的聚合物压片相对于暴露前的电压值。可以看出，聚合物压片在暴露于有机溶剂的蒸气后，固定电流下的电压都有所增加，说明有机溶剂蒸气使聚合物的导电性降低。同时，该聚合物压片对 NMP 溶剂最敏感(曲线 6)，而对 $CH_2Cl_2$ 溶剂的敏感度最低(曲线 1)。

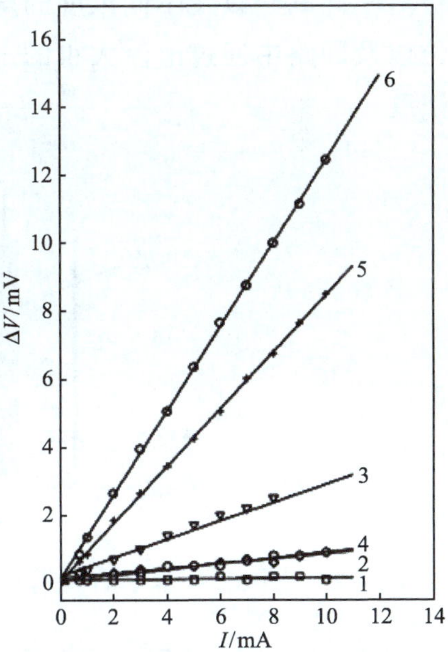


图 6.4 聚合物压片暴露于各种有机溶剂前后导电性变化的曲线

其中的有机溶剂分别为：1. $CH_2Cl_2$、2. $CHCl_3$、3. CHCN、4. MeOH、5. DMSO、6. NMP [2]

### 6.3.2 电位法

电位法的检测机制，是将表面含有敏感材料薄膜的电极作为工作电极，通过待检测物对电极表面敏感材料的诱导产生的电极电势变化，来进行检查。由于一些有机材料的氧化还原过程的可逆性，以及氧化还原过程对构型和静电作用的敏感性，使其可作为电位型传感材料。在这种方式里，需要将有机材料固定在一个电极表面形成薄膜。该电极作为工作电极，与参比电极和对电极一起，在电化学工作站上进行工作。有机薄膜在电极表面的固定方式可以是旋涂或者真空蒸镀，也可以通过单体直接在电极的表面以电聚合的方法固定。

一些基于电位法的薄膜传感器，可以用来检测各种离子，也称为离子传感器。图 6.5 是基于有机材料的离子传感器的敏感元件示意图。图中的离子传感器表面涂有有机离子敏感膜，可以选择性地向膜内输运离子。根据电极对不同离子以及不同浓度的同一种离子，所表现出来的氧化或者还原电位以及回路中通过电流大小的不同，可以选择性地检测溶液中特定离子的浓度。

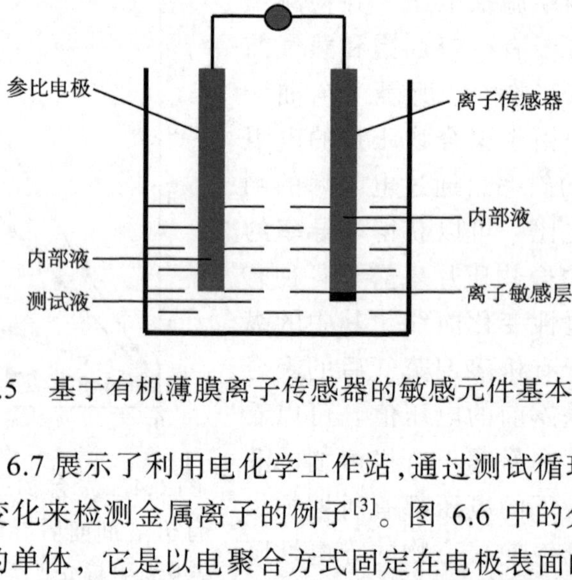


图 6.5　基于有机薄膜离子传感器的敏感元件基本结构

图 6.6 和图 6.7 展示了利用电化学工作站，通过测试循环伏安曲线及固定电压下电流变化来检测金属离子的例子[3]。图 6.6 中的分子式是电极表面所涂聚合物的单体，它是以电聚合方式固定在电极表面的。曲线记录了聚合物电极对 $Li^+$ 的检测情况。随着 $Li^+$ 浓度的增加，循环伏安曲线失去了聚合物的特征，阳离子和阴离子电流都移向较高的电势，同时总的电流减少。这说明随着过程的进行，聚合物越来越难于氧化。图 6.7 为上述聚合物电极在固定电压下，不同离子在不同浓度下所测得的电流情况，其中 $Li^+$、$Na^+$、$K^+$ 对应的电压分别为 0.53 V, 0.59 V, 0.57 V，参比电极为 Ag/AgCl。可以看出，很小量的 $Li^+$ 就可以使电流急剧变小，$Na^+$ 对电流的

改变相对缓慢，而 $K^+$的反应最慢。因此，该聚合物对 $Li^+$最敏感，而对 $K^+$的灵敏度最小。

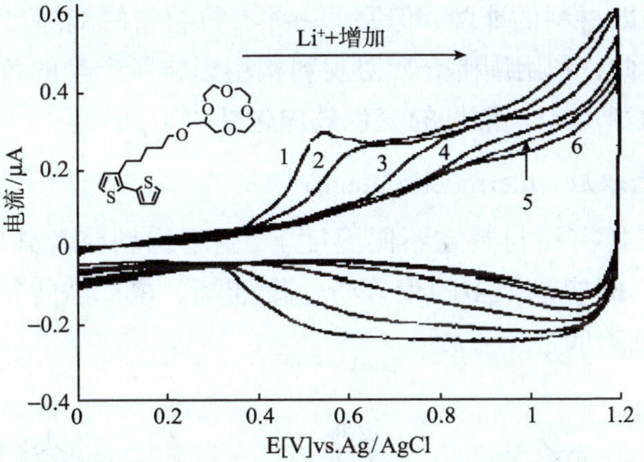


图 6.6 聚合物薄膜在不同浓度的 $Li^+$溶液中的循环伏安曲线

图中支撑电解质为 0.1M $Bu_4NPF_6/CH_3CN$，1 号溶液的 $Li^+$浓度最低，6 号溶液的 $Li^+$浓度最高，聚合物单体的结构示于图中[3]

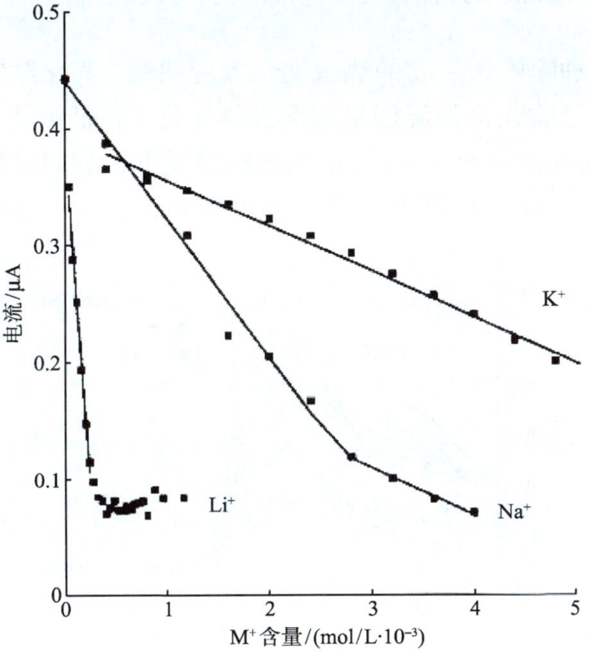


图 6.7 聚合物电极在固定电压下对不同离子在不同浓度下所测得的电流情况

图中 $Li^+$、$Na^+$、$K^+$对应的扫描电压分别为 0.53 V, 0.59 V, 0.57 V，参照电极为 Ag/AgCl[3]

### 6.3.3　色度法

色度传感器是基于材料吸收特性变化的传感器。虽然有机物的光吸收取决于电子结构，即材料的能隙，但是，一些有机材料的能隙对它自身的构型表现出敏感性。因此，利用周围介质对材料构型影响所产生的色度变化，可进行传感检测。有机材料中，常见的变色效应包括以下几种。

1. 热致变色效应 (thermochromism)

热致变色是指有机材料在不同温度下，由于构型或者其他变化而表现出来的吸收变化。例如，很多的聚噻吩、聚硅烷、聚二炔等衍生物(图 6.8)都表现出热致变色效应。

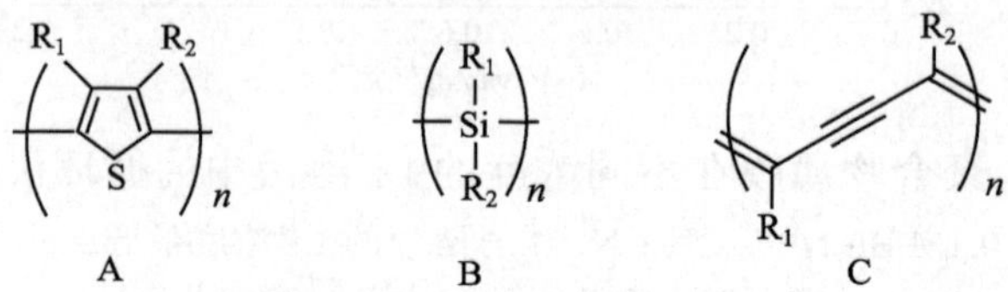


图 6.8　具有热致变色效应的一些聚合物结构

图 6.9 为一种噻吩衍生物的热致变色效应曲线，其化学结构也标注在图上[4]。该材料的吸收光谱随温度呈现渐进的变化。在低温下，材料是高度共轭形式，吸收的峰位在 545 nm。在加热的情况下，材料的颜色从紫红色逐渐变为黄色，吸收峰位移到 425 nm。这些变化是温度可逆的，有时会有滞

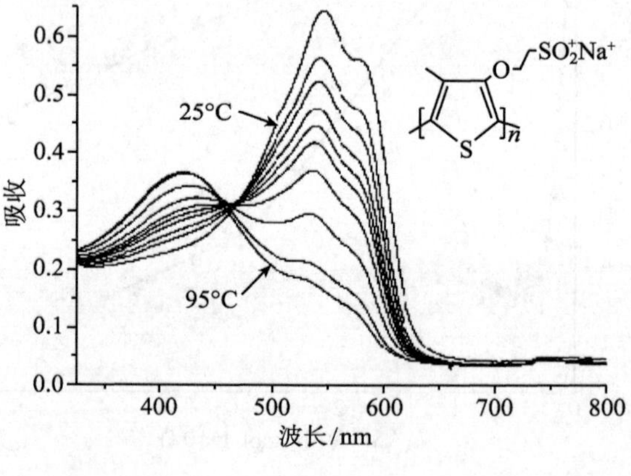


图 6.9　水溶液中 Sodium poly(2-(4-methyl-3-thiethyloxy) ethanesulfonate 的紫外可见吸收谱随温度的变化曲线[4]

后的现象。虽然在很低温度或者长时间放置的情况下，在稀溶液中，也可观测到聚合物的聚集或沉降现象。但是该实验中，材料的吸收峰位与浓度无关，从而证明了此热致色变不是分子聚集的结果。

热致变色的根本原因是体系中两个或多个发色团的存在,它们的比例随温度的不同而改变，因而产生热致变色现象。在图 6.9 中的吸收曲线中，有等吸光度点(isosbestic point，大约 460 nm 处)存在，表明体系存在两种构型的发色团。但是，这两个发色团是在同一个聚合物链的不同位置上，还是位于不同的聚合物链上，则无从判断。聚合物的热致变色现象在固态时也可以观测到，但是所需要的温度要比在溶液中高。造成温度较高的部分原因是，固体的黏度较大而导致的构象之间的转变困难、链间相互作用显著而导致的构象之间的分辨困难等。有趣地是固态热致变色的温度范围可以通过增加侧链的长度或柔性而减小。

在多数聚合物材料中，分子骨架的平面构型与非平面构型之间的变化，是引起热致变色的主要原因。在这些材料中，如聚硅烷和聚二炔，它们的电子结构同分子的构型有很大关系，当主链由平面变为非平面时，聚合物的共轭长度会减少，材料的能隙增大，从而导致吸收的蓝移。图 6.10 给出了聚合物由平面构型转换为非平面分子构型的两种情形。图 6.10(a)中指的

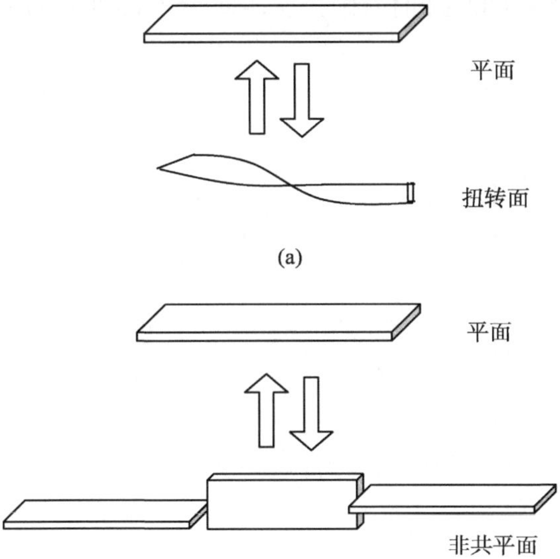


(a)

(b)

图 6.10 聚合物由平面构型转换为非平面分子构型的两种情形

(a) 扭转型；(b) 非共平面型

是非区域规整型聚合物，其特点是一个重复单元的扭曲可以诱发大量邻近单体单元的扭曲，造成分子骨架的连续形变，形成主链扭曲构型。而 6.10(b) 代表的是区域规则型聚合物分子构象的转变情形，由于分子的区域规整性，聚合物呈现出自组织的、共轭性很好的大分子平面。当分子侧链由于受到扰动而使聚合物失去区域规整性时，聚合物分子的平面性也遭到破坏，分子变为非平面型构象。

虽然聚合物的热致变色是主链构型或者链间相互作用发生变化的结果，但是它受侧链的位置和空间大小的影响很大。例如，图 6.11 中所示的三类材料，就没有明显的热致变色效应。

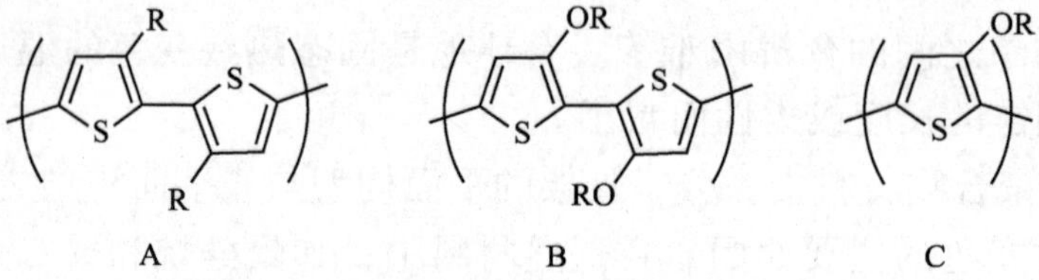


图 6.11　无明显热致变色效应的三种分子

图 6.11 中，材料 A 由于侧链 R 的空间位阻太大，没有平面构型；材料 B 和 C 由于缺少侧链的空间位阻效应，使分子即使在高温下也可以保持平面构型。因此材料 A、B、C 均不能够在加热下形成另外一个构型，几乎观测不到热致变色现象。图 6.12 给出了 C 类材料的吸收光谱随温度变化曲线，

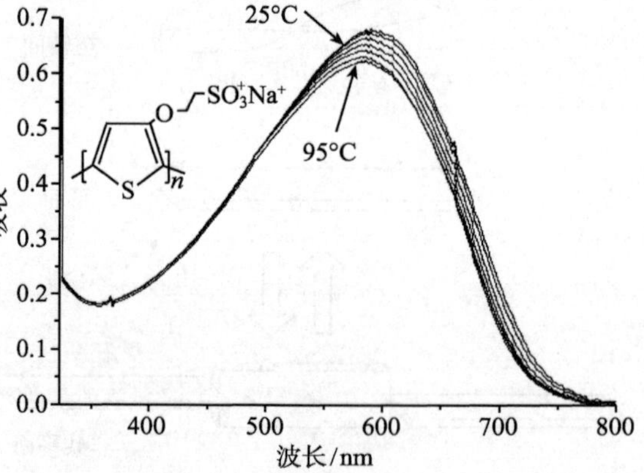


图 6.12　水溶液中 Sodium poly(2-(3-thiethyloxy)ethanesulfonate 的紫外可见吸收谱随温度变化曲线[4]

没有观测到变色效应。将图 6.12 中的曲线与图 6.9 进行比较，可以清楚地看到侧链取代不同而导致的不同热致变色效应[4]。

2. 溶致变色效应(solvatochromism)和压致变色效应(piezochromism)

由于溶剂的变化，导致溶剂与溶质之间的偶极－偶极相互作用的不同，诱发了分子内或者分子间的形变，导致材料构型改变，从而引起的吸收光谱变化称为溶致变色。例如，在良性溶剂下，聚 3-烷氧基-4-甲基噻吩的最大吸收峰位在 425 nm，当加入非良性溶剂时，吸收峰位红移至 545 nm。这些变化与该材料的热致变色效应十分类似，都与主链的构型变化有关。压力的不同，也可以使有机物的构型改变，从而产生吸收光谱的变化，此现象称为压致变色效应。如，随着压力的增大，非平面型的(或高温型)的聚 3-烷基噻吩的吸收光谱会产生红移。溶致变色效应、压致变色效应与热致变色效应的机制类似，都是在不同程度上改变了分子链的构型所导致的材料能级结构变化。

3. 离子变色效应(ionochromism)

离子变色是指物质与外界离子之间的强烈非共价键作用，引起材料构型变化而导致的吸收光谱变化。

例如，在含有醚或者冠醚取代基的共轭聚合物中，由于醚或者冠醚可以和碱金属络合，侧链的空间排列受到修饰，从而影响聚合物的主链构型和吸收光谱。实验表明，利用高度区域规整的聚噻吩衍生物，甚至可以根据聚合物扭曲构型和平面构型比例不同，利用比色法确定一些碱金属的相对浓度，如图 6.13 所示。图中显示，在含有冠醚侧链的共轭聚合物中，冠醚可与钠离子络合，导致了大分子的刚性化自组装，从而增加了分子的平面化和共轭性，降低了材料的能隙，使材料的吸收峰从 440 nm 红移至 545 nm。离子变色效应广泛地应用于溶液体系中的离子检测。在固体体系中，却很少能够观测到离子变色效应，原因可能是固态时较大的黏滞力使分子构象转变的机会大大降低。

4. 生物变色效应(biochromism)

生物基团与聚合物侧链的某些功能化基团之间的络合，可导致聚合物颜色的变化，这种现象可用来检测生物分子，称为生物变色效应。

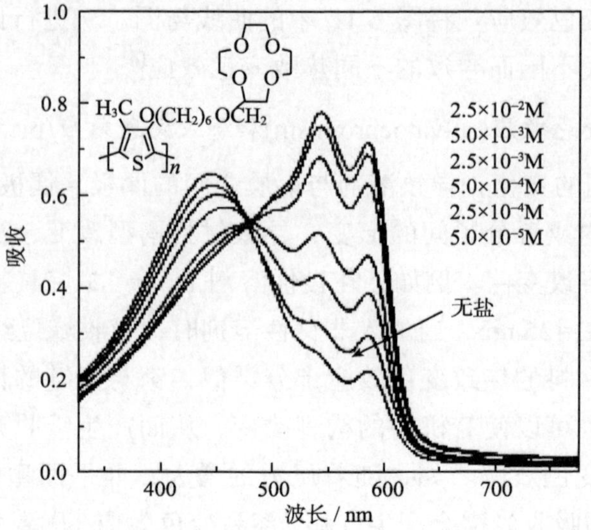


图 6.13　冠醚聚合物在不同钠离子浓度下的吸收光谱[4]

功能化的聚二炔是比较有潜力的生物变色传感材料。这类材料具有两性分子特性，可以形成稳定的囊泡或者单分子层。当发生络合反应时，这些囊泡(单分子层)将遭到破坏，导致颜色从蓝色到红色的变化。经过配体修饰的聚二炔囊泡对生物分子的识别，是在单个超分子聚集体内直接与信号传导相连，这点与细胞膜类似。通过不同性质取代基的变化，可能得到种类繁多的不同生物传感器。图 6.14 中是利用含有唾液酸识别单元的聚二炔衍生物的 Languir-Blodgett 膜来鉴别血球凝集素的例子。当血球凝集素在聚二炔薄膜表面与唾液酸结合后，在聚合物的侧链和主链都产生强烈的无序变化，使病毒的变色检测成为可能。

### 6.3.4　表面等离子共振法

表面等离子波 (surface plasmon wave，SPW)也译为表面等离子激元或表面电磁波，是沿金属和介质界面传播的表面电磁波。表面等离子体共振(surface plasma resonance, SPR)，是指在适当条件(能量与动量匹配)下，金属和电介质界面处的入射光场，引发金属表面 SPW 相干振荡(入射光的横磁波极化能量，经共振转移给金属表面的自由电子，产生共振激发)的一种物理现象。图 6.15 为使用 SPR 技术进行传感信号检测的 Kretschmann 型装置示意图。

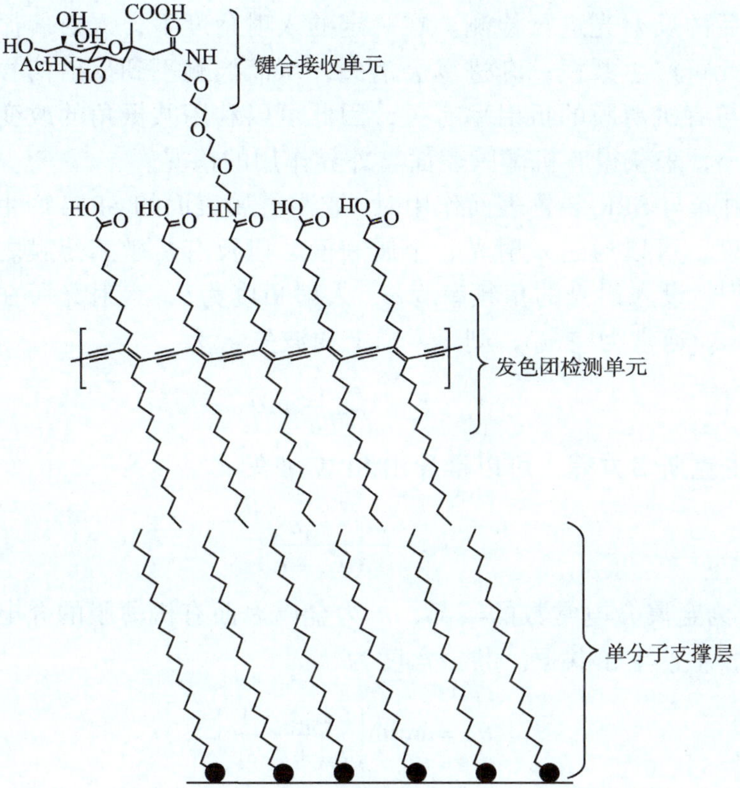


图 6.14 利用含有唾液酸识别单元的聚二炔衍生物的 Languir-Blodgett 膜来鉴别血球凝集素的例子[4]

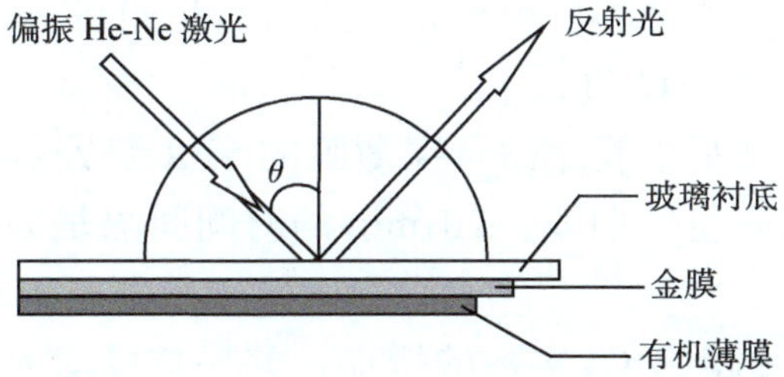


图 6.15 使用 SPR 技术进行传感信号检测的 Kretschmann 型装置示意图

SPR 测量装置中构成敏感元件的组分依次为玻璃衬底、金薄膜、有机薄膜，其中的有机薄膜与待测物接触，而玻璃的背面是用来测量玻璃表面激元共振信号的半圆柱型的高折射率棱镜。以波长为 $\lambda$ 的 p 型偏振光通过半圆柱型棱镜后入射到薄膜表面，形成电磁波渐进场。对偏振光与敏感薄膜表面作用后的反射光进行检测。在一定的入射角度下，入射偏振光与表面等离子激元可产生共振，渐进场会消失，从而检测不到反射信号。该共振角的大小与有机薄膜的折射率有关，因此可以利用共振角的改变以及共振信号的大小，来获得有机薄膜表面与外界作用的情况。

当入射光与 SPR 装置表面作用时，它与金属表面的 SPW 产生共振时的入射光角度，可以通过入射光、金属表面、以及有机敏感薄膜之间的光学关系获得[5]。设入射光的角频率为$\omega$，入射角度为$\theta$，入射光所在介质的介电常数为 $\varepsilon_a$ (通常为空气)，则 $x$ 方向上的波矢 $k_x$ 为

$$k_x = \sqrt{\varepsilon_a}\frac{\omega}{c}\sin\theta \tag{6.1}$$

根据麦克斯韦方程，可以推导出 SPW 波矢 $k_{sp}$：

$$k_{sp} = \frac{\omega}{c}\left(\frac{\varepsilon_M \varepsilon}{\varepsilon_M + \varepsilon}\right)^{1/2} \tag{6.2}$$

式中，$\varepsilon_M$ 为金属介电常数的实部，$\varepsilon$ 为金属表面有机薄膜的介电常数。当 $k_x = k_{sp}$ 时，就产生了共振。共振角度为

$$\theta_{sp} = \arcsin\left(\frac{\varepsilon_M \varepsilon}{\varepsilon_M + \varepsilon}\cdot\frac{1}{\varepsilon_a}\right)^{1/2} \tag{6.3}$$

由有机膜环境改变所产生的折射率不同导致的共振角变化可表示为[6]

$$\Delta\theta_a = \frac{(2\pi/\lambda)(\varepsilon_M \varepsilon_a)^{3/2} d}{n_p \cos\theta(\varepsilon_M - \varepsilon_a)^2 \varepsilon}(\varepsilon - \varepsilon_a) \tag{6.4}$$

式中，$n_p$ 是半圆柱型棱镜的折射率，$\varepsilon_a$ 为与有机膜接触介质的介电常数(通常为空气)，有机膜的厚度为 $d$。

如图 6.16 所示是基于旋涂酞菁镍薄膜的 SPR 装置每隔 20 min 在 2 ppm $O_3$ 中暴露一次后的测量的曲线。20 min 的时间间隔是为了使有机薄膜恢复到初始状态。

曲线中，随着暴露到 $O_3$ 次数的增加，共振角度增大，同时曲线的半峰宽减小。这是由于酞菁环被臭氧氧化，导致了染料的漂白。

SPR 测量也可以收集动态数据，即在固定角度下记录反射光信号随时间的变化，图 6.17 就是一个例子。其中的敏感元件是由较厚的十六氟代酞菁铜($F_{16}CuPc$)构成，由于分子结构中十六个氟原子的强烈吸电子特性，使得材料对诸如氨气等还原性气体有很好的传感作用[7]。首先将器件暴露于 100 ppm 的氨气中 2 min，再通入干燥的空气 2 min，然后进入第二个检测循环：

将器件暴露于 200 ppm 的氨气中 2 min，再通入干燥的空气 2 min。整个实验过程在固定入射光角度为 46°下，用 SPR 反射信号进行实时监测。图 6.17 中可以看出，在器件暴露于氨气的时间段内，基于 $F_{16}CuPc$ 薄膜的 SPR 装置对氨气的反应很快且信号稳定；在干燥空气通过器件的时间内，信号瞬间减小，表明该装置使用后的恢复非常完全。

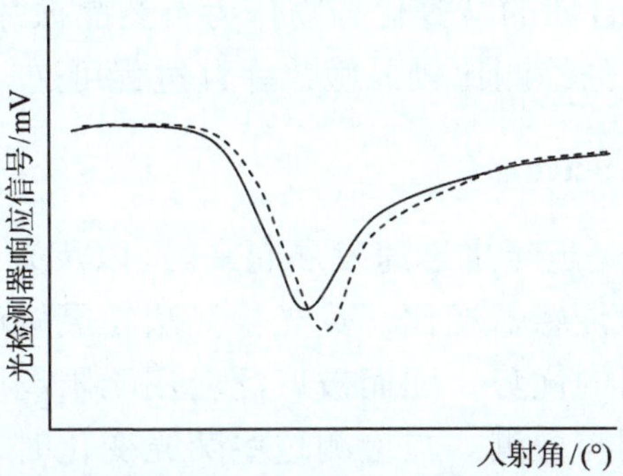


图 6.16　基于旋涂酞菁镍薄膜的 SPR 装置每隔 20 min 在 2 ppm 的 $O_3$ 中暴露后的光检测信号随入射光角度的变化

实线是第一次暴露，虚线是第二次暴露(曲线经过平滑处理)

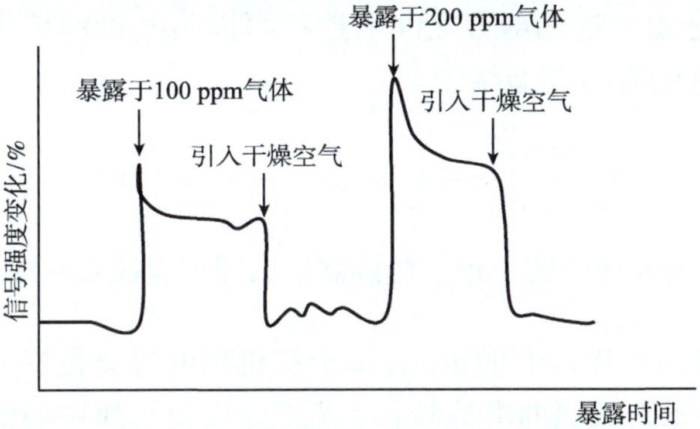


图 6.17　SPR 测量在固定角度下记录反射光信号随时间的变化(曲线经过平滑处理)

### 6.3.5　石英晶体微天平法(quartz crystal microbalance, QCM)

将具有某种气体吸收特性的有机聚合物沉积在石英晶振片上，根据其表面气体的吸附或者脱附过程而引起的微小质量变化，来检测气体，这种方法称为石英振子法或石英晶体微天平法(QCM)，该法常常用来检测挥发性

的有机物(VOC)。由于吸收了气体而改变质量，石英晶片振荡频率的变化 $\Delta f$ 可表示为[8]

$$\Delta m(\text{mg/cm}^2) = \frac{\Delta f(\text{Hz})}{2.26\times10^{-6} f_0^2} \tag{6.5}$$

式中的 $f_0$ 为吸收气体之前的晶振频率。

研究表明，过渡金属的酞菁化合物作为石英晶振片的外层感应薄膜时，对高沸点的有机溶剂的检测比较灵敏，并且过程可逆。

### 6.3.6　荧光法(fluorescence)

荧光化学传感器是近年来迅速发展起来的、以荧光信号为检测对象的传感测试手段。与其他传感器相比，荧光检测法在灵敏度、选择性和实时原位检测等方面有突出的优势，因而被广泛应用于阳离子、阴离子和中性分子等被分析物的识别与检测。在检测这些荧光变化时，可分别或同时侧重于强度变化、波长(激发和发射)变化和寿命变化等，以获取外来物种的定性和定量识别。荧光传感器的敏感元件主要包括三个部分：① 对外来物种识别和接受的接收器(receptor)；② 报告和输出信息的报告器(reporter)；③ 将信息从接收器到报告器传递的中继体(relay)。图 6.18 为荧光化学传感器敏感元件组成示意图，这几部分之间的连接可以是共价键结合，也可以是诸如超分子聚集等的其他类型结合。

图 6.18　荧光化学传感器敏感元件组成示意图

报告器是给出荧光信号的单元，基于有机物的报告器发光机制可分为共轭 $\pi$-$\pi^*$跃迁、分子内共轭的电荷转移态跃迁、以及金属中心激发态或者金属-配体激发态跃迁。详细的发光过程及特性，可参见第 2 章分子的电子过程。这里特别指出的是，基于荧光机制的传感器与基于其他光学性质的传感器(如吸收等)相比，最大的优点是高灵敏度。这是由于荧光信号的强度与物质的浓度成正比。而在吸收测量中，与物质浓度成正比的是吸光度，即入射光照射到样品前后强度的差值。因此，增加入射光的强度，可产生很大的荧光增强信号，但是吸光度的增加却十分有限。荧光可以检测的下限可以比吸收低 100 万倍。

当荧光化学传感器分子与外来(分析) 物种相遇时，可引起传感器分子荧光发生变化的机制包括：光诱导电子转移(PET)、能量转移、构型改变等。也就是说，当受到外来物种的影响时，荧光传感器分子可能发生光诱导电子转移(PET)、能量转移、或者构型改变，进而导致体系发光行为的变化，起到传感的作用。

1. 光诱导电子转移(PET)机制

处在激发态的荧光分子，在 LUMO 能级上有电子填充。当 LUMO 能级上的电子向 HOMO 进行辐射跃迁，就会产生光。如果激发态的荧光分子在发生辐射跃迁之前，分子内部的其他基团中或者外来物种中存在某个能级，其大小恰好位于荧光分子的 HOMO 和 LUMO 之间，该位置或者是空置的轨道，或者有电子填充。如果这个外来能级是充满电子的，作为电子给体，该能级上的电子可能会通过光诱导电子转移(photoinduced electron transfer, PET)跃迁至发色团的 HOMO。接着，发色团的 LUMO 电子会跃迁到这个外来的能级，产生荧光分子的稳定基态，导致发色团的发光猝灭。该过程如图 6.19(a)所示。

类似地，当位于发色团 HOMO 和 LUMO 之间的外来能级是空置轨道时，作为电子受体，发色团 LUMO 能级的一个电子有可能跃迁到该外来能级上，接着该轨道上的一个电子会跃迁到发色团的 HOMO，产生荧光分子的稳定基态，由此产生了发色团激发态的猝灭，因而发光信号降低或者消失。该过程如图 6.19(b)所示。

2. 能量转移机制

有机传感器中的能量转移机制主要包括基于偶极-偶极相互作用的 Förster 能量转移、通过电子交换作用的 Dexter 能量转移。这两种作用机制在第 2 章已经详细讨论过，这里不再赘述。

3. 构型变化

当外界影响使荧光物质的分子发生构型变化时，发光分子的发光情况可能发生变化，这些变化包括激基缔合物发光的产生或减弱、分子刚性化导致的发光增强等。激基缔合物指的是由基态分子与激发态分子相互作用产生的复合物，如二者是同一种物质，该缔合物也称基激二聚物。与单体相比，激基缔合物的发光红移，且发光强度较弱。在很多情况下，可以同时观测到分子的单体发光和激基缔合物发光。

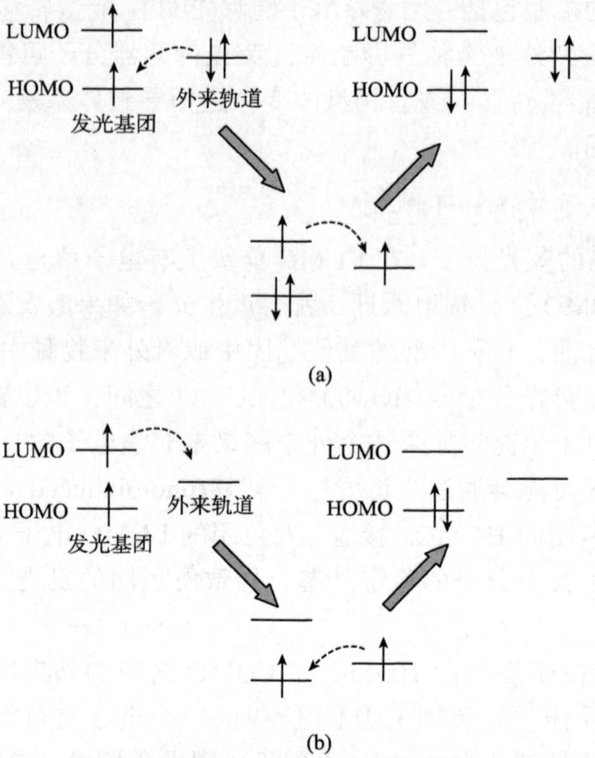


图 6.19　光诱导电子转移过程(PET)示意图

(a) 外来轨道是电子充满的；(b) 外来轨道是空置的

通常地，高度离域的平面型分子(如芘、蒽等)产生激基缔合物的概率较大。另外，激基缔合物的形成还需要两个单体之间充分接触，以便产生堆积作用。图 6.20 为阴离子诱导产生激基缔合物示意图。

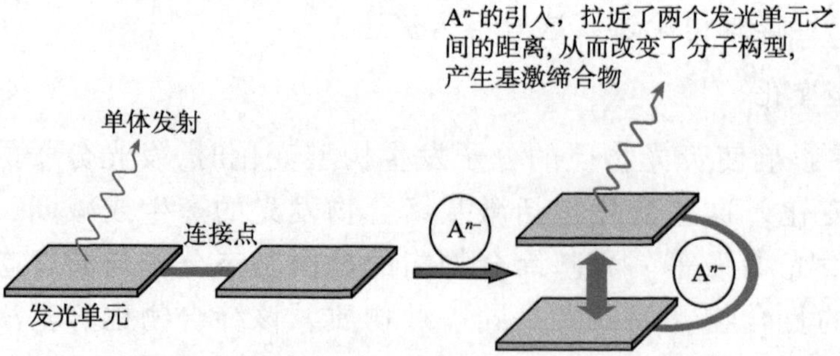


图 6.20　阴离子诱导产生激基缔合物示意图

图 6.21 所示的例子是通过荧光分子的激基缔合物荧光变化进行传感的一个例子。图中所示芘衍生物分子可溶于水中，分子内存在两个芘环。由于强烈的疏水作用，两个芘环以相互叠合的方式存在。即在没有和外来物种作用时，存在着芘的叠合构型，因此在荧光光谱中，清晰地观察到芘的激基缔合物发光；当引入的某外来物种能与传感器分子中阳离子基、酯基以及芳基相作用时，由于外来物种插入传感器分子，叠合的芘基发生分离，使化合物原有的构型发生改变，降低了基激缔合物产生的效率，从而导致芘激基缔合物荧光随外来物种的加入而逐步减弱，甚至消失。这种构型变化的信息通过分子基激缔合物荧光的变化可以得到检测，从而获得外来物种是否已被传感器分子捕获或识别的信息。

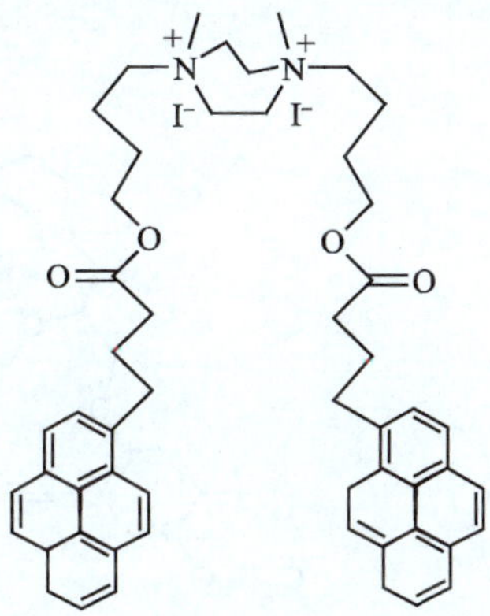

图 6.21 基于基激缔合物荧光变化的传感材料

与上述例子相反，图 6.22 所示的例子中，离子的加入没有导致分子的分散，而是引起分子聚集、产生发光猝灭的现象。由于该聚合物可以和 $K^+$离子形成 2 : 1 配合物，当外界有 $K^+$存在时，钾离子可以桥链两个聚合物分子，它所产生的聚集态使聚合物在 452 nm 的荧光降低了 82%，显著猝灭了分子荧光，而在 540 nm 产生很弱的聚集态发光[9]。这种由于受到外界环境影响引起的分子聚集态变化，而导致的强烈分子荧光猝灭现象，也可以用于传感检测。

4. 发光聚合物对发光信号变化的放大作用

这里，我们还要着重提一下基于有机共轭聚合物的荧光传感器。与小分子有机荧光传感器不同，有机共轭聚合物传感器对荧光变化信号可产生放大作用，从而非常有利于检测。我们知道，当聚合物的主链结构有发色团时，会产生荧光。这些发色团受到各种外部环境影响可以产生发光的变化，如发光颜色、量子效率等。外部环境的影响也可以导致发光的猝灭。特别地，对于共轭聚合物而言，由于激子可在聚合物的长链结构上快速输运，侧链上任何一个猝灭基团的产生，都可以使整个聚合物链上的激子得到快速猝灭；反过来，也可以说侧链上任何一个猝灭基团的消失，都可以使整个链上的激子免于该猝灭基因的猝灭，这些现象与过程被称为聚合物荧光变化的放大效应。图 6.23 以荧光猝灭过程为例，解释了共轭聚合物荧光变化信号放大机制。

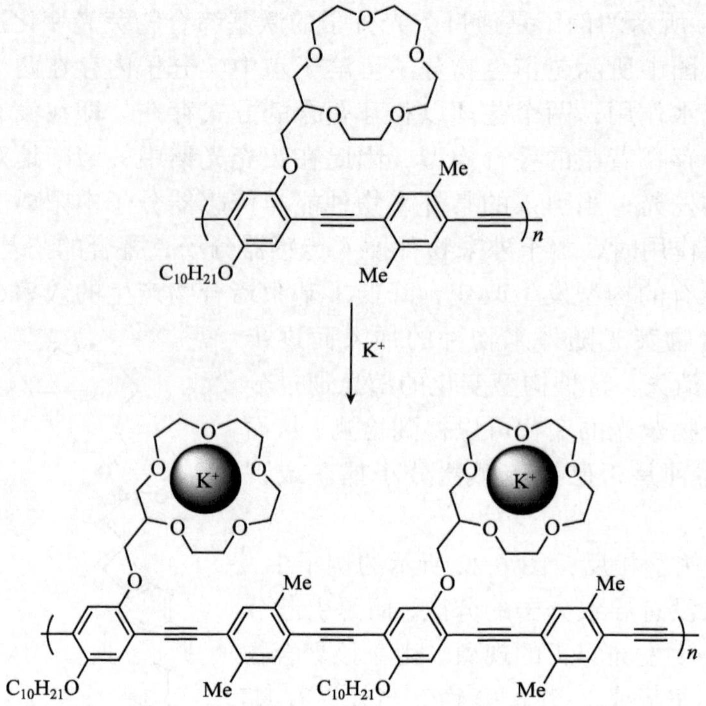


图 6.22 聚集态的产生猝灭分子单体荧光的例子

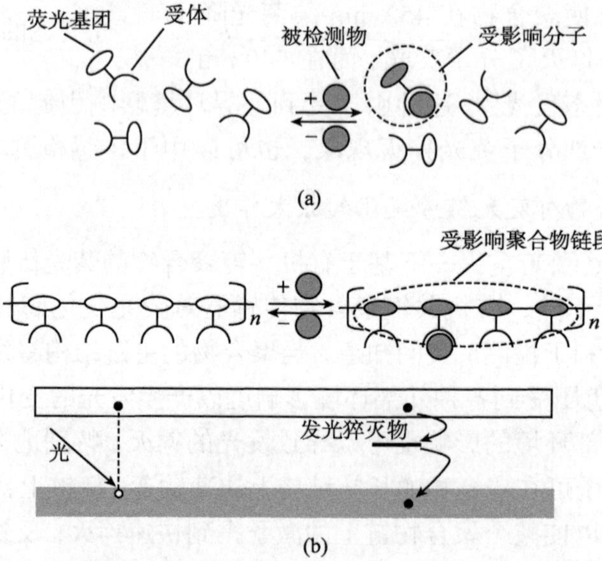


图 6.23 聚合物对发光变化的放大作用

(a) 一个发光增强或者发光猝灭剂只引起一个小分子发光变化；(b) 一个发光增强或者发光猝灭剂能够使聚合物链的发光产生变化，既增大了发光变化强度，又使敏感空间范围增大

如图 6.23 所示，当传感材料为小分子发光材料时，外部环境的一个猝灭剂分子仅能猝灭一个小分子荧光团的荧光；而当传感材料为共轭聚合物时，外部环境的一个猝灭剂分子与共轭聚合物链上的任何一个位置结合，都可能使聚合物链内所有激子以电子或能量传递的形式猝灭，即猝灭整条链的荧光，因此荧光猝灭信号被放大了。共轭聚合物的这种“猝灭放大”效应，使它能够对周围环境中极微量的猝灭剂显示出更迅速、群体的响应性能。因此，聚合物荧光传感器对多种有机、无机及生物分子的检测下限浓度可以达到 $10^{-9}$ M 甚至 $10^{-12}$ M 的浓度。

共轭聚合物荧光“猝灭放大”效应的产生，可能有以下两个原因：其一，聚合物与周围的猝灭剂通过相互作用形成弱键，大大增加了聚合物周围猝灭剂的浓度；其二，在共轭聚合物中，由于空间极子的耦合作用、电子态之间的强混合作用、或者主链之间的空间聚集，导致激子在一条聚合物链内或者聚合物固体中高度流动，因此共轭聚合物可以作为激子高效传输的介质。也就是说，聚合物分子受激后，能量可以在整个聚合物链上离域，甚至在聚合物的链与链之间快速传递，大大增加了激发态分子与外界作用的概率。因此当外来物种与接收器作用后，荧光信号的改变大大增强，输出被放大了。研究普遍认为后者可能是产生“荧光变化放大”效应的较为重要的因素。

近年来，基于有机共轭聚合物荧光信号检测的生物传感器也大行其道。这类器件利用荧光作为报告器(reporter)，由于共轭主链自身具有的信号迅速传递(即能量迅速传递)和信号放大效应的优势，器件具有超高的灵敏度；同时由于该类器件可以通过化学或物理的作用引入专门设计的生物分子接受器(receptor)，因而有着最佳的物种识别能力，使器件具有优异的选择性和专一性，是非常有潜力的新型生物传感材料。

如图 6.24 所示，利用荧光聚合物可以选择性地检测蛋白质 DNA[10]。这里，用于检测 DNA 的荧光体系包括两个组分，一是吸收光的荧光共轭聚合物(POLYMER)，二是低核苷酸(PNA)探针，它含有连接了报告器染料的肽核酸($C^*$)，表示为 PNA-$C^*$。将 PNA 加入含有互补序列的目标多核肽 DNA 溶液中，将产生蛋白质复合双结构。由于静电作用，聚合物将靠近 PNA-$C^*$/DNA 双结构单元，由此产生聚合物向报告器染料 $C^*$的能量转移，报告器 $C^*$将产生光发射，即可检测该 DNA。当所加的多核肽不与 PNA 互补时，二者之间的复合双结构就不能形成。由于通过静电结合的聚合物/多核肽体系，与 PNA-C$^*$报告器染料的平均距离太远，不能产生由聚合物向 PNA-C*报告器的有效能量转移，C$^*$将没有荧光发射。基于此，便可以检测与探针互补的蛋白质。研究还表明，将 C$^*$接在 PNA 上，加入荧光聚合物，通过聚合物向 PNA-C$^*$的能量转移产生的荧光比直接激发 C*产生的荧光强度高 25 倍。

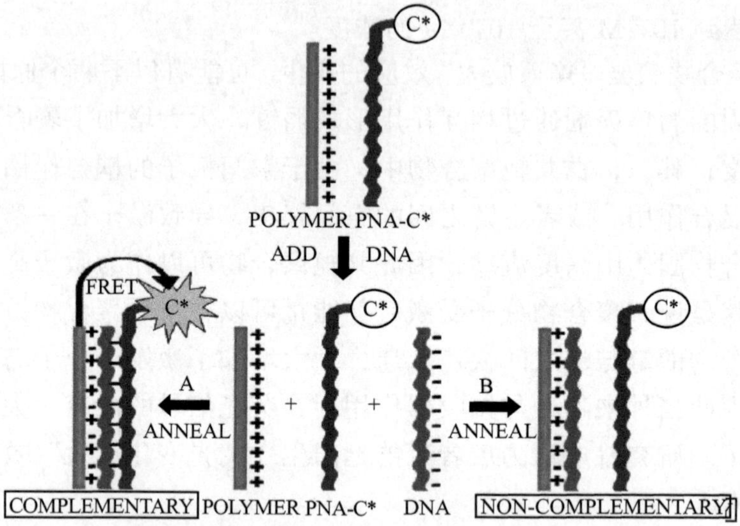


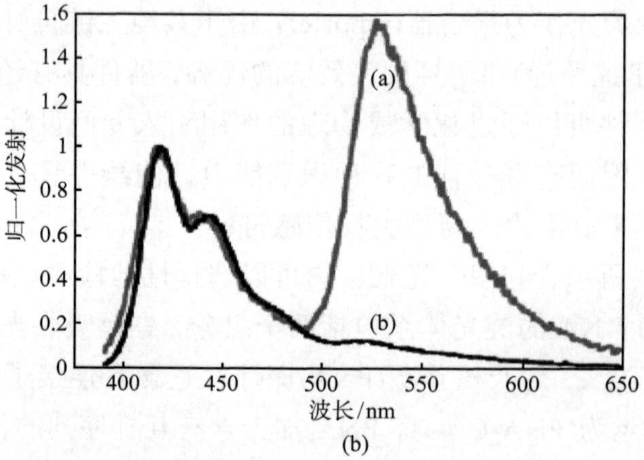


图 6.24　基于荧光聚合物材料体系的生物分子检测

(a) 传感机制示意图，传感体系对结构互补型蛋白质的产生很强的响应信号；(b) 荧光检测信号，对结构非互补型蛋白质的响应很弱[10]

W. Huang 等设计合成出一个阳离子型水溶性荧光传感材料，并研究了它对生物分子的检测能力和机制[11]。该工作中待检测的蛋白质，红索氧还蛋白(Rd)，是一种基于铁-硫电子转移的阴离子蛋白质。这类蛋白质在许多电子转移过程及酶催化反应中起着关键性作用。因此，高灵敏且高选择性地检测该类蛋白质对分析生物反应等研究非常重要。研究发现，通过胺修饰的水溶性荧光聚合物 PPV-NEtMe$_2^+$对 Rd 检测非常有效，其分子结构及传感机制如图 6.25 所示。

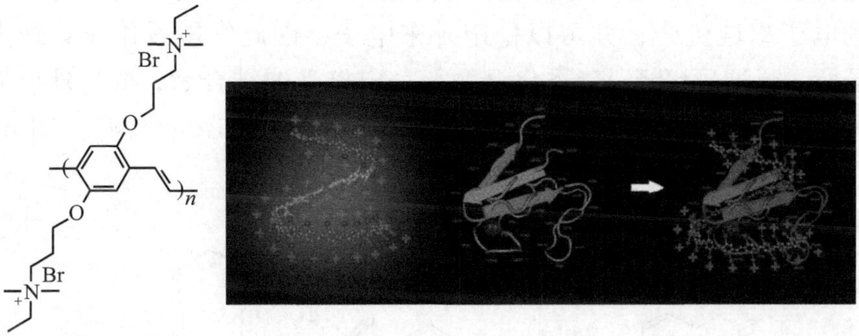

PPV-NEtMe$_2^+$

图 6.25　水溶性荧光聚合物 PPV-NEtMe$_2^+$ 的分子结构及其对蛋白质 Rd 检测机制[11]

与前面的机理类似，该水溶性阳离子传感材料的传感机制包括静电作用和电子转移两个过程。通过待检测蛋白质极性、待检测液酸碱性及传感材料浓度等方面的研究，表明传感材料 PPV-NEtMe$_2^+$有很高的灵敏性、选择性,并对检测液的酸碱性有一定依赖。其他基于聚合物荧光的生物传感材料及相关机制请参见最近的综述文献[12]。

综上所述，有机物传感器的检测机制，通常是根据有机分子与外来物种作用所产生的导电性变化、光学性变化及质量变化等。电导率检测和电位检测，与有机物的导电特性变化相关，需要外接电极；而色度法、表面激元共振法、以及荧光法都是基于材料的光学性质的变化。光学传感器有诸多的优点：响应速度快、精度高、抗干扰强、可远程传感等。

## 6.4　有机传感材料

### 6.4.1　小分子传感材料

小分子材料中有基于各种传感机制的传感功能材料，从结构特点上看，这类材料包括稠环(杂环)芳香类碳氢化合物(polycyclic aromatic hydrocarbon, heterocyclic aromatic hydrocarbon)、分子内电荷转移化合物(intramolecular charge transfer material)、金属配合物(metal complex)、酞菁和卟啉类化合物(phthalocyanine and porphyrin)、笼状分子(cavitand molecules)等。

1. 稠环(杂环)芳香类碳氢化合物

稠环芳香类碳氢化合物以及杂化芳香化合物，由于很好的刚性共轭平面，通常在稀溶液状态有很好的荧光发射。分子内共轭平面结构，提供了很好的电子离域机会，并可以稳定外来电子，因此常被看作能容纳大量电子的场所。当稠环(杂环)芳香化合物与一定接受器结合后，再与外界物种作用，可以使材料的荧光发生变化，这种变化可以用作传感检测。图 6.26 列举出几个含有典型稠环(杂环)芳香烃的传感材料。

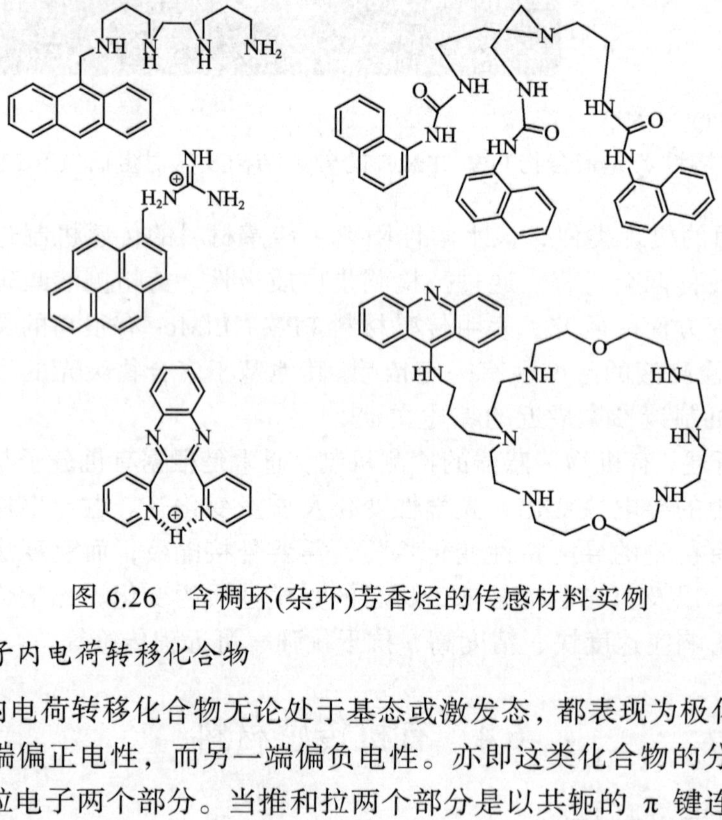

图 6.26　含稠环(杂环)芳香烃的传感材料实例

2. 分子内电荷转移化合物

分子内电荷转移化合物无论处于基态或激发态，都表现为极化结构，即分子的一端偏正电性，而另一端偏负电性。亦即这类化合物的分子内存在推电子和拉电子两个部分。当推和拉两个部分是以共轭的 π 键连接时，这种推拉电子的作用较强，材料通常是强发光的。而当分子内推电子与拉电子的两个部分以非共轭的 σ 键相连接时，材料的发光通常不是很强。对于强发光的分子内电荷转移化合物，当外界物种与其作用时，通过与发光化合物分子内的推电子部分或者拉电子部分进行联结，将产生发光的变化，起到传感的作用。图 6.27 为基于分子内电荷转移化合物香豆素的传感材料。

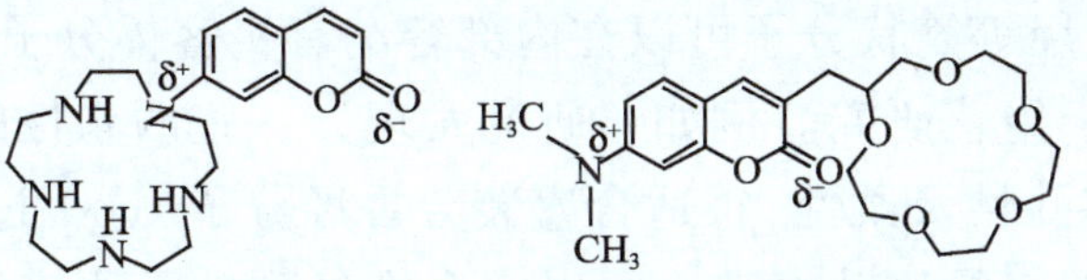


图 6.27 基于分子内电荷转移化合物香豆素的传感材料

3. 酞菁和卟啉类化合物

酞菁(phthalocyanine)和卟啉(phorphyrin)类化合物都属于大环共轭分子。酞菁是拥有 18 个电子的大 π 芳环结构，光电特性十分丰富且化学结构稳定，使该类材料在光电、光物理、电导以及光导方面都表现出重要的特性及应用价值。同时，环中心的两个氢原子可以被许多金属元素所取代，形成金属酞菁材料。另外，酞菁分子外围的 4 个苯环上的 16 个氢原子也可以被大量的基团取代。通过中心金属的改变、以及周围取代基的变化来改变材料的结构，可以很方便地改变材料的性质，得到特性各异的材料。因此，酞菁类化合物是在传感器方面研究比较多的小分子材料。活性气体，诸如，$O_2$、$NO_2$、$NH_3$ 等，与酞菁类化合物作用，可导致材料导电性能的变化，利用此特性，可以进行酞菁类化合物传感器件的设计。上述的活性气体与酞菁化合物的作用，涉及电荷转移过程，其中酞菁化合物作为电子给体，气体作为电子受体。卟啉类化合物是另一类典型的大环分子，它们也是天然存在的血红蛋白和叶绿素的骨架。与酞菁类化合物类似，这类化合物的共轭大环也是很好的电子容纳场所，可以作为电子给体，制备基于材料导电性变化的传感器。图 6.28 为酞菁分子与卟啉分子的结构。除了导电性能变化，利用酞菁

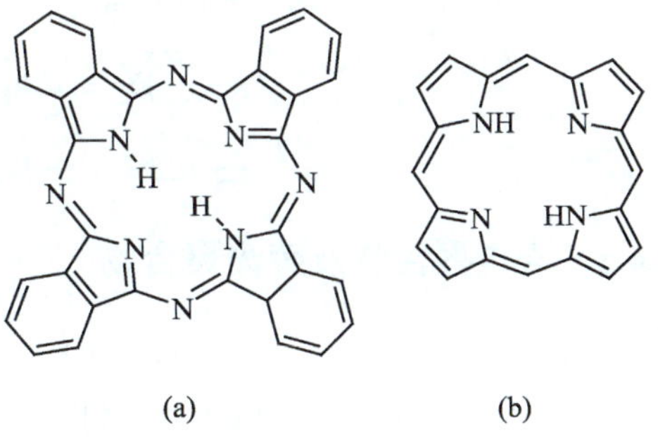


图 6.28 大环分子

(a) 酞菁分子；(b) 卟啉分子

和卟啉等共轭大环化合物的光学性质改变(例如吸收、折射率等)，也可制作传感器。

4. 笼状分子

冠醚、杯芳烃等笼状分子可以在内部容纳有机客体分子，这一特性已经被广泛地应用于传感研究。例如，研究发现，一些两亲性的杯芳烃衍生物的 LB 膜具有多孔性及柔性，很适合盛装芳香烃分子。这一过程进行速度快，并且通过清洁空气的流动清洗，可以完全恢复到分子原来的状态。杯芳烃 LB 膜对有机分子的吸附遍布于薄膜的表面和内部，甚至所吸附分子的数量可以超过杯芳烃分子的数量。这种吸附机制可能与薄膜的膨胀以及被吸附物在杯芳烃内的凝聚有关。与相同厚度的 LB 膜相比，旋涂制备的杯芳烃薄膜形貌比较均匀，但薄膜中孔的数目与 LB 膜相仿，同时对有机分子的敏感程度也类似。图 6.29 为一些杯芳烃分子结构。

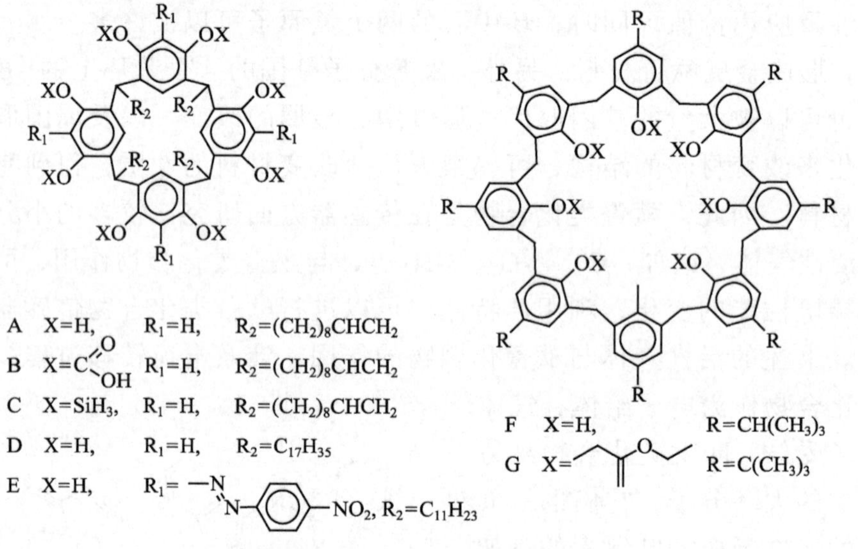


图 6.29　一些杯芳烃分子结构

### 6.4.2　导电聚合物及荧光聚合物

以聚吡咯(PPy)、聚苯胺(PAn)、聚噻吩(PTh)为代表的导电聚合物，由于具有较低的成本、较好的导电性、光电性、热电性、可以方便地沉积在各种基片上、可与其他功能材料共聚或复合、可在常温或低温使用等优点，因而受到传感器研究者的青睐，这些材料的分子结构见图 6.30。

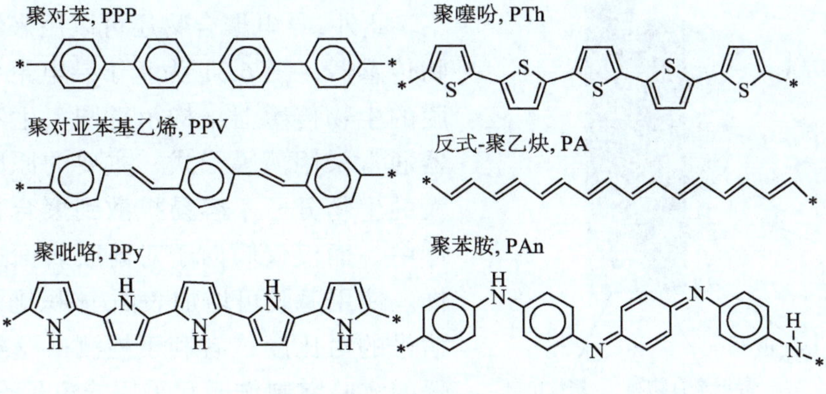


图 6.30 基于导电机制的聚合物传感材料

利用导电聚合物作为传感器的基体材料，或作为选择性包覆材料，可制作离子传感器、气体传感器、湿敏传感器等。相关检测原理请参见前面的讨论，这类材料的典型代表及检测机制见表 6.1。

**表 6.1 一些典型的导电聚合物传感器及其检测方法**

| 类型 | 被测物 | 敏感材料 | 检测方法 |
|---|---|---|---|
| 阴离子传感器 | $Cl^-$ | $PPy/Cl^-$ | 电位法 |
| | $ClO^{4-}$ | $PPy/ClO^{4-}$ | 电位法 |
| | $NO^{3-}$ | $PPy/NO^{3-}$ | 电位法 |
| | $SO4^{2-}$ | $PAn/SO_4^{2-}$ | 流体注入、安培法 |
| | $Br^-$ | $PPy/Br^-$ | 电位法 |
| | $BF^{4-}$ | $PPy/BF^{4-}$ | 电位法 |
| 阳离子传感器 | $K^+$ | $PPy/Fe(CN)_6^{3-}$ | 电位法 |
| | $Ca^{2+}$ | PPy/DBSA | 电位法 |
| | $Hg^{2+}$ | PTh 类 | QCM 法 |
| 气体传感器 | 醇类 | $PAn/PEO/CuCl_2$ | 阻抗法 |
| | $NH_3$ | PAn 或 Ppy | 阻抗法 |
| | $NO_x$ | PAn | 电导法 |
| | $H_2S$ | PAn | 电导法 |
| | HCl | PPy 或 PAn | 阻抗法 |
| | $CO_2$ | PAn 或 PVA | 电导法 |
| | $SO_2$ | PPy | 电导法 |
| 湿敏传感器 | $H_2O$ | 聚邻苯二胺/PVA | 电导法 |

注：PPy 是聚吡咯，PAn 是聚苯胺，PTh 是聚噻吩，DBSA 是十二烷基苯磺酸，PEO 为聚环氧乙烷，PVA 为聚乙烯醇。

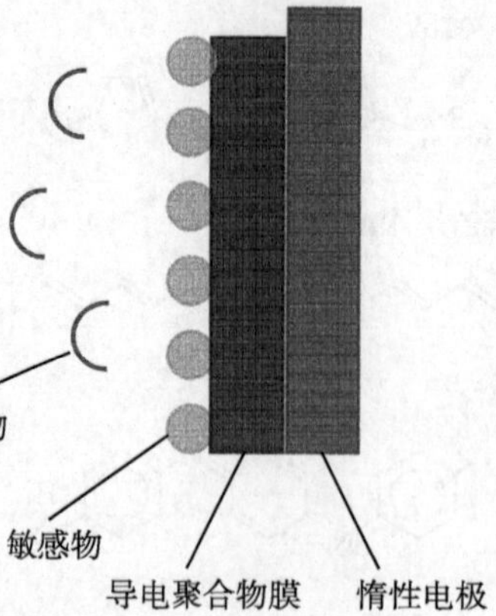


图6.31　基于有有机薄膜的生物传感器的敏感元件基本结构

此外，导电聚合物还可以用来制作生物传感器，图 6.31 为基于导电聚合物薄膜的生物传感器结构示意图。生物传感器通常采用薄膜形式，主要的原因是巨大的生物分子不容易扩散到聚合物的块体中，而仅仅倾向于对薄膜表面进行修饰。使用薄膜可增加表面/体积比及检测信号的对比度，有利于检测。这类传感器的实验室制作通常采用导电聚合物(聚吡咯、聚苯胺、聚噻吩等)在惰性电极(铂、金、玻碳、石墨、碳糊、碳纤维电极等)上电解聚合的方法获得[13]。其中，酶的固定为传感器制作的关键步骤，一般有两种方法，即“一步法”和“两

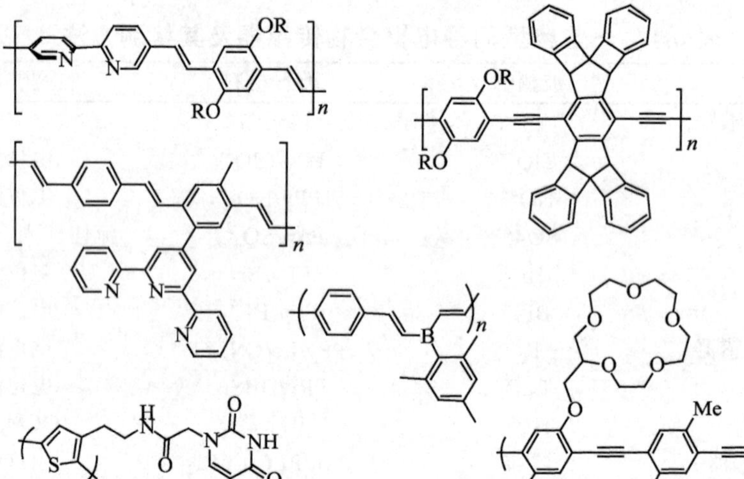

图 6.32　一些基于荧光机制的聚合物传感材料

步法”。“一步法”是指在聚合前将酶与单体、支撑电解质混合，在电解聚合生成导电聚合物膜的同时，酶被包覆到聚合物中。“两步法”是先将导电聚合物聚合在惰性电极上，再利用导电聚合物可逆的掺杂/去掺杂特性以及强吸附性将酶固定，固定酶的量可通过酶溶液浓度和聚合物膜厚度来控制。

如前所述，荧光聚合物由于具有发光信号放大作用，非常适合作为传感器的敏感材料，图 6.32 是一些基于荧光机制的聚合物传感材料分子结构。

## 参考文献


[1] 胡文平，刘云圻，朱道本，等. 世界科技研究与发展，2004, 26: 1
[2] Anitha G, Subramanian E. Sens. Actuators B, 2003, 92: 49
[3] McQuade D T, Pullen A E, Swager T M. Chem Rev, 2000, 100: 2537
[4] Leclerc M. Adv Mater, 1999, 11: 1491
[5] 张天浩，尹美荣，方哲宇，等. 物理学和高新技术，2005, 34: 909
[6] Pockrand I. Surf Sci, 1978, 72: 577
[7] Basova T, Kol'tsov E, Hassan A, et al. Phys Stat Sol B, 2005, 242: 822
[8] Ballantine D S, White R M, Martin S I, et al. Acoustic Wave Sensors. Theory, Design, and Physico-cehemical applications. New York: Academic Press, 1997
[9] Kim J. McQuade D T, Mchugh S K, et al. Angew Chem Int Ed, 2000, 39: 3868
[10] Gaylord B S, Heeger A J, Bazan G C. Proc Natl Acid Sci, 2002, 99: 10954
[11] Fan C, Zhang G W, Lu X M, et al. Macromol Rapid Commun, 2006, 27: 799
[12] Samuel W, Thomas III, Guy D J, et al. Chem Rev, 2007, 107: 1339
[13] 薛怀国，沈之荃，张一烽，等. 化学通报，2001, 7: 402

# 第7章 有机存储

本章首先介绍了应用于形形色色电子产品中的各类存储器件，如动态随机存储、闪存、硬盘及光盘，并对它们的性能和优缺点进行了比较，使读者对存储器有一个概貌了解。在此基础上，本章讨论了有机存储器。基于有机材料，现存两种存储器件结构，一种是光存储，一种是电存储。本章分别对这两类存储的发展、器件结构与工作机制、有机活性材料，以及相关研究进展进行了阐述和讨论。有机光存储的应用主要是作为光盘中的活性介质。目前，基于有机活性材料的光盘已经从表面二维发展到三维空间的双光子存储。本章对应用于二维和三维光盘中的有机活性介质及其作用机制、材料发展等进行了一一介绍。有机电存储还是比较不成熟的技术，尚处在研究的初级阶段。针对这一部分，本章首先总结了各类有机薄膜的电　流-电压特性曲线，阐述了其作为电存储的可能性。接着根据不同的存储材料体系，介绍了有机电存储性能及发展状况。

## 7.1　存储器简介

存储器是各类电子信息产品，如电脑、移动电话、MP3、游戏机等，对信息进行读取、记录、擦除等基本数据操作的电子元件，它几乎是各类电子信息产品中不可缺少的元素。在这些电子产品中，信息以二进制数字格式存在，因此存储也称为数字信息存储。一般来讲，存储器件中的活性介质必须对检测信号表现出两种反应，分别对应于器件的开或关状态，这种检测器对活性介质状态识别的过程是数据的“读”操作。当特定物理量(磁、光、电等)对活性介质作用时，可在活性介质中产生相当于“开”或者“关”的两种状态，这个过程对应数据的“写”过程。

传统存储器大多数都是基于无机半导体材料，主要利用材料磁信号、电信号、或者光学信号的变化来实现信息存储。目前广泛使用的、基于无机存储介质的存储技术有四种：第一种为基于电容的存储器，包括随机存储器(random access memory, RAM) 和只读存储器(read only memory, ROM)，其中主要的是动态随机存储器(dynamic random memory, DRAM)；第二种为基于磁信号的硬盘(hard disk drive, HDD)；第三种为基于场效应晶体管器件的闪存(flash memory)；第四种为基于光信号的光盘(optical disk: OD)，主要以 CD 盘(compact disk)为主。

数字信息存储的研究目标是高存储密度、高数据传输率、高存储寿命、高擦除次数以及廉价的设备投资与器件制备。目前的存储技术虽然广泛地应用于各种电子产品，但是它们还达不到完美存储的性能指标，都各自存在优缺点[1,2]。图 7.1 展示了 DRAM、flash memory、HDD 及 CD 的性能比较。DRAM 技术有反应速度快的特点，但是它价格较高、保留时间较短、同时在对它进行电荷补偿的刷新过程需要消耗电能。闪存技术的保留时间

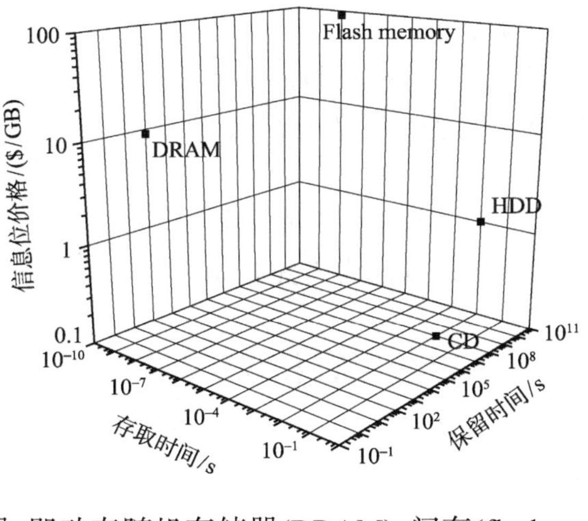


图 7.1　4 种存储器，即动态随机存储器(DRAM)、闪存(flash memory)、硬盘(HDD)及光盘(CD)的性能比较[1, 2]

比 DRAM 长，但是它的擦除和写入过程需要较长时间，读写寿命有限，信息位价格也比较昂贵。HDD 是最廉价的存储技术，但是它的数据寻址时间长，在数据读取时需要消耗能量来进行磁盘的转动、同时由于磁头距离磁盘表面仅仅几十个纳米，所以非常容易损坏。CD 存储寿命较长，信息位的价格较低。由于 CD 存储采用非接触式数据读方式，激光探头不易磨损及划伤盘面。但是 CD 存储的驱动较为复杂，虽然数据存取时间与 HDD 接近，但信息或数据的传输速率比 HDD 低。

因此，新型存储介质的研究和应用仍然是国际热点之一。一方面，人们期待着存储性能的实质性提高，从而带来信息产业革新。例如，如果计算机中的存储器性能理想，则通常情况下可将它们置于关机状态，只在需要时打开，立刻就可以进入工作状态。也就是说，计算机可以即开即用，不需要费时的启动阶段。如果使用性能优良的存储器，人们可以将自己的工作或者娱乐信息存储在容量大体积小的记忆卡上，随时可以将记忆卡插到任何一台计算机上继续自己想做的事情。另外，如果拥有性能理想的存储器，计算机中等级森严的高速缓存就可以取消，大大节约开销并降低复杂性。另一方面，很多数量庞大的低端产品，包括无线识别标签、智能卡等，对存储器性能的要求不高，只要满足一定的访问时间、保留时间以及抗疲劳性即可，加之这类产品的可弃性，价格低廉是该类产品中存储器的主要条件。但是目前的主流存储器在价格上较贵，不适合应用于这类产品。

与无机存储介质相比，有机材料作为存储介质有着诸多潜在优势，如不需要高温等苛刻的薄膜制备工艺，具有成本低廉、大面积、可柔性、高敏感度等优点。最重要的是，有机材料的分子尺寸在 1~100 nm，因此基于有机分子的存储器有望获得纳米尺寸的存储单元，大幅度提高存储密度，减小存储器尺寸。

有机存储器的工作机制主要分为光信号变化和电信号变化两种，而磁信号工作机制的有机存储器，目前尚未见报道。

## 7.2　有机光存储

### 7.2.1　二维存储光盘和三维存储光盘

光存储有多种形式，如缩微照相、激光全息、光盘存储等。光盘存储由于数字化存储的特点，可以方便地与各种电子信息产品相连接，因此是最主要的光存储元件。根据器件结构，光盘存储主要分为基于单光子激发的二维存储和基于双光子激发的三维存储两类。

图 7.2 是二维存储光盘的工作原理。首先，激光器产生的激光，通过透镜变为平行光；再通过物镜聚集后，入射到光盘基片上。由于光盘基片中凹坑的存在，入射光在凹坑处的反射率与非凹坑处大不相同，依靠光盘表面各个位置反射率的不同，可将信息读出。

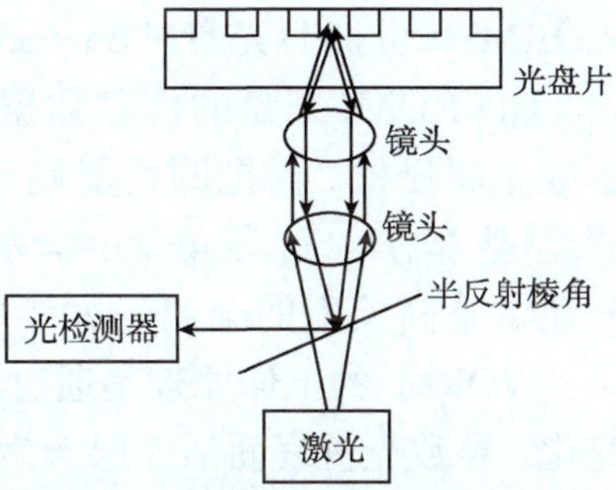

图 7.2　单光子激发光盘的工作原理示意图

与活性介质仅仅分布在二维空间的单光子激发光盘不同,双光子激发光盘可以使数据在三维空间上分布,大大增加了存储容量[3]。如图 7.3 所示，是基于有机材料光致变色反应的、双光子激发三维存储可擦除重写光盘的工作原理。图中，波长为 1064 nm 的激光,首先经由分光器分为相互垂直的两束,其中的一束光再通过倍频器转换为波长为 532 nm 的光。这两种波长光($\lambda = 532$ nm, 1064 nm)的总能量刚好等于活性材料发生光化学转变所需要的能量($\lambda = 355$ nm)。因此，如图 7.3 (a)和(b)所示，当这两束光同时定位于块体材料的某个位置时，该处的活性材料将吸收这两束激光的能量，由 A 构型转变为 B 构型，完成该位置写操作。同样地，此位置的活性材料的构型信息，即活性材料是 A 构型还是 B 构型，也可以通过双光子激光($\lambda = 1064$ nm，1064 nm)照射所反馈的荧光信息读出，如图 7.3(c)所示。由于光致退化，基于光色反应的三

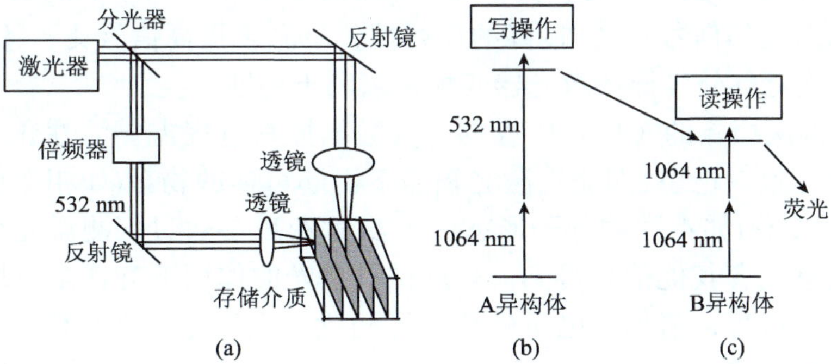

图 7.3　基于有机材料光色反应过程的双光子激发三维存储可擦除重写光盘的工作原理

(a) 存储器的物理结构示意图；(b) 对活性介质的写操作；(c) 对活性介质的读操作

维光存储器件对活性材料的要求比较高，即较高的双光子吸收系数、较强的荧光发射以及良好的光热稳定性。

### 7.2.2 光盘及其相应有机活性材料

从器件功能上分，以光盘为代表的光存储，分为只读光盘(Compact Disk-Read Only Memory, CD-ROM)、一次写入存储(Write Once Read Many, WORM)和可擦写光盘(Compact Disk-Read and Write, CD-RW)。

CD-ROM 光盘的信息数据是预先刻蚀在光盘母盘上，形成凹坑，然后制成金属压模，再把凹坑复制于聚碳酸酯(PC)的光盘基片上，完成信息的存储(盘基部分)。这类光盘由盘基、溅镀的金属反射层和保护层组成。活性组分通常是高反射的金属，如铝膜，保护层的材料通常是有机塑料。

WORM 的工作原理是通过激光照射，使材料发生由热诱导引起的不可逆变化，导致光盘表面活性层产生凹槽或形成气泡等，将信息记录下来，信号的读出通过凹槽或气泡与周围介质反射率的不同而得到。由于过程的不可逆性，因此这类光盘只能是一次写入多次阅读，而不能擦除。传统 WORM 光盘使用无机碲(Te)合金作为记录层，而目前有机材料中的次甲基染料、酞菁染料、特殊的稠环芳烃及金属络合物等也被陆续开发出来，与近红外激光配合，被广泛地应用于 WORM 光盘的信息记录。这类有机材料具有代表性的分子式结构如图 7.4 所示[2]，它们的共同特点是通过吸收近红外或者红外范围的激光，使材料的反射率发生不可逆变化，达到记录信息的目的。

WORM 记录有机材料的基本要求：① 在激光的热辐射下，能发生不可逆的表面形貌变化；② 有较高的摩尔吸收系数，使用较小的能量就可以得到一个深而锐的信号；③ 良好的反射性，有利于提高信噪比；④ 吸收波长与红外或近红外半导体激光器匹配，以利于刻蚀。

可以多次擦除的 CD-RW 存储，其数据擦写过程需要活性介质有可探测的可逆光致双稳态，即能在激光辐照下引起可逆的物理(如相变或磁场变化)或化学变化(如不同的分子形态)；其数据获取是通过探测激光束返回的不同反射率或者其他信号得到。有机材料在光的作用下有许多可以探测的可逆双稳态过程，诸如，电子转移、异构化、光环化、染料聚集态变化、光子选通烧孔等。这些可逆的物理和化学变化，主要分为三类：光色反应、光热聚集态变化、光热相变。其中的光色反应由于机制的不同，可产生不同形式的双稳态，如电子转移双稳态、异构化双稳态、光环化双稳态等。虽然有机可逆双稳态机制很早就被提出可用于可擦重写型光存储，但由于热稳定性和抗疲劳能力差，响应时间长等严重缺陷，使大部分该类材料都远远不能满足实用可擦重写器件的要求。尽管如此，有机材料已经成功地应用于 CD-RW 存储，光致变色体系(光色反应)是其中的实例之一。一般来讲，可擦除光致变色材料需满足下列要求：① 在室温下具有良好的稳定性；② 在写入和擦除过程中有良好的灵敏度；③ 有较好的抗疲劳能力；④ 吸收波长范围应和选用的激光器相匹配；⑤ 较低的或者无破坏性的读出过程。

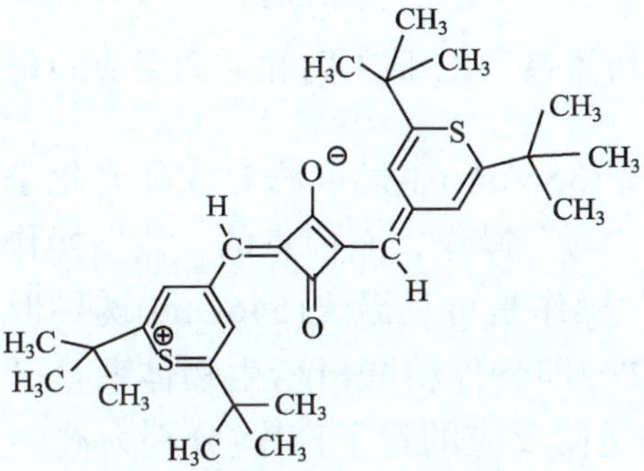

次甲基染料

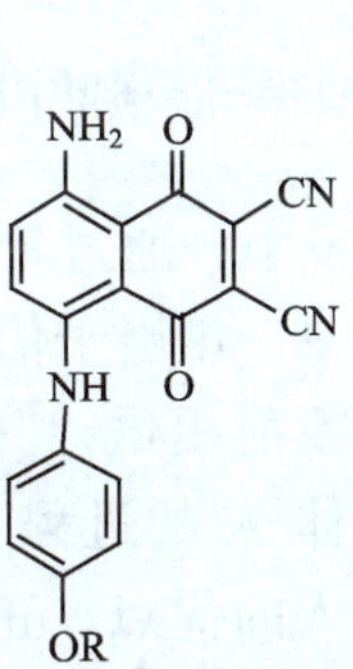

5, 8-二氨基-1, 4-萘醌化合物

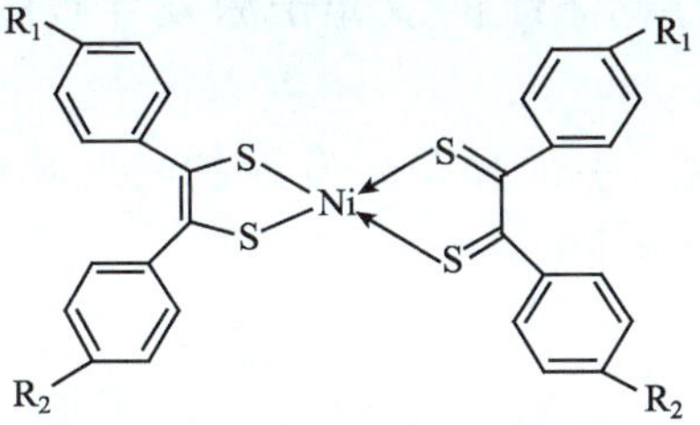

双硫酚镍配合物

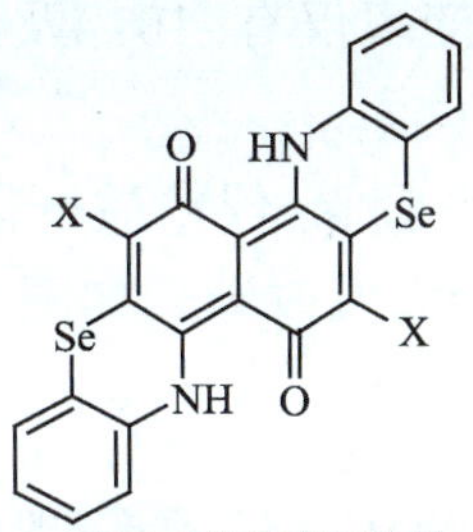

吩硒嗪的萘醌衍生物

双轴取代的硅萘酞菁

图 7.4 用于 CD-WORM 中的活性有机材料分子结构

如图 7.5 所示，是第一个容量为 140 GB 的基于光色反应机制的荧光三维光储存光盘中的活性材料：2'-吲哚-俘精酸酐衍生物体系[3]。

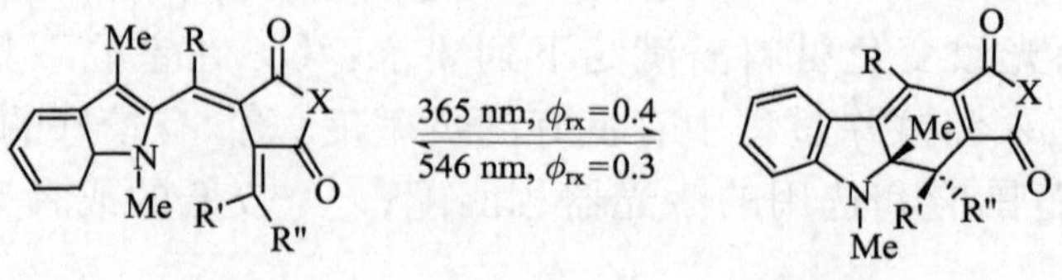


B 异构体
荧光量子产率: 0.001

图 7.5　2'-吲哚-俘精酸酐衍生物体系，$\phi_{rx}$ 是正向和逆向反应的量子产率

在这一体系中，通过紫外激光(356 nm)照射可诱导成环光化学过程，形成环状异构体 B，相当于信息的“写”操作，而信息的“读”操作则通过 B 异构体的荧光发射提供，“擦除”操作是可见激光(546 nm)诱导形成没有荧光的开环异构体 A 的过程。该 2'-吲哚-俘精酸酐衍生物体系具有热稳定性好、可重复写入的优点，正向和逆向反应的量子产率(分别为 $\phi_{rx}$ = 0.4, $\phi_{rx}$ = 0.3)都比较高。但是，这个光致变色体系存在严重缺点，包括太弱的荧光发射(荧光量子产率仅有~$10^{-3}$)及由于存储系统的双光子激发导致的显著光致老化。

如果在 2'-吲哚-俘精酸酐衍生物中引入强荧光发射的吩恶嗪染料，体系的荧光性能会大大改善，如图 7.6 所示[4,5]。

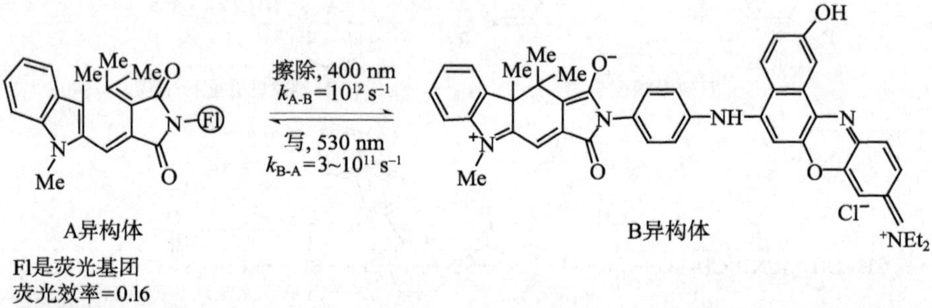


Fl是荧光基团
荧光效率=0.16
激发峰位=650 nm
发射峰位=680 nm

图 7.6　2'-吲哚-俘精酸酐衍生物中引入强荧光发射的吩恶嗪基团后的形成的光活性体系

吩恶嗪染料的荧光发射强度同介质的极性、分子内相邻基团的结构强

烈相关。当体系处于开环异构体 A 时，分子极性较低，荧光发射很强(峰位为 685 nm，荧光量子产率为 0.16)。当以 400 nm 的激光照射 A 异构体时，通过光化学异构产生了闭环 B 结构。由于 B 异构体极性很高，吩恶嗪基团的荧光几乎完全被猝灭。相当于“擦除”了信息。反过来，通过 530 nm 的光照射可诱导逆向开环反应，得到强荧光产物 A，相当于数据“写”操作。该体系一个最大的特点是用于“读”数据的激发光(650 nm)与用于“擦除”(400 nm)和“写”(530 nm)操作的吸收光的重叠很少。因此，读数据时使用的光辐射，不会引起活性介质发生异构化反应，使体系稳定性好。

在目前的光盘存储中，由于所使用的激光波段主要处在红光或者红外范围，分辨率不高，单位存储所占的面积大约为 10000 $nm^2$，也就是说每个存储位可以容纳几千个活性分子。如果活性分子的光化学异构反应可以在较短的波长下进行，则可以使用分辨率较高的绿光或者蓝光来激发活性材料及作为探测信号。这样，单位存储所占据的面积会进一步缩小，甚至只占据一个分子的空间，如下图 7.7 所示的活性体系是一个可能的例子[6]，该活性材料的读、写及擦除操作都是使用波长较短的蓝光或紫外光。该体系包含强荧光发射的蒽衍生物基团和可以产生光环化过程的二噻吩烯基团。当分子处于开环状态时(A 异构体)，二噻吩烯基团由于共轭程度小，与蒽衍生物基团之间没有共振能量转移，分子发射强荧光；当分子处于闭环状态时(B 异构体)，环状并二噻吩基团由于共轭程度大，其吸收光谱与蒽衍生物基团

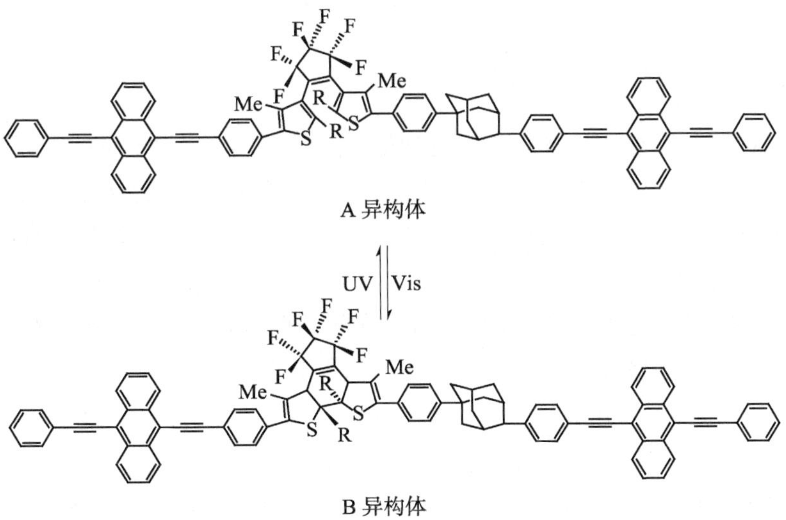


图 7.7 分子尺寸下观察到荧光变化的光活性体系

的荧光发射光谱重叠严重，导致了由激发态蒽衍生物基团到基态环状并二噻吩基团的共振能量转移，猝灭了蒽衍生物基团的荧光发射。

将图 7.7 中的活性材料与聚合物相混后，制备于硅衬底上，利用聚焦荧光显微镜成像法，可以观测到分子的荧光过程，如图 7.8 所示。用紫外光照射可以使荧光发射的 A 构型转化为非荧光发射的 B 构型，进而用 488 nm 的可见光对薄膜进行照射，可发生逆向反应，产生强荧光的 A 构型。在这种分子尺寸下，基于可逆异构体荧光差异的检测，对光存储器的小型化和高密度化很有诱惑力。

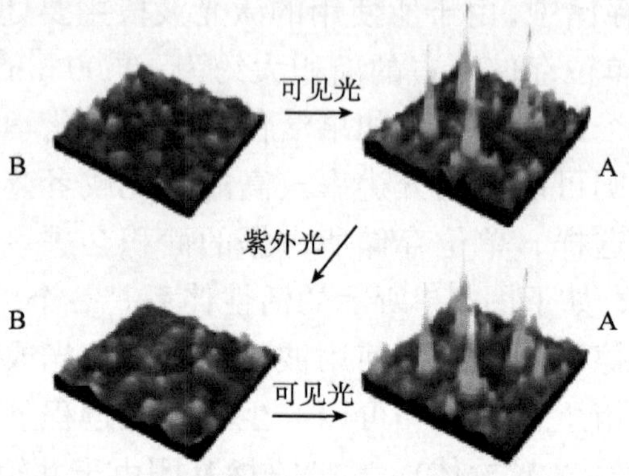


图 7.8　利用聚焦荧光显微镜成像法观测到的分子荧光过程[3]

## 7.3　有机电存储

### 7.3.1　简介

当存储单元完全是通过电来控制数据存储、读写和擦除等过程时，称之为电存储。电存储主要有四种结构的工作单元：电容(capacitor)、场效应晶体管(transistor)、电阻(resistor)及它们之间的组合。图 7.9 给出了基于这些存储单元的电路示意图。

电阻型存储单元通常有两个终端，信息的两个状态来自于电路的高电阻和低电阻状态，如图 7.9(a)所示。对应于器件“写入”和“擦除”的高电阻和低电阻两个状态，可通过在存储单元的两个终端加载特定大小的电脉冲实现，而状态的“读取”是通过在两个终端加载一个较低的电压，判断器件是否导通实现。电容型存储器的工作是基于两个平行板电极上电荷存储量，并以此作为场效应晶体管栅极上的介电层，如图 7.9(b)所示。当电容器中有电荷时，场效应晶体管处于导通状态；当电容器放电后，场效应晶体管处于截止状态，由此形成了电容型存储单元的“0”和“1”两个状态。电容型存储器信息的“读取”过程可以很方便地通过场效应晶体管的源极与漏极之间施加电压后是否导通而获得。场效应晶体管型存储器的工作机制与电容型的类似，如图 7.9(c)所示。所不同的是，场效应晶体管型存储器的介电层不是电容器，而是其他具有电荷存储及释放功能的介电材料，如铁电材料。由于省去了电容器，该种存储器比电容型存储器节省空间。

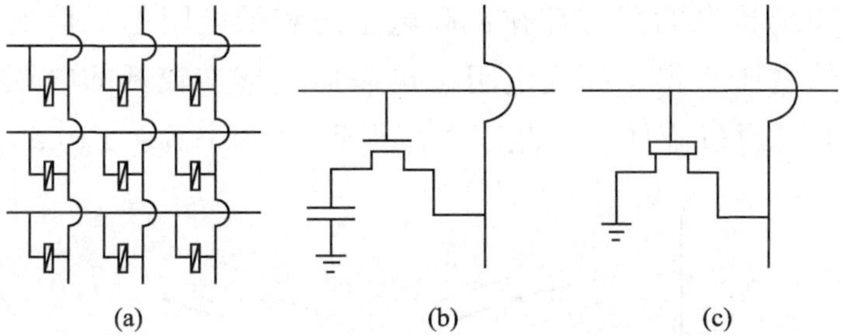


图 7.9 (a) 含有两个终端的交叉的存储序列，如电阻存储；(b) 含有三个终端的电容型存储，如 DRAM；(c) 含有三个终端的场效应晶体管储存

迄今为止，绝大多数有机电存储都是基于电阻工作机制。为了实现电阻型有机电存储器件的实际应用，对有机活性材料有如下要求：① 在室温下发生双稳态的快速跃迁(小于 100 ns)；② 跃迁的临界电压或写入电压一般在 6V 以下，同时不能太低，以免受本底电压干扰；③ 高导电态和低导电态差别明显(ON/OFF > $10^5$)；④ 具有良好的热稳定性(低于 100°C 的温度下能正常地工作)；⑤ 为了制备非挥发性存储器件，要求无论是“0”态还是“1”态，在电场撤除时，状态需要维持足够长时间($\tau \to \infty$)；⑥ 为了实现理想有机 RAM 器件，还要求器件的抗疲劳性强，至少经受 $10^{12}$ 次以上开关循环。接下来我们将对电阻型有机存储进行简单讨论。

### 7.3.2 电阻型有机存储的电压-电流曲线特征

理想情况下，电阻型有机存储器所表现出的电压-电流特征如图 7.10 所示：当对存储单元沿负电压→0→正电压→0→负电压的顺序进行循环电压扫描时，随着负电压数值的降低(过程 1)，电流的绝对值也降低；当电压接近 0 电压时，电流也接近 0；继续向正方向增大电压，在一定的范围内(过程

2)电流值很小；当电压增大到一定值时，电流信号突然增大且逐渐趋于饱和(过程 3)；当电压向反向回扫时，随着电压的减小，在一定的范围内(过程 4)电流保持很高的数值，器件处于低电阻高电流状态；直到电压小到某一数值时，电流突然降低，回复高电阻低电流状态；同样地，继续向负向电压扫描，在一定的范围内(过程 5)，电流值很小，器件处于高电阻低电流状态；当电压增大到一定值时，电流信号突然增大且逐渐趋于饱和(过程 6)，器件又恢复到低电阻高电流状态。图中在±(0.5~2.5) V 电压范围内，分别明显地表现出两个稳定状态的同时存在：高电阻态和低电阻态。低电阻态可以通过施加较高的电压获得；而高电阻态可以通过施加较低的电压得到。这两个状态的读取可通过施加一定范围电压得到(如图中为：± (0.5~2.5)V)。

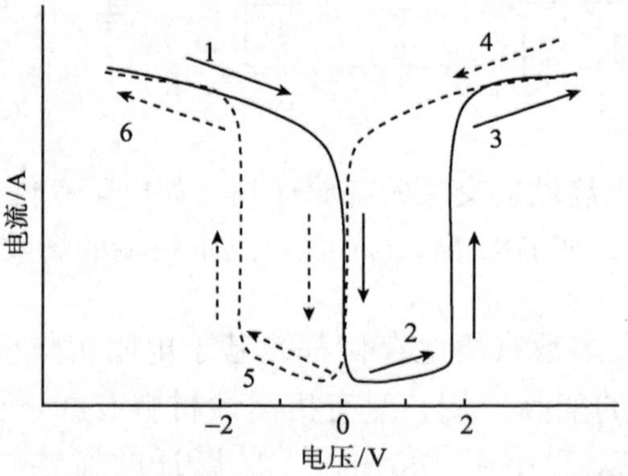


图 7.10　电阻型有机存储器所表现出的电压-电流曲线

上述过程清晰地展现了电阻型有机存储的工作机制：当器件通过施加较高的电压，由高电阻态变为低电阻态时，器件导通，我们说该单元进行了“写”操作，可置为“1”；当器件由于施加较小的反向电压，由低电阻态变为高电阻态的逆向过程时，则称之为“擦除”操作，单元重新置为“0”；当对器件施加一定范围的电压来确定器件是否处于高电阻的“0”状态还是处于低电阻的“1”状态时，即为“读”操作。由于电阻型有机电存储的状态(高电阻或者低电阻)一旦通过外加电压形成，在没有外加电压的情况下仍然可以保持，因此这种存储具有“非挥发性存储”(nonvolatile memory, NVM)的特点。

显而易见，不是所有的有机材料都可以表现出上述的理想电压-电流曲线。基于有机材料的不同性质，以及不同的活性层结构，置于两个电极之间的有机层可以表现出形形色色的电流-电压特征，如图 7.11 所示[7]。曲线(1)表现出较为对称的电流滞后现象，没有明显的阈值电压，也没有负微分电阻特性(negative differential resistance, NDR)。仅仅从热力学稳定性角度考虑，由于零电压下存在电流，不是一个稳定体系，这样的电压-电流特性不能用于 NVM；曲线(2)的初始状态为“关”，当电压增大到一定的数值，突然导通，成为“开”状态。这时，施加反方向电压，可以看出电流随着电压的减小而减小。电压为 0 后，继续向负电压方向扫描，随着负向电压的增大，电流也增大。当电压达到一定的数值时，电流突然降为 0，转换为“关”状态。这种特征曲线在一定的电压范围内，存在两个稳定的态，可以应用于存储；曲线(3)的初始状态也表现为“关”，随着电压的循环扫描，也表现出“开”，再次“关”的特征。与曲线(2)不同，它的电流在逆向电压没有达到零之前就已经降低为 0。虽然有这样特征的电压-电流可作为阈值开关，但是由于在 0 电压时不是双稳态，所以对 NVM 的用处不大；曲线(4)最初为“关”状态，在一定的电压下开始导通，成为“开”状态。但是该导通状态不可以通过施加电压的方法回到“关”状态。这类电压-电流可以应用于一次写多次读(write once read many, WORM)元件中；曲线(5)的初始状态为“关”，在电压大于开起电压后，处于“开”状态。两个方向的电压都可以使体系回到“关”状态，同时系统中存在中间的稳定状态，在高于开起电压的某一段范围，系统表现出 NDR 特性。该类电压-电流特征可用于存储；曲线(6)中，电压-电流呈现出不固定的特性，其初始状态，开起电压，

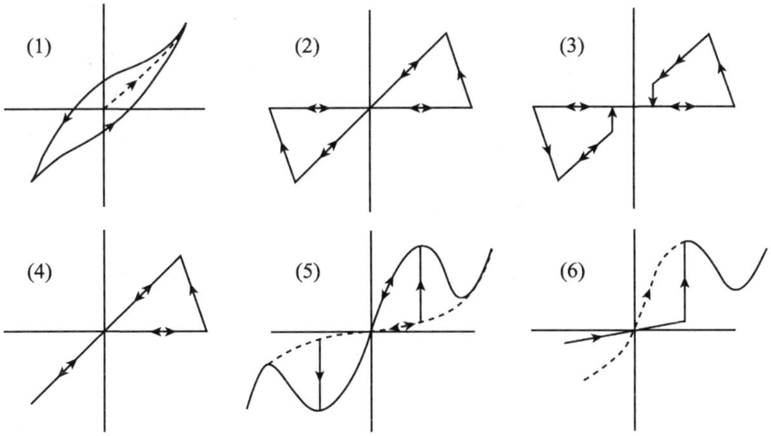

图 7.11　有机材料所表现出来的多种电流-电压特征

是否有 NDR 特性都与扫描开始的电压有关。在有机材料中掺杂染料陷阱，会出现这种情况，如染料 DCM2 掺杂于 TPD[8]，染料 DCJTB、红荧烯、或 C545T 掺杂于 NPB 的体系[9]。

必须指出，没有必要将某个文献中器件的 *I-V* 特性归属于上述的六种情形。因为作者可能没有能够在展示器件整个特性的电压范围内进行实验。例如器件缺乏 NDR 特征，可能是由于扫描的电压范围不够。因此，没有完全揭露使器件“关”状态的极性。当扫描电压有限时，第(6)类器件的 *I-V* 特性完全与第(5)类一致。

### 7.3.3 电阻型有机存储器的活性材料研究进展

如前所述，电阻型存储单元的基本结构是活性介质夹在一对正负电极之间。其中，目前研究较多的、以有机存储材料为活性介质的器件结构与材料组成，包括以下几种。

1. 同一组分有机材料构成的单层结构

当含有电子给体和受体的基团形成共聚物时，可表现出电双稳态的特性，如图 7.12 所示[1]。基于图中材料的薄膜可以通过旋涂方式制备，ITO 和 Al 分别作为底电极和顶电极。器件的“写入”和“擦除”操作的电压分别为 2.8 V 和−3.5 V。

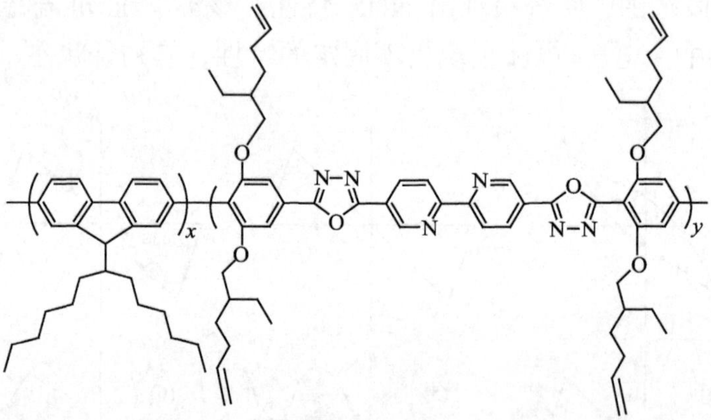


图 7.12　应用于单层电存储器件结构中的有机材料实例

在该聚合物的骨架上，同时含有电子给体芴基部分和电子受体噁二唑基团。研究认为，该聚合物的骨架呈现正极性的静电势，可以提供空穴输运的通道。同时，分子内的电子给体部分芴基，可以作为空穴的捕获陷阱，阻止空穴的输运。在低电压下，阳极附近的 Schottky 势垒较大，电压-电流曲线呈现欧姆特性，为直线型；当电压大于 Schottky 势垒时，空穴被注入到聚合物，导致了空间电荷的聚集和电场的重新分布，这时电流正比于电压的平方，呈现空间限制电流特性。当继续增大电压时，电子被从 Al 电极注入到聚合物，导致器件的导通。

除了上述基于给体-受体体系的聚合物，被证明在电场的作用下具有高低导电性能的转换，起到开关作用外，通过在电场作用下调节聚合物链内π-π堆积模式，也可以起到改变材料导电性能的作用，使材料表现出非易失的电双稳态。例如，L. H. Xie 等设计了侧链上含有芴基团的聚乙烯咔唑材料(PVK-PF)，在电场的作用下，表现出导电性的突变，其作用机制如图 7.13 所示[10]。

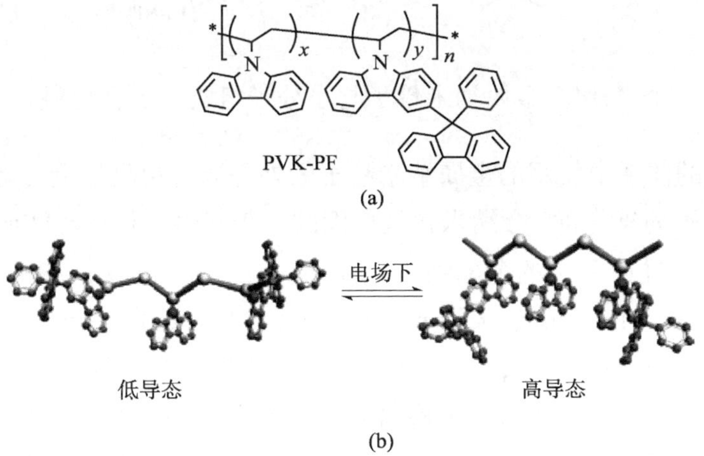


图 7.13　(a) PVK-PF 分子结构；(b) 该材料表现出电双稳态的机理[10]

该工作中，器件结构为 ITO/PVK-PF(50 nm)/Al(390 nm)。当加载负向电压(0~ −3 V)时，器件的电流很小(约 $10^{-11}$ A)，是关状态，当器件加载正向电压至 2.2 V 时，器件的电流突然增大(约 $10^{-7}$ A)，器件导通。而且器件的高导电性，即使在撤销电场后仍然存在，表现出非易失的双稳特性。与前面的器件结构类似，本工作中的活性组分也是单一物质。但是，本工作中活性物质的两个稳定态的产生不是通过给体与受体之间的电荷转移，而是分子构象的变化。在低电压及负向电场下，由于含芴基团的较大空间位阻作用，基于咔唑的π体系呈现出杂乱的排列，材料的导电性较低；而一定大小的正向电压(如大于 2.2 V)可诱导聚合物链内杂乱的咔唑π体系局部规整地排列，使材料的导电性大大增加，如图 7.13(b)所示。

2. 小分子/聚合物与金属纳米粒子复合构成的单层结构

金纳米粒子(Au-NP)与小分子(8-HQ)组成的复合材料分散于聚合物(PS)中，可以制备出具有存储特性的单层器件[11]，如图 7.14 所示为这些材料的化学结构。

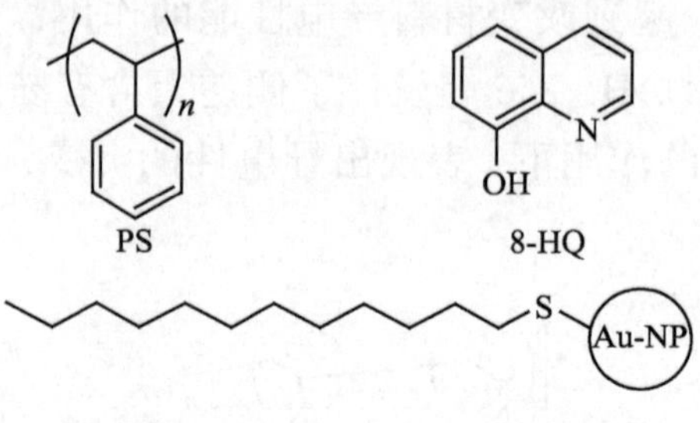


图 7.14　金属纳米粒子与小分子组成的复合材料

在这样的体系中使用的金属纳米粒子的外部通常包裹着端封基团，例如铝纳米颗粒周围的氧化铝、金纳米颗粒周围的三苯基膦、十二硫醇或者萘基硫醇等。应用于这样体系中的金属纳米颗粒还有银、铂等。图 7.14 中将小分子 8-HQ(8-hydroxyquinoline)、金纳米颗粒、聚合物 PS(polystyrene)分别以浓度为 0.4%，0.4%, 1.2%溶解于 1,2-二氯苯中，并以旋涂方式制备器件的活性层，该器件具有开和关状态的出现，表现出阈值电压为 2.8 V 的存储特性。器件的存储机制为电场诱导下的金纳米粒子和 8-HQ 之间的电荷转移，其速率在纳秒量级，该过程具有非易失特征。

另外一个表现出存储特性的活性材料体系是以聚苯胺纳米线和聚乙烯醇修饰的金纳米颗粒[12]。基于该材料体系的器件，在 3 V 电压下开始导通，反向−5 V 电压可以使器件回复低导电特性。该器件同时表现出与纳米粒子大小相关的 NDR 特性。当金纳米颗粒的直径大于 20 nm 时，器件开状态只可设置一次。

有金属纳米粒子介入的有机层，不论是有目的的掺杂，还是由于电极制备时被偶然引入，常常表现出开关特性，该特性甚至可重复且比较稳定。

一般认为,有金属纳米粒子存在的存储体系，在电场的作用下，金属纳米粒子首先被极化，导致有机与金属界面间静电场的形成。若该极化电场方向与器件的内建电场方向相反，则当电压足够大时，载流子可以通过隧穿注入到活性层，器件进入导通的开状态。当继续施加反方向电压时，金属纳米粒子的极化程度逐渐减小，器件可以注入的载流子数目也逐渐减少，最终使器件回到关的状态，这种解释是基于改变活性体系中的电场方向。另一种解释认为系统导电状态的改变来自于载流子数目的变化，以及金属纳米颗粒直接参与器件的导电、提供活性层中载流子输运的通道。在这里，有机材料起着电场诱导下的电子给体或者受体的作用。当电压足够大时，电荷可以由有机材料转移到金属纳米粒子上。由于金属纳米颗粒可以导电，其载流子数目增多时，导电性能自然提高，使器件导通。当施加反向电压时，可以转移到金属纳米粒子上的电荷减少，甚至使电荷转移过程不能发生，最终使器件处于高电阻的关状态。这种电子转移过程既可以发生在由金属纳米颗粒与有机材料等多种组分组成的复合体系中(图 7.14)，也可以发生在带有机基团封端的纳米粒子内部(图 7.15)。例如，在电场的诱导下，封端为萘基硫醇的纳米金颗粒可以产生电子由萘向金纳米颗粒的转移，大大增强体系的导电性能[1]。

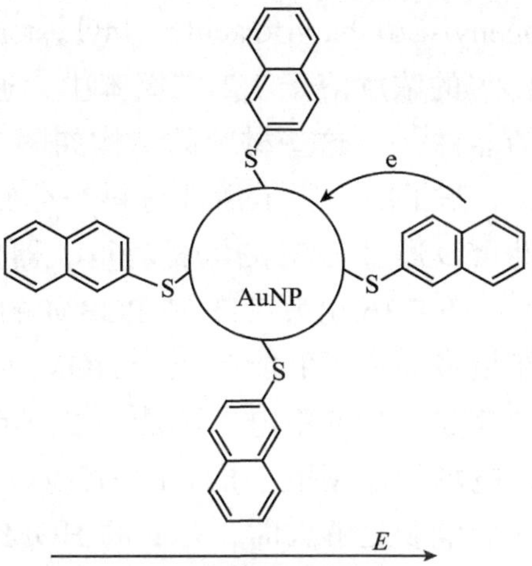

图 7.15　纳米粒子内部发生电子转移过程的实例

3. 掺杂的导电聚合物构成的单层结构

在聚合物中，通过化学掺杂电子给体或者电子受体，常常可以使它们导电，这些掺杂的聚合物也可以作为存储器中的活性材料[13,14]。通过外加一定电压，聚合物可以被氧化或者还原，形成输运空穴或者电子的通道，使器件处于开状态。相反方向的电压使聚合物不能进行氧化或者还原，并使已经发生的反应逆向进行，导致空穴或者电子的输运通道逐渐减少并消失，器件回复关状态。

4. 给体和受体材料构成的单层结构

将电子给体四硫富瓦烯 TTF(tetrathiafulvalene)、电子受体 PCBM([6,6]-phenyl-C61-butyric acid methyl ester)以及聚合物基质 PS 分别以 0.8%，0.8%，1.2%的浓度溶于 1,2-二氯苯中，通过旋涂可制备出基于给体-受体体系的存储器件[15]，这些材料的结构如图 7.16 所示。

基于图中所示活性材料的存储器件在 2.6 V 时，表现出开特性，关的特性可以通过±9 V 的电压获得。器件可以重复读、写和擦除。

图 7.16(b)为 TTF 和 PCBM 的 HOMO 和 LUMO 能级图，在基态时 TTF 能量最高电子的能级位于 HOMO(−5.09 eV)，体系中由于 1.39 eV 电子势垒的存在，TTF 中电子不能向 PCBM 的最低空置轨道 LUMO(−3.7 eV)转移。在电场的作用下，TTF 的 HOMO 中的电子可以获得一定的能量。因此，当外加电场足够大时，TTF 的 HOMO 中的电子由于获得了足够的能量而转移到 PCBM 的 LUMO 上，使活性层中载流子的浓度增大，器件导通，进入开状态。类似地，反向地施加电压，禁止 TTF 的 HOMO 中的电子向 PCBM 的 LUMO 能级的转移，导致器件恢复高电阻的关状态。

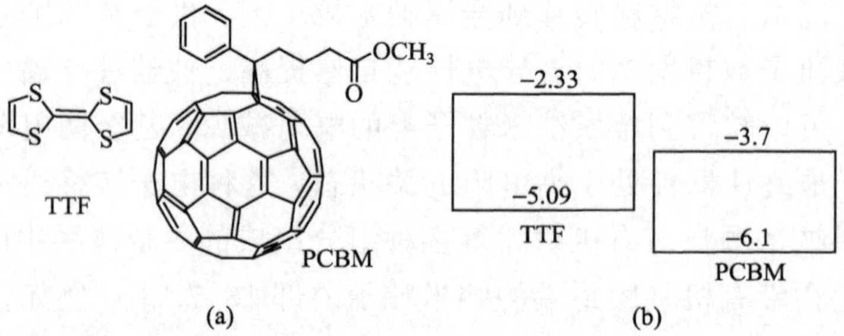


图 7.16　TTF 和 PCBM 的分子结构(a)及其 HOMO 和 LUMO 能级(b)

5. 小分子与金属构成的三层结构

研究发现，在有机材料层中间插入一层金属纳米粒子，所形成的器件有很好的电存储特性[16]。如图 7.17(a)所示，是存储单元的活性层结构，它由有机材料/纳米粒子/有机材料三层结构组成，其活性有机材料 AIDCN(2-amino-4,5-imidazoledic arbonitrile) 的分子结构示于图中。该器件的有机及金属材料都是在高真空情况下制备所得，其中的夹层金属铝被认为是一种纳米簇结构。如图 7.17(b)所示的电压-电流曲线中，在大约 3V 的电压下，器件由小电流的关状态突然转变为大电流的开状态，而且在一定的范围内，器件可以保持开或者关的状态，表现出存储特性。通常认为三层器件中开关特性获得的机制如下：在最初没有施加电压或者施加电压很小时，中间夹层 Al 纳米簇作为能量捕获陷阱，其能级在有机材料的 HOMO 与 LUMO 之间。在足够大的电压下，Al 纳米簇被极化，相反的电荷存储于金属与有机界面中，使得界面电阻减小，器件电流增大，成为开状态。在反向电压的作用下，金属与有机层界面之间存储电荷的电性发生变化，使得界面电阻增大，因此器件电流减小，成为关状态。

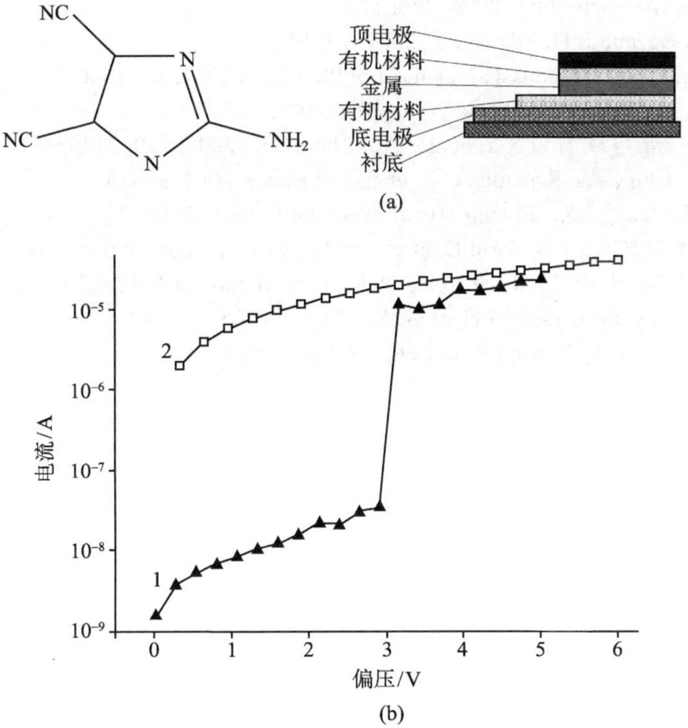


图 7.17 基于有机层/金属纳米粒子层/有机层的电存储器件(a)及其电压-电流特性(b)[16]

综上所述，虽然基于电双稳态的有机存储技术有着诸多的优点，如，理想的开关比，适中的读写电压，以及较短的响应时间。但该技术尚处于非常初级的阶段，远远没有达到应用的水平。因为这类器件的工作机制还没有明确，电双稳态在空气中的稳定性也令人担忧等。尽管如此，研究已经表明，随着理论研究及实验器件的深入，该技术正在逐步走向成熟，并预期会显示出应用潜能。

## 参 考 文 献


[1] Chen Q, Bai H, Shi G Q. Chin Sci Bull, 2007, 52: 2017
[2] 王渭源. 信息传感材料//干福熹，主编. 信息材料. 天津：天津大学出版社, 2000
[3] Minkin V I. Russ Chem Bull Int Ed, 2008, 57: 687
[4] Liang Y C, Dvornikov A S, Rentzepis P M. Proc Nat Acad Sci, 2003, 100: 8109
[5] Dvornikov A S, Liang Y, Cruse C S, et al. J Phys Chem B, 2004, 108: 8652
[6] Metzger R M. Chem Phys, 2006, 326: 176
[7] Scott J C, Bozano L D. Adv Mater, 2007, 19: 1452
[8] Kang S H, Crisp T, Kymissis I, et al. Appl Phys Lett, 2004, 85: 4666
[9] Chen J S, Ma D G. J Appl Phys, 2006, 100: 034512
[10] Xie L H, Ling Q D, Hou X Y, et al. J Am Chem Soc, 2008, 130: 2120
[11] Ouyang J, Chu C-W, Szmanda C R, et al. Nat Mater, 2004, 3: 918
[12] Tseng R J, Huang J X, Ouyang J, et al. Nano Lett, 2005, 5: 1077
[13] Lauters M, McCarthy B, Sarid D, et al. Appl Phys Lett, 2006, 89: 013507
[14] Verbakel F, Meskers S C J, Janssen R A J. Chem Mater, 2006, 18: 2707
[15] Chu C W, Ouyang J, Tseng J H, et al. Adv Mater, 2005, 17: 1440
[16] Ma L P, Liu J, Yang Y. Appl Phys Lett, 2002, 80: 2997

# 第8章 有机激光

本章首先简单介绍了激光及其应用概况，并对激光的基本原理、结构及特性表征进行了简单阐述。重点讨论了有机激光研究中需要的基本理论，如：激光增益介质的粒子数反转和激光谐振腔；指出了激光特性表征中的主要参量：增益系数、激光输出模式和输出功率；并阐明一种筛选有机激光材料的简单有效的实验方法：放大自辐射研究。然后相继介绍了两种有机激光：以溶液形式存在的有机染料激光和以薄膜形式存在的有机半导体激光。最后讨论了电泵浦有机半导体激光的可能性和现状。

## 8.1 激光简介

激光发明的理论基础可以追溯到1917年爱因斯坦在研究光辐射与光跃迁之间的关系时提出的受激辐射概念(可参见本书的第 2 章及本章)。之后的 20 世纪 30 年代，理论物理学家又证明了受激辐射产生的光子与其激发光子具有相同的振动频率、偏振方向和传播方向的特性。1954 年由 C. H. Townes、N. G. Basov 和 A .M. Prokhorov 发明的氨分子微波受激辐射放大器(microwave amplification by stimulated emission of radiation, Maser)可以认为是激光(Laser，light amplification by stimulated emission of radiation)的前身。1958 年，C. H. Townes 和 A.L. Schawlow 在 *Physical Review* 杂志上发表的 *Infrared and*

*Optical Maser* 的论文中，讨论并概括了光波段受激辐射放大器的主要问题和困难，给出了实现光受激辐射放大所必须的条件，这标志着激光时代的开端。第一台激光器由美国 Hughes 公司的 T. H. Maiman 于 1960 年发明，它是以铬掺杂的红宝石晶体为发光材料、以高脉冲氙灯为激发光源的红宝石固体激光器。随后各种激光器层出不穷，竞相发展，包括气体激光、液体激光、半导体激光、原子激光等。

激光的出现引发了科学与技术的革命。激光改变了光谱，赋予了物理和化学研究领域前所未有的梦幻般启示，被应用于各个技术领域，并显示出强大的生命力。例如，超快激光的出现，使人类研究光化学和光物理领域的超快过程成为可能，还使人们可以直接观察到化学键的振动等；高能激光的出现，使精细加工能力有了质的飞跃；无机半导体激光的出现，使光通信及高密度光存储成为现实。激光被广泛应用于医疗、远程通信、国防等领域。在我们的日常生活中，激光随处可见，如 CD/DVD 播放机、打印机以及超市中的读码器等等。

有机材料在激光出现的第一个十年内，就表现出了重要的作用，被广泛地应用于染料激光。这点与有机场效应晶体管和有机电致发光很不同，它们分别在相应的无机半导体器件出现很多年之后，才引起人们注意。在染料激光中，利用有机材料较宽的光谱特性，实现了可调激光及短脉冲激光。实际上，直到 20 世纪 90 年代，最短脉冲激光的纪录一直由一个有机染料激光系统保持。染料激光通常利用染料溶液，属于液体激光；有机固体激光于 1967 年通过染料掺杂的聚合物实现。1972 年实现了掺杂的有机小分子单晶激光，1974 年实现了纯粹小分子蒽单晶激光。有机半导体材料的薄膜加工工艺使得有机电致发光，以及固体有机激光的制备变得容易起来，固体有机聚合物激光出现于 1996 年。

有机半导体材料具有新型光电特性、简单制备过程以及结构和性能的可调制性，使得它们成为较有吸引的激光材料。有机半导体激光有结构紧凑、价格低廉(甚至可以弃置)的特点，可见光范围的有机半导体激光具有应用于疾病诊断和传感领域的潜力。

## 8.2　激光的基本组成及工作原理

激光具有高单色性、高方向性、高相干性，以及高亮度的特点，其产生有 3 个必要条件：

(1) 存在光增益介质，该物质不但需要有很强的自发辐射特性，其能级结构特点还必须有利于产生高能级上的粒子数反转。

(2) 提供适当的外界激发源，能够使光增益介质产生激发态。

(3) 有光谐振腔，使光增益物质产生的辐射能够限制在谐振腔内，并在谐振腔内形成自激振荡。

由此可知，激光器必须包括 3 个组成部分：激光工作物质、泵浦源和光学谐振腔，如图 8.1 所示。

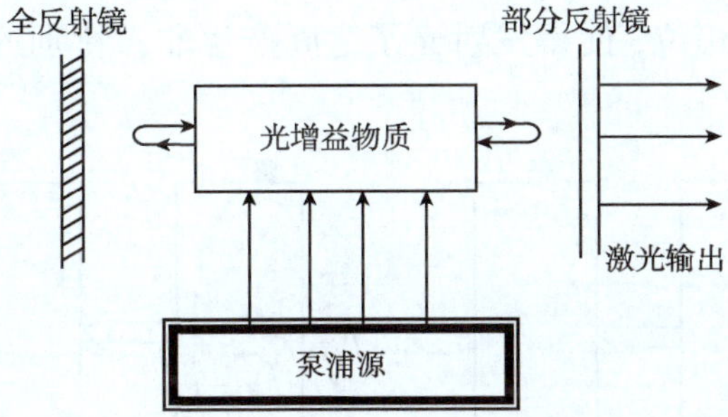


图 8.1 激光器组成示意图

从工作机制上讲，激光器的工作过程可以描述为：① 首先通过泵浦源对活性物质(光增益物质)提供能量，产生活性物质的激发态；② 由于活性物质能级结构的特殊性，一定强度的泵浦源可以使活性物质内产生粒子数反转，即：在产生光辐射跃迁的高低两个能级之间，较高能级上的粒子数多于较低能级上的粒子数；③ 同时活性物质的自发辐射，通过谐振腔的反射再次辐照活性物质，由此产生与自发辐射光子同相位、同波长、同传播方向的受激辐射光子；④ 由于光学谐振腔的选择作用，只有特定频率和传播方向的光可以稳定存在，而其他光子则逐渐溢出谐振腔或损失掉。因此这些可以稳定存在的受激辐射光子以及自发辐射光子、通过谐振腔的反射作用，反复照射活性物质，使得受激辐射光子数量增大(光增益)。如果光束在腔内往返一次过程中由受激辐射所提供的光子增益，超过光束所受的损耗，光束便得到放大，并在谐振腔内形成自激振荡，最终可形成单色性好、方向性强、相干性高的光束，即激光。

常见的激光器泵浦源包括以下几种：

(1) 光泵浦：利用外界光源来照射激光物质，通常由气体放电光源(氙灯、氪灯等)和聚光器组成。另外半导体激光器也可以作为其他激光的泵浦源。

(2) 电泵浦：通过电加载的方式使活性物质产生激发态，包括气体放电激发(如气体激光器)、载流子注入激发(如半导体激光器)，以及粒子加速器激发(如自由电子激光器)。

(3) 化学泵浦：利用活性物质内部发生的化学反应过程来实现粒子数反转，通常要求有适当的化学反应物质和相应的引发过程。

(4) 放射源泵浦：利用小型核反应或者辐射离子源产生的高能粒子，来激发活性物质，实现粒子数反转。

泵浦源使活性物质激发后，一入射光子刺激处于激发态的活性物质，使其发生受激辐射过程，产生另一光子。受激辐射最重要的特点是新增光子与入射光子具有相同的相位，使得发射光子之间产生非常特别的相干性，该过程如图 8.2 所示。

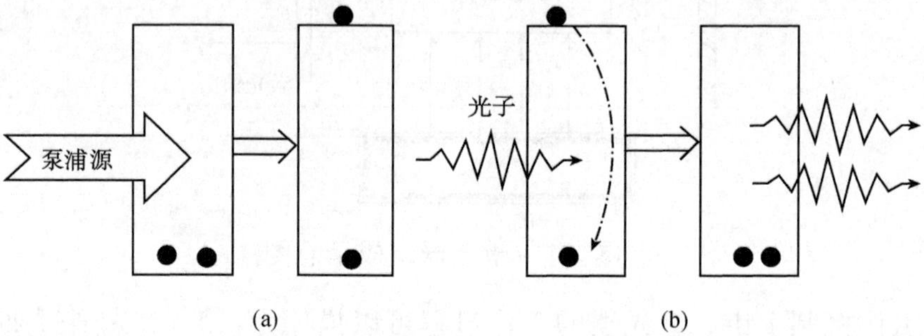


图 8.2　受激辐射产生过程示意图

(a) 激发态的产生；(b) 受激辐射过程

作为激光活性物质，必须有较强的自发辐射特性，并且能够在辐射跃迁的高低能级之间产生粒子数反转。根据本书的第 2 章所述，两个能级之间粒子的跃迁概率符合爱因斯坦方程，见公式(2.55)。爱因斯坦方程指出了物质的自发辐射、受激辐射以及光吸收这三个过程之间的关系。认为：在适当辐射场作用下，受激辐射过程的速率($B_{21}$)几乎与光吸收过程的速率($B_{12}$)相同，并且一个激发态的受激辐射与自然辐射过程有一定的关系，可以用 Einstein 系数表示。据此，再根据经典玻尔兹曼统计规律，我们可以分析热平衡状态下，以上三个光跃迁过程：

根据玻尔兹曼统计，热平衡时，高低两个能级($E_2 > E_1$)之间的粒子数($n_2$，$n_1$)有如下关系：

$$\frac{n_2}{n_1} = \mathrm{e}^{-\frac{E_2 - E_1}{k_B T}} \tag{8.1}$$

式中，$k_B$ 为玻尔兹曼常数，$T$ 是绝对温度。由 $E_2 - E_1 > 0$，知 $n_2$ 必小于 $n_1$，即

热平衡时，高能级上的粒子数总是小于低能级上粒子数。又由于 $B_{12}=B_{21}$，所以，$n_2B_{21}<n_1B_{12}$。即：由较高能级向较低能级跃迁产生的受激辐射光子数($n_2B_{21}$)恒小于由较低能级向较高能级跃迁所吸收的光子数($n_1B_{12}$)。因此，热平衡状态下，两个能级之间发生光吸收过程的程度远远大于自发辐射。另外，根据爱因斯坦方程和黑体辐射的普朗克公式，可得出同一能级上的自发辐射($A_{21}$)和受激辐射($B_{21}$)过程发生的概率之比($R$)：

$$\begin{aligned}R&=\frac{\text{该能级粒子数}\times\text{自发辐射速率}}{\text{该能级的发光量子产率}\times\text{该能级粒子数}\times\text{受激辐射速率}}\\&=\frac{A_{21}}{B_{21}}\times\frac{1}{\text{黑体辐射能量密度}(\rho_\nu)}\\&=\frac{8\pi h\nu^3}{c^3}\times\frac{c^3}{8\pi h\nu^3}\cdot(\mathrm{e}^{h\nu/k_\mathrm{B}T}-1)=\mathrm{e}^{h\nu/k_\mathrm{B}T}-1\end{aligned}\tag{8.2}$$

式中，$\nu$ 为介质中光子的频率。对于室温 $T=300\ \mathrm{K}$，$R\approx1035$，可见热平衡态下室温时，与受激辐射相比，自发辐射占有绝对的优势。总而言之，热平衡情况下，在两个高低能级之间的光辐射跃迁虽然包含自发辐射和受激辐射两个过程，但占主导的是与光吸收速率相等的自发辐射过程。而且，由于高能级粒子数远远小于低能级粒子数，热平衡下两个能级之间的跃迁总是表现出光吸收行为。

物质表现出受激辐射是产生激光的主要过程之一，根据上面的讨论知，激光只能在非热力学平衡的条件下获得。如图 8.3 所示，一束光通过激光介质时，其强度随时间变化率可以表示为受激辐射概率和光吸收跃迁概率之差：

$$\frac{\mathrm{d}I}{\mathrm{d}t}=c\frac{\mathrm{d}I}{\mathrm{d}z}\propto Bn_2I-Bn_1I=B(n_2-n_1)I\tag{8.3}$$

式中，$c$ 为光速，$B$ 为与光吸收和受激辐射速率相关的系数，$n_1$、$n_2$ 分别为高能级($E_2$)和低能级($E_1$)的粒子数目。式(8.3)有如下解：

$$I(z)=I(0)\exp\{\sigma[n_2-n_1]z\},0<z<L\tag{8.4}$$

式中，$\sigma$ 为依赖于波长的增益截面，$L$ 为光束通过介质的长度。可以看出，若光束通过介质时产生增益，则必有 $n_2>n_1$，即高能级上的粒子数要大于低能级上的粒子数，也就是说必须产生粒子数反转。

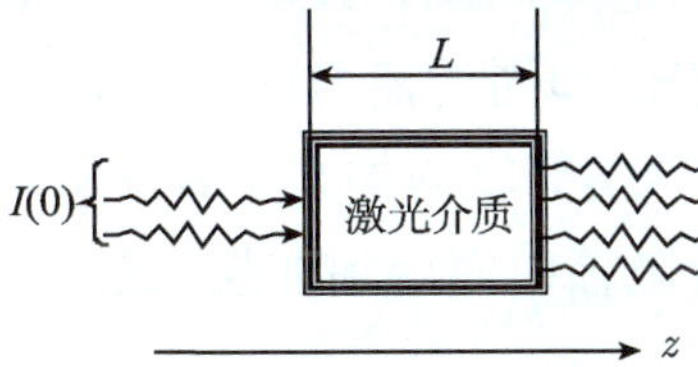


图 8.3　光束在激光介质中的传输及光增益

实现粒子数反转，对材料的能级有特殊的要求。对于吸收和辐射都限制在只有两个能级的系统，由于受激辐射速率与光吸收速率相等，高能级上的粒子不可能多于低能级，因此不可能出现粒子数反转，这样的物质不适合作为激光材料。而具有三能级和四能级的系统都有可能实现粒子数反转，可作为激光活性物质，如图 8.4 所示。

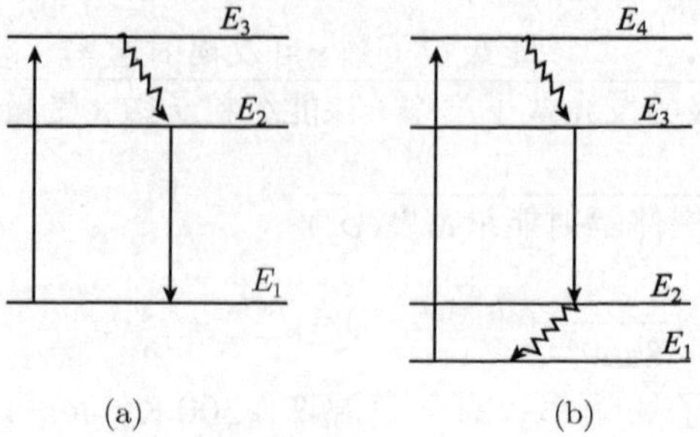


图 8.4　激光活性物质的能级系统

其中 $E_1$、$E_2$、$E_3$、$E_4$ 表示逐渐升高的能级，直线箭头表示泵浦跃迁(向上)和辐射跃迁(向下)，波浪箭头表示非辐射衰减 (a) 三能级系统；(b) 四能级系统

图 8.4(a)是三能级激光的产生过程。泵浦源不停地将粒子由基态 $E_1$ 激发到高能级 $E_3$，$E_3$ 上的粒子通过快速非辐射衰减过程跃迁到压稳态 $E_2$。若 $E_2$ 到 $E_1$ 的辐射速率小于 $E_1$ 到 $E_3$ 的吸收速率，当泵浦源足够强时，在 $E_2$ 和 $E_1$ 之间可以形成粒子数反转。图 8.4(b)是四能级激光示意图。泵浦源使一个基态粒子受激跃迁至 $E_4$ 能级，该粒子通过快速非辐射跃迁转移到另一能量较低的能级 $E_3$，$E_3$ 能级上的粒子可产生光辐射跃迁并衰减到能级 $E_2$。$E_2$ 能级上的电子最终通过热损耗回到基态。由于光辐射跃迁中的较低能级 $E_2$ 不是基态，因此很容易形成 $E_3$ 与 $E_2$ 能级之间的粒子数反转，使得产生激光的阈值较低。直观上讲，实现粒子数反转的重要的条件是：材料的吸收光谱与受激辐射光谱不能有显著重叠。

有了激光增益物质和适当的泵浦源，还不足以产生激光。由于自发辐射的各向异性，与自发辐射同相位和同传播方向的受激辐射也必然存在各向异性。如果增益介质足够长，使得偏离轴向的光子逐步溢出介质，而沿轴向传播方向的光子可以不断地引起受激辐射而得到加强，最终会得到以受激辐射为主的输出，如图 8.5 所示。

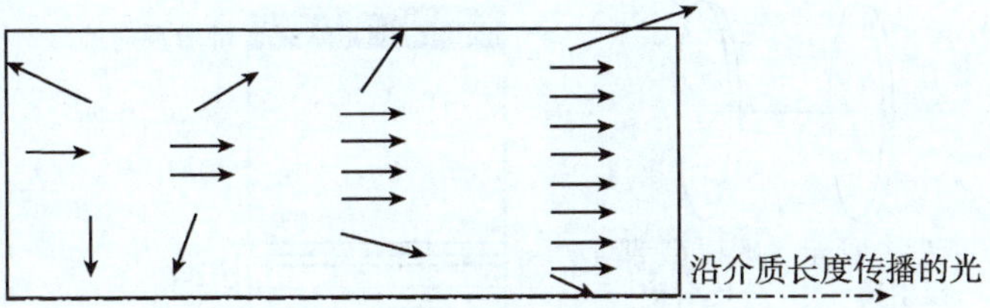


图 8.5 光在足够长的增益介质中的受激辐射放大过程

上述很长的工作介质可以通过光学谐振腔来代替，这样既可以减小空间，又可以更好地控制输出激光的质量。光学谐振腔是激光器的核心部件之一，具有正反馈、谐振、容纳激光工作物质和输出激光的作用。最简单的光学谐振腔是置于激光活性介质两端的两个平行的平面反射镜，一个为全反射，另一个为部分反射，激光可从部分反射镜输出，如图 8.6 所示。沿轴向传播的光束，可在两个反射镜之间来回反射，被激光介质连锁式放大，最后形成稳定的激光束，这一过程就是光的自激振荡。

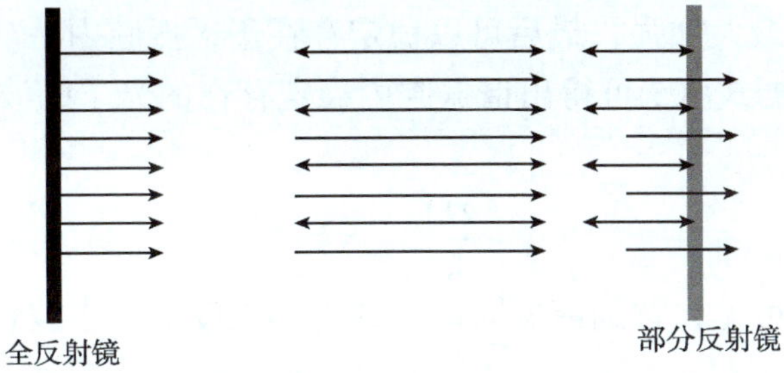


图 8.6 有两个平行平面镜构成的谐振腔及其中光的自激振荡过程

实际激光器的谐振腔要复杂得多，结构也多种多样，包括 Fabry-Perot 腔、分布式布拉格反射腔(distributed Bragg resonator, DBR)、分布式反馈结构(distributed feedback, DFB)、回音壁结构(whispering gallery modes, WGMs)等等，如图 8.7 所示。

光在谐振腔内自激振荡的结果是产生满足一定相位条件的驻波，对于谐振腔长度为 $L$，腔内介质的有效折射率为 $n$ 的平行平面反射镜情形，有

$$\Delta\varphi = 2\pi k = 2\pi\frac{2nL}{\lambda} = 2\pi\frac{2L'}{\lambda} \tag{8.5}$$

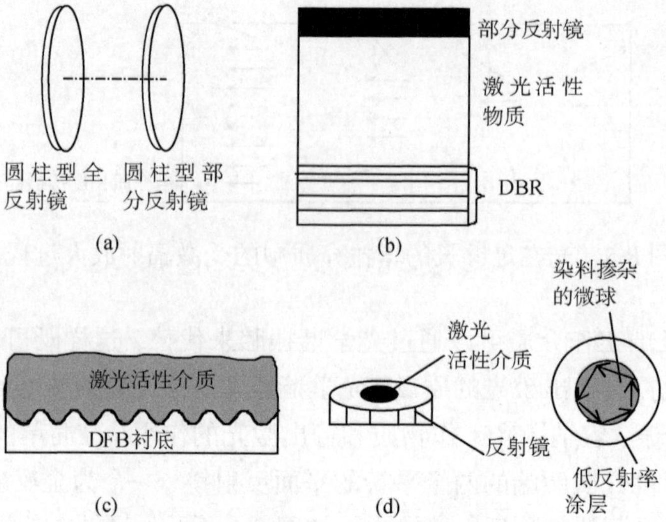


图 8.7　激光器中的光学谐振腔示意图

(a)Fabry-Perot 腔；(b)分布式布拉格反射腔(DBR)；(c)分布式反馈结构(DFB)；(d)回音壁结构(WGMs)

式中，$\Delta\varphi$为驻波中包含的两个波的相位差，该值为 $2\pi$的整数($k$)倍时，两个光波叠加才会得到最大加强，最后可以稳定存在于谐振腔内。$L' = nL$ 为谐振腔的光学长度。根据式(8.5)可得出谐振腔内稳定存在的光子的波长及频率，即谐振波长及频率：

$$\lambda_q = \frac{2L'}{k}, \nu_q = k\frac{c}{2L'} \tag{8.6}$$

式中 $c$ 为光速。可见，达到谐振时，腔的光学长度等于半波长的整数倍。

## 8.3　激光特性表征

### 8.3.1　输出频率及波长

由激光器中输出的光子流在空间的分布可分横向和纵向两部分，通常将波的传播方向称为纵向，该方向激光输出的模式称为纵模；而与波的传播方向垂直的方向称为横向，该方向上对激光输出模式的描述称为横模。横模与纵模共同构成了激光的输出。

激光的横模特性比较复杂，这里不作讨论。激光纵模包含的基本信息之一是激光的频率/波长。对于平行平面反射镜情形，根据公式(8.6)，激光器输出光子半波长的整数倍等于谐振腔光学长度，该整数就是激光的纵模模数：$n$=1

称一阶模式，$n$=2 称为二阶模式，等等。同时这些来自于激光活性物质的受激辐射，其光子波长也必定在活性物质的发射波长范围。设活性物质的辐射波长 $\lambda$ 满足：$\lambda_1 < \lambda < \lambda_2$，结合公式(8.6)激光的模数满足：

$$\lambda_1 < \frac{2L'}{k} < \lambda_2 \tag{8.7}$$

也就是说，一定激光物质和一定的谐振腔内，只有发射光谱范围内($\lambda_1 < \lambda < \lambda_2$)满足驻波条件的那些光子能够稳定存在，有可能成为激光的输出。

另一个角度，活性物质的发射光谱中满足谐振条件的光子可能有多个，但是可以输出的光子还要受损耗等具体激光器的结构限制，输出激光的模式有可能是一阶模式也可能不是，输出的激光可能是单模也可能是多模，如图 8.8 所示。

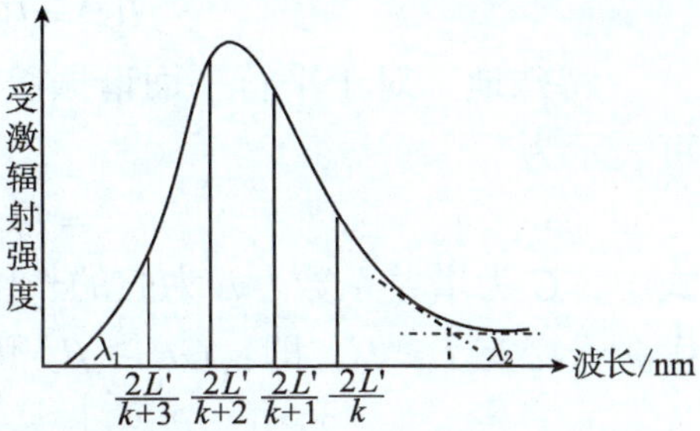


图 8.8　特定的激光活性物质的发射光谱辐射波长范围：$\lambda_1 < \lambda < \lambda_2$，在有效光学腔长为 $L'$ 时，可能的激光输出波长，$k$ 为满足式(8. 7)的整数

## 8.3.2　阈值增益系数

激光研究中，增益截面($\sigma$)与粒子反转数密度的乘积定义为增益系数($G$)为

$$G = \sigma(n_2 - n_1) \tag{8.8}$$

式中，$n_2$ 和 $n_1$ 分别为高能级和低能级上粒子数密度，二者之差为粒子反转数密度。在稳态光泵浦情况下，粒子反转数密度 $N$ 可以表示为

$$N = \frac{P_P \cdot \tau}{h \cdot \nu \cdot V} \tag{8.9}$$

式中，$P_P$ 是泵浦功率，$\tau$ 为激发态寿命，$h\nu$ 为一个泵浦光子的能量，$V$ 是粒子反转数的体积。在脉冲光泵浦情况下，初始 $N$ 可以表示为

$$N(t=0) = \frac{E_P}{h \cdot \nu \cdot V} \tag{8.10}$$

式中，$E_P$ 是泵浦光源的脉冲能量。式(8.8)表示的增益系数是从微观角度分析。在宏观上，增益系数($G$)定义为沿 $z$ 方向传播的光通过单位距离活性物质后，光增强的百分数为

$$G(z) = \frac{\mathrm{d}I(z)}{\mathrm{d}z} \cdot \frac{1}{I(z)} \tag{8.11}$$

同理，光损耗系数($\alpha$)定义为沿 $z$ 方向传播的光通过单位距离活性物质后，

光损耗的百分数为

$$\alpha = -\frac{dI(z)}{dz} \cdot \frac{1}{I(z)} \tag{8.12}$$

前面的式(8.4)是只考虑增益时，光束通过增益介质后的强度变化表达式，如果同时考虑增益和损耗，则有

$$I(z) = I(0)\exp[(G-\alpha)z] \tag{8.13}$$

特殊地，对于平行平面谐振腔，光束在腔内一次往返后强度由 $I_0$ 变为 $I$，可表示为

$$I = I_0 \exp[2(GL-\beta)] \tag{8.14}$$

式中，$G$ 为增益系数，$L$ 为腔的长度，$\beta$ 为腔的单程损耗因子($\beta = \alpha L$)。要产生激光必有 $I \geqslant I_0$，即：$GL \geqslant \beta$。因此产生激光的阈值增益系数 $G_{th}$ 可表示为

$$G_{th} = \sigma(n_2 - n_1) = \frac{\beta}{L} \tag{8.15}$$

相应地，达到阈值增益系数 $G_{th}$ 时的泵浦功率，称为阈值泵浦功率($P_{th}$)，该值对三能级和四能级的连续和脉冲激光分别有不同的表达式，请参考相关专业书籍，此处略去。

### 8.3.3　输出功率

当泵浦源的功率 $P_P$ 超过阈值泵浦功率 $P_{th}$ 时，开始形成激光。此时激光的输出功率($P_{out}$)，可表示为

$$P_{out} = \text{透光率} \times \text{每个输出光子能量} \times \text{单位时间内输出光子数量}$$

$$= T_{out} \times h\frac{c}{\lambda} \times \frac{(P_P - P_{th})1 - e^{-\beta_t}}{h\dfrac{c}{\lambda_P}}\eta_{PL} \approx T_{out}\frac{\lambda_P}{\lambda}\eta_{PL}(P_P - P_{th})\beta_t \tag{8.16}$$

式中，$T_{out}$ 和 $\beta_t$ 分别为光学谐振腔透光率和激光器总的损耗因子，$\lambda_P$ 和 $\lambda$ 分别

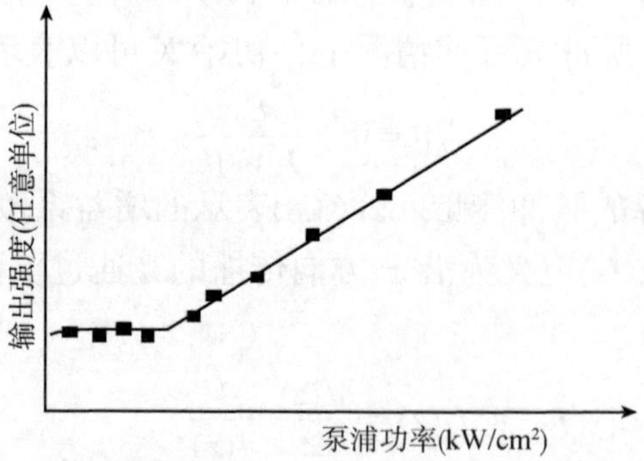


图 8.9　激光器的输出强度与泵浦功率的关系

为泵浦源的光波长和激光的输出波长，$\eta_{PL}$ 为活性物质的发光效率。图 8.9 为激光器输出强度与泵浦功率曲线示意图，在泵浦阈值以下，没有激光输出；在超过泵浦阈值后、粒子反转数达到饱和之前，激光输出强度随泵浦能量的增大而线性增大。

### 8.3.4　激光增益材料的放大自辐射特性

激光增益介质即激光材料，是激光器中最重要的组分。如果不用制备激光器，就能够对材料是否有光增益特性进行判断，将大大方便激光材料的筛选。材料的放大自辐射(amplified spontaneous emission, ASE)研究，就是评价材料光增益特性方法中比较方便的一个[1,2]。该方法在折射率较低的衬底上制备待研究材料薄膜，使折射率较高的待测薄膜层嵌于折射率较低的空气和衬底之间，以利于发射光子在薄膜内形成光波导。然后以一定波长的长条形脉冲激光照射薄膜，在薄膜的侧面检测输出的发射光谱及强度。图 8.10(a)为该方法的示意图。当照射激光足够强时，材料中将产生净增益。这时，自发辐射光子通过在薄膜内的波导过程，一方面使受激辐射光子数量增多，使光辐射强度呈现指数增长，另一方面，光波导过程也使最后输出的光谱得到显著窄化。因此当出

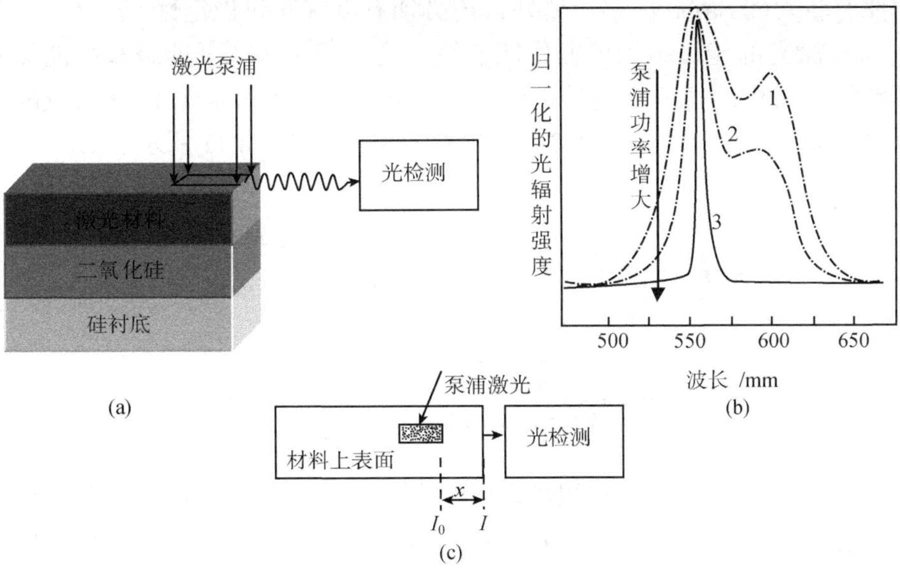


图 8.10　放大自发辐射研究

(a) 器件结构示意图；(b) 从器件的侧面检测的光辐射信号，可以看到，随泵浦功率的增大，辐射光谱显著变窄；(c) 光损耗系数实验方法示意图，该图为(a)的俯视图，其中的泵浦激光源位置从边缘向内移动了 $x$ 距离

现净增益时，在侧面收集的光子具有光谱窄、强度高的特点。图 8.10(b)是该方法得到的 ASE 光谱与普通发射光谱的比较，其中的曲线 3 表现出放大的自发辐射(ASE)行为。

当固定条形泵浦激光的宽度，而变化其长度时，可通过器件的侧面光辐射强度-泵浦光源长度曲线，以式(8.17)拟合，得出材料的净光增益系数：

$$I(\lambda)=\frac{A(\lambda)I_{\mathrm{P}}}{g(\lambda)}(\mathrm{e}^{g(\lambda)L}-1) \tag{8.17}$$

式中，$A(\lambda)$是与自发辐射截面相关的常数，$I_{\mathrm{P}}$是泵浦强度，$g(\lambda)$是净增益系数，$L$ 为条形激光的长度。另外，如果将图 8.10(a)所示的泵浦光源离开器件侧面边缘 $x$ 距离(如图 8.10(c)所示)，通过改变 $x$ 的大小，利用公式 $I=I_0\exp(-\alpha x)$可以获得材料的损耗系数$\alpha$[2]。

## 8.4　光泵浦有机激光

以有机材料为光增益介质的激光可称为有机激光。有机激光材料一般都包含π共轭电子结构，通常要求有很强的光发射特性，同时其吸收和发射光谱之间要有较大的 Stoke 位移。另外，还必须有良好光热稳定性。

有机激光的能级结构可看作四能级系统，通常包括低能级和高能级两个电子能级，其中的每一个电子能级又可以细分为由很多振动能级组成的亚能级，这些亚能级之间大约有 0.2 eV 的能量间隔，如图 8.11 所示。

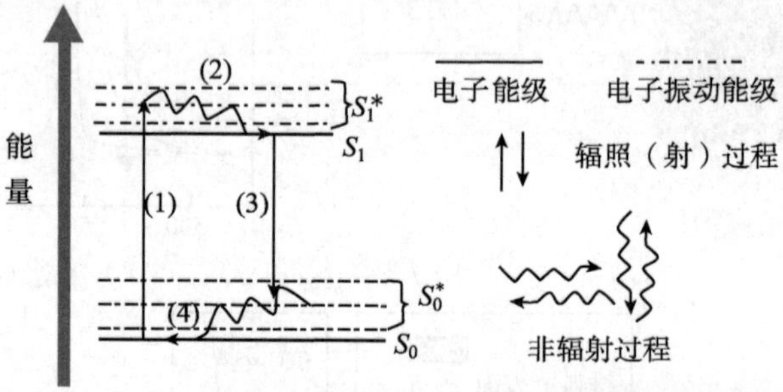


图 8.11　有机激光材料的四能级系统示意图

根据第 2 章所讲的 Franck-Condon 原理，有机材料中电子在高低能级之间的光跃迁是垂直进行的，即由于电子跃迁速度相对于原子核的运动速度快很多，电子跃迁时分子的构型不发生变化。又由于热平衡时，电子通常处于最低振动能级的特点，有机材料中高低能级之间的电子跃迁通常具有如下过程(见图 8.11)：① 基态 0 振动能级的电子吸收光后进入高电子能级的非 0 振动能级；

② 电子由非 0 振动能级经热损耗进入高电子能级的 0 振动能级；③ 电子由高电子能级的 0 振动能级经光辐射衰减到基态非 0 振动能级；④ 电子通过热损耗由非 0 振动能级回到基态。可见，有机材料能够像四能级激光一样工作，其阈值可以较低。

从分子结构特点上考虑，有机激光可分为有机染料激光和有机半导体激光两类，下面分别介绍。

### 8.4.1 有机染料激光

有机染料分子通常是指在紫外到可见光范围内有很强吸收特性的含有共轭双键体系的有机小分子。这类有机材料由于很强的可见光吸收特性而显现出不同的颜色，可作为染料。同时，它们也表现出很强的受激辐射特性，具有很高的光致发射量子效率，发光范围涵盖近紫外到红外。因此，利用有机染料，可实现可见光谱范围的激光输出。目前染料激光的技术已经非常成熟，在光化学、光生物、光谱学、同位素分离、全息照相和光纤通信中都有广泛的应用。有机染料激光既可以使用非相干光作为泵浦源，也可以使用激光作为泵浦源。这类激光具有光谱可控、可提供多种脉冲、可获得超窄的谱线或者超短脉冲光的特点。在固体绿宝石激光器和蓝宝石激光器出现之前，染料激光器是唯一一种可调谐的超短脉冲激光器。有机染料的发射带宽通常在 30 nm 左右，因此为了覆盖整个可见光区域，需要很多种类的染料。在激光器中，有机染料通常以溶液或者蒸汽形式工作，并且只能够以光泵浦的方式激发。如图 8.12 所示，染料激光的能级系统可以看作为四能级系统。由于基态分子是单线态，以及光激发需要自旋守恒的缘故，通过光泵浦，有机染料分子一般被激发到单线态，相当于 $S_0 \rightarrow S_1$ 跃迁。如果光泵浦仅仅是针对 $S_0 \rightarrow S_1$ 跃迁,则由于不同染料的能隙差别很大，将需要很多种类的光泵浦源。所幸的是，染料还拥有比 $S_1$ 更高的单线态能级，可产生光跃迁，如图 8.12 中的 $S_2$，$S_3$。处于 $S_2$，$S_3$ 的染料分子可以快速地通过内转换过程，高效率地衰减到第一单线态。因此，含有不同染料的激光器可以使用一个光泵浦源进行工作。使用一个光泵浦源也产生相应的问题，如输出功率降低和高能量泵浦带来的染料光热不稳定等。染料激光的另外一个问题是三线态激子对激光产生的不利影响。虽然三线态不直接吸收泵浦能量，但是被激发到单线态上的分子可通过系间窜越转变为三线态。三线态激子寿命(约 $10^{-6}$ s)通常比单线态(约 $10^{-9}$ s)长很多，因此 $T_1$ 态有可能积累很多粒子，这对激光的形成会产生破坏。一方面，系间窜越使 $S_1$ 态粒子数减少；另一方面，$T_1$ 粒子的累计会产生受激吸收，有的甚至会猝灭单线态光辐射过程。这些都会导致激光输出功率的降低。采取的措施是加入三线态猝灭剂来缩短三线态的寿命，或者使用短脉冲光泵浦源，使染料分子在 $T_1$ 态积聚前完成激光的自激振荡。

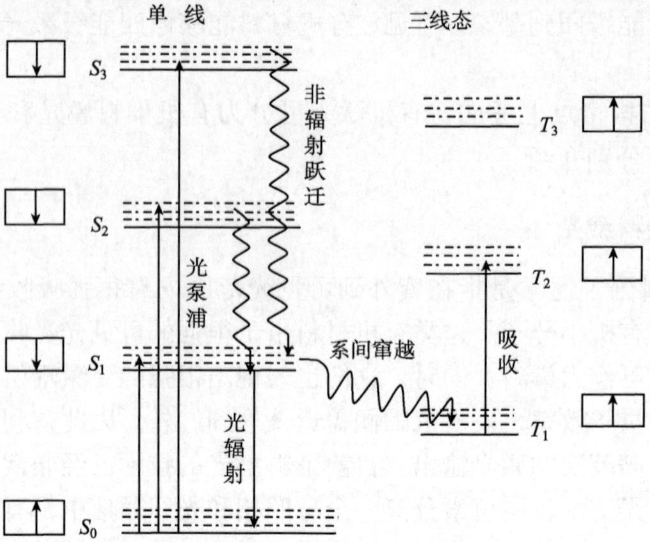


图 8.12　染料激光的能级系统以及工作原理

可作为激光器中活性介质的染料分子很多，典型结构有罗丹明(Rhodamine)、香豆素(Coumarine)、花青(Cyanine)、荧光素(Fluorescein)、芪衍生物(Stilbene)等，见图 8.13。

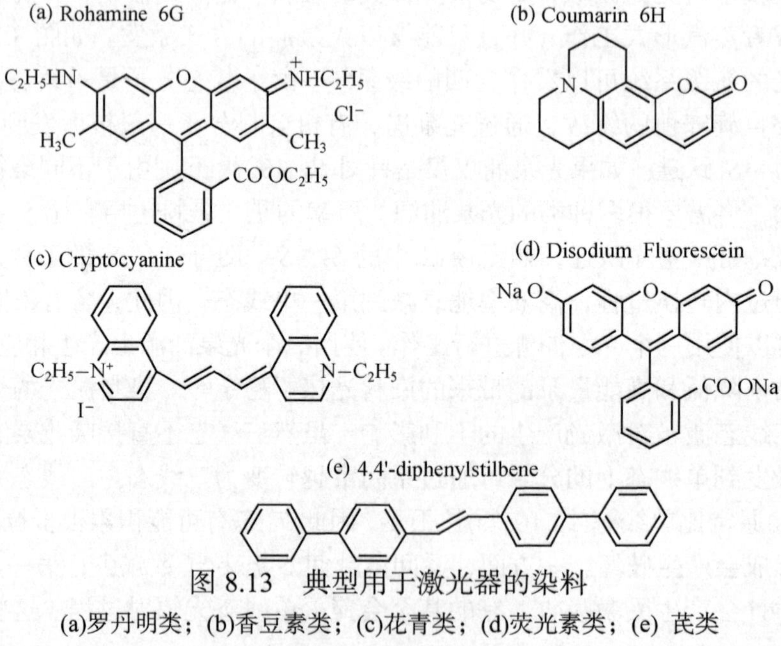


图 8.13　典型用于激光器的染料

(a)罗丹明类；(b)香豆素类；(c)花青类；(d)荧光素类；(e) 芪类

## 8.4.2　有机半导体激光

通过光泵浦实现有机半导体激光发射的例子很多，既包括小分子体系又包括高分子材料，图 8.14 是一些实例。

图 8.14(a)所示的结构是有机激光中研究最多的小分子体系，第一个分子为 8-羟基喹啉铝(Alq)，是典型绿光发射传输电子的有机半导体；第二、三个分子分别为有机染料 DCM、DCM2。将 DCM 或 DCM2 掺杂于 $Alq_3$ 中，制备

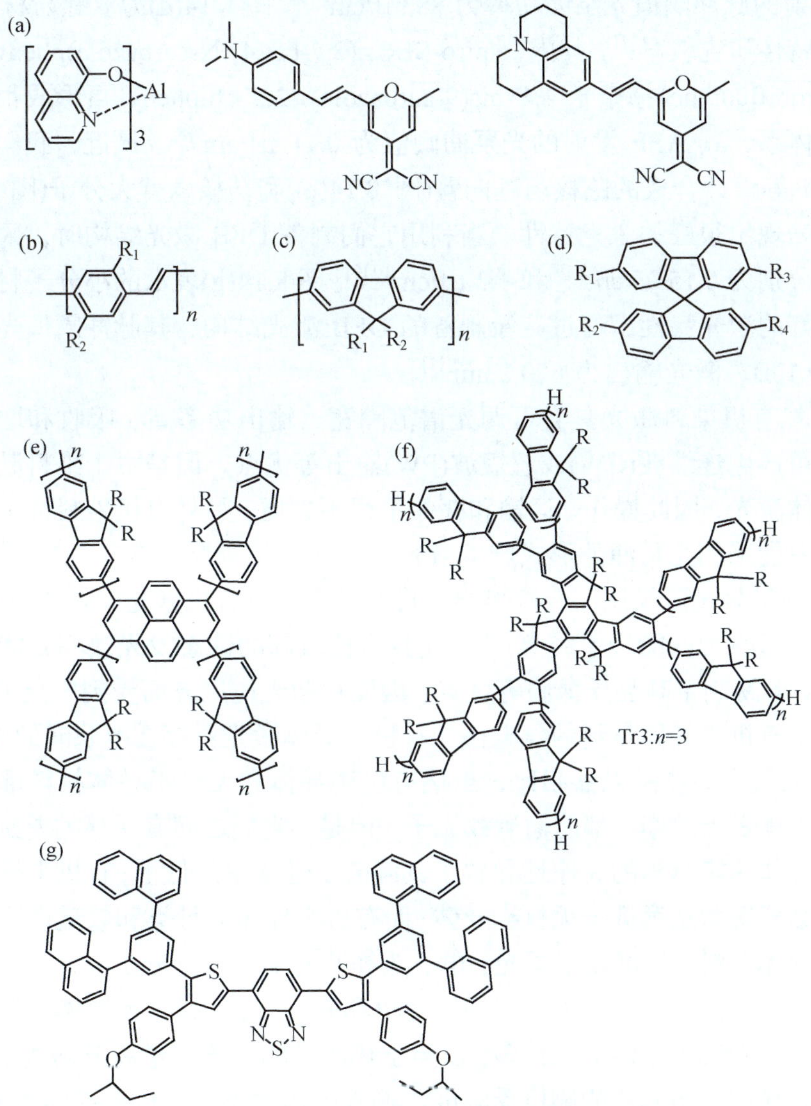


图 8.14　光泵浦有机半导体激光材料

DFB 激光结构，阈值光泵浦功率为 0.2 μJ/$cm^2$ [3]。图 8.14(b)为聚亚苯乙烯(poly-phenylene-vinylene, PPV)系列激光材料，该类材料之一的 MEH-PPV{poly[2-methoxy-5-(2’-ethylhexyloxy)-1,4-phenylene-vinylene]}是研究较多的激光材料[4,5]，基于 DFB 结构的 MEH-PPV 的脉冲阈值光泵浦功率在不使用和使用荧光浓缩器情况下分别为 611 nJ 和 127.3 nJ[4]。图 8.14(c)是聚芴(polyfluorene, PFO)材料，该类衍生物 F8(poly(9,9-dioctylfluorene))表现出很好的激光特性：产生 ASE 发射的脉冲阈值光泵浦功率为 88 mJ/$cm^2$ [6]。图 8.14(d)为双螺芴材料,它们的激光特性研究较早[7]。其中，spiro-SBCz{2,7-bis[4-(N-carbazole)phenylvinyl]-9,9′-spirobifluorene}掺杂于 4,4′-bis(9-carbazole) -2,2′- biphenyl 可形成很好的激光材料体系，其 ASE 发射的光泵浦阈值为 0.11 μJ/$cm^2$[8]。最近，我们团队的 WY Lai 等设计合成的芘核芴基四臂(图 8.14(e))和芴核六臂大分子(图 8.14(f))大分子表现出很好的激光特性。当利用它们制备 DFB 激光结构时，阈值光泵浦功率分别为 0.15 μJ/$cm^2$ [9]和 1.3 μJ/$cm^2$ [10]。图 8.14(g)表示的小分子材料也表现出很好的激光特性，通过旋涂制备的 DFB 激光结构，其脉冲阈值光泵浦功率为 30.1 nJ，激光输出为 650.2 nm[11]。

虽然有机染料激光具有可调光谱范围宽、输出功率高、吸收和增益容易控制、可产生连续波(CW)或超短波(PW)输出等优点，但是由于染料激光器大都为液体激光，因此操作、运输和存储都很不方便。另外有机染料都不具有导电性，只能采用光泵浦的形式产生激光。

与染料激光器相比，有机半导体材料除了具有有机激光染料的优点(高发光效率、可视为四能级系统等)外，还具有比较高的固态发光效率，能够传输载流子，容易制备高品质薄膜等优点，因而在激光应用方面受到广泛关注。同时，基于有机半导体材料的导电性，有机半导体激光器存在电泵浦的可能性。

与无机半导体激光器相比，虽然有机半导体和无机半导体材料都能够有很强的固体发光效率，都能输运载流子，但是，它们之间有明显的差别：一般有机半导体薄膜结构的无序性导致了其载流子迁移率的低下；有机半导体薄膜材料中激子寿命远远低于无机半导体；而有机半导体的种类和数量也远远多于无机半导体材料，且可以根据光、电、热等性能要求进行分子设计；有机半导体固体器件的制备工艺比无机半导体简单和廉价。另外有机半导体材料中的激子结合能比无机半导体中大很多，以至于热激发($k_BT$)不能够将其解离，因此基于有机半导体的激光器的阈值受温度影响程度远远小于无机光导体激光器。

在谐振腔方面，由于基于有机半导体的激光器为固体形式，其谐振腔通常采用分布式布拉格反射腔(distributed Bragg resonator, DBR)[12]、分布式反馈结构(distributed feedback, DFB)[3]、回音壁结构[13]等，如前面的图 8.7 所示。其中，以采用 DBR 和 DFB 者居多，且 DFB 结构越来越成为有机半导体激光器谐振腔的主流[1,10,14]。

由图 8.11 知，类似于有机染料，电子振动衰减导致有机半导体材料的发射跃迁与吸收跃迁分离开来、形成四能级系统，从而产生激光。对于有机材料，尤其是有机半导体，除了上述振动能级外，还有其他方法能够将其吸收和发射跃迁分开。例如：在有机半导体薄膜中，分子所处的环境差异，可导致能量的不同。有机共轭聚合物尤其如此，因为共轭聚合物中存在大量构型无序性，使其不同的部分有不同的能量。因此可以认为这些材料中存在许多不同能量的部分。首先激发分子或分子某一部分的较宽能带，然后该激发能迅速转移到能量较低的分子或者分子的某个部分，从而使发射产生红移[15,16]。这种红移，可产生吸收和发射的分离，因此可以减少在激光波长处的光吸收，有助于激光的产生。另外，吸收和发射的分离，也可以通过混合两个不同能量的材料实现。宽能带材料吸收的光通过能量转移使窄能带材料激发并产生光发射。红色染料 DCM(4-(dicyanomethylene)-2-methyl-6-(4- dimethylaminostyryl)- 4H –pyran)掺杂于绿光主体 Alq(tris(8- hydroxyquinoline) aluminum)的体系，就是很好的例子[17]。另外一个与分离光吸收和发射跃迁密切相关的例子是利用含有宽能隙和窄能隙双嵌段的共聚物，通过吸收得到的位于宽能隙上的较高激发态可通过能量转移使分子内窄能隙部分得到激发，从而实现吸收和发射跃迁的分离，研究表明这些材料也可以产生激光[18]。

## 8.5 电泵浦有机激光

通过电泵浦使有机半导体内实现粒子数反转，从而产生激光、即为电泵浦有机半导体激光。有机电致发光可视为在电注入情况下有机半导体的发光，如果在此基础上实现粒子数反转，再辅以适当的光谐振腔结构，则可实现电泵浦有机半导体激光。迄今为止，电泵浦有机半导体激光的实现，还是一个难题。主要挑战在于以下两个方面：① 要达到电泵浦激射阈值，有机半导体中的电流密度要在 $10^2$ A/cm$^2$，而有机电致发光的工作电流密度通常在十几到一百个 mA/cm$^2$ 量级，二者相差三个数量级以上。要达到如此高的电流密度，必须大大提高有机半导体材料的载流子迁移率及热稳定性，否则高电压产生的焦耳热将导致有机材料的损坏，使器件失效。② 电泵浦结构中，有机半导体激光材料必须内嵌于一对正负电极之间。一方面电极将产生很大的光损耗；另一更重要的方面是，由于有机半导体必须采用 DFB 等栅状激光谐振结构，这种尺寸在几百纳米范围的结构，将在很大程度上会使沉积在其上的电极形成裂痕，降低电接触的欧姆特性，影响载流子注入。因此，在设计有机半导体激光结构时，必须考虑谐振腔结构对电极质量的影响。

K. Meerholz 等的研究表明，通过全息刻蚀方法形成的小尺寸激光谐振结构与大尺寸的 DFB 结构有相似的激光特性[14]，该方法制备的含有电极的光泵浦激光性能与没有电极的类似，这为制备电泵浦的有机半导体激光结构提供了新思路。他们还同时指出在电场存在情况下，阈值光泵浦功率将增加。其可能原因不是电场对激子的猝灭，而是由于注入载流子以及激子对泵浦能量的吸收。

利用其他结构，对有机半导体进行间接电泵浦的研究，也时有报道。例如：可利用场效应晶体管的电输出来泵浦有机半导体产生激光[19]、也可以通过有机电致发光对有机半导体进行泵浦产生激光[20]。这些间接电泵浦结构旨在避免激光谐振结构对电极质量的影响，以及降低载流子注入形成的极化子对泵浦能量的吸收。

目前的无机半导体激光器已经非常成熟，将无机半导体激光器结构引入到有机半导体电泵浦激光器结构中，用作有机半导体的泵浦源，也是目前间接电泵浦有机半导体的一个研究方向[21,22]。这种间接电泵浦的有机半导体激光器主要目的是，取代比较庞大的溶液有机染料激光，在小的体积下实现廉价固态全光谱激光。

总之，电泵浦有机半导体激光的可行性目前还是一个未知数，除了需要设计具有高发光性能、高折射率、高载流子迁移率、高热稳定性的有机半导体材料外，新型器件结构的设计及新型激光工作机制的引入等研究角度也必须同时进行。

## 参 考 文 献

[1] Samuel I D W, Turnbull G A. Chem Mater, 2007, 107: 1272
[2] McGehee M D, Heeger A J. Adv Mater, 2000, 12: 1655
[3] Kozlov V G , Parthasarathy G , Khalfin P B V B, et al. IEEE J Quantum Electron, 2000, 36: 18
[4] Yang Y, Samuel I D W, Turnbull G A. Adv Mater, 2009, 21: 3205
[5] Turnbull G A, Andrew P, Barnes W L, et al. Appl Phys Lett, 2003, 82: 313

[6] Song M H, Kabra D, Wenger B, et al. Adv Funct Mater., 2009, 19: 2130
[7] Johansson N, Salbeck J, Bauer J, et al. Adv Mater, 1998, 10: 1136
[8] Nakanotani H, Akiyama S, Ohnishi D, et al. Adv Funct Mater, 2007, 17: 2328
[9] Xia R, Lai W-Y, Levermore P A, et al. Adv Funct Mater, 2009, 19: 2844
[10] Lai W-Y, Xia R, He Q-Y, et al. Adv Mater, 2009, 21: 355
[11] Huang J, Liu Q, Zou J-H, et al. Adv Funct Mater, 2009, 19: 2978
[12] Tessler N, Denton G J, Friend R H. Nature, 1996, 382: 695
[13] Shibata S, Yano T, Segawa H. Acc Chem Res, 2007, 40: 913
[14] Wallikewitz B H, Rosa M, Kremer J H-W M, et al. Adv Mater, 2010, 22: 531
[15] Samuel I D W, Crystall B, Rumbles G , et al. Synth Met, 1993, 54: 281
[16] Ruseckas A, Theander M, Valkunas L,et al. J. Lumin, 1998, 76–77: 474
[17] Kozlov V G, Bulovic V, Burrows P E, et al. Nature, 1997, 389: 362
[18] Rabe T, Hoping M, Schneider D, et al. Adv Funct Mater, 2005, 15: 1188
[19] Gwinner M C, Khodabakhsh S, Song M H, et al. Adv Funct Mater, 2009, 19: 1360
[20] Wei B, Kobayashi N, Ichikawa M, et al. Opt Express, 2006, 14: 9436
[21] Riedl T, Rabe T, Johannes H-H, et al. Appl Phys Lett, 2006, 88: 241116
[22] Vasdekis A E, Tsiminis G, Ribierre J-C, et al. Opt Express, 2006, 14: 9211

# 《半导体科学与技术丛书》已出版书目

(按出版时间排序)

| | | | |
|---|---|---|---|
| 1. | 窄禁带半导体物理学 | 褚君浩 | 2005 年 4 月 |
| 2. | 微系统封装技术概论 | 金玉丰 等 | 2006 年 3 月 |
| 3. | 半导体异质结物理 | 虞丽生 | 2006 年 5 月 |
| 4. | 高速 CMOS 数据转换器 | 杨银唐 等 | 2006 年 9 月 |
| 5. | 光电子器件微波封装和测试 | 祝宁华 | 2007 年 7 月 |
| 6. | 半导体异质结物理 | 何杰，夏建白 | 2007 年 9 月 |
| 7. | 半导体的检测与分析（第二版） | 许振嘉 | 2007 年 8 月 |
| 8. | 微纳 MOS 器件失效机理与可靠性 | 郝跃，刘红侠 | 2008 年 4 月 |
| 9. | 半导体自旋电子学 | 夏建白，葛惟昆，常 凯 | 2008 年 10 月 |
| 10. | 金属有机化合物气相外延基础及应用 | 陆大成，段树坤 | 2009 年 5 月 |
| 11. | 共振隧穿器件及其应用 | 郭维廉 | 2009 年 6 月 |
| 12. | 太阳能电池基础与应用 | 朱美芳，熊绍珍 等 | 2009 年 10 月 |
| 13. | 半导体材料测试与分析 | 杨德仁 等 | 2010 年 4 月 |
| 14. | 半导体中的自旋物理学(翻译书) | M. I. 迪阿科诺夫 主编 (M. I. Dyakanov) 姬扬 译 | 2010 年 7 月 |
| **15.** | **有机电子学** | **黄维，密保秀，高志强** | **2011 年 1 月** |